Estudo interativo, fácil e eficiente

Este livro oferece materiais digitais exclusivos

Acesse:

No seu computador

- Acesse o link http://somos.in/MDA10

No seu celular ou tablet

- Entre na Google Play ou AppStore e procure por "QR Code". Baixe o aplicativo de leitor de QR Code de sua preferência.

DISPONÍVEL NO Google Play | Download on the App Store

- Abra o aplicativo baixado e aponte para um QR Code disponível no livro.

- Faça seu cadastro:
  a. Clique em "Não tem conta. Cadastre-se".
  b. Preencha as Informações – insira um e-mail que você costuma usar, ok?
  c. Crie sua senha.

Pronto! Agora é aproveitar o conteúdo desta obra.

Obs.: se você já tem uma conta conosco, basta entrar com seu login e senha já criados.

Qualquer dúvida, entre em contato pelo e-mail
suportedigital@saraivaconecta.com.br

Confira o recado do professor Mazza para você

http://somos.in/MDA11

ALEXANDRE MAZZA

Pós-doutor pelas Universidades de Coimbra e Salamanca.
Doutor e Mestre em Direito Administrativo pela Pontifícia Universidade Católica de São Paulo (PUC-SP).
Professor de Direito Administrativo e Direito Tributário da Escola do Mazza.
Autor das obras *Manual de Direito Tributário*,
Administrativo #naprática, *Tributário #naprática* e *Relação Jurídica de Administração Pública*, todas pela Saraiva Educação. Advogado.

Manual de DIREITO ADMINISTRATIVO

11ª edição

2021

saraiva jur

saraiva EDUCAÇÃO | saraiva jur

Av. Paulista, 901, 3º andar
Bela Vista – São Paulo – SP – CEP: 01311-100

SAC | sac.sets@somoseducacao.com.br

Direção executiva	Flávia Alves Bravin
Direção editorial	Renata Pascual Müller
Gerência de projetos e produção editoriais	Fernando Penteado
Planejamento	Josiane de Araujo Rodrigues
Novos projetos	Sérgio Lopes de Carvalho Dalila Costa de Oliveira
Edição	Clarissa Boraschi Maria (coord.) Liana Ganiko Brito
Produção editorial	Daniele Debora de Souza (coord.) Daniela Nogueira Secondo
Arte e digital	Mônica Landi (coord.) Camilla Felix Cianelli Chaves Claudirene de Moura Santos Silva Deborah Mattos Guilherme H. M. Salvador Tiago Dela Rosa
Projetos e serviços editoriais	Daniela Maria Chaves Carvalho Kelli Priscila Pinto Laura Paraíso Buldrini Filogônio Marília Cordeiro Nicoly Wasconcelos Razuk
Diagramação	NSM Soluções Gráficas Ltda.
Revisão	Rita de Cássia Sorrocha
Capa	Bruno Ortega
Produção gráfica	Marli Rampim Sergio Luiz Pereira Lopes
Impressão e acabamento	Corprint

DADOS INTERNACIONAIS DE CATALOGAÇÃO NA PUBLICAÇÃO (CIP)
ANGÉLICA ILACQUA CRB-8/7057

Mazza, Alexandre
Manual de direito administrativo / Alexandre Mazza. - 11. ed. – São Paulo: Saraiva Educação, 2021.
1060 p.

Bibliografia
ISBN 978-65-5559-325-9 (impresso)

1. Direito administrativo - Brasil I. Título.

20-0525 CDD 340
CDU 342.9(81

Índice para catálogo sistemático:

1. Direito administrativo : Brasil

Data de fechamento da edição: 16-11-2020

Dúvidas? Acesse www.editorasaraiva.com.br/direito

CL 606871 CAE 742810

Às minhas filhas, Duda e Luísa,
razão da minha vida.

AGRADECIMENTOS

Gostaria de agradecer primeiramente a Deus, que me deu força para trabalhar nas madrugadas e concluir mais uma árdua tarefa. Muitas pessoas foram indispensáveis para a elaboração deste livro, e a todas devo meus sinceros agradecimentos. À Tatiana, minha querida esposa, pelo amor, paciência e incentivo que não faltaram um minuto sequer. À minha mãe, Isabel, que revisou detalhadamente cada capítulo e muito me ajudou na pesquisa de temas cruciais. À Dudinha e à Luísa, minhas superfilhas, que viram o "pápis" ser roubado das brincadeiras e cantorias durante os meses de trabalho. Aos meus editores e a todos da Saraiva, em especial à querida Flávia Bravin. E principalmente aos meus alunos, que cobraram com muito carinho a conclusão breve do meu livro, em especial aos amigos do <http:www.sitedomazza.com.br> e aos meus seguidores nas redes sociais (@professormazza).

Sem cada um de vocês este livro não se realizaria.

Muito obrigado!

Alexandre Mazza

SUMÁRIO

NOTA DO AUTOR À 11ª EDIÇÃO

O ano de 2020 foi muito importante para ampliar a aceitação do nosso *Manual de Direito Administrativo*.

Pude notar o uso crescente do livro especialmente entre alunos da graduação.

Agradeço aos amigos professores universitários que vêm ajudando na divulgação do meu trabalho.

O ano me trouxe muitas novidades profissionais importantes com impacto positivo neste *Manual*.

Continuo como professor de cursos preparatórios, atividade que desenvolvo ininterruptamente há 20 anos, ministrando aulas de Administrativo e Tributário para milhares de alunos. Fora os preparatórios, em 2019 criei uma plataforma *on-line* própria em que disponibilizo aulas para concursos, OAB e atualização. Era um sonho antigo, agora realizado, ter a minha "Escola do Mazza" (<http://www.escoladomazza.com.br>). As aulas *on-line* me obrigam a estar sempre muito atualizado, circunstância que, sem dúvida, favorece muito meus *Manuais*.

Para minha alegria, retomei as aulas na graduação, lecionando intensivamente aos queridos alunos da Universidade São Judas Tadeu em São Paulo. O contato permanente com graduandos vitaliza a docência e permite que meus *Manuais* mantenham uma linguagem apropriada para todas as gerações de leitores.

Houve importante melhoria no conteúdo do meu Instagram (@professormazza), no qual tenho postado vídeos curtos com dicas diárias de Administrativo e Tributário. A interação permanente com meus 500 mil seguidores nas redes sociais é indispensável para compreender em tempo real as demandas de todos.

Todas essas novidades favorecem a melhoria constante deste *Manual*.

Nesta edição, acrescentei diversas informações, atualizações legislativas e jurisprudenciais, novas questões de concursos, tópicos adicionais, assuntos atuais e novidades doutrinárias.

É fácil perceber que a letra da lei e as súmulas são a origem de praticamente todas as questões de concurso público em Direito Administrativo.

Além disso, reformulei os quadros sinóticos e as esquematizações para torná-los mais eficientes. O livro conta com novos vídeos meus explicando temas essenciais. Incluí também mapas mentais para facilitar a memorização.

Por fim, a nova edição reflete melhorias que são fruto da minha vivência na Universidade de Salamanca, durante os trabalhos de conclusão do meu Pós-Doutorado. Pesquisei na Espanha pontos de contato entre o direito público brasileiro e os direitos sociais. Registro aqui meu agradecimento a todos os professores e colegas da USAL pela oportunidade, especialmente à coordenadora do programa, Profa. Dra. María Esther Martínez Quinteiro, e à minha orientadora, Profa. Dra. Lucyléa Gonçalves França.

Aos leitores, peço que continuem mandando sugestões e críticas para aperfeiçoamento do nosso *Manual*.

Sucesso e bons estudos.

Forte abraço e muito obrigado,

Alexandre Mazza
Instagram: @professormazza

NOTA DO AUTOR À 1ª EDIÇÃO

O "PODER" DESTE LIVRO

Este é o livro da minha vida. Não tenho nenhuma dúvida disso e precisava começar tratando-o assim. É o resultado de mais de dez anos lecionando ininterruptamente, e com regime de dedicação exclusiva, em cursos preparatórios para concursos públicos e exames da OAB. Graças a Deus e aos meus alunos, consegui realizar meu grande sonho de viver exclusivamente do e para o ensino do Direito. E posso afirmar que este livro é o ponto alto da minha carreira como professor em tempo integral.

A elaboração desta obra aconteceu ao mesmo tempo em que eu me preparava para defesa da minha tese de doutorado, sob a orientação do professor Celso Antônio Bandeira de Mello. Considero este trabalho um filho do meu doutoramento, pois julgo que não teria conseguido levar a termo a sequência de capítulos sem o amadurecimento intelectual que a conclusão da minha formação acadêmica proporcionou.

Agora sou Doutor e meu livro foi publicado.

Não é exatamente um livro de doutrina. Sua utilidade principal e declarada é preparar eficazmente candidatos para enfrentar todas as questões de Direito Administrativo presentes em qualquer prova ou concurso público do Brasil. Aprendi a não fugir de desafios, e elaborar o livro de Administrativo mais completo do país para provas e concursos foi somente mais um desafio que tive de encarar de frente.

Este livro foi elaborado usando as mais modernas técnicas gráficas para assimilação do conteúdo:

a) texto em preto com informações-chave destacadas em *bold*, permitindo ao leitor uma rápida memorização ao viabilizar um segundo nível de leitura, se quiser relembrar somente o indispensável dentro de cada tema;

b) inúmeras questões de provas e concursos, em diferentes níveis de profundidade, aplicadas no próprio corpo do texto, permitindo ao leitor conferir exatamente como o tema é abordado pelas bancas examinadoras;

c) inserção de diversos quadros sinóticos, *boxes*, chamadas e esquemas, também no próprio corpo do texto, resumindo graficamente os pontos cruciais da matéria;

d) inclusão, ao final de cada capítulo, de questões elaboradas pelas mais importantes instituições responsáveis por aplicar provas e concursos públicos no País: Cespe, FCC, FGV, Esaf, Vunesp, Cesgranrio, entre outras. Os gabaritos são indicados somente ao final do livro para permitir que o leitor avalie precisamente seu aproveitamento em questões extraídas das provas;

e) centenas de entendimentos jurisprudenciais do STF, STJ e Tribunais de Contas inseridos no próprio corpo do texto, favorecendo a visão integrada e comparativa de doutrina e jurisprudência.

Além de utilizar as mais modernas técnicas gráficas disponíveis no Brasil, este livro contém diversas inovações que o diferenciam de qualquer outra obra existente no mercado brasileiro:

a) temas inéditos: pela primeira vez, em uma obra do gênero, são abordados alguns assuntos avançados que vêm sendo exigidos em provas, mas não têm registro em obras similares. São alguns exemplos de temas inéditos: 1) a teoria do ato administrativo inexistente; 2) a concepção objetiva do desvio de finalidade; 3) a teoria da supremacia especial; 4) as agências plenipotenciárias; 5) as entidades públicas transfederativas; 6) multiadjudicação etc. Acrescentei também um capítulo inteiro dedicado às relações jurídicas de administração pública e demais situações subjetivas de Direito Administrativo, tema de minha tese de doutorado, assunto muito complexo, mas cada vez mais cobrado em concursos de altíssimo nível;

b) referências internacionais: apresentando informações bibliográficas dos mais importantes administrativistas de todos os tempos, municiando o leitor com informações exclusivas sobre cultura jurídico-administrativista, que poderão ser citadas em provas escritas e exames orais como um poderoso diferencial em relação aos demais candidatos;

c) exposição das controvérsias: alguns assuntos despertam bastante controvérsia doutrinária. Por isso, sempre que o tema enseja algum dissenso relevante, são apontadas as opiniões das quatro grandes referências atuais de nosso Direito Administrativo: Celso Antônio Bandeira de Mello, Hely Lopes Meirelles, Maria Sylvia Zanella Di Pietro e José dos Santos Carvalho Filho. Sendo possível apurar a visão predominante das bancas, é apontada a corrente mais apropriada para ser defendida pelo candidato na prova.

Importante destacar que procurei dar a cada tema um tratamento bem objetivo, utilizando a técnica dos assuntos relacionais. Procuro vincular diversos assuntos entre si, mostrando ao leitor como os variados capítulos do Direito Administrativo se interconectam formando um todo unitário e coerente. Assim, por exemplo, ao tratar da ação indenizatória (responsabilidade do Estado), mostro como a impossibilidade de propositura da ação diretamente contra a pessoa física do agente (jurisprudência do STF) está relacionada com a moderna teoria do órgão (organização administrativa) e a noção de impessoalidade (princípios do Direito Administrativo). Essa compreensão relacional dos diversos capítulos do Direito Administrativo favorece a compreensão integral de temas importantes e aumenta a capacidade de responder corretamente a indagações de viés prático, comuns em provas escritas e exames orais.

Como instrumento didático diferenciado, fiz a inserção na íntegra de diversos dispositivos legais, tornando desnecessário interromper a leitura do texto para consultar a legislação de regência. Em temas cujas questões de prova consistem na simples reprodução das normas legais pertinentes, como ocorre com o Estatuto do Servidor Público Federal (Lei n. 8.112/90), optei por rearranjar o texto da legislação, evitando acrescentar muitos comentários, para que as informações essenciais não se perdessem entre opiniões do autor e desdobramentos explicativos desnecessários.

Por fim, solicito encarecidamente que você, meu querido leitor, encaminhe eventuais questões de concurso que não foram abordadas neste livro, bem como sugestão de novos temas, para o meu *site* <http://www.sitedomazza.com.br> ou pelo twitter www.twitter.com/professormazza. Assim, nas próximas edições poderei incorporar os aperfeiçoamentos que se mostrarem necessários.

Esse livro é feito para você! Tudo a ver com o meu lema e objetivo de vida, parafraseando o grande Mario Quintana: *Meus alunos passarão. Eu passarinho!*

Sucesso!

Alexandre Mazza
São Paulo, 2010.

1

NOÇÕES GERAIS

Acesse também a videoaula pelo link:
http://somos.in/MDA1102

1.1 CONCEITO DE DIREITO ADMINISTRATIVO

Existe **divergência** entre os doutrinadores **quanto ao conceito** de Direito Administrativo[1]. Na verdade, cada autor escolhe certos elementos que considera mais significativos para chegar ao conceito, como se pode notar nos exemplos abaixo.

Repare que o conceito de Celso Antônio **Bandeira de Mello** enfatiza a ideia de função administrativa: "o Direito Administrativo é o ramo do Direito Público que disciplina a **função administrativa**, bem como pessoas e órgãos que a exercem"[2].

Hely Lopes Meirelles, por sua vez, destaca o *elemento finalístico* na conceituação: os órgãos, agentes e atividades administrativas como instrumentos para realização dos fins desejados pelo Estado. Vejamos: "o conceito de Direito Administrativo Brasileiro, para nós, sintetiza-se no conjunto harmônico de princípios jurídicos que regem os órgãos, os agentes e as atividades públicas tendentes a realizar concreta, direta e imediatamente os **fins desejados pelo Estado**"[3].

> A prova de Assistente Administrativo elaborada pela Fepese/SC considerou CORRETA a afirmação: "O Direito Administrativo sintetiza-se no conjunto harmônico de princípios jurídicos que regem os órgãos e as atividades públicas tendentes a realizar concreta, direta e indiretamente os fins desejados do Estado".

---

1. Conceito é diferente de definição. Conceito é "uma ideia geral e abstrata". Definição é a "operação do espírito consistente em determinar a compreensão caracterizando um conceito" (André Lalande). O conceito é uma ideia; a definição é o processo de enunciar corretamente essa ideia. Vamos entender melhor. Tome como exemplo a licitação. Qualquer iniciante sabe o "conceito" de licitação, ou seja, a ideia geral por trás do nome: uma disputa, uma competição, um rito. Agora, a definição correta de licitação exige muito mais conhecimento (procedimento administrativo concorrencial estabelecido pelo Estado para escolha de seus contratados), tanto que sempre estudamos definições elaboradas pelos grandes autores. Curioso perceber que os editais de concurso, por exemplo, costumam listar os subitens do tema licitação iniciando com "conceito de licitação", quando na verdade deveriam dizer "definição de licitação". Isso mostra que, quase sempre, a diferença entre conceito e definição pode ser desconsiderada.
2. *Curso de direito administrativo*, p. 37.
3. *Direito administrativo brasileiro*, p. 38.

Maria Sylvia Zanella Di Pietro põe em evidência como objeto do Direito Administrativo os órgãos, agentes e pessoas integrantes da Administração Pública no campo jurídico não contencioso: "o ramo do Direito Público que tem por objeto os órgãos, agentes e pessoas jurídicas administrativas que integram a Administração Pública, a atividade jurídica **não contenciosa** que exercer e os bens de que se utiliza para a consecução de seus fins, de natureza pública"[4].

A prova de Técnico da Receita Federal/2003 feita pela Esaf considerou CORRETA a afirmação: "No conceito de Direito Administrativo, pode-se entender ser ele um conjunto harmonioso de normas e princípios, que regem relações entre órgãos públicos, seus servidores e administrados, no concernente às atividades estatais, mas não compreendendo a regência de atividades contenciosas".

Bastante inovador, o conceito de José dos Santos Carvalho Filho gira em torno das relações jurídico-administrativas: "o conjunto de normas e princípios que, visando sempre ao interesse público, regem as relações jurídicas entre as pessoas e órgãos do Estado e entre este e as coletividades a que devem servir"[5].

Para concursos públicos, o conceito mais adequado parece ser o que combina os três elementos mencionados pelos referidos autores: a natureza de Direito Público; o complexo de princípios e regras; e a função administrativa, que engloba os órgãos, agentes e pessoas da Administração.

Assim, Direito Administrativo é o ramo do Direito Público que estuda[6] princípios e regras reguladores do exercício da função administrativa.

1.2 TAXINOMIA DO DIREITO ADMINISTRATIVO

Taxinomia é a natureza jurídica de determinado instituto do Direito. Indicar a natureza jurídica consiste em apontar a qual grande categoria do Direito o instituto pertence. Quando se trata de um ramo do Direito, a indagação sobre sua natureza jurídica resume-se em classificá-lo como ramo do Direito Público ou do Direito Privado.

Os ramos do Direito Público estudam a disciplina normativa do Estado. São de Direito Público os seguintes ramos: Administrativo, Tributário, Constitucional, Eleitoral, Penal, Urbanístico, Ambiental, Econômico, Financeiro, Internacional Público, Internacional Privado, Processo Civil, Processo Penal e Processo do Trabalho.

---

4. *Direito administrativo*, p. 47.
5. *Manual de direito administrativo*, p. 8.
6. Ao afirmar que o Direito Administrativo "estuda" os princípios e regras, adotei uma postura metodológica que considera o ramo do direito como uma ciência explicativa das regras jurídicas. Há quem prefira falar do Direito Administrativo como o próprio conjunto de princípios e regras, destacando o objeto da ciência (é a opção feita por Hely Lopes Meirelles no conceito acima referido quando assevera que o Direito Administrativo "é o conjunto de princípios jurídicos"). A possibilidade de adoção dessas duas posturas revela a dualidade entre o *direito como ciência* e o *direito como objeto da ciência*.

Por outro lado, pertencem ao Direito Privado os ramos voltados à compreensão do **regramento jurídico dos particulares**.

> A prova de Procurador de Fortaleza elaborada pelo Cespe considerou ERRADA a afirmação: "A regulação das relações jurídicas entre agentes públicos, entidades e órgãos estatais cabe ao Direito Administrativo, ao passo que a regulação das relações entre Estado e sociedade compete aos ramos do Direito Privado, que regulam, por exemplo, as ações judiciais de responsabilização civil do Estado".

Atualmente, enquadram-se nessa categoria o Direito Civil, o Empresarial e o do Trabalho[7].

Não há dúvida de que o **Direito Administrativo** é **ramo do Direito Público**, na medida em que seus princípios e regras regulam o exercício de atividades estatais, especialmente a função administrativa.

> A prova da Magistratura/PE considerou CORRETA a afirmação: "Entre os ramos da ciência jurídica, o Direito Administrativo pertence ao Direito Público Interno".

1.3 DIREITO ADMINISTRATIVO *VERSUS* CIÊNCIA DA ADMINISTRAÇÃO

Em que pese a proximidade entre os dois ramos do conhecimento, é importante não confundir Direito Administrativo com a **Ciência da Administração**. Esta consiste no estudo das **técnicas** e estratégias para melhor **planejar, organizar, dirigir e controlar a gestão governamental**. O certo é que o Direito Administrativo define os limites dentro dos quais a gestão pública (Ciência da Administração) pode ser validamente realizada.

Quadro comparativo entre Direito Administrativo e Ciência da Administração

Direito Administrativo	Ciência da Administração
Ramo jurídico	Não é ramo jurídico
Estuda princípios e regras de direito	Estuda técnicas de gestão pública
Ciência deontológica (normativa)	Ciência social
Fixa limites para a gestão pública	Subordina-se às regras do Direito Administrativo

1.4 ADMINISTRAÇÃO BUROCRÁTICA *VERSUS* ADMINISTRAÇÃO GERENCIAL

Exigida em alguns concursos públicos recentes, a diferença entre o modelo de administração burocrática e o modelo de administração gerencial não é

7. Há quem sustente, entretanto, que o Direito do Trabalho seria ramo do Direito Público. Mas tal posição é minoritária.

propriamente tema do Direito Administrativo, mas da **Ciência da Administração**. O interesse das bancas de concurso nessa distinção baseia-se no pressuposto de que os institutos tradicionais do **Direito Administrativo brasileiro** refletem o **modelo de administração burocrática**[8], marcado pelas seguintes características: a) toda autoridade baseada na legalidade; b) relações hierarquizadas de subordinação entre órgãos e agentes; c) competência técnica como critério para seleção de pessoal; d) remuneração baseada na função desempenhada, e não nas realizações alcançadas; e) controle de fins; f) ênfase em processos e ritos.

Com o advento da reforma administrativa promovida pela Emenda Constitucional n. 19/98[9] e fortemente inspirada em uma concepção neoliberal de política econômica, pretendeu-se implementar outro modelo de administração pública: a **administração gerencial**.

> CUIDADO: Saiba que o modelo da administração gerencial, inspirador da Emenda n. 19/98, é acusado por muitos administrativistas de servir como pretexto para diminuir os controles jurídicos sobre a Administração Pública. Aparentemente simpática, a ideia de administração gerencial pressupõe administradores públicos éticos, confiáveis, bem-intencionados... uma raridade no Brasil!

A administração gerencial (ou governança consensual) objetiva atribuir maior agilidade e eficiência na atuação administrativa, enfatizando a **obtenção de resultados**, em detrimento de processos e ritos, e estimulando a participação popular na gestão pública. Diversos institutos de Direito Administrativo refletem esse modelo de administração gerencial como o princípio da eficiência, o contrato de gestão, as agências executivas, os instrumentos de parceria da Administração, a redução de custos com pessoal, descentralização administrativa etc.

> **A prova de Delegado da PC/AC elaborada pelo Ibade considerou ERRADA a afirmação: "A Administração Pública Gerencial, também denominada de racional, tem como uma de suas características marcantes o acentuado controle sobre processos, tendo o concurso público, a licitação, a desapropriação e o processo administrativo disciplinar como alguns de seus institutos ícones".**

A noção central da administração gerencial é o **princípio da subsidiariedade**, pelo qual não se deve atribuir ao Estado senão as atividades de exercício inviável pela iniciativa privada.

8. O mais importante estudioso do modelo de administração burocrática foi o sociólogo alemão Max Weber.

9. Promulgada no governo Fernando Henrique Cardoso na onda do processo de privatizações, a Emenda Constitucional n. 19/98 promoveu mudanças no Direito Administrativo constitucional pautadas pela lógica empresarial da eficiência e pelo modelo neoliberal do Estado mínimo. A baixa qualidade técnica das reformas propostas e a antipática insistência em reduzir controles legais tornaram a Emenda n. 19/98 um diploma mal visto pelos administrativistas.

Quadro comparativo entre a administração burocrática e a administração gerencial		
	Administração burocrática	**Administração gerencial**
Período-base	Antes de 1998	Após 1998
Norma-padrão	Lei n. 8.666/93	Emenda n. 19/98
Paradigma	A lei	O resultado
Valores-chave	Hierarquia, forma e processo	Colaboração, eficiência e parceria
Controle	Sobre meios	Sobre resultados
Institutos relacionados	Licitação, processo administrativo, concurso público e estabilidade	Contrato de gestão, agências executivas e princípio da eficiência
Característica	Autorreferente	Orientada para o cidadão

1.4.1 "Estado em rede"

A teoria do "Estado em rede" foi criada como uma tentativa de **aperfeiçoamento no modelo da administração pública gerencial**. Superando a simples busca por resultados, o Estado em rede visa realizar uma **gestão para a cidadania**, transformando os indivíduos de destinatários das políticas públicas em "protagonistas na definição das estratégias governamentais". Seu principal desafio é incorporar a participação da sociedade civil organizada na priorização e na implementação de estratégias governamentais, fomentando a **gestão regionalizada** e a **gestão participativa**, por meio de institutos como consultas e **audiências públicas**.

> A prova de Delegado da PC/AC elaborada pelo Ibade considerou CORRETA a afirmação: "O denominado 'Estado em Rede' tem como uma de suas características marcantes a viabilização da participação do cidadão na atuação administrativa do Estado. Neste contexto, as audiências públicas e as consultas públicas podem ser apontadas como exemplos deste modelo".

1.5 CARACTERÍSTICAS TÉCNICAS DO DIREITO ADMINISTRATIVO

Analisando o Direito Administrativo francês, **Jean Rivero**[10] identificou três características técnicas fundamentais do referido ramo[11]:

a) o **Direito Administrativo é um ramo recente**: desenvolveu-se somente a partir do **século XIX**;

> A prova da Magistratura Federal da 1ª Região considerou CORRETA a afirmação: "Costuma-se indicar o sítio histórico do advento do Direito Administrativo, como ramo autônomo, entre o fim do século XVIII e o início do século XIX".

10. Jean Rivero (pronuncia-se "*jan riverrô*") (França, 1910-2001): importante administrativista francês, foi professor honorário da Universidade de Paris, dedicou especial atenção ao estudo do Direito Administrativo Comparado. Sugestão de leitura: *Direito administrativo*, em português, Editora Almedina.

11. *Direito administrativo*, p. 35-37.

b) **o Direito Administrativo não foi codificado:** na França, país de Rivero, assim como no Brasil, o Direito Administrativo não está unificado em um código próprio, e sim disciplinado em leis esparsas. Entretanto, temos no Brasil alguns diplomas normativos que se caracterizam como verdadeiras codificações parciais: conferem sistematização a grupos específicos de assuntos, como é o caso do Código Aeronáutico (Lei n. 7.565/86), do Código de Águas (Decreto n. 24.643/34) e da Lei do Processo Administrativo (Lei n. 9.784/99);

c) **o Direito Administrativo é largamente jurisprudencial:** ao apresentar essa característica, Rivero tem em vista o sistema francês do contencioso administrativo, bastante diferente do modelo adotado no Brasil. Na França, as causas de interesse da Administração Pública não são julgadas pelo Poder Judiciário, mas por um complexo autônomo de órgãos administrativos cujas decisões ajudaram a desenhar a feição que o Direito Administrativo tem no mundo moderno. A influência da jurisprudência do contencioso administrativo francês sobre o Direito Administrativo no Brasil foi bastante significativa, especialmente em temas como teoria do desvio de poder, teoria dos motivos determinantes, contratos administrativos e responsabilidade do Estado. Porém, no Brasil, onde não existe o contencioso administrativo, já que todas as causas são decididas pelo Poder Judiciário (modelo inglês da jurisdição una), o **Direito Administrativo baseia-se diretamente na lei**, sendo bem menos expressiva a influência das decisões judiciais para a compreensão das questões de **Direito Administrativo**.

> A prova da Magistratura do Paraná elaborada pelo TJ-PR considerou CORRETA a afirmação: "A primeira cadeira de Direito Administrativo no Brasil foi criada em 1851 e com a implantação da República acentuou-se a influência do Direito Público norte-americano, adotando-se todos os postulados do rule of law e do judicial control".

Adaptando as considerações de Rivero à nossa realidade, podemos concluir que o Direito Administrativo no Brasil possui quatro características técnicas fundamentais:

1ª) é um ramo recente;

2ª) não está codificado, pois sua base normativa decorre de legislação esparsa e codificações parciais;

3ª) adota o modelo inglês da jurisdição una como forma de controle da administração;

4ª) é influenciado apenas parcialmente pela jurisprudência, uma vez que as manifestações dos tribunais exercem, como regra, apenas influência indicativa. Diferente do nosso modelo da civil law, no sistema norte-americano do *stare decisis* as decisões judiciais criam precedentes com força vinculante para casos futuros (*common law*).

> A prova da Magistratura do Paraná elaborada pelo TJ-PR considerou ERRADA a afirmação: "O Direito Administrativo tem como fontes a lei, a doutrina, os costumes e a jurisprudência, vigorando entre nós, desde o início da República, dada a influência sofrida do Direito norte-americano, o princípio do stare decisis".

Floriano Peixoto de Azevedo Marques ensina que não existem exemplos de modelos puros de utilização da *civil law* (base romanística) ou da *common law*, mas um predomínio de um ou de outro: "É que, na França, por exemplo, que tem um ordenamento jurídico de base romanística, tem seu Direito Administrativo grandemente apoiado nos precedentes da jurisdição administrativa. Dúvida houvesse e bastaria lembrar o caráter angular que tem o 'arrêt' Blanco (1863). Nos Estados Unidos, por sua vez, que têm um ordenamento pautado pelas diretrizes da *common law*, o eixo angular do que por lá se designa por *Administrative Law* é uma lei, a *Administrative Procedure Act*". E sobre o caso do Brasil, conclui o autor: "Na verdade, o Direito Administrativo brasileiro é um peculiar fruto de um sincretismo entre os dois sistemas".

No entanto, a criação no Brasil das chamadas Súmulas Vinculantes (art. 103-A da CF), promovida pela Emenda Constitucional n. 45/2004, modificou significativamente a importância sistêmica dos precedentes judiciais como fonte do Direito Administrativo brasileiro. Antes da EC n. 45/2004, a jurisprudência era uma referência indicativa para o processo decisório da Administração, agora, por decisão de dois terços dos membros do STF, após reiteradas decisões sobre matéria constitucional, pode ser aprovada súmula com efeito vinculante em relação ao Judiciário e à **Administração Pública direta e indireta** (art. 103-A da CF). Com isso, as decisões judiciais, pelo menos aquelas condensadas em súmulas vinculantes, adquiriram força normativa cogente para a Administração Pública. Mas cuidado: mesmo com o advento das súmulas vinculantes, a lei ("bloco da legalidade") ainda ocupa com exclusividade o *status* de fonte primária do Direito Administrativo brasileiro.

1.6 CRITÉRIOS PARA DEFINIÇÃO DO OBJETO DO DIREITO ADMINISTRATIVO

Acabamos de ver que o Brasil nunca adotou o modelo francês de controle, mas nosso Direito Administrativo foi muito influenciado pelas decisões do contencioso daquele país. Lembre que na França as causas de interesse da Administração cabem, não ao Poder Judiciário, mas a um conjunto independente de órgãos administrativos (contencioso administrativo).

Assim, na França sempre foi fundamental identificar um critério específico capaz de estabelecer os assuntos que integram o direito da Administração Pública para saber quais causas cabem ao Poder Judiciário e quais serão julgadas pelo contencioso.

Além disso, o esforço de conceituação do Direito Administrativo, e consequente identificação de seu objeto, cumpriu ainda duas funções básicas na história: afirmar a autonomia do Direito Administrativo-ciência como ramo investigativo, diferenciando-o da Ciência da Administração e do Direito Constitucional; reconhecer a existência do Direito Administrativo-norma como complexo normativo especial[12].

Em síntese, a busca por um critério capaz de estabelecer o objeto e definir o conceito do Direito Administrativo cumpriu historicamente, em especial durante o século XIX e início do XX, três funções fundamentais:

a) identificar as causas de competência do contencioso administrativo francês;

b) afirmar a autonomia do Direito Administrativo-ciência;

c) reconhecer a existência do Direito Administrativo-norma como fenômeno normativo específico.

Sendo atualmente consensuais a autonomia científica e a existência do Direito Administrativo como complexo normativo específico, a abordagem conceitual perdeu ênfase e mudou de foco passando modernamente a atender outras finalidades. Para Fernando Menezes de Almeida[13], a busca de um conceito de Direito Administrativo cumpre hoje dupla função:

a) reforçar a percepção da Administração Pública enquanto fenômeno jurídico;

b) substituir uma investigação mais formal do conceito por uma investigação sobre o conteúdo do Direito Administrativo.

Vamos estudar agora quais os critérios identificados pela doutrina para definir o Direito Administrativo.

Diogenes Gasparini[14] menciona seis critérios/correntes principais para definição do objeto do Direito Administrativo: legalista, do Poder Executivo, das relações jurídicas, do serviço público, teleológico e residual. Podemos acrescentar ainda os critérios da hierarquia e da atividade não contenciosa. Desse modo, é possível falar ao todo em **oito critérios ou correntes principais** para conceituação do Direito Administrativo:

1) **critério legalista, exegético, francês, empírico ou caótico:** tipicamente associado ao modelo francês do contencioso administrativo, o critério legalista foi defendido pela "Escola da Exegese", que teve como expoentes os franceses Barão de Gerando, Macarel, Foucart, De Courmenin, Dufour, Batbie e, no Brasil, Pimenta Bueno[15]. De acordo com o critério legalista, o objeto do Direito Administrativo corresponde à somatória das leis administrativas existentes no

---

12. Fernando Menezes de Almeida, *Conceito de direito administrativo*, p. 15, Enciclopédia Jurídica da PUCSP, Tomo 2.
13. *Conceito de direito administrativo*, p. 15, Enciclopédia Jurídica da PUCSP, Tomo 2.
14. *Direito administrativo*, p. 3-6.
15. Maria Sylvia Zanella di Pietro, *Direito administrativo*, p. 54.

país em dado momento histórico. Em outras palavras, o Direito Administrativo seria sinônimo de direito positivo[16]. O critério legalista e a Escola da Exegese, explica Maria Sylvia Zanella di Pietro, foram fruto de um momento histórico peculiar, a era das grandes codificações, durante todo o século XIX, sem condições de prosperar com as mudanças ocorridas no início do século XX[17].

CRÍTICA: o critério exegético é reducionista. De um lado, porque transfere ao legislador (que não é técnico) a tarefa de delimitar o objeto do Direito Administrativo; de outro, desconsidera a existência dos princípios implícitos e das demais fontes normativas reconhecidas pelo ordenamento, como a doutrina, a jurisprudência e os costumes. Evidentemente, o Direito Administrativo não se esgota nas leis e regulamentos administrativos[18].

2) critério do Poder Executivo: vincula o Direito Administrativo ao complexo de leis disciplinadoras da atuação do **Poder Executivo.**

CRÍTICA: o equívoco desse critério é evidente, pois deixa de considerar que o Poder Executivo desempenha atipicamente atividades legislativas e jurisdicionais, cujo estudo não cabe ao Direito Administrativo, mas ao Direito Constitucional e ao Direito Processual, respectivamente. Além disso, a função administrativa também é desempenhada, ainda que excepcionalmente, pelo Legislativo, Judiciário, Ministério Público, Tribunal de Contas, Defensoria e até particulares por delegação estatal (concessionários e permissionários).

3) critério das relações jurídicas: com base neste critério, pretende-se definir o Direito Administrativo como a disciplina das relações jurídicas entre a Administração Pública e o particular.

CRÍTICA: a insuficiência do critério é clara, em primeiro lugar, porque todos os ramos de Direito Público possuem relações jurídicas semelhantes entre o Poder Público e particulares, tornando-se impossível distinguir, só com base neste critério, qual relação jurídica pertence ao Direito Administrativo ou ao Constitucional, ao Processo Civil, ao Direito Penal etc. Além disso, muitas atuações administrativas são unilaterais não se enquadrando no padrão de um vínculo intersubjetivo, como é o caso da expedição de atos normativos e da gestão de bens públicos. Ademais, são frequentes os casos de situações subjetivas ativas ou passivas não relacionais[19].

---

16. Idem.

17. Idem.

18. José Cretella Júnior, apud Maria Sylvia Zanella di Pietro, idem.

19. Situação subjetiva ativa é toda posição de vantagem que o ordenamento cria em favor de determinada pessoa; enquanto a situação subjetiva passiva é toda posição de desvantagem estabelecida pela ordem jurídica. Um exemplo simples de entender é o contrato de locação. Nele, o locador ocupa a posição subjetiva ativa (credor) e o locatário, a posição subjetiva passiva (devedor). A locação, porém, é um caso clássico de relação jurídica bilateral em que o locador tem um "direito subjetivo" (situação ativa) ao cumprimento do "dever" (situação passiva) de pagamento pelo locatário. Não havendo pagamento, o locador pode fazer valer judicialmente o seu direito subjetivo. Pense agora em casos mais difíceis: "ônus" da prova no Direito Processual; "prerrogativa"

4) critério do serviço público: considera que o Direito Administrativo tem como objeto a disciplina jurídica dos serviços públicos. Na França, o critério do serviço público foi muito utilizado na primeira metade do século XX para definir o objeto do Direito Administrativo e, por consequência, fixar as competências do contencioso administrativo daquele país. Em torno da ideia da centralidade do serviço público como eixo fundamental do Direito Administrativo formou-se na França a famosa "Escola do Serviço Público" ou "Escola de Bordeaux", liderada por Leon Duguit, tendo importantes doutrinadores como Gaston Jèze, Laferrière e Rolland.

CRÍTICA: serviço público é uma atividade estatal ampliativa, criadora de benefícios materiais aos destinatários (usuários), tais como saúde pública, educação, saneamento, energia elétrica e fornecimento de água. Embora no desenrolar do século passado, especialmente após a Primeira Guerra Mundial (1914 a 1918), os países orientados à construção de um Estado Social (*Welfare State*, Estado de Bem-Estar ou Estado-Providência), como o Brasil, tenham ampliado significativamente o rol de serviços públicos disponibilizados à população, criando um verdadeiro "Estado Prestador", as tarefas estatais restritivas (segurança pública, poder de polícia, fiscalização) não foram abandonadas pelo Poder Público. No século XX, o Estado-Prestador (atuações ampliativas) não substituiu completamente o Estado-Polícia (atuações restritivas), mas passou a existir um equilíbrio entre essas duas faces do Poder Público: prestador de serviços público e limitador das liberdades individuais. Assim, fica fácil compreender que o critério do serviço público mostra-se insuficiente para definir o objeto do Direito Administrativo na medida em que a Administração Pública moderna desempenha muitas atividades de outra natureza, como o poder de polícia, a exploração direta de atividade econômica (art. 173 da CF/88) e as atuações de fomento (incentivo a determinados setores sociais).

5) critério teleológico ou finalístico: afirma que o objeto do Direito Administrativo compreende as atividades que permitem ao Estado alcançar seus fins.

CRÍTICA: o critério é evidentemente inconclusivo em razão da dificuldade em definir quais são os fins do Estado.

6) critério negativista ou residual: sendo difícil identificar um critério único capaz de definir o objeto do Direito Administrativo, é comum encontrar estudiosos sustentando que o ramo somente pode ser conceituado residualmente ou

---

de servidor público; "expectativa de direito" à nomeação de candidato em concurso público; "interesse" de agir no processo civil; "interesse legítimo" ao respeito à coisa pública. Ônus, prerrogativa, expectativa de direito, interesse e interesse legítimo também são situações subjetivas. O ônus é uma situação subjetiva passiva; os demais, situações subjetivas ativas. Mas note que são situações subjetivas unilaterais (não relacionais) criadas pelo Direito. Seus titulares, na verdade, vinculam-se com o ordenamento. São fragmentos de relações jurídicas, ou relações incompletas por falta de alteridade (existência do outro polo). No processo civil, por exemplo, o autor tem o ônus de provar fatos constitutivos de seu direito (art. 373 do CPC), mas não há credor desse ônus. O descumprimento do ônus tem o efeito apenas de privar seu titular da fruição de determinada vantagem. Trataremos melhor do tema no capítulo 11 deste *Manual*.

por exclusão, nesse sentido caberiam ao Direito Administrativo todos os temas de Direito Público não pertencentes ao objeto de outro ramo jurídico.

CRÍTICA: toda conceituação baseada em critério residual é, por natureza, insatisfatória. Imagine, por exemplo, definir a função administrativa como o conjunto de atividades estatais, excetuando a legislação e a jurisdição. Nada é dito objetivamente sobre a função administrativa em si. Na tentativa de revelar *o que o Direito Administrativo é*, o critério residual limita-se a indicar *o que ele não é*.

> A prova de Analista Judiciário do TJ-CE de 2014 elaborada pelo Cespe considerou ERRADA a afirmação: "Consoante o critério negativo, o Direito Administrativo compreende as atividades desenvolvidas para a consecução dos fins estatais, incluindo as atividades jurisdicionais, porém excluindo as atividades legislativas".

7) critério da hierarquia: entende que cabe ao Direito Administrativo o estudo dos órgãos públicos inferiores (destituídos de autonomia e dotados de atribuições meramente executórias) ao passo que o Direito Constitucional estudaria os órgãos públicos superiores (autônomos ou independentes, dotados de atribuições decisórias).

CRÍTICA: falha ao deixar de fora do conceito de Direito Administrativo toda a estrutura estatal descentralizada (como autarquias, empresas públicas, sociedades de economia mista etc.) cuja autonomia escapa da verticalização hierárquica comum na Administração centralizada.

8) critério da atividade não contenciosa: por esse critério, o Direito Administrativo estudaria o conjunto de atividades estatais não litigiosas (não contenciosas ou não resistidas) enquanto ao Direito Processual caberiam as atuações estatais envolvendo alguma espécie de lide.

CRÍTICA: embora boa parte da função administrativa seja de fato não contenciosa, há casos de atuação da Administração em que a litigiosidade é inegável, como no processo administrativo disciplinar e nos processos sancionatórios em geral (sanções a particulares no âmbito do poder de polícia ou punições a contratados). Além disso, se o critério da litigiosidade é útil para distinguir a atividade administrativa (não contenciosa) da atividade judicial (contenciosa), revela-se insatisfatório para diferenciar a função administrativa da função legislativa.

Na atualidade, não há consenso quanto ao critério mais apropriado para conceituar nosso ramo. Seguindo tendência iniciada na Alemanha, a doutrina europeia passou a dirigir seus esforços no sentido de sistematizar a matéria do Direito Administrativo, definindo seus institutos específicos e princípios informativos[20]. Dá-se o nome de **critério técnico-científico** a essa metodologia de investigação hoje amplamente majoritária. Seus expoentes são, na França, Maurice Hauriou, Henri Berthélemy, Leon Duguit, Gaston Jèze e Roger Bonnard.

---

20. Maria Sylvia Zanella di Pietro, *Direito administrativo*, p. 54.

Na Itália, Orlando, Enrico Presutti, Oreste Ranelleti, Attilio Bruniatti e Federico Cammeo. Entre os alemães, Otto Mayer, Carl Gerber, Sarwey e Loening. O critério técnico-científico também é o mais utilizado pelos administrativistas brasileiros[21].

1.7 PRINCIPAIS ESCOLAS DO DIREITO ADMINISTRATIVO

Com base nos diferentes critérios usados para delimitar o objeto e definir o conceito do Direito Administrativo, Diogo de Figueiredo Moreira Neto apresenta um panorama das diversas escolas administrativistas[22-23].

1) Escola Francesa: conhecida também como Escola legalista, clássica, exegética, empírica ou caótica, propõe um alcance restritivo do conceito de Direito Administrativo, limitando-o ao estudo das normas administrativas de determinado país. Como vimos, seus mais importantes defensores foram, na França, o Barão de Gerando, Macarel, Foucart, De Courmenin, Dufour, Batbie e, no Brasil, Pimenta Bueno. Assim, a Escola Francesa usa o critério legalista para conceituar o Direito Administrativo.

2) Escola Italiana: adepta igualmente de um conceito restritivo, compreende o Direito Administrativo como o ramo dedicado a estudar os atos do Poder Executivo. Seus principais expoentes são Lorenzo Meucci, Oreste Ranelletti e Guido Zanobini. A Escola Italiana vale-se do critério do Poder Executivo na conceituação do Direito Administrativo.

3) Escola do Serviço Público: chamada também de "Escola de Bordeaux", considera o Direito Administrativo como o estudo do conjunto de regras disciplinadoras dos serviços públicos. Na França, o serviço público foi utilizado na primeira metade do século XX para definir o objeto do Direito Administrativo e, por consequência, fixar as competências do contencioso administrativo daquele país. A Escola de Bordeaux tem entre seus adeptos Léon Duguit, Gaston Jèze e Bonnard. Segundo Maria Sylvia, a Escola inspirou-se na jurisprudência do Tribunal de Conflitos francês, especialmente no famoso Aresto Blanco (8 de fevereiro de 1873), a partir do qual se fixou a competência dos tribunais administrativos em função da prestação de serviços públicos. Na visão de Duguit (1859-1928), o Direito Público restringe-se à disciplina normativa dos serviços públicos, entendidos como a atividade ou organização, em sentido amplo, de todas as atuações

21. Idem.

22. O termo "Escola" é utilizado no sentido aristotélico de pensadores com afinidade intelectual. Obviamente, não se trata de uma instituição física localizada no tempo e no espaço. Segundo Jacques Chevallier, toda escola consiste na cristalização de um movimento artístico ou de uma corrente de pensamento com as seguintes características: a) coesão de ideias; b) continuidade; c) afinidade intelectual; d) existência de mecanismos de transmissão do saber (La fin des ecoles?, *Revue du Droit Public*, n. 3, p. 679-700).

23. *Curso de direito administrativo*, p. 44. A estrutura do quadro evolutivo e a conceituação das diferentes escolas é uma reprodução adaptada de trechos do citado administrativista.

estatais independentemente do regime jurídico[24]. Influenciado pela obra do sociólogo Émile Durkheim, Duguit adota uma visão mais ampla do serviço público como fato social, não se limitando à perspectiva estritamente jurídica, metodologia que explica seu conceito tão alargado. Gaston Jèze, ao contrário, conceitua serviço público como a atividade ou organização, em sentido estrito, de natureza material realizada pelo Estado para satisfazer as necessidades públicas e sujeitas ao Direito Administrativo[25]. A diferença conceitual entre os dois maiores expoentes da Escola de Bordeaux é notável. **Para Duguit, qualquer atividade atribuída ao Estado constitui serviço público**, de modo que o seu conceito inclui atuações materiais (serviço público em sentido estrito), restritivas (poder de polícia), legislativas e jurisdicionais. É um conceito excessivamente abrangente que agrupa sob o mesmo rótulo (serviço público) prestações estatais completamente distintas entre si. Já o **conceito de Jèze aproxima-se da noção atual de serviço público**, restringindo-o às atividades ampliativas submetidas ao regime jurídico-administrativo, de modo a excluir do conceito o poder de polícia (por não ser ampliativo), a legislação e a jurisdição (não são atuações materiais).

Pierre Marie Nicolas LÉON DUGUIT (4-2-1859 – 18-12-1928)	GASTON JÈZE (2-3-1869 – 5-8-1953)
Escola de Bourdeaux	Escola de Bourdeaux
Qualquer atividade estatal é serviço público (acepção ampla).	Somente atividade material para satisfação de necessidades públicas sob regime jurídico administrativo é serviço público (acepção estrita).
Poder de polícia, legislação, jurisdição e atividades econômicas atribuídas ao Estado são serviços públicos.	Poder de polícia, legislação, jurisdição e atividades econômicas. NÃO são serviços públicos
Perspectiva sociológica	Perspectiva jurídica

4) Escola da *"Puissance Publique*" (potestade pública) ou Escola de Toulouse: liderada por Maurice Hauriou (1856-1929), na França do século XIX, a Escola de Toulouse parte da distinção entre atividades de autoridade (atos de império) e atividades de gestão (atos de gestão)[26]. Nas atividades de autoridade, o Poder Público ocupa posição de superioridade ou verticalidade frente ao particular (hoje diríamos: atua com as prerrogativas decorrentes da supremacia do interesse público), sob o Direito Público, fazendo valer seu "*ius imperii*". Nas atividades de gestão, a Administração "desce do pedestal" e passa a relacionar-se com os particulares horizontalmente, em nível de igualdade, sem supremacia,

24. Maria Sylvia Zanella di Pietro, *Direito administrativo*, p. 74
25. Idem.
26. Idem, p. 73

sob o Direito Privado e destituída de suas prerrogativas[27]. A Escola de Toulouse é uma doutrina de meios na medida em que a Administração, para desempenhar suas missões, utiliza processos diferentes daqueles empregados pelos particulares.

5) Escola de Estrasburgo: menos conhecida no Brasil, a Escola de Estrasburgo completa o grupo das mais importantes escolas do Direito Público francês[28] (junto com as de Bourdeaux e Toulouse). Raymond Carré de Malberg (1º-11-1861 – 21-3-1935), um pensador estritamente positivista e seu mais notório integrante, considera o Estado uma potestade soberana, sendo a personificação jurídica da nação. Sustenta que o poder estatal ("*puissance publique*") não deriva de nenhum outro poder, tendo como única fonte de validade o "poder nacional". Promove, assim, uma negação do direito natural e da origem divina do poder. A preocupação central da obra de Carré de Malberg, no que diz respeito ao Direito Administrativo, é assegurar que a autoridade pública, ao relacionar-se com o particular, atue em conformidade com as leis existentes, devendo não só abster-se de agir *contra legem* (contra a lei) mas atue somente *secundum legem* (quando a lei autorizar). O ordenamento deve assegurar que as regras limitadoras que o Estado impôs a si mesmo (a lei é uma autolimitação estatal) possam ser invocadas pelos administrados, ante autoridade jurisdicional, com a finalidade de anular, reformar ou não aplicar atos administrativos ilegais, defendendo o cidadão contra a arbitrariedade das autoridades estatais[29].

Escola de Bourdeaux	Escola de Toulouse	Escola de Estrasburgo
Apogeu: França, século XX	Apogeu: França, século XIX	Apogeu: França, século XX
DA conceituado a partir do critério do serviço público	DA conceituado a partir do critério da potestade pública ("*puissance publique*")	Direito como limitação que o Estado impõe a si mesmo
Duguit, Jèze, Bonnard, Rolland	Hauriou, Laferrière, Batbie, Berthélemy, Vedel, Rivero	Carré de Malberg, Einsenmann, Burdeau, Prélot, Capitant
Concepção favorecida pela ampliação das atividades atribuídas ao *Welfare State* na primeira metade do século XX	Parte da distinção entre atividades de autoridade (atos de império, verticalidade, Direito Público) e atividades de gestão (atos de gestão, horizontalidade, Direito Privado)	O papel fundamental do Estado de Direito é proteger o cidadão contra o arbítrio das autoridades
Crítica: o critério do serviço público é insuficiente para conceituar o DA porque exclui do conceito atividades administrativas de outra natureza (poder de polícia, gestão de bens públicos, fomento)	Crítica: o critério da potestade pública é inadequado para conceituar o DA porque subtrai do conceito atuações administrativas ampliativas e/ou negociais (concessão, permissão, autorização, licença, alvará, contratos)	Crítica: a visão juspositivista, que só reconhece o direito positivo, pode legitimar ordenamentos jurídicos totalitários

27. Maria Sylvia Zanella di Pietro, *Direito administrativo*, p. 73
28. Jacques Chevallier, La fin des ecoles?, *Revue du Droit Public*, 1997, n. 3, p. 679-700.
29. Carré de Malberg, *Teoría general del estado*, p. 449.

6) Escola do Interesse Público: entende que a noção fundamental para conceituar o Direito Administrativo é a ideia de bem comum ou interesse público, cuja proteção seria a finalidade última do Estado. A Escola do Interesse Público emprega o critério teleológico ou finalístico em seu conceito de Direito Administrativo.

7) Escola do Bem Público: defendida por André Buttgenbach, entende que a noção-chave para conceituação do Direito Administrativo é a de bem público. A Escola do Bem Público parte do critério patrimonial para conceituar o Direito Administrativo.

8) Escola dos Interesses Coletivos: sustenta que a defesa dos interesses coletivos é a base para conceituar o Direito Administrativo. A Escola usa o critério do interesse público para conceituar o Direito Administrativo.

9) Escola Funcional: associa o conteúdo do Direito Administrativo ao estudo da função administrativa. A Escola vale-se do critério funcional na conceituação do Direito Administrativo.

10) Escola Subjetiva: defendida por autores como Ruy Cirne Lima e José Cretella Júnior, identifica como eixo conceitual do Direito Administrativo as pessoas, agentes, entidades e órgãos encarregados do exercício das atividades administrativas.

11) Escola Exegética: sustenta que o objeto do Direito Administrativo consiste na "compilação das leis existentes e a sua interpretação com base principalmente na jurisprudência dos tribunais administrativos"[30].

12) Escolas Contemporâneas: as escolas mais atuais tendem a utilizar diversos critérios combinados para oferecer um conceito mais abrangente de Direito Administrativo capaz de incluir todas as atividades desempenhadas pela Administração Pública moderna.

1.8 NORMAS, PRINCÍPIOS E REGRAS

Ao conceituar Direito Administrativo, afirmamos que é o ramo que estuda "princípios e regras". Cabe aqui um esclarecimento. Os estudos clássicos sobre o ordenamento jurídico tendem a adotar a expressão "regra jurídica" como um gênero que comporta duas espécies: os princípios e as normas[31]. Assim, a regra jurídica seria todo comando de conduta estabelecido pelo Direito. Tais regras, por sua vez, seriam de dois tipos: a) *princípios* – regras gerais norteadoras de todo o sistema jurídico; b) *normas* – comandos específicos de conduta voltados à disciplina de comportamentos determinados.

Autores mais modernos, entretanto, têm preferido abordar o problema de forma diversa[32]. **Norma jurídica** seria um **gênero**, dividido em **duas espécies:**

30. Cespe: Prova do TJ-CE.
31. *Vide*, por exemplo, Norberto Bobbio, *Teoria do ordenamento jurídico.*
32. É o caso de José dos Santos Carvalho Filho, *Manual de direito administrativo,* p. 18.

a regra (norma específica disciplinadora de comportamentos específicos) e o princípio (norma geral de conteúdo mais abrangente do que o da regra).

A mudança não é somente na nomenclatura, pois essa última forma de classificar os comandos jurídicos tem a vantagem de reforçar a ideia de que os **princípios administrativos também são normas dotadas de força cogente capaz de disciplinar o comportamento da Administração Pública.**

1.8.1 Diferenças entre princípios e regras

O Direito é uma *linguagem prescritiva* pois regula os comportamentos humanos comunicando normas obrigatórias. Essa linguagem prescritiva pode ser entendida em dois níveis diferentes: o plano do texto e o plano da norma. O texto é a forma; a norma é o conteúdo do texto. As leis (texto) veiculam normas jurídicas (conteúdo). Por meio da interpretação, o operador do Direito extrai a norma a partir do texto. Assim, um só diploma legal (por exemplo, o Estatuto do Servidor Público Federal – Lei n. 8.112/90) contém inúmeras regras. Essa distinção entre forma e conteúdo é indispensável para compreender muitos problemas de Direito Administrativo, como a diferença entre decreto (forma) e regulamento (conteúdo). O decreto é o continente (texto); o regulamento, o conteúdo (regra). Ou, no contexto do poder de polícia, a distinção entre as três modalidades de atos liberatórios: alvará, licença e autorização. Alvará é o veículo introdutor (forma) da licença (conteúdo, se o ato for vinculado) e da autorização (conteúdo, se discricionário o ato).

> DICA: "artigos", "parágrafos", "incisos" e "alíneas" são partes integrantes do texto (forma), e não da norma (conteúdo). Por isso, em exames orais ou provas escritas, evite falar "o art. x prescreve isso ou aquilo". Dê preferência por afirmar que "a norma do art. x prescreve isso ou aquilo": é tecnicamente mais correto.

Como todo ramo jurídico, o Direito Administrativo possui dois tipos de normas cogentes: os princípios e as regras.

Vamos ver alguns exemplos.

Legalidade, Impessoalidade, Moralidade, Publicidade e Eficiência são exemplos de princípios administrativos (art. 37, *caput*, da Constituição Federal):

"A administração pública direta e indireta de qualquer dos Poderes da União, dos Estados, do Distrito Federal e dos Municípios obedecerá aos princípios de *legalidade, impessoalidade, moralidade, publicidade e eficiência"*.

Diante da sua direta previsão no texto constitucional, esses cinco princípios são chamados de princípios expressos ou explícitos.

Pelo contrário, o disposto no art. 40, § 1º, II, da CF, segundo o qual os servidores públicos são aposentados compulsoriamente aos 75 anos de idade, é uma regra específica.

Podemos diferenciar princípios e regras a partir de vários critérios:

a) **quanto à abrangência:** os princípios disciplinam maior quantidade de casos práticos; enquanto as regras são aplicáveis a um número menor de situações concretas;

b) **quanto à abstração do conteúdo:** os princípios possuem um conteúdo mais geral dotado de acentuado nível de abstração; já as regras têm um conteúdo reduzido à disciplina de certas condutas;

c) **quanto à importância sistêmica:** os princípios sintetizam os valores fundamentais de determinado ramo jurídico; enquanto as regras não cumprem tal papel dentro do sistema, apenas regulam condutas específicas;

d) **quanto à hierarquia no ordenamento jurídico:** como consequência da distinção anterior, os princípios ocupam posição hierarquicamente superior perante as regras, prevalecendo sobre elas em caso de conflito; as regras posicionam-se abaixo dos princípios na organização vertical do ordenamento, tendo a validade de seu conteúdo condicionada à compatibilidade com os princípios;

e) **quanto à técnica para solucionar antinomias**[33]**:** os princípios enunciam valores fundamentais do ordenamento jurídico de modo que, havendo **colisão entre dois ou mais princípios**, emprega-se a **lógica da cedência recíproca**, aplicando-se ambos, simultaneamente, mas com os conteúdos mitigados; enquanto no **conflito entre regras** surge uma questão de validade, utilizando-se da **lógica do tudo ou nada**, de modo que uma regra é aplicada afastando a incidência da outra;

f) **quanto ao modo de criação:** os **princípios jurídicos** são revelados pela doutrina num processo denominado **abstração indutiva**, pelo qual as regras específicas são tomadas como ponto de partida para identificação dos valores fundamentais inerentes ao sistema (princípios). Desse modo, o papel desempenhado pelo legislador na criação de um princípio jurídico é indireto, pois, após criar as diversas regras do sistema, cabe à doutrina identificar os princípios fundamentais ali contidos; ao contrário das regras, que são criadas diretamente pelo legislador;

---

33. Antinomia é o conflito entre normas jurídicas dentro de determinado sistema. De acordo com Norberto Bobbio, existem três critérios para solucionar antinomias: 1) critério cronológico: norma posterior revoga norma anterior; 2) critério hierárquico: norma de nível superior revoga norma inferior; 3) critério da especialidade: norma especial revoga norma geral de dois princípios. Pode, entretanto, haver conflito entre os critérios. Se o conflito for *critério hierárquico x critério cronológico*, o hierárquico prevalece (se a norma anterior superior é antinômica em relação à norma posterior inferior, prevalece a norma anterior superior). Se o conflito for *critério da especialidade x critério cronológico*, prevalece o critério da especialidade (se a norma anterior especial é incompatível com uma norma posterior geral, prevalece a norma anterior especial). Mas se o conflito for *critério hierárquico x critério da especialidade*, não existe uma solução predefinida (se norma superior geral entra em conflito com norma inferior especial, como os dois critérios são fortes, a melhor saída somente poderá ser avaliada diante do caso concreto). Norberto Bobbio, *Teoria do ordenamento jurídico*, p. 105-110.

g) **quanto ao conteúdo prescritivo:** os princípios têm conteúdo valorativo que, muitas vezes, não prescreve uma ordem específica para regulação de comportamentos; enquanto o conteúdo das regras sempre se expressa por meio de um dos três modais deônticos existentes: permitido, proibido e obrigatório. Toda regra jurídica permite, proíbe ou obriga determinada conduta humana.

Modais deônticos são os conteúdos lógicos possíveis de uma norma jurídica: permitido (representado, em termos lógicos, pela letra P), proibido (letra V, inicial de *verboten,* palavra alemã que significa proibido) e obrigatório (O).

Podemos sintetizar as semelhanças e diferenças entre princípios e regras na seguinte tabela comparativa:

Comparação entre princípios e regras		
	Princípios	**Regras**
Força cogente	Força cogente máxima	Força cogente máxima
Abrangência	Atingem maior quantidade de casos práticos	Disciplinam menos casos
Abstração do conteúdo	Conteúdo mais geral	Conteúdo mais específico
Importância sistêmica	Enunciam valores fundamentais do sistema	Somente disciplinam casos concretos
Hierarquia no ordenamento	Hierarquia superior	Hierarquia inferior
Técnica para solucionar antinomias	Cedência recíproca	Lógica do tudo ou nada
Modo de criação	Revelados pela doutrina	Criadas diretamente pelo legislador
Conteúdo prescritivo	Podem não ter modal deôntico	Sempre têm no conteúdo um modal deôntico: "permitido", "proibido" ou "obrigatório"

Importante destacar que, segundo Diogo de Figueiredo Moreira Neto, os princípios são capazes de produzir as seguintes espécies de eficácia:

1) **eficácia imediata dirimente:** consiste em suprimir a produção de efeitos de normas e atos concretos incompatíveis com o princípio;

2) **eficácia imediata impediente ou redutora:** impede em parte a produção de efeitos de normas e atos concretos parcialmente incompatíveis com o conteúdo do princípio;

3) **eficácia mediata axiológica:** afirma na ordem jurídica os valores por ela protegidos;

4) **eficácia mediata monogenética:** ao reforçar determinados fundamentos finalístico-valorativos, o princípio contribui para a formação de novos princípios e preceitos específicos;

5) **eficácia mediata otimizadora:** orienta a interpretação de preceitos normativos, permitindo a mais ampla e completa aplicação de seu conteúdo valorativo;

6) **eficácia mediata sistêmica:** interconecta o conteúdo de todos os preceitos do ordenamento, garantindo unidade e coerência ao sistema;

7) **eficácia mediata integrativa:** diz respeito ao preenchimento de lacunas.

1.9 OBJETO IMEDIATO E MEDIATO DO DIREITO ADMINISTRATIVO

O Direito Administrativo é um ramo científico que estuda uma parcela das normas componentes do ordenamento jurídico, a saber: as normas que disciplinam o exercício da função administrativa. Assim, o **objeto imediato** do Direito Administrativo são os **princípios e regras** que regulam a função administrativa. Por sua vez, as normas e os princípios administrativos têm por objeto a disciplina das **atividades, agentes, pessoas e órgãos da Administração Pública**, constituindo o **objeto mediato do Direito Administrativo.**

1.10 DIREITO ADMINISTRATIVO COMO "DIREITO COMUM"

A complexidade das relações sociais e o desenvolvimento do conhecimento jurídico são fatores fundamentais para o processo de especialização dos ramos do Direito. Com o passar do tempo, um único ramo jurídico vai se subdividindo e dando origem a novas ramificações. Cumpre relembrar que o Direito em si é uno e indivisível, mas didaticamente as matérias podem ser organizadas em blocos separados para facilitar seu estudo.

Após o desmembramento e a criação de uma nova disciplina jurídica, o "ramo-mãe" permanece servindo de referência externa para a solução de questões que não possam ser resolvidas pela técnica própria do ramo especializado. Os casos mais importantes envolvem problemas de integração normativa. **Integração** é o processo técnico-jurídico utilizado para **preencher lacunas** em determinado ramo. Lacunas são hiatos na lei, espaços em branco, ausência de norma apropriada para resolver um caso concreto. Fala-se também na integração como o processo de colmatação (colmatação é a solução de um caso concreto mediante o preenchimento da lacuna jurídica) das lacunas. Nesse contexto, surge o conceito de "**direito comum**" **– fonte à qual se deve recorrer para suprir lacuna existente em ramo especializado.** Por ser o nascedouro de todos os ramos privatísticos, o **Direito Civil é o direito comum dos ramos de Direito Privado.** Assim, por exemplo, havendo uma lacuna no Direito Empresarial incapaz de ser preenchida mediante soluções internas desse ramo, cabe ao operador do Direito recorrer às regras análogas de Direito Civil.

Ocorre que conhecida repartição didático-científica do Direito em dois blocos, Direito Público e Direito Privado, cria uma ressalva nesse processo de importação de soluções (integração). Assim, se um ramo é de Direito Público, não faz sentido recorrer às normas análogas presentes no Direito Civil. As soluções jurídicas aplicáveis a problemas privados não servem de modelo para dirimir adequadamente controvérsias que envolvem o Estado. São às normas e aos princípios administrativos que o operador do Direito deve recorrer na hipótese de lacuna nos ramos juspublicísticos. **O Direito Administrativo é o direito comum dos ramos do Direito Público.**

1.11 PRESSUPOSTOS DO DIREITO ADMINISTRATIVO

O surgimento do Direito Administrativo, entendido como complexo de regras disciplinadoras da atividade administrativa, somente foi possível devido a dois **pressupostos fundamentais**: 1) a **subordinação do Estado às regras jurídicas**, característica surgida com o advento do Estado de Direito e 2) a existência de **divisão de tarefas entre os órgãos estatais**. Dito de outro modo, a noção de Estado de Direito e a concepção da Tripartição de Poderes têm *status* de *conditio sine qua non* para a existência do Direito Administrativo.

Historicamente não havia sentido falar em um Direito Administrativo durante a Idade Média, período característico do Estado Absolutista (ou Estado de Polícia), em que inexistiam regras jurídicas colocadas acima da vontade dos monarcas. Foi somente após a **Revolução Francesa**, em **1789**, que o fortalecimento dos *Parlamentos* criou condições para estabelecerem-se regras limitadoras da atuação da Administração Pública. Ocorrida pouco antes da Revolução Francesa, no mesmo século XVIII, tem sido também apontada pelos estudiosos como decisiva para o nascimento da ideia de um Direito Administrativo a publicação da obra *O espírito das leis* (*L'esprit des lois*, **1748**), de Charles-Louis de Secondat, ou Charles de Montesquieu, mais conhecido como **Barão de Montesquieu**, na qual o autor defendeu a necessidade de uma distribuição do poder estatal entre órgãos distintos como um antídoto contra a concentração de poderes e os abusos que caracterizavam as monarquias absolutistas. Segundo Montesquieu, a experiência dos povos evidencia que quem tem o poder possui uma tendência a dele abusar, pondo em risco a liberdade do homem. Assim, torna-se necessário frear essa inclinação natural por meio de um sistema de controle do poder pelo poder. Muitos autores afirmam que Montesquieu não teria sido o primeiro a idealizar a tripartição de poderes, sendo comum apontar *A república* (século IV a.C.), de Platão, e os *Tratados sobre governos civis* (1689), do empirista inglês John Locke, como as verdadeiras origens da famosa teoria. Parece inegável, todavia, que a aceitação universal da repartição dos poderes estatais entre órgãos distintos, admitida como eficiente instrumento de contenção de abusos, somente foi possível devido à obra de Montesquieu.

1.12 AUTONOMIA DO DIREITO ADMINISTRATIVO

Atualmente não existe mais controvérsia sobre a autonomia didática e científica do Direito Administrativo diante dos demais ramos jurídicos. A existência de um **objeto próprio** (regras de Direito disciplinadoras do exercício da função administrativa) e a existência de **princípios específicos** (legalidade, impessoalidade, moralidade etc.) são fatores suficientes para conferir ***status* de ramo autônomo.**

1.13 ESTADO, GOVERNO, PODER EXECUTIVO, ADMINISTRAÇÃO PÚBLICA, PODER EXECUTIVO E PODER PÚBLICO

O domínio dos conceitos de "Estado", "Governo", "Poder Executivo", "Administração Pública", "administração pública" (com minúscula) e "poder executivo" (com minúscula) é indispensável para compreensão de diversos temas do Direito Administrativo.

Estado é um povo situado em determinado território e sujeito a um **governo**. Nesse conceito despontam **três elementos**: a) **povo** é a dimensão pessoal do Estado, o conjunto de indivíduos unidos para formação da vontade geral do Estado. Povo não se confunde com *população*, conceito demográfico que significa contingente de pessoas que, em determinado momento, estão no território do Estado. É diferente também de *nação*, conceito que pressupõe uma ligação cultural entre os indivíduos; b) **território** é a base geográfica do Estado, sua dimensão espacial; c) **governo** é a cúpula diretiva do Estado. Indispensável, também, lembrar que o Estado organiza-se sob uma *ordem jurídica* que consiste no complexo de regras de direito cujo fundamento maior de validade é a **Constituição**. A *soberania* refere-se ao atributo estatal de não conhecer entidade superior na ordem externa, nem igual na ordem interna (Jean Bodin).

> A prova de Analista Judiciário TRT8 em 2016 elaborada pelo Cespe considerou CORRETA a afirmação: "Povo, território e governo soberano são elementos indissociáveis do Estado".
>
> A prova de Técnico de Administração/PA elaborada pelo Cespe considerou CORRETA a afirmação: "O Estado brasileiro é um ente personalizado formado pelos elementos povo, território e governo soberano".
>
> A prova de Promotor de Justiça/PR considerou CORRETA a afirmação: "Segundo o escólio de Celso Ribeiro Bastos Estado 'é a organização política sob a qual vive o homem moderno (...) resultante de um povo vivendo sobre um território delimitado e governado por leis que se fundam num poder não sobrepujado por nenhum outro externamente e supremo internamente'. Com base nesta definição podemos afirmar que os elementos fundamentais Povo, Território e Governo (Poder) ainda são os componentes básicos na constituição do Estado, segundo a doutrina".

Governo é um conceito que sofreu importante alteração de conteúdo. A concepção clássica considerava que governo era sinônimo de Estado, isto é, a somatória dos três Poderes: Legislativo, Executivo e Judiciário. Atualmente, porém, governo, em sentido subjetivo, é **a cúpula diretiva do Estado**, responsável pela condução dos altos interesses estatais e pelo **poder político**, e cuja composição pode ser modificada mediante eleições. Nesse sentido, pode-se falar em "governo FHC", "governo Lula". Na acepção objetiva ou material, governo é a **atividade diretiva do Estado**.

> A prova de Analista de Finanças elaborada pela Esaf considerou CORRETA a afirmação: "O poder político de um Estado é composto pelas funções legislativa, executiva e judicial e tem por características essenciais a unicidade, a indivisibilidade e a indelegabilidade".
>
> A prova de Delegado da PC/AC de 2017 elaborada pelo Ibade considerou ERRADA a afirmação: "Governo é pessoa jurídica de direito público que possui aptidão para titularizar direitos e contrair obrigações".

Poder Executivo é o complexo de órgãos estatais verticalmente estruturados sob direção superior do "chefe do Executivo" (Presidente da República, Governador ou Prefeito, dependendo da esfera federativa analisada). Junto com o Legislativo e o Judiciário, o Executivo compõe a tripartição dos Poderes do Estado.

Administração Pública (com iniciais maiúsculas) é um conceito que não coincide com Poder Executivo. Atualmente, o termo Administração Pública designa o **conjunto de órgãos e agentes estatais no exercício da função administrativa**, independentemente de serem pertencentes ao Poder Executivo, ao Legislativo, ao Judiciário, ou a qualquer outro organismo estatal (como Ministério Público e Defensorias Públicas). Assim, por exemplo, quando o Supremo Tribunal Federal constitui comissão de licitação para contratar determinado prestador de serviços, a comissão e seus agentes são da Administração Pública porque e enquanto exercem essa função administrativa.

MUITO IMPORTANTE (conceito fundamental): Administração Pública é o conjunto de órgãos e agentes estatais no exercício da função administrativa, independentemente do Poder a que pertençam.

Administração pública (com iniciais minúsculas) ou **poder executivo** (com minúscula) são expressões que designam a **atividade** consistente na **defesa concreta do interesse público**.

DICA: escrita com iniciais maiúsculas, "Administração Pública" é um conjunto de agentes e órgãos estatais; grafada com minúsculas, a expressão "administração pública" designa a atividade consistente na defesa concreta do interesse público.
Por isso, lembre: concessionários e permissionários de serviço público exercem administração pública, mas não fazem parte da Administração Pública.

Já o conceito de **Poder Público** em sentido orgânico ou subjetivo, segundo Diogo de Figueiredo Moreira Neto, é "o complexo de órgãos e funções, caracterizado pela coerção, destinado a assegurar uma ordem jurídica, em certa organização política considerada"[34]. Pode-se dizer que o autor considera Poder Público, em sentido subjetivo, como **sinônimo de Estado**. Porém, na **acepção funcional ou objetiva**, poder público significaria a própria **coerção** característica da organização estatal.

1.14 SENTIDOS DA EXPRESSÃO "ADMINISTRAÇÃO PÚBLICA"

A expressão "Administração Pública" pode ser empregada em diferentes sentidos[35]:

34. *Curso de direito administrativo*, p. 8.

35. Adotamos, aqui, a classificação proposta por Maria Sylvia Zanella Di Pietro, *Direito administrativo*, p. 54-58.

1º - Administração Pública **em sentido subjetivo, orgânico ou formal** é o conjunto de agentes, órgãos e entidades públicas que exercem a **função administrativa**;

> A prova de Analista Judiciário do TJ-CE de 2014 elaborada pelo Cespe considerou ERRADA a afirmação: "A administração pública, em sentido subjetivo, diz respeito à atividade administrativa exercida pelas pessoas jurídicas, pelos órgãos e agentes públicos que exercem a função administrativa".

Acesse também a videoaula pelo link:
http://somos.in/MDA1132

2º - Administração Pública **em sentido objetivo, material ou funcional**, mais adequadamente denominada "administração pública" (com iniciais minúsculas), é a atividade estatal consistente em defender concretamente o interesse público. No que diz respeito ao aspecto material da administração pública, isto é, utilizada a expressão para designar uma atividade estatal, pode-se distinguir a **administração pública *lato sensu***, compreendendo tanto a função administrativa quanto a função política (ou de governo). Já **administração pública *stricto sensu*** abrange exclusivamente o desempenho da função administrativa.

> A prova da Esaf para Promotor de Justiça/PE 2002 deu como CORRETA a afirmação: "A expressão Administração Pública em sentido objetivo, material ou funcional, designa a natureza da atividade exercida pelas pessoas jurídicas, órgãos e agentes públicos".

1.14.1 O que significa a expressão "Fazenda Pública"?

A locução "Fazenda Pública" é normalmente utilizada pelos operadores do Direito para designar **o Estado em juízo**, ou seja, as pessoas jurídicas governamentais quando figuram no polo ativo ou passivo de ações judiciais, assim como órgãos despersonalizados dotados de capacidade processual especial.

No entanto, em decorrência do supraprincípio da supremacia do interesse público sobre o privado, a legislação processual brasileira reconhece determinadas "prerrogativas especiais para a Fazenda Pública" que somente são aplicadas às pessoas jurídicas de direito público, como ocorre, por exemplo, nas prerrogativas listadas na Lei n. 9.494/97.

Assim, tornou-se obrigatório reduzir a abrangência do conceito de Fazenda Pública para nele incluir somente as pessoas jurídicas de direito público interno, quer da Administração Pública Direta (União, Estados, Distrito Federal e Municípios), quer da Administração Pública Indireta (autarquias, fundações públicas, associações públicas, agências reguladoras e agências executivas), além dos órgãos públicos despersonalizados dotados de capacidade processual especial (Ministério Público, Defensoria, Tribunais de Contas, Mesa do Senado etc.)[36].

Importante destacar que as **empresas estatais** (empresas públicas, sociedades de economia mista e subsidiárias) não integram o conceito de **Fazenda Pública** na medida em que, embora pertençam à Administração Pública, são pessoas jurídicas de direito privado.

Todavia, sabe-se que as **empresas estatais prestadoras de serviços públicos** (exemplo: Empresa de Correios e Telégrafos – ECT) gozam de condição especial. Isso porque o **regime jurídico** próprio do serviço público (regime jurídico-administrativo) derroga parcialmente as regras privadas, razão pela qual algumas características normativas são diferentes daquelas aplicáveis às exploradoras de atividades econômicas[37].

> A prova de Juiz de Direito/RS elaborada pela FMP/RS em 2015 considerou ERRADA a afirmação: "O regime jurídico juspublicista, no todo ou em parte, somente pode ser aplicado às pessoas jurídicas de direito público".

Uma dessas características diferenciadas consiste no fato de que nas empresas estatais prestadoras de serviços públicos, ao contrário do que ocorre nas exploradoras de atividade econômica, os bens são impenhoráveis, de modo que tais entidades estão submetidas ao regime especial de execução por precatório (art. 100 da Constituição Federal). E a execução via precatório é considerada uma das prerrogativas da Fazenda Pública em juízo.

Com isso, verifica-se que, quando prestam serviços públicos, as empresas estatais, embora dotadas de personalidade de direito privado, também gozam de privilégios decorrentes da supremacia do interesse público sobre o privado, como bens impenhoráveis, execução por precatório, imunidade tributária, prazos processuais maiores, entre outros, integrando para todos os efeitos legais o conceito de Fazenda Pública.

Portanto, o conceito de Fazenda Pública engloba:

a) entidades federativas (União, Estados, Distrito Federal e Municípios);

b) órgãos públicos com capacidade processual especial (Ministério Público, Defensorias, Tribunais de Contas etc.);

c) autarquias, fundações públicas, agências reguladoras, agências executivas e demais espécies do gênero autárquico;

d) empresas estatais prestadoras de serviços públicos (exemplo: Correios) (Nesse sentido: 1ª Turma do STF, RE 851.711 Agr/DF, 12-12-2017).

36. Para estudo da capacidade especial dos órgãos públicos, *vide* item 3.6 deste *Manual*.
37. *Vide* item 3.8.7 deste *Manual*.

1.14.2 Administração Pública introversa e extroversa

A prova da Polícia Civil do Acre, organizada pelo Ibade, em 2017, utilizou o conceito de "Administração Pública introversa", no sentido do conjunto de relações existentes entre o Poder Público e seus agentes. Já "Administração Pública extroversa" seria o complexo de vínculos entre a Administração e os particulares[38].

1.15 TAREFAS PRECÍPUAS DA ADMINISTRAÇÃO PÚBLICA MODERNA

O grande número e a diversidade das atribuições cometidas ao Estado, nos dias atuais da chamada pós-modernidade[39], não impedem a **doutrina clássica** de identificar as **quatro tarefas precípuas** da Administração Pública moderna. A ordem abaixo indicada reflete a sequência histórica exata em que as tarefas foram sendo atribuídas ao Poder Público durante os séculos XIX e XX:

1ª) o exercício do **poder de polícia**: foi a primeira missão fundamental conferida à Administração, ainda durante o século XIX, período do chamado "Estado-Polícia"[40] ou "Estado-Gendarme". O poder de polícia consiste na limitação e no condicionamento, pelo Estado, da liberdade e propriedade privadas em favor do interesse público;

2ª) a prestação de **serviços públicos**: na primeira metade do século XX, especialmente após a Primeira Guerra Mundial (1914-1918), as denominadas Constituições Sociais (mexicana, de 1917, e alemã, ou de Weimar, de 1919) passaram a atribuir ao Estado funções positivas (o poder de polícia é função negativa, limitadora) de prestação de serviços públicos, como o oferecimento de transporte coletivo, água canalizada e energia elétrica;

3ª) a realização de **atividades de fomento**: já na segunda metade do século XX, a Administração Pública passou também a **incentivar setores sociais** específicos, estimulando o desenvolvimento da ordem social e **econômica**.

> A prova de Fiscal do Trabalho elaborada pela Esaf considerou CORRETA a afirmação: "A função executiva, por meio da qual o Estado realiza atos concretos voltados para a realização dos fins estatais e da satisfação das necessidades coletivas, compreende a função de governo, relacionada com atribuições políticas, colegislativas e de decisão, e a função administrativa, da qual se vale o Estado para desenvolver as atividades de intervenção, fomento, polícia administrativa e serviço público".

---

38. Concurso de Escrivão da Polícia Civil do Estado do Acre/2017, banca Ibade.
39. Para estudo e aprofundamento do conceito de pós-modernidade, *vide* David Lyon, *Pós-modernidade*. São Paulo: Editora Paulus, 1998.
40. Não confundir com "Estado de Polícia", designação usada para se referir ao período histórico anterior ao Estado de Direito, portanto, antes da Revolução Francesa (1789).

> LEMBRAR: as três tarefas fundamentais da Administração Pública moderna são: poder de polícia, serviço público e **fomento**.

Sem relevante fundamento doutrinário, os concursos públicos começaram a fazer referência a uma **quarta tarefa precípua da Administração moderna**: a atividade de intervenção, subdividida nas categorias:

a) intervenção na propriedade privada: compreende todas as ações estatais de limitação da propriedade em favor do interesse público, visando o cumprimento do princípio da "função social da propriedade" (art. 5º, XXIII, da CF);

b) intervenção no domínio econômico (regulação): consiste nas atividades estatais de disciplina, normatização e fiscalização dos agentes econômicos;

c) intervenção no domínio social: trata-se da atuação do Estado voltada a apoiar os economicamente hipossuficientes com o objetivo, por exemplo, de reduzir as desigualdades sociais.

Na verdade, todas as funções compreendidas sob o título de "atividades interventivas" já faziam parte das três tarefas precípuas clássicas da Administração moderna, ou seja, são atividades que podem ser perfeitamente enquadradas como poder de polícia, serviços públicos ou fomento.

1.16 INTERPRETAÇÃO DO DIREITO ADMINISTRATIVO

O Direito constitui uma linguagem prescritiva criada para disciplinar os comportamentos humanos, tornando possível a vida em sociedade. O cumprimento das condutas determinadas pelo ordenamento jurídico é reforçado pela previsão de sanções. Ao contrário das normas morais, estéticas e religiosas, a violação das normas jurídicas impõe ao sujeito a aplicação de sanção *externa* e *institucionalizada*[41]. A sanção jurídica é externa porque imposta ao sujeito pela sociedade; é institucionalizada porquanto aplicada por órgãos estatais criados com essa finalidade.

O veículo introdutor de normas e sanções no Direito é o texto jurídico. Porém, para que as normas sejam cumpridas e compreendidas suas sanções, torna-se necessário extraí-las do texto legal. **Interpretação é o processo técnico que revela, a partir do texto legal, o sentido e o alcance das normas e sanções jurídicas.** Hermenêutica é a parte da Filosofia do Direito que estuda a interpretação de normas jurídicas.

A interpretação das regras do Direito Administrativo está sujeita aos princípios hermenêuticos gerais estudados pela Filosofia do Direito e, subsidiariamente, às regras interpretativas próprias do Direito Privado.

41. Norberto Bobbio, *Teoria do ordenamento jurídico*, passim.

Entretanto, atento às características peculiares da função administrativa, Hely Lopes Meirelles[42] indica **três pressupostos** que devem ser observados **na interpretação** de normas, atos e contratos **de Direito Administrativo**, especialmente quando utilizados princípios hermenêuticos privados para compreensão de institutos administrativos:

1º) *a desigualdade jurídica entre a Administração e os administrados*: ao contrário do que ocorre no Direito Privado, a relação jurídica básica no Direito Administrativo é marcada pelo desequilíbrio entre as partes ou *verticalidade* da relação;

2º) *a presunção de legitimidade dos atos da Administração*: tal atributo tem o poder de inverter o ônus da prova sobre a validade do ato administrativo, transferindo ao particular o encargo de demonstrar eventual defeito do ato administrativo;

3º) *a necessidade de poderes discricionários para a Administração atender ao interesse público*: a lei confere ao agente público, na competência discricionária, uma margem de liberdade para que decida, diante do caso concreto, qual a melhor maneira de defender o interesse público. Essa pluralidade de comportamentos válidos, presente na prática de atos administrativos discricionários, deve ser levada em consideração na interpretação das normas de Direito Administrativo, especialmente para compreensão dos limites traçados pela lei para o exercício das **competências administrativas**.

> A prova da Magistratura do Paraná/2014 elaborada pelo TJ-PR considerou CORRETA a afirmação: "A interpretação do Direito Administrativo, além da utilização analógica das regras do Direito Privado que lhe foram aplicáveis, há de considerar, necessariamente, três pressupostos: 1º) a desigualdade jurídica entre a Administração e os administrados; 2º) a presunção de legitimidade dos atos da administração; 3º) a necessidade de poderes discricionários para a Administração atender ao interesse público".

Desde que observados esses três pressupostos, a interpretação de normas do Direito Administrativo é regida pelos princípios hermenêuticos da Filosofia do Direito e, subsidiariamente, do Direito Privado.

1.16.1 Inovações hermenêuticas trazidas pela Lei n. 13.655/2018

Na Lei de Introdução às Normas do Direito Brasileiro – LINDB (DL n. 4.657/42), com as inovações introduzidas pela Lei n. 13.655/2018, foram definidos alguns parâmetros interpretativos obrigatórios para assegurar maior segurança jurídica e eficiência na criação e aplicação do Direito Público. Especificamente quanto à questão hermenêutica, os arts. 22 e 23 estabelecem que:

1) na interpretação de normas sobre gestão pública, serão considerados os obstáculos e as dificuldades reais do gestor e as exigências das políticas públicas a seu cargo, sem prejuízo dos direitos dos administrados (art. 22);

---

42. *Direito administrativo brasileiro*, p. 47-48.

2) a decisão administrativa, controladora ou judicial que estabelecer interpretação ou orientação nova sobre norma de conteúdo indeterminado, impondo novo dever ou novo condicionamento de direito, deverá prever regime de transição quando indispensável para que o novo dever ou condicionamento de direito seja cumprido de modo proporcional, equânime e eficiente e sem prejuízo aos interesses gerais (art. 23).

As principais novidades da Lei n. 13.655/2018 e alguns problemas nas suas disposições serão tratados no item 1.27 deste *Manual*.

1.17 RELAÇÃO COM OUTROS RAMOS

O Direito Administrativo é um ramo do Direito Público porque estuda a regulação jurídica de atividades tipicamente estatais. Tem autonomia didática e científica como campo específico do saber humano e princípios e técnicas próprios para compreensão do seu objeto. Entretanto, não há dúvida de que o Direito Administrativo, embora autônomo, possui diversos pontos de conexão com outros ramos jurídicos, conforme se demonstrará a seguir.

Direito Constitucional: a relação entre o Direito Constitucional e o Direito Administrativo é profunda. A Constituição de 1988 dedicou um capítulo inteiro (Capítulo VII do Título III) ao regramento da atividade administrativa, denominado "Da Administração Pública". O Texto de 1988 disciplina, entre outros, os seguintes temas de Direito Administrativo: a) desapropriação (art. 5º, XXIV); b) requisição de bens (art. 5º, XXV); c) gratuidade de certidões (art. 5º, XXXIV); d) princípios do processo administrativo (art. 5º, LIV e LV); e) ação popular contra ato lesivo ao patrimônio público e à moralidade administrativa (art. 5º, LXXIII); f) gratuidade na prestação de serviços públicos (art. 5º, LXXVI); g) competência para prestação de serviços públicos (arts. 21, 25 e 29); h) princípios gerais do Direito Administrativo (art. 37, *caput*); i) regime jurídico dos cargos, empregos e funções públicas (art. 37); j) organização administrativa (art. 37, XIX); k) licitações e contratos (art. 37, XXI); l) responsabilidade do Estado (art. 37, § 6º); m) política urbana (arts. 182 e 183); n) reforma agrária (arts. 184 a 191).

Como se vê, os fundamentos do Direito Administrativo brasileiro estão constitucionalmente disciplinados, evidenciando a vinculação entre os dois ramos.

Direito Civil: o Direito Administrativo surgiu, nas decisões do contencioso administrativo francês, como um conjunto de regras e técnicas derrogadoras do regime privado. Temas específicos, como atos da Administração e contratos estatais, até então disciplinados pelo Direito Civil, passaram a sujeitar-se a regras novas, compatíveis com o *status* privilegiado que o Poder Público gozava na condição de defensor dos interesses da coletividade. Assim, ao longo do século XIX, era construído o Direito Administrativo como um ramo autônomo em relação ao Direito Civil (à época, o direito comum). Essa circunstância histórica de passado em comum mantém o Direito Civil e o Direito Administrativo relacionados em diversos aspectos. Especialmente no que concerne à teoria do ato administrativo, contratos, pessoas da Administração indireta, servidão administrativa e bens públicos; o recurso a regras do Código Civil, para solução de problemas administrativos, é bastante frequente.

Direito Processual Civil: o advento da lei federal do Processo Administrativo (Lei n. 9.784/99) reforçou a ligação que o Direito Administrativo mantém com institutos e temas do Direito Processual Civil. A base principiológica do processo administrativo é a mesma do processo civil, e até os aspectos do procedimento adotado pela Lei n. 9.784/99 tiverem notada influência dos ritos do Código de Processo Civil. Além disso, as normas aplicáveis às ações de defesa do administrado e ao procedimento seguido pela Fazenda Pública em juízo têm previsão expressa na legislação processual civil. Merece destaque também o regramento processual da Ação de Improbidade Administrativa, previsto na Lei n. 8.429/92, importante instrumento introduzido pela Constituição de 1988 para dar um contorno mais definido ao princípio da moralidade administrativa.

Direito do Trabalho: o regime jurídico aplicado aos empregados públicos é, essencialmente, o previsto na Consolidação das Leis do Trabalho. Além disso, diversos direitos consagrados na legislação trabalhista aos empregados públicos e privados foram constitucionalmente estendidos aos servidores públicos estatutários (art. 39, § 3º, da CF), tais como: a) salário mínimo; b) décimo terceiro salário; c) salário-família; d) duração da jornada de trabalho; e) repouso semanal remunerado; f) adicional de serviço extraordinário; g) adicional de férias; h) licença à gestante; i) licença-paternidade; j) proteção do trabalho da mulher; k) redução dos riscos do trabalho; l) proibição de diferenças salariais.

Tais exemplos comprovam a estreita relação que o Direito Administrativo entretém com o Direito do Trabalho.

Direito Penal: as condutas reveladoras de maior lesividade à Administração Pública estão tipificadas como "Crimes contra a Administração Pública", cujas punições são indicadas nos arts. 312 a 319 do Código Penal. Tal circunstância já seria suficiente para demonstrar a estreita relação que o Direito Administrativo mantém com o Direito Penal. Além disso, a perda do cargo público constitui efeito das condenações criminais, o que consiste em claro reflexo administrativo da jurisdição penal.

Direito Processual Penal: os procedimentos adotados para apuração e julgamento dos crimes contra a Administração Pública fazem parte do campo específico de interesses do Direito Processual Penal, outro ramo do Direito Público com o qual o Direito Administrativo guarda relação de proximidade e cooperação.

Direito Tributário: é uma especialização do Direito Administrativo, tendo surgido a partir da identificação de princípios específicos reguladores das atividades estatais de criação e arrecadação de tributos. O Direito Tributário aproveita toda a base principiológica do Direito Administrativo, especialmente porque a exigência de tributos consiste em clara manifestação da função administrativa. O aparato estatal de cobrança tributária, conhecido como Fisco, é parte integrante da Administração Pública em sentido orgânico, fato reconhecido pelo próprio Código Tributário Nacional ao utilizar a expressão "Administração Tributária" para se referir à Fazenda Pública (arts. 194 a 208 do CTN). Além disso, o lançamento tributário é qualificado pelo CTN como "procedimento administrativo", e a certidão da dívida ativa (CDA) é revestida, segundo o legislador, de "presunção de liquidez e certeza", nome empregado no sentido de presunção de legitimidade, conhecido atributo dos atos administrativos. Apenas para indicar outro exemplo de profunda relação entre os dois ramos, o art. 145, II, da Constituição Federal, ao definir o fato gerador das taxas, assevera que podem ser cobradas, para remunerar *serviço público específico e divisível* ou exercício efetivo do *poder de polícia*, duas modalidades de manifestação da função administrativa.

Direito Financeiro: o Direito Financeiro, compreendido como o ramo do Direito Público que estuda a disciplina jurídica das receitas e despesas públicas, também entretém profundo relacionamento com o Direito Administrativo na medida em que as entidades, órgãos e agentes encarregados da gestão das receitas e despesas estatais pertencem à Administração Pública, sujeitando-se inevitavelmente aos princípios e regras do regime jurídico-administrativo.

Direito Econômico: sub-ramo do Direito Administrativo, o Direito Econômico é especializado na compreensão das regras jurídicas e instrumentos aplicáveis à regulação estatal da economia. Assim, as formas de intervenção no mercado estudadas pelo Direito Econômico são, na verdade, manifestações do *poder de polícia* da Administração Pública, submetidas aos princípios e regras do Direito Administrativo. A título de exemplo de conexão entre os dois ramos, o Conselho Administrativo de Defesa Econômica (Cade), autarquia federal competente para prevenir e reprimir infrações à ordem econômica (art. 4º da Lei n. 12.529/2011), aplica as sanções previstas em lei mediante procedimento específico caracterizado como processo administrativo sancionatório, submetido, no que couber, ao regime jurídico da legislação administrativa, especialmente quanto às garantias formais e materiais do investigado.

Direito Urbanístico: o Direito Urbanístico também constitui sub-ramo do Direito Administrativo voltado para o estudo da disciplina normativa dos instrumentos para implementação da política urbana. Desse modo, todos os princípios e regras do Direito Administrativo aplicam-se, no que não contrariar regras específicas previstas na legislação, ao campo de interesse do Direito Urbanístico.

Direito Ambiental: outro ramo novo surgido como especialização do Direito Administrativo, o Direito Ambiental utiliza inúmeros institutos administrativos como instrumentos para proteção do meio ambiente. Os exemplos mais evidentes desses institutos de Direito Administrativo são: tombamento, limitação administrativa, sanções administrativas, poder de polícia, poder normativo, processo administrativo e zoneamento ambiental.

Direito Empresarial: em que pese constituir ramo do Direito Privado, o Direito Empresarial também se relaciona com o Direito Administrativo, especialmente no tocante ao tema das empresas públicas e sociedades de economia, pois a forma organizacional e o regime falimentar dessas pessoas de direito privado pertencentes à Administração Indireta seguem a disciplina normativa estabelecida pela legislação comercial.

Direito Internacional Público: é cada vez mais notável a influência dos tratados e convenções internacionais no Direito Administrativo interno. As regras jurídicas originárias dos pactos internacionais de que o Brasil é signatário ingressam no ordenamento nacional dotadas de força cogente, vinculando os órgãos e agentes da Administração Pública, especialmente em matéria de direitos humanos, caso em que os tratados e convenções internacionais adquirem internamente o *status* de norma constitucional, desde que aprovados, em cada Casa do Congresso Nacional, em dois turnos, por três quintos dos votos dos respectivos membros (art. 5º, § 3º, da CF).

1.18 CODIFICAÇÃO DO DIREITO ADMINISTRATIVO

O Direito Administrativo pátrio, assim como ocorre na maioria dos países modernos, não está organizado em um diploma único. **Nosso Direito Administrativo não está codificado.**

De acordo com Hely Lopes Meirelles[43], existem **três estágios** pelos quais um novo ramo jurídico passa rumo à codificação:

1º) **Fase da legislação esparsa:** nessa etapa as normas pertencentes ao ramo jurídico estão distribuídas em diplomas legislativos diversos, sem qualquer sentido de sistematização. É a situação atual do Direito Ambiental no Brasil.

2º) **Fase da consolidação:** após a fase da legislação esparsa, costuma-se avançar para a elaboração de codificações parciais, conferindo certa organização à disciplina normativa de temas pontuais dentro do ramo jurídico. Em momento seguinte, pode ocorrer de as leis mais importantes do ramo serem agrupadas em um diploma legislativo único chamado de "consolidação" ou "coletânea". A consolidação não se caracteriza como um verdadeiro código, na medida em que lhe faltam a unidade lógica e a sistematização racional, impossíveis de se obter com a simples justaposição de leis distintas. Na fase da consolidação encontra-se, no Brasil, o Direito do Trabalho.

43. *Direito administrativo brasileiro*, p. 46.

3º) **Fase da codificação**: finalmente, superadas as etapas da legislação esparsa e da consolidação, dá-se a codificação do Direito por meio da organização, em diploma legislativo único, dos princípios e regras mais relevantes para aquele ramo. É o caso, no Brasil, do Direito Civil, do Direito Processual Civil, do Direito Penal, entre outros. É importante frisar que a codificação não exclui a possibilidade de existirem leis extravagantes. O código reunirá os temas centrais, sem prejuízo de outros diplomas normativos disciplinarem temas específicos *a partir das regras gerais codificadas*. Serve de exemplo a situação do Direito Civil brasileiro, ramo codificado (Lei n. 10.406/2002 – Código Civil), mas com diversas leis esparsas, como a Lei de Locações (8.245/91) e a Lei do Bem de Família (Lei n. 8.009/90).

Cabe ressaltar que a **codificação não tem necessariamente relação direta com o estágio evolutivo de determinado ramo**. A ausência de um código não significa atraso ou falta de amadurecimento científico. A não codificação pode ser resultado de uma simples opção política do legislador.

PERGUNTA: Em qual fase se encontra o Direito Administrativo no Brasil?

Resposta: **O Direito Administrativo no Brasil está na fase da codificação parcial (um subestágio dentro da fase da consolidação)**. Essa é também a opinião de Hely Lopes Meirelles: "entre nós, os estágios antecedentes da codificação administrativa já foram atingidos e se nos afiguram superados pela existência de vários códigos parciais (Código da Contabilidade Pública, Código de Águas, Código da Mineração, Código Florestal etc.)"[44].

Outra informação importante: a falta de codificação não induz à ausência de autonomia. O ramo pode ser autônomo e não estar codificado, como é o caso do próprio Direito Administrativo.

Portanto, não se devem confundir as fases tendentes à codificação com o *processo de reconhecimento da autonomia*. Para ser reconhecida a autonomia de determinado ramo, normalmente é preciso atender aos seguintes pressupostos: 1º) identificação de parcela do objeto, dentro do ramo-mãe, submetida a um regramento peculiar; 2º) reunião de temas em torno de valores sistêmicos comuns, definindo-se princípios específicos capazes de conferir unidade ao novo grupo de assuntos; e 3º) obtenção de um ganho de conhecimento decorrente do desmembramento.

É bastante debatida a questão das vantagens e desvantagens da codificação do Direito Administrativo.

A favor da codificação, podem ser levantados os seguintes argumentos:

1) favorece a **segurança jurídica**;

2) cria maior **transparência no processo decisório**;

44. *Direito administrativo brasileiro*, p. 46.

3) aumenta a **previsibilidade** das decisões;

4) beneficia a **estabilidade social**;

5) facilita o **acesso da população** para conhecimento das regras vigentes;

6) permite uma **visão panorâmica** do ramo;

7) oferece melhores condições de **controle da atuação estatal**.

Por outro lado, **contra a codificação**, alguns autores invocam os argumentos abaixo:

1) risco de **estagnação do Direito**;

2) gera a constante **desatualização do código** diante da aprovação de posteriores leis extravagantes;

3) a **competência concorrente** para legislar sobre Direito Administrativo impossibilitaria a codificação aplicável a todas as esferas federativas;

4) a grande **diversidade de temas**, dificultando o trabalho de compilação.

Quadro sinótico de argumentos sobre a codificação do Direito Administrativo

Argumentos *a favor* da codificação do DA	Argumentos *contrários* à codificação do DA
Segurança jurídica	Estagnação do Direito
Transparência do processo decisório	Desatualização constante
Previsibilidade das decisões	Competência concorrente
Estabilidade social	Diversidade de temas
Acesso da população	
Visão panorâmica	
Controle da atuação estatal	

DICA: o que defender na prova? Diante da maior quantidade e qualidade da argumentação, sustente a posição FAVORÁVEL À CODIFICAÇÃO. Além dos argumentos apresentados, afirme que essa é a opinião de Hely Lopes Meirelles (um dos poucos autores importantes que se manifestou sobre a controvérsia) e, se lembrar, faça referência à experiência positiva do Código Administrativo de Portugal[45].

1.19 FONTES DO DIREITO ADMINISTRATIVO[45]

Fonte é o local de onde algo provém. O vocábulo "fonte" tem origem no latim *fontis* que significa nascente, origem, causa[46-47]. No Direito, o termo "fonte"

45. *Vide* Hely Lopes Meirelles, *Direito administrativo brasileiro*, p. 45-47.
46. Antônio Martinz de Rezende, *Dicionário do latim essencial*, Ed. Autêntica Clássica, p. 149.
47. Especialmente para provas escritas e exames orais é importante mostrar ao examinador conhecimento sobre a origem linguística de expressão de nosso idioma. É um excelente início para respostas, vai impressionar positivamente a banca e aumentar sua nota. Experimente!

é utilizado metaforicamente para designar os centros jurígenos (jurígeno = que dá origem ao Direito) de criação das normas[48].

As *fontes* são os **fatos jurídicos de onde as normas emanam**. As fontes jurídicas podem ser de dois tipos: a) *primárias, maiores ou diretas*: são o nascedouro principal e imediato das normas; e b) *secundárias, menores ou indiretas*: constituem instrumentos acessórios para originar normas, derivados de fontes primárias.

No Direito Administrativo, somente a **lei constitui fonte primária** na medida em que as demais fontes (secundárias) estão a ela subordinadas. **Doutrina, jurisprudência e costumes** são **fontes secundárias**.

> A prova de Analista Judiciário do TJ-CE de 2014 elaborada pelo Cespe considerou ERRADA a afirmação: "São considerados fontes primárias do Direito Administrativo os atos legislativos, os atos infralegais e os costumes".

Lucia Valle Figueiredo não admite que os costumes sejam fontes do Direito Administrativo (visão minoritária) (*Curso de direito administrativo*, p. 46).

A **lei** é o único veículo habilitado para criar diretamente deveres e proibições, obrigações de fazer ou não fazer, no Direito Administrativo. Esse é o sentido da regra estabelecida no art. 5º, II, da Constituição Federal: "*ninguém será obrigado a fazer ou deixar de fazer alguma coisa senão em virtude de lei*". Por lei deve-se entender aqui **qualquer veículo normativo** que expresse a vontade popular: Constituição Federal, emendas constitucionais, Constituições Estaduais, Leis Orgânicas, leis ordinárias, leis complementares, leis delegadas, decretos legislativos, regulamentos, resoluções e medidas provisórias. Somente tais veículos normativos criam originariamente normas jurídicas, constituindo as únicas fontes diretas do Direito Administrativo. Assim, o conceito de lei deve ser considerado aqui em sentido amplo.

Doutrina é a produção intelectual dos juristas a respeito de certo tema jurídico. A doutrina não cria diretamente a norma, mas esclarece o sentido e o alcance das regras jurídicas conduzindo o modo como os operadores do Direito devem compreender as determinações legais. Especialmente quando o conteúdo da lei é obscuro, uma nova interpretação apresentada por estudiosos renomados tem um impacto social similar ao da criação de outra norma.

> A prova de Assistente de Piraúba/2017 elaborada pela MS Concursos considerou ERRADA a afirmação: "A doutrina é conduta reiterada praticada pelos agentes públicos com consciência de obrigatoriedade".

A **jurisprudência**, entendida como reiteradas decisões dos tribunais sobre determinado tema, não tem a força cogente de uma norma criada pelo legislador,

48. Maria Helena Diniz, *Enciclopédia Jurídica da PUCSP*, Tomo Teoria Geral e Filosofia do Direito.

mas influencia decisivamente a maneira como as regras passam a ser entendidas e aplicadas.

ATENÇÃO: diferente é a situação da **Súmula Vinculante do Supremo Tribunal Federal**. De acordo com o art. 103-A da Constituição Federal, acrescentado pela Emenda n. 45/2004: "O Supremo Tribunal Federal poderá, de ofício ou por provocação, mediante decisão de dois terços dos seus membros, após reiteradas decisões sobre matéria constitucional, aprovar súmula que, a partir de sua publicação na imprensa oficial, terá efeito vinculante em relação aos demais órgãos do Poder Judiciário e à Administração Pública direta e indireta, nas esferas federal, estadual e municipal, bem como proceder à sua revisão ou cancelamento, na forma estabelecida em lei". A **Súmula Vinculante**, após sua publicação na imprensa oficial, **é de cumprimento obrigatório pelo Judiciário e pela Administração Pública direta e indireta de todas as esferas federativas**, revestindo-se de força cogente para agentes, órgãos e entidades administrativas. A força jurígena da súmula vinculante é bastante similar à das leis. Basta lembrar o exemplo da Súmula Vinculante 13 que, mesmo não havendo lei sobre o tema, passou a proibir a nomeação de parentes (nepotismo) para cargos em comissão e funções de confiança.

DICA: a leitura do art. 103-A da CF/88 deixa claro que a súmula vinculante não obriga:

a) o Poder Legislativo: pois sempre poderá ser criada nova lei modificando o tratamento normativo do tema objeto da súmula, que perde força vinculante para casos futuros quanto àquilo que contrariar a nova lei;

b) o Supremo Tribunal Federal: na medida em que o STF pode, a qualquer tempo, promover alterações de conteúdo ou cancelar suas súmulas vinculantes;

c) o Poder Constituinte originário ou derivado: igualmente não está vinculado à sumula na hipótese de ser criada nova Constituição ou ao emendar a Constituição vigente.

Os **costumes** são práticas reiteradas da autoridade administrativa capazes de estabelecer padrões obrigatórios de comportamento. Ao serem repetidos constantemente, criam o hábito de os administrados esperarem aquele modo de agir, causando incerteza e instabilidade social sua repentina alteração. É nesse sentido que os costumes constituem fontes secundárias do Direito Administrativo. Importante relembrar que os costumes não têm força jurídica igual à da lei, razão pela qual só podem ser considerados vigentes e exigíveis quando não contrariarem nenhuma regra ou princípio estabelecido na legislação.

Existem três tipos de costumes:

a) *contra legem* (contrários à lei ou "costumes ilegais");

b) *secundum legem* (conformes à lei ou "costumes lícitos");

c) *praeter legem* (além da lei ou "costumes sobre temas não legislados").

Em razão do princípio da legalidade, os costumes ilegais (*contra legem*) não são fonte do Direito Administrativo, ao passo que os costumes lícitos (*secundum legem*) e os costumes sobre temas não legislados (*praeter legem*) constituem fonte das normas administrativas.

Então, lembre-se de que os costumes *contra legem* não se revestem de obrigatoriedade.

> A prova de Procurador de Fortaleza/2017 elaborada pelo Cespe considerou ERRADA a afirmação: "Conforme a doutrina, diferentemente do que ocorre no âmbito do Direito Privado, os costumes não constituem fonte do Direito Administrativo, visto que a Administração Pública deve obediência estrita ao princípio da legalidade".

Diogo de Figueiredo Moreira Neto, ao tratar do que chama de **fontes inorganizadas** do Direito Administrativo, diferencia o costume da praxe administrativa[49].

Enquanto, para o autor, o costume caracteriza-se pelo uso e a convicção generalizada da necessidade de sua cogência, a **praxe administrativa** é basicamente uma **prática burocrática rotineira** adotada por conveniência procedimental, desprovida do reconhecimento de sua indispensabilidade. De modo geral, a praxe administrativa **não** é considerada **fonte do Direito Administrativo**, mas pode ser utilizada como um meio útil para solucionar casos novos, desde que não contrarie alguma regra ou garantia formalmente estabelecida.

1.19.1 Outras fontes: precedente, súmula vinculante administrativa

O exercício da função administrativa, além de limitado por normas externas à Administração (heterolimitação), está vinculado também à observância de normas internas (autolimitação), como é o caso dos precedentes administrativos e das súmulas vinculantes administrativas.

Precedente administrativo é a decisão tomada por determinado órgão da Administração com efeito vinculante para casos futuros. Sua função é uniformizar o julgamento, conferindo maior eficiência e impessoalidade na decisão das demandas repetitivas.

> CUIDADO para não confundir atividade jurisdicional (ou judicial) e atividade judicante. A atividade jurisdicional (ou judicial) é exclusiva e indelegável do Poder Judiciário e consiste em solucionar conflitos de interesse com força de coisa julgada material (definitividade). A atividade jurisdicional depende de provocação da parte e a autoridade julgadora não participa da relação material conflituosa. Nenhuma outra autoridade brasileira, além dos magistrados, pode exercer função jurisdicional, nem mesmo de modo atípico. A atividade judicante, por outro lado, é manifestação da função administrativa e consiste na solução de conflitos, mas não tem a definitividade da coisa julgada material, podendo sempre suas decisões ser revisadas pelo Poder Judiciário. São exemplos de função judicante os processos administrativos disciplinares (PADs), os processos sancionatórios do poder de polícia, o julgamento nos Tribunais de Contas, a atuação do Cade (Conselho Administrativo de Defesa Econômica), os Conselhos de Contribuintes, o Conselho Administrativo de Recursos Fiscais (Carf) etc. A atividade judicante pode ser iniciada de ofício ou por provocação da parte, além disso, a autoridade julgadora sempre é parte da relação conflituosa, cumulando as funções de juiz e parte.

49. *Curso de direito administrativo*, p. 75.

Atividade Jurisdicional	Atividade Judicante
Exclusiva dos magistrados	Diversas autoridades
Função jurisdicional	Função administrativa
Indelegável	Indelegável
Age mediante provocação	Age de ofício ou por provocação
Definitividade das decisões	Decisões revisíveis judicialmente
Juiz imparcial	Juiz é parte da relação conflituosa
Tem pagamento de custas	Gratuidade

Nos órgãos administrativos que já utilizam o mecanismo dos precedentes, a eficácia vinculante é atribuída a atos, pareceres ou decisões após o cumprimento de requisitos específicos estabelecidos em lei ou em atos normativos expedidos por autoridades superiores.

Em geral, a fixação dos precedentes ocorre por meio da edição de súmulas administrativas, já bastante comuns na estrutura administrativa brasileira.

Um importante exemplo consta do art. 43 da Lei Complementar n. 73/93, que disciplina as súmulas administrativas vinculantes no âmbito da Advocacia-Geral da União:

> "A Súmula da Advocacia-Geral da União tem caráter obrigatório quanto a todos os órgãos jurídicos enumerados nos arts. 2º e 17 desta lei complementar.
>
> § 1º O enunciado da Súmula editado pelo Advogado-Geral da União há de ser publicado no *Diário Oficial da União*, por três dias consecutivos.
>
> § 2º No início de cada ano, os enunciados existentes devem ser consolidados e publicados no *Diário Oficial da União*".

Semelhante disposição está prevista no art. 85 do Regimento Interno do Tribunal de Contas da União:

> "A Súmula da Jurisprudência constituir-se-á de princípios ou enunciados, resumindo teses, soluções, precedentes e entendimentos, adotados reiteradamente pelo Tribunal, ao deliberar sobre assuntos ou matérias de sua jurisdição e competência".

E também o art. 75 do Regimento Interno do Conselho Administrativo de Recursos Fiscais (Carf):

> "Por proposta do Presidente do CARF, do Procurador-Geral da Fazenda Nacional, do Secretário da Receita Federal do Brasil ou de Presidente de Confederação representativa de categoria econômica ou profissional habilitada à indicação de conselheiros, o Ministro de Estado da Fazenda poderá atribuir à súmula do CARF efeito vinculante em relação à administração tributária federal.
>
> § 1º A proposta de que trata o *caput* será encaminhada por intermédio do Presidente do CARF.
>
> § 2º A vinculação da administração tributária federal na forma prevista no *caput* dar-se-á a partir da publicação do ato do Ministro de Estado da Fazenda no *Diário Oficial da União*".

Recentemente foi aprovada a Lei n. 13.655/2018, que alterou a Lei de Introdução às Normas do Direito Brasileiro (Decreto-lei n. 4.657/42). Agora, o art. 30 da LINDB contém um comando geral impondo às autoridades administrativas a necessidade de conferir maior segurança nas decisões por meio da edição de súmulas administrativas:

> "Art. 30. As autoridades públicas devem atuar para aumentar a segurança jurídica na aplicação das normas, inclusive por meio de regulamentos, súmulas administrativas e respostas a consultas.
> Parágrafo único. Os instrumentos previstos no *caput* deste artigo terão caráter vinculante em relação ao órgão ou entidade a que se destinam, até ulterior revisão"

De acordo com Floriano Peixoto de Azevedo Marques, o art. 30 da LINDB tem como objetivo aplicar a técnica da *stare decisis* (vinculação aos precedentes) às decisões administrativas, orientação que remonta ao precedente London Tramways *vs.* London County Council, de 1898, no qual se consagrou, pela primeira vez, a vinculação da *House of Lords* (Legislativo Inglês) às suas próprias decisões. "De acordo com tal teoria, terá o julgador de, preliminarmente, definir o *holding* (precedente), assim considerado como a norma, a ser extraída do caso concreto, que deverá vincular as futuras decisões. Sua identificação passa pela identificação dos fatos (*material facts*) e dos fundamentos necessários à constituição do precedente (*racionale*), excluindo-se, porém, o *obiter dictum*, que são as considerações marginais ao julgado paradigma, que não terão efeitos vinculantes. Por intermédio dessa sistemática, para além de se preservar a isonomia no tratamento dos administrados (*treat like cases alike*), pretende conferir observância às decisões proferidas (*backward-looking*), bem como constituir os futuros precedentes (*forward-looking*)"[50]

> DICA: o nome *stare decisis* vem da fórmula latina *stare decisis et non quieta movere* (respeitar aquilo que foi decidido não alterando o que se estabeleceu) e designa a teoria da vinculação aos precedentes. Originária do sistema da *common law*, a *stare decisis* foi introduzida no Direito brasileiro pela Emenda n. 45/2004 como fundamento das súmulas vinculantes e, mais recentemente, pela Lei n. 13.655/2018, acrescentando o art. 30 à LINDB, que prevê as súmulas vinculantes administrativas.

Segundo o autor[51], existem quatro hipóteses em que o novo art. 30 da LINDB é aplicável na criação de precedentes administrativos:

50. *A nova LINDB e a incorporação da teoria dos precedentes administrativos ao país*. Disponível em: <http://www.conjur.com.br>.
51. Floriano Peixoto de Azevedo Marques, idem.

a) Precedente formado no âmbito de um procedimento administrativo (arts. 23 da Lei n. 13.655/2018 e 2º, parágrafo único, XIII, da Lei n. 9.784/99);
b) Necessária edição de súmulas administrativas uniformizando interpretações reiteradas da Administração Pública;
c) Precedente decorrente de parecer jurídico vinculante, como o previsto no art. 40, § 1º, da LC n. 73/93: "O parecer aprovado e publicado juntamente com o despacho presidencial vincula a Administração Federal, cujos órgãos e entidades ficam obrigados a lhe dar fiel cumprimento";
d) Regulamentos administrativos editados para uniformização de procedimentos, como o Decreto n. 6.759/2009, que regulamenta a administração das atividades aduaneiras, e a fiscalização, o controle e a tributação das operações de comércio exterior.

Uma vez firmado o precedente vinculante (*holding*), agora a autoridade somente poderá deixar de aplicar a solução se proferir uma decisão fundamentada, na qual demonstre que existem diferenças substanciais entre o precedente e o caso atual, que justifique uma decisão diversa (*distinguishing*) ou a necessidade de aprimoramento/superação do precedente (*overruling*), quer por razões jurídicas, quer econômicas, ou ainda pela cambialidade da situação de fato[52]. É o que se extrai também do art. 50, VII, da Lei n. 9.784/99, segundo o qual devem ser obrigatoriamente motivadas as decisões administrativas que "deixem de aplicar jurisprudência firmada sobre a questão ou discrepem de pareceres, laudos, propostas e relatórios oficiais"[53].

DICA: é importante atentar para os nomes em inglês utilizados no contexto da teoria da *stare decisis* (vinculação ao precedente): *holding* (precedente), *distinguishing* (diferenciação) *e overruling* (superação do precedente).

Em conclusão, havendo normatização específica dentro de determinado órgão, o precedente administrativo constitui uma fonte adicional para o Direito Administrativo.

1.19.2 Classificações das fontes

Existem diversas classificações doutrinárias das fontes do Direito Administrativo: primárias ou secundárias; formais ou materiais; autônomas ou heterônomas; internas ou externas; estatais ou não estatais; voluntárias ou imperativas; organizadas ou inorganizadas; próprias ou impróprias.

Fontes primárias, maiores, originárias ou principais: dão origem à norma administrativa, inovando de forma originária e imediata na ordem jurídica. Inovar

52. Floriano Peixoto de Azevedo Marques, idem.
53. Floriano Peixoto de Azevedo Marques, idem.

originária e imediatamente na ordem jurídica é tratar de um "espaço jurídico vazio", disciplinando um tema não legislado, ou então, modificar o tratamento normativo dado pela lei. Assim, as fontes primárias criam deveres e proibições, servindo de fundamento de validade para as fontes secundárias. Como visto, a lei em sentido amplo é a única fonte primária em nosso Direito Administrativo.

Fontes secundárias, menores, derivadas ou acessórias: não podem inovar originária e primariamente na ordem jurídica, sendo acessórias, subordinadas e posteriores às fontes primárias das quais extraem validade. É o caso da doutrina, costumes e jurisprudência.

Fontes formais: são aquelas por meio das quais o Direito é exteriorizado; são os veículos introdutores de normas no ordenamento jurídico. Exemplos: leis, medidas provisórias e decretos.

Fontes materiais ou reais: são os fatores sociais, históricos, religiosos, naturais, demográficos, higiênicos, políticos, econômicos e morais que produziram o surgimento da norma jurídica[54]. Em outras palavras, são os elementos valorativos e circunstanciais externos ao ordenamento (exógenos) que levaram à criação da norma. Exemplo: manifestações sociais pelo fim da corrupção que resultaram na criação da Lei da Ficha Limpa (LC n. 135/2010). Pode-se dizer, nesse caso, que o clamor da população foi a fonte material ou real da lei.

Fontes formais autônomas ou introversas: as fontes formais podem ser autônomas ou heterônomas. Fontes formais autônomas ou introversas são aquelas criadas pelo próprio destinatário. Exemplo: um ato normativo expedido para regramento das condutas de agentes públicos é fonte autônoma (introversa) para a Administração.

Fontes formais heterônomas ou extroversas: criadas por pessoa diferente do destinatário. Exemplo: a lei é fonte heterônoma ou extroversa para o particular.

Fontes internas ou nacionais: originadas no ordenamento jurídico do próprio país, como a lei.

Fontes externas ou internacionais: têm origem nos órgãos supranacionais. Exemplos: tratados e convenções internacionais.

Fontes estatais: são aquelas que nascem dentro da estrutura do Poder Público. Dividem-se em fontes legislativas (leis, emendas constitucionais etc.) e jurisprudenciais (sentenças, súmulas vinculantes etc.)[55].

Fontes não estatais: têm origem fora da estrutura do Estado, como os costumes e a doutrina.

---

54. Maria Helena Diniz, *Fontes do direito*, Enciclopédia Jurídica da PUCSP, Tomo Teoria Geral e Filosofia do Direito.

55. Idem.

Fontes voluntárias: são fruto de uma vontade expressa de criar a norma, como a lei.

Fontes involuntárias: não decorrem expressamente de uma vontade de criar a norma, mas vão se impondo como consequência do convívio social. Exemplo: costumes.

Fontes imperativas: são impostas coercivamente aos particulares pelo Estado. Exemplo: lei.

Fontes organizadas: são estruturadas institucionalmente pelo Estado. Exemplo: a lei, na medida em que o próprio Estado tem um processo específico para sua criação (processo legislativo).

Fontes inorganizadas: surgem do convívio social sem qualquer estruturação ou procedimento formal de criação. Exemplo: costumes e doutrina.

Fontes próprias, diretas ou puras: aquelas que existem especificamente para a criação de normas. Exemplo: a lei.

Fontes impróprias, indiretas ou impuras: não existem especificamente para criar normas, mas têm força jurígena indireta atribuída pelo ordenamento. Exemplo: jurisprudência.

1.19.3 Taxonomia das fontes

Diante das diversas classificações indicadas no item anterior é possível identificar a natureza jurídica (taxonomia) das cinco fontes fundamentais do Direito Administrativo brasileiro.

A lei (em sentido estrito) é uma fonte primária, formal heterônoma (extroversa) para o particular e autônoma (introversa) para a Administração, interna, estatal, voluntária, imperativa para o particular, organizada e própria.

Já a doutrina é secundária, material, interna, não estatal, involuntária, inorganizada e imprópria.

A natureza jurídica do costume é de fonte secundária, material, interna, não estatal, involuntária, inorganizada e imprópria.

A jurisprudência (exceto súmulas vinculantes) tem taxonomia de fonte secundária, material, interna, estatal, involuntária, inorganizada e imprópria.

CUIDADO: No caso específico das súmulas vinculantes sua taxonomia é bastante diferente da natureza jurídica da jurisprudência comum. As súmulas vinculantes são fonte secundária, formal extroversa (jurisprudência é material), interna, estatal, voluntária (jurisprudência é involuntária), imperativa para a Administração, mas não para o particular (jurisprudência não é imperativa), organizada (jurisprudência é inorganizada) e imprópria.

Por fim, quanto aos precedentes administrativos (súmulas administrativas vinculantes) sua taxonomia é de fonte secundária, formal autônoma, interna, estatal, involuntária, organizada e própria.

1.20 SISTEMAS ADMINISTRATIVOS

Dois são os sistemas de controle das atividades administrativas: a) sistema da jurisdição una (modelo inglês); e b) sistema do contencioso administrativo (modelo francês).

1.20.1 Sistema da jurisdição una

No sistema da jurisdição una **todas as causas,** mesmo aquelas que envolvem interesse da Administração Pública, **são julgadas pelo Poder Judiciário.** Conhecido como modelo inglês, por ter como fonte inspiradora o sistema adotado na Inglaterra, é a **forma de controle existente atualmente no Brasil**.

> A prova de Analista Técnico da Susep elaborada pela Esaf considerou CORRETA a afirmação: "O sistema adotado, no ordenamento jurídico brasileiro, de controle judicial de legalidade, dos atos da Administração Pública, é o da chamada jurisdição única".

É o que se pode concluir do comando previsto no art. 5º, XXXV, da Constituição Federal: *"a lei não excluirá da apreciação do Poder Judiciário lesão ou ameaça a direito"*. O referido preceito atribui ao Poder Judiciário o monopólio da função jurisdicional, não importando se a demanda envolve interesse da **Administração Pública**. E mais: como a separação de Poderes é cláusula pétrea (art. 60, § 4º, III, da CF), podemos entender que o art. 5º, XXXV, do Texto Maior, proíbe, definitivamente, a adoção do contencioso administrativo no Brasil, pois este último sistema representa uma diminuição das competências jurisdicionais do Poder Judiciário, de modo que a emenda constitucional que estabelecesse o contencioso administrativo entre nós tenderia a abolir a Tripartição de Poderes.

1.20.2 Sistema do contencioso administrativo

O sistema do **contencioso administrativo**, ou modelo francês, é adotado especialmente na França e na Grécia. O contencioso administrativo **caracteriza-se pela repartição da função jurisdicional entre o Poder Judiciário e tribunais administrativos.** Nos países que adotam tal sistema, o Poder Judiciário decide as causas comuns, enquanto as demandas que envolvam interesse da Administração Pública são julgadas por um conjunto de órgãos administrativos encabeçados pelo **Conselho de Estado.**

O modelo do contencioso administrativo foi criado na França, e sua existência está vinculada a particularidades históricas daquele país. Antes da Revolução (1789), a França era uma monarquia absolutista com todos os poderes estatais centralizados na figura do rei. Os órgãos judiciais então existentes eram nomeados pelo monarca e raramente prolatavam sentenças contrárias ao interesse da Coroa. Com a Revolução Francesa, e a superação do Antigo Regime, foi aprovada uma lei, no ano de 1790, que proibia os juízes de decidir causas de interesse da Administração Pública. Convém lembrar que a França é o berço da **Teoria da Tripartição de Poderes**, de Montesquieu, teoria essa cuja aplicação **foi radicalizada** a ponto de considerar-se uma interferência indevida na independência da Administração o julgamento de suas demandas pelo Poder Judiciário. Criou-se, então, um conjunto apartado de órgãos decisórios **formando uma justiça especial somente para decidir causas de interesse da Administração.**

Acima do Conselho de Estado e dos órgãos do Judiciário situa-se, na estrutura francesa, o Tribunal de Conflitos, com atribuições para julgar conflitos de competência entre as duas justiças.

Síntese da estrutura jurisdicional francesa

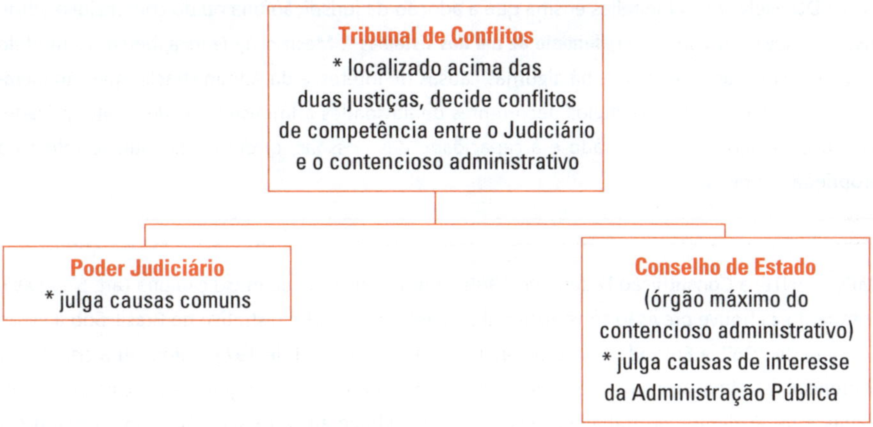

O modelo do contencioso administrativo não tem qualquer paralelo com órgãos e estruturas atualmente existentes no **Brasil**.

> A prova de Escrivão da PC/AC de 2017 elaborada pelo Ibade considerou ERRADA a afirmação: "O controle da Administração Pública no Brasil é realizado por meio do sistema do contencioso administrativo".

> ATENÇÃO: Perceba que o termo "contencioso" tem aqui um sentido bem específico: o sistema francês de dualidade de jurisdição. Quando se afirma que "no Brasil não existe contencioso", estamos nos referindo precisamente a esse significado do vocábulo. Porém, o termo "contencioso" pode ser empregado em outro sentido: o de "litigioso", ou seja, todo contexto em que existe uma lide, um conflito, uma pretensão resistida. Por isso, é comum dizer-se corretamente, por exemplo, que a impugnação do contribuinte instaura a fase contenciosa do processo administrativo fiscal. Isso significa que surgiu um contraditório. Nos escritórios, fala-se também em contencioso cível, contencioso trabalhista etc. Obviamente, trata-se de outro uso do termo "contencioso"sem qualquer relação com o modelo francês de contencioso administrativo.

É bom lembrar que no sistema francês as decisões proferidas pelos tribunais administrativos não podem ser submetidas à apreciação pelo Poder Judiciário. É bastante diferente do que ocorre com os tribunais administrativos brasileiros, por exemplo, o Conselho de Contribuintes (segunda instância administrativa do Fisco). No Brasil, as decisões dos tribunais administrativos sempre estão sujeitas a controle judicial. Assim, constitui grave erro referir-se a qualquer modalidade de contencioso administrativo em **nosso país**. Aqui, não há **dualidade** de jurisdição.

Na prova da AGU/2006, o Cespe considerou ERRADA a afirmação: "No Brasil, sempre se afastou a ideia de coexistência de uma justiça administrativa e de uma justiça praticada com exclusividade pelo Poder Judiciário, razão pela qual é adotado, no país, o sistema contencioso".

CUIDADO: Hely Lopes Meirelles ensina que a adoção da jurisdição una ou do contencioso administrativo leva em conta o **predomínio de um dos sistemas**[56]. Mesmo na França, berço do modelo do contencioso administrativo, há algumas causas de interesse da Administração que são julgadas no Judiciário, como: a) litígios decorrentes de atividades administrativas de caráter privado; b) causas relacionadas ao estado e à capacidade das pessoas; c) demandas que se refiram à propriedade privada.

IMPORTANTE: a Constituição Federal de 1988 adotou o sistema da jurisdição una (art. 5º, XXXV). Entretanto, já houve previsão constitucional de contencioso administrativo no Brasil. Sob a égide da Carta de 1967, a Emenda Constitucional n. 7, de 13 de abril de 1977, autorizou a criação de contenciosos administrativos[57] federais e estaduais para decisão de questões fiscais, previdenciárias e de acidentes de trabalho, mas que nunca chegaram a existir ("Art. 203. Poderão ser criados contenciosos administrativos, federais e estaduais, sem poder jurisdicional, para a decisão de questões fiscais e previdenciárias, inclusive relativas a acidentes do trabalho").

1.20.3 Como se cria um contencioso

A unidade de jurisdição está constitucionalmente prevista no art. 5º XXXV, da CF/88, e tem natureza de cláusula pétrea (art. 60, § 4º III, da CF). Por isso, nem por lei nem por emenda constitucional poderia ser adotado o sistema do contencioso administrativo no Brasil.

Ainda assim é interessante saber o que seria necessário para criação de um contencioso.

É simples. Bastaria atribuir a um órgão estatal, estranho à estrutura do Poder Judiciário, a competência exclusiva para solucionar uma demanda ou decidir um

56. *Direito administrativo brasileiro*, p. 52.

57. A prova da Magistratura do Paraná/2014 elaborada pelo TJ-PR considerou ERRADA a afirmação: "O Brasil adotou, desde a instauração da primeira República, o sistema da jurisdição única, com exceção do período de vigência da Emenda Constitucional n. 7/77, com a instalação dos dois contenciosos administrativos por ela estabelecidos".

recurso, e proibir que a decisão final desse órgão fosse revisada judicialmente. Pronto, estaria criado um contencioso.

Interessante notar, num exercício hipotético, que se tal competência jurisdicional exclusiva fosse atribuída ao Ibama, para causas relacionadas ao meio ambiente, estaria criado um contencioso ambiental. Se a competência exclusiva fosse dada ao INSS, para demandas previdenciárias, haveria um contencioso previdenciário. Ao passo que no caso de atribuir-se a competência exclusiva à Receita Federal, para lides tributárias, nasceria um contencioso fiscal.

Perceba que criar um contencioso é retirar das atribuições do Poder Judiciário a competência para decidir uma matéria específica.

No caso brasileiro, porém, a Constituição Federal proíbe a subtração de competências do Judiciário. Como consequência, o **mesmo art. 5º, XXXV, da CF/88 dispensa o esgotamento da via administrativa como requisito para recorrer ao Judiciário.**

1.21 COMPETÊNCIA PARA LEGISLAR

A competência para criar leis sobre Direito Administrativo, **em regra**, é **CONCORRENTE** entre a União, os Estados e o Distrito Federal. Municípios que não participam de competências concorrentes (o art. 24 da CF de 1988 não incluiu o **Município** no rol dos detentores de competência concorrente: "*Compete à União, aos Estados e ao Distrito Federal legislar concorrentemente sobre [...]*") também podem criar leis sobre Direito Administrativo, não com base na competência concorrente, mas a partir do **interesse local** (art. 30, I, da CF).

Porém, algumas matérias do Direito Administrativo são **exceção** à regra da competência concorrente. É o caso da competência para **legislar sobre desapropriação**, que é **privativa da União** (art. 22, II, da CF).

> ATENÇÃO: não confundir a competência para criar leis sobre desapropriação (privativa da União) com a competência para proceder a desapropriações, comum a todas as esferas federativas e a algumas pessoas da Administração Indireta.

Além da desapropriação, único exemplo importante para concursos, também compete privativamente à União legislar sobre os seguintes temas de Direito Administrativo (incisos do art. 22 da CF):

a) Direito Marítimo, Aeronáutico e Espacial (inciso I);

b) requisições civis e militares, em caso de iminente perigo e em tempo de guerra (inciso III);

c) águas, energia, telecomunicações e radiodifusão (inciso IV);

d) serviço postal (inciso V);

e) diretrizes da política nacional de transportes (inciso IX);

f) regime dos portos, navegação lacustre, fluvial, marítima, aérea e aeroespacial (inciso X);

g) trânsito e transporte (inciso XI);

h) jazidas, minas, outros recursos minerais e metalurgia (inciso XII);

i) competência da polícia federal e das polícias rodoviária e ferroviária federais (inciso XXII);

j) registros públicos (inciso XXV);

k) atividades nucleares de qualquer natureza (inciso XXVI);

l) normas gerais de licitação e contratação, em todas as modalidades, para as administrações públicas diretas, autárquicas e fundacionais da União, dos Estados, do Distrito Federal e dos Municípios, obedecido o disposto no art. 37, XXI, e para as empresas públicas e sociedades de economia mista (inciso XXVII); existe uma controvérsia doutrinária sobre a natureza da competência para legislar sobre licitações e contratos administrativos. Note que a Constituição afirma ser privativa da União a competência para editar "normas gerais" sobre licitação, abrindo espaço para outras entidades federativas baixarem normas específicas, o que significa, portanto, que a competência para legislar sobre licitações e contratos, na verdade, é CONCORRENTE (posição doutrinária majoritária). Houve um erro de alocação do inciso XXVII, pois deveria estar no art. 24, e não no art. 22. Mas, se na prova for indagada a questão "nos termos da Constituição", deve-se responder que a competência é mesmo privativa da União, pois é isso que está escrito;

m) defesa territorial, defesa aeroespacial, defesa marítima, defesa civil e mobilização nacional (inciso XXVIII).

1.22 RESERVA DE LEI COMPLEMENTAR NO DIREITO ADMINISTRATIVO

O Direito Administrativo é basicamente disciplinado por meio de lei **ordinária**, promulgada pelo parlamento da entidade federativa competente para legislar a matéria objeto da lei. Desse modo, no **âmbito federal**, é de se admitir a edição de **medidas provisórias** versando sobre praticamente todos os temas do Direito Administrativo, observadas as vedações materiais elencadas no art. 62, § 1º, da Constituição Federal *("§ 1º É vedada a edição de medidas provisórias sobre matéria: I – relativa a:* a) *nacionalidade, cidadania, direitos políticos, partidos políticos e Direito Eleitoral;* b) *Direito Penal, Processual Penal e Processual Civil;* c) *organização do Poder Judiciário e do Ministério Público, a carreira e a garantia de seus membros;* d) *planos plurianuais, diretrizes orçamentárias, orçamento e créditos adicionais e suplementares; II – que vise a detenção ou sequestro de bens, de poupança popular ou qualquer outro ativo financeiro; III – reservada a lei complementar; IV – já disciplinada em projeto de lei aprovado pelo Congresso Nacional e pendente de sanção ou veto do Presidente da República").*

Como as medidas provisórias são editadas pelo Presidente da República, que é o chefe do Poder Executivo federal, elas não podem versar sobre temas de competência dos Estados, do Distrito Federal e dos Municípios, sob pena de violência à autonomia dos entes federativos.

Porém, **alguns poucos** temas de Direito Administrativo estão constitucionalmente submetidos à reserva de **Lei Complementar**, só podendo ser veiculados por esta espécie normativa. É o caso, principalmente, da definição das **áreas de atuação das fundações governamentais** (art. 37, XIX, da CF). Sobre tema sujeito a reserva de lei complementar, é **vedada** a edição de **medida provisória** (art. 62, § 1º, III, da CF).

A prova de Fiscal do Trabalho elaborada pela Esaf considerou CORRETA a afirmação: "Segundo a jurisprudência do Supremo Tribunal Federal (STF), a distinção entre a lei complementar e a lei ordinária não se situa no plano da hierarquia, mas no da reserva de matéria".

1.23 INICIATIVA DE PROJETOS DE LEI

O processo para criação de uma lei, conhecido como processo legislativo, inicia-se com a elaboração de um projeto de lei. Este, na maioria das vezes, pode ser feito tanto pelo Poder Legislativo quanto pelo Poder Executivo. Essa é a **regra geral** no Direito Administrativo: a **competência** para iniciativa do projeto de lei é **comum entre o Legislativo e o Executivo** da esfera federativa habilitada constitucionalmente para legislar sobre a matéria.

Entretanto, o art. 61, § 1º, da Constituição Federal, cria **exceções** a essa regra, prescrevendo que são **de iniciativa reservada ao Presidente da República** as leis que:

I – fixem ou modifiquem os efetivos das Forças Armadas;

II – disponham sobre: a) criação de cargos, funções ou empregos públicos na administração direta e autárquica ou aumento de sua remuneração; b) organização administrativa e judiciária, matéria tributária e orçamentária, serviços públicos e pessoal da administração dos Territórios; c) servidores públicos da União e Territórios, seu regime jurídico, provimento de cargos, estabilidade e aposentadoria; d) organização do Ministério Público e da Defensoria Pública da União, bem como normas gerais para a organização do Ministério Público e da Defensoria Pública dos Estados, do Distrito Federal e dos Territórios; e) criação e extinção de Ministérios e órgãos da Administração Pública; f) militares das Forças Armadas, seu regime jurídico, provimento de cargos, promoções, estabilidade, remuneração, reforma e transferência para a reserva.

DICA: para memorizar a regra de que é vedada edição de medidas provisórias sobre temas submetidos à reserva de lei complementar, use a frase mnemônica: "temas de LC não admitem MP".

1.24 FUNÇÃO ADMINISTRATIVA

Conforme visto na abertura deste capítulo, o Direito Administrativo pode ser conceituado como o ramo do Direito Público que estuda princípios e regras reguladores do exercício da função administrativa. É possível notar que "função administrativa" é noção indispensável para compreender o Direito Administrativo.

Segundo Celso Antônio Bandeira de Mello, o termo **"função"** no Direito designa toda **atividade exercida** por alguém **na defesa de interesse alheio**. Nas palavras do autor: "Existe função quando alguém está investido no dever de satisfazer dadas finalidades em prol do interesse de outrem"[58]. O Direito regula basicamente dois tipos de atividades: a) atividades comuns: exercidas em nome próprio na defesa de interesse próprio; e b) atividades funcionais ou simplesmente funções: desempenhadas em nome próprio na defesa de interesse de terceiros.

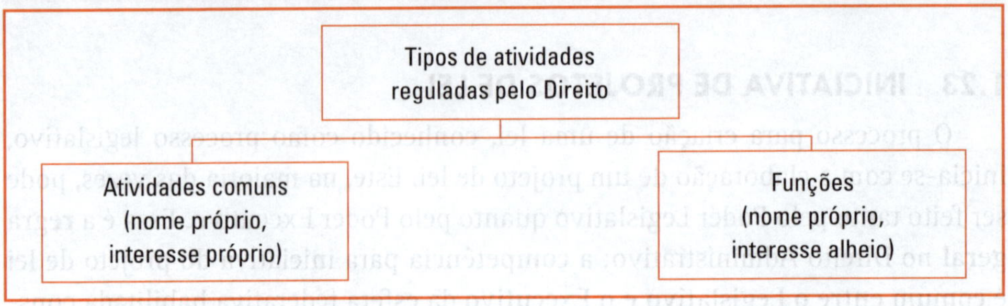

A título de exemplo, exercem atividades funcionais: a) o advogado, na defesa dos interesses do cliente; b) o empresário artístico, na defesa dos interesses do seu contratado; c) o procurador, na defesa dos interesses de quem ele representa; d) o tutor, na defesa dos interesses do tutelado; e) o curador na defesa dos interesses do curatelado.

A ideia de função é importantíssima para nós na medida em que o Direito Administrativo só estuda atividades funcionais, isso porque o **agente público** exerce função, pois **atua** em nome próprio **na defesa dos interesses da coletividade** (interesse público). Desse modo, a título de primeira aproximação, pode-se dizer que a função administrativa é aquela exercida pelos agentes públicos na defesa dos interesses públicos.

É preciso, todavia, fazer uma observação fundamental. Foi dito que os agentes atuam na defesa do *interesse público*. A expressão "interesse público" pode ser compreendida em dois sentidos diferentes: a) interesse público primário; b) interesse público secundário.

A diferença entre interesse público primário e secundário foi difundida por Renato Alessi[59], sendo adotada pela totalidade dos administrativistas brasileiros.

58. *Curso de direito administrativo*, p. 71.

59. Renato Alessi: conhecidíssimo administrativista italiano, é para os doutrinadores brasileiros talvez o mais influente autor estrangeiro do século XX. Sugestão de leitura: *Sistema*

Interesse público **primário** é o verdadeiro interesse **da coletividade**, enquanto interesse público **secundário** é o **interesse patrimonial do Estado** como pessoa jurídica. A distinção é relevante porque os interesses do Estado podem não coincidir com os da sociedade. São exemplos de interesse público secundário: a interposição de recurso com finalidade estritamente protelatória, o aumento excessivo de tributos e a **demora para pagamento de precatório**[60].

> Note a seguinte assertiva considerada CORRETA pela prova da Magistratura/SP 2009 sobre o atraso no pagamento de precatório: "A demora da Administração Pública em cumprir com a obrigação de saldar os débitos líquidos, certos e devidamente requisitados pelo Poder Judiciário por meio de precatório judicial, ainda que sob a ótica doutrinária, ofende o princípio da supremacia do interesse público primário do Estado, considerando que a demora da solução dos precatórios atende exclusivamente ao interesse secundário do Estado".

Na defesa dos interesses secundários, a Administração Pública poderia utilizar conceitos, institutos e formas próprios do Direito Privado.

Interesses públicos secundários só terão legitimidade quando forem instrumentais para o atingimento dos primários[61].

Adotando **visão minoritária**, Ricardo Marcondes Martins rejeita autonomia ao denominado **interesse público secundário**, considerando que este somente será acatado pelo ordenamento quando for **coincidente com o interesse público primário**[62].

Importante mencionar a opinião de Diogo de Figueiredo Moreira Neto, segundo quem a Administração está proibida de **defender interesses públicos secundários** desvinculados dos interesses públicos primários, sob pena de **violação do princípio da impessoalidade**[63].

---

istituzionale del diritto amministrativo italiano, em italiano, Editora Giuffrè. Existe também uma raríssima tradução para o espanhol. Sugestão de leitura: *Instituciones de derecho administrativo*, Bosch Casa Editorial.

60. A jurisprudência do STJ é rica em decisões que distinguem interesse público primário de interesse público secundário.

 1 – Considerando que a AGU é incumbida da defesa do interesse público patrimonial secundário da União (REsp 1.074.750/RO).

 2 – O interesse estatal de não realizar o pagamento de indenização à qual foi condenado constitui interesse público secundário (REsp 1.046.519/AM).

 3 – No julgamento do MS 11.308/DF, o tribunal detalha sua compreensão sobre interesse público secundário no seguinte trecho: *"O Estado, quando atestada a sua responsabilidade, revela-se tendente ao adimplemento da correspectiva indenização, coloca-se na posição de atendimento ao 'interesse público'. Ao revés, quando visa a evadir-se de sua responsabilidade no afã de minimizar os seus prejuízos patrimoniais, persegue nítido interesse secundário, subjetivamente pertinente ao aparelho estatal em subtrair-se de despesas, engendrando locupletamento à custa do dano alheio".*

61. Diogo de Figueiredo Moreira Neto, *Curso de direito administrativo*, p. 7.

62. Arbitragem e administração pública: contribuição para o sepultamento do tema. *Revista trimestral de direito público*, v. 54, Editora Malheiros, p. 200.

63. *Curso de direito administrativo*, p. 104.

ATENÇÃO: somente o interesse público primário tem supremacia sobre o interesse particular. Interesse público secundário não tem supremacia.

Comparação entre interesse público primário e interesse público secundário	
Interesse público primário	**Interesse público secundário**
Verdadeiro interesse da coletividade	Mero interesse patrimonial do Estado como pessoa jurídica
Deve ser defendido sempre pelo agente	Só pode ser defendido quando coincidir com o primário
Tem supremacia sobre o interesse particular	Não tem supremacia sobre o interesse particular
Exemplo: não postergar o pagamento de indenização	Exemplo: recursos protelatórios e demora no pagamento de precatório

1.24.1 Conceito

A função administrativa pode ser conceituada como aquela **exercida preponderantemente pelo Poder Executivo**, com **caráter infralegal** e mediante a utilização de **prerrogativas instrumentais**. Vamos analisar os elementos componentes do conceito.

A prova de Procurador do Estado/RN elaborada pela FCC considerou ERRADA a afirmação: "Sobre a função administrativa é correto afirmar que existe exclusivamente no seio do Poder Executivo, único apto a editar atos administrativos".

1) A função administrativa é exercida preponderantemente pelo Poder Executivo

Como se sabe, o art. 2º da Constituição Federal enunciou o princípio da Tripartição de Poderes nos seguintes termos: "São Poderes da União, **independentes e harmônicos** entre si, o Legislativo, o Executivo e o Judiciário". Interessante notar que o constituinte utilizou duas qualificações para se referir à relação entre os Poderes: são **independentes** e **harmônicos**. Poderiam ser somente independentes, com funções estanques e incomunicáveis atribuídas a cada um. Ou, então, poderiam ser só harmônicos, distribuindo-se todas as tarefas governamentais a cada um deles sem apontar funções precípuas de um ou de outro. Mas a Constituição Federal quis mais: os Poderes serão independentes e harmônicos.

A prova de Analista Judiciário do TJ-TO elaborada pelo Cespe considerou CORRETA a afirmação: "A República Federativa do Brasil adota a teoria da tripartição de poderes, prevendo, ainda, que sejam eles independentes e harmônicos entre si".

Note que, ao longo do Texto de 1988, existem mecanismos para preservar a independência e, ao mesmo tempo, ferramentas para garantia da harmonia. A principal forma de preservar a independência é atribuir a cada Poder uma função própria (função típica) e exercida predominantemente por um deles, sem interferência externa. De outro lado, a mais importante maneira de garantir a harmonia é permitir que cada Poder, além de sua tarefa preponderante, exerça também, em caráter excepcional, atividades próprias dos outros dois (função atípica). Resumindo: as **funções típicas** são o mais importante instrumento garantidor da **independência**; as **funções atípicas** constituem ferramenta indispensável para viabilizar a **harmonia** entre os Poderes.

Função típica é a tarefa precípua de cada Poder.

A função típica do **Poder Legislativo** é a criação da norma, a **inovação originária na ordem jurídica**[64]. É certo que qualquer ato jurídico, ainda que praticado por particulares, inova no ordenamento, pois desencadeia o surgimento de direitos e obrigações predefinidos na legislação. Mas constitui uma inovação derivada, na medida em que os efeitos produzidos pelo ato já estavam latentes na ordem jurídica. Porém, a inovação originária, caracterizada pela criação direta de efeitos jurídicos, é virtude exclusiva da lei. Nesse sentido, diz-se que somente o Legislativo exerce uma **função primária**, uma vez que sua tarefa típica é a única que estabelece normas novas, ao passo que o Judiciário e o Executivo aplicam a norma que o parlamento criou. Esse caráter primário da atuação legislativa é coerente com a origem do Estado de Direito. Como se sabe, historicamente os parlamentos surgiram como legítimos representantes do povo, enquanto o Poder Executivo, herdeiro da função antes exercida pelos monarcas, representava diretamente os interesses do Estado. O sentido maior da Revolução Francesa e dos movimentos constitucionalistas foi a ampliação das competências do parlamento em relação aos outros Poderes. Assim, atualmente, considera-se que as leis constituem direta **manifestação da vontade popular** (art. 1º, parágrafo único, da CF), e a primariedade da função legislativa reforça que Executivo e Judiciário são meros aplicadores da vontade do povo.

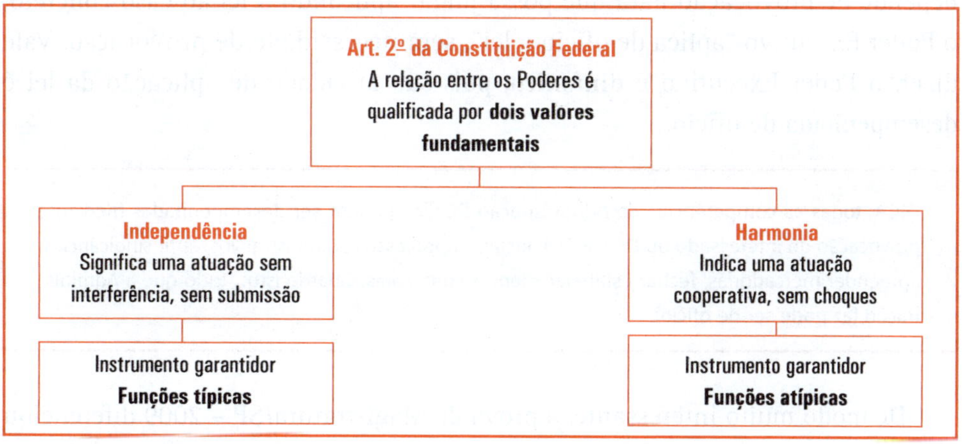

64. O conceito é da lavra de Oswaldo Aranha Bandeira de Mello.

A função típica do Poder Judiciário é **solucionar**, definitivamente, **conflitos de interesse**, mediante a provocação do interessado. Nesse sentido, trata-se de função secundária, pois pressupõe a existência da norma que o parlamento criou. Qualquer pessoa pode solucionar conflitos de interesse, apaziguando, aconselhando os envolvidos. Mas a **imutabilidade** da solução é exclusividade do Poder Judiciário. Outra característica da atividade jurisdicional é a **inércia**, o que significa dizer que o Judiciário constitui **Poder estático**, dependente, para agir, de provocação do interessado.

Definir a função típica do **Poder Executivo** já não é algo tão intuitivo como nos casos anteriores. A função típica do Poder Executivo é a **função administrativa**, consistente **na defesa concreta do interesse público**.

> A prova de Procurador do Estado/RN elaborada pela FCC considerou ERRADA a afirmação: "Sobre a função administrativa é correto afirmar que se caracteriza por prover de maneira imediata e concreta às exigências individuais ou coletivas para a satisfação dos interesses públicos. É imparcial, concreta e subordinada".

A função administrativa foi definida por Seabra Fagundes como aquela consistente em "aplicar a lei de ofício". Assim, tem-se a impressão de que o conceito tradicional apresentado pelo grande Seabra Fagundes é mais bem compreendido com a inversão dos termos da frase: a função administrativa consiste em **aplicar de ofício a lei**. Isso porque, assim como ocorre com a função jurisdicional, a função administrativa também é **secundária** no sentido de somente aplicar, na prática, a lei criada pelo parlamento. Entretanto, as duas funções, a jurisdicional e a administrativa, possuem uma diferença fundamental: enquanto o Judiciário depende de provocação para que possa julgar aplicando a lei ao caso concreto, o Poder Executivo "aplica de ofício a lei", **sem necessidade de provocação**. Vale dizer, o Poder Executivo é **dinâmico**, pois sua atividade de aplicação da lei é desempenhada de ofício.

> DICA: todas as competências da Administração Pública podem ser desempenhadas mediante provocação do interessado ou DE OFÍCIO: instaurar processos administrativos, abrir sindicâncias, apreender mercadorias, fechar estabelecimentos comerciais. Guarde isto: "tudo que a Administração faz pode ser de ofício".

De modo muito interessante, a prova da Magistratura/SP – 2009 diferenciou as funções típicas do Estado afirmando que a função legislativa estabelece a ordem jurídica, a jurisdicional conserva a ordem jurídica e a administrativa consiste na **prestação de serviços públicos**.

> Esta foi a assertiva considerada CORRETA: "As funções típicas de Governo, ainda que se interpenetrem, se dividem, de um lado, num conjunto de funções públicas que cuidam do estabelecimento e conservação da ordem jurídica e, de outro, na função de Administração Pública consistente na prestação de serviços públicos".

Importantíssimo destacar que **cada função típica** possui um **núcleo decisório essencial** onde reside o cerne de independência do Poder que a exerce em caráter predominante.

O núcleo da função típica do Legislativo é a decisão sobre editar nova lei. Exceto nos casos raros em que a Constituição determina, ninguém pode obrigar o legislador a legislar. Não há direito à emanação de normas a que corresponda um dever legislativo de legislar. Essa exclusividade na tomada da decisão de legislar é que garante a independência do Poder Legislativo. É o cerne de sua função típica.

De semelhante modo, o núcleo da função típica do Poder Judiciário é a autoridade da coisa julgada. No Estado de Direito ninguém pode interferir na definitividade dos pronunciamentos jurisdicionais, sob pena de esvaziamento da independência do Poder Judiciário. É nesse sentido que deve ser entendida a norma do art. 5º, XXXVI, da Constituição Federal: "a lei não prejudicará o direito adquirido, o ato jurídico perfeito e a *coisa julgada*". Vale dizer, nem o legislador pode desrespeitar a autoridade da coisa julgada. É o cerne da função típica do Judiciário garantia maior de sua independência.

Quanto ao Poder Executivo, o elemento nuclear de sua função típica é o juízo de conveniência e oportunidade feito sempre que se tornar necessária a tomada de decisão a respeito do melhor caminho para defesa do interesse público. Em outras palavras, o **núcleo da função típica do Poder Executivo** é a análise do **mérito dos atos discricionários.** Conforme veremos nos capítulos seguintes, mérito do ato discricionário é o juízo de conveniência e oportunidade quanto à sua prática. Assim, tomando como exemplo de ato discricionário o decreto expropriatório (ato que inicia a desapropriação), é inadmissível que alguém interfira nas decisões sobre *quando, como, para que* e *qual* imóvel o prefeito vai desapropriar. Essas decisões constituem o mérito do decreto expropriatório, cuja análise representa o núcleo da independência que o Executivo tem em relação aos demais Poderes.

Para Hely Lopes Meirelles, o mérito é a margem de liberdade existente nos requisitos do MOTIVO e do OBJETO[65].

> DICA: NUNCA o Judiciário pode ingressar na análise do mérito dos atos discricionários (motivo e objeto), sendo-lhe autorizado apenas controlar aspectos da legalidade da conduta.

65. Requisitos e mérito do ato discricionário serão detalhadamente estudados no Capítulo 4 sobre os atos administrativos.

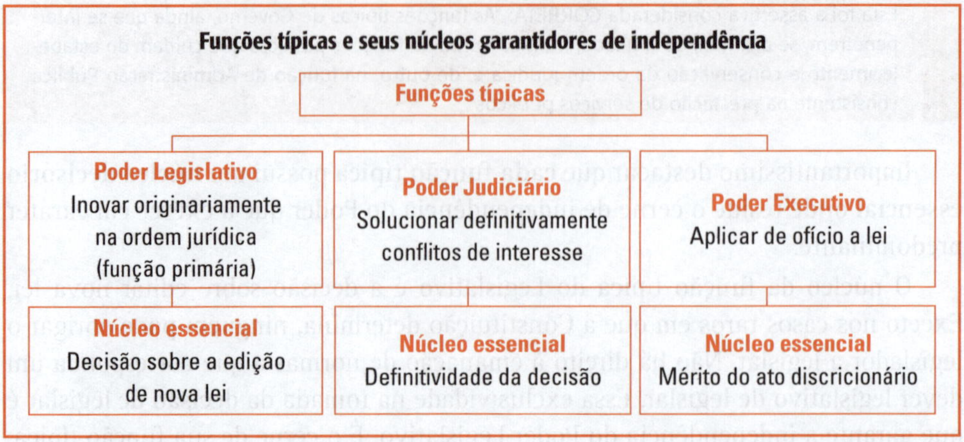

Entretanto, os Poderes não são somente independentes mas também independentes e harmônicos. Por isso, além de sua função típica (garantia de independência), cada Poder exerce também, em caráter excepcional, atividades próprias de outro Poder, denominadas funções atípicas (garantia de **harmonia**).

> A prova de Auditor-Fiscal do Trabalho elaborada pela Esaf considerou CORRETA a afirmação: "O exercício da função jurisdicional, uma das funções que integram o poder político do Estado, não é exclusivo do Poder Judiciário".

Exemplo bastante característico é a medida **provisória**. Ao afirmar que as medidas provisórias editadas pelo Presidente da República "têm força de lei", o art. 62 da Constituição Federal destacou o caráter materialmente legislativo dessa espécie normativa. As medidas provisórias inovam originariamente o ordenamento jurídico, constituindo função legislativa atribuída atipicamente ao Poder Executivo (o Presidente da República é o chefe do Executivo federal).

As funções atípicas são "exceções" ao princípio da Tripartição de Poderes. Entretanto, tecnicamente não é correto afirmar que a Constituição estabelece exceções às suas próprias normas. Assim, no rigor da técnica, é preferível falar nas funções atípicas como um temperamento à Tripartição de Poderes. Ocorre que esse preciosismo terminológico pode atrapalhar a compreensão da ideia, sendo preferível manter nos concursos o uso da palavra exceção.

A natureza excepcional das funções atípicas induz a três conclusões importantes:

a) funções atípicas só podem estar previstas na própria Constituição: isso porque leis que definissem funções atípicas seriam inconstitucionais por violação à Tripartição de Poderes (art. 2º da CF);

b) as normas constitucionais definidoras de funções atípicas devem ser interpretadas restritivamente: tal conclusão decorre do princípio hermenêutico segundo o qual "as exceções interpretam-se restritivamente";

c) é inconstitucional a ampliação do rol de funções atípicas pelo poder constituinte derivado: emenda constitucional que acrescentasse nova função atípica tenderia à abolição da separação de Poderes, violando a cláusula pétrea prevista no art. 60, § 4º, III, da Constituição Federal.

A prova de Analista Judiciário do TJ-RO elaborada pela FCC considerou CORRETA a afirmação: "A separação dos Poderes goza da garantia reforçada de integrar o núcleo imutável da Constituição".

É inegável que o Poder Legislativo e o Poder Judiciário, e até outros organismos estatais, exercem atipicamente função administrativa. Como exemplos, temos os casos da licitação instaurada para compra de papel pelo Senado (função administrativa atipicamente exercida pelo Poder Legislativo) e do concurso público para provimento do cargo de juiz (função administrativa exercida atipicamente pelo Poder Judiciário).

A prova de Técnico da DPU em 2016 elaborada pelo Cespe considerou ERRADA a afirmação: "A função administrativa é exclusiva do Poder Executivo, não sendo possível seu exercício pelos outros poderes da República".

PERGUNTA: No Brasil, quem pode exercer função administrativa?
RESPOSTA:
a) Poder Executivo ou Administração direta e indireta (função típica);
b) Poder Legislativo e Poder Judiciário (função atípica);
Tribunais de Contas: são órgãos auxiliares do Legislativo (art. 71 da CF) que exercem atipicamente função administrativa, por exemplo, na gestão de seus **servidores**.
c) Ministério Público, Defensorias Públicas e outros órgãos **não participantes** da Tripartição de Poderes. Como o Ministério Público e as Defensorias Públicas não pertencem a nenhum dos três Poderes clássicos, melhor evitar mencionar em funções típicas ou atípicas esses organismos. A nomenclatura "função típica" ou "função atípica" deve ser reservada para o contexto da Tripartição;
d) particulares, mediante delegação estatal. Exemplos: concessionários e permissionários de serviço **público**.

ATENÇÃO: o exercício atípico, ou delegado, da função administrativa é revestido das mesmas prerrogativas especiais presentes quando a função administrativa é exercida típica, ou diretamente, pelo Poder Executivo (art. 1º, parágrafo único, da Lei n. 9.784/99). Por isso, nada impede que, por exemplo, o Judiciário revogue atos administrativos por ele praticados.

A prova de Técnico da DPU em 2016 elaborada pelo Cespe considerou ERRADA a afirmação: "A aplicação da lei pelo Poder Executivo, no exercício da função administrativa, depende de provocação do interessado, sendo vedada a aplicação de ofício".

2) A função administrativa é exercida em caráter infralegal

A característica fundamental da função administrativa é a sua absoluta submissão à lei. O princípio da legalidade consagra a subordinação da atividade administrativa aos ditames legais. Trata-se de uma importante garantia do Estado de Direito: a Administração Pública só pode fazer o que o povo autoriza, por meio de leis promulgadas por seus representantes eleitos. É o caráter infralegal da função administrativa.

Hans Kelsen[66] afirmava que, para fins didáticos, o ordenamento jurídico pode ser comparado a uma pirâmide, pois as normas estão verticalmente dispostas em diferentes níveis hierárquicos.

Pirâmide Kelseniana

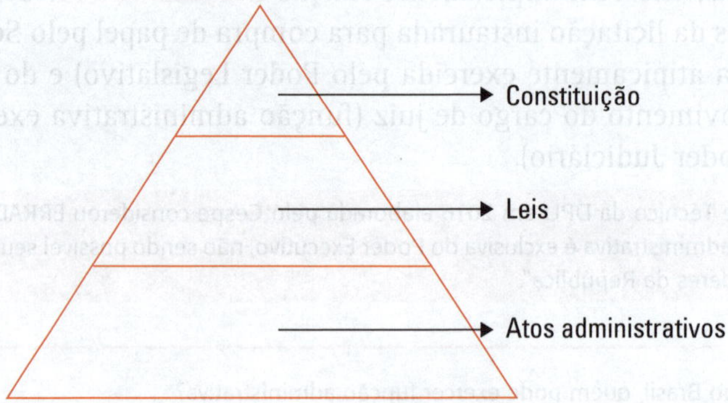

Assim, a Constituição ocupa o ápice da pirâmide. As leis situam-se no patamar intermediário. E os atos administrativos localizam-se no nível mais baixo do ordenamento. Conclui-se, daí, que os atos administrativos estão hierarquicamente submetidos aos dispositivos legais. Por tal razão, **sempre que um ato administrativo violar norma legal será inválido.** Não há nenhum caso em que, havendo colisão entre a lei e o ato administrativo, o ato prevaleça sobre a lei. É sempre a lei que predomina sobre o ato administrativo.

3) A função administrativa é exercida mediante a utilização de prerrogativas instrumentais

Para viabilizar a adequada defesa dos interesses da coletividade, a lei confere ao agente público **poderes especiais**, prerrogativas ou **privilégios** cujo uso está vinculado à defesa do interesse público. Vale ressaltar que, em Direito Administrativo, o termo privilégio é sinônimo de prerrogativa, de poder, não tendo o sentido pejorativo de vantagem indevida, tal como empregado na linguagem popular.

---

66. Hans Kelsen (Áustria, 1881-1973): considerado por muitos o maior jurista de todos os tempos, Hans Kelsen é o pai do chamado "positivismo jurídico", corrente de pensamento que defendia a purificação do estudo do direito, cabendo ao jurista analisá-lo somente do ponto de vista das normas. Nasceu em Praga durante período em que a capital da ex-Tchecoslováquia estava anexada à Áustria. Fugindo do nazismo, Kelsen mudou-se para os Estados Unidos, onde foi docente na Universidade de Berkeley. Sugestão de leitura: *Teoria pura do direito*, em português, Editora Martins Fontes.

No Direito Administrativo, os poderes atribuídos ao agente não são personalíssimos, nem atribuídos *intuitu personae*. Não se trata de poderes conferidos em favor da pessoa do agente, mas em razão da função desempenhada. Estão sempre atrelados ao cumprimento de deveres. São **instrumentos a serviço da função pública**. Prova disso é que, estando o agente fora da função, tais poderes não são mais aplicáveis.

Não há atribuições puramente potestativas no Direito Administrativo. Todo poder é atrelado a um dever, é vinculado ao cumprimento de dada obrigação. Daí **Santi Romano**[67] falar em **poder-dever**.

Entretanto, considerando que a noção de dever é mais importante do que a de poder, Celso Antônio Bandeira de Mello propõe uma inversão na ordem dos termos para enfatizar o elemento de maior relevância. Prefere falar em **dever-poder**[68].

O mais importante, porém, é registrar que, se o agente público usar os poderes do cargo para defesa de **interesse alheio ao interesse público**, o ato será nulo por **desvio de finalidade**, desvio de poder ou **tredestinação ilícita**.

> ATENÇÃO: infelizmente é cada vez mais comum encontrar em concursos públicos a referência à palavra "tredestinação" (sem o "s"). A grafia sem o "s" é visivelmente equivocada, pois o prefixo "tres" (mudança, em latim) aparece na composição de outras palavras da língua portuguesa, como "tresloucado". Hely Lopes Meirelles sempre lutou contra a queda desse "s". Em vão. Na sua prova, escreva e fale "treSdestinação", mas se aparecer na prova "tredestinação" ignore o deslize e jamais corrija o examinador. Mas está errado! Como as provas e os concursos abandonaram a grafia correta da palavra, passamos a utilizar neste ***Manual***, a partir da 5ª edição, o termo "tredestinação", para evitar que nosso querido leitor redija corretamente, mas perca pontos!

1.25 FUNÇÃO ADMINISTRATIVA E FUNÇÃO DE GOVERNO

Por fim, cabe um rápido comentário sobre a diferença entre função administrativa e função de **governo**. Governo, em sentido objetivo, é a atividade de condução dos altos interesses do Estado e da coletividade. É a atividade diretiva do Estado. O **ato de governo**, ou ato político, diferencia-se do ato administrativo por duas razões principais: 1ª) o ato de governo tem sua **competência extraída diretamente da Constituição** (no caso do ato administrativo, é da lei); 2ª) o ato de governo é caracterizado por uma acentuada margem de liberdade, ou uma

---

67. Santi Romano (Itália, 1875-1949): iluminado publicista italiano, Santi Romano é uma unanimidade entre os estudiosos de Direito Público. Seus livros são de uma profundidade e fineza intelectual incomparáveis. É, sem dúvida, um dos cinco maiores juristas de todos os tempos. Escreveu sobre Teoria Geral do Direito, Direito Constitucional e Direito Administrativo. Sugestão de leitura: *Frammenti di un Dizionario Giuridico*, em italiano, com destaque para os verbetes "poderes e potestades", Editora Giuffrè.

68. *Curso de direito administrativo*, p. 72.

ampla discricionariedade, ultrapassando a liberdade usualmente presente na prática do ato administrativo. Exemplos de ato de governo: declaração de guerra, intervenção federal em Estado-membro, sanção a projeto de lei.

A prova de Promotor de Justiça/SC em 2016 elaborada pelo MP/SC considerou ERRADA a afirmação: "Sinônimo de função de governo para a doutrina brasileira, a função administrativa consiste primordialmente na defesa dos interesses públicos, atendendo às necessidades da população, inclusive mediante intervenção na economia".

Cabe frisar que a função política ou de governo é basicamente desempenhada pelo Poder Executivo, mesmo Poder encarregado do exercício típico da função administrativa. Então, as diferenças entre ato administrativo e ato de governo estão no regime jurídico, mas não na competência para sua prática.

Quadro comparativo entre função de governo e função administrativa

	Função de governo	Função administrativa
Quem exerce	Poder Executivo	Poder Executivo (regra geral)
Fundamento	Constitucional	Legal
Margem de liberdade	Alta discricionariedade	Discricionariedade comum
Exemplos de atos	Declaração de guerra, intervenção federal	Regulamentos, decretos, portarias, licenças

1.26 TENDÊNCIAS DO DIREITO ADMINISTRATIVO MODERNO

Analisando as principais mudanças legislativas realizadas nos últimos anos em nosso ordenamento, é possível identificar algumas tendências do Direito Administrativo brasileiro. As mais importantes são:

1) **constitucionalização de temas administrativos:** com a promulgação da Constituição de 1988, houve a inserção de inúmeros temas de Direito Administrativo no próprio texto constitucional, retirando das entidades federativas a capacidade de disciplinar diversos temas fundamentais pertinentes à realidade administrativa. São exemplos de temas administrativos que foram constitucionalizados na CF/88: a) desapropriação (arts. 5º, XXIV, 182 e 184); b) requisição (art. 5º, XXV); c) processo administrativo (art. 5º, LIV, LV e LXXVIII); d) organização administrativa (arts. 18 e s.); e) princípios da Administração Pública (art. 37); f) cargos, empregos e funções (art. 37, I); g) concurso público (art. 37, III e IV); h) entidades descentralizadas (art. 37, XIX); i) improbidade administrativa (art. 37, § 4º); j) responsabilidade do Estado (art. 37, § 6º); k) servidores públicos (art. 39), entre outros;

2) **petrificação do Direito Administrativo:** além de uma parte significativa do Direito Administrativo brasileiro ter sido constitucionalizada, pode-se verificar que alguns temas **compõem o núcleo imodificável da Constituição Federal** de 1988, tendo sido transformados em cláusulas pétreas na medida em que guardam

relação, direta ou indireta, com as matérias listadas no art. 60, § 4º, da CF. É o que podemos denominar petrificação do Direito Administrativo. Assim, os temas petrificados não podem ser suprimidos ou ter seu alcance reduzido por meio de emenda constitucional. São cláusulas pétreas os seguintes temas constitucionais pertinentes ao Direito Administrativo: a) a periodicidade dos mandatos eletivos (art. 60, § 4º, II); b) a inviolabilidade, pelo Judiciário, dos juízos de conveniência e oportunidade dos atos discricionários (art. 60, § 4º, III); c) o princípio da legalidade administrativa (art. 60, § 4º, IV c/c art. 5º, II); d) o direito ao ressarcimento prévio, justo e em dinheiro devido ao proprietário expropriado (art. 60, § 4º, IV c/c art. 5º, XXIV); e) a observância das garantias constitucionais na hipótese de requisição administrativa (art. 60, § 4º, IV c/c art. 5º, XXV); f) a impossibilidade de criação de contenciosos administrativos no Brasil (art. 60, § 4º, IV c/c art. 5º, XXXV); g) as garantias do devido processo legal, contraditório e ampla defesa (art. 60, § 4º, IV c/c art. 5º, LIV e LV).

Além desse aspecto da petrificação no âmbito do texto constitucional, ou petrificação sistêmica, pode-se falar também em uma **petrificação ideológica** do Direito Administrativo, assim considerada a relativa **estagnação científica do ramo** devido a institutos, formas e conceitos, tanto legislativos quanto doutrinários, ainda atrelados a um modelo de Administração Pública autoritária, típico do período histórico anterior ao Estado Social e Democrático de Direito. Podemos citar como instituto exemplar dessa referida petrificação ideológica a chamada "verdade sabida", isto é, uma infração notória cometida pelo servidor e para cuja punição algumas leis dispensam a instauração de processo administrativo disciplinar[69];

3) **codificações parciais:** embora não haja um código sistematizando todo o Direito Administrativo pátrio, existem diversas codificações parciais que organizam as regras mais importantes de diversos capítulos do ramo, tais como: a) Código Florestal (Lei n. 12.651/2012); b) Código de Minas (Decreto-lei n. 227/67); c) Código de Caça (Lei n. 5.197/67); d) Código de Águas (Decreto n. 24.643/34); e) Código Aeronáutico (Lei n. 7.565/86); f) Código de Processo Administrativo (Lei n. 9.784/99);

4) **fuga para o Direito Privado**[70]: outra importante tendência do Direito Administrativo brasileiro é a utilização cada vez mais frequente pela legislação de institutos, conceitos e formas próprios do Direito Privado, como, por exemplo, o recurso à arbitragem, os contratos de gestão, as franquias e os contratos de gerenciamento;

5) **relativização dos supraprincípios:** consideradas as duas noções-chave do Direito Administrativo, e por isso chamadas de supraprincípios, a "supremacia do

69. *Vide*, por exemplo, art. 271 da Lei n. 10.261/60, o Estatuto do Servidor Público do Estado de São Paulo.

70. A expressão foi criada pela administrativista portuguesa Maria João Estorninho.

interesse público sobre o privado" e a "indisponibilidade do interesse público" até há pouco tempo eram consideradas ideias absolutas e inquestionáveis, conforme será visto no capítulo seguinte. Hoje tais conceitos passam por um processo de relativização legislativa diante da criação de inúmeros preceitos legais, fixando exceções tanto à supremacia quanto à indisponibilidade do interesse público;

6) objetivação das teorias: diversas teorias no Direito Administrativo têm experimentado um processo evolutivo similar. Inicialmente, surgiram como concepções subjetivistas, centralizadas em aspectos volitivos ou intencionais. Com o tempo, tornaram-se teorias mais voltadas para a análise da conduta concreta do agente, tendentes a desconsiderar a intenção que animou o comportamento. Essa objetivação pode ser observada, a princípio, na teoria da responsabilidade do Estado. Agora, também adotam orientações objetivistas a teoria do desvio de finalidade, a teoria da boa-fé e a teoria dos motivos determinantes;

7) colaborativismo: outra importante tendência do Direito Administrativo brasileiro é estimular os mecanismos de participação do usuário na administração pública, bem como fomentar as parcerias entre o Estado e a iniciativa privada. Como importantes exemplos de colaborativismo, temos os institutos da parceria público-privada, das entidades de cooperação e do contrato de gestão;

8) diluição da responsabilidade estatal: é cada vez mais comum o Estado terceirizar a realização de atividades administrativas, trazendo prestadores privados para executar tarefas públicas que até então eram executadas diretamente pela Administração. O setor específico onde o ingresso de prestadores privados tem se tornado mais visível é no campo dos serviços públicos, por meio da utilização de mecanismos de prestação indireta, como a concessão e a permissão. Quando essa delegação de tarefas estatais a particulares ocorre, independentemente do regime jurídico aplicável, opera-se uma diluição da responsabilidade patrimonial na medida em que o Estado deixa de ser o principal responsável pelo ressarcimento de prejuízos decorrentes da prestação. Cabe ao prestador privado o papel de responsável principal na hipótese de prejuízos provenientes da atividade exercida, passando o Estado a ocupar a posição de responsável secundário ou subsidiário;

9) quinquenização de prazos: observa-se nos últimos anos um esforço do legislador pátrio em padronizar em **cinco anos** os prazos no Direito Administrativo. São bem raros os casos de prazos, tanto de prescrição quanto de decadência, que não tenham duração quinquenal. A mesma tendência de quinquenização existe **também no Direito Tributário** brasileiro;

10) personificação dos contratos administrativos: outra importante inovação na legislação administrativa brasileira é o surgimento de **pessoas jurídicas especificamente criadas para gerenciar contratos administrativos.** É uma tendência de personificação ou "pejotização" contratual. Inicialmente ocorreu com a previsão de criação da sociedade de propósito específico instituída para administrar as parcerias público-privadas (art. 9º da Lei n. 11.079/2004). Em seguida, a mesma técnica de personalizar contratos administrativos foi adotada na Lei dos Consórcios Públicos (art. 6º da Lei n. 11.107/2005). Ao se criar uma nova pessoa jurídica, incumbida de administrar o contrato, caberá a ela a responsabilidade direta por eventuais prejuízos decorrentes da execução contratual. Desse modo, a personificação de contratos administrativos, ao centralizar a responsabilidade na nova pessoa jurídica, promove uma diluição nos riscos de responsabilização das entidades contratantes;

11) **inversão das fases licitatórias:** uma das mais notáveis tendências do Direito Administrativo brasileiro consiste na inversão das fases naturais do procedimento licitatório, realizando o **julgamento das propostas antes da habilitação.** Essa antecipação da fase classificatória promove uma considerável economia de tempo e de dinheiro. Criado entre nós pela **Lei do Pregão** (10.520/2002), o modelo foi posteriormente estendido para a **concorrência que antecede as concessões de serviço público** (art. 18-A da Lei n. 8.987/95), para as **contratações de serviços de publicidade** (art. 11, § 4º, da Lei n. 12.232/2010) e também para as licitações no **Regime Diferenciado de Contratação – RDC** (art. 12 da Lei n. 12.462/2011);

12) **objetivação da responsabilidade:** tornou-se regra geral no Direito brasileiro a adoção da teoria objetiva na análise da responsabilidade estatal. Assim, praticamente em todos os casos de prejuízos imputados ao exercício de funções públicas, o surgimento do dever de indenizar independe da comprovação de culpa ou dolo do agente causador do dano. Basta à vítima demonstrar ato, dano e nexo causal. Trata-se de uma objetivação da responsabilidade, na medida em que a **análise do dever de indenizar está centralizada no risco** assumido pela conduta causadora do prejuízo, e não em aspectos subjetivos ou volitivos do comportamento do agente.

1.27 A LEI N. 13.655, DE 25 DE ABRIL DE 2018, E OS NOVOS PARÂMETROS DECISÓRIOS NA ADMINISTRAÇÃO PÚBLICA

Em 26 de abril de 2018 foi publicada a Lei n. 13.655/2018, alterando a Lei de Introdução às Normas do Direito Brasileiro (Decreto-lei n. 4.657/42, a antiga Lei de Introdução ao Código Civil).

Voltada a enfraquecer os poderes de órgãos fiscalizadores, em especial os Tribunais de Contas, trata-se de inovação que diminui o controle sobre a execução de contratos de grande vulto.

Cabe destacar que a principal novidade da Lei n. 13.655/2018 foi objeto de veto pelo Presidente da República, a saber, o art. 25, que previa "quando necessário por razões de segurança jurídica de interesse geral, o ente poderá propor ação declaratória de validade de ato, contrato, ajuste, processo ou norma administrativa, cuja sentença fará coisa julgada com eficácia *erga omnes*".

Com a eliminação da tal "ação declaratória de validade de ato, contrato, ajuste, processo ou norma administrativa", o projeto de lei perdeu sua figura central, restando disposições secundárias dotadas de redação tão enigmática que condenaram a Lei n. 13.655/2018 à não aplicação.

Trata-se, assim, de mais um diploma normativo vocacionado a "não pegar" no Brasil.

Seguem dez pontos que merecem destaque no texto já em vigor, todos inseridos no corpo da Lei de Introdução às Normas do Direito Brasileiro (Decreto-lei n. 4.657/42):

1) Nas esferas administrativa, controladora e judicial, não se decidirá com base em valores jurídicos abstratos sem que sejam consideradas as consequências práticas da decisão (art. 20);

2) A motivação demonstrará a necessidade e a adequação da medida imposta ou da invalidação de ato, contrato, ajuste, processo ou norma administrativa, inclusive em face das possíveis alternativas (art. 20, parágrafo único);

3) A decisão que, nas esferas administrativa, controladora ou judicial, decretar a invalidação de ato, contrato, ajuste, processo ou norma administrativa deverá indicar de modo expresso suas consequências jurídicas e administrativas. Deve ainda apontar as condições para que a regularização ocorra de modo proporcional e equânime e sem prejuízo aos interesses gerais, não se podendo impor aos sujeitos atingidos ônus ou perdas que, em função das peculiaridades do caso, sejam anormais ou excessivos (art. 21);

4) Na interpretação de normas sobre gestão pública, serão considerados os obstáculos e as dificuldades reais do gestor e as exigências das políticas públicas a seu cargo, sem prejuízo dos direitos dos administrados (art. 22);

5) A decisão administrativa, controladora ou judicial que estabelecer interpretação ou orientação nova sobre norma de conteúdo indeterminado, impondo novo dever ou novo condicionamento de direito, deverá prever regime de transição quando indispensável para que o novo dever ou condicionamento de direito seja cumprido de modo proporcional, equânime e eficiente e sem prejuízo aos interesses gerais (art. 23);

6) A revisão, nas esferas administrativa, controladora ou judicial, quanto à validade de ato, contrato, ajuste, processo ou norma administrativa cuja produção já se houver completado levará em conta as orientações gerais da época, sendo vedado que, com base em mudança posterior de orientação geral, se declarem inválidas situações plenamente constituídas (art. 24);

7) Para eliminar irregularidade, incerteza jurídica ou situação contenciosa na aplicação do Direito Público, inclusive no caso de expedição de licença, a autoridade administrativa poderá, após oitiva do órgão jurídico e, quando for o caso, após realização de consulta pública, e presentes razões de relevante interesse geral, celebrar compromisso com os interessados, observada a legislação aplicável, o qual só produzirá efeitos a partir de sua publicação oficial (art. 26);

8) A decisão do processo, nas esferas administrativa, controladora ou judicial, poderá impor compensação por benefícios indevidos ou prejuízos anormais ou injustos resultantes do processo ou da conduta dos envolvidos (art. 27);

9) As autoridades públicas devem atuar para aumentar a segurança jurídica na aplicação das normas, inclusive por meio de regulamentos, súmulas administrativas e respostas a consultas (art. 30);

10) Regulamento, súmulas administrativas e respostas a consultas, quando editados para aumentar a segurança jurídica no processo decisório da Administração, terão caráter vinculante em relação ao órgão ou entidade a que se destinam, até ulterior revisão (art. 30, parágrafo único).

1.28 DEZ DICAS ESPECIAIS PARA A VÉSPERA DA PROVA

Sempre que me pedem dicas na véspera de provas, gosto de relembrar dez pontos fundamentais na forma de informações-chave para acertar questões sobre Direito Administrativo.

1) **Todo procedimento administrativo deve garantir contraditório e ampla defesa:** por força do disposto no art. 5º, LV, da Constituição Federal, os princípios do contraditório e da ampla defesa são aplicáveis a todos os tipos de procedimentos administrativos, tais como desapropriação, licitação, concurso público e processo administrativo disciplinar.

2) **Predominam no Direito Administrativo prazos de 5 anos:** conforme visto anteriormente, há uma tendência na legislação brasileira de padronização dos prazos, no Direito Administrativo e no Tributário. Praticamente todos os prazos existentes nesses dois ramos têm duração de 5 anos.

3) **A Administração Pública sempre pode agir de ofício:** devido ao caráter dinâmico de suas atuações, a Administração Pública sempre pode atuar de ofício, sem necessidade de provocação da parte interessada.

4) **A responsabilidade na prestação de serviços públicos é objetiva:** quando houver prestação de serviços públicos, a responsabilidade por danos causados ao usuário e a terceiros é objetiva (independe da prova de culpa ou dolo), não importando quem seja o prestador.

5) **Na prestação indireta de serviços públicos, a responsabilidade principal é do prestador, e o Estado responde subsidiariamente:** nos casos em que o Estado delega a terceiros a prestação de serviços públicos, como ocorre nas hipóteses de concessão e permissão, a responsabilidade pelo ressarcimento de prejuízos decorrentes da atividade cabe diretamente ao prestador. Já o Estado funciona como um garantidor da indenização, um responsável subsidiário, podendo ser acionado no caso de o devedor principal não ter patrimônio suficiente para pagar a integralidade da dívida.

6) **Toda atividade da Administração Pública está sujeita a controle judicial, exceto quanto ao mérito dos atos discricionários:** em razão do princípio da

sindicabilidade, a atuação da Administração Pública sempre pode sofrer controle no âmbito do Poder Judiciário. Entretanto, não cabe ao juiz ingressar na análise da conveniência e oportunidade (mérito) das decisões administrativas discricionárias, sob pena de ruptura do princípio da Tripartição de Poderes.

7) A Administração não precisa de autorização judicial para agir: as atividades da Administração Pública, em especial no que diz respeito à anulação e revogação de seus próprios atos, podem ser exercidas independentemente de ordem judicial.

8) Na dúvida, marque "lei ordinária": a Constituição Federal de 1988, repetindo o modelo tradicionalmente adotado no Brasil, definiu a lei ordinária como o instrumento normativo padrão. O uso da lei complementar é excepcional (art. 47 da CF). Assim, sendo regra geral a utilização da lei ordinária, em caso de dúvida, deve-se marcar na prova a alternativa que afirma caber à lei ordinária a disciplina de determinado tema. Lembre, na dúvida, **chute na lei ordinária!**

9) Na dúvida, assinale "competência da União": sabe-se que o federalismo brasileiro é desequilibrado porque atribuiu à União uma quantidade muito maior de competências do que aquelas conferidas às demais esferas federativas. Por isso, em caso de dúvida, **chute na competência da União!**

10) Em provas de múltipla escolha, sempre marque a alternativa heterogênea: é, por fim, uma dica bastante eficaz para provas de múltipla escolha. Se o candidato não souber a resposta correta, deve procurar a alternativa heterogênea, isto é, aquela que faça referência a um tema de natureza diferente daqueles tratados nas demais assertivas. Por exemplo, se três alternativas mencionam requisitos do ato administrativo... (a) competência... (b) forma... (c) finalidade... e a alternativa restante faz referência a um atributo do ato... (d) autoexecutoriedade..., pode-se concluir seguramente que a resposta correta é a letra "d", mesmo sem sabermos qual o enunciado da questão. Fica a dica.

1.29 QUADRO SINÓTICO

CONCEITO
Direito Administrativo é o **ramo do Direito Público** que estuda **princípios** e **regras** reguladores do exercício **da função administrativa**.

TAXINOMIA DO DIREITO ADMINISTRATIVO
O Direito Administrativo é ramo do **Direito Público**, na medida em que seus princípios e regras regulam o exercício de atividades estatais, especialmente a função administrativa.

DIREITO ADMINISTRATIVO *VERSUS* CIÊNCIA DA ADMINISTRAÇÃO	
DIREITO ADMINISTRATIVO **define os limites** dentro dos quais a gestão pública (Ciência da Administração) pode ser validamente realizada.	CIÊNCIA DA ADMINISTRAÇÃO consiste no estudo das **técnicas** e estratégias para melhor **planejar, organizar e controlar a gestão governamental.**

ADMINISTRAÇÃO BUROCRÁTICA *VERSUS* ADMINISTRAÇÃO GERENCIAL	
MODELO DE ADMINISTRAÇÃO BUROCRÁTICA	MODELO DE ADMINISTRAÇÃO GERENCIAL
Norma padrão: Lei n. 8.666/93: **a)** toda autoridade baseada na **legalidade**; **b)** relações **hierarquizadas** de subordinação entre órgãos e agentes; **c) competência técnica** como critério para seleção de pessoal; **d)** remuneração baseada na função desempenhada e não nas realizações alcançadas (**controle de fins**); **e)** ênfase em processos e ritos.	**Norma padrão: EC n. 19/98:** **a)** inspiração **neoliberal**; **b)** também chamada de governança **consensual**; **c)** objetiva atribuir maior **agilidade e eficiência** na atuação administrativa; **d)** enfatiza a obtenção de **resultados**, em detrimento de processos e ritos; **e)** estimula a **participação popular** na gestão pública.

"ESTADO EM REDE"
A teoria do Estado em rede foi criada como uma tentativa de **aperfeiçoamento do modelo de administração pública gerencial**. Seu principal desafio é incorporar a participação da sociedade civil organizada na priorização e na implementação de estratégias governamentais, fomentando a **gestão regionalizada** e a **gestão participativa**, por meio de institutos como consultas e audiências públicas.

CARACTERÍSTICAS TÉCNICAS FUNDAMENTAIS DO DIREITO ADMINISTRATIVO
1ª) É um ramo recente. **2ª)** Não está codificado (há legislações esparsas e codificações parciais). **3ª)** Jurisdição una como forma de controle da Administração (modelo inglês). **4ª)** Influenciado parcialmente pela jurisprudência (influência indicativa).

	PRINCÍPIOS	REGRAS
QUANTO À ABRANGÊNCIA	Disciplinam maior quantidade de casos práticos.	Aplicáveis a um número menor de situações concretas.
QUANTO À ABSTRAÇÃO DO CONTEÚDO	Possuem um conteúdo mais geral dotado de acentuado nível de abstração.	Têm um conteúdo reduzido à disciplina de certas condutas.
QUANTO À IMPORTÂNCIA SISTÊMICA	Sintetizam os valores fundamentais de determinado ramo jurídico.	Apenas regulam condutas específicas.
QUANTO À HIERARQUIA NO ORDENAMENTO JURÍDICO	Ocupam posição hierarquicamente superior perante as regras, prevalecendo sobre elas em caso de conflito.	Posicionam-se abaixo dos princípios na organização vertical do ordenamento, tendo a validade de seu conteúdo condicionada à compatibilidade com os princípios.
QUANTO À TÉCNICA PARA SOLUCIONAR ANTINOMIAS	Enunciam valores fundamentais do ordenamento jurídico, de modo que, havendo **colisão entre dois ou mais princípios**, emprega-se a **lógica da cedência recíproca**, aplicando-se ambos, simultaneamente, mas com os conteúdos mitigados.	No **conflito entre regras** surge uma questão de validade, utilizando-se a lógica **do tudo ou nada**, de modo que uma norma é aplicada afastando a incidência da outra.

QUANTO AO MODO DE CRIAÇÃO	Os **princípios jurídicos** são revelados pela doutrina num processo denominado **abstração indutiva**, pelo qual as regras específicas são tomadas como ponto de partida para identificação dos valores fundamentais inerentes ao sistema (princípios). Desse modo, **o papel desempenhado pelo legislador na criação de um princípio jurídico é indireto**, pois, após criar as diversas normas do sistema, cabe à doutrina identificar os princípios fundamentais ali contidos.	São criadas diretamente pelo legislador.
QUANTO AO CONTEÚDO PRESCRITIVO	Têm conteúdo valorativo que, muitas vezes, não prescreve uma ordem específica para regulação de comportamentos.	O conteúdo das regras sempre se expressa por meio de um dos três modais **deônticos** existentes: permitido, proibido e obrigatório. Toda regra jurídica permite, proíbe ou obriga determinada conduta humana.
	PRINCÍPIOS	**REGRAS**
FORÇA COGENTE	Força cogente máxima	Força cogente máxima
ABRANGÊNCIA	Atingem maior quantidade de casos práticos	Disciplinam menos casos
ABSTRAÇÃO DO CONTEÚDO	Conteúdo mais geral	Conteúdo mais específico
IMPORTÂNCIA SISTÊMICA	Enunciam valores fundamentais do sistema	Somente disciplinam casos concretos
HIERARQUIA NO ORDENAMENTO	Hierarquia superior	Hierarquia inferior
TÉCNICA PARA SOLUCIONAR ANTINOMIAS	Cedência recíproca	Lógica do tudo ou nada
MODO DE CRIAÇÃO	Revelados pela doutrina	Criadas diretamente pelo legislador
CONTEÚDO PRESCRITIVO	Podem não ter modal deôntico	Sempre têm no conteúdo um modal deôntico: "permitido", "proibido" ou "obrigatório"

OBJETO DO DIREITO ADMINISTRATIVO	
OBJETO IMEDIATO	**OBJETO MEDIATO**
São os princípios e **regras** que regulam a função administrativa.	As normas e os princípios administrativos têm por objeto a disciplina das **atividades, agentes, pessoas e órgãos da Administração Pública.**

DIREITO ADMINISTRATIVO COMO DIREITO COMUM	
DIREITO PÚBLICO	**DIREITO PRIVADO**
O Direito Administrativo é o direito comum dos ramos do Direito Público. As soluções jurídicas aplicáveis a problemas privados não servem de modelo para dirimir adequadamente controvérsias que envolvem o Estado. O operador deve recorrer, na hipótese de lacuna, somente às normas e aos princípios administrativos.	**O Direito Civil é o direito comum dos ramos de Direito Privado.** Assim, por exemplo, havendo uma lacuna no Direito Empresarial incapaz de ser preenchida mediante soluções internas desse ramo, cabe ao operador do Direito recorrer às regras análogas de Direito Civil.

PRESSUPOSTOS FUNDAMENTAIS DO SURGIMENTO DO DIREITO ADMINISTRATIVO
1º) A **subordinação do Estado às regras jurídicas**, característica surgida com o advento do Estado de Direito. **2º)** A existência de **divisão de tarefas entre os órgãos estatais.**
AUTONOMIA DO DIREITO ADMINISTRATIVO
A existência de um **objeto próprio** (regras de direito disciplinadoras do exercício da função administrativa) e a existência de **princípios específicos** são fatores suficientes para conferir ***status* de ramo autônomo.**
CONCEITOS
Estado é um povo situado em determinado território e sujeito a um governo.
Governo é a **cúpula diretiva do Estado**, responsável pela condução dos altos interesses estatais e pelo **poder político**, e cuja composição pode ser modificada mediante eleições.

Poder Executivo é o complexo de órgãos estatais verticalmente estruturados sob direção superior do "chefe do Executivo" (Presidente da República/Governador/Prefeito). Junto com o Legislativo e o Judiciário, o Executivo compõe a tripartição dos Poderes do Estado.

Administração Pública (com iniciais maiúsculas) designa o **conjunto de órgãos e agentes estatais no exercício da função administrativa**, independentemente de pertencerem ao Poder Executivo, Legislativo, Judiciário, ou a qualquer outro organismo estatal (como Ministério Público e Defensorias Públicas).

A expressão "administração pública" (com iniciais minúsculas) é sinônima de "**poder executivo**" (também com iniciais minúsculas), e ambas designam a **atividade** consistente na **defesa concreta do interesse público**.

TAREFAS PRECÍPUAS DA ADMINISTRAÇÃO PÚBLICA MODERNA

FUNDAMENTAIS:	SEM RELEVANTE FUNDAMENTO DOUTRINÁRIO:
1ª) o exercício do **poder de polícia**; 2ª) a prestação de **serviços públicos**; 3ª) a realização de **atividades de fomento**.	4ª) **atividade de intervenção** (intervenção na propriedade privada; intervenção no domínio econômico – regulação; e intervenção no domínio social).

INTERPRETAÇÃO DO DIREITO ADMINISTRATIVO

A interpretação das regras do Direito Administrativo está **sujeita aos princípios hermenêuticos gerais** estudados pela Filosofia do Direito **e, subsidiariamente, às regras interpretativas próprias do Direito Privado**.

FONTES DO DIREITO ADMINISTRATIVO

No Direito Administrativo, **somente a lei constitui fonte primária**, na medida em que as demais fontes (secundárias) estão a ela subordinadas. **Doutrina, jurisprudência e costumes são fontes secundárias.**

CODIFICAÇÃO DO DIREITO ADMINISTRATIVO

O Direito Administrativo pátrio, assim como ocorre na maioria dos países modernos, não está organizado em um diploma único. Nosso Direito Administrativo não está codificado.

ARGUMENTOS A FAVOR DA CODIFICAÇÃO	ARGUMENTOS CONTRÁRIOS À CODIFICAÇÃO
Segurança jurídica	Estagnação do Direito
Transparência do processo decisório	Desatualização constante
Previsibilidade das decisões	Competência concorrente
Estabilidade social	Diversidade de temas
Acesso da população	
Visão panorâmica	
Controle da atuação estatal	

SISTEMAS ADMINISTRATIVOS

JURISDIÇÃO UNA (INGLÊS)	CONTENCIOSO ADMINISTRATIVO (FRANCÊS)
Todas as causas, mesmo aquelas que envolvem interesse da Administração Pública, **são julgadas pelo Poder Judiciário. É a forma de controle existente atualmente no Brasil** (art. 5º, XXXV, CF/88).	**Repartição da função jurisdicional entre o Poder Judiciário e tribunais administrativos**. Neste sistema, o Poder Judiciário decide as causas comuns, enquanto as demandas que envolvam interesse da Administração Pública são julgadas por um conjunto de órgãos administrativos encabeçados pelo **Conselho de Estado** (o Brasil já adotou este sistema quando da Carta de 1967.)

COMPETÊNCIA PARA LEGISLAR

A competência para criar leis sobre Direito Administrativo, em regra, é **concorrente (art. 24, II, CF)** entre a União, os Estados e o Distrito Federal. Municípios que não participam de competências concorrentes também podem criar leis sobre Direito Administrativo, não com base na competência concorrente, mas a partir do **interesse local** (art. 30, I, da CF). **Exceção: art. 22, II, da CF, competência** privativa da União **para** legislar sobre desapropriação.

RESERVA DE LEI COMPLEMENTAR NO DIREITO ADMINISTRATIVO

O Direito Administrativo é basicamente disciplinado por meio de **lei ordinária**, promulgada pelo Parlamento da entidade federativa competente para legislar a matéria objeto da lei. Porém, **alguns poucos** temas de Direito Administrativo estão constitucionalmente submetidos à reserva de **lei complementar**, só podendo ser veiculados por esta espécie normativa. É o caso, principalmente, da definição das **áreas de atuação das fundações governamentais** (art. 37, XIX, da CF).

INICIATIVA DE PROJETOS DE LEI

O projeto de lei, como regra geral no Direito Administrativo, é de iniciativa comum entre o Legislativo e o Executivo da esfera federativa habilitada constitucionalmente para legislar sobre a matéria, de tal sorte que, na maioria das vezes, pode ser feito tanto pelo Poder Legislativo quanto pelo Poder Executivo. **Obs.:** ***vide*** **exceção do art. 61, § 1º, da CF.**

FUNÇÃO ADMINISTRATIVA
É aquela exercida **preponderantemente pelo Poder Executivo,** com caráter infralegal e mediante a utilização de prerrogativas instrumentais. Possui como **característica fundamental** a sua **absoluta submissão à lei** (princípio da legalidade). A ideia de função é importantíssima para nós na medida em que o Direito Administrativo só estuda atividades funcionais, isso porque o agente público exerce função, pois atua em nome próprio na defesa dos interesses da coletividade (interesse público).

INTERESSE PÚBLICO	
Somente o interesse público primário tem supremacia sobre o interesse particular. Interesse público secundário não tem supremacia.	
INTERESSE PÚBLICO PRIMÁRIO	**INTERESSE PÚBLICO SECUNDÁRIO**
Verdadeiro interesse da coletividade	Mero interesse patrimonial do Estado como pessoa jurídica
Deve ser defendido sempre pelo agente	Só pode ser defendido quando coincidir com o primário
Tem supremacia sobre o interesse particular	Não tem supremacia sobre o interesse particular
Exemplo: não postergar o pagamento de indenização	Exemplo: recursos protelatórios e demora no pagamento de precatório

PERGUNTA: NO BRASIL, QUEM PODE EXERCER FUNÇÃO ADMINISTRATIVA?
RESPOSTA: a) Poder Executivo ou Administração direta e indireta (função típica); b) Poder Legislativo e Poder Judiciário (função atípica); Tribunais de Contas: são órgãos auxiliares do Legislativo (art. 71 da CF) que exercem atipicamente função administrativa, por exemplo, na gestão de seus **servidores**. c) Ministério Público, Defensorias Públicas e outros órgãos **não participantes** da Tripartição de Poderes. Como o Ministério Público e as Defensorias Públicas não pertencem a nenhum dos três Poderes clássicos, melhor evitar mencionar em funções típicas ou atípicas esses organismos. A nomenclatura "função típica" ou "função atípica" deve ser reservada para o contexto da Tripartição; d) particulares, mediante delegação estatal. Exemplos: concessionários e permissionários de serviço **público**. **ATENÇÃO:** o exercício atípico, ou delegado, da função administrativa é revestido das mesmas prerrogativas especiais presentes quando a função administrativa é exercida típica, ou diretamente, pelo Poder Executivo (art. 1º, § 1º, da Lei n. 9.784/99). Por isso, nada impede que, por exemplo, o Judiciário revogue atos administrativos por ele praticados.

FUNÇÃO DE GOVERNO		
Governo, em sentido objetivo, é a atividade de condução dos altos interesses do Estado e da coletividade (é a atividade diretiva do Estado). O ato de governo, ou ato político, diferencia-se do ato administrativo por duas razões principais: 1ª) **o ato de governo tem sua competência extraída diretamente da Constituição** (no caso do ato administrativo, é da lei); 2ª) **o ato de governo é caracterizado por uma acentuada margem de liberdade**, ou uma **ampla discricionariedade**, ultrapassando a liberdade usualmente presente na prática do ato administrativo.		
	FUNÇÃO DE GOVERNO	**FUNÇÃO ADMINISTRATIVA**
QUEM EXERCE	Poder Executivo	Poder Executivo (regra geral)
FUNDAMENTO	Constitucional	Legal
MARGEM DE LIBERDADE	Alta discricionariedade	Discricionariedade comum
EXEMPLOS DE ATOS	Declaração de guerra, intervenção federal	Regulamentos, decretos, portarias, licenças

TENDÊNCIAS DO DIREITO ADMINISTRATIVO MODERNO	
1) Constitucionalização de temas administrativos; 2) Petrificação do Direito Administrativo; 3) Codificações parciais; 4) Fuga para o Direito Privado; 5) Relativização dos supraprincípios; 6) Objetivação das teorias;	7) Colaborativismo; 8) Diluição da responsabilidade estatal; 9) Quinquenização de prazos; 10) Personificação dos contratos administrativos; 11) Inversão das fases licitatórias; 12) Objetivação da responsabilidade.

DEZ PONTOS MAIS IMPORTANTES SOBRE OS NOVOS PARÂMETROS DECISÓRIOS NA ADMINISTRAÇÃO PÚBLICA (LEI N. 13.655/2018):
1) Nas esferas administrativa, controladora e judicial, não se decidirá com base em valores jurídicos abstratos sem que sejam consideradas as consequências práticas da decisão (art. 20); 2) A motivação demonstrará a necessidade e a adequação da medida imposta ou da invalidação de ato, contrato, ajuste, processo ou norma administrativa, inclusive em face das possíveis alternativas (art. 20, parágrafo único);

3) A decisão que, nas esferas administrativa, controladora ou judicial, decretar a invalidação de ato, contrato, ajuste, processo ou norma administrativa deverá indicar de modo expresso suas consequências jurídicas e administrativas. Deve ainda apontar as condições para que a regularização ocorra de modo proporcional e equânime e sem prejuízo aos interesses gerais, não se podendo impor aos sujeitos atingidos ônus ou perdas que, em função das peculiaridades do caso, sejam anormais ou excessivos (art. 21);

4) Na interpretação de normas sobre gestão pública, serão considerados os obstáculos e as dificuldades reais do gestor e as exigências das políticas públicas a seu cargo, sem prejuízo dos direitos dos administrados (art. 22);

5) A decisão administrativa, controladora ou judicial que estabelecer interpretação ou orientação nova sobre norma de conteúdo indeterminado, impondo novo dever ou novo condicionamento de direito, deverá prever regime de transição quando indispensável para que o novo dever ou condicionamento de direito seja cumprido de modo proporcional, equânime e eficiente e sem prejuízo aos interesses gerais (art. 23);

6) A revisão, nas esferas administrativa, controladora ou judicial, quanto à validade de ato, contrato, ajuste, processo ou norma administrativa cuja produção já se houver completado levará em conta as orientações gerais da época, sendo vedado que, com base em mudança posterior de orientação geral, se declarem inválidas situações plenamente constituídas (art. 24);

7) Para eliminar irregularidade, incerteza jurídica ou situação contenciosa na aplicação do Direito Público, inclusive no caso de expedição de licença, a autoridade administrativa poderá, após oitiva do órgão jurídico e, quando for o caso, após realização de consulta pública, e presentes razões de relevante interesse geral, celebrar compromisso com os interessados, observada a legislação aplicável, o qual só produzirá efeitos a partir de sua publicação oficial (art. 26);

8) A decisão do processo, nas esferas administrativa, controladora ou judicial, poderá impor compensação por benefícios indevidos ou prejuízos anormais ou injustos resultantes do processo ou da conduta dos envolvidos (art. 27);

9) As autoridades públicas devem atuar para aumentar a segurança jurídica na aplicação das normas, inclusive por meio de regulamentos, súmulas administrativas e respostas a consultas (art. 30);

10) Regulamento, súmulas administrativas e respostas a consultas, quando editados para aumentar a segurança jurídica no processo decisório da Administração, terão caráter vinculante em relação ao órgão ou entidade a que se destinam, até ulterior revisão (art. 30, parágrafo único).

DEZ DICAS ESPECIAIS PARA A VÉSPERA DA PROVA	
1) Todo procedimento administrativo deve garantir contraditório e ampla defesa. **2)** Predominam no Direito Administrativo prazos de 5 anos. **3)** A Administração Pública sempre pode agir de ofício. **4)** A responsabilidade na prestação de serviços públicos é objetiva. **5)** Na prestação indireta de serviços públicos, a responsabilidade principal é do prestador, o Estado responde subsidiariamente.	**6)** Toda atividade da Administração Pública está sujeita a controle judicial, exceto quanto ao mérito dos atos discricionários. **7)** A Administração nunca precisa de autorização judicial para agir. **8)** Na dúvida, marque "lei ordinária". **9)** Na dúvida, assinale "competência da União". **10)** Em provas de múltipla escolha, sempre marque a alternativa heterogênea.

1.30 QUESTÕES

1. (Profissional Universitário – Itaipu Binacional – 2019 – NC-UFPR) O Direito Administrativo é o ramo do Direito Público que disciplina o exercício da função administrativa e a atividade das pessoas e órgãos que a desempenham. Com relação aos poderes de Estado e atribuição de funções, de acordo com a Constituição Federal de 1988 e conceitos advindos do Direito Administrativo, assinale a alternativa correta.

A) A função jurisdicional é responsável por editar atos normativos primários e resolver conflitos entre os litigantes.

B) O poder do Estado se divide por estruturas orgânicas especializadas, que desempenham com preponderância a sua função típica, mantendo a harmonia e o equilíbrio do sistema.

C) No Brasil, pela tripartição dos Poderes, adota-se o pressuposto de que cada um dos Poderes é responsável pelo exercício de sua função típica, de maneira autônoma.

D) Diferentemente do sistema francês, que segrega a função jurisdicional e administrativa, no Brasil considera-se o sistema inglês de tripartição dos Poderes, com preponderância do sistema administrativo sobre os demais Poderes.

E) São poderes soberanos e independentes entre si a União, os Estados, o Distrito Federal e os Municípios.

2. (Titular de Serviços de Notas e de Registros – TJ-PR – 2019 – NC-UFPR) Segundo Romeu Felipe Bacellar Filho, "à medida que é possível diferenciar Governo de Administração Pública pelas atribuições diversas a que se propõem, tais instituições assumem estruturas próprias, voltadas ao cumprimento de suas funções" (BACELLAR FILHO, 2008). Levando em consideração a posição do autor, assinale a alternativa correta.

A) Para o autor, o critério que condiciona a distinção entre Governo e Administração possui natureza orgânica, também chamada de subjetiva ou formal.

B) Governo pode ser definido como a instituição cuja atividade é voltada à tomada de decisões discricionárias.

C) Administração pode ser definida como a instituição voltada à tomada de decisões vinculadas.

D) No Brasil, ao contrário de outros países, o Poder Judiciário também compõe o Governo do ponto de vista constitucional, exercendo tais prerrogativas como sua função típica.

E) A Administração Pública brasileira é composta de entes políticos e entes administrativos, que, por sua vez, são compostos por órgãos públicos.

3. (Escrivão de Polícia – PC-ES – 2019 – Instituto AOCP) O Estado de Direito pode ser conceituado como uma pessoa jurídica política, juridicamente organizada e obediente às suas próprias leis. A respeito do conceito de Estado, elementos, poderes e organização, é correto afirmar que:

A) o Estado, segundo grande parte da doutrina, é composto de três elementos originários e indissociáveis, quais sejam: o povo, a legislação interna e o governo soberano;

B) o Estado, para se organizar, divide-se em três elementos estruturais, ou organizacionais, que são chamados Poderes, ou Funções, por alguns doutrinadores, sendo eles: o Poder Legislativo, o Poder Executivo e o Poder Econômico;

C) o Poder Legislativo exerce como função típica a aplicação coativa da lei ao caso específico, estabelecendo regras concretas, sem produzir regras primárias no mundo jurídico;

D) a Administração Pública direta é exercida por meio das autarquias, fundações públicas, empresas estatais e sociedades de economia mista;

E) a tripartição dos Poderes do Estado não gera absoluta divisão de Poderes, mas sim distribuição de três funções estatais precípuas, uma vez que o poder estatal é uno e indivisível.

4. (Assistente Social – PC-ES – 2019 – Instituto AOCP) Assinale a alternativa correta acerca de Estado, Governo e Administração Pública.

A) Segundo a Constituição Federal, a tripartição de funções é absoluta no âmbito do aparelho do Estado.

B) O estudo da administração pública, do ponto de vista subjetivo, abrange a maneira como o Estado participa das atividades econômicas privadas.

C) O Estado constitui a nação politicamente organizada, enquanto a administração pública corresponde à atividade que estabelece objetivos do Estado, conduzindo politicamente os negócios públicos.

D) Os conceitos de governo e administração não se equiparam; o primeiro refere-se a uma atividade essencialmente política, ao passo que o segundo, a uma atividade eminentemente técnica.

E) Tradicionalmente, na Doutrina, os elementos apontados como constitutivos do Estado são: o povo, a uniformidade linguística e o governo.

5. (Assistente Social – PC-ES – 2019 – Instituto AOCP) Assinale a alternativa correta acerca de conceito e fontes do Direito Administrativo.

A) O sistema de Direito Administrativo anglo-americano teve origem na França e é focado, essencialmente, em reger as relações entre cidadãos e Administração, fixando prerrogativas e deveres à Administração.

B) O sistema de Direito Administrativo europeu continental deixa para o âmbito do Direito Privado as relações entre Estado e cidadãos. A jurisdição é una, exercida exclusivamente pelo Poder Judiciário.

C) Os costumes não constituem fonte do Direito Administrativo.

D) O Direito Administrativo, dentre outros conceitos, pode ser definido como o ramo do Direito Público que tem por objeto os órgãos, agentes e pessoas jurídicas administrativas que integram a Administração Pública, a atividade jurídica não contenciosa que exerce e os bens de que se utiliza para a consecução de seus fins, de natureza pública.

E) O Direito Administrativo visa à regulação das relações jurídicas entre servidores e entre estes e os órgãos da administração, ao passo que o Direito Privado regula a relação entre os órgãos e a sociedade.

6. (Analista Judiciário de Procuradoria – PGE-PE – 2019 – Cespe) Com relação à origem e às fontes do Direito Administrativo, aos sistemas administrativos e à Administração Pública em geral, julgue o item que segue.

Um dos aspectos da constitucionalização do Direito Administrativo se refere à elevação, ao nível constitucional, de matérias antes tratadas por legislação infraconstitucional.

( ) Certo

( ) Errado

7. (Analista Judiciário de Procuradoria – PGE-PE – 2019 – Cespe) Com relação à origem e às fontes do Direito Administrativo, aos sistemas administrativos e à Administração Pública em geral, julgue o item que segue.

No Brasil, assim como no sistema de *common law*, o costume é uma das fontes principais do Direito Administrativo.

( ) Certo

( ) Errado

8. (Analista Judiciário de Procuradoria – PGE-PE – 2019 – Cespe) Com relação à origem e às fontes do Direito Administrativo, aos sistemas administrativos e à Administração Pública em geral, julgue o item que segue.

De acordo com o critério teleológico, o Direito Administrativo é um conjunto de normas que regem as relações entre a administração e os administrados.

( ) Certo

( ) Errado

9. (Titular de Serviços de Notas e de Registros – TJ-SC – 2019 – Ieses) A Administração Pública em sentido subjetivo encerra:

A) os servidores públicos;

B) as pessoas jurídicas de direito público e de direito privado que a integram;

C) o conjunto de agentes, órgãos e pessoas jurídicas que executam as funções administrativas estatais;

D) as pessoas jurídicas de direito público que a integram.

10. (Agente Fiscal – CRESS-GO – 2019 – Quadrix) Diversos são os sentidos do termo "estado", e isso porque diversos podem ser os ângulos em que pode ser enfocado.

No sentido, porém, de sociedade política permanente, a denominação "Estado" surge pela primeira vez no século XVI, na obra *O Príncipe*, de Maquiavel, indicando, no entanto, as comunidades formadas pelas cidades-estado. Discutem os pensadores sobre o momento em que apareceu o Estado, ou seja, qual a precedência cronológica: o Estado ou a sociedade. Informa-nos Dalmo Dallari que, para certa doutrina, o Estado, como a sociedade, sempre existiu; ainda que mínima pudesse ser, teria havido uma organização social nos grupos humanos. Outra doutrina dá à sociedade em si precedência sobre a formação do Estado: este teria decorrido de necessidade ou conveniências de grupos sociais. Uma terceira corrente de pensamento ainda retarda o nascimento do Estado, instituição que só passaria a existir com características bem definidas. – José dos Santos Carvalho Filho. *Manual de direito administrativo*. 32. ed., atual. e ampl. São Paulo: Atlas, 2018 (com adaptações).

Tendo o texto acima apenas como referência inicial, julgue o item.

Os detentores de mandato eletivo são considerados como agentes políticos. Dessa forma, os secretários e ministros de Estado não possuem a classificação de agente.

( ) Certo

( ) Errado

GABARITO

1. B / **2.** E / **3.** E / **4.** D / **5.** D / **6.** CERTO / **7.** ERRADO / **8.** ERRADO / **9.** C / **10.** ERRADO

Acesse mais questões também pelo link:
http://somos.in/MDA1152

2

PRINCÍPIOS

Acesse também a videoaula pelo link:
http://somos.in/MDA1103

2.1 IMPORTÂNCIA DOS PRINCÍPIOS ADMINISTRATIVOS

O Direito Administrativo brasileiro não é codificado. Por isso, as funções sistematizadora e unificadora de leis, em outros ramos desempenhadas por códigos, no Direito Administrativo cabem aos princípios.

Princípios são regras gerais que a doutrina identifica como condensadoras dos **valores fundamentais de um sistema.** Por meio de um processo lógico denominado *abstração indutiva*, os estudiosos extraem da totalidade de normas específicas as ideias-chave que animam todo o complexo de regras. Assim, os princípios *informam* e *enformam*[1] o sistema normativo. Informam porque armazenam e comunicam o núcleo valorativo essencial da ordem jurídica. Enformam porque dão forma, definem a feição de determinado ramo.

É bastante comum em concursos fazer-se referência à concepção de Celso Antônio Bandeira de Mello, segundo o qual: "princípio é, pois, por definição, mandamento nuclear de um sistema, verdadeiro alicerce dele, disposição fundamental que se irradia sobre diferentes normas, compondo-lhes o espírito e servindo de critério para exata compreensão e inteligência delas, exatamente porque define a lógica e a racionalidade do sistema normativo, conferindo-lhes a tônica que lhe dá sentido harmônico". E completa: "**violar um princípio é muito mais grave do que violar uma norma.** A desatenção ao princípio implica ofensa não apenas a um específico mandamento obrigatório, mas a todo o sistema de comandos. **É a mais grave forma de ilegalidade ou inconstitucionalidade**, conforme o escalão do princípio violado, porque representa insurgência contra todo o sistema, subversão de seus valores fundamentais"[2] (destaques nossos).

---

1. No Direito português, vários autores falam em função "enformadora" dos princípios jurídicos. Entre nós, a expressão é utilizada por Newton de Lucca.
2. Criação de Secretarias Municipais, *RDP*, 1971, v. 15, p. 284-286, citação transcrita no *Curso de direito administrativo*, p. 53.

2.2 DUPLA FUNCIONALIDADE DOS PRINCÍPIOS

Os princípios do Direito Administrativo cumprem duas funções principais:

a) **função hermenêutica**: se o aplicador do Direito tiver dúvida sobre qual o verdadeiro significado de determinada norma, pode utilizar o princípio como ferramenta de esclarecimento sobre o conteúdo do dispositivo analisado;

b) **função integrativa**: além de facilitar a interpretação de normas, o princípio atende também à finalidade de suprir lacunas, funcionando como instrumento para preenchimento de vazios normativos em caso de ausência de expresso regramento sobre determinada matéria.

2.3 PRINCÍPIOS COMO MANDAMENTOS DE OTIMIZAÇÃO

Com certa frequência, os concursos públicos trazem questões que versam sobre os princípios jurídicos como mandamentos de otimização. Tal conceito foi desenvolvido pelo alemão **Robert Alexy**, para quem os princípios são regras que exigem que algo seja realizado "na maior medida possível dentro das possibilidades jurídicas e fáticas existentes". Os mandamentos de otimização "caracterizam-se por poderem ser satisfeitos em graus variados e pelo fato de que a medida devida de sua satisfação não depende somente das possibilidades fáticas, mas também das possibilidades jurídicas"[3].

Assim, os princípios seriam regras cuja aplicação integral dependeria de condições fáticas e jurídicas indispensáveis, sem as quais seu conteúdo poderia incidir apenas parcialmente. Ao contrário, as normas específicas não admitiriam essa aplicação parcial, pois ou incidiriam totalmente ou não incidiriam.

A compreensão dos princípios como mandamentos de otimização é interessante, mas absolutamente incompatível com o sentido que a doutrina e a legislação brasileiras dão ao termo "princípio". É a mesma palavra com dois significados diferentes[4].

Portanto, não é recomendável o uso da teoria de Alexy em concursos, sobretudo em provas de Direito Administrativo, devendo-se dar preferência ao sentido clássico com que o termo é utilizado por nossos administrativistas.

2.4 REGIME JURÍDICO-ADMINISTRATIVO

O conjunto formado por todos os princípios e regras pertencentes ao Direito Administrativo denomina-se tecnicamente regime jurídico-administrativo. Já a expressão regime jurídico da Administração designa os regimes de **direito público e de direito privado aplicáveis à Administração**.

---

3. *Teoria dos direitos fundamentais*, p. 90.
4. Sobre a polêmica que envolve o uso acrítico da teoria de Alexy no Brasil, *vide*: Luis Virgílio Afonso da Silva, *A constitucionalização do direito*, p. 35-37; e Celso Antônio Bandeira de Mello, *Curso de direito administrativo*, p. 53, nota 34.

> A prova de Analista do TCU elaborada pelo Cespe considerou ERRADA a afirmação: "A expressão regime jurídico-administrativo, em seu sentido amplo, refere-se tanto aos regimes de direito público e de direito privado a que se submete a Administração Pública quanto ao regime especial que assegura à Administração Pública prerrogativas na relação com o administrado". Entendendo que o regime jurídico-administrativo compreende também as atuações administrativas na defesa do interesse público secundário, a prova de Auditor da Receita Federal elaborada pela Esaf considerou ERRADA a afirmação: "O regime jurídico-administrativo compreende um conjunto de regras e princípios que baliza a atuação do Poder Público, exclusivamente, no exercício de suas funções de realização do interesse público primário".

2.5 SUPRAPRINCÍPIOS DO DIREITO ADMINISTRATIVO

Supraprincípios ou *superprincípios* são os princípios centrais dos quais derivam todos os demais princípios e regras do Direito Administrativo. Conforme ensina Celso Antônio Bandeira de Mello[5], são dois os supraprincípios: a) supremacia do interesse público sobre o privado; e b) indisponibilidade do interesse público.

A existência desses dois supraprincípios é reflexo de uma dualidade permanente no exercício da função administrativa: a oposição entre os poderes da Administração Pública (supremacia do interesse público) e os direitos dos administrados (indisponibilidade do interesse público).

> IMPORTANTE: os dois supraprincípios são princípios relativos, e não absolutos. Assim, **não existe supremacia absoluta** do interesse público sobre o privado, **nem indisponibilidade absoluta** dos interesses públicos.

Noções centrais (supraprincípios)

- Supremacia do interesse público primário sobre o privado (reflete os poderes da Administração Pública)
- Indisponibilidade do interesse público (reflete os direitos dos administrados)

2.5.1 Princípio da supremacia do interesse público

A **supremacia do interesse público sobre o privado**, também chamada simplesmente de princípio do interesse público ou da finalidade pública, princípio implícito na atual ordem jurídica, significa que os interesses da coletividade são

5. *Curso de direito administrativo*, p. 69.

mais importantes que os **interesses individuais**, razão pela qual a Administração, como defensora dos interesses públicos, recebe da lei **poderes especiais** não extensivos aos particulares. A outorga dos citados poderes projeta a Administração Pública a uma **posição de superioridade** diante do particular. Trata-se de uma regra inerente a qualquer grupo social: os interesses do grupo devem prevalecer sobre os dos indivíduos que o compõem. Essa é uma condição para a própria subsistência do grupo social. Em termos práticos, cria uma **desigualdade jurídica** entre a Administração e os administrados.

> A prova de Analista da CGU feita pela Esaf considerou ERRADA a afirmação: "Entre os princípios constitucionais do Direito Administrativo, pode-se destacar o de que os interesses públicos e privados são equitativos entre si".

Para Maria Sylvia Zanella Di Pietro, a noção de supremacia do interesse público está presente no momento de **elaboração da lei**, assim como no momento de **aplicação da lei** pela Administração Pública[6].

Convém reafirmar que só existe a supremacia do interesse público primário sobre o interesse privado. O interesse patrimonial do Estado como pessoa jurídica, conhecido como **interesse público secundário, não tem supremacia** sobre o interesse do particular.

São **exemplos de prerrogativas** especiais conferidas à Administração Pública e seus agentes decorrentes da supremacia do interesse público:

1) possibilidade de transformar compulsoriamente propriedade privada em pública (**desapropriação**);

2) autorização para usar propriedade privada em situações de iminente perigo público (**requisição** de bens). Exemplo: requisição de veículo particular, pela polícia, para perseguir criminoso;

3) poder de **convocar particulares** para a execução compulsória de atividades públicas (requisição de serviço). Exemplo: convocação de mesários para eleição;

4) **prazos processuais em dobro para contestar, recorrer e responder recurso**, ou seja, para todas as suas manifestações processuais, cuja contagem terá início a partir da intimação pessoal. Não se aplica o prazo em dobro quando a lei estabelecer prazo próprio (art. 183 do CPC);

> ATENÇÃO: no âmbito dos juizados Especiais Federais, não se aplicam os prazos processuais diferenciados em favor da Fazenda Pública, nem existe reexame necessário (arts. 9º e 13 da Lei n. 10.259/2001).

6. *Direito administrativo*, p. 64.

CUIDADO: A 1ª Turma do STJ, no julgamento do AgRg no AREsp 768.400/DF, fixou a orientação no sentido de que o prazo prescricional para ações propostas pela Fazenda Pública deve ser o mesmo de 5 anos (art. 1º do Decreto n. 20.910/32) aplicável às ações do particular contra a Fazenda, em razão do princípio da isonomia.

5) possibilidade de **rescindir unilateralmente contratos** administrativos;

6) dever de o particular **dar passagem no trânsito** para viaturas sinalizando situação de emergência;

7) **presunção de legitimidade** dos atos administrativos;

8) **impenhorabilidade** dos bens públicos;

9) impossibilidade de perda de bens por usucapião (**imprescritibilidade dos bens públicos**);

10) presença de **cláusulas exorbitantes** nos **contratos administrativos**;

A prova do Ministério Público/MG 2008 considerou CORRETA a afirmação: "O princípio da Supremacia do Interesse Público sobre o Particular permite a existência das chamadas cláusulas exorbitantes no bojo dos contratos administrativos, em prol da Administração Pública".

11) possibilidade do exercício, pelo Estado, do **poder de polícia** sobre particulares;

12) poder para criar unilateralmente obrigações aos **particulares** (**imperatividade**).

A prova de Procurador do DF feita pela Esaf considerou CORRETA a afirmação: "O princípio da supremacia do interesse público sobre o interesse privado é princípio geral do Direito. Nesse diapasão, como expressão dessa supremacia, a Administração, por representar o interesse público, tem a possibilidade, nos temos da lei, de constituir terceiros em obrigações mediante atos unilaterais".

A prova de Auditor da Receita Federal pela Esaf considerou CORRETA a afirmação: "A aplicação do regime jurídico-administrativo autoriza que o Poder Público execute ações de coerção sobre os administrados sem necessidade de autorização judicial".

A noção de supremacia do interesse público é mais forte (aplicação direta) nos atos administrativos de império, marcados por uma relação de verticalidade; enquanto nos atos de gestão a horizontalidade da relação entre a Administração e o particular afasta o reconhecimento total da supremacia (aplicação indireta).

Por fim, são também desdobramentos da supremacia do interesse público sobre o privado a **imperatividade**, a **exigibilidade** e a **executoriedade** dos atos administrativos, assim como o poder de **autotutela** de que a Administração Pública é revestida para anular e revogar seus próprios atos sem necessidade de autorização judicial.

A prova da AGU elaborada pelo Cespe considerou CORRETA a afirmação: "A exigibilidade do ato administrativo decorre, também, da posição de supremacia da Administração na relação com os particulares".

2.5.1.1 *A "desconstrução" da supremacia do interesse público. Crítica da crítica*

A noção de supremacia do interesse público sobre o privado foi difundida no Brasil por Celso Antônio Bandeira de Mello e sempre aceita pela quase totalidade dos autores.

Entretanto, nos últimos anos a supremacia do interesse público sobre o privado deixou de ser uma unanimidade entre os estudiosos. Isso porque alguns autores passaram a questionar a existência do supraprincípio em nosso Direito. Essa orientação crítica é adotada por Marçal Justen Filho, Carlos Ari Sundfeld, Gustavo Binenbojm, Humberto Ávila, Daniel Sarmento, Diogo Figueiredo de Moreira Neto e Luís Roberto Barroso, entre outros[7].

Deixando de lado diferenças na visão de cada um dos citados autores, é possível sintetizar as críticas à supremacia do interesse público sobre o privado nos seguintes argumentos:

a) a fluidez conceitual da noção de "interesse público" favorece arbitrariedades ofensivas à democracia e aos valores fundamentais (Marçal Justen Filho);

b) a ideia de supremacia do interesse público desconsidera a relevância atribuída[8] pela Constituição a todo o conjunto de direitos fundamentais (Gustavo Binenbojm);

c) trata-se de um princípio sem estrutura normativa de princípio pois não admite ponderação com outros valores constitucionais (idem);

d) interesse público e interesse privado não são antagônicos, mas pressupõem-se mutuamente (idem);

e) há casos em que o ordenamento, com base nos direitos fundamentais, privilegia o interesse privado em detrimento do interesse público, invertendo a lógica tradicional de compreensão da supremacia. Exemplo: dever do Estado, como defesa da propriedade privada, pagar indenização prévia, justa e em dinheiro na desapropriação.

Sintetizando o contexto de surgimento dessa nova corrente, Carlos Ari Sundfeld chega a dizer que, embora o livro de referência no Direito Administrativo brasileiro ainda seja o de Celso Antônio Bandeira de Mello, por volta da metade da década de 1990, a obra teria perdido a capacidade de representar a visão dos administrativistas, além do que, segue Sundfeld, teóricos mais jovens lançaram, com ampla aceitação, uma forte contestação ao princípio da supremacia do interesse público sobre o privado que, há muitos anos, Bandeira de Mello defende como fundamental ao Direito Administrativo.

---

7. Ver Bruno Fischgold, O princípio da supremacia do interesse público sobre o interesse privado no direito administrativo brasileiro. Site: <http://www.migalhas.com.br>, edição de 20-6-2019.
8. *Direito administrativo para céticos*, passim.

Como bem observado por José Vicente Santos de Mendonça[9], a noção de **supremacia do interesse público** sobre o privado tem **raiz francesa**, enquanto os fundamentos usados para sua negação baseiam-se em **doutrina alemã**.

Em defesa da concepção clássica de supremacia do interesse público, José dos Santos Carvalho Filho faz "a crítica da crítica" ao considerar a nova corrente como "pretensamente modernista", e que, na verdade, não seria possível negar a existência do princípio em nosso sistema porque[10]:

a) trata-se de corolário do regime democrático, calcado na preponderância das maiorias;

b) se é evidente que em determinados casos o sistema jurídico assegura aos particulares garantias contra o Estado em certos tipos de relação jurídica, é mais evidente ainda que, como regra, deva respeitar-se o interesse coletivo em confronto com o interesse particular;

c) a existência de direitos fundamentais não exclui a densidade do princípio da supremacia do interesse público;

d) a "desconstrução" do princípio espelha uma visão distorcida e coloca em risco a própria democracia;

e) a supremacia do interesse público suscita, não uma desconstrução, uma "reconstrução" por meio da necessária adaptação dos interesses individuais à dinâmica social.

E conclui José dos Santos Carvalho Filho observando que a existência do princípio é inevitável em qualquer grupo de pessoas, impondo-se que o interesse do grupo tenha primazia sobre o interesse dos indivíduos que o integram. Nas palavras do autor: "Elidir o princípio se revela inviável, eis que se cuida de axioma inarredável em todo tipo de relação entre corporação e indivíduo. A solução, destarte, está em ajustá-lo para que os interesses se harmonizem e os confrontos sejam evitados ou superados").

CUIDADO: você deve estar perguntando: mas, Mazza, afinal o que eu defendo na minha prova, que a supremacia existe ou não existe? Essa polêmica nunca será cobrada em prova de múltipla escolha exigindo que você siga uma ou outra orientação (veja o exemplo abaixo de questão FCC). Nas provas escritas e exames orais, caindo o tema, exponha os argumentos das duas correntes e, por ser mais seguro, defenda a existência do princípio da supremacia do interesse público, na mesma linha defendida por nossos quatro grandes administrativistas (Bandeira de Mello, Maria Sylvia, Hely Lopes e Carvalho Filho).

9. A verdadeira mudança de paradigmas do direito administrativo brasileiro: do estilo tradicional do novo estilo, *Revista de Direito Administrativo* (*RDA*), ano 2014, n. 265.

10. *Manual de direito administrativo*, p. 34

Veja como o tema vem sendo perguntado:

(2018 – FCC – PGE-TO) Acerca das modernas correntes doutrinárias que buscam repensar o Direito Administrativo no Brasil, Carlos Ari Sundfeld observa: "Embora o livro de referência de Bandeira de Mello continue saindo em edições atualizadas, por volta da metade da década de 1990 começou a perder aos poucos a capacidade de representar as visões do meio – e de influir [...] Ao lado disso, teóricos mais jovens lançaram, com ampla aceitação, uma forte contestação a um dos princípios científicos que, há muitos anos, o autor defendia como fundamental ao Direito Administrativo [...]" (Adaptado de: *Direito administrativo para céticos*, 2ª ed., p. 53) O princípio mencionado pelo autor e que esteve sob forte debate acadêmico nos últimos anos é o princípio da:

A) presunção de legitimidade dos atos administrativos;

B) processualidade do Direito Administrativo;

C) supremacia do interesse público;

D) moralidade administrativa;

E) eficiência.

GABARITO: C

2.5.2 Princípio da indisponibilidade do interesse público

O supraprincípio da indisponibilidade do interesse público enuncia que os agentes públicos não são donos do interesse por eles defendido. Assim, no exercício da função administrativa os agentes públicos estão obrigados a atuar, não segundo sua própria vontade, mas do modo determinado pela legislação. Como decorrência dessa indisponibilidade, não se admite tampouco que os **agentes renunciem** aos poderes legalmente conferidos ou que transacionem **em juízo**.

A prova da PFN 2007 elaborada pela Esaf considerou ERRADA a afirmação: "Considerando o princípio da Supremacia do Interesse Público, verifica-se que o ordenamento jurídico brasileiro, ao expressamente prever o interesse público, dispõe que, ao observar o atendimento a fins de interesse geral, a autoridade administrativa está autorizada a renunciar total ou parcialmente os poderes ou competências, não necessitando de autorização legal para fazê-lo".

A prova de Auditor da Receita Federal elaborada pela Esaf considerou CORRETA a afirmação: "Por decorrência do regime jurídico-administrativo não se tolera que o Poder Público celebre acordos judiciais, ainda que benéficos, sem a expressa autorização legislativa".

Trata-se de duas inovações legislativas peculiares porque autorizam agentes públicos a tomar decisões (transigir na demanda e optar pela arbitragem) que normalmente caberiam apenas ao próprio titular do interesse em questão.

CUIDADO: o supraprincípio da indisponibilidade do interesse público tem sofrido certa relativização imposta pelo legislador. Dois exemplos principais podem ser mencionados:

1) no rito dos Juizados Especiais Federais, os representantes da Fazenda Pública são autorizados a conciliar e transigir sobre os interesses discutidos na demanda (art. 10, parágrafo único, da Lei n. 10.259/2001);

2) passou a ser **permitida** a utilização de mecanismos privados para resolução de disputas, inclusive **a arbitragem**, exclusivamente nos contratos de **concessão de serviço público** e **nas parcerias público-privadas** (arts. 23-A da Lei n. 8.987/95 e 11, III, da Lei n. 11.079/2004)

Entretanto, na prova da Magistratura/PB – 2011, aplicada pelo Cespe, a banca considerou CORRETA a seguinte assertiva: "De acordo com precedente histórico do STF, é possível, sem ofensa ao princípio da indisponibilidade do interesse público, a União firmar compromisso arbitral, mesmo em situação excepcional, desde que relativamente a direitos patrimoniais do Estado".

As referidas hipóteses reforçam a ideia de que, assim como ocorre com a supremacia do **interesse público**, a indisponibilidade também constitui noção relativa.

> A seguinte assertiva foi considerada CORRETA pela OAB/SP: "Na relação moderna entre Administração e administrado não mais se admite a ideia da supremacia absoluta do interesse público sobre o interesse privado".

Por fim, cabe reforçar uma informação ensejadora de incontáveis questões de concurso público: **todos os princípios** do Direito Administrativo **são desdobramentos da supremacia** do interesse público **e da indisponibilidade** do interesse público. Tecnicamente seria mais correto dizer que os princípios administrativos, por representarem limitações ao poder estatal, decorrem diretamente da indisponibilidade do interesse público, e não da supremacia. Mas esse rigor conceitual não tem sido observado pelos examinadores.

2.6 PRINCÍPIOS CONSTITUCIONAIS DO DIREITO ADMINISTRATIVO

Chamados também de princípios *explícitos* ou *expressos*, estão diretamente previstos na Constituição Federal.

O dispositivo constitucional que trata dos princípios administrativos é o art. 37, *caput*, do Texto de 1988: "A administração pública direta e indireta de qualquer dos Poderes da União, dos Estados, do Distrito Federal e dos Municípios obedecerá aos princípios de *legalidade, impessoalidade, moralidade, publicidade* e **eficiência**".

> A seguinte assertiva foi considerada CORRETA pela OAB/SP: "Na relação moderna entre Administração e administrado não mais se admite a ideia da supremacia absoluta do interesse público sobre o interesse privado".

Para memorizar os nomes dos cinco princípios mencionados no art. 37, *caput*, pode ser usada a seguinte regra mnemônica:

LEGALIDADE
IMPESSOALIDADE
MORALIDADE
PUBLICIDADE
EFICIÊNCIA

Mas CUIDADO: o rol de princípios constitucionais do Direito Administrativo não se esgota no art. 37, *caput*. Especialmente em provas do Cespe, tem sido exigido o conhecimento de **outros princípios administrativos expressos na CF/88. São eles**:

> A prova da Polícia Federal elaborada pelo Cespe considerou CORRETA a afirmação: "Na Constituição de 1988 prevê-se expressamente que a administração pública deve obedecer aos princípios de legalidade, impessoalidade, moralidade, publicidade, eficiência, economicidade e probidade".

1) **participação** (art. 37, § 3º, da CF);
2) **celeridade processual** (art. 5º, LXXVIII, da CF);
3) **devido processo legal formal e material** (art. 5º, LIV, da CF);
4) **contraditório** (art. 5º, LV, da CF);
5) **ampla defesa** (art. 5º, LV, da CF).

2.6.1 Princípio da participação (art. 37, § 3º, da CF)

De acordo com tal princípio, a lei deverá estimular as formas de **participação do usuário na administração pública** direta e indireta, regulando especialmente: a) reclamações relativas à prestação dos serviços públicos em geral; b) o acesso dos usuários a registros administrativos e informações sobre atos de governo; c) a disciplina da representação contra o exercício negligente ou abusivo do cargo, emprego ou função **na Administração Pública** (A prova da Magistratura Federal da 3ª Região elaborada pelo TRF3 em 2018 considerou CORRETA a assertiva: "São princípios constitucionais implícitos ou reconhecidos da Administração Pública, porquanto consectários lógicos dos preceitos da Lei Maior a prevalência do interesse público e proporcionalidade").

> Considerando que o princípio da celeridade processual pode também ser denominado razoabilidade, a prova de Delegado de Polícia/RS 2007 considerou CORRETA a afirmação: "São princípios orientadores da Administração Pública com explícita assinalação constitucional: legalidade, moralidade, participação e razoabilidade".

2.6.1.1 *Administração dialógica* versus *Administração monológica*

Fala-se em "Administração Pública dialógica" quando o processo decisório estatal incorpora a efetiva participação de todos aqueles que serão afetados pela decisão[11]. É a Administração aberta ao diálogo (daí "dialógica").

Nesse sentido, podem ser citados, por exemplo, os instrumentos de gestão democrática da cidade previstos no art. 43 da Lei n. 10.257/2001 (Estatuto das Cidades):

"Art. 43. Para garantir a gestão democrática da cidade, deverão ser utilizados, entre outros, os seguintes instrumentos:

I – órgãos colegiados de política urbana, nos níveis nacional, estadual e municipal;

---

11. João Paulo Lawall Valle, *Administração monológica e administração dialógica*. Disponível em: <https://blog.ebeji.com.br/administracao-monologica-e-administracao-dialogica/>.

II – debates, audiências e consultas públicas;

III – conferências sobre assuntos de interesse urbano, nos níveis nacional, estadual e municipal;

IV – iniciativa popular de projeto de lei e de planos, programas e projetos de desenvolvimento urbano".

A Administração dialógica opõe-se à Administração "monológica", ou seja, aquela que decide unilateralmente. O termo "monológica" deriva de "monólogo", isto é, uma Administração que decide sozinha.

2.6.2 Princípio da celeridade processual (art. 5º, LXXVIII, da CF)

O referido princípio assegura a todos, nos âmbitos judicial e administrativo, a **razoável duração do processo** e os meios que garantam celeridade na sua **tramitação**. O processo administrativo constitui uma sequência encadeada de atos tendentes à decisão final. Assim, o rito deve sempre marchar para um encerramento conclusivo.

> Relacionando duração razoável e eficiência, a prova de Delegado/SC 2008 considerou CORRETA a afirmação: "A duração do processo judicial e administrativo que não se revelar razoável afronta o princípio constitucional da eficiência".

O objetivo do constituinte ao inserir no Texto Maior o princípio da celeridade foi inibir medidas que prolongam *ad infinitum* o procedimento, etapas desnecessárias, atos protelatórios, prazos excessivamente dilatados e o silêncio administrativo injustificado.

Embora a Constituição Federal não ofereça parâmetros capazes de precisar o que se considera "duração razoável", a Lei Federal n. 9.784/99 estabelece importantes diretrizes aplicáveis aos processos administrativos federais quanto a tal matéria:

a) a Administração tem o **dever de explicitamente emitir decisão** nos processos administrativos e sobre solicitações ou reclamações, em matéria de sua competência (art. 48);

b) concluída a instrução de processo administrativo, a Administração tem o **prazo de até 30 dias para decidir**, salvo prorrogação por igual período expressamente motivada (art. 49);

c) quando a lei não fixar prazo diferente, o **recurso administrativo deverá ser decidido no prazo máximo de 30 dias** (art. 59, § 1º);

d) o recurso administrativo tramitará por **no máximo três instâncias** administrativas, salvo disposição legal diversa (art. 57).

2.6.3 Princípio do devido processo legal formal e material (art. 5º, LIV, da CF)

A norma disposta no art. 5º, LIV, da CF prescreve que a privação de liberdade ou de bens só poderá ser aplicada após o devido processo legal.

Historicamente a garantia do devido processo legal foi repartida em um âmbito formal e em outro material (ou substantivo).

Os dois aspectos clássicos do princípio são válidos no Direito Administrativo:

a) **devido processo legal formal:** exige o cumprimento de um rito predefinido na lei como condição de validade da decisão;

b) **devido processo legal material ou substantivo:** além de respeitar o rito, a decisão final deve ser justa, adequada e proporcional. Por isso, o devido processo legal material ou substantivo tem o mesmo conteúdo do princípio da proporcionalidade.

Outro apontamento importante: nos processos administrativos, busca-se a **verdade real** dos fatos (formalismo moderado), e não simplesmente a verdade formal baseada apenas na prova produzida nos autos.

Nota-se que o princípio do devido processo legal (*due process of law*, segundo a tradição do direito norte-americano) integra três elementos relevantes: o caráter "legal", o "processual" e o "devido".

O caráter "legal" aponta para a indispensável necessidade de que o rito decisório esteja fixado previamente e acima da vontade da autoridade administrativa, isto é, no âmbito da legislação. Trata-se de garantia imposta pelo Estado de Direito e fundamentada na Tripartição de Poderes, segundo a qual não cabe ao administrador público definir ele próprio qual o caminho a ser adotado no processo administrativo, mas tão somente seguir o trilho já determinado pela lei.

Quanto ao caráter "processual", a garantia do devido processo legal impede a Administração Pública de praticar atos "do nada", "de súbito". Do mesmo modo como o Legislativo e o Judiciário não podem criar leis ou dar sentenças sem observar um rito prévio, a Constituição de 1988 passou a exigir também do Poder Executivo a instauração de um processo antes da expedição de suas decisões (atos administrativos). Trata-se da chamada "legitimação pelo procedimento", uma das marcas fundamentais do Estado de Direito (Niklas Luhmann).

Por fim, para o processo legal ser "devido", atendendo de forma integral ao conteúdo da garantia analisada, exige-se que seja observado não um rito normativo qualquer, mas o **procedimento legal, adequado** e **específico** para o caso concreto.

Assim, por exemplo, viola o devido processo legal a imposição de uma pena prevista na Lei de Improbidade Administrativa (Lei n. 8.429/92) aplicada no âmbito de processo administrativo disciplinar regido pela Lei n. 8.112/90 (Estatuto do Servidor Público Civil da União). Embora, nesse exemplo, a comissão disciplinar possa ter instaurado um "processo legal" administrativo, não foi o "devido" processo legal, pois as penas da Lei de Improbidade somente podem ser aplicadas pelo rito judicial previsto na lei específica (n. 8.429/92).

2.6.3.1 *Devido processo legal como garantia finalística*

A observância ao devido processo legal não é um fim em si mesmo. Na verdade, o dever de cumprir um procedimento prévio à tomada das decisões administrativas, além de conferir maior **transparência** e **impessoalidade** à gestão do interesse público, dá oportunidade para que os **interessados participem** do processo decisório garantindo **contraditório e ampla defesa.**

Portanto o devido processo legal serve à realização de cinco outros princípios fundamentais do Direito Administrativo:

a) transparência (ou publicidade);

b) impessoalidade (isonomia ou finalidade);

c) participação;

d) contraditório;

e) ampla defesa.

2.6.3.2 *Devido processo legal diferido no tempo (a posteriori). Providências acauteladoras*

Como regra geral, o processo administrativo deve ser instaurado **antes da tomada de qualquer decisão** pela Administração Pública, sob pena de nulidade da própria decisão (ato administrativo).

Somente em casos excepcionais de **risco iminente**, devidamente justificados, pode-se admitir que primeiro seja expedido o ato administrativo e depois instaurado o devido processo legal.

As hipóteses que autorizam o devido processo legal diferido no tempo são: a) risco de irreversível lesão ao patrimônio público; b) situação de emergência.

Nesse sentido, o art. 45 da Lei n. 9.784/99 permite que a Administração Pública motivadamente, em caso de risco iminente, adote providências acauteladoras sem a prévia manifestação do interessado.

Em qualquer caso, porém, devem ser assegurados contraditório e ampla defesa, em processo instaurado imediatamente após a tomada da decisão, sob pena de sua nulidade.

2.6.3.3 *Princípio da intranscendência subjetiva da pena*

O princípio da intranscendência subjetiva da pena, ou intranscendência subjetiva da sanção, proíbe que uma punição personalíssima (*intuitu personae*) atinja pessoa que não praticou o ato ilícito. Trata-se de uma derivação da norma prevista no art. 5º, XLV, da Constituição Federal, segundo o qual "nenhuma pena passará da pessoa do condenado, podendo a obrigação de reparar o dano e a decretação do perdimento de bens ser, nos termos da lei, estendidas aos sucessores e contra eles executadas, até o limite do valor do patrimônio transferido".

Assim, por exemplo, se uma sentença condenatória em ação de improbidade aplica a pena de perda da função pública (art. 12 da Lei n. 8.429/92), vindo a falecer o condenado, tal punição não se estende aos herdeiros.

Note que o princípio da intranscendência subjetiva da pena só vale para punições de caráter subjetivo (perda do cargo, suspensão de direitos políticos, suspensão do direito de receber benefícios públicos, restrição de liberdade etc.), não se aplicando a sanções patrimoniais, pois estas recaem sobre o conjunto de bens e não diretamente sobre o condenado. É por isso que punições patrimoniais são extensivas aos sucessores ou herdeiros.

Na AC 2614/PE, julgada pelo STF em 23 de junho de 2014, o tema foi debatido.

Segundo o STF, o princípio da intranscendência subjetiva da pena "inibe a aplicação de severas sanções às administrações por ato de gestão anterior à assunção dos deveres públicos. Com base nessa orientação e, com ressalva de fundamentação do Ministro Marco Aurélio, a Primeira Turma, em julgamento conjunto, negou provimento a agravos regimentais em ações cautelares ajuizadas com a finalidade de se determinar a suspensão da condição de inadimplente de Estado-membro, bem como das limitações dela decorrentes, com relação a convênios com a União. Na espécie, em face de decisões que julgaram procedentes os pedidos a favor dos entes federativos, a fim de suspender as inscrições dos requerentes de todo e qualquer sistema de restrição ao crédito utilizado pela União, foram interpostos os presentes recursos. A Turma consignou que, em casos como os presentes, em que os fatos teriam decorrido de administrações anteriores e os novos gestores estivessem tomando providências para sanar as irregularidades verificadas, aplicar-se-ia o princípio da intranscendência subjetiva. O propósito seria neutralizar a ocorrência de risco que pudesse comprometer, de modo grave ou irreversível, a continuidade da execução de políticas públicas ou a prestação de serviços essenciais à coletividade. Nesse sentido, a tomada de contas especial seria medida de rigor com o ensejo de alcançar-se o reconhecimento definitivo de irregularidades, permitindo-se, só então, a inscrição dos entes nos cadastros de restrição aos créditos organizados e mantidos pela União. O Ministro Marco Aurélio asseverou que, por se tratar de governança, preponderaria o princípio contido no art. 37 da CF, ou seja, o da impessoalidade. Precedentes citados: ACO 1.848 AgR/MA (*DJe* de 21.11.2014) e ACO 1.612 AgR/MS (*DJe* de 12.12.2014)" (Informativo 791 do STF).

2.6.4 Princípio do contraditório (art. 5º, LV, da CF)

Por força do princípio do contraditório, as decisões administrativas devem ser tomadas considerando a manifestação dos interessados. Para isso, é necessário dar oportunidade para que os afetados pela decisão sejam ouvidos antes do resultado final do processo.

2.6.5 Princípio da ampla defesa (art. 5º, LV, da CF)

O princípio da ampla defesa assegura aos litigantes, em processo judicial ou administrativo, a utilização dos meios de prova, dos recursos e dos instrumentos necessários para defesa de seus **interesses perante o Judiciário e a Administração**.

> A prova de Fiscal do ICMS/SP feita pela FCC considerou CERTA a afirmação: "É elemento característico do regime jurídico do processo administrativo exigir respeito aos princípios do contraditório e ampla defesa, em razão de expressa previsão constitucional".

Sobre os princípios do contraditório e da ampla defesa, foi editada a **Súmula Vinculante 3 do STF**: "Nos processos perante o Tribunal de Contas da União asseguram-se o contraditório e a ampla defesa quando da decisão puder resultar anulação ou revogação de ato administrativo que beneficie o interessado, excetuada a apreciação da legalidade do ato de concessão inicial de aposentadoria, reforma e pensão".

Ao garantir o direito à ampla defesa "com os meios e recursos a ela inerentes", o art. 5º, LV, da Constituição Federal incluiu, no bojo do dispositivo, o princípio do duplo grau, verdadeiro desdobramento da ampla defesa.

2.6.5.1 Princípio do duplo grau. Vantagens e desvantagens da via administrativa

O princípio do duplo grau foi expressamente mencionado na parte final no art. 5º, LV, da CF/88: "aos litigantes, em processo judicial ou administrativo, e aos acusados em geral são assegurados o contraditório e ampla defesa, com os meios e recursos a ela inerentes".

O dispositivo constitucional faz referência à recorribilidade das decisões administrativas como garantia inerente à ampla defesa, assegurando a possibilidade de requerer reexame, na própria esfera administrativa, de qualquer decisão desfavorável ao administrado.

A norma constitucional é suficiente para assegurar o **direito à interposição de recurso administrativo hierárquico**, a ser analisado pela autoridade imediatamente superior ao recorrido, **independentemente de previsão legal**.

Nesse sentido, o art. 56 da Lei n. 9.784/99 determina que: "Das decisões administrativas cabe recurso em face de razões de legalidade e de mérito. § 1º O recurso será dirigido à autoridade que proferiu a decisão, a qual, se não a reconsiderar no prazo de cinco dias, o encaminhará à autoridade superior".

> DICA: nos processos administrativos não se deve falar em duplo grau "de jurisdição" porque a Administração não exerce jurisdição. Use apenas "princípio do duplo grau".

A legislação brasileira limita os recursos administrativos **ao máximo de três instâncias**, salvo disposição legal diversa (art. 57 da Lei n. 9.784/99).

Cabe ao interessado, sentindo-se prejudicado por alguma decisão da Administração, escolher entre o recurso administrativo ou a impugnação diretamente no Judiciário (art. 5º, XXXV, da CF: "a lei não excluirá da apreciação do Poder Judiciário lesão ou ameaça a direito"). Isso porque não existe no Brasil a necessidade de esgotamento da via administrativa como condição para recorrer ao Judiciário.

2.6.5.1.1 Vantagens e desvantagens da via administrativa

Embora a via administrativa, se comparada à opção pelo Judiciário, seja pouquíssimo utilizada em nosso país, é indiscutível a existência de inúmeras vantagens do recurso administrativo sobre a via judicial.

Vou esquematizar essas vantagens a seguir:

VANTAGENS DA VIA ADMINISTRATIVA

Podemos enumerar as seguintes **vantagens do processo administrativo** (e de recurso administrativo também) em comparação com a via judicial:

1) **gratuidade:** não existe, como regra, recolhimento de custas em processo e recurso administrativo (art. 2º, parágrafo único, XI, da Lei n. 9.784/99: "os processos administrativos observarão (...): XI – proibição de cobrança de despesas processuais, ressalvadas as previstas em lei");

2) **não precisa de advogado:** a Súmula Vinculante 5 do STF dispensa a defesa técnica em processo disciplinar, o que se estende também para processos administrativos em geral;

3) **ausência de precatório:** em processo administrativo de reparação de dano, se a Administração admitir sua responsabilidade, o pagamento é realizado sem necessidade de observar a ordem dos precatórios (art. 100 da CF/88), podendo inclusive ocorrer no mesmo exercício financeiro da decisão se houver margem orçamentária para tanto;

4) **limitação a três instâncias:** para evitar o adiamento da decisão motivado pela interposição de recursos protelatórios, tão comum na via judicial, a legislação administrativa restringe ao máximo de 3 instâncias recursais (art. 57 da Lei n. 9.784/99: "o recurso administrativo tramitará no máximo por três instâncias administrativas, salvo disposição legal diversa");

5) **o deferimento do recurso em qualquer instância torna imutável a decisão:** de acordo com o sistema recursal no processo administrativo brasileiro, se o administrado tiver deferido seu recurso em qualquer uma das três instâncias, a decisão se torna imutável para a Administração, operando o que parte da doutrina denomina "coisa julgada administrativa". Nesse caso, a Administração fica proibida de ir ao Judiciário revisar a decisão ou de modificá-la administrativamente;

6) **a derrota nas três instâncias administrativas não torna imutável a decisão:** por outro lado, se o administrado tiver seu recurso indeferido (for derrotado) nas três instâncias administrativas, ainda assim poderá recorrer ao Judiciário visando reverter a decisão administrativa. Ou seja, a derrota do Poder Público na via administrativa torna a decisão imutável, mas a derrota do particular não tem imutabilidade (admite questionamento judicial);

7) **na pendência de recurso administrativo não corre o prazo prescricional para acionar o Judiciário:** outro detalhe muito importante é saber que se o administrado opta por questionar a decisão primeiro na via administrativa, não corre o risco de perder o direito de acionar o Judiciário. Isso porque enquanto o processo administrativo não for decidido, ficam suspensos os prazos prescricionais para ingressar com ação judicial discutindo o tema.

Diante de tantas vantagens da via administrativa, cabe a pergunta: Por que então a via administrativa é tão pouco utilizada no Brasil?

Responder isso não é fácil. Mas considero que há três razões principais:

a) desconhecimento por parte dos operadores do Direito dessa possibilidade de resolver demandas junto ao Estado sem recorrer ao Judiciário;

b) desconfiança pelo fato de que no processo administrativo não existe um juiz imparcial. A Administração atua no processo administrativo, ao mesmo tempo, como parte e juíza;

c) falta de legislação específica sobre processos administrativo em espécie (processo indenizatório, repetição de indébito, compensação etc.), trazendo incerteza quanto às normas aplicáveis ao rito.

Mas não se esqueça que o processo administrativo **tem uma desvantagem importante frente ao processo judicial**: o julgamento de recurso administrativo pode agravar a situação do recorrente. **Não existe vedação da *reformatio in pejus* no processo administrativo** (art. 64 da Lei n. 9.784/99: "O órgão competente para decidir o recurso poderá confirmar, modificar, anular ou revogar, total ou parcialmente, a decisão recorrida, se a matéria for de sua competência. Parágrafo único. **Se da aplicação do disposto neste artigo puder decorrer gravame à situação do recorrente, este deverá ser cientificado para que formule suas alegações antes da decisão**"). O único requisito que a legislação estabelece para a *reformatio* é que haja prévia cientificação do recorrente para formular alegações.

Outra informação importante: não pode haver concomitância entre os processos administrativo e judicial em relação à mesma demanda. A propositura de ação judicial implica renúncia ou desistência do processo administrativo. Veja, por exemplo, o que diz o art. 38 da Lei n. 6.830/80 (Lei das Execuções Fiscais):

"Art. 38. A discussão judicial da dívida ativa da Fazenda Pública só é admissível em execução, na forma desta lei, salvo as hipóteses de mandado de segurança, ação de repetição do indébito ou ação anulatória do ato declarativo da dívida, esta precedida do depósito preparatório do valor do débito, monetariamente corrigido e acrescido dos juros e multa de mora e demais encargos.

Parágrafo único. **A propositura, pelo contribuinte, da ação prevista neste artigo importa em renúncia ao poder de recorrer na esfera administrativa e desistência do recurso acaso interposto**".

Considera-se que há concomitâncias nas duas instâncias se:

a) o administrado for parte nos dois processos;

b) houver equivalência de pedidos;

c) for a mesma causa de pedir.

Se houver identidade somente quanto à parte da lide, a Administração é obrigada a examinar, na esfera administrativa, os temas e fundamentos jurídicos não coincidentes nos dois processos[12].

2.6.6 Princípio da legalidade

2.6.6.1 Conceito

Inerente ao Estado de Direito, o princípio da legalidade representa a subordinação da Administração Pública à vontade popular. O exercício da função administrativa não pode ser pautado pela vontade da Administração ou dos agentes públicos, mas deve obrigatoriamente respeitar a **vontade da lei**.

> A prova da Magistratura/SC 2008 considerou CORRETA a afirmação: "O princípio da legalidade vincula a Administração aos mandamentos da Lei (Estado de Direito). Em todos os Estados contemporâneos se admite que a Administração está vinculada pela regra de Direito".

De acordo com o magistério de Hely Lopes Meirelles: "As leis administrativas são, normalmente, **de ordem pública** e seus preceitos não podem ser descumpridos, nem mesmo por acordo ou vontade conjunta de seus aplicadores e destinatários, uma vez que contêm verdadeiros poderes-deveres, irrelegáveis pelos agentes públicos"[13].

O princípio da legalidade é o **mais importante princípio específico** do Direito Administrativo. Dele derivam vários outros, tais como: finalidade, razoabilidade, isonomia e proporcionalidade.

CONCEITO: A Administração Pública só pode praticar as **condutas autorizadas em lei**.

> Relacionando legalidade e requisitos do ato administrativo, a prova de Fiscal de Tributos/AL elaborada pelo Cespe considerou CORRETA a afirmação: "O princípio da legalidade impõe que o agente público observe, fielmente, todos os requisitos expressos na lei".

2.6.6.2 Legalidade: sentido negativo e sentido positivo

A doutrina europeia costuma desdobrar o conteúdo da legalidade em duas dimensões fundamentais ou subprincípios[14]: a) princípio da primazia da lei; e b) princípio da reserva legal.

---

12. Mario Luiz Oliveira da Costa, *Questões controvertidas no processo administrativo fiscal*. Disponível em: <https://www.dsa.com.br/artigos/mario-luiz-oliveira-da-costa-carf-questoes-controvertidas-no-processo-administrativo-fiscal/>.
13. *Direito administrativo brasileiro*, p. 87, com destaques nossos.
14. Para aprofundamento nessa diferenciação, ver o autor português Jorge Manuel Coutinho de Abreu, *Sobre os regulamentos administrativos e o princípio da legalidade*, p. 131 e s., Editora Almedina.

O princípio da **primazia da lei**, ou legalidade em sentido negativo, enuncia que os **atos administrativos não podem contrariar a lei**. Trata-se de uma consequência da posição de superioridade que, no ordenamento, a lei ocupa em relação ao ato administrativo.

Quanto ao princípio da **reserva legal**, ou legalidade em sentido positivo, preceitua que os **atos administrativos só podem ser praticados mediante autorização legal**, disciplinando temas anteriormente regulados pelo legislador. Não basta não contradizer a lei. O ato administrativo deve ser expedido *secundum legem*. A reserva legal reforça o entendimento de que somente a lei pode inovar originariamente na ordem jurídica. O ato administrativo não tem o poder jurídico de estabelecer deveres e proibições a particulares, cabendo-lhe o singelo papel de instrumento de aplicação da lei no caso **concreto**.

> **Detalhando o conteúdo da legalidade em relação ao conteúdo do ato administrativo, a prova de Analista de Finanças e Controle feita pela Esaf considerou CORRETA a afirmação: "A legalidade, como elemento essencial dos atos administrativos em geral, consiste em que seu objeto seja autorizado ou permitido em lei".**

2.6.6.3 Bloco da legalidade e princípio da juridicidade

O princípio da legalidade não se reduz ao simples cumprimento da lei em sentido estrito. A Lei federal n. 9.784/99 (Lei do Processo Administrativo), no art. 2º, parágrafo único, I, define a legalidade como o dever de **atuação conforme a lei e o Direito**. A redação do dispositivo permite contemplar o que a doutrina estrangeira tem chamado de **princípio da juridicidade**, isto é, a obrigação de os agentes públicos respeitarem a lei e outros instrumentos normativos existentes na ordem jurídica. A juridicidade é uma ampliação do conteúdo tradicional da legalidade. Além de cumprir leis ordinárias e leis complementares (*lei* em sentido estrito), a Administração está obrigada a respeitar o denominado **bloco da legalidade**. Significa dizer que as regras vinculantes da atividade administrativa emanam de **outros veículos normativos**, a saber: a) Constituição Federal, incluindo **emendas constitucionais**; b) Constituições Estaduais e Leis Orgânicas; c) medidas provisórias; d) tratados e convenções internacionais; e) costumes; f) atos administrativos normativos, como decretos e regimentos internos; g) decretos legislativos e resoluções (art. 59 da CF); h) princípios gerais do direito.

> **Admitindo que o PREÂMBULO da Constituição também pertence ao bloco da legalidade, a prova da Magistratura/MG 2007 elaborada pelo Cespe considerou CORRETA a afirmação: "O Preâmbulo da Constituição de 1988 influi no controle de legalidade do ato da Administração".**

A noção de juridicidade representa importante mudança de paradigma no Direito Administrativo, pois anteriormente a lei formal emanada do Parlamento era a única fonte imediata a ser observada nos comportamentos da Administração.

Agora, além da lei, são vinculantes para as decisões administrativas também as normas provenientes das **diversas fontes** acima referidas.

> A prova de Analista Administrador da FHB/DF em 2017 elaborada pelo Iades considerou CORRETA a afirmação: "O princípio da juridicidade, como princípio evolutivo, amplia o espectro de abrangência das fontes legislativas, servindo de arrimo interpretativo de toda a ordem jurídica".

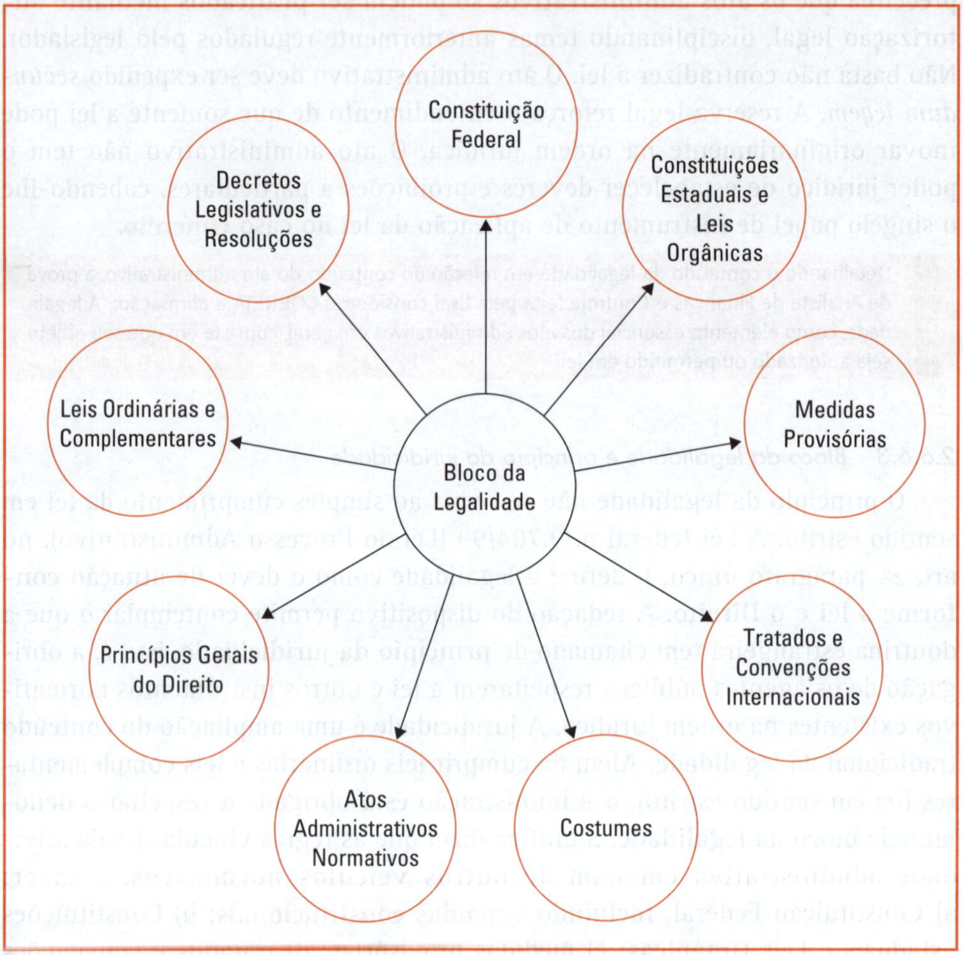

2.6.6.4 *Tríplice fundamento constitucional*

O princípio da legalidade encontra fundamento em três dispositivos diferentes na Constituição Federal de 1988:

1) Art. 37, *caput*: "*A administração pública direta e indireta de qualquer dos Poderes da União, dos Estados, do Distrito Federal e dos Municípios obedecerá aos princípios de legalidade, impessoalidade, moralidade, publicidade e eficiência*". Empregada com iniciais minúsculas no dispositivo, a expressão administração pública significa a atividade administrativa, cujo exercício no âmbito de qualquer

dos Poderes nas diferentes esferas federativas deve obediência aos regramentos estabelecidos pela legislação.

2) Art. 5º, II: "*Ninguém será obrigado a fazer ou deixar de fazer alguma coisa senão em virtude de lei*". Esse dispositivo constitucional contempla a chamada **legalidade geral** cujo alcance ultrapassa as fronteiras do Direito Administrativo. Na verdade, referido comando estabelece garantia ampla de que os particulares não terão sua liberdade restringida senão pelo Parlamento. Como se sabe, o Parlamento, dentro da organização estatal, representa diretamente o povo, e as leis são a expressão maior da vontade popular. Sob essa perspectiva, a lei representa uma autolimitação imposta pelo povo às liberdades individuais. Como as leis são discutidas e votadas por representantes eleitos para esse fim, considera-se que as obrigações de fazer ou deixar de fazer previstas na legislação foram criadas com o consentimento da sociedade para viabilizar o convívio e a harmonia social. O processo legislativo confere legitimidade às normas estabelecidas pela legislação. Porém, com o ato administrativo não é assim. Sua prática decorre de uma vontade unilateral e isolada do administrador público. Falta ao ato administrativo a legitimidade atribuída pelo processo de criação das leis. O **ato administrativo** nasce com um **déficit democrático** inerente ao modo unilateral como é praticado. Sua legitimidade é apenas indireta porque deriva da lei cuja execução o ato administrativo se encarrega de realizar. Por isso, como não é lei, o ato administrativo por si só está impossibilitado de criar deveres e proibições ao particular.

Desse modo, levando em conta seu significado para o Direito Administrativo, o art. 5º, II, da CF deve ser assim compreendido: **ninguém é obrigado a fazer ou deixar de fazer alguma coisa em virtude de ato administrativo**.

> A prova de Auditor-Fiscal do TCU feita pela Esaf considerou CORRETA a afirmação: "O princípio da legalidade impede que a Administração crie direitos de qualquer espécie mediante ato administrativo".

A título de ilustração convém recordar dois exemplos verídicos de violação da legalidade geral.

Caso 1: foi declarado inconstitucional o decreto do Prefeito de Aparecida do Norte/SP proibindo o uso de minissaia nas ruas do município.

Caso 2: antes de ser uma imposição prevista no Código Brasileiro de Trânsito, foi considerada nula a obrigatoriedade do uso de cinto de segurança determinada por decreto municipal do Prefeito de São Paulo.

Nas duas situações, deveres e obrigações foram criados mediante ato administrativo desatendendo à norma do art. 5º, II, da Constituição Federal.

Convém ressaltar o sentido da legalidade para os particulares: proibições e deveres só podem ser criados por lei. Já no âmbito doméstico da Administração Pública, isto é, em relação aos agentes públicos, o ato administrativo cumpre papel de maior destaque, especialmente no que respeita à definição de regras internas e ordens de serviço emanadas por superiores hierárquicos, casos em que as obrigações de fazer ou deixar de fazer podem ser estabelecidas diretamente pelo próprio ato administrativo.

3) Art. 84, IV: "*Compete privativamente ao Presidente da República sancionar, promulgar e fazer publicar as leis, bem como* **expedir decretos e regulamentos para sua fiel execução**". A parte final do dispositivo reforça **o papel secundário reservado aos atos administrativos no direito brasileiro**. Secundário no sentido de que tais atos pressupõem a existência de uma lei a ser por eles regulamentada e, em decorrência, executada. Sem lei prévia não se admite a prática de ato administrativo disciplinando determinada matéria. A função do ato administrativo é estabelecer uma ponte concretizadora entre a lei geral e o caso específico. Restringe-se a estabelecer detalhamentos capazes de tornar aplicável o dispositivo legal. Decretos e regulamentos, assim como todos os atos administrativos em geral, só podem ser expedidos para viabilizar a execução da lei.

2.6.6.5 Legalidade privada e legalidade pública

Hely Lopes Meirelles destaca os diferentes significados que a legalidade tem no Direito Privado e no Direito Público. A famosa passagem do autor, objeto de incontáveis questões nos concursos públicos, é a seguinte: "**Na Administração Pública não há liberdade nem vontade pessoal**. Enquanto na **administração particular** é lícito fazer **tudo que a lei não proíbe**, na **Administração Pública** só é permitido fazer **o que a lei autoriza**"[15].

A prova de Auditor-Fiscal do TCU feita pela Esaf considerou CORRETA a afirmação: "Ao contrário dos particulares, que podem fazer tudo aquilo que a lei não veda, pelo princípio da legalidade, a Administração só pode realizar o que lhe é expressamente autorizado em lei".

ATENÇÃO: essa frase cai em toda prova! Hely Lopes Meirelles: *"Enquanto na administração particular é lícito fazer tudo que a lei não proíbe, na Administração Pública só é permitido fazer o que a lei autoriza".*

A relação que o **particular** tem com a lei é de liberdade e **autonomia da vontade**, de modo que os ditames legais operam fixando limites negativos à atuação privada. Assim, o silêncio da lei quanto ao regramento de determinada conduta é recebido na esfera particular como permissão para agir. Por isso, normas permissivas no Direito Privado tendem a ser desnecessárias, já que a simples

15. *Direito administrativo brasileiro*, p. 86, com destaques nossos.

ausência de disciplina legal equivale à autorização. As normas privadas permissivas servem para criar exceções dentro de proibições gerais ou reforçar liberdades já existentes em decorrência da falta de regramento. O Direito Privado tem uma **norma geral permissiva implícita**, pois a ausência de norma específica está tacitamente regulada como permissão genérica.

Pelo contrário, a relação do agente público com a lei é de **subordinação**, razão pela qual os regramentos estabelecidos pelo legislador desenham limites positivos para as atividades públicas. Por isso, a ausência de disciplina legal sobre certo comportamento significa no âmbito da Administração Pública uma proibição de agir. O legislador define normas públicas proibitivas somente para excepcionar permissões gerais ou rechaçar comportamentos vedados pela falta de norma específica. No Direito Público existe uma **norma geral proibitiva implícita**, na medida em que a falta de regra específica atrai a incidência de um comando proibitivo genérico.

Diferenças entre legalidade privada e legalidade pública		
Critério de diferenciação	**Legalidade privada**	**Legalidade pública**
Destinatário	Particulares	Agentes públicos
Fundamento	Autonomia da vontade	Subordinação
Significado	Podem fazer tudo que a lei não proíbe	Só podem fazer o que a lei autoriza
Silêncio legislativo	Equivale a permissão	Equivale a proibição
Sentido da norma específica	Normas permissivas excepcionam proibições gerais ou reforçam liberdades	Normas proibitivas excepcionam permissões gerais ou reforçam vedações
Norma geral implícita	Permissiva	Proibitiva

2.6.6.6 *Exceções à legalidade*

Conforme ensina Celso Antônio Bandeira de Mello, a Constituição Federal prevê três institutos que alteram o funcionamento regular do princípio da legalidade por meio da outorga de poderes jurídicos inexistentes em situações de normalidade: a) a **medida provisória** (art. 62 da CF); b) o **estado de defesa** (art. 136 da CF); c) o **estado de sítio** (arts. 137 a 139 da **CF**)[16].

> Rejeitando que a discricionariedade seja exceção à legalidade, a prova de Analista do TCU elaborada pelo Cespe considerou ERRADA a afirmação: "A existência de atos administrativos discricionários constitui uma exceção ao princípio da legalidade, previsto expressamente na Constituição da República".

16. *Curso de direito administrativo*, p. 105-106.

2.6.6.7 *Teoria da supremacia especial*

Acesse também a videoaula pelo link:
http://somos.in/MDA1123

Recentemente ganhou força no Brasil uma teoria europeia que propõe nova forma de compreender o alcance do princípio da legalidade. A teoria da supremacia especial ou da sujeição especial surgiu na Alemanha durante o século XIX e foi difundida por Otto Mayer[17], desfrutando ainda de algum prestígio na Espanha e na Itália. Em nosso país foi objeto de um tratamento minucioso no *Curso de direito administrativo*, de Celso Antônio Bandeira de Mello[18].

Em linhas gerais a referida teoria identifica duas espécies de relação jurídica entre a Administração e os particulares:

1) Relações de sujeição ou supremacia geral: são os **vínculos jurídicos comuns** que ligam a Administração e os particulares no contexto do poder de polícia. Tais vinculações são marcadas por um natural distanciamento entre as posições ocupadas pelas partes, e, nelas, o princípio da legalidade tem o comportamento tradicional, isto é, somente por meio de lei podem ser criadas obrigações de fazer ou de não fazer, cabendo à Administração o papel de simples executora da vontade legal.

2) Relações de sujeição ou supremacia especial: por outro lado, haveria, a par dos vínculos jurídicos comuns, algumas situações ensejadoras de relações jurídicas peculiares marcadas por uma **maior proximidade** diante da estrutura estatal, surgindo na hipótese de o particular **ingressar**, física ou juridicamente, **na intimidade da Administração Pública**, de modo a atrair a incidência de um conjunto especial de princípios e regras derrogatórias da disciplina convencional aplicável ao poder de polícia.

Exemplos de relações de sujeição especial: **usuário de biblioteca municipal e aluno de universidade pública.**

Nesses dois casos, o ingresso espontâneo dos indivíduos dentro do ambiente administrativo obriga a uma alteração no funcionamento convencional do princípio da legalidade. A necessidade de uma disciplina detalhada desse vínculo

17. Otto Mayer (Alemanha, 1846-1924): brilhante administrativista alemão, é considerado o pai do moderno Direito Administrativo, sendo utilizado como fonte por todos os autores importantes do século passado. Na minha opinião, Otto Mayer é o maior administrativista de todos os tempos, pela profundidade de sua obra e pela influência que até hoje exerce entre os doutrinadores. Sugestão de leitura: *Derecho administrativo alemán*, em espanhol, Ediciones Depalma.

18. Especialmente no Capítulo XIV sobre *Poder de Polícia*. Também tratamos detalhadamente do assunto em nosso livro *Agências reguladoras*, Editora Malheiros.

especial e a impossibilidade fática de o legislador expedir regras apropriadas a questões domésticas da Administração justificam a **ampliação da atividade normativa** exercida pela própria estrutura administrativa. Nas relações jurídicas de sujeição especial, **admite-se a criação de deveres e proibições por meio de ato administrativo**, desde que disciplinando exclusivamente questões relativas ao vínculo específico e que não haja descumprimento de garantias estabelecidas na legislação.

CUIDADO: a teoria da supremacia especial foi muito pouco estudada pela doutrina brasileira, sendo difícil prever o impacto que sua aplicação, capaz de reduzir as garantias inerentes à legalidade, causaria num país de curta história democrática. Convém lembrar que a utilização da referida teoria foi abandonada na maioria dos países europeus, principalmente pelo viés autoritário de alguns desdobramentos de sua aplicação. O maior risco está na utilização das relações de sujeição especial como pretexto para limitar indevidamente a liberdade dos cidadãos, criando deveres e proibições estabelecidos sem o debate democrático do Poder Legislativo. No contexto dos concursos públicos, as indagações que envolvem a teoria da sujeição especial são ainda muito raras, havendo poucos examinadores cientes da novidade. Assim, recomenda-se moderação no uso desse novo instituto, evitando estender sua aplicação para além das duas hipóteses acima mencionadas (usuário de biblioteca e aluno de universidade pública).

2.6.7 Princípio da impessoalidade

O princípio da impessoalidade estabelece um dever de **imparcialidade** na defesa do interesse público, **impedindo discriminações (perseguições) e privilégios (favoritismo)** indevidamente dispensados a particulares no exercício da função **administrativa**. Segundo a excelente conceituação prevista na Lei do Processo Administrativo, trata-se de uma obrigatória "**objetividade no atendimento do interesse público**, vedada a promoção pessoal de agentes ou autoridades" (art. 2º, parágrafo único, III, da Lei n. 9.784/99).

A prova de Assistente Jurídico do DF/Cespe considerou CERTA a assertiva: "No princípio da impessoalidade, traduz-se a ideia de que a administração tem que tratar todos os administrados sem discriminações, benéficas ou detrimentosas".

A relação da impessoalidade com a noção de **finalidade pública é indiscutível**. Para Hely Lopes Meirelles, o princípio da impessoalidade "nada mais é do que o clássico princípio da finalidade, o qual impõe ao administrador público que só pratique o ato para seu fim legal. E o fim legal é unicamente aquele que a norma de Direito indica expressa ou virtualmente como objetivo do ato, de forma impessoal"[19]. Ao agir visando a finalidade pública prevista na lei, a Administração Pú-

19. *Direito administrativo brasileiro*, p. 89-90.

blica necessariamente imprime impessoalidade e objetividade na atuação, evitando tomar decisões baseadas em preferência pessoal ou sentimento de **perseguição**.

> A prova de Analista do TRF feita pela Esaf considerou CORRETA a seguinte assertiva: "Entre os requisitos ou elementos essenciais à validade dos atos administrativos, o que mais condiz com o atendimento da observância do princípio fundamental da impessoalidade é o relativo à finalidade".
>
> A prova de Analista do TCU feita pelo Cespe considerou ERRADA a afirmação: "O atendimento do administrado em consideração ao seu prestígio social angariado junto à comunidade em que vive não ofende o princípio da impessoalidade da administração pública".

A impessoalidade possui outro aspecto importante. A **atuação dos agentes públicos é imputada ao Estado**, significando um agir impessoal da Administração. Assim, as realizações não devem ser atribuídas à pessoa física do agente público, mas à pessoa jurídica estatal a que estiver ligado. Por isso que, em regra, a responsabilidade pela reparação de danos causados no exercício regular da função administrativa é do Estado, e não do agente que realizou a conduta.

> Utilizando a interessante metáfora da impessoalidade como ATUAÇÃO SEM ROSTO, a prova da Defensoria/MG considerou CORRETA a afirmação: "O princípio da impessoalidade terá duplo sentido: afasto o rosto do administrador e as influências dos administrados particularmente considerados".

Apesar da proximidade de conteúdo, o dever de impessoalidade não se confunde com o princípio da isonomia. Nesse sentido, Lucia Valle Figueiredo esclarece: "É possível haver tratamento igual a determinado grupo (que estaria satisfazendo o princípio da igualdade); porém, se ditado por conveniências pessoais do grupo e/ou do administrador, está infringindo a impessoalidade"[20].

Cabe destacar que diversos institutos e normas específicas de Direito Administrativo revelam uma preocupação com a **impessoalidade**, especialmente, regras sobre impedimento e suspeição válidas para o processo **administrativo**, a vedação de promoção pessoal de autoridades públicas, a licitação e o concurso público.

> A prova de Analista do IRB/2006 feita pela Esaf considerou o pagamento por precatório (art. 100 da CF) uma derivação do princípio da impessoalidade.
>
> A prova do Ministério Público do TCU/Cespe considerou CORRETA a afirmação: "Regras relativas a impedimentos e suspeições são aplicadas a servidores públicos como corolário do princípio da impessoalidade".

2.6.7.1 Subprincípio da vedação da promoção pessoal

Desdobramento fundamental do princípio da impessoalidade é a vedação da promoção pessoal de agentes ou autoridades. A maior preocupação do legislador

20. *Curso de direito administrativo*, p. 63.

foi impedir que a propaganda dos atos, obras e programas do governo pudesse ter um caráter de pessoalidade por meio da associação entre uma realização pública e o agente público responsável por sua execução. A atuação deve ser impessoal também nesse sentido. Note que a impessoalidade é **caminho de mão dupla**. De um lado, o administrado deve receber tratamento sem discriminações ou preferências; de outro, o agente público não pode imprimir pessoalidade associando sua imagem pessoal a uma realização governamental.

É o que prescreve o art. 37, § 1º, da Constituição Federal: "A **publicidade** dos atos, programas, obras, serviços e campanhas dos órgãos públicos deverá ter **caráter educativo, informativo ou de orientação social**, dela não podendo constar nomes, símbolos ou imagens que caracterizem promoção pessoal de autoridades ou servidores **públicos**".

A prova de Analista de Finanças e Controle/Esaf considerou ERRADA a afirmação: "Da publicidade dos atos e programas dos órgãos públicos poderão constar nomes, símbolos ou imagens que caracterizem promoção pessoal de autoridades ou servidores públicos, desde que tal iniciativa possua caráter educativo".

CUIDADO: **o art. 37, § 1º, da Constituição Federal** ("a publicidade dos atos, programas, obras, serviços e campanhas dos órgãos públicos deverá ter caráter educativo, informativo e de orientação social...") **é uma regra de impessoalidade**.
A palavra "publicidade" está empregada no sentido de propaganda, não induzindo **nenhuma relação com o princípio da publicidade**.

A presença de nomes, símbolos ou imagens de agentes ou autoridades nas propagandas governamentais compromete a noção de *res publica* e a impessoalidade da gestão da coisa pública. Pela mesma razão, ofende a impessoalidade: a) batizar logradouro público com nome de parente para eternizar o famoso sobrenome do político; b) imprimir logomarcas (pequenas imagens que simbolizam políticos ou denominações partidárias, como vassouras, vasos, bonequinhos etc.) em equipamentos públicos ou uniformes escolares; c) manter a data de inauguração ao lado da obra.

No julgamento do RE 191.668/RS, em 14-4-2008, o STF entendeu que a **inclusão de *slogan* de partido político** na publicidade dos atos governamentais **também ofende o art. 37, § 1º, da Constituição Federal**: "Considerou-se que a referida regra constitucional objetiva assegurar a impessoalidade da divulgação dos atos governamentais, que devem voltar-se exclusivamente para o interesse social, sendo incompatível com a menção de nomes, símbolos ou imagens, aí **incluídos *slogans*** que caracterizem a promoção pessoal ou de servidores públicos. Asseverou-se que a possibilidade de vinculação do conteúdo da divulgação com o partido político a que pertença o titular do cargo público ofende o princípio da impessoalidade e desnatura o caráter educativo, informativo ou de orientação que constam do comando imposto na Constituição".

> A prova de Promotor/RR em 2017 elaborada pelo Cespe considerou ERRADA a afirmação: "Segundo a jurisprudência do Supremo Tribunal Federal, o rigor do dispositivo constitucional que assegura o princípio da impessoalidade vincula a publicidade ao caráter educativo, informativo ou de orientação social, sendo incompatível com a menção de nomes, símbolos ou imagens, aí não incluídos slogans, que caracterizem promoção pessoal ou de servidores públicos".

2.6.8 Princípio da moralidade

Diversas teorias pretendem explicar as relações entre normas morais e normas jurídicas. A mais famosa é a **teoria do mínimo ético** defendida pelo filósofo inglês **Jeremias Bentham** e pelo jurista alemão **Georg Jellinek**[21].

A teoria do mínimo ético defende que as regras jurídicas têm a função principal de reforçar a exigibilidade de um conjunto básico de preceitos éticos. O Direito faria parte de um complexo mais amplo de regras sociais pertencentes à Moral.

Ilustração da teoria do mínimo ético

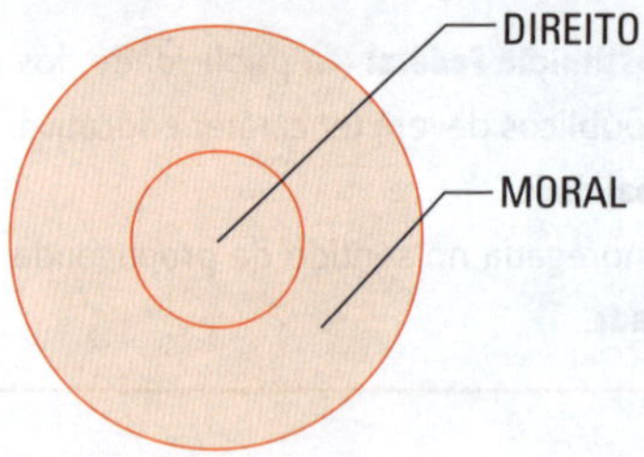

O grande equívoco dessa concepção está em supor que todas as regras jurídicas são morais. Parece evidente que o legislador nem sempre pauta o conteúdo das leis nos padrões da moralidade, mesmo porque o conceito do que é moral ou imoral pode variar bastante de um indivíduo para outro. A título de exemplo, é discutível a moralidade da regra brasileira que prevê prisão especial para indivíduos com nível superior (art. 295 do CPP).

Já a **teoria dos círculos independentes** defendida por Hans Kelsen sustenta a desvinculação absoluta entre o Direito e a Moral, constituindo conjuntos diferentes de regras sociais. Ao criar novas regras jurídicas, o legislador não estaria obrigado a compatibilizá-las com os padrões da moralidade vigentes na sociedade.

21. Georg Jellinek (Alemanha, 1851-1911): Jellinek foi um dos autores fundamentais para a construção do Direito Público moderno. Sua obra monumental *Sistema de direito público subjetivo* foi pioneira no estudo dos direitos que o cidadão tem perante o Estado. Entre muitas de suas teorias aceitas até hoje, destaca-se a concepção da soberania como um atributo inerente ao Estado. Sugestão de leitura: *Teoría general del Estado*, em espanhol, Ed. Albatroz.

Ilustração da teoria dos círculos independentes

Porém, a teoria dos círculos independentes não oferece explicação satisfatória para os casos em que visivelmente o comportamento exigido pelo Direito coincide com o preceito moral. Como exemplo, pode ser mencionada a proibição do homicídio prevista no art. 121 do Código Penal e conforme o padrão de conduta exigido pela moral.

Por fim, existe a **teoria dos círculos secantes** desenvolvida por Claude Du Pasquier, segundo a qual o Direito e a Moral seriam complexos normativos distintos com uma área de intersecção e, ao mesmo tempo, regiões particulares de independência.

Ilustração da teoria dos círculos secantes

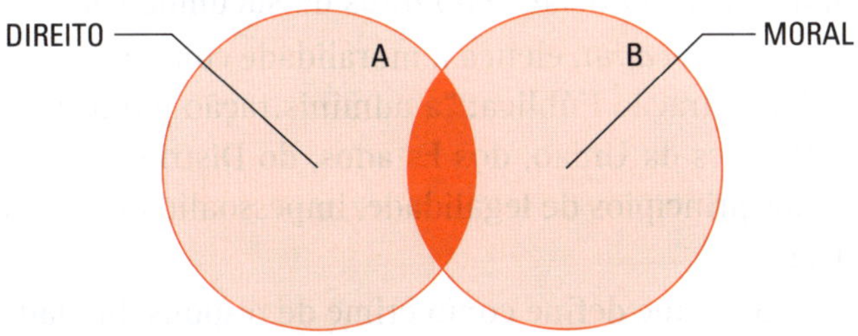

Mais condizente com a realidade, a teoria dos círculos secantes permite concluir que existem pontos de concordância entre o jurídico e o moral, mas não há uma coincidência total entre suas exigências. Importante frisar, ainda, a existência de comportamentos indiferentes para a Moral (amorais) e outros não disciplinados juridicamente[22]. Assim, podemos identificar vários tipos de enquadramento de uma conduta quanto à sua licitude e moralidade:

1) comportamento lícito e imoral;

22. Discute-se, em sede de Teoria Geral do Direito, se existiriam mesmo comportamentos juridicamente indiferentes. Parece-nos que não. Se o ramo é do Direito Público, tudo que não está autorizado é proibido. Se o ramo é do Direito Privado, tudo o que não está proibido está autorizado. Não há espaços vazios na disciplina jurídica. Mas, para não exagerar no rigorismo, mantivemos a visão tradicional da doutrina sobre o assunto (aceitação do juridicamente indiferente) nas nove modalidades seguintes.

2) comportamento lícito e moral;
3) comportamento lícito e amoral (indiferente para a Moral);
4) comportamento ilícito e imoral;
5) comportamento ilícito e moral;
6) comportamento ilícito e amoral;
7) comportamento indiferente para o Direito e imoral;
8) comportamento indiferente para o Direito e moral;
9) comportamento indiferente para o Direito e amoral.

Essa primeira aproximação serve de ponto de partida para aprofundar o conteúdo do princípio da moralidade.

2.6.8.1 *Conteúdo jurídico da moralidade administrativa*

O texto constitucional de 1988, em pelo menos três oportunidades, impõe aos agentes públicos o dever de observância da moralidade administrativa.

Primeiro no art. 5º, LXXIII, autorizando a propositura de **ação popular contra ato lesivo à moralidade administrativa**: "qualquer cidadão é parte legítima para propor ação popular que vise a anular ato lesivo ao patrimônio público ou de entidade de que o Estado participe, *à moralidade administrativa*, ao meio ambiente e ao patrimônio histórico e cultural, ficando o autor, salvo comprovada má-fé, isento de custas judiciais e do ônus da sucumbência".

Além disso, o art. 37, *caput*, elenca a moralidade como **princípio fundamental** aplicável à Administração Pública: "a administração pública direta e indireta de qualquer dos Poderes da União, dos Estados, do Distrito Federal e dos Municípios obedecerá aos princípios de legalidade, impessoalidade, *moralidade*, publicidade e eficiência".

E ainda o art. 85, V, que define como crime de responsabilidade do Presidente da República os atos que atentarem contra a "probidade na administração".

Com isso, pode-se constatar que a moralidade administrativa constitui **requisito de validade** do ato administrativo.

É importante ressaltar que, quando a Constituição de 1988 definiu a moralidade como padrão de comportamento a ser observado pelos agentes públicos, **não houve juridicização de todas as regras morais vigentes na sociedade.** Fosse assim, bastaria a legalidade. Cumprindo a lei automaticamente, a moralidade seria atendida.

A **moralidade administrativa difere da moral comum**. O princípio jurídico da moralidade administrativa não impõe o dever de atendimento à moral comum vigente na sociedade, mas exige respeito a **padrões éticos, de boa-fé, decoro, lealdade, honestidade e probidade** incorporados pela prática diária ao conceito de boa **administração**. Certas formas de ação e modos de tratar com a coisa pública, ainda que não impostos diretamente pela lei, passam a fazer parte dos comportamentos socialmente esperados de um bom administrador público, incorporando-se gradativamente ao conjunto de condutas que o Direito torna exigíveis.

Rejeitando a amplitude do conceito técnico de moralidade administrativa, a prova de Auditor do Tesouro elaborada pela Esaf considerou ERRADA a afirmação: "A aplicação do princípio da moralidade administrativa demanda a compreensão do conceito de 'moral administrativa', o qual comporta juízos de valor bastante elásticos".

A prova da Magistratura/BA 2006 elaborada pelo Cespe considerou CORRETA a afirmação: "A moralidade administrativa possui conteúdo específico, que não coincide, necessariamente, com a moral comum da sociedade, em determinado momento histórico; não obstante, determinados comportamentos administrativos ofensivos à moral comum podem ensejar a invalidação do ato, por afronta concomitante à moralidade administrativa".

É precisa a observação de Diogo de Figueiredo Moreira Neto: "Enquanto a moral comum é orientada para uma distinção puramente ética, entre o bem e o mal, distintamente, a **moral administrativa** é orientada para uma **distinção prática entre a boa e a má administração**"[23].

Conteúdo da moralidade

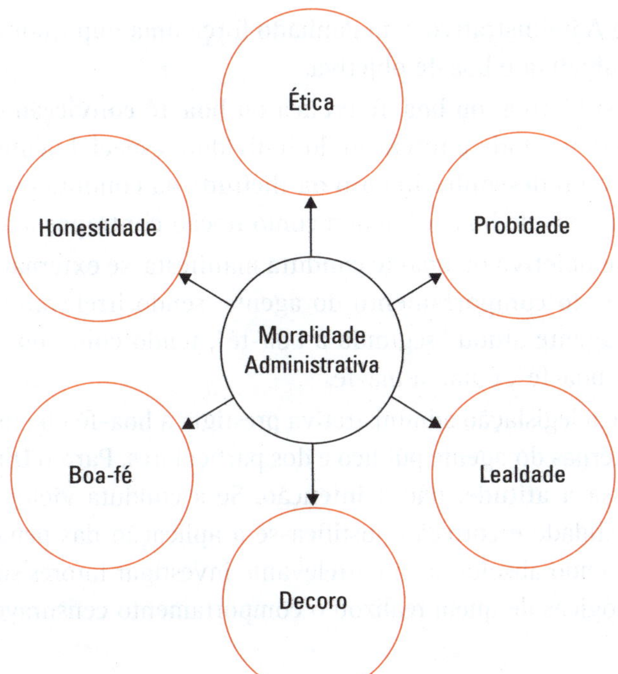

É nesse sentido que o art. 2º, parágrafo único, IV, da Lei n. 9.784/99 define a moralidade nos processos administrativos como um dever de "atuação segundo

23. *Curso de direito administrativo*, p. 105.

padrões éticos de probidade, decoro e boa-fé". E também o art. 116 da Lei n. 8.112/90 elenca como deveres dos servidores públicos "ser leal às instituições que servir" (inciso II) e "manter conduta compatível com a moralidade administrativa". Na mesma esteira de disciplina do comportamento ético dos agentes públicos, foram editados o Decreto n. 1.171/94 (Código de Ética Profissional do Servidor Público Federal) e o Decreto n. 6.029/2007 (Sistema de Gestão Ética do Poder Executivo Federal).

As exigências impostas pelo princípio da moralidade atingem os **dois polos da relação jurídico-administrativa.** Além de vincular a Administração Pública, constitui **dever imposto também aos administrados** "proceder com lealdade, urbanidade e boa-fé" (art. 4º, II, da Lei n. 9.784/99).

2.6.8.2 *Boa-fé subjetiva e boa-fé objetiva*

Toda doutrina incorpora a noção de "boa-fé" ao conteúdo do princípio da moralidade administrativa. No Direito Privado, a boa-fé, em linhas gerais, está relacionada com a **honestidade,** a **correção** e a **confiabilidade** entre as partes contratantes.

No Direito Administrativo, tem ganhado força uma importante diferenciação entre boa-fé subjetiva e boa-fé objetiva.

A **boa-fé subjetiva,** ou **boa-fé crença** ou **boa-fé convicção** consiste na investigação sobre **vontade** e **intenção** do indivíduo, especialmente para apurar o conhecimento ou o **desconhecimento da ilicitude** da conduta praticada. Fala-se que o agente atuou "de boa-fé", tendo como noção contraposta a "má-fé".

Já a **boa-fé objetiva** ou **boa-fé conduta** manifesta-se externamente por meio da investigação do **comportamento** do agente, sendo irrelevante sua intenção. Fala-se que o agente atuou "segundo a boa-fé", tendo como noção contraposta a "ausência de boa-fé", e não a má-fé.

É certo que a legislação administrativa prestigia a boa-fé objetiva manifestada pelas ações externas do agente público e dos particulares. **Para o Direito Administrativo interessa a atitude, não a intenção.** Se a conduta violou os padrões de lealdade, honestidade e correção, justifica-se a aplicação das penas definidas no ordenamento, sendo absolutamente irrelevante investigar fatores subjetivos e motivações psicológicas de quem realizou o comportamento censurável.

2.6.8.3 *O problema da "moral paralela"*

Maria Sylvia Zanella Di Pietro, citando **Agustín Gordillo**[24], chama a atenção para importante problema da Administração Pública moderna que é a existência

---

24. Agustín Gordillo (pronuncia-se "Agustín Gordíjo") (Argentina): Gordillo é um dos mais profundos e influentes administrativistas da atualidade. É Professor Emérito da Universidade de

de uma **duplicidade de regras, processos, organizações e sistemas** dentro do aparelho governamental. Regras formais e regras informais; processos formais e processos informais; organizações formais e organizações informais; sistemas formais e sistemas informais. Essa chamada "administração paralela" edificada à sombra das estruturas estatais oficiais favoreceria a descrença no dever de cumprimento das regras jurídicas e morais. E conclui a autora, na esteira da lição de Gordillo: "É só por meio da participação popular no controle da Administração Pública que será possível superar a existência dessa administração paralela e, em consequência, da moral paralela"[25].

2.6.8.4 *Súmula Vinculante 13 do STF (antinepotismo)*

Nepotismo (do latim *nepotis*, sobrinho) é a **nomeação de parente** para ocupar cargo de confiança. Contrária à moralidade, impessoalidade e eficiência **administrativas**, a prática do nepotismo foi condenada pela Súmula Vinculante 13 do Supremo Tribunal Federal, de 21-8-2008: "**A nomeação de cônjuge, companheiro ou parente em linha reta, colateral ou por afinidade, até o terceiro grau**, inclusive, da autoridade nomeante ou de servidor da mesma pessoa jurídica investido em cargo de direção, chefia ou assessoramento, para o exercício de cargo em comissão ou de confiança ou, ainda, de função gratificada na administração pública direta e indireta em qualquer dos Poderes da União, dos Estados, do Distrito Federal e dos Municípios, **compreendido o ajuste mediante designações recíprocas, viola a Constituição Federal**".

> A prova de Fiscal do Trabalho/2006 feita pela Esaf considerou ERRADA a afirmação: "A nomeação de um parente próximo para um cargo em comissão de livre nomeação e exoneração não afronta qualquer princípio da Administração Pública, desde que o nomeado preencha os requisitos estabelecidos em lei para o referido cargo".

O avanço consagrado na súmula reforçou o caráter imoral e ilegítimo da nomeação de parentes para cargos em comissão, inclusive na **modalidade cruzada** ou **transversa** (o parente de X é nomeado no gabinete de Y em troca da nomeação de um parente de Y no gabinete de X), mas seu impacto positivo foi fragilizado em função de dois fatores:

1) ao fazer expressa referência a colaterais até o terceiro grau, a Súmula Vinculante 13 **legitimou a nomeação de primos;**

2) o próprio Supremo Tribunal Federal ressalvou que a **proibição não é extensiva** a agentes políticos do Poder Executivo como **ministros de estado** e **secretários estaduais, distritais e municipais** (entendimento exarado pelo STF em

---

Buenos Aires e Professor Titular da Universidade de Paris 1 (Sorbonne). Tem uma vasta obra sobre Direito Administrativo e Direitos Humanos traduzida em diversos idiomas. Sugestão de leitura: *Tratado de derecho administrativo*, volume 1, em espanhol, Editora Fundación de Derecho Administrativo.

25. *Direito administrativo*, p. 78.

3-8-2009 no julgamento da Reclamação 6.650/PR), isso porque, na visão do STF, a Súmula Vinculante 13 somente é aplicável aos denominados "comissionados" (ocupantes de cargos em comissão e funções de confiança).

Todavia, em decisão monocrática mais recente, o Ministro Marco Aurélio, no julgamento da Reclamação 26.424 deferiu liminar suspendendo portarias municipais que nomeavam a mulher e o filho do prefeito como Secretários Municipais. De acordo com o Relator, a SV 13 contempla três vedações relativamente à nomeação para cargo em comissão, de confiança ou função gratificada em qualquer dos Poderes de todos os entes integrantes da federação: a) proibição de designar parente da autoridade nomeante; b) familiar de servidor da mesma pessoa jurídica investido em cargo de direção, chefia ou assessoramento; c) nepotismo cruzado, mediante designações recíprocas. "No mais, o teor do verbete não contém exceção quanto ao cargo de secretário municipal".

Cabe destacar que **a proibição de nomear parentes não se estende aos cartórios e serventias extrajudiciais** na medida em que os serviços notariais e de registro são exercidos em caráter privado (art. 236 da Constituição Federal), não havendo neles cargos ou empregos públicos. Na verdade, os funcionários dos cartórios e tabelionatos são empregados privados, nada impedindo que todos eles sejam parentes do respectivo titular.

Por óbvio, normas que impedem o nepotismo não vedam a nomeação para cargos de provimento efetivo, após aprovação em concurso, ainda que o servidor tenha relação de parentesco com autoridade encarregada de promover a nomeação (STF: ADIn 524).

Inexiste nepotismo se a pessoa nomeada possui um parente no órgão, mas sem influência hierárquica sobre a nomeação (2ª Turma STF: Rcl 18.564).

2.6.8.5 Resolução n. 7 do CNJ (antinepotismo)

Antes da Súmula Vinculante 13, o nepotismo já havia sido criticado pela Resolução n. 7 do Conselho Nacional de Justiça, de 18 de outubro de 2005, cujo teor, diante da frequência de perguntas em concursos **públicos**, transcrevemos abaixo destacando as partes mais importantes:

> A prova de Procurador do DF feita pela Esaf considerou CORRETA a afirmação: "Em atenção à necessidade de se preservar os padrões de moralidade no serviço público, sublinha-se a disciplina aprovada pelo Conselho Nacional de Justiça, em resolução regulamentadora de dispositivo constitucional, pela qual ficou expressamente vedada a condenável prática do nepotismo".

"RESOLUÇÃO N. 7, DE 18 DE OUTUBRO DE 2005 (excertos)

O Presidente do Conselho Nacional de Justiça resolve:

Art. 1º É vedada a prática de nepotismo no âmbito de todos os órgãos do Poder Judiciário, sendo nulos os atos assim caracterizados.

Art. 2º Constituem práticas de nepotismo, dentre outras:

I – o exercício de **cargo de provimento em comissão ou de função gratificada**, no âmbito da jurisdição de cada Tribunal ou Juízo, **por cônjuge, companheiro ou parente em linha reta, colateral ou por afinidade, até o terceiro grau**, inclusive, dos respectivos **membros ou juízes** vinculados;

II – o exercício, em Tribunais ou Juízos diversos, **de cargos de provimento em comissão, ou de funções gratificadas, por cônjuges, companheiros ou parentes em linha reta, colateral ou por afinidade, até o terceiro grau**, inclusive, de dois ou mais **magistrados, ou de servidores** investidos em cargos de direção ou de assessoramento, em circunstâncias que caracterizem ajuste para burlar a regra do inciso anterior **mediante reciprocidade nas nomeações** ou designações;

III – **o exercício de cargo de provimento em comissão ou de função gratificada**, no âmbito da jurisdição de cada Tribunal ou Juízo, por cônjuge, companheiro ou parente em linha reta, colateral ou por afinidade, até o terceiro grau, inclusive, de **qualquer servidor investido em cargo de direção ou de assessoramento**;

IV – a **contratação por tempo determinado** para atender a necessidade temporária de excepcional interesse público, de **cônjuge, companheiro ou parente em linha reta, colateral ou por afinidade, até o terceiro grau**, inclusive, dos respectivos membros ou juízes vinculados, bem como de qualquer servidor investido em cargo de direção ou de assessoramento;

V – a **contratação, em casos excepcionais de dispensa ou inexigibilidade de licitação**, de pessoa jurídica da qual sejam sócios cônjuge, companheiro ou parente em linha reta ou colateral até o terceiro grau, inclusive, dos respectivos membros ou juízes vinculados, ou servidor investido em cargo de direção e de assessoramento.

Art. 3º São vedadas a contratação e a manutenção de contrato de prestação de serviço com empresa que tenha **entre seus empregados cônjuges**, companheiros ou parentes em linha reta, colateral ou por afinidade, até o terceiro grau, inclusive, de ocupantes de cargos de direção e de assessoramento, de membros ou juízes vinculados ao respectivo Tribunal contratante.

(...)

Art. 5º Os Presidentes dos Tribunais, dentro do prazo de noventa dias, contado da publicação deste ato, **promoverão a exoneração** dos atuais ocupantes de cargos de provimento em comissão e de funções gratificadas, nas situações previstas no art. 2º, comunicando a este Conselho.

Parágrafo único. Os atos de exoneração produzirão efeitos a contar de suas respectivas publicações".

2.6.8.6 *Instrumentos para defesa da moralidade*

A legislação brasileira prevê diversos instrumentos de proteção da moralidade administrativa. Merecem destaque os seguintes:

a) Ação Popular: a ser proposta por qualquer **cidadão** contra ato lesivo ao patrimônio público ou de entidade de que o Estado participe, à **moralidade administrativa**, ao meio ambiente e ao patrimônio histórico e cultural (art. 5º, LVIII, da CF e Lei n. 4.717/65).

b) Ação Civil Pública de Improbidade Administrativa: de legitimidade do **Ministério Público** e demais **pessoas jurídicas interessadas**, pode ser intentada contra ato de improbidade praticado por qualquer agente público, servidor ou não, contra a administração direta, indireta ou fundacional de qualquer dos Poderes da União, dos Estados, do Distrito Federal, dos Municípios, de Território, de empresa incorporada ao patrimônio público ou de entidade para cuja criação ou custeio o erário haja concorrido ou concorra com mais de 50% do patrimônio ou da receita anual (Lei n. 8.429/92). As **penas** aplicáveis são **perda dos bens** ou valores acrescidos ilicitamente ao patrimônio, **ressarcimento integral do dano, perda da função pública, suspensão dos direitos políticos**, pagamento de multa civil e **proibição de contratar** com o Poder Público **ou receber benefícios** ou incentivos fiscais ou creditícios.

c) Controle externo exercido pelos Tribunais de Contas: nos termos do art. 70 da Constituição Federal, cabe aos Tribunais de Contas da União a **fiscalização** contábil, financeira, orçamentária, operacional e patrimonial da União e das entidades da administração direta e indireta, **quanto à legalidade, legitimidade**, economicidade, aplicação das subvenções e renúncia de receitas.

d) Comissões Parlamentares de Inquérito (CPIs): o art. 58, § 3º, da Constituição Federal autoriza a instauração, mediante requerimento de um terço dos membros da Câmara dos Deputados ou do Senado, em conjunto ou separadamente, de comissão parlamentar de inquérito com poderes de investigação próprios de autoridades judiciais para **apuração de fato determinado.**

2.6.8.7 *Lei de Improbidade Administrativa*

Importante progresso na proteção da moralidade administrativa foi alcançado com a promulgação da Lei de Improbidade Administrativa – Lei n. 8.429/92, que trata das sanções aplicáveis aos agentes públicos nos casos de enriquecimento ilícito no exercício de mandato, cargo, emprego ou função na administração pública direta, indireta ou fundacional.

A Lei n. 8.429/92 deu contornos concretos às exigências impostas pelo princípio da moralidade. Seu estudo detalhado será feito no capítulo sobre agentes públicos.

2.6.9 Princípio da publicidade

O princípio da publicidade pode ser definido como o dever de **divulgação oficial dos atos administrativos** (art. 2º, parágrafo único, V, da Lei n. 9.784/99).

Tal princípio encarta-se num contexto geral de **livre acesso dos indivíduos a informações** de seu interesse e de **transparência** na atuação administrativa, como se pode deduzir do conteúdo de diversas normas constitucionais, a saber:

> Vinculando publicidade com moralidade, a prova de Auditor do Tesouro elaborada pela Esaf considerou CORRETA a afirmação: "O princípio da publicidade visa a dar transparência aos atos da administração pública e contribuir para a concretização do princípio da moralidade administrativa".

a) art. 5º, XXXIII: "todos têm **direito a receber** dos órgãos públicos **informações de seu interesse** particular, ou de interesse coletivo ou geral, que serão prestadas no prazo da lei, **sob pena de responsabilidade**, ressalvadas aquelas cujo sigilo seja imprescindível à segurança da sociedade e do Estado";

b) art. 5º, XXXIV: "são a todos assegurados, **independentemente do pagamento de taxas**: a) o direito de petição aos Poderes Públicos em defesa de direitos ou contra ilegalidade ou abuso de poder; b) a **obtenção de certidões** em repartições públicas, para defesa de direitos e esclarecimento de situações de interesse pessoal";

c) art. 5º, LXXII: "conceder-se-á ***habeas data***: a) para assegurar o **conhecimento de informações** relativas à pessoa do impetrante, constantes de registros ou bancos de dados de entidades governamentais ou de caráter público; b) para a **retificação de dados**, quando não se prefira fazê-lo por processo sigiloso, judicial ou administrativo". A impetração de *habeas data* é cabível quando a informação for relativa ao próprio impetrante. Fora dessa hipótese a obtenção de informação sonegada pelo Estado pode ser viabilizada pela utilização de **mandado de segurança individual e mandado de segurança coletivo**.

Como os agentes públicos atuam na defesa dos interesses da coletividade, a **proibição de condutas sigilosas e atos secretos** é um corolário da *natureza funcional* de suas atividades.

Ao dever estatal de garantir a publicidade de seus atos, corresponde o direito do administrado de ter ciência da tramitação de processos administrativos em que tenha a condição de interessado, ter vista dos autos, obter cópia de documentos neles contidos e conhecer as decisões proferidas (art. 3º, II, da Lei n. 9.784/99).

2.6.9.1 *Transparência, divulgação oficial e publicação. Divulgação de vencimentos dos servidores públicos*

Resumindo as considerações anteriores, é possível concluir que o princípio da publicidade engloba **dois subprincípios** do Direito Administrativo:

a) princípio da **transparência**: abriga o dever de prestar informações de interesse dos cidadãos e de não praticar condutas sigilosas;

b) princípio da **divulgação oficial**: exige a **publicação do conteúdo** dos atos praticados atentando-se para o **meio de publicidade** definido pelo ordenamento ou consagrado pela prática administrativa.

Recente decisão do STF julgou que não se considera atendida a obrigação de publicidade com a simples divulgação do ato administrativo no programa **A Voz do Brasil**.

> A prova de Delegado Federal/2004 elaborada pelo Cespe considerou ERRADA a afirmação: "A veiculação do ato praticado pela administração pública na Voz do Brasil, programa de âmbito nacional, dedicado a divulgar fatos e ações ocorridos ou praticados no âmbito dos três poderes da União, é suficiente para ter-se como atendido o princípio da publicidade".

No julgamento do ARE 652.777, o STF considerou **legítima a publicação, inclusive em sítio eletrônico da Administração Pública, dos nomes de seus servidores e dos valores dos respectivos vencimentos.**

2.6.9.2 Objetivos da publicidade

A publicidade dos atos administrativos constitui medida voltada ao cumprimento das seguintes **finalidades**:

a) exteriorizar a vontade da Administração Pública divulgando seu conteúdo para **conhecimento público**;

> A prova de Assistente Jurídico do DF/Cespe considerou CORRETA a afirmação: "O princípio da publicidade relaciona-se à divulgação oficial do ato para conhecimento público".

b) presumir o conhecimento do ato pelos interessados;

c) tornar **exigível** o conteúdo do ato;

d) desencadear a **produção de efeitos** do ato administrativo;

e) dar início ao prazo para interposição de recursos;

f) indicar a fluência dos prazos de prescrição e decadência;

g) impedir a alegação de ignorância quanto ao conteúdo do ato;

h) permitir o **controle de legalidade** do comportamento.

2.6.9.3 Formas de publicidade

O modo de dar-se a publicidade varia conforme o tipo de ato. No caso dos **atos individuais**, que são dirigidos a destinatário certo, ou mesmo para atos internos, a publicidade é garantida pela simples **comunicação do interessado**. Exemplo: autorização para o servidor sair mais cedo.

> A prova de Auditor-Fiscal do TCU feita pela Esaf considerou ERRADA a afirmação: "O princípio da publicidade impõe a publicação, em jornais oficiais, de todos os atos da Administração".

Quanto aos atos gerais, isto é, dirigidos a destinatários indeterminados, a publicidade depende de **publicação no *Diário Oficial***. Exemplo: edital convocatório para concurso público.

> A prova de Agente de Inteligência da Abin/Cespe considerou ERRADA a seguinte assertiva: "Com base no princípio da publicidade, os atos internos da administração pública devem ser publicados no Diário Oficial".

Também exigem publicação no *Diário Oficial* os **atos individuais de efeitos coletivos**, que são aqueles do interesse imediato de um indivíduo, mas com repercussão para um grupo de pessoas. Exemplo: deferimento de férias de servidor (implica a redistribuição de tarefas a todos na repartição).

2.6.9.4 *Natureza jurídica da publicação dos atos gerais*

A doutrina discute a natureza jurídica do dever de publicação dos atos administrativos gerais. A **corrente majoritária** (Hely Lopes Meirelles) sustenta ser **condição de eficácia** do ato. Assim, por exemplo, se o governador assina decreto e deixa de enviá-lo para publicação no *Diário Oficial*, o ato já existe, embora sem irradiar efeitos, exigindo para eventual revogação a expedição de um segundo decreto voltado à extinção do primeiro.

Para outros autores (**corrente minoritária**), a publicação dos atos gerais constitui **elemento de existência**, de modo que antes da publicação no *Diário Oficial* o ato não ingressa no mundo do direito, sendo vazio de significado jurídico. Por isso, arrependendo-se do conteúdo de um decreto assinado, mas ainda não publicado, o governador pode simplesmente desconsiderá-lo, inexistindo a necessidade de expedição de outro **decreto revocatório**.

> Adotando a visão minoritária de Celso Antônio Bandeira de Mello, a prova de Auditor Fiscal da Receita Federal feita pela Esaf considerou CORRETA a afirmação: "Pode ser considerado como imperfeito (inexistente) o ato de nomeação de Secretário de Estado ainda não publicado no respectivo Diário Oficial".

Embora resulte no embaraço prático de impor a revogação de ato nunca publicado, **em concursos** deve ser adotada a primeira corrente, que sustenta ser a publicação de ato geral mera **condição de eficácia**.

2.6.9.5 *Exceções à publicidade*

O próprio texto constitucional definiu três exceções ao princípio da publicidade, autorizando o sigilo nos casos de risco para: a) a **segurança do Estado** (art. 5º, XXXIII, da CF). Exemplo: informações militares; b) a **segurança da sociedade** (art. 5º, XXXIII, da CF). Exemplo: sigilo das informações sobre o interior de usina nuclear para evitar atentados terroristas; c) a **intimidade dos envolvidos** (art. 5º, X, da CF). Exemplo: processos administrativos disciplinares.

> A prova de Analista do TCU elaborada pelo Cespe considerou ERRADA a afirmação: "A declaração de sigilo dos atos administrativos, sob a invocação do argumento da segurança nacional, é privilégio indevido para a prática de um ato administrativo, pois o princípio da publicidade administrativa exige a transparência absoluta dos atos, para possibilitar o seu controle de legalidade".

Regulamentando o art. 5º, XXXIII, da CF, a Lei n. 11.111/2005 disciplina o acesso aos documentos públicos de interesse particular, interesse coletivo ou interesse geral, ressalvadas as hipóteses em que o sigilo seja ou permaneça imprescindível à segurança da sociedade e do Estado (art. 2º).

2.6.9.6 *Atos secretos e improbidade administrativa*

A recente crise no Senado Federal envolvendo a prática de atos secretos[26] recomenda lembrar que constituem **atos de improbidade** administrativa, que atentam contra princípios da Administração Pública, as condutas de **negar publicidade a ato oficial** e de **revelar fato ou circunstância** de que se tem ciência em razão das atribuições e que deveria permanecer em segredo (art. 11, III e IV, da Lei n. 8.429/92). As penas aplicáveis ao agente público que praticar tais comportamentos são: a) ressarcimento integral do dano, se houver; b) perda da função pública; c) suspensão dos direitos políticos de três a cinco anos; d) pagamento de multa civil de até cem vezes o valor da remuneração percebida pelo agente; e) proibição de contratar com o Poder Público ou receber benefícios ou incentivos fiscais ou creditícios pelo prazo de três anos (art. 12 da Lei n. 8.429/92).

2.6.9.7 *Nova Lei de Acesso à Informação (Lei n. 12.527/2011)*

A Lei n. 12.527, de 18 de novembro de 2011, conhecida como "Lei de Acesso à Informação", foi promulgada visando **regulamentar o direito constitucional de acesso dos cidadãos às informações públicas**, nos termos dos arts. 5º, XXXIII, 37, § 3º, II, e 216, § 2º, da Constituição Federal.

Seu objetivo principal consiste em estabelecer requisitos mínimos para divulgação de informações públicas e procedimentos para o acesso por qualquer pessoa, a fim de **favorecer o controle social e a melhoria na gestão pública**.

Trata-se de lei com taxonomia de **lei nacional** na medida em que deve ser aplicada por todas as entidades federativas.

Aplicam-se também as disposições legais, no que couber, às entidades privadas sem fins lucrativos que recebam, para realização de ações de interesse público, recursos públicos diretamente do orçamento ou mediante subvenções sociais, contrato de gestão, termo de parceria, convênios, acordo, ajustes ou outros instrumentos congêneres. No entanto, a publicidade a que estão submetidas tais entidades privadas refere-se à parcela dos recursos públicos recebidos e à sua destinação, sem prejuízo das prestações de contas a que estejam legalmente obrigadas (art. 2º).

As **diretrizes** da lei foram estabelecidas em seu art. 3º, *in verbis*:

"Os procedimentos previstos nesta Lei destinam-se a assegurar o direito fundamental de acesso à informação e devem ser executados em conformidade com os princípios básicos da administração pública e com as seguintes diretrizes:

26. Divulgada pela imprensa no 2º trimestre de 2009.

I – observância da publicidade como preceito geral e do sigilo como exceção;

II – divulgação de informações de interesse público, independentemente de solicitações;

III – utilização de meios de comunicação viabilizados pela tecnologia da informação;

IV – fomento ao **desenvolvimento da cultura** de transparência na administração pública;

V – desenvolvimento do **controle social** da administração pública".

> DICA: para provas e concursos, é recomendável conhecer as definições que o legislador inseriu no art. 4º da Lei, que abaixo transcrevemos:
>
> I – informação: dados, processados ou não, que podem ser utilizados para produção e transmissão de conhecimento, contidos em qualquer meio, suporte ou formato;
>
> II – documento: unidade de registro de informações, qualquer que seja o suporte ou formato;
>
> III – informação sigilosa: aquela submetida temporariamente à restrição de acesso público em razão de sua imprescindibilidade para a segurança da sociedade e do Estado;
>
> IV – informação pessoal: aquela relacionada à pessoa natural identificada ou identificável;
>
> V – tratamento da informação: conjunto de ações referentes à produção, recepção, classificação, utilização, acesso, reprodução, transporte, transmissão, distribuição, arquivamento, armazenamento, eliminação, avaliação, destinação ou controle da informação;
>
> VI – disponibilidade: qualidade da informação que pode ser conhecida e utilizada por indivíduos, equipamentos ou sistemas autorizados;
>
> VII – autenticidade: qualidade da informação que tenha sido produzida, expedida, recebida ou modificada por determinado indivíduo, equipamento ou sistema;
>
> VIII – integridade: qualidade da informação não modificada, inclusive quanto à origem, trânsito e destino;
>
> IX – primariedade: qualidade da informação coletada na fonte, com o máximo de detalhamento possível, sem modificações.

Importante destacar que também constitui obrigação das autoridades públicas assegurar a **proteção da informação**, garantindo-se a sua **disponibilidade, autenticidade e integridade.**

Por fim, a lei estabeleceu **restrições ao acesso a informações que coloquem em risco a segurança** (art. 23), classificando-as, para esse fim, em:

a) ultrassecreta: tendo 25 anos como prazo máximo de sigilo contados da data de sua produção;

b) secreta: com sigilo de no máximo 15 anos;

c) reservada: com sigilo de no máximo 5 anos.

2.6.10 Princípio da eficiência

Acrescentado no art. 37, *caput*, da Constituição Federal pela **Emenda n. 19/98**, o princípio da eficiência foi um dos pilares da Reforma Administrativa que procurou implementar o modelo de **administração pública gerencial** voltada para um controle de **resultados** na atuação estatal.

> Rejeitando aplicabilidade imediata do princípio da eficiência, a prova de Auditor do Tesouro elaborada pela Esaf considerou CORRETA a afirmação: "O princípio da eficiência não pode ser exigido enquanto não for editada a lei federal que deve defini-lo e estabelecer seus contornos". Para provas da Esaf, é mais seguro adotar esse estranho ponto de vista, nas demais provas não.

Economicidade, redução de desperdícios, qualidade, rapidez, produtividade e rendimento funcional são valores encarecidos pelo princípio da eficiência.

> A prova de Fiscal do Trabalho/2006 feita pela Esaf considerou CERTA a afirmação: "O gerenciamento de recursos públicos sem preocupação de obter deles o melhor resultado possível, no atendimento do interesse público, afronta o princípio da eficiência".

É impossível deixar de relacionar o princípio da eficiência com uma **lógica da iniciativa privada** de como administrar. Porém, o Estado não é uma empresa; nem sua missão, buscar o lucro. Por isso, o **princípio da eficiência** não pode ser analisado senão em conjunto com os demais princípios do Direito Administrativo. A eficiência não pode ser usada como pretexto para a Administração Pública descumprir a lei. Assim, o conteúdo jurídico do princípio da eficiência consiste em obrigar a Administração a **buscar os melhores resultados por meio da aplicação da lei**.

> A prova de Analista do Tesouro elaborada pela Esaf considerou ERRADA a afirmação: "A adoção do princípio da eficiência no texto constitucional, nos termos da Emenda Constitucional n. 19/98, autoriza a prevalência deste princípio em relação ao da legalidade na busca pela Administração Pública gerencial".

Para o servidor público federal, a **produtividade** constitui, inclusive, um dos fatores avaliados durante o período de **estágio probatório**[27]. Além disso, o art. 116 da Lei n. 8.112/90 enumera diversos **deveres do servidor** público relacionados com a eficiência, tais como: **atender com presteza** o público em geral (inciso V) e zelar pela **economia do material** (inciso VII).

Ao dever estatal de atuação eficiente corresponde o **direito dos usuários** de serviço público a uma prestação com qualidade e rapidez.

2.6.10.1 *Eficiência, eficácia e efetividade*

Segundo a lição de José dos Santos Carvalho Filho, eficiência, eficácia e efetividade são conceitos que não se confundem. A **eficiência** seria o **modo** pelo

27. É o que estabelece o art. 20 da Lei n. 8.112/90 (Estatuto do Servidor Público Federal): "Ao entrar em exercício, o servidor nomeado para cargo de provimento efetivo ficará sujeito a estágio probatório por período de 24 (vinte e quatro) meses, durante o qual a sua aptidão e capacidade serão objeto de avaliação para o desempenho do cargo, observados os seguintes fatores: I – assiduidade; II – disciplina; III – capacidade de iniciativa; IV – *produtividade*; V – responsabilidade.

qual se exerce a função administrativa. A **eficácia** diz respeito aos **meios e instrumentos** empregados pelo agente. E a **efetividade** é voltada para os **resultados** de sua atuação[28].

2.6.10.2 *Institutos correlatos*

A preocupação com a eficiência manifesta-se em diversos institutos do Direito Administrativo no Brasil, especialmente:

a) Estágio probatório (art. 41 da CF): período após a posse no cargo público durante o qual o servidor é avaliado quanto aos quesitos de eficiência e produtividade.

b) Contrato de gestão das agências executivas (art. 37, § 8º, da CF), a ser celebrado com entidades e órgãos públicos para ampliação de sua autonomia e fixação de **metas de desempenho.**

c) Duração razoável dos processos administrativos (art. 5º, LXXVIII, da CF).

> Admitindo que o instituto da reconsideração também deriva do princípio da eficiência, a prova de Delegado Federal elaborada pelo Cespe considerou CORRETA a afirmação: "A possibilidade de reconsideração por parte da autoridade que proferiu uma decisão objeto de recurso administrativo atende ao princípio da eficiência".

d) Parcerias da Administração Pública: variados instrumentos de cooperação entre a Administração e particulares para aumento da qualidade e eficiência nas atividades públicas, tais como parcerias público-privadas (Lei n. 11.079/2004), concessões e permissões de serviço público (Lei n. 9.897/99), termos de parceria firmados com organizações da sociedade civil de interesse público (Lei n. 9.790/99), **contratos de franquia** etc.

> A prova da AGU elaborada pelo Cespe considerou CORRETA a afirmação: "Na Constituição Federal, a inserção do princípio da eficiência como princípio administrativo geral fez acompanhar-se de alguns mecanismos destinados a facilitar sua concretização, como a participação do usuário na administração pública indireta e a possibilidade de aumento da autonomia gerencial, orçamentária e financeira dos órgãos e entidades da administração direta".

2.7 PRINCÍPIOS INFRACONSTITUCIONAIS

O universo dos princípios do Direito Administrativo não se esgota no plano constitucional. Os doutrinadores fazem referência a diversos outros princípios administrativos, muitos dos quais estão previstos na legislação infraconstitucional, especialmente no art. 2º, parágrafo único, da **Lei n. 9.784/99**: "A Administração Pública obedecerá, dentre outros, aos princípios da legalidade, finalidade, motivação, razoabilidade, proporcionalidade, moralidade, ampla defesa, contraditório, segurança jurídica, interesse público e eficiência".

28. *Manual de direito administrativo*, p. 30.

A prova da PFN/2007 elaborada pela Esaf considerou CORRETA a afirmação: "Considerando os princípios expressos e implícitos componentes do regime jurídico-administrativo no Direito brasileiro, a Lei n. 9.784/99 arrola os princípios da legalidade; finalidade; motivação; razoabilidade; proporcionalidade; moralidade; ampla defesa; contraditório; segurança jurídica; interesse público e eficiência".

Importante frisar que a falta de previsão constitucional não significa menor importância diante dos princípios diretamente mencionados no Texto Maior. Princípios infraconstitucionais e doutrinários têm a **mesma relevância sistêmica** daqueles referidos na Constituição Federal.

2.7.1 Princípio da autotutela

O princípio da autotutela consagra o **controle interno** que a Administração Pública exerce sobre seus próprios **atos**. Como consequência da sua **independência funcional** (art. 2º da CF), a Administração **não precisa recorrer ao Judiciário** para anular seus atos ilegais e revogar os atos inconvenientes que pratica. Consiste no **poder-dever** de retirada de atos administrativos por meio da anulação e da revogação. A anulação envolve problema de **legalidade**, a revogação trata de **mérito do ato**.

Utilizando o nome PRINCÍPIO DA SINDICABILIDADE como sinônimo para o princípio da autotutela, a prova de Analista Ministerial/TO elaborada pelo Cespe considerou CORRETA a afirmação: "Pelo princípio da sindicabilidade, todos os atos administrativos são passíveis de controle pela Administração".

A prova de Procurador do Estado/PR 2007 considerou CORRETA a afirmação: "O princípio da autotutela diz respeito ao controle que a Administração Pública exerce sobre os próprios atos, anulando os ilegais e revogando os inconvenientes ou inoportunos".

Tutelar é proteger, zelar. Em regra, as pessoas comuns devem recorrer ao Poder Judiciário para proteger seus interesses e direitos. **Tutela é a proteção via Poder Judiciário.** Não é disso que o princípio trata. Quando o direito outorga poder de autotutela ou **autoproteção** é porque dispensa a obrigatoriedade de intervenção judicial para proteção de direitos. É o caso da autotutela administrativa: proteção dos interesses pelas forças do próprio interessado – que é a Administração. A autotutela é um meio de acelerar a **recomposição da ordem jurídica** afetada pelo ato ilegal e dar presteza à **proteção do interesse público** violado pelo ato inconveniente.

Está consagrado no art. 53 da Lei n. 9.784/99: "A Administração **deve anular** seus próprios atos, quando eivados de vício de legalidade, e **pode revogá-los** por motivo de conveniência ou oportunidade, respeitados os **direitos adquiridos**". O dispositivo enfatiza a natureza vinculada do ato anulatório ("*deve* anular") e discricionária do ato revocatório ("*pode* revogá-los").

A prova do Ministério Público do TCU/Cespe considerou CORRETA a afirmação: "A revogabilidade dos atos administrativos, derivada do princípio da autotutela, comporta hipóteses em que a revogação não é possível".

O princípio da autotutela é **decorrência da supremacia do interesse público** e encontra-se consagrado em duas súmulas do **Supremo Tribunal Federal:**

a) Súmula **346**: *"A administração pública pode declarar a nulidade dos seus próprios atos".*

b) Súmula **473**: *"A Administração pode anular seus próprios atos, quando eivados de vícios que os tornam ilegais, porque deles não se originam direitos; ou revogá-los, por motivo de conveniência ou oportunidade, respeitados os direitos adquiridos, e ressalvada, em todos os casos, a apreciação judicial".*

A utilização do verbo "pode" para se referir à anulação está equivocada nas duas súmulas. A Administração *deve* anular seus atos ilegais.

Por gerar impacto no campo de interesses individuais, a prerrogativa de a Administração controlar seus atos **não dispensa a observância do contraditório e ampla defesa prévios** em âmbito de processo administrativo para tal finalidade instaurado (STF: RMS 31.661 e MS 25.399).

Por fim, convém destacar que autotutela não se confunde com **tutela administrativa** ou **tutela ministerial**. Esta última é o poder de **supervisão ministerial** exercido pela Administração Direta sobre entidades da Administração Indireta (art. 19 do Decreto-lei n. 200/67).

2.7.2 Princípio da obrigatória motivação

O princípio da obrigatória motivação impõe à Administração Pública o dever de **indicação dos pressupostos de fato e de direito** que determinaram a prática do ato (art. 2º, parágrafo único, VII, da Lei n. 9.784/99). Assim, a validade do ato administrativo está condicionada à apresentação **por escrito** dos fundamentos fáticos e jurídicos justificadores da decisão adotada.

Trata-se de um **mecanismo de controle** sobre a legalidade e legitimidade das decisões da Administração Pública.

O dever de motivar os atos administrativos encontra fundamento em diversos dispositivos normativos, merecendo destaque:

a) art. 93, X, da Constituição Federal: "as **decisões administrativas** dos tribunais **serão motivadas** em sessão pública, sendo as disciplinares tomadas pelo voto da maioria absoluta de seus membros";

b) art. 50 da Lei n. 9.784/99: "Os **atos administrativos deverão ser motivados**, com indicação dos fatos e dos fundamentos jurídicos (...)".

Entretanto, a Constituição de 1988 só prevê **expressamente** o dever de motivação para atos administrativos dos **Tribunais e do Ministério Público**.

A prova da PFN/2007 elaborada pela Esaf considerou VERDADEIRA a afirmação: "Considerando o princípio da Motivação, a Constituição Federal prevê a exigência de motivação apenas para as decisões administrativas dos Tribunais e do Ministério Público".

2.7.2.1 *Motivação, motivo, causa, móvel e intenção real*

A adequada compreensão do referido princípio depende de um esclarecimento sobre cinco conceitos muito próximos, mas inconfundíveis:

a) **Motivação:** é a justificativa escrita sobre as razões fáticas e jurídicas que determinaram a prática do ato. Exemplo: na multa de trânsito, o documento de notificação do infrator contém a motivação do ato.

b) **Motivo:** é o fato que autoriza a realização do ato administrativo. Exemplo: a infração é o motivo da multa de trânsito.

> A prova de Técnico do TCU elaborada pelo Cespe considerou ERRADA a afirmação: "Motivo e motivação dos atos administrativos são conceitos coincidentes e significam a situação de fato e de direito que serve de fundamento para a prática do ato administrativo".

c) **Causa:** é o nexo de pertinência lógica entre o motivo do ato e o conteúdo, sendo útil para aferir a proporcionalidade da conduta. Exemplo: a demissão de servidor público motivada em faltas justificadas é ato de punição desproporcional e ilegal, tendo em decorrência um defeito na causa.

d) **Móvel:** é a intenção declarada pelo agente como justificativa para prática do ato. Exemplo: prefeito que declara de interesse público determinado imóvel para construir uma creche "diante da inadiável necessidade de atender as crianças carentes do bairro" (móvel do decreto).

e) **Intenção real:** é a verdadeira razão que conduziu o agente a praticar o ato. Exemplo: decreto expropriatório praticado com a intenção real de perseguição contra o dono. Se a intenção real comprovadamente não coincidir com o móvel (intenção declarada), o ato administrativo pode ser anulado.

2.7.2.2 *Cronologia entre motivo, ato e motivação*

Tendo em vista a diferença entre motivo e motivação do ato administrativo é possível concluir que existe uma **sequência obrigatória (cronologia)** a ser observada entre esses três acontecimentos. Assim, note o esquema a seguir:

> **1º MOTIVO:** o fato concreto que autoriza o ato. Exemplo: a infração de trânsito.
>
> **2º ATO:** a decisão administrativa praticada como resposta ao fato. Exemplo: a multa de trânsito.
>
> **3º MOTIVAÇÃO:** a justificativa escrita apontando os fundamentos que levaram à prática do ato. Exemplo: a notificação do infrator.

Importante destacar que a inversão dessa ordem ou a supressão de um desses elementos importa em nulidade do processo decisório.

2.7.2.3 *Abrangência do dever de motivar*

Há controvérsia doutrinária sobre o **alcance do dever de motivar** em relação aos atos vinculados e aos discricionários.

Alguns autores sustentam que a motivação seria obrigatória somente para atos vinculados. Para outros, a motivação seria necessária apenas nos atos discricionários. Entretanto, a **corrente majoritária** defende que a motivação é obrigatória tanto nos **atos vinculados** quanto nos **atos discricionários**.

É a conclusão que melhor se coaduna com a norma do art. 50 da Lei n. 9.784/99:

"Os atos administrativos deverão ser motivados, com indicação dos fatos e dos fundamentos jurídicos, quando:

I - neguem, limitem ou afetem direitos ou interesses;

II - imponham ou agravem deveres, encargos ou sanções;

III - decidam processos administrativos de concurso ou seleção pública;

IV - dispensem ou declarem a inexigibilidade de processo licitatório;

V - decidam recursos administrativos;

VI - decorram de reexame de ofício;

VII - deixem de aplicar jurisprudência firmada sobre a questão ou discrepem de pareceres, laudos, propostas e relatórios oficiais;

VIII - importem anulação, revogação, suspensão ou convalidação de ato administrativo".

O texto de lei não faz qualquer diferenciação quanto ao ato ser vinculado ou discricionário.

Outro ponto importante: o art. 54 da Lei n. 9.784/99 enumera um **rol exemplificativo** dos atos que exigem motivação. **Todo e qualquer ato administrativo deve ser motivado** (posição mais segura para concursos). Em sentido contrário, José dos Santos Carvalho Filho sustenta que "só se poderá considerar a motivação obrigatória se houver norma legal expressa nesse sentido"[29] (visão minoritária).

2.7.2.4 *Motivação dispensada*

Há atos, no entanto, que dispensam motivação escrita. Basicamente isso ocorre em três casos:

a) motivação evidente: como nos atos de gesticulação executados por policial na disciplina do trânsito;

b) motivação inviável: na hipótese, por exemplo, de sinais de trânsito emitidos por semáforos;

c) nomeação e exoneração de cargos comissionados: conhecidos como cargos "de confiança", são de livre provimento, dispensando motivação.

---

29. *Manual de direito administrativo*, p. 110.

Mas se for apresentado motivo falso ou inexistente, a exoneração de comissionado será nula (teoria dos motivos determinantes).

2.7.2.5 *Momento da motivação*

A motivação deve ser apresentada **simultaneamente** ou **no instante seguinte** à prática do ato. Motivação intempestiva (posterior) ou extemporânea (anterior) causa nulidade do **ato administrativo**.

> A prova da Procuradoria Distrital/2007 considerou ERRADA a afirmação: "à luz do Princípio da Motivação, a validade do ato administrativo independe do caráter prévio ou da concomitância da motivação pela autoridade que o proferiu com relação ao momento da prática do ato".

2.7.2.6 *Três atributos da motivação*

Determina o art. 50, § 1º, da Lei n. 9.784/99 que a motivação deve ser **explícita, clara e congruente**, podendo consistir em declarações de concordância com fundamentos de anteriores pareceres, informações, decisões ou propostas, que serão parte integrante do ato.

Ao definir esses três atributos, o legislador desejou inibir a apresentação de motivação implícita, obscura ou desarrazoada.

2.7.2.7 *Motivação aliunde*

O próprio art. 50, § 1º, da Lei n. 9.784/99 permitiu a utilização da denominada **motivação *aliunde*** ou ***per relationem***: aquela indicada **fora do ato**, consistente em concordância com fundamentos de anteriores pareceres, informações, decisões ou propostas. Opõe-se à **motivação contextual** em que os fundamentos de fato e de direito estão indicados **no próprio contexto do ato**, não havendo remissão à **motivação externa**[30].

> A prova de Agente de Inteligência da Abin/Cespe considerou CORRETA a afirmação: "Não viola o princípio da motivação dos atos administrativos o ato da autoridade que, ao deliberar acerca de recurso administrativo, mantém decisão com base em parecer da consultoria jurídica, sem maiores considerações".

2.7.2.8 *Motivação como elemento formal do ato administrativo*

A motivação não consta entre os cinco requisitos de validade do ato administrativo previstos no art. 2º da Lei n. 4.717/65 (Ação Popular): sujeito, objeto, forma, motivo e finalidade.

Todavia, o dever de motivar, tanto na modalidade contextual quanto na *aliunde*, compõe um dos elementos indispensáveis para a válida exteriorização do ato, sendo parte integrante do requisito "forma".

---

30. José dos Santos Carvalho Filho, *Manual de direito administrativo*, p. 111.

2.7.2.9 Teoria dos motivos determinantes

A teoria dos motivos determinantes afirma que **o motivo apresentado** como fundamento fático da conduta **vincula a validade do ato administrativo**. Assim, havendo comprovação de que o alegado pressuposto de fato é falso ou inexistente, o ato torna-se nulo.

> A prova de Técnico do TCU elaborada pelo Cespe considerou CORRETA a afirmação: "A teoria dos motivos determinantes cria para o administrador a necessária vinculação entre os motivos invocados para a prática de um ato administrativo e a sua validade jurídica".

Assim, por exemplo, se o infrator demonstrar que a **infração não ocorreu**, a **multa é nula**.

> A prova da Procuradoria Federal/2007 considerou INCORRETA a afirmação: "De acordo com a teoria dos motivos determinantes, os motivos que determinaram a vontade do agente e que serviram de suporte à sua decisão integram o plano da existência do ato administrativo".

Ainda nos casos em que a lei dispensa a apresentação de motivo, sendo apresentada razão falsa, o ato deve ser anulado. É o caso, por exemplo, de ocupante de cargo em comissão. Sua exoneração não exige motivação (exoneração *ad nutum*), mas, se for alegado que o desligamento ocorreu em decorrência do cometimento de crime, tendo havido absolvição na instância penal, a exoneração torna-se nula.

Nascida no âmbito do contencioso administrativo francês e por força da doutrina de Gaston **Jèze**, a teoria dos motivos determinantes foi desenvolvida a partir do caso de um **servidor público exonerado** sob alegação de que fora formulado pedido de desligamento. Provando que o **pedido nunca ocorrera**, a **exoneração foi declarada nula**.

> A prova do Ministério Público Federal/2000 considerou CORRETA a afirmação: "Consoante a teoria dos motivos determinantes do ato administrativo, exposta por Gaston Jèze, se a lei somente os legitimar mediante a adoção de certos motivos, o ato não poderá subsistir caso inocorra algum desses motivos, previamente traçados".
>
> Tratando da hipótese de PLURALIDADE DE MOTIVOS DETERMINANTES, a prova da Procuradoria Federal/2007 considerou CORRETA a afirmação: "Não se decreta a invalidade de um ato administrativo quando apenas um, entre os diversos motivos determinantes, não está adequado à realidade fática".

2.7.2.10 Motivação genérica no CPC

Podendo ser aplicado por simetria ao contexto dos atos administrativos, o art. 489, § 1º, do Código de Processo Civil elenca seis hipóteses em que **não se considera fundamentada (motivada) a decisão judicial**, quando:

I – se limitar à indicação, à reprodução ou à paráfrase de ato normativo, sem explicar sua relação com a causa ou a questão decidida;

II – empregar conceitos jurídicos indeterminados, sem explicar o motivo concreto de sua incidência no caso;

III – invocar motivos que se prestariam a justificar qualquer outra decisão;

IV – não enfrentar todos os argumentos deduzidos no processo capazes de, em tese, infirmar a conclusão adotada pelo julgador;

V – se limitar a invocar precedente ou enunciado de súmula, sem identificar seus fundamentos determinantes nem demonstrar que o caso sob julgamento se ajusta àqueles fundamentos;

VI – deixar de seguir enunciado de súmula, jurisprudência ou precedente invocado pela parte, sem demonstrar a existência de distinção no caso em julgamento ou a superação do entendimento.

2.7.3 Princípio da finalidade

O princípio da finalidade está definido no art. 2º, parágrafo único, II, da Lei n. 9.784/99, como o dever de "**atendimento a fins de interesse geral**, vedada a renúncia total ou parcial de poderes ou competências, salvo autorização em lei".

Seu conteúdo obriga a Administração Pública a sempre agir, visando à **defesa do interesse público primário.** Em outras palavras, o princípio da finalidade proíbe o manejo das prerrogativas da função administrativa para alcançar objetivo diferente daquele definido na legislação.

Para Celso Antônio **Bandeira de Mello**, a finalidade é um **princípio inerente à legalidade**: "Na verdade, só se erige o princípio da finalidade em princípio autônomo pela necessidade de alertar contra o risco de exegeses toscas, demasiadamente superficiais ou mesmo ritualísticas, que geralmente ocorrem por conveniência e não por descuido do intérprete"[31]. Já para **Hely Lopes Meirelles**, o princípio da finalidade é **sinônimo de impessoalidade**[32].

Pode-se falar em **dois sentidos** para o princípio da finalidade: a) **finalidade geral:** veda a utilização de prerrogativas administrativas para defesa de interesse alheio ao interesse público. Exemplo: desapropriar, para fins de perseguição, imóvel de inimigo político; e b) **finalidade específica:** proíbe a prática de ato administrativo em hipóteses diferentes daquela para a qual foi previsto na lei, **violando sua tipicidade legal**. Exemplo: autorizar a realização de obra por meio de decreto quando a lei exige licença.

Desvio de finalidade, desvio de poder ou tredestinação ilícita é defeito que torna nulo o ato administrativo quando praticado, tendo em vista **fim diverso daquele previsto**, **explícita ou implicitamente, na regra de competência** (art. 2º,

31. *Curso de direito administrativo*, p. 107-108.
32. *Direito administrativo brasileiro*, p. 89.

parágrafo único, *e*, da **Lei n. 4.717/65**). A teoria do desvio de finalidade será estudada detalhadamente no item 5.5 deste *Manual*.

2.7.4 Princípio da razoabilidade

Ser razoável é uma exigência inerente ao exercício de qualquer função pública. Sob a vigência do Estado de Direito não se pode admitir a utilização de prerrogativas públicas sem **moderação** e **racionalidade**. A própria noção de competência implica a existência de limites e restrições sobre o modo como as tarefas públicas devem ser **desempenhadas**.

> A prova da Magistratura/SC 2008 considerou CORRETA a afirmação: "Os princípios da razoabilidade e proporcionalidade encontram-se implícitos na Constituição Federal e ganham relevância cada dia no estudo da atividade administrativa, embora hoje eles se estendam a outras áreas do Direito".

O princípio da razoabilidade tem origem no **direito processual norte-americano**.

No Direito Administrativo, o princípio da razoabilidade impõe a obrigação de os agentes públicos realizarem suas funções com **equilíbrio, coerência e bom senso**. Não basta atender à finalidade pública predefinida pela lei, importa também saber **como o fim público deve ser atendido**. Trata-se de exigência **implícita na legalidade**.

> A prova de Analista do TRE/PE em 2017 elaborada pelo Cespe considerou CORRETA a afirmação: "O princípio da razoabilidade se evidencia nos limites do que pode, ou não, ser considerado aceitável, e sua inobservância resulta em vício do ato administrativo".

Comportamentos imoderados, abusivos, irracionais, desequilibrados, inadequados, desmedidos, incoerentes, desarrazoados ou inaceitáveis à luz do bom senso não são compatíveis com o interesse público, pois geram a possibilidade de invalidação judicial ou administrativa do ato deles resultante.

Como exemplos de atos atentatórios à razoabilidade podem ser mencionados: a) ordem emitida pelo Ministro da Previdência obrigando todos os aposentados e pensionistas com mais de 80 anos a comparecer pessoalmente a um posto do INSS, sob pena de suspensão do benefício, a fim de provar que estavam vivos; b) edital de concurso para o provimento do cargo de varredor de ruas que exige dos candidatos nível superior; c) candidato eliminado do concurso para provimento do cargo de médico hospitalar estadual porque tinha uma tatuagem nas costas[33].

Especialmente nos domínios da **discricionariedade**, dos **atos sancionatórios** e do exercício do **poder de polícia**, o controle sobre a razoabilidade das condutas administrativas merece diferenciada atenção.

---

33. Fundação Getulio Vargas. Padrão de Respostas. Prova Discursiva. Direito Administrativo. VIII Exame de Ordem Unificado.

> Observe a assertiva considerada CORRETA na prova de Analista de Finanças e Controle/Esaf: "O regime jurídico-administrativo abrange diversos princípios. Entre eles vincula-se à limitação da discricionariedade o princípio da razoabilidade".

A possibilidade de revisão judicial de atos discricionários ilegítimos por descumprimento da razoabilidade é admitida por Celso Antônio Bandeira de Mello nos seguintes termos: "O fato de não se poder saber qual seria a decisão ideal, cuja apreciação compete à esfera administrativa, não significa, entretanto, que não se possa reconhecer quando uma dada providência, seguramente, sobre não ser a melhor, não é sequer comportada na lei em face de uma dada hipótese"[34].

2.7.5 Princípio da proporcionalidade

A proporcionalidade é um **aspecto da razoabilidade** voltado à aferição da **justa medida** da reação administrativa diante da situação concreta. Em outras palavras, constitui **proibição de exageros** no exercício da função administrativa. Sua origem está ligada ao **direito público alemão**.

Consoante excelente definição prevista no art. 2º, parágrafo único, VI, da Lei n. 9.784/99, a proporcionalidade consiste no dever de "**adequação entre meios e fins**, vedada a imposição de obrigações, restrições e sanções em medida superior àquelas estritamente necessárias ao atendimento do interesse público". A simples leitura do dispositivo permite identificar a especial preocupação do legislador em **coibir excessos** no campo do **Direito Administrativo sancionador**, seara onde mais comumente são identificadas punições exageradas e desproporcionais. Assim, ao contrário da razoabilidade, que se estende a todos os setores de atuação da Administração Pública, a proporcionalidade regula especificamente o **poder disciplinar** (exercido internamente sobre agentes públicos e contratados) e o **poder de polícia** (projeta-se externamente nas penas aplicáveis a particulares).

> Note a assertiva considerada CORRETA na prova de Auditor do TCE/Esaf: "'Correlação entre meios e fins' é expressão que costuma ser diretamente associada ao princípio da proporcionalidade".

Segundo Celso Antônio Bandeira de Mello, há **duas formas de violação** da proporcionalidade: **pela intensidade** e **pela extensão** da medida adotada[35].

Quanto à intensidade, haverá conduta desproporcional quando a força da reação administrativa for incompatível com o baixo grau de lesividade do comportamento a ser censurado. Exemplo: ordem de demolição expedida por causa de pintura descascada na fachada do imóvel.

Além disso, pode ocorrer de a violação à proporcionalidade manifestar-se no que respeita à extensão pessoal ou geográfica da providência administrativa

---

34. *Curso de direito administrativo*, p. 109.
35. *Curso de direito administrativo*, p. 110.

adotada. Exemplo: devido à existência de algumas casas de jogos eletrônicos no entorno de escolas infantis, a prefeitura determina o fechamento de todas as lojas do ramo dentro do Município. Nesse caso, não há ilegalidade no conteúdo (intensidade) da decisão, mas quanto à sua abrangência territorial (**extensão**).

> Aceitando as duas formas de violação da proporcionalidade, a prova de Auditor-Fiscal da Receita Federal/Esaf considerou CORRETA a afirmação: "Tratando-se de poder de polícia, sabe-se que podem ocorrer excessos na sua execução material, por meio de intensidade de a medida maior que a necessária para a compulsão do obrigado ou pela extensão da medida ser maior que a necessária para a obtenção dos resultados licitamente desejados. Para limitar tais excessos, impõe-se observar, especialmente, o princípio da proporcionalidade".

Em diversas oportunidades, o **Supremo Tribunal Federal** tem, no julgamento de ações declaratórias de inconstitucionalidade, invocado a noção de **proporcionalidade** para questionar a compatibilidade de leis sobre os mais diversos assuntos, ao argumento de que a criação de normas razoáveis e proporcionais é um imperativo **decorrente do princípio do devido processo legal material**, previsto no art. 5º, LIV, da Constituição Federal (ADIn 173/DF, Min. Joaquim Barbosa, j. 25-9-2008).

> A prova de Auditor do INSS/Cespe entendeu que o princípio da proporcionalidade tem fundamento constitucional considerando CERTA a afirmação: "O princípio da proporcionalidade tem dignidade constitucional na ordem jurídica brasileira, pois deriva da força normativa dos direitos fundamentais, garantias materiais objetivas do estado de direito".

Por fim, convém lembrar que é bastante comum os concursos públicos associarem o princípio da proporcionalidade ao provérbio **"não se usam canhões para matar pardais"**.

2.7.5.1 Proporcionalidade perante a lei e proporcionalidade na lei

O respeito à proporcionalidade vincula a Administração Pública e o Poder Legislativo. Fala-se, assim, em proporcionalidade perante a lei e proporcionalidade na lei.

A proporcionalidade **perante a lei** aplica-se ao **administrador público**, que deverá evitar exageros **no modo de aplicação da lei** ao caso concreto.

Pelo contrário, a proporcionalidade **na lei** constitui exigência **aplicável ao legislador**, pois, no **momento de criação da norma**, está obrigado, sob pena de violação do devido processo legal material (art. 5º, LIV, da CF), a estabelecer penas adequadas à gravidade dos comportamentos a serem reprimidos.

2.7.5.2 Os subprincípios da proporcionalidade na jurisprudência do STF: a teoria dos três testes

No julgamento do RE 466.343-1, o Supremo Tribunal Federal firmou o entendimento de que a aferição de cumprimento do princípio da proporcionalidade na aplicação de restrições a direitos fundamentais deve ser realizada testando o conteúdo do instrumento restritivo à luz de três subprincípios:

a) princípio da **adequação ou idoneidade**: avalia se o meio empregado está apto a atingir os fins pretendidos. Exemplo: o Supremo Tribunal Federal declarou inconstitucional a exigência de "atestado de condição de capacidade" para o exercício da profissão de corretor de imóveis por entender que o meio (atestado) não era capaz de atender ao fim pretendido (RP 930/DF)[36];

b) princípio da **necessidade ou exigibilidade**: exige a inexistência de outro meio menos gravoso, à luz dos direitos fundamentais, igualmente capaz de atingir o mesmo resultado. Exemplo: a existência do instituto da contribuição de melhoria como forma de absorver a valorização em imóvel decorrente de obra pública, sem retirar a propriedade privada, tornaria ilegítimo o instituto da desapropriação por zona, que serve à mesma finalidade, mas de modo mais gravoso;

c) princípio da **proporcionalidade** *stricto sensu*: opera por meio da ponderação entre a intensidade da medida empregada e os fundamentos jurídicos que lhe servem de justificativa. Exemplo: o Supremo Tribunal Federal declarou inconstitucional lei estadual que exigia pesagem de botijões de gás e aplicação de desconto proporcional no preço se houvesse eventual diferença diante do peso declarado no recipiente. O argumento utilizado foi que, embora o objetivo da lei seja bom (tutela do consumidor), o mecanismo estabelecido para sua proteção é inviável e danoso, demandando balanças pesadas e sujeitas a desregulações, de modo a criar um esforço dos consumidores para sua verificação, inclusive o de "subir nos caminhões" (ADIn 855)[37].

2.7.5.3 *A proliferação dos elementos integrantes da proporcionalidade*

A aplicação do princípio da proporcionalidade não se restringe ao Direito Administrativo. Seu alcance atinge diversos ramos do Direito Público sempre com o objetivo específico de estabelecer limites aos comportamentos estatais.

Observa-se atualmente uma proliferação de textos doutrinários e decisões judiciais, nas mais diversas áreas, fazendo referência a muitos elementos integrantes do conteúdo do princípio da proporcionalidade.

Incluindo os subprincípios estudados no item anterior, podemos enumerar como exemplos recentes de elementos (subprincipios ou aspectos) da proporcionalidade citados em provas e concursos, ainda que não apenas na seara do Direito Administrativo:

a) **adequação ou idoneidade**: aptidão da medida estatal para atingir os fins pretendidos;

36. Rafael Carvalho Rezende Oliveira, *Curso de direito administrativo*, p. 34.
37. Idem, p. 35.

b) **necessidade ou exigibilidade:** inexistência de outro meio menos gravoso para atender ao mesmo resultado;

c) **proporcionalidade *stricto sensu*:** ponderação entre a intensidade da medida empregada e os fundamentos jurídicos que lhe servem de justificativa;

d) **proibição de excesso (STJ, 2ª Turma, HC 104.410):** proteção dos cidadãos contra abusos por parte do Estado na limitação de garantias fundamentais, estabelecendo uma "proteção vertical" em favor do particular;

e) **proibição de proteção insuficiente/deficiente (STJ, 2ª Turma, HC 104.410):** impõe ao Estado o dever de criar leis e promover políticas de promoção efetiva da segurança pública, implementando uma verdadeira "proteção horizontal" na relação particular-particular;

f) **objetivo legítimo:** qualquer atuação estatal restritiva de direitos fundamentais deve estar justificada por um objetivo legítimo (juridicamente admissível)[38];

g) **meio legítimo:** a providência estatal (instituto) utilizada precisa ser avaliada à luz da ordem jurídica para aferição da proporcionalidade. Assim, por exemplo, seria um meio ilegítimo o emprego da pena de morte para atingir o objetivo (legítimo) de reduzir os custos da execução penal, nos países cujo ordenamento proíbe a pena capital[39].

2.7.6 Princípio da responsabilidade

Estabelece o art. 37, § 6º, da Constituição Federal: "As pessoas jurídicas de direito público e as de direito privado prestadoras de serviços públicos responderão pelos danos que seus agentes, nessa qualidade, causarem a terceiros, assegurado o direito de regresso contra o responsável nos casos de dolo ou culpa".

O referido dispositivo enuncia o princípio da responsabilidade, estabelecendo para o Estado o **dever de indenizar** particulares por **ações e omissões** de agentes públicos que acarretam danos aos administrados. No exercício da função administrativa, a atuação dos agentes públicos é imputada à pessoa jurídica estatal a que estão ligados, razão pela qual, em princípio, cabe ao Estado reparar os prejuízos decorrentes do comportamento de seus agentes. Somente em sede de ação regressiva é que o agente poderá ser responsabilizado.

A **responsabilidade** do Estado por condutas comissivas é **objetiva**, não dependendo da comprovação de culpa ou dolo. Já nos **danos por omissão**, o dever de indenizar condiciona-se à demonstração de culpa ou dolo, submetendo-se à **teoria subjetiva**.

38. Matthias Klatt e Moritz Meister, A máxima da proporcionalidade: um elemento estrutural do constitucionalismo global, p. 27. *Observatório da Jurisdição Constitucional.* Ano 7, n. 1, 2004.
39. Matthias Klatt e Moritz Meister, A máxima da proporcionalidade: um elemento estrutural do constitucionalismo global, p. 27. *Observatório da Jurisdição Constitucional.* Ano 7, n. 1, 2004.

> A prova da OAB Nacional/Cespe considerou CORRETA a afirmação: "Prevalece o entendimento de que, nos casos de omissão, a responsabilidade extracontratual do Estado é subjetiva, sendo necessário, por isso, perquirir acerca da culpa e do dolo".

Quanto à **responsabilidade do agente público**, por ser apurada somente na ação regressiva, dependerá da comprovação de culpa ou dolo (art. 37, § 6º, da CF), pelo que está sujeita à aplicação da teoria **subjetiva**.

> A prova da OAB Nacional/Cespe 2008.2 considerou ERRADA a afirmação: "A responsabilidade civil do servidor público é objetiva".

ATENÇÃO: Em regra, a responsabilidade do Estado é objetiva; mas o agente público responde **subjetivamente**.

2.7.7 Princípio da segurança jurídica: visão clássica

> A prova do 21º Concurso de Procurador da República considerou CORRETA a afirmação: "O entendimento jurisprudencial mais recente do Supremo Tribunal Federal afasta a aplicação da teoria do fato consumado dos atos administrativos, segundo a qual situações de fato constituídas por decisão judicial de caráter provisório e consolidadas no tempo por atraso de prestação jurisdicional não podem ser desconstituídas em razão da segurança jurídica do indivíduo".

O princípio da segurança jurídica tem sido objeto de recentes estudos que detalharam bastante seu conteúdo, tanto na Europa quanto no Brasil. Diversos temas tradicionais ganharam nova luz, bem como assuntos inéditos começaram a ser discutidos na esteira dessa inovação. Fala-se hoje em "proteção à confiança legítima", "teoria dos atos próprios", "vedação do *venire contra factum proprium*", "autolimitação administrativa", "vinculação aos precedentes". São temáticas pouco exploradas pelos manuais, mas que começam a repercutir em provas e concursos públicos.

Iniciemos por apresentar a abordagem clássica sobre a matéria.

O princípio da segurança jurídica é um fundamento geral do ordenamento, **sendo aplicável a todos os ramos do Direito**. Seu conteúdo volta-se à garantia **de estabilidade, ordem, paz social e previsibilidade** das atuações estatais. Alinha-se à finalidade primeira da ordem jurídica que é propiciar segurança e estabilidade no convívio social, evitando mudanças abruptas, **sobressaltos e surpresas decorrentes de ações governamentais**.

> Estendendo a segurança jurídica para diversas situações subjetivas, a prova da Magistratura Federal da 1ª Região considerou CORRETA a afirmação: "O princípio da segurança jurídica, na Administração, protege, além do direito adquirido, expectativas legítimas e situações em vias de constituição sob o pálio de promessas firmes do Estado".

Assim, constitui um elemento conservador inserido na ordem normativa visando a manutenção do *status quo*, de modo a "evitar que as pessoas sejam surpreendidas por modificações do direito positivo ou na conduta do Estado, mesmo quando manifestadas em atos ilegais".

Em termos práticos, seu principal emprego no Direito Administrativo está na **proibição de aplicação retroativa de novas interpretações** de dispositivos legais e **normas administrativas**. É nesse sentido que deve ser compreendida a regra prevista no art. 2º, parágrafo único, XIII, da Lei n. 9.784/99: "Nos processos administrativos serão observados, entre outros, os critérios de: (...) XIII – interpretação da norma administrativa da forma que melhor garanta o atendimento do fim público a que se dirige, vedada aplicação retroativa de **nova interpretação**".

> A prova de Procurador do DF feita pela Esaf considerou CORRETA a afirmação: "O princípio da Segurança Jurídica, disposto na Lei n. 9.784/99, justifica-se pelo fato de ser comum, na esfera administrativa, haver mudança de interpretação de determinadas normas legais, com a consequente mudança de orientação, em caráter normativo, vedando, assim, aplicação retroativa".

Segundo a doutrina[40], diversos institutos jurídicos refletem a proteção da segurança jurídica, tais como: decadência, prescrição, **preclusão**, usucapião, convalidação, coisa julgada, direito adquirido, irretroatividade da lei e manutenção de atos praticados por funcionário de fato.

> A prova de Auditor-Fiscal da Previdência feita pela Esaf considerou CORRETA a afirmação: "Entre os fenômenos, cuja ocorrência assegura a observância do princípio legal da segurança jurídica, destaca-se a preclusão, em razão da qual, com relação a determinado questionamento, diz-se que fica exaurida a instância administrativa".

2.7.7.1 Segurança jurídica prevista na Constituição Federal

O princípio da segurança jurídica tem expressa previsão no art. 2º, parágrafo único, da Lei n. 9.784/99, que regula o processo administrativo no âmbito federal, *in verbis*: "A Administração Pública obedecerá, dentre outros, aos princípios da legalidade, finalidade, motivação, razoabilidade, proporcionalidade, moralidade, ampla defesa, contraditório, segurança jurídica, interesse público e eficiência".

De acordo com entendimento do **Supremo Tribunal Federal**, a segurança jurídica é também **princípio constitucional** na posição de **subprincípio do Estado de Direito** (MS 24.268/MG).

2.7.7.2 Boa-fé, segurança jurídica e proteção à confiança legítima

É bastante comum encontrar referências doutrinárias à conexão entre os princípios da boa-fé, segurança jurídica e proteção à confiança. Embora próximos, é possível identificar **conteúdos distintos** para os três princípios.

---

40. Celso Antônio Bandeira de Mello, *Curso de direito administrativo*, p. 123; Maria Sylvia Zanella Di Pietro, *Direito administrativo*, p. 84.

O princípio da boa-fé tem origem no direito privado, ligando-se à ideia de que nas relações jurídicas as partes devem proceder corretamente, com lisura, lealdade, e agir de acordo com a palavra empenhada. Esse é o seu sentido objetivo. Já a boa-fé subjetiva consiste no aspecto psicológico de o agente acreditar que atua em conformidade com o direito.

No Direito Administrativo, a boa-fé objetiva, que deve ser demonstrada tanto pela Administração quanto pelos particulares, aplica-se nos contextos específicos do contrato administrativo e da responsabilidade pré-negocial do Estado. A responsabilidade pré-negocial do Estado surge nas hipóteses em que a Administração, após anular ou revogar a licitação, seria chamada a indenizar o licitante vencedor do certame.

Pode-se dizer que o princípio da boa-fé trouxe para o Direito Administrativo a discussão sobre a necessidade de preservação do valor segurança jurídica.

Quanto ao princípio da **segurança jurídica**, pode ele ser analisado em duas acepções.

Em sentido objetivo, estabelece **limites à retroatividade** dos atos estatais, impedindo que prejudiquem o direito adquirido, o ato jurídico perfeito e a coisa julgada (art. 5º, XXXVI, da CF). Pode ser invocado tanto pelo Estado quanto por particulares.

Em sentido subjetivo, é também denominado de princípio da **proteção à confiança legítima**. Seu conteúdo exige uma **previsibilidade** ou **calculabilidade** emanada dos atos estatais (Canotilho). A proteção à confiança só pode ser invocada pelo particular, nunca pelo Estado.

Convém analisar esses dois aspectos da segurança jurídica mais detalhadamente.

2.7.7.3 Princípio da segurança jurídica em sentido objetivo (rechtssicherheit). A endossegurança

A segurança jurídica em sentido objetivo constitui um mecanismo de es**tabilização da ordem jurídica** (*certeza do direito*) na medida em que limita a eficácia retroativa de leis e atos administrativos, impedindo que a modificação de comandos normativos prejudique o direito adquirido, o ato jurídico perfeito e a coisa julgada (art. 5º, XXXVI, da CF). Desse modo, opera no campo do **direito intertemporal**, podendo ser invocada tanto em favor do particular quanto do Estado.

Fala-se na segurança jurídica como **instrumento autocorretor do Estado de Direito**, promovendo uma blindagem do próprio sistema (endossegurança) contra conflitos e instabilidades geradas pelas normas dentro do ordenamento. São exemplos de institutos a serviço dessa endossegurança: prescrição, decadência e coisa julgada.

2.7.7.4 *Proteção à confiança legítima* (vertrauensschutz)

Acesse também a videoaula pelo link:
http://somos.in/MDA1133

O princípio da segurança jurídica em sentido subjetivo, ou princípio da proteção à confiança legítima, foi uma **criação da jurisprudência alemã** no período **pós-2ª Guerra Mundial**, surgindo como reação a atos e normas legais que surpreendiam bruscamente seus destinatários.

Hoje é compreendido pela doutrina como uma exigência de **atuação leal** e **coerente** do Estado, de modo a **proibir comportamentos administrativos contraditórios**. Assim, os cidadãos devem esperar da Administração Pública a adoção de posturas que preservem a paz social e a tranquilidade. As decisões estatais devem ser tomadas sem sobressaltos ou mudanças abruptas de direção.

Embora não tenha previsão expressa na legislação federal, a Lei n. 5.427/2009, que regula os atos e processos administrativos do Estado do Rio de Janeiro, elenca textualmente a confiança legítima entre os princípios de observância obrigatória para os processos decisórios da referida entidade federativa.

De acordo com a lição de Almiro do Couto e Silva, a incidência do princípio da proteção à confiança produz duas **consequências** principais:

a) limitar a liberdade estatal de alterar sua conduta ou modificar atos que produzam vantagens ao particular, mesmo quando ilegais;

b) atribuir repercussões patrimoniais a essas alterações.

Para Rafael Carvalho Rezende Oliveira, essa limitação à liberdade estatal de alterar suas condutas, imposta pela proteção à confiança, representa uma verdadeira **restrição ao poder de autotutela**, impedindo que a Administração anule ou revogue seus atos quando tais soluções desprestigiem o princípio. Além de limitar a autotutela, a incidência da proteção à confiança teria também o efeito específico de produzir uma **redução da discricionariedade administrativa**.

2.7.7.4.1 Justificativas para manutenção de atos ilegais

Em nome do princípio da proteção à confiança legítima, é possível obter a manutenção de atos administrativos ilegais, sempre com o objetivo de preservar a paz social e a estabilidade das relações.

Exemplo bcm usual de aplicação dessa lógica ocorre no caso de atos praticados por agente público investido irregularmente na função (funcionário de fato). Está sedimentado na doutrina e na jurisprudência o entendimento segundo o qual, em nome da segurança jurídica, os atos praticados pelo funcionário de fato, embora eivados de um vício quanto à competência, devem ser considerados válidos. Trata-se de uma estabilização da ilegalidade promovida em nome de valores maiores tutelados pelo ordenamento, como a boa-fé e a segurança jurídica (proteção à confiança legítima).

Segundo a doutrina, a referida estabilização justifica-se pela **teoria da aparência** e devido à **presunção de legitimidade dos atos administrativos.**

2.7.7.4.2 O caso da viúva de Berlim

O princípio da proteção à confiança surgiu no Direito Alemão ligado ao debate sobre a conveniência da preservação de determinados atos inválidos. O assunto ganhou notoriedade a partir de uma decisão proferida pelo **Superior Tribunal Administrativo de Berlim, em 14 de novembro de 1956**, no caso conhecido como o da **"Viúva de Berlim"**.

A viúva de um funcionário público transferiu-se de Berlim Oriental para Berlim Ocidental porque lhe prometeram determinado benefício. Após receber a vantagem por um ano, o benefício foi retirado devido à incompetência do servidor que assinara o ato. O Tribunal, entretanto, ponderando a proteção à confiança e a legalidade violada, considerou que o primeiro princípio incidiria com mais força, de modo a afastar o vício de incompetência.

Evidenciou-se nesse famosíssimo julgado a necessidade de manter-se um ato inválido, preservando situação consolidada em favor de particular que confiou na manifestação legítima da Administração Pública.

2.7.7.4.3 Confiança ilegítima?

De acordo com a doutrina majoritária, a incidência do princípio da **proteção à confiança pressupõe a boa-fé do particular.** Assim, a má-fé do beneficiário seria excludente do princípio, caracterizando a denominada confiança ilegítima.

2.7.7.4.4 Aplicações práticas da proteção à confiança

Os estudiosos da matéria vêm indicando extensa lista de aplicações práticas do princípio da proteção à confiança, entre as quais merecem destaque:

a) manutenção de atos inválidos, relativizando a legalidade estrita;

b) responsabilidade do Estado pelas promessas firmes feitas por seus agentes, especialmente no campo do planejamento econômico;

c) responsabilidade pré-negocial do Estado;

d) dever do Estado de estabelecer regras transitórias para atenuar mudanças bruscas em regimes jurídicos;

e) dever de clareza na elaboração de leis;

f) dever estatal de dar certeza sobre quais normas estão em vigor;

g) exigência de densidade quanto ao conteúdo das normas jurídicas;

h) dever de nomeação de candidato aprovado dentro do número de vagas anunciadas no edital;

i) dever de dar autorização para quem está na mesma situação de outros autorizados;

j) **dever de pagamento por execução de contrato administrativo verbal** (STJ, REsp 317.463).

> A prova de Analista de Infraestrutura do Ministério do Planejamento/2012 elaborada pelo Cespe considerou CORRETA a assertiva, transcrita a seguir, que relacionou o princípio da confiança legítima à desnecessidade de servidor restituir o erário pela remuneração recebida por erro do Poder Público: "Dado o princípio da legítima confiança, é incabível a restituição ao erário dos valores recebidos de boa-fé por servidor público em decorrência de errônea ou inadequada interpretação da lei por parte da administração pública".

2.7.7.4.5 Requisitos para aplicação do princípio

De acordo com a lição de Rafael Carvalho Rezende Oliveira, são cinco os requisitos para aplicação da proteção à confiança:

a) ato da Administração conclusivo capaz de gerar confiança no administrado;

b) presença de signos externos decorrentes da atividade aptos a orientar o administrado a adotar determinada conduta;

c) ato que reconhece ou constitui uma situação individualizada com durabilidade razoável;

d) causa idônea para provocar a confiança do afetado;

e) cumprimento, pelo interessado, dos seus deveres e obrigações.

2.7.7.4.6 Excludentes da proteção à confiança

Pode-se falar em duas excludentes na aplicação do princípio da proteção à confiança:

a) a má-fé do particular;

b) mera expectativa de direito por parte do beneficiário.

2.7.7.5 Autovinculação da Administração

A teoria da autovinculação, ou autolimitação, afirma que a **Administração Pública não pode promover alterações repentinas no seu padrão decisório**, pois a adoção reiterada de uma certa forma de agir, decidir ou interpretar suscita a confiança dos cidadãos e, diante de um caso semelhante, a Administração não pode simplesmente abandonar imotivadamente o modo como vinha decidindo.

Assim, **como decorrência dos princípios da igualdade, boa-fé e segurança jurídica**, a doutrina considera que hoje a **Administração encontra-se autovinculada aos seus precedentes.**

Essa autovinculação ao precedente administrativo é **involuntária,** na medida em que surge como um efeito reflexo não intencional decorrente da identidade dos casos concretos.

Difere, nesse sentido, da **autovinculação voluntária, deliberada ou intencional,** que é o campo de aplicação da chamada "teoria dos atos próprios".

2.7.7.6 Teoria dos atos próprios (venire contra factum proprium). Requisitos para aplicação

A autovinculação voluntária é conhecida como teoria dos atos próprios e baseia-se no princípio segundo o qual "a ninguém é lícito ir contra seus próprios atos" ou *nemo venire contra factum proprium.*

A vedação do *venire contra factum proprium* **proíbe que a Administração Pública adote comportamento contraditório com postura anteriormente por ela assumida.**

Trata-se de uma teoria que **tutela a confiança do particular e a coerência dos atos públicos,** pois seria deslealdade com a contraparte criar uma aparência e depois quebrar a confiança com atos contraditórios.

Assim, por exemplo, seria incoerente a Administração abrir concurso público para provimento do cargo de médico e, após aprovação dos candidatos, realizar contratação temporária para a mesma função preterindo os aprovados.

Segundo as lições de Hector Mairal, são **requisitos para aplicação da teoria da proibição do venire:**

1) identidade de partes e unidade de situação jurídica (exige-se que existam uma conduta prévia e uma pretensão posterior emanada da mesma Administração diante da mesma contraparte em uma única relação jurídica);

2) a conduta prévia deve ser válida e apta a suscitar a confiança da contraparte (conduta deliberada, juridicamente relevante e plenamente eficaz);

3) a conduta e a pretensão posterior devem ser contraditórias;

4) inexistência de norma autorizando a contradição.

2.7.7.7 Diferenças entre a teoria dos atos próprios e o princípio da proteção à confiança legítima

Por fim, convém apresentar um quadro com as diferenças entre a teoria dos atos próprios e o princípio da proteção à confiança legítima.

Teoria dos atos próprios	Proteção à confiança
Pressupõe a legalidade do ato vinculante anterior	Tem aplicação na hipótese de atos inválidos
Aplicação no âmbito da mesma relação jurídica	Não exige unidade de relação jurídica

2.7.7.8 Segurança jurídica e 5 anos para anular atos ilegais. Estabilização de benefícios ilegais

Se a Administração Pública concede determinado benefício ilegal a seus servidores, os princípios da legalidade e autotutela obrigam a própria autoridade administrativa a, garantindo contraditório e ampla defesa, anular o ato concessivo. Porém, esse poder-dever de anulação de seus atos ilegais não é exercitável a qualquer tempo. Nos termos do art. 54 da Lei n. 9.784/99, **a Administração tem o prazo de 5 anos para anular seus atos defeituosos**, quando favoráveis aos destinatários, salvo comprovada má-fé.

Por isso, **após o prazo de 5 anos**, estando o servidor de boa-fé, **o princípio da segurança jurídica promove a incorporação definitiva da vantagem** ao patrimônio do beneficiário **proibindo a retirada do benefício.**

Trata-se de interessante caso de ponderação principiológica na medida em que, durante os 5 primeiros anos, a solução do problema é imposta pela legalidade e autotutela. Mas, ultrapassado esse prazo, legalidade e autotutela cedem passo para a segurança jurídica, cujo conteúdo específico aponta para uma estabilização social mantendo-se a eficácia do ato defeituoso.

Já no caso de **má-fé**, o ordenamento jurídico pune o beneficiário ampliando o prazo de anulação administrativa para o **prazo extintivo máximo** de um direito previsto **no Código Civil: 15 anos** (art. 1.238 do CC).

Convém lembrar que o prazo de **5 anos** aplica-se aos **processos administrativos federais** e também àqueles das **entidades federativas sem lei própria de processo administrativo** (precedentes do STJ).

Segundo o STF, o prazo decadencial de 5 anos do art. 54 da Lei n. 9.784/99 não se aplica quando o ato a ser anulado afronta diretamente a Constituição Federal (MS 26.860).

Algumas **leis estaduais** de processo administrativo, porém, como é o caso da lei paulista, preveem **prazo de 10 anos** para a Administração anular seus atos.

2.7.7.8.1 Anulação de atos praticados antes da Lei n. 9.784/99

Como a Lei n. 9.784/99 entrou em vigor em 1º-2-1999, se o ato viciado foi praticado antes dessa data, o prazo quinquenal para anulá-lo contou a partir do início da vigência da referida Lei Federal (2ª Turma STJ: REsp 1.270.474).

2.7.7.9 Teoria do prospective overruling

Originária do sistema do *common law*, a teoria do *prospective overruling* afirma que as **mudanças de orientação** jurisprudencial nos Tribunais **somente poderão ser aplicadas a casos futuros.** Trata-se de uma imposição decorrente do princípio da **proteção à confiança** e que, na opinião de Rafael Carvalho Rezende Oliveira, aplica-se ao Direito Administrativo quando houver alteração da orientação firmada em precedentes administrativos, hipótese em que o novo entendimento não poderá ser aplicado a casos pretéritos.

A aplicabilidade da referida teoria no Direito brasileiro coaduna-se perfeitamente com a regra contida no **art. 2º, parágrafo único, XIII, da Lei n. 9.784/99**, de acordo com a qual nos processos administrativos deverão ser observados os critérios de: "XIII – interpretação da norma administrativa da forma que melhor garanta o atendimento do fim público a que se dirige, **vedada aplicação retroativa de nova interpretação**".

2.7.8 Princípio da boa administração

> Relacionando boa administração também com moralidade, a prova da Defensoria/MT/2007 considerou CORRETA a afirmação: "O conceito de bom administrador está intimamente ligado ao princípio da moralidade".

O princípio da boa administração impõe o dever de, diante das diversas opções de ação definidas pela lei para prática de atos discricionários, a Administração Pública adotar a **melhor solução** para a defesa do interesse público. De acordo com Celso Antônio Bandeira de Mello, o princípio da **eficiência** é um **desdobramento** do dever maior de **boa administração**[41].

2.7.9 Princípio do controle judicial ou da sindicabilidade

Preceitua que o Poder Judiciário detém ampla competência para investigar a legitimidade dos atos praticados pela Administração Pública, anulando-os em caso de ilegalidade (art. 5º, XXXV, da CF: "a lei não excluirá da apreciação do Poder Judiciário lesão ou ameaça a direito").

2.7.10 Princípios da continuidade do serviço público e da obrigatoriedade da função administrativa

O princípio da continuidade **veda a interrupção na prestação** dos serviços públicos. Aplica-se, por isso, somente no âmbito do Estado prestador (atuações ampliativas da esfera privada de interesses), não valendo para outros domínios, como o poder de polícia, a atividade econômica, o fomento, as atuações políticas e as funções legislativas e jurisdicionais.

Está **expressamente previsto** no art. 6º, § 1º, da Lei n. 8.987/95, e seu fundamento reside no fato de a prestação de serviços públicos ser um dever constitucionalmente estabelecido (art. 175 da CF), localizando-se, portanto, acima da vontade da Administração Pública, que não tem escolha entre realizar ou não a prestação.

Por ser característica inerente ao regime jurídico dos serviços públicos, o dever de continuidade estende-se às formas indiretas de prestação, por meio de concessionários e permissionários. Isso porque a continuidade constitui garantia do usuário, que não se altera diante da forma de prestação do serviço.

41. *Curso de direito administrativo*, p. 122.

Entretanto, o art. 6º, § 3º, da Lei n. 8.987/95, na esteira do entendimento doutrinário majoritário e da jurisprudência do **STJ**, **autoriza o corte** no fornecimento do serviço, **após prévio aviso**, nos casos de: a) **razões de ordem técnica** ou de **segurança das instalações**; e b) **inadimplemento** do usuário.

> A prova da Magistratura/TO/2007 elaborada pelo Cespe considerou ERRADA a afirmação: "Conforme entendimento do STJ, a concessionária não pode suspender o fornecimento de energia elétrica, diante do inadimplemento do usuário, em face do princípio da continuidade do serviço público".

Existe, no entanto, **corrente minoritária** sustentando a inconstitucionalidade na interrupção do serviço por falta de pagamento, ao argumento de que haveria **violação ao princípio da dignidade da pessoa humana** (art. 1º da CF: "A República Federativa do Brasil, formada pela união indissolúvel dos Estados e Municípios e do Distrito Federal, constitui-se em Estado Democrático de Direito e tem como **fundamentos**: I – a soberania; II – a cidadania; III – **a dignidade da pessoa humana**; IV – os valores sociais do trabalho e da livre-iniciativa; V – o pluralismo político"). Argumenta-se também que o Estado possui meios próprios para exigir o valor devido pelo usuário (execução fiscal), sem necessidade de interromper a prestação. Porém, diante da expressa previsão legal, não se deve adotar essa segunda corrente em concursos públicos.

Podem ser apontados diversos **desdobramentos normativos** decorrentes do princípio da continuidade dos serviços públicos: a) o **direito de greve** dos servidores públicos será exercido **nos termos e nos limites definidos em lei específica** (art. 37, VII, da CF); b) **restrição à** aplicabilidade da **exceptio non adimpleti contractus**, pois o contratado só pode interromper a execução do contrato após permanecer noventa dias sem receber a **remuneração** (art. 78, XV, da Lei n. **8.666/93**); c) possibilidade de **intervenção na concessionária** para garantia de continuidade na prestação do serviço (art. 32 da Lei n. 8.987/95); d) **ocupação provisória** de bens, pessoal e serviços para garantia de serviços essenciais (art. 58, V, da Lei n. 8.666/93); e) **reversão de bens** do concessionário indispensáveis à continuidade do serviço (art. 36 da Lei n. 8.987/95); f) **encampação** do contrato de concessão mediante a retomada do serviço pelo concedente (art. 37 da Lei n. 8.987/95); g) **suplência, delegação** e **substituição** de servidores públicos (Lei n. 8.112/90).

> Entendendo que o art. 37, VII, da CF, exige LEI ORDINÁRIA e que a norma constitucional não se aplica a EMPREGADOS PÚBLICOS, a prova de Procurador Municipal de Vitória/ES/2007 elaborada pelo Cespe considerou ERRADA a afirmação: "O direito de greve do empregado público deve ser exercido nos termos e limites de lei complementar".
>
> Entendendo que a restrição à exceção do contrato não cumprido também decorre da supremacia do interesse público, a prova do Ministério Público/GO/2008 considerou CORRETA a afirmação: "O regramento que inibe a oposição pelo particular, em face da Administração, da 'exceção de contrato não cumprido' está afeto aos princípios da supremacia do interesse público e continuidade do serviço público".

CUIDADO: A Constituição Federal proíbe greve e sindicalização de militares (**art. 142, IV, da CF**).

Por fim, conclui-se que a continuidade do serviço constitui uma derivação do **princípio da obrigatoriedade da função administrativa**, que impõe ao Estado o dever inescusável de prover o desempenho de todas as tarefas próprias da Administração Pública.

A prova da AGU elaborada pelo Cespe considerou CORRETA a afirmação: "O princípio da obrigatoriedade do desempenho da atividade pública importa o princípio da continuidade do serviço público".

2.7.11 Princípio da descentralização ou especialidade

Constituem princípios fundamentais da organização administrativa: I – Planejamento; II – Coordenação; III – Descentralização; IV – Delegação de Competência; V – Controle (art. 6º do Decreto-lei n. 200/67).

O princípio da descentralização ou especialidade recomenda que, sempre que possível, as funções administrativas devem ser desempenhadas por **pessoas jurídicas autônomas**, criadas por lei especificamente para tal finalidade. É o caso das autarquias, fundações públicas, empresas públicas e sociedades de economia mista (art. 37, XIX, da CF).

2.7.12 Princípio da presunção de legitimidade

Como são praticados exclusivamente com a finalidade de aplicação da lei, os atos administrativos beneficiam-se da legitimação democrática conferida pelo processo legislativo. Assim, os atos administrativos são protegidos por uma presunção relativa (*juris tantum*) de que foram praticados em conformidade com o ordenamento jurídico. Por isso, até prova em contrário, os atos administrativos são considerados válidos para o Direito, **cabendo ao particular o ônus de provar** eventual **ilegalidade** na sua **prática**. Em razão dessa presunção, mesmo que o ato administrativo tenha vício de ilegalidade (ato nulo), fica garantida sua produçao de efeitos, até o momento de sua retirada por meio da invalidação.

A prova do Ministério Público do TCU/Cespe considerou CORRETA a afirmação: "O princípio da presunção de legitimidade ou de legalidade, que tem aplicação no campo probatório, impõe ao particular provar o vício do ato administrativo".

2.7.13 Princípio da isonomia

O princípio da isonomia é preceito fundamental do ordenamento jurídico que impõe ao legislador e à Administração Pública o dever de dispensar tratamento igual a administrados que se encontram em situação equivalente. Exige, desse modo, uma igualdade **na lei** e **perante a lei**. Atos administrativos e leis não podem desatender a esse imperativo de tratamento uniforme.

Seu fundamento constitucional é o art. 5º, *caput*, da Constituição Federal: "Todos são iguais perante a lei, sem distinção de qualquer natureza, garantindo-se aos brasileiros e aos estrangeiros residentes no País a inviolabilidade do direito à vida, à liberdade, à igualdade, à segurança e à propriedade".

O princípio da isonomia é o fundamento valorativo de diversos institutos administrativos, como o **concurso público** e o **dever de licitar**.

> A prova de Auditor-Fiscal do TCU feita pela Esaf considerou CORRETA a afirmação: "A exigência constitucional de provimento por concurso público dos cargos efetivos tem seu fundamento doutrinário básico no princípio da isonomia".

Entretanto, o dever de atendimento à isonomia não exige um tratamento sempre idêntico a todos os particulares. Pelo contrário. Há diversas situações práticas em que o princípio da isonomia recomenda uma diferenciação no conteúdo das providências administrativas conforme a peculiar condição de cada administrado. É o que se extrai da famosa máxima aristotélica segundo a qual respeitar a igualdade é "tratar **igualmente os iguais** e **desigualmente os desiguais** na medida de suas desigualdades".

Tratar igualmente os iguais é simples. Mas tratar desigualmente os desiguais exige um esforço de compreensão e avaliação para identificar a dessemelhança e ajustar a correta proporção do tratamento a eles devido. Nisso reside o fundamento de legitimidade das **vagas reservadas a portadores de deficiência** em concursos públicos, **pontuação especial no vestibular** para alunos egressos de escola pública, tempo menor de **aposentadoria para mulheres**, prioridade nos processos envolvendo **interesse de idosos**, **cotas** nas universidades públicas em favor de **afrodescendentes** etc.

Em termos práticos, surge o problema de avaliar quando as diferenciações estabelecidas pela lei e pelo ato administrativo são admitidas e quando são repelidas pelo princípio da isonomia.

Celso Antônio Bandeira de Mello, no estudo que é referência na análise do tema denominado *Conteúdo jurídico do princípio da igualdade*, coloca a questão nos seguintes termos: "quando é vedado à lei estabelecer discriminações? Ou seja: quais os limites que adversam este exercício normal, inerente à função legal de discriminar?"[42-43].

---

42. Atenção: o autor usa os termos "discriminar" e "discriminação" no sentido neutro de desigualar, e não significando tratamento preconceituoso, ilegal.
43. *Conteúdo jurídico do princípio da igualdade*, p. 13.

Basicamente o autor ensina que não haverá descumprimento da isonomia quando existir **correlação lógica entre o critério de discrímen e a discriminação legal** decidida em função dele[44].

Assim, a chave para investigar a compatibilidade de um tratamento desigual, diante do princípio da isonomia, está na verificação de que o **fator de discriminação** (idade, sexo, tempo de serviço, período de experiência, nível de escolaridade) é **coerente** com a **diferenciação realizada** e com os **princípios fundamentais** protegidos pelo ordenamento. Em outras palavras, deve haver **justa razão** explicando a distinção perpetrada.

Resumindo: não caracterizam violação à isonomia as diferenciações realizadas pela lei e pela Administração Pública quando houver coerência entre a distinção e o tratamento diferenciado decorrente.

Interessante frisar que não adianta analisar somente o fator de discriminação isoladamente porque a discriminação nele pautada pode ou não ser atentatória à isonomia dependendo das características da situação concreta.

A título de exemplo, se o edital para concurso de delegado de polícia fixar a necessidade de aprovação em exame de condicionamento físico, a exigência será constitucional porque pertinente com o exercício do cargo. Mas, se o mesmo exame for exigido no concurso para juiz de direito, haverá inconstitucionalidade por falta de correlação lógica com a atuação de um magistrado.

Nenhum fator de diferenciação permite, de per si, concluir pela inconstitucionalidade da discriminação perpetrada.

Se um concurso público realizado para escolher o bailarino que interpretará Zumbi dos Palmares convocar somente candidatos negros, não haverá inconstitucionalidade mesmo sendo a raça fator determinante da discriminação.

Pela mesma razão, nada impede que um concurso para a Guarda Municipal Feminina proíba a participação de homens. Não há violação da isonomia diante da pertinência que a diferenciação revela nesse caso **concreto**.

> A prova de Analista do Tesouro elaborada pela Esaf considerou ERRADA a afirmação: "Macula o princípio da isonomia a exigência, em edital de concurso público, da altura mínima do candidato, para provimento de cargo público inerente à carreira de policial".

É por isso que o fator de discriminação deve ser analisado à luz da finalidade que justifica o tratamento desigual.

Como se vê, as exigências para participação em concurso público são território fértil para debates sobre o princípio da igualdade. Qualquer pré-requisito constante do edital estabelece inevitavelmente uma diferenciação entre os que preenchem e os que não preenchem a condição exigida. Essa seletividade inerente aos editais desencadeia uma viva discussão jurisprudencial envolvendo o tema

44. *Conteúdo jurídico do princípio da igualdade*, p. 37.

dos concursos públicos em geral e, especialmente, o princípio da isonomia. Merecem destaque decisões sumuladas abaixo:

1) **Súmula 683 do STF**: o limite de idade para a inscrição em concurso público só se legitima em face do art. 7º, XXX, da Constituição, quando possa ser justificado pela natureza das atribuições do **cargo a ser preenchido**.

> Considerando necessária a existência de lei para determinar idade mínima ou máxima para inscrição e concurso, a prova da OAB Nacional 2008.2 elaborada pelo Cespe considerou CORRETA a afirmação: "Ato administrativo não pode restringir, em razão da idade do candidato, inscrição em concurso para cargo público".

2) **Súmula 684 do STF**: é inconstitucional o veto não motivado à participação de candidato a concurso.

3) **Súmula 686 do STF**: só por lei se pode sujeitar a exame psicotécnico a **habilitação de candidato a cargo público**.

> A prova da AGU/2006 elaborada pelo Cespe considerou CORRETA a afirmação: "A exigência de exame psicotécnico para habilitação de candidato a cargo público somente pode ser levada a efeito caso haja lei que assim determine".

4) **PCA 347 do CNJ**: em relação a concurso para magistratura, não é razoável a imposição de idade máxima para inscrição no certame, pois a atividade desenvolvida por um magistrado é meramente intelectual, não havendo falar em necessidade de força física para o seu exercício.

2.7.14 Princípio da hierarquia

Estabelece as relações de **coordenação** e **subordinação** entre órgãos da Administração Pública Direta.

A hierarquia é princípio imprescindível para a organização administrativa. De acordo com Maria Sylvia Zanella Di Pietro, "a subordinação hierárquica só existe **relativamente às funções administrativas**, não em relação às legislativas e judiciais"[45]. Segundo a autora, dessa subordinação **decorrem prerrogativas** para a Administração, como: a) **rever atos** dos subordinados; b) **delegar** e **avocar** competências; c) **punir** os subordinados.

2.7.15 Outros princípios

De acordo com a doutrina de Diogo de Figueiredo Moreira Neto[46], o Direito Administrativo brasileiro é regido também pelos seguintes princípios:

a) republicano (art. 1º, *caput*, da CF): reforça a ideia da Administração como simples gestora, e não titular, dos interesses públicos, assim considerados aqueles

45. *Direito administrativo*, p. 70.

46. *Curso de direito administrativo*, p. 77. A síntese conceitual dos princípios inseridos nesse item foi diretamente extraída da referida obra do eminente professor Diogo.

que transcendem os interesses individuais e coletivos. O princípio republicano impõe também a necessidade de alternância entre as pessoas que exercem funções políticas dentro do Estado;

b) democrático (art. 1º, *caput*, da CF): as decisões tomadas pelo Poder Público devem sempre estar legitimadas pelo consentimento popular, considerando a vontade política primária;

c) da dignidade da pessoa humana (art. 1º, III, da CF): afirma o postulado da supremacia do homem sobre tudo aquilo por ele criado e enfatiza a obrigatoriedade de observância, nas atividades da Administração Pública, dos direitos fundamentais;

d) da realidade: os atos praticados pela Administração Pública devem ter sujeito, motivo, objeto e resultado reais;

e) da responsividade: a Administração deve reagir adequadamente às demandas da sociedade;

f) da sindicabilidade: todas as lesões ou ameaças a direito, no exercício da função administrativa, estão sujeitas a algum mecanismo de controle;

g) da sancionabilidade: o Direito Administrativo reforça o cumprimento de comandos jurídicos por meio da previsão de sanções para encorajar ou desencorajar determinadas condutas, utilizando sanções premiais (benefícios) ou sanções aflitivas (punitivas) em resposta à violação das normas;

h) da ponderação: é o método para solução de conflitos entre princípios administrativos por meio de um processo de harmonização entre os respectivos conteúdos valorativos;

i) da subsidiariedade: prescreve o escalonamento de atribuições entre os indivíduos e órgãos político-sociais. Em princípio, cabe aos indivíduos decidir e agir na defesa de seus interesses pessoais, restando ao Estado a proteção precípua dos interesses coletivos;

j) da consensualidade: favorece a utilização da conciliação, mediação e arbitragem como meios alternativos de tomada de decisão na esfera administrativa;

k) monocrático: fundamenta as decisões unipessoais da Administração, mais apropriadas, devido à sua rapidez, para soluções *in concreto*. As decisões monocráticas são maioria no Direito Administrativo brasileiro;

l) do colegiado: é o fundamento das decisões tomadas por órgãos coletivos da Administração Pública, como os tribunais de impostos e taxas;

m) da coerência: impõe ao poder central o dever de harmonizar divergências entre órgãos de uma mesma pessoa administrativa quanto ao modo de interpretar ou aplicar disposições normativas a casos similares.

2.8 PRINCÍPIOS DE MEIO E PRINCÍPIOS FINALÍSTICOS

Após concluir a análise de todos os princípios do Direito Administrativo, pode-se verificar que alguns operam como **controles de meio** manifestando mais acentuada preocupação ritualística e **formal**; outros exercem verdadeiros **controles de fins** voltando sua ação ao conteúdo das decisões adotadas. Diante da importância que essa distinção tem adquirido em alguns concursos recentes, convém agrupar os princípios segundo sua forma de controle da atividade administrativa.

Quadro sobre controles de meios e de fins	
Controle de meios (Princípios ritualísticos)	Controle de fins (Princípios finalísticos)
Legalidade	Impessoalidade
Publicidade	Moralidade
Participação	Eficiência
Duração razoável	Devido processo material
Devido processo formal	Razoabilidade
Ampla defesa	Proporcionalidade
Contraditório	Finalidade
Autotutela	Isonomia
Obrigatória motivação	Boa administração
Segurança jurídica	
Obrigatoriedade	
Continuidade do serviço	
Hierarquia	
Responsabilidade	
Especialidade	
Presunção de legitimidade	
Supremacia do interesse público	
Indisponibilidade do interesse público	

2.9 ART. 2º, PARÁGRAFO ÚNICO, DA LEI N. 9.784/99

Por fim, é preciso destacar um dos mais frequentes tipos de indagação que envolvem o tema dos princípios administrativos. Como se sabe, o art. 2º, parágrafo único, da Lei n. 9.784/99 define diversos princípios do Direito Administrativo em seus treze incisos, sem revelar diretamente a qual princípio cada definição corresponde.

Apresentamos, a seguir, a tabela completa de correspondência principiológica do art. 2º, parágrafo único, da Lei do Processo Administrativo.

Quadro de correspondência do art. 2º, parágrafo único, da Lei n. 9.784/99		
Inciso	Teor	Princípio correlato
I	Atuação conforme a lei e o Direito	Legalidade
II	Atendimento a fins de interesse geral, vedada a renúncia total ou parcial de poderes ou competências	Finalidade

III	Objetividade no atendimento do interesse público, vedada a promoção pessoal de agentes ou autoridades	Impessoalidade
IV	Atuação segundo padrões éticos de probidade, decoro e boa-fé	Moralidade
V	Divulgação oficial dos atos administrativos, ressalvadas as hipóteses de sigilo previstas na Constituição	Publicidade
VI	Adequação entre meios e fins, vedada a imposição de obrigações, restrições e sanções em medida superior àquelas estritamente necessárias ao atendimento do interesse público	Proporcionalidade
VII	Indicação dos pressupostos de fato e de direito que determinarem a decisão	Obrigatória motivação
VIII	Observância das formalidades essenciais à garantia dos direitos dos administrados	Segurança jurídica
IX	Adoção de formas simples, suficientes para propiciar adequado grau de certeza, segurança e respeito aos direitos dos administrados	Informalismo ou formalismo moderado
X	Garantia dos direitos à comunicação, à apresentação de alegações finais, à produção de provas e à interposição de recursos, nos processos de que possam resultar sanções e nas situações de litígio	Contraditório e ampla defesa
XI	Proibição de cobrança de despesas processuais, ressalvadas as previstas em lei	Gratuidade dos processos administrativos
XII	Impulsão, de ofício, do processo administrativo, sem prejuízo da atuação dos interessados	Impulsão oficial ou oficialidade
XIII	Interpretação da norma administrativa da forma que melhor garanta o atendimento do fim público a que se dirige, vedada aplicação retroativa de nova interpretação	Segurança jurídica

2.10 JURISPRUDÊNCIA

2.10.1 STJ

Publicidade acerca de passaportes diplomáticos: O Ministério das Relações Exteriores não pode sonegar o nome de quem recebe passaporte diplomático emitido na forma do § 3º do art. 6º do Anexo do Decreto n. 5.978/2006. O nome de quem recebe um passaporte diplomático emitido por interesse público não pode ficar escondido do público. O interesse público pertence à esfera pública, e o que se faz em seu nome está sujeito ao controle social, não podendo o ato discricionário de emissão daquele documento ficar restrito ao domínio do círculo do poder. A noção de interesse público não pode ser linearmente confundida com "razões de Estado" e, no caso, é incompatível com o segredo da informação. Noutra moldura, até é possível que o interesse público justifique o sigilo, não aqui (MS 16.179-DF, rel. Min. Ari Pargendler, j. 9-4-2014).

2.10.2 STF

Inserção de Estado-membro em cadastro de inadimplência: ampla defesa e contraditório. O Plenário, por maioria, deu provimento a agravo regimental em ação cível originária para determinar à União que se abstenha de proceder à inscrição do Estado de Mato Grosso no Sistema Integrado de Administração Financeira (SIAFI), no Serviço Auxiliar de Informações para Transferências Voluntárias (CADIN) e no Cadastro Informativo de Créditos não Quitados do Setor Público Federal (CAUC), até o exaurimento da Prestação de Contas Especial, observados os princípios constitucionais da ampla defesa e do contraditório. [...] De início, considerou que, ainda que a conduta a gerar inadimplência tenha sido causada pela gestão anterior, a nova administração estadual assume todas as obrigações decorrentes da situação financeira do ente federado. Entretanto, o cadastro restritivo não deve ser feito de forma unilateral e sem acesso à ampla defesa e ao contraditório. Isso porque, muitas vezes, a inscrição pode ter, além de motivação meramente financeira, razões políticas. Assim, ao poder central é possível suspender imediatamente o repasse de verbas ou a execução de convênios, mas o cadastro deve ser feito nos termos da lei, ou seja, mediante a verificação da veracidade das irregularidades apontadas. Isso porque o cadastro tem consequências, como a impossibilidade da repartição constitucional de verbas das receitas voluntárias. Lembrou, ainda, que a tomada de contas especial, procedimento por meio do qual se alcança o reconhecimento definitivo das irregularidades, com a devida observância do contraditório e da ampla defesa, tem suas regras definidas em lei. Ao final, é possível tornar o dano ao erário dívida líquida e certa, e a decisão tem eficácia de título executivo extrajudicial (ACO 2892 AgR/DF, rel. orig. Min. Edson Fachin, red. p/ o ac. Min. Alexandre de Moraes, j. 11-9-2019. ACO-2892 – *Informativo 951*, Plenário).

Ente federativo: princípio da intranscendência e inscrição em cadastros federais de inadimplência: é necessária a observância da garantia do devido processo legal, em especial, do contraditório e da ampla defesa, relativamente à inscrição de entes públicos em cadastros federais de inadimplência (ACO 732/AP, rel. Min. Marco Aurélio, 10-5-2016 – *Informativo* 825, 1ª Turma).

Verba indenizatória e publicidade: Em conclusão de julgamento, o Plenário concedeu a ordem em mandado de segurança impetrado por veículo da imprensa contra ato do Senado Federal, que indeferira pedido de acesso aos comprovantes apresentados pelos senadores para recebimento de verba indenizatória, no período de setembro a dezembro de 2008 – v. *Informativo* 770. (...) A Constituição ressalvaria a regra da publicidade apenas em relação às informações cujo sigilo fosse imprescindível à segurança da sociedade e do Estado (CF, art. 5º, XXXIII, parte final) e às que fossem protegidas pela inviolabilidade conferida à intimidade, vida privada, honra e imagem das pessoas (CF, art. 5º, X, c/c art. 37, § 3º, II). Por se tratar de situações excepcionais, o ônus argumentativo de demonstrar a caracterização de uma dessas circunstâncias incumbiria a quem pretendesse afastar a regra geral da publicidade. (...) Sublinhou que o caráter estratégico das atividades desenvolvidas por determinado órgão não tornaria automaticamente secretas todas as informações a ele referentes. No caso do Senado Federal, as atividades ordinárias de seus membros estariam muito longe de exigir um caráter predominantemente sigiloso. Em se tratando de órgão de representação popular por excelência, presumir-se-ia justamente o contrário. Nesse domínio, eventual necessidade de sigilo não poderia ser invocada de forma genérica, devendo ser concretamente justificada (MS 28.178/DF, rel. Min. Roberto Barroso, 4-3-2015 – *Informativo* 776, Plenário).

Servidor público e divulgação de vencimentos: É legítima a publicação, inclusive em sítio eletrônico mantido pela Administração Pública, dos nomes de seus servidores e do valor dos correspondentes vencimentos e vantagens pecuniárias (ARE 652.777/SP, rel. Min. Teori Zavascki, 23-4-2015 – *Informativo* 782, Plenário, Repercussão Geral).

Administração Pública e princípio da intranscendência: O princípio da intranscendência subjetiva das sanções, consagrado pelo STF, inibe a aplicação de severas sanções às administrações por ato de gestão anterior à assunção dos deveres públicos (AC 2.614/PE, rel. Min. Luiz Fux, 23-6-2015; AC 781/PI, rel. Min. Luiz Fux, 23-6-2015; AC 2.946/PI, rel. Min. Luiz Fux, 23-6-2015 – *Informativo* 791, 1ª Turma).

Servidor público: divulgação de vencimentos e publicidade administrativa: (...) Destacou-se, no ponto, que a gestão da coisa pública deveria ser realizada com o máximo de transparência, excetuadas hipóteses constitucionalmente previstas, cujo sigilo fosse imprescindível à segurança do Estado e da sociedade (CF, art. 5º, XXXIII). Frisou-se que todos teriam direito a receber, dos órgãos públicos, informações de interesse particular ou geral, tendo em vista a efetivação da cidadania, no que lhes competiria acompanhar criticamente os atos de poder. Aduziu-se que a divulgação dos vencimentos brutos de servidores, a ser realizada oficialmente, constituiria interesse coletivo, sem implicar violação à intimidade e à segurança deles, uma vez que esses dados diriam respeito a agentes públicos em exercício nessa qualidade. Afirmou-se, ademais, que não seria permitida a divulgação do endereço residencial, CPF e RG de cada um, mas apenas de seu nome e matrícula funcional. Destacou-se, por fim, que o modo público de gerir a máquina estatal seria elemento conceitual da República (SS 3.902, Segundo AgR/SP, rel. Min. Ayres Britto, 9-6-2011).

2.10.3 Repercussão Geral

É legítima a publicação, inclusive em sítio eletrônico mantido pela Administração Pública, dos nomes dos seus servidores e do valor dos correspondentes vencimentos e vantagens pecuniárias (ARE 652.777, 23-4-2015).

Não é condição para o cabimento da ação popular a demonstração de prejuízo material aos cofres públicos, dado que o art. 5º, inciso LXXIII, da Constituição Federal estabelece que qualquer cidadão é parte legítima para propor ação popular e impugnar, ainda que separadamente, ato lesivo ao patrimônio material, moral, cultural ou histórico do Estado ou de entidade de que ele participe (ARE 824.781, 28-8-2015).

A vedação ao nepotismo não exige a edição de lei formal para coibir a prática, dado que essa proibição decorre diretamente dos princípios contidos no art. 37, *caput*, da Constituição Federal (RE 579.951, 20-8-2008).

2.11 QUADRO SINÓTICO

PRINCÍPIOS

CONCEITO

Princípios são normas gerais que a doutrina identifica como condensadores dos valores fundamentais de um sistema.

FUNÇÃO SISTEMATIZADORA

O Direito Administrativo brasileiro não é codificado. Por isso, as funções sistematizadora e unificadora de leis, em outros ramos desempenhadas por códigos, no Direito Administrativo cabem aos princípios.

DUPLA FUNCIONALIDADE

a) função hermenêutica: o aplicador do Direito pode utilizar os princípios como ferramenta de esclarecimento sobre o conteúdo do dispositivo analisado;

b) função integrativa: além de facilitar a interpretação de normas, o princípio atende também à finalidade de suprir lacunas, em caso de ausência de expresso regramento sobre determinada matéria.

REGIME JURÍDICO-ADMINISTRATIVO

É o conjunto formado por todos os princípios e regras pertencentes ao Direito Administrativo, mas atenção: a expressão "regime jurídico da Administração" designa os regimes de direito público e de direito privado aplicáveis à Administração.

SUPRAPRINCÍPIOS DO DIREITO ADMINISTRATIVO

São os dois princípios centrais dos quais derivam todos os demais princípios e regras do Direito Administrativo:

1. Supremacia do interesse público sobre o privado: os interesses da coletividade são mais importantes que os interesses individuais, razão pela qual a Administração, como defensora dos interesses públicos, recebe da lei poderes especiais não extensivos aos particulares;	**2.** Princípio da indisponibilidade do interesse público: enuncia que os agentes públicos não são donos dos interesses por eles defendidos. Assim, no exercício da função administrativa, os agentes públicos estão obrigados a atuar do modo determinado pela legislação e não de acordo com sua vontade.

PRINCÍPIOS CONSTITUCIONAIS EXPLÍCITOS OU EXPRESSOS DO DIREITO ADMINISTRATIVO

a) Art. 37, *caput*, CF – "A administração pública direta e indireta de qualquer dos Poderes da União, dos Estados, do Distrito Federal e dos Municípios obedecerá aos princípios de legalidade, impessoalidade, moralidade, publicidade e eficiência". "LIMPE":

1. LEGALIDADE – a Administração Pública só pode praticar condutas autorizadas em lei. Deste princípio derivam: finalidade, razoabilidade, isonomia e proporcionalidade.

> **DICA:** o princípio da legalidade é o mais importante princípio específico do Direito Administrativo.
> Dele derivam vários outros, tais como: finalidade, razoabilidade, isonomia e proporcionalidade.

Tríplice fundamento constitucional do princípio da legalidade:

- Art. 37, *caput*, CF: "A administração pública direta e indireta de qualquer dos Poderes da União, dos Estados, do Distrito Federal e dos Municípios obedecerá aos princípios de legalidade, impessoalidade, moralidade, publicidade e eficiência".
- Art. 5º, II, CF: "Ninguém será obrigado a fazer ou deixar de fazer alguma coisa senão em virtude de lei".
- Art. 84, IV, CF: "Compete privativamente ao Presidente da República sancionar, promulgar e fazer publicar as leis, bem como expedir decretos e regulamentos para sua fiel execução".

LEGALIDADE EM SENTIDO POSITIVO	LEGALIDADE EM SENTIDO NEGATIVO
O princípio da reserva legal, ou legalidade em sentido positivo, preceitua que os atos administrativos só podem ser praticados mediante autorização legal, disciplinando temas anteriormente regulados pelo legislador.	O princípio da primazia da lei, ou legalidade em sentido negativo, enuncia que os atos administrativos não podem contrariar a lei.

BLOCO DA LEGALIDADE

Além de cumprir leis ordinárias e leis complementares (lei em sentido estrito), a Administração está obrigada a respeitar o denominado bloco da legalidade. Significa dizer que as regras vinculantes da atividade administrativa emanam de outros veículos normativos, a saber:

a) Constituição Federal, incluindo emendas constitucionais;

b) Constituições Estaduais e Leis Orgânicas;

c) medidas provisórias;

d) tratados e convenções internacionais;

e) costumes;

f) atos administrativos normativos, como decretos e regimentos internos;

g) decretos legislativos e resoluções (art. 59 da CF);

h) princípios gerais do direito.

DICA: o princípio da juridicidade amplia o conteúdo da legalidade, fazendo com que a Administração, além de cumprir as leis em sentido estrito, respeite ainda o chamado bloco da legalidade.

CRITÉRIO DE DIFERENCIAÇÃO	LEGALIDADE PRIVADA	LEGALIDADE PÚBLICA
DESTINATÁRIO	Particulares	Agentes Públicos
FUNDAMENTO	Autonomia da vontade	Subordinação
SIGNIFICADO	Podem fazer tudo o que a lei não proíbe	Só podem fazer o que a lei autoriza
SILÊNCIO LEGISLATIVO	Equivale a permissão	Equivale a proibição
SENTIDO DA NORMA ESPECÍFICA	Normas permissivas excepcionam proibições gerais ou reforçam liberdades.	Normas proibitivas excepcionam permissões gerais ou reforçam vedações.
NORMA GERAL IMPLÍCITA	Permissiva	Proibitiva

2. IMPESSOALIDADE – impõe o dever de imparcialidade na defesa do interesse público, impedindo perseguições e privilégios indevidamente dispensados a particulares no exercício da função administrativa.

SUBPRINCÍPIO DA VEDAÇÃO DA PROMOÇÃO PESSOAL

Desdobramento fundamental do princípio da impessoalidade é a vedação da promoção pessoal de agentes ou autoridades, conforme prescreve o art. 37, § 1º, da Constituição Federal: "A publicidade dos atos, programas, obras, serviços e campanhas dos órgãos públicos deverá ter caráter educativo, informativo ou de orientação social, dela não podendo constar nomes, símbolos ou imagens que caracterizem promoção pessoal de autoridades ou servidores públicos".

DICA: O art. 37, § 1º, da Constituição Federal ("a publicidade dos atos, programas, obras, serviços e campanhas dos órgãos públicos deverá ter caráter educativo, informativo e de orientação social [...]") é uma regra de impessoalidade. A palavra "publicidade" está empregada no sentido de propaganda, não induzindo nenhuma relação com o princípio da publicidade.

3. MORALIDADE – exige respeito aos padrões éticos, de boa-fé, decoro, lealdade, honestidade e probidade, incorporados pela prática diária ao conceito de boa administração.

BOA-FÉ OBJETIVA	BOA-FÉ SUBJETIVA
Manifesta-se externamente por meio da investigação do comportamento do agente, sendo irrelevante sua intenção. Fala-se que o agente atuou "segundo a boa-fé", tendo como noção contraposta a "ausência de boa-fé", e não a má-fé.	Consiste na investigação sobre vontade e intenção do indivíduo, especialmente para apurar o conhecimento ou o desconhecimento da ilicitude da conduta praticada. Fala-se que o agente atuou "de boa-fé", tendo como noção contraposta a "má-fé".

DICA: é certo que a legislação administrativa prestigia a boa-fé objetiva manifestada pelas ações externas do agente público e dos particulares. Para o Direito Administrativo interessa a atitude, não a intenção.

PRINCIPAIS INSTRUMENTOS PARA A DEFESA DA MORALIDADE

Ação Popular
Ação Civil Pública de Improbidade Administrativa
Controle externo exercido pelos Tribunais de Contas
Comissões Parlamentares de Inquérito (CPI)

4. PUBLICIDADE – dever de divulgação oficial dos atos administrativos, para que seu conteúdo produza efeitos e seja exigível, com o consequente controle de legalidade do comportamento (ligado ao subprincípio da transparência).

SUBPRINCÍPIOS DA PUBLICIDADE

1. Princípio da transparência: abriga o dever de prestar informações de interesse dos cidadãos e de não praticar condutas sigilosas.	2. Princípio da divulgação oficial: exige a publicação do conteúdo dos atos praticados atentando-se para o meio de publicidade definido pelo ordenamento ou consagrado pela prática administrativa.

FORMAS DE PUBLICIDADE

Atos individuais: a publicidade é garantida pela simples comunicação do interessado. Exemplo: autorização para o servidor sair mais cedo.	Atos gerais: a publicidade depende de publicação no *Diário Oficial*. Exemplo: edital convocatório para concurso público.	Atos individuais de efeitos coletivos, que são aqueles do interesse imediato de um indivíduo, mas com repercussão para um grupo de pessoas: também exigem publicação no *Diário Oficial*. Exemplo: deferimento de férias de servidor (implica a redistribuição de tarefas a todos na repartição).

DICA: o STF julgou que não se considera atendida a obrigação de publicidade com a simples divulgação do ato administrativo no programa A Voz do Brasil.

EXCEÇÕES À PUBLICIDADE

O próprio texto constitucional definiu três exceções ao princípio da publicidade, autorizando o sigilo nos casos de risco para:

a) a segurança do Estado (art. 5º, XXXIII, da CF). Exemplo: informações militares;

b) a segurança da sociedade (art. 5º, XXXIII, da CF). Exemplo: sigilo das informações sobre o interior de usina nuclear para evitar atentados terroristas;

c) a intimidade dos envolvidos (art. 5º, X, da CF). Exemplo: processos administrativos disciplinares.

5. EFICIÊNCIA – tem como valores a economicidade, a redução de desperdícios, a qualidade, a rapidez, a produtividade e o rendimento funcional.

EFICIÊNCIA × EFICÁCIA × EFETIVIDADE

Segundo a lição de José dos Santos Carvalho Filho, eficiência, eficácia e efetividade são conceitos que não se confundem. A eficiência seria o modo pelo qual se exerce a função administrativa. A eficácia diz respeito aos meios e instrumentos empregados pelo agente. E a efetividade é voltada para os resultados de sua atuação.

DICA: o princípio da eficiência (acrescentado ao *caput* do art. 37 pela EC n. 19/98) foi um dos pilares da Reforma Administrativa que procurou implementar um modelo de administração pública gerencial voltado para um controle de resultados na atuação estatal.

6. PARTICIPAÇÃO – a lei deverá estimular as formas de participação do usuário na Administração Pública direta e indireta.

7. CELERIDADE PROCESSUAL – assegura a todos, nos âmbitos judicial e administrativo, a razoável duração do processo e os meios que garantam celeridade na sua tramitação.

8. DEVIDO PROCESSO LEGAL – a privação de liberdade ou de bens só poderá ser aplicada após o devido processo legal; em sentido formal (rito legal como condição de validade da decisão) e em sentido material ou substantivo (além do rito, a decisão final deve ser justa e proporcional).

DICA 1: a observância ao devido processo legal não é um fim em si mesmo, pois este princípio, além de conferir maior transparência e impessoalidade à gestão do interesse público, dá oportunidade para que os interessados participem do processo decisório garantindo contraditório e ampla defesa.

DICA 2: o risco de irreversível lesão ao patrimônio público e situações de emergência autorizam o chamado devido processo legal diferido no tempo (art. 45, Lei n. 9.784/99), ou seja, desde que motivadamente, a Administração pode adotar providências acauteladoras sem a prévia manifestação do interessado.

9. CONTRADITÓRIO – decisões administrativas devem ser tomadas após manifestação dos interessados; e

10. AMPLA DEFESA – assegura aos litigantes, seja em processo judicial ou administrativo, a utilização dos meios de prova, recursos e instrumentos necessários para a defesa de seus interesses.

PRINCÍPIOS INFRACONSTITUCIONAIS DO DIREITO ADMINISTRATIVO

1. AUTOTUTELA – como consequência da independência funcional da Administração Pública (art. 2º, CF), a autotutela consagra o controle que a Administração exerce sobre seus próprios atos, de modo que não precisa recorrer ao judiciário para anular atos ilegais ou revogar atos inconvenientes que pratica.

2. OBRIGATÓRIA MOTIVAÇÃO – impõe à Administração Pública, como critério de validade, o dever de indicar por escrito os pressupostos de fato e de direito que determinaram a prática do ato (art. 2º, parágrafo único, VII, Lei n. 9.784/99). Lembrando que pode ser aplicado por simetria ao contexto dos atos administrativos o art. 489, § 1º, do Código de Processo Civil.

DICA 1: a motivação é dispensada quando for evidente; quando for inviável; e em se tratando de nomeação e exoneração de cargos comissionados.

DICA 2: a motivação deve ser explícita, clara e congruente, podendo consistir em declarações de concordância fundadas em pareceres anteriores, informações, decisões ou propostas, que serão parte integrante do ato.

DICA 3: teoria dos motivos determinantes: o motivo apresentado como fundamento da conduta vincula a validade do ato administrativo, de modo que, em se tratando de motivo falso ou inexistente, o ato se torna nulo.

DICA 4: a motivação integra o requisito "forma" do ato administrativo.

3. FINALIDADE – a Administração deve atender a fins de interesse geral, não sendo cabível renunciar a poderes ou competência sem autorização legal (art. 2º, parágrafo único, Lei n. 9.784/99).

DICA: teoria do desvio de finalidade (desvio de poder ou tredestinação ilícita): torna nulos os atos praticados tendo em vista fim diverso daquele previsto, explícita ou implicitamente na regra de competência.

4. RAZOABILIDADE – é uma exigência implícita na legalidade que impõe a obrigação aos agentes públicos de realizarem suas funções com equilíbrio, bom senso e coerência.
5. PROPORCIONALIDADE – é um aspecto da razoabilidade que visa a aferir a justa medida da reação administrativa, proibindo exageros no exercício da função.
6. RESPONSABILIDADE – estabelece para o Estado o dever de indenizar particulares por ações e omissões de agentes públicos que acarretam danos aos administrados.
7. SEGURANÇA JURÍDICA – garantia de estabilidade, ordem, paz social e previsibilidade das atuações estatais. Em sentido objetivo constitui um mecanismo de estabilização da ordem jurídica (certeza do direito), na medida em que limita a eficácia retroativa de leis e atos administrativos, impedindo que a modificação de comandos normativos prejudique o direito adquirido, o ato jurídico perfeito e a coisa julgada. **DICA:** o STF entende que a segurança jurídica é também princípio constitucional na posição de subprincípio do Estado de Direito.
8. BOA ADMINISTRAÇÃO – o princípio da boa administração impõe o dever de, diante das diversas opções de ação definidas pela lei para prática de atos discricionários, a Administração Pública adotar a melhor solução para a defesa do interesse público.
9. CONTINUIDADE DO SERVIÇO PÚBLICO e OBRIGATORIEDADE DA FUNÇÃO ADMINISTRATIVA – veda a interrupção na prestação dos serviços públicos.
10. ISONOMIA – é preceito fundamental do ordenamento jurídico que impõe ao legislador e à Administração Pública o dever de dispensar tratamento igual a administrados que se encontram em situação equivalente.

CONTROLE DE MEIOS E FINS

PRINCÍPIOS RITUALÍSTICOS (Controle de meios)	PRINCÍPIOS FINALÍSTICOS (Controle de fins)
Legalidade	Impessoalidade
Publicidade	Moralidade
Participação	Eficiência
Duração Razoável	Devido Processo Material
Devido Processo Formal	Razoabilidade
Ampla Defesa	Proporcionalidade
Contraditório	Finalidade
Autotutela	Isonomia
Obrigatória Motivação	Boa Administração
Segurança Jurídica	
Obrigatoriedade	
Continuidade do Serviço	
Hierarquia	
Responsabilidade	
Especialidade	
Presunção de Legitimidade	
Supremacia do Interesse Público	
Indisponibilidade do Interesse Público	

CORRESPONDÊNCIA PRINCIPIOLÓGICA DO ART. 2º, PARÁGRAFO ÚNICO, DA LEI DO PROCESSO ADMINISTRATIVO

INCISO	TEOR	PRINCÍPIO CORRELATO
I	Atuação conforme a lei e o Direito.	Legalidade
II	Atendimento a fins de interesse geral, vedada a renúncia total ou parcial de poderes ou competências.	Finalidade
III	Objetividade no atendimento do interesse público, vedada a promoção pessoal de agentes ou autoridades.	Impessoalidade
IV	Atuação segundo padrões éticos de probidade, decoro e boa-fé.	Moralidade

V	Divulgação oficial dos atos administrativos, ressalvadas as hipóteses de sigilo previstas na Constituição.	Publicidade
VI	Adequação entre meios e fins, vedada a imposição de obrigações, restrições e sanções em medida superior àquelas estritamente necessárias ao atendimento do interesse público.	Proporcionalidade
VII	Indicação dos pressupostos de fato e de direito que determinarem a decisão.	Obrigatória Motivação
VIII	Observância das formalidades essenciais à garantia dos direitos dos administrados.	Segurança Jurídica
IX	Adoção de formas simples, suficientes para propiciar adequado grau de certeza, segurança e respeito aos direitos dos administrados	Informalismo ou Formalismo Moderado
X	Garantia dos direitos à comunicação, à apresentação de alegações finais, à produção de provas e à interposição de recursos, nos processos de que possam resultar sanções e nas situações de litígio.	Contraditório e Ampla Defesa
XI	Proibição de cobrança de despesas processuais, ressalvadas as previstas em lei.	Gratuidade dos Processos Administrativos
XII	Impulsão, de ofício, do processo administrativo, sem prejuízo da atuação dos interessados.	Impulsão Oficial ou Oficialidade
XIII	Interpretação da norma administrativa da forma que melhor garanta o atendimento do fim público a que se dirige, vedada aplicação retroativa de nova interpretação.	Segurança Jurídica

2.12 QUESTÕES

1. (Administrador – 2019- IF-PA) O aplicativo WhatsApp, comprado por Mark Zuckerberg, fundador do Facebook, tem sido largamente utilizado nas organizações, como forma de comunicação mais ágil, se consolidando como forma poderosa de comunicação oficial, inclusive no Poder Judiciário, onde está sendo utilizado para realizar citações judiciais. Segundo a revista Exame, publicada esta semana, o IBGE constatou que 95% dos brasileiros que têm celular já utilizam o WhatsApp, inclusive para comunicar assuntos do trabalho. (Enunciado baseado na Revista Exame – Janeiro de 2019 – disponível em <https://exame.abril.com.br/negocios/como-suaempresa-pode-prevenir-o-mau-uso-do-whatsapp/>)

Sobre o processo de comunicação no WhatsApp nas empresas públicas, considere a hipótese abaixo:

Carlos captura um *print* tratando de questões internas e sigilosas, porém lícitas de seu setor, na instituição federal onde presta serviço, e envia para um cidadão que declaradamente é inimigo pessoal da autoridade máxima do órgão. Pode-se dizer que à luz dos princípios expressos no art. 37, da Constituição Federal, o ato de Carlos afronta:

A) a eficiência, somente;
B) a publicidade e a legalidade;
C) a moralidade e a transparência;
D) a probidade e a boa-fé;
E) a legalidade, a moralidade e a impessoalidade.

2. (Advogado – CRA-PR -2019 – Quadrix) Julgue o item a seguir acerca dos princípios da Administração Pública.

Os direitos fundamentais esvaziam o princípio da supremacia do interesse público sobre o particular na medida em que funcionam como limite contramajoritário.

( ) Certo
( ) Errado

3. (Advogado – CRA-PR -2019 – Quadrix) Julgue o item a seguir acerca dos princípios da Administração Pública.

O princípio da autotutela encerra verdadeiro poder-dever, impondo à Administração que, constatando irregularidade, tome a iniciativa de restaurar a observância da legalidade.

( ) Certo
( ) Errado

4. (Advogado – CRA-PR -2019 – Quadrix) Julgue o item a seguir acerca dos princípios da Administração Pública.

O princípio da proteção da confiança abrange inclusive o poder normativo da Administração, resguardando os administrados contra a ruptura repentina da disciplina vigente.

( ) Certo
( ) Errado

5. (Advogado – CRA-PR -2019 – Quadrix) Julgue o item a seguir acerca dos princípios da Administração Pública.

Em termos práticos, razoabilidade e proporcionalidade, no âmbito da Administração, são consideradas como institutos jurídicos sinônimos.

( ) Certo
( ) Errado

6. (Titular de Serviços de Notas e de Registros – TJ-PR – 2019 – NC-UFPR) "Moralidade, de um lado, é vocábulo que traz uma plurissignificação incontestável cuja causa se encontra no seu uso tanto

frequente quanto amplíssimo em incontáveis campos das ciências sociais e humanas, inclusive na ciência jurídica. A essa plurissignificação se soma uma multiplicidade de modelos que pretendem explicar a relação entre direito e moral" (MARRARA, 2012). Sobre o tema, assinale a alternativa correta.

A) A moral acaba por ser um subcampo do Direito, a partir do momento em que há a constitucionalização formal do princípio.

B) No Brasil, as hipóteses de improbidade administrativa estão tipificadas como *numerus clausus*, mas não os demais vícios de imoralidade.

C) A moralidade administrativa é um vocábulo de difícil concretização, mas já existem no ordenamento brasileiro mecanismos para a sua aplicação, como, por exemplo, a Súmula Vinculante 13 do STF, que trata do nepotismo.

D) Um ato administrativo não pode ser imoral se for legal.

E) O respeito à moralidade administrativa, atualmente, justifica a inversão do ônus da prova contra o acusado e em favor da persecução judicial das ações danosas ao interesse público, desde que autorizada pelo Poder Judiciário.

7. (Titular de Serviços de Notas e de Registros – TJ-PR – 2019 – NC-UFPR) "Não são poucas nem simples as interpretações dadas ao princípio da moralidade, insculpido na Constituição da República de 1988 como um princípio geral de direito administrativo. As dificuldades interpretativas que circundam o tema decorrem, primariamente, da abertura semântica dos vocábulos envolvidos na expressão e, ainda, da ausência de vínculos juspositivos evidentes entre o princípio geral e seus mecanismos de densificação" (MARRARA, 2012). Levando em consideração a posição do autor, assinale a alternativa correta.

A) Não é possível a concretização do princípio da moralidade no Brasil sem lei que o regulamente.

B) Apesar das dificuldades hermenêuticas, resta indiscutível a vinculação da moralidade administrativa com o dever de probidade dos agentes públicos e também dos particulares em colaboração ou parceria com o Estado.

C) Moralidade administrativa é um princípio expresso da Administração Pública na Constituição brasileira, ainda que não esteja previsto em outros diplomas legais infraconstitucionais que tratam da matéria.

D) Moralidade administrativa não é um conceito jurídico, e sim um valor prático, que varia conforme aspectos subjetivos do intérprete.

E) Moralidade administrativa é o princípio constitucional de maior hierarquia no sistema constitucional vigente.

8. (Analista Legislativo – 2019 – Vunesp) Assinale a alternativa que contempla um princípio constitucional implícito relacionado à Administração Pública.

A) Moralidade

B) Razoabilidade.

C) Publicidade.

D) Eficiência.

E) Impessoalidade.

9. (Advogado – 2019 – NC-UFPR) Três princípios constitucionais gerais aplicáveis à Administração Pública são:

A) publicidade, economia e moralidade;

B) moralidade, celeridade e legalidade;

C) impessoalidade, moralidade e publicidade;

D) licitação pública, eficiência e impessoalidade;

E) moralidade, legalidade e juridicidade.

10. (Advogado – 2019 – NC-UFPR) O processo administrativo é o meio regular pelo qual atua a Administração Pública, vinculada ao parâmetro de legalidade previsto no art. 37 da Constituição Federal. Sobre o tema, assinale a alternativa INCORRETA.

A) O procedimento administrativo é normalmente definido pela doutrina como uma série de atos administrativos praticados de modo coordenado para a realização dos fins estatais.

B) O princípio da oficialidade, ou impulso oficial, é um dos princípios norteadores do processo administrativo, e significa a possibilidade de instauração, andamento e conclusão do processo administrativo por parte da própria Administração, mesmo sem provocação do administrado.

C) O Poder Judiciário e o Poder Executivo, no desempenho de função administrativa, se sujeitam aos ditames das normas de procedimento administrativo.

D) Os procedimentos administrativos são, em regra, onerosos, salvo leis excludentes da cobrança dessas despesas.

E) O princípio da instrumentalidade das formas é aplicável ao procedimento administrativo.

GABARITO

1. E **/ 2.** ERRADO **/ 3.** CERTO **/ 4.** CERTO **/ 5.** ERRADO **/ 6.** C **/ 7.** B **/ 8.** B **/ 9.** C **/ 10.** D

Acesse mais questões também pelo link:
http://somos.in/MDA1153

3

ORGANIZAÇÃO ADMINISTRATIVA

Acesse também a videoaula pelo link:
http://somos.in/MDA1104

3.1 INTRODUÇÃO

Organização administrativa é o capítulo do Direito Administrativo que estuda a estrutura da Administração Pública, os órgãos e pessoas jurídicas que a compõem.

No âmbito federal, o tema é disciplinado pelo **Decreto-lei n. 200/67**, que "dispõe sobre a organização da Administração Pública Federal e estabelece diretrizes para a Reforma Administrativa".

Para cumprir suas competências constitucionais, a Administração dispõe de **duas técnicas diferentes**: a **desconcentração** e a **descentralização.**

A compreensão desses dois institutos é fundamental para analisar a organização interna da Administração Pública.

3.2 CONCENTRAÇÃO E DESCONCENTRAÇÃO

Concentração é a técnica de cumprimento de competências administrativas por meio de **órgãos públicos** despersonalizados e **sem divisões internas**. Trata-se de situação raríssima, pois pressupõe a ausência completa de distribuição de tarefas entre repartições públicas internas.

Na **desconcentração as atribuições são repartidas entre órgãos públicos** pertencentes a uma única pessoa jurídica, mantendo a **vinculação hierárquica**. Exemplos de desconcentração são os **Ministérios** da União, as **Secretarias** estaduais e municipais, as **delegacias** de polícia, os **postos de atendimento** da **Receita Federal**, as **Subprefeituras**, os **Tribunais** e as **Casas Legislativas.**

> A prova de Procurador do Trabalho considerou INCORRETA a assertiva: "A transferência de atribuições no âmbito da Administração Pública do centro para setores periféricos dentro da mesma pessoa jurídica elimina a vinculação hierárquica".
>
> A prova da OAB Nacional elaborada pelo Cespe considerou ERRADA a assertiva: "A Receita Federal tem natureza jurídica autárquica".

A diferença entre concentração e desconcentração é baseada na noção de órgão público. Órgão público é um **núcleo de competências** estatais sem personalidade jurídica própria.

> A prova de Delegado de Polícia/SP considerou CORRETA a assertiva: "Definem-se como 'centros de competência instituídos para o desempenho de funções estatais' os órgãos públicos".

No mesmo sentido, o art. 1º, § 2º, I, da Lei n. 9.784/99 conceitua órgão como a **unidade de atuação** integrante da estrutura da Administração direta e da estrutura da Administração indireta. Os órgãos públicos pertencem a pessoas jurídicas, mas não são pessoas jurídicas. São divisões internas, **partes de uma pessoa governamental**, daí receberem também o nome de **repartições públicas**. Não tendo personalidade própria, os órgãos não podem ser acionados judicialmente para responder por prejuízos causados por seus agentes. **Ação judicial** equivocadamente **dirigida contra órgão público deve ser extinta** sem julgamento de mérito por ilegitimidade de parte.

Cabe à pessoa jurídica a que o órgão pertence ser acionada judicialmente para reparação de danos. Assim, por exemplo, se prejuízo for causado pelo Ministério da Cultura, sendo órgão despersonalizado, a ação judicial deve ser intentada contra a União Federal, que é a pessoa jurídica a que o Ministério da Cultura **pertence**.

> A prova da Magistratura/SP considerou CORRETA a afirmação: "Um veículo oficial que fica à disposição do Presidente da Câmara Municipal causa dano a terceiro. Em ação de indenização movida por este, quem deverá figurar no polo passivo é o Município respectivo".

Nunca órgãos públicos podem figurar nos polos ativo ou passivo de ações sob o procedimento comum, como as ações indenizatórias. Se determinado órgão público, por conduta de seu agente, causar prejuízo a terceiros, deve ser acionada judicialmente a pessoa jurídica que o órgão **integra**.

> A prova de Escrivão da PC/AC de 2017 elaborada pelo Ibade considerou CORRETA a afirmação: "O órgão público é desprovido de personalidade jurídica. Assim, eventual prejuízo causado pela Assembleia Legislativa do Estado do Acre deve ser imputado ao Estado do Acre".

Porém, a doutrina e a jurisprudência reconhecem casos raros de **alguns órgãos públicos** dotados de **capacidade processual especial**, também chamada de capacidade **judiciária** ou **"personalidade judiciária"**. É o caso da Presidência da República e da Mesa do Senado. Essa capacidade processual especial restringe-se basicamente à possibilidade de tais órgãos realizarem a defesa de suas prerrogativas em juízos, especialmente em sede de **mandado de segurança** e ***habeas data***.

> A prova da OAB Nacional elaborada pelo Cespe considerou CORRETA a afirmação: "Alguns órgãos públicos têm capacidade processual já que são titulares de direitos subjetivos próprios a serem defendidos".

Nesse sentido, foi editada a Súmula 525 do STJ: "A Câmara de vereadores não possui personalidade jurídica, apenas personalidade judiciária, somente podendo demandar em juízo para defender os seus direitos institucionais".

A possibilidade de alguns órgãos públicos serem dotados de capacidade processual "especial", isto é, restrita a determinadas ações, como mandado de segurança e o *habeas data*, foi difundida no Brasil pela obra de Hely Lopes Meirelles.

Entretanto, inegável a constatação de que atualmente certos órgãos públicos brasileiros possuem **capacidade processual geral e irrestrita**, podendo atuar livremente em grande variedade de ações judiciais, como é o caso do **Ministério Público** e da **Defensoria Pública**.

O conjunto formado pela somatória de todos os órgãos públicos integrantes da estrutura de cada entidade federativa recebe o nome de **Administração Pública Direta ou Centralizada**. Assim, pertencem à Administração Direta, além das próprias entidades federativas, ou seja, **União, Estados, Distrito Federal, Territórios** e **Municípios**, também os **Ministérios, Secretarias, Delegacias, Tribunais, Casas Legislativas, Prefeituras, Ministério Público, Defensorias, Tribunais de Contas** etc.

Em 9 de maio de 2018 foi aprovada a **Súmula 615 do STJ**: "Não pode ocorrer ou permanecer a inscrição do município em cadastros restritivos fundada em irregularidades na gestão anterior quando, na gestão sucessora, são tomadas as providências cabíveis à reparação dos danos eventualmente cometidos".

3.2.1 Espécies de desconcentração

A doutrina classifica as desconcentrações em diversas espécies segundo o critério empregado para repartir as competências entre diversos órgãos públicos:

a) desconcentração territorial ou geográfica: é aquela em que as competências são divididas delimitando as regiões onde cada órgão pode atuar. A característica fundamental dessa espécie de desconcentração é que **cada órgão público detém as mesmas atribuições materiais** dos demais, variando somente o âmbito geográfico de sua atuação. Exemplos: Subprefeituras e Delegacias de Polícia;

b) desconcentração material ou temática: é a distribuição de competências mediante a **especialização de cada órgão em determinado assunto.** Exemplo: Ministérios da União;

c) desconcentração hierárquica ou funcional: utiliza como critério para repartição de competências a **relação de subordinação** entre os diversos órgãos. Exemplo: tribunais administrativos em relação aos órgãos de primeira instância.

3.3 CENTRALIZAÇÃO E DESCENTRALIZAÇÃO

Centralização é a técnica de cumprimento de competências administrativas por **uma única pessoa jurídica** governamental. É o que ocorre, por exemplo, com as atribuições exercidas diretamente pela União, Estados, Distrito Federal e Municípios.

Já na descentralização, as competências administrativas são distribuídas a **pessoas jurídicas autônomas**, criadas pelo Estado para tal finalidade. Exemplos: **autarquias, fundações públicas, empresas públicas e sociedades de economia mista.**

> A prova da Defensoria Pública/BA elaborada pelo Cespe considerou CORRETA a afirmação: "A descentralização pressupõe a criação de pessoas jurídicas diversas".

A noção fundamental que distingue centralização e descentralização é a de **entidade**. Nos termos do art. 1º, § 2º, II, da Lei n. 9.784/99, entidade é a unidade de atuação dotada de personalidade jurídica própria. Tendo personalidade autônoma, tais entidades **respondem judicialmente** pelos prejuízos causados por seus agentes públicos.

A descentralização, nos termos do art. 6º do Decreto-lei n. 200/67, tem **natureza jurídica de princípio fundamental** da organização administrativa.

O conjunto de pessoas jurídicas autônomas criadas pelo Estado recebe o nome de **Administração Pública Indireta ou Descentralizada.**

3.4 RELAÇÕES ENTRE OS DOIS FENÔMENOS

A diferença entre **concentração** e **desconcentração** leva em conta a **quantidade de órgãos públicos** encarregados do exercício das competências administrativas. Por outro lado, a distinção entre **centralização** e **descentralização** baseia-se no **número de pessoas jurídicas** autônomas competentes para desempenhar tarefas **públicas**.

> A prova de Procurador do Trabalho considerou INCORRETA a assertiva: "A ideia de Administração Pública direta e indireta equivale aos conceitos de Administração Pública concentrada e desconcentrada".

Como são duas diferenciações independentes, é possível combinar os institutos em **quatro formas distintas** de organização da estrutura administrativa:

a) centralização concentrada (unipessoalidade mono-orgânica): quando a competência é exercida por uma única pessoa jurídica sem divisões internas. Seria o caso, improvável na prática, de uma entidade federativa que desempenhasse diretamente todas as suas competências sem divisão em órgãos públicos;

b) centralização desconcentrada (unipessoalidade pluriorgânica): a atribuição administrativa é cometida a uma única pessoa jurídica dividida internamente em diversos órgãos públicos. É o que ocorre, por exemplo, com as competências da União Federal exercidas pelos Ministérios;

c) descentralização concentrada (multipessoalidade mono-orgânica): ocorre quando são atribuídas competências administrativas a pessoa jurídica autônoma sem divisões internas. Exemplo: autarquia sem órgãos internos;

d) descentralização desconcentrada (multipessoalidade pluriorgânica): é a situação surgida quando as competências administrativas são atribuídas a pessoa jurídica autônoma dividida em órgãos internos. Exemplo: autarquia estruturada internamente em diversos órgãos e repartições.

3.5 COMPARAÇÃO ENTRE DESCONCENTRAÇÃO E DESCENTRALIZAÇÃO

A semelhança entre os dois nomes faz da comparação entre desconcentração e descentralização um lugar-comum nas provas e concursos públicos.

Convém destacar as principais diferenças mencionadas entre as duas técnicas, utilizando o quadro abaixo.

Quadro comparativo entre desconcentração e descentralização

Desconcentração	Descentralização
Competências atribuídas a órgãos públicos sem personalidade própria	Competências atribuídas a entidades com personalidade jurídica autônoma
O conjunto de órgãos forma a chamada Administração Pública Direta ou Centralizada	O conjunto de entidades forma a chamada Administração Pública Indireta ou Descentralizada
Órgãos não podem ser acionados diretamente perante o Poder Judiciário, com exceção de alguns órgãos dotados de capacidade processual especial	Entidades descentralizadas respondem judicialmente pelos prejuízos causados a particulares
Exemplos: Ministérios, Secretarias, Delegacias de Polícia, Delegacias da Receita Federal, Tribunais e Casas Legislativas	Exemplos: Autarquias, Fundações Públicas, Empresas Públicas e Sociedades de Economia Mista

PERGUNTA: Qual a diferença entre administração pública extroversa e administração pública introversa?

RESPOSTA: Administração pública **extroversa** é o conjunto de relações jurídicas externas entre **o Poder Público e os administrados**. A administração pública **introversa** significa o complexo das vinculações internas envolvendo agentes públicos, órgãos estatais e entidades **administrativas**.

3.6 TEORIA DO ÓRGÃO PÚBLICO

A doutrina sempre procurou explicar como a atuação do agente público é atribuída ao Estado. A evolução do tema encontrou respaldo na formulação de **quatro teorias diferentes:**

a) teoria da identidade: a primeira tentativa de explicar o assunto afirmava que órgão e agente formam uma unidade inseparável, de modo que **o órgão público é o próprio agente**. O equívoco dessa concepção é evidente, pois sua aceitação implica concluir que a morte do agente público causa a extinção do órgão;

b) teoria da representação: influenciada pela lógica do Direito Civil, a teoria da representação defende que o **Estado é como um incapaz**, não podendo defender pessoalmente seus próprios interesses. Assim, o **agente público atuaria exercendo uma espécie de curatela** dos interesses governamentais suprindo a incapacidade. Essa teoria também falha na tentativa de explicar o problema, na medida em que, sendo incapaz, o Estado não poderia nomear seu representante, como ocorre com os agentes públicos;

c) teoria do mandato: outra teoria concebida para explicar o problema sustentava que entre o Estado e o agente público haveria uma **espécie de contrato de representação**, de modo que o agente receberia uma delegação para atuar em nome do Estado. O erro dessa concepção está em não conseguir apontar em qual momento e quem realizaria a outorga do mandato;

d) teoria da imputação volitiva: aceita pela unanimidade dos doutrinadores modernos, a teoria da imputação sustenta que o **agente público atua em nome do Estado, titularizando um órgão público** (conjunto de competências), de modo que a **atuação ou o comportamento do agente** no exercício da função pública é **juridicamente atribuída(o) – imputada(o) – ao Estado**.

> A prova da AGU/2006 elaborada pelo Cespe considerou CORRETA a afirmação: "A teoria do órgão, atualmente adotada no sistema jurídico, veio substituir as teorias do mandato e da representação".

3.6.1 Teoria da imputação volitiva de Otto Gierke

O idealizador da **moderna teoria do órgão público** baseada na noção de **imputação volitiva** foi o alemão **Otto Friedrich von Gierke** (1841-1921). Gierke **comparou o Estado ao corpo humano**. Cada repartição estatal funciona como uma parte do corpo, como um dos órgãos humanos, daí a origem do nome "órgão" público. A personalidade, no corpo, assim como no Estado, é um atributo do todo, não das partes. Por isso, **os órgãos públicos não são pessoas, mas partes integrantes da pessoa estatal**. E mais. Assim como no corpo humano há uma especialização de funções capaz de harmonizar a atuação conjunta das diferentes partes, com órgãos superiores responsáveis por comandar, e outros, periféricos, encarregados de executar as ordens centrais, o Estado também possui órgãos dispostos de modo hierarquizado, razão pela qual alguns exercem funções superiores de direção enquanto outros atuam simplesmente executando os comandos que lhes são determinados.

> A prova de Procurador Federal/2007 elaborada pelo Cespe considerou CORRETA a afirmação: "Foi o jurista alemão Otto Gierke quem estabeleceu as linhas mestras da teoria do órgão e indicou como sua principal característica o princípio da imputação volitiva".

Irretocável pela precisão da metáfora com o corpo humano, relacionando com precisão agente, órgão e Estado, a teoria de Gierke permanece aceita universalmente, mesmo quase um século após seu **desenvolvimento**.

3.6.1.1 Previsão constitucional da teoria da imputação volitiva

A Constituição Federal de 1988 adota a teoria da imputação volitiva no art. 37, § 6º, ao prescrever que as pessoas jurídicas de direito público e as de direito privado prestadoras de serviços públicos responderão pelos danos que seus agentes "nessa qualidade" causarem a terceiros. A expressão "nessa qualidade" exige que o comportamento lesivo tenha sido realizado com o *status* de agente público para que se cogite do dever de indenizar, promovendo-se, então, a imputação da conduta à pessoa jurídica governamental.

No julgamento do RE 327.907/SP, o Supremo Tribunal Federal reafirmou que a teoria da imputação tem previsão direta no texto constitucional de 1988 (art. 37, § 6º).

3.6.1.2 Desdobramentos da teoria da imputação volitiva

Além de explicar eficazmente as relações entre agente, órgão e Estado, a teoria da imputação volitiva tem o poder de apontar a solução para diversos problemas de Direito Administrativo. Entre tantos desdobramentos da referida teoria, merecem destaque:

1) impede a propositura de ação de indenizatória diretamente contra a pessoa física do agente se o dano foi causado no exercício da função pública (precedente do STF: RE 327.907/SP);

2) impossibilita a responsabilização civil do Estado se o dano foi causado pelo agente público fora do exercício da função pública. Exemplo: policial de folga que atira no vizinho (questão elaborada pela FGV no Exame da OAB 2010.3). Nesse caso, o policial responderá com seu patrimônio pessoal pelo dano causado ao vizinho;

3) autoriza a utilização das prerrogativas do cargo somente nas condutas realizadas pelo agente durante o exercício da função pública. Desse modo, as prerrogativas funcionais não são dadas *intuitu personae*, não acompanham a pessoa do agente público o dia todo, para onde ele for. Fora do horário do expediente, no trânsito, em casa, o agente está temporariamente desacompanhado das prerrogativas especiais decorrentes da sua função pública, sob pena de cometer excesso de poder ou desvio de finalidade.

3.6.2 Espécies de órgãos públicos

Hely Lopes Meirelles classifica os diversos tipos de **órgãos públicos** a partir de três critérios diferentes: quanto à posição hierárquica, quanto à estrutura e quanto à atuação funcional. Importante frisar que nessas classificações o autor utiliza a noção de órgão em sentido mais amplo do que tradicionalmente se empresta ao instituto. É por isso que menciona, por exemplo, a existência de órgãos "autônomos" ou "independentes", o que, em princípio, é algo contraditório com a natureza subordinada inerente à acepção clássica atribuída ao vocábulo "órgão".

> A prova da AGU/2006 elaborada pelo Cespe considerou CORRETA a afirmação: "Quando Hely Lopes Meirelles conceitua os órgãos públicos como centros de competência, instituídos para o desempenho de funções estatais, por meio de seus agentes, cuja atuação é imputada à pessoa jurídica a que pertencem, fica claro que o autor adota a teoria do órgão".

1) Quanto à **posição hierárquica**:

> A 13ª prova da Magistratura Federal da 3ª Região considerou CORRETA a afirmação: "A organização desconcentrada significa a repartição interna de atribuições administrativas aos diversos órgãos integrantes da mesma pessoa jurídica, sob uma mesma ordem hierárquica".

a) **independentes ou primários:** aqueles originários da Constituição Federal e representativos da **cúpula dos Poderes Estatais, não sujeitos a qualquer subordinação hierárquica ou funcional.** Exemplos: **Casas Legislativas,** Chefias do Executivo, Tribunais do Poder Judiciário, Ministério Público e Tribunais de Contas;

b) **autônomos:** estão situados imediatamente **abaixo dos órgãos independentes,** gozando de ampla **autonomia** administrativa, financeira e técnica e dotados de competências de **planejamento, supervisão e controle** sobre outros órgãos. Exemplos: Ministérios, Secretarias e Advocacia-Geral da União;

c) **superiores:** possuem competências diretivas e decisórias, mas se encontram **subordinados a uma chefia superior.** Não têm autonomia administrativa ou financeira. Exemplos: Gabinetes, Secretarias-Gerais, Procuradorias Administrativas e Coordenadorias;

d) **subalternos:** são os órgãos comuns dotados de **atribuições predominantemente executórias.** Exemplo: repartições comuns.

2) Quanto à **estrutura:**

a) **simples ou unitários:** constituídos somente por um centro de competências. Exemplo: Presidência da República;

b) **compostos:** constituídos por diversos órgãos menores. Exemplos: Secretarias.

3) Quanto à **atuação funcional:**

a) **singulares** ou **unipessoais**: compostos por um único agente. Exemplo: Prefeitura Municipal;

b) **colegiados** ou **pluripessoais**: constituídos por vários membros. Exemplo: tribunal administrativo.

4) Quanto à **atividade:**

a) **ativos:** promovem a execução de decisões administrativas. Exemplo: órgãos de controle sobre a realização de obras públicas[1];

1. Rafael Carvalho Rezende Oliveira, *Curso de direito administrativo*, p. 79.

b) **consultivos**: desempenham atividade de assessoria e aconselhamento a autoridades administrativas, emitindo pareceres e respondendo a consultas. Exemplo: Conselho de Defesa Nacional;

c) **de controle**: responsáveis pela fiscalização das atividades de outros órgãos. Exemplos: Tribunais de Contas, Corregedorias e Controladoria-Geral da União.

5) Quanto à **situação estrutural**[2]:

a) **diretivos**: exercem função de comando e direção. Exemplo: Presidência da República;

b) **subordinados**: desempenham tarefas rotineiras de mera execução. Exemplo: Departamento Pessoal.

3.6.2.1 *Órgãos administrativos despersonalizados anômalos*

Segundo Diogo de Figueiredo Moreira Neto[3], existem três tipos de órgãos administrativos especiais com previsão constitucional, definidos no art. 25, § 3º, da CF, como **agrupamentos de municípios limítrofes**:

a) regiões metropolitanas;

b) aglomerações urbanas;

c) microrregiões.

3.6.2.2 *Natureza especial dos Tribunais de Contas, do Ministério Público e das Defensorias Públicas*

Os Tribunais de Contas, o Ministério Público e as Defensorias são órgãos públicos primários bastante peculiares dentro da estrutura organizacional brasileira. A proximidade da natureza jurídica dessas três instituições torna conveniente o seu estudo como uma categoria à parte.

Devem ser destacadas as **seguintes características comuns** a tais órgãos:

a) são órgãos primários ou independentes: a própria Constituição Federal disciplina a estrutura e atribuições das referidas instituições, não sujeitando a qualquer subordinação hierárquica ou funcional;

b) não integram a Tripartição de Poderes: os Tribunais de Contas, o Ministério Público e as Defensorias Públicas não pertencem à estrutura do Legislativo, do Executivo ou do Judiciário;

c) são destituídos de personalidade jurídica: como todo órgão público, tais instituições não são pessoas jurídicas, mas integram a estrutura da Administração Direta da respectiva entidade federativa;

d) gozam de capacidade processual: embora desprovidos de personalidade jurídica autônoma, os referidos órgãos públicos possuem capacidade processual

---

2. José dos Santos Carvalho Filho, *Manual de direito administrativo*, p. 17.
3. *Curso de direito administrativo*, p. 278.

especial para atuar em mandado de segurança e *habeas data*. No caso do Ministério Público e das Defensorias, a capacidade processual é geral e irrestrita;

e) mantêm relação jurídica direta com a entidade federativa[4]: os Tribunais de Contas, o Ministério Público e as Defensorias Públicas vinculam-se diretamente com a respectiva entidade federativa, sem passar pelo "filtro" da Tripartição dos Poderes.

3.6.3 Conceitos de órgão, entidade e autoridade na Lei n. 9.784/99

A Lei Federal do Processo Administrativo (Lei n. 9.784/99), em seu art. 1º, § 2º, possui conceitos de órgão, entidade e autoridade, que são muito cobrados em provas e concursos. Então, vale a pena memorizar:

> ÓRGÃO: a unidade de atuação integrante da estrutura da Administração direta e da estrutura da Administração indireta;
> ENTIDADE: a unidade de atuação dotada de personalidade jurídica;
> AUTORIDADE: o servidor ou agente público dotado de poder de decisão.

3.7 PERSONALIDADE ESTATAL

A moderna Ciência Política (Teoria Geral do Estado) reconhece que o Estado constitui uma entidade dotada de personalidade jurídica própria, sendo capaz de titularizar direitos e **deveres**. **A forma federativa** de Estado, adotada pela Constituição de 1988, associada à **estrutura descentralizada** de nossa Administração Pública, caracteriza-se pela coexistência de **múltiplas personalidades jurídicas estatais**. Isso porque, além de cada entidade federativa ser uma pessoa jurídica autônoma integrante da República Federativa do Brasil, existem ainda milhares de entidades descentralizadas componentes da Administração Indireta, tanto em âmbito federal quanto nas esferas estadual, distrital e municipal.

> A prova de Analista Judiciário TRT8 em 2016 elaborada pelo Cespe considerou ERRADA a afirmação: "O Estado é um ente despersonalizado".

As entidades federativas são pessoas jurídicas de direito público interno (art. 41 do Código Civil). Convém lembrar que a **União Federal** goza de **natureza jurídica dúplice**, sendo simultaneamente pessoa jurídica de direito público interno e pessoa jurídica de direito internacional público.

---

4. Trata-se de característica identificada pelo Ministro Carlos Ayres Britto especificamente quanto ao Tribunal de Contas da União (*O regime constitucional dos tribunais de contas*, p. 3). Não há razão, porém, para operar-se de modo diferente como o Ministério Público e as Defensorias Públicas.

Na Administração Indireta existem pessoas jurídicas estatais de direito público (autarquias, agências, fundações públicas e associações públicas) e pessoas jurídicas estatais de direito privado (empresas públicas, sociedades de economia mista, subsidiárias e consórcios públicos de direito privado).

Assim, embora só existam pessoas jurídicas estatais de direito privado na Administração Indireta, as de direito público podem existir tanto na Administração Direta (entidades federativas) quanto na Administração Indireta (autarquias, por exemplo).

Porém, as pessoas jurídicas de direito público da Administração Indireta não têm exatamente o mesmo regime normativo das entidades federativas, embora ambas sejam pessoas de direito público.

3.7.1 Entidades federativas *versus* entidades públicas da Administração Indireta

As principais diferenças entre as entidades federativas e as pessoas jurídicas de direito público da Administração Indireta (autarquias, por exemplo) são as seguintes:

a) entidades federativas integram a Administração Pública Direta, já as entidades públicas descentralizadas compõem a Administração Pública Indireta;

b) entidades federativas são pessoas político-administrativas, já as entidades descentralizadas têm personalidade puramente administrativa;

c) entidades federativas exercem funções legislativas, executivas e jurisdicionais (exceto os Municípios), já as entidades públicas descentralizadas desempenham funções exclusivamente administrativas;

d) entidades federativas são multicompetenciais, já as pessoas jurídicas da Administração Indireta são especializadas em um setor de atuação;

e) entidades federativas são imunes a todos os impostos (art. 150, VI, *a*, da CF), já as pessoas jurídicas de direito público da Administração Indireta são imunes somente aos impostos incidentes sobre patrimônio, renda e serviços vinculados a suas finalidades essenciais (art. 150, § 2º, da CF);

f) entidades federativas são criadas pela Constituição Federal, já as pessoas jurídicas de direito público da Administração Indireta são instituídas por lei (art. 37, XIX, da CF);

g) entidades federativas não podem ser extintas sob a vigência da ordem constitucional atual (art. 60, § 4º, I, da CF), já as entidades públicas da Administração Indireta podem ser extintas por lei (art. 37, XIX, da CF);

h) entidades federativas podem celebrar entre si convênios e consórcios públicos visando a persecução de objetivos de interesse comum, já as entidades públicas da Administração Indireta estão proibidas de participar de tais parcerias (art. 241 da CF);

i) entidades federativas têm competência tributária (art. 145 da CF), já as entidades públicas da Administração Indireta podem, no máximo, exercer por delegação legal as funções de arrecadação e fiscalização (art. 7º do Código Tributário Nacional);

j) a cúpula diretiva das entidades federativas é formada por agentes políticos diretamente eleitos pelo povo, já os dirigentes das entidades públicas da Administração Indireta são ocupantes de cargos comissionados nomeados pelo poder central;

k) entidades federativas respondem objetiva, direta e exclusivamente pelos danos que seus agentes causarem a terceiros, já as entidades públicas da Administração Indireta respondem objetiva e diretamente pelos danos que seus agentes causarem a terceiros mas não exclusivamente, porque se a entidade não conseguir pagar a indenização integral a pessoa federativa poderá ser acionada subsidiariamente;

l) entidades federativas têm competência para desapropriar, já as entidades públicas da Administração Indireta, como regra, não possuem tal competência (exceto Aneel e Dnit)[5].

No quadro abaixo sintetizamos os mais importantes elementos da comparação entre pessoas federativas e pessoas jurídicas de direito público da Administração Indireta.

Entidades Federativas	Entidades Públicas Descentralizadas
União, Estados, Distrito Federal e Municípios	Autarquias, Fundações Públicas, Agências Reguladoras e Associações Públicas
Pessoas jurídicas de direito público interno (e de direito internacional, no caso da União). Natureza político--administrativa	Pessoas jurídicas de direito público interno. Personalidade puramente administrativa
Gozam de todas as prerrogativas da Fazenda Pública em juízo	Idem
Não podem falir	Idem
Nunca exploram diretamente atividade econômica	Idem
Integram a Administração Pública Direta ou Centralizada	Integram a Administração Pública Indireta ou Descentralizada
Funções legislativas, executivas e jurisdicionais	Somente funções administrativas
São multicompetenciais	Especializadas em um setor de atuação
Imunidade a todos os impostos	Imunes a impostos sobre patrimônio, renda e serviços vinculados a suas finalidades essenciais
Criadas pela Constituição Federal	Criadas por lei
Não podem ser extintas na ordem jurídica atual	Podem ser extintas por lei específica
Podem celebrar convênios e consórcios públicos	Não podem

5. Sobre o tema, *vide* Capítulo 14 deste *Manual*.

Dotadas de competência tributária	Não têm competência tributária
Dirigentes são agentes políticos eleitos pelo povo	Dirigentes são ocupantes de cargos em comissão nomeados pelo poder central
Responsabilidade objetiva, direta e exclusiva	Responsabilidade objetiva, direta e não exclusiva (a entidade federativa responde subsidiariamente)
Têm competência para desapropriar	Não têm competência para desapropriar

3.8 ENTIDADES DA ADMINISTRAÇÃO PÚBLICA INDIRETA. DEVIDO PROCESSO LEGAL DE CRIAÇÃO

A Administração Pública Indireta ou Descentralizada é composta por **pessoas jurídicas autônomas** com natureza **de direito público ou de direito privado.**

A natureza jurídica de direito público ou de direito privado determina diversas características normativas, definindo qual o regime jurídico aplicável.

Além disso, as pessoas jurídicas de **direito público** são **criadas por lei** (art. 37, XIX, da CF), o que significa dizer que o surgimento da personalidade jurídica ocorre com a entrada em vigor da lei instituidora, **sem necessidade de registro em cartório** (devido processo legal público de criação). Se não houver previsão de *vacatio legis*, a entrada em vigor da lei instituidora ocorre na data de sua publicação da lei. Se existir previsão de *vacatio legis*, a personalidade jurídica surge somente após o encerramento do intervalo entre a publicação e a entrada em vigor.

Já as pessoas jurídicas de **direito privado** são **autorizadas por lei** (arts. 37, XIX, da CF, 3º e 4º da Lei n. 13.306/2016), ou seja, é publicada uma lei permitindo a criação, depois o Executivo expede um decreto regulamentando a criação e, por fim, a **personalidade nasce com o registro dos atos constitutivos em cartório** (devido processo legal privado de criação, atendendo ao disposto no art. 45 do Código Civil).

São pessoas de **direito público: autarquias, fundações públicas e agências reguladoras.**

Possuem personalidade de **direito privado: empresas públicas, sociedades de economia mista, subsidiárias e fundações governamentais de direito privado.**

ATENÇÃO: embora associações públicas (PJs de direito público) e os consórcios públicos de direito privado (PJs de direito privado) integrem a Administração Pública Indireta de todos os consorciados, seu regime de instituição previsto na Lei n. 11.107/2005 (Lei dos Consórcios Públicos) pressupõe a adesão ao consórcio e aprovação do protocolo de intenções no Legislativo da entidade consorciada. Trata-se evidentemente de um modo de criação (ou incorporação à Administração indireta) bastante peculiar, como veremos adiante.

Pessoas jurídicas da Administração Indireta	
De direito público	**De direito privado**
Autarquias	Empresas públicas
Fundações públicas	Sociedades de economia mista
Agências reguladoras	subsidiárias
Associações públicas* (criação diferenciada regida pela Lei n. 11.107/2005)	Fundações governamentais de direito privado Consórcios públicos de direito privado* (criação diferenciada regida pela Lei n. 11.107/2005)

3.8.1 Autarquias

Autarquias são pessoas jurídicas de **direito público interno**, pertencentes à Administração Pública Indireta, **criadas por lei específica** para o exercício de atividades típicas da Administração Pública.

> A 177ª prova da Magistratura/SP considerou CORRETA a afirmação: "Pessoa jurídica de direito público, com autonomia, com patrimônio e receita próprios, criada por lei para executar atividades típicas da Administração Pública, para seu melhor funcionamento, gestão administrativa e financeira descentralizada, constitui conceito de autarquia".

Algumas das **autarquias** mais importantes do Brasil são: Instituto Nacional do Seguro Social – **INSS**, Banco Central – **Bacen**, Instituto Brasileiro do Meio Ambiente e dos Recursos Naturais Renováveis – **Ibama**, Conselho Administrativo de Defesa Econômica – **Cade**, Instituto Nacional de Colonização e Reforma Agrária – **Incra**, todas as universidades públicas, como a **USP** e a **UFRJ**, Instituto Chico Mendes (ICMBio).

> A prova de Delegado de Polícia/SP considerou CORRETA a afirmação: "A existência de uma autarquia pressupõe a aplicação do princípio da especialidade".

Na maioria das vezes, o nome "**instituto**" designa entidades públicas com natureza autárquica.

O conceito legislativo de autarquia é apresentado pelo art. 5º, I, do Decreto-lei n. 200/67: **serviço autônomo, criado por lei, com personalidade jurídica, patrimônio e receita próprios, para executar atividades típicas da Administração Pública, que requeiram, para seu melhor funcionamento, gestão administrativa e financeira descentralizada.**

3.8.1.1 Características

As autarquias possuem as seguintes características jurídicas:

a) são pessoas jurídicas de direito público: significa dizer que o regime jurídico aplicável a tais entidades é o regime jurídico público, e não as regras de direito privado;

A prova da OAB Nacional elaborada pelo Cespe considerou INCORRETA a afirmação: "As autarquias podem ter personalidade jurídica de Direito Privado".

b) **são criadas e extintas por lei específica**: a personalidade jurídica de uma autarquia surge com a entrada em vigor da lei que a institui, dispensando o registro dos atos constitutivos em cartório. Nesse sentido, estabelece o art. 37, XIX, da Constituição Federal que "somente por lei específica será criada autarquia". A referência à necessidade de lei "específica" **afasta a possibilidade de criação de tais entidades por meio de leis multitemáticas**. Lei específica é a que trata exclusivamente da **criação da autarquia**. Em respeito ao princípio da simetria das formas, se a criação depende de lei, então a extinção de autarquia igualmente exige lei específica, sendo **inaplicável o regime extintivo falimentar**;

A prova do Ministério Público/RN considerou ERRADA a afirmação: "As autarquias, depois de autorização expressa da lei, podem ser criadas por ato do Poder Público".

A prova da OAB Nacional elaborada pelo Cespe considerou INCORRETA a afirmação: "Uma lei que reestruture a carreira de determinada categoria de servidores públicos pode também dispor acerca da criação de uma autarquia".

A prova de Técnico da DPU elaborada pelo Cespe em 2016 considerou ERRADA a afirmação: "A criação de autarquia federal depende da edição de lei complementar".

c) **dotadas de autonomia gerencial, orçamentária e patrimonial**: autonomia é **capacidade de autogoverno** representando um nível de liberdade na gestão de seus próprios assuntos, intermediário entre a subordinação hierárquica e a independência, conforme ilustração abaixo:

Escala quantitativa dos graus de liberdade dentro do Estado

Subordinação hierárquica (órgãos públicos)	**Autonomia** (autarquias)	**Autonomia qualificada** (agências reguladoras)	**Independência** (Poderes Estatais)
0	50	75	100

Assim, as autarquias **não estão subordinadas hierarquicamente** à Administração Pública Direta, mas sofrem um controle finalístico chamado de **supervisão ou tutela ministerial**. Esse grau de liberdade, no entanto, não se caracteriza como independência em razão dessa ligação com a Administração central;

A prova da Magistratura/GO considerou CORRETA a assertiva: "A autarquia é pessoa jurídica de Direito Público, criada por lei, com patrimônio próprio e funções típicas do Estado, sem subordinação hierárquica".

A prova da OAB Nacional elaborada pelo Cespe considerou CORRETA a afirmação: "O controle das entidades que compõem a Administração indireta da União é feito pela sistemática da supervisão ministerial".

d) nunca exercem atividade econômica: autarquias somente podem desempenhar atividades típicas da Administração Pública (art. 5º, I, do Decreto-lei n. 200/67), como prestar **serviços públicos**, exercer o **poder de polícia** ou promover o **fomento**. É conceitualmente impossível autarquia exercer atividade econômica porque, ao ser atribuída legalmente a uma autarquia, automaticamente a atividade sai do domínio econômico e se transforma em serviço público;

e) são imunes a impostos: por força do art. 150, § 2º, da Constituição Federal, autarquias não pagam nenhum imposto. Em razão de a norma mencionar somente impostos, **taxas, contribuições de melhoria, empréstimos compulsórios e contribuições especiais, são devidos normalmente;**

f) seus bens são públicos (art. 98 do Código Civil): os bens pertencentes às autarquias são revestidos dos atributos da **impenhorabilidade**, **inalienabilidade e imprescritibilidade;**

> A prova da Defensoria Pública/BA elaborada pelo Cespe considerou CORRETA a afirmação: "Os bens de uma autarquia são impenhoráveis".

g) praticam atos administrativos: os atos praticados pelos agentes públicos pertencentes às autarquias classificam-se como atos administrativos, sendo dotados de **presunção de legitimidade, exigibilidade, imperatividade e autoexecutoriedade;**

h) celebram contratos administrativos: como decorrência da natureza de pessoas públicas, os contratos celebrados pelas autarquias qualificam-se como contratos administrativos, ou seja, constituem avenças submetidas ao regime privilegiado da Lei n. 8.666/63, cujas regras estabelecem uma superioridade contratual da Administração Pública sobre os particulares contratados;

i) o regime normal de vinculação é estatutário: em regra, os agentes públicos pertencentes às autarquias ocupam **cargos públicos**, compondo a categoria dos servidores públicos estatutários. A contratação celetista é excepcional;

> A prova da Procuradoria da República considerou ERRADA a assertiva: "A natureza das atividades desempenhadas pelas agências reguladoras não impõe o regime de cargo público para seus agentes, estando compatibilizada com o regime de emprego, nos termos da Consolidação da Legislação Trabalhista".

j) possuem as prerrogativas especiais da Fazenda Pública: as autarquias possuem todos os privilégios processuais característicos da atuação da Fazenda Pública em juízo, como prazos em dobro para recorrer, contestar e responder recurso), desnecessidade de adiantar custas processuais e de anexar procuração do representante legal, dever de intimação pessoal, execução de suas dívidas pelo **sistema de precatórios** etc.;

> A prova da OAB Nacional elaborada pelo Cespe considerou ERRADA a afirmação: "As autarquias têm prerrogativas típicas das pessoas jurídicas de Direito Privado, entre as quais se inclui a de serem seus débitos apurados judicialmente executados pelo sistema de precatórios".

k) responsabilidade objetiva e direta: as autarquias respondem objetivamente, isto é, **sem necessidade de comprovação de culpa** ou dolo, pelos prejuízos causados por seus agentes a particulares. Além de objetiva, a responsabilidade também é direta, porque é a própria entidade que deve ser acionada judicialmente para reparar os danos patrimoniais que causar. A **Administração Direta** (entidades federativas) só poderá ser acionada em **caráter subsidiário**, vale dizer, na hipótese de a autarquia não possuir condições patrimoniais e orçamentárias de indenizar a integralidade do valor da condenação;

l) outras características: além das características mencionadas, as autarquias sofrem **controle dos tribunais de contas**, têm o dever de observar as regras de **contabilidade pública**, estão sujeitas à **vedação de acumulação de cargos** e funções públicas, devem **realizar licitação**, e seus dirigentes ocupam **cargos em comissão** de livre provimento e exoneração.

3.8.1.2 Espécies de autarquias

Quadro esquemático das espécies de autarquia

Autarquias

- **a) Administrativas ou de serviço**
  Exemplos: INSS, Ibama
- **b) Especiais**
  - **b1) especiais *stricto sensu***
    Exemplos: Sudam, Sudene
  - **b2) agências reguladoras**
    Exemplos: Anatel, Ancine
- **c) Corporativas**
  Exemplos: Crea, CRM
- **d) Fundacionais**
  Exemplos: Procon, Funasa e FUNAI
- **e) Territoriais**
  Exemplos: Territórios Federais
- **f) Associativas ou contratuais**
  Exemplos: Associações Públicas

A doutrina identifica diversas categorias de autarquias:

a) autarquias administrativas ou de serviço: são as **autarquias comuns** dotadas do regime jurídico ordinário dessa espécie de pessoa pública. Exemplo: INSS;

b) autarquias especiais: caracterizam-se pela existência de determinadas peculiaridades normativas que as diferenciam das autarquias comuns, como uma mais acentuada **autonomia**. Essa categoria de autarquias pode ser dividida em duas subespécies: **b1) autarquias especiais *stricto sensu*:** como o Banco Central, a Sudam e a Sudene; **b2) agências reguladoras:** autarquias especiais dotadas de uma qualificada autonomia garantida pela presença de dirigentes com mandatos fixos e estabilidade no exercício das funções. Exemplos: Anatel, Anvisa e Antaq;

> A prova da Procuradoria do Estado de São Paulo/2005 considerou CORRETA a assertiva: "Por autarquia de regime especial entende-se aquela que desfruta de maior grau de independência administrativa em relação à Administração Direta, nos termos da lei".

c) autarquias corporativas: também chamadas de **corporações profissionais** ou **autarquias profissionais**, são entidades com atuação de interesse público encarregadas de exercer controle e fiscalização sobre determinadas categorias profissionais. Exemplo: Conselhos de Classe, como Crea, CRO e CRM. Já a **Ordem dos Advogados do Brasil perdeu o *status* de autarquia** no Supremo Tribunal Federal;

d) autarquias fundacionais: são criadas mediante a afetação de determinado patrimônio público a certa finalidade. São conhecidas como **fundações públicas.** Exemplos: Procon, Funasa e Funai;

e) autarquias territoriais: são departamentos geográficos administrados diretamente pela União. Na Constituição de 1988 tais autarquias recebem o nome de **territórios federais** (art. 33 da CF);

f) autarquias associativas ou contratuais: são as associações públicas criadas após a celebração de consórcio entre entidades federativas (art. 6º da Lei n. 11.107/2005). As associações públicas integram a Administração indireta de todas as entidades consorciadas com natureza de **autarquias transfederativas** (art. 6º, § 1º).

3.8.1.2.1 Natureza jurídica da Ordem dos Advogados do Brasil

Para a doutrina clássica, a OAB nunca deixou de ser um Conselho de Classe como os demais (CRM, Crea, Creci, Corecon), sendo uma entidade autárquica incumbida de licenciar e fiscalizar o exercício da advocacia.

Com o advento da CF/88, a OAB recebeu do texto constitucional atribuições bastante diversas se comparadas aos demais conselhos profissionais, especialmente a legitimidade ativa do seu Conselho Federal para propor ação declaratória de inconstitucionalidade e ação declaratória de constitucionalidade (art. 103, VII, da CF), além de integrar diversos conselhos em âmbito federal.

O enquadramento como autarquia trazia vantagens e desvantagens para a OAB.

Como benefícios de ser autarquia podem ser destacadas a imunidade tributária, conferida pelo art. 150, § 2º, da CF, e a possibilidade de cobrar tributo (anuidade, prevista no art. 195 da CF) de seus associados mediante parafiscalidade (art. 7º do CTN). Em nenhuma hipótese, pessoas jurídicas privadas gozam desses dois privilégios.

Entre as inúmeras "desvantagens", ser autarquia impõe a obediência a deveres públicos como realizar licitação e contratar funcionários mediante concurso público.

A verdade é que institucionalmente a OAB sempre lutou para ter o melhor dos dois mundos, ou seja, os benefícios tributários de uma autarquia sem os rigores legais de uma entidade estatal, o que, em tese, seria algo impossível.

Ocorre que o STF, no julgamento da ADIn 3.026/2006, firmou a orientação de que a OAB é "entidade *sui generis*", um "serviço público independente" destituído de natureza autárquica. Todavia, o caráter aberto dessa natureza "*sui generis*" não inviabilizaria claramente a manutenção das vantagens institucionais da OAB.

O STF negou a natureza autárquica da OAB, entendendo que falta à entidade personalidade jurídica de direito público, não tendo nenhuma ligação com a Administração **Pública**.

A prova da Magistratura do Tocantins considerou INCORRETA a assertiva: "As autarquias profissionais de regime especial, como a Ordem dos Advogados do Brasil e as agências reguladoras, submetem-se ao controle do Tribunal de Contas da União".

No referido acórdão, o tribunal fixou as seguintes premissas sobre a condição jurídica da Ordem dos Advogados:

1. Não se sujeita aos ditames impostos à Administração Pública Direta e Indireta.

2. Não é uma entidade da Administração Indireta da **União**, mas um serviço público independente, categoria ímpar no elenco das personalidades jurídicas existentes no Direito brasileiro.

A prova OAB/RJ considerou CORRETA a assertiva: "Segundo o STF, a OAB exerce função pública, mas não é pessoa jurídica pertencente à Administração Pública".

3. Não está incluída na categoria em que se inserem essas que se têm referido como "autarquias especiais" para pretender-se afirmar equivocada independência das hoje chamadas "agências".

4. Não está sujeita a controle da Administração, nem a qualquer das suas partes está vinculada.

5. Ocupa-se de atividades atinentes aos advogados, que exercem função constitucionalmente privilegiada, na medida em que são indispensáveis à administração da Justiça (art. 133 da CF/88). É entidade cuja finalidade é afeita a atribuições, interesses e seleção de advogados.

6. Não há ordem de relação ou dependência entre a OAB e qualquer órgão público.

7. A OAB, cujas características são autonomia e independência, não pode ser tida como congênere dos demais órgãos de fiscalização profissional. A OAB não está voltada exclusivamente a finalidades corporativas. Possui finalidade institucional.

8. Embora decorra de determinação legal, o regime estatutário imposto aos empregados da OAB não é compatível com a entidade, que é autônoma e independente.

9. Incabível a exigência de concurso público para admissão dos contratados sob o regime trabalhista pela OAB.

3.8.1.2.2 OAB está sujeita ao controle do TCU a partir de 2020

Embora, como visto no item anterior, o STF entenda que a OAB "não está sujeita a controle da Administração" (ADIn 3.026/2006), o plenário do Tribunal de Contas da União (TCU), no Acórdão 2.573/2018, julgado em 7-11-2018, decidiu que "a Ordem dos Advogados do Brasil (OAB), por força do art. 71, II, da Constituição Federal, submete-se à jurisdição desta Corte". Devido à modulação de efeitos do acórdão, ficou definido que a sujeição da OAB ao TCU inicia a partir de 2020 cujas contas devem ser apresentadas em 2021. "A OAB, então, terá dever de prestar contas e estará sujeita a fiscalizações do TCU por meio de auditorias, inspeções e todos os instrumentos de fiscalização previstos nos normativos da Corte. Poderá o TCU julgar as contas dos gestores da OAB irregulares; aplicar-lhes multa; torná-los inabilitados para o exercício de cargo em comissão e função de confiança; afastar cautelarmente algum diretor da Ordem que, por exemplo, dificulte a realização de alguma auditoria; além de condenar a ressarcir eventual prejuízo ao erário, com encaminhamento da decisão ao Ministério Público Federal para que adote as providências de sua competência que julgar pertinente, como intentar ação por improbidade administrativa e denúncia por conduta que entenda criminosa"[6].

3.8.2 Fundações públicas

Fundações públicas são pessoas jurídicas de **direito público** interno, instituídas por lei específica mediante a **afetação de um acervo patrimonial** do Estado **a uma dada finalidade pública**. Exemplos: Funai, Funasa, IBGE, Funarte e Fundação Biblioteca Nacional.

De acordo com o entendimento adotado pela maioria da doutrina e pela totalidade dos concursos públicos, as fundações públicas **são espécies de autarquias** revestindo-se das mesmas características jurídicas aplicáveis às entidades autárquicas. Podem exercer todas as atividades típicas da Administração Pública, como prestar serviços públicos e exercer **poder de polícia**.

> A prova do Ministério Público/MS considerou INCORRETA a afirmação: "As fundações públicas não podem exercer poder de polícia administrativa".

Entretanto, a natureza de pessoas de direito público é negada pelo art. 5º, II, do **Decreto-lei n. 200/67**, segundo o qual fundação pública é "a entidade dotada de **personalidade jurídica de direito privado**, sem fins lucrativos, criada em virtude de autorização legislativa, para o desenvolvimento de atividades que não exijam execução por órgãos ou entidades de direito público, com autonomia administrativa, patrimônio próprio gerido pelos respectivos órgãos de direção, e funcionamento custeado por recursos da União e de outras fontes".

---

6 Elísio de Azevedo Freitas, "TCU chega à OAB", artigo publicado no site: <https://www.migalhas.com.br/dePeso/16,MI290720,81042-TCU+chega+ a+OAB>.

Criticada veementemente pela doutrina, essa conceituação legislativa **não foi recepcionada pela Constituição de 1988**, cujo art. 37, XIX, trata das fundações públicas como figuras simétricas às autarquias, portanto, reconhecendo a natureza pública das referidas entidades fundacionais.

3.8.3 Agências reguladoras

A criação das agências reguladoras brasileiras teve uma direta relação com o processo de privatizações e a reforma do Estado iniciados no Brasil na **metade dos anos 1990**. Inevitável ligar sua origem a uma **concepção neoliberal** de política econômica voltada a reduzir a participação estatal em diversos setores da economia.

Basicamente, as agências foram introduzidas no direito brasileiro para fiscalizar e controlar a atuação de investidores privados que passaram a exercer as tarefas desempenhadas, antes da privatização, pelo próprio Estado.

A partir de 1995, iniciou-se um processo acelerado de privatizações e reformas estatais, cujo passo inaugural consistiu na promulgação de sucessivas emendas constitucionais abrindo caminho para a implantação do novo modelo. As mais importantes dessas emendas foram:

1) Emenda Constitucional n. 5, de 15-8-1995, que decretou o fim da exclusividade da prestação direta, pelos Estados-membros, dos serviços locais de gás canalizado.

2) Emenda Constitucional n. 6, de 15-8-1995, responsável pela extinção do tratamento favorecido para as empresas brasileiras de capital nacional, especialmente quanto à pesquisa e à lavra de recursos minerais e ao aproveitamento dos potenciais de energia hidráulica.

3) Emenda Constitucional n. 8, de 15-8-1995, que determinou o fim da exclusividade estatal na prestação dos serviços de telecomunicação.

4) Emenda Constitucional n. 9, de 9-11-1995, que determinou a quebra do monopólio estatal das atividades de pesquisa, lavra, refino, importação, exportação e transporte de petróleo, gás natural e hidrocarbonetos.

Importante ressaltar que as Emendas Constitucionais n. 8 e 9 acrescentaram dispositivos no Texto Maior determinando a criação de **"órgãos reguladores"**, respectivamente, dos setores das telecomunicações e do petróleo.

Com base no art. 8º da Emenda Constitucional n. 8/95, o inciso XI do art. 21 da Constituição Federal ganhou a seguinte redação: "Compete à União: (...) XI – explorar, diretamente ou mediante autorização, concessão ou permissão, os serviços de telecomunicações, nos termos da lei, que disporá sobre a organização dos serviços, a criação de **órgão regulador** e outros aspectos institucionais".

Na mesma linha, o inciso III do § 2º do art. 177 da Constituição Federal, com redação dada pelo art. 2º da Emenda Constitucional n. 9/95, prescreve: "A lei a que se refere o § 1º disporá sobre: (...) III – a estrutura e atribuições do **órgão regulador** do monopólio da União".

Portanto, as Emendas Constitucionais n. 8/95 e 9/95 são consideradas o marco histórico introdutor das agências reguladoras brasileiras.

O modelo de agências adotado no Brasil teve forte inspiração em instituições similares existentes em outros países, tais como as agências dos Estados Unidos, as autoridades administrativas independentes na França e os *"quasi autonomous non governmental organizations"* ou *quangos* na Inglaterra.

3.8.3.1 Cronologia de criação das agências federais

A partir do ano de 1995, já foram criadas diversas agências reguladoras no âmbito federal:

1) Agência Nacional de Energia Elétrica – Aneel, criada pela Lei n. 9.427, de 26-12-1996, regulamentada pelo Decreto n. 2.235/97, tendo por finalidade regular e fiscalizar a produção, transmissão, distribuição e comercialização de energia elétrica, em conformidade com as políticas e diretrizes do governo federal.

2) Agência Nacional de Telecomunicações – Anatel, criada pela Lei n. 9.472, de 16-7-1997, regulamentada pelo Decreto n. 2.338/97, tendo como atribuições centrais o disciplinamento e a fiscalização da execução, comercialização e uso dos serviços e da implantação e funcionamento de redes de telecomunicações, bem como da utilização dos recursos da órbita e espectro de **radiofrequências**.

> A prova da OAB/SP elaborada pela Vunesp considerou CORRETA a afirmação: "Segundo a Lei n. 9.472/97, a Agência Nacional de Telecomunicações (Anatel) caracteriza-se por ser autarquia especial que atua como autoridade administrativa independente".
>
> A prova OAB/SP elaborada pela Vunesp considerou CORRETA a assertiva: "A lei que criou a Agência Nacional de Telecomunicações (Anatel) estabeleceu, dentre outros requisitos, que ela teria independência administrativa, autonomia financeira e seria vinculada ao Ministério das Comunicações. Isso significa que a Anatel é uma autarquia".

3) Agência Nacional do Petróleo – ANP, criada pela Lei n. 9.478, de 6-8-1997, regulamentada pelo Decreto n. 2.455/98, tendo como competência central promover a regulação, a contratação e a fiscalização das atividades econômicas integrantes da indústria do petróleo.

4) Agência Nacional de Saúde Suplementar – ANS, criada pela Lei n. 9.961, de 28-1-2000, regulamentada pelo Decreto n. 3.327/2000, cabendo-lhe normatizar, controlar e fiscalizar as atividades que garantam a assistência suplementar à saúde.

5) Agência Nacional de Águas – ANA, criada pela Lei n. 9.984, de 17-7-2000, regulamentada pelo Decreto n. 3.692/2000, tendo competência a implementação da Política Nacional de Recursos Hídricos.

6) Agência Nacional de Vigilância Sanitária – Anvisa, criada pela Lei n. 9.782, de 26-1-1999, regulamentada pelo Decreto n. 3.029/99, tendo como

finalidade promover a proteção da saúde da população, por intermédio do **controle sanitário**, da produção e da comercialização de produtos e serviços submetidos à vigilância sanitária, especialmente das **indústrias de medicamentos** e **cosméticos**, inclusive dos ambientes, dos processos, dos insumos e das tecnologias a eles relacionados, bem como o **controle de portos, aeroportos e de fronteiras.**

7) Agência Nacional de Transportes Terrestres – ANTT, criada pela Lei n. 10.233, de 5-6-2001, regulamentada pelo Decreto n. 4.130/2002, tendo como atribuição **fiscalizar** a prestação dos **serviços públicos de transporte rodoviário e ferroviário.**

8) Agência Nacional de Transportes Aquaviários – Antaq, também criada pela Lei n. 10.233, de 5-6-2001, regulamentada pelo Decreto n. 4.122/2002, tendo como competência principal **fiscalizar os serviços públicos prestados em portos.**

9) Agência Nacional do Cinema – Ancine, criada pela Medida Provisória n. 2.228-1, de 6-9-2001, regulamentada pelo Decreto n. 4.121/2002, tendo como finalidade **fomentar**, regular e fiscalizar **a indústria cinematográfica e videofonográfica.**

10) Agência Nacional de Aviação Civil – Anac, criada pela Lei n. 11.182, de 27-9-2005, regulamentada pelo Decreto n. 5.731/2006. A Anac sucedeu o antigo Departamento de Aviação Civil – DAC, que era subordinado ao Comando da Aeronáutica. Tal agência tem competência para regular e **fiscalizar as atividades de aviação civil** e infraestrutura aeronáutica e aeroportuária.

11) Agência Nacional de Mineração – ANM, criada pela Lei n. 13.375/2017, com personalidade jurídica de direito público com autonomia patrimonial, administrativa e financeira, a ANM tem por finalidade promover o planejamento e o fomento da exploração mineral e do aproveitamento dos recursos minerais e superintender as pesquisas geológicas, minerais e de tecnologia mineral, bem como assegurar, controlar e fiscalizar o exercício das atividades de mineração em todo o território nacional.

Sempre houve polêmica na doutrina sobre o enquadramento de certas entidades autárquicas no conceito de agências reguladoras. No âmbito federal, porém, a questão foi resolvida na medida em que a nova Lei Geral das Agências Reguladoras, Lei n. 13.848/2019, listou as agências federais existentes, incluindo somente as onze entidades acima referidas:

"Art. 2º Consideram-se agências reguladoras (...)

I – a Agência Nacional de Energia Elétrica (Aneel);

II – a Agência Nacional do Petróleo, Gás Natural e Biocombustíveis (ANP);

III – a Agência Nacional de Telecomunicações (Anatel);

IV – a Agência Nacional de Vigilância Sanitária (Anvisa);

V – a Agência Nacional de Saúde Suplementar (ANS);

VI – a Agência Nacional de Águas (ANA);

VII – a Agência Nacional de Transportes Aquaviários (Antaq);

VIII – a Agência Nacional de Transportes Terrestres (ANTT);

IX – a Agência Nacional do Cinema (Ancine);

X – a Agência Nacional de Aviação Civil (Anac);

XI – a Agência Nacional de Mineração (ANM)".

3.8.3.2 *Entidades "desagencificadas"*

A saturação do modelo das agências em âmbito federal resultou na "desagencificação" em dois setores. São ex-agências reguladoras:

1) **Agência de Desenvolvimento da Amazônia – ADA**, criada pela Medida Provisória n. 2.157-5, de 24-8-2001, regulamentada pelo Decreto n. 4.125/2002, **foi extinta em 2007** com a criação da **Superintendência do Desenvolvimento da Amazônia – Sudam**, criada pela Lei Complementar n. 124, de 3-1-2007, regulamentada pelo **Decreto n.** 8.275/2014, vinculada ao Ministério da Integração Nacional. A Sudam tem por finalidade promover o desenvolvimento includente e sustentável da Amazônia Legal, integrada pelos Estados do Acre, Amapá, Amazonas, Mato Grosso, Pará, Rondônia, Roraima, Tocantins e parte do Estado do Maranhão. Embora sucessora da ADA, a **Sudam não é agência reguladora** por faltar aos seus dirigentes o regime jurídico peculiar de estabilidade e mandatos fixos. A Sudam é **uma autarquia especial** (art. 1º da LC n. 124/2007), mas não uma agência;

2) **Agência de Desenvolvimento do Nordeste – Adene**, criada pela Medida Provisória n. 2.146-1, com alterações feitas pela Medida Provisória n. 2.156-5, de 24-8-2001, regulamentadas pelo Decreto n. 4.126/2002, **foi extinta em 2007** com a criação da **Superintendência do Desenvolvimento do Nordeste – Sudene**, criada pela Lei Complementar n. 125, de 3-1-2007, regulamentada pelo **Decreto n. 8.276, de 27-6-2014**, vinculada ao Ministério da Integração Nacional. A área de atuação da Sudene abrange os Estados do Maranhão, Piauí, Ceará, Rio Grande do Norte, Paraíba, Pernambuco, Alagoas, Sergipe, Bahia e parte dos Estados de Minas Gerais e do Espírito Santo. Assim como a Sudam, a Sudene não é mais agência reguladora, mas autarquia especial.

> ATENÇÃO: A Lei n. 12.154, de 23-12-2009, regulamentada pelo Decreto n. 8.076, de 14-8-2013, criou a **Superintendência Nacional de Previdência Complementar – Previc**, vinculada ao Ministério da Previdência Social, para atuar na **fiscalização** e supervisão **das atividades das entidades fechadas de previdência complementar** e de execução das políticas para o regime de previdência complementar operado pelas entidades fechadas de previdência complementar. Embora possua algumas semelhanças com as agências, **a Previc não é agência reguladora**, mas uma **autarquia especial *stricto sensu***, pois os dirigentes não sofrem aprovação do Senado, não são estáveis e nem têm mandatos fixos.

3.8.3.3 Casos polêmicos

O enquadramento, ou não, de certas entidades como agências reguladoras nem sempre é assunto pacífico na doutrina. Atualmente, como vimos há pouco, o art. 2º da Lei n. 13.848/2019[7] listou as onze únicas entidades consideradas agências reguladoras federais. A controvérsia, pelo menos em âmbito federal, perdeu parte do sentido. Todavia, seguem abaixo alguns casos que confundem:

1) CVM (Comissão de Valores Mobiliários): é uma autarquia especial constituída como "autoridade administrativa independente", tendo como características a ausência de subordinação hierárquica, mandato fixo e estabilidade de seus dirigentes, além de autonomia financeira e orçamentária (art. 5º da Lei n. 6.385/76). Sua função é fiscalizar, normatizar, disciplinar e desenvolver o mercado de valores mobiliários no Brasil. Devido à identidade de regime e natureza de suas atribuições, devemos concluir a CVM **é uma agência reguladora**, apesar de não se chamar agência[8];

2) Abin (Agência Brasileira de Inteligência): tem o nome de "agência", mas é um **órgão público sem personalidade jurídica**, subordinado à Presidência da República (art. 3º da Lei n. 9.883/99). A função institucional da Abin é oferecer à Presidência conhecimentos relativos à segurança do Estado e da sociedade, como os que envolvem defesa externa, relações exteriores, segurança interna, desenvolvimento socioeconômico e desenvolvimento científico-tecnológico;

3) AEB (Agência Espacial Brasileira): é uma **autarquia comum** (art. 1º da Lei n. 8.854/94) responsável por formular, coordenar e executar a Política Espacial Brasileira;

4) Apex-Brasil (Agência de Promoção de Exportações do Brasil): a Apex-Brasil é um serviço social autônomo, com natureza de pessoa jurídica de direito privado sem fins lucrativos, de interesse coletivo e de utilidade pública, criado para promover a execução de políticas de promoção de exportações, em cooperação com o Poder Público, especialmente as que favoreçam as empresas de

---

7. "Art. 2º Consideram-se agências reguladoras (...)
   I – a Agência Nacional de Energia Elétrica (Aneel);
   II – a Agência Nacional do Petróleo, Gás Natural e Biocombustíveis (ANP);
   III – a Agência Nacional de Telecomunicações (Anatel);
   IV – a Agência Nacional de Vigilância Sanitária (Anvisa);
   V – a Agência Nacional de Saúde Suplementar (ANS);
   VI – a Agência Nacional de Águas (ANA);
   VII – a Agência Nacional de Transportes Aquaviários (Antaq);
   VIII – a Agência Nacional de Transportes Terrestres (ANTT);
   IX – a Agência Nacional do Cinema (Ancine);
   X – a Agência Nacional de Aviação Civil (Anac);
   XI – a Agência Nacional de Mineração (ANM)".
8. Alexandre Mazza, *Agências reguladoras*, p. 75.

pequeno porte e a geração de empregos (art. 1º da Lei n. 10.668/2003). Embora chame "agência", a Apex-Brasil não tem natureza de agência reguladora;

5) ABDI (Agência Brasileira de Desenvolvimento Industrial): assim como a Apex-Brasil, a ABDI tem natureza jurídica de Serviço Social Autônomo (art. 1º da Lei n. 11.080/2004), sem natureza de agência reguladora, tendo como atribuição promover a execução de políticas de desenvolvimento industrial, especialmente as que contribuam para a geração de empregos, em consonância com as políticas de comércio exterior e de ciência e tecnologia;

6) Previc (Superintendência Nacional de Previdência Complementar): criada pela Lei n. 12.154/2009, a Previc é uma autarquia especial vinculada ao Ministério da Previdência Social, competente para atuar na **fiscalização** e supervisão **das atividades das entidades fechadas de previdência complementar** e de execução das políticas para o regime de previdência complementar operado pelas entidades fechadas de previdência complementar. **A Previc não é agência reguladora,** mas uma **autarquia especial** *stricto sensu*, isso porque seus dirigentes não passam por aprovação do Senado, não são estáveis e nem têm mandatos fixos.

DICA: para ser agência reguladora é indispensável que a entidade tenha natureza de autarquia especial, isto é, com dirigentes estáveis e mandatos fixos. O que importa é a presença de um regime jurídico específico das agências reguladoras, e não necessariamente o nome atribuído pela legislação. É por isso que:
1) existem verdadeiras agências reguladoras que não têm o *nomen juris* de "agências" (ex.: CVM);
2) existem entidades com o nome de "agências" mas que, nem por isso, são genuínas agências reguladoras (exs.: Abin, AEB, Apex-Brasil, ABDI).

3.8.3.4 Natureza jurídica

As **agências reguladoras** são **autarquias com regime especial**, possuindo todas as características jurídicas das **autarquias** comuns mas delas se diferenciando pela presença de **duas peculiaridades** em seu regime jurídico:

A prova da Magistratura/MG considerou ERRADA a assertiva: "As agências reguladoras são, segundo a doutrina prevalente no Brasil, entidades que, de forma autônoma e independente, editam normas, fiscalizam, aplicam sanções, resolvem disputas entre empresas e regulam o mercado".
A prova da Magistratura/GO considerou ERRADA a assertiva: "As agências reguladoras possuem natureza jurídica de empresa pública em regime especial e são pessoas jurídicas de direito público com capacidade administrativa".

a) dirigentes estáveis: ao contrário das autarquias comuns, em que os dirigentes ocupam cargos em comissão exoneráveis livremente pelo Poder Executivo, nas agências reguladoras os dirigentes são **protegidos contra o desligamento imotivado.** A perda do cargo de direção em uma agência reguladora só pode ocorrer:

"I – em caso de renúncia; (Incluído pela Lei n. 13.848/2019) Vigência

II – em caso de condenação judicial transitada em julgado ou de condenação em processo administrativo disciplinar; (Incluído pela Lei n. 13.848/2019) Vigência

III – por infringência de quaisquer das vedações previstas no art. 8º-B da Lei n. 13.848/2019"[9].

A prova do Ministério Público/RN considerou CORRETA a afirmação: "As agências reguladoras são autarquias especiais que possuem regramento próprio, segundo as respectivas leis instituidoras. No plano federal, seus dirigentes são escolhidos pelo Presidente da República e cumprem mandato fixo, não podendo ser exonerados *ad nutum*".

b) **mandatos fixos**: diferentemente do que ocorre com as demais autarquias, nas agências reguladoras os dirigentes **permanecem na função por prazo determinado**, sendo desligados automaticamente após o encerramento do mandato.

Com a nova redação do art. 6º da Lei n. 9.986/2000, alterada pela Lei n. 13.848/2019, o prazo do mandato dos dirigentes das agências foi padronizado **em 5 anos**.

A prova da Magistratura do Distrito Federal/2007 considerou INCORRETA a afirmação: "As agências reguladoras são fundações públicas ou privadas de regime especial que possuem, em regra, maior autonomia e dirigentes com mandato fixo".

As agências brasileiras caracterizam-se também por um **alto grau de especialização técnica** no setor regulado[10].

Bastante polêmica é a questão da não coincidência dos mandatos de dirigentes das agências com o do Presidente da República que os indicou. Isso faz com que o novo Presidente da República seja obrigado a aceitar a permanência de diretores de agências indicados pelo governo anterior, violando o princípio republicano e desencadeando diversas crises institucionais. Essa não coincidência de

9. "Art. 8º-A. Ao membro do Conselho Diretor ou da Diretoria Colegiada é vedado:

I – receber, a qualquer título e sob qualquer pretexto, honorários, percentagens ou custas;

II – exercer qualquer outra atividade profissional, ressalvado o exercício do magistério, havendo compatibilidade de horários;

III – participar de sociedade simples ou empresária ou de empresa de qualquer espécie, na forma de controlador, diretor, administrador, gerente, membro de conselho de administração ou conselho fiscal, preposto ou mandatário;

IV – emitir parecer sobre matéria de sua especialização, ainda que em tese, ou atuar como consultor de qualquer tipo de empresa;

V – exercer atividade sindical;

VI – exercer atividade político-partidária;

VII – estar em situação de conflito de interesse, nos termos da Lei n. 12.813, de 16 de maio de 2013."

10. Fundação Getulio Vargas. Padrão de Respostas. Prova Discursiva. Direito Administrativo. VII Exame de Ordem Unificado.

mandatos tem sido apontada como um dos fatores determinantes do atual momento de declínio das agências reguladoras.

Com a aprovação da Lei Geral das Agências Reguladoras (Lei n. 13.848/2019), passou a ser **vedada a recondução de dirigentes nas agências**. Antes da lei, a recondução era permitida uma única vez na maioria das agências reguladoras federais.

3.8.3.5 Quarentena

Acesse também a videoaula pelo link:
http://somos.in/MDA1134

Alguns autores consideram que o regime especial das agências seria composto ainda de uma terceira característica jurídica diferencial: a quarentena. **Quarentena** é o período de **6 meses**, contado da exoneração ou do término do mandato, durante o qual o **ex-dirigente fica impedido para o exercício de atividades** ou de prestar qualquer serviço **no setor regulado** pela respectiva agência (art. 8º da Lei n. 9.986/2000, com redação dada pela Lei n. 13.848, de 25-6-2019), sob pena de incorrer na prática do crime de advocacia administrativa.

Durante o período de quarentena, o ex-dirigente ficará vinculado à agência, fazendo jus à remuneração compensatória equivalente à do cargo de direção que exerceu e aos benefícios a ele inerentes (art. 8º, § 2º, da Lei n. 9.986/2000).

3.8.3.5.1 Características da quarentena brasileira

O regime jurídico da quarentena nas agências reguladoras brasileiras é marcado pelas seguintes características:

a) **temporária:** embora a legislação específica possa estabelecer prazo diverso, a regra geral é que a quarentena tem duração de 6 meses. Em todos os casos, porém, trata-se de impedimento temporário, nunca definitivo;

b) **remunerada:** no Direito brasileiro o ex-dirigente continua recebendo sua remuneração durante o período da quarentena;

c) **setorial:** a proibição imposta pela quarentena restringe-se ao mercado específico regulado pela agência na qual o ex-dirigente trabalhava. Nada impede, porém, que um ex-dirigente da Agência Nacional de Águas, logo após deixar suas funções, seja imediatamente contratado por empresa de telecomunicações ou energia elétrica, por exemplo;

d) **tem a finalidade de evitar a "captura":** o objetivo primordial da quarentena é prevenir a contratação, por empresas privadas, de ex-agentes públicos para defesa de interesses contrários ao interesse público. Tal prática é conhecida como "captura", prática bastante comum em muitos mercados regulados.

3.8.3.6 Novo marco regulatório das agências (Lei n. 13.848/2019)

A Lei n. 13.848, de 25 de junho de 2019, criou o Novo Marco das Agências Reguladoras.

As mais importantes inovações trazidas pela Lei n. 13.848/2019 foram:

1) lista das onze entidades consideradas como agências reguladoras em âmbito federal (art. 2º);

2) "eliminação" da tutela ministerial nas agências federais (art. 3º);

3) processo decisório adaptado às novas exigências da Lei de Introdução às Normas do Direito Brasileiro (LINDB) com vistas a assegurar controle social, mais transparência e segurança jurídica em suas decisões (arts. 4º a 13);

4) exigência de análise de impacto regulatório (AIR) antes da adoção e propostas de alteração de atos normativos de interesse geral (art. 6º);

5) realização de consulta pública, prévia à tomada de decisão, a respeito de minutas e propostas de alteração em atos normativos de interesse geral (art. 9º);

6) criação de ouvidorias em todas as agências (art. 22);

7) mecanismos de interação entre as agências reguladoras e órgãos de defesa da concorrência, como o Cade (arts. 25 a 28);

8) estimulo à articulação entre as agências federais (arts. 29 e 30);

9) articulação com órgãos de defesa do consumidor e proteção ao meio ambiente, incluindo a possibilidade de edição de atos normativos conjuntos (art. 31);

10) interação com as agências estaduais, distritais e municipais (art. 34);

11) ampliação do **prazo de quarentena**, que agora é **de 6 meses.** Durante esse período de 6 meses, contados da exoneração ou do término do mandato, o ex-dirigente fica impedido de atuar no setor regulado pela respectiva agência (**art. 42**).

Sem dúvida, entre todas as novidades da Lei n. 13.848/2019 a mais impactante foi promovida por seu art. 3º:

"A natureza especial conferida à agência reguladora é **caracterizada pela ausência de tutela ou de subordinação hierárquica**, pela autonomia funcional, decisória, administrativa e financeira e pela investidura a termo de seus dirigentes e estabilidade durante os mandatos, bem como pelas demais disposições constantes desta Lei ou de leis específicas voltadas à sua Implementação" (original sem destaque).

Se aplicado textualmente, o art. 3º da Lei n. 13.848/2019 elimina a supervisão ministerial exercida sobre as agências reguladoras, tornando tais entidades ainda mais autônomas no exercício de suas atividades.

Ainda é muito cedo para saber como a doutrina e a jurisprudência vão se posicionar a respeito da polêmica novidade. Em princípio, parece estranho que um simples conceito legislativo tenha o poder de eliminar uma das características fundamentais do regime autárquico, que é sua vinculação ao poder central por meio de tutela realizada pela pasta supervisora.

3.8.3.7 Diretorias colegiadas

A Lei n. 9.986/2000, que trata da gestão de recursos humanos das agências federais, determina a obrigatoriedade do sistema diretivo colegiado nas agências. As Diretorias Colegiadas são compostas por cinco, quatro ou três diretores, conforme a entidade, **nomeados pelo Presidente da República com aprovação do Senado Federal**, caracterizando-se tal forma de investidura como um **ato administrativo complexo** na medida em que sua prática pressupõe a convergência de duas vontades distintas.

Nas agências estaduais, a nomeação é feita pelo Governador com aprovação da Assembleia Legislativa. Nas agências distritais, cabe também ao Governador realizar a nomeação e à Câmara Legislativa aprovar. Em âmbito municipal, o ato complexo exige o concurso de vontades entre o Prefeito e a Câmara Municipal.

3.8.3.7.1 Requisitos para nomeação dos dirigentes

Embora a escolha do dirigente da agência envolva uma margem de discricionariedade, a característica **especialização técnica** das agências reguladoras **proíbe a nomeação de indivíduos cuja atividade profissional seja claramente desvinculada do setor objeto da regulação**[11].

Nesse sentido, o art. 5º da Lei n. 9.986/2000 determina que os membros das Diretorias Colegiadas serão **brasileiros, de reputação ilibada, formação universitária e elevado conceito no campo de especialidade dos cargos para os quais serão nomeados**. Portanto, resta claro que padece de nulidade a nomeação, por exemplo, de um cardiologista para exercer o cargo de direção em agência reguladora de transportes públicos concedidos[12].

Além disso, a Lei n. 13.848/2019 alterou a redação do art. 5º da Lei n. 9.986/2000, passando a estabelecer requisitos de experiência mínima para nomeação de dirigentes das agências. Agora, o Presidente, Diretor-Presidente ou Diretor-Geral e os demais membros do Conselho Diretor ou da Diretoria Colegiada serão brasileiros, indicados pelo Presidente da República e por ele nomeados, após aprovação pelo Senado Federal, devendo ser atendidos um dos requisitos das alíneas "a", "b" e "c" do inciso I e, cumulativamente, o inciso II:

"I – ter experiência profissional de, no mínimo:

11. Fundação Getulio Vargas. Padrão de Respostas. Prova Discursiva. Direito Administrativo. VII Exame de Ordem Unificado.
12. Fundação Getulio Vargas. Padrão de Respostas. Prova Discursiva. Direito Administrativo. VII Exame de Ordem Unificado.

a) 10 (dez) anos, no setor público ou privado, no campo de atividade da agência reguladora ou em área a ela conexa, em função de direção superior; ou

b) 4 (quatro) anos ocupando pelo menos um dos seguintes cargos:

1. cargo de direção ou de chefia superior em empresa no campo de atividade da agência reguladora, entendendo-se como cargo de chefia superior aquele situado nos 2 (dois) níveis hierárquicos não estatutários mais altos da empresa;

2. cargo em comissão ou função de confiança equivalente a DAS-4 ou superior, no setor público;

3. cargo de docente ou de pesquisador no campo de atividade da agência reguladora ou em área conexa; ou

c) 10 (dez) anos de experiência como profissional liberal no campo de atividade da agência reguladora ou em área conexa; e

II – ter formação acadêmica compatível com o cargo para o qual foi indicado".

Assim como recentemente ocorreu com as empresas estatais, agora, para ser dirigente de agência reguladora, exige-se **comprovada experiência na área de atuação da agência e formação acadêmica compatível** com o cargo.

3.8.3.8 Classificação das agências reguladoras

A grande quantidade de agências reguladoras existentes no Brasil tem obrigado os estudiosos a elaborar várias classificações agrupando as entidades de acordo com diversos critérios:

1) Quanto à origem, as agências reguladoras podem ser **federais, estaduais, distritais** ou **municipais.** Ao contrário das agências federais que são especializadas, as agências pertencentes às demais esferas federativas são caracterizadas pela existência de competências mais abrangentes, sendo comum uma mesma entidade atuar na regulação de todos os serviços públicos titularizados pela pessoa federativa.

2) Quanto à atividade preponderante, **podem ser:**

a) agências de serviço: encarregadas das funções típicas de poder concedente, isto é, fiscalizar e disciplinar a prestação de serviços públicos executados por empresas particulares. Exemplos: Aneel, Anatel, ANTT, Antaq e Anac;

b) agências de polícia: exercem predominantemente a fiscalização sobre o exercício de atividades econômicas. Exemplos: ANS e Anvisa;

> A prova da Magistratura do Distrito Federal/2007 considerou INCORRETA a afirmação: "As agências reguladoras têm a função de regular e controlar atividades que são objeto de concessão, permissão ou autorização, mas não detêm poder de polícia para fiscalizar e impor sanções".

c) agências de fomento: criadas para promover o desenvolvimento de setores privados. Exemplo: Ancine;

d) agências do uso de bens públicos: realizam a gestão e o controle sobre o uso de bens públicos. Exemplo: ANA.

3) Quanto à previsão constitucional, as agências podem ser classificadas em:

a) com referência constitucional: é o caso da Anatel (art. 21, XI, da CF) e da ANP (art. 177, § 2º, III, da CF);

b) sem referência constitucional: com exceção da Anatel e da ANP, as demais agências reguladoras não têm previsão determinada diretamente pela Constituição Federal de 1988.

4) Quanto ao momento de criação: essa recente classificação das agências reguladoras federais parte da constatação de quatro períodos históricos relacionados à vida de tais entidades, podendo ser:

a) agências de primeira geração (1996 a 1999): foram instituídas logo após o processo de privatizações, assumindo a função de gerir e fiscalizar setores abertos à iniciativa privada. Exemplos: Anatel, Aneel e ANP;

> A prova da Magistratura Federal da 3ª Região elaborada pelo TRF3 em 2018 considerou CORRETA a assertiva: "No seu âmbito de atuação, as agências reguladoras podem exercer todas as prerrogativas e funções que a lei outorga ao Poder Público na gestão de contratos e atos de delegação relacionados ao serviço público".

b) agências de segunda geração (2000 a 2004): a segunda geração de agências brasileiras não possui vinculação direta com a onda de privatizações, sendo caracterizadas pela diversificação nos setores de atuação, como o poder de polícia e o fomento. Exemplos: ANS, ANA, Anvisa, ANTT, Antaq e Ancine;

c) agências de terceira geração (2005 até hoje): o surgimento da Anac permitiu a identificação de uma terceira onda envolvendo a criação de agências **reguladoras pluripotenciárias**, que exercem sobre o setor regulado simultaneamente poder de polícia, fomento e tarefas típicas de poder concedente.

Atualmente, o Brasil passa por uma fase de **declínio das agências reguladoras** decorrente de fragilidades que a concepção tecnicista neoliberal imprimiu à atuação de tais entidades. Ao mesmo tempo, o surgimento de crises nos setores objeto da atuação de algumas agências, como na aviação civil, desgastou a fórmula de dirigentes estáveis e mandatos fixos.

3.8.3.9 *Poder normativo*

As agências reguladoras são legalmente dotadas de competência para estabelecer regras disciplinando os respectivos setores de atuação. É o denominado **poder normativo** das agências.

A título de exemplo, veja o que diz o art. 19 da Lei n. 9.472/97 a respeito das competências normativas da Anatel:

"Art. 19. À Agência compete (...):

IV – expedir normas quanto à outorga, prestação e fruição dos serviços de telecomunicações no regime público;

VIII – administrar o espectro de radiofrequências e o uso de órbitas, expedindo as respectivas normas;

X – expedir normas sobre prestação de serviços de telecomunicações no regime privado;

XII – expedir normas e padrões a serem cumpridos pelas prestadoras de serviços de telecomunicações quanto aos equipamentos que utilizarem;

XIV – expedir normas e padrões que assegurem a compatibilidade, a operação integrada e a interconexão entre as redes, abrangendo inclusive os equipamentos terminais".

Tal poder normativo tem sua legitimidade condicionada ao cumprimento do princípio da legalidade, na medida em que os atos normativos expedidos pelas agências ocupam **posição de inferioridade em relação à lei** dentro da estrutura do ordenamento jurídico.

Além disso, convém frisar que **não se trata tecnicamente de competência regulamentar** porque a edição de regulamentos é privativa do chefe do Poder Executivo (art. 84, IV, da CF). Por isso, os atos normativos expedidos pelas agências reguladoras nunca podem conter determinações, simultaneamente, gerais e abstratas, sob pena de violação da privatividade da competência **regulamentar**.

A prova OAB/RJ considerou CORRETA a assertiva: "Das decisões finais das agências reguladoras, pode caber recurso hierárquico impróprio, caso previsto na lei ou na Constituição".

DICA: o chamado "poder normativo" compreende atribuições amplas para expedir atos administrativos de caráter abstrato, ou seja, que não se esgotam na primeira aplicação. Por isso, dizemos que são "normativos", porque disciplinam tantos casos quantos se encaixem na sua hipótese. O gênero "poder normativo" compreende decretos e regulamentos (poder regulamentar), normas de polícia (poder de polícia), regras sobre disciplina interna do serviço público (atos ordinatórios), normas expedidas por agências reguladoras, regimentos internos, entre muitas outras manifestações infralegais. Daí não podermos confundir o poder normativo (gênero) com o poder regulamentar (espécie).

Portanto, é fundamental não perder de vista **dois limites** ao exercício do poder normativo decorrentes do **caráter infralegal** dessa atribuição:

A prova da Magistratura/MG considerou CORRETA a assertiva: "As agências reguladoras devem adaptar-se ao sistema jurídico brasileiro, principalmente quanto ao controle de legalidade dos seus atos".

a) os atos normativos **não podem contrariar regras fixadas na legislação** ou tratar de temas que não foram objeto de lei anterior;

A prova da Magistratura/MG considerou ERRADA a assertiva: "As agências reguladoras não se submetem, de modo absoluto, à legislação formal, daí se falar hoje em 'deslegalização'".

b) é **vedada a edição, pelas agências, de atos administrativos gerais e abstratos.**

3.8.3.9.1 Teoria da deslegalização (delegificação)

Desenvolvida no Direito europeu, especialmente na Itália, a teoria da deslegalização ou delegificação defende a possibilidade de o **Parlamento rebaixar formalmente o assunto normatizado em uma lei para o nível de regulamento**, a fim de que a Administração Pública possa disciplinar com maior liberdade a matéria deslegalizada, inclusive revogando leis anteriores sobre o mesmo tema.

Assim, o **objetivo** original da deslegalização seria **delegar a autoridades administrativas o poder de disciplina normativa sobre matérias de competência do Legislativo.**

A evidente incompatibilidade desse rebaixamento normativo com o texto constitucional de 1988 pode ser sintetizada nos seguintes **argumentos contrários à deslegalização no Brasil**[13]:

1) descumprimento do devido processo para criação de leis no Brasil (inovação no processo legislativo);

2) instrumento ilegítimo e simulado de delegação de competência materialmente legislativa;

3) ruptura da primazia da lei ao permitir que ato administrativo revogue norma legal;

4) instituição de verdadeiros regulamentos autônomos formais sem fundamento na Constituição Federal;

5) afronta à Tripartição dos Poderes, já que autoridade integrante do Executivo estaria invadindo competência do Parlamento (art. 48 da CF: "Compete ao Congresso dispor sobre todas as matérias de competência da União..."):

6) violação da legalidade, na medida em que atos administrativos poderiam criar obrigações de fazer ou não fazer;

7) desrespeito ao art. 25, I, do ADCT, que proíbe delegação do Legislativo ao Executivo de competências normativas.

De outro lado, há **estudiosos favoráveis ao uso da deslegalização** como técnica capaz de abrir caminho para uma **ampliação do poder normativo atribuído às agências reguladoras**[14].

---

13. Entre os autores que no Brasil rejeitam o instituto, ver, por exemplo: Letícia Queiroz de Andrade (Poder normativo das agências reguladoras, *Redae*, n. 15, 2008) e Gustavo Binenbojm (*Uma teoria do direito administrativo*, 2. ed., Renovar, 2008).

14. Podem ser mencionados como defensores da aplicabilidade da teoria em nosso Direito: Diogo Figueiredo Moreira Neto (Mutação nos serviços públicos, *Revista Eletrônica de Direito Administrativo Econômico*, n. 1, 2009); Alexandre Santos de Aragão (O poder normativo das agências independentes e o estado democrático de direito, *Revista de Informação Legislativa*, n. 148); Rafael Carvalho Rezende de Oliveira (*A constitucionalização do direito administrativo*, Lumen Juris, 2009); e o interessante artigo A deslegalização no poder normativo das agências reguladoras, de Ricardo Cesar Ferreira Duarte Junior, disponível no *site*: <http://www.ambitojuridico.com.br>, de cujo conteúdo foram extraídas as principais informações para a elaboração do presente tópico.

Entre os autores pátrios, a teoria original sofreu adaptações diante do regime constitucional brasileiro. Passou-se a falar mais em **atribuição de competência com natureza administrativa**, evitando com isso as dificuldades de uma "delegação de índole legislativa" transversa.

Para seus defensores, são **argumentos favoráveis à deslegalização**, fundamentando um amplo poder normativo conferido às agências reguladoras:

1) as entidades reguladoras são autoridades especializadas na atuação técnica, estando mais capacitadas para disciplinar os mercados regulados do que o legislador;

2) a autonomia qualificada favorece uma normatização menos influenciada por interesses político-partidários;

3) o poder deslegalizado no âmbito da agência aproxima a instância decisória e o cidadão, em benefício de uma mais ampla participação do usuário na gestão pública (reforço de legitimidade)[15], se comparado com as decisões adotadas distanciadas adotadas pelo Legislativo;

4) se o Legislativo tem o poder de revogar uma lei anterior, por que não o teria de simplesmente rebaixar o seu grau hierárquico?[16];

5) a Administração Pública tem maiores condições de acompanhar e avaliar a cambiante e complexa realidade econômica e social[17];

6) a lei deslegalizadora estabelece parâmetros e princípios (*standards*) a serem seguidos pelo regulamento; que está vinculado aos princípios constitucionais (expressos e implícitos). Por isso, em vez de falar em delegação de poderes, seria mais adequado falar em atribuição de competência pelo legislador ao administrador. O ato normativo das agências atuará dentro dos limites estabelecidos na lei. Ao ente regulador a lei atribui o papel de preencher a moldura com conhecimentos técnicos à luz da realidade em que a lei vai ser aplicada[18].

Nota-se que nessa deslegalização "à brasileira", diferente da técnica originalmente concebida na Europa, o Parlamento não rebaixa a competência legislativa em administrativa por meio de ato formal. Pelo contrário, tratar-se-ia de uma larguíssima margem de discricionariedade, transferindo ao ente regulador poderes para normatizar assuntos técnicos que a legislação intencionalmente evitou.

Porém, é importante destacar quais são os limites constitucionais à deslegalização, apontados pelos próprios defensores da teoria[19]:

---

15. Rafael Carvalho Rezende Oliveira, *Curso de direito administrativo*, 2. ed., p. 98.

16. O argumento é de Alexandre dos Santos Aragão, O poder normativo das agências independentes e o estado democrático de direito, p. 289.

17. Alexandre dos Santos Aragão, O poder normativo das agências independentes e o estado democrático de direito, p. 289.

18. Ricardo Cesar Ferreira Duarte Junior, A deslegalização no poder normativo das agências reguladoras.

19. Rafael Carvalho Rezende Oliveira, *Curso de direito administrativo*, 2. ed., p. 98.

a) temas que exigem reserva de lei formal (ex.: art. 37, XIX, da CF);

b) assuntos sob reserva de lei complementar (ex.: art. 146, III, da CF);

c) matérias de natureza "nacional" ou "geral", isto é, que vinculam simultaneamente todas as entidades federativas (ex.: art. 24, § 1º, da CF).

3.8.3.10 Supervisão ministerial e recursos hierárquicos impróprios

A Advocacia-Geral da União emitiu dois importantes pareceres sobre o controle administrativo da atuação das agências reguladoras federais. No Parecer AGU 51/2006, reconheceu-se a possibilidade de interposição de **recurso hierárquico impróprio**, dirigido ao ministro da pasta supervisora, contra decisões das agências que inobservarem a adequada compatibilização com as políticas públicas adotadas pelo Presidente da República e os Ministérios que o auxiliam.

No Parecer AGU 4/2006, foram abordados diversos temas relativos à supervisão ministerial sobre as atividades das agências reguladoras federais, especialmente para o fim de **admitir a avocação, pelo Presidente da República, de competências regulatórias das agências**. Abaixo segue a transcrição da ementa do referido parecer[20]:

"EMENTA: PORTO DE SALVADOR. THC2. DECISÃO DA ANTAQ. AGÊNCIA REGULADORA. CONHECIMENTO E PROVIMENTO DE RECURSO HIERÁRQUICO IMPRÓPRIO PELO MINISTÉRIO DOS TRANSPORTES. SUPERVISÃO MINISTERIAL. INSTRUMENTOS. REVISÃO ADMINISTRATIVA. LIMITAÇÕES.

I – O Presidente da República, por motivo relevante de interesse público, poderá avocar e decidir qualquer assunto na esfera da Administração Federal (DL n. 200/67, art. 170).

II – Estão sujeitas à revisão ministerial, de ofício ou por provocação dos interessados, inclusive pela apresentação de recurso hierárquico impróprio, as decisões das agências reguladoras referentes às suas atividades administrativas ou que ultrapassem os limites de suas competências materiais definidas em lei ou regulamento, ou, ainda, violem as políticas públicas definidas para o setor regulado pela Administração direta.

III – Excepcionalmente, por ausente o instrumento da revisão administrativa ministerial, não pode ser provido recurso hierárquico impróprio dirigido aos Ministérios supervisores contra as decisões das agências reguladoras adotadas finalisticamente no estrito âmbito de suas competências regulatórias previstas em lei e que estejam adequadas às políticas públicas definidas para o setor.

IV – No caso em análise, a decisão adotada pela ANTAQ deve ser mantida, porque afeta à sua área de competência finalística, sendo incabível, no

20. Fonte: <http://www.agu.gov.br/atosinternos> (pareceres).

presente caso, o provimento de recurso hierárquico impróprio para a revisão da decisão da Agência pelo Ministério dos Transportes, restando sem efeito a aprovação ministerial do Parecer CONJUR/MT n. 244/2005.

V – A coordenação das Procuradorias Federais junto às agências reguladoras pelas Consultorias Jurídicas dos Ministérios não se estende às decisões adotadas por essas entidades da Administração indireta quando referentes às competências regulatórias desses entes especificadas em lei, porque, para tanto, decorreria do poder de revisão ministerial, o qual, se excepcionalmente ausente nas circunstâncias esclarecidas precedentemente, afasta também as competências das Consultorias Jurídicas. O mesmo ocorre em relação à vinculação das agências reguladoras aos pareceres ministeriais, não estando elas obrigadas a rever suas decisões para lhes dar cumprimento, de forma também excepcional, desde que nesse mesmo âmbito de sua atuação regulatória.

VI – Havendo disputa entre os Ministérios e as agências reguladoras quanto à fixação de suas competências, ou mesmo divergência de atribuições entre uma agência reguladora e outra entidade da Administração indireta, a questão deve ser submetida à Advocacia-Geral da União.

VII – As orientações normativas da AGU vinculam as agências reguladoras.

VIII – As agências reguladoras devem adotar todas as providências para que, à exceção dos casos previstos em lei, nenhum agente que não integre a carreira de Procurador Federal exerça quaisquer das atribuições previstas no art. 37 da MP n. 2.229-43/2001".

> CUIDADO: cabe salientar que os dois pareceres da AGU acerca da tutela ministerial das agências reguladoras são anteriores à novidade introduzida pelo art. 3º da Lei n. 13.848/2019, segundo o qual a autonomia das agências reguladoras caracteriza-se pela ausência de tutela ("Art. 3º A natureza especial conferida à agência reguladora é caracterizada pela ausência de tutela ou de subordinação hierárquica, pela autonomia funcional, decisória, administrativa e financeira e pela investidura a termo de seus dirigentes e estabilidade durante os mandatos, bem como pelas demais disposições constantes desta Lei ou de leis específicas voltadas à sua implementação"). A novidade legislativa é ainda muito recente, sendo necessário aguardar se a AGU manterá seu entendimento exarado nos citados pareceres ou seguirá outra orientação.

3.8.4 Agências executivas

Previstas no art. 37, § 8º, da Constituição Federal, com redação dada pela Emenda Constitucional n. 19/98, agência executiva **é um título atribuído pelo governo federal a autarquias, fundações públicas e órgãos que celebrem contrato de desempenho** para ampliação **de sua autonomia** mediante a fixação **de metas de desempenho.**

Assim, as agências executivas não são uma nova espécie de pessoa jurídica da Administração Pública, mas uma **qualificação** obtida por entidades e órgãos públicos.

Importante instrumento da **administração gerencial**, o instituto da agência executiva foi uma tentativa de aumentar a eficiência da Administração Pública por meio da **flexibilização de exigências** legais em benefício da eficiência na gestão do interesse público.

A baixa qualidade técnica dos diplomas normativos disciplinadores da outorga do título de agência executiva e a falta de clareza quanto aos seus objetivos resultaram na diminuta repercussão prática do instituto, havendo poucos casos de entidades que obtiveram tal qualificação. Um raro **exemplo** de agência executiva é o Instituto Nacional de Metrologia, Normalização e Qualidade Industrial – **Inmetro**, uma autarquia federal que obteve a referida qualificação.

3.8.4.1 Histórico

A disciplina jurídica das agências executivas é realizada por diversos diplomas normativos abaixo mencionados.

1) Decreto n. 2.487/98: regulamenta o procedimento de outorga da qualificação. Segundo o decreto, as **autarquias** e as **fundações integrantes** da Administração Pública Federal poderão, observadas as diretrizes do **Plano Diretor da Reforma do Aparelho do Estado**, ser qualificadas como Agências Executivas (art. 1º).

A qualificação de autarquia ou fundação como Agência Executiva poderá ser conferida mediante **iniciativa do Ministério supervisor**, com anuência do Ministério da Administração Federal e Reforma do Estado, que verificará o cumprimento, pela entidade candidata à qualificação, dos seguintes **requisitos**:

> **A prova da Magistratura do Distrito Federal/2007 considerou INCORRETA a afirmação: "A qualificação como agência executiva é feita por meio de lei de iniciativa privativa do Presidente da República".**

a) ter celebrado **contrato de gestão** com o respectivo **Ministério supervisor**;

b) ter **plano estratégico de reestruturação** e de desenvolvimento institucional, voltado para a melhoria da qualidade da gestão e para a **redução de custos**, já concluído ou em andamento.

O ato de qualificação como Agência Executiva dar-se-á **mediante decreto**.

O art. 1º, § 4º, do decreto disciplina o **processo de desqualificação**, sendo realizado por iniciativa do Ministério supervisor, com anuência do Ministério da Administração Federal e Reforma do Estado, sempre que houver descumprimento dos requisitos para outorga do título.

2) Decreto n. 2.488/98: delegou aos Ministérios supervisores competência para aprovar ou readequar estruturas regimentais ou estatutos das Agências

Executivas. O Ministro supervisor poderá subdelegar ao dirigente máximo da Agência Executiva a competência mencionada.

3) Lei n. 9.649/98: dispondo sobre a organização da Presidência da República, a Lei n. 9.649/98, no art. 51, trata especificamente do processo de qualificação como agência executiva, *in verbis:* "O Poder Executivo poderá qualificar como Agência Executiva a autarquia ou fundação que tenha cumprido os seguintes requisitos: I – ter um plano estratégico de reestruturação e de desenvolvimento institucional em andamento; II – ter celebrado Contrato de Gestão com o respectivo Ministério supervisor".

A lei prescreve que **a qualificação como agência executiva será feita em ato do Presidente da República**, sendo que o Poder Executivo editará medidas de organização administrativa específicas, visando assegurar a sua autonomia de gestão, bem como a disponibilidade de recursos orçamentários e financeiros para o cumprimento dos objetivos e metas definidos nos contratos de gestão.

4) Emenda Constitucional n. 19/98: a Emenda da Reforma Administrativa acrescentou o § 8º no art. 37 da Constituição Federal, determinando que a **autonomia** gerencial, orçamentária e financeira dos **órgãos e entidades da administração direta e indireta** poderá ser **ampliada mediante contrato**, a ser firmado entre seus administradores e o Poder Público, que tenha por objeto a fixação de metas de desempenho para o órgão ou entidade, cabendo à lei dispor sobre:

I – o prazo de duração do contrato;

II – os controles e critérios de avaliação de desempenho, direitos, obrigações e responsabilidade dos dirigentes;

III – a remuneração do pessoal.

5) Lei n. 13.934/2019: regulamenta o contrato referido no § 8º do art. 37 da Constituição Federal, denominado "contrato de desempenho", no âmbito da administração pública federal direta de qualquer dos Poderes da União e das autarquias e fundações públicas federais.

3.8.4.2 Características

As **características fundamentais** das agências executivas são as seguintes:

a) são **autarquias**, fundações e órgãos que recebem a qualificação por decreto do Presidente da República ou portaria expedida por Ministro de Estado;

> A prova do Ministério Público/MS considerou INCORRETA a afirmação: "O contrato de gestão só pode ser celebrado entre a União e suas empresas estatais".

b) celebram contrato de desempenho com o Ministério supervisor para ampliação da autonomia;

c) possuem um plano estratégico de reestruturação e de desenvolvimento institucional, voltado para a melhoria da qualidade da gestão e para a redução de **custos**.

A prova da Magistratura Federal/5ª Região considerou ERRADA a afirmação: "A qualificação de uma autarquia como agência executiva, o que lhe assegura aumento dos valores de contratação de obras e serviços de engenharia com dispensa de licitação, depende de ela ter um plano estratégico de reestruturação e de desenvolvimento institucional em andamento ou, alternativamente, da celebração de contrato de gestão com o respectivo ministério supervisor".

MUITO IMPORTANTE: nos termos do art. 24, parágrafo único, da Lei n. 8.666/93, as agências executivas têm **o dobro do limite** para **contratação direta por dispensa de licitação**. Assim, obras e serviços de engenharia de até R$ 30.000,00 (trinta mil reais) e demais objetos de até R$ 16.000,00 (dezesseis mil reais) podem ser contratados pelas agências executivas sem **licitação**. Cabe lembrar que, com a promulgação do Novo Estatuto Jurídico da Empresa Pública, Sociedade de Economia Mista e suas Subsidiárias, criado pela Lei n. 13.303, de 30 de junho de 2016, os limites de contratação direta por dispensa de licitação nas empresas públicas e sociedades de economia mista foram alterados para (art. 29):

a) R$ 100.000,00 (cem mil reais) para obras e serviços de engenharia;

b) R$ 50.000,00 (cinquenta mil reais) para outros serviços e compras.

3.8.4.3 *Contrato de desempenho (Lei n. 13.934/2019)*

A Lei n. 13.934/2019 regulamentou o contrato referido no § 8º do art. 37 da Constituição Federal, chamando-o de "contrato de desempenho", a ser firmado no âmbito da administração pública federal direta de qualquer dos poderes da União e das Autarquias e Fundações Públicas federais.

O contrato de desempenho é um acordo celebrado entre o órgão ou entidade supervisora e o órgão ou entidade supervisionada, por meio de seus administradores, para o estabelecimento de metas de desempenho do supervisionado, contendo os respectivos prazos de execução e indicadores de qualidade, tendo como contrapartida a concessão de flexibilidades ou autonomias especiais (art. 2º).

O contrato de desempenho tem como objetivo fundamental a promoção da melhoria do desempenho do supervisionado, visando especialmente a aperfeiçoar o acompanhamento e o controle de resultados da gestão pública, mediante instrumento caracterizado por consensualidade, objetividade, responsabilidade e transparência; compatibilizar as atividades do supervisionado com as políticas públicas e os programas governamentais; facilitar o controle social sobre a atividade administrativa; estabelecer indicadores objetivos para o controle de resultados e o aperfeiçoamento das relações de cooperação e supervisão; fixar a responsabilidade de dirigentes quanto aos resultados; promover o desenvolvimento e a implantação de modelos de gestão flexíveis, vinculados ao desempenho e propiciadores de envolvimento efetivo dos agentes e dos dirigentes na obtenção de melhorias contínuas da qualidade dos serviços prestados à comunidade (art. 5º).

3.8.4.4 Comparação entre agências executivas e agências reguladoras

A nomenclatura assemelhada e as frequentes confusões entre os institutos recomendam esclarecer as mais importantes diferenças entre agências executivas e agências reguladoras.

Quadro comparativo entre agências executivas e agências reguladoras		
	Agências executivas	**Agências reguladoras**
Natureza	Qualificação jurídica atribuída a órgãos ou pessoas governamentais	Autarquias com regime especial
Atuação	Visam a operacionalidade mediante exercício descentralizado de tarefas públicas	Controle e fiscalização de setores privados
Surgimento	Contexto da reforma administrativa	Contexto da reforma administrativa
Exemplos	Inmetro	Anatel, Aneel, Anac
Base ideológica	Modelo da administração gerencial	Modelo da administração gerencial
Âmbito Federativo	Existem somente no âmbito federal	Existentes em todas as esferas federativas

3.8.5 Associações públicas

O art. 241 da **Constituição Federal** prescreve que a União, os Estados, o Distrito Federal e os Municípios disciplinarão por meio de lei os **consórcios públicos** e os **convênios de cooperação** entre os entes federados, autorizando a **gestão associada** de serviços públicos, bem como a transferência total ou parcial de encargos, serviços, pessoal e bens essenciais à continuidade dos serviços **transferidos**.

> A prova da Magistratura do Paraná/2008 considerou CORRETA a afirmação: "Os objetivos dos consórcios públicos serão determinados pelos entes da Federação que se consorciarem, observados os limites constitucionais".

Regulamentando a citada norma constitucional, a **Lei n. 11.107/2005** disciplinou o instituto do consórcio público. **Consórcio público é o negócio jurídico plurilateral** de direito público que tem por objeto medidas de **mútua cooperação** entre **entidades federativas**, resultando na criação de uma **pessoa jurídica autônoma** com natureza de direito privado ou de direito **público**.

> A prova da Procuradoria da Fazenda Nacional elaborada pela Esaf considerou CORRETA a afirmação: "O sistema legislativo pátrio possibilita aos consórcios públicos a promoção de amplo rol de atividades, entre as quais se inclui receber subvenções econômicas ou sociais de órgãos do Governo, promover a arrecadação de tarifas e outorgar concessão de serviços públicos mediante autorização prevista no contrato de consórcio público".

A maior novidade do regime estabelecido pela Lei n. 11.107/2005 é a personificação ("pejotização") dos consórcios. As entidades consorciadas podem optar entre duas naturezas distintas para a sociedade de propósito específico criada após a celebração do contrato (art. 6º):

a) consórcio com natureza de direito privado sem fins econômicos: basicamente submete-se às **regras da legislação civil**, mas tem que seguir a legislação administrativa quanto à licitação, celebração de contratos, prestação de contas e admissão de pessoal sob regime **celetista**. Os consórcios de direito privado **não integram a Administração**;

> A prova da Magistratura do Paraná/2008 considerou CORRETA a afirmação: "No caso de se revestir de personalidade jurídica de Direito Privado, o consórcio público observará as normas de Direito Público no que concerne à realização de licitação, celebração de contratos, prestação de contas e admissão de pessoal, que será regido pela CLT".

b) associação pública: se as entidades consorciadas optarem por conferir **natureza jurídica de direito público**, a nova pessoa jurídica recebe a denominação de associação pública. De acordo com a regra prevista no art. 6º da Lei n. 11.107/2005, **a associação pública integra a Administração Pública Indireta de todos os entes consorciados**. Essa estranha característica inaugura no Brasil a figura da **entidade transfederativa** porque a associação pública poderá ser ao mesmo tempo federal, estadual e municipal, integrando todas as esferas federativas das pessoas consorciadas.

> A prova da Magistratura do Paraná/2008 considerou CORRETA a afirmação: "O consórcio público com personalidade jurídica de Direito Público integra a Administração indireta de todos os entes da Federação consorciados".

> PERGUNTA: O que são entidades transfederativas?
> RESPOSTA: São as associações públicas pertencentes à Administração Pública Indireta de todas as pessoas federativas consorciadas.

A novidade certamente implica diversas dificuldades práticas a respeito da legislação aplicável às associações pertencentes a mais de uma esfera federativa. Parece razoável concluir que se aplica à associação a legislação do âmbito federativo da entidade consorciada geograficamente mais extensa. Assim, por exemplo, se a União participa do consórcio, então a legislação aplicável será a federal quanto ao regime de contratação, procedimento licitatório, sistemas de controle etc.

É certo que as **associações públicas** são **pessoas jurídicas de direito público** interno pertencentes à **Administração Pública Indireta**. Nesse sentido, prescreve o art. 41, IV, do Código Civil: "São pessoas jurídicas de direito público interno: (...) IV – as autarquias, inclusive as associações". Predomina o entendimento de que as associações públicas são uma **nova categoria de pessoas da Administração Indireta**. José dos Santos Carvalho Filho, em posição minoritária, considera que é uma **espécie de autarquia**.

As associações públicas possuem alguns **privilégios**, também extensivos aos consórcios com natureza de direito privado, tais como:

a) poder de **promover desapropriações** e de instituir **servidões** – art. 2º, § 1º, II. Note que a competência é para "promover desapropriações", ou seja, praticar atos materiais de apoio ao procedimento expropriatório, diz a lei "nos termos de declaração de utilidade ou necessidade pública, ou interesse social, realizada pelo Poder Público". Assim, os consórcios públicos **não têm competência para desapropriar** (iniciar o procedimento expedindo o decreto expropriatório);

b) possibilidade de serem **contratadas** pela Administração Direta ou Indireta, **com dispensa de licitação** – art. 2º, § 1º, III;

c) o **dobro do limite para contratação direta** por dispensa de licitação em razão do valor – art. 24, I e II, **Lei n. 8.666/93**.

> A prova da Procuradoria da Fazenda Nacional elaborada pela Esaf considerou CORRETAS as quatro assertivas abaixo: "1) os consórcios públicos podem realizar licitação da qual decorram contratos administrativos celebrados por órgãos dos entes da Federação consorciados; 2) o consórcio público com personalidade jurídica de Direito Público integra a Administração indireta de todos os entes da Federação consorciados; 3) os consórcios públicos podem ter personalidade jurídica de Direito Público ou de Direito Privado; 4) revestindo personalidade jurídica de Direito Privado, o consórcio público observará as normas de Direito Público no que concerne à celebração de contratos".

3.8.6 Empresas estatais

Dá-se o nome de empresas estatais às pessoas jurídicas de **direito privado** não fundacionais pertencentes à Administração Pública Indireta, a saber: **empresas públicas, sociedades de economia mista e subsidiárias**. Em que pese a personalidade de direito privado, empresas públicas, sociedades de economia mista e subsidiárias têm em comum as seguintes **características**:

> Levando em conta que empresas públicas e sociedades de economia mista têm regime predominantemente privado, e não próprio das empresas privadas, a prova da Magistratura do Tocantins considerou INCORRETA a assertiva: "As empresas públicas e as sociedades de economia mista que exploram atividade econômica em regime de monopólio submetem-se ao regime jurídico próprio das empresas privadas".

a) sofrem controle pelos **Tribunais de Contas**, Poder Legislativo e Judiciário;

b) dever de contratar mediante **prévia licitação**. Entretanto, as empresas públicas e sociedades de economia mista **exploradoras de atividade econômica não precisam licitar** para a contratação de **bens e serviços relacionados** diretamente **com suas atividades finalísticas**, sob pena de inviabilizar a competição com as empresas privadas do mesmo setor;

c) limites muito maiores para contratação direta por dispensa de licitação (até R$ 100.000,00 para obras e serviços de engenharia; até R$ 50.000,00, para demais objetos) (art. 29, I e II, da Lei n. 13.303/2016);

d) obrigatoriedade de realização de **concurso público**;

e) **proibição de acumulação** de cargos, empregos ou funções públicas;

f) contratação de pessoal pelo **regime celetista** de emprego público, com exceção dos dirigentes, sujeitos ao regime **comissionado** (cargos "de confiança");

> A prova da OAB Nacional elaborada pelo Cespe considerou CORRETA a assertiva: "Os dirigentes das empresas estatais que não são empregados dessas empresas não são considerados celetistas".

g) **remuneração** dos empregos **não sujeita ao teto constitucional**, exceto se receberem recursos públicos para pagamento de despesas de pessoal ou de custeio em geral (art. 37, § 9º, da CF);

h) jurisprudência do Supremo Tribunal Federal considerando **inconstitucional a exigência de aprovação prévia**, no âmbito do Poder Legislativo, como requisito para nomeação de seus dirigentes pelo chefe do Executivo;

i) **impossibilidade de falência** (art. 2º, I, da Lei n. 11.101/2005).

3.8.6.1 *Empresas públicas*

Empresas públicas são **pessoas jurídicas de direito privado**, criadas por **autorização legislativa**, com **totalidade de capital público** e regime **organizacional livre.** Exemplos: Banco Nacional de Desenvolvimento Econômico e Social – BNDES, Empresa Brasileira de Correios e Telégrafos – ECT, Caixa Econômica Federal – CEF, Empresa Brasileira de Pesquisa Agropecuária – **Embrapa** e Empresa Brasileira de Infraestrutura Aeroportuária – **Infraero.**

O **conceito legislativo** está previsto no art. 5º, II, do Decreto-lei n. 200/67: empresas públicas são entidades dotadas de personalidade jurídica de direito privado, **com patrimônio próprio e capital exclusivo da União**, criadas por lei para exploração de atividade econômica que o Governo seja levado a exercer por força de contingência, ou de conveniência administrativa, podendo revestir-se de quaisquer das formas admitidas em direito.

Elaborado no final dos anos 1960, o conceito de empresa pública presente no Decreto-lei n. 200 está desatualizado em três pontos principais:

a) "capital exclusivo da União": na verdade a doutrina considera que o capital da empresa pública deve ser **exclusivamente público**, podendo sua origem ser federal, distrital, estadual ou **municipal**;

> A prova da Defensoria Pública/BA elaborada pelo Cespe considerou CORRETA a afirmação: "O capital das empresas públicas é totalmente público, podendo pertencer a diversos entes públicos".

b) "criadas por lei": a nova redação do art. 37, XIX, da Constituição Federal, dada pela Emenda n. 19/98, prescreve que empresas públicas e sociedades de economia mista não são **criadas** por **lei**, mas **mediante autorização legislativa**;

> A prova da Magistratura/GO considerou ERRADA a assertiva: "A empresa pública da União é pessoa jurídica de Direito Privado, criada por lei específica mediante proposta do Presidente da República".

c) "para exploração de atividade econômica": atualmente empresas públicas podem desempenhar dois tipos diferentes de atuações: exercer **atividades econômicas** ou prestar **serviços públicos.**

Mais atualizado, o art. 3º da Lei n. 13.303/2016 define empresa pública como "a entidade dotada de personalidade jurídica de direito privado, com criação autorizada por lei e com patrimônio próprio, cujo capital social é integralmente detido pela União, pelos Estados, pelo Distrito Federal ou pelos Municípios".

O parágrafo único do citado dispositivo admite a participação de outras entidades públicas no capital votante sem descaracterizar a natureza de empresa pública: "Desde que a maioria do capital votante permaneça em propriedade da União, do Estado, do Distrito Federal ou do Município, será admitida, no capital da empresa pública, a participação de outras pessoas jurídicas de direito público interno, bem como de entidades da administração indireta da União, dos Estados, do Distrito Federal e dos Municípios".

3.8.6.1.1 Características

As empresas públicas possuem as seguintes características fundamentais:

a) criação autorizada por lei específica: sempre que a Constituição utiliza a locução "mediante autorização legislativa" é porque a forma de instituição da entidade submete-se a um procedimento distinto da simples "criação por lei". A instituição por meio de lei específica envolve **três fases:** a) **promulgação de lei** autorizadora; b) **expedição de decreto** regulamentando a lei; c) **registro dos atos constitutivos** em **cartório** e na Junta **Comercial**. Ao contrário das autarquias criadas por lei, a personalidade jurídica das empresas públicas não surge com a simples promulgação do diploma legislativo, mas com o registro de sua constituição no cartório competente. É o que determina o art. 45 do Código Civil: "**começa a existência legal** das pessoas jurídicas de direito privado **com a inscrição do ato constitutivo no respectivo registro**, precedida, quando necessário, de autorização ou aprovação do Poder Executivo, averbando-se no registro todas as alterações por que passar o ato constitutivo". Trata-se de forma de criação imposta pela natureza privada das empresas públicas. Pela mesma razão, **extinção de empresa pública** exige **idêntico procedimento:** 1) lei autorizando; 2) decreto regulamentando a extinção; 3) baixa dos atos constitutivos no registro competente;

> A prova da OAB/SP elaborada pela Vunesp considerou ERRADA a assertiva: "As fundações têm necessariamente personalidade jurídica de Direito Público, assemelhando-se às autarquias".

b) todo capital é público: nas empresas públicas não existe dinheiro privado integrando o capital **social votante**;

> A prova da OAB/SP elaborada pela Vunesp considerou ERRADA a assertiva: "Mediante autorização de lei específica, as empresas públicas podem contar com participação privada em seu capital".
>
> Admitindo que o capital público pode estar repartido entre diversas pessoas governamentais, a prova de Procurador do Banco Central elaborada pela Esaf considerou CORRETA a afirmação: "No Direito brasileiro, uma empresa cujo capital seja de titularidade de três acionistas: União Federal – que possui maioria do capital votante –, uma autarquia estadual e uma empresa pública municipal integra a Administração indireta, sendo considerada empresa pública".
>
> A prova de Técnico da DPU elaborada pelo Cespe em 2016 considerou ERRADA a afirmação: "Cria-se empresa pública e autoriza-se seu imediato funcionamento por meio de publicação de lei ordinária específica".

c) forma organizacional livre: o art. 5º, II, do Decreto-lei n. 200/67 determina que a estrutura organizacional das empresas públicas pode adotar qualquer forma admitida pelo Direito Empresarial, tais como: sociedade anônima, limitada e **comandita**;

> A prova do Ministério Público/MS considerou CORRETA a afirmação: "É possível, na esfera federal, uma empresa pública ser organizada sob a forma de sociedade anônima sendo a União sua única proprietária".

d) suas demandas são de competência da Justiça Federal: nos termos do art. 109 da Constituição Federal, cabe à **Justiça Federal** julgar as causas de interesse da União, entidade autárquica ou **empresa pública federal.** No caso das empresas públicas distritais, estaduais ou municipais, em regra, as demandas são julgadas em varas especializadas da Fazenda Pública na justiça comum estadual.

3.8.6.2 Sociedades de economia mista

Sociedades de economia mista são **pessoas jurídicas de direito privado,** criadas mediante **autorização legislativa,** com **maioria de capital público** e organizadas obrigatoriamente como **sociedades anônimas.** Exemplos: **Petrobras, Banco do Brasil, Telebras, Eletrobras e Furnas.**

O **conceito legal** de sociedade de economia mista está previsto no art. 5º, III, do Decreto-lei n. 200/67: "a entidade dotada de personalidade jurídica de direito privado, criada por lei para a exploração de atividade econômica, sob a **forma de sociedade anônima, cujas ações com direito a voto pertençam em sua maioria à União ou à entidade da Administração Indireta**".

Assim como nas empresas públicas, o conceito de sociedade de economia mista apresentado pelo Decreto-lei n. 200/67 exige dois reparos: são **criadas mediante autorização legislativa,** e não por lei; além de explorar atividades econômicas, **podem também prestar serviços públicos.**

É relevante destacar, ainda, que a referência à maioria do capital votante pertencente à União ou à entidade da Administração Indireta diz respeito às sociedades de economia mista federais. Aquelas ligadas às demais esferas federativas, evidentemente, terão maioria de capital votante pertencendo ao Estado, Distrito Federal, Municípios, ou às respectivas entidades descentralizadas. (A prova da Magistratura Federal da 3ª Região elaborada pelo TRF3 considerou CORRETA a assertiva: "Lei que crie sociedade de economia mista controlada pela União pode conter cláusula genérica que permita àquela sociedade adquirir participação em outras empresas".)

Mais recentemente, o art. 4º da Lei n. 13.303/2016 definiu sociedade de economia mista como "a entidade dotada de personalidade jurídica de direito privado, com criação autorizada por lei, sob a forma de sociedade anônima, cujas ações com direito a voto pertençam em sua maioria à União, aos Estados, ao Distrito Federal, aos Municípios ou a entidade da administração indireta".

A entidade controladora da sociedade de economia mista sujeita-se aos deveres e responsabilidades do acionista controlador, previstos na Lei das S/A **(Lei n. 6.404/76)**, e deverá exercer o poder de controle no interesse da companhia, respeitado o interesse público que justificou sua criação (art. 4º, § 1º, da Lei n. 13.303/2016).

No caso de sociedade de economia mista com registro na Comissão de Valores Mobiliários, aplicam-se também à sua atuação as disposições da Lei do Mercado de Valores Mobiliários (Lei n. 6.385/76).

3.8.6.2.1 Características

Bastante semelhantes às empresas públicas, as sociedades de economia mista possuem as seguintes características jurídicas relevantes:

a) criação autorizada por lei: a personalidade jurídica surge com o registro dos atos constitutivos em cartório, assim como ocorre com as empresas públicas, não sendo criadas diretamente **pela lei**;

> A prova da OAB Nacional elaborada pelo Cespe considerou ERRADA a assertiva: "As autarquias, fundações e empresas estatais, de acordo com o princípio da legalidade, devem ser criadas por meio da lei".

b) a maioria do capital é público: na composição do capital votante, pelo menos 50% mais uma das ações com direito a voto devem pertencer ao Estado. É obrigatória, entretanto, a presença de capital votante privado, ainda que amplamente minoritário, sob pena de a entidade converter-se em empresa pública. Quanto às ações sem direito a voto, a legislação não faz qualquer exigência em relação aos seus detentores, podendo inclusive todas pertencer à iniciativa privada. A lei preocupa-se apenas em garantir ao Poder Público o controle administrativo da entidade, o que depende somente da composição do capital votante. Porém, se o Estado detiver **minoria do capital votante, estaremos diante de empresa privada com participação estatal**, caso em que a entidade não pertence à Administração **Pública**;

> A prova da OAB/MG considerou CORRETA a afirmação: "Existem entidades que contam com a participação do Poder Público na formação de seu capital social, juntamente com o setor privado, mas que não integram a Administração indireta".

c) forma de sociedade anônima: por expressa determinação legal, as sociedades de economia devem ter obrigatoriamente a estrutura de S.A. (art. 5º da Lei n. 13.303/2016);

d) demandas são julgadas na justiça comum estadual: ainda que federais, as sociedades de economia mista demandam e são demandadas perante a justiça **estadual** (art. 109 da CF).

> A prova da Magistratura/PR considerou ERRADA a assertiva: "É competente a Justiça Federal para julgar as causas em que é parte sociedade de economia mista cujo acionista controlador seja a União Federal".

Quadro comparativo entre empresas públicas e sociedades de economia mista	
Empresas públicas	**Sociedades de economia mista**
Base legal: arts. 5º, II, do Decreto-lei n. 200/67 e 3º da Lei n. 13.303/2016	Base legal: art. 5º, III, do Decreto-lei n. 200/67 e 4º da Lei n. 13.303/2016
Pessoas jurídicas de direito privado	Pessoas jurídicas de direito privado
Totalidade de capital público	Maioria de capital votante é público
Forma organizacional livre	Forma obrigatória de S.A.
As da União têm causas julgadas perante a Justiça Federal	Causas julgadas perante a Justiça Comum Estadual
As estaduais, distritais e municipais têm causas julgadas, como regra, em Varas da Fazenda Pública	As estaduais, distritais e municipais têm causas julgadas em Varas Cíveis

3.8.7 Outras características das empresas públicas e sociedades de economia mista

As demais características das empresas públicas e sociedades de economia mista variam conforme a atuação preponderante da entidade.

Assim:

1) Prestadoras de serviço público: são imunes a impostos; os bens são **públicos**, respondem objetivamente (sem comprovação de culpa) pelos prejuízos causados; submetem-se a execução por precatórios; o Estado é responsável subsidiário pela quitação da condenação indenizatória; estão sujeitas à impetração de mandado de segurança e sofrem uma influência maior dos princípios e regras do Direito Administrativo. Exemplo: Empresa Brasileira de Correios e Telégrafos – **ECT**.

> A prova da Procuradoria da República considerou INCORRETA a assertiva: "Os bens das empresas públicas prestadoras de serviços públicos estão sempre sujeitos a penhora".
>
> A prova da OAB/SP elaborada pela Vunesp considerou CORRETA a afirmação: "Recente decisão do STF, levando em consideração a peculiar situação jurídica de uma estatal (regida pelo Direito Privado), afirmou a impossibilidade de se penhorarem seus bens e determinou que sua execução só poderia ocorrer pelo regime do precatório (art. 100 da Constituição Federal). Tal decisão ocorreu em referência à Empresa Brasileira de Correios e Telégrafos (ECT), por se tratar de empresa pública que executa serviço público".

Na Reclamação 29637, julgada em 30 de junho de 2020, a 1ª Turma do STF decidiu em sentido contrário, ao entender que a Companhia do Metropolitano do Distrito Federal (Metrô/DF), embora seja empresa pública prestadora de serviços públicos, não está sujeita ao sistema de precatório. Prevaleceu a argumentação do Ministro Roberto Barroso para quem o regime de precatórios só é válido para as pessoas jurídicas de direito público e que não cabe sua aplicação, como regra geral, às sociedades de economia mista ou às empresas públicas vinculadas à administração indireta sob regime de direito privado, como o Metrô-DF. E completa: **embora preste serviço de utilidade pública, o Metrô-DF não presta serviço público em sentido típico e de caráter monopolístico**, exceções em que o STF admite a aplicação do regime de precatório. E ainda: o Metrô-DF é uma empresa privada que concorre no mercado de transporte público com outros modais, inclusive o transporte rodoviário, e, por isso, não pode auferir os benefícios conferidos às Fazendas Públicas[21].

2) Exploradoras de atividade econômica: não têm imunidade tributária; seus bens são privados; respondem subjetivamente (com comprovação de culpa) pelos prejuízos causados; sofrem execução comum (sem precatório); o Estado não é responsável por garantir o pagamento da indenização, não se sujeitam à impetração de mandado de segurança contra atos relacionados à sua atividade-fim e sofrem menor influência do Direito Administrativo. Exemplos: Banco do Brasil e Petrobras.

Importante: **pessoas jurídicas de direito privado nunca titularizam serviços públicos**. Assim, ao contrário do que ocorre com autarquias e fundações públicas, as empresas públicas e as sociedades de economia mista prestadoras de serviço público recebem da lei somente a titularidade da prestação, e não do serviço público em si. Desse modo, por exemplo, a Empresa Brasileira de Correios e Telégrafos – ECT, empresa pública federal, detém a titularidade da prestação do serviço postal, enquanto a titularidade do serviço público em si pertence à União.

Quadro comparativo entre prestadoras de serviço público e exploradoras de atividade econômica

Prestadoras de serviço público	Exploradoras de atividade econômica
Imunes a impostos	Não têm imunidade
Bens públicos	Bens privados
Responsabilidade objetiva	Responsabilidade subjetiva
Execução por precatório	Execução comum sem precatório
O Estado responde subsidiariamente	O Estado não tem responsabilidade pelos danos causados
Sujeitam-se à impetração de Mandado de Segurança	Não se sujeitam à impetração de Mandado de Segurança **contra atos relacionados à sua atividade-fim**

21. Fonte: STF.jus.br http://noticias.stf.jus.br/portal/cms/verNoticiaDetalhe.asp?idConteudo=446646.

Maior influência do Direito Administrativo	Menor influência do Direito Administrativo
Obrigadas a licitar	Obrigadas a licitar, exceto para bens e serviços relacionados com suas atividades finalísticas

3.8.7.1 Empresas subsidiárias e empresas controladas

Empresas subsidiárias são pessoas jurídicas de direito privado pertencentes à Administração indireta, criadas para integrar um grupo empresarial encabeçado por uma *holding* (empresa-matriz) estatal. É o caso da Petrobras (empresa estatal *holding*), que atualmente possui cinco empresas subsidiárias principais a ela vinculadas: a) Transpetro; b) Petrobras Distribuidora; c) Petroquisa; d) Petrobras Biocombustível; e) Gaspetro.

De acordo com o art. 37, XX, da CF, "depende de autorização legislativa, em cada caso, a criação de subsidiárias das entidades mencionadas no inciso anterior, assim como a participação de qualquer delas em empresa privada".

Segundo entendimento do STF, é dispensável a autorização legislativa para a criação de empresas subsidiárias, desde que haja previsão para esse fim na própria lei que instituiu a empresa estatal matriz, tendo em vista que a lei criadora é a própria medida **autorizadora** (ADIn 1.649/DF).

> A prova de Advogado da Casan elaborada pela AOCP em 2016 considerou CORRETA a afirmação: "A criação de subsidiárias pelas empresas públicas e sociedades de economia mista, bem como sua participação em empresas privadas, depende de autorização legislativa, exceto se já houver previsão para esse fim na própria lei que instituiu a empresa de economia mista matriz, tendo em vista que a lei criadora é a própria medida autorizadora".

O certo é que as empresas subsidiárias **integram a Administração Pública indireta** na qualidade de empresas públicas ou sociedades de economia mista, conforme estabelecido em seus **atos institutivos**.

> A prova de Defensor Público/PR elaborada pela FCC considerou ERRADA a afirmação: "São entes da Administração Indireta as autarquias, as fundações públicas, as empresas públicas, as sociedades de economia mista, e as subsidiárias destas duas últimas. As subsidiárias não dependem de autorização legislativa justamente por integrarem a Administração Pública Indireta".

Já as **empresas controladas** são pessoas jurídicas de direito privado adquiridas **integralmente ou com parcela de seu capital social assumido** por empresa estatal. Nesse caso, como a sua instituição realiza-se independentemente de autorização legislativa, as empresas controladas **não integram a Administração Pública**. Exemplo: a Agip do Brasil hoje é empresa controlada pela **Petrobras**.

> A prova de Agente Penitenciário/PI em 2017 elaborada pelo Nucepe considerou CORRETA a afirmação: "Depende de autorização legislativa a criação de subsidiárias de empresa pública e de sociedade de economia mista, assim como a participação de qualquer delas em empresa privada".

3.8.7.1.1 Alienação do controle societário das estatais. Desnecessidade de autorização legislativa no caso das subsidiárias e controladas

Em 6 de junho de 2019, no julgamento conjunto das ADIns 5.624, 5.846, 5.924, e 6.029, o STF firmou a orientação no sentido que a alienação do controle acionário de empresas públicas e sociedades de economia mista matriz exige autorização legislativa e licitação.

Quanto às subsidiárias e controladas, todavia, o STF entendeu que a alienação do controle societário dispensa autorização legislativa. Nesse caso, "a operação pode ser realizada sem a necessidade de licitação, desde que siga procedimento que observe os princípios da administração pública, respeitada, sempre, a exigência de necessária competitividade".

3.8.8 Fundações governamentais de direito privado

Bastante **polêmica** cerca o debate sobre a possibilidade de o Estado criar fundações com personalidade jurídica de direito privado.

O art. 5º, IV, do **Decreto-lei n. 200/67**, incluído pela Lei n. 7.596/87, admite essa possibilidade ao conceituar fundação pública como "a entidade dotada de **personalidade jurídica de direito privado**, sem fins lucrativos, criada em virtude de **autorização legislativa**, para o desenvolvimento de atividades que não exijam execução por órgãos ou entidades de direito público, com autonomia administrativa, patrimônio próprio gerido pelos respectivos órgãos de direção, e funcionamento custeado por recursos da União e de outras fontes".

> DICA: boa parte da controvérsia sobre as fundações estatais envolve problemas terminológicos. É preciso tomar um cuidado redobrado com os nomes que usamos para fazer referência às fundações criadas pelo Estado. Para o gênero fundacional convém falar "fundações governamentais" ou "fundações estatais", terminologias que indicam a origem estatal mas não falam do regime aplicável. Os qualificativos "públicas" ou "privadas" devem ser reservados para designar as espécies pois indicam o regime jurídico. Fundações "públicas" só podem ser as de direito público, enquanto as fundações "privadas" são as regidas pelo Direito Privado. Ainda assim, o nome "fundações privadas" causa confusão com as fundações instituídas por particulares. Sempre melhor se referir às espécies como fundações "de direito público" (ou "públicas") e fundações "governamentais/estatais de direito privado". Perceba a imprecisão contida no DL n. 200/67 ao conceituar fundação "pública" como pessoa jurídica de direito privado. Portanto, as fundações podem ser particulares ou estatais. As fundações estatais são um gênero que se divide em fundações públicas (de direito público) e fundações governamentais de direito privado.

Celso Antônio Bandeira de Mello rejeita veementemente a legitimidade da instituição de fundações estatais submetidas ao direito privado, sob o argumento de que sua criação seria uma manobra inconstitucional para fugir dos controles moralizantes impostos pelas regras de Direito Público[22]. Para o autor, as fundações estatais são espécies do gênero autarquia, caracterizando-se, portanto, como pessoas jurídicas de direito público.

Entretanto, a corrente doutrinária majoritária, adotada em provas e concursos públicos, admite a possibilidade de criação de fundações governamentais de direito privado.

> A prova da OAB/SP elaborada pela Vunesp considerou ERRADA a assertiva: "As fundações têm necessariamente personalidade jurídica de direito público, assemelhando-se às autarquias".

O argumento central favorável a tal possibilidade está, além da expressa conceituação do art. 5º, IV, do Decreto-lei n. 200/67, disposto no art. 37, XIX, da Constituição Federal, com redação dada pela Emenda n. 19/98: "somente por lei **específica** poderá ser criada autarquia e **autorizada a instituição** de empresa pública, de sociedade de economia mista e **de fundação**, cabendo à lei complementar, neste último caso, definir as áreas de sua atuação".

É fácil notar que o texto constitucional não alocou a fundação dentro da categoria a que pertencem as autarquias, cuja criação realiza-se "somente por lei específica". A fundação de que fala o **art. 37, XIX**, da Constituição Federal não é a fundação pública, espécie do gênero autarquia. O dispositivo, pelo contrário, alinha a referida **fundação** ao lado das empresas públicas e sociedades de economia mista, isto é, entre as **pessoas jurídicas de direito privado**, cuja criação cabe à lei específica somente autorizar.

Fundações Particulares	Fundações Estatais
1 – Fundação Roberto Marinho; • Ex.: Rede Globo.	1 – Fundações públicas; • Ex.: Procon. 2 – Fundações governamentais de direito privado; • Ex.: Fundação Padre Anchieta – TV e Rádio Cultura.

Assim, deve-se reconhecer a possibilidade de o Estado, ao criar uma fundação, escolher qual o regime jurídico aplicável, decidindo livremente entre a instituição de fundação pública, espécie do gênero autarquia, dotada de personalidade jurídica de direito público, ou optar pela criação de fundação governamental com regime de direito privado.

Portanto, as **fundações governamentais** são conceituadas como pessoas jurídicas de **direito privado**, criadas via **autorização legislativa**, por meio de **escritura pública**, tendo **estatuto próprio**, e instituídas mediante a afetação de um acervo de bens a determinada finalidade pública. Exemplo: **Fundação Padre Anchieta**, fundação governamental do Estado de São Paulo mantenedora da Rádio e TV Cultura.

Um maior detalhamento normativo sobre as formas de atuação das fundações governamentais de direito privado tornou-se imprescindível para esclarecimento

22. *Curso de direito administrativo*, p. 183.

das incertezas em torno do polêmico instituto. Nesse sentido, a própria redação do art. 37, XIX, da Constituição Federal faz referência à necessidade de promulgação de **lei complementar** para **definir as áreas de sua atuação.**

Na mesma linha, no julgamento do REsp 1409199, em 15 de setembro de 2020, a 4ª Turma do STJ decidiu que **fundações governamentais de direito privado** constituem um dos três tipos de fundações existentes no direito brasileiro, **não sendo equiparadas à Fazenda Pública e não fazendo jus a isenção de custas processuais**[23].

Por fim, é conveniente reforçar as diferenças existentes entre fundações públicas e fundações governamentais de direito privado.

Quadro comparativo entre fundações públicas e fundações governamentais de direito privado	
Fundações públicas	**Fundações governamentais de direito privado**
Pessoas jurídicas de direito público	Pessoas jurídicas de direito privado
Pertencem à Administração Pública Indireta	Pertencem à Administração Pública Indireta
Criadas por lei específica	Criadas por autorização legislativa
A personalidade jurídica surge com a entrada em vigor da lei instituidora	A personalidade jurídica surge com o registro dos atos constitutivos em cartório, após publicação de lei autorizando e do decreto regulamentando a instituição
São extintas por lei específica	São extintas com a baixa em cartório
Espécie do gênero autarquia	Categoria autônoma
Titularizam serviços públicos	Não podem titularizar serviços públicos

3.8.9 Fundações de apoio

As fundações de apoio são **pessoas jurídicas de direito privado**, instituídas sob a forma de **fundações privadas para auxiliar instituições federais de ensino**

---

23. O relator do recurso, ministro Luis Felipe Salomão, explicou que, no ordenamento jurídico brasileiro, existem três tipos de fundação: fundações privadas, instituídas por particulares e regidas pelo direito privado; fundações públicas de direito privado, instituídas pelo poder público; e as fundações públicas de direito público, que possuem natureza jurídica de autarquia. Segundo o ministro, a existência de dois tipos de fundações públicas – com personalidade jurídica de direito público ou de direito privado – é defendida pela corrente dominante da doutrina na interpretação do art. 5º, IV, do Decreto-lei n. 200/67.
Salomão lembrou que essa também é a posição adotada pelo Supremo Tribunal Federal, bem como pelo STJ, que já se pronunciou no sentido da coexistência, no ordenamento jurídico, de fundações públicas de direito público e de direito privado.
Diante desse cenário, conclui-se que fundação pública é toda fundação instituída pelo Estado, podendo sujeitar-se ao regime público ou privado, a depender do seu estatuto e das atividades por ela prestadas (STJ.jus.br: http://www.stj.jus.br/sites/portalp/Paginas/Comunicacao/Noticias/15092020-Fundacoes-publicas-de-direito-privado-nao-estao-isentas-de-custas-processuais.aspx#:~:text=Funda%C3%A7%C3%B5es%20p%C3%BAblicas%20de%20direito%20privado%20n%C3%A3o%20est%C3%A3o%20isentas%20de%20custas%20processuais,-Conte%C3%BAdo%20da%20P%C3%A1gina&text=%E2%80%8BAs%20funda%C3%A7%C3%B5es%20p%C3%BAblicas%20de,a%20isen%C3%A7%C3%A3o%20de%20custas%20processuais).

superior e de pesquisa científica e tecnológica. Sua atuação dá apoio a projetos de pesquisa, ensino, extensão e desenvolvimento institucional, científico e tecnológico (art. 1º da Lei n. 8.958/94).

As fundações de apoio submetem-se à fiscalização do Ministério Público, contratam em regime trabalhista e dependem de prévio registro e credenciamento no Ministério da Educação e do Desporto e no Ministério da Ciência e Tecnologia, renováveis bienalmente.

Podem ser contratadas por dispensa de licitação pelas instituições federais de ensino superior e de pesquisa científica e tecnológica (art. 24, XIII, da Lei n. 8.666/93).

3.8.10 Estatuto Jurídico da Empresa Pública, Sociedade de Economia Mista e Subsidiárias (Lei n. 13.303/2016)

Com fundamento no art. 173, § 1º, da Constituição Federal, foi publicada a Lei n. 13.303, de 30 de junho de 2016, criando o Estatuto Jurídico da Empresa Pública, Sociedade de Economia Mista e Subsidiárias.

A nova lei declara-se aplicável a toda e qualquer empresa pública e sociedade de economia mista da União, dos Estados, do Distrito Federal e dos Municípios que explore atividade econômica de produção ou comercialização de bens ou de prestação de serviços, ainda que a atividade econômica esteja sujeita ao regime de monopólio da União ou seja de prestação de serviços públicos (art. 1º).

Assim, embora o art. 173, § 1º, da Constituição Federal impusesse ao legislador o dever de criar um estatuto jurídico somente para as empresas estatais exploradoras de atividade econômica, a Lei n. 13.303/2016 foi além e estendeu sua abrangência **também para as prestadoras de serviços públicos**, tanto federais quanto estaduais, distritais ou municipais.

O estatuto define empresa pública como a entidade dotada de personalidade jurídica de direito privado, com criação autorizada por lei e com patrimônio próprio, cujo capital social é integralmente detido pela União, pelos Estados, pelo Distrito Federal ou pelos Municípios (art. 3º).

Nos termos do art. 4º, sociedade de economia mista é a entidade dotada de personalidade jurídica de direito privado, com criação autorizada por lei, sob a forma de sociedade anônima, cujas ações com direito a voto pertençam em sua maioria à União, aos Estados, ao Distrito Federal, aos Municípios ou a entidade da administração indireta.

O art. 8º da Lei n. 13.303/2016 estabelece **requisitos mínimos de transparência** a serem observados pelas empresas públicas e sociedades de economia mista, a saber:

I – elaboração de carta anual, subscrita pelos membros do Conselho de Administração, com a explicitação dos compromissos de consecução de objetivos de políticas públicas pela empresa pública, pela sociedade de economia mista e por suas subsidiárias, em atendimento ao interesse coletivo ou ao imperativo de segurança nacional que justificou a autorização para suas respectivas criações, com definição clara dos recursos a serem empregados para esse fim, bem como dos impactos econômico-financeiros da consecução desses objetivos, mensuráveis por meio de indicadores objetivos;

II – adequação de seu estatuto social à autorização legislativa de sua criação;

III – divulgação tempestiva e atualizada de informações relevantes, em especial as relativas a atividades desenvolvidas, estrutura de controle, fatores de risco, dados econômico-financeiros, comentários dos administradores sobre o desempenho, políticas e práticas de governança corporativa e descrição da composição e da remuneração da administração;

IV – elaboração e divulgação de política de divulgação de informações, em conformidade com a legislação em vigor e com as melhores práticas;

V – elaboração de política de distribuição de dividendos, à luz do interesse público que justificou a criação da empresa pública ou da sociedade de economia mista;

VI – divulgação, em nota explicativa às demonstrações financeiras, dos dados operacionais e financeiros das atividades relacionadas à consecução dos fins de interesse coletivo ou de segurança nacional;

VII – elaboração e divulgação da política de transações com partes relacionadas, em conformidade com os requisitos de competitividade, conformidade, transparência, equidade e comutatividade, que deverá ser revista, no mínimo, anualmente e aprovada pelo Conselho de Administração;

VIII – ampla divulgação, ao público em geral, de carta anual de governança corporativa, que consolide em um único documento escrito, em linguagem clara e direta, as informações de que trata o inciso III;

IX – divulgação anual de relatório integrado ou de sustentabilidade.

A mais festejada inovação trazida pelo Estatuto consiste no estabelecimento de **requisitos mais rigorosos para nomeação dos dirigentes nas empresas estatais**. Assim, nos termos do art. 17, os membros do Conselho de Administração e os indicados para os cargos de diretor, inclusive presidente, diretor-geral e diretor-presidente, serão escolhidos entre cidadãos de reputação ilibada e de notório conhecimento, devendo ser atendidos, alternativamente, um dos requisitos das alíneas *a*, *b* e *c* do inciso I e, cumulativamente, os requisitos dos incisos II e III:

"I – ter experiência profissional de, no mínimo:

a) 10 (dez) anos, no setor público ou privado, na área de atuação da empresa pública ou da sociedade de economia mista ou em área conexa àquela para a qual forem indicados em função de direção superior; ou

b) 4 (quatro) anos ocupando pelo menos um dos seguintes cargos:

1. cargo de direção ou de chefia superior em empresa de porte ou objeto social semelhante ao da empresa pública ou da sociedade de economia mista,

entendendo-se como cargo de chefia superior aquele situado nos 2 (dois) níveis hierárquicos não estatutários mais altos da empresa;

2. cargo em comissão ou função de confiança equivalente a DAS-4 ou superior, no setor público;

3. cargo de docente ou de pesquisador em áreas de atuação da empresa pública ou da sociedade de economia mista;

c) 4 (quatro) anos de experiência como profissional liberal em atividade direta ou indiretamente vinculada à área de atuação da empresa pública ou sociedade de economia mista;

II – ter formação acadêmica compatível com o cargo para o qual foi indicado; e

III – não se enquadrar nas hipóteses de inelegibilidade previstas nas alíneas do inciso I do *caput* do art. 1º da Lei Complementar n. 64, de 18 de maio de 1990".

Em matéria de licitação e contratos, a Lei n. 13.303/2016 criou um sistema especial para as empresas públicas e sociedades de economia mista, inspirado no Regime Diferenciado de Contratação – o RDC (Lei n. 12.462/2011). Destacam-se as seguintes inovações, derrogatórias do regime geral previsto na Lei n. 8.666/93:

a) aumento dos valores para contratação direta por dispensa de licitação: agora os patamares passam a ser de R$ 100.000,00 (cem mil reais) para obras e serviços de engenharia e R$ 50.000,00 (cinquenta mil reais) para os demais objetos (art. 29, I e II);

b) procedimento licitatório divido em dez fases: I – preparação; II – divulgação; III – apresentação de lances ou propostas, conforme o modo de disputa adotado; IV – julgamento; V – verificação de efetividade dos lances ou propostas; VI – negociação; VII – habilitação; VIII – interposição de recursos; IX – adjudicação do objeto; X – homologação do resultado ou revogação do procedimento (art. 51);

c) inversão das fases naturais do certame, de modo que o julgamento das propostas sempre antecede a habilitação;

d) ampliação dos critérios de julgamento do certame: I – menor preço; II – maior desconto; III – melhor combinação de técnica e preço; IV – melhor técnica; V – melhor conteúdo artístico; VI – maior oferta de preço; VII – maior retorno econômico; VIII – melhor destinação de bens alienados (art. 54);

e) criação de quatro procedimentos auxiliares da licitação: I – pré-qualificação permanente; II – cadastramento; III – sistema de registro de preços; IV – catálogo eletrônico de padronização (art. 63).

3.8.10.1 Hipóteses de inexibilidade na Lei n. 13.303/2016

O art. 30 da Lei n. 13.303/2016 definiu exemplificativamente hipóteses de inexibilidade de licitação para empresas estatais quando for inviável a competição para:

"I – aquisição de materiais, equipamentos ou gêneros que só possam ser fornecidos por produtor, empresa ou representante comercial exclusivo;

II – contratação dos seguintes serviços técnicos especializados, com profissionais ou empresas de notória especialização, vedada a inexigibilidade para serviços de publicidade e divulgação:

a) estudos técnicos, planejamentos e projetos básicos ou executivos;

b) pareceres, perícias e avaliações em geral;

c) assessorias ou consultorias técnicas e auditorias financeiras ou tributárias;

d) fiscalização, supervisão ou gerenciamento de obras ou serviços;

e) patrocínio ou defesa de causas judiciais ou administrativas;

f) treinamento e aperfeiçoamento de pessoal;

g) restauração de obras de arte e bens de valor histórico".

Além disso, o art. 28, § 3º, do Estatuto declara que as empresas estatais "estão dispensadas" de observar o procedimento licitatório nos casos de:

I – comercialização, prestação ou execução, de forma direta, pelas empresas mencionadas no *caput*, de produtos, serviços ou obras especificamente relacionados com seus respectivos objetos sociais;

II – nos casos em que a escolha do parceiro esteja associada a suas características particulares, vinculada a oportunidades de negócio definidas e específicas, justificada a inviabilidade de procedimento competitivo.

E o § 4º, do mesmo dispositivo, esclarece: "consideram-se oportunidades de negócio a que se refere o inciso II do § 3º a formação e a extinção de parcerias e outras formas associativas, societárias ou contratuais, a aquisição e a alienação de participação em sociedades e outras formas associativas, societárias ou contratuais e as operações realizadas no âmbito do mercado de capitais, respeitada a regulação pelo respectivo órgão competente".

3.8.10.2 *Extinção do procedimento licitatório simplificado no âmbito da Petrobras*

Com o advento da Lei n. 13.303/2016, foi revogado expressamente o art. 67 da Lei Geral do Petróleo (Lei n. 9.478/97), que previa a realização de procedimento licitatório simplificado pela Petrobras. Por óbvio, o Decreto n. 2.745/98, que regulamentou o referido procedimento, também perdeu o objeto. Assim, **a Petrobras passa a sujeitar-se ao regime da Lei n. 13.303/2016**, como ocorre agora com todas as demais empresas estatais federais, estaduais, distritais e municipais.

3.9 ENTES DE COOPERAÇÃO

Entes de cooperação são pessoas jurídicas de **direito privado** que colaboram com o Estado exercendo **atividades não lucrativas** e de **interesse social**.

A doutrina divide os entes de cooperação em duas categorias: entidades paraestatais e terceiro setor.

3.9.1 Entidades paraestatais. Serviços sociais do Sistema "S"

O nome *paraestatais* significa literalmente entidades que atuam ao lado do Estado (do grego *pára*, lado). A ideia central do conceito remete a pessoas privadas colaboradoras da Administração Pública.

Não existe, entretanto, um conceito legislativo de entidades paraestatais, circunstância que desperta uma impressionante controvérsia doutrinária a respeito de quais pessoas fazem parte da categoria das paraestatais.

Reduzindo a disputa às concepções mais relevantes para concursos públicos, pode-se concluir pela existência de sete posicionamentos distintos sobre quem pertence à classe das entidades paraestatais:

a) Hely Lopes Meirelles: empresas públicas, sociedades de economia mista e serviços sociais;

b) José Cretella Júnior: somente as autarquias;

c) Celso Antônio Bandeira de Mello: pessoas colaboradoras que não se preordenam a fins lucrativos, como os serviços sociais;

d) Sérgio de Andrea Ferreira: empresas públicas e sociedades de economia mista;

e) Oswaldo Aranha Bandeira de Mello: serviços sociais, partidos políticos e sindicatos;

f) José dos Santos Carvalho Filho: toda a Administração Indireta e os serviços sociais;

g) Maria Sylvia Zanella Di Pietro: serviços sociais e entidades do terceiro setor.

Assim, as diversas correntes podem ser sintetizadas no quadro a seguir:

Quadro das entidades paraestatais

	Serviços sociais (sistema S)	Empresas públicas e sociedades de economia mista	Autarquias	Terceiro setor	Partidos políticos	Sindicatos
Hely Lopes Meirelles	✓	✓				
José Cretella Júnior			✓			
Celso Antônio Bandeira de Mello	✓					
Sérgio de Andrea Ferreira		✓				
Oswaldo Aranha Bandeira de Mello	✓				✓	✓
José dos Santos Carvalho Filho	✓	✓	✓			
Maria Sylvia Zanella Di Pietro	✓			✓		

Embora a controvérsia também tenha reflexos nas questões de prova, tem predominado em **concursos públicos** o entendimento de que o conceito de entidades paraestatais inclui **somente os serviços sociais**, na esteira da opinião sustentada por Celso Antônio Bandeira de Mello.

Os **serviços sociais autônomos** são pessoas jurídicas de **direito privado**, criadas mediante **autorização legislativa** e que compõem o denominado sistema **"S"**. O nome sistema "S" deriva do fato de tais entidades estarem **ligadas à estrutura sindical** e terem sempre sua denominação iniciando com a letra "S" de serviço.

> A prova de Delegado de Polícia/PE elaborada pelo Ipad considerou CORRETA a afirmação: "Os serviços sociais autônomos são pessoas jurídicas de direito privado, cuja criação depende de lei autorizadora, prestadoras de serviços de utilidade pública e financiadas por contribuições parafiscais".

Exemplos de serviços sociais paraestatais:

a) Serviço Nacional de Aprendizagem Industrial – **Senai**;

b) Serviço Social da Indústria – **Sesi**;

c) Serviço Nacional de Aprendizagem Comercial – **Senac**;

d) Serviço Social do Comércio – **Sesc**;

e) Serviço Nacional de Aprendizagem do Transporte – **Senat**;

f) Serviço Social do Transporte – **Sest**;

g) Serviço Brasileiro de Apoio às Micro e Pequenas Empresas – **Sebrae**;

h) Serviço Nacional de Aprendizagem Rural – **Senar**.

Importante destacar que o último nome e, portanto, a letra final da sigla indica o **ramo sindical** a que o serviço social está ligado. Assim:

a) terminação "I": serviços ligados aos sindicatos da **indústria**. Exemplos: Senai e Sesi;

b) terminação "C": serviços ligados aos sindicatos do **comércio**. Exemplo: Sesc;

c) terminação "T": serviços ligados aos sindicatos de **transportes**. Exemplos: Sest e Senat;

d) terminação "AE": serviços ligados às **micro e pequenas empresas**;

e) terminação "R": serviços ligados ao **setor rural**.

3.9.1.1 Características dos serviços sociais

Os serviços sociais autônomos possuem as seguintes características fundamentais:

a) são pessoas jurídicas de **direito privado**;

b) são criados mediante **autorização legislativa**;

c) não integram a Administração Pública;

d) não têm fins lucrativos;

e) executam serviços de **utilidade pública**, mas não **serviços públicos**;

> A prova de Procurador da República considerou INCORRETA a afirmação: "Os serviços sociais autônomos destinam-se a prestar serviços públicos".

f) atuação em favor **de grupos ou categorias profissionais**;

g) são **custeados por contribuições** compulsórias de natureza tributária pagas pelo empregador sobre a folha de salário (art. 240 da CF: "Ficam ressalvadas do disposto no art. 195 as atuais contribuições compulsórias dos empregadores sobre a folha de salários, destinadas às entidades privadas de serviço social e de formação profissional vinculadas ao sistema sindical"). Mesmo após a reforma trabalhista (Lei n. 13.467/2017), o pagamento das contribuições patronais ao Sistema S permanece obrigatório. Nota-se, portanto, que o dinheiro que sustenta os serviços sociais é **recurso público de natureza tributária captado mediante renúncia de receita federal**, daí a incidência de mecanismos de controle apropriados à fiscalização de recursos públicos (controle dos tribunais de contas, licitação simplificada, improbidade administrativa etc.);

h) os valores remanescentes dos recursos arrecadados constituem **superávit**, e não lucro, devendo ser revertidos nas finalidades essenciais da entidade[24];

i) estão sujeitos a **controle estatal**, inclusive por meio dos **Tribunais de Contas**;

j) **não precisam realizar concurso público** stricto senso (RE 789.874)[25], mas sim processo seletivo simplificado, o qual, a despeito de não estar atrelado ao rigorismo atinente ao concurso público, deve observar os princípios da legalidade, impessoalidade, moralidade, publicidade e eficiência (TCU, Decisão n. 907/97)";

k) estão **obrigados a realizar licitação** (art. 1º, parágrafo único, da Lei n. 8.666/93). Deve-se registrar, no entanto, a existência de entendimento do **Tribunal de Contas da União**[26] no sentido de que o procedimento licitatório adotado pelos serviços sociais visa garantir transparência na contratação de fornecedores, podendo os **regimentos internos** de cada entidade **definir ritos simplificados próprios**, desde que não contrariem as regras gerais previstas na Lei n. 8.666/93. No julgamento do Mandado de Segurança 33.442/DF, realizado em 27 de março de 2018, o Supremo Tribunal Federal reafirmou a orientação de que o Senac não está

24. José dos Santos Carvalho Filho, *Manual de direito administrativo*, p. 511.

25. "Os serviços sociais autônomos integrantes do denominado Sistema 'S', vinculados a entidades patronais de grau superior e patrocinados basicamente por recursos recolhidos do próprio setor produtivo beneficiado, ostentam natureza de pessoa jurídica de direito privado e não integram a Administração Pública, embora colaborem com ela na execução de atividades de relevante significado social. Tanto a Constituição Federal de 1988, como a correspondente legislação de regência (como a Lei 8.706/93, que criou o Serviço Social do Trabalho – SEST) asseguram autonomia administrativa a essas entidades, sujeitas, formalmente, apenas ao controle finalístico, pelo Tribunal de Contas, da aplicação dos recursos recebidos. Presentes essas características, não estão submetidas à exigência de concurso público para a contratação de pessoal, nos moldes do art. 37, II, da Constituição Federal" (Voto do Ministro Relator Teori Zavascki).

26. 1ª Câmara do TCU, Decisão n. 47/2005.

obrigado a obedecer a exigências da Lei n. 8.666/93. No relatório do Ministro Gilmar Mendes se fez referência à visão do STF segundo a qual "as entidades do Sistema S têm natureza privada e não integram a Administração Pública direta ou indireta, não se submetendo ao processo licitatório previsto pela Lei n. 8.666/93". E segue o relator: "Na mesma linha, ao apreciar o RE 789.874-RG, rel. Min. Teori Zavascki, *DJe* 19-11-2014, o Plenário fixou o entendimento no sentido de que os serviços sociais autônomos possuem natureza jurídica de direito privado e não estão sujeitos à regra do art. 37, II, da Constituição, que exige a realização de concurso público para contratação de pessoal. Na oportunidade, ressaltou-se que as entidades do 'Sistema S' desempenham atividades privadas de interesse coletivo, em regime de colaboração com o Poder Público, e possuem patrimônio e receitas próprias, bem como a prerrogativa de autogestão de seus recursos. São patrocinadas por recursos recolhidos do setor produtivo beneficiado, tendo recebido inegável autonomia administrativa, embora se submetam ao controle finalístico do Tribunal de Contas da União". E finaliza: "Feitas essas considerações, conclui-se que as entidades do 'Sistema S' desenvolvem atividades privadas incentivadas e fomentadas pelo Poder Público, não se submetendo ao regramento disciplinado pela Lei n. 8.666/93. Tendo em vista a autonomia que lhes é conferida, exige-se apenas a realização de um procedimento simplificado de licitação previsto em regulamento próprio, o qual deve observar os princípios gerais que regem a matéria";

> A prova da OAB Nacional elaborada pelo Cespe considerou INCORRETA a afirmação: "As entidades do denominado sistema S (Sesi, Sesc, Senai, Senac) não se submetem à regra da licitação nem a controle pelo TCU".
>
> No XI Exame de Ordem Unificado/2013, a FGV/RJ considerou CORRETA a assertiva que justifica o dever de Serviços Sociais do Sistema "S" realizarem licitação no fato de que "tais entidades são custeadas, em parte, com contribuições compulsórias cobradas sobre a folha de salários"). Trata-se de licitação ou "procedimento seletivo simplificado" fundamentados em **devido processo legal regimental**;

l) são **imunes a impostos** incidentes sobre patrimônio, renda e serviços (art. 150, VI, *c*, da CF).

3.9.1.2 Agências sociais do Sistema "S"

A legislação brasileira vem criando algumas **agências sociais** que também integram o Sistema "S".

É o caso da **Agência de Promoção de Exportações do Brasil – Apex-Brasil**, um serviço social autônomo criado para realizar a promoção comercial das exportações (art. 1º da Lei n. 10.668/2003), e da **Agência Brasileira de Desenvolvimento Industrial – ABDI**, também com natureza jurídica de serviço social autônomo instituído para promover a execução de políticas de desenvolvimento industrial (art. 1º da Lei n. 11.080/2004).

Segundo José dos Santos Carvalho Filho, entretanto, as agências sociais possuem algumas características jurídicas diferenciadas em comparação com os serviços sociais tradicionais[27], tais como:

a) o presidente é nomeado pelo Presidente da República;

b) a supervisão compete ao Poder Executivo;

c) previsão de celebração de contrato de gestão;

d) dotações orçamentárias consignadas no Orçamento Geral da União.

Adotando entendimento isolado, Carvalho Filho defende que as agências sociais teriam natureza de agências executivas sob a forma de autarquias[28]. A referida posição induz à conclusão inaceitável de que a Apex-Brasil e a ABDI fariam parte da Administração Pública Indireta como pessoas autárquicas de direito público, contrariando a própria legislação instituidora dos mencionados serviços sociais.

Em que pese a opinião do autor, a jurisprudência reconhece claramente a natureza não estatal das agências sociais.

Conforme entendimento do Tribunal de Contas da União, por exemplo, as agências sociais, assim como os demais serviços sociais, embora não integrem a Administração, devem selecionar pessoal por meio de processo seletivo simplificado que assegure impessoalidade e transparência na escolha dos colaboradores:

"(...) restou estabelecido que os serviços sociais autônomos, a exemplo da recém-criada ABDI, embora não integrantes da Administração Pública, *mas como destinatários de recursos públicos, devem adotar, na execução de suas despesas, regulamentos próprios e uniformes, livres do excesso de procedimentos burocráticos, em que sejam preservados, todavia, os princípios gerais que norteiam a execução da despesa pública, entre eles o da legalidade, moralidade, finalidade, isonomia, publicidade e eficiência. Especificamente no que se refere à contratação de pessoal, a jurisprudência desta Casa tem sido no sentido de que as entidades do Sistema 'S' (serviços sociais autônomos) não estão sujeitas às disposições do art. 37, inciso II, da Constituição Federal por não integrarem a Administração Pública Indireta. 10. Nada obstante, devem promover processo seletivo para admissão de pessoal, conforme previsto em seus normativos internos e em observância aos princípios constitucionais acima mencionados (Acórdãos n. 2.013/2003; 2.371/2003 e 2.314/2004 – Primeira Câmara; 629/2001; 1.120/2003; 1.427/2003 e 2.452/2004 – Segunda Câmara). De sorte que, no presente caso, não se está examinando concurso público estrito senso, mas sim processo seletivo simplificado, o qual, a despeito de não estar atrelado ao rigorismo atinente ao concurso público, deve observar os princípios retromencionados (TCU, Decisão n. 907/97)."*

27. *Manual de direito administrativo*, p. 510.
28. *Manual de direito administrativo*, p. 510.

3.9.2 Terceiro setor

O nome "terceiro setor" designa atividades que não são **nem governamentais** (primeiro setor) **nem empresariais e econômicas** (**segundo setor**). Desse modo, o terceiro setor é composto por **entidades privadas** da sociedade civil que exercem **atividades de interesse público sem finalidade lucrativa.**

> A prova da Magistratura Federal considerou CORRETA a afirmação: "O Estado compõe o primeiro setor, ao passo que o mercado configura o segundo setor".

O **regime jurídico** aplicável a tais entidades é **predominantemente privado**, parcialmente derrogado por normas de **Direito Público.**

> A prova da Procuradoria da Fazenda Nacional/2006 elaborada pela FCC considerou CORRETA a afirmação: "As pessoas jurídicas que integram o chamado Terceiro Setor têm regime jurídico predominantemente de Direito Privado, parcialmente derrogado por normas de Direito Público". A mesma prova entendeu ERRADA a assertiva: "As pessoas jurídicas que integram o chamado Terceiro Setor têm regime jurídico predominantemente de Direito Público, parcialmente derrogado por normas de Direito Privado".

A Administração Pública incentiva o desenvolvimento das atividades do terceiro setor em razão do alcance social dessa atuação. O estímulo a tais entidades enquadra-se na função administrativa denominada **fomento**, que juntamente com os serviços públicos e o poder de polícia formam o conjunto das três **atividades precípuas da Administração Pública moderna.**

No âmbito federal, **duas qualificações** podem ser atribuídas para entidades do terceiro setor: a) organizações sociais (**OSs**); e b) organizações da sociedade civil de interesse público (**Oscips**).

3.9.2.1 Organizações sociais

Criada pela Lei n. 9.637/98, organização social é uma **qualificação especial** outorgada pelo governo federal a entidades da iniciativa privada, sem fins lucrativos, cuja outorga autoriza a fruição de **vantagens peculiares**, como isenções fiscais, destinação de recursos orçamentários, repasse de bens **públicos**, bem como empréstimo temporário de servidores governamentais.

As áreas de atuação das organizações sociais são **ensino, pesquisa científica, desenvolvimento tecnológico, proteção e preservação do meio ambiente, cultura e saúde**. Desempenham, portanto, **atividades de interesse público**, mas que não se caracterizam como serviços públicos *stricto sensu*, razão pela qual é incorreto afirmar que as organizações sociais são concessionárias ou permissionárias.

> Exigindo conhecimento de uma peculiaridade do regime jurídico aplicável ao terceiro setor na legislação paulista, a prova da Procuradoria do Estado de São Paulo elaborada pela Vunesp considerou CORRETA a afirmação: "As organizações sociais criadas na área da saúde, no âmbito do Estado de São Paulo, afastam-se em parte do modelo federal, na medida em que não se cogita da possibilidade de substituição dos serviços prestados pelo Estado no setor, mas, sim, de sua mera complementação por essas entidades".

Nos termos do art. 2º da Lei n. 9.637/98, a **outorga da qualificação** constitui **decisão discricionária**, pois, além de a entidade preencher os requisitos exigidos na lei, o inciso II do referido dispositivo condiciona a atribuição do título a "haver **aprovação**, quanto à **conveniência e oportunidade** de sua qualificação como organização social, do **Ministro ou titular de órgão supervisor** ou regulador da área de atividade correspondente ao seu objeto social e do Ministro de Estado da Administração Federal e Reforma do Estado". Assim, as entidades que preencherem os requisitos legais possuem simples **expectativa de direito** à obtenção da qualificação, nunca direito adquirido. Evidentemente, o **caráter discricionário** dessa decisão, permitindo outorgar a qualificação a uma entidade e negar a outro que igualmente atendeu aos requisitos legais, **viola o princípio da isonomia**, devendo-se considerar inconstitucional o art. 2º, II, da Lei n. 9.637/98.

Na verdade, as organizações sociais representam uma **espécie de parceria** entre a Administração e a iniciativa privada, exercendo atividades que, antes da Emenda 19/98, eram desempenhadas por entidades públicas. Por isso, seu surgimento no Direito brasileiro está relacionado com um **processo de privatização *lato sensu*** realizado por meio da abertura de atividades públicas à iniciativa **privada**.

> A prova da Magistratura Federal considerou CORRETA a afirmação: "A qualificação de entidades como organizações sociais e a celebração de contratos de gestão tiveram origem na necessidade de se desburocratizar e otimizar a prestação de serviços à coletividade, bem como de se viabilizarem o fomento e a execução de atividades relativas às áreas especificadas na Lei n. 9.637/98, como ensino, pesquisa científica, desenvolvimento tecnológico, proteção e preservação do meio ambiente, cultura e saúde".

O instrumento de formalização da parceria entre a Administração e a organização social é o **contrato de gestão**, cuja aprovação deve ser submetida ao **Ministro de Estado** ou outra autoridade supervisora da área de atuação da **entidade**.

O contrato de gestão discriminará as atribuições, responsabilidades e obrigações do Poder Público e da organização social, devendo obrigatoriamente **observar os seguintes preceitos:**

I – especificação do **programa de trabalho** proposto pela organização social, a estipulação das **metas a serem atingidas** e os respectivos **prazos de execução**, bem como previsão expressa dos **critérios objetivos de avaliação** de desempenho a serem utilizados, mediante indicadores de qualidade e produtividade;

II – a estipulação dos **limites e critérios para despesa com remuneração** e **vantagens** de qualquer natureza a serem percebidas pelos dirigentes e empregados das organizações sociais, no exercício de suas funções;

III – os **Ministros de Estado ou autoridades supervisoras** da área de atuação da entidade devem definir as demais cláusulas dos contratos de gestão de que sejam signatários.

A **fiscalização** do contrato de gestão será exercida pelo órgão ou entidade supervisora da área de atuação correspondente à atividade fomentada, devendo a organização social apresentar, ao término de cada exercício, **relatório de cumprimento das metas** fixadas no contrato de gestão.

Se descumpridas as metas previstas no contrato de gestão, o Poder Executivo poderá proceder à **desqualificação da entidade** como organização social, desde que **precedida de processo administrativo** com garantia de contraditório e ampla defesa.

> A prova do Ministério Público/RN considerou CORRETA a afirmação: "A organização social é pessoa jurídica de direito privado, sem fins lucrativos, que pode receber do Poder Público, através de contrato de gestão, verbas e bens públicos, com dispensa de licitação, bem como a cessão de servidores públicos para o cumprimento de suas metas".

Por fim, convém relembrar que o art. 24, XXIV, da Lei n. 8.666/93 prevê hipótese de **dispensa de licitação** para a celebração de **contratos de prestação de serviços** com as **organizações sociais**, qualificadas no âmbito das respectivas esferas de governo, para atividades contempladas no contrato de **gestão**. Excessivamente abrangente, o art. 24, XXIV, da Lei n. 8.666/93 teve a sua constitucionalidade questionada no Supremo Tribunal Federal. Porém, o STF, na ADIn 1.923/98, considerou constitucional o citado dispositivo.

> A prova de Procurador do Estado/PE considerou CORRETA a afirmação: "As organizações sociais, disciplinadas pela Lei n. 9.637/98 na esfera federal, são aquelas assim declaradas como pessoas jurídicas de direito privado, sem fins lucrativos, que celebram contrato de gestão com o Poder Público para obtenção de recursos orçamentários e desenvolvem serviços sociais não exclusivos do Estado, podendo estar dispensadas de licitar no decorrer do exercício de suas atividades".

3.9.2.2 Oscips

As organizações da sociedade civil de interesse público – Oscips – são **pessoas jurídicas de direito privado, sem fins lucrativos**, instituídas por iniciativa dos particulares, para desempenhar **serviços não exclusivos do Estado**, com fiscalização pelo Poder Público, formalizando a parceria com a Administração Pública por meio de **termo de parceria**.

> A prova do Ministério Público/RN considerou CORRETA a afirmação: "A Oscip é pessoa jurídica de direito privado e firma seu compromisso com a Administração Pública, através de um termo de parceria, sem ingerência de agentes do Poder Público em seus Conselhos de Administração".

A outorga do título de Oscip é disciplinada pela **Lei n. 9.790/99**, regulamentada pelo Decreto n. 3.100/99, e permite a concessão de benefícios especiais, como a destinação de **recursos públicos**.

> A prova de Procurador da República considerou CORRETA a afirmação: "Às Oscips, segundo regime legal em vigor, poderão ser destinados recursos públicos".

O campo de atuação das Oscips é mais abrangente do que o das organizações sociais. Nos termos do art. 3º da Lei n. 9.790/99, a qualificação somente poderá ser outorgada às pessoas jurídicas de direito privado, sem fins lucrativos, cujos objetivos sociais tenham pelo menos uma das seguintes **finalidades**:

"I – promoção da assistência social;

II – promoção da cultura, defesa e conservação do patrimônio histórico e artístico;

III – promoção gratuita da educação, observando-se a forma complementar de participação das organizações de que trata esta Lei;

IV – promoção gratuita da saúde, observando-se a forma complementar de participação das organizações de que trata esta Lei;

V – promoção da segurança alimentar e nutricional;

VI – defesa, preservação e conservação do meio ambiente e promoção do desenvolvimento sustentável;

VII – promoção do voluntariado;

VIII – promoção do desenvolvimento econômico e social e combate à pobreza;

IX – experimentação, não lucrativa, de novos modelos socioprodutivos e de sistemas alternativos de produção, comércio, emprego e crédito;

X – promoção de direitos estabelecidos, construção de novos direitos e assessoria jurídica gratuita de interesse suplementar;

XI – promoção da ética, da paz, da cidadania, dos direitos humanos, da democracia e de outros valores universais;

XII – estudos e pesquisas, desenvolvimento de tecnologias alternativas, produção e divulgação de informações e conhecimentos técnicos e científicos".

O **termo de parceria** firmado entre o Poder Público federal e a Oscip discriminará direitos, responsabilidades e obrigações das partes signatárias, prevendo especialmente **metas** a serem alcançadas, **prazo de duração, direitos e obrigações** das partes e **formas de fiscalização**.

Ao contrário das organizações sociais, a **outorga** do título de Oscip é **decisão vinculada**, podendo-se falar em **direito adquirido à qualificação** para todas as entidades que preencherem os requisitos exigidos na legislação.

O art. 2º da Lei n. 9.790/99 **veda a concessão do título de Oscip** para as seguintes pessoas jurídicas:

"I – as sociedades comerciais;

II – os **sindicatos**, as associações de classe ou de representação de categoria profissional;

> A prova de Procurador do Trabalho considerou INCORRETA a assertiva: "A um sindicato pode ser outorgada a qualificação de organização da sociedade civil de interesse público para, por exemplo, promover o desenvolvimento econômico e social e combate à pobreza".

III – as **instituições religiosas** ou voltadas para a disseminação de credos, cultos, práticas e visões devocionais e confessionais;

IV – as **organizações partidárias** e assemelhadas, inclusive suas fundações;

V – as **entidades de benefício mútuo** destinadas a proporcionar bens ou serviços a um círculo restrito de associados ou sócios;

VI – as entidades e empresas que comercializam **planos de saúde** e assemelhados;

VII – as **instituições hospitalares privadas** não gratuitas e suas mantenedoras;

VIII – as **escolas privadas** dedicadas ao ensino formal não gratuito e suas mantenedoras;

IX – **as** organizações sociais;

X – as **cooperativas**;

XI – as **fundações** públicas;

XII – as fundações, sociedades civis ou associações de direito privado criadas por órgão público ou por fundações públicas;

XIII – as **organizações creditícias** que tenham qualquer tipo de vinculação com o sistema financeiro nacional a que se refere o art. 192 da Constituição Federal".

O requerimento de qualificação será formalizado perante o **Ministro da Justiça** que, analisando o preenchimento dos requisitos legais, decide sobre a outorga do título.

Assim como ocorre com as organizações sociais, as **obras, compras, serviços e alienações a serem realizadas pelas Oscips**, com os **recursos ou bens repassados voluntariamente pela União**, serão contratadas mediante processo de **licitação pública**, de acordo com o estabelecido na legislação federal pertinente (art. 1º, § 5º, do Decreto n. 5.504/2005). Sendo **bens e serviços comuns**, torna-se obrigatória a utilização do **pregão**, preferencialmente na **modalidade eletrônica.**

Deixando de preencher as exigências legais, a entidade pode **perder a qualificação de Oscip**, mediante processo administrativo com garantia de ampla defesa e **contraditório**.

> A prova do Ministério Público/DF elaborada pelo Cespe considerou CORRETA a afirmação: "Sobre o chamado Terceiro Setor, que abrange os serviços sociais autônomos, fundações, associações, cooperativas, organizações sociais e Oscips pode-se dizer que não é permitida a participação de servidores públicos na composição do Conselho de Oscips".

3.9.2.3 Comparação entre organizações sociais e Oscips

Por fim, torna-se oportuno sintetizar as diferenças fundamentais entre as duas qualificações outorgadas pelo governo federal às entidades que atuam no terceiro setor.

Quadro comparativo entre OSs e Oscips	
Organizações sociais	**Oscips**
Lei n. 9.637/98	Lei n. 9.790/99
Exercem atividades de interesse público anteriormente desempenhadas pelo Estado, como ensino, pesquisa científica e preservação do meio ambiente	Exercem atividades de natureza privada
Contrato de gestão	Termo de parceria
A outorga é discricionária	A outorga é vinculada
A qualificação depende de aprovação do Ministro de Estado ligado à área de atuação da entidade	A qualificação é outorgada pelo Ministro da Justiça
Podem ser contratadas por dispensa de licitação	Não há previsão legal de contratação direta sem licitação
Devem realizar licitação para contratações resultantes da aplicação de recursos e bens repassados diretamente pela União	Idem
Estão proibidas de receber a qualificação de Oscips	Não há previsão legal equivalente
Participação do Poder Público na gestão é obrigatória	Participação do Poder Público na gestão é facultativa
Podem ser contratadas por dispensa de licitação para prestação de serviços contemplados no contrato de gestão (art. 24, XXIV, da Lei n. 8.666/93)	Não podem ser contratadas por dispensa de licitação
Repasse de recursos orçamentários, permissão de uso de bens públicos e cessão de servidores públicos sem custo para a entidade	Repasse de recursos orçamentários e permissão de uso de bens públicos

3.9.2.3.1 Regime das parcerias voluntárias (Lei n. 13.019, de 31 de julho de 2014)

A Lei n. 13.019/2014 instituiu **novo instrumento de cooperação** entre a Administração e as organizações da sociedade civil **visando finalidades de interesse público**, as denominadas **parcerias voluntárias**.

Nos termos do art. 1º: "Esta Lei institui normas gerais para as parcerias voluntárias, envolvendo ou não transferências de recursos financeiros, estabelecidas pela União, Estados, Distrito Federal, Municípios e respectivas autarquias, fundações, empresas públicas e sociedades de economia mista prestadoras de serviço público, e suas subsidiárias, com organizações da sociedade civil, em regime de mútua cooperação, para a consecução de finalidades de interesse público; define diretrizes para a política de fomento e de colaboração com as organizações da sociedade civil; e institui o termo de colaboração e o termo de fomento".

Pode-se notar, logo de início, que diferentemente de outras leis na área de fomento, a **Lei n. 13.019/2014 tem natureza nacional, aplicando-se simultaneamente a todas as esferas federativas**. Desse modo, enquanto, por exemplo, a Lei das Organizações Sociais (Lei n. 9.637/98) e a Lei das Oscips (Lei n. 9.790/99) valem somente para o âmbito federal, as **parcerias voluntárias podem ser firmadas pela União, Estados, Distrito Federal, Municípios e respectivas entidades descentralizadas.**

Considera-se "organização da sociedade civil" a pessoa jurídica de direito privado sem fins lucrativos que não distribui, entre os seus sócios ou associados, conselheiros, diretores, empregados ou doadores, eventuais resultados, sobras, excedentes operacionais, brutos ou líquidos, dividendos, bonificações, participações ou parcelas do seu patrimônio, auferidos mediante o exercício de suas atividades, e que os aplica integralmente na consecução do respectivo objeto social, de forma imediata ou por meio da constituição de fundo patrimonial ou fundo de reserva (art. 2º, I).

No outro polo do ajuste figura a "administração pública", entendida como a "União, Estados, Distrito Federal, Municípios e respectivas autarquias, fundações, empresas públicas e sociedades de economia mista prestadoras de serviço público, e suas subsidiárias" (art. 2º, II).

Já a "parceria" é conceituada pelo art. 2º, III, da Lei n. 13.019/2014 como "qualquer modalidade prevista nesta Lei, que envolva ou não transferências voluntárias de recursos financeiros, entre administração pública e organizações da sociedade civil para ações de interesse recíproco em regime de mútua cooperação".

Muito importante destacar que as exigências previstas na Lei n. 13.019/2014 **não se aplicam aos contratos de gestão celebrados com organizações sociais, mas são aplicáveis, no que couber, às relações entre a administração pública e as Oscips** (arts. 3º, III, e 4º).

A lei prevê dois instrumentos principais para formalização das parceiras:

a) termo de colaboração: deve ser adotado pela administração pública em caso de transferências voluntárias de recursos para consecução de **planos de trabalho propostos pela administração pública,** em regime de mútua cooperação com organizações da sociedade civil, **selecionadas por meio de chamamento público;**

b) termo de fomento: deve ser adotado pela administração pública em caso de transferências voluntárias de recursos para consecução de **planos de trabalho propostos pelas organizações da sociedade civil,** em regime de mútua cooperação com a administração pública, **selecionadas por meio de chamamento público.**

Como se nota, a iniciativa da parceria pode partir da Administração (termo de colaboração) ou das organizações sociais (termo de fomento). Por isso, a lei disciplina o **procedimento de manifestação de interesse.** Nos termos do art. 18: "É instituído o Procedimento de Manifestação de Interesse Social como instrumento por meio do qual as organizações da sociedade civil, movimentos sociais e cidadãos poderão apresentar propostas ao Poder Público para que este avalie a possibilidade de realização de um chamamento público objetivando a celebração de parceria".

A proposta a ser encaminhada à administração pública deverá atender aos seguintes requisitos: I – identificação do subscritor da proposta; II – indicação do interesse público envolvido; III – diagnóstico da realidade que se quer modificar, aprimorar ou desenvolver e, quando possível, indicação da viabilidade, dos custos, dos benefícios e dos prazos de execução da ação pretendida (art. 19).

Importante destacar que a escolha da entidade que celebra a parceria não ocorre mediante licitação, mas por meio de chamamento público. É o que estabelece o art. 24 da lei: "Para a celebração das parcerias previstas nesta Lei, a administração pública deverá realizar chamamento público para selecionar organizações da sociedade civil que torne mais eficaz a execução do objeto".

Quanto ao rito do chamamento, devem ser observadas as seguintes normas específicas:

a) O edital deverá ser amplamente divulgado em página do sítio oficial do órgão ou entidade na internet (art. 26);

b) As pessoas jurídicas de direito público interno e as entidades personalizadas da administração poderão criar portal único na internet que reúna as informações sobre todas as parcerias por elas celebradas, bem como os editais publicados (art. 26, parágrafo único);

c) O grau de adequação da proposta aos objetivos específicos do programa ou ação em que se insere o tipo de parceria e ao valor de referência constante do chamamento público é critério obrigatório de julgamento (art. 27);

d) As propostas serão julgadas por uma comissão de seleção previamente designada (art. 27, § 1º);

e) A administração pública homologará e divulgará o resultado do julgamento em página do sítio oficial da administração pública na internet ou sítio eletrônico oficial equivalente (art. 27, § 4º);

f) Somente depois de encerrada a etapa competitiva e ordenadas as propostas, a administração pública procederá à verificação dos documentos (art. 28);

g) A administração pública poderá dispensar a realização do chamamento público: I – no caso de urgência decorrente de paralisação ou iminência de paralisação de atividades de relevante interesse público realizadas no âmbito de parceria já celebrada, limitada a vigência da nova parceria ao prazo do termo original, desde que atendida a ordem de classificação do chamamento público, mantidas e aceitas as mesmas condições oferecidas pela organização da sociedade civil vencedora do certame; II – nos casos de guerra ou grave perturbação da ordem pública, para firmar parceria com organizações da sociedade civil que desenvolvam atividades de natureza continuada nas áreas de assistência social, saúde ou educação, que prestem atendimento direto ao público e que tenham certificação de entidade beneficente de assistência social, nos termos da Lei n. 12.101, de 27 de novembro de 2009; III – quando se tratar da realização de programa de proteção a pessoas ameaçadas ou em situação que possa comprometer a sua segurança (art. 30);

h) Será considerado inexigível o chamamento público na hipótese de inviabilidade de competição entre as organizações da sociedade civil, em razão da natureza singular do objeto do plano de trabalho ou quando as metas somente puderem ser atingidas por uma entidade específica (art. 31).

DICA: repare bem que a diferença fundamental entre os termos de colaboração e de fomento reside em quem propõe a parceria: no TERMO DE COLABORAÇÃO o plano de trabalho é proposto PELA ADMINISTRAÇÃO, enquanto no TERMO DE PARCERIA a proposta vem das ORGANIZAÇÕES DA SOCIEDADE CIVIL.

3.10 JURISPRUDÊNCIA

3.10.1 STJ

Registro profissional. Direito adquirido. Exame de suficiência. Dispensa. É dispensável a submissão ao exame de suficiência pelos técnicos em contabilidade formados anteriormente à promulgação da Lei n. 12.249/2010 ou dentro do prazo por ela previsto. A implementação dos requisitos para a inscrição no conselho profissional surge no momento da conclusão do curso. Desse modo, nos casos de conclusão do curso de técnico em contabilidade em data anterior à vigência da Lei n. 12.249/2010, há que se reconhecer a existência de direito adquirido à inscrição perante o respectivo conselho de classe, ainda que o pedido de registro junto ao órgão tenha ocorrido posteriormente à data prevista na lei supracitada (AgInt no REsp 1.830.687-RS, rel. Min. Sérgio Kukina, Primeira Turma, por unanimidade, j. 30-3-2020, *DJe* 2-4-2020 – *Informativo* 669).

Fundação Habitacional do Exército – FHE. Equiparação à entidade autárquica federal. Impenhorabilidade de bens. Inicialmente deve-se levar em conta que, a despeito de ostentar natureza jurídica de direito privado, a FHE é equiparada a entidade autárquica federal. Não obstante o art. 3º da Lei n. 7.750/1989 assentar que "à Fundação Habitacional do Exército – FHE não serão destinados recursos orçamentários da União", a equiparação da FHE à autarquia federal ainda remanesce. É o que se infere do art. 4º do diploma legal em foco, o qual impõe, à FHE, supervisão ministerial e às disposições do art. 70, *caput* e parágrafo único, da Constituição Federal. Ademais, o art. 31 da Lei n. 6.855/80 dispõe que o patrimônio da FHE goza dos privilégios próprios da Fazenda Pública, inclusive quanto à impenhorabilidade. Assim, a prerrogativa decorrente da própria lei não pode ser afastada por decisão judicial. Ressoa evidente que o art. 3º da Lei n. 7.750/89, ao proibir que a União transfira recursos orçamentários à FHE, revogou o inciso I do art. 12 da Lei n. 6.855/80. Porém, a despeito da revogação em questão, a FHE ainda continua recebendo contribuição de entes públicos, perfazendo-se necessária a mantença da impenhorabilidade de seus bens (REsp 1.802.320-SP, rel. Min. Benedito Gonçalves, Primeira Turma, por unanimidade, j. 12-11-2019, *DJe* 16-12-2019 – *Informativo* 662).

Contribuições sociais destinadas a terceiros: As entidades dos serviços sociais autônomos não possuem legitimidade passiva nas ações judiciais em que se discute a relação jurídico-tributária entre o contribuinte e a União e a repetição de indébito das contribuições sociais recolhidas (EREsp 1.619.954-SC, rel. Min. Gurgel de Faria, por unanimidade, j. 10-4-2019, *DJe* 16-4-2019).

Tarifa de energia elétrica: A concessionária de fornecimento de energia elétrica não pode exigir de órgão público, usuário do serviço, multa por inadimplemento no pagamento de fatura, fundamentada no parágrafo único do art. 4º do Decreto-lei n. 2.432/88 (REsp 1.396.808-AM, rel. Min. Gurgel de Faria, por unanimidade, j. 14-8-2018, *DJe* 6-9-2018).

***Royalties* de petróleo:** A Lei n. 12.734/2012, que alterou os arts. 48, § 3º, e 49, § 7º, da Lei n. 9.478/97 e passou a considerar os pontos de entrega de gás canalizado (*city gates*) como instalações de embarque e desembarque, para fins de pagamento de *royalties* aos Municípios afetados por tais operações, não tem eficácia retroativa (REsp 1.452.798-RJ, rel. Min. Napoleão Nunes Maia Filho, rel. Acd. Min. Gurgel de Faria, por maioria, j. 19-4-2018, *DJe* 7-5-2018).

Conselho de fiscalização profissional: Os conselhos de fiscalização profissional não possuem autorização para registrar os veículos de sua propriedade como oficiais (AREsp 1.029.385-SP, rel. Min. Gurgel de Faria, por unanimidade, j. 5-12-2017, *DJe* 9-2-2018).

Sigilo/documentos: O Instituto Brasileiro de Geografia e Estatística – IBGE está legalmente impedido de fornecer a quem quer que seja as informações individualizadas que coleta, no desempenho de suas atribuições, para que sirvam de prova em quaisquer outros procedimentos administrativos (REsp 1.353.602-RS, rel. Min. Napoleão Nunes Maia Filho, por unanimidade, j. 30-11-2017, *DJe* 7-12-2017).

Defensoria Pública: O art. 3º, § 1º, do Estatuto da Ordem dos Advogados do Brasil merece interpretação conforme a CF/88 para obstar a necessidade de inscrição na OAB dos membros das carreiras da Defensoria Pública (REsp 1.710.155-CE, rel. Min. Herman Benjamin, por unanimidade, j. 1º-3-2018, *DJe* 2-8-2018).

Súmula 615: Não pode ocorrer ou permanecer a inscrição do Município em cadastros restritivos fundada em irregularidades na gestão anterior quando, na gestão sucessora, são tomadas as providências cabíveis à reparação dos danos eventualmente cometidos (Primeira Seção, aprovada em 9-5-2018, *DJe* 14-5-2018).

Saúde: A concessão dos medicamentos não incorporados em atos normativos do SUS exige a presença cumulativa dos seguintes requisitos: i) Comprovação, por meio de laudo médico fundamentado e circunstanciado expedido por médico que assiste o paciente, da imprescindibilidade ou necessidade do medicamento, assim como da ineficácia, para o tratamento da moléstia, dos fármacos fornecidos pelo SUS; ii) incapacidade financeira de arcar com o custo do medicamento prescrito; iii) existência de registro do medicamento na ANVISA, observados os usos autorizados pela agência. Modula-se os efeitos do presente repetitivo de forma que os requisitos acima elencados sejam exigidos de forma cumulativa somente quanto aos processos distribuídos a partir da data da publicação do acórdão embargado, ou seja, 4-5-2018 (EDcl no REsp 1.657.156-RJ, rel. Min. Benedito Gonçalves, Primeira Seção, por unanimidade, j. 12-9-2018, *DJe* 21-9-2018 – Recursos Repetitivos).

Saúde: O Ministério Público é parte legítima para pleitear tratamento médico ou entrega de medicamentos nas demandas de saúde propostas contra os entes federativos, mesmo quando se tratar de feitos contendo beneficiários individualizados, porque se refere a direitos individuais indisponíveis, na forma do art. 1º da Lei n. 8.625/93 (Lei Orgânica Nacional do Ministério Público) (REsp 1.682.836-SP, rel. Min. Og Fernandes, Primeira Seção, por unanimidade, j. 25-4-2018, *DJe* 30-4-2018 – Recursos Repetitivos).

Trânsito: O Departamento Nacional de Infraestrutura de Transportes – DNIT detém competência para a fiscalização do trânsito nas rodovias e estradas federais, podendo aplicar, em caráter não exclusivo, penalidade por infração ao Código de Trânsito Brasileiro, consoante se extrai da conjugada exegese dos arts. 82, § 3º, da Lei n. 10.233/2001 e 21 da Lei n. 9.503/97 (Código de Trânsito Brasileiro) (REsp 1.588.969-RS, rel. Min. Assusete Magalhães, Primeira Seção, por maioria, j. 28-2-2018, *DJe* 11-4-2018 – Recursos Repetitivos).

Associação de Municípios / Capacidade processual: Associação de Municípios e Prefeitos não possui legitimidade ativa para tutelar em juízo direitos e interesses das pessoas jurídicas de direito público (REsp 1.503.007-CE, rel. Min. Herman Benjamin, por unanimidade, j. 14-6-2017, *DJe* 6-9-2017).

Capital estrangeiro: A restrição veiculada pelo art. 11 da Lei n. 7.102/83, de acordo com a Constituição Federal, não impede a participação de capital estrangeiro nas sociedades nacionais (art. 1.126 do CC) que prestam serviço de segurança privada (MS 19.088-DF, rel. Min. Herman Benjamin, por maioria, j. 14-12-2016, *DJe* 3-2-2017).

Atividade fiscalizatória: O ato do Conselho de Contabilidade que requisita dos contadores e dos técnicos os livros e fichas contábeis de seus clientes, a fim de promover a fiscalização da atividade contábil dos profissionais nele inscritos, não importa em ofensa aos princípios da privacidade e do sigilo profissional (REsp 1.420.396-PR, rel. Min. Sérgio Kukina, por unanimidade, j. 19-9-2017, *DJe* 29-9-2017).

Mandado de segurança / Legitimidade e capacidade postulatória: O membro do Ministério Público que atua perante o Tribunal de Contas possui legitimidade e capacidade postulatória para impetrar mandado de segurança, em defesa de suas prerrogativas institucionais, contra acórdão prolatado pela respectiva Corte de Contas (RMS 52.741-GO, rel. Min. Herman Benjamin, por unanimidade, j. 8-8-2017, *DJe* 12-9-2017).

Conselho profissional / Registro: O exercício da profissão de técnico ou treinador profissional de futebol não se restringe aos profissionais graduados em Educação Física, não havendo obrigatoriedade legal de registro junto ao respectivo Conselho Regional (REsp 1.650.759-SP, rel. Min. Herman Benjamin, por unanimidade, j. 6-4-2017, *DJe* 1º-8-2017).

Registro profissional / Conselhos de classe: O fato de os conselhos não poderem executar dívidas inferiores a quatro vezes o valor cobrado anualmente da pessoa física ou jurídica inadimplente, não obsta o cancelamento do registro do profissional que deixar de efetuar o pagamento de duas anuidades consecutivas, conforme disposto no art. 64 da Lei n. 5.194/66 (REsp 1.659.989-MG, rel. Min. Herman Benjamin, por unanimidade, j. 25-4-2017, *DJe* 5-5-2017).

Transporte coletivo: A adaptação dos veículos de transporte coletivo para pessoas deficientes foi suficientemente disciplinada pela Lei n. 10.098/2000, de modo que é desnecessária a regulamentação exigida pela Lei n. 10.048/2000, que se deu apenas com a edição do Decreto n. 5.296/2004 (REsp 1.292.875-PR, rel. Min. Herman Benjamin, por unanimidade, j. 15-12-2016, *DJe* 7-3-2017).

Autarquias: O INPI pode intervir no âmbito negocial de transferência de tecnologia, diante de sua missão constitucional e infraconstitucional de regulamentação das atividades atinentes à propriedade industrial (REsp 1.200.528-RJ, rel. Min. Francisco Falcão, por unanimidade, j. 16-2-2017, *DJe* 8-3-2017).

Conselho de classe: É facultado aos técnicos de farmácia, regularmente inscritos no Conselho Regional de Farmácia, a assunção de responsabilidade técnica por drogaria, independentemente do preenchimento dos requisitos previstos nos arts. 15, § 3º, da Lei n. 5.991/73, c/c o art. 28 do Decreto n. 74.170/74, entendimento que deve ser aplicado até a entrada em vigor da Lei n. 13.021/2014 (REsp 1.243.994-MG, rel. Min. Og Fernandes, Primeira Seção, por unanimidade, j. 14-6-2017, *DJe* 19-9-2017).

Conselhos regionais / Registro: Não estão sujeitas a registro perante o respectivo Conselho Regional de Medicina Veterinária, nem à contratação de profissionais nele inscritos como responsáveis técnicos, as pessoas jurídicas que explorem as atividades de comercialização de animais vivos e a venda de medicamentos veterinários, pois não são atividades reservadas à atuação privativa do médico veterinário (REsp 1.338.942-SP, rel. Min. Og Fernandes, Primeira Seção, por unanimidade, j. 26-4-2017, *DJe* 3-5-2017).

Concessionárias / Agências reguladoras: Não há, em regra, interesse jurídico da ANEEL – Agência Nacional de Energia Elétrica – para figurar como ré ou assistente simples de ação de repetição de indébito relativa a valores cobrados por força de contrato de fornecimento de energia elétrica celebrado entre usuário do serviço e concessionária do serviço público (REsp 1.389.750-RS, rel. Min. Herman Benjamin, Primeira Seção, por unanimidade, j. 14-12-2016, *DJe* 17-4-2017).

Cartório: Na cobrança para o registro de cédula de crédito rural, não se aplica o art. 34 do DL n. 167/67, e sim lei estadual que, em conformidade com a Lei n. 10.169/2000, fixa valor dos respectivos emolumentos (REsp 1.142.006-MG, rel. Min. Olindo Menezes [Desembargador convocado do TRF da 1ª Região], rel. para acórdão Min. Regina Helena Costa, j. 16-6-2016, *DJe* 4-8-2016).

Aplicação de multa pelo Dnit: O Departamento Nacional de Infraestrutura de Transporte (DNIT) tem competência para autuar e aplicar sanções por excesso de velocidade em rodovias e estradas federais (REsp 1.583.822-RS, rel. Min. Sérgio Kukina, j. 23-6-2016, *DJe* 30-6-2016).

OAB: A inscrição como advogado, nos quadros da OAB, de quem apresente diploma ou certidão de graduação em direito "obtido em instituição de ensino oficialmente autorizada e credenciada" (art. 8º, II, do Estatuto da Advocacia) não pode ser impedida pelo fato de o curso de Direito não ter sido reconhecido pelo MEC (REsp 1.288.991-PR, rel. Min. Napoleão Nunes Maia Filho, j. 14-6-2016, *DJe* 1º-7-2016).

Saúde pública: Se a ANVISA classificou determinado produto importado como "cosmético", a autoridade aduaneira não poderá alterar essa classificação para defini-lo como "medicamento" (REsp 1.555.004-SC, rel. Min. Napoleão Nunes Maia Filho, j. 16-2-2016, *DJe* 25-2-2016).

Transporte: É cabível ação civil pública proposta por Ministério Público Estadual para pleitear que Município proíba máquinas agrícolas e veículos pesados de trafegarem em perímetro urbano deste e torne transitável o anel viário da região (REsp 1.294.451-GO, rel. Min. Herman Benjamin, j. 1º-9-2016, *DJe* 6-10-2016).

Repasse ao Fundef / Honorários: No caso em que Município obtenha êxito em ação judicial destinada à complementação de repasses efetuados pela União ao Fundo de Manutenção e Desenvolvimento do Ensino Fundamental e de Valorização do Magistério (FUNDEF), será legítima a retenção de parte das referidas verbas complementares para o pagamento de honorários advocatícios contratuais (art. 22, § 4º, da Lei n. 8.906/94) (REsp 1.604.440-PE, rel. Min. Humberto Martins, j. 14-6-2016, *DJe* 21-6-2016).

Tribunal de contas: Membro do Ministério Público junto ao Tribunal de Contas de Estados ou do Distrito Federal que ocupa esse cargo há menos de dez anos pode ser indicado para compor lista tríplice destinada à escolha de conselheiro da referida corte (RMS 35.403-DF, rel. Min. Herman Benjamin, j. 3-3-2016, *DJe* 24-5-2016).

Banco postal / Regras de segurança: A imposição legal de adoção de recursos de segurança específicos para proteção dos estabelecimentos que constituam sedes de instituições financeiras (Lei n. 7.102/83) não alcança o serviço de correspondente bancário (Banco Postal) realizado pela Empresa Brasileira de Correios e Telégrafos (ECT) (REsp 1.497.235-SE, rel. Min. Mauro Campbell Marques, j. 1º-12-2015, *DJe* 9-12-2015).

Súmula 561: Os Conselhos Regionais de Farmácia possuem atribuição para fiscalizar e autuar as farmácias e drogarias quanto ao cumprimento da exigência de manter profissional legalmente habilitado (farmacêutico) durante todo o período de funcionamento dos respectivos estabelecimentos (Primeira Seção, aprovada em 9-12-2015, *DJe* 15-12-2015 – *Informativo* n. 574).

Competência do Inmetro para fiscalização: O Instituto Nacional de Metrologia, Normatização e Qualidade Industrial (Inmetro) não é competente para fiscalizar as balanças de pesagem corporal disponibilizadas gratuitamente aos clientes nas farmácias. Essas balanças, existentes em farmácias, não condicionam nem tampouco se revelam essenciais para o desenvolvimento da atividade-fim desse ramo comercial (venda de medicamentos). Por não se tratar de equipamento essencial ao funcionamento e às atividades econômicas das farmácias, essas balanças não se expõem à fiscalização periódica do Inmetro (REsp 1.384.205-SC, rel. Min. Sérgio Kukina, j. 5-3-2015, *DJe* 12-3-2015).

Aplicação de sanções pelo Procon: O Procon pode, por meio da interpretação de cláusulas contratuais consumeristas, aferir sua abusividade, aplicando eventual sanção administrativa (REsp 1.279.622-MG, rel. Min. Humberto Martins, j. 6-8-2015, *DJe* 17-8-2015).

Incompetência do Poder Judiciário para autorizar o funcionamento de rádio educativa: O Poder Judiciário não tem competência para autorizar, ainda que a título precário, a prestação de serviço de radiodifusão com finalidade exclusivamente educativa. O art. 223 da CF atribui competência ao Poder Executivo para outorgar e renovar concessão, permissão e autorização, bem como fiscalizar o serviço de radiodifusão sonora e de sons e imagens (REsp 1.353.341-PE, rel. Min. Humberto Martins, j. 12-5-2015, *DJe* 19-5-2015).

Desnecessidade de inscrição de determinados profissionais no Conselho Regional de Educação Física: Não é obrigatória a inscrição, nos Conselhos de Educação Física, dos professores e mestres de dança, ioga e artes marciais (caratê, judô, *tae-kwon-do*, *kickboxing*, *jiu-jitsu*, capoeira e outros) para o exercício de suas atividades profissionais. Isso porque o disposto nos arts. 2º e 3º da Lei n. 9.696/98 estabelece quais são as competências do profissional de educação física e definem, expressa e restritivamente, quais serão aqueles obrigatoriamente inscritos nos Conselhos Regionais, quais sejam, os detentores de diploma em Educação Física e aqueles que, à época da edição da referida lei, exerciam atividades próprias dos profissionais de educação física (REsp 1.450.564-SE, rel. Min. Og Fernandes, j. 16-12-2014, *DJe* 4-2-2015).

Não obrigatoriedade de contratação de nutricionistas e de registro em conselhos de nutrição: Bares, restaurantes e similares não são obrigados a se registrarem em Conselhos de Nutrição nem a contratarem nutricionistas (REsp 1.330.279-BA, rel. Min. Og Fernandes, j. 20-11-2014, *DJe* 10-12-2014).

Competência para julgar recurso em impugnação a registro de loteamento urbano: Compete à Corregedoria do Tribunal de Justiça ou ao Conselho Superior da Magistratura – e não a órgão jurisdicional de segunda instância do Tribunal de Justiça – julgar recurso intentado contra decisão de juízo que julga impugnação ao registo de loteamento urbano (REsp 1.370.524-DF, rel. Min. Marco Buzzi, j. 28-4-2015, *DJe* 27-10-2015).

Revalidação no Brasil de diplomas de universidades da América Latina e Caribe: O Decreto n. 80.419/77 – que incorporou a Convenção Regional sobre o Reconhecimento de Estudos, Títulos e Diplomas de Ensino Superior na América Latina e no Caribe – não foi revogado pelo Decreto n. 3.007/99 nem traz norma específica que vede os procedimentos de revalidação dos diplomas que têm respaldo nos arts. 48 e 53, V, da Lei de Diretrizes e Bases da Educação Brasileira. Assim, as universidades públicas brasileiras não estão obrigadas a reconhecer automaticamente os diplomas de ensino superior expedidos por universidades da América Latina e do Caribe (REsp 1.215.550-PE, rel. Min. Og Fernandes, Primeira Seção, j. 23-9-2015, *DJe* 5-10-2015 – *Informativo* 570 – Recursos Repetitivos).

Cobrança de crédito não tributário: Prescreve em cinco anos, nos termos do art. 1º do Decreto n. 20.910/32 – e não em três anos como previsto no art. 206, § 3º, V, do CC – a pretensão da ANS de promover execução fiscal para reaver de operadora de plano de saúde os valores despendidos por instituição pública ou privada, conveniada ou contratada pelo SUS, pelos atendimentos efetuados em favor dos contratantes de plano de saúde e respectivos dependentes, quando os serviços prestados estejam previstos em contrato firmado entre a operadora de plano de saúde e seus filiados (REsp 1.435.077-RS, rel. Min. Humberto Martins, j. 19-8-2014).

Inscrição de indústria de laticínios no Conselho de Química: A pessoa jurídica cuja finalidade precípua é a industrialização e o comércio de laticínios e derivados não é obrigada a registrar-se no Conselho Regional de Química. Precedentes citados: REsp 410.421-SC, 2ª Turma, *DJ* 1º-8-2005; e REsp 816.846-RJ, 1ª Turma, *DJ* 17-4-2006 (REsp 1.410.594/PR, rel. Min. Herman Benjamin, j. 22-10-2013).

Súmula 514: A CEF é responsável pelo fornecimento dos extratos das contas individualizadas vinculadas ao FGTS dos Trabalhadores participantes do Fundo de Garantia do Tempo de Serviço, inclusive para fins de exibição em juízo, independentemente do período em discussão.

Prescrição da pretensão de reaver valores despendidos pelo INSS com pensão por morte: Nas demandas ajuizadas pelo INSS contra o empregador do segurado falecido em acidente laboral, visando ao ressarcimento dos valores decorrentes do pagamento da pensão por morte, o termo *a quo* da prescrição quinquenal é a data da concessão do referido benefício previdenciário (REsp 1.457.646-PR, rel. Min. Sérgio Kukina, j. 14-10-2014).

Acesso a informações de cartão corporativo do Governo Federal: O não fornecimento pela União do extrato completo – incluindo tipo, data, valor das transações efetuadas e CNPJ dos fornecedores – do cartão de pagamentos (cartão corporativo) do Governo Federal utilizado por chefe de Escritório da Presidência da República constitui ilegal violação ao direito de acesso à informação de interesse coletivo, quando não há evidência de que a publicidade desses elementos atentaria contra a segurança do Presidente e Vice-Presidente da República ou de suas famílias (MS 20.895-DF, rel. Min. Napoleão Nunes Maia Filho, j. 12-11-2014).

Exigibilidade de parecer favorável de Conselho Municipal de Saúde para credenciamento no SUS: É lícita a exigência de parecer favorável de Conselho Municipal de Saúde para o credenciamento de laboratório de propriedade particular no SUS (RMS 45.638-RS, rel. Min. Humberto Martins, j. 5-8-2014).

Competência para decidir sobre incompatibilidade ou impedimento para o exercício da advocacia: Compete exclusivamente à OAB averiguar se o caso é de incompatibilidade ou de impedimento para o exercício da advocacia e decidir em qual situação devem ser enquadrados os ocupantes de cargos ou funções referidos nos arts. 28 a 30 do Estatuto da Advocacia. Precedente citado: AgRg no REsp 1.287.861-CE, 2ª Turma, *DJe* 5-3-2012 (AgRg no REsp 1.448.577-RN, rel. Min. Herman Benjamin, j. 7-8-2014).

Conselho fiscalização profissional: O representante judicial de conselho de fiscalização profissional possui a prerrogativa de ser intimado pessoalmente no âmbito de execução fiscal promovida pela entidade (REsp 1.330.473-SP, rel. Min. Arnaldo Esteves Lima, j. 12-6-2013 – Recurso Repetitivo).

Impossibilidade de conferir aos psicólogos, por resolução, autorização para o exercício da técnica da acupuntura: É inadmissível que resolução do Conselho Federal de Psicologia estenda aos profissionais da área a possibilidade de utilização da acupuntura como método complementar de tratamento, ainda que no Brasil não exista legislação que discipline o exercício dessa técnica. Não se pode deduzir, a partir desse vácuo normativo, que se possa permitir, por intermédio de ato administrativo editado pelo conselho profissional, a prática da acupuntura. Ademais, não é possível aos profissionais de psicologia estender seu campo de trabalho por meio de resolução, pois suas competências já estão fixadas na Lei n. 4.119/62, que regulamenta o exercício da profissão (REsp 1.357.139-DF, rel. Min. Napoleão Nunes Maia Filho, j. 18-4-2013).

Declaração de bens e rendimentos: O conselheiro regional suplente do SES-C-DF tem o dever de apresentar declaração de bens e rendimentos ao Conselho Regional da referida entidade. Apesar de possuírem personalidade jurídica de direito privado, as entidades paraestatais se submetem a algumas nuances do regime jurídico de direito público. Entre as particularidades a que estão sujeitos os entes de cooperação estatal, destaca-se o fato de receberem recursos públicos provenientes de contribuições parafiscais (REsp 1.356.484-DF, rel. Min. Humberto Martins, j. 5-2-2013).

Cadin: As operadoras de plano de saúde que estejam em débito quanto ao ressarcimento de valores devidos ao SUS podem, em razão da inadimplência, ser inscritas no Cadastro *Informativo* dos créditos não quitados de órgãos e entidades federais (Cadin) (AgRg no AREsp 307.233-RJ, rel. Min. Benedito Gonçalves, j. 6-6-2013).

Validação de diploma: É legal a exigência feita por universidade, com base em resolução por ela editada, de prévia aprovação em processo seletivo como condição para apreciar pedido de revalidação de diploma obtido em instituição de ensino estrangeira (REsp 1.349.445-SP, rel. Min. Mauro Campbell Marques, j. 8-5-2013).

Desmembramento de serventias: Na hipótese de desmembramento de serventias, não há necessidade de consulta prévia aos titulares atingidos pela medida. Não há direito adquirido ao não desmembramento de serviços notariais e de registro, conforme consolidado na Súmula 46 do STF. Diante disso, outorgado o direito de opção – previsto no art. 29, I, da Lei n. 8.935/94 – e atendidos os demais ditames legais, não há cogitar violação do direito de defesa, do contraditório ou de outro princípio constitucional (RMS 41.465-RO, rel. Min. Humberto Martins, j. 3-9-2013).

3.10.2 STF

Organização da Administração Pública (Extinção de conselhos por decreto): O Plenário, por maioria, deferiu parcialmente medida cautelar em ação direta de inconstitucionalidade para suspender a eficácia do § 2º do art. 1º do Decreto n. 9.759/2019, na redação dada pelo Decreto n. 9.812/2019, e para afastar, até o exame definitivo dessa ação, a possibilidade de ter-se a extinção, por ato unilateralmente editado pelo chefe do Executivo, de colegiado cuja existência encontre menção em lei em sentido formal, ainda que ausente expressa referência "sobre a competência ou a composição". Além disso, por arrastamento, suspendeu a eficácia de atos normativos posteriores a promoverem, na forma do art. 9º do Decreto n. 9.759/2019, a extinção dos órgãos (STF. Plenário. ADIn 6.121 MC/DF, rel. Min. Marco Aurélio, j. 12 e 13-6-2019 – *Informativo* n. 944).

Administração Pública (Fundação Banco do Brasil e fiscalização do Tribunal de Contas da União): Por possuírem caráter eminentemente público, os recursos provenientes do Banco do Brasil (BB) destinados à Fundação Banco do Brasil (FBB) se submetem à fiscalização do Tribunal de Contas da União (TCU) (MS 32.703/DF, 2ª Turma, rel. Min. Dias Toffoli, j. 10-4-2018 – *Informativo* n. 897).

Agência reguladora (Agências Reguladoras e função normativa): O Plenário registrou que o advento das agências reguladoras setoriais representa inegável aperfeiçoamento da arquitetura institucional do Estado de Direito contemporâneo no sentido do oferecimento de uma resposta da Administração Pública para fazer frente à complexidade das relações sociais verificadas na modernidade. A exigência de agilidade e flexibilidade cada vez maiores do Estado diante das ininterruptas demandas econômicas e sociais que lhe são direcionadas levou à emergência de estruturas administrativas relativamente autônomas e independentes – as chamadas agências – dotadas de mecanismos aptos e eficazes para a regulação de setores específicos, o que inclui a competência para editar atos qualificados como normativos. (...) A função normativa das agências reguladoras, no entanto, notadamente quando atinge direitos e deveres dos administrados ligados ao Estado tão somente por vínculo de sujeição geral, subordina-se necessariamente ao que disposto em lei. Assim, embora dotadas de considerável autonomia, a medida da competência normativa em que são investidas as agências reguladoras será aquela perfeitamente especificada nas leis pelas quais são criadas (ADIn 4.874/DF, Plenário, rel. Min. Rosa Weber, j. 1º-2-2018 – *Informativo* n. 889).

Tribunal de Contas (TCU e declaração de inidoneidade para licitar): O TCU tem competência para declarar a inidoneidade de empresa privada para participar de licitações promovidas pela Administração Pública (MS 30.788/MG, Plenário, rel. orig. Min. Marco Aurélio, red. p/ o acórdão Min. Roberto Barroso, 21-5-2015 – Informativo n. 786).

3.10.3 Repercussão Geral

A qualificação de uma fundação instituída pelo Estado como sujeita ao regime público ou privado depende (i) do estatuto de sua criação ou autorização e (ii) das atividades por ela prestadas. As atividades de conteúdo econômico e as passíveis de delegação, quando definidas como objetos de dada fundação, ainda que essa seja instituída ou mantida pelo Poder público, podem-se submeter ao regime jurídico de direito privado. 2. A estabilidade especial do art. 19 do ADCT não se estende aos empregados das fundações públicas de direito privado, aplicando-se tão somente aos servidores das pessoas jurídicas de direito público (RE 716378, 7-8-2019).

Reconhecido o direito à anistia política, a falta de cumprimento de requisição ou determinação de providências por parte da União, por intermédio do órgão competente, no prazo previsto nos arts. 12, § 4º, e 18, *caput* e parágrafo único, da Lei n. 10.599/2002, caracteriza ilegalidade e violação de direito líquido e certo; 2) Havendo rubricas no orçamento destinadas ao pagamento das indenizações devidas aos anistiados políticos e não demonstrada a ausência de disponibilidade de caixa, a União há de promover o pagamento do valor ao anistiado no prazo de 60 dias; 3) Na ausência ou na insuficiência de disponibilidade orçamentária no exercício em curso, cumpre à União promover sua previsão no projeto de lei orçamentária imediatamente seguinte (RE 553.710, 17-11-2016).

Não usurpa competência privativa do chefe do Poder Executivo lei que, embora crie despesa para a administração, não trata da sua estrutura ou da atribuição de seus órgãos nem do regime jurídico de servidores públicos (art. 61, § 1º, II, *a*, *c* e *e*, da Constituição Federal) (ARE 878.911, 30-9-2016).

Os entes da Federação, em decorrência da competência comum, são solidariamente responsáveis nas demandas prestacionais na área da saúde, e diante dos critérios constitucionais de descentralização e hierarquização, compete à autoridade judicial direcionar o cumprimento conforme as regras de repartição de competências e determinar o ressarcimento a quem suportou o ônus financeiro (RE 855.178, 6-3-2015).

É constitucional a atribuição às guardas municipais do exercício de poder de polícia de trânsito, inclusive para imposição de sanções administrativas legalmente previstas. (RE 658.570, 6-8-2015).

O Município é competente para legislar sobre o meio ambiente com a União e o Estado, no limite do seu interesse local e desde que tal regramento seja harmônico com a disciplina estabelecida pelos demais entes federados (art. 24, VI, c/c 30, I e II, da Constituição Federal) (RE 586.224, 9-3-2015).

Somente o ente público beneficiário possui legitimidade ativa para a propositura de ação executiva decorrente de condenação patrimonial imposta por Tribunais de Contas (CF, art. 71, § 3º) (ARE 823.347, 3-10-2014).

Leis que tratam dos casos de vedação a nepotismo não são de iniciativa exclusiva do chefe do Poder Executivo (RE 570.392, 11-12-2014).

A imunidade tributária recíproca reconhecida à Empresa Brasileira de Correios e Telégrafos – ECT alcança o IPTU incidente sobre imóveis de sua propriedade e por ela utilizados, não se podendo estabelecer, *a priori*, nenhuma distinção entre os imóveis afetados ao serviço postal e aqueles afetados à atividade econômica (RE 773.992, 15-10-2014).

Os serviços sociais autônomos integrantes do denominado Sistema "S" não estão submetidos à exigência de concurso público para contratação de pessoal, nos moldes do art. 37, II, da Constituição Federal (RE 789.874, 17-9-2014).

É inconstitucional a nomeação, pelo chefe do Executivo, de membro do Ministério Público especial para preenchimento de cargo vago de Conselheiro de Tribunal de Contas local quando se tratar de vaga reservada à escolha da Assembleia Legislativa, devendo-se observar a regra constitucional de divisão proporcional das indicações entre os Poderes Legislativo e Executivo (RE 717.424, 22-8-2014).

É constitucionalmente vedada a compensação unilateral de débitos em proveito exclusivo da Fazenda Pública ainda que os valores envolvidos não estejam sujeitos ao regime de precatórios, mas apenas à sistemática da requisição de pequeno valor (RE 657.686, 23-10-2014).

Compete à Justiça Federal comum processar e julgar mandado de segurança quando a autoridade apontada como coatora for autoridade federal, considerando-se como tal também os dirigentes de pessoa jurídica de direito privado investidos de delegação concedida pela União (RE 726.035, 25-4-2014).

Os serviços prestados pela Empresa Brasileira de Correios e Telégrafos – ECT, inclusive aqueles em que a empresa não age em regime de monopólio, estão abrangidos pela imunidade tributária recíproca (CF, art. 150, VI, *a* e §§ 2º e 3º) (RE 601.392, 1º-3-2013).

I – Há reserva de iniciativa do chefe do Poder Executivo para edição de normas que alterem o padrão remuneratório dos servidores públicos (art. 61, § 1º, II, *a*, da CF); II – São formalmente inconstitucionais emendas parlamentares que impliquem aumento de despesa em projeto de lei de iniciativa reservada do chefe do Poder Executivo (art. 63, I, da CF) (RE 745.811, 18-10-2013).

A Empresa Brasileira de Correios e Telégrafos – ECT tem o dever jurídico de motivar, em ato formal, a demissão de seus empregados (RE 589.998, 21-3-2013).

A prerrogativa processual da Fazenda Pública Federal de receber intimações pessoais, nos termos do art. 17 da Lei n. 10.910/2004, não tem aplicação no âmbito do procedimento dos Juizados Especiais Federais (ARE 648.629, 25-4-2013).

É incompatível com a Constituição o reconhecimento às entidades paraestatais dos privilégios processuais concedidos à Fazenda Pública em execução de pagamento de quantia em dinheiro (AI 841.548, 10-6-2011).

É incompatível com a Constituição lei municipal que impõe sanção mais gravosa que a prevista no Código de Trânsito Brasileiro, por extrapolar a competência legislativa do Município (ARE 639.496, 17-6-2011).

Sociedades de economia mista que desenvolvem atividade econômica em regime concorrencial não se beneficiam do regime de precatórios, previsto no art. 100 da Constituição da República (RE 599.628, 25-5-2011).

Compete aos Municípios legislar sobre assuntos de interesse local, notadamente sobre a definição do tempo máximo de espera de clientes em filas de instituições bancárias (RE 610.221, 1º-5-2010).

É vedado o fracionamento do valor de precatório em execução de sentença, com o objetivo de efetuar o pagamento das custas processuais por meio de requisição de pequeno valor (RPV) (RE 592.619, 8-9-2010).

O art. 78 do Ato das Disposições Constitucionais Transitórias possui a mesma *mens legis* que o art. 33 desse Ato, razão pela qual, uma vez calculado o precatório pelo valor real do débito, acrescido de juros legais, não há mais falar em incidência desses nas parcelas anuais, iguais e sucessivas em que é fracionado, desde que adimplidas a tempo e corrigidas monetariamente (RE 590.751, 9-12-2010).

I – Os Estados-membros possuem competência apenas para a instituição de contribuição voltada ao custeio do regime de previdência de seus servidores. Falece-lhes, portanto, competência para a criação de contribuição ou qualquer outra espécie tributária destinada ao custeio de serviços médicos, hospitalares, farmacêuticos e odontológicos prestados aos seus servidores; II – Não há óbice constitucional à prestação, pelos Estados, de serviços de saúde a seus servidores, desde que a adesão a esses "planos" seja facultativa (RE 573.540, 14-4-2010).

É constitucional taxa de renovação de funcionamento e localização municipal, desde que efetivo o exercício do poder de polícia, demonstrado pela existência de órgão e estrutura competentes para o respectivo exercício (RE 588.322, 16-6-2010).

É inconstitucional a cobrança de taxa, espécie tributária, pelo uso de espaços públicos dos Municípios por concessionárias prestadoras do serviço público de fornecimento de energia elétrica (RE 581.947, 27-5-2010).

I – A taxa cobrada exclusivamente em razão dos serviços públicos de coleta, remoção e tratamento ou destinação de lixo ou resíduos provenientes de imóveis não viola o art. 145, II, da Constituição Federal; II – A taxa cobrada em razão dos serviços de conservação e limpeza de logradouros e bens públicos ofende o art. 145, II, da Constituição Federal; III – É constitucional a adoção, no cálculo do valor de taxa, de um ou mais elementos da base de cálculo própria de determinado imposto, desde que não haja integral identidade entre uma base e outra (RE 576.321, 4-12-2008).

Compete à Justiça Estadual julgar causas entre consumidor e concessionária de serviço público de telefonia, quando a Anatel não seja litisconsorte passiva necessária, assistente, nem opoente (RE 571.572, 8-10-2008).

Compete à Justiça Comum processar e julgar causas instauradas entre o Poder Público e seus servidores submetidos a regime especial disciplinado por lei local editada antes da Constituição Federal de 1988, com fundamento no art. 106 da Constituição de 1967, na redação que lhe deu a Emenda Constitucional n. 1/69 (RE 573.202, 21-8-2008).

A regra prevista no § 2º do art. 109 da Constituição Federal também se aplica às ações movidas em face de autarquias federais (RE 627.709, 20-8-2014).

3.11 QUADRO SINÓTICO

ORGANIZAÇÃO ADMINISTRATIVA

Organização administrativa é o capítulo do Direito Administrativo que estuda a estrutura da Administração Pública, os órgãos e pessoas jurídicas que a compõem.

DISCIPLINA LEGAL

No âmbito federal, o tema é disciplinado pelo Decreto-lei n. 200/67.

TÉCNICAS PARA CUMPRIMENTO DE COMPETÊNCIAS

Para cumprir suas competências constitucionais a Administração dispõe de duas técnicas diferentes: desconcentração e descentralização.

DIFERENÇAS

CONCENTRAÇÃO × DESCONCENTRAÇÃO		CENTRALIZAÇÃO × DESCENTRALIZAÇÃO	
CONCENTRAÇÃO	**DESCONCENTRAÇÃO**	**CENTRALIZAÇÃO**	**DESCENTRALIZAÇÃO**
Técnica de cumprimento de competências administrativas por meio de **órgãos públicos despersonalizados** e **sem divisões internas.** Pressupõe a ausência completa de distribuição de tarefas entre repartições públicas internas.	**Atribuições repartidas entre órgãos públicos** pertencentes a uma única pessoa jurídica, mantendo a **vinculação hierárquica**. Podem ser de 3 espécies: territorial ou geográfica; material ou temática; e hierárquica ou funcional.	Técnica de cumprimento de competências administrativas por **uma única pessoa jurídica** governamental. É o que ocorre, por exemplo, com as atribuições exercidas diretamente pela União, Estados, Distrito Federal e Municípios.	Competências administrativas distribuídas a **pessoas jurídicas autônomas**, criadas pelo Estado **para tal finalidade**. É a **Administração Pública indireta ou descentralizada**. Tem natureza jurídica de princípio fundamental da organização administrativa.

RELAÇÕES ENTRE OS FENÔMENOS

A diferença entre concentração e desconcentração leva em conta a **quantidade de órgãos públicos encarregados** do exercício das competências administrativas.	A diferença entre centralização e descentralização é baseada no **número de pessoas jurídicas autônomas,** competentes para desempenhar **tarefas públicas**.

Como são duas diferenciações independentes, é possível combinar os institutos em **quatro formas distintas de organização da estrutura administrativa:**

CENTRALIZAÇÃO CONCENTRADA (UNIPESSOALIDADE MONO-ORGÂNICA)	CENTRALIZAÇÃO DESCONCENTRADA (UNIPESSOALIDADE PLURIORGÂNICA)	DESCENTRALIZAÇÃO CONCENTRADA (MULTIPESSOALIDADE MONO-ORGÂNICA)	DESCENTRALIZAÇÃO DESCONCENTRADA (MULTIPESSOALIDADE PLURIORGÂNICA)
Competência exercida por uma única pessoa jurídica sem divisões internas.	Atribuição administrativa cometida a uma única pessoa jurídica dividida internamente em diversos órgãos públicos.	Competências administrativas atribuídas a pessoa jurídica autônoma sem divisões internas.	Competências administrativas atribuídas a pessoa jurídica autônoma dividida em órgãos internos.

CONCEITO DE ÓRGÃO

Unidade de atuação integrante da Administração direta e da estrutura da Administração indireta, que pertence a uma pessoa jurídica, ou seja, órgãos públicos são partes de uma pessoa governamental e, por isso, comumente são chamados de repartições públicas. **O conjunto de todos os órgãos** públicos integrantes da estrutura de cada entidade federativa recebe o nome de **Administração Pública direta ou centralizada.**

DICA: por não possuir personalidade jurídica própria, órgãos públicos nunca poderão ser parte (ativa ou passiva) em processos judiciais, cabendo à pessoa jurídica a que o órgão pertence ser acionada judicialmente para eventual reparação de danos, mas **ATENÇÃO:** alguns órgãos públicos são dotados de uma capacidade processual especial, chamada de capacidade/personalidade judiciária, que se restringe basicamente à possibilidade de realizarem a defesa de suas prerrogativas em juízo, especialmente em sede de mandado de segurança e *habeas data*. É o caso da Presidência da República, da Mesa do Senado e das Câmaras Municipais (Súmula 525 do STJ), por exemplo.

TEORIA DO ÓRGÃO PÚBLICO

A doutrina sempre procurou explicar como a atuação do agente público é atribuída ao Estado, e a evolução do tema encontrou respaldo na formulação de **quatro teorias** diferentes:

a) teoria da identidade: o órgão público seria o próprio agente;

b) teoria da representação: o agente público atuaria como uma espécie de curador dos interesses governamentais, como se o Estado fosse um incapaz;

c) teoria do mandato: ao agente seria delegado atuar em nome do Estado, com base em uma espécie de contrato de representação;

d) teoria da imputação volitiva de Otto Gierke: é a teoria **adotada pela CF/88 (art. 37, § 6º)** e aceita pela unanimidade dos doutrinadores modernos, sustentando que o agente público atua em nome do Estado, titularizando um órgão público (conjunto de competências), de modo que a atuação ou o comportamento do agente no exercício da função pública são juridicamente atribuídos – imputados – ao Estado.

ESPÉCIES DE ÓRGÃO PÚBLICO

Segundo Hely Lopes Meirelles, os órgãos públicos podem ser classificados a partir de três critérios diferentes:

1) QUANTO À POSIÇÃO HIERÁRQUICA:	a) independentes ou primários: aqueles originários da Constituição Federal e representativos da cúpula dos Poderes Estatais, não sujeitos a qualquer subordinação hierárquica ou funcional. Exemplos: Casas Legislativas, chefias do Executivo, Tribunais do Poder Judiciário, Ministério Público e Tribunais de Contas; b) autônomos: estão situados imediatamente abaixo dos órgãos independentes, gozando de ampla autonomia administrativa, financeira e técnica e dotados de competências de planejamento, supervisão e controle sobre outros órgãos. Exemplos: Ministérios, Secretarias e Advocacia-Geral da União; c) superiores: possuem competências diretivas e decisórias, mas se encontram subordinados a uma chefia superior. Não têm autonomia administrativa ou financeira. Exemplos: Gabinetes, Secretarias-gerais, Procuradorias Administrativas e Coordenadorias; d) subalternos: são os órgãos comuns dotados de atribuições predominantemente executórias. Exemplo: repartições comuns.
2) QUANTO À ESTRUTURA:	a) simples ou unitários: constituídos somente por um centro de competências. Exemplo: Presidência da República; b) compostos: constituídos por diversos órgãos menores. Exemplo: Secretarias.
3) QUANTO À ATUAÇÃO FUNCIONAL:	a) singulares ou unipessoais: compostos por um único agente. Exemplo: Prefeitura Municipal; b) colegiados ou pluripessoais: constituídos por vários membros. Exemplo: tribunal administrativo.

Mas há ainda outros dois critérios que podem ser considerados:

4) QUANTO À ATIVIDADE:	a) ativos: promovem a execução de decisões administrativas. Exemplo: órgãos de controle sobre a realização de obras públicas; b) consultivos: desempenham atividade de assessoria e aconselhamento a autoridades administrativas, emitindo pareceres e respondendo a consultas. Exemplo: Conselho de Defesa Nacional; c) de controle: responsáveis pela fiscalização das atividades de outros órgãos. Exemplos: Tribunais de Contas, Corregedorias e Controladoria-Geral da União.
5) QUANTO À SITUAÇÃO ESTRUTURAL:	a) diretivos: exercem função de comando e direção. Exemplo: Presidência da República; b) subordinados: desempenham tarefas rotineiras de mera execução. Exemplo: Departamento de Pessoal.

NATUREZA ESPECIAL DOS TRIBUNAIS DE CONTAS, DO MINISTÉRIO PÚBLICO E DAS DEFENSORIAS PÚBLICAS

Possuem características comuns bastante peculiares dentro da estrutura organizacional do Estado, merecendo destaque as seguintes:

1. são órgãos primários ou **independentes:** pois a própria CF disciplina suas estruturas e atribuições, não havendo qualquer subordinação hierárquica ou funcional;

2. não integram a tripartição de Poderes: pois não pertencem à estrutura do Executivo, do Legislativo ou do Judiciário;

3. são destituídos de personalidade jurídica: como todo órgão público, não são pessoas jurídicas, mas integram a estrutura da Administração Direta da respectiva entidade federativa;

4. gozam de capacidade processual: embora desprovidos de capacidade jurídica autônoma, possuem capacidade processual especial para atuar em mandado de segurança e *habeas data*. *No caso do MP e da DP a capacidade é irrestrita e geral;

5. mantêm relação jurídica direta com a entidade federativa: não passam pelo "filtro" da tripartição de Poderes, vinculam-se diretamente à respectiva entidade federativa.

CONCEITOS: ÓRGÃO, ENTIDADE E AUTORIDADE (LEI N. 9.784/99, ART. 1º, § 2º)

ÓRGÃO	ENTIDADE	AUTORIDADE
Unidade de atuação integrante da estrutura da **Administração Direta e Indireta**.	Unidade de atuação dotada de **personalidade jurídica**.	Servidor ou agente público dotado de **poder de decisão**.

ENTIDADES FEDERATIVAS	ENTIDADES PÚBLICAS
União, Estados, Distrito Federal e Municípios.	Autarquias, Fundações Públicas, Agências Reguladoras e Associações Públicas.

DIFERENÇAS

1. Integram a Administração Direta. 2. São pessoas político-administrativas. 3. Exercem funções legislativas, executivas e jurisdicionais (exceto Municípios). 4. São multicompetenciais. 5. São imunes a todos os impostos. 6. São criadas pela CF. 7. Não podem ser extintas sob a vigência da ordem constitucional atual. 8. Podem celebrar convênios e consórcios públicos entre si visando interesses comuns. 9. Possuem competência tributária. 10. Cúpula diretiva formada por agentes públicos eleitos pelo povo. 11. Respondem exclusiva, objetiva e diretamente pelos danos que seus agentes causarem a terceiros. 12. Possuem competência para desapropriar.	1. Integram a Administração Indireta. 2. Têm personalidade puramente administrativa. 3. Desempenham funções exclusivamente administrativas. 4. São especializadas em um setor. 5. São imunes apenas aos impostos incidentes sobre patrimônio, renda e serviços vinculados às suas finalidades essenciais. 6. São instituídas por lei específica. 7. São extintas por lei específica. 8. Estão proibidas de realizar essas parcerias. 9. Podem no máximo exercer funções de arrecadação e fiscalização por meio de delegação. 10. Seus diretores são ocupantes de cargo comissionado, nomeados pelo poder central. 11. Não respondem exclusivamente, ou seja, apesar de possuírem responsabilidade objetiva e direta, se não puderem arcar integralmente com a indenização, a respectiva pessoa federativa poderá ser acionada subsidiariamente. 12. Em regra não possuem competência para desapropriar (exceto ANEEL e DNIT).

O DEVIDO PROCESSO LEGAL DE CRIAÇÃO DAS ENTIDADES DA ADMINISTRAÇÃO PÚBLICA INDIRETA	
COM NATUREZA DE DIREITO PÚBLICO	**COM NATUREZA DE DIREITO PRIVADO**
São **criadas por lei**, o que significa que o surgimento da **personalidade jurídica ocorre com a entrada em vigor da lei instituidora** na data de sua publicação, sem necessidade de registro em cartório e respeitando eventual *vacatio legis*.	São **autorizadas por lei**, ou seja, publica-se uma lei permitindo sua criação, depois o Executivo expede um decreto regulamentando a criação e, por fim, **a personalidade nasce com o registro dos atos constitutivos em cartório**.
1. Autarquias. **2. Fundações públicas.** **3. Agências reguladoras.**	**1. Empresas públicas.** **2. Sociedades de economia mista.** **3. Subsidiárias.** **4. Fundações governamentais.**

ATENÇÃO: Associações públicas (PJs de direito público) e os consórcios públicos de direito privado (PJs de direito privado) integram a Administração Pública Indireta de todos os consorciados, mas têm um modo de criação (ou incorporação à Administração indireta) bastante peculiar, previsto na Lei n. 11.107/2005.

AUTARQUIAS
CONCEITO
São pessoas jurídicas de **direito público interno** criadas por **lei específica** para o exercício **autônomo** de **atividades típicas da Administração** Pública, com **personalidade jurídica, patrimônio e receita próprios** (gestão administrativa e financeira descentralizada). Ex.: INSS; Bacen; Ibama; Cade; Incra e Universidades Públicas.
CARACTERÍSTICAS
a) Art. 37, XIX, CF: criadas por **lei específica**. b) Autarquias são autônomas, **possuem capacidade de autogoverno**, por isso não estão subordinadas hierarquicamente à Administração Direta. c) Podem desempenhar **SOMENTE atividades típicas** da Administração Pública (serviços públicos, poder de polícia ou fomento), NUNCA exercem atividade econômica. d) São **imunes a impostos**, mas não são imunes a taxas, contribuições de melhorias, empréstimos compulsórios e contribuições especiais. e) Seus **bens são públicos**, logo, impenhoráveis, inalienáveis e imprescritíveis. f) Seus atos possuem **natureza de ato administrativo**, sendo assim, são dotados de presunção de legitimidade, exigibilidade, imperatividade e autoexecutoriedade. g) Seus contratos são tidos como contratos administrativos, de modo que **se submetem ao regime privilegiado da Lei n. 8.666/63.** h) Seus **agentes são servidores públicos estatutários** i) Possuem **todos os privilégios processuais** característicos **da atuação da Fazenda Pública** em juízo, inclusive a execução de suas **dívidas pelo sistema de precatórios.**

j) **Respondem objetiva e diretamente** por danos a terceiros, sofrem **controle dos tribunais de contas**, devem observar regras de **contabilidade pública**, estão sujeitas à vedação **de acumulação de cargos** e funções, **devem realizar licitação**, e seus **dirigentes ocupam cargos em comissão** de livre provimento e exoneração

ALGUMAS DAS AUTARQUIAS MAIS IMPORTANTES DO BRASIL

- Instituto Nacional do Seguro Social – INSS
- Banco Central – Bacen
- Instituto Brasileiro do Meio Ambiente e dos Recursos Naturais Renováveis – Ibama
- Conselho Administrativo de Defesa Econômica – Cade
- Instituto Nacional de Colonização e Reforma Agrária – Incra
- Todas as universidades públicas, como a USP e a UFRJ

AGÊNCIAS REGULADORAS

- As agências reguladoras são autarquias com regime especial, possuindo todas as características jurídicas das autarquias comuns mas delas se diferenciando pela presença de duas peculiaridades em seu regime jurídico:
  a) dirigentes estáveis: ao contrário das autarquias comuns, em que os dirigentes ocupam cargos em comissão exoneráveis livremente pelo Poder Executivo;
  b) mandatos fixos: diferentemente do que ocorre com as demais autarquias, nas agências reguladoras os dirigentes permanecem na função por prazo determinado, sendo desligados automaticamente após o encerramento do mandato.

DICA: as agências brasileiras caracterizam-se também por um alto grau de especialização técnica no setor regulado.

- Os ex-dirigentes das agências reguladoras devem respeitar a chamada quarentena: um período de 6 meses, contado da exoneração ou do término do mandato, durante o qual o ex-dirigente fica impedido para o exercício de atividades ou de prestar qualquer serviço no setor regulado pela respectiva agência.

Características da quarentena:

a) temporária: embora a legislação específica possa estabelecer prazo diverso, a regra geral é que a quarentena tem duração de 6 meses. Em todos os casos, porém, trata-se de impedimento temporário, nunca definitivo;

b) remunerada: no Direito brasileiro o ex-dirigente continua recebendo sua remuneração durante o período da quarentena;

c) setorial: a proibição imposta pela quarentena restringe-se ao mercado específico regulado pela agência na qual o ex-dirigente trabalhava;

d) tem a finalidade de evitar a "captura": o objetivo primordial da quarentena é prevenir a contratação, por empresas privadas, de ex-agentes públicos para defesa de interesses contrários ao interesse público. Tal prática é conhecida como "captura", prática bastante comum em muitos mercados regulados.

Em resumo: as Agências Reguladoras possuem qualificada autonomia, caracterizada pela presença de dirigentes com mandatos fixos e estabilidade.

FUNDAÇÕES PÚBLICAS

São criadas mediante afetação de um acervo patrimonial do Estado a uma finalidade pública, revestindo-se das mesmas características jurídicas das demais entidades autárquicas e podendo exercer todas as atividades típicas da Administração Pública, inclusive poder de polícia.

Ex.: Funai; Funasa; IBGE, Funarte.

ASSOCIAÇÕES PÚBLICAS

- O art. 241 da Constituição Federal prescreve que a União, os Estados, o Distrito Federal e os Municípios disciplinarão por meio de lei os consórcios públicos e os convênios de cooperação entre os entes federados, autorizando a gestão associada de serviços públicos, bem como a transferência total ou parcial de encargos, serviços, pessoal e bens essenciais à continuidade dos serviços transferidos.
- Regulamentando a citada norma constitucional, a Lei n. 11.107/2005 disciplinou o instituto do consórcio público. Consórcio público é o negócio jurídico plurilateral de direito público que tem por objeto medidas de mútua cooperação entre entidades federativas, resultando na criação de uma pessoa jurídica autônoma com natureza de direito privado ou de direito público.
- A maior novidade do regime estabelecido pela Lei n. 11.107/2005 é a personificação ("pejotização") dos consórcios.

As entidades consorciadas podem optar entre duas naturezas distintas para a sociedade de propósito específico criada após a celebração do contrato (art. 6º):

a) consórcio com natureza de direito privado sem fins econômicos: basicamente submete-se às regras da legislação civil, mas tem que seguir a legislação administrativa quanto à licitação, celebração de contratos, prestação de contas e admissão de pessoal sob regime celetista;

b) associação pública: se as entidades consorciadas optarem por conferir natureza jurídica de direito público, a nova pessoa jurídica recebe a denominação de associação pública. De acordo com a regra prevista no art. 6º da Lei n. 11.107/2005, a associação pública integra a Administração Pública Indireta de todos os entes consorciados.

- **NOVIDADE 1:** a Lei n. 13.821/2019 inseriu o parágrafo único ao art. 14 da Lei n. 11.107/2005:

  Art. 14. A União poderá celebrar convênios com os consórcios públicos, com o objetivo de viabilizar a descentralização e a prestação de políticas públicas em escalas adequadas.

  Parágrafo único. Para a celebração dos convênios de que trata o caput *deste artigo, as exigências legais de regularidade aplicar-se-ão ao próprio consórcio público envolvido, e não aos entes federativos nele consorciados.*

- **NOVIDADE 2:** A Lei n. 13.822/2019 alterou a redação do § 2º do art. 6º da Lei n. 11.107/2005, passando a anotar, expressamente, que os funcionários contratados pelos consórcios, independentemente de optarem pela personalidade jurídica de direito público ou privado, serão regidos pela CLT:

  Art. 6º (...) § 2º O consórcio público, com personalidade jurídica **de direito público ou privado***, observará as normas de direito público no que concerne à realização de licitação, à celebração de contratos, à prestação de contas e à admissão de pessoal, que será regido pela Consolidação das Leis do Trabalho (CLT), aprovada pelo Decreto-lei n. 5.452, de 1º de maio de 1943.*

  (Obs.: antes da alteração só havia menção expressa à personalidade jurídica de direito privado).

AGÊNCIAS EXECUTIVAS

São autarquias, fundações públicas e órgãos que recebem essa qualificação, atribuída pelo Governo Federal por meio de decreto do PR ou portaria do Ministro de Estado, ao celebrarem contrato de desempenho para ampliação de sua autonomia, mediante metas de desempenho estabelecidas em um plano estratégico de reestruturação e desenvolvimento institucional, voltado para a melhoria da qualidade de gestão e para a redução de custos.

CARACTERÍSTICAS FUNDAMENTAIS

1. são Autarquias, Fundações ou Órgãos;
2. celebram contrato de desempenho;
3. possuem um plano estratégico voltado para a melhoria da qualidade de gestão e redução de custos.

FUNDAÇÕES GOVERNAMENTAIS

- São pessoas jurídicas de direito privado, criadas via autorização legislativa, por meio de escritura pública, tendo estatuto próprio, e instituídas mediante a afetação de um acervo de bens a determinada finalidade pública. Exemplo: Fundação Padre Anchieta.

FUNDAÇÕES PÚBLICAS	FUNDAÇÕES GOVERNAMENTAIS DE DIREITO PRIVADO
Pessoas jurídicas de direito público	Pessoas jurídicas de direito privado
Pertencem à Administração Indireta	Pertencem à Administração Indireta
Criadas por lei específica	Criadas mediante autorização legislativa
Personalidade jurídica surge com a entrada em vigor da lei instituidora	Personalidade jurídica surge com o registro dos atos constitutivos em cartório, após publicação de lei autorizando e do decreto regulamentando a instituição
Extintas por lei específica	Extintas com a baixa em cartório
Espécie do gênero "autarquia"	Categoria autônoma
Titularizam serviços públicos	Não podem titularizar serviços públicos

EMPRESAS ESTATAIS	
EMPRESAS PÚBLICAS	**SOCIEDADES DE ECONOMIA MISTA**
Criadas por autorização legislativa (três fases: promulgação da lei, expedição de decreto regulamentador e registro dos atos constitutivos em cartório e na Junta Comercial), com totalidade de capital público e regime organizacional livre. Suas demandas competem à Justiça Federal quando pertencentes à União e, como regra, às Varas de Fazenda Pública quando pertencentes aos Estados, Distrito Federal e Municípios. Exs.: Correios, CEF e BNDES.	Criadas por autorização legislativa, com maioria de capital público e organizadas, obrigatoriamente, como S.A., cujas ações com direito de voto pertençam em sua maioria à União ou a Entidade da Administração Indireta. Suas demandas competem à justiça comum estadual (Vara Cível). Exs.: Banco do Brasil e Petrobras.

EMPRESAS PÚBLICAS × SOCIEDADES DE ECONOMIA MISTA	
Pessoas jurídicas de direito privado	Pessoas jurídicas de direito privado
Totalidade de capital público	Maioria de capital público
Forma organizacional livre	Forma obrigatória de S.A.
As da União têm causas julgadas perante a Justiça Federal	Causas julgadas perante a Justiça Comum Estadual
As estaduais, distritais e municipais têm causas julgadas, como regra, em Varas da Fazenda Pública	As estaduais, distritais e municipais têm causas julgadas, como regra, em Varas Cíveis

CARACTERÍSTICAS COMUNS

a) Sofrem controle pelos Tribunais de Contas.
b) Em regra têm o dever de contratar mediante licitação, mas quando exploradoras de atividade econômica não precisam licitar em se tratando de contratação de bens e serviços relacionados diretamente com suas atividades finalísticas.
c) São obrigadas a realizar concurso público.
d) Sujeitam-se a proibição de acumulação de cargos, empregos ou funções públicas.
e) Dirigentes sujeitos ao regime de cargo comissionado e contratação de pessoal pelo regime celetista de emprego público.

DICAS:

PRESTADORAS DE SERVIÇO PÚBLICO	EXPLORADORAS DE ATIVIDADE ECONÔMICA
Imunes a impostos	Não têm imunidade
Bens públicos	Bens privados
Responsabilidade objetiva	Responsabilidade subjetiva
Execução por precatório	Execução comum
O Estado responde subsidiariamente	O Estado não responde por danos causados
Sujeitam-se à impetração de Mandado de Segurança	Não se sujeitam à impetração de MS contra atos relacionados à sua atividade-fim
Maior influência do Direito Administrativo	Menor influência do Direito Administrativo
Obrigadas a licitar	Obrigadas a licitar, exceto para bens e serviços relacionados com suas atividades finalísticas

EMPRESAS SUBSIDIÁRIAS

- São pessoas jurídicas de direito privado criadas para integrar um grupo empresarial encabeçado por uma *holding* (empresa-matriz) estatal.
- De acordo com o art. 37, XX, da CF, "depende de autorização legislativa, em cada caso, a criação de subsidiárias das entidades mencionadas no inciso anterior, assim como a participação de qualquer delas em empresa privada".

DICA: Segundo entendimento do STF, é dispensável a autorização legislativa para a criação de empresas subsidiárias, desde que haja previsão para esse fim na própria lei que instituiu a empresa estatal matriz, tendo em vista que a lei criadora é a própria medida autorizadora.

- As empresas subsidiárias integram a Administração Pública indireta na qualidade de empresas públicas ou sociedades de economia mista, conforme estabelecido em seus atos institutivos.
- O STF firmou orientação no sentido que a alienação do controle societário das empresas públicas e sociedades de economia mista exige autorização legislativa e licitação.
- Quanto à alienação do controle de subsidiárias e controladas, porém, a operação pode ser realizada sem necessidade de autorização legislativa e sem licitação, desde que siga procedimento que observe os princípios da Administração Pública, respeitada, sempre, a exigência de necessária competitividade.

EMPRESAS CONTROLADAS

- São pessoas jurídicas de direito privado adquiridas integralmente ou com parcela de seu capital social assumido por empresa estatal.
- Nesse caso, como a sua instituição realiza-se independentemente de autorização legislativa, as empresas controladas **não integram a Administração Pública**.

ENTES DE COOPERAÇÃO

São pessoas jurídicas de direito privado que colaboram com o Estado exercendo atividades não lucrativas e de interesse social.

ENTIDADES PARAESTATAIS: SERVIÇOS SOCIAIS DO SISTEMA "S"	TERCEIRO SETOR
• São pessoas jurídicas de direito privado, criadas mediante autorização legislativa, para executar serviços de utilidade pública (mas que não são serviços públicos), sem fins lucrativos • Não pertencem ao Estado e são custeadas por contribuições compulsórias de natureza tributária pagas pelo empregador sobre a folha de salários, devendo os valores remanescentes dos recursos arrecadados ser revertidos para as finalidades essenciais da entidade, já que constituem superávit, e não lucro. • Estão sujeitas ao controle pelos Tribunais de Contas, não precisam contratar mediante concurso público estrito senso, mas estão obrigadas a realizar processo seletivo de pessoal que respeite os princípios do Direito Administrativo. Têm dever de licitar com base em procedimentos próprios	• Entidades privadas da sociedade civil que exercem atividades de interesse público, sem finalidade lucrativa. • Têm regime jurídico predominantemente privado, parcialmente derrogado por normas de Direito Público. • A Administração Pública incentiva o desenvolvimento das atividades do terceiro setor em razão do alcance social dessa atuação, o que se enquadra no exercício da função administrativa de fomento (atividade precípua da Administração Pública moderna, junto com o poder de polícia e os serviços públicos).

EM ÂMBITO FEDERAL

Em âmbito federal, duas qualificações podem ser atribuídas para as entidades do terceiro setor: Organizações Sociais e Organizações da Sociedade Civil de Interesse Público.

OSS	OSCIPS
• Exercem atividades de interesse público, anteriormente desempenhadas pelo Estado (ensino, pesquisa e preservação do meio ambiente), mediante contrato de gestão, cuja outorga é discricionária. • Sua qualificação depende de aprovação do Ministro de Estado ligado à área de atuação da entidade, que deve realizar licitação para contratações resultantes da aplicação de recursos e bens repassados diretamente pela União. • Estão proibidas de receber a qualificação de Oscips, e a participação do Poder Público na gestão é obrigatória. • Podem ser contratadas mediante dispensa de licitação para prestação de serviços contemplados no contrato de gestão e há repasse de recursos orçamentários, permissão de uso de bens públicos e cessão de servidores públicos sem custo para a entidade.	• Exercem atividades de natureza privada, mediante termo de parceria, cuja outorga é vinculada. • A qualificação é outorgada pelo Ministro de Justiça, e a entidade deve realizar licitação para contratações resultantes da aplicação de recursos e bens repassados diretamente pela União. • A participação do Poder Público na gestão é facultativa, e não podem ser contratadas com dispensa de licitação. • Há apenas o repasse de recursos orçamentários e a permissão de uso de bens públicos, não havendo, portanto, a cessão de servidores públicos para a entidade.

3.12 QUESTÕES

1. (Auditor-Fiscal da Receita Estadual – 2019 – Cespe) A entidade da Administração Pública Indireta criada por meio de lei para desempenho de atividades específicas, com personalidade jurídica pública e capacidade de autoadministração é a:

A) autarquia;

B) fundação privada;

C) sociedade de economia mista;

D) empresa pública;

E) empresa subsidiária.

2. (Administrador Judiciário – 2019 – Vunesp) Considere que o Estado de São Paulo criou uma pessoa jurídica e a ela transferiu determinado serviço público. Nesse caso, é correto afirmar que houve:

A) terceirização administrativa;

B) desconcentração administrativa;

C) centralização administrativa;

D) descentralização administrativa;

E) avocação administrativa.

3. (Profissional de Nível Universitário Jr. – Direito – 2019 – NC-UFPR) Com relação à organização da Administração Pública brasileira, assinale a alternativa correta.

A) A sociedade de economia mista será criada por lei específica e será constituída como sociedade limitada ou como sociedade anônima.

B) A autarquia poderá ser criada com personalidade jurídica de direito público ou com personalidade jurídica de direito privado, no interesse da Administração.

C) Toda empresa pública estará sujeita a supervisão ministerial.

D) A sociedade de economia mista poderá ser criada com personalidade jurídica de direito público.

E) A empresa pública será criada por lei específica e será constituída, obrigatoriamente, como sociedade anônima.

4. (Analista de Fomento -Advogado – 2019 – FCC) Em relação às empresas públicas e às sociedades de economia mista, considere.

I – A empresa pública poderá lançar debêntures ou outros títulos ou valores mobiliários, conversíveis em ações.

II – A sociedade de economia mista poderá solucionar, mediante arbitragem, as divergências entre acionistas e a sociedade, ou entre acionistas controladores e acionistas minoritários, nos termos previstos em seu estatuto social.

III – A empresa pública e a sociedade de economia mista adotarão regras de estruturas e práticas de gestão de riscos e controle interno que abranjam, entre outros aspectos, auditoria interna e Comitê de Auditoria Estatutário.

IV – A constituição de empresa pública ou de sociedade de economia mista é livre, devendo apenas ser dada ciência à Comissão de Valores Mobiliários (CVM).

Está correto o que se afirma APENAS em:

A) I e II;

B) II e III;

C) III e IV;

D) I, II e IV;

E) I, II e III.

5. (Analista de Fomento -Advogado – 2019 – FCC) A formação de um consórcio público entre determinados Municípios e o Estado que integram:

A) pressupõe a edição de lei estadual autorizativa da participação dos entes, instrumento que também preverá a possibilidade de repasse de recursos mediante contrato de rateio;

B) demanda prévio convênio entre os entes participantes, no qual serão fixadas as competências atribuídas a cada um deles, bem como a forma pela qual será contratado o consórcio;

C) enseja a celebração de protocolo de intenções, seguida de contrato de consórcio, por meio do qual um ente federado poderá transferir para outro ente federado competências que lhe foram constitucionalmente atribuídas;

D) depende da celebração de convênio de programa e rateio para disciplinar a transferência de competências, mão de obra e recursos para a nova pessoa jurídica criada;

E) exige lei de cada ente participante, ratificando o protocolo de intenções, para celebração de contrato de programa disciplinando as obrigações de cada ente no consórcio, inclusive se haverá contrato de rateio para repasse de recursos à pessoa jurídica criada.

6. (Analista de Gestão Administrativa – 2019 – FCC) Suponha que o Município pretenda atuar em conjunto com o governo estadual para implementação de um programa de apoio à população afetada por fortes chuvas ocorridas na região metropolitana, com a remoção de famílias das áreas de risco e execução de obras emergenciais para evitar deslizamentos. Para tanto, o Estado está disposto a disponibilizar recursos financeiros destinados às referidas ações, inseridas no orçamento da Defesa Civil, que seriam executadas pelo Município. O instrumento jurídico adequado para viabilizar essa colaboração consiste em:

A) contrato de gestão, como forma de delegação de competências e obrigações do Estado ao Município, que atua diretamente ou por intermédio de organizações sociais devidamente qualificadas;

B) consórcio público, destituído de personalidade jurídica, porém com capacidade para assumir obrigações de natureza orçamentário-financeiras;

C) convênio, com a conjugação de esforços envolvendo interesses convergentes e aplicação dos recursos nas ações constantes do correspondente plano de trabalho;

D) termo de parceria, admitindo-se a aplicação dos recursos estaduais apenas em ações de responsabilidade deste ente e vedada a remuneração de pessoal;

E) protocolo de intenções, que limita as transferências ao exercício em curso, podendo ser convolado em contrato de rateio para repasse nos exercícios subsequentes.

7. (Analista de Gestão Contábil – 2019 – FCC) Determinado Município implementou reforma administrativa quando da assunção de uma nova gestão. Entre as medidas tomadas estava a criação de empresa estatal cujo escopo seria prestar garantias aos projetos de infraestrutura que o Município viesse a contratar. Além disso, foram unificadas as competências de algumas secretarias, reduzindo o número dessas estruturas na Administração. Por fim, foram extintos cargos e órgãos. A descrição da reforma implementada demonstra que:

A) foi precedida da edição de lei autorizativa necessária para todas as mudanças implementadas, porque sujeitas à reserva de lei formal;

B) a criação de empresas estatais se deu por meio de lei, em cujo texto constavam as competências e atribuições que foram delegadas aos novos entes;

C) o Município editou ato normativo para todas as medidas de reorganização administrativa, considerando que essa matéria pode ser objeto de decreto autônomo;

D) foi necessária lei autorizativa para instituição da empresa estatal, sem prejuízo de outras medidas, como a extinção de cargos vagos, poder ser implementada por decreto;

E) a reorganização dos órgãos administrativos, envolvendo criação e extinção, dependeram da edição de lei complementar, pois implicam necessariamente a implementação de novas unidades de despesa.

8. (Profissional de Nível Universitário Jr. – Ciências Contábeis – 2019 – NC-UFPR) Na descentralização, o Estado distribui algumas de suas atribuições para outras pessoas, físicas ou jurídicas. A descentralização administrativa pode ocorrer por serviços ou por colaboração. A respeito da delegação por colaboração, é correto afirmar.

A) Transfere a titularidade e execução do serviço por prazo indeterminado e possui controle finalístico.

B) O controle é rígido e amplo e transfere a titularidade e execução do serviço.

C) Transfere a titularidade e execução do serviço por lei e por prazo indeterminado.

D) Transfere apenas a execução do serviço por contrato por tempo determinado e por ato unilateral por tempo indeterminado.

E) O controle se dá por tutela ou supervisão e transfere apenas a execução do serviço por contrato por tempo indeterminado.

9. (Juiz Substituto – 2019 – Cespe) As pessoas jurídicas de direito privado que compõem a administração pública são:

A) investidas de poderes de autoridade e encarregadas de realizar funções de interesse público, a partir da descentralização de poderes;

B) passíveis de integrar tanto a administração pública direta quanto a indireta;

C) criadas por atos de direito privado, mas a sua instituição depende de autorização legislativa;

D) instituídas para fins de desconcentração de poderes e de competências administrativas.

10. (Juiz Substituto – 2019 – Cespe) Após autorização legislativa, foi firmado um acordo de vontades entre entes públicos, criando-se um novo sujeito de direito, dotado de uma estrutura de bens e pessoal com permanência e estabilidade. Nessa situação hipotética, o pacto firmado consiste em um:

A) contrato administrativo, devendo uma das partes signatárias ser uma autarquia;

B) convênio, podendo uma das partes signatárias ser uma fundação;

C) contrato de gestão, podendo uma das partes signatárias ser uma autarquia, que, por força desse contrato, passará a ser uma agência executiva;

D) contrato de consórcio público, que deve ser firmado exclusivamente por entes da administração direta.

GABARITO

1. A / **2.** D / **3.** C / **4.** B / **5.** E / **6.** C / **7.** D / **8.** D / **9.** C / **10.** D

Acesse mais questões também pelo link:
http://somos.in/MDA1154

4

ATOS ADMINISTRATIVOS

Acesse também a videoaula pelo link:
http://somos.in/MDA1105

4.1 FUNÇÃO DOGMÁTICA DA TEORIA DO ATO ADMINISTRATIVO

O **ato administrativo** cumpre um importante papel de **controle sobre as** atividades da Administração Pública.

Sob a égide do Estado de Polícia, antes da submissão dos governantes à lei, o soberano realizava concretamente sua vontade sem qualquer mecanismo de limitação ou fiscalização. Da intenção passava à ação sem estágios intermediários. No século XVIII, com o advento da Revolução Francesa, a lei, até então uma simples exteriorização da vontade do monarca, ganhou o *status* de expressão da vontade popular, condicionando o desempenho das atividades administrativas ao seu cumprimento. De fonte originária da norma, a Administração passou a ocupar-se da sua execução concreta, realizando na prática a vontade popular consagrada nas determinações emanadas do Parlamento. **Antes de agir concretamente** na aplicação da lei, o Poder Público passou a ser obrigado a **expedir uma declaração de vontade** anunciando a decisão adotada, como requisito legitimador da sua futura atuação. Essa declaração de vontade é o **ato administrativo.**

Estado de Polícia
Vontade da Administração → Ação concreta

Estado de Direito
Vontade da Administração → Ato administrativo → Ação concreta

Desse modo, a Administração Pública não pode iniciar qualquer atuação material sem a prévia expedição do ato administrativo que lhe sirva de fundamento[1].

1. Art. 7º da Lei paulista do Processo Administrativo (Lei n. 10.177/98).

Segundo Michel Stassinopoulos[2], o ato administrativo é a fonte e o limite material da atuação da Administração[3].

4.2 ATOS ADMINISTRATIVOS E DEMAIS ATOS JURÍDICOS

Segundo Renato Alessi, há duas formas de compreender a atuação da Administração Pública: a) cinematograficamente: por meio do estudo das atividades jurídicas dinâmicas, isto é, vistas como quem assiste a um filme; b) fotograficamente: analisando o fenômeno jurídico a partir de instantes estáticos capturados como fotografias. Cada ato jurídico é um momento específico no desenvolvimento das atividades reguladas pelo Direito.

São dois enfoques distintos que se complementam. Exemplificamos com institutos do Direito Administrativo. O estudo da função administrativa e do serviço público revela uma compreensão do ramo visto na perspectiva dinâmica do agir administrativo; enquanto a teoria do ato administrativo favorece uma análise estática de manifestações pontuais da Administração Pública.

Todos os ramos jurídicos utilizam esse duplo caminho para aproximarem-se de seus objetos específicos. Em outras palavras, existe um ato jurídico típico para cada ramificação do Direito. Em comum, as diversas categorias de atos jurídicos têm o poder de **produzir efeitos jurídicos**, ou seja, criar, preservar, modificar ou extinguir direitos e deveres.

Ramo do Direito	Ato jurídico típico
Processual Civil	Ato do processo
Tributário	Fato imponível
Penal	Crime
Constitucional	Lei
Trabalhista	Contrato de trabalho
Empresarial	Ato de comércio
Civil	Negócio jurídico
Internacional Público etc.	Tratado etc.

Ato administrativo é o ato jurídico típico do Direito Administrativo, diferenciando-se das demais categorias de atos por seu **peculiar regime jurídico**.

2. Michel Stassinopoulos (pronuncia-se "michél istassinópolos") (Grécia, 1903-2002): esse autor grego, de nome difícil, é simplesmente a maior autoridade mundial em teoria do ato administrativo. Foi Professor da Faculdade de Direito de Atenas, membro do Conselho de Estado Grego, chegou ao posto de Presidente da República em 1974 e concorreu ao Prêmio Nobel da Paz. Tem importantes trabalhos sobre direito administrativo traduzidos para diversos idiomas. Sugestão de leitura: sua obra clássica e referência mundial – *Traité des actes administratifs*, Collection de l'Institut Français d'Athénes, n. 82.

3. *Traité des actes administratifs*, p. 24.

No universo dos atos jurídicos, a identidade própria do ato administrativo decorre dos seus **atributos normativos específicos** conferidos pela lei, tais como: presunção de legitimidade, exigibilidade, imperatividade e autoexecutoriedade. Os **efeitos jurídicos** decorrentes do ato administrativo consistem na criação, preservação, modificação ou extinção de **direitos e deveres** para a **Administração Pública** e/ou para o **administrado.**

4.3 CONCEITOS DOUTRINÁRIOS

A legislação brasileira **não conceitua** ato administrativo. Por isso, os doutrinadores apresentam diferentes definições.

> Identificando um conceito implícito de ato administrativo na Constituição Federal, a FCC considerou CORRETA a afirmação: "A conceituação de ato administrativo em face do Estado Democrático de Direito, obtida a partir do conjunto principiológico constante na Constituição Federal, corresponde à norma concreta, emanada do Estado, ou por quem esteja no exercício da função administrativa, que tem por finalidade criar, modificar, extinguir ou declarar relações jurídicas entre o Estado e o administrado, suscetível de ser contrastada pelo Poder Judiciário".

Celso Antônio **Bandeira de Mello**: "**declaração do Estado**, ou de quem lhe faça as vezes, no exercício de prerrogativas públicas, manifestada mediante **providências jurídicas complementares da lei** a título de lhe dar cumprimento, e sujeitas a controle de legitimidade por órgãos jurisdicionais"[4].

Hely Lopes Meirelles: "toda **manifestação unilateral de vontade** da Administração Pública que, agindo nessa qualidade, tenha por fim imediato **adquirir, resguardar, transferir, modificar, extinguir** e **declarar** direitos, ou impor obrigações aos administrados ou a si própria"[5].

Maria Sylvia Zanella di Pietro: "declaração do Estado ou de quem o represente, que produz **efeitos jurídicos** imediatos, com **observância da lei**, sob regime jurídico de direito público e sujeita a controle pelo Poder Judiciário"[6].

José dos Santos **Carvalho Filho**: "a **exteriorização da vontade** dos agentes da Administração Pública ou de seus delegatários, nesse condição, que, **sob regime de direito público**, vise à produção de efeitos jurídicos, com o fim de atender ao interesse **público**"[7].

> Na prova da Controladoria Geral da União, a Esaf considerou CORRETA a afirmação (adaptada): "No conceito de ato administrativo, arrolado pelos juristas pátrios, são assinaladas diversas características, entre elas: 1) provém do Estado ou de quem esteja investido em prerrogativas estatais; 2) é exercido no uso de prerrogativas públicas, sob regência do direito público; 3) trata-se de declaração jurídica unilateral, mediante manifestação que produz efeitos de direito; 4) sujeita-se a exame de legitimidade por órgão jurisdicional, por não apresentar caráter de definitividade".

---

4. *Curso de direito administrativo*, p. 16.
5. *Direito administrativo brasileiro*, p. 145.
6. *Direito administrativo*, p. 196.
7. *Manual de direito administrativo*, p. 95.

4.4 NOSSO CONCEITO

Aproveitando os elementos mais importantes dos conceitos acima apresentados, **podemos definir ato administrativo como toda manifestação expedida no exercício da função administrativa, com caráter infralegal, consistente na emissão de comandos complementares à lei, com a finalidade de produzir efeitos jurídicos.**

O conceito pode ser dividido em quatro partes, para facilitar sua integral compreensão:

a) toda manifestação expedida no exercício da função administrativa: o ato administrativo nem sempre constitui declaração "de vontade", pois são comuns os casos de máquinas programadas para expedir ordens em nome da Administração. Os comandos de trânsito emitidos por um semáforo, por exemplo, são verdadeiros atos administrativos que não decorrem de qualquer manifestação imediata de vontade. Outro aspecto importante do conceito consiste na referência ao ato administrativo como aquele praticado no exercício da função administrativa. Destaca-se, com isso, a possibilidade de tais atos serem expedidos por qualquer pessoa encarregada de executar tarefas da Administração, ainda que não esteja ligada à estrutura do Poder Executivo. **Poder Judiciário, Poder Legislativo, Ministério Público e particulares delegatários** de função administrativa, como concessionários e permissionários, também **podem praticar atos administrativos;**

> A prova de Técnico Judiciário do TRT/GO considerou CORRETA a afirmação: "É considerado ato administrativo aquele praticado por entidade de direito privado no exercício de função delegada do Poder Público e em razão dela".

b) com caráter infralegal: a característica jurídica mais notável do ato administrativo é a sua necessária subordinação aos dispositivos legais. Como a lei representa, na lógica do Estado de Direito, manifestação legítima da vontade do povo, a submissão da Administração Pública à lei reafirma a sujeição dos órgãos e agentes públicos à soberania popular. Ao ato administrativo é reservado o papel secundário de realizar a aplicação da lei no caso concreto;

c) consistente na emissão de comandos complementares à lei: de acordo com a célebre fórmula de Michel Stassinopoulos, além de a **Administração** não poder atuar *contra legem* (contrariando a lei) ou *praeter legem* (fora da lei), deve agir ***secundum legem*** (conforme a lei)[8]. Isso significa que o ato administrativo só pode tratar de matéria previamente disciplinada em lei, estabelecendo desdobramentos capazes de prover sua fiel execução. Não pode haver decreto disciplinando matéria nova, tampouco inovando em temas já legislados;

d) com finalidade de produzir efeitos jurídicos: como qualquer ato jurídico, o ato administrativo é praticado para adquirir, resguardar, modificar, extinguir e

8. *Traité des actes administratifs*, p. 69.

declarar direitos. A diferença é que tais efeitos estão latentes na lei, cabendo ao ato administrativo o papel de desbloquear a eficácia legal em relação a determinada pessoa, ao contrário de outras categorias de atos jurídicos, que não desencadeiam, mas criam, por força própria, as consequências jurídicas decorrentes de sua prática.

4.5 FATO ADMINISTRATIVO

A doutrina diferencia ato administrativo de fato administrativo. A **origem** da distinção é o **Direito Civil**, berço da teoria dos atos jurídicos.

Segundo os civilistas, fato jurídico em sentido amplo é qualquer acontecimento da vida relevante para o Direito, como a morte, por exemplo. O gênero fatos jurídicos é dividido em fatos naturais (fatos jurídicos em sentido estrito) e fatos humanos (atos jurídicos em sentido amplo), sendo estes acontecimentos voluntários decorrentes do querer individual. Os atos jurídicos em sentido amplo, por sua vez, dividem-se em atos jurídicos em sentido estrito, quando seus efeitos são determinados pela lei, e negócios jurídicos (manifestações de vontade capazes de produzir efeitos jurídicos queridos pelas partes).

Classificação civilista dos fatos jurídicos

- Fatos jurídicos *lato sensu*
  - Fatos jurídicos *stricto sensu* **(acontecimentos naturais)**
  - Atos jurídicos *lato sensu* **(comportamentos humanos)**
    - Atos jurídicos *stricto sensu* **(efeitos derivados da lei)**
    - Negócios jurídicos **(efeitos queridos pelas partes)**

Especialmente importante para o Direito Administrativo é a diferença entre fatos jurídicos *stricto sensu* e atos jurídicos *lato sensu* baseada **no critério da voluntariedade**. Os fatos jurídicos são acontecimentos da natureza sem qualquer relação com a vontade humana, ao passo que os atos jurídicos são comportamentos humanos voluntários. As primeiras tentativas de compreensão do fenômeno dos atos administrativos utilizaram a distinção civilista entre ato e fato como ponto de partida.

> A prova da Magistratura/BA feita pelo Cespe considerou CORRETA a afirmação: "Fatos jurídicos, mesmo que independam da vontade e de qualquer participação dos agentes públicos, podem ser relevantes para o Direito Administrativo".

Atualmente, os doutrinadores utilizam **variados critérios** para diferenciar atos e fatos administrativos. Em linhas gerais, podem ser identificadas **quatro concepções principais:**

1) corrente clássico-voluntarista: baseada na tradicional diferenciação do Direito Civil, os adeptos dessa corrente utilizam o **critério da voluntariedade** para concluir que o **ato administrativo** é um comportamento humano **voluntário** produtor de efeitos na seara administrativa, enquanto o fato administrativo é um **acontecimento da natureza** relevante para o Direito Administrativo, como a **prescrição** administrativa e a **morte de servidor** público. É a posição defendida por Maria Sylvia Zanella di Pietro[9];

2) corrente antivoluntarista: rejeitando a utilização tradicional do critério da voluntariedade, Celso Antônio **Bandeira de Mello** sustenta que o **ato administrativo** é **enunciado prescritivo**, declaração jurídica voltada a disciplinar como coisas e situações "devem ser", ao passo que o **fato administrativo não possui caráter prescritivo**, sendo simplesmente um acontecimento a que a lei atribui consequências jurídicas. O autor indica três importantes consequências decorrentes da distinção entre ato e fato administrativo: "(a) **atos administrativos** podem ser **anulados e revogados**, dentro dos limites do Direito; fatos administrativos não são nem anuláveis, nem revogáveis; (b) atos administrativos **gozam de presunção de legitimidade**; fatos administrativos não; (c) **o tema da vontade interessa** nos atos administrativos denominados (ainda que a terminologia não seja boa) discricionários, isto é, naqueles em cuja prática a Administração desfruta de certa margem de liberdade; nos fatos administrativos nem se poderia propô-lo"[10];

3) corrente materialista: adotada em **alguns concursos**, a terceira concepção considera que o **ato administrativo** é uma **manifestação volitiva da Administração**, no desempenho de suas funções de Poder Público, visando produzir algum efeito jurídico, enquanto o **fato administrativo** é toda **atividade pública material** em cumprimento de uma decisão administrativa. Como se nota, os adeptos dessa corrente, ao definir fato administrativo, abandonam integralmente a noção privada de fato jurídico considerado como acontecimento da natureza, dotado de efeitos jurídicos. Nessa esteira, preleciona **Hely Lopes** Meirelles, maior expoente dessa corrente: "O ato administrativo não se confunde com o fato administrativo, se bem estejam intimamente relacionados, por ser este consequência daquele. O fato administrativo resulta sempre do ato administrativo, que o determina"[11]. Como exemplos de fato administrativo, o autor menciona a construção de uma ponte e a instalação de um serviço público.

O fundamento teórico da corrente materialista é a concepção clássica de decisão executória adotada por Michel Stassinopoulos. A expedição do ato administrativo consistiria em requisito necessário para a Administração realizar uma ação concreta (decisão executória). **A ação concreta destinada a executar o ato administrativo é o fato administrativo.**

9. *Direito administrativo*, p. 190.

10. *Curso de direito administrativo*, p. 370-371 (original sem destaques).

11. *Direito administrativo brasileiro*, p. 146.

Ato administrativo (declaração de vontade) → Fato administrativo (ação concreta, decisão executória)

Diogenes Gasparini, defensor dessa mesma conceituação, afirma que os fatos administrativos traduzem **mero trabalho** ou **operação técnica** dos agentes públicos, não expressando uma manifestação de vontade, juízo ou conhecimento da Administração Pública sobre dada situação[12]. E menciona como exemplos: **cirurgia em hospital público, varrição de rua** e **aula ministrada** em escola municipal;

4) corrente dinamicista (majoritária nos concursos): defendendo ponto de vista próximo ao da corrente anterior, José dos Santos **Carvalho Filho** conceitua fato administrativo como toda "**atividade material** no exercício da função administrativa, que visa a **efeitos de ordem prática** para a Administração"[13], ou seja, tudo aquilo que retrata **alteração dinâmica** na Administração ou **movimento na ação administrativa.**

O **fato administrativo** pode ser um evento da natureza (fato administrativo **natural**) ou um comportamento voluntário (fato administrativo **voluntário**).

O autor sustenta, ao contrário de Hely Lopes Meirelles, que os **fatos administrativos** nem sempre têm como fundamento atos administrativos. Os fatos administrativos podem ser **decorrentes de atos administrativos**, mas nada impede que derivem também de **condutas administrativas** não formalizadas em atos administrativos. Exemplo: a mudança de prédio é fato administrativo que não depende, necessariamente, da expedição de ato administrativo prévio.

Em síntese, os **fatos administrativos** podem ser **voluntários** ou **naturais**. Os voluntários derivam de atos administrativos ou de condutas administrativas. Já os fatos administrativos naturais têm origem em fenômenos da natureza.

Quadro sinóptico

Fatos administrativos
- Naturais
  Exemplo: raio que destrói bem público
- Voluntários
  - Derivados de atos administrativos
    Exemplo: apreensão de mercadoria
  - Derivados de condutas administrativas
    Exemplo: mudança de local de repartição pública

12. *Direito administrativo*, p. 58.
13. *Manual de direito administrativo*, p. 91.

DICA: da teoria de José dos Santos Carvalho Filho, guarde a noção de fato administrativo como **evento dinâmico da Administração** e os diversos **exemplos** apresentados pelo autor:

a) **apreensão de mercadorias;**

b) **dispersão de manifestantes;**

c) **alteração de local de repartição pública** (mudança de endereço);

d) **raio que destrói bem público;**

e) **enchente que inutiliza equipamentos** pertencentes ao serviço público;

f) **desapropriação** de bens privados;

g) **requisição** de bens e serviços[14].

4.6 ATOS DA ADMINISTRAÇÃO[14]

A Administração Pública, no exercício de suas diversificadas tarefas, pratica algumas modalidades de atos jurídicos que não se enquadram no conceito de atos administrativos. Nem todo ato da Administração é **ato administrativo**.

A prova de Analista Judiciário do TRT/SP considerou INCORRETA a afirmação: "Qualquer manifestação de vontade ou declaração da Administração configura ato administrativo".

Há dois entendimentos doutrinários distintos sobre o conceito de atos da Administração:

a) corrente minoritária: defendida por Maria Sylvia Zanella di Pietro, considera que os atos da Administração são **todos os atos jurídicos** praticados pela Administração Pública, **incluindo os atos administrativos;**

b) corrente majoritária: adotada por Celso Antônio **Bandeira de Mello**, Diogenes **Gasparini**, José dos Santos **Carvalho Filho** e **por todos os concursos públicos**, essa segunda concepção considera que atos da Administração são **atos jurídicos** praticados pela Administração Pública **que não se enquadram no conceito de atos administrativos**, como os atos legislativos expedidos no exercício de função atípica, os **atos políticos** definidos na Constituição Federal, os atos regidos pelo direito privado e os atos meramente materiais.

14. Parece-nos incorreto tratar da desapropriação e da requisição como fatos administrativos. A desapropriação é um procedimento administrativo, e a requisição é ato administrativo. O autor adota abertamente o conceito de fato administrativo defendido por José Cretella Júnior. Entretanto, Cretella não afirma que a desapropriação é fato administrativo, mas que a penetração material no imóvel derivada da desapropriação é fato administrativo (José Cretella Júnior, *Curso de direito administrativo*, 17. ed., p. 188). Talvez Carvalho Filho esteja partindo da distinção entre o procedimento jurídico-expropriatório (procedimento administrativo) e o ingresso material do bem no domínio público (fato administrativo); entre o ato que autoriza a requisição (ato administrativo) e a materialização concreta da requisição (fato administrativo).

A prova da Magistratura/SP 2007 considerou ERRADA a afirmação: "é suficiente a alegação de que se trata de ato político para tolher o controle judicial, pois é vedado ao Poder Judiciário adentrar no exame do mérito do ato administrativo".

Sabendo que existem atos administrativos praticados fora dos domínios da Administração Pública, como ocorre com aqueles expedidos por **concessionários** e permissionários, é possível concluir: **nem todo ato jurídico praticado pela Administração é ato administrativo; nem todo ato administrativo é praticado pela Administração.**

A prova de Analista Judiciário do TRT/SP considerou INCORRETA a afirmação: "É correto afirmar que o ato praticado por concessionário de serviço público, mesmo no exercício de prerrogativas públicas, não caracteriza ato administrativo".

A prova da OAB Nacional/2007.3 elaborada pelo Cespe considerou CORRETA a afirmação: "Existem atos praticados pelos administradores públicos que não se enquadram como atos administrativos típicos, como é o caso dos contratos disciplinados pelo direito privado".

Resta analisar cada uma das espécies de atos da Administração:

a) atos políticos ou de governo: não se caracterizam como atos administrativos porque são praticados pela Administração Pública com **ampla margem de discricionariedade** e têm **competência** extraída diretamente da **Constituição Federal**.

Exemplos: declaração de guerra, decreto de intervenção federal, veto a projeto de lei e **indulto**;

A prova da Magistratura/SP/2007 considerou ERRADAS as duas seguintes afirmações: "(1) não é ato político o do Tribunal que seleciona, na lista sêxtupla encaminhada pelo órgão de representação de classe, os integrantes da lista tríplice para compor o quinto constitucional; (2) não é ato político o do chefe do Executivo ao conceder indulto e, portanto, inclui-se na categoria dos atos administrativos insuscetíveis de apreciação judicial".

b) atos meramente materiais: consistem na **prestação concreta de serviços**, faltando-lhes o caráter prescritivo próprio dos atos administrativos. Exemplos: poda de árvore, varrição de rua e cirurgia em hospital público;

c) atos legislativos e jurisdicionais: são praticados excepcionalmente pela Administração Pública no exercício de função atípica. Exemplo: **medida provisória**;

A prova da OAB/MG considerou CORRETA a afirmação: "Não constitui ato administrativo a medida provisória, editada pelo Presidente da República, fixando índice de reajuste de benefício de aposentaria e de pensão".

d) atos regidos pelo direito privado ou atos de gestão: constituem casos raros em que a Administração Pública ingressa em relação jurídica submetida ao direito privado ocupando **posição de igualdade perante o particular**, isto é, destituído do **poder de império**. Exemplo: locação imobiliária e contrato de compra e **venda**;

> A prova de Técnico Judiciário do TRT/PB elaborada pela FCC considerou CORRETA a afirmação: "Os atos administrativos de gestão são os que a Administração Pública pratica sem usar de sua supremacia sobre os destinatários".
>
> A prova de Analista Administrativo do TRT/MS elaborada pela FCC considerou INCORRETA a afirmação: "Ao praticar atos de gestão, a Administração utiliza sua supremacia sobre os destinatários".

e) contratos administrativos: são vinculações jurídicas bilaterais, distinguindo-se dos atos administrativos que são normalmente prescrições unilaterais da Administração. Exemplos de contratos administrativos: concessão de serviço público e parceria **público-privada**.

> A prova de Delegado/SP/2008 considerou CORRETA a afirmação: "As atividades de cunho político que visam a acontecimento futuro e às atividades operacionais ou executórias compreendem, respectivamente, atos governamentais e atos de administração".

4.7 SILÊNCIO ADMINISTRATIVO

A doutrina discute se o silêncio da Administração Pública pode desencadear alguma consequência jurídica. Em regra, a inércia administrativa não tem importância para o **Direito**. Pode ocorrer, porém, de a lei atribuir-lhe algum significado específico, ligando efeitos jurídicos à omissão da Administração.

> A prova de Cartório/SE/2007 elaborada pelo Cespe considerou CORRETA a afirmação: "O silêncio administrativo não significa ocorrência do ato administrativo ante a ausência da manifestação formal de vontade, quando não há lei dispondo acerca das consequências jurídicas da omissão da administração".

Segundo Hely Lopes Meirelles, "a omissão da Administração pode representar aprovação ou rejeição da pretensão do administrado, tudo dependendo do que dispuser a norma competente"[15].

Há situações em que a vontade da Administração Pública se expressa sem a necessidade da emissão de ato administrativo.

Se a lei estabelecer que o decurso de prazo sem manifestação da Administração implica aprovação da pretensão, o silêncio administrativo adquire o significado de aceitação tácita. Nessa hipótese, é desnecessária apresentação de motivação.

Em outros casos, a legislação pode determinar que a falta de manifestação no prazo estabelecido importa rejeição tácita do requerimento formulado. Nesse caso, a Administração pode ser instada, inclusive judicialmente, a apresentar os motivos que conduziram à rejeição da pretensão do administrado. Assim:

---

15. *Direito administrativo brasileiro*, p. 110.

Silêncio representando aprovação	→	Decurso do prazo sem manifestação	→	Aprovação (não precisa motivar)
Silêncio representando rejeição	→	Decurso do prazo sem manifestação	→	Rejeição (pode-se exigir motivação)

É certo que **silêncio não é ato administrativo** por ausência de exteriorização de comando prescritivo. Trata-se de simples **fato administrativo** porque o silêncio nada ordena.

Diferente é a situação quando a lei não atribuir significado ao silêncio administrativo. O art. 48 da Lei n. 9.784/99 determina que **a Administração tem o dever de explicitamente emitir decisão** sobre solicitações ou reclamações, em matéria de sua competência. Em princípio, deve-se considerar que, enquanto pendente de decisão administrativa, a pretensão do particular permanece indeferida.

Se a **lei estabelecer prazo** para resposta, o silêncio administrativo, após transcurso do lapso temporal, caracteriza **abuso de poder**, ensejando a impetração de mandado de segurança, *habeas data*, medida cautelar, mandado de injunção ou ação ordinária, com fundamento na ilegalidade da omissão. Entretanto, **não havendo prazo legal** para resposta, admite-se também o uso das referidas medidas judiciais com base no dever de observância de **duração razoável do processo administrativo** (art. 5º, LXXVIII, da CF). Para Celso Antônio Bandeira de Mello, na ausência de norma específica, deve-se considerar que a Administração tem o **prazo de trinta dias** para decidir, prorrogáveis motivadamente por igual período[16].

Bastante controvertida é a questão da **natureza da decisão judicial** nas ações propostas contra o silêncio administrativo:

a) concepção clássica mandamental: o juiz ordena ao administrador que decida, sob pena de multa e outras consequências penais resultantes da desobediência à ordem judicial. Cabe também a propositura de posterior ação indenizatória para reparação de eventual dano decorrente da omissão administrativa ilegal. É a posição sustentada por José dos Santos **Carvalho Filho**;

b) concepção moderna constitutiva: no caso de o requerimento versar sobre a prática de ato vinculado, o juiz, se estiver convencido da procedência da pretensão, pode substituir a vontade da Administração acatando o pedido do administrado (natureza constitutiva ou condenatória para cumprimento de obrigação de fazer). Porém, se a decisão administrativa faltante tiver caráter discricionário, é vedado ao juiz, sob pena de invadir a independência do Poder Executivo, ingressar na análise do mérito administrativo, cabendo lhe somente ordenar que a

16. *Curso de direito administrativo*, p. 410.

Administração decida (natureza mandamental). É a posição defendida por Celso Antônio **Bandeira de Mello**.

Nada impede que o particular, prejudicado pelo silêncio, antes de recorrer ao Poder Judiciário, exerça seu **direito de petição**, reclamando administrativamente a decisão ausente (art. 5º, XXXIV, da CF).

Por fim, se a omissão administrativa contrariar enunciado de **súmula vinculante**, admite-se a propositura de **reclamação constitucional** perante o Supremo Tribunal Federal (art. 7º da Lei n. 11.417/2006).

4.8 ATRIBUTOS DO ATO ADMINISTRATIVO

Os atos administrativos são revestidos de **propriedades jurídicas especiais** decorrentes da supremacia do interesse público sobre o privado. Nessas características, reside o traço distintivo fundamental entre os atos administrativos e as demais categorias de atos jurídicos, especialmente os **atos privados**. A doutrina mais moderna faz referência a **cinco atributos**: a) presunção de legitimidade; b) imperatividade; c) exigibilidade; d) autoexecutoriedade; e) tipicidade.

A prova de Analista Judiciário do TRT/Campinas considerou CORRETA a afirmação: "A imperatividade é uma das características que distingue o ato administrativo do ato de direito privado".

4.8.1 Presunção de legitimidade

O atributo da presunção de legitimidade, também conhecido como **presunção de legalidade** ou **presunção de veracidade**, significa que, até prova em contrário, o ato administrativo é considerado válido para o **Direito**.

Acesse também a videoaula pelo link:
http://somos.in/MDA1128

A prova de Analista Judiciário do TRT/Goiás considerou CORRETA a afirmação: "A presunção de legitimidade autoriza a imediata execução do ato administrativo, mesmo que eivado de vícios ou defeitos".

Trata-se de uma derivação da supremacia do interesse público, razão pela qual sua existência independe de previsão legal específica.

Conforme o magistério de Maria Sylvia Zanella Di Pietro, há **cinco fundamentos** para justificar a presunção de legitimidade[17]: a) **o procedimento e as formalidades que antecedem sua edição**, constituindo garantia de observância

---

17. *Direito administrativo*, p. 198.

da lei; b) o fato de **expressar a soberania do poder estatal**, de modo que a autoridade que expede o ato o faz com consentimento de todos; c) a necessidade de assegurar **celeridade no cumprimento das decisões** administrativas; d) os **mecanismos de controle** sobre a legalidade do ato; e) a sujeição da Administração ao **princípio da legalidade**, presumindo-se que seus atos foram praticados em conformidade com a lei.

A presunção de legitimidade é um **atributo universal** aplicável a **todos** os atos administrativos e atos da **Administração**.

> A prova de Técnico Judiciário do TRT/SP considerou INCORRETA a afirmação: "A presunção de legitimidade depende de previsão legal".
> A prova de Analista Judiciário do TRT/Campinas considerou CORRETA a afirmação: "A presunção de legitimidade é qualidade inerente a todo o ato da Administração Pública".

Importante destacar que se trata de uma **presunção relativa** (*juris tantum*), podendo ser afastada diante de prova inequívoca da ilegalidade do ato. Por óbvio, o ônus de provar o eventual defeito incumbe a quem alega, isto é, **cabe ao particular provar** a existência do vício que macula o ato administrativo. Daí afirmar-se que a presunção de legitimidade **inverte o ônus da prova**, não cabendo ao agente público demonstrar que o ato por ele praticado é válido, e sim ao particular incumbe a **prova da ilegalidade**.

> A prova de Técnico Judiciário do TRT/MT elaborada pela FCC considerou CORRETA a afirmação: "Presunção de legitimidade e presunção de veracidade dos atos administrativos não possuem caráter absoluto".
>
> A prova de Técnico Judiciário do TRT/SP considerou CORRETA a afirmação: "Presunção de legitimidade não impede o questionamento do ato administrativo perante o Poder Judiciário".
>
> A prova de Contador/Recife elaborada pela Esaf considerou CORRETA a afirmação: "A inversão do ônus da prova, característica do Direito Administrativo, relaciona-se ao atributo da presunção de legitimidade".

Há quem diferencie presunção de legitimidade (ou de legalidade) e presunção de **veracidade**. A **presunção de legitimidade** diria respeito à **validade do ato em si**, enquanto a **presunção de veracidade** consagraria a **verdade dos fatos** motivadores do ato. Tomando como exemplo a multa de trânsito. A validade jurídica da multa em si decorre da presunção de legitimidade. Entretanto, ao expedir a multa, o agente competente declara ter constatado a ocorrência de uma infração (fato) motivadora da prática do ato. A verdade dessa constatação é reforçada pela presunção de veracidade.

> A prova da Magistratura/BA/2006 feita pelo Cespe considerou CORRETA a afirmação: "A rigor, os atributos da presunção de validade (ou legitimidade) e da presunção de veracidade dos atos administrativos não significam exatamente a mesma coisa. A primeira indica a conformidade do ato com o ordenamento jurídico, ao passo que a segunda representa a adequação do ato à realidade dos fatos. A depender das circunstâncias, o segundo atributo pode subsistir, mas ser afastado o primeiro, por defeitos do ato administrativo".

Como consequência dessa diferenciação, a inversão do ônus da prova somente seria aplicável à presunção de veracidade na medida em que no direito brasileiro só se produz prova sobre fatos (art. 369 do CPC), e a presunção de legitimidade não diz respeito aos fatos, mas à validade do próprio ato administrativo. Nesse sentido, a presunção de veracidade equivale à popular "**fé pública**" dos atos e documentos da **Administração**.

> A prova de Analista Administrativo do TRT/AM elaborada pela FCC considerou CORRETA a afirmação: "A certidão negativa de tributos imobiliários expedida pela Prefeitura Municipal de Manaus é portadora de fé pública, em decorrência do atributo da presunção de legitimidade".

Por fim, da presunção de **veracidade decorrem dois efeitos principais**: a) enquanto não decretada a invalidade, o ato produzirá os mesmos efeitos decorrentes dos atos válidos; b) o Judiciário não pode apreciar de ofício a nulidade do ato administrativo[18].

4.8.1.1 Presunções de validade, legalidade, veracidade, legitimidade e licitude

Embora a doutrina majoritária não aprofunde o tema além dos aspectos abordados no item anterior, Diogo de Figueiredo Moreira Neto diferencia **cinco presunções** existentes no contexto dos atos administrativos[19]:

a) presunção de validade: considerada pelo autor um verdadeiro princípio do Direito Administrativo, a presunção de validade apontaria para o pressuposto de que, até prova em contrário, **todos os atos da Administração são considerados válidos** perante o direito;

b) presunção de legalidade: é a presunção de **conformidade** do ato **com a lei**;

c) presunção de veracidade ou de realidade: é a presunção de verdade dos motivos apontados como **fundamentos fáticos** para prática do ato;

d) presunção de legitimidade: diz respeito à **conformidade** do ato **com a vontade da sociedade** ou com os consensos políticos inseridos na competência discricionária;

e) presunção de licitude: é a presunção de conformidade do ato com os **valores morais** tutelados pela ordem jurídica.

4.8.2 Imperatividade ou coercibilidade

> Misturando coercibilidade com autoexecutoriedade, a prova de Analista Administrativo do TRT/PR elaborada pelo Cespe considerou INCORRETA a afirmação: "Pelo atributo da coercibilidade, o poder de polícia tem execução imediata, sem dependência de ordem judicial".
>
> A prova de Analista Judiciário do TRT/Goiás considerou CORRETA a afirmação: "A presunção de legitimidade autoriza a imediata execução do ato administrativo, mesmo que eivado de vícios ou defeitos".

18. Maria Sylvia Zanella Di Pietro, *Direito administrativo*, p. 198-199.
19. *Curso de direito administrativo*, p. 97.

O atributo da imperatividade significa que o ato administrativo pode **criar unilateralmente obrigações aos particulares**, independentemente da anuência **destes**. É uma capacidade de vincular terceiros a deveres jurídicos derivada do chamado **poder extroverso**. Ao contrário dos particulares, que só possuem poder de auto-obrigação (introverso), a Administração Pública pode criar deveres para si e também para **terceiros**.

> A prova de Técnico Judiciário do TRT/SP considerou CORRETA a afirmação: "A imperatividade implica que a imposição do ato independe da anuência do administrado".

Ao contrário da presunção de legitimidade, a imperatividade é atributo da **maioria dos atos administrativos**, não estando presente nos atos enunciativos, como certidões e atestados, nem nos atos negociais, como permissões e autorizações.

4.8.3 Exigibilidade

A exigibilidade, conhecida entre os franceses como ***privilège du préalable***, consiste no atributo que permite à Administração **aplicar punições** aos particulares por violação da ordem jurídica, **sem necessidade de ordem judicial**. A exigibilidade, portanto, resume-se ao poder de aplicar **sanções administrativas**, como multas, advertências e interdição de estabelecimentos comerciais.

Assim como a imperatividade, a exigibilidade é **atributo presente na maioria dos atos administrativos**, mas ausente nos atos enunciativos.

4.8.4 Autoexecutoriedade

Denominada em alguns concursos equivocamente de **executoriedade**, a autoexecutoriedade permite que a Administração Pública realize a **execução material** dos atos administrativos ou de dispositivos legais, **usando a força física** se preciso for para **desconstituir situação violadora da ordem jurídica**. No Direito Administrativo francês, é denominada ***privilège d'action d'office***.

> A prova de Analista Judiciário do TRT/AM elaborada pela FCC considerou CORRETA a afirmação: "A possibilidade que certos atos administrativos ensejam de imediata e direta execução pela própria Administração, independentemente de ordem judicial, decorre do atributo da autoexecutoriedade".
>
> A prova de Técnico Judiciário do TRT/MT elaborada pela FCC considerou INCORRETA a afirmação: "Devido ao atributo da autoexecutoriedade, a Administração Pública pode condicionar a prática de algum ato administrativo ao pagamento de multa".

Trata-se de uma verdadeira "*auto*executoriedade" porque é realizada **dispensando autorização judicial.**

São exemplos de autoexecutoriedade:

a) **guinchamento de carro** parado em local proibido;

b) **fechamento de restaurante** pela vigilância sanitária;

c) **apreensão de mercadorias contrabandeadas**;

> A prova de Analista Judiciário do TRT/PB considerou CORRETA a afirmação: "A Administração Pública, usando meios de coação, apreende mercadorias irregulares ou interdita uma indústria poluidora. Tal situação refere-se à autoexecutoriedade".

d) dispersão de passeata imoral;

e) demolição de construção irregular em área de manancial;

f) requisição de escada particular para combater incêndio;

g) interdição de estabelecimento comercial irregular;

h) destruição de alimentos deteriorados expostos para venda;

i) confisco de medicamentos necessários para a população, em situação de calamidade pública.

A autoexecutoriedade difere da **exigibilidade** à medida que esta aplica uma punição ao particular (exemplo: multa de trânsito), mas não desconstitui materialmente a irregularidade (o carro continua parado no local proibido), representando uma **coerção indireta**. Enquanto a **autoexecutoriedade**, além de punir, desfaz concretamente a situação ilegal, constituindo mecanismo de **coerção direta**.

Comparação

Exigibilidade	≠	**Autoexecutoriedade**
↓		↓
Privilège du préalable		*Privilège d'action d'office*
↓		↓
Aplicação de sanções administrativas		Execução material do ato administrativo
↓		↓
Exemplo: multa de trânsito		Exemplo: guinchamento do carro
↓		↓
Dispensa ordem judicial		Dispensa ordem judicial
↓		↓
Coerção indireta		Coerção direta
↓		↓
Pune, mas não desfaz a ilegalidade		Pune e desconstitui a situação ilegal
↓		↓
Não permite uso da força física		Permite uso da força física

A autoexecutoriedade é atributo de somente **alguns tipos de atos administrativos**. Na verdade, apenas **duas categorias de atos administrativos são autoexecutáveis:**

> A prova de Promotor/SC elaborada pelo MPE/SC em 2016 considerou ERRADA a afirmação: "A concessão de licença para o particular construir é ato administrativo e, por consequência, ela é dotada de presunção de legitimidade, de imperatividade, de exigibilidade e de autoexecutoriedade".

a) aqueles com tal **atributo conferido por lei**. É caso do fechamento de restaurante pela vigilância sanitária;

> A prova da OAB/SP elaborada pelo Cespe considerou CORRETA a afirmação: "Sobre os atos administrativos, é incorreto afirmar que sempre possuem, independentemente de previsão legal expressa, autoexecutoriedade".

b) os atos praticados em **situações emergenciais** cuja execução imediata é indispensável para a preservação do interesse público. Exemplo: dispersão pela polícia de manifestação que se converte em onda de vandalismo.

A possibilidade de utilização da força física, inerente à autoexecutoriedade, reforça a necessidade de identificação de **mecanismos de controle** judicial ***a posteriori*** sobre a execução material de atos administrativos. Merecem destaque, nesse sentido, os princípios da **razoabilidade** e **proporcionalidade**, que exigem bom senso e moderação na aplicação da autoexecutoriedade. É possível também a concessão de **liminar** em mandado de segurança para suspender as medidas concretas tendentes à execução material do ato administrativo, na hipótese de revelar-se ilegal ou abusiva a ação da Administração Pública.

4.8.5 Tipicidade

Por fim, alguns autores acrescentam a tipicidade no rol dos atributos do ato administrativo. A tipicidade diz respeito à necessidade de **respeitar-se a finalidade específica** definida na lei para cada espécie de ato administrativo. **Dependendo da finalidade que a Administração pretende alcançar, existe um ato definido em lei**[20].

Válida para **todos os atos administrativos unilaterais**, a tipicidade proíbe, por exemplo, que a regulamentação de dispositivo legal seja promovida utilizando-se uma portaria, já que tal tarefa cabe legalmente a outra categoria de ato administrativo, o decreto.

Segundo Maria Sylvia Zanella Di Pietro, "esse atributo representa uma **garantia para o administrado**, pois impede que a Administração pratique atos dotados de imperatividade e executoriedade, vinculando unilateralmente o particular, sem que haja previsão legal; também fica afastada a possibilidade de ser praticado ato totalmente discricionário, pois a lei, ao prever o ato, já define os limites em que a discricionariedade poderá ser exercida"[21].

Trata-se, portanto, de uma **derivação do princípio da legalidade**, impedindo a Administração Pública de praticar atos atípicos ou inominados.

---

20. Maria Sylvia Zanella Di Pietro, *Direito administrativo*, p. 201.
21. *Direito administrativo*, p. 201-202.

Quadro comparativo dos atributos do ato administrativo			
Atributo	**Síntese**	**Abrangência**	**Dica especial**
Presunção de legitimidade	O ato é válido até prova em contrário	Todos os atos administrativos + atos da Administração	Presunção relativa que inverte o ônus da prova
Imperatividade	O ato cria unilateralmente obrigações ao particular	Maioria dos atos administrativos	Deriva do poder extroverso
Exigibilidade	Aplicação de sanções administrativas	Maioria dos atos administrativos	Pune, mas não desfaz a ilegalidade
Autoexecutoriedade	Execução material que desconstitui a ilegalidade	Alguns atos administrativos	Só quando a lei prevê ou em situações emergenciais
Tipicidade	Respeito às finalidades específicas	Todos os atos administrativos	Proíbe atos atípicos ou inominados

4.8.6 Outros atributos

Além das cinco características anteriormente apresentadas, Diogo de Figueiredo Moreira Neto identifica **outros cinco atributos** do ato administrativo[22]:

a) **existência:** consiste no preenchimento de todos os elementos componentes do ato administrativo, a saber: competência, objeto, forma, motivo e finalidade;

b) **eficácia:** segundo o autor, é o atributo segundo o qual o ato administrativo válido presume-se apto a produzir seus regulares efeitos;

c) **exequibilidade:** distinta da eficácia, exequibilidade é a **possibilidade de execução imediata do ato eficaz**, sempre que sua aplicação prática não estiver subordinada a termo, condição ou algum outro requisito legalmente estabelecido;

d) **efetividade:** é a confirmação social e metajurídica de que o ato alcançou os resultados práticos pretendidos pelo seu autor;

e) **relatividade:** é a referibilidade de todo ato administrativo à sucessão de normas superiores que legitimaram a sua expedição.

4.9 EXISTÊNCIA, VALIDADE E EFICÁCIA

Como todo ato jurídico, o ato administrativo está sujeito a três planos lógicos distintos: a) existência; b) validade; c) eficácia.

A aceitação da divisão ternária dos planos lógicos do ato jurídico foi difundida no Brasil por **Pontes de Miranda**, razão pela qual tem sido denominada de **teoria tripartite ou pontesiana**.

O plano da existência ou da perfeição consiste no cumprimento do **ciclo de formação do ato**.

> A prova da Procuradoria do Estado/PB feita pela Esaf considerou CORRETA a afirmação: "Ato perfeito é aquele que teve seu ciclo de formação encerrado, por ter esgotado todas as fases necessárias à sua produção".

22. *Curso de direito administrativo*, p. 158.

O plano da **validade** envolve a **conformidade com os requisitos** estabelecidos pelo ordenamento jurídico para a correta prática do ato administrativo.

O plano da **eficácia** está relacionado com a **aptidão** do ato **para produzir efeitos** jurídicos.

A interação do ato administrativo com cada um dos três planos lógicos não repercute nos demais. Constituem searas sistêmicas distintas e relativamente independentes. A única exceção a tal independência reside na hipótese dos atos juridicamente inexistentes, caso em que não se cogita de sua validade ou eficácia. Ato inexistente é necessariamente inválido e não produz qualquer efeito.

Os três planos lógicos

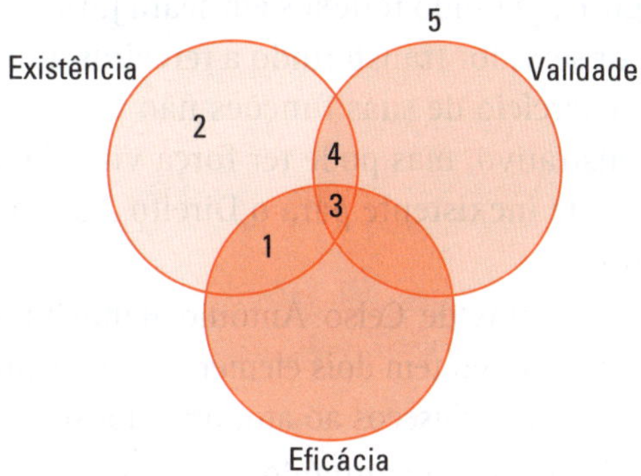

Assim, o ato administrativo pode ser:

1) **existente, inválido** e eficaz;

> A prova da Magistratura/SE feita pelo Cespe considerou CORRETA a afirmação: "Caso o Presidente da República nomeie ministro do STF sem a aprovação do Senado Federal, o ato administrativo pertinente será considerado existente, mas inválido".

2) existente, inválido e ineficaz;

3) existente, válido e eficaz;

4) **existente, válido e ineficaz**;

> A prova de Auditor-Fiscal da Receita Federal feita pela Esaf considerou CORRETA a afirmação: "Conforme a doutrina, o ato administrativo, quando concluído seu ciclo de formação e estando adequado aos requisitos de legitimidade, ainda não se encontra disponível para eclosão de seus efeitos típicos, por depender de um termo inicial ou de uma condição suspensiva, ou autorização, aprovação ou homologação, a serem manifestados por uma autoridade controladora, classifica-se como perfeito, válido e ineficaz".

ou

5) inexistente.

4.9.1 Existência ou perfeição do ato administrativo

O primeiro plano lógico ao qual o ato administrativo se submete é o da **existência ou perfeição**. Nele, importa verificar se o ato cumpriu integralmente o seu **ciclo jurídico de formação**, revestindo-se dos elementos e pressupostos necessários para que possa ser considerado um ato administrativo.

Importante reforçar que a existência jurídica do ato é **diferente da sua existência fática**. Se um particular finge ser juiz de direito e, ludibriando a todos, preside uma audiência, os atos realizados são juridicamente inexistentes devido à usurpação de função pública, mas materialmente ocorreram (existiram).

Outra consideração relevante é que a **existência** jurídica deve ser **investigada à luz de um determinado ramo** do Direito. Isso porque o ato pode ser inexistente para certo ramo, mas preencher os elementos necessários para a existência como ato de outra categoria, gerando reflexos em seara jurídica diversa. Exemplo: um contrato assinado por servidor transferindo a terceiros a responsabilidade por ato lesivo praticado no exercício de suas funções não possui qualquer significado para o Direito Administrativo, mas pode ter força vinculante entre o servidor e o terceiro. É juridicamente inexistente para o Direito Administrativo e existente para o Direito Privado.

Na esteira dos ensinamentos de Celso Antônio Bandeira de Mello, devemos considerar que o ato administrativo tem dois elementos e dois pressupostos de existência. Elementos são aspectos intrínsecos ao ato; pressupostos são os extrínsecos.

Os **elementos** de existência são **conteúdo** e **forma**. Os pressupostos são **objeto** e **referibilidade à função administrativa**.

O primeiro elemento de existência do ato administrativo é o **conteúdo**, entendido como a necessidade de constatação de conduta decorrente do ato.

Exemplos: 1) folha não preenchida do talão de multas é ato inexistente por falta de conteúdo; 2) "ordem" expedida por escrito pelo chefe da repartição proibindo e ao mesmo tempo permitindo dado comportamento é inexistente por ausência de conteúdo, já que proibido e permitido são comandos contraditórios que se excluem mutuamente.

Igualmente inexistentes são os atos que proíbem o inevitável ou exigem o que é impossível. Exemplos: 1) decreto proibindo a morte; 2) cláusula de edital de concurso público que exige dos candidatos domínio de um idioma extinto; 3) portaria municipal proibindo a chuva de cair.

O outro elemento referido por Celso Antônio Bandeira de Mello é a **forma** do ato que preferimos denominar **exteriorização do conteúdo**. Não haverá ato administrativo se o conteúdo não for divulgado pelo agente competente. Exemplo: texto de ato administrativo esquecido na gaveta.

Objeto do ato administrativo é o bem ou a pessoa a que o ato faz referência. Desaparecendo ou inexistindo o objeto, o ato administrativo que a ele faz menção é tido como juridicamente inexistente. Exemplos: 1) promoção de servidor falecido; 2) alvará autorizando a "reforma do prédio" em terreno baldio.

E, por fim, para existir como ato administrativo, é necessário que o ato tenha sido praticado **no exercício da função administrativa**. Se praticado por particular usurpador de função pública, não se considera existente o ato administrativo. Exemplo: multa de trânsito lavrada por particular. Na mesma situação, está o ato praticado por servidor público vinculado a outro poder estatal ou visivelmente incompetente para a conduta. Exemplo: medida provisória assinada por varredor de ruas. Nesses casos, o ato **não é imputável à Administração Pública**.

É hipótese também de inexistência a situação dos atos didáticos e dos não sérios mesmo quando praticados pelo servidor competente. Exemplo: 1) auto de infração preenchido e assinado pelo agente em curso de formação para novos fiscais; 2) "demissão" de subordinado anunciada pelo chefe da repartição, por pilhéria, em festa de confraternização dos funcionários.

4.9.1.1 Teoria do ato administrativo inexistente

Um dos temas mais complexos do moderno Direito Administrativo é a teoria do ato administrativo inexistente. A falta de bibliografia e a crescente incidência nos concursos de perguntas sobre o assunto justificam um tratamento detalhado capaz de oferecer informações seguras, especialmente para candidatos em provas discursivas e exames orais.

A utilidade prática em diferenciar inexistência e nulidade reside no fato de haver **regimes jurídicos diferentes** para o **ato administrativo inexistente** e o **ato administrativo nulo**. Essa diversidade de tratamentos normativos é a premissa fundamental para compreender a teoria do ato inexistente.

> Porém, admitindo a já superada visão de Hely Lopes Meirelles, a prova de Advogado da União/2006 considerou CORRETA a afirmação: "É de pouco interesse prático a distinção entre nulidade e inexistência dentro do Direito Administrativo, pois os atos inexistentes conduzem ao mesmo resultado dos atos nulos: a invalidação".

As primeiras considerações doutrinárias e jurisprudenciais sobre o fenômeno da inexistência dos atos jurídicos surgiram no Direito Privado.

Em termos de sistematização, foi **Karl Salomo Zachariae** o primeiro autor a tratar dos atos inexistentes, em estudo publicado em 1827, na Alemanha. O autor identificou clara distinção entre questões de validade, questões de existência e questões de direito. Ou seja, já na primeira metade do século XIX, houve o primeiro esforço de diferenciação entre os planos lógicos da existência e da validade.

A identificação da existência jurídica como algo distinto de validade irradiou-se na doutrina francesa por meio das obras de Aubry e Rau e Demolombe.

No início do século XX, a *teoria da inexistência* estava plenamente difundida entre os civilistas franceses.

Sempre, porém, houve divergência entre os autores quanto aos elementos fundamentais de existência do ato. Em parte, como noticia Jean-Marie Auby, tal divergência se devia ao fato de os privatistas franceses do início do século XX terem buscado no Código Civil francês as bases jurídicas para a caracterização dos elementos do ato. Quando, em verdade, o Código não distinguia atos nulos de atos inexistentes[23].

No Direito Público, a primeira teorização sobre o ato administrativo inexistente foi realizada por Laferrière. Em sua obra *Traitè de la jurisdiction administrative e des recours contentieux*, publicada em 1888 na França, Laferrière lançou as bases para a concepção moderna da teoria dos atos administrativos inexistentes.

Para Laferrière, caracteriza-se como inexistente o ato administrativo praticado com usurpação de poder por pessoa visivelmente incompetente, seja por não pertencer aos quadros da Administração, seja em razão de exercer funções que não lhe conferem qualquer direito de decisão diante daquele caso concreto.

Segundo Michel Stassinopoulos, são inexistentes os atos administrativos: (a) de usurpação; (b) praticados fora da órbita de competência administrativa, como aqueles em que um órgão administrativo pretende julgar um processo no lugar do tribunal competente; (c) praticados no âmbito da Administração, mas fora da competência do agente, de sorte que o ato não possa ser visto como uma declaração normal de vontade do Estado.

Entre os autores brasileiros, sempre houve controvérsia sobre a utilidade prática da teoria da inexistência. Discute-se até que ponto convém diferenciar o ato nulo do inexistente.

Contrário à diferenciação, Caio Tácito afirma: "Não transita, livremente, em nosso Direito Administrativo, a noção de ato inexistente, familiar ao direito francês. A doutrina, como as jurisprudências nacionais, quando não ignoram essa categoria de nulidade absoluta, acentuam a sua inocuidade"[24].

Em sentido contrário, manifestou-se Pontes de Miranda: "Revela pouco estudo de lógica e, mais ainda, da estrutura dos sistemas lógicos, pensar-se que, se há conceito de inexistência, esse há de estar no mundo jurídico: e seria cometer o erro inverso – em vez de se forçar a inserção do nulo no inexistente, forçar-se-ia a inserção do inexistente no nulo, trazendo-se aquele para o mundo jurídico"[25].

Prova maior da diferença entre valer e existir é a admissão unânime da categoria dos atos inválidos. Ora, se um ato pode ser inválido, é porque existe juridicamente para ser comparado às regras do sistema. Ninguém sustentaria que na aferição da validade o *nada* é avaliado perante as exigências do ordenamento

23. Jean-Marie Auby, *La théorie de l'inexistence des actes administratifs*. Paris: Éditions A. Pedone, 1951, p. 5.

24. Comentário, *RDA* 48/351.

25. *Tratado de direito privado*, t. IV, p. 19.

jurídico. O próprio ato de analisar a validade pressupõe, como inafastável exigência lógica, o *objeto analisado*, que no caso não pode ser outra coisa senão um ato juridicamente relevante, um ato existente.

Há, portanto, um abismo a separar a inexistência da simples nulidade.

O que faz do ato juridicamente inexistente algo de repercussão prática é a circunstância de existir fenomenicamente, ser perceptível, estar presente na vida física, constituir um ente do mundo do ser, detectável historicamente no tempo e no espaço, possuindo às vezes toda a roupagem de um ato legitimamente jurídico, em que pese nunca ter sido outra coisa senão um mero fato material dissimulado.

Em síntese, podemos afirmar que são **três as razões essenciais** para se estudar a inexistência como um vício autônomo: a) pela **lógica**, os planos da existência e da invalidade não se confundem, sendo, portanto, juridicamente diferentes as patologias que podem apanhar o ato em um ou outro patamar; b) pelo **regime jurídico** diferenciado, pois a resposta dada pelo sistema aos atos inexistentes é distinta daquela dada aos atos inválidos; c) pela **repercussão prática**, que nos atos inexistentes, como decorrência do tratamento jurídico diferenciado, opera-se de modo peculiar.

Nesse passo, cumpre apontar as diferenças entre os conceitos de inexistência administrativa, inexistência jurídica, inexistência de fato, quase inexistência, via de fato e falta de aparência de ato.

Inexistência administrativa é a situação dos atos não imputáveis a alguém que aja no exercício da função administrativa, ou sendo imputáveis, nos quais se observa a ausência de um dos elementos ou pressupostos fixados pelo regime jurídico-administrativo para a incidência de seus princípios e regras.

Note-se que o fenômeno da inexistência administrativa reporta-se apenas à não incidência do regime jurídico-administrativo, não excluindo a possibilidade de esse mesmo ato existir para outros ramos do Direito.

Inexistência jurídica é a condição dos atos meramente materiais que nunca ingressaram no mundo do Direito, pertencendo ainda ao universo do *juridicamente irrelevante*.

Já **inexistência de fato** é o nada, aquilo que nunca ocorreu no mundo fenomênico e, por isso, não pode ser apreendido pela mente senão como categoria relacional oposta à dos atos acontecidos. A relevância dessa classe reside em delimitar negativamente o conjunto de eventos existentes. Tudo isso para dizer que, se existência fática e existência jurídica não se confundem, seus opostos, inexistência fática e inexistência jurídica, também são conceitos inconfundíveis.

Existir para o Direito independe de existir materialmente; assim como inexistir juridicamente independe de inexistir faticamente. O Direito cria suas próprias realidades e por isso pode reputar como juridicamente existente algo que fenomenicamente nunca ocorreu.

Esse fato alerta para uma importante constatação já mencionada: o ato administrativamente inexistente pode existir como ato no mundo físico. Portanto, está longe de ser o nada.

Para alguns autores, o ato administrativo inexistente difere do quase inexistente. Ato administrativo quase inexistente é aquele praticado com irregularidade grosseira ou declarado pelo legislador como nulo e sem nenhum efeito. Conforme esclarece Diez[26], tal distinção só ganha relevo na França, onde os atos inexistentes não são suscetíveis de recurso *por excesso de poder*, ao contrário dos atos quase inexistentes, que podem ser impugnados por tal via.

Outro conceito que a doutrina tem comparado com a inexistência é o de *via de fato*. Segundo Marienhoff, via de fato administrativa é a "flagrante, manifesta, grosseira e grave violação da legalidade"[27].

Cumpre mencionar também a diferença entre inexistência administrativa e **falta de aparência**. Isso porque há quem reduza a inexistência administrativa à mera falta de aparência de ato.

O que faz do ato administrativo inexistente algo com repercussão prática é o fato de não ser o *nada*. O ato inexiste para o Direito, mas no mundo fenomênico é um evento histórico perceptível, localizado no tempo e no espaço, que confunde o administrado e parece ser jurídico. Alguns desses atos aparentam legalidade para certa pessoa mais desatenta, e para outras, não passam de mera dissimulação. Em outros casos, ninguém notaria a inexistência jurídica, pois o ato se reveste externamente de toda roupagem característica de um ato administrativo regular, apesar de não ter sido imputado à Administração Pública.

Em síntese, a mera aparência não fornece elementos suficientes para induzir à inexistência jurídica. A falta de aparência de ato é **indício de inexistência**, mas que por si só não constitui critério juridicamente decisivo para o diagnóstico do referido defeito.

Negando que o ato inexistente tenha aparência de ato administrativo, a prova da Procuradoria do Estado/PB feita pela Esaf considerou INCORRETA a afirmação: "Ato imperfeito é o que apresenta aparência de manifestação de vontade da Administração Pública, mas que não chegou a aperfeiçoar-se como ato administrativo".

Como se pode depreender de tudo o que foi dito, há uma **autonomia do vício de inexistência** perante os demais tipos de defeitos do ato administrativo como consequência de um **peculiar regime jurídico** atribuído a tal categoria.

Convém destacar algumas **características** do regime jurídico **dos atos administrativos inexistentes** que os diferenciam dos atos administrativos nulos ou inválidos:

---

26. Manuel María Diez, *Derecho administrativo*, p. 373.

27. *Tratado de derecho administrativo*, t. II, p. 493.

1) para o Direito, não há nenhuma possibilidade de os atos administrativos inexistentes produzirem efeitos jurídicos na esfera de interesses do administrado. O ato inexistente é **juridicamente ineficaz** porque a existência é condição necessária para *produzir efeitos*[28];

2) constituindo um nada jurídico, o ato administrativo inexistente **não gera obrigatoriedade**, podendo ser ignorado livremente sem qualquer consequência;

3) particulares e agentes públicos podem opor-se contra a tentativa de execução dos atos administrativos inexistentes usando a força física. É a chamada **reação manu militari**;

4) devido à sua extrema gravidade, o vício de inexistência **não admite convalidação ou conversão** em atos regulares;

5) **ato inexistente** não possui presunção de legitimidade;

6) o defeito de inexistência **é imprescritível e incaducável**, podendo ser suscitado a qualquer tempo perante a Administração e o Judiciário.

Por fim, convém listar todos os **exemplos de atos administrativos inexistentes** já citados e as correspondentes justificativas para caracterização do defeito:

a) folha do talão de multas não preenchida (ausência de conteúdo);

b) ato administrativo proibindo e ao mesmo tempo permitindo determinado comportamento (ausência de conteúdo);

c) decreto proibindo a morte (conteúdo materialmente impossível);

d) edital de concurso exigindo domínio de idioma extinto (conteúdo materialmente impossível);

e) portaria municipal proibindo a chuva (conteúdo materialmente impossível);

f) texto de ato administrativo **esquecido na gaveta** (ausência de forma);

> Adotando a visão de Celso Antônio Bandeira de Mello, a prova de Auditor-Fiscal da Receita Federal feita pela Esaf considerou CORRETA a afirmação: "Pode ser considerado como imperfeito (inexistente) o ato de nomeação de Secretário de Estado ainda não publicado no respectivo *Diário Oficial*".

g) promoção de **servidor falecido** (ausência de objeto);

> A prova de Defensor Público/SP considerou CORRETA a afirmação: "Deve ser considerado ato administrativo inexistente o decreto que exonera servidor já falecido".

h) alvará autorizando a reforma de prédio em terreno baldio (ausência de objeto);

i) ato praticado em usurpação de função pública (ato não imputável à Administração Pública);

j) medida provisória assinada por varredor de ruas (ato não imputável à Administração Pública);

28. F. C. Pontes de Miranda, *Tratado de direito privado*, t. IV, *passim*.

k) auto de infração lavrado pelo agente em curso de formação para novos fiscais (ato não imputável à Administração Pública);

l) "demissão" de subordinado anunciada pelo chefe da repartição, por pilhéria, em festa de confraternização dos funcionários (ato não imputável à Administração Pública);

m) ordem administrativa cujo cumprimento implica a prática de crime (conteúdo juridicamente impossível).

4.9.2 Validade do ato administrativo

No plano da validade, investiga-se a **conformidade do ato administrativo** com os **requisitos fixados no ordenamento** para sua correta produção. O juízo de validade **pressupõe a existência** do ato, razão pela qual só se pode falar em ato válido ou inválido após o integral cumprimento do seu ciclo de formação.

A doutrina fala em **requisitos, pressupostos ou elementos** para se referir às condições de validade do ato administrativo. Os autores divergem quanto à denominação e à quantidade dos requisitos, havendo basicamente dois posicionamentos mais relevantes:

a) visão tradicional: sustentada por Hely Lopes Meirelles e fundamentada no art. 2º da Lei n. 4.717/65, a **Lei da Ação Popular** divide o ato administrativo em **cinco requisitos**: competência, objeto, forma, motivo e finalidade. É a visão **majoritária nos concursos públicos**;

> A prova de Auditor-Fiscal da Receita Federal elaborada pela Esaf considerou CORRETA a afirmação: "Os vícios do ato administrativo estão previstos na lei que regula a ação popular".
>
> A prova de Fiscal do INSS feita pela Esaf considerou CORRETA a afirmação: "Segundo a lei e a doutrina majoritária, motivo, forma, finalidade, competência e objeto integram o ato administrativo".

b) visão moderna: foi desenvolvida por Celso Antônio Bandeira de Mello, que identifica **seis pressupostos** de validade do ato administrativo: sujeito, motivo, requisitos procedimentais, finalidade, causa e **formalização**.

> A prova de Oficial de Justiça do TRT/AM elaborada pela FCC considerou CORRETA a afirmação: "Além de outros, constituem requisitos dos atos administrativos a competência, a forma e o motivo".

A análise detalhada dos requisitos de validade será abordada nos tópicos seguintes deste capítulo.

4.9.3 Eficácia do ato administrativo

O plano da eficácia analisa a **aptidão do ato para produzir efeitos jurídicos**. O destino natural do ato administrativo é ser praticado com a finalidade de criar, declarar, modificar, preservar e extinguir direitos e obrigações.

Algumas circunstâncias podem interferir na irradiação de efeitos do ato administrativo:

a) **existência de vício:** alguns defeitos específicos no ato bloqueiam a produção de seus efeitos regulares. É o caso da inexistência jurídica, vício que impede a eficácia do ato administrativo;

b) **condição suspensiva:** suspende a produção de efeitos até a implementação de evento futuro e incerto. Exemplo: alvará concedido a taxista com a condição de que apresente o veículo para regularização dentro de quinze dias;

c) **condição resolutiva:** acontecimento futuro e incerto cuja ocorrência interrompe a produção de efeitos do ato administrativo. Exemplo: autorização para instalação de banca de jornal em parque público outorgada até que seja construída loja de revistas no local;

d) **termo inicial:** sujeita o início da irradiação de efeitos do ato a evento futuro e certo. Exemplo: licença autorizando construção de prédio residencial só a partir de trinta dias de sua outorga;

e) **termo final:** autoriza a produção de efeitos do ato por determinado período de tempo. Exemplo: habilitação para conduzir veículo concedida pelo prazo de cinco anos.

A doutrina divide os efeitos do ato administrativo em **três categorias**:

a) **efeitos típicos:** são aqueles **próprios do ato**. Exemplo: a homologação da autoridade superior tem o efeito típico de aprovar o ato administrativo desencadeando sua exequibilidade;

b) **efeitos atípicos prodrômicos:** são efeitos **preliminares** ou **iniciais** distintos da eficácia principal do ato. Exemplos: a expedição do decreto expropriatório autoriza o Poder Público a ingressar no bem para fazer medições; dever da autoridade competente de expedir ato de controle.

No âmbito do processo penal, tem-se utilizado a expressão "efeito prodrômico" para fazer referência a um dos efeitos da sentença penal, qual seja, a vedação da *reformatio in pejus* direta ou indireta na hipótese de somente o réu apelar. O mesmo raciocínio estende-se à ação de improbidade **administrativa**;

> A prova da Magistratura de São Paulo 2011 considerou CORRETA a afirmação: "Na improbidade administrativa, o julgador poderá reconhecer o efeito prodrômico da prestação jurisdicional monocrática quando só o réu recorre, transitando em julgado a sentença para o autor da ação".

c) **efeitos atípicos reflexos:** são aqueles que atingem terceiros estranhos à relação jurídica principal. Exemplo: com a desapropriação do imóvel, extingue-se a hipoteca que garantia crédito de instituição financeira.

4.10 MÉRITO DO ATO ADMINISTRATIVO

Mérito ou **merecimento** é a **margem de liberdade** que os atos discricionários recebem da lei para permitir aos agentes públicos escolher, diante da situação concreta, qual a melhor maneira de atender ao **interesse público**. Trata-se de um **juízo de conveniência e oportunidade** que constitui o **núcleo da função típica** do Poder Executivo, razão pela qual é vedado ao Poder Judiciário controlar o mérito do **ato administrativo**.

> A prova da Magistratura Federal/2002 elaborada pela Esaf considerou CORRETA a afirmação: "O mérito é aspecto do ato administrativo que, particularmente, diz respeito à conveniência de sua prática".
>
> A prova de Analista Judiciário do TRT/SP elaborada pelo Cespe considerou CORRETA a afirmação: "O juízo de conveniência e oportunidade, presente no ato discricionário, compreende o mérito administrativo, mas não afasta a necessidade de submissão do agente público ao princípio da legalidade e ao atendimento do interesse público".

Segundo Hely Lopes Meirelles, essa margem de liberdade pode residir no **motivo** ou no **objeto** do ato **discricionário**.

Pode ser adotada a seguinte regra mnemônica para fixação do assunto:

Motivo
é
r
i
t
Objeto

4.10.1 Controle judicial tríplice sobre o mérito do ato administrativo

Embora a concepção tradicional não admita revisão judicial sobre o mérito dos atos administrativos discricionários, observa-se uma tendência à aceitação do controle exercido pelo Poder Judiciário sobre a discricionariedade especialmente quanto a três aspectos fundamentais[29]:

a) razoabilidade/proporcionalidade da decisão;

b) **teoria dos motivos determinantes:** se o ato atendeu aos pressupostos fáticos ensejadores da sua prática;

c) **ausência de desvio de finalidade:** se o ato foi praticado visando atender ao interesse público geral.

Importante frisar que **ao Poder Judiciário não cabe substituir o administrador público.** Assim, quando da anulação do ato discricionário, o juiz não deve resolver como o interesse público será atendido no caso concreto, mas devolver a questão ao administrador competente para que este adote nova decisão[30].

---

29. Fundação Getulio Vargas. Padrão de Respostas. Prova Discursiva. Direito Administrativo. Exame de Ordem 2010.3.

30. Fundação Getulio Vargas. Padrão de Respostas. Prova Discursiva. Direito Administrativo. Exame de Ordem 2010.3.

4.10.2 Grave inoportunidade e grave inconveniência

Em brilhante aprofundamento no tema da discricionariedade, o professor Diogo de Figueiredo Moreira Neto afirma que os juízos de conveniência e oportunidade têm conteúdos específicos bastante distintos[31].

Segundo o autor, o juízo de **oportunidade** diz respeito ao **momento** e ao **motivo** ensejadores da prática do ato. Nesse sentido, a **grave inoportunidade**, quando da expedição de ato administrativo discricionário sem observância do momento e do motivo apropriados, violaria o princípio da **razoabilidade**.

Quanto ao juízo de **conveniência**, relaciona-se diretamente com a escolha do **conteúdo** e a **intensidade dos efeitos** do ato jurídico praticado pela Administração. Assim, a desatenção a esses dois aspectos do ato acarretaria **grave inconveniência**, ferindo o princípio da **proporcionalidade**.

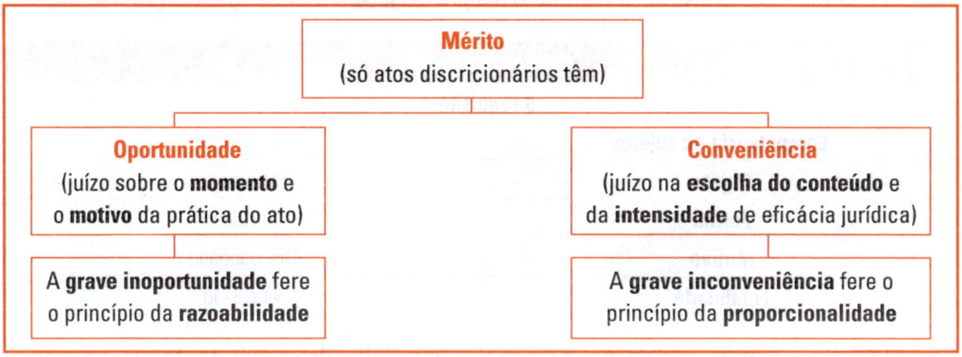

4.11 REQUISITOS DO ATO ADMINISTRATIVO

A doutrina diverge quanto à quantidade de requisitos de validade do ato administrativo. Como o tema não foi objeto de tratamento legislativo direto, cada autor tem liberdade para apontar a divisão que entender mais conveniente.

O importante é enfatizar que a divisão didática do ato administrativo em requisitos serve para facilitar o controle de legalidade sobre eventuais defeitos nele existentes.

Conforme mencionado nos itens anteriores, existem basicamente duas classificações mais relevantes dos requisitos do ato administrativo: a corrente clássica e a corrente mais moderna.

4.11.1 Corrente clássica (Hely Lopes Meirelles)

A corrente clássica defendida por **Hely Lopes Meirelles** e **majoritária para concursos públicos** está baseada no art. 2º da Lei n. 4.717/65, segundo o qual "são nulos os atos lesivos ao patrimônio das entidades mencionadas no artigo

31. *Curso de direito administrativo*, p. 110-111.

anterior, nos casos de: *a*) incompetência; *b*) vício de forma; *c*) ilegalidade do objeto; *d*) inexistência dos **motivos**; *e*) desvio de finalidade".

> A prova de Analista Judiciário feita pela FCC considerou CORRETA a afirmação: "O motivo, um dos requisitos do ato administrativo, pode ser conceituado como o pressuposto de fato e de direito em virtude do qual a Administração age".

De acordo com essa visão, os **requisitos** do ato administrativo são: a) competência; b) objeto; c) forma; d) motivo; e) finalidade. Motivo e objeto são requisitos discricionários porque podem comportar margem de liberdade. Competência, forma e finalidade são requisitos vinculados.

> Embora confundindo "requisitos de formação" com "requisitos de validade", a prova de Procurador Federal feita pelo Cespe considerou CORRETA a afirmação: "O exame do ato administrativo revela a existência de requisitos necessários à sua formação, que podem ser assim discriminados: competência, finalidade, forma, motivo e objeto".

Corrente clássica	
5 requisitos	
Competência ou sujeito	Vinculado
Objeto	Discricionário
Forma	Vinculado
Motivo	Discricionário
Finalidade	Vinculado

1) **Competência ou sujeito:** o primeiro requisito de validade do ato administrativo é denominado competência ou sujeito. A competência é requisito **vinculado**. Para que o ato seja válido, inicialmente é preciso verificar se foi praticado pelo agente competente segundo a legislação para a prática da conduta. No Direito Administrativo, é **sempre a lei que define as competências** conferidas a cada agente, limitando sua atuação àquela seara específica de atribuições. Assim, competência administrativa **é o poder atribuído ao agente da Administração para o desempenho de suas funções**[32].

> A prova de Analista de Contas do TCU feita pelo Cespe considerou CORRETA a afirmação: "O ato administrativo não surge espontaneamente e por conta própria. Ele precisa de um executor, o agente público competente, que recebe da lei o devido dever-poder para o desempenho de suas funções".

A competência administrativa possui as seguintes **características:**

a) **natureza de ordem pública**: pois sua definição é estabelecida pela lei, estando sua alteração fora do alcance das partes;

b) **não se presume**: porque o agente somente terá as competências expressamente outorgadas pela legislação;

32. Hely Lopes Meirelles, *Direito administrativo brasileiro*, p. 147.

c) **improrrogabilidade**: diante da falta de uso, a competência não se transfere a outro agente;

d) **inderrogabilidade** ou **irrenunciabilidade**: a Administração não pode abrir mão de suas competências porque são conferidas em benefício do interesse público;

> A prova de Analista Judiciário do TRT/SP considerou CORRETA a afirmação: "Sendo um dos requisitos do ato administrativo, a competência é irrenunciável".

e) **obrigatoriedade**: o exercício da competência administrativa é um dever para o agente público;

f) **incaducabilidade** ou **imprescritibilidade**: a competência administrativa não se extingue, exceto por vontade legal;

g) **delegabilidade**: em regra, a competência administrativa pode ser transferida temporariamente mediante delegação ou avocação. Porém, são **indelegáveis**: competências **exclusivas**, a edição de **atos normativos** e a **decisão de recursos** (art. 13 da Lei n. 9.784/99).

2) **Objeto**: é o **conteúdo** do ato, a ordem por ele determinada, ou o **resultado prático** pretendido ao se expedi-lo. Todo ato administrativo tem por objeto a **criação, modificação** ou **comprovação de situações jurídicas** concernentes a pessoas, coisas ou atividades sujeitas à **ação da Administração Pública**[33]. O objeto é requisito **discricionário**.

> A prova de Técnico Judiciário do TRT/GO considerou CORRETA a afirmação: "Sendo um dos requisitos do ato administrativo, o objeto consiste na criação, modificação ou comprovação de situações jurídicas concernentes a pessoas, coisas e atividades sujeitas à ação do Poder Público".

3) **Forma**: é requisito **vinculado**, envolvendo o **modo de exteriorização** e os **procedimentos prévios** exigidos na expedição do ato administrativo. Diante da necessidade de controle de legalidade, o cumprimento da **forma legal** é sempre **substancial para a validade** da conduta. Em regra, os atos administrativos deverão observar a **forma escrita**, admitindo-se excepcionalmente atos gestuais, verbais ou expedidos visualmente por máquinas, como é o caso dos semáforos, especialmente em casos de urgência e transitoriedade da manifestação.

> Tratando do procedimento que pode anteceder a prática do ato administrativo, a prova da AGU/2007 feita pelo Cespe considerou CORRETA a afirmação: "Procedimento administrativo consiste no iter legal a ser percorrido pelos agentes públicos para a obtenção dos efeitos regulares de um ato administrativo principal".
>
> A prova da OAB/MT considerou CORRETA a afirmação: "A forma é o revestimento substancial do ato administrativo, que predominantemente se revela por escrito".

4) **Motivo**: é a **situação de fato** ou de **direito** que autoriza a prática do ato. Constitui requisito, em regra, **discricionário** porque pode abrigar margem de

33. Hely Lopes Meirelles, *Direito administrativo brasileiro*, p. 150.

liberdade outorgada por lei ao agente público. Exemplo: a ocorrência da infração é o motivo da multa de trânsito. Não se confunde com **motivação**, que é a explicação por escrito das razões que levaram à prática do ato.

> A prova de Técnico Judiciário do TRT/PB elaborada pela FCC considerou CORRETA a afirmação: "Alegando falta de verbas públicas, o Prefeito de uma cidade litorânea exonerou, *ad nutum*, determinado servidor. No dia seguinte, sem qualquer modificação na situação financeira do Município, nomeou outro funcionário para a mesma vaga. Em virtude desse fato, o ato de exoneração será nulo por causa da inobservância do requisito do ato administrativo denominado motivo".

Se a lei determina qual a única situação fática que, ocorrendo, autoriza a prática do ato, tem-se **motivo de direito** ou **motivo legislativo**, caracterizando-se como requisito vinculado do ato. A avaliação sobre a oportunidade para praticar o ato já foi tomada no plano da norma pelo legislador, cabendo ao agente público somente executar a conduta conforme determinado. Exemplo: no lançamento tributário, ocorrendo o fato gerador do tributo, a autoridade competente é obrigada a lançar.

Em outras hipóteses, a legislação atribui a competência descrevendo a situação fática de forma aberta, de modo a permitir ao agente avaliar diante do caso concreto, com certa **margem de liberdade** dada pela lei, qual a situação oportuna para a prática do ato. Fala-se em **motivo de fato**. A decisão sobre a oportunidade para praticar o ato cabe ao agente público. Nesse caso, **o requisito "motivo" será discricionário**. Exemplo: o art. 132, V, da Lei n. 8.112/90 prevê a aplicação da pena de demissão ao servidor público no caso de "incontinência pública e conduta escandalosa na repartição", cabendo à autoridade avaliar se determinado comportamento enquadra-se ou não nessa hipótese.

5) Finalidade: requisito vinculado, a finalidade é o objetivo de interesse público pretendido com a prática do ato. Sempre que o ato for praticado visando a defesa de interesse alheio ao interesse público, será **nulo por desvio de finalidade** ou ***détournement du pouvoir***.

> Admitindo o caráter VINCULADO DA FINALIDADE, a prova de Analista Judiciário do TRT/SP elaborada pelo Cespe considerou INCORRETA a afirmação: "O juízo de conveniência e oportunidade, presente no ato discricionário, compreende o mérito administrativo, ficando ao talante do agente público a conduta quanto à finalidade da norma".

4.11.1.1 Resolução n. 160 do Contran e os sinais sonoros emitidos pelos agentes de trânsito por meio de silvos de apito

Conforme visto no item anterior, os atos administrativos, em regra, deverão observar a forma escrita. No entanto, a legislação brasileira prevê casos em que a exteriorização do ato pode dar-se de outro modo. A título de regulamentação do Código Nacional de Trânsito, a Resolução n. 160 do Contran disciplina a **emissão de atos administrativos de regulação do trânsito por meio de silvos de apito, nos seguintes termos:**

a) **Um silvo breve: tem o significado de "Siga", sendo empregado para "liberar o trânsito/sentido indicado pelo agente";**

b) **Dois silvos breves: têm o significado de "Pare", sendo empregados para "indicar parada obrigatória";**

c) **Um silvo longo: tem o significado de "Diminua a marcha", sendo empregado "quando for necessário fazer diminuir a marcha do veículo".**

4.11.2 Corrente moderna (Celso Antônio Bandeira de Mello)

A concepção **mais moderna** a respeito dos requisitos do ato administrativo é a de Celso Antônio **Bandeira de Mello**, ainda **pouco adotada** em concursos públicos. O autor defende a existência de **seis pressupostos** de validade: a) sujeito; b) **motivo**; c) requisitos procedimentais; d) finalidade; e) causa; f) formalização. Sujeito, requisitos procedimentais e causa são requisitos vinculados. Motivo, finalidade e formalização constituem requisitos discricionários.

A prova de Procurador do TCE/PI feita pela FCC considerou CORRETA a afirmação: "Alegando a ocorrência de determinado fato, o agente público competente praticou ato administrativo. Entretanto, o agente foi induzido a erro e o fato alegado, na verdade, não ocorreu. Na ausência desse fato, a lei não autorizaria a prática do ato. Esse ato é nulo por inexistência de motivos".

Corrente moderna	
6 requisitos	
Sujeito	Vinculado
Motivo	Discricionário
Requisitos procedimentais	Vinculado
Finalidade	Discricionário
Causa	Vinculado
Formalização	Discricionário

1) **Sujeito:** é o **pressuposto subjetivo** centrado na análise sobre quem praticou o ato. Para Celso Antônio Bandeira de Mello, no tema referente ao sujeito deve ser estudada a **capacidade do agente**, a **quantidade de atribuições do órgão** que o produziu, a **competência do agente** emanador e a **existência de óbices à atuação** no caso concreto. Trata-se de requisito **vinculado**[34].

2) **Motivo:** constitui **pressuposto objetivo** atinente à situação fática que autoriza a prática do ato. É requisito **discricionário.**

3) **Requisitos procedimentais:** são atos jurídicos prévios e indispensáveis para a prática do ato administrativo, caracterizando-se como **pressuposto objetivo e vinculado.** Exemplo: a homologação da licitação, na modalidade concorrência pública, pressupõe os atos de habilitação e classificação (requisitos procedimentais).

34. *Curso de direito administrativo*, p. 391.

4) Finalidade: é o **pressuposto teleológico** do ato administrativo. Trata-se do **bem jurídico** pertinente ao interesse público pretendido com a prática do ato. Contrariando a maioria da doutrina, Celso Antônio **Bandeira de Mello** admite **margem de liberdade na finalidade** legal do ato. Assim, a finalidade adquire a condição de **requisito discricionário** para o referido autor.

> Rejeitando a visão de Celso Antônio Bandeira de Mello sobre a possibilidade de discricionariedade na finalidade, a prova da OAB/MG considerou CORRETA a afirmação: "A finalidade é elemento sempre vinculado do ato administrativo".

5) Causa: é o **pressuposto lógico** consistente no nexo de **adequação entre o motivo e o conteúdo** do ato **administrativo**. Se o agente pratica um ato incoerente ou desproporcional com a situação concreta que ensejou sua expedição, há um problema na **causa** do ato tornando-o nulo. Exemplo: ordem de demolição de casa por conta de pintura descascada. A causa constitui **requisito vinculado.**

> Explorando implicitamente o conceito de CAUSA, a prova da Magistratura Federal da 3ª Região 2008 considerou CORRETA a afirmação: "A discricionariedade, autorizada em lei quanto aos motivos, somente conduz a uma decisão válida se o juízo de conformação do abstrato ao concreto observar a necessária vinculação do processo decisório com a finalidade de interesse público, demonstrada tal conexão pelo próprio conteúdo do ato administrativo".

6) Formalização: é o **pressuposto formal** relacionado com o modo como o ato deve ser praticado. Coincide com a noção de **forma** adotada pela corrente tradicional. Admite-se margem de liberdade quanto à forma do ato, constituindo **requisito discricionário.**

4.11.3 Diferentes teorias sobre a nulidade do ato

A divisão do ato administrativo em requisitos serve para facilitar a identificação de defeitos. Um defeito surge sempre que o ato administrativo for praticado em desconformidade com as exigências legais. Porém, há diversos níveis de descumprimento da lei e consequentemente **vários graus de nulidade.**

Poucos temas despertam tanta controvérsia doutrinária e jurisprudencial quanto o atinente aos tipos de nulidade do ato administrativo. O certo é que as características peculiares do ato administrativo afastam a aplicação da teoria civilista que divide os atos ilegais simplesmente em nulos e anuláveis (CC, arts. 166 e 171).

Podem ser identificadas basicamente **quatro teorias** sobre os tipos de nulidade:

a) teoria unitária: defendida por **Hely Lopes** Meirelles, essa teoria sustenta que **qualquer ilegalidade** no ato administrativo é causa de **nulidade**. Ou a lei é cumprida ou não é. Inexistiriam graus de violação da norma legal. **Todo ato viciado é nulo.** Hely Lopes rejeitava inclusive a possibilidade de convalidação de defeitos leves do ato administrativo, considerando que o interesse privado não poderia preponderar sobre atos ilegais. "Daí a impossibilidade jurídica de convalidar-se o ato considerado anulável, que não passa de um ato originariamente nulo"[35]. Entretanto, negar a possibilidade de convalidação de um ato eivado por vício que pode ser reparado é hoje impossível diante da expressa previsão do instituto no art. 55 da Lei n. 9.784/99: "Em decisão na qual se evidencie não acarretarem lesão ao interesse público nem prejuízo a terceiros, os atos que apresentarem defeitos sanáveis poderão ser convalidados pela própria Administração". A referência legal à categoria dos defeitos sanáveis impõe a aceitação da distinção entre atos nulos e anuláveis. Com isso, tornou-se insustentável a teoria unitária;

A prova da Procuradoria do Distrito Federal/2007 considerou ERRADA a afirmação: "Prevalece no Direito Administrativo brasileiro a teoria unitária quanto aos graus de invalidade do ato administrativo".

b) teoria binária: amplamente baseada nas **concepções civilistas** sobre nulidade do ato jurídico, a teoria binária divide os atos administrativos ilegais em **nulos e anuláveis.** Ilustre adepto dessa visão, **Oswaldo Aranha Bandeira de Mello** sempre defendeu que **o ato será nulo** se praticado por pessoa jurídica sem atribuição legal, por órgão incompetente, por usurpador de função pública, com objeto ilícito ou impossível por ofensa frontal à lei ou se descumprir formalidade essencial. Ao contrário, será anulável o ato praticado por servidor público incompetente ou nos casos de erro, dolo, coação moral ou simulação[36]. O excessivo apego às concepções privadas desenvolvidas para compreensão dos vícios do negócio jurídico civil reduz a aplicabilidade da teoria binária nos concursos públicos;

c) teoria ternária: segundo essa outra visão, defendida por Miguel Seabra Fagundes, ao lado dos **atos nulos** e dos **atos anuláveis** haveria também os **atos irregulares**, que seriam portadores de defeitos superficiais e irrelevantes, incapazes de causar a extinção do ato administrativo. Seria o caso, por exemplo, de um erro na nomenclatura do ato denominado "portaria" quando a lei exige "licença" para aquela situação. A aceitação da categoria dos atos irregulares foi um grande avanço na compreensão do tema, mas a teoria ternária ainda utiliza demasiadamente as concepções do Direito Civil, enfraquecendo a utilidade prática da classificação proposta;

d) teoria quaternária: sustentada por Celso Antônio **Bandeira de Mello** e adotada na **maioria dos concursos**, a teoria quaternária reconhece quatro tipos de atos ilegais:

1) atos inexistentes: quando faltar algum elemento ou pressuposto indispensável para o cumprimento do ciclo de formação do ato;

---

35. *Direito administrativo brasileiro*, p. 169.

36. *Princípios gerais de direito administrativo*, p. 655.

2) **atos nulos**: assim considerados os portadores de defeitos graves **insuscetíveis de convalidação**, tornando obrigatória a anulação;

3) **atos anuláveis**: aqueles possuidores de defeitos leves **passíveis de convalidação**;

4) **atos irregulares**: detentores de defeitos levíssimos e irrelevantes normalmente quanto à forma, não prejudicando a validade do ato administrativo.

Mais moderna e atenta às peculiaridades do ato administrativo, a teoria quaternária é a que melhor responde às indagações presentes em provas e concursos públicos recentes.

4.12 VÍCIOS EM ESPÉCIE

Com base na identificação dos requisitos do ato administrativo, é possível precisar quais as patologias mais frequentes envolvendo a sua prática e indicar as consequências normativas delas decorrentes.

1) **Quanto ao sujeito**: podem ocorrer **quatro defeitos principais** quanto à competência para a prática do ato administrativo:

a) **usurpação de função pública**: é o mais grave defeito atinente ao requisito do sujeito, ocorrendo quando ato privativo da Administração é praticado por **particular que não é agente público**. Exemplos: auto de prisão expedido por quem não é delegado, multa de trânsito lavrada por particular e sentença prolatada por candidato reprovado no concurso da magistratura. A usurpação de função pública é crime tipificado no art. 328 do Código Penal, constituindo causa de **inexistência do ato administrativo**;

> A prova de Advogado da União/2006 considerou CORRETA a afirmação: "O clássico exemplo de ato inexistente é o ato praticado pelo usurpador de função pública, mas admite-se também o uso da expressão ato inexistente para designar atos cujo objeto seja materialmente impossível, como a nomeação de pessoa morta".

> IMPORTANTE: **o crime de usurpação** de função pública **não ocorre** quando o ato for praticado por particular enquadrado na condição de **gestor de negócios públicos**. A gestão de negócios públicos é um instituto pouco conhecido no Brasil, mas tradicional no **direito europeu**. Gestor de negócios é o particular que assume a condução de uma tarefa pública em **situações de emergência** enquanto **o Estado estiver ausente**. É o caso do particular que presta socorro a parturiente. Inexistindo agente público competente para atender à gestante, um motorista pode conduzi-la ao hospital, assumindo durante o trajeto o *status* de gestor de negócios público. Assim, enquanto exerce essa função de interesse público, o particular reveste-se de certas prerrogativas estatais, como a preferência no trânsito típica de viaturas públicas. A definição do regime jurídico da gestão de negócios públicos ainda carece de maior atenção doutrinária, mas é certo que sua caracterização na prática é **causa excludente do crime de usurpação de função pública**.

b) **excesso de poder**: ocorre quando a autoridade pública, embora competente para praticar o ato, **ultrapassa os limites de sua competência** exagerando na forma de defender o interesse público. Exemplo: destruição, pela fiscalização, de veículo estacionado em local proibido. O excesso de poder causa **nulidade da atuação administrativa;**

> A prova de Analista de Finanças e Controle elaborada pela Esaf considerou CORRETA a afirmação: "O ato administrativo pode apresentar diversos vícios. Tratando-se de vício relativo ao sujeito, temos que, quando o agente público extrapola os limites de sua competência, ocorre excesso de poder".

c) **funcionário de fato:** exerce **função de fato** o indivíduo que ingressou irregularmente no serviço público em decorrência de **vício na investidura.** Exemplo: cargo que exigia concurso, mas foi provido por nomeação política.

O problema do funcionário de fato é um dos mais complexos de todo o Direito Administrativo, gerando controvérsias na doutrina e na jurisprudência. Segundo Celso Antônio Bandeira de Mello, o instituto remonta ao **Direito Romano**, quando o escravo fugitivo **Barbário Filipe** tornou-se pretor em Roma e, sendo descoberto, teve seus atos convalidados pelos tribunais romanos[37].

Segundo jurisprudência majoritária, se o funcionário agir de **boa-fé**, ignorando a irregularidade de sua condição, em nome da **segurança jurídica** e da **proibição de o Estado enriquecer sem causa**, seus atos são mantidos válidos e a remuneração não precisa ser restituída. Assim, os atos do funcionário de fato são **simplesmente anuláveis** com eficácia *ex nunc*, sendo suscetíveis de convalidação.

> CUIDADO: A prova de Técnico Administrativo do MPU/2007 elaborada pela FCC considerou INCORRETA a afirmação: "Anulada a nomeação de servidor, deverá ele repor os vencimentos percebidos ilegalmente, inclusive se estiver de boa-fé, aplicando-se o princípio da segurança jurídica".

Comprovada, porém, a **má-fé**, caracterizada pela ciência da ilegalidade na sua investidura, os **atos são nulos**, e a **remuneração** já percebida **deve ser devolvida** aos cofres públicos. Isso porque nemo demnatur nisi per legale judicium **(ninguém pode se beneficiar da própria torpeza)**. Nesse caso, os atos **serão nulos** com eficácia *ex tunc*.

O **ônus da prova** incumbe a quem alega (art. 373 do CPC), razão pela qual cabe ao Ministério Público ou à entidade pública autora da denúncia demonstrar a má-fé. Em nossa opinião, se a função de fato é exercida na área jurídica, inverte-se o ônus da prova, cabendo ao funcionário provar que ignorava a irregularidade.

Convém registrar que em qualquer caso, com ou sem má-fé, o funcionário de fato, assim que descoberta a irregularidade, deve ser **imediatamente afastado de suas funções.**

Diogo de Figueiredo Moreira Neto faz referência a duas espécies de **agentes de fato:** 1) **agente putativo** (regime igual ao do funcionário de fato): quando um servidor é investido na função pública com violação das normas legais, mas é

---

37. *Curso de direito administrativo*, p. 245.

reputado como agente de direito; 2) **agente necessário** (regime igual ao do gestor de negócios públicos): é o indivíduo que em estado de necessidade pública assume certas funções públicas agindo como o faria o servidor competente.

d) incompetência: de acordo com o art. 2º, parágrafo único, *a*, da Lei n. 4.717/65, a incompetência fica caracterizada quando **o ato não se incluir nas atribuições legais do agente que o praticou.** A incompetência torna **anulável** o ato, autorizando sua **convalidação**.

2) Quanto ao objeto: no requisito do conteúdo, o ato administrativo pode ter **dois defeitos principais**:

a) objeto materialmente impossível: ocorre quando o ato exige uma conduta irrealizável. Exemplo: decreto proibindo a morte. É causa de **inexistência do ato administrativo**;

b) objeto juridicamente impossível: a ilegalidade do objeto ocorre quando o resultado do ato importa violação de lei, regulamento ou outro ato normativo (art. 2º, parágrafo único, *c*, da Lei n. 4.717/65). É o defeito que torna **nulo o ato** quando seu conteúdo determina um comportamento contrário à ordem jurídica. Porém, quando o comportamento exigido constituir **crime**, o **ato se tornará inexistente**.

3) Quanto à forma: o vício de forma consiste na **omissão** ou na **observância incompleta** ou irregular de **formalidades indispensáveis** à existência ou seriedade do ato (art. 2º, parágrafo único, *b*, da Lei n. 4.717/65). O defeito na forma torna **anulável o ato administrativo**, sendo possível sua convalidação.

> A prova da OAB/MT considerou INCORRETA a afirmação: "A realização do ato administrativo por forma outra que não a escrita leva à sua inexistência".

4) Quanto ao motivo: esse defeito ocorre quando há inexistência ou falsidade do motivo:

a) inexistência do motivo: a inexistência do motivo se verifica quando a matéria de fato ou de direito, em que se fundamenta o ato, é materialmente inexistente ou juridicamente **inadequada ao resultado obtido** (art. 2º, parágrafo único, *d*, da Lei n. 4.717/65);

> A prova da OAB/SC considerou CORRETA a afirmação: "Os atos administrativos desprovidos de motivos são nulos. Mas a inexistência destes se verifica quando a matéria de fato ou de direito, em que se fundamenta o ato, é materialmente inexistente ou juridicamente inadequada ao resultado obtido".

b) falsidade do motivo: quando o motivo alegado não corresponde àquele efetivamente ocorrido. Maria Sylvia Zanella Di Pietro exemplifica: "Se a Administração pune um funcionário, mas este não praticou qualquer infração, o motivo é inexistente; se ele praticou infração diversa, o motivo é falso"[38].

38. *Direito administrativo*, p. 242.

5) Quanto à finalidade: no requisito finalidade, o defeito passível de atingir o ato administrativo é o **desvio de finalidade**, que se verifica quando o agente pratica o ato visando **fim diverso daquele previsto**, explícita ou implicitamente, na **regra de competência** (art. 2º, parágrafo único, *e*, da Lei n. 4.717/65).

> A prova da OAB/MT considerou CORRETA a afirmação: "A prática de qualquer ato desinformado de um fim público é nula por desvio de finalidade".

Vícios em espécie		
Defeito	**Caracterização**	**Consequência**
Usurpação de função pública	Particular pratica ato privativo de servidor	Ato inexistente
Excesso de poder	Ato praticado pelo agente competente, mas excedendo os limites da sua competência	Ato nulo
Funcionário de fato	Indivíduo que ingressou irregularmente no serviço público	Agente de boa-fé: ato anulável; Agente de má-fé: ato nulo
Incompetência	Servidor pratica ato fora de suas atribuições	Ato anulável
Objeto materialmente impossível	Ato exige conduta irrealizável	Ato inexistente
Objeto juridicamente impossível	Ato exige comportamento ilegal	Exigência ilegal: ato nulo; Exigência criminosa: ato inexistente
Omissão de formalidade indispensável	Descumprimento da forma legal para prática do ato	Ato anulável
Inexistência do motivo	O fundamento de fato não ocorreu	Ato nulo
Falsidade do motivo	O motivo alegado não corresponde ao que efetivamente ocorreu	Ato nulo
Desvio de finalidade	Ato praticado visando fim alheio ao interesse público	Ato nulo

4.13 CLASSIFICAÇÃO DOS ATOS ADMINISTRATIVOS

A enorme variedade de atos administrativos obriga a doutrina a realizar diversas classificações a fim de identificar semelhanças e diferenças no regime jurídico aplicável a cada espécie. Vamos analisar as classificações fundadas nos mais importantes critérios doutrinários.

4.13.1 Atos discricionários e atos vinculados

A mais importante classificação dos atos administrativos baseia-se no **critério do grau de liberdade**, dividindo os atos em vinculados e discricionários.

a) atos vinculados são aqueles praticados pela Administração **sem margem alguma de liberdade**, pois a lei define de antemão todos os aspectos da conduta. Exemplos: aposentadoria compulsória do servidor que completa 75 anos de idade (observe o texto do art. 40, II, da CF/88, alterado pela EC n. 88), lançamento tributário, **licença para construir**.

A prova de Técnico Judiciário do TRT/Campinas considerou INCORRETA a afirmação: "No ato vinculado a lei estabelece quase todos os requisitos e condições de sua realização, deixando pouca margem de liberdade ao administrador".

A prova de Analista Administrativo do TRT/MS elaborada pela FCC considerou CORRETA a afirmação: "O ato será vinculado quando o ordenamento jurídico estabelecer apenas um objeto como possível para atingir determinado fim".

A prova de Técnico Judiciário do TRT/MT elaborada pela FCC considerou CORRETA a afirmação: "A licença e a admissão são espécies de ato vinculado".

Atos **vinculados** não podem ser revogados porque **não possuem mérito**, que é o juízo de conveniência e oportunidade relacionado à prática do ato. Entretanto, podem ser **anulados** por vício de legalidade.

b) atos discricionários são praticados pela Administração **dispondo de margem de liberdade** para que o agente público decida, diante do caso concreto, qual a melhor maneira de atingir o interesse público.

A prova de Técnico Judiciário do TRT/GO considerou CORRETA a afirmação: "Discricionário é o ato que o administrador pode praticar com certa liberdade de escolha quanto à conveniência e oportunidade".

Exemplos: decreto expropriatório, autorização para instalação de circo em área pública, outorga de autorização de banca de jornal.

Os atos discricionários são caracterizados pela existência de um **juízo de conveniência e oportunidade** no **motivo** ou no **objeto**, conhecido como **mérito**. Por isso, podem tanto ser **anulados** na hipótese de vício de legalidade quanto **revogados** por razões de interesse **público**.

A prova de Analista de Finanças e Controle/2008 elaborada pela Esaf considerou CORRETA a afirmação: "Quanto à discricionariedade e à vinculação da atuação administrativa, pode-se afirmar corretamente que a discricionariedade presente num ato administrativo nunca é total, pois, em geral, ao menos a competência, a forma e a finalidade são elementos definidos em lei e, portanto, vinculados".

Convém relembrar que os atos discricionários estão sujeitos a amplo **controle de legalidade perante o Judiciário**. Ao juiz é **proibido** somente **revisar** o mérito do ato discricionário.

A prova de Analista do MPU elaborada pela Esaf considerou CORRETA a afirmação: "É possível o controle judicial da discricionariedade administrativa, respeitados os limites que são assegurados pela lei à atuação da administração".

Por fim, deve-se observar que o ato discricionário **não se confunde com o ato arbitrário**. Arbitrário é o ato praticado **fora dos padrões da legalidade**, exorbitando os limites de competência definidos **pela lei**. O ato discricionário, ao contrário, é exercido dentro dos limites da legalidade.

A prova de Técnico Judiciário do TRT/Campinas considerou INCORRETA a afirmação: "Discricionariedade e arbitrariedade são expressões sinônimas".

Quadro comparativo entre atos vinculados e discricionários	
Ato vinculado	**Ato discricionário**
Praticado sem margem de liberdade	Praticado com margem de liberdade
Exs.: aposentadoria compulsória, lançamento tributário	Exs.: decreto expropriatório, autorização, permissão
Não tem mérito	Tem mérito
Pode ser anulado, mas não revogado	Pode ser anulado e revogado
Sofre controle judicial	Sofre controle judicial, exceto quanto ao mérito
	Não se confunde com ato arbitrário

4.13.2 Atos simples, compostos e complexos

A **mais controvertida** classificação dos atos administrativos é aquela que os divide **quanto à formação** em simples, compostos e complexos. A **grande incidência em concursos** e a **falta de rigor dos autores** na escolha de exemplos dessas três categorias de atos administrativos exigem especial atenção dos candidatos:

a) atos simples são aqueles que resultam da **manifestação de um único órgão**, seja singular (simples singulares) ou colegiado (simples colegiais ou coletivos). Exemplos: decisão do conselho de contribuintes, declaração de comissão parlamentar de inquérito.

> A prova de Técnico Judiciário do TRT/PB elaborada pela FCC considerou CORRETA a afirmação: "Os atos administrativos simples decorrem da declaração de vontade de um único órgão, seja ele singular ou colegiado".

Sobre os atos simples coletivos, preleciona José dos Santos Carvalho Filho: "As vontades formadoras são *interna corporis* e se dissolvem no processo de formação, de modo que apenas uma é a vontade que se projeta no mundo jurídico"[39];

b) atos compostos são aqueles praticados por um **único órgão**, mas que dependem da verificação, visto, aprovação, anuência, homologação ou "de acordo" por parte de outro, como **condição de exequibilidade**. A manifestação do segundo órgão é secundária ou complementar. Exemplos: auto de infração lavrado por fiscal e aprovado pela chefia e ato de autorização sujeito a outro ato confirmatório, este último segundo José dos Santos Carvalho Filho. No ato composto, a existência, a validade e a eficácia dependem da manifestação do primeiro órgão (ato principal), mas a **execução fica pendente até a manifestação do outro órgão** (ato secundário).[40,41]

---

39. *Manual de direito administrativo*, p. 127.
40. *Direito administrativo*, p. 222-223.
41. Concordando com o equívoco nos exemplos da Professora Maria Sylvia: José dos Santos Carvalho Filho, *Manual de direito administrativo*, p. 126, nota 94.

A prova de Técnico Judiciário do TRT/PB elaborada pela FCC considerou INCORRETA a afirmação: "Os atos administrativos compostos são os que resultam da manifestação de dois ou mais órgãos, cujas vontades se fundem para um ato único".

A prova de Assistente Jurídico/DF elaborada pelo Cespe considerou CORRETA a afirmação: "Ao ato administrativo cuja prática dependa de vontade única de um órgão da administração, mas cuja exequibilidade dependa da verificação de outro órgão, dá-se o nome de ato administrativo composto".

CUIDADO: **Maria Sylvia** Zanella Di Pietro menciona dois exemplos de atos compostos: 1) nomeação do Procurador-Geral da República, que depende de prévia aprovação do Senado; 2) dispensa de licitação, pois depende de homologação pela autoridade superior[40]. Na verdade, trata-se de **dois exemplos de atos complexos.** Não são os nomes "aprovação" e "homologação" que transformam o ato em composto, mas o papel desempenhado pela vontade do segundo órgão. No ato composto, a segunda vontade é condição de exequibilidade. Nos exemplos mencionados, a manifestação do segundo órgão não é condição de exequibilidade, mas elemento de existência. Equivocou-se a autora[41].

Por fim, cumpre informar que Celso Antônio Bandeira de Mello não faz menção à categoria dos atos compostos;

c) atos complexos são formados pela **conjugação de vontades** de **mais de um órgão ou agente**. A manifestação do último órgão ou agente é elemento de existência do ato complexo. Somente após ela, o ato torna-se perfeito, ingressando no mundo jurídico. Com a integração da vontade do último órgão ou agente, é que o ato passa a ser atacável pela via judicial ou administrativa.

A prova de Analista Judiciário do TRT/PB considerou INCORRETA a afirmação: "Atos compostos são os que resultam da manifestação de dois ou mais órgãos, cujas vontades se fundem para formar um ato único".

Na prova da PFN/2012 elaborada pela Esaf considerou-se correta a assertiva, aceitando como complexo o ato formado pela manifestação de **três órgãos**: "Considera-se complexo determinado ato que somente tenha existência a partir da manifestação necessária de três órgãos". Isso reforça que o conceito de ato complexo exige a conjugação de mais de uma vontade, não precisando necessariamente ser apenas duas.

A doutrina oferece diversos **exemplos** de atos complexos que constantemente são exigidos em **concursos**.

A prova da OAB/SP elaborada pelo Cespe considerou CORRETA a afirmação: "Caracteriza ato complexo a aprovação de tratado internacional".

A prova de Analista Administrativo do TRT/MS elaborada pela FCC considerou CORRETA a afirmação: "Constitui ato administrativo complexo o decreto assinado pelo Presidente da República e referendado pelo Ministério de Estado".

Exemplo 1: investidura de funcionário, pois a nomeação é feita pelo chefe do Executivo e complementada pela posse dada pelo chefe da repartição (Hely Lopes Meirelles).

Exemplo 2: nomeação, procedida por autoridade de um dado órgão, que deve recair sobre pessoa cujo nome consta de lista tríplice elaborada por outro órgão (Celso Antônio Bandeira de Mello).

Exemplo 3: investidura de Ministro do Supremo Tribunal Federal (José dos Santos Carvalho Filho).

Exemplo 4: nomeação de desembargadores para Tribunais Federais (Dirley da Cunha Júnior).

Exemplo 5: aposentadoria do servidor público (Dirley da Cunha Júnior).

Exemplo 6: concessão de alguns regimes especiais de tributação (Marcelo Alexandrino).

Exemplo 7: alguns casos de redução da alíquota do IPI (Marcelo Alexandrino).

Exemplo 8: alguns regimes especiais relativos a documentos fiscais (Marcelo Alexandrino).

Exemplo 9: nomeação de dirigente de agência reguladora indicado pelo Presidente da República sujeita-se à necessária aprovação do Senado (exemplo nosso)[42].

Quadro comparativo entre atos simples, composto e complexo[43]			
	Simples	**Composto**	**Complexo**
Mecanismo de formação	Manifestação de um único órgão	Praticado por um órgão, mas sujeito à aprovação de outro	Conjugação de vontades de mais de um órgão ou agente
Exemplo importante	Decisão do conselho de contribuintes	Auto de infração que depende do visto de autoridade superior	Investidura de funcionário
Dica especial	A vontade do único órgão torna o ato existente, válido e eficaz	A vontade do segundo órgão é condição de exequibilidade do ato	A vontade do último órgão ou agente é elemento de existência do ato
O que guardar	Mesmo se o órgão for colegiado, o ato é simples	Apareceu na prova "condição de exequibilidade", o ato é composto	No ato complexo, todas as vontades se fundem na prática de ato uno

42. Alexandre Mazza, *Agências reguladoras*, p. 154-155.

43. METÁFORA DA PORTA COM FECHADURAS. Recentemente um aluno me mandou *e-mail* contando outra estratégia para memorizar a diferença entre atos simples, complexo e composto. Imagine uma porta a ser aberta pela Administração. No ato simples, a porta tem uma fechadura e a chave está na mão do agente. No ato complexo, a porta tem duas fechaduras e cada chave está na mão de um agente diferente. No ato composto, a porta só tem uma fechadura na mão do agente. Ele destranca, mas há outra pessoa atrás da porta dificultando a passagem. A criativa e eficiente metáfora está na internet, porém, sem indicação de autoria.

4.13.3 Outras classificações dos atos administrativos

4.13.3.1 Quanto aos destinatários

a) **atos gerais ou regulamentares**: dirigidos a uma **quantidade indeterminável de destinatários**. São atos portadores de determinações, em regra, abstratas e impessoais, não podendo ser impugnados judicialmente até produzirem efeitos concretos em relação aos **destinatários**. Exemplos: edital de concurso, regulamentos, instruções normativas e circulares de serviço. Os atos gerais ganham publicidade por meio da publicação na imprensa oficial. Não havendo meio de publicação nos jornais, devem ser afixados em locais públicos para conhecimento geral;

> A prova de Técnico Judiciário do TRT/MT elaborada pela FCC considerou CORRETA a afirmação: "Denomina-se ato regulamentar ou geral aquele que alcança a todos que se encontrem na mesma situação abstrata prevista na sua edição e, portanto, não há destinatário determinado".

b) **atos coletivos ou plúrimos**: expedidos em função de um **grupo definido** de destinatários. Exemplo: alteração no horário de funcionamento de uma repartição pública. A publicidade é atendida com a simples comunicação aos interessados;

c) **atos individuais**: aqueles direcionados a **um destinatário** determinado. Exemplo: promoção de servidor público. A exigência de publicidade é cumprida com a comunicação ao destinatário.

4.13.3.2 Quanto à estrutura

a) **atos concretos**: regulam **apenas um caso**, esgotando-se após a primeira aplicação. Exemplo: ordem de demolição de um imóvel com risco de desabar;

b) atos **abstratos** ou **normativos**: aqueles que se aplicam a uma quantidade indeterminável de situações concretas, não se esgotando após a primeira aplicação. Têm sempre **aplicação continuada**. A competência para expedição de atos normativos é **indelegável** (art. 13, I, da Lei n. 9.784/99). Exemplo: regulamento do IPI.

> A prova da Defensoria Pública/MT/2007 considerou CORRETA a afirmação: "Os atos administrativos, quanto à natureza do conteúdo, podem ser concretos, quando dispõem para um único e específico caso, e se esgotam nessa aplicação. Serão abstratos os atos que dispõem para casos que possam repetir-se".

4.13.3.3 Quanto ao alcance

a) **atos internos**: produzem **efeitos dentro da Administração**, vinculando somente órgãos e agentes públicos. Por alcançarem somente o ambiente administrativo doméstico, não exigem publicação na imprensa oficial, bastando cientificar os interessados. Exemplos: portaria e instrução ministerial;

b) **atos externos**: **produzem efeitos perante terceiros**. Exemplo: fechamento de estabelecimento e licença.

*4.13.3.4 Quanto ao **objeto***

> A prova de Analista Financeiro da Receita Federal feita pela Esaf considerou CORRETA a afirmação: "A classificação dos atos administrativos em atos de império e atos de gestão ampara-se na teoria da personalidade dupla do Estado".

a) **atos de império**: praticados pela Administração em **posição de superioridade** diante do particular. Exemplos: desapropriação, multa, interdição de atividade;

> A prova de Técnico Judiciário do TRT/SC considerou CORRETA a afirmação: "Quanto ao seu objeto, os atos administrativos classificam-se em 'atos de império', 'atos de gestão' e 'atos de expediente'; os primeiros definem-se como aqueles que a Administração pratica usando de sua supremacia sobre o administrado ou sobre o servidor, impondo-lhes atendimento obrigatório. É o que ocorre nas desapropriações, nas interdições de atividade e nas ordens estatutárias".

b) **atos de gestão:** expedidos pela Administração em **posição de igualdade** perante o particular, sem usar de sua supremacia e regidos pelo direito privado. Exemplos: locação de imóvel, alienação de bens públicos;

c) **atos de expediente**: dão **andamento a processos administrativos.** São atos de rotina interna praticados por agentes subalternos sem competência decisória. Exemplo: numeração dos autos do **processo.**

> A prova de Técnico Judiciário do TRT/PB elaborada pela FCC considerou CORRETA a afirmação: "Os atos administrativos de expediente são os de rotina interna do órgão público, sem caráter vinculante e sem forma especial".

4.13.3.5 Quanto à manifestação de vontade

a) **atos unilaterais:** dependem **de somente uma vontade.** Exemplo: licença;

b) **atos bilaterais:** dependem da **anuência das duas partes.** Exemplo: contrato administrativo.

4.13.3.6 Quanto aos efeitos

a) **atos ampliativos:** aqueles que **aumentam a esfera de interesse** do particular. Exemplos: concessão; permissão, autorização. Segundo Celso Antônio Bandeira de Mello, os atos administrativos ampliativos são destituídos de imperatividade, exigibilidade e executoriedade[44];

b) **atos restritivos: limitam a esfera de interesse** do destinatário. Exemplo: sanções administrativas.

4.13.3.7 Quanto ao conteúdo

a) **atos constitutivos: criam novas situações jurídicas.** Exemplo: admissão de aluno em escola pública;

44. *Curso de direito administrativo*, p. 421.

> A prova de Analista Judiciário do TRT/GO considerou CORRETA a afirmação: "Considerando a classificação dos atos administrativos quanto aos efeitos, a autorização e a sanção administrativa são atos constitutivos".

b) **atos extintivos ou desconstitutivos: extinguem situações jurídicas.** Exemplo: demissão de servidor;

c) **atos declaratórios** ou enunciativos: visam **preservar direitos** e afirmar situações preexistentes. Exemplos: **certidão** e atestado;

> A prova de Técnico Judiciário do TRT/MT elaborada pela FCC considerou CORRETA a afirmação: "A expedição de uma certidão pela Administração Pública pode ser caracterizada como um ato administrativo declaratório".

d) **atos alienativos:** realizam a **transferência de bens** ou direitos a terceiros. Exemplo: venda de bem público;

e) **atos modificativos: alteram situações preexistentes.** Exemplo: alteração do local de reunião;

f) **atos abdicativos:** aqueles em que o **titular abre mão** de um direito. Exemplo: renúncia à função pública.

4.13.3.8 *Quanto à situação jurídica que criam*

a) **atos-regra**: criam situações **gerais, abstratas e impessoais**, não produzindo direito adquirido e podendo ser revogados a qualquer tempo. Exemplo: regulamento;

> A prova de Analista Financeiro da Receita Federal feita pela Esaf considerou ERRADA a afirmação: "Ato-regra é aquele pelo qual alguém se vincula a uma situação jurídica preestabelecida, sujeita a alterações unilaterais".

b) **atos subjetivos:** criam situações **particulares, concretas e pessoais.** Podem ser modificados pela vontade das partes. Exemplo: contrato;

c) **atos-condição:** praticados quando **alguém se submete a situações criadas pelos atos-regra**, sujeitando-se a alterações unilaterais. Exemplo: aceitação de cargo **público**.

> Tratando da estranha categoria dos atos-constatação, a prova da OAB/RJ considerou CORRETA a afirmação: "Ato-constatação é o que, por si só, constata certa situação, acarretando sua respectiva correção, modificando-o para evitar a desconstituição".

4.13.3.9 *Quanto à eficácia*

a) **atos válidos:** são praticados pela autoridade competente **atendendo a todos os requisitos** exigidos pela ordem jurídica;

b) **atos nulos:** aqueles expedidos em desconformidade com as regras do sistema normativo. Possuem **defeitos insuscetíveis de convalidação**, especialmente nos requisitos do objeto, motivo e finalidade. Exemplo: ato praticado com desvio de finalidade;

c) **atos anuláveis:** praticados pela Administração Pública com vícios sanáveis na competência ou na forma. **Admitem convalidação.** Exemplo: ato praticado por servidor incompetente;

d) **atos inexistentes:** possuem um **vício gravíssimo** no ciclo de formação impeditivo da produção de qualquer efeito jurídico. Exemplo: ato praticado por usurpador de função pública;

e) **atos irregulares:** portadores de **defeitos formais levíssimos** que não produzem qualquer consequência na validade do ato. Exemplo: portaria publicada com nome de "decreto".

4.13.3.10 Quanto à exequibilidade

a) **atos perfeitos:** atendem **a todos os requisitos** para sua plena exequibilidade;

b) **atos imperfeitos:** aqueles **incompletos** na sua formação. Exemplo: ordem não exteriorizada;

c) **atos pendentes:** preenchem todos os elementos de existência e requisitos de validade, mas a **irradiação de efeitos depende** do implemento de **condição** suspensiva ou **termo inicial**. Exemplo: permissão outorgada para produzir efeitos daqui a **doze meses**;

> A prova da Procuradoria do Estado/PB feita pela Esaf considerou CORRETA a afirmação: "Ato pendente é aquele que, embora perfeito, está sujeito à condição ou termo para que comece a produzir efeitos".
> A prova de Analista Administrativo do TRT/MS elaborada pela FCC considerou INCORRETA a afirmação: "Os atos pendentes não estão aptos a produzir efeitos jurídicos, posto que não completaram seu ciclo de formação".

d) **atos consumados ou exauridos:** produziram **todos os seus efeitos.** Exemplo: edital de concurso exaurido após a posse de todos os aprovados.

4.13.3.11 Quanto à retratabilidade

a) **atos irrevogáveis:** são **insuscetíveis de revogação,** tais como: os atos vinculados, os exauridos, os geradores de direito subjetivo e os protegidos pela imutabilidade da decisão administrativa. Exemplo: lançamento tributário (ato vinculado);

b) **atos revogáveis:** aqueles sujeitos à **possibilidade de** extinção por **revogação.** Exemplo: autorização para bar instalar mesas sobre a calçada;

c) **atos suspensíveis**: praticados pela Administração com a possibilidade de ter os **efeitos interrompidos temporariamente** diante de situações excepcionais. Exemplo: autorização permanente para circo-escola utilizar área pública durante os finais de semana, mas que pode ser suspensa quando o local for cedido para outro evento específico;

> A prova da OAB/RJ considerou CORRETA a afirmação: "Ato suspensível é aquele em que a Administração pode fazer cessar os seus efeitos, em determinadas circunstâncias ou por certo tempo, embora mantendo o ato, para oportuna restauração de sua operatividade".

d) atos precários: expedidos pela Administração Pública para **criação de vínculos jurídicos efêmeros** e temporários, **passíveis de desconstituição a qualquer momento** pela autoridade administrativa diante de razões de **interesse público superveniente**. Pela sua própria natureza, **não geram direito adquirido** à permanência do benefício. Exemplo: **autorização** para instalação de banca de flores em calçada.

> A prova de Analista Financeiro elaborada pela Esaf considerou CORRETA a afirmação: "O ato administrativo conceituado como ato unilateral, discricionário, pelo qual a Administração faculta o exercício de alguma atividade material, em caráter precário, denomina-se autorização".

4.13.3.12 Quanto ao modo de execução

a) atos autoexecutórios: podem ser **executados pela Administração** sem necessidade de ordem judicial. Exemplo: requisição de bens;

b) atos não autoexecutórios: dependem de **intervenção do Poder Judiciário** para produzir seus efeitos regulares. Exemplo: execução fiscal.

4.13.3.13 Quanto ao objetivo visado pela Administração

a) atos principais: são aqueles com a **existência bastante em si**, não sendo praticados em função de outros atos. Exemplo: decisão do conselho de contribuintes;

b) atos complementares: aprovam ou **confirmam** o ato principal, desencadeando a produção de efeitos deste. Exemplo: visto da autoridade superior aposto em auto de infração;

c) atos intermediários ou preparatórios: concorrem para a prática de um ato principal e **final**. Exemplo: a publicação do edital é ato preparatório dentro do procedimento licitatório;

d) atos-condição: são praticados como **exigência prévia** para a realização de outro ato. Exemplo: concurso é ato-condição para a posse na magistratura;

e) atos de jurisdição ou jurisdicionais: são praticados pela Administração Pública envolvendo uma **decisão sobre matéria controvertida**. Exemplo: decisão de órgão administrativo colegiado revisando ato de agente singular.

4.13.3.14 Quanto à natureza da atividade

a) atos de administração ativa: criam uma **utilidade pública**. Exemplo: admissão de aluno em universidade pública;

b) atos de administração consultiva: esclarecem, informam ou sugerem providências indispensáveis para a prática de ato administrativo. Exemplo: pareceres opinativos;

c) atos de administração controladora: impedem ou autorizam a produção dos atos de administração ativa, servindo como mecanismo de **exame da legalidade ou do mérito** dos atos controlados. Exemplo: homologação de procedimento pela autoridade superior;

d) atos de administração verificadora: apuram a existência de certo direito ou situação. Exemplo: registro de casamento;

e) atos de administração contenciosa: **decidem** no âmbito administrativo questões litigiosas. Exemplo: decisão de tribunal administrativo.

4.13.3.15 Quanto à função da vontade administrativa

a) atos negociais ou negócios jurídicos: produzem diretamente efeitos jurídicos. Exemplo: promoção de servidor público;

> A prova de Técnico Judiciário do TRT/GO considerou CORRETA a afirmação: "São negociais os atos que contêm uma declaração de vontade da Administração apta a concretizar determinado negócio jurídico ou a deferir certa faculdade ao particular".

b) atos puros ou meros atos administrativos: não produzem diretamente efeitos, mas funcionam como requisito para desencadear, no caso concreto, efeitos emanados diretamente da lei. Exemplo: certidão.

4.14 ESPÉCIES DE ATO ADMINISTRATIVO

A enorme quantidade de atos administrativos tipificados pela legislação brasileira exige um esforço de identificação das diversas categorias. A mais conhecida sistematização é a empreendida por **Hely Lopes Meirelles**[45], que divide os atos administrativos em **cinco espécies**:

a) atos normativos: são aqueles que contêm **comandos**, em regra, **gerais e abstratos** para viabilizar o cumprimento da lei. Para alguns autores, tais atos seriam **leis em sentido material**. Exemplos: decretos e deliberações;

> A prova de Analista Judiciário do TRT/SP elaborada pelo Cespe considerou CORRETA a afirmação: "Atos normativos são os que contêm comandos gerais e abstratos aplicáveis a todos os administrados que se enquadrem nas situações neles previstas".
>
> A prova de Técnico Judiciário do TRT/GO considerou CORRETA a afirmação: "São normativos os atos que contêm um comando geral do Executivo, visando à correta aplicação da lei".

---

45 A impecável sistematização empreendida no *Direito administrativo brasileiro*, p. 173-192, serve de roteiro para os itens seguintes do presente trabalho. Procuramos ao máximo manter fidelidade ao original do autor diante das frequentes questões de concurso que exigem o conhecimento quase literal de seus conceitos.

b) atos ordinatórios: são **manifestações internas** da Administração decorrentes do **poder hierárquico** disciplinando o funcionamento de órgãos e a **conduta de agentes públicos**. Assim, não podem disciplinar comportamentos de particulares por constituírem determinações ***intra muros***. Exemplos: instruções e portarias;

> A prova de Técnico Judiciário do TRT/GO considerou CORRETA a afirmação: "São ordinatórios os atos que visam a disciplinar o funcionamento da Administração e a conduta funcional de seus agentes".

c) atos negociais: manifestam a vontade da Administração **em concordância com o interesse de particulares**. Exemplos: concessões e **licenças**;

> A prova de Técnico Judiciário do TRT/SC considerou CORRETA a afirmação: "Classificam-se como atos administrativos negociais a licença e a autorização".
>
> A prova de Defensor Público/PR em 2017 elaborada pela FCC considerou ERRADA a afirmação: "A licença não é classificada como ato negocial, pois se trata de ato vinculado, concedida desde que cumpridos os requisitos objetivamente definidos em lei".

d) atos enunciativos ou de pronúncia: certificam ou atestam uma situação existente, não contendo manifestação de vontade da Administração Pública. Exemplos: certidões, pareceres e **atestados**;

e) atos punitivos: aplicam sanções a particulares ou servidores que pratiquem condutas irregulares. Exemplos: multas e interdições de estabelecimentos.

Quando dirigidos aos particulares (Administração extroversa), o fundamento dos atos punitivos é o poder de polícia. Se voltados aos servidores públicos Administração introversa), encontram lastro no poder **disciplinar**.

> A prova de Defensor Público/PR em 2017 elaborada pela FCC considerou ERRADA a afirmação: "Os atos punitivos são os atos por meio dos quais o Poder Público aplica sanções por infrações administrativas pelos servidores públicos. Trata-se de exercício de Poder de Polícia com base na hierarquia".

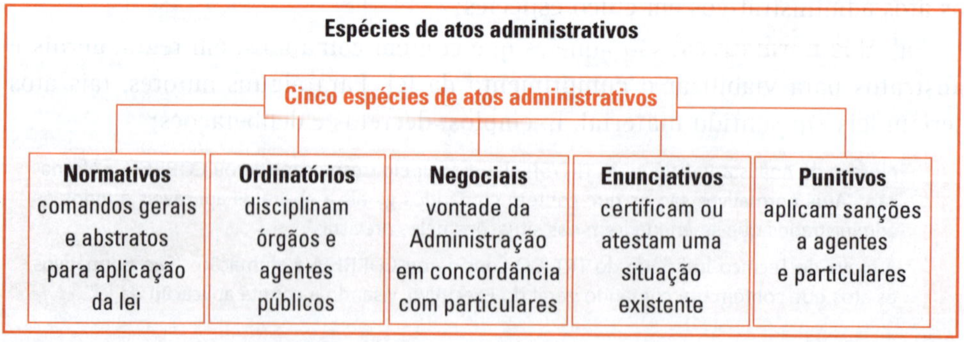

4.14.1 Atos normativos

a) decretos e regulamentos: são atos administrativos, em regra, gerais e abstratos, privativos dos chefes do Executivo e expedidos para dar fiel execução à lei (art. 84, IV, da CF). Embora raramente exigida em concursos públicos, existe uma diferença entre decreto e regulamento: **decreto** é a **forma** do ato; **regulamento** é o **conteúdo**. Assim, o decreto é o veículo normativo introdutor do regulamento. Como regra geral, decretos e regulamentos não podem criar obrigações de fazer ou não fazer a **particulares** (art. 5º, II, da CF);

> A prova da OAB/SC considerou INCORRETA a afirmação: "São considerados legítimos os atos de mera regulamentação que, a pretexto de estabelecerem normas de complementação da lei, criam direitos e impõem obrigações aos indivíduos".

b) instruções normativas: são atos normativos de **competência dos Ministros** praticados para viabilizar a execução de leis e outros atos normativos;

c) regimentos: decorrentes do **poder hierárquico**, são atos administrativos praticados para disciplinar o **funcionamento interno** de órgãos colegiados e casas legislativas. Normalmente, os regimentos são veiculados por meio de resolução da presidência ou mesa do órgão colegiado;

d) resoluções: são atos administrativos inferiores aos decretos e regulamentos, expedidos por **Ministros de Estado, presidentes de tribunais**, de **casas legislativas** e de **órgãos colegiados**, versando sobre **matérias de interesse interno** dos respectivos órgãos;

e) deliberações: são **atos normativos** ou **decisórios** de órgãos colegiados.

4.14.2 Atos ordinatórios

a) instruções: expedidas pelo **superior hierárquico** e destinadas aos seus subordinados, são **ordens escritas e gerais** para disciplina e execução de determinado serviço público;

b) circulares: constituem atos escritos de disciplina de determinado serviço público voltados a **servidores que desempenham tarefas em situações especiais**. Diferem das instruções porque **não são gerais**;

c) avisos: atos **exclusivos de Ministros** de Estado para regramento de **temas da competência interna** do Ministério;

d) portarias: atos internos que **iniciam sindicâncias, processos administrativos** ou promovem **designação de servidores** para cargos secundários. São expedidas por **chefes de órgãos e repartições públicas**. As portarias nunca podem ser baixadas pelos chefes do Executivo;

> A prova de Agente Técnico do MP/AM/2008 elaborada pelo Cespe considerou CORRETA a afirmação: "A portaria que dá exercício a um servidor empossado é exemplo de ato ordinatório".

e) ordens de serviço: são **determinações** específicas dirigidas aos **responsáveis por obras e serviços** governamentais autorizando seu início, permitindo a contratação de agentes temporários ou fixando especificações técnicas sobre a atividade. **Não são atos gerais;**

f) ofícios: são convites ou **comunicações escritas** dirigidas a servidores subordinados ou particulares sobre assuntos administrativos ou de ordem social;

g) despachos: são decisões de autoridades públicas manifestadas **por escrito em documentos ou processos** sob sua responsabilidade.

4.14.3 Atos negociais

a) licença: constitui ato administrativo **unilateral, declaratório e vinculado** que libera, a todos que preencham os requisitos legais, o desempenho de atividades em princípio vedadas pela lei. Trata-se de **manifestação do poder de polícia** administrativo **desbloqueando atividades** cujo exercício depende de autorização da Administração. Exemplo: licença para construir;

> A prova de Analista Judiciário do TRT/SP elaborada pelo Cespe considerou CORRETA a afirmação: "Licença é ato administrativo vinculado por meio do qual a Administração confere ao interessado consentimento para o desempenho de certa atividade".

> ATENÇÃO: exceção à regra, a **licença ambiental** é ato **discricionário**.

b) autorização: ato **unilateral**, **discricionário**, **constitutivo e precário** expedido para a realização de serviços ou a utilização de bens públicos **no interesse predominante do particular**. Exemplos: porte de arma, mesas de bar em calçadas, bancas de jornal e autorização para exploração de **jazida mineral**. O art. 131 da Lei n. 9.472/97 define caso raríssimo de **autorização vinculada** na hipótese de autorização de serviço de telecomunicação;

> A prova de Analista Judiciário do TRT/PB considerou CORRETA a afirmação: "Constitui ato discricionário a autorização dada pela Administração Pública, diante do interesse público em jogo, para a circulação de veículos com peso ou altura excessivos ou para a pesquisa e lavra de recursos naturais".
>
> A prova da OAB/MT considerou CORRETA a afirmação: "A autorização para exploração de jazida é exemplo de ato administrativo constitutivo".

c) permissão: ato **unilateral, discricionário** (corrente majoritária) e **precário** que faculta o exercício de serviço de interesse coletivo ou a utilização de bem público. Difere da autorização porque a permissão é outorga no **interesse predominante da coletividade**. Exemplo: permissão para taxista. Por determinação do art. 175 da Constituição Federal, toda permissão deve ser **precedida de licitação**. Diante disso, Celso Antônio **Bandeira de Mello** entende que a permissão constitui **ato vinculado** (corrente minoritária);

> A prova de Analista Judiciário do TRT/SP elaborada pelo Cespe considerou INCORRETA a afirmação: "Permissão é ato administrativo vinculado e definitivo, pelo qual a Administração consente que o particular execute serviço de utilidade pública ou utilize privativamente bem público".

d) concessão: é uma nomenclatura genérica que abarca diversas categorias de atos ampliativos da **esfera privada de interesses**. A mais importante categoria é a **concessão de serviço público**, ato **bilateral** e precedido de **concorrência pública**, pelo que o Estado transfere a uma **empresa privada** a prestação de serviço público mediante **remuneração paga diretamente pelo usuário;**

> Tratando da espécie CONCESSÃO DE USO, a prova da OAB/RJ considerou CORRETA a afirmação: "Concessão de uso é contrato administrativo pelo qual o Poder Público atribui a utilização exclusiva de um bem de seu domínio a particular, para que o explore segundo sua destinação específica".

Diferenças entre concessão, permissão e autorização

	Concessão	Permissão	Autorização
Quanto à natureza	Ato bilateral (contrato administrativo)	Ato unilateral, discricionário e precário	Ato unilateral, discricionário, constitutivo e precário
Quanto aos beneficiários	Só pessoas jurídicas	Pessoas físicas e pessoas jurídicas	Pessoas físicas e pessoas jurídicas
Exige prévia	Exige prévia	Exige licitação em qualquer modalidade	Exige licitação em qualquer modalidade
Quanto ao prazo	Determinado	Pode ter prazo indeterminado	Pode ter prazo indeterminado
Quanto à forma de outorga	Lei específica	Autorização legislativa	Autorização legislativa
Dica especial	Na concorrência que antecede a concessão, a fase do julgamento antecede a habilitação	É outorgada no interesse predominante da coletividade (interesse público)	É outorgada no interesse predominante do particular
Exemplos	Rodovias, telefonia fixa, rádio, TV e empresas aéreas	Transporte de passageiros e taxistas	Instalação de mesas de bar em calçada

e) aprovação: é o ato administrativo **unilateral** e **discricionário** que realiza a **verificação** prévia ou posterior da **legalidade** e do **mérito** de outro ato como condição para sua produção de efeitos;

f) admissão: ato administrativo **unilateral** e **vinculado** que faculta, a todos que preencherem os requisitos legais, o **ingresso em repartições governamentais** ou defere certas condições subjetivas. Exemplo: admissão de usuário em biblioteca pública e de aluno em universidade estatal. A admissão também é o instrumento pelo qual se dá a investidura precária de alguém nos quadros estatais na qualidade de extranumerário[46];

g) visto: constitui ato **vinculado** expedido para **controlar** a **legitimidade formal** de outro ato de particular ou agente **público**;

46. Celso Antônio Bandeira de Mello, *Curso de direito administrativo*, p. 431.

A prova da OAB Nacional elaborada pelo Cespe considerou CORRETA a afirmação: "A Administração Pública realiza sua função executiva por meio de atos jurídicos que recebem a denominação especial de atos administrativos. Os atos administrativos que emanam do Poder Legislativo (leis) e do Poder Judiciário (decisões judiciais) podem ser diferenciados por sua natureza, conteúdo e forma. Quando se conceitua ato administrativo como sendo aquele pelo qual o Poder Público controla outro ato da própria administração ou do administrado, aferindo sua legitimidade formal para dar-lhe exequibilidade, faz-se referência ao conceito de VISTO".

h) homologação: é o ato administrativo **unilateral** e **vinculado de exame da legalidade** e conveniência de outro ato de agente público ou de particular. A homologação é condição de exequibilidade do ato controlado;

i) dispensa: é o ato administrativo **discricionário** que **exime o particular** do desempenho **de certa tarefa;**

j) renúncia: é o ato **unilateral, discricionário, abdicativo e irreversível** pelo qual a Administração Pública **abre mão de crédito ou direito** próprio em favor do particular;

k) protocolo administrativo: é a manifestação administrativa **em conjunto com o particular** versando sobre a **realização de tarefa** ou **abstenção de certo comportamento** em favor dos interesses da Administração e do particular, simultaneamente.

4.14.4 Atos enunciativos

a) certidões: são cópias autenticadas de **atos** ou **fatos permanentes** de interesse do requerente constantes de **arquivos públicos;**

b) atestados: são atos que **comprovam fatos** ou **situações transitórias** que não constem de arquivos públicos;

c) pareceres técnicos: manifestações expedidas por **órgãos técnicos** especializados referentes a assuntos submetidos a sua **apreciação;**

A prova da AGU/2009 elaborada pelo Cespe considerou CORRETA a afirmação: "No que tange às repercussões da natureza jurídico-administrativa do parecer jurídico, o STF entende que: quando a consulta é facultativa, a autoridade não se vincula ao parecer proferido, de modo que seu poder de decisão não se altera pela manifestação do órgão consultivo; por outro lado, quando a consulta é obrigatória, a autoridade administrativa se vincula a emitir o ato tal como submetido à consultoria, com parecer favorável ou contrário, e, se pretender praticar ato de forma diversa da apresentada à consultoria, deverá submetê-lo a novo parecer; por fim, quando a lei estabelece a obrigação de decidir à luz de parecer vinculante, essa manifestação de teor jurídico deixa de ser meramente opinativa, não podendo a decisão do administrador ir de encontro à conclusão do parecer".

d) pareceres normativos: são pareceres que **se transformam em norma obrigatória** quando aprovados pela repartição competente;

e) apostilas: equiparam-se a uma **averbação** realizada pela Administração **declarando um direito** reconhecido por norma legal.

4.14.4.1 Natureza jurídica e espécies de parecer

Parecer é a manifestação enunciativa expedida por órgão técnico ou agente competente acerca de assunto submetido à sua apreciação. Seu objetivo é dar suporte especializado à autoridade solicitante.

No passado, houve quem sustentasse que o parecer não seria ato administrativo em sentido estrito devido à ausência de caráter prescritivo-normativo, mas consistiria em simples ato da administração (José Cretella Júnior). Atualmente, predomina na doutrina e nas Bancas de Concurso Público a orientação segundo a qual **pareceres têm natureza jurídica de ato administrativo enunciativo** (Maria Sylvia Zanella Di Pietro, Celso Antônio Bandeira de Mello, Hely Lopes Meirelles, José dos Santos Carvalho Filho).

> A prova de Procurador da Alerj em 2017 elaborada pela FGV considerou ERRADA a afirmação: "O parecer possui natureza jurídica de ato administrativo discricionário e não enunciativo, de maneira que a autoridade competente, para praticar o ato decisório final, tem liberdade de aferir a oportunidade e a conveniência em seguir ou não o que foi alvitrado".
>
> O concurso para Analista Judiciário do TRE/PI organizado pelo Cespe em 2016 considerou CORRETA a afirmação: "Um parecer exarado por servidor público integrante do departamento jurídico de determinado órgão da administração direta, que depende de homologação ainda pendente, de autoridade superior para ser validado, é um ato administrativo classificado, quanto aos efeitos, como enunciativo".
>
> A prova da OAB/RJ considerou CORRETA a afirmação: "São atos administrativos enunciativos certidões, atestados e pareceres".

De qualquer forma, se o parecer foi "indicado como fundamento da decisão, passará a integrá-la, por corresponder à própria motivação do ato" (Oswaldo Aranha Bandeira de Mello).

Conforme o regime legal aplicável, os pareceres podem ser classificados em diversas categorias:

1) quanto à obrigatoriedade de solicitação: **obrigatórios** ou **facultativos**;

2) quanto à força de seu conteúdo: **vinculantes** ou **não vinculantes**;

3) quanto à abrangência objetiva: **normativos** ou **comuns**;

4) quanto aos efeitos de sua não emanação: **suspensivos** ou **não suspensivos**;

5) quanto ao objeto: **de mérito** ou **de legalidade**.

Nota-se que as diversas classificações baseiam-se em critérios independentes entre si, de acordo com o regime jurídico que a lei definir em cada caso. Assim, por exemplo, nada impede que o parecer seja obrigatório e não vinculante. A aparente contradição entre os termos "obrigatório" e "não vinculante" exige cuidado. Na verdade, trata-se de características que podem conviver harmonicamente no regime de um mesmo ato. Basta que a lei exija sua solicitação (obrigatório), mas não imponha o seu acolhimento (não vinculante). Idêntico raciocínio aplica-se às demais classificações.

Ocorre que muitas vezes a legislação disciplina de forma incompleta o regime aplicável ao parecer. Nesses casos, caberá ao intérprete extrair do contexto geral da ordem jurídica as características sobre as quais o legislador silenciou.

À luz dos princípios da razoabilidade e eficiência, pode-se concluir que, se a legislação não indicar categoricamente o regime do parecer, este será, como regra geral:

a) **facultativo**, quanto à obrigatoriedade de solicitação;

b) **não vinculante**, quanto à força de seu conteúdo;

c) **comum**, quanto à abrangência objetiva;

d) **não suspensivo**, quanto aos efeitos;

e) **de legalidade**, quanto ao objeto.

4.14.4.1.1 Parecer obrigatório

Denomina-se obrigatório o parecer quando a lei determina sua emissão como pressuposto para a regularidade de certo ato, contrato ou procedimento. **Sua solicitação é vinculada.**

Por exemplo, o art. 38, parágrafo único, da Lei n. 8.666/93 prescreve que "As minutas de editais de licitação, bem como as dos contratos, acordos, convênios ou ajustes devem ser previamente examinadas e aprovadas por assessoria jurídica da Administração".

Ainda que obrigatória sua solicitação, o parecer pode ou não vincular a autoridade consulente. Depende do que a lei estabelecer.

De acordo com o art. 42 da Lei n. 9.784/99, quando deva ser obrigatoriamente ouvido um órgão consultivo, **o parecer deverá ser emitido no prazo máximo de quinze dias**, salvo norma especial ou comprovada necessidade de maior prazo.

No julgamento do MS 24.631, o Supremo Tribunal Federal entendeu que o **parecer obrigatório** vincula a autoridade administrativa a **emitir o ato tal como submetido à consultoria**, com parecer favorável ou contrário, e, se pretender praticar ato de forma diversa da apresentada à consultoria, deverá submetê-lo a novo parecer. Isso quer dizer que, após emitido o parecer obrigatório, a Administração não pode alterar o tipo de ato que iria praticar, salvo requerendo novo parecer.

4.14.4.1.2 Parecer facultativo

Facultativo é o parecer cuja **solicitação é discricionária**, cabendo à autoridade solicitante decidir se convém ou não sua expedição. Segundo a lição de Oswaldo Aranha Bandeira de Mello, **parecer facultativo é não vinculante**, de modo que seu poder de decisão não se altera pela manifestação do órgão consultivo. No mesmo sentido entendeu o Supremo Tribunal **Federal** (STF: MS 24.631).

> A prova da AGU/2009 elaborada pelo Cespe considerou CORRETA a afirmação: "No que tange às repercussões da natureza jurídico-administrativa do parecer jurídico, o STF entende que: quando a consulta é facultativa, a autoridade não se vincula ao parecer proferido, de modo que seu poder de decisão não se altera pela manifestação do órgão consultivo; por outro lado, quando a consulta é obrigatória, a autoridade administrativa se vincula a emitir o ato tal como submetido à consultoria, com parecer favorável ou contrário, e, se pretender praticar ato de forma diversa da apresentada à consultoria, deverá submetê-lo a novo parecer; por fim, quando a lei estabelece a obrigação de decidir à luz de parecer vinculante, essa manifestação de teor jurídico deixa de ser meramente opinativa, não podendo a decisão do administrador ir de encontro à conclusão do parecer".

Tal orientação parece-nos equivocada. Nada impede que o legislador determine que, embora facultativo, o conteúdo do parecer seja vinculante para a autoridade solicitante.

4.14.4.1.3 Parecer vinculante

Parecer vinculante é aquele cujo conteúdo a legislação proíbe a autoridade solicitante de contrariar. Nas palavras do Supremo Tribunal Federal: "No parecer **vinculante a manifestação de teor jurídico deixa de ser meramente opinativa**, não podendo a decisão do administrador ir de encontro à conclusão do parecer" (STF: MS 24.631).

A natureza vinculante **sempre depende de previsão legislativa específica** e há de ser excepcional, pois, em termos práticos, desloca a competência decisória da autoridade consulente para o emissor do parecer.

Se um parecer obrigatório e vinculante **deixar de ser emitido no prazo fixado, o processo não terá seguimento** até a respectiva apresentação, responsabilizando-se quem der causa ao atraso (art. 42, § 1º, da Lei n. 9.784/99).

Para José dos Santos Carvalho Filho, o **autor de parecer vinculante responderia solidariamente**, em função do seu poder de decisão, compartilhado com a autoridade vinculada[47]. No mesmo sentido decidiu o Supremo Tribunal Federal (MS 24.631/DF).

4.14.4.1.4 Parecer não vinculante

No parecer não vinculante a legislação desobriga a autoridade consulente de adotar o entendimento técnico nele exarado. Trata-se de ato administrativo meramente opinativo.

Porém, a decisão de não acolher o parecer **exige motivação**, sob pena de nulidade. É o que determina o art. 50, VII, da Lei n. 9.784/99: "Os atos administrativos deverão ser motivados, com indicação dos fatos e dos fundamentos jurídicos, quando: (...) VII – deixem de aplicar jurisprudência firmada sobre a questão ou discrepem de pareceres, laudos, propostas e relatórios oficiais".

---

47. *Manual de direito administrativo*, p. 140.

Se um parecer obrigatório e não vinculante deixar de ser emitido no prazo fixado, o **processo poderá ter prosseguimento** e ser decidido com sua dispensa, sem prejuízo da responsabilidade de quem se omitiu no atendimento (art. 42, § 1º, da Lei n. 9.784/99).

4.14.4.1.5 Parecer normativo

Parecer normativo é aquele que, por decisão de uma autoridade superior, adquire **força vinculante para todos os casos futuros idênticos à situação objeto da consulta**, não se esgotando na primeira aplicação.

4.14.4.1.6 Parecer comum

Denomina-se parecer comum aquele **destituído de eficácia abstrato-normativa**, aplicando-se exclusivamente ao caso concreto ensejador da consulta.

4.14.4.1.7 Parecer suspensivo

Parecer suspensivo é aquele cuja expedição constitui requisito para o andamento do processo decisório.

O parecer obrigatório e vinculante sempre tem natureza suspensiva.

Isso porque, nos termos do art. 42, § 1º, da Lei n. 9.784/99, se um parecer obrigatório e vinculante **deixar de ser emitido no prazo fixado, o processo não terá seguimento** até a respectiva apresentação, responsabilizando-se quem der causa ao atraso.

4.14.4.1.8 Parecer não suspensivo

Denomina-se não suspensivo o parecer **cuja ausência é indiferente para tramitação do processo decisório.**

O parecer obrigatório e não vinculante é destituído de efeito suspensivo (art. 42, § 1º, da Lei n. 9.784/99).

4.14.4.1.9 Parecer de mérito

Se o objeto da consulta versar sobre questão de conveniência e oportunidade, ou então envolver discricionariedade técnica, tem-se parecer de mérito.

4.14.4.1.10 Parecer de legalidade

No caso de a autoridade consulente formular ao parecerista consulta sobre a validade jurídica de certa decisão, o parecer considera-se de legalidade.

4.14.4.1.11 Parecer referencial

Parecer referencial ou manifestação jurídica referencial é o ato administrativo que estabelece orientação uniforme em processos decisórios versando sobre matérias repetitivas.

Nos termos da Orientação Normativa n. 55, da Advocacia-Geral da União, de 23 de maio de 2014, os processos que sejam objeto de manifestação jurídica referencial, isto é, aquela que analisa todas as questões jurídicas que envolvam matérias idênticas e recorrentes, **estão dispensados de análise individualizada pelos órgãos consultivos**, desde que a área técnica ateste, de forma expressa, que o caso concreto se amolda aos termos da citada manifestação.

Para a elaboração de manifestação jurídica referencial devem ser observados os seguintes **requisitos**:

a) o volume de processos em matérias idênticas e recorrentes impactar, justificadamente, a atuação do órgão consultivo ou a celeridade dos serviços administrativos; e

b) a atividade jurídica exercida se restringir à verificação do atendimento das exigências legais a partir da simples conferência de documentos.

4.14.4.1.12 Responsabilidade do parecerista

Os Tribunais Superiores discutem a possibilidade de responsabilização do parecerista no caso de prejuízos ao erário resultantes da adoção do entendimento sustentado no parecer.

No julgamento do MS 24.631, o **Supremo Tribunal Federal** entendeu que, em regra, é abusiva a responsabilização do parecerista, devido à relação de causalidade entre seu parecer e o ato administrativo do qual tenha resultado dano ao erário.

Porém, **havendo demonstração de culpa, erro grosseiro ou má-fé**, submetida às instâncias administrativas disciplinares ou jurisdicionais próprias, é **possível responsabilizar o advogado público pelo conteúdo de seu parecer, ainda que de natureza meramente opinativa.**

> O concurso da ANS organizado pela Funcab em 2015 considerou CORRETA a afirmação: "O parecer é um ato enunciado, emanado da Administração Pública, que vincula o ato administrativo, sendo o verdadeiro motivo do ato, podendo gerar responsabilidade civil ao parecerista".
>
> A prova de Procurador da Alerj em 2017 elaborada pela FGV considerou CORRETA a afirmação: "Procurador que emite o parecer não pode ser considerado solidariamente responsável com o agente que produziu o ato administrativo final, decidindo pela aprovação do parecer, exceto no caso de dolo ou erro grosseiro injustificável do agente parecerista".

No mesmo sentido, o **Superior Tribunal de Justiça admitiu** ser possível, em casos excepcionais, a propositura de **Ação de Improbidade Administrativa contra consultor jurídico ou parecerista se houver dolo:**

"ADMINISTRATIVO. IMPROBIDADE ADMINISTRATIVA. MINISTÉRIO PÚBLICO COMO AUTOR DA AÇÃO. DESNECESSIDADE DE INTERVENÇÃO DO *PARQUET* COMO *CUSTOS LEGIS*. AUSÊNCIA DE PREJUÍZO. NÃO OCORRÊNCIA DE NULIDADE. RESPONSABILIDADE DO ADVOGADO PÚBLICO. POSSIBILIDADE EM SITUAÇÕES EXCEPCIONAIS NÃO PRESENTES NO CASO CONCRETO. AUSÊNCIA

DE RESPONSABILIZAÇÃO DO PARECERISTA. ATUAÇÃO DENTRO DAS PRERROGATIVAS FUNCIONAIS. SÚMULA 7/STJ. 3. É possível, em situações excepcionais, enquadrar o consultor jurídico ou o parecerista como sujeito passivo numa ação de improbidade administrativa. Para isso, é preciso que a peça opinativa seja apenas um instrumento, dolosamente elaborado, destinado a possibilitar a realização do ato ímprobo. Em outras palavras, faz-se necessário, para que se configure essa situação excepcional, que desde o nascedouro a má-fé tenha sido o elemento subjetivo condutor da realização do parecer" (REsp 1.183.504/DF).

4.14.5 Atos punitivos

a) **multa:** constitui **punição pecuniária** imposta a quem descumpre disposições legais ou determinações administrativas;

b) **interdição de atividade:** é a **proibição administrativa do exercício** de determinada **atividade**;

c) **destruição de coisas:** é o ato sumário de **inutilização de bens particulares impróprios para consumo ou de comercialização proibida.**

4.14.6 Espécies de ato quanto à forma e quanto ao conteúdo

A doutrina costuma diferenciar as espécies que constituem **formas de ato administrativo** e aquelas que representam **conteúdos de ato administrativo.** Isso porque algumas nomenclaturas específicas são **veículos introdutores de normas,** enquanto **outras constituem a própria norma.** Assim, por exemplo, decreto é o veículo introdutor (forma) do regulamento (conteúdo).

Para facilitar a compreensão dessa dualidade, segue tabela indicativa das mais importantes formas de ato com os correspondentes conteúdos que veiculam.

Formas e conteúdos de atos administrativos	
Formas de ato	**Conteúdos veiculados**
Decreto	Regulamentos, outros atos normativos e, excepcionalmente, atos concretos
Alvará	Autorizações e licenças
Resolução	Deliberacões colegiadas
Aviso	Ofícios e instruções
Portaria	Instruções, ordens de serviço e circulares

4.15 EXTINÇÃO DO ATO ADMINISTRATIVO

O ato administrativo é praticado, produz efeitos e desaparece. Seu ciclo vital encerra-se de diversas maneiras, conhecidas como **formas de extinção do ato administrativo.**

Algumas vezes, a extinção é **automática** porque opera sem necessidade de qualquer pronunciamento estatal. É a chamada extinção **de pleno direito** ou ***ipso iure.***

Noutros casos, a extinção ocorre pela força de um **segundo ato normativo** expedido especificamente para eliminar o ato primário. São as hipóteses denominadas de **retirada do ato.**

Quando o **ato não é eficaz**, pode ser extinto pela **retirada** (revogação e anulação) ou pela **recusa do beneficiário**[48].

> A prova de Analista Judiciário do TRT/PB considerou INCORRETA a afirmação: "A recusa pelo particular ou pela Administração Pública é causa de convalidação do ato administrativo ante a renúncia por parte do beneficiário".

Tratando-se de **atos eficazes**, a fim de sistematizar as diversas modalidades extintivas, a doutrina identifica **quatro categorias principais de extinção dos atos administrativos:**

1) Extinção *ipso iure* pelo cumprimento integral de seus efeitos: quando o ato administrativo produz todos os efeitos que ensejaram sua prática, ocorre sua **extinção natural e de pleno direito.** A extinção natural pode dar-se das seguintes formas:

> A prova do Ministério Público do Trabalho considerou CORRETA a afirmação: "O ato administrativo pode se extinguir pelo exaurimento integral de sua eficácia".

a) esgotamento do conteúdo: o ato exaure integralmente a sua eficácia após o cumprimento do conteúdo. Exemplo: edital de licitação de compra de vacinas após a vacinação realizada;

b) execução material: ocorre quando a ordem expedida pelo ato é materialmente cumprida. Exemplo: ordem de guinchamento de veículo extinta após sua execução;

c) implemento de condição resolutiva ou termo final: o ato é extinto quando sobrevém o evento preordenado a cessar sua aplicabilidade. Exemplo: término do prazo de validade da habilitação para conduzir veículos.

2) Extinção ipso iure pelo desaparecimento do sujeito ou do objeto: o ato administrativo é praticado em relação a pessoas ou bens. Desaparecendo um desses elementos, o ato extingue-se automaticamente. Exemplos: promoção de servidor extinta com seu falecimento; licença para reformar imóvel extinta com o **desabamento** do prédio.

> A prova da OAB/RJ considerou CORRETA a afirmação: "Um cidadão obteve licença para construir. Contudo, passados dez anos o imóvel pegou fogo, caso em que se exige novo pedido de licença".

3) Extinção por renúncia: ocorre quando o próprio beneficiário abre mão da situação proporcionada pelo ato. Exemplo: exoneração de cargo a pedido do ocupante.

48. A sistematização adotada nos itens seguintes baseia-se na classificação de Celso Antônio Bandeira de Mello, *Curso de direito administrativo*, p. 438 e s.

4) Retirada do ato: é a forma de extinção mais importante para provas e concursos públicos. Ocorre com a expedição de um ato secundário praticado para extinguir ato anterior. As **modalidades de retirada** são: **revogação, anulação, cassação, caducidade** e **contraposição**.

Acesse também a videoaula pelo link:
http://somos.in/MDA1135

> A prova de Analista Judiciário do TRT/Campinas considerou CORRETA a afirmação: "O ato administrativo extingue-se por cumprimento dos seus efeitos; pelo desaparecimento do sujeito ou objeto e pela retirada, que se verifica por várias maneiras".
>
> A prova de Analista Judiciário do TRT/PB considerou CORRETA a afirmação: "A retirada de um ato administrativo pode dar-se por revogação, invalidação e caducidade".
>
> A prova de Promotor/SC elaborada pelo MPE/SC em 2016 considerou ERRADA a afirmação: "A retirada é uma das formas de extinção dos atos administrativos e pode dar-se por anulação, revogação, cassação e caducidade. A caducidade ocorre quando o beneficiado do ato administrativo deixa de cumprir os requisitos de quando teve o ato deferido".

4.15.1 Revogação

Revogação é a extinção do **ato administrativo** perfeito e eficaz, com **eficácia *ex nunc***, praticada **pela Administração Pública** e fundada em razões de interesse público (**conveniência e oportunidade**).

Nesse sentido, estabelece o art. 53 da Lei n. 9.784/99: "A Administração deve anular seus próprios atos, quando eivados de vício de legalidade, e **pode revogá-los por motivo de conveniência ou oportunidade, respeitados os direitos adquiridos**".

Com o mesmo teor, a **Súmula 473 do STF** enuncia: "A administração pode anular seus próprios atos, quando eivados de vícios que os tornam ilegais, porque deles não se originam direitos; ou revogá-los, por motivo de conveniência ou oportunidade, respeitados os direitos adquiridos, e ressalvada, em todos os casos, a apreciação judicial".

Na revogação, ocorre uma **causa superveniente** que altera o juízo de conveniência e oportunidade sobre a permanência de determinado ato discricionário, obrigando a Administração a expedir um segundo ato, chamado **ato revocatório**, para extinguir o ato anterior. Pelo princípio da simetria das formas, somente um ato administrativo pode retirar outro ato administrativo. Então, a **revogação de um ato administrativo também é ato administrativo**. Na verdade, a revogação não é exatamente um ato, mas o efeito extintivo produzido pelo ato revocatório. O ato revocatório é ato secundário, concreto e discricionário que promove a retirada do ato contrário ao interesse público.

4.15.1.1 Competência para revogar

Por envolver **questão de mérito**, a revogação só pode ser praticada pela Administração Pública, e não pelo Judiciário. Essa afirmação é feita em uníssono pela doutrina. Mas na verdade contém uma simplificação. A revogação é de **competência da mesma autoridade que praticou o ato revogado**. Quando o Judiciário e o Legislativo praticam atos administrativos no exercício de função atípica, a revogação pode ser por eles determinada. **É vedado ao Judiciário revogar ato praticado por outro Poder.**

> A prova de Analista Judiciário do TRT/Campinas considerou INCORRETA a afirmação: "A revogação do ato administrativo no âmbito da Administração não pode ser feita por quem o praticou".

4.15.1.2 Objeto do ato revocatório

O ato revocatório é expedido somente para extinguir ato administrativo ou relação **jurídica** anterior. Essa é sua finalidade específica.

> A prova da Magistratura do Trabalho – 24ª Região/2007 considerou CORRETA a afirmação: "O objeto da revogação é um ato administrativo válido ou uma relação jurídica válida dele decorrente. Na revogação não se busca restaurar legitimidade violada, mas atender a uma conveniência administrativa".

Ato discricionário (ato primário)	→	Causa superveniente	→	Ato revocatório (ato secundário)	→	Extinção do ato primário (efeito do ato revocatório)

Assim, o **ato passível de revogação** é um ato **perfeito e eficaz**, destituído de qualquer **vício**. Além disso, a revogação **só pode extinguir atos discricionários** porque atos vinculados não admitem reavaliação do interesse público. Tecnicamente, a revogação só atinge o ato em si quando este for geral e abstrato. Sendo **ato concreto**, a revogação **extingue os efeitos**, e não o próprio **ato**.

> A prova de Técnico Judiciário do TRT/AL considerou CORRETA a afirmação: "No Município X, determinado terreno é objeto de um decreto declarando-o de utilidade pública, para fins de desapropriação, para a construção de uma escola. Entretanto, por não ser mais conveniente e oportuna essa construção, cabe ao Prefeito editar decreto de revogação".

4.15.1.3 Fundamento e motivo da revogação

A justificativa sistêmica para a Administração **revogar seus atos** é a própria **natureza discricionária da competência** que permite reavaliar conveniência e oportunidade da permanência de um ato perfeito e **eficaz.**

> A prova de Técnico Judiciário do TRT/SP considerou CORRETA a afirmação: "A revogação do ato administrativo praticado pelo Poder Executivo insere-se na competência da própria Administração Pública".

O motivo da revogação é a **superveniência de fato novo** impondo outro juízo sobre o interesse público relativo ao ato praticado.

Importante: o ato revocatório **deve ser fundamentado**, apresentando-se qual foi o fato superveniente justificador da revogação. Não havendo comprovação do fato novo, o ato revocatório deve ser anulado administrativa ou judicialmente. A mera alegação de "interesse público" não é suficiente para revogar.

4.15.1.4 Efeitos da revogação

Nenhum ato válido nasce contrário ao interesse público. Em um dado momento de vida, **o ato se torna inconveniente e inoportuno**. Por isso, o Direito preserva os efeitos produzidos pelo ato até a data de sua revogação. Daí falar-se que a revogação produz **efeitos futuros, não retroativos**, ***ex nunc*** ou **proativos**.]

A prova de Analista Administrativo do TRT/MS elaborada pela FCC considerou INCORRETA a afirmação: "É prerrogativa exclusiva da Administração Pública revogar, com efeitos retroativos, os atos administrativos vinculados eivados de vício ou defeitos".

4.15.1.5 Natureza do ato revocatório

O ato revocatório é ato **secundário, constitutivo e discricionário.**

4.15.1.6 Forma do ato revocatório

O ato revocatório deve ter obrigatoriamente **a mesma forma do ato revogado.**

4.15.1.7 Natureza da revogação

Ao afirmar que a Administração "pode" revogar seus atos inconvenientes, o art. 53 da Lei n. 9.784/99 reafirmou a **natureza de poder, e não de dever.**

4.15.1.8 Características da competência revocatória

A competência para revogar atos administrativos é **intransmissível, irrenunciável** e **imprescritível.**

A prova de Analista Judiciário do TRT/SP considerou CORRETA a afirmação: "Sendo um dos requisitos do ato administrativo, a competência é irrenunciável".

4.15.1.9 Limites ao poder de revogar

A doutrina menciona vários tipos de atos administrativos que **não podem ser revogados**, tais como:

a) atos que geram **direito adquirido;**

b) atos já **exauridos;**

A prova de Analista Administrativo do TRT/MS elaborada pela FCC considerou CORRETA a afirmação: "A revogação opera efeitos *ex nunc* e não alcança os atos administrativos que exauriram os seus efeitos".

A prova de Analista Judiciário do TRT/PI feita pela Esaf considerou CORRETA a afirmação: "Não podem ser revogados os atos que exauriram seus efeitos; como a revogação opera efeitos para o futuro, impedindo que o ato continue a produzir efeitos, se o ato já exauriu, não haverá razão para a revogação".

c) atos **vinculados**, como não envolvem juízo de conveniência e oportunidade, não podem ser revogados;

d) atos **enunciativos** que apenas declaram fatos ou situações, como certidões, pareceres e atestados;

e) atos **preclusos** no curso de **procedimento administrativo**: a preclusão é óbice à revogação.

> Tratando da impossibilidade de revogação de atos preclusos, a prova da OAB/SC considerou CORRETA a afirmação: "A Administração Pública pode revogar a licitação, em virtude de critérios de ordem administrativa, ou por razões de interesse público. Nessa hipótese, deverá sempre justificar os motivos de sua decisão. Todavia, não vale, como justificativa, a alegação de interesse público no desfazimento do que já existia antes do início do processo licitatório".

4.15.1.10 Revogação de atos complexos

Quando o ato administrativo depende, para sua formação, da conjugação de vontades de mais de um órgão da Administração (ato complexo), a revogação **será possível** somente com a **concordância de todos os órgãos envolvidos** na prática do ato.

4.15.1.11 Anulação da revogação: possibilidade

Se o ato revocatório for praticado em desconformidade com as exigências do ordenamento, pode ser anulado. É a anulação da revogação, possível na esfera administrativa e na judicial.

4.15.1.12 Revogação da revogação: polêmica. Efeito repristinatório

Bastante controvertida é a discussão sobre a possibilidade de revogação do ato revocatório. Sendo discricionário, o **ato revocatório** em princípio **pode ser revogado.** Mas a doutrina majoritária **nega efeito repristinatório** à revogação da revogação. Assim, o ato revogador da revogação, em princípio, não ressuscita o primeiro ato revogado, podendo apenas representar um novo ato baseado nos mesmos fundamentos do ato inicial.

Todavia, nada impede que o ato revogador do revocatório contenha expressa previsão de eficácia repristinatória, hipótese em que serão renovados os efeitos do **ato inicial**.

> A prova de Analista Judiciário TRE/PE em 2017 elaborada pelo Cespe considerou CORRETA a afirmação: "Determinado ato administrativo revogou outro ato. Posteriormente, contudo, um terceiro ato administrativo foi editado, tendo revogado esse ato revogatório. Nessa situação hipotética, o terceiro ato renovará os efeitos do primeiro ato somente se dele constar expressamente tal intuito".

Não havendo expressa previsão, a eficácia da revogação será *ex nunc*, de modo que a revogação ao ato revocatório **só produz efeitos futuros**, faltando-lhe o poder de restaurar retroativamente a eficácia do primeiro ato revogado.

4.15.1.13 Revogação da anulação: impossibilidade

O ato anulatório tem natureza vinculada, sendo insuscetível de revogação. Por tal motivo, **é impossível revogar a anulação.**

4.15.1.14 Anulação da anulação: possibilidade

Tendo algum defeito, o **ato anulatório pode ser anulado** perante a Administração ou o Judiciário.

4.15.1.15 Revogação e dever de indenizar

A doutrina **admite a possibilidade** de indenização aos particulares prejudicados pela revogação, desde que tenha ocorrido a extinção antes do prazo eventualmente fixado para permanência da vantagem.

A revogação de atos **precários** ou de **vigência indeterminada não gera, porém, dever de indenizar**, pois neles a revogabilidade a qualquer tempo é inerente à natureza da vantagem estabelecida.

4.15.2 Anulação ou invalidação

> Entendendo que "invalidação" é um gênero que comporta as espécies "anulação" e "revogação", a prova de Controladoria-Geral da União feita pela Esaf considerou CORRETA a afirmação: "Um determinado ato administrativo, tido por ilegal, não chega a causar dano ou lesão ao direito de alguém ou ao patrimônio público, mas a sua vigência e eficácia, por ter caráter normativo continuado, pode vir a prejudicar o bom e regular funcionamento dos serviços de certo setor da Administração, razão pela qual, para a sua invalidação, torna-se particularmente cabível e/ou necessário aplicar o instituto da anulação".

Anulação ou invalidação é a extinção de um **ato ilegal**, determinada pela Administração ou pelo Judiciário, com eficácia retroativa – *ex tunc*.

> A prova de Analista Administrativo do TRT/SP elaborada pelo Cespe considerou CORRETA a afirmação: "A anulação deve ocorrer quando há vício no ato, relativo à legalidade ou à legitimidade".

Esse é o conceito que se pode extrair do art. 53 da Lei n. 9.784/99 ("a **Administração deve anular seus próprios atos, quando eivados de vício de legalidade**, e pode revogá-los por motivo de conveniência ou oportunidade, respeitados os **direitos adquiridos**") e da Súmula 473 do STF ("**a administração pode anular seus próprios atos, quando eivados de vícios que os tornam ilegais, porque deles não se originam direitos**; ou revogá-los, por motivo de conveniência ou oportunidade, respeitados os direitos adquiridos, e ressalvada, em todos os casos, a apreciação judicial").

> A prova da OAB/RO considerou CORRETA a afirmação: "A Administração deve anular seus próprios atos, quando eivados de vício de legalidade, e pode revogá-los por motivo de conveniência ou oportunidade, respeitados os direitos adquiridos".

4.15.2.1 Competência para anular

Ao contrário da revogação, a anulação pode ter como sujeito ativo a **Administração** ou o **Poder Judiciário**.

> A prova de Analista Administrativo do TRT/SP elaborada pelo Cespe considerou INCORRETA a afirmação: "O Poder Judiciário, no exercício da função jurisdicional, não pode anular ato administrativo, só pode revogá-lo".
>
> A prova de Técnico Judiciário do TRT/AL considerou CORRETA a afirmação: "Valendo-se de documentos falsos um munícipe logra obter a aprovação de um loteamento junto à Prefeitura Municipal. Constatado o vício, que torna nulo o ato administrativo, a anulação pode ser feita pela própria Administração Pública ou pelo Poder Judiciário".

Os fundamentos da anulação administrativa são o poder de **autotutela** e o **princípio da legalidade**, tendo **prazo decadencial** de **cinco anos** para ser decretada. Nesse sentido, prescreve o art. 54 da Lei n. 9.784/99: "O direito da Administração de anular os atos administrativos de que decorram efeitos favoráveis para os destinatários **decai em cinco anos**, contados da data em que foram praticados, salvo comprovada **má-fé**".

> A prova de Analista do MPU feita pela Esaf considerou CORRETA a afirmação: "O ato administrativo goza da presunção de legitimidade, mas, quando dele decorrerem efeitos favoráveis para seus destinatários e estiver eivado de vício insanável de legalidade, a Administração tem o direito de anulá-lo no prazo decadencial de cinco anos".
>
> A prova da OAB/RO considerou CORRETA a afirmação: "O direito da Administração de anular atos administrativos de que decorram efeitos favoráveis para os destinatários decai em cinco anos, contados da data em que foram praticados, salvo comprovada má-fé".

O prazo quinquenal não se aplica, podendo ser anulado mesmo após 5 anos, se[49]:

a) o ato for restritivo de direitos;

b) o beneficiário estiver de má-fé;

c) o ato a ser anulado afrontar diretamente a Constituição Federal (STF: MS 26.860).

Já a anulação via Poder Judiciário é decorrente do **controle externo** exercido sobre a atividade administrativa e sujeita-se ao **prazo prescricional** de **cinco anos** (art. 1º do Decreto n. 20.910/32).

4.15.2.2 Objeto e natureza do ato anulatório

A anulação do ato administrativo ilegal também constitui ato administrativo. É o chamado ato anulatório.

O ato anulatório é praticado para extinguir ato administrativo anterior, podendo este ser **vinculado** ou discricionário.

---

49. Ver item 2.7.7.8 deste *Manual*.

> A prova de Analista Administrativo do TRT/SP elaborada pelo Cespe considerou INCORRETA a afirmação: "Os atos vinculados não são passíveis de anulação".

Ato administrativo (ato primário)	→	Defeito	→	Ato anulatório (ato secundário)	→	Extinção do ato primário (efeito do ato anulatório)

O ato passível de anulação é um ato administrativo ilegal, defeituoso.

O ato anulatório é **secundário, constitutivo e vinculado.**

4.15.2.3 Efeitos da anulação

O ato nulo já nasce contrariando o ordenamento jurídico. Não há nulidade superveniente. Assim, a anulação deve desconstituir os efeitos desde a data da prática do ato administrativo defeituoso. É por isso que a anulação produz **efeitos retroativos, passados, *ex tunc*** ou **pretéritos.**

A anulação de atos **unilaterais ampliativos** e a dos **praticados pelo funcionário de fato**, desde que nos dois casos seja comprovada a **boa-fé**, terá, entretanto, **efeitos *ex nunc*.**

> A prova de Procurador do INSS elaborada pelo Cespe considerou CORRETA a afirmação: "Para as partes envolvidas, os efeitos da anulação de um ato administrativo retroagem à data da prática do ato ilegal. Apesar da anulação, porém, admite-se a produção de efeitos válidos em relação a terceiro de boa-fé, podendo o ato anulado ensejar, por exemplo, uma ação de reparação de dano".

4.15.2.3.1 Modulação dos efeitos anulatórios

Bastante inovadora é a possibilidade discricionária, aceita por alguns doutrinadores, de a Administração Pública **reduzir a extensão dos efeitos da anulação** se a modulação for a melhor solução para defender o **interesse público** e a **segurança jurídica**[50].

4.15.2.4 Forma do ato anulatório

O ato anulatório deve observar a **mesma forma** utilizada para a prática do ato anulado.

4.15.2.5 Natureza da competência anulatória

O art. 53 da Lei n. 9.784/99 afirma que a Administração "deve" anular seus atos ilegais. Daí concluir-se que anulação é um **dever da Administração,** e não uma simples faculdade.

---

50. Diogo de Figueiredo Moreira Neto, *Curso de direito administrativo*, p. 230.

4.15.2.6 Anulação e indenização

Em princípio, a anulação de ato administrativo **não gera dever de indenizar** o particular **prejudicado**, exceto se comprovadamente tiver sofrido dano especial para a ocorrência do qual não tenha colaborado.

> A prova da OAB Nacional elaborada pelo Cespe considerou INCORRETA a afirmação: "A anulação de um ato administrativo, em regra, implica o dever da Administração de indenizar o administrado pelos prejuízos decorrentes da invalidação do ato".

4.15.2.7 Limites ao dever anulatório

A doutrina considera que a anulação não pode ser realizada quando: a) **ultrapassado o prazo legal**; b) houver **consolidação dos efeitos produzidos**; c) for mais conveniente para o interesse público manter a situação fática já consolidada do que determinar a anulação (**teoria do fato consumado**); d) houver **possibilidade de convalidação**.

4.15.2.8 Comparação entre revogação e anulação

> A prova de Analista Financeiro da CGU feita pela Esaf considerou CORRETA a afirmação: "Quanto à aplicação de princípios constitucionais em processos administrativos, é entendimento pacificado no Supremo Tribunal Federal, constituindo súmula vinculante para toda a Administração e Tribunais inferiores, que, nos processos perante o Tribunal de Contas da União, asseguram-se o contraditório e a ampla defesa quando da decisão puder resultar anulação ou revogação de ato administrativo que beneficie o interessado, sem exceção".

De tudo quanto foi dito nos itens anteriores, podem ser destacadas várias diferenças entre revogação e anulação. Convém reforçar as mais importantes, conforme quadro a seguir.

Quadro comparativo entre anulação e revogação

	Anulação	**Revogação**
Motivo	Ilegalidade	Conveniência e oportunidade (interesse público)
Competência	Administração e Poder Judiciário	Somente a Administração
Efeitos	Retroativos (*ex tunc*)	Não retroativos (*ex nunc*)
Ato que realiza	Ato anulatório	Ato revocatório
Natureza	Decisão vinculada	Decisão discricionária
Alcance	Atos vinculados e atos discricionários	Atos discricionários perfeitos e eficazes
Prazo	5 anos	Não tem
Dica especial	Anulação de atos ampliativos e dos praticados por funcionário de fato tem efeitos *ex nunc*	A revogação só pode ser realizada com a superveniência de fato novo que deve constar da motivação do ato revocatório

4.15.3 Cassação

> A prova de Analista Financeiro feita pela Esaf considerou CORRETA a afirmação: "No âmbito das teorias relativas à invalidação do ato administrativo, entende-se a figura da cassação como a retirada do ato, porque o destinatário descumpriu condições que deveriam permanecer atendidas a fim de dar continuidade à situação jurídica".

É a modalidade de extinção do ato administrativo que ocorre quando o administrado **deixa de preencher condição necessária** para permanência da vantagem. Exemplo: habilitação cassada porque o condutor ficou cego.

4.15.4 Caducidade ou decaimento

Consiste na extinção do ato em consequência da **sobrevinda de norma legal proibindo situação** que o ato autorizava. Funciona como uma **anulação** por causa **superveniente**. Como a caducidade não produz efeitos automáticos, é necessária a prática de um ato constitutivo secundário determinando a extinção do ato decaído. Exemplo: perda do direito de utilizar imóvel com fins comerciais com a aprovação de lei transformando a área em exclusivamente residencial.

> A prova de Delegado da Polícia Federal elaborada pelo Cespe considerou CORRETA a afirmação: "Ocorre a extinção do ato administrativo por caducidade quando o ato perde seus efeitos jurídicos em razão de norma jurídica superveniente que impede a permanência da situação anteriormente consentida".

4.15.5 Contraposição

Ocorre com a expedição de um **segundo ato**, fundado em **competência diversa**, cujos **efeitos são contrapostos** aos do ato inicial, produzindo sua extinção. A contraposição é uma espécie de revogação praticada por autoridade distinta da que expediu o ato inicial. Exemplo: ato de nomeação de um funcionário extinto com a exoneração.

4.15.6 Extinções inominadas

O avançado estágio de desenvolvimento da teoria da extinção do ato administrativo não impede a constatação de situações concretas em que o ato desaparece sem que haja enquadramento em qualquer das modalidades acima referidas. São extinções atípicas ou inominadas. Exemplo: ordem expedida por semáforo tida como sem efeito em razão de ordem contrária determinada por um guarda de trânsito.

4.16 CONVALIDAÇÃO

Convalidação, sanatória, aperfeiçoamento, convalescimento, sanação, terapêutica, depuração ou aproveitamento é uma forma de **suprir defeitos leves** do ato para preservar sua eficácia. É realizada por meio de um segundo ato chamado **ato convalidatório**. O ato convalidatório tem **natureza vinculada** (corrente majoritária), **constitutiva, secundária** e eficácia ***ex tunc***.

> A prova de Analista Financeiro feita pela Esaf considerou CORRETA a afirmação: "Os efeitos da convalidação retroagem à data da prática do ato convalidado".

Assim como a invalidação, a convalidação constitui meio para **restaurar a juridicidade**.

> Utilizando o interessante conceito de MEIOS PARA RESTAURAR A JURIDICIDADE, a prova da OAB/SP elaborada pelo Cespe considerou CORRETA a afirmação: "São meios para restaurar a juridicidade administrativa, e não para adequá-la às mudanças da realidade social, a invalidação e a convalidação, ambas exercidas pela Administração Pública".

O fundamento da convalidação é a preservação da **segurança jurídica** e da **economia processual**, evitando-se que o ato viciado seja anulado e, em decorrência, seus efeitos sejam desconstituídos.

O objeto da convalidação é um ato administrativo, vinculado ou discricionário, possuidor de **vício sanável** ensejador de **anulabilidade**. Atos inexistentes, nulos ou irregulares nunca podem ser convalidados.

> Entendendo que a convalidação SOMENTE PODE RATIFICAR O ATO INTEIRO, a prova da OAB/MS considerou INCORRETA a afirmação: "Convalidação é o processo de que se vale a Administração para aproveitar atos administrativos com vícios superáveis, de forma a confirmá-los, no todo ou em parte".

São passíveis de convalidação os atos com defeito na **competência** ou na **forma**. Defeitos no objeto, motivo ou finalidade são insanáveis, obrigando a anulação do ato. José dos Santos Carvalho Filho, no entanto, admite convalidação de ato com vício no objeto, motivo ou finalidade quando se tratar de ato plúrimo, isto é, "quando a vontade administrativa se preordenar a mais de uma providência administrativa no mesmo ato: aqui será viável suprimir ou alterar alguma providência e aproveitar o ato quanto às demais providências, não atingidas por qualquer vício"[51].

> Entendendo que incompetência em razão da matéria é vício do OBJETO, a prova de Analista Financeiro feita pela Esaf considerou CORRETA a afirmação: "Não se admite convalidação quando o ato está viciado por incompetência em razão da matéria".
>
> A prova de Analista Financeiro feita pela Esaf considerou CORRETA a afirmação: "A convalidação de ato viciado quanto à forma é possível, desde que esta não seja essencial à validade do ato".

O art. 55 da Lei n. 9.784/99 disciplina a convalidação nos seguintes termos: "Em decisão na qual se evidencie não acarretarem lesão ao interesse público nem prejuízo a terceiros, os **atos que apresentarem defeitos sanáveis poderão ser convalidados** pela própria Administração".

---

51. *Manual de direito administrativo*, p. 159.

> A prova da OAB/RO considerou CORRETA a afirmação: "Em decisão na qual se evidencie não acarretar lesão ao interesse público, os atos que apresentarem defeitos sanáveis poderão ser convalidados pela própria Administração".

Ao afirmar que os atos com defeitos sanáveis "poderão ser convalidados", a **Lei do Processo Administrativo** abertamente tratou da convalidação como faculdade, uma **decisão discricionária**. A solução é absurda porque traz como consequência aceitar que a anulação do ato também é uma opção discricionária. Se a convalidação é escolha discricionária, então o outro caminho possível diante do ato viciado (anulação) igualmente seria escolha discricionária. Mas isso contraria frontalmente a natureza jurídica da anulação. É por isso que a doutrina considera a convalidação como um **dever**, uma **decisão vinculada**.

> Adotando a solução da Lei n. 9.784/99, a prova de Analista Financeiro feita pela Esaf considerou CORRETA a afirmação: "O ato de convalidação classifica-se como ato discricionário".

O argumento principal em prol da natureza vinculada da **convalidação** é que em favor dela concorrem dois valores jurídicos: a **economia processual** e a **segurança jurídica**; enquanto o argumento pela **anulação** é abonado somente pelo **princípio da legalidade**[52]. Portanto, para a lei, a convalidação é um poder; para a doutrina, um dever.

Celso Antônio Bandeira de Mello, entretanto, identifica um único caso em que a convalidação seria **discricionária: vício de competência em ato de conteúdo discricionário**[53].

Existem **três espécies** de convalidação:

a) **ratificação:** quando a convalidação é realizada pela **mesma autoridade** que praticou o ato;

b) **confirmação:** realizada por outra **autoridade**;

> Reconhecendo ser a prescrição hipótese de confirmação, a prova de Analista Judiciário do TRT/PB considerou CORRETA a afirmação: "É caracterizada como hipótese de confirmação a que se dá em decorrência da prescrição do direito de anular o ato administrativo".
>
> A prova da Procuradoria do Distrito Federal/2007 considerou CORRETA a afirmação: "Diogo de Figueiredo Moreira Neto, em sua Teoria do aperfeiçoamento da relação jurídica com defeito de legalidade, formula o conceito de fato sanatório, o qual ocorre com a consumação da prescrição, tanto introversa quanto extroversa".

c) **saneamento:** nos casos em que o **particular** é quem promove a sanatória do ato.

Quanto aos **limites**, não podem ser objeto de convalidação os atos administrativos:

52. Weida Zancaner, *Da convalidação e da invalidação dos atos administrativos*. 2. ed. São Paulo: Malheiros, 1996, p. 68.

53. *Curso de direito administrativo*, p. 165.

a) com vícios no **objeto, motivo e finalidade**;

b) cujo defeito **já tenha sido impugnado** perante a Administração Pública ou o Poder Judiciário;

c) com defeitos na competência ou na forma, quando **insanáveis**;

d) portadores de **vícios estabilizados** por força de **prescrição** ou **decadência**;

e) cuja convalidação possa causar **lesão ao interesse público**;

f) em que a convalidação pode ilegitimamente **prejudicar terceiros**;

g) se a existência do vício invalidante for imputada à parte que presumidamente se beneficiará do ato[54];

h) se o defeito for grave e manifesto (teoria da evidência)[55].

Por fim, sendo ato administrativo vinculado, o ato convalidatório **pode ser anulado**, mas **não revogado**.

4.16.1 Teoria dos atos sanatórios

Diogo de Figueiredo Moreira Neto construiu uma teoria bastante sofisticada para tratar do "aperfeiçoamento da relação jurídico-administrativa com defeito de legalidade"[56].

Segundo o autor, a **sanatória voluntária** (convalidação) possui três modalidades:

a) ratificação: corrige defeito de competência;

b) reforma: elimina a parte viciada de um ato defeituoso;

c) conversão administrativa: a Administração transforma um ato com vício de legalidade, aproveitando seus elementos válidos, em um novo ato. O autor reconhece ainda a possibilidade de uma conversão legislativa, promovida, não por meio de ato administrativo, mas por força de lei.

Além das modalidades voluntárias, o referido administrativista faz referência à **sanatória não voluntária** ou **fato sanatório**, nomes atribuídos aos institutos da prescrição e da decadência, que operam a estabilização de defeitos do ato administrativo pelo transcurso de um prazo legal associado à inércia do titular do direito à impugnação.

4.17 CONVERSÃO

Conversão é o **aproveitamento de ato defeituoso como ato válido** de outra categoria[57]. Exemplo: contrato de concessão outorgado mediante licitação em modalidade diversa da concorrência convertido em permissão de serviço público.

---

54. Diogo de Figueiredo Moreira Neto, *Curso de direito administrativo*, p. 242.

55. Diogo de Figueiredo Moreira Neto, *Curso de direito administrativo*, p. 242.

56. *Curso de direito administrativo*, p. 241.

57. Nesse sentido, entre outros: Celso Antônio Bandeira de Mello, *Curso de direito administrativo*, p. 475; Lucia Valle Figueiredo, *Curso de direito administrativo*.

Assim, para a *corrente majoritária*, a conversão caracteriza-se pela mudança na tipificação formal do ato, sem qualquer impacto sobre seu objeto (conteúdo).

A conversão tem natureza **constitutiva, discricionária e eficácia retroativa** (*ex tunc*).

Adotando concepção minoritária, José dos Santos Carvalho Filho trata da conversão como espécie do gênero convalidação. Para o autor, trata-se do saneamento realizado em parte do objeto do ato, pelo qual a Administração, "depois de retirar parte inválida do ato anterior, processa sua substituição por uma nova parte, de modo que o novo ato passa a conter a parte válida anterior e uma parte nova, nascida esta com o ato de aproveitamento. Exemplo: um ato promoveu A e B por merecimento e antiguidade, respectivamente, verificando após que não deveria ser B mas C o promovido por antiguidade, pratica novo ato mantendo a promoção de A (que não teve vício) e insere a de C, retirando a de B, por ser esta válida"[58].

4.18 JURISPRUDÊNCIA

4.18.1 STJ

Ato complexo: A portaria interministerial editada pelos Ministérios da Educação e do Planejamento demanda a manifestação das duas pastas para a sua revogação (MS 14.731-DF, rel. Min. Napoleão Nunes Maia Filho, por unanimidade, j. 14-12-2016, *DJe* 2-2-2017).

Demarcação de terras: Não há nulidade em processo de remarcação de terras indígenas por ausência de notificação direta a eventuais interessados, bastando que a publicação do resumo do relatório circunstanciado seja afixada na sede da Prefeitura Municipal da situação do imóvel (MS 22.816-DF, rel. Min. Mauro Campbell Marques, por unanimidade, j. 13-9-2017, *DJe* 19-9-2017).

Impossibilidade de remarcação ampliativa de terra indígena: A alegação de que a demarcação da terra indígena não observou os parâmetros estabelecidos pela CF/88 não justifica a remarcação ampliativa de áreas originariamente demarcadas em período anterior à sua promulgação (MS 21.572-AL, rel. Min. Sérgio Kukina, j. 10-6-2015, *DJe* 18-6-2015).

Demarcação de terras indígenas: No procedimento administrativo de demarcação das terras indígenas, regulado pelo Decreto n. 1.775/96, é imprescindível a realização da etapa de levantamento da área a ser demarcada, ainda que já tenham sido realizados trabalhos de identificação e delimitação da terra indígena de maneira avançada (REsp 1.551.033-PR, rel. Min. Humberto Martins, j. 6-10-2015, *DJe* 16-10-2015).

58. *Manual de direito administrativo*, p. 167.

Pena de demissão: Deve ser aplicada a penalidade de demissão ao servidor público federal que obtiver proveito econômico indevido em razão do cargo, independentemente do valor auferido. Isso porque não incide, na esfera administrativa – ao contrário do que se tem na esfera penal –, o princípio da insignificância quando constatada falta disciplinar prevista no art. 132 da Lei n. 8.112/90. Dessa forma, o proveito econômico recebido pelo servidor é irrelevante para a aplicação da penalidade administrativa de demissão, razão pela qual é despiciendo falar, nessa hipótese, em falta de razoabilidade ou proporcionalidade da pena. Conclui-se, então, que o ato de demissão é vinculado, cabendo unicamente ao administrador aplicar a penalidade prevista (MS 18.090-DF, rel. Min. Humberto Martins, j. 8-5-2013).

4.18.2 STF

Atos administrativos (anulação de anistia e prazo decadencial): No exercício do seu poder de autotutela, poderá a Administração Pública rever os atos de concessão de anistia a cabos da Aeronáutica com fundamento na Portaria n. 1.104/64, quando se comprovar a ausência de ato com motivação exclusivamente política, assegurando-se ao anistiado, em procedimento administrativo, o devido processo legal e a não devolução das verbas já recebidas (RE 817.338/DF, rel. Min. Dias Toffoli, j. 16-10-2019 – *Informativo* 956, Plenário).

Atos administrativos (TCU: auditoria e decadência): O disposto no art. 54 da Lei n. 9.784/99 ("Art. 54. O direito da Administração de anular os atos administrativos de que decorram efeitos favoráveis para os destinatários decai em cinco anos, contados da data em que foram praticados, salvo comprovada má-fé") aplica-se às hipóteses de auditorias realizadas pelo TCU em âmbito de controle de legalidade administrativa (MS 31.344/DF, 1ª Turma, rel. Min. Marco Aurélio, 23-4-2013 – *Informativo* n. 703).

Ato administrativo (Termo inicial do prazo para registro de aposentadoria): O termo *a quo* do prazo de 5 anos para que o Tribunal de Contas da União – TCU examine a legalidade dos atos concessivos de aposentadorias, reformas e pensões, conta-se a partir da data de chegada do processo administrativo na própria Corte de Contas (MS 24.781/DF, rel. orig. Min. Ellen Gracie, red. p/ o acórdão Min. Gilmar Mendes, 2-3-2011).

Ato administrativo (MEC: registro de diploma de mestrado em curso de caráter experimental): A 1ª Turma negou provimento a recurso extraordinário no qual pretendido que o Poder Judiciário determinasse à Universidade do Rio de Janeiro – URJ a retirada de adjetivação no sentido de que o diploma de mestrado do recorrente não teria validade perante o Ministério da Educação – MEC. Tratava-se, na origem, de mandado de segurança impetrado contra ato do Sub-Reitor da URJ, que expedira diploma ao recorrente, mas com a explicitação de não ter validade nacional compulsória, de acordo com o art. 48 da Lei n. 9.394/96 (Lei de Diretrizes e Bases da Educação). Entendeu-se que o aluno de curso de mestrado instituído em caráter experimental, com conhecimento dessa condição, não teria o direito líquido e certo de exigir da Universidade o registro no MEC de seu diploma. Reputou-se que a Universidade limitara-se a cumprir o que determinado em lei, a qual não autorizaria a validade nacional de diploma sem que o curso tivesse sido reconhecido pelo órgão competente (RE 566.365/RJ, rel. Min. Dias Toffoli, 22-2-2011).

4.18.3 Repercussão Geral

Atos administrativos: Em atenção aos princípios da segurança jurídica e da confiança legítima, os Tribunais de Contas estão sujeitos ao prazo de 5 anos para o julgamento da legalidade do ato de concessão inicial de aposentadoria, reforma ou pensão, a contar da chegada do processo à respectiva Corte de Contas (RE 636.553, 19-2-2020).

Atos administrativos: A proibição ou restrição da atividade de transporte privado individual por motorista cadastrado em aplicativo é inconstitucional, por violação aos princípios da livre iniciativa e da livre concorrência; e 2. No exercício de sua competência para regulamentação e fiscalização do transporte privado individual de passageiros, os Municípios e o Distrito Federal não podem contrariar os parâmetros fixados pelo legislador federal, CF/88, art. 22, XI (RE 1.054.110, 8-5-2019).

Atos administrativos: O Ministério Público é parte legítima para o ajuizamento de ação coletiva que visa anular ato administrativo de aposentadoria que importe em lesão ao patrimônio público (RE 409.356, 25-10-2018).

Atos administrativos: Ao Estado é facultada a revogação de atos que repute ilegalmente praticados; porém, se de tais atos já tiverem decorrido efeitos concretos, seu desfazimento deve ser precedido de regular processo administrativo (RE 594.296, 21-9-2011).

4.19 QUADRO SINÓTICO

ATOS ADMINISTRATIVOS
Ato administrativo é toda manifestação expedida no exercício da função administrativa (que nem sempre constitui declaração de vontade), com caráter infralegal (necessária subordinação aos dispositivos legais), consistente na emissão de comandos complementares à lei (não pode atuar contrariando a lei [*contra legem*], ou fora da lei [*praeter legem*], e deve atuar conforme a lei [*secundum legem*]), com a finalidade de produzir efeitos jurídicos (adquirir, resguardar, modificar, extinguir e declarar direitos). **Lembrem-se:** o ato administrativo cumpre importante papel de controle sobre as atividades da Administração Pública.

FATO ADMINISTRATIVO
É **toda** atividade material **no exercício da função administrativa**, que visa a **efeitos de ordem prática** para a Administração, ou seja, tudo aquilo que retrata alteração dinâmica na Administração, ou **movimento na ação administrativa**.

ATOS DA ADMINISTRAÇÃO	
CONCEITO	**ESPÉCIES**
São **atos jurídicos** praticados pela Administração Pública, que não se enquadram no conceito de atos administrativos, como os atos legislativos expedidos no exercício de função atípica, os atos políticos definidos na Constituição Federal, os atos regidos pelo Direito Privado e os atos meramente materiais. (Corrente **majoritária em todos os concursos** e defendida por Celso Antônio Bandeira de Mello, Diogenes Gasparini e José dos Santos Carvalho Filho.)	**Atos políticos ou de governo:** têm competência extraída diretamente da CF e são praticados com ampla margem de discricionariedade; **atos meramente materiais:** prestação concreta de serviços; **atos legislativos ou jurisdicionais:** excepcionalmente, na função atípica; **atos de gestão ou regidos pelo direito privado:** a Administração Pública ocupa lugar de igualdade perante o particular em relação jurídica submetida ao direito privado, por isso são raros; **contratos administrativos:** vinculações jurídicas bilaterais, por exemplo, contrato de fornecimento.

SILÊNCIO ADMINISTRATIVO
Silêncio é fato administrativo **ATENÇÃO:** pode ocorrer de a lei atribuir algum significado específico ao silêncio, ligando efeitos jurídicos à omissão da Administração.

ATRIBUTOS DO ATO ADMINISTRATIVO			
Os atos administrativos são revestidos de propriedades jurídicas especiais decorrentes da supremacia do interesse público sobre o privado. A doutrina mais moderna faz referência a cinco atributos, a saber:			
ATRIBUTO	**SÍNTESE**	**ABRANGÊNCIA**	**DICA ESPECIAL**
Presunção de legitimidade	O ato é válido até prova em contrário, diz respeito à validade do ato em si. A presunção de veracidade consagraria, por sua vez, a verdade dos fatos motivadores do ato.	Todos os atos administrativos + os atos da Administração	Presunção relativa (*juris tantum*)
Imperatividade	O ato cria unilateralmente obrigação ao particular.	Maioria dos atos administrativos.	Deriva do poder extroverso.
Exigibilidade	Aplicação de sanções administrativas, como multas, advertências e interdição de estabelecimentos (coerção indireta). Não permite uso de força física.	Maioria dos atos administrativos.	Pune, mas não desfaz a ilegalidade.
Autoexecutoriedade	Execução material que desconstitui a ilegalidade, usando força física se preciso for (coerção direta). Pune e desconstitui situação ilegal.	Alguns atos administrativos.	Só quando a lei prevê ou em situações emergenciais.
Tipicidade	Respeito às finalidades específicas.	Todos os atos administrativos.	Proíbe atos atípicos ou inominados.

PLANOS LÓGICOS DO ATO ADMINISTRATIVO		
EXISTÊNCIA	**VALIDADE**	**EFICÁCIA**
Também chamado de perfeição, consiste no **cumprimento do ciclo de formação** do ato.	**Conformidade com os requisitos** estabelecidos pelo ordenamento jurídico.	É a **aptidão** do ato **para produzir efeitos jurídicos**

MÉRITO DO ATO ADMINISTRATIVO	
É a **margem de liberdade** que os atos discricionários recebem da lei para permitir aos agentes públicos escolher, **diante da situação concreta**, qual a melhor maneira **de atender ao interesse público.**	
CONTROLE JUDICIAL TRÍPLICE SOBRE O MÉRITO	**GRAVE INOPORTUNIDADE E INCONVENIÊNCIA**
Controle exercido pelo Poder Judiciário, especialmente sobre três aspectos fundamentais: **razoabilidade e proporcionalidade** da decisão; teoria dos **motivos determinantes**; e ausência de **desvio de finalidade**.	Grave **inoportunidade** (expedição sem observância do **momento** e do **motivo** apropriados) viola o princípio da razoabilidade. Grave **inconveniência** (desatenção na escolha do **conteúdo** e na **intensidade dos efeitos**) fere o princípio da proporcionalidade.

REQUISITOS DO ATO ADMINISTRATIVO	
CORRENTE CLÁSSICA (HELY LOPES MEIRELLES)	**CORRENTE MODERNA (CELSO ANTÔNIO BANDEIRA DE MELLO)**
1. Competência do sujeito (praticado por agente competente segundo a legislação – poder atribuído ao agente para o desempenho de suas funções). **2. Forma** (é o modo de exteriorização e procedimentos prévios; em regra a forma é escrita, excepcionalmente pode ser verbal, gestual ou expedida visualmente por máquinas). **3. Finalidade** (é o objetivo de interesse público pretendido – sempre que visar interesse alheio ao público será nulo por desvio de finalidade). **4. Objeto** (ordem determinada, ou resultado prático pretendido, é o conteúdo do ato). **5. Motivo** (a situação de fato e o fundamento jurídico que autorizam a prática do ato).	**1. Sujeito** (pressuposto subjetivo sobre quem praticou o ato, devendo estudar a capacidade do agente, a quantidade de atribuições do órgão, a competência do agente emanador e a existência de óbices à atuação no caso concreto). **2. Requisitos procedimentais** (atos jurídicos prévios e indispensáveis para a prática do ato). **3. Causa** (pressuposto lógico consistente no nexo de adequação entre motivo e conteúdo). **4. Motivo** (situação fática que autoriza a prática do ato). **5. Finalidade** (bem jurídico pertinente ao interesse público pretendido). **6. Formalização** (pressuposto formal, é o modo como o ato deve ser praticado).

TEORIA MAJORITÁRIA SOBRE A NULIDADE DO ATO ADMINISTRATIVO
Defendida por Celso Antônio Bandeira de Mello e adotada pela maioria dos concursos, a **Teoria Quaternária** reconhece quatro tipos de atos ilegais: **1. Atos inexistentes:** quando faltar algum elemento do ciclo de formação do ato; **2. Atos nulos:** portadores de defeitos graves, insuscetíveis de convalidação; **3. Atos anuláveis:** possuidores de defeitos leves, passíveis de convalidação; e **4. Atos irregulares:** detentores de defeitos levíssimos e irrelevantes, normalmente quanto à forma, não prejudicando a validade do ato.

VÍCIOS EM ESPÉCIE		
DEFEITO	**CARACTERIZAÇÃO**	**CONSEQUÊNCIA**
USURPAÇÃO DE FUNÇÃO	Particular pratica ato privativo de servidor.	INEXISTENTE
EXCESSO DE PODER	Praticado por agente competente, mas excedendo os limites de sua competência.	NULO
FUNCIONÁRIO DE FATO	Indivíduo que ingressou irregularmente no serviço público.	Boa-fé: ANULÁVEL Má-fé: NULO
INCOMPETÊNCIA	Servidor pratica ato fora de suas atribuições.	ANULÁVEL
OBJETO MATERIALMENTE IMPOSSÍVEL	Exige conduta irrealizável.	INEXISTENTE
OBJETO JURIDICAMENTE IMPOSSÍVEL	Exige comportamento ilegal.	Exigência ilegal: NULO Exigência criminosa: INEXISTENTE
OMISSÃO DE FORMALIDADE INDISPENSÁVEL	Descumprimento da forma legal.	ANULÁVEL
INEXISTÊNCIA DO MOTIVO	O fundamento de fato não ocorreu.	NULO
FALSIDADE DO MOTIVO	O motivo alegado não corresponde ao que realmente ocorreu.	NULO
DESVIO DE FINALIDADE	Praticado visando fim alheio ao interesse público.	NULO

CLASSIFICAÇÃO DOS ATOS

ATOS DISCRICIONÁRIOS	ATOS VINCULADOS
São praticados pela Administração com **margem de liberdade (juízo de oportunidade e conveniência no motivo ou no objeto – mérito)** para que o agente público decida qual a melhor maneira de **atingir o interesse público, podendo**, portanto, **ser anulados** (vício de legalidade) **ou revogados** (interesse público) e sofrem controle judicial exceto em relação ao mérito.	A **lei define** de antemão todos os aspectos da **conduta**, vinculando os atos que, além de não possuírem margem alguma de liberdade, **não podem ser revogados**, uma vez que não possuem mérito (juízo de oportunidade e conveniência relacionado à prática do ato). Entretanto, **podem ser anulados** por vício de legalidade e sofrem controle judicial.

ATOS SIMPLES	ATOS COMPOSTOS	ATOS COMPLEXOS
Resultam da manifestação de **um único órgão**, independentemente de ser este singular ou colegiado. Ex.: decisão do conselho de contribuintes.	Praticados por **um único órgão**, mas que dependem de **manifestação de outro** órgão (complementar) como **condição de exequibilidade**. Ex.: auto de infração que depende de visto de autoridade superior.	Formados pela **conjugação de mais de um órgão ou agente**, sendo que a manifestação do último órgão ou agente **é elemento de existência** para que o ato seja perfeito, tornando-se, assim, passível de ser atacado pela via judicial ou administrativa. Ex.: nomeação de diretor de agência reguladora

COMPARANDO OS ATOS

	SIMPLES	COMPOSTO	COMPLEXO
MECANISMO DE FORMAÇÃO	Manifestação de um único órgão.	Praticado por um órgão, mas sujeito à aprovação de outro.	Conjugação de vontades de mais de um órgão ou agente.
EXEMPLO IMPORTANTE	Decisão do conselho de contribuintes.	Auto de infração que depende do visto de autoridade superior.	Nomeação de diretor de agência reguladora.
DICA ESPECIAL	A vontade do único órgão torna o ato existente, válido e eficaz.	A vontade do segundo órgão é condição de exequibilidade do ato (só com a primeira vontade o ato é existente, válido e eficaz. Mas não exequível).	A vontade do último órgão ou agente é elemento de existência do ato.
O QUE GUARDAR	Mesmo se o órgão for colegiado o ato é simples.	Apareceu na prova "condição de exequibilidade", o ato é composto	Todas as vontades se fundem na prática de um ato.

ESPÉCIES DE ATOS

NORMATIVOS	ORDINATÓRIOS	NEGOCIAIS	ENUNCIATIVOS	PUNITIVOS
Contêm comandos, em regra, gerais e abstratos para viabilizar o cumprimento da lei. Ex.: decretos, regulamentos, regimentos e resoluções.	Manifestações internas decorrentes do poder hierárquico sobre funcionamento de órgãos e condutas. Ex.: circulares, avisos, portarias.	Manifestam a vontade da Administração em concordância com interesses de particulares. Ex.: licença, autorização, permissão, concessão.	De pronúncia, certificam ou atestam situação existente, não contendo manifestação de vontade. Ex.: certidões, pareceres técnicos e normativos.	Aplicam sanções a particulares ou a servidores que pratiquem condutas irregulares. Ex.: multas, destruição de coisas, interdição de atividade.

FORMAS E CONTEÚDOS DE ATOS

Algumas nomenclaturas específicas são veículos introdutores de normas, enquanto outras consistem na própria norma.

FORMA	CONTEÚDO
DECRETO	Regulamentos, outros atos normativos e, excepcionalmente, atos concretos.
ALVARÁ	Autorizações e licenças.
RESOLUÇÃO	Deliberações colegiadas.
AVISO	Ofícios e instruções.
PORTARIA	Instruções, ordens de serviço e circulares.

PRINCIPAIS DIFERENÇAS ENTRE CONCESSÃO, PERMISSÃO E AUTORIZAÇÃO

	CONCESSÃO	**PERMISSÃO**	**AUTORIZAÇÃO**
NATUREZA	Bilateral (contrato).	Unilateral, discricionária e precária (a Lei n. 8.987/95 diz que é "contrato de adesão".	Unilateral, discricionária, constitutiva e precária.
BENEFICIÁRIOS	Pessoa jurídica.	Pessoas físicas e jurídicas.	Pessoas físicas e jurídicas.
LICITAÇÃO	Concorrência	Qualquer modalidade.	Exige em qualquer modalidade.
PRAZO	Determinado.	Em regra, indeterminado (mas a permissão anômala tem prazo determinado. Havendo revogação antecipada, gera dever de indenizar)	Indeterminado.
OUTORGA	Lei específica.	Autorização legislativa.	Autorização legislativa.
DICA	Na concorrência o julgamento da proposta antecede a habilitação.	Outorgada no interesse predominante da coletividade (público).	Outorgada no interesse predominante do particular.
EXEMPLOS	Rodovias, telefonia fixa, rádio, TV e empresas aéreas.	Transporte de passageiros e taxistas.	Instalação de mesas de bar em calçadas (autorização de uso de bem público).

ATOS NÃO EFICAZES

1. **Pela retirada** (revogação e anulação);
2. **Recusa** (do beneficiário).

MODALIDADES DE EXTINÇÃO DO ATO

Revogação, Anulação ou Invalidação, Cassação, Caducidade ou Decaimento, Contraposição e Extinções Inominadas.

REVOGAÇÃO

O **ato discricionário, perfeito, válido e eficaz** é extinto por tornar-se **inconveniente e inoportuno**, com efeito *ex nunc*, **não retroativo** (preservando efeitos já produzidos) **em virtude de causa superveniente** que altera o anterior juízo de conveniência e oportunidade, obrigando a Administração a **expedir um segundo ato (revocatório)** para extinguir o anterior. O ato revocatório é **secundário**, **constitutivo**, **discricionário** e de competência (**intransmissível**, **irrevogável** e **imprescritível**) da mesma autoridade que praticou o ato revogado, devendo ter **obrigatoriamente a mesma forma** daquele, bem como finalidade específica para tanto.

DICA: a revogação só pode ser realizada se houver a superveniência de fato novo.

ANULAÇÃO OU INVALIDAÇÃO

É a extinção de um ato **ilegal**, determinada pela Administração ou pelo Judiciário, com **eficácia retroativa**, *ex tunc* (com exceção de atos unilaterais ampliativos e dos praticados por funcionário de fato, ambos mediante comprovação de boa-fé, que terão efeito *ex nunc*), fundada no poder de **autotutela** e no princípio da **legalidade**. O ato anulatório é **secundário**, **constitutivo**, **vinculado** e possui **prazo decadencial de cinco anos** para ser decretado, devendo ainda observar a **mesma forma** utilizada para a prática do ato anulado. Em regra **não gera dever de indenizar** (exceto se sofreu dano especial, para a ocorrência do qual não tenha colaborado).

O ato não poderá ser anulado quando: ultrapassar o prazo legal, houver consolidação dos efeitos produzidos, for mais conveniente para o interesse público manter a situação (teoria do fato consumado), ou, ainda, quando houver possibilidade de convalidação.

DICA: a anulação de atos ampliativos e dos praticados por funcionário de fato tem efeito *ex nunc*.

CASSAÇÃO

Ocorre quando o favorecido deixa de preencher condição necessária para permanência da vantagem.

CADUCIDADE OU DECAIMENTO

Ocorre como consequência da sobrevinda de norma legal proibindo situação que o ato autorizava, (funciona como uma anulação por causa superveniente). Como não produz efeitos automáticos, é necessária prática de ato secundário para a extinção.

CONTRAPOSIÇÃO

Ocorre com a expedição de um segundo ato, fundado em competência diversa, cujos efeitos são contrapostos aos do ato inicial

EXTINÇÕES INOMINADAS
CONVALIDAÇÃO
É uma **forma de suprir defeitos leves** do ato para preservar sua eficácia, realizada por meio de um segundo ato (convalidatório). É ato **vinculado** (corrente majoritária), **constitutivo e com eficácia *ex tunc***.
CONVERSÃO
É o **aproveitamento de ato defeituoso como válido** em outra categoria. Ex.: contrato de concessão outorgado mediante licitação em modalidade diversa de concorrência, convertido em permissão de serviço público. É ato **constitutivo, discricionário e com eficácia *ex tunc***.

4.20 QUESTÕES

1. (Promotor Substituto – MPE-PR – 2019 – MPE-PR). Assinale a alternativa incorreta.

A) Ato administrativo é qualquer manifestação de vontade apta a produzir efeitos no âmbito do direito administrativo, ainda que praticado por um particular no exercício de sua autonomia privada, como a formulação de proposta numa licitação.

B) Os atos administrativos compostos resultam da conjugação da atividade individual de várias pessoas físicas, mas são unilaterais porque atribuíveis a um único sujeito, que é a administração pública.

C) A presunção de legitimidade do ato administrativo, quanto à ocorrência ou inocorrência de fatos, não se aplica quando o particular invocar perante o Judiciário a invalidade do procedimento administrativo anterior ao ato questionado, apontando vícios na atuação administrativa.

D) Uma vez constituída situação jurídica a integrar o patrimônio do administrado, a declaração de nulidade do ato administrativo, ainda que manifesta, pressupõe o contraditório.

E) Apenas podem ser revogados os atos administrativos praticados no exercício de competências discricionárias.

2. (Procurador – AL-GO – 2019 – Iades) Os atos administrativos são a expressão da vontade da Administração Pública, quer esta seja exarada no Poder Executivo, precipuamente, quer seja nos Poderes Legislativo e Judiciário, de maneira residual, nas atividades não finalísticas destes. No que tange aos elementos constitutivos dos atos administrativos, positivados na Lei n. 4.717/65, a Lei da Ação Popular, assinale a alternativa correta.

A) O objeto do ato administrativo poderá ser tanto vinculado pela legislação, impondo, assim, à Administração um resultado jurídico determinado, quanto discricionário, conferindo ao agente público a respectiva escolha, sendo, neste último caso, o resultado determinável.

B) Os elementos motivo e objeto apresentam a semelhança de terem conteúdo fático ou jurídico, podendo, ainda, ambos serem mistos.

C) A competência, como elemento caracterizador do sujeito ativo do ato administrativo, impõe a variação em grau, em razão de alguma especialização funcional, que seja acaso exigida para a prática de certos atos.

D) A análise para se constatar o desvio de finalidade pressupõe, necessariamente, o exame do fim previsto explicitamente no elemento da competência.

E) A teoria dos motivos determinantes, na qual há a vinculação dos atos administrativos à respectiva fundamentação, ainda que tais atos sejam discricionários, decorreu do aperfeiçoamento da obrigatoriedade da motivação insculpida na Constituição Federal de 1988.

3. (Procurador – AL-GO – 2019 – Iades) O interesse público é o grande vetor de interpretação dos atos administrativos. Como exemplo, pode-se apresentar a hipótese em que os referidos atos, quer pela respectiva formação incompleta, quer pelo próprio vício na sua edição, mesmo assim, poderão, por meio da própria integração ou do aperfeiçoamento, ser considerados válidos quanto aos respectivos efeitos. Com base no exposto, acerca do cenário do instituto jurídico-administrativo da sanatória, assinale a alternativa correta.

A) Da teoria da nulidade, tem-se o respectivo reconhecimento doutrinário da aplicação ao instituto da sanatória da equiparação dos atos inexistentes aos defeituosos.

B) A diferença entre os institutos da reforma e da conversão, em se tratando de sanatória, reside no fato de que, naquele, há o aproveitamento dos elementos válidos do ato viciado para que seja produzido um novo, enquanto, no da conversão, são eliminados os vícios do ato originário, sendo mantida a eficácia da respectiva parte válida.

C) Não há consenso quanto ao instituto da repristinação à sanatória se ocorrer a anulação do ato inválido.

D) A denominada sanatória indireta necessariamente será introversa, não produzindo efeitos de maneira extroversa.

E) A teoria da evidência aplicável, quando da edição do ato, afasta o instituto da sanatória.

4. (Administrador – AGU – 2019 – Idecan) A respeito dos atributos e da classificação dos atos administrativos, assinale a alternativa correta.

A) Os atributos dos atos administrativos são numerus clausus, a saber: autoexecutoriedade e presunção de veracidade.

B) A presunção de veracidade é atributo presente em todos os atos administrativos, gozando de natureza absoluta (*juris tantum*).

C) A cobrança de multa aplicada pela Administração Pública é exemplo clássico de ato administrativo provido de autoexecutoriedade.

D) No ato administrativo complexo, praticam-se dois atos, um principal e outro acessório, sendo que este pode ser pressuposto de validade ou ato complementar do ato principal.

E) O ato administrativo simples pode ser expressão da vontade de um órgão colegiado.

5. (Tecnólogo em Gestão Pública – IF-MS – 2019 – IF-MS) Segundo a doutrinadora Maria Sylvia Zanella Di Pietro, Ato Administrativo é "a declaração do Estado ou de quem o represente, que produz efeitos jurídicos imediatos, com observância da lei, sob regime jurídico de direito público e sujeita ao controle pelo poder judiciário". Diante disso, assinale abaixo a alternativa INCORRETA.

A) A presunção de legitimidade é um atributo do Ato Administrativo e diz respeito à conformidade do ato com a lei; em decorrência desse, presume-se, até a prova em contrário, que os atos administrativos foram emitidos em observância com a lei.

B) A imperatividade é um atributo do Ato Administrativo e é a razão pela qual os atos administrativos se impõem a terceiros, independentemente de sua concordância. É a prerrogativa que o Poder Público tem de impor obrigações a terceiros. Ela não existe em todos os atos administrativos, mas apenas naqueles que impõe obrigações. Quando se trata de ato que confere direitos solicitados pelo administrativo ou de ato apenas enunciativo, esse atributo inexiste.

C) A autoexecutoriedade é um atributo do Ato Administrativo e é a razão pela qual o ato administrativo pode ser posto em execução pela própria Administração Pública, sem necessidade de intervenção do Poder Judiciário.

D) A finalidade é um atributo do Ato Administrativo e é a razão pela qual o Ato Administrativo deva buscar sempre o interesse público e, em uma análise mais restrita, a finalidade determinada pela lei. É um elemento sempre vinculado.

E) Tipicidade é um atributo do Ato Administrativo e é a razão pela qual o Ato Administrativo deve corresponder a figuras definidas previamente pela lei como aptas a produzir determinados resultados. Para cada finalidade que a Administração pretende alcançar, existe um ato definido em lei. Trata-se de decorrência do princípio da legalidade, que afasta a possibilidade de a Administração praticar atos inominados.

6. (Tecnólogo em Gestão Pública – IF-MS – 2019 – IF-MS) A Administração Pública, para atender as necessidades da sociedade, goza de alguns poderes/deveres, como o Poder Normativo. Por meio do Poder Normativo, a Administração Pública edita as normas que disciplinam sua atuação. Nesse contexto, faça a correspondência entre os tipos de atos administrativos e suas respectivas definições:

I – decreto;

II – regimento;

III – circular;

IV – atestado;

V – alvará.

A) Ato unilateral, normativo, destinado a disciplinar a organização e o funcionamento de órgãos colegiados.

B) Ato utilizado para comprovar um fato ou situação de que se tenha conhecimento por seus órgãos competentes.

C) Ato utilizado para formalizar a outorga de uma autorização a um particular para o desempenho de atividades sujeitas à regulação estatal.

D) Ato unilateral pelo qual o chefe do Executivo exercita competência administrativa, para a qual não seja adequada outra forma específica.

E) Ato de que se valem autoridades para transmitir ordens internas uniformes a seus subordinados.

A) I-C – II-B – III-A – IV-E – V-D.

B) I-D – II-E – III-B – IV-A – V-C.

C) I-C – II-E – III-A – IV-B – V-D.
D) I-D – II-E – III-A – IV-C – V-B.
E) I-D – II-A – III-E – IV-B – V-C.

7. (Policial Rodoviário Federal – PRF – 2019 – Cespe) No tocante a atos administrativos, julgue o item a seguir.

Tanto a inexistência da matéria de fato quanto a sua inadequação jurídica podem configurar o vício de motivo de um ato administrativo.

( ) Certo
( ) Errado

8. (Auditor-Fiscal da Receita Estadual – Bloco II – Sefaz-RS – 2019 – Cespe) Caso uma autoridade da administração pública, como forma de punição, determine, de ofício, a remoção de um agente público com quem tenha tido desavenças anteriormente, o ato administrativo em questão revelará vício:

A) no motivo, sendo passível de convalidação;
B) na competência, sendo passível de convalidação;
C) na forma, sendo inviável a convalidação;
D) na finalidade, sendo inviável a convalidação;
E) na competência, sendo inviável a convalidação.

9. (Profissional de Nível Universitário Jr. – Direito – Itaipu Binacional – 2019 – NC-UFPR) A Lei da Ação Popular dispõe que são nulos os atos lesivos ao patrimônio das entidades públicas nos casos de incompetência, vício de forma, ilegalidade do objeto, inexistência dos motivos e desvio de finalidade. Com relação ao assunto, assinale a alternativa correta.

A) A incompetência se verifica quando o agente pratica o ato visando a fim diverso daquele previsto, explícita ou implicitamente, na regra de competência.
B) O vício de forma se verifica quando a matéria de fato ou de direito, em que se fundamenta o ato, é materialmente inexistente ou juridicamente inadequada ao resultado obtido.
C) A ilegalidade do objeto se verifica quando o resultado do ato importa em violação de lei, regulamento ou outro ato normativo.
D) A inexistência dos motivos consiste na omissão ou na observância incompleta ou irregular de formalidades indispensáveis à existência ou seriedade do ato.
E) O desvio de finalidade se verifica quando o ato não se incluir nas atribuições legais do agente que o praticou.

10. (Analista de Fomento – Advogado – Afap – 2019 – FCC) Dentre os elementos ou requisitos do ato administrativo, existem aqueles cuja inobservância NÃO é passível de ser sanada, a exemplo:

A) dos atos administrativos praticados por autoridade desprovida de competência privativa para sua edição;
B) das decisões proferidas em situações cujo substrato fático não corresponda à previsão legal expressa;
C) dos atos vinculados editados sem explicitação de motivação;
D) dos atos administrativos que não sejam objeto de publicação na imprensa oficial, em ofensa ao princípio da publicidade;
E) dos atos proferidos por autoridade pública para a qual tenha sido delegada competência privativa de autoridade superior.

GABARITO

1. A / **2.** A / **3.** E / **4.** E / **5.** D / **6.** E / **7.** CERTO / **8.** D / **9.** C / **10.** B

Acesse mais questões também pelo link:
http://somos.in/MDA1155

5

PODERES DA ADMINISTRAÇÃO

Acesse também a videoaula pelo link:
http://somos.in/MDA1106

5.1 PODERES-DEVERES

Para o adequado cumprimento de suas atribuições constitucionais, a legislação confere à Administração Pública competências especiais. Sendo prerrogativas relacionadas com obrigações, as competências administrativas constituem verdadeiros poderes-deveres instrumentais para a defesa do interesse público.

A doutrina costuma incluir nesse capítulo o estudo de sete poderes da Administração:

a) vinculado;

b) discricionário;

c) disciplinar;

d) hierárquico;

e) regulamentar;

f) de polícia;

g) normativo[1].

5.2 USO REGULAR E IRREGULAR DO PODER

Quando o agente público exerce adequadamente suas competências, atuando em conformidade com o regime jurídico-administrativo, sem excessos ou desvios, fala-se em uso regular do poder.

Porém, quando a competência é exercida fora dos limites legais ou visando interesse alheio ao interesse público, ocorre o uso irregular do poder, também conhecido como abuso de poder.

5.3 ABUSO DE PODER

Uso irregular do poder ou abuso de poder é um vício que torna o ato administrativo nulo sempre que o agente exerce indevidamente determinada competência administrativa. Além de causar a invalidade do ato, a prática do abuso de poder constitui ilícito ensejador de responsabilização da autoridade.

1. O estudo do poder normativo consta do item 3.8.3.5 deste *Manual*.

5.3.1 Abuso de poder pressupõe agente competente?

A doutrina pátria diverge quanto ao conceito exato do abuso de poder.

Para a **corrente majoritária**, o abuso de poder **sempre pressupõe um agente público competente**. Segundo Hely Lopes: "abuso de poder ocorre quando a autoridade, embora competente para praticar o ato, ultrapassa os limites de suas atribuições ou desvia das finalidades administrativas"[2]. É a mesma opinião defendida por Maria Sylvia Zanella Di Pietro[3]. Para a maioria dos autores, desse modo, o abuso de poder afetaria os requisitos motivo, objeto (excesso de poder) ou finalidade (desvio de poder), porém o ato não teria vício quanto à competência e à forma.

De outro lado, José dos Santos Carvalho Filho, sustentando **entendimento minoritário**, admite **abuso de poder praticado por autoridade incompetente**, especialmente na modalidade excesso de poder. Segundo o autor: "excesso de poder é a forma de abuso própria da atuação do agente fora dos limites de sua competência administrativa"[4]. Assim, o excesso de poder seria vício de competência, ao passo que o desvio de poder afetaria a finalidade do ato.

Embora seja bastante controvertido o tema, consideramos acertada a primeira orientação, segundo a qual o abuso de poder, nas suas duas modalidades (excesso e desvio), pressupõe agente público competente. Trata-se da visão mais segura para ser defendida em provas e concursos públicos.

5.3.2 Abuso de autoridade (Lei n. 13.869/2019)

Em 27 de setembro de 2019 foi promulgada a Lei n. 13.869/2019, que revogou a Lei n. 4.898/65, definindo crimes de abuso de autoridade cometidos por agente público, servidor ou não, que, no exercício de suas funções ou a pretexto de exercê-las, abuse do poder que lhe tenha sido atribuído (art. 1º).

Sujeita-se à lei qualquer agente público, servidor ou não, da administração direta, indireta ou fundacional de qualquer dos Poderes da União, dos Estados, do Distrito Federal, dos Municípios e de Território.

Nos termos do art. 4º, são efeitos da condenação:

"I – tornar certa a obrigação de indenizar o dano causado pelo crime, devendo o juiz, a requerimento do ofendido, fixar na sentença o valor mínimo para reparação dos danos causados pela infração, considerando os prejuízos por ele sofridos;

II – a inabilitação para o exercício de cargo, mandato ou função pública, pelo período de 1 (um) a 5 (cinco) anos;

III – a perda do cargo, do mandato ou da função pública".

A título de exemplo, podem ser citados os seguintes tipos penais criados pela nova Lei:

---

2. *Direito administrativo brasileiro*, p. 90.
3. *Direito administrativo*, p. 284.
4. *Manual de direito administrativo*, p. 48.

a) Decretar medida de privação da liberdade em manifesta desconformidade com as hipóteses legais (art. 9º);

b) Decretar a condução coercitiva de testemunha ou investigado manifestamente descabida ou sem prévia intimação de comparecimento ao juízo (art. 10);

c) Deixar injustificadamente de comunicar prisão em flagrante à autoridade judiciária no prazo legal (art. 12);

d) Impedir, sem justa causa, a entrevista pessoal e reservada do preso com seu advogado (art. 20);

e) Manter presos de ambos os sexos na mesma cela ou espaço de confinamento (art. 21);

f) Requisitar instauração ou instaurar procedimento investigatório de infração penal ou administrativa, em desfavor de alguém, à falta de qualquer indício da prática de crime, de ilícito funcional ou de infração administrativa (art. 27);

g) Divulgar gravação ou trecho de gravação sem relação com a prova que se pretenda produzir, expondo a intimidade ou a vida privada ou ferindo a honra ou a imagem do investigado ou acusado (art. 28).

5.4 EXCESSO DE PODER

O gênero "abuso de poder" comporta duas espécies: desvio de poder e excesso de poder.

No desvio de poder, também chamado desvio de finalidade, o agente competente atua visando interesse alheio ao interesse público.

Por outro lado, comete excesso de poder o agente público que exorbita no uso de suas atribuições, indo **além de sua competência**.

> A prova de Técnico do TCU elaborada pelo Cespe considerou CORRETA a afirmação: "O excesso de poder, uma das modalidades de abuso de poder, configura-se quando um agente público pratica determinado ato alheio à sua competência".

Quadro comparativo entre desvio de poder e excesso de poder

Abuso de poder
(gênero)

Excesso de poder
(espécie)

- agente competente (corrente majoritária)
- exorbitância de competência
- desproporcionalidade entre situação de fato e conduta praticada
- defeito no motivo e/ou objeto
- admite convalidação quando considerado defeito na competência

Desvio de poder
(espécie)

- agente competente
- ato visando interesse diverso do interesse público
- defeito na finalidade
- não pode ser convalidado

Conforme visto nos itens anteriores, predomina no Brasil a corrente doutrinária segundo a qual o excesso de poder caracteriza-se como um vício no motivo e/ou objeto do ato, mas que sempre pressupõe agente público competente.

Segundo Hely Lopes Meirelles, "o excesso de poder ocorre quando a autoridade, embora competente para praticar o ato, vai além do permitido e **exorbita no uso de suas faculdades administrativas.** Excede, portanto, sua competência legal e, com isso, invalida o ato"[5].

No excesso de poder ocorre **exagero** e **desproporcionalidade** entre a situação de fato e a conduta praticada pelo agente, o que não ocorre no desvio de poder.

Por tais razões, verifica-se que o **excesso de poder**, para os autores que o consideram vício de competência, **admite convalidação**, de modo a que se corrija o vício contido no ato, preservando sua eficácia.

> A prova da Polícia Civil/SP feita pelo Cespe considerou CERTA a afirmação: "A razoabilidade pode ser utilizada como parâmetro para o controle dos excessos emanados de agentes do Estado, servindo para reprimir eventuais abusos de poder".

5.5 DESVIO DE FINALIDADE

Desvio de finalidade, desvio de poder ou tredestinação ilícita é defeito que torna nulo o ato administrativo quando praticado visando **fim diverso daquele previsto,** explícita ou implicitamente, **na regra de competência** (art. 2º, parágrafo único, *e*, da Lei n. **4.717/65**).

> A prova de Promotor/MG em 2017 elaborada pela Fundep considerou CORRETA a afirmação: "O desvio de poder desnatura a finalidade da competência no exercício de atos impróprios à providência adotada".
>
> A prova de Auditor-Fiscal do TCU feita pela Esaf considerou CORRETA a afirmação: "Pelo princípio da finalidade, não se admite outro objetivo para o ato administrativo que não o interesse público".

Trata-se da segunda espécie do gênero "abuso de poder". Ao contrário do excesso de poder, o desvio de poder sempre **pressupõe agente público competente,** constituindo vício na finalidade do ato. Todavia, o ato maculado com desvio de finalidade não tem defeito algum nos requisitos competência, objeto, forma e motivo. Assim, o desvio de finalidade materializa-se como vício insanável, **não admitindo convalidação.** O único caminho possível diante de sua ocorrência é a anulação do ato.

Ocorre abuso de poder tanto em condutas comissivas quanto em **omissivas**.

> A prova de Promotor/MG em 2017 elaborada pela Fundep considerou CORRETA a afirmação: "O desvio de poder é vício por omissão nas hipóteses em que a abstenção do ato é contrária ao que deveria ser feito, afinal 'não agir é também agir'".

5. *Direito administrativo brasileiro*, p. 108.

A teoria do desvio de poder (*détournement de pouvoir*) surgiu na jurisprudência do **Conselho de Estado** francês. Sua origem remonta a uma decisão de **25 de fevereiro de 1864**, quando o contencioso francês baseou-se na teoria civilista do abuso de direito para anular o exercício de um poder usado para atingir objetivo diverso daquele que foi conferido pela lei[6].

Os exemplos reais de desvio de finalidade são abundantes no cotidiano da vida política brasileira: 1) remoção de servidor público usada como forma de punição; 2) estrada construída com determinado trajeto somente para valorizar fazendas do **governador**; 3) ordem de prisão executada durante o casamento de inimigo do delegado; 4) processo administrativo disciplinar instaurado, sem fundamento, contra servidor desafeto do chefe; 5) transferência de policial civil para delegacia no interior a fim de afastá-lo da namorada, filha do governador; 6) desclassificação imotivada de empresa licitante porque contribuíra com o financiamento da campanha de adversário político do prefeito; 7) instauração de inquérito civil, sem qualquer fundamento, contra político inimigo do promotor de justiça.

> A prova de Fiscal do Trabalho/2006 feita pela Esaf considerou CORRETA a afirmação: "Um ato praticado com o intuito de favorecer alguém pode ser legal do ponto de vista formal, mas, certamente, comprometido com a moralidade administrativa, sob o aspecto material".

A teoria do desvio de poder é aplicável **a todas as categorias de agentes públicos**, podendo ensejar a nulidade de condutas praticadas por prefeitos, governadores, juízes, delegados, promotores, legisladores etc., ainda que os atos realizados não sejam materialmente **atos administrativos**.

> Entendendo cabível até mesmo responsabilidade civil pelo desvio de finalidade, a prova OAB/SP feita pela Vunesp considerou CORRETA a afirmação: "Um açodado membro do Ministério Público ingressa, de forma temerária, sem prévio inquérito civil público, com Ação Civil Pública por Improbidade Administrativa contra um prefeito, seu desafeto pessoal. A ação foi trancada no seu nascedouro, reconhecendo o juiz a inadequação da ação, extinguindo a lide sem julgamento do mérito. Nesse caso, cabe responsabilidade civil pelos danos eventualmente causados ao acionado pela responsabilidade objetiva do Poder Público, desde que presentes os requisitos (nexo causal, dano)".

Interessante discussão surge a respeito da natureza do desvio de finalidade: constituiria vício de intenção ou vício de comportamento?

A concepção tradicional defende a **teoria subjetiva**, segundo a qual o desvio de finalidade seria um defeito, predominantemente, de **intenção** ou **de vontade** do agente. Para os adeptos dessa teoria, a comprovação da intenção viciada é **condição suficiente** para determinar a nulidade do ato. Assim, por exemplo, diante da demonstração de que o prefeito decide desapropriar determinado imóvel somente porque pertence a um inimigo político, tal circunstância é, de per si,

---

6. Paul Weil, *Les grands arrêts de la jurisprudence administrative*, p. 29.

bastante para tornar nulo o decreto expropriatório. Segundo a corrente subjetiva, nunca o interesse público será concretamente atendido se a conduta for motivada por intenção ilegal.

> Teoria subjetiva
> Intenção viciada = desvio de finalidade

Nos concursos públicos, entretanto, predomina a aceitação da **teoria objetiva**, que defende ser o desvio de finalidade essencialmente um **defeito no comportamento**. Para essa corrente, a intenção viciada é **condição necessária, mas não suficiente** para determinar a nulidade do ato. Além da comprovada intenção de praticar o ato tendo por objetivo interesse alheio ao contemplado na ordem jurídica, é indispensável também a **violação concreta do interesse público** resultante da opção eleita pelo administrador público. Assim, por exemplo, se o prefeito desapropria, com objetivo de perseguição, a casa de inimigo político a pretexto de construir uma creche, mas o imóvel reúne concretamente as melhores condições para atender à destinação pretendida, não há desvio de finalidade.

> A prova de Promotor/MG em 2017 elaborada pela Fundep considerou CORRETA a afirmação: "O desvio de poder é vício objetivo que se refere ao descompasso entre a finalidade a que o ato serviu e a finalidade legal que por meio dele poderia ser servida".

> Teoria objetiva
> Intenção viciada + violação concreta do interesse público = desvio de finalidade

5.5.1 Tredestinação lícita

Existem casos raros em que a própria ordem jurídica autoriza a válida substituição da finalidade que inicialmente motivou a prática do ato administrativo. São casos de **tredestinação autorizada pela ordem jurídica**. A hipótese mais importante está prevista no art. 519 do Código Civil: "Se a **coisa expropriada** para fins de necessidade ou utilidade pública, ou por interesse social, não tiver o destino para que se desapropriou, ou **não for utilizada em obras ou serviços públicos**, caberá ao expropriado direito de preferência, pelo preço atual da coisa".

O Código Civil, portanto, autoriza que o bem desapropriado **receba qualquer destinação pública**, ainda que diferente daquela anteriormente prevista no decreto expropriatório, afastando a possibilidade de retrocessão (desfazimento da desapropriação).

Também o Superior Tribunal de Justiça vem reconhecendo o instituto da tredestinação lícita, conforme se pode verificar do teor do seguinte julgado:

"Cuida-se de recurso interposto contra acórdão do TJ-SP que entendeu não haver desvio de finalidade se o órgão expropriante dá outra destinação de interesse público ao imóvel expropriado. Para a Min. Relatora **não há falar em retrocessão se ao bem expropriado for dada destinação que atende ao interesse público, ainda que diversa da inicialmente prevista no decreto expropriatório.** A Ministra Relatora aduziu que a esse tipo de situação a doutrina vem dando o nome de 'tredestinação lícita' – aquela que ocorre quando, persistindo o interesse público, o expropriante dispensa ao bem desapropriado destino diverso do que planejara no início. Assim, tendo em vista a manutenção da finalidade pública peculiar às desapropriações, a Turma negou provimento ao recurso" (Precedentes citados: REsp 710.065-SP, *DJ* 6-6-2005, e REsp 800.108-SP, *DJ* 20-3-2006. REsp 968.414-SP, rel. Min. Denise Arruda, j. 11-9-2007).

5.5.1.1 Tredestinação versus adestinação

No contexto específico das expropriações, ocorre tredestinação quando o bem objeto da ação expropriante recebe destinação diferente da incialmente prevista no ato ou na lei expropriatória. Como visto nos itens anteriores, a tredestinação pode ser lícita ou ilícita.

Não se deve confundir tredestinação com adestinação[7]. Na adestinação o **bem expropriado não recebe destinação alguma**, nem de interesse público, nem de interesse privado, sendo mantido completamente desafetado e sem uso.

5.6 PODER VINCULADO

Fala-se em poder vinculado ou **poder regrado** quando a lei atribui determinada competência definindo todos os aspectos da conduta a ser adotada, **sem atribuir margem de liberdade** para o agente público escolher a melhor forma de agir. Onde houver vinculação, o agente público é um simples executor da vontade legal. O ato resultante do exercício dessa competência é denominado de ato vinculado. Exemplo de poder vinculado é o de realização do lançamento tributário (art. 3º do CTN).

A prova do Ministério Público/ES considerou CORRETA a assertiva: "Em se tratando de poder vinculado, a liberdade de ação do administrador é mínima, pois terá que se ater à enumeração minuciosa do Direito Positivo para realizá-lo eficazmente".

5.7 PODER DISCRICIONÁRIO

Na discricionariedade, o legislador atribui certa competência à Administração Pública, reservando uma **margem de liberdade** para que o agente público,

7. A interessante distinção foi apresentada pela Prof.ª Irene Nohara em aula da Pós-graduação em Direito Administrativo na Rede de Ensino LFG (julho/2015).

diante da situação concreta, possa selecionar entre as opções predefinidas qual a mais apropriada para defender o interesse **público**. Ao invés de o legislador definir no plano da norma um único padrão de comportamento, delega ao destinatário da atribuição a incumbência de avaliar a melhor solução para agir diante das peculiaridades da situação **concreta**. O ato praticado no exercício de competência assim conferida é chamado de ato discricionário. Exemplo: decreto expropriatório.

> A prova do Ministério Público/ES considerou INCORRETA a afirmação: "Atos discricionários são os que a Administração pode praticar com liberdade de ação para ensejar normas de caráter legislativo".
>
> A prova do Ministério Público/ES considerou CORRETA a assertiva: "O poder discricionário não se exerce acima ou além da lei, senão como toda e qualquer atividade executória com sujeição a ela".

A doutrina discute quais seriam as **justificativas da discricionariedade**. Celso Antônio Bandeira de Mello enumera as explicações apresentadas pelos administrativistas para a existência de competências discricionárias[8]:

a) intenção deliberada do legislador: para alguns autores, a discricionariedade é uma técnica utilizada intencionalmente pelo legislador para transferir ao administrador público a escolha da solução mais apropriada para atender a finalidade da norma;

b) impossibilidade material de regrar todas as situações: ao legislador seria impossível disciplinar adequadamente a grande variedade de circunstâncias concretas relacionadas ao exercício da função administrativa, sendo mais razoável conferir competências flexíveis passíveis de adaptação à realidade dos fatos;

c) inviabilidade jurídica da supressão da discricionariedade: no regime da Tripartição de Poderes, o legislador está impedido de esgotar no plano da norma a disciplina de todas as situações concretas pertinentes aos assuntos administrativos, à medida que isso implicaria o esvaziamento das atribuições do Poder Executivo e a ruptura de sua independência funcional;

d) impossibilidade lógica de supressão da discricionariedade: por fim, o último e mais importante fundamento da discricionariedade é a impossibilidade lógica de o legislador excluir competências discricionárias porque a margem de liberdade característica desse instituto **reside na imprecisão e na indeterminação dos conceitos empregados pela lei** para definir competências. Sempre que o legislador outorga uma competência, é obrigado a fazê-lo por meio de dispositivos legais traduzidos em conceitos jurídicos, cujo grau de imprecisão determina inevitavelmente a natureza discricionária da competência atribuída. Assim, por

8. *Curso de direito administrativo*, p. 955-956.

exemplo, quando a lei afirma que a Administração deve proibir o uso de "trajes indecentes" em certos ambientes, a indeterminação inerente ao conceito de traje indecente abre margem de liberdade para o agente público avaliar em quais casos a proibição deve ser aplicada.

Essa impossibilidade lógica de supressão da discricionariedade demonstra a **inevitabilidade da existência de competências discricionárias**, não tendo o legislador como impedir o surgimento da margem de liberdade inerente à outorga legal de atribuições administrativas.

Importante destacar também que os **conceitos jurídicos imprecisos e indeterminados** empregados pelo legislador são o **veículo introdutor de competências discricionárias**. Outros exemplos de conceitos indeterminados: "boa-fé", "bons costumes", "interesse público", "solução adequada", "decisão razoável", "servidor público", "imóvel rural". Cada um dos conceitos mencionados pode adquirir significados diferentes nas leis ou diante das situações concretas. A simples referência feita pela legislação a uma dessas noções pode transformar em discricionária a competência outorgada ao administrador público.

Outro problema importante consiste em saber em quais aspectos da competência pode haver discricionariedade. Inicialmente, deve-se atentar para o fato de que **haverá discricionariedade sempre que pelo menos um dos aspectos da competência inclua a referida margem de liberdade**. Assim, se a lei estabelecer liberdade quanto à forma de expedição do ato administrativo, ainda que todos os demais aspectos da conduta estejam predefinidos pelo legislador, o ato será discricionário. Nunca haverá discricionariedade em todos os aspectos do comportamento a ser adotado porque isso significaria liberdade total para agir, o que contraria a própria ideia de competência. Toda atribuição de competência implica a definição de limites. **Não existe competência ilimitada.** É por essa razão que mesmo os atos discricionários terão necessariamente elementos vinculados. Por exemplo: o decreto expropriatório é um caso clássico de ato discricionário, pois a lei faculta ao agente público decidir qual imóvel será desapropriado e para qual finalidade. Sem dúvida, a variedade de opções faz do decreto expropriatório um ato discricionário. Mas a lei define vinculadamente a competência para expedição do decreto, que é ato privativo do chefe do Executivo (art. 6º do Decreto-lei n. 3.365/41). A margem de liberdade convive com a vinculação quanto à competência, mesmo assim trata-se de ato discricionário.

Para Hely Lopes Meirelles, autor da **concepção clássica** e **predominante** em concursos públicos, a discricionariedade somente pode residir no **motivo** ou no **objeto** do ato administrativo. Competência, forma e finalidade seriam requisitos obrigatoriamente vinculados em qualquer ato administrativo. Para o autor, ato discricionário é aquele cuja prática envolva margem de liberdade quanto ao motivo ou objeto do ato administrativo.

Celso Antônio Bandeira de Mello desenvolveu uma **teoria mais moderna** para explicar o fenômeno da discricionariedade[9]. Ao contrário da visão tradicional, para essa corrente mais moderna, a discricionariedade não tem vinculação apenas com o mérito do ato administrativo, podendo a margem de liberdade ser encontrada também em outros aspectos da competência administrativa. O autor admite que a margem de liberdade atribuída pela lei ao administrador público possa residir nos seguintes **aspectos** da norma atribuidora da competência:

1º) **na hipótese da norma**: a discricionariedade pode residir na imprecisão quanto à descrição da situação fática ensejadora da atuação administrativa, isto é, **no motivo** do ato;

2º) **no comando da norma**: a margem de liberdade pode estar presente na decisão sobre: 1) **praticar ou não o ato**; 2) o **momento apropriado** para sua expedição; 3) a **forma de exteriorização** do ato; 4) o **conteúdo da decisão** a ser proferida;

3º) **na finalidade da norma**: adotando entendimento inovador, Celso Antônio Bandeira de Mello admite discricionariedade residente nos valores jurídicos apontados pela lei como **finalidade** do ato administrativo.

A comparação entre as duas visões a respeito da discricionariedade pode ser resumida no seguinte quadro:

Quadro comparativo das visões sobre a discricionariedade	
Correntes sobre a discricionariedade	
Visão tradicional	**Visão moderna**
Hely Lopes Meirelles	Celso Antônio Bandeira de Mello
Aspectos em que admite discricionariedade:	Aspectos em que admite discricionariedade:
Motivo	Motivo
Objeto	Conteúdo (= Objeto)
	Decisão sobre praticar o ato ou não
	Momento da prática do ato
	Forma
	Finalidade

Importante destacar, ao final, que os autores são unânimes em admitir **amplo controle judicial** sobre o exercício do **poder discricionário**, exceto quanto ao mérito do ato administrativo. Conforme mencionado nos capítulos anteriores, o mérito do ato discricionário constitui o núcleo da função típica do Poder Executivo, sendo incabível permitir que o Poder Judiciário analise o juízo de

9. *Discricionariedade e controle jurisdicional*. 2. ed. São Paulo: Malheiros, 2000, p. 19.

conveniência e oportunidade da atuação administrativa sob pena de violação da Tripartição de Poderes.

> A prova da OAB Nacional elaborada pelo Cespe considerou INCORRETA a assertiva: "O poder discricionário não comporta nenhuma possibilidade de controle por parte do Poder Judiciário".

Alguns julgados têm reforçado a possibilidade de **controle judicial sobre a implementação de políticas públicas**, o que representa um avanço na fiscalização sobre o exercício da discricionariedade. Entretanto, as decisões restringem-se a aceitar um **controle de legalidade e razoabilidade** na eleição das prioridades em que devam ser aplicadas as verbas públicas. Trata-se, em última análise, de uma revisão judicial de **decisões violadoras de princípios administrativos**, e não exatamente de controle específico do mérito das decisões adotadas pela Administração Pública.

A título de exemplo, vale transcrever dois importantes arestos de nossos tribunais superiores:

"ADMINISTRATIVO E PROCESSO CIVIL – AÇÃO CIVIL PÚBLICA – **ATO ADMINISTRATIVO DISCRICIONÁRIO: NOVA VISÃO.**

1. Na atualidade, **o império da lei** e o seu controle, a cargo do Judiciário, **autoriza que se examinem**, inclusive, **as razões de conveniência e oportunidade do administrador.**

2. Legitimidade do Ministério Público para exigir do Município a execução de política específica, a qual se tornou obrigatória por meio de resolução do Conselho Municipal dos Direitos da Criança e do Adolescente.

3. Tutela específica para que seja incluída verba no próximo orçamento, a fim de atender a propostas políticas certas e determinadas.

4. Recurso especial provido" (STJ, REsp 493.811/SP, j. 11-11-2003).

"AGRAVO REGIMENTAL NO RECURSO EXTRAORDINÁRIO. CONSTITUCIONAL. VAGA EM ESTABELECIMENTO DE EDUCAÇÃO INFANTIL. DIREITO ASSEGURADO PELA CONSTITUIÇÃO DO BRASIL. O Supremo Tribunal Federal fixou entendimento no sentido de que 'embora resida, primariamente, nos Poderes Legislativo e Executivo a prerrogativa de formular e executar políticas públicas, **revela-se possível**, no entanto, **ao Poder Judiciário determinar**, ainda que em bases excepcionais, **especialmente nas hipóteses de políticas públicas definidas pela própria Constituição, sejam essas implementadas pelos órgãos estatais inadimplentes, cuja omissão** – por importar em descumprimento dos encargos político-jurídicos que sobre eles incidem em caráter mandatório – **mostra-se apta a comprometer a eficácia e a integridade de direitos sociais impregnados de estatura constitucional**'. Precedentes. Não obstante a formulação e a execução de políticas públicas dependam de opções políticas a cargo daqueles que, por delegação popular, receberam investidura em mandato eletivo, cumpre reconhecer que **não se revela absoluta**, nesse domínio, **a liberdade de conformação do legislador, nem a de atuação do Poder Executivo.** É que, se tais Poderes do Estado agirem de modo irrazoável ou procederem com a clara intenção de neutralizar, comprometendo-a, a eficácia dos direitos sociais, econômicos e culturais, afetando, como decorrência causal de uma injustificável inércia estatal ou de um abusivo comportamento governamental, aquele núcleo intangível consubstanciador de um conjunto irredutível de condições mínimas necessárias a uma existência digna e essenciais à própria sobrevivência do indivíduo, aí, então, justificar-se-á, como precedentemente já enfatizado – e até mesmo por razões fundadas em um imperativo ético-jurídico –, a possibilidade de intervenção do Poder Judiciário, em ordem a viabilizar, a todos, o acesso aos bens cuja fruição lhes haja sido injustamente recusada pelo Estado. Agravo regimental a que se nega provimento" (STF, RE 59.559/SC, j. 28-4-2009).

PERGUNTA: O que é discricionariedade técnica?

RESPOSTA: A expressão "discricionariedade técnica" é utilizada para designar a **solução de questões que exijam conhecimento científico especializado**. Nesses casos, a Administração Pública é obrigada a tomar uma **decisão amparada em parecer técnico-profissional**. Exemplo: ordem de demolição fundamentada em laudo de renomado engenheiro civil atestando o comprometimento da estrutura da construção. Como a discricionariedade técnica envolve conhecimentos especializados, **a Administração fica vinculada à manifestação conclusiva do profissional consultado**. É por isso que os casos denominados de "discricionariedade técnica", na verdade, **são hipóteses de vinculação administrativa**, não cabendo ao Poder Público adotar solução diferente da indicada pelo especialista. Assim, decisão administrativa dessa natureza só pode ser impugnada, judicial ou administrativamente, com amparo em outro parecer técnico da lavra de profissional especializado na matéria.

5.8 PODER DISCIPLINAR

O poder disciplinar consiste na possibilidade de a Administração aplicar **punições aos agentes públicos** que cometam **infrações funcionais.**

Assim, trata-se de poder **interno, não permanente** e **discricionário**. Interno porque somente pode ser exercido sobre agentes públicos, **nunca em relação a particulares**, exceto quando estes forem **contratados** da Administração. É não permanente na medida em que é aplicável apenas **se e quando o servidor cometer falta funcional**. É discricionário porque a Administração pode escolher, com alguma margem de liberdade, qual a punição mais apropriada a ser aplicada ao agente público.

A prova de Defensor Público/BA considerou INCORRETA a afirmação: "No uso do poder disciplinar não há discricionariedade alguma, na medida em que a legislação prevê regras com a mesma rigidez que a criminal".

A 4ª Prova de Cartório/SP considerou CORRETA a afirmação: "Com relação ao poder disciplinar da Administração Pública, pode-se afirmar que é a faculdade punitiva interna da Administração, só abrangendo as infrações relacionadas com o serviço".

Importante frisar que, constatada a infração, a Administração é obrigada a punir seu agente. É um dever vinculado. Mas a escolha da punição é discricionária. Assim, o poder disciplinar **é vinculado quanto ao dever de punir e discricionário quanto à seleção da pena aplicável**.

> A 84ª Prova do Ministério Público/SP considerou CORRETA a assertiva: "A discricionariedade do poder disciplinar deve ser compreendida no sentido de que seu exercício não está vinculado à prévia definição da lei sobre a infração funcional e a respectiva sanção".

O art. 127 da Lei n. 8.112/90 prevê **seis penalidades diferentes** para faltas funcionais cometidas por servidores públicos federais:

a) advertência;

b) suspensão;

c) demissão;

d) cassação da aposentadoria ou disponibilidade;

e) destituição de cargo em comissão;

f) destituição de função comissionada.

A aplicação de qualquer uma dessas penalidades exige instauração de prévio **processo administrativo** com garantia de **contraditório e ampla defesa**, sob pena de nulidade da **punição**.

> A 84ª Prova do Ministério Público/SP considerou INCORRETA a assertiva: "Se o superior hierárquico presenciar a falta disciplinar, essa circunstância o exime de explicitar os motivos que o levaram a impor a penalidade ao subordinado".

ATENÇÃO: algumas leis específicas admitiam a direta aplicação, pela autoridade competente, de penalidades disciplinares sem processo administrativo na hipótese de notoriedade dos fatos imputados ao agente público. É a denominada "verdade sabida". Atualmente, segundo a unanimidade dos doutrinadores, **o instituto da verdade sabida é inconstitucional** por violar a obrigatoriedade de realização do processo administrativo para aplicação de qualquer punição disciplinar (art. 5º, LIV e LV, da CF).

5.9 PODER HIERÁRQUICO

Poder hierárquico, no magistério de Hely Lopes Meirelles, "é o de que dispõe o Executivo para **distribuir e escalonar** as funções de **seus órgãos, ordenar** e **rever a atuação de seus agentes**, estabelecendo a relação de subordinação entre os servidores do seu quadro de **pessoal**"[10].

---

10. *Direito administrativo brasileiro*, p. 117.

> A prova de Procurador do Banco Central considerou CORRETA a assertiva: "São decorrências do exercício do poder hierárquico: i) avocação, feita por um Ministro de Estado, de competência de subordinado seu; ii) alteração, por dirigente de autarquia, de ato praticado por subordinado seu; iii) revisão, por Ministro de Estado, de ato praticado por subordinado seu; iv) delegação de competências do Presidente da República para um Ministro de Estado".

É um poder **interno** e **permanente** exercido pelos chefes de repartição sobre seus agentes subordinados e pela administração central em relação aos órgãos públicos consistente nas atribuições de **comando, chefia** e **direção** dentro da **estrutura administrativa**.

> A prova de Procurador da Fazenda Nacional/2007 elaborada pela Esaf considerou CORRETA a assertiva: "Hierarquia é o escalonamento em plano vertical dos órgãos e agentes da Administração que tem como objetivo a organização da função administrativa".

Assim como o disciplinar, o poder hierárquico é interno à medida que **não se aplica** a **particulares**. Mas, ao contrário daquele, o poder hierárquico é exercido **permanentemente**, e não em caráter episódico, como ocorre com o poder **disciplinar**.

> A prova de Procurador da Fazenda Nacional/2007 elaborada pela Esaf considerou CORRETA a assertiva: "Como resultado do poder hierárquico, a Administração é dotada da prerrogativa de ordenar, coordenar, controlar e corrigir as atividades de seus órgãos e agentes no seu âmbito interno".

Importante destacar que **não existe hierarquia entre a Administração Direta** e as entidades componentes da **Administração Indireta**. A autonomia característica das autarquias, fundações públicas e empresas governamentais repele qualquer subordinação de tais entidades perante a Administração Central. O poder hierárquico também não é exercido sobre **órgãos consultivos**.

> A prova de Procurador da Fazenda Nacional/2007 elaborada pela Esaf considerou CORRETA a assertiva: "Os órgãos consultivos, embora incluídos na hierarquia administrativa para fins disciplinares, fogem à relação hierárquica".

A Lei do Processo Administrativo – Lei n. 9.784/99 – prevê dois institutos relacionados com o poder hierárquico: a **delegação** e a **avocação** de **competências**. São institutos com sentidos opostos, pois a delegação distribui temporariamente a competência representando um movimento centrífugo, enquanto a avocação concentra a competência de maneira **centrípeta**. Outra diferença importante, como veremos a seguir, é que delegação pode beneficiar agentes e órgãos públicos subordinados ou não à autoridade delegante. Fala-se, assim, em **delegação vertical**, no primeiro caso, e **delegação horizontal**, no segundo. Ao passo que a avocação só pode ser realizada em relação à competência de um subordinado. Só existe **avocação vertical**.

> A prova de Procurador da Fazenda Nacional/2007 elaborada pela Esaf considerou CORRETA a assertiva: "Do sistema hierárquico na Administração decorrem alguns efeitos específicos, como o poder de comando, o dever de obediência, fiscalização, o poder de revisão, a delegação e a avocação".
>
> A prova de Procurador da Fazenda Nacional/2007 elaborada pela Esaf considerou INCORRETA a assertiva: "A avocação é a transferência de atribuições de um órgão a outro no aparelho administrativo, abrangendo funções genéricas e comuns da Administração".

Essas primeiras diferenças podem ser sintetizadas nos termos da ilustração abaixo:

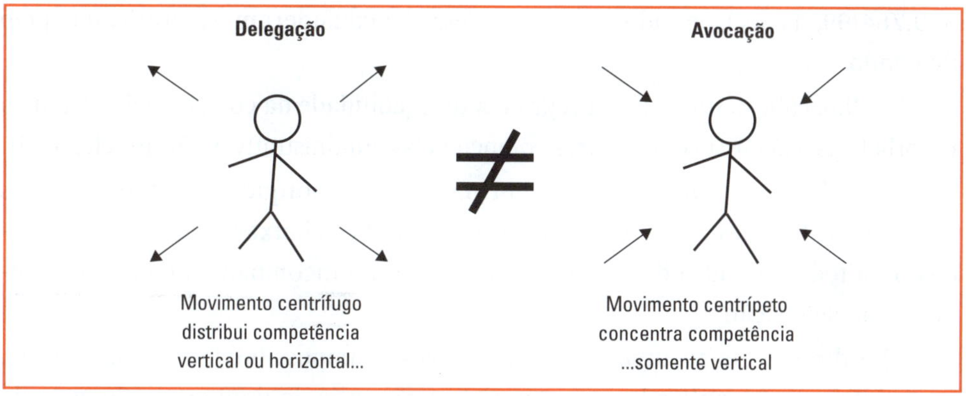

5.9.1 Delegação de competência

A lei determina as atribuições dos agentes e dos órgãos públicos pertencentes à Administração Pública. Entretanto, para atender a conveniências técnicas, sociais, econômicas, jurídicas ou territoriais, é possível a quem detém a competência legal distribuir transitoriamente parcela de suas atribuições por meio do instituto da delegação.

Nos termos do art. 12 da Lei n. 9.784/99, um **órgão administrativo** ou seu titular **poderão** delegar **parte da sua competência** a outros órgãos ou titulares, ainda que estes não lhe sejam hierarquicamente subordinados, quando for conveniente, em razão de **circunstâncias de índole técnica, social, econômica, jurídica ou territorial.**

> A prova da AGU/2006 considerou CORRETA a afirmação: "Salvo impedimento legal, circunstância de natureza econômica pode ser invocada para justificar a conveniência de um órgão administrativo colegiado em delegar parte de sua competência a seu Presidente".

A delegação é a transferência temporária de competência administrativa de seu titular a outro órgão ou agente público subordinado à autoridade delegante **(delegação vertical)** ou fora da linha hierárquica **(delegação horizontal)**.

Trata-se de transferência sempre provisória porque a delegação **pode ser revogada a qualquer tempo** pela **autoridade delegante**.

> A prova da AGU/2006 considerou INCORRETA a afirmação: "É obrigatória a publicação em meio oficial dos atos de delegação ante o seu caráter formal e, a partir da publicação, o ato de delegação torna-se irrevogável".

O ato de delegação obrigatoriamente especificará as **matérias e poderes transferidos**, os **limites** da atuação do delegado, a **duração** e os **objetivos** da delegação e o **recurso cabível**, podendo conter ressalva de exercício da atribuição delegada.

Os atos expedidos nessa condição **deverão indicar** que foram **praticados em decorrência de delegação**. Além disso, conforme disposto no art. 14, § 3º, da Lei n. 9.784/99, as decisões adotadas por delegação **consideram-se praticadas pelo delegado.**

Por fim, cabe destacar que a **regra é a delegabilidade** da competência. Porém, a própria legislação assevera que três competências administrativas **são indelegáveis:**

a) a edição de **ato de caráter normativo**: isso porque os atos normativos inerentes às funções de comando dos órgãos públicos baixam regras gerais válidas para todo o quadro de agentes. Sua natureza é incompatível com a possibilidade de delegação;

b) a decisão em **recursos administrativos**: a impossibilidade de delegação, nessa hipótese, é justificada para preservar a garantia do duplo grau, impedindo que a mesma autoridade que praticou a decisão recorrida receba, por delegação, a competência para analisar o **recurso**;

> A prova de Procurador do Banco Central/2006 considerou CORRETA a assertiva: "É legalmente vedada, como regra, a delegação de competência em se tratando da decisão de recurso administrativo".

c) as **matérias de competência exclusiva** do órgão ou autoridade: são casos em que a própria natureza da matéria recomenda o exercício da competência somente pelo órgão habilitado diretamente pela legislação.

5.9.2 Avocação de competência

Diante de **motivos** **relevantes devidamente justificados**, o art. 15 da Lei n. 9.784/99 permite que a autoridade hierarquicamente superior **chame para si** a competência de um **órgão ou agente subordinado**. Esse movimento centrípeto é a chamada avocação de competência, **medida excepcional** e **temporária** pela qual determinada competência administrativa é convocada pela autoridade superior. Ao contrário da delegação, a avocação só pode ser realizada dentro de uma mesma linha hierárquica, denominando-se **avocação vertical**. Não existe, no direito brasileiro, avocação horizontal, que é aquela realizada entre órgãos ou agentes dispostos sem **subordinação hierárquica**.

> A prova da AGU/2006 considerou INCORRETA a afirmação: "A avocação é ato excepcional, de caráter transitório, que, no entanto, dispensa motivação por parte da autoridade hierarquicamente superior que a determina".
>
> A 22ª Prova da Procuradoria da República considerou CORRETA a afirmação: "A avocação, no plano do poder hierárquico da Administração, desonera o agente público inferior de toda a responsabilidade pelo ato avocado pelo superior".

5.9.3 Supervisão ministerial

A supervisão ministerial, ou **controle ministerial**, é o poder exercido pelos Ministérios Federais, e pelas Secretarias Estaduais e Municipais, **sobre** órgãos e entidades pertencentes à **Administração Pública Indireta**. Como as entidades descentralizadas são dotadas de autonomia, inexiste subordinação hierárquica exercida pela Administração Direta sobre tais pessoas autônomas. Assim, os órgãos da Administração central desempenham somente um **controle finalístico** sobre a atuação de autarquias, fundações públicas e demais entidades descentralizadas. Tal controle é a supervisão ministerial que, ao contrário da subordinação hierárquica, não envolve a possibilidade de revisão dos atos praticados pela entidade controlada, mas se restringe a fiscalizar o cumprimento da lei, por parte das pessoas pertencentes à **Administração Pública Indireta**.

> A prova da OAB/RJ considerou CORRETA a assertiva: "Das decisões finais das agências reguladoras pode caber recurso hierárquico impróprio para o respectivo Ministério supervisor, caso previsto na lei ou na Constituição".

É sobre esse poder que dispõe o art. 19 do Decreto-lei n. 200/67: "Todo e **qualquer órgão da Administração Federal, direta ou indireta, está sujeito à supervisão do Ministro de Estado competente**, excetuados unicamente os órgãos mencionados no art. 32, que estão submetidos à supervisão direta do Presidente da República".

A supervisão ministerial existente na Administração Indireta opõe-se ao poder hierárquico característico da Administração direta.

Diante da autonomia das entidades descentralizadas, as decisões por elas expedidas, em princípio, não se sujeitam a recurso hierárquico dirigido ao Ministro de Estado da respectiva pasta. Porém, há casos excepcionais de **expressa previsão legal** de recurso contra decisão das entidades descentralizadas endereçado à Administração direta. É o chamado **recurso hierárquico impróprio**.

> A prova de Defensor Público do Estado de São Paulo elaborada pela Vunesp considerou CORRETA a assertiva: "Recurso hierárquico impróprio é o recurso interposto contra a decisão de dirigente de entidade da Administração indireta, para a autoridade a que está vinculada, na Administração direta".

5.10 PODER REGULAMENTAR

Decorrente do poder hierárquico, o poder regulamentar consiste na possibilidade de os chefes do Poder Executivo editarem **atos administrativos gerais e abstratos, ou gerais e concretos, expedidos para dar fiel execução à lei.**

> A prova da OAB Nacional elaborada pelo Cespe considerou INCORRETA a assertiva: "A possibilidade de o chefe do Poder Executivo emitir decretos regulamentares com vistas a regular uma lei penal deriva do poder de polícia".

O poder regulamentar enquadra-se em uma categoria mais ampla denominada **poder normativo**, que inclui todas as diversas categorias de atos abstratos, tais como: **regimentos, instruções, deliberações, resoluções** e **portarias**.

> A prova da OAB Nacional elaborada pelo Cespe considerou INCORRETA a assertiva: "O poder regulamentar é exercido apenas por meio de decreto".

O fundamento constitucional da competência regulamentar é o art. 84, IV, segundo o qual "**compete privativamente** ao Presidente da República: IV – sancionar, promulgar e fazer publicar as leis, bem como **expedir decretos e regulamentos** para sua fiel execução".

Exatamente a mesma competência que o texto constitucional atribui ao Presidente da República **estende-se** por simetria a **Governadores e Prefeitos**.

> A prova de Juiz Federal da 5ª Região elaborada pelo Cespe em 2015 considerou ERRADA a assertiva: "O poder regulamentar é prerrogativa concedida textualmente pela CF ao chefe do Poder Executivo federal que não se estende aos governadores e aos prefeitos".
>
> A prova de Procurador de Fortaleza em 2017 elaborada pelo Cespe considerou CORRETA a afirmação: "O exercício do poder regulamentar é privativo do chefe do Poder Executivo da União, dos estados, do DF e dos municípios".

Embora frequentemente confundidos, o conceito de decreto não é exatamente igual ao de regulamento: decreto constitui uma forma de ato administrativo; regulamento representa o conteúdo do ato. **Decreto é o veículo introdutor do regulamento.** O certo é que decretos e regulamentos são atos administrativos e, como tal, encontram-se em posição de inferioridade diante da lei, sendo-lhes **vedado criar obrigações de fazer ou deixar de fazer** aos particulares, sem fundamento direto **na lei** (art. 5º, II, da CF).

> A prova da Magistratura/GO considerou INCORRETA a afirmação: "O poder regulamentar é a faculdade de que dispõe a Administração Pública de normatizar matéria ainda não regulamentada em lei".

Sua função específica principal é estabelecer **detalhamentos quanto ao modo de aplicação de dispositivos legais**, dando maior concretude, no âmbito interno da Administração Pública, aos comandos gerais e abstratos presentes na **legislação (art. 84, IV, da CF)**.

> A 176ª Prova da Magistratura/SP considerou CORRETA a assertiva: "Dependendo a lei de regulamentação para sua entrada em vigor, tal regulamentação é da competência do Poder Executivo".

É comum encontrar na doutrina a afirmação de que decretos e regulamentos são atos administrativos gerais e abstratos. A assertiva, no entanto, contém uma simplificação. Normalmente esses dois atributos estão presentes. São **atos gerais** porque se aplicam a um **universo indeterminado de destinatários**. O **caráter abstrato** relaciona-se com a circunstância de incidirem sobre quantidade indeterminada de situações concretas, **não se esgotando com a primeira aplicação**. No entanto, existem casos raros em que os atos regulamentares são **gerais e concretos**, como ocorre com os regulamentos revogadores expedidos com a finalidade específica de extinguir ato normativo anterior. Trata-se, nessa hipótese, de ato geral e concreto porque se esgota imediatamente após cumprir a tarefa de revogar o regulamento pretérito.

5.10.1 Espécies de regulamento

Existem diversas espécies de regulamentos administrativos:

a) regulamentos **administrativos ou de organização:** são aqueles que disciplinam **questões internas** de estruturação e funcionamento da Administração Pública ou relações jurídicas de sujeição especial do Poder Público perante particulares. Exemplo: art. 84, VI, *a*, da CF ("Compete privativamente ao Presidente da República: (...) VI – dispor, mediante decreto, sobre: a) organização e funcionamento da administração federal, quando não implicar aumento de despesa nem criação ou extinção de órgãos públicos");

b) regulamentos **delegados, autorizados ou habilitados:** em alguns países é possível o Poder Legislativo delegar ao Executivo a disciplina de matérias reservadas à lei, **transferindo temporariamente competências legislativas** para a Administração Pública. Essa modalidade de regulamento **não é admitida pelo sistema jurídico brasileiro**;

c) regulamentos **executivos:** são os regulamentos comuns expedidos sobre matéria anteriormente disciplinada pela legislação permitindo **a fiel execução da lei.** Exemplo: art. 84, IV, da CF;

d) regulamentos **autônomos ou independentes:** são os que versam sobre **temas não disciplinados pela legislação.** Só podem existir em determinado ordenamento mediante expressa previsão constitucional porque pressupõem uma "reserva de regulamento", isto é, um conjunto de temas que o texto constitucional retirou da competência do Legislativo e atribuiu, reservou ao Poder Executivo para disciplina via decreto.

5.10.2 Regulamentos autônomos ou independentes

A admissibilidade de decretos e regulamentos autônomos ou independentes no direito brasileiro sempre despertou **grande controvérsia doutrinária**. A compreensão da polêmica exige recordar a origem histórica dessa espécie de regulamento.

Os regulamentos autônomos ou independentes surgiram em **alguns países europeus**, como França, Itália, Portugal e Alemanha, cujas constituições atribuíam a disciplina de determinados assuntos ao Poder Legislativo, reservando outros temas para o Poder Executivo tratar mediante decreto. Sobre as matérias sujeitas à **reserva de regulamento**, era vedada a promulgação de leis, criando uma verdadeira limitação à competência legislativa dos parlamentos. Tais circunstâncias históricas, ligadas à ascensão dos parlamentos em detrimento dos poderes do Rei, levaram à atual peculiar divisão de atribuições legiferantes entre o Poder Legislativo e a Administração Pública.

Assim, a existência de decretos autônomos ou independentes pressupõe sempre uma repartição constitucional de competências legiferantes entre o Poder Legislativo e a Administração Pública. Havendo reserva de regulamento, o Poder Executivo pode disciplinar os temas a ele cometidos sem necessidade de lei prévia versando sobre tais matérias. Assim, fala-se em **decreto independente de lei**, autônomo em relação ao Poder Legislativo, extraindo seu fundamento de validade diretamente do texto constitucional.

No Brasil, o texto original da Constituição de 1988 não tinha qualquer previsão de reserva de regulamento. Pelo contrário. O **art. 48 da Constituição** é bastante claro ao prescrever: "Cabe ao **Congresso Nacional** dispor sobre **todas as matérias de competência da União**". O Texto Maior não reservou temas para o Poder Executivo tratar mediante decreto autônomo, pois atribuiu ao Poder Legislativo a competência para disciplinar todas as matérias. Só havia previsão para expedição de decretos executivos (art. 84, IV).

Ainda assim, alguns autores, como **Hely Lopes Meirelles e Diogenes Gasparini, admitiam** a existência de casos específicos ensejadores da expedição de **decretos independentes**, desde que mediante expressa autorização constitucional. Essa visão encontrava respaldo também em alguns julgados do **Supremo Tribunal Federal**, cuja jurisprudência sempre foi vacilante a respeito da admissibilidade dos decretos independentes.

De outro lado, doutrinadores do porte de **Celso Antônio Bandeira de Mello** e **Maria Sylvia Zanella Di Pietro** não reconheciam na Constituição Federal, especialmente diante do art. 48, qualquer dispositivo capaz de legitimar a expedição de decretos independentes.

Cabe frisar que a aceitação dos decretos independentes representa, em países de incipiente tradição democrática como o Brasil, um retrocesso institucional, na medida em que viabiliza a criação unilateral de normas jurídicas sem qualquer debate legitimador realizado no âmbito do Parlamento.

A acirrada disputa entre esses dois pontos de vista não permitia identificar uma corrente majoritária.

Entretanto, o equilíbrio de forças entre os autores que admitiam decretos independentes e aqueles que os rejeitavam foi alterado com a promulgação da Emenda Constitucional n. 32, em 11 de setembro de 2001.

Alterando a redação do art. 84, VI, da Constituição Federal, **a Emenda Constitucional n. 32/2001 definiu dois temas que só podem ser disciplinados por decreto** do Presidente da República:

a) **organização e funcionamento da administração federal**, quando não implicar aumento de despesa nem criação ou extinção de órgãos públicos;

b) **extinção de funções ou cargos públicos**, quando vagos.

> A prova de Juiz Federal da 5ª Região elaborada pelo Cespe em 2015 considerou ERRADA a assertiva: "No exercício do poder regulamentar, o presidente da República pode dispor, mediante decreto, sobre a organização e o funcionamento da administração federal, quando tal ato administrativo não implicar aumento de despesa; sobre a criação e extinção de órgãos públicos; sobre a extinção de funções ou cargos públicos, quando estes estiverem vagos".

É bastante discutível se uma emenda constitucional poderia subtrair temas da competência legislativa do Congresso Nacional e atribuí-los ao Poder Executivo sem esbarrar na **cláusula pétrea** insculpida no art. 60, § 4º, III, da Constituição Federal, *in verbis*: "Não será objeto de deliberação a proposta de emenda tendente a abolir: (...) III – a separação dos Poderes".

Entretanto, tornou-se praticamente incontestável a conclusão de que a **Emenda Constitucional n. 32/2001 definiu dois casos de reserva de regulamento**, reforçando decisivamente o ponto de vista favorável à aceitação, pelo menos nessas hipóteses, de decretos autônomos e independentes no direito brasileiro.

Hoje, para provas e concursos públicos, a admissibilidade de decretos autônomos e independentes é praticamente incontestável.

5.10.3 Regulamento executivo e a função redutora da discricionariedade

Os regulamentos executivos são editados pela autoridade de maior hierarquia do Poder Executivo (Presidente, Governador ou Prefeito) com o único objetivo **de estabelecer qual entre as possíveis interpretações da lei é aquela que passará a ser obrigatória** para a estrutura administrativa vinculada à obediência do decreto.

Desse modo, as disposições gerais e abstratas da lei têm seu campo de discricionariedade reduzido pelo decreto a uma única forma válida de aplicação no âmbito da Administração Pública.

Esse é o sentido da expressão "dar fiel execução à lei" prevista no art. 84, IV, da Constituição Federal, como a função precípua dos regulamentos executivos.

Assim, por exemplo, a Lei n. 10.520/2002 criou o Pregão como modalidade licitatória de uso facultativo frente às modalidades já existentes (concorrência, tomada de preços e convite). Porém o Presidente da República editou o Decreto n. 5.450/2005 tornando o Pregão obrigatório para as licitações federais (art. 4º). Desse modo, a discricionariedade estabelecida pela lei na escolha da modalidade licitatória foi eliminada pelo decreto presidencial, vinculando toda a estrutura administrativa da União à decisão tomada pela autoridade que ocupa a Chefia do Executivo.

Convém esclarecer que, como o Presidente exerce a chefia somente do Poder Executivo federal, seu decreto não produz qualquer efeito vinculante sobre as demais esferas federativas.

Os regulamentos tampouco possuem força vinculante direta sobre particulares, isso porque "ninguém será obrigado a fazer ou deixar de fazer alguma coisa senão em virtude de lei" (art. 5º, II, da CF).

5.10.4 Nem toda lei admite regulamentação

Tecnicamente, o termo "regulamentar" significa editar um regulamento (ato administrativo privativo do chefe do Executivo). Assim, é um grave erro afirmar que as leis "regulamentam" normas constitucionais. Leis não regulamentam nada!

Somente o chefe do Executivo pode regulamentar leis. O exercício da competência regulamentar não é condição para que a lei produza sua plena eficácia normativa. Ocorre que o regulamento esclarece como a lei, aprovada em termos gerais e abstratos, deve ser concretamente interpretada no ambiente doméstico da administração pública. E, se for o caso, o regulamento estabelece os detalhamentos, teóricos e práticos, para a aplicação efetiva da lei pelos agentes estatais.

Sendo assim, por exemplo, **é ilegítimo o exercício do poder regulamentar sobre leis de direito privado** ou que só disciplinem relações jurídicas entre particulares (Geraldo Ataliba).

5.10.5 Poder regulamentar e previsão legal

O exercício do poder regulamentar **independe** de previsão na lei a ser regulamentada. Como visto no item anterior, nem toda lei admite regulamentação. Assim, mesmo que lei não contenha o dispositivo prescrevendo que "essa lei será regulamentada no prazo de..." nada impede a sua regulamentação.

5.10.6 Competência regulamentar e delegação

Nos termos do art. 84, IV, da Constituição Federal, a competência regulamentar é privativa dos chefes do Executivo e, em princípio, indelegável. Tal privatividade, enunciada no art. 84, *caput*, da Constituição Federal, é coerente com a regra prevista no art. 13, I, da Lei n. 9.784/99, segundo a qual não pode ser objeto de delegação a edição de atos de caráter normativo.

Assim, **são indelegáveis os regulamentos executivos** (art. 84, IV, da CF).

Entretanto, o parágrafo único do art. 84 da Constituição Federal prevê a possibilidade de o **Presidente da República delegar** aos **Ministros de Estado**, ao **Procurador-Geral da República** ou ao **Advogado-Geral da União** a competência para dispor, **mediante decreto**, sobre:

a) **organização e funcionamento da administração federal**, quando não implicar aumento de despesa nem criação ou extinção de órgãos públicos; e

b) **extinção de funções ou cargos públicos**, quando vagos.

Portanto, diante de expressa autorização consagrada no art. 84, parágrafo único, da CF, **admite-se delegação dos regulamentos de organização e dos regulamentos independentes**, nas hipóteses específicas do art. 84, VI, *a* e *b*, respectivamente, da Constituição, somente para as autoridades indicadas no dispositivo.

5.10.7 Referenda ministerial ou secretarial

Referenda ministerial é a **manifestação de anuência** aposta pelo Ministro de Estado nos atos e decretos presidenciais que versem sobre matéria relacionada ao respectivo ministério. Nas demais esferas federativas, denomina-se referenda secretarial.

Nos termos do art. 87, parágrafo único, I, da Constituição Federal: "Compete ao Ministro de Estado, além de outras atribuições estabelecidas nesta Constituição e na lei: I – exercer a orientação, coordenação e supervisão dos órgãos e entidades da administração federal na área de sua competência e **referendar os atos e decretos assinados pelo Presidente da República**" (original sem grifos).

A referenda recai sobre leis, decretos e medidas provisórias que o chefe do Executivo sancionar (leis) ou editar (decretos e medidas provisórias).

A doutrina discute o que ocorre se o Ministro deixar de referendar decreto pertinente à sua pasta. O entendimento majoritário considera que **a falta de referenda não interfere na existência, validade ou eficácia do decreto.** É a mesma conclusão a que chegou o Supremo Tribunal Federal no julgamento do MS 22.706-1. Entretanto, a recusa na aposição da referenda ministerial representa grave ruptura da confiança com o Presidente da República, podendo ensejar **exoneração do Ministro envolvido.**

A função da referenda é dar ciência do ato a toda estrutura administrativa que o Presidente chefia (uma espécie de "cumpra-se"), reforçando o papel redutor da discricionariedade, desempenhado pelos decretos, na interpretação da lei.

5.11 PODER DE POLÍCIA OU LIMITAÇÃO ADMINISTRATIVA

Juntamente com os serviços públicos e as atividades de fomento, o poder de polícia constitui uma das três funções precípuas da Administração Pública moderna.

Serviço público e fomento são atuações estatais ampliativas da esfera de interesses do particular, sendo prestadas pela Administração por meio do oferecimento de vantagens diretas aos indivíduos e às coletividades.

O poder de polícia, pelo contrário, representa uma **atividade estatal restritiva** dos interesses privados, **limitando** a liberdade e a propriedade individual em favor do **interesse público**.

Importante destacar que o poder de polícia constitui instituto polivalente no Direito Administrativo, pois a doutrina o estuda tanto no capítulo dos Poderes da Administração quanto entre os instrumentos de intervenção do Estado na propriedade privada.

Por sua origem ligada aos abusos cometidos na Idade Média, no período conhecido como Estado de Polícia, marcado pela ausência de subordinação dos governantes às regras do direito, o **termo** "poder de polícia" **vem sendo abandonado** pela doutrina mais moderna diante do viés autoritário que sua história carrega. Outro inconveniente da terminologia é provocar uma incorreta associação da referida atividade administrativa com os órgãos estatais de segurança pública conhecidos como "polícias".

Cabe aqui importante advertência: **o poder de polícia não se reduz à atuação estatal de oferecimento de segurança pública.** É que as instituições públicas encarregadas desse mister herdaram o nome da atividade, sendo conhecidas como "polícias". Porém, a noção de poder de polícia é bem mais abrangente do que o combate à criminalidade, englobando, na verdade, quaisquer atividades estatais de fiscalização. Desse modo, vigilância sanitária e fiscalização de trânsito são exemplos de manifestação do poder de polícia sem qualquer relação com a segurança pública. Por isso, as polícias civil, militar e federal exercem o poder de polícia, mas este não se esgota na atividade específica de manter a segurança pública. É bem mais abrangente.

Diante dessas razões, recentemente alguns administrativistas passaram a substituir a designação clássica "poder de polícia" pela locução **limitação administrativa**, terminologia tecnicamente mais apropriada para designar as atividades estatais abrangidas pelo poder de polícia. Entretanto, tendo em vista a larga utilização em concursos públicos, é mais conveniente manter o emprego da nomenclatura tradicional "poder de polícia", compatibilizando seu conteúdo com as exigências do Estado Democrático de Direito e atentando para o real significado que a expressão recebe na doutrina mais moderna.

5.11.1 Poder de polícia: sentido amplo e sentido estrito

A doutrina costuma tratar do conceito de poder de polícia empregando a expressão em duas acepções distintas:

a) **poder de polícia em sentido amplo:** inclui qualquer limitação estatal à liberdade e propriedade privadas, englobando **restrições legislativas** e **limitações administrativas**.

> A 10ª Prova do Ministério Público Militar considerou CORRETA a afirmação: "A intervenção administrativa da autoridade pública no exercício das atividades individuais suscetíveis de fazer perigar interesses gerais, tendo por objetivo evitar que se produzam, ampliem ou generalizem os danos sociais que as leis procuram prevenir, denomina-se polícia administrativa".
>
> A prova de Advogado do CRAISA elaborada pelo IMES em 2016 considerou ERRADA a afirmação: "Em sentido amplo, o poder de polícia é a atividade administrativa, consistente no poder de restringir e condicionar o exercício dos direitos individuais em nome do interesse coletivo".

Assim, por exemplo, as disposições do Estatuto da Cidade (Lei n. 10.257/2001), que condicionam o uso regular da propriedade urbana ao cumprimento da sua função social, constituem poder de polícia em sentido amplo. Porém, a excessiva amplitude desse conceito reduz sua utilidade prática, não havendo registro de sua utilização em concursos públicos;

b) **poder de polícia em sentido estrito:** mais usado pela doutrina, o conceito de poder de polícia em sentido estrito inclui **somente as limitações administrativas** à liberdade e propriedade privadas, deixando de fora as restrições impostas por dispositivos legais. Exemplos: **vigilância sanitária**[11] e polícia de trânsito. Basicamente, a noção estrita de poder de polícia envolve atividades administrativas de **FISCALIZAÇÃO** e **CONDICIONAMENTO** da esfera privada de interesse, em favor da coletividade.

> A prova de Procurador do Banco Central elaborada pela Esaf considerou CORRETA a assertiva: "Nos termos do conceito aceito pela doutrina nacional, caracteriza exercício do poder de polícia a interdição de um estabelecimento por agentes de vigilância sanitária".
>
> A prova da OAB/RJ elaborada pelo Cespe considerou CORRETA a assertiva: "O poder de polícia pode envolver atos de fiscalização e sanção".
>
> A prova de Advogado do CRAISA elaborada pelo IMES em 2016 considerou ERRADA a afirmação: "Em sentido estrito, poder de polícia significa toda e qualquer ação restritiva do Estado em relação aos direitos individuais".

5.11.2 Conceitos doutrinários

Os conceitos de poder de polícia apresentados pelos doutrinadores tendem a restringir-se às atuações administrativas limitadoras da liberdade e propriedade privada. Vejamos alguns exemplos:

Hely Lopes Meirelles: "**poder de polícia** é a **faculdade** de que dispõe a Administração Pública **para condicionar e restringir** o uso e gozo de **bens**,

11. É obrigatória a prévia fiscalização do camarão *in natura*, ainda que na condição de matéria-prima, antes do beneficiamento em outros Estados da Federação, podendo tal atividade ser realizada no próprio estabelecimento rural onde se desenvolve a carcinicultura (STJ. 1ª Turma. REsp 1.536.399-PI, rel. Min. Sérgio Kukina, j. 8-2-2018 – *Informativo* n. 620).

atividades e **direitos** individuais, em benefício da coletividade ou do próprio Estado"[12].

> A prova da Magistratura/GO considerou CORRETA a afirmação: "Poder de polícia é a faculdade de que dispõe a Administração Pública para condicionar e restringir o uso e gozo de bens, atividades e direitos individuais, em benefício da coletividade ou do próprio Estado".

Celso Antônio **Bandeira de Mello**: "a atividade da Administração Pública, expressa em **atos normativos ou concretos**, de condicionar, com **fundamento em sua supremacia geral** e na forma da lei, a liberdade e propriedade dos indivíduos, mediante **ação** ora **fiscalizadora**, ora **preventiva**, ora **repressiva**, impondo coercitivamente aos particulares um **dever de abstenção** a fim de conformar-lhes os comportamentos aos interesses sociais consagrados no sistema normativo"[13].

> A prova de Advogado do CRAISA elaborada pelo IMES em 2016 considerou ERRADA a afirmação: "O poder de polícia se manifesta apenas por meio de medidas repressivas".

Maria Sylvia Zanella Di Pietro: "atividade do Estado consistente em **limitar o exercício dos direitos individuais** em benefício do **interesse público**"[14].

José dos Santos **Carvalho Filho**: "**prerrogativa de direito público** que, **calcada na lei**, autoriza a Administração Pública a restringir o uso e o gozo da liberdade e da propriedade em favor do interesse da coletividade"[15].

Importante destacar, ainda, a existência de um conceito legislativo de poder de polícia.

5.11.3 Conceito legal de poder de polícia

A par do esforço doutrinário em oferecer um conceito apropriado do instituto, o direito positivo brasileiro possui um **conceito legislativo de poder de polícia**. O art. 78 do **Código Tributário Nacional** apresenta a seguinte conceituação: "Considera-se poder de polícia **atividade da administração pública** que, **limitando** ou **disciplinando** direito, interesse ou liberdade, regula a **prática de ato** ou **abstenção de fato**, em razão de interesse público concernente à **segurança**, à higiene, à ordem, aos costumes, à disciplina da produção e do mercado, ao exercício de atividades econômicas dependentes de concessão ou autorização do Poder Público, à tranquilidade pública ou ao respeito à propriedade e aos direitos individuais ou coletivos". E completa o parágrafo único do referido dispositivo: "Considerase regular o exercício do poder de polícia quando desempenhado pelo órgão competente nos limites da lei aplicável, com observância do processo legal e, tratando-se de atividade que a lei tenha como discricionária, sem abuso ou desvio de **poder**".

---

12. *Direito administrativo brasileiro*, p. 127.
13. *Curso de direito administrativo*, p. 830.
14. *Direito administrativo*, p. 117.
15. *Manual de direito administrativo*, p. 73.

> A prova do Ministério Público/MG considerou CORRETA a assertiva: "No direito brasileiro, o poder de polícia está conceituado no art. 78 do Código Tributário Nacional".
>
> A prova da Magistratura/GO considerou CORRETA a afirmação: "A extensão do poder de polícia é muito ampla e inclui a proteção à moral e à segurança das construções".
>
> A prova do Ministério Público/MG considerou CORRETA a assertiva: "Poder de polícia é a faculdade de que dispõe a Administração Pública para condicionar e restringir o uso e o gozo de bens, atividades e direitos individuais, em benefício da coletividade ou do próprio Estado".

5.11.4 Nosso conceito

Utilizando os elementos mais importantes dos conceitos acima referidos, é possível apresentar o **nosso conceito.**

Poder de polícia é a **atividade da Administração** Pública, **baseada na lei** e na supremacia geral, consistente no estabelecimento de **limitações à liberdade** e **propriedade dos particulares,** regulando a **prática de ato** ou a **abstenção de fato,** manifestando-se por meio de **atos normativos ou concretos**, em **benefício do interesse público.**

> A prova de Procurador do Estado de São Paulo elaborada pela Vunesp considerou INCORRETA a assertiva: "O fundamento do poder de polícia é a supremacia especial que o Estado exerce sobre todas as pessoas, bens e atividades".
>
> A prova de Defensor Público/BA considerou CORRETA a afirmação: "Dentre os meios de atuação do poder de polícia têm-se atos normativos e atos concretos, bem como atos ou medidas de polícia administrativa preventivos e repressivos".

Convém destacar os componentes mais relevantes da conceituação apresentada:

a) é a atividade da Administração Pública: a acepção estrita de poder de polícia constitui uma atuação administrativa exercida abaixo do nível legal. Assim, as limitações decorrentes dessa atividade não se confundem com as restrições à liberdade e propriedade impostas pela legislação. A natureza administrativa impõe também a necessária observância dos instrumentos de controle representados pelos princípios do Direito Administrativo. A validade do exercício do poder de polícia está condicionada, entre outros, aos imperativos de razoabilidade, proporcionalidade, responsabilidade, eficiência e legalidade;

b) baseada na lei: o exercício do poder de polícia manifestase por meio da expedição de atos administrativos que liberam atuações particulares, em princípio vedadas pela legislação. Isso porque a lei condiciona o exercício de determinadas atividades à obtenção de autorização ou concessão pelo Poder Público. Somente após o preenchimento de requisitos fixados na legislação é que o ato administrativo de poder de polícia permite o desempenho da atividade até então vedada. Esse é o **efeito liberatório** característico dos atos de polícia **administrativa**;

> A prova de Advogado do CRAISA elaborada pelo IMES em 2016 considerou ERRADA a afirmação: "O exercício do poder de política prescinde de lei".

c) limitações à liberdade e propriedade dos particulares: o poder de polícia se apresenta diante dos **particulares** por meio de restrições aos direitos de liberdade e **propriedade**, impondo condicionamentos capazes de compatibilizar seu exercício às necessidades de interesse público. Importante destacar, entretanto, que as limitações decorrentes do poder de polícia **também vinculam o próprio Estado.** Assim, por exemplo, as regras de trânsito obrigatórias para o condutor particular igualmente se aplicam às viaturas conduzidas por agentes públicos. A liberdade e a propriedade governamentais também devem se adequar às necessidades do interesse público;

> A prova de Defensor Público do Estado de São Paulo elaborada pela Vunesp considerou CORRETA a assertiva: "Não é atividade típica da polícia administrativa a aplicação de sanções aos concessionários de serviços públicos, pela inadequação do serviço".
>
> A prova do Ministério Público/TO considerou CORRETA a afirmação: "No exercício ou em razão do poder de polícia, a Administração Pública pode restringir direitos fundamentais".

d) regulando a prática de ato ou a abstenção de fato: em regra o poder de polícia manifestase por meio do estabelecimento de **deveres negativos** ou obrigações de não fazer impostas aos particulares. Excepcionalmente, podem surgir **deveres positivos** decorrentes do exercício do poder de polícia. Esse é o significado da expressão "regulando a **prática de ato** ou a abstenção de fato" presente no conceito do art. 78 do Código Tributário Nacional. O legislador destacou a possibilidade de o poder de polícia apresentar-se por meio de deveres positivos (prática de ato) ou deveres negativos (abstenção de fato) impostos ao particular. O melhor **exemplo** de dever positivo decorrente do poder de polícia é a obrigação de o dono do imóvel atender à **função social da propriedade** (art. 5º, XXIII, da CF: "a propriedade atenderá a sua função social");

e) por meio de atos normativos ou concretos: o poder de polícia pode manifestar-se pela prática de atos normativos, como é o caso das **regras municipais sobre o direito de construir**, assim como por meio de atos concretos, como o deferimento de **licença para reforma de determinado imóvel**;

> A 23ª Prova da Procuradoria da República considerou CORRETA a afirmação: "A Administração Pública no exercício do poder de polícia regulamenta as leis e controla a sua aplicação preventivamente (por meio de ordens, notificações, licenças e autorizações) ou repressivamente (mediante imposição de medidas coercitivas)".

f) em benefício do interesse público: a finalidade precípua do poder de polícia é conciliar os direitos individuais e a defesa do interesse público. É com esse intuito que o Estado impõe limitações à liberdade e à propriedade privada: fortalecer o primado da supremacia do interesse público sobre o **privado.**

> A prova de Procurador do Estado de São Paulo elaborada pela Vunesp considerou CORRETA a assertiva: "O poder de polícia expressa-se por meio de medidas repressivas, que têm por objetivo coagir o infrator ao cumprimento da lei".

5.11.5 Poder de polícia: vinculado ou discricionário?

A compreensão clássica da doutrina brasileira sobre a natureza jurídica do poder de polícia considera tratar-se de **competência discricionária**. Nesse sentido, o já mencionado conceito de Hely Lopes Meirelles inicia afirmando que o poder de polícia é "a **faculdade** de que dispõe a Administração Pública", reforçando o **caráter de permissão**, de facultatividade, e não de obrigação, que envolve o exercício dessa competência administrativa.

> A prova da Magistratura/SP considerou CORRETA a assertiva: "É traço característico do poder disciplinar administrativo ser marcado pelo discricionarismo".

De fato, a análise da maioria das hipóteses de sua aplicação prática indica discricionariedade no desempenho do poder de polícia. Todavia, é preciso fazer referência a **casos excepcionais** em que manifestações decorrentes do poder de polícia adquirem **natureza vinculada**. O melhor exemplo é o da **licença**, ato administrativo vinculado e tradicionalmente relacionado com o poder de polícia. Sobre o tema, cabe trazer a lição de Celso Antônio Bandeira de Mello: "Em rigor, no Estado de Direito inexiste um poder, propriamente dito, que seja discricionário fruível pela Administração Pública. Há, isto sim, atos em que a Administração Pública pode manifestar competência discricionária e atos a respeito dos quais a atuação administrativa é totalmente vinculada. Poder discricionário abrangendo toda uma classe ou ramo de atuação administrativa é coisa que não existe... pode-se asseverar, isto sim, que **a polícia administrativa se expressa** ora **através de** atos no exercício **de competência discricionária**, ora através de **atos vinculados**"[16].

> A 23ª Prova da Procuradoria da República considerou INCORRETA a afirmação: "A discricionariedade está presente em todo e qualquer ato emanado do poder de polícia".
> A 23ª Prova da Procuradoria da República considerou INCORRETA a afirmação: "O poder de polícia é sempre exercido com vinculação estrita obedecendo às limitações da lei relativamente à competência, à forma, aos fins, aos motivos e ao objeto".

5.11.6 Características

Sintetizando o regime jurídico do poder de polícia, podemos destacar as seguintes características principais:

a) atividade restritiva: ao contrário do serviço público e do fomento que são ampliativos, as atuações administrativas incluídas no poder de polícia representam limitações à atuação particular, restringindo a esfera de interesses dos indivíduos.

16. *Manual de direito administrativo*, p. 73.

Segundo Diogo de Figueiredo Moreira Neto, as funções de polícia destinam-se "**à harmonização do exercício das liberdades e dos direitos individuais com os interesses gerais**"[17].

b) limita liberdade e propriedade: diferentemente do que ocorre com as diversas figuras de intervenção estatal na propriedade privada, como a servidão e a requisição, o poder de polícia limita dois valores jurídicos distintos: liberdade e propriedade;

c) natureza discricionária (regra geral): na esteira daquilo que tradicionalmente se compreende como a natureza jurídica do poder de polícia, tratase de atribuição discricionária, exceção feita a casos raros, como a licença, em que prepondera o caráter vinculado da **atribuição**;

> A prova do Ministério Público/MG considerou CORRETA a assertiva: "São atributos do poder de polícia a discricionariedade, a autoexecutoriedade e a coercibilidade".

d) caráter liberatório: o poder de polícia, via de regra, manifesta-se por meio de atos administrativos que autorizam o exercício de atividades até então vedadas pela lei. Esse o papel desempenhado por licenças, autorizações, permissões e concessões;

e) é sempre geral: o poder de polícia estende-se à generalidade dos indivíduos, não se restringindo a limitar particularmente ninguém. Nisso difere da servidão administrativa, que sempre atinge bem determinado;

f) cria obrigações de não fazer (regra geral): normalmente o poder de polícia estabelece deveres negativos aos particulares, estabelecendo obrigações de não fazer. Em casos raros, pode gerar deveres positivos, por exemplo, na obrigação de atendimento da função social da propriedade;

g) não gera indenização: pelo fato de atingir a todos, o exercício regular do poder de polícia não causa danos específicos que possam resultar no direito ao recebimento de **indenização**;

> A prova de Procurador do Banco Central elaborada pela Esaf considerou CORRETA a assertiva: "Segundo a regra geral legalmente estabelecida, a ação punitiva da Administração Pública Federal, direta e indireta, no exercício do poder de polícia, objetivando apurar infração à legislação em vigor, prescreve em cinco anos, comportando interrupção ou suspensão".

h) atinge particulares (regra geral): normalmente o poder de polícia é direcionado para limitar a esfera de interesses dos particulares. Entretanto, suas determinações são obrigatórias também para órgãos e agentes públicos;

i) é indelegável: o poder de polícia é manifestação do **poder de império** (*ius imperii*) do Estado, pressupondo a posição de superioridade de quem o exerce,

17. *Curso de direito administrativo*, p. 133.

em relação ao administrado (art. 4º, III, da Lei n. 11.079/2004). Por isso, a doutrina não admite delegação do exercício do poder de polícia a particulares. Segundo entendimento do **Supremo Tribunal Federal**, poder de polícia só **pode ser delegado a pessoas jurídicas de direito público**, e não a pessoas jurídicas de direito privado (ADIn 1.717-6)[18]. Entretanto, **é possível delegar a particulares atividades materiais preparatórias** ao exercício do poder de polícia, já que elas não realizam a fiscalização em si, mas apenas servem de apoio instrumental para que o Estado desempenhe privativamente o poder de polícia. Exemplos: empresa privada que instala radares fotográficos para apoiar na fiscalização do trânsito; e manutenção de presídios administrados pela iniciativa privada. Nos dois casos, o particular realiza atividades materiais secundárias, permitindo que o Estado exerça a fiscalização propriamente dita.

Importante destacar que, embora a delegabilidade da gestão de presídios seja admitida pela doutrina, a Fundação Getúlio Vargas, no V Exame Unificado de Ordem, rejeitou expressamente essa possibilidade, ao argumento de que seria delegação do próprio poder de polícia, prática proibida pelo art. 4º, III, da Lei n. 11.079/2004). Tal entendimento, porém, é minoritário e válido somente para provas elaboradas pela FGV/RJ.

Nos termos do art. 1º da Lei n. 9.873/99, **prescreve em cinco anos** a ação punitiva da Administração Pública Federal, direta e indireta, no exercício do poder de polícia, objetivando apurar infração à legislação em vigor, contados da data da prática do ato ou, no caso de infração permanente ou continuada, do dia em que tiver cessado.

5.11.7 Polícia administrativa *versus* polícia judiciária

Conforme mencionado anteriormente, o poder de polícia constitui um complexo de atividades administrativas mais abrangentes do que as atuações de segurança pública. Assim, o poder de polícia não é privativo das "polícias". Mas o estudo das atividades estatais de prevenção e repressão à criminalidade, sob a ótica da teoria do poder de polícia, é útil para responder frequentes questões nos concursos públicos.

Tradicionalmente, a doutrina costuma dividir as atuações de segurança pública em polícia administrativa e polícia judiciária:

a) **polícia administrativa:** tem **caráter** predominantemente **preventivo**, atuando antes de o crime ocorrer, para evitá-lo, submetendo-se essencialmente às regras do **Direito Administrativo**. No Brasil, a polícia administrativa é associada ao chamado policiamento ostensivo, sendo realizada pela **Polícia Militar**;

b) **polícia judiciária:** sua atuação preponderante tem **natureza repressiva**, agindo após a ocorrência do crime para apuração da autoria e materialidade.

---

18. Fundação Getulio Vargas. Padrão de Respostas. Prova Discursiva. Direito Administrativo. VIII Exame de Ordem Unificado.

Sujeita-se basicamente aos princípios e regras do Direito Processual Penal. No sistema atual, a polícia judiciária é exercida pela Polícia Civil e pela **Polícia Federal**.

> A prova de Procurador do Estado de São Paulo elaborada pela Vunesp considerou INCORRETA a assertiva: "O conceito de polícia administrativa se confunde com o de polícia judiciária".

> ATENÇÃO: no regime estabelecido pela Constituição Federal de 1988, as **Guardas Civis Municipais** (GCMs) não exercem nem polícia administrativa nem polícia judiciária, tendo sua competência restrita à **conservação do patrimônio público municipal**. É o que estabelece o art. 144, § 8º, da Constituição Federal: "Os Municípios poderão constituir guardas municipais **destinadas à proteção de seus bens, serviços e instalações**, conforme dispuser a lei". Importante destacar, porém, que diante da escalada da violência em nosso país, a Lei n. 10.826/2003 (Estatuto do Desarmamento) **autoriza o porte de arma de fogo por integrantes das guardas municipais** somente **em dois casos**:
>
> a) **das capitais** dos Estados e dos Municípios **com mais de 500.000 habitantes**, nas condições estabelecidas no regulamento da lei;
>
> b) dos Municípios **com mais de 50.000 e menos de 500.000 habitantes**, quando **em serviço**.

Quadro comparativo entre polícia administrativa e polícia judiciária

	Polícia administrativa	**Polícia judiciária**
Atuação predominante	Preventiva (antes do crime)	Repressiva (após o crime)
Ramo de regência	Direito Administrativo	Direito Processual Penal
Instituições que exercem	Polícia Militar	Polícia Civil e Polícia Federal

Diferenciando os dois tipos de polícia, Diogo de Figueiredo Moreira Neto afirma que a **polícia judiciária** tem uma atuação voltada **às pessoas**, enquanto a **polícia administrativa** relacionase mais com a **atividade das pessoas**[19].

5.11.8 Alcance quinquipartite do poder de polícia

> Acesse também a videoaula pelo link:
> http://somos.in/MDA1136

Para fins didáticos, é possível sintetizar o poder de polícia reduzindo-o a **cinco atividades fundamentais**: **legislar** (**normatizar**), **limitar**, **consentir**, **fiscalizar** e **sancionar**. Desse modo, sempre que o Estado legisla, limita, consente, fiscaliza ou sanciona atividades de particulares em favor dos interesses da coletividade, estaremos diante de manifestação do poder de polícia.

19. *Curso de direito administrativo*, p. 443.

> A prova de Técnico da DPU elaborada pelo Cespe em 2016 considerou CERTA a afirmação: "A edição de ato normativo constitui exemplo do exercício do poder de polícia pela administração pública".

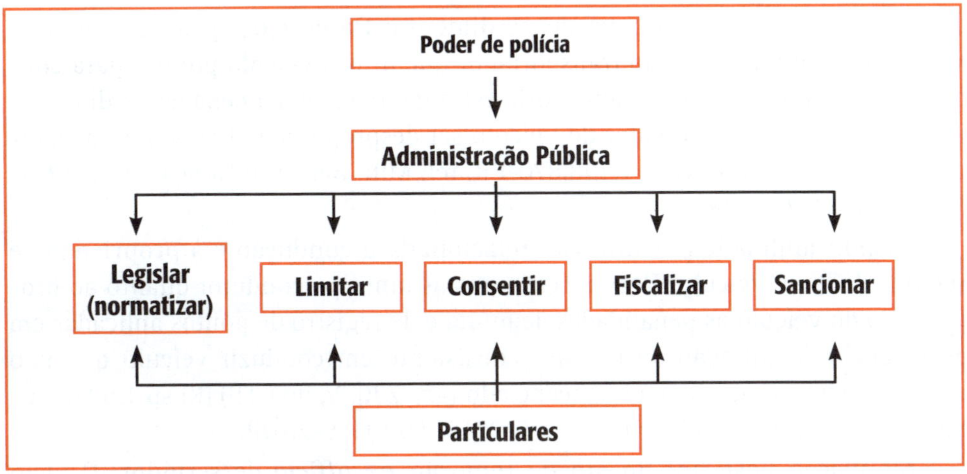

5.12 JURISPRUDÊNCIA

5.12.1 STJ

Auto de infração. Notificação. Obrigatoriedade: Se o CTB reputa válidas as notificações por remessa postal, sem explicitar a forma de sua realização, tampouco o Contran o faz. Não há como atribuir à Administração Pública uma obrigação não prevista em lei ou, sequer, em ato normativo, sob pena de ofensa aos princípios da legalidade, da separação dos poderes e da proporcionalidade, considerando o alto custo da carta com AR e, por conseguinte, a oneração dos cofres públicos. O envio da notificação, por carta simples ou registrada, satisfaz a formalidade legal, assim não há se falar em ofensa ao contraditório e à ampla defesa no âmbito do processo administrativo, até porque, se houver falha nas notificações, o art. 28 da Resolução n. 619/2016 do Contran prevê que "a autoridadede trânsito poderá refazer o ato, observados os prazos prescricionais" (PUIL 372-SP, rel. Min. Gurgel de Faria, Primeira Seção, por unanimidade, j. 11-3-2020, *DJe* 27-3-2020 – *Informativo* 668).

Poder de polícia: O art. 2º, § 6º, inciso VIII, do Decreto n. 3.179/99 (redação original), quando permite a liberação de veículos e embarcações mediante pagamento de multa, não é compatível com o que dispõe o art. 25, § 4º, da Lei n. 9.605/98; entretanto, não há ilegalidade quando o referido dispositivo regulamentar admite a instituição do depositário fiel na figura do proprietário do bem apreendido por ocasião de infração nos casos em que é apresentada defesa administrativa – anote-se que não se está defendendo a simplória liberação do veículo, mas a devolução com a instituição de depósito (e os consectários legais que daí advêm), observado, entretanto, que a liberação só poderá ocorrer caso o veículo ou a embarcação estejam regulares na forma das legislações de regência (Código de Trânsito Brasileiro, p.ex.) (REsp 1.133.965-BA, rel. Min. Mauro Campbell Marques, Primeira Seção, por unanimidade, j. 25-4-2018, *DJe* 11-5-2018 – Recursos Repetitivos).

Mercadoria sujeita a pena de perdimento: Dá ensejo à pena de perda do veículo a conduta dolosa do transportador que utiliza veículo próprio para conduzir ao território nacional mercadoria estrangeira sujeita à pena de perdimento, independentemente de o valor do veículo ser desproporcional ao valor das mercadorias apreendidas (REsp 1.498.870-PR, rel. Min. Benedito Gonçalves, j. 12-2-2015, *DJe* 24-2-2015).

Responsabilidade por infração relacionada à condução e à propriedade e regularidade de veículo: Devem ser impostas tanto ao condutor quanto ao proprietário do veículo as penalidades de multa e de registro de pontos aplicadas em decorrência da infração de trânsito consistente em conduzir veículo que não esteja registrado e devidamente licenciado (art. 230, V, do CTB) (REsp 1.524.626-SP, rel. Min. Humberto Martins, j. 5-5-2015, *DJe* 11-5-2015).

Motivação posterior do ato de remoção *ex officio* de servidor: O vício consistente na falta de motivação de portaria de remoção *ex officio* de servidor público pode ser convalidado, de forma excepcional, mediante a exposição, em momento posterior, dos motivos idôneos e preexistentes que foram a razão determinante para a prática do ato, ainda que estes tenham sido apresentados apenas nas informações prestadas pela autoridade coatora em mandado de segurança impetrado pelo servidor removido (AgRg no RMS 40.427-DF, rel. Min. Arnaldo Esteves Lima, j. 3-9-2013).

Sanção penal e administrativa decorrente da mesma conduta: Se o ato ensejador do auto de infração caracteriza infração penal tipificada apenas em dispositivos de leis de crimes ambientais, somente o juízo criminal tem competência para aplicar a correspondente penalidade. Os fiscais ambientais têm competência para aplicar penalidades administrativas. No entanto, se a conduta ensejadora do auto de infração configurar crime ou contravenção penal, somente o juízo criminal é competente para aplicar a respectiva sanção. Precedente citado: AgRg no AREsp 67.254-MA, *DJe* 2-8-2012 (REsp 1.218.859-ES, rel. Min. Arnaldo Esteves Lima, j. 27-11-2012).

Concessão da CNH definitiva a motorista que tenha cometido infração de natureza grave na qualidade de proprietário do veículo: É possível conceder a carteira nacional de habilitação definitiva a motorista que tenha cometido, durante o prazo anual de permissão provisória para dirigir, infração administrativa de natureza grave, não na qualidade de condutor, mas na de proprietário do veículo (AgRg no AREsp 262.701-RS, rel. Min. Humberto Martins, j. 12-3-2013).

Possibilidade de concessão de CNH definitiva ao condutor que pratique a infração de que trata o art. 233 do CTB: A prática da infração administrativa de natureza grave de que trata o art. 233 do CTB pelo detentor de "permissão para dirigir" não impede que a ele seja concedida a CNH definitiva. De acordo com o art. 148, § 3º, do Código de Trânsito Brasileiro – CTB, o não cometimento de infração grave durante o período em que o condutor trafega com "permissão para dirigir" constitui condição para a concessão de habilitação definitiva. A interpretação teleológica desse dispositivo legal conduz ao entendimento de que o fim buscado pelo legislador foi preservar os objetivos básicos do Sistema Nacional de Trânsito, em especial a segurança e educação para o trânsito, estabelecidos no inciso I do art. 6º do CTB. Assim, não é razoável impedir a concessão de CNH definitiva em razão da falta administrativa prevista no art. 233 do CTB, consistente na conduta de deixar de efetuar o registro da propriedade do veículo no prazo e nas hipóteses legais, porquanto se trata de infração que nada tem a ver com a segurança do trânsito e nenhum risco impõe à coletividade. Precedentes citados: REsp 980.851-RS, 2ª Turma, *DJe* 27-8-2009, e AgRg no REsp 1.231.072-RS, 1ª Turma, *DJe* 14-5-2012. (AgRg no AREsp 262.219-RS, rel. Min. Mauro Campbell Marques, j. 7-2-2013).

Auto de infração e aplicação de multa com base no art. 14, I, da Lei n. 6.938/81: O art. 14, I, da Lei n. 6.938/81, por si só, constitui fundamento suficiente para embasar a autuação de infração e a aplicação de multa administrativa em decorrência de queimada não autorizada (REsp 996.352-PR, rel. Min. Castro Meira, j. 5-2-2013).

Destituição de cargo em comissão: Deve ser aplicada a penalidade de destituição de cargo em comissão na hipótese em que se constate que servidor não ocupante de cargo efetivo, valendo-se do cargo, tenha indicado irmão, nora, genro e sobrinhos para contratação por empresas recebedoras de verbas públicas, ainda que não haja dano ao erário ou proveito pecuniário e independentemente da análise de antecedentes funcionais (MS 17.811-DF, rel. Min. Humberto Martins, j. 26-6-2013).

5.12.2 STF

Poderes administrativos (Guarda municipal e fiscalização de trânsito): É constitucional a atribuição às guardas municipais do exercício de poder de polícia de trânsito, inclusive para imposição de sanções administrativas legalmente previstas (RE 658.570/MG, Plenário, rel. orig. Min. Marco Aurélio, red. p/ o acórdão Min. Roberto Barroso, 6-8-2015 – *Informativo* n. 793, Repercussão Geral).

5.12.3 Repercussão Geral

No exercício do seu poder de autotutela, poderá a Administração Pública rever os atos de concessão de anistia a cabos da Aeronáutica com fundamento na Portaria n. 1.104/64, quando se comprovar a ausência de ato com motivação exclusivamente política, assegurando-se ao anistiado, em procedimento administrativo, o devido processo legal e a não devolução das verbas já recebidas (RE 817.338, 16-10-2019).

5.13 QUADRO SINÓTICO

<table>
<tr><th colspan="2">PODERES DA ADMINISTRAÇÃO</th></tr>
<tr><td colspan="2">São as mais importantes competências administrativas.</td></tr>
<tr><td>PODER VINCULADO</td><td>Também conhecido por “poder regrado”. Quando a lei atribui determinada competência definindo todos os aspectos da conduta a ser adotada, sem atribuir margem de liberdade para o agente público escolher a melhor forma de agir. Ex.: lançamento tributário.</td></tr>
<tr><td>PODER DISCRICIONÁRIO</td><td>Ocorre quando a lei atribui certa competência reservando margem de liberdade para que, diante da situação concreta, o agente possa selecionar a opção mais apropriada para a defesa do interesse público.
<table><tr><th colspan="2">DICA:</th></tr><tr><th>VISÃO TRADICIONAL</th><th>VISÃO MODERNA</th></tr><tr><td>Segundo Hely Lopes Meirelles, autor da visão clássica e predominante em concursos, a discricionariedade somente pode residir no motivo ou no objeto do ato administrativo (competência, forma e finalidade são requisitos vinculados sempre).</td><td>Para Celso Antônio Bandeira de Mello a discricionariedade pode residir também na finalidade (corrente isolada).</td></tr></table></td></tr>
<tr><td>PODER DISCIPLINAR</td><td>Consiste na possibilidade de a Administração aplicar punições aos agentes públicos e contratados que cometem infrações funcionais. Trata-se de poder interno (nunca será exercido sobre particulares, exceto quando forem contratados da Administração).</td></tr>
<tr><td>PODER HIERÁRQUICO</td><td>Segundo Hely Lopes Meirelles, é o poder de que dispõe o Executivo para distribuir e escalonar as funções de seus órgãos e ordenar e rever a atuação de seus agentes, estabelecendo relação de subordinação entre os servidores do seu quadro de pessoal. É interno, porém permanente, exercido pelos chefes de repartição sobre seus agentes subordinados e pela administração central em relação aos órgãos públicos. Envolve atribuições de comando, chefia e direção.
DICA: não existe hierarquia entre a Administração Direta e as entidades componentes da Administração indireta; e o poder hierárquico não é exercido sobre órgãos consultivos.
<table><tr><th colspan="2">INSTITUTOS RELACIONADOS COM O PODER HIERÁRQUICO</th></tr><tr><td>DELEGAÇÃO DE COMPETÊNCIA</td><td><ul><li>Distribui temporariamente a competência (representando um movimento centrífugo).</li><li>Pode beneficiar agentes e órgãos públicos subordinados (delegação vertical) ou não subordinados (delegação horizontal).</li><li>Nos termos do art. 12 da Lei n. 9.784/99, um órgão administrativo ou seu titular poderão delegar parte da sua competência a outros órgãos ou titulares, ainda que estes não lhe sejam hierarquicamente subordinados, quando for conveniente, em razão de circunstâncias de índole técnica, social, econômica, jurídica ou territorial.</li></ul></td></tr><tr><td>AVOCAÇÃO DE COMPETÊNCIA</td><td><ul><li>Concentra a competência (movimento centrípeto).</li><li>Só pode ser realizada em relação à competência de um subordinado. Só existe avocação vertical.</li><li>Diante de motivos relevantes devidamente justificados, o art. 15 da Lei n. 9.784/99 permite que a autoridade hierarquicamente superior chame para si a competência de um órgão ou agente subordinado.</li></ul></td></tr></table></td></tr>
</table>

<table>
<tr>
<td>PODER HIERÁRQUICO</td>
<td>
DELEGAÇÃO DE COMPETÊNCIA NA LEI N. 9.784/99
O ATO DE DELEGAÇÃO OBRIGATORIAMENTE ESPECIFICARÁ:
• as matérias e os poderes transferidos;
• os limites da atuação do delegado;
• a duração da delegação;
• os objetivos da delegação;
• o recurso cabível, podendo conter ressalva de exercício da atribuição delegada.

A DELEGABILIDADE É REGRA.
SÃO EXCEÇÕES PREVISTAS EM LEI:
• edição de ato de caráter normativo;
• decisão em recursos administrativos;
• matérias de competência exclusiva de um órgão ou autoridade.

SUPERVISÃO / CONTROLE MINISTERIAL
Supervisão/Controle Ministerial é o poder exercido pelos Ministérios Federais e pelas Secretarias Estaduais e Municipais sobre órgãos e entidades pertencentes à Administração Pública Indireta.

DICA: a autonomia das entidades descentralizadas não permite, em regra, a interposição de recurso hierárquico dirigido ao Ministro/Secretário de Estado da respectiva pasta. Mas há casos excepcionais nos quais, por expressa previsão legal, possibilita-se interposição de recurso contra decisão das entidades descentralizadas endereçado à Administração Direta, é o chamado recurso hierárquico impróprio.
</td>
</tr>
<tr>
<td>PODER REGULAMENTAR</td>
<td>
Decorre do poder hierárquico e consiste na possibilidade de os chefes do Poder Executivo editarem atos administrativos (decretos e regulamentos) gerais, que podem ser abstratos ou concretos, expedidos para dar fiel execução à lei (art. 84, IV, CF – prerrogativa concedida ao Presidente da República, que se estende a Governadores e Prefeitos por simetria).
DICA: o poder regulamentar independe de previsão na lei a ser regulamentada.

PARA LEMBRAR:
• Sua função específica principal é estabelecer detalhamentos quanto ao modo de aplicação de dispositivos legais, dando maior concretude, no âmbito interno da Administração Pública, aos comandos gerais e abstratos presentes na legislação.
São espécies de regulamento:
• a) regulamentos administrativos ou de organização: são aqueles que disciplinam questões internas de estruturação e funcionamento da Administração Pública ou relações jurídicas de sujeição especial do Poder Público perante particulares;
• b) regulamentos executivos: são os regulamentos comuns expedidos sobre matéria anteriormente disciplinada pela legislação permitindo a fiel execução da lei;
• c) regulamentos autônomos ou independentes: são os que versam sobre temas não disciplinados pela legislação.
</td>
</tr>
</table>

PODER REGULAMENTAR

<table>
<tr><th colspan="2">INSTITUTOS RELACIONADOS AO PODER REGULAMENTAR</th></tr>
<tr><th>DECRETO</th><th>REGULAMENTO</th></tr>
<tr><td>Constitui uma forma de ato administrativo; é o veículo introdutor do regulamento.
A EC. n. 32/2001 alterou as disposições do art. 84, VI, CF, e definiu dois temas que só podem ser disciplinados por decreto do Presidente da República:
• 1. organização e funcionamento da Administração federal, quando não implicar aumento de despesa, nem criação ou extinção de órgãos públicos;
• 2. extinção de funções ou cargos públicos quando vagos.</td><td>Representa o conteúdo do ato.
São espécies de regulamento:
• 1. administrativos ou de organização: disciplinam questões internas de estruturação e funcionamento da Administração ou relações jurídicas de sujeição especial perante particulares;
• 2. delegados, autorizados ou habilitados: modalidade não admitida pelo Direito brasileiro, na qual o Poder Legislativo delega ao Executivo a disciplina de matérias reservadas à lei;
• 3. executivos: regulamentos comuns, expedidos sobre matéria anteriormente disciplinada pela legislação, permitindo a fiel execução da lei. São editados pela autoridade de maior hierarquia do Poder Executivo, com o único objetivo de estabelecer qual, dentre as possíveis interpretações da lei, é aquela que passará a ser obrigatória para a estrutura administrativa vinculada à sua obediência;
• 4. autônomos ou independentes: versam sobre temas não disciplinados pela legislação, só podendo existir mediante expressa previsão constitucional, pois pressupõem "reserva de regulamento".</td></tr>
</table>

REFERENDA MINISTERIAL OU SECRETARIAL
Referenda ministerial é a manifestação de anuência aposta pelo Ministro de Estado nos atos e decretos presidenciais que versem sobre matéria relacionada ao respectivo ministério. Nas demais esferas federativas, denomina-se referenda secretarial.

PODER DE POLÍCIA

Poder de polícia é a **atividade da Administração** Pública, **baseada na lei** e na supremacia geral, consistente no estabelecimento de **limitações à liberdade e propriedade dos particulares,** regulando a **prática de ato** ou a **abstenção de fato,** manifestando-se por meio de atos normativos ou concretos, em **benefício do interesse público.**

DICA: a definição legal encontra-se no art. 78 do CTN.

EM SENTIDO AMPLO	EM SENTIDO ESTRITO
Inclui qualquer limitação estatal à liberdade e propriedade privadas, englobando restrições legislativas e limitações administrativas.	Mais usado pela doutrina, o conceito de poder de polícia em sentido estrito inclui **somente as limitações** administrativas à liberdade e propriedade privadas, deixando de fora as restrições impostas por dispositivos legais.

CARACTERÍSTICAS
• Atividade restritiva. • Limita liberdade e propriedade. • Sempre geral. • Cria obrigações de não fazer (regra geral). • Não gera indenização. • Atinge particulares (regra geral). • É indelegável.

	POLÍCIA ADMINISTRATIVA	POLÍCIA JUDICIÁRIA
PODER DE POLÍCIA	Tem caráter predominantemente preventivo, atuando antes de o crime ocorrer, para evitá-lo, submetendo-se essencialmente às regras do Direito Administrativo. No Brasil, a polícia administrativa é associada ao chamado policiamento ostensivo, sendo realizada pela Polícia Militar.	Polícia judiciária: sua atuação preponderante tem natureza repressiva, agindo após a ocorrência do crime para apuração da autoria e materialidade. Sujeita-se basicamente aos princípios e regras do Direito Processual Penal. No sistema atual, a polícia judiciária é exercida pela Polícia Civil e pela Polícia Federal.
PODER NORMATIVO	É mais amplo que o poder regulamentar, incluindo aqui a edição de todas as categorias de atos abstratos, tais como **regimentos, instruções, deliberações, resoluções e portarias.**	

5.14 QUESTÕES

1. (Juiz de Direito Substituto – TJ-BA – 2019 – Cespe) O poder de polícia administrativo:

A) limita ou disciplina direito, interesse ou liberdade individual, regulando e fiscalizando atos civis ou penais;

B) inclui, no âmbito das agências reguladoras, a possibilidade de tipificar ineditamente condutas passíveis de sanção, de acordo com o STJ;

C) pode ser delegado a sociedade de economia mista que explore serviço público, a qual poderá praticar atos de fiscalização e aplicar multas;

D) possui autoexecutoriedade, princípio segundo o qual o ato emanado será obrigatório, independentemente da vontade do administrado;

E) deve obedecer ao princípio da proporcionalidade no exercício do mérito administrativo e, por isso mesmo, é impassível de revisão judicial nesse aspecto.

2. (Técnico em Comunicação Social – AGU – 2019 – Idecan) No âmbito do Direito Administrativo, existem diversas prerrogativas conferidas ao Estado para fins de consecução do interesse público, como os chamados poderes administrativos. A esse respeito, assinale a alternativa correta.

A) O poder regulamentar é uma mera prerrogativa, podendo não ser exercido pelo seu titular.

B) O poder disciplinar implica a competência da autoridade administrativa para investigar e aplicar sanções penais.

C) Os poderes administrativos estão sempre vinculados aos termos da lei, não comportando discricionariedade.

D) A irrenunciabilidade é uma característica dos poderes administrativos.

E) Os poderes administrativos, na clássica divisão proposta por Montesquieu, acabam se confundindo com os próprios Poderes do Estado.

3. (Policial Rodoviário Federal – PRF – 2019 – Cespe) No tocante aos poderes administrativos e à responsabilidade civil do Estado, julgue o próximo item.

Constitui poder de polícia a atividade da administração pública ou de empresa privada ou concessionária com delegação para disciplinar ou limitar direito, interesse ou liberdade, de modo a regular a prática de ato em razão do interesse público relativo à segurança.

( ) Certo

( ) Errado

4. (Policial Rodoviário Federal – PRF – 2019 – Cespe) No tocante aos poderes administrativos e à responsabilidade civil do Estado, julgue o próximo item.

O abuso de poder, que inclui o excesso de poder e o desvio de finalidade, não decorre de conduta omissiva de agente público.

( ) Certo

( ) Errado

5. (Auditor-Fiscal da Receita Estadual – Bloco II – Sefaz-RS – 2019 – Cespe) O alvará de licença e o alvará de autorização concedidos pela administração pública constituem meio de atuação do poder:

A) disciplinar;

B) regulamentar;

C) hierárquico;

D) de polícia;

E) hierárquico e do disciplinar.

6. (Analista de Gestão Administrativa – Prefeitura de Recife – PE – 2019 – FCC) Um servidor de uma autarquia incumbida da vigilância sanitária de um determinado Município visitou, em trabalho de rotina, um estabelecimento comercial e verificou que lá estava sendo explorada atividade estranha àquelas permitidas e constantes do alvará de licença e instalação, inclusive sem o devido cuidado com as normas sanitárias. Lavrou auto de infração e imposição de multa, incluindo a interdição do estabelecimento por determinado prazo, para que o responsável providenciasse a regularização ou a desativação da atividade não autorizada. O responsável pelo estabelecimento apresentou defesa, deduzindo que teria havido abuso de poder. A alegação do comerciante:

A) procede, tendo em vista que a autarquia não pode exercer poder de polícia repressiva, apenas editar atos normativos que regulem o setor e a atuação dos administrados a ele subordinados;

B) é infundada, tendo em vista que as autarquias possuem plenos poderes no setor que atuam, cabendo ao decreto que as cria delimitar a esfera de competências e prerrogativas das mesmas;

C) não é aderente à legalidade, pois a atuação do servidor público tem fundamento no exercício do poder de polícia, que permite a adoção de medidas repressivas e de urgência para obstar ilegalidades e riscos aos administrados;

D) é improcedente tendo em vista que às autarquias é dado o exercício do poder de polícia em sua integralidade, cabendo à lei que autoriza sua criação delegar aos servidores indicados a competência para instituir multas e sanções, mesmo que não constantes expressamente de lei;

E) procede, pois embora o servidor possa interditar o estabelecimento, no regular exercício do poder de polícia, a imposição de multa pecuniária depende previsão expressa em lei e de decisão judicial.

7. (Analista de Fomento – Crédito – Afap – 2019 – FCC) A celebração de contrato administrativo entre empresa particular e a Administração pública permite a incidência do poder:

A) de polícia em relação aos atos praticados pela contratada para a execução do objeto contratual, incluindo a aplicação de penalidades;

B) normativo, diante da necessidade de aditamento do contrato para estabelecimento de alterações de ordem qualitativa;

C) disciplinar em relação à contratada, tendo em vista que essa atuação abrange relações jurídicas que excedem o vínculo funcional, tal como vínculo contratual;

D) hierárquico, tendo em vista que esta prerrogativa confere posição de supremacia do Poder Público contratante em relação à contratada, admitindo inclusive alterações unilaterais do contrato;

E) regulatório, tendo em vista que o vínculo contratual entre a Administração pública e o particular admite alterações unilaterais por parte do contratante sempre que o interesse público assim recomendar, independentemente de concordância do contratado.

8. (Analista de Planejamento, Orçamento e Gestão – Prefeitura de Recife – PE – 2019 – FCC) O exercício do poder normativo pelos entes públicos configura:

A) atuação que abrange a edição de decretos regulamentares sem inovação de mérito em face da lei regulamentada, embora também permita a edição de decretos autônomos em situações expressamente previstas;

B) expressão do princípio da supremacia do interesse público, pois admite que o Executivo possa editar atos normativos quando houver omissão, voluntária ou involuntária, da legislação;

C) corolário do princípio da eficiência, tendo em vista que a agilidade da atuação do Executivo permite a edição de decretos para disciplinar a situação dos administrados de forma mais aderente à efetiva necessidade dos mesmos;

D) manifestação do princípio da legalidade, tendo em vista que a edição de decretos pelo Executivo se dá tanto pela edição de decretos regulamentares quanto para a edição de decretos autônomos, de caráter geral e abstrato, para suprir lacunas da lei;

E) expressão dos princípios da celeridade e da eficiência, pois tem lugar para viabilizar a edição de decretos que veiculem soluções para casos concretos, diante da inexistência de previsão legal a respeito.

9. (Administrador – IF-PA – 2019 – IF-PA) O Código Tributário Nacional (CTN), em seu art. 78, preceitua:

CÓDIGO TRIBUTÁRIO NACIONAL (CTN) – LEI N. 5.172/66

"Art. 78. Considera-se poder de polícia atividade da administração pública que, limitando ou disciplinando direito, interesse ou liberdade, regula a prática de ato ou abstenção de fato, em razão de interesse público concernente à segurança, à higiene, à ordem, aos costumes, à disciplina da produção e do mercado, ao exercício de atividades econômicas dependentes de concessão ou autorização do Poder Público, à tranquilidade pública ou ao respeito à propriedade e aos direitos individuais ou coletivos. (Redação dada pelo Ato Complementar n. 31, de 1966)

Parágrafo único. Considera-se regular o exercício do poder de polícia quando desempenhado pelo órgão competente nos limites da lei aplicável, com observância do processo legal e, tratando-se de atividade que a lei tenha como discricionária, sem abuso ou desvio de poder."

Como se depreende da interpretação literal do art. 78, o poder de polícia é inerente à administração pública, pois limita, regula a prática ou abstenção, sendo guiado, segundo as palavras de Hely Lopes, pelo princípio do interesse predominante, pois pode se vincular, dependendo da matéria, à União, Estado, Distrito Federal ou Municípios. Logo, trata-se de um poder:

A) vinculado;
B) discricionário, em regra, e na exceção pode ser vinculado;
C) hierárquico;
D) disciplinar;
E) regulamentar.

10. (Auditor – IF-PA – 2019 – IF-PA) Analise o enunciado a seguir e em seguida, responda o que e pede:

"... é a faculdade de que dispõe a Administração Pública para condicionar e restringir o uso e gozo de bens, atividades e direitos individuais, em benefício da coletividade ou do próprio Estado".

(MEIRELLES, Helly Lopes. Direito administrativo brasileiro. São Paulo: Malheiros, 2018, 43ª edição).

O enunciado acima descrito, refere-se a um tipo de Poder, atribuído à Administração Pública de acordo com o interesse público. Assinale a alternativa que se refere o enunciado acima citado:

A) poder vinculado;
B) poder discricionário;
C) poder regulamentar;
D) poder de polícia;
E) poder disciplinar.

GABARITO

1. B / **2.** D / **3.** ERRADO / **4.** ERRADO / **5.** D / **6.** C / **7.** C / **8.** A / **9.** B / **10.** D

Acesse mais questões também pelo link:
http://somos.in/MDA1156

6

RESPONSABILIDADE DO ESTADO

Acesse também a videoaula pelo link:
http://somos.in/MDA1107

6.1 INTRODUÇÃO

A moderna teoria do órgão público sustenta que as **condutas praticadas por agentes públicos**, no exercício de suas atribuições, **devem ser imputadas ao Estado**. Assim, quando o agente público atua, considerase que o Estado atuou. Essa noção de imputação é reforçada também pelo princípio da impessoalidade, que assevera ser a função administrativa exercida por agentes públicos "sem rosto", por conta da direta atribuição à Administração Pública das condutas por eles praticadas.

> A prova de Procurador Federal/2007 elaborada pelo Cespe considerou CORRETA a afirmação: "As ações dos entes políticos – como União, Estados, Municípios e Distrito Federal – concretizam-se por intermédio de pessoas físicas, e, segundo a teoria do órgão, os atos praticados por meio desses agentes públicos devem ser imputados à pessoa jurídica de Direito Público a que pertencem".

Nesse contexto, é natural considerar que o Estado responde pelos prejuízos patrimoniais causados pelos agentes públicos a particulares, em decorrência do exercício da **função administrativa**.

> A prova de Procurador do Estado da Paraíba/2008 elaborada pelo Cespe considerou CORRETA a assertiva: "Um policial militar do Estado da Paraíba, durante período de folga, em sua residência, tem um desentendimento com sua companheira e lhe desferiu um tiro com uma arma pertencente à corporação. Considerando o ato hipotético praticado pelo referido policial, é correto afirmar que não há responsabilidade civil do Estado, pois o dano foi causado por policial fora de suas funções públicas".

Levando em conta a **natureza patrimonial** dos prejuízos ensejadores dessa reparação, conclui-se que tal **responsabilidade é civil**. A **responsabilidade é extracontratual** por vincular-se a danos sofridos em **relações jurídicas de sujeição geral**. As indenizações devidas a pessoas que mantêm especial vinculação contratual com o Estado são disciplinadas por regras diferentes daquelas estudadas no capítulo da responsabilidade civil **extracontratual**.

Assim, o tema responsabilidade do Estado investiga o **dever estatal de ressarcir particulares** por prejuízos civis e extracontratuais experimentados **em decorrência de ações ou omissões de agentes públicos** no exercício da função administrativa. Os danos indenizáveis podem ser materiais, **morais** ou estéticos.

> A prova da Defensoria Pública da União elaborada pelo Cespe considerou ERRADA a proposição: "A ação indenizatória decorrente de danos morais tem caráter pessoal, pois o herdeiro não sucede no sofrimento da vítima nem pode ser indenizado por dor alheia. Por isso, se o autor falecer no curso do processo, não poderá ocorrer substituição processual no polo ativo da demanda. Nesse caso, o processo será extinto sem resolução de mérito, por perda superveniente da legitimidade *ad causam* do autor".
>
> A prova de Auditor do TCE/SC elaborada pelo Cespe em 2016 considerou ERRADA a afirmação: "Conforme o entendimento do STJ, não se admite a alteração do *quantum* arbitrado a título de danos morais em ação de responsabilidade civil do Estado, uma vez que se trata de peculiaridade fática do caso".

O tema é disciplinado pelo art. 37, § 6º, da Constituição Federal: "As pessoas jurídicas de direito público e as de direito privado prestadoras de serviços públicos responderão pelos danos que seus agentes, nessa qualidade, causarem a terceiros, assegurado o direito de regresso contra o responsável nos casos de dolo ou **culpa**".

> A prova da Magistratura/SP considerou CORRETA a proposição: "O § 6º do art. 37 da Constituição da República manteve a responsabilidade civil objetiva da Administração, sob a modalidade do risco administrativo".

Antes de analisarmos detalhadamente os elementos componentes do tratamento constitucional atualmente dispensado à matéria, é fundamental compreender as linhas gerais da evolução histórica da responsabilidade estatal.

6.2 EVOLUÇÃO HISTÓRICA

Até chegar ao estágio atual, a teoria da responsabilidade do Estado passou por **três fases principais**: 1ª) teoria da **irresponsabilidade estatal**; 2ª) teoria da **responsabilidade subjetiva**; 3ª) teoria da **responsabilidade objetiva**.

Evidentemente que em cada país a evolução histórica da responsabilidade estatal seguiu um ritmo próprio. Assim, a data de passagem de uma teoria para outra sofre variação, dependendo do direito positivo. Procuramos indicar as datas normalmente associadas à transição das etapas evolutivas nos países ocidentais europeus e, especialmente, no Brasil.

6.2.1 Teoria da irresponsabilidade estatal (até 1873)

Também chamada de **teoria feudal, regalista ou regaliana**, a teoria da irresponsabilidade do Estado era própria dos **Estados Absolutistas** nos quais a vontade do Rei tinha força de lei. Assim, a exacerbação da ideia de **soberania** impedia admitir que os súditos pudessem pleitear indenizações por danos decorrentes da atuação governamental. Em grande parte, essa situação resultou da então **concepção político-teológica** que sustentava a **origem divina do poder**. Os governantes eram considerados **"representantes de Deus na terra"**, escolhidos e investidos diretamente pela própria divindade. Por isso, eventuais prejuízos causados pelo Estado deveriam ser atribuídos à **providência divina** e, se Deus não erra, o **atributo da inerrância** se estendia aos governantes nomeados por Ele.

Essa inerrância dos governantes foi sintetizada em duas frases que resumiam bem o espírito do período: **"o rei não erra"** ("the king can do no **wrong**" ou "le roi ne peut mal faire") e **"aquilo que agrada ao príncipe tem força de lei"** ("quod principi placuit habet legis vigorem").

> A prova de Procurador do Estado/CE elaborada pelo Cespe considerou ERRADA a proposição: "Nos Estados absolutistas, negava-se a obrigação da Administração Pública de indenizar os prejuízos causados por seus agentes aos administrados, com fundamento no entendimento de que o Estado não podia causar males ou danos a quem quer que fosse ('the king can do no wrong'). Segundo a classificação da doutrina, a teoria adotada nesse período era a teoria do risco integral".

O período da irresponsabilidade estatal começou a ser superado por influência do direito francês. **Em 17 de fevereiro de 1800**, ou 28 de Pluvioso do ano VIII no calendário pósrevolucionário, foi promulgada uma **lei francesa** disciplinando o **ressarcimento de danos** advindos de **obras públicas**.

Mas o grande evento que motivou a superação da teoria da irresponsabilidade foi a **decisão de 8 de fevereiro de 1873**, tomada pelo **Tribunal de Conflitos na França**, conhecida como **Aresto Blanco**[1].

> HISTÓRICO DO ARESTO BLANCO: o Tribunal de Conflitos é o órgão da estrutura francesa que decide se uma causa vai ser julgada pelo Conselho de Estado ou pelo Poder Judiciário. Em 8 de fevereiro de 1873, sob a relatoria do conselheiro David, o Tribunal de Conflitos analisou o caso da menina Agnès Blanco que, brincando nas ruas da cidade de Bordeaux, foi atingida por um pequeno vagão da Companhia Nacional de Manufatura de Fumo. O pai da criança entrou com ação de indenização fundada na ideia de que o Estado é civilmente responsável pelos prejuízos causados a terceiros na prestação de serviços públicos. O Aresto Blanco foi o primeiro posicionamento definitivo favorável à condenação do Estado por danos decorrentes do exercício das atividades administrativas. Por isso, o ano de 1873 pode ser considerado o divisor de águas entre o período da irresponsabilidade estatal e a fase da responsabilidade subjetiva.

Atualmente, não há mais nenhum caso de país ocidental que ainda adote a teoria regalista ou da irresponsabilidade. Os **Estados Unidos** e a **Inglaterra**, últimos

1. Devido à origem francesa da decisão, deve-se pronunciar *arésto blancô*.

redutos de sua aplicação, passaram a admitir a responsabilidade estatal com as publicações do "Federal Tort Claims" em 1946 e do "Crown Proceeding Act" em 1947.

6.2.2 Teoria da responsabilidade subjetiva (1874 até 1946)

Conhecida também como **teoria da responsabilidade com culpa, teoria intermediária, teoria mista** ou **teoria civilista**, a teoria da responsabilidade subjetiva foi a primeira tentativa de explicação a respeito do dever estatal de indenizar particulares por prejuízos decorrentes da prestação de serviços públicos.

Indispensável para a admissibilidade da responsabilização estatal foi uma nova concepção política chamada de **teoria do fisco**. A teoria do fisco sustentava que o Estado possuía **dupla personalidade**: uma **pessoa soberana**, infalível, encarnada na figura do monarca e, portanto, insuscetível a condenação indenizatória; e outra, **pessoa exclusivamente patrimonial**, denominada "fisco", capaz de ressarcir particulares por prejuízos decorrentes da atuação de agentes públicos.

A visão "esquizofrênica" da dupla personalidade estatal foi decisiva para, num primeiro momento, conciliar a possibilidade de condenação da Administração e a noção de soberania do Estado.

A teoria subjetiva estava apoiada na **lógica do direito civil** na medida em que o **fundamento** da responsabilidade é a noção de **CULPA**. Daí a necessidade de a vítima comprovar, para receber a indenização, a ocorrência simultânea de **quatro requisitos**: a) **ato**; b) **dano**; c) **nexo causal**; d) **culpa ou dolo**.

Assim, para a teoria subjetiva é sempre necessário demonstrar que o agente público atuou com intenção de lesar (dolo), com culpa, erro, falta do agente, falha, atraso, negligência, imprudência, imperícia.

Embora tenha representado grande avanço em relação ao período anterior, a teoria subjetiva nunca se ajustou perfeitamente às relações de direito público diante da **hipossuficiência do administrado** frente ao Estado. A dificuldade da vítima em comprovar judicialmente a ocorrência de culpa ou dolo do agente público prejudicava a aplicabilidade e o funcionamento prático da teoria subjetiva.

Foi necessário desenvolver uma teoria adaptada às peculiaridades da relação desequilibrada entre o Estado e o administrado.

6.2.2.1 Hipóteses de aplicação da teoria subjetiva

Importante destacar que, embora excepcionalmente, a **teoria subjetiva** ainda é aplicável no Direito Público brasileiro, em especial, nas seguintes hipóteses:

a) **danos por omissão**;

b) responsabilidade pessoal do agente público por danos no exercício da função apurada na **ação regressiva**;

c) responsabilidade exclusiva do agente público por danos causados fora do exercício da função pública;

d) responsabilidade administrativa (funcional) do agente público;

e) responsabilidade administrativa ambiental (STJ: EREsp 1.318.051/RJ, 8-5-2019).

6.2.3 Teoria da responsabilidade objetiva (1947 até hoje)

Mais apropriada à realidade do Direito Administrativo, a teoria objetiva, também chamada de **teoria da responsabilidade sem culpa** ou **teoria publicista**, afasta a necessidade de comprovação de culpa ou dolo do agente público e **fundamenta o dever de indenizar** na noção de **RISCO ADMINISTRATIVO** (art. 927, parágrafo único, do Código Civil). Quem presta um serviço público assume o risco dos prejuízos que eventualmente causar, **independentemente da existência de culpa ou dolo.** Assim, a responsabilidade **prescinde de qualquer investigação quanto ao elemento subjetivo**[2].

A doutrina costuma afirmar que a **transição** para a teoria publicista deveu-se à concepção de **culpa administrativa**, teoria que representou uma adaptação da visão civilista à realidade da Administração Pública.

> A prova da Magistratura/SP considerou CORRETA a proposição: "A teoria da culpa administrativa, transição entre a doutrina subjetiva da culpa civil e a tese objetiva do risco administrativo, leva em conta a falta do serviço e a culpa subjetiva do agente".

Via de regra, a adoção da teoria objetiva **transfere o debate sobre culpa ou dolo para a ação regressiva** a ser intentada pelo Estado contra o agente público, após a condenação estatal na ação indenizatória. Foi o que aconteceu **no Brasil após a Constituição Federal de 1946**: a discussão sobre culpa ou dolo foi deslocada para a ação regressiva. É o que se infere da norma contida no art. 194 da Constituição Federal de 1946, cujo conteúdo foi reproduzido nas constituições seguintes: "As pessoas jurídicas de direito público interno são civilmente responsáveis pelos danos que os seus funcionários, nessa qualidade, causem a terceiros. Parágrafo único. Caber-lhes-á **ação regressiva** contra os funcionários causadores do dano, **quando tiver havido culpa destes**".

Para a teoria objetiva, o pagamento da indenização é efetuado somente após a comprovação, pela vítima, de **três requisitos**: a) ato; b) **dano**; c) **nexo causal.**

> A prova de Agente Financeiro da CGU/2006 elaborada pela Esaf considerou CORRETA a assertiva: "A responsabilidade objetiva do Estado, em última análise, resulta na obrigação de indenizar quem tenha sido vítima de algum procedimento ou acontecimento, que lhe produza alguma lesão, na esfera juridicamente protegida, para cuja configuração sobressai relevante haver nexo causal entre aquele comportamento e o dano causado".

---

2. Fundação Getulio Vargas. Padrão de Respostas. Prova Discursiva. Direito Administrativo. IV Exame de Ordem Unificado.

Ao invés de indagar sobre a falta do serviço (*faut du service*), como ocorreria com a teoria subjetiva, a teoria objetiva exige apenas um **fato do serviço**, causador de danos ao particular.

A teoria objetiva baseia-se na ideia de **solidariedade social**, distribuindo entre a coletividade os encargos decorrentes de prejuízos especiais que oneram determinados particulares. É por isso, também, que a doutrina associa tal teoria às noções de **partilha de encargos e justiça distributiva**.

Duas correntes internas disputam a primazia quanto ao modo de compreensão da responsabilidade objetiva: teoria do risco integral e teoria do risco administrativo.

A **teoria do risco integral** é uma variante radical da responsabilidade objetiva, sustentando que a comprovação de ato, dano e nexo é suficiente para determinar a **condenação estatal em qualquer circunstância**.

Já a teoria do **risco administrativo**, variante **adotada pela Constituição Federal de 1988**, reconhece a existência de **excludentes** ao dever de indenizar, conforme detalhamento indicado nos itens seguintes.

> A prova da OAB/SP elaborada pela Vunesp considerou CORRETA a proposição: "A vítima de 'bala perdida' teria mais condições de ser indenizada pelo Estado brasileiro se nossa Constituição adotasse a teoria da responsabilidade objetiva do risco integral".

Enfatizando, a Constituição Federal de 1988 adotou a teoria **objetiva** na variação do **risco administrativo** (art. 37, § 6º).

Quadro comparativo entre a teoria subjetiva e a teoria objetiva

	Teoria subjetiva	Teoria objetiva
Vigência	1873 a 1946	1946 até hoje
Fundamento	culpa	risco
Noção central	falta do serviço (*faute du service*)	fato do serviço
Requisitos	ato, dano, nexo e culpa ou dolo	ato, dano e nexo causal
Constituição Federal de 1988	adotou somente para danos por omissão e na ação regressiva	é a teoria adotada como regra geral pela CF/88, na modalidade do risco administrativo

6.3 EVOLUÇÃO DA RESPONSABILIDADE ESTATAL NO DIREITO POSITIVO BRASILEIRO

As Constituições Federais de 1824 e 1891 não faziam qualquer referência à responsabilização estatal por prejuízos causados a particulares. Havia somente dispositivos prevendo a **responsabilidade do funcionário público** em caso de abuso ou omissão. Algumas leis, entretanto, mencionavam uma responsabilidade **solidária** entre o Estado e o funcionário por danos causados na prestação de serviços, como transporte ferroviário e correios.

O **Código Civil de 1916** adotou a **teoria subjetiva civilista** para danos causados pelo Estado. Nesse sentido, o art. 15 do Código Beviláqua prescrevia: "As **pessoas jurídicas de direito público** são civilmente responsáveis por atos dos seus representantes que nessa qualidade causem danos a terceiros, **procedendo de modo contrário ao direito ou faltando a dever prescrito por lei**, salvo o direito regressivo contra os causadores do dano".

As Constituições de **1934** e **1937** reforçaram a aplicação da teoria subjetiva e estabeleceram a **responsabilidade solidária** entre a Fazenda Pública e o funcionário por prejuízos decorrentes de negligência, omissão ou abuso no exercício de seus cargos.

Divisor de águas no Direito brasileiro, a **Constituição de 1946** passou a adotar a **teoria objetiva** por força de seu art. 194: "As pessoas jurídicas de direito público interno são civilmente responsáveis pelos danos que os seus funcionários, nessa qualidade, causem a terceiros. Parágrafo único. Caber-lhes-á ação regressiva contra os funcionários causadores do dano, quando tiver havido culpa destes". Conforme mencionado anteriormente, a partir da Constituição Federal de 1946 a **discussão sobre culpa ou dolo foi deslocada** da ação indenizatória **para a ação regressiva** intentada pelo **Estado contra o agente público**.

> A prova de Agente da Polícia Federal elaborada pelo Cespe considerou CORRETA a assertiva: "A responsabilidade civil do servidor decorre de ato omissivo ou comissivo, doloso ou culposo, que resulte em prejuízo ao erário ou a terceiros. A obrigação de reparar o dano estende-se aos sucessores, e, tratando-se de dano causado a terceiros, responderá o servidor ou o sucessor, perante a Fazenda Pública, em ação regressiva".

A **Carta de 1967**, em seu art. 105, acrescentou a necessidade de comprovação de **culpa ou dolo** para responsabilização do agente público **na ação regressiva.** Com isso, tornou-se claro que a responsabilidade do Estado é objetiva, mas o **agente público responde subjetivamente** pelos prejuízos que causar no exercício da função administrativa. A Carta de 1969 nada acrescentou ao tema.

A **Constituição Federal de 1988**, em seu art. 37, § 6º, estabelece que "as pessoas jurídicas de direito público **e as de direito privado prestadoras de serviços públicos** responderão pelos danos que seus agentes, nessa qualidade, causarem a terceiros, assegurado o direito de regresso contra o responsável nos **casos de dolo ou culpa**". A referência inovadora às "pessoas jurídicas de direito privado prestadoras de serviços públicos" implica a conclusão de que, com o texto de 1988, **a responsabilidade objetiva é garantia do usuário, independentemente de quem realize a prestação do serviço público.**

> A prova de Defensor Público/BA elaborada pelo Cespe considerou CORRETA a afirmação: "No art. 37, § 6º, da Constituição Federal de 1988, estão compreendidas duas regras: a da responsabilidade objetiva do Estado (estendida às pessoas jurídicas de direito privado que prestam serviços públicos) e a da responsabilidade subjetiva do agente".

O **Código Civil de 2002** enfatiza a aplicação da **teoria objetiva** para os danos causados pelo Estado. É o que estabelece o seu art. 43: "As pessoas jurídicas de direito público interno são civilmente responsáveis por atos dos seus agentes que nessa qualidade causem danos a terceiros, ressalvado direito regressivo contra os causadores do dano, se houver, por parte destes, culpa ou dolo".

A jurisprudência do **Supremo Tribunal Federal** também tem contribuído no enfrentamento de temas específicos relativos à responsabilidade do Estado.

No julgamento do RE 262.651/SP, em 16 de novembro de 2005, o Supremo Tribunal Federal firmou o controvertido entendimento de que a **responsabilidade dos concessionários** de serviço público é objetiva perante usuários, mas **subjetiva perante terceiros não usuários.**

Em 15 de agosto de 2006, o Tribunal passou a **rejeitar a propositura de ação indenizatória** *per saltum* diretamente **contra** a pessoa física do **agente público**, ao argumento de que a ação regressiva constitui garantia em favor do agente público no sentido de não ser acionado pela vítima para ressarcimento de prejuízo causado no exercício de **função pública** (RE 327.904/SP).

> A prova da OAB Nacional 2006.3 elaborada pelo Cespe considerou CORRETA a afirmação: "A ação de responsabilidade objetiva, com fundamento na Constituição da República, não pode ser proposta contra o servidor causador do dano, conforme entendimento do STF".

O Supremo Tribunal Federal, alinhando-se à doutrina majoritária, alterou o entendimento sobre **responsabilidade dos concessionários** de serviço público, voltando a considerar aplicável a **teoria objetiva** para danos causados **a usuários e a terceiros não usuários** (RE 591.874/MS, j. 2682009).

> A prova de Promotor/SC elaborada pelo MPE/SC em 2016 considerou CORRETA a afirmação: "A responsabilidade civil das pessoas jurídicas de direito privado prestadora de serviço público é objetiva relativamente a terceiros usuários e não usuários do serviço público".

6.4 LINHA DO TEMPO

Com base nas informações acima indicadas sobre a evolução histórica da responsabilidade do Estado, é possível estabelecer uma linha do tempo, a fim de facilitar a assimilação dos eventos fundamentais para o desenvolvimento da teoria no Brasil e no mundo.

Linha do Tempo: Evolução histórica da responsabilidade do Estado

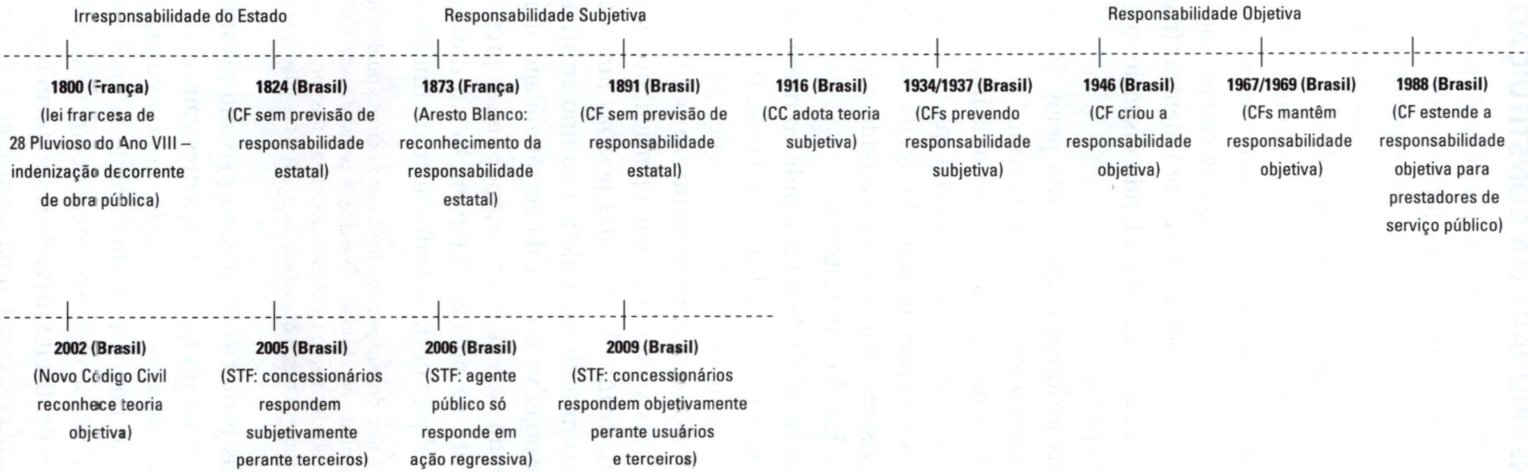

6.5 RESPONSABILIDADE NA CONSTITUIÇÃO DE 1988

A responsabilidade do Estado é disciplinada pelo **art. 37, § 6º, da Constituição Federal de 1988**: "As pessoas jurídicas de direito público e as de direito privado prestadoras de serviços públicos responderão pelos danos que seus agentes, nessa qualidade, causarem a terceiros, assegurado o direito de regresso contra o responsável nos casos de dolo ou culpa".

Inicialmente, pode-se notar que a Constituição Federal adotou, como regra, a **teoria objetiva** na modalidade do **risco administrativo**. Isso significa que o pagamento da indenização não precisa de comprovação de culpa ou dolo (objetiva) e que existem exceções ao dever de indenizar (risco administrativo).

A completa compreensão do referido dispositivo exige o desdobramento da norma em quatro partes:

a) as pessoas jurídicas responderão pelos danos que seus agentes, nessa qualidade, causarem a terceiros: a expressão "nessa qualidade" indica a adoção, pelo texto constitucional de 1988, da **teoria da imputação volitiva de Otto Gierke** (*vide* item 3.6.1 deste *Manual*) segundo a qual somente podem ser atribuídos à pessoa jurídica os comportamentos do agente público **durante o exercício da função pública.** Assim, se o dano foi causado pelo agente público fora do exercício da função o Estado não responde;

b) as pessoas jurídicas de direito público responderão pelos danos que seus agentes causarem a terceiros: União, Estados, Distrito Federal, Territórios, Municípios, autarquias, fundações e associações públicas são pessoas jurídicas de direito público e, **por ostentarem natureza pública**, respondem objetivamente pelos danos que seus agentes causem a particulares. Importante notar que o texto constitucional, quanto às referidas pessoas jurídicas de direito público, não condiciona a responsabilidade objetiva ao tipo de atividade exercida. Por isso, a responsabilidade objetiva decorre da personalidade pública e **será objetiva independentemente da atividade desempenhada**: prestação de serviço público, exercício do poder de polícia, intervenção no domínio econômico, atividade normativa ou qualquer outra manifestação da função administrativa;

> Confirmando a tese de que pessoas jurídicas de direito público respondem pela teoria objetiva independentemente da atividade exercida, a prova de Advogado do Instituto Rio Branco elaborada pela Esaf considerou ERRADA a assertiva: "Respondem objetivamente pelos danos que seus agentes causem nessa qualidade as agências reguladoras de atividades econômicas".

c) as pessoas jurídicas de direito privado prestadoras de serviço público responderão pelos danos que seus agentes causarem a terceiros: empresas públicas, sociedades de economia mista, concessionários e **permissionários** são pessoas jurídicas de direito privado e, como tal, não estão inerentemente vinculadas à responsabilidade objetiva, como ocorre com as pessoas de direito público. Assim, as **pessoas de direito privado respondem objetivamente enquanto prestam serviços públicos** como uma decorrência do regime jurídico próprio do serviço público, e não pela qualidade da **pessoa**. É que a **responsabilidade objetiva é garantia do usuário** independentemente de quem realize a prestação[3]. Por isso, **desempenhando outras atividades**, como uma atividade econômica, por exemplo, empresas públicas e sociedades de economia mista estão sujeitas somente à **responsabilidade subjetiva**;

> A prova da Defensoria Pública da União/2001 elaborada pelo Cespe considerou FALSA a afirmação: "No ordenamento jurídico brasileiro, a responsabilidade objetiva é restrita ao Estado e às pessoas jurídicas integrantes de sua administração indireta".
>
> A prova de Fiscal do ISS/SP elaborada pela FCC considerou CORRETA a proposição: "A responsabilidade objetiva, incidente quanto às pessoas jurídicas de direito público, estende-se, entre outros casos, nos termos da Constituição Federal, a uma empresa privada concessionária de serviços públicos".
>
> Cometendo grave erro ao estender a aplicação da teoria objetiva a todas as entidades da Administração Indireta, a prova da Magistratura/SP considerou CORRETA a proposição: "Todas as entidades estatais e seus desmembramentos administrativos são obrigados a indenizar o dano causado por seus servidores, independentemente da prova de culpa no cometimento da lesão".
>
> A 179ª Prova da Magistratura/SP considerou CORRETA a proposição: "O empregado de pessoa jurídica de direito privado, prestadora de serviço público, é considerado agente para efeito de responsabilidade civil administrativa".
>
> A prova da Defensoria Pública da União/2001 elaborada pelo Cespe considerou ERRADA a afirmação: "As sociedades de economia mista, independentemente do seu objeto social, submetem-se à responsabilidade objetiva pelo dano que seus agentes causarem a terceiros".

d) assegurado o direito de regresso contra o responsável nos casos de dolo ou culpa: a Constituição Federal prevê a utilização de ação regressiva contra o agente, mas somente nos casos de culpa ou dolo. Assim, a **responsabilidade do agente público é subjetiva**, pois pressupõe a existência de culpa ou dolo.

6.5.1 Art. 37, § 6º, da CF e a teoria da imputação volitiva de Otto Gierke

Conforme demonstrado no item 3.6.1.1 deste *Manual*, a Constituição Federal de 1988 adotou expressamente a teoria da imputação volitiva de Otto Gierke ao afirmar no art. 37, § 6º, que as pessoas jurídicas respondem pelos danos que seus agentes "nessa qualidade" causarem a terceiros.

A adoção dessa teoria, como dissemos anteriormente, implica três consequências principais:

1) impede a propositura de ação de indenizatória diretamente contra a pessoa física do agente se o dano foi causado no exercício da função pública (precedente do STF: RE 327.907/SP);

3. "A pessoa jurídica de direito privado prestadora de serviço público possui responsabilidade civil em razão de dano decorrente de crime de furto praticado em suas dependências, nos termos do art. 37, § 6º, da CF/88" (STF. 1ª Turma. RE 598.356/SP, rel. Min. Marco Aurélio, j. 8-5-2018 –*Informativo n.* 901).

2) impossibilita a responsabilização civil do Estado se o dano foi causado pelo agente público fora do exercício da função pública. Exemplo: policial de folga que atira no vizinho (questão elaborada pela FGV no Exame da OAB 2010.3);

3) autoriza a utilização das prerrogativas do cargo somente nas condutas realizadas pelo agente durante o exercício da função pública. Desse modo, as prerrogativas funcionais não são dadas *intuitu personae*, não acompanham a pessoa do agente público o dia todo, para onde ele for. Fora do horário do expediente, no trânsito, em casa, o agente está temporariamente desacompanhado das prerrogativas especiais decorrentes da sua função pública, sob pena de cometer excesso de poder ou desvio de finalidade.

6.5.2 As cinco teorias decorrentes do art. 37, § 6º, da CF

O art. 37, § 6º, da CF/88 é o fundamento normativo de **cinco teorias fundamentais** em matéria de responsabilidade do Estado:

a) teoria da **responsabilidade objetiva do Estado**: na referência aos termos "agentes", "danos" e "causarem" residem respectivamente os três requisitos da teoria objetiva que fundamenta a responsabilidade estatal: ato, dano e nexo causal;

b) teoria da **imputação volitiva** de Otto Gierke: ao dizer que as pessoas jurídicas responderão pelos danos que seus agentes "nessa qualidade" causarem a terceiros, o dispositivo adota expressamente a teoria de Gierke;

c) teoria do **risco administrativo**: como se verá nos itens seguintes, a Constituição de 1988 optou pela adoção de uma variante moderada da responsabilidade estatal: a teoria do risco administrativo. Tal teoria reconhece excludentes do dever de indenizar, como culpa exclusiva da vítima, força maior e culpa de terceiros;

d) teoria da **responsabilidade subjetiva do agente**: a responsabilidade pessoal do agente público, apurada na ação regressiva, pressupõe a comprovação de culpa ou dolo, sendo por isso subjetiva e não **objetiva**;

> A prova de Analista de Planejamento elaborada pela Prefeitura de Fortaleza em 2016 considerou CORRETA a afirmação: "A Constituição Federal estabelece a responsabilidade objetiva e pode ser observada no art. 37, § 6º. Dentro dessa responsabilidade, podemos afirmar que no preceito constitucional há dois tipos de responsabilidade civil: a do Estado, sujeito à responsabilidade objetiva; e a do agente estatal, sob o qual incide a responsabilidade subjetiva ou com culpa".

e) teoria da **ação regressiva como dupla garantia**: surgida no âmbito da jurisprudência do STF (RE 327.904/SP), tal teoria afirma que a ação regressiva (Estado X agente) representa garantia em favor: 1) do particular: possibilitando-lhe ação indenizatória contra a pessoa jurídica de direito público, ou de direito privado que preste serviço público, dado que bem maior, praticamente certa, a possibilidade de pagamento do dano objetivamente sofrido; 2) do próprio agente público: que somente responde administrativa e civilmente perante a pessoa jurídica a cujo quadro funcional se vincular. O STF não admite que o agente seja diretamente acionado pela vítima ao propor a ação indenizatória (*vide* item 6.12).

Vale transcrever a Ementa do citado julgado:

"RECURSO EXTRAORDINÁRIO. ADMINISTRATIVO. RESPONSABILIDADE OBJETIVA DO ESTADO: § 6º DO ART. 37 DA MAGNA CARTA. ILEGITIMIDADE PASSIVA *AD CAUSAM*. AGENTE PÚBLICO (EX-PREFEITO). PRÁTICA DE ATO PRÓPRIO DA FUNÇÃO. DECRETO DE INTERVENÇÃO. O § 6º do art. 37 da Magna Carta autoriza a proposição de que somente as pessoas jurídicas de direito público, ou as pessoas jurídicas de direito privado que prestem serviços públicos, é que poderão responder, objetivamente, pela reparação de danos a terceiros. Isto por ato ou omissão dos respectivos agentes, agindo estes na qualidade de agentes públicos, e não como pessoas comuns. Esse mesmo dispositivo constitucional consagra, ainda, dupla garantia: uma, em favor do particular, possibilitando-lhe ação indenizatória contra a pessoa jurídica de direito público, ou de direito privado que preste serviço público, dado que bem maior, praticamente certa, a possibilidade de pagamento do dano objetivamente sofrido. Outra garantia, no entanto, em prol do servidor estatal, que somente responde administrativa e civilmente perante a pessoa jurídica a cujo quadro funcional se vincular".

6.6 FUNDAMENTOS DO DEVER DE INDENIZAR

O dever estatal de indenizar particulares por danos causados por agentes públicos encontra **dois fundamentos**: legalidade e igualdade.

Quando o **ato lesivo** for **ilícito**, o fundamento do dever de indenizar é o **princípio da legalidade**, violado pela conduta praticada em desconformidade com a legislação.

No caso, porém, de **ato lícito** causar prejuízo especial a particular, o fundamento para o dever de indenizar é a igual repartição dos encargos sociais, ideia derivada do **princípio da isonomia**.

6.7 RISCO INTEGRAL E RISCO ADMINISTRATIVO. EXCLUDENTES DO DEVER DE INDENIZAR

Existem **duas correntes** distintas da teoria objetiva: teoria do risco integral e teoria do risco administrativo.

A **teoria do risco integral** é uma **variação radical** da responsabilidade objetiva, que sustenta ser devida a indenização sempre que o Estado causar prejuízo a particulares, **sem qualquer excludente**. Embora seja a visão **mais favorável à vítima**, o caráter absoluto dessa concepção **produz injustiça**, especialmente diante de casos em que o dano é produzido em decorrência de ação deliberada da própria vítima. Não há notícia de nenhum país moderno cujo direito positivo tenha adotado o risco integral como regra geral aplicável à responsabilidade do Estado, **jamais tendo sido adotada entre nós**. Sua admissibilidade transformaria o Estado em verdadeiro **indenizador universal**.

> A prova de Analista Jurídico da Sefaz/CE elaborada pela Esaf considerou CORRETA a proposição: "A teoria que responsabiliza o Estado pelos danos que seus agentes causarem a terceiros sem admitir qualquer excludente de responsabilidade em defesa do Estado denomina-se teoria do risco integral".
>
> A prova da OAB Nacional elaborada pelo Cespe considerou CORRETA a afirmação: "No campo da Responsabilidade Extracontratual do Estado, diz-se que este não se converte em Segurador Universal, visto que o direito brasileiro não adota a teoria do Risco Integral".

A teoria do risco integral, entretanto, é **aplicável no Brasil em situações excepcionais**:

a) acidentes de trabalho (infortunística): nas relações de emprego público, a ocorrência de eventual acidente de trabalho impõe ao Estado o dever de indenizar em quaisquer casos, aplicando-se a teoria do risco integral;

b) indenização coberta pelo seguro obrigatório para automóveis (DPVAT): o pagamento da indenização do DPVAT é efetuado mediante simples prova do acidente e do dano decorrente, independentemente da existência de culpa, haja ou não resseguro, abolida qualquer franquia de responsabilidade do segurado (art. 5º da Lei n. 6.194/74);

c) atentados terroristas em aeronaves: por força do disposto nas Leis n. 10.309/2001 e n. 10.744/2003, a **União assumiu despesas de responsabilidade** civil perante terceiros na hipótese da ocorrência de danos a bens e pessoas, passageiros ou não, provocados **por atentados terroristas**, atos de guerra ou eventos correlatos, ocorridos no Brasil ou no exterior, contra aeronaves de matrícula brasileira operadas por empresas brasileiras de transporte aéreo público, excluídas as empresas de táxiaéreo (art. 1º da Lei n. 10.744/2003). Tecnicamente, tratase de uma **responsabilidade estatal por ato de terceiro**, mas que se sujeita à aplicação da teoria do risco integral porque não prevê excludentes ao dever de indenizar. A curiosa Lei n. 10.744/2003 foi uma **resposta do governo** brasileiro à crise no setor de aviação civil após os atentados de **11 de setembro** de 2001 nos Estados Unidos. O objetivo dessa assunção de responsabilidade foi reduzir o valor dos contratos de seguro obrigatórios para companhias aéreas e que foram exorbitantemente majorados após o 11 de Setembro;

d) dano ambiental: por força do art. 225, §§ 2º e 3º, da Constituição Federal, há quem sustente que a reparação de prejuízos ambientais causados pelo Estado seria submetida à teoria do risco integral. Porém, considerando a posição majoritária entre os jusambientalistas, é **mais seguro defender** em concursos a **aplicação**

da teoria do risco administrativo para danos ambientais[4]. Quanto aos danos ambientais, a Primeira Turma do STJ, no julgamento do EREsp 1.318.051/RJ, em 8-5-2019, entendeu que a responsabilidade civil ambiental é, de fato, objetiva. Porém, a aplicação das penalidades administrativas (responsabilidade administrativa ambiental) deve obedecer à sistemática da culpabilidade com prova do elemento subjetivo da conduta, sendo, portanto, responsabilidade subjetiva;

e) dano nuclear: assim como ocorre com os danos ambientais, alguns administrativistas têm defendido a aplicação da teoria do risco integral para reparação de prejuízos decorrentes da atividade nuclear, que constitui monopólio da União (art. 177, V, da CF). Entretanto, a Lei de Responsabilidade Civil por Danos Nucleares – Lei n. 6.653/77, prevê **diversas excludentes** que afastam o dever de o operador nuclear indenizar prejuízos decorrentes de sua atividade, tais como: culpa exclusiva da vítima, conflito armado, atos de hostilidade, guerra civil, insurreição e excepcional fato da natureza (arts. 6º e 8º). Havendo excludentes previstas diretamente na legislação, impõe-se a conclusão de que a reparação de prejuízos nucleares, **na verdade, sujeita-se à teoria do risco administrativo**.

> A prova de Fiscal do INSS elaborada pelo Cespe considerou ERRADA a assertiva: "Será subjetiva a responsabilidade civil do Estado por acidentes nucleares".

O **direito positivo brasileiro**, com as exceções acima mencionadas, **adota** a responsabilidade objetiva na variação da **teoria do risco administrativo. Menos vantajosa** para a vítima do que a do risco integral, a teoria do risco administrativo **reconhece excludentes** da responsabilidade estatal. Excludentes são circunstâncias que, ocorrendo, afastam o dever de indenizar. **São três:**

a) culpa exclusiva da vítima: ocorre culpa exclusiva da vítima quando o prejuízo é consequência da **intenção deliberada do próprio prejudicado**. São casos em que a vítima utiliza a prestação do serviço público para causar um dano a si própria. Exemplos: suicídio em estação do Metrô; pessoa que se joga na frente de viatura para ser **atropelada**.

> A prova da Defensoria Pública da União/2001 elaborada pelo Cespe considerou CORRETA a afirmação: "A teoria do risco administrativo, base para a responsabilidade objetiva do Estado, admite a exclusão da responsabilidade estatal nos casos de comprovação de culpa exclusiva da vítima".
>
> A prova de Procurador de Fortaleza em 2017 elaborada pelo Cespe considerou CORRETA a afirmação: "Um veículo particular, ao transpassar indevidamente um sinal vermelho, colidiu com veículo oficial da Procuradoria-Geral do Município de Fortaleza, que trafegava na contramão. Nessa situação, não existe a responsabilização integral do Estado, pois a culpa concorrente atenua o *quantum* indenizatório".

---

4. Súmula 613 do STJ: "Não se admite a aplicação da teoria do fato consumado em tema de Direito Ambiental" (STJ. 1ª Seção. Aprovada em 9-5-2018, *DJe* 14-5-2018).

Diferente é a solução para os casos da chamada **culpa concorrente**, em que a vítima e o agente público provocam, por culpa recíproca, a ocorrência do prejuízo. Nesses casos, fala-se em **concausas**. Exemplo: acidente de trânsito causado porque a viatura e o carro do particular invadem ao mesmo tempo a pista alheia. Nos casos de culpa concorrente, a questão se resolve com a **produção de provas periciais** para determinar **o maior culpado**. Da maior culpa, desconta-se a menor, realizando um processo denominado **compensação de culpas**. A culpa concorrente **não é excludente** da responsabilidade estatal, como ocorre com a culpa exclusiva da vítima. Na verdade, a culpa concorrente é **fator de mitigação** ou **causa atenuante** da responsabilidade. Diante da necessidade de discussão sobre culpa ou dolo, nos casos de culpa concorrente aplica-se a **teoria subjetiva**;

> A prova da Defensoria Pública da União elaborada pelo Cespe considerou CORRETA a proposição: "Segundo a teoria da causalidade adequada, quando inúmeras e sucessivas causas contribuem para a produção do evento danoso, todas as concausas são consideradas adequadas a produzir esse evento, uma vez que, sem elas, o resultado não teria ocorrido, imputando-se o dever de reparar o dano a todas ou a qualquer das pessoas que o provocaram".

b) força maior: é um acontecimento **involuntário, imprevisível** e **incontrolável** que rompe o nexo de causalidade entre a ação estatal e o prejuízo sofrido pelo particular (Maria Sylvia Zanella di Pietro). Exemplo: erupção de vulcão que destrói vila de casas. Já no caso fortuito, o dano é decorrente de ato humano ou de falha da Administração. Exemplo: rompimento de adutora. O **caso fortuito não exclui a responsabilidade estatal**[5];

> A prova de Analista Previdenciário elaborada pelo Cespe considerou CORRETA a assertiva: "Em caso de fato danoso a particular por força maior e culpa da vítima, pode haver exclusão da responsabilidade do Estado; todavia, o mesmo não ocorre na hipótese de caso fortuito".
>
> Admitindo o caso fortuito como excludente, a prova de Procurador do IPSMI elaborada pela Vunesp em 2016 considerou CORRETA a afirmação: "São causas excludentes do nexo de causalidade o fato exclusivo da vítima, o fato de terceiro e o caso fortuito e força maior".

---

5. Nesse ponto, adotamos a visão de Lucia Valle Figueiredo e Maria Sylvia Zanella di Pietro – claramente majoritária para concursos – que não reconhece o caso fortuito como excludente da responsabilidade estatal (Maria Sylvia Zanella di Pietro, *Direito Administrativo*, 29. ed., p. 799). Hely Lopes, em visão isolada, atribui aos dois conceitos significado exatamente oposto (apud José dos Santos Carvalho Filho, *Manual de Direito Administrativo*, 28. ed., p. 586). Registro, ainda, o entendimento divergente, e também minoritário, de José dos Santos Carvalho Filho, para quem não há diferença entre caso fortuito e força maior, incluindo-os na categoria dos "fatos imprevisíveis", excludentes da responsabilidade estatal (idem). Na seara do direito privado, a identidade entre caso fortuito e força maior é reforçada pelo art. 393 do Código Civil, que não distingue as categorias: "O devedor não responde pelos prejuízos resultantes de caso fortuito ou força maior, se expressamente não se houver por eles responsabilizado. Parágrafo único. O caso fortuito ou de força maior verifica-se no fato necessário, cujos efeitos não era possível evitar ou impedir". Em que pese a controvérsia, repito, é mais segura a visão das duas citadas autoras, que não aceitam o caso fortuito como excludente da responsabilidade estatal.

c) culpa de terceiro: ocorre quando o prejuízo pode ser atribuído a pessoa estranha aos quadros da Administração Pública. Exemplo: prejuízo causado por atos de multidão. Mas, no dano provocado por multidão, o Estado responde se restar **comprovada sua culpa**.

> A prova de Analista do Comércio Exterior/2009 elaborada pelo Cespe considerou CORRETA a afirmação: "Em caso de danos causados por atos de multidão, somente é possível responsabilizar o Estado caso se comprove sua participação culposa".
>
> O 23º Concurso para Procurador da República considerou CORRETA a afirmação: "O legislador constituinte só cobriu o risco administrativo da atuação ou inação dos servidores públicos; não responsabilizou objetivamente a Administração por atos predatórios de terceiros".

A doutrina indaga sobre o impacto que as excludentes causam sobre os requisitos da teoria objetiva. Predomina o entendimento de que culpa exclusiva da vítima, força maior e culpa de terceiro são **excludentes de causalidade**, rompendo o nexo causal entre a conduta e o resultado lesivo.

Cabe destacar que o Estado responde pelos danos causados por seus agentes, ainda que estejam amparados por excludente de ilicitude reconhecida pelo Direito Penal, como legítima defesa ou estado de **necessidade.**

> A prova da PC/AC em 2017 elaborada pelo Ibade considerou CORRETA a afirmação: "Entende o Superior Tribunal de Justiça que o Estado pode responder civilmente pelos danos causados por seus agentes, ainda que estes estejam amparados por causa excludente de ilicitude penal".

Esse foi o entendimento do Superior Tribunal de Justiça no REsp 1.266.517/PR:

"CIVIL E ADMINISTRATIVO. RECURSO ESPECIAL. AÇÃO ORDINÁRIA. RESPONSABILIDADE CIVIL DO ESTADO. DISPAROS DE ARMA DE FOGO PROVOCADOS POR POLICIAIS MILITARES. LEGÍTIMA DEFESA PUTATIVA RECONHECIDA NA ESFERA PENAL. FALECIMENTO DA VÍTIMA. DANOS MORAIS SUPORTADOS PELO CÔNJUGE SUPÉRSTITE. RESPONSABILIDADE OBJETIVA DO ESTADO PELOS DANOS CIVIS.

1. Segundo a orientação jurisprudencial do STJ, a Administração Pública pode ser condenada ao pagamento de indenização pelos danos cíveis causados por uma ação de seus agentes, mesmo que consequentes de causa excludente de ilicitude penal: REsp 884.198/RO, 2ª Turma, rel. Min. Humberto Martins, *DJ* 23.4.2007; REsp 111.843/PR, 1ª Turma, rel. Min. José Delgado, *DJ* 9-6-1997.

Apesar da não responsabilização penal dos agentes públicos envolvidos no evento danoso, deve-se concluir pela manutenção do acórdão origem, já que eventual causa de justificação (legítima defesa) reconhecida em âmbito penal não é capaz de excluir responsabilidade civil do Estado pelos danos provocados indevidamente a ora recorrida".

Por fim, é conveniente estabelecer uma comparação entre as duas variações da teoria objetiva.

Quadro comparativo entre a teoria do risco integral e a teoria do risco administrativo	
Risco integral	**Risco administrativo**
Variante radical da teoria objetiva	Variante moderada da teoria objetiva
Corrente mais vantajosa para a vítima	Corrente menos vantajosa para a vítima
Não reconhece excludentes	Possui três excludentes: culpa exclusiva da vítima, força maior e fato de terceiro
Adotada em casos raros, como acidentes de trabalho, seguro obrigatório (DPVAT) e atentados em aeronaves	Adotada como regra geral no direito brasileiro

6.8 CARACTERÍSTICAS DO DANO INDENIZÁVEL

De acordo com a doutrina, para que o dano seja indenizável deve reunir duas características: ser anormal e específico, excedendo o limite do razoável[6].

Dano anormal é aquele que ultrapassa os inconvenientes naturais e esperados da vida em sociedade. Isso porque o convívio social impõe certos desconfortos considerados normais e toleráveis, não ensejando o pagamento de indenização a ninguém. Exemplo de dano normal: funcionamento de feira livre em rua residencial.

Considera-se **dano específico** aquele que alcança destinatários determinados, ou seja, que atinge um indivíduo ou uma classe delimitada de indivíduos. Por isso, se o dano for geral, afetando difusamente a coletividade, não surge o dever de indenizar. Exemplo de dano geral: aumento no valor da tarifa de ônibus.

Presentes os dois atributos, considera-se que o **dano é antijurídico**, produzindo o dever de pagamento de indenização pela Fazenda Pública.

6.9 RESPONSABILIDADE POR ATOS LÍCITOS

Para configuração da responsabilidade estatal é **irrelevante a licitude ou ilicitude do ato lesivo**, bastando que haja um prejuízo anormal e específico decorrente de ação ou omissão de agente público para que surja o dever de indenizar. Em regra, os danos indenizáveis derivam de condutas contrárias ao ordenamento. Porém, há situações em que a Administração Pública atua em conformidade com o direito e, ainda assim, causa prejuízo indenizável. São **danos decorrentes de atos lícitos** e que também produzem dever de indenizar, baseando-se tal obrigação no princípio da **igualdade** (igual distribuição dos ônus sociais). Exemplo: obras para asfaltamento de rua diminuindo a clientela de estabelecimento comercial.

> A prova da Magistratura do Pará/2008 elaborada pela FGV considerou ERRADA a afirmação: "A teoria da responsabilidade objetiva do Estado não prevê excludentes, por isso só se aplica às condutas ilícitas do Estado".
>
> A prova de Escrivão da PC/AC em 2017 elaborada pelo Ibade considerou CORRETA a afirmação: "É admissível a responsabilidade civil do Estado por atos lícitos, com fundamento no princípio da igualdade, e não há óbice jurídico ao seu reconhecimento na via administrativa".

6. Fundação Getulio Vargas. Padrão de Respostas. XIII Exame de Ordem Unificado.

É fundamental salientar, uma vez mais, que nem todo prejuízo causado pelo Estado gera dever de indenizar. Somente danos anormais e específicos são indenizáveis.

No XIII Exame de Ordem Unificado, a Fundação Getulio Vargas trouxe excelente caso prático, que bem ilustra a questão:

"O Município de Balinhas, com o objetivo de melhorar a circulação urbana para a Copa do Mundo a ser realizada no país, elabora novo plano viário para a cidade, prevendo a construção de elevados e vias expressas. Para alcançar este objetivo, em especial a construção do viaduto 'Taça do Mundo', interdita uma rua ao tráfego de veículos, já que ela seria usada como canteiro para as obras. Diante dessa situação, os moradores de um edifício localizado na rua interditada, que também possuía saída para outro logradouro, ajuízam ação contra a Prefeitura, argumentando que agora gastam mais 10 minutos diariamente para entrar e sair do prédio, e postulando uma indenização pelos transtornos causados. Também ajuíza ação contra o município o proprietário de uma oficina mecânica localizada na rua interditada, sob o fundamento de que a clientela não consegue mais chegar ao seu estabelecimento. O município contesta, afirmando não ser devida indenização por atos lícitos da Administração.

Acerca da viabilidade jurídica dos referidos pleitos, responda aos itens a seguir, empregando os argumentos jurídicos apropriados.

A) Atos lícitos da Administração podem gerar o dever de indenizar?

B) É cabível indenização aos moradores do edifício?

C) É cabível indenização ao empresário?".

E no Padrão de Respostas o examinador resumiu com rara precisão a questão da responsabilidade estatal por atos lícitos, distinguindo a situação dos moradores (danos mínimos) e o caso especial do proprietário da oficina (anormal, específico e extraordinário).

"Padrão de Respostas

A. A questão proposta versa a responsabilidade civil da Administração por atos lícitos. A Constituição, ao prever a responsabilidade civil do Estado pelos danos que os seus agentes houverem causado, não exige a ilicitude da conduta, tampouco a culpa estatal. Não é, contudo, qualquer dano causado pelo exercício regular das funções públicas que deve ser indenizado: apenas os danos anormais e específicos, isto é, aqueles que excedam o limite do razoável, ensejam reparação correspondente.

B. No caso dos moradores, não cabe indenização, pois os danos são mínimos e dentro dos limites de razoabilidade, já que eles contam com saída para outra rua, não interditada.

C. Já na situação do proprietário da oficina, o dano é anormal, específico e extraordinário, uma vez que a atuação do Município impede, na prática, o exercício de atividade econômica pelo particular, retirando-lhe a fonte de sustento"[7].

Se o prejuízo anormal e específico for causado em decorrência de **obra pública**, o Estado é responsável pelo ressarcimento integral do dano, aplicando-se a teoria objetiva. Entretanto, se a lesão patrimonial decorreu de culpa exclusiva do empreiteiro contratado pelo Estado para execução da obra, é o empreiteiro que detém a responsabilidade primária, devendo ser acionado diretamente pela vítima com aplicação da **teoria subjetiva**, respondendo o Estado em caráter subsidiário.

> A prova do TCU/2008 elaborada pelo Cespe considerou ERRADA a assertiva: "A União firmou contrato de obra pública com a construtora Cimento Forte Ltda., visando construir uma hidrelétrica em um grande rio do Estado do Pará, obra essa que durará cerca de três anos, de forma a diminuir o risco futuro de crise de energia elétrica. Para tanto, utilizou-se da dispensa de licitação. Nos termos desse contrato de obra pública, todas as indenizações por danos causados a terceiros em decorrência da obra seriam suportadas pela construtora. Assim, caso um terceiro sofra danos em decorrência da mencionada obra, ele poderá ingressar com ação de reparação de danos diretamente contra a construtora com fundamento na responsabilidade civil objetiva, na forma da Constituição".

6.10 DANOS POR OMISSÃO

Existem situações em que o comportamento comissivo de um agente público causa prejuízo a particular. São os chamados danos por ação. Noutros casos, o **Estado deixa de agir** e, devido a tal inação, **não consegue impedir um resultado lesivo**. Nessa hipótese, fala-se em **dano por omissão**. Os exemplos envolvem prejuízos decorrentes de **assalto, enchente, bala perdida, queda de árvore, buraco na via pública e bueiro aberto sem sinalização causando dano a particular**[8]. Tais casos têm em comum a circunstância de inexistir um ato estatal causador do prejuízo.

A doutrina tradicional sempre entendeu que nos danos por omissão a indenização é devida se a vítima comprovar que a omissão produziu o prejuízo, aplicandose a teoria objetiva. Ocorre que a teoria convencional da responsabilidade do Estado não parece aplicarse bem aos danos por omissão, especialmente diante da impossibilidade de afirmarse que a omissão "causa" o prejuízo. A omissão estatal é um nada, e o nada não produz materialmente resultado algum.

Na esteira dessa inaplicabilidade, aos danos por omissão, da forma tradicional de pensar a responsabilidade estatal, Celso Antônio **Bandeira de Mello** vem sustentando há vários anos que os **danos por omissão submetemse à teoria subjetiva**. Atualmente, é também o entendimento adotado pelo **Supremo Tribu-**

---

7. Fundação Getulio Vargas. Padrão de Respostas. XIII Exame de Ordem Unificado.
8. Fundação Getulio Vargas. Padrão de Respostas. Prova Prático-Profissional. Direito Administrativo. Exame de Ordem 2010/2.

nal Federal (RE 179.147) e pela **doutrina majoritária**.

> A prova de Delegado da Polícia Federal elaborada pelo Cespe considerou ERRADA a assertiva: "A responsabilidade civil do Estado por conduta omissiva não exige caracterização da culpa estatal pelo não cumprimento de dever legal, uma vez que a Constituição brasileira adota para a matéria a teoria da responsabilidade civil objetiva".
>
> A prova do Ministério Público do TCU elaborada pelo Cespe considerou ERRADA a assertiva: "A responsabilidade da Administração Direta é sempre objetiva".
>
> A prova da OAB Nacional 2006.3 elaborada pelo Cespe considerou ERRADA a afirmação: "Conforme entendimento do Supremo Tribunal Federal, a responsabilidade do Estado por atos omissivos e comissivos de seus agentes será sempre objetiva".

Em linhas gerais, sustentase que o Estado só pode ser condenado a ressarcir prejuízos atribuídos à sua omissão quando a legislação considerar obrigatória a prática da conduta omitida. Assim, a omissão que gera responsabilidade é aquela violadora de um dever de agir. Em outras palavras, os danos por omissão são indenizáveis somente quando configurada omissão dolosa ou omissão culposa. Na **omissão dolosa**, o agente público encarregado de praticar a conduta decide omitir-se e, por isso, não evita o prejuízo. Já na **omissão culposa**, a falta de ação do agente público não decorre de sua intenção deliberada em omitir-se, mas **deriva da negligência** na forma de exercer a **função administrativa**. Exemplo: policial militar que adormece em serviço e, por isso, não consegue evitar furto a banco privado.

> O 23º Concurso para Procurador da República considerou CORRETA a afirmação: "Tratando-se de ato omissivo do Poder Público, a responsabilidade civil por tal ato é subjetiva, pelo que exige dolo ou culpa, esta numa de suas três vertentes: a negligência, a imperícia ou a imprudência, não sendo, entretanto, necessário individualizá-la, dado que pode ser atribuída ao serviço público, de forma genérica, a falta do serviço".

Aplicando-se a teoria subjetiva, a vítima tem o ônus de provar a ocorrência de culpa ou **dolo**, além da demonstração dos demais requisitos: omissão, dano e nexo causal.

> A prova da OAB Nacional elaborada pelo Cespe considerou CORRETA a afirmação: "Prevalece o entendimento de que, nos casos de omissão, a responsabilidade extracontratual do Estado é subjetiva, sendo necessário, por isso, perquirir acerca da culpa e do dolo".

Entretanto, a partir da hipossuficiência decorrente da posição de inferioridade da vítima diante do Estado, deve ser observada a inversão no ônus da prova relativa à culpa ou dolo, presumindo-se a responsabilidade estatal nas omissões ensejadoras de comprovado prejuízo ao particular, de modo a restar ao Estado, para afastar tal presunção, realizar a comprovação de que não agiu com culpa ou dolo.

Por fim, quanto à questão dos danos causados por presos foragidos, o Supremo Tribunal Federal tem entendido inexistir responsabilidade estatal no caso de crime praticado, meses após a fuga, por **preso foragido**.

> O 21º Concurso para Procurador da República considerou CORRETA a afirmação: "O STF entende não existir responsabilidade civil do Estado por ato omissivo, quando um preso foragido há vários meses comete homicídio. Isto porque a Constituição Federal de 1988, no que toca ao nexo de causalidade, adota a teoria do dano direto e imediato".

É o que se depreende da ementa do julgamento do Recurso Extraordinário 130.764: "RESPONSABILIDADE civil do estado, art. 37, § 6º, da Constituição federal. Latrocínio praticado por preso foragido, meses depois da fuga. Fora dos parâmetros da causalidade não é possível impor ao Poder Público uma responsabilidade ressarcitória sob o argumento de falha no sistema de segurança dos presos".

Em julgado mais recente, o STF confirmou a orientação de que, por falta de nexo causal, não se cogita de responsabilidade estatal por dano causado por foragido (STF: RE 608.880, j. 8-9-2020). Na oportunidade, foi fixada a seguinte tese para fins de repercussão geral: **"Nos termos do art. 37, § 6º, da Constituição Federal, não se caracteriza a responsabilidade civil objetiva do Estado por danos decorrentes de crime praticado por pessoa foragida do sistema prisional, quando não demonstrado o nexo causal direto entre o momento da fuga e a conduta praticada"** (tema 362).

Na decisão Agravo n. 1.192.340, o Ministro Luiz Fux, ainda no Superior Tribunal de Justiça, entendeu pela responsabilidade civil do Município em razão de danos materiais e morais decorrentes da queda de placa de trânsito que atingiu o teto de um automóvel.

Igualmente, no caso de prisão indevida, o Superior Tribunal de Justiça tem sustentado direito à indenização por danos morais e materiais a indivíduo mantido preso ilegalmente por mais de 13 anos no presídio Aníbal Bruno.

Na mesma esteira, o Superior Tribunal de Justiça firmou entendimento no sentido de que o dever estatal de proteção aos detentos abrange, inclusive, protegê-los contra si mesmos e impedir que causem danos uns aos outros. O Tribunal reconhece o direito da família à indenização pela morte de detentos custodiados em delegacias e penitenciárias, mesmo em caso de rebelião (Ag. 986.208). Na mesma hipótese, o Superior Tribunal de Justiça admitiu a legitimidade de irmã de detento morto no estabelecimento prisional para propor ação de indenização (REsp 1.054.443).

6.10.1 Omissão genérica e omissão específica

A jurisprudência do STF estabelece uma diferença, para fins de responsabilidade do Estado, entre omissão genérica e omissão específica. Nos casos de omissão genérica, ou seja, quando inexiste norma no ordenamento obrigando o Estado a agir, a responsabilidade é subjetiva.

Porém, **havendo omissão específica**, vale dizer, quando o Estado não agiu para evitar o dano mesmo existindo na ordem jurídica um dever específico de atuação, a **responsabilidade seria objetiva.**

Envolvendo a morte de detento, tal entendimento materializou-se no tema 592 de repercussão geral: "Em caso de inobservância do seu dever específico de proteção previsto no art. 5º, inciso XLIX, da Constituição Federal, o Estado é responsável pela morte de detento".

Segue ementa:

"RECURSO EXTRAORDINÁRIO. REPERCUSSÃO GERAL. RESPONSABILIDADE CIVIL DO ESTADO POR MORTE DE DETENTO. ARTIGOS 5º, XLIX, E 37, § 6º, DA CONSTITUIÇÃO FEDERAL.

1. A responsabilidade civil estatal, segundo a Constituição Federal de 1988, em seu artigo 37, § 6º, subsume-se à teoria do risco administrativo, tanto para as condutas estatais comissivas quanto paras as omissivas, posto rejeitada a teoria do risco integral.

2. A omissão do Estado reclama nexo de causalidade em relação ao dano sofrido pela vítima nos casos em que o Poder Público ostenta o dever legal e a efetiva possibilidade de agir para impedir o resultado danoso.

3. É dever do Estado e direito subjetivo do preso que a execução da pena se dê de forma humanizada, garantindo-se os direitos fundamentais do detento, e o de ter preservada a sua incolumidade física e moral (artigo 5º, inciso XLIX, da Constituição Federal).

4. O dever constitucional de proteção ao detento somente se considera violado quando possível a atuação estatal no sentido de garantir os seus direitos fundamentais, pressuposto inafastável para a configuração da responsabilidade civil objetiva estatal, na forma do artigo 37, § 6º, da Constituição Federal.

5. *Ad impossibilia nemo tenetur*, por isso que nos casos em que não é possível ao Estado agir para evitar a morte do detento (que ocorreria mesmo que o preso estivesse em liberdade), rompe-se o nexo de causalidade, afastando-se a responsabilidade do Poder Público, sob pena de adotar-se *contra legem* e a *opinio doctorum* a teoria do risco integral, ao arrepio do texto constitucional.

6. A morte do detento pode ocorrer por várias causas, como, v. g., homicídio, suicídio, acidente ou morte natural, sendo que nem sempre será possível ao Estado evitá-la, por mais que adote as precauções exigíveis.

7. A responsabilidade civil estatal resta conjurada nas hipóteses em que o Poder Público comprova causa impeditiva da sua atuação protetiva do detento, rompendo o nexo de causalidade da sua omissão com o resultado danoso.

8. Repercussão geral constitucional que assenta a tese de que: em caso de inobservância do seu dever específico de proteção previsto no artigo 5º, inciso XLIX, da Constituição Federal, o Estado é responsável pela morte do detento.

9. *In casu*, o tribunal *a quo* assentou que inocorreu a comprovação do suicídio do detento, nem outra causa capaz de romper o nexo de causalidade da sua omissão com o óbito ocorrido, restando escorreita a decisão impositiva de responsabilidade civil estatal" (RE 841.526/RS, 1º-8-2016).

Sobre a condição específica do preso, ver também item 6.11.1 deste *Manual*.

6.10.2 Tese da "reserva do possível"

Tornou-se comum a utilização, pela Fazenda Pública, da chamada tese da "reserva do possível" como **excludente da responsabilidade estatal na implementação de direitos sociais e políticas públicas**. Surgida no Direito alemão, a referida tese **justifica a omissão estatal** usando pretextos como a "contenção de gastos" ou a "limitação orçamentária".

De acordo com a lição de Silas Rocha Furtado: "A regra é a de que limitações orçamentárias não podem legitimar a não atuação do Estado no cumprimento das tarefas relacionadas ao cumprimento dos deveres fundamentais. A exceção, em que se aplica a teoria da reserva do possível, é admitida em situações em que seja demonstrada a impossibilidade real de atuação do Estado em razão das limitações orçamentárias. Assim, se existem recursos públicos, mas se optou pela utilização em outros fins, não voltados à realização dos direitos fundamentais, não é legítima a arguição da teoria da reserva do possível".

A **jurisprudência do STF admite a utilização excepcional da tese** da reserva do possível desde que haja um **justo motivo** objetivamente comprovável, cabendo ao Estado demonstrar que não teve como concretizar a pretensão solicitada.

A prova do Ministério Público de Santa Catarina/2012 considerou CORRETA assertiva segundo a qual "a tese da reserva do possível sustenta que a satisfação dos direitos fundamentais é limitada pela capacidade orçamentária do Estado".

6.11 RELAÇÕES DE CUSTÓDIA

A teoria da responsabilidade estatal foi basicamente desenvolvida para solucionar questões envolvendo prejuízos patrimoniais experimentados em relações extracontratuais ou de sujeição geral. No entanto, é comum nas provas de concursos públicos indagar-se sobre **danos causados a pessoas e bens** submetidos a **relações de sujeição especial**, conhecidas também como **relações de custódia**.

Nessas vinculações diferenciadas, a responsabilidade do Estado é mais acentuada do que nas relações de sujeição geral, à medida que o ente público tem o dever de garantir a integridade das pessoas e bens custodiados. Por isso, a **responsabilidade estatal é objetiva** inclusive **quanto a atos de terceiros**.

> A prova de Promotor de Justiça elaborada pelo MP/SP em 2015 considerou CORRETA a assertiva: "A responsabilidade civil do Estado pela integridade física dos detentos tem natureza objetiva".

Os exemplos mais comuns são: o **preso morto na cadeia por outro detento**; a **criança vítima de briga** dentro de escola pública; bens privados danificados em galpão da Receita Federal.

> A prova da OAB/SP elaborada pela Vunesp considerou CORRETA a afirmação: "O Estado poderá ser condenado a indenizar a mãe de um preso assassinado dentro da própria cela por outro detento diante a responsabilidade objetiva do Estado".

Em todas essas hipóteses, o Estado tem o dever de indenizar a vítima do dano, mesmo que a conduta lesiva não tenha sido praticada por agente público.

Cabe, porém, advertir que a responsabilidade estatal é objetiva **na modalidade do risco administrativo**, razão pela qual a culpa exclusiva da vítima e a força maior excluem o dever de indenizar. Assim, por exemplo, o preso assassinado na cadeia por outros detentos durante rebelião gera dever de o Estado indenizar a família. Entretanto, se a morte teve causas naturais (força maior), não há dever de indenizar.

6.11.1 A condição do preso

Conforme visto no item anterior, o preso encontra-se vinculado ao Estado por relação jurídica de sujeição especial, ensejando para o Poder Público um dever finalístico de preservação da sua integridade.

É nesse sentido que o art. 5º, XLIX, da Constituição Federal prescreve que "é assegurado aos presos o respeito à integridade física e moral".

Quando o prejuízo é causado ao preso por conduta comissiva de algum agente público, a responsabilidade do Estado é objetiva, com fundamento no art. 37, § 6º, da Constituição Federal. É o caso, por exemplo, de morte de detento ocasionada por policial ou agente penitenciário durante rebelião.

Mesmo no caso de **dano causado por terceiros**, como na morte provocada por outro preso, a doutrina e jurisprudência tendem a caracterizar a **responsabilidade do Estado também objetiva**. Assim, o fato de terceiro **não** constitui excludente da responsabilidade nos casos de custódia, em razão do mais acentuado dever de vigilância e de proteção atribuído ao Estado nessas relações de sujeição especial (art. 5º, XLIX, da Constituição Federal).

Quanto à questão do **suicídio do preso** dentro da cadeia, ocorreu uma importante **virada jurisprudencial** nos últimos anos. Antes considerado culpa exclusiva da vítima, afastando a responsabilidade, agora, **de acordo com o STF e STJ**, o suicídio enseja **responsabilidade objetiva do Estado** em razão de violação do "dever estatal de zelar pela integridade física e moral do preso sob sua **custódia**" (STF: ARE 700.927), protegendo os presos até contra eles mesmos.

> A prova de Juiz Federal da 3ª Região/2013 elaborada pelo Cespe considerou CORRETA a afirmação: "O Estado tem o dever objetivo de zelar pela integridade física e moral do preso sob sua custódia, atraindo, então, a responsabilidade civil objetiva, em razão de sua conduta omissiva, motivo pelo qual é devida a indenização decorrente da morte do detento, ainda que em caso de suicídio".
>
> Em sentido contrário, a prova de Procurador do Distrito Federal elaborada pela Esaf considerou CORRETA a proposição: "Haverá responsabilidade civil objetiva do Estado, de acordo com posicionamento do Superior Tribunal de Justiça, no caso de presidiário que se suicidou no estabelecimento prisional, tendo em vista que é dever do Estado proteger seus detentos, inclusive contra eles mesmos".

No julgamento do RE 841.526/RS, em 30-3-2016, o Supremo Tribunal Federal reafirmou a tese da responsabilidade do Estado quanto à morte de detento em caso de inobservância do seu dever específico de proteção previsto no art. 5º, XLIX, da CF. Todavia o julgado define algumas exceções ao dever de indenizar familiares de presos:

"Em caso de inobservância do seu dever específico de proteção previsto no art. 5º, XLIX, da CF, o Estado é responsável pela morte de detento. Essa a conclusão do Plenário, que desproveu recurso extraordinário em que discutida a responsabilidade civil objetiva do Estado por morte de preso em estabelecimento penitenciário. No caso, o falecimento ocorrera por asfixia mecânica, e o Estado-membro alegava que, havendo indícios de suicídio, não seria possível impor-lhe o dever absoluto de guarda da integridade física de pessoa sob sua custódia. O Colegiado asseverou que a responsabilidade civil estatal, segundo a CF/88, em seu art. 37, § 6º, subsume-se à teoria do risco administrativo, tanto para as condutas estatais comissivas quanto para as omissivas, uma vez rejeitada a teoria do risco integral. Assim, a **omissão do Estado reclama nexo de causalidade em relação ao dano sofrido pela vítima nas hipóteses em que o Poder Público ostenta o dever legal e a efetiva possibilidade de agir para impedir o resultado danoso.** Além disso, é dever do Estado e direito subjetivo do preso a execução da pena de forma humanizada, garantindo-se-lhe os direitos fundamentais, e o de ter preservada a sua incolumidade física e moral. **Esse dever constitucional de proteção ao detento somente se considera violado quando possível a atuação estatal no sentido de garantir os seus direitos fundamentais, pressuposto inafastável para a configuração da responsabilidade civil objetiva estatal.** Por essa razão, **nas situações em que não seja possível ao Estado agir para evitar a morte do detento (que ocorreria mesmo que o preso estivesse em liberdade), rompe-se o nexo de causalidade.** Afasta-se, assim, a responsabilidade do Poder Público, sob pena de adotar-se a teoria do risco integral, ao arrepio do texto constitucional. A morte do detento pode ocorrer por várias causas, como homicídio, suicídio, acidente ou morte natural, não sendo sempre possível ao Estado evitá-la, por mais que adote as precauções exigíveis. Portanto, **a responsabilidade civil estatal fica excluída nas hipóteses em que o Poder Público comprova causa impeditiva da sua atuação protetiva do detento**, rompendo o nexo de causalidade da sua omissão com o resultado danoso. Na espécie, entretanto, o tribunal *a quo* não assentara haver causa capaz de romper o nexo de causalidade da omissão do Estado-Membro com o óbito. Correta, portanto, a decisão impositiva de responsabilidade civil estatal" (RE 841.526/RS, rel. Min. Luiz Fux, 30-3-2016).

Na oportunidade, foi fixado o tema 592 de repercussão geral: "Em caso de inobservância do seu dever específico de proteção previsto no art. 5º, inciso XLIX, da Constituição Federal, o Estado é responsável pela morte de detento".

Desse modo, o Supremo Tribunal Federal estabeleceu como excludente do dever estatal de indenizar prejuízos causados a presos a situação descrita como:

a) falta de nexo causal entre a omissão do Estado e o dano sofrido pela vítima, nas hipóteses em que o Poder Público ostenta o dever legal e a efetiva possibilidade de agir para impedir o resultado danoso;

b) se não for possível ao Estado agir para evitar a morte do detento (que ocorreria mesmo que o preso estivesse em liberdade);

c) nas hipóteses em que o Poder Público comprova causa impeditiva da sua atuação protetiva do **detento**.

> A prova da PGE/AC em 2017 elaborada pela FMP considerou ERRADA a afirmação: "A responsabilidade civil do Estado, por ser objetiva, não resulta afastada mesmo nas hipóteses em que o Poder Público comprova causa impeditiva da sua atuação protetiva de modo a romper com o nexo causal entre sua omissão e o resultado danoso".

Em outra importante decisão, o RE 580.282, julgado em 16-2-2017, o Supremo Tribunal Federal entendeu que o **Estado deve indenizar preso em situação degradante** e vítima de superlotação carcerária, por danos morais no valor de R$ 2.000,00 (dois mil reais), em razão do "desleixo dos órgãos e agentes públicos".

Na oportunidade, o Tribunal fixou a seguinte tese: "Considerando que é dever do Estado, imposto pelo sistema normativo, manter em seus presídios os padrões mínimos de humanidade previstos no ordenamento jurídico, é de sua responsabilidade, nos termos do art. 37, parágrafo 6º, da Constituição, a obrigação de ressarcir os danos, inclusive morais, comprovadamente causados aos detentos em decorrência da falta ou insuficiência das condições legais de encarceramento".

6.12 AÇÃO INDENIZATÓRIA

Todo aquele que for patrimonialmente lesado por conduta omissiva ou comissiva de agente público pode pleitear administrativa ou judicialmente a devida reparação. Na esfera administrativa, o pedido de ressarcimento pode ser formulado à autoridade competente, que instaurará processo administrativo para apuração da responsabilidade e tomada de decisão sobre o pagamento da indenização. Mais comum, entretanto, é a opção pela via judicial por meio da propositura da ação indenizatória.

Ação indenizatória é aquela **proposta pela vítima contra a pessoa jurídica** à qual o agente público causador do dano pertence.

No julgamento do RE 327.904/SP, em 15-8-2006, o Supremo Tribunal Federal passou a **rejeitar a propositura de ação indenizatória** *per saltum* diretamente **contra o agente público**. Agora, o Supremo Tribunal Federal considera que a ação regressiva do Estado contra o agente público constitui **dupla garantia**: uma, em favor do particular, possibilitando-lhe ação indenizatória contra a pessoa jurídica de direito público, ou de direito privado que preste serviço público, dado que bem maior, praticamente certa, a possibilidade de pagamento do dano objetivamente sofrido. Outra garantia, no entanto, em prol do servidor estatal, que somente responde administrativa e civilmente perante a pessoa jurídica a cujo quadro funcional se **vincular**.

> A prova da OAB Nacional elaborada pelo Cespe considerou ERRADA a afirmação: "A vítima de dano causado por ato comissivo deve ingressar com ação de indenização por responsabilidade objetiva contra o servidor público que praticou o ato".
>
> O 23º Concurso para Procurador da República considerou CORRETA a afirmação: "Conforme precedente do Supremo Tribunal Federal, a Constituição consagra dupla garantia: '"Uma em favor do particular, possibilitando-lhe ação indenizatória contra a pessoa jurídica de direito público ou de direito privado que preste serviço público; outra em prol do servidor estatal, que somente responde administrativa e civilmente perante a pessoa jurídica a cujo quadro funcional pertencer '".

Esse novo entendimento do Supremo Tribunal Federal elimina a possibilidade, anteriormente existente, de a vítima escolher se a ação indenizatória deve ser proposta contra o agente público, contra o Estado ou contra ambos em litisconsórcio passivo.

Com isso, o agente público somente responde administrativa e civilmente perante a pessoa jurídica a que se vincula[9].

O concurso da Magistratura do Trabalho da 21ª Região/2012 elaborado pela FCC, com base no mesmo argumento utilizado pelo STF, considerou correta assertiva **rejeitando litisconsórcio passivo entre o Estado e o agente** na ação indenizatória.

6.12.1 A posição isolada da 4ª Turma do STJ

Embora a jurisprudência do STF e do STJ tenha pacificado no sentido de não admitir ação indenizatória proposta diretamente contra o agente público, para danos causados no exercício da função, é importante destacar que, adotando **visão isolada**, no julgamento do REsp 1.325.862/PR (*DJe* 10-12-2013), a **4ª Turma do STJ** voltou a aceitar que a vítima possa escolher se propõe a **demanda indenizatória contra**: a) o **Estado**; b) o **agente público**; ou c) **ambos em litisconsórcio passivo**.

Pela importância do tema, cabe a transcrição do referido acórdão, em cujo teor negritamos os trechos fundamentais:

"RESPONSABILIDADE CIVIL. SENTENÇA PUBLICADA ERRONEAMENTE. CONDENAÇÃO DO ESTADO A MULTA POR LITIGÂNCIA DE MÁ-FÉ. INFORMAÇÃO EQUIVOCADA. AÇÃO INDENIZATÓRIA AJUIZADA EM FACE DA

9. Fundação Getulio Vargas. Padrão de Respostas. Prova Discursiva. Direito Administrativo. X Exame de Ordem Unificado.

SERVENTUÁRIA. LEGITIMIDADE PASSIVA. DANO MORAL. PROCURADOR DO ESTADO. INEXISTÊNCIA. MERO DISSABOR. APLICAÇÃO, ADEMAIS, DO PRINCÍPIO DO *DUTY TO MITIGATE THE LOSS*. BOA-FÉ OBJETIVA. DEVER DE MITIGAR O PRÓPRIO DANO.

1. O art. 37, § 6º, da CF/88 prevê uma garantia *para o administrado* de buscar a recomposição dos danos sofridos diretamente da **pessoa jurídica** que, **em princípio, é mais solvente que o servidor, independentemente de demonstração de culpa do agente público**. Vale dizer, a Constituição, nesse particular, simplesmente impõe ônus maior ao Estado decorrente do *risco administrativo*; **não prevê, porém, uma demanda de curso forçado em face da Administração Pública** quando o particular livremente dispõe do bônus contraposto. Tampouco confere ao agente público imunidade de não ser demandado diretamente por seus atos, o qual, aliás, se ficar comprovado dolo ou culpa, responderá de outra forma, em regresso, perante a Administração.

2. **Assim, há de se franquear ao particular a possibilidade de ajuizar a ação diretamente contra o servidor, suposto causador do dano, contra o Estado ou contra ambos, se assim desejar.** A avaliação quanto ao ajuizamento da ação contra o servidor público ou contra o Estado deve ser decisão do suposto lesado. **Se, por um lado, o particular abre mão do sistema de responsabilidade objetiva do Estado, por outro também não se sujeita ao regime de precatórios.** Doutrina e precedentes do STF e do STJ".

Não se pode perder de vista, todavia, que o citado posicionamento é exclusivo da 4ª Turma do STJ e **contraria a jurisprudência consolidada tanto do STF quanto do próprio STJ**. Por isso, para provas e concursos, a posição mais segura continua aquela que impede a vítima de acionar diretamente o agente causador do dano, sendo aconselhável fazer expressa ressalva quanto à existência de orientação em contrário da 4ª Turma do Superior Tribunal de Justiça.

6.12.2 Prazo prescricional

De acordo com o disposto no art. 206, § 3º, V, do Código Civil, o prazo prescricional para propositura da ação indenizatória é de três anos contados da **ocorrência do evento danoso.**

No mesmo sentido vinha se posicionando o STJ (no julgamento do REsp 698.195/DF). Entretanto, em radical mudança de orientação, o **Superior Tribunal de Justiça** passou a sustentar, desde 2352012, a aplicação do **prazo de 5 anos** para **ações indenizatórias propostas contra o Estado**, previsto no Decreto n. 20.910/32, aos argumentos de que: 1) sendo o Código Civil uma lei de direito privado, não poderia ser aplicada a relações jurídicas de direito público; 2) pelo critério da especialidade, a regra prevista no Decreto n. 20.910/32 derroga o prazo trienal do Código **Civil**. (AgRg/EREsp 1.200.764/AC).

> A prova de Promotor de Justiça elaborada pelo MP/SP considerou CORRETA a assertiva: "O termo inicial do prazo prescricional para o ajuizamento de ação de indenização contra ato do Estado ocorre no momento em que constatada a lesão e os seus efeitos, conforme o princípio da *actio nata*".
>
> A prova de Defensor Público/PR em 2017 elaborada pela FCC considerou CORRETA a afirmação: "Aplica-se o prazo prescricional quinquenal previsto no Decreto n. 20.910/32 às ações indenizatórias ajuizadas contra Fazenda Pública, afastando-se a incidência do prazo trienal previsto no Código Civil em razão do critério da especialidade normativa".

6.12.2.1 Prazo prescricional contra Fazenda estadual, distrital ou municipal

De acordo com orientação do STJ, todo e qualquer direito ou ação movida contra a Fazenda Pública federal, estadual ou municipal prescreve em 5 anos: "ADMINISTRATIVO. RECURSO ESPECIAL REPRESENTATIVO DE CONTROVÉRSIA (ART. 543-C DO CPC). RESPONSABILIDADE CIVIL DO ESTADO. AÇÃO INDENIZATÓRIA. PRESCRIÇÃO. PRAZO QUINQUENAL (ART. 1º DO DECRETO N. 20.910/32) X PRAZO TRIENAL (ART. 206, § 3º, V, DO CC). PREVALÊNCIA DA LEI ESPECIAL. ORIENTAÇÃO PACIFICADA NO ÂMBITO DO STJ. RECURSO ESPECIAL NÃO PROVIDO. A tese do prazo prescricional trienal também é defendida no âmbito doutrinário, dentre outros renomados doutrinadores: principal fundamento que autoriza tal afirmação decorre da natureza especial do Decreto n. 20.910/32, que regula a prescrição, seja qual for a sua natureza, das pretensões formuladas contra a Fazenda Pública, ao contrário da disposição prevista no Código Civil, norma geral que regula o tema de maneira genérica, a qual não altera o caráter especial da legislação, muito menos é capaz de determinar a sua revogação. 3. Entretanto, não obstante os judiciosos entendimentos apontados, o atual e consolidado entendimento deste Tribunal Superior sobre o tema é no sentido da aplicação do prazo prescricional quinquenal – previsto do Decreto n. 20.910/32 – nas ações indenizatórias ajuizadas contra a Fazenda Pública, em detrimento do prazo trienal contido do Código Civil de 2002. 4. **O em face do Município, corretamente reformou a sentença para aplicar a prescrição quinquenal prevista no Decreto n. 20.910/32, em manifesta sintonia com o entendimento desta Corte Superior sobre o tema.** 5. A previsão contida no art. 10 do Decreto n. 20.910/32, por si só, não autoriza a afirmação de que o prazo prescricional nas ações indenizatórias contra a Fazenda Pública foi reduzido pelo Código Civil de 2002, a qual deve ser interpretada pelos critérios histórico e hermenêutico" (REsp 1.251.993 / PR).

6.12.2.2 Qual o prazo prescricional para ações propostas pela Fazenda Pública?

A Primeira Turma do STJ, no julgamento do AgRg no AREsp 768.400/DF, fixou a orientação no sentido de que o prazo prescricional da Fazenda Pública deve ser o **mesmo prazo de 5 anos** previsto no Decreto n. 20.910/32, em razão do princípio da isonomia.

6.13 DENUNCIAÇÃO À LIDE

Bastante controvertida é a questão da denunciação à lide na ação indenizatória. Indaga-se sobre a possibilidade, ou não, de o Poder Público chamar o agente causador do dano para integrar a demanda indenizatória. O fundamento da denunciação é o **art. 125, II, do novo Código de Processo Civil**: "É **admissível** a denunciação da lide, promovida por qualquer das partes: (...) II – àquele que estiver obrigado, por lei ou pelo contrato, a indenizar, em ação regressiva, o prejuízo de quem for vencido no processo".

É fundamental destacar que a denunciação da lide é visivelmente **prejudicial aos interesses da vítima** à medida que traz para a ação indenizatória a **discussão sobre culpa ou dolo** do agente público, ampliando o âmbito temático da lide em desfavor da celeridade na solução do **conflito**.

> Rejeitando a possibilidade de denunciação da lide, a prova de Agente de Contas do TCU elaborada pela Esaf considerou ERRADA a assertiva: "Tratando-se de dano causado a terceiro, o servidor responderá mediante denunciação da lide".

Por essa razão, a **doutrina majoritária rejeita** a possibilidade de denunciação à lide ao argumento de que a inclusão do debate sobre culpa ou dolo na ação indenizatória representa um **retrocesso histórico** à fase subjetiva da responsabilidade estatal.

> A prova de Procurador do Estado da Paraíba/2008 elaborada pelo Cespe considerou ERRADA a afirmação: "A orientação dominante na jurisprudência e na doutrina é de ser cabível, em casos de reparação do dano, a denunciação da lide pela administração a seus agentes".

A jurisprudência e os **concursos públicos**, entretanto, **têm admitido a denunciação** do agente público à lide como uma **faculdade** em favor do Estado, o qual poderia decidir sobre a conveniência, ou não, de antecipar a discussão a respeito da responsabilidade do seu agente, evitando com isso a propositura da ação regressiva. Em abono à denunciação da lide, comparecem razões ligadas à **economia** processual, **eficiência** administrativa e maior **celeridade no ressarcimento dos prejuízos** causados aos cofres públicos.

6.14 AÇÃO REGRESSIVA

A ação regressiva é **proposta pelo Estado contra o agente público** causador do dano, nos casos de culpa ou dolo (art. 37, § 6º, da CF). Sua finalidade é a apuração da responsabilidade pessoal do agente público. Tem como pressuposto já ter sido o Estado condenado na **ação indenizatória proposta pela vítima**.

> A prova da Controladoria Geral da União elaborada pela FCC considerou CORRETA a proposição: "No caso de responsabilidade civil do Estado, por dano causado a outrem, cabe ação regressiva, contra o agente causador, que tenha agido culposa ou dolosamente, mas constitui requisito essencial para tanto ter havido condenação do Estado a indenizar o paciente".

Como a Constituição Federal determina que a ação regressiva é cabível nos casos de culpa ou dolo, impõese a conclusão de que a ação regressiva é baseada na **teoria subjetiva**.

Caberá ao autor da ação (entidade estatal) demonstrar a ocorrência dos requisitos ensejadores da responsabilidade do agente: ato, dano, nexo e culpa/dolo.

A inexistência do elemento subjetivo (dolo ou culpa) no caso concreto exclui a responsabilidade do agente público na ação regressiva. Exemplo: acidente de trânsito comprovadamente causado por problemas mecânicos na viatura[10].

Em razão do princípio da indisponibilidade, a propositura da ação regressiva, quando cabível, é **um dever** imposto à Administração, e não uma simples faculdade.

Sobre a questão do **prazo** para propositura **da ação regressiva** predomina, para provas e concursos públicos, o entendimento, baseado no art. 37, § 5º, da Constituição Federal, de que a **ação regressiva é imprescritível**.

> A prova de Procurador do Estado da Paraíba/2008 elaborada pelo Cespe considerou ERRADA a afirmação: "A ação por meio da qual o Estado requer ressarcimento aos cofres públicos de prejuízo causado por agente público considerado culpado prescreve em cinco anos".

Cabe destacar que, no julgamento do RE 669.069/MG, em 3-2-2016, o plenário do Supremo Tribunal Federal, por maioria, passou a entender que é **prescritível a ação de reparação de danos à Fazenda Pública decorrente de ilícito civil**. Trata-se de uma importante mudança de orientação, com a qual o STF alinha-se com as lições de Celso Antônio Bandeira de Mello e José dos Santos Carvalho Filho. Todavia, no referido julgado o Tribunal esclarece que o novo entendimento **não vale para ação de improbidade administrativa**, permanecendo, neste último caso, a natureza imprescritível da ação quanto à pena de ressarcimento do erário (nesse sentido, STJ: REsp 1.069.779).

O certo é que, quando se tratar de dano causado por agente ligado a empresas públicas, sociedades de economia mista, fundações governamentais, concessionários e permissionários, isto é, para **pessoas jurídicas de direito privado**, o prazo é de **três anos** (art. 206, § 3º, V, do CC) contados do trânsito em julgado da decisão condenatória.

São **pressupostos** para a propositura da ação regressiva:

10. Fundação Getulio Vargas. Padrão de Respostas. Prova Discursiva. Direito Administrativo. X Exame de Ordem Unificado.

1) **condenação do Estado** na ação indenizatória;

2) **trânsito em julgado** da decisão condenatória (não precisa aguardar o levantamento do precatório);

3) **culpa ou dolo** do **agente**;

> A prova de Analista de Planejamento elaborada pela Prefeitura de Fortaleza em 2016 considerou ERRADA a afirmação: "A responsabilidade do servidor é objetiva".

4) **ausência de denunciação da lide** na ação indenizatória.

Por fim, convém realizar uma comparação entre a ação indenizatória e a ação regressiva.

Quadro comparativo entre ação indenizatória e ação regressiva

	Ação indenizatória	**Ação regressiva**
Previsão	art. 37, § 6º, da CF	art. 37, § 6º, da CF
Partes	vítima × Estado	Estado × agente público
Fundamento	teoria objetiva	teoria subjetiva
Visa apurar	responsabilidade do Estado	responsabilidade pessoal do agente
Prazo	5 anos	imprescritível (mas, contra pessoas de direito privado, o prazo é de 3 anos)

6.15 RESPONSABILIDADE DO SERVIDOR ESTATUTÁRIO FEDERAL NA LEI N. 8.112/90

O Estatuto dos Servidores Públicos Civis da União – Lei n. 8.112/90 – determina que o servidor **responde civil, penal e administrativamente** pelo exercício irregular de suas atribuições.

Essa tríplice responsabilidade decorre de ato omissivo ou comissivo, **doloso ou culposo**, que resulte em prejuízo ao erário ou a terceiros. Assim, o Estatuto reforça a aplicação da **teoria subjetiva** para apuração da responsabilidade do servidor nas três esferas. Em princípio, os **três processos** para apuração das responsabilidades civil, penal e administrativa **são independentes**, razão pela qual as sanções civis, penais e administrativas poderão cumularse. Entretanto, o art. 126 da Lei n. 8.112/90 afirma que a **responsabilidade administrativa** do servidor **será afastada** no caso de **absolvição criminal** que negue a existência do fato ou sua autoria.

Importante destacar que o art. 122, § 2º, do Estatuto prescreve que, em se tratando de dano causado a terceiros, o **servidor responderá** perante a Fazenda Pública, **em ação regressiva**. Assim, a Lei n. 8.112/90 não admite propositura de ação indenizatória diretamente contra a pessoa do servidor público, pois vincula sua responsabilização à **ação regressiva**.

> A prova de Analista da Receita Federal elaborada pela Esaf considerou CORRETA a afirmação: "Em caso de responsabilidade civil do Estado, a divergência sobre a inserção do agente público causador do dano a terceiros, em caso de culpa, na ação judicial, em relação à Fazenda Pública, foi dirimida pelo Estatuto dos Servidores Públicos Civis da União, na esfera federal. Pela regra positiva, será caso de somente ação regressiva".

Condenado a restituir valores ao erário, as reposições e indenizações serão previamente comunicadas ao servidor ativo, aposentado ou ao pensionista, para **pagamento, no prazo máximo de trinta dias**, podendo ser parceladas, a pedido do interessado. Nos termos do art. 46, § 1º, da Lei n. 8.112/90, o valor de cada **parcela não poderá ser inferior ao correspondente a 10% da remuneração**, provento ou pensão.

Já no caso do servidor em débito com o erário que for demitido, exonerado ou que tiver sua aposentadoria ou disponibilidade cassada, terá o prazo de sessenta dias para quitar a **dívida**.

> A prova de Procurador do Estado da Paraíba/2008 elaborada pelo Cespe considerou CORRETA a afirmação: "A ação regressiva pode ser movida mesmo após terminado o vínculo entre o agente e a Administração Pública".

A obrigação de reparar o dano estende-se aos **sucessores** e contra eles será executada até o limite do valor da herança recebida (art. 122, § 3º, do Estatuto).

> A prova de Procurador do Estado da Paraíba/2008 elaborada pelo Cespe considerou CORRETA a afirmação: "Os efeitos da ação regressiva transmitem-se aos herdeiros e sucessores do agente público culpado, respeitado o limite do valor do patrimônio transmitido".

6.16 RESPONSABILIDADE DOS CONCESSIONÁRIOS DE SERVIÇOS PÚBLICOS

O art. 2º, III, da Lei n. 8.987/95 define concessão de serviço público: "a delegação de sua prestação, feita pelo poder concedente, mediante licitação, na modalidade de concorrência, à pessoa jurídica ou consórcio de empresas que demonstre capacidade para seu desempenho, **por sua conta e risco** e por prazo determinado".

A referida norma legal evidencia que o concessionário de serviço público assume a prestação do serviço público "por sua conta e risco". Assim, a **responsabilidade primária** pelo ressarcimento de danos decorrentes da prestação é do concessionário, cabendo ao Estado concedente responder em caráter subsidiário. Além de direta (primária), a responsabilidade do concessionário é objetiva na medida em que o pagamento da indenização **não depende da comprovação de culpa ou dolo**.

> Reforçando que a responsabilidade do funcionário da concessionária é subjetiva, a prova de Agente Fiscal da CGU elaborada pela FCC considerou CORRETA a proposição: "A responsabilidade civil de um servidor público e a de um empregado de empresa privada concessionária de serviço público, ambos atuando no exercício de suas funções, por danos causados a um terceiro, é respectivamente subjetiva e subjetiva".

O caráter objetivo da responsabilidade dos concessionários decorre do art. 37, § 6º, primeira parte, da Constituição Federal: "As pessoas jurídicas de direito público e as de direito privado prestadoras de serviços públicos responderão pelos danos que seus agentes, nessa qualidade, causarem a terceiros".

Importante notar que o **texto constitucional não estabelece qualquer diferença**, para fins de aplicação da responsabilidade objetiva, **quanto à qualidade da vítima.**

No julgamento do RE 262.651/SP, em 16112005, o Supremo Tribunal Federal adotou o controvertido entendimento de que a responsabilidade dos concessionários de serviço público é objetiva perante usuários, mas subjetiva perante terceiros não usuários. O caso examinado envolvia o ressarcimento de prejuízos causados a motorista de carro em decorrência de acidente provocado por ônibus de empresa concessionária. Como o proprietário do veículo não fazia parte, no momento do acidente, da relação jurídica de prestação de serviço público, o Supremo Tribunal Federal considerou aplicável a teoria subjetiva, obrigando a vítima a comprovar culpa ou dolo para receber a indenização.

O peculiar entendimento adotado pelo Supremo foi objeto de diversas questões em concurso público, embora tenha sido veementemente criticado pela doutrina.

Porém, em 26 de agosto de 2009, o **Supremo Tribunal Federal** voltou a alinhar-se à doutrina majoritária, admitindo que a **responsabilidade dos concessionários** sujeita-se à aplicação da **teoria objetiva** para danos causados **a usuários** e também **a terceiros não usuários** (RE 591.874/MS). O caso ensejador da mudança de entendimento foi o **atropelamento de um ciclista** por ônibus de empresa concessionária de transporte. Embora ostentando a condição de terceiro não usuário, o prejuízo causado à vítima foi considerado passível de reparação com base na aplicação da teoria objetiva.

O entendimento atual do Supremo Tribunal Federal, e que deve ser sustentado em provas em concursos públicos, considera, portanto, que os concessionários de serviço público respondem primária e objetivamente pelos danos causados a particulares, quer usuários do serviço, quer terceiros não usuários.

Por força do **princípio da isonomia**, a Constituição de 1988 não permite que se faça qualquer distinção entre usuários e terceiros não usuários, pois todos eles podem sofrer danos decorrentes da prestação de serviços públicos por meio de concessionários. Tal conclusão é coerente com a natureza geral dos serviços públicos, cuja prestação deve ser estendida a todos indistintamente[11].

6.17 RESPONSABILIDADE POR ATOS LEGISLATIVOS, REGULAMENTARES E JURISDICIONAIS

A teoria da responsabilidade estatal foi essencialmente desenvolvida para permitir o ressarcimento de prejuízos decorrentes de atos administrativos concretos.

A doutrina, porém, admite a possibilidade de condenação do Estado em decorrência de prejuízos derivados em atos jurídicos de outras naturezas.

A responsabilidade estatal por danos causados por **leis inconstitucionais** foi **admitida** pelo **Supremo Tribunal Federal** no julgamento do RE 153.464, desde que a vítima demonstre especial e anormal prejuízo decorrente da norma inválida. Exigese, ainda, como pressuposto da condenação a declaração formal de inconstitucionalidade da lei pelo próprio Supremo Tribunal Federal.

> A prova da Magistratura do Tocantins/2007 considerou CORRETA a afirmação: "Segundo entendimento do STF, ao desempenho inconstitucional da função de legislador é aplicável a responsabilidade civil do Estado".

Raciocínio similar pode ser aplicado aos **atos regulamentares** e aos **normativos** expedidos pelo Poder Executivo, quando eivados do vício de ilegalidade ou se forem declarados inconstitucionais pelas autoridades competentes. O pagamento de indenização, nesses casos, não é a regra geral, mas não se pode excluir a possibilidade de ocorrência de dano passível de reparação determinada pelo Poder Judiciário.

Quanto às **leis de efeitos concretos**, isto é, aquelas dirigidas a um destinatário determinado, a responsabilidade estatal independe de sua declaração de inconstitucionalidade na medida em que tais leis constituem, na verdade, atos materialmente administrativos capazes de causar prejuízo patrimonial ensejador de ressarcimento pelo **Estado**.

> A prova de Advogado do CRM/MG em 2017 elaborada pela Fundep considerou ERRADA a afirmação: "O ato legislativo não pode causar a responsabilidade civil do Estado, razão pela qual se uma lei de efeitos concretos provoca danos ao indivíduo, a responsabilidade civil da pessoa jurídica federativa de onde emanou a lei não se configura, afastando o direito de reparação dos prejuízos".

Por fim, em relação aos **atos tipicamente jurisdicionais**, entendese que, em princípio, **não produzem direito a indenização** como consequência da soberania do Poder Judiciário e da autoridade da coisa julgada. Entretanto, a Constituição

11. Fundação Getulio Vargas. Padrão de Respostas. Prova Discursiva. Direito Administrativo. V Exame de Ordem Unificado.

Federal prevê, **excepcionalmente**, a possibilidade de ressarcimento do condenado por **erro judicial**, assim como o que **ficar preso além do tempo** fixado na sentença, entre outras **hipóteses**.

> A prova de Procurador Municipal de Fortaleza elaborada pela Esaf considerou CORRETA a afirmação: "A responsabilidade objetiva do Estado, conforme a jurisprudência dominante, não abrange o ato praticado pelo Poder Judiciário, no exercício de função jurisdicional".
>
> A prova da Magistratura do Pará/2008 elaborada pela FGV considerou CORRETA a afirmação: "Apesar de a Constituição Federal ditar que 'o Estado indenizará o condenado por erro judiciário, assim como o que ficar preso além do tempo fixado na sentença', a regra é a irresponsabilidade do Estado por atos de jurisdição".
>
> A prova de Fiscal do INSS elaborada pelo Cespe considerou ERRADA a assertiva: "Ainda que se comprove erro judiciário, o Estado não estará obrigado a indenizar o condenado, haja vista a sentença judicial não possuir natureza de ato administrativo".

Convém ressalvar que, no caso de atos administrativos praticados por órgãos do Poder Legislativo e Judiciário no exercício de função atípica, havendo dano, a responsabilidade é **objetiva**.

> A prova de Analista Judiciário do TJ-PE 2012 elaborada pela FCC considerou CORRETA a assertiva: "Os atos administrativos praticados por órgãos do Poder Legislativo e Judiciário equiparam-se aos demais atos da Administração e, se lesivos, empenham a responsabilidade objetiva da Fazenda Pública".

6.18 RESPONSABILIDADE DOS NOTÁRIOS E REGISTRADORES

Os titulares de serventias extrajudiciais (notários e registradores) são agentes públicos que recebem, após aprovação em concurso público de provas e títulos, uma delegação do Poder Público (art. 236 da Constituição Federal)[12].

Os cartórios e ofícios em si são delegações **sem personalidade jurídica própria**, razão pela qual é impossível acionar judicialmente a serventia (cartório, registro ou tabelionato).

A jurisprudência diverge quanto a quem seria o responsável direto pela reparação do dano.

O Supremo Tribunal Federal entende que a ação indenizatória deve ser proposta diretamente contra o Estado, delegatário do serviço (RE 175.739-SP). Vale transcrever a emenda do referido julgado:

"RECURSO EXTRAORDINÁRIO – JULGAMENTO – MOLDURA FÁTICA. RESPONSABILIDADE CIVIL – ESTADO – NATUREZA – ATO DE TABELIONATO NÃO OFICIALIZADO – CARTAS DE 1969 E DE 1988. A responsabilidade civil do Estado é objetiva, dispensando, assim, indagação sobre a culpa ou dolo daquele que, em seu nome, haja atuado. Quer sob a égide da atual Carta, quer da anterior,

---

12. Fundação Getulio Vargas: Padrão de Respostas. Prova Discursiva. Direito Administrativo. Exame de Ordem 2010/2.

responde o Estado de forma abrangente, não se podendo potencializar o vocábulo 'funcionário' contido no art. 107 da Carta de 1969. Importante é saber-se da existência, ou não, de um serviço e a prática de ato comissivo ou omissivo a prejudicar o cidadão. Constatada a confecção, ainda que por tabelionato não oficializado, de substabelecimento falso que veio a respaldar escritura de compra e venda fulminada judicialmente, impõe-se a obrigação do Estado de ressarcir o comprador do imóvel".

Em outro julgamento, o STF reconheceu novamente a responsabilidade direta do Estado, admitindo direito do regresso contra o notário nos casos de dolo ou culpa (RE 209.354/PR):

"CONSTITUCIONAL. SERVIDOR PÚBLICO. TABELIÃO. TITULARES DE OFÍCIO DE JUSTIÇA: RESPONSABILIDADE CIVIL. RESPONSABILIDADE DO ESTADO. CF, art. 37, § 6º. I. – Natureza estatal das atividades exercidas pelos serventuários titulares de cartórios e registros extrajudiciais, exercidas em caráter privado, por delegação do Poder Público. Responsabilidade objetiva do Estado pelos danos praticados a terceiros por esses servidores no exercício de tais funções, assegurado o direito de regresso contra o notário, nos casos de dolo ou culpa (CF, art. 37, § 6º). II. – Negativa de trânsito ao RE. Agravo não provido".

É a mesma opinião sustentada por José dos Santos Carvalho Filho:

"Embora exerçam sua função em virtude de delegação, conforme anuncia o art. 236, § 1º, da CF, o certo é que se configuram como verdadeiros agentes do Estado, sujeitando-se, inclusive, à sua fiscalização pelo Poder Judiciário. Por conseguinte, se causam danos a terceiros, o Estado tem responsabilidade civil direta, cabendo-lhe, porém, exercer seu direito de regresso contra os responsáveis e aplicar a devida punição, quando for o caso"[13].

A jurisprudência do Superior Tribunal de Justiça, todavia, registra visão oposta, na medida em que considera que a responsabilidade é direta do notário ou registrador, podendo o Estado ser acionado somente em caráter secundário e subsidiário, ou seja, na hipótese de esgotar-se o patrimônio do titular:

"ADMINISTRATIVO. DANOS MATERIAIS CAUSADOS POR TITULAR DE SERVENTIA EXTRAJUDICIAL. ATIVIDADE DELEGADA. RESPONSABILIDADE SUBSIDIÁRIA DO ESTADO. 1. Hipótese em que o Tribunal de origem julgou procedente o pedido deduzido em Ação Ordinária movida contra o Estado do Amazonas, condenando-o a pagar indenização por danos imputados ao titular de serventia. 2. No caso de delegação da atividade estatal (art. 236, § 1º, da Constituição), seu desenvolvimento deve se dar por conta e risco do delegatário, nos moldes do regime das concessões e permissões de serviço público. 3. O art. 22 da

13. *Manual de direito administrativo*, p. 581.

Lei n. 8.935/94 é claro ao estabelecer a responsabilidade dos notários e oficiais de registro por danos causados a terceiros, não permitindo a interpretação de que deve responder solidariamente o ente estatal. 4. Tanto por se tratar de serviço delegado, como pela norma legal em comento, não há como imputar eventual responsabilidade pelos serviços notariais e registrais diretamente ao Estado. Ainda que objetiva a responsabilidade da Administração, esta somente responde de forma subsidiária ao delegatário, sendo evidente a carência de ação por ilegitimidade passiva *ad causam*. 5. Em caso de atividade notarial e de registro exercida por delegação, tal como na hipótese, a responsabilidade objetiva por danos é do notário, diferentemente do que ocorre quando se tratar de cartório ainda oficializado. Precedente do STF. 6. Recurso Especial provido".

Parece-nos ser esta última a posição mais acertada. Assim como ocorre nas demais modalidades de delegação, notários e registradores prestam o serviço por sua conta e risco. De acordo com a ordem jurídica pátria, o usuário tem a prerrogativa de acionar diretamente o prestador do serviço público. Por isso, havendo qualquer prejuízo ao usuário, a **responsabilidade é objetiva e direta do titular**, assegurada ação regressiva deste contra o preposto ou funcionário nos casos de dolo ou culpa.

Contudo, a Lei n. 13.286, de 10 de maio de 2016, reacendeu a polêmica ao modificar o conteúdo do art. 22 da Lei n. 8.935/94, que agora tem a seguinte redação: "Os notários e oficiais de registro são civilmente responsáveis por todos os prejuízos que causarem a terceiros, por culpa ou dolo, pessoalmente, pelos substitutos que designarem ou escreventes que autorizarem, assegurado o direito de regresso. Parágrafo único. Prescreve em três anos a pretensão de reparação civil, contado o prazo da data de lavratura do ato registral ou notarial".

Desse modo, embora não esclareça contra quem deva ser dirigida a ação indenizatória, o dispositivo normativo consagra a responsabilidade subjetiva dos notários e registradores, novidade claramente inconstitucional por afronta ao art. 37, § 6º, da Constituição Federal, cujo teor consagra a responsabilidade objetiva na prestação de serviços públicos.

No julgamento do RE 842.846, em 27-2-2019 o plenário do Supremo Tribunal Federal reafirmou orientação da Corte segundo a qual o Estado tem responsabilidade civil objetiva para reparar danos causados a terceiros por tabeliães e oficiais de registro no exercício de suas funções cartoriais. Por maioria de votos, o colegiado negou provimento ao recurso, com repercussão geral reconhecida, e assentou ainda que o Estado deve ajuizar ação de regresso contra o responsável pelo dano, nos casos de dolo ou culpa, sob pena de improbidade administrativa. Também por maioria de votos, vencido apenas o ministro Marco Aurélio nesta parte, o Plenário aprovou a seguinte tese para fins de repercussão geral: "O Estado responde objetivamente pelos atos dos tabeliães registradores oficiais que, no exercício de suas funções, causem danos a terceiros, assentado o dever de regresso contra o responsável, nos casos de dolo ou culpa, sob pena de improbidade administrativa".

6.19 DANOS CAUSADOS POR AGENTE FORA DO EXERCÍCIO DA FUNÇÃO

Só é possível responsabilizar o Estado por danos causados pelo agente público quando forem causados durante o exercício da função pública. Estando o agente, no momento em que realizou a ação ensejadora do prejuízo, fora do exercício da função pública, seu comportamento não é imputável ao Estado, e a responsabilidade será exclusiva e **subjetiva do agente**.

> O Exame da OAB/2010.3 elaborado pela FGV considerou CORRETA a afirmação: "Um policial militar, de nome Norberto, no dia de folga, quando estava na frente da sua casa, de bermuda e sem camisa, discute com um transeunte e acaba desferindo tiros de uma arma antiga, que seu avô lhe dera. Nesse caso o Estado não será responsabilizado, pois Norberto, apesar de ser agente público, não atuou nessa qualidade; sua conduta não pode, pois, ser imputada ao Ente Público".

Nesse caso, a ação indenizatória proposta pela vítima contra a pessoa física do agente público prescreve em três anos (art. 206, § 3º, V, do Código Civil). Também é de três anos o prazo prescricional para a ação de cobrança proposta pelo Estado contra particular causador de dano em acidente de carro.

6.20 RESPONSABILIDADE PRÉ-NEGOCIAL

Denominase responsabilidade prénegocial o dever estatal de indenizar particulares em razão da ruptura de negociações preparatórias à celebração de contratos administrativos, especialmente nos casos de anulação e revogação do procedimento licitatório. A legislação brasileira trata do tema em dois dispositivos:

Art. 49, *caput* e § 1º, da Lei n. 8.666/93: "Art. 49. A autoridade competente para a aprovação do procedimento somente poderá revogar a licitação por razões de interesse público decorrente de fato superveniente devidamente comprovado, pertinente e suficiente para justificar tal conduta, devendo anulá-la por ilegalidade, de ofício ou por provocação de terceiros, mediante parecer escrito e devidamente fundamentado. § 1º. A anulação do procedimento licitatório por motivo de ilegalidade não gera obrigação de indenizar, ressalvado o disposto no parágrafo único do art. 59 desta Lei".

Art. 59, parágrafo único, da Lei n. 8.666/93: "A nulidade (da licitação) não exonera a Administração do dever de indenizar o contratado pelo que este houver executado até a data em que ela for declarada e por outros prejuízos regularmente comprovados, contanto que não lhe seja imputável, promovendose a responsabilidade de quem lhe deu causa".

6.21 RESPONSABILIDADE SUBSIDIÁRIA *VERSUS* RESPONSABILIDADE SOLIDÁRIA

Acesse também a videoaula pelo link:
http://somos.in/MDA1137

No Direito Administrativo brasileiro **predomina amplamente a responsabilidade subsidiária** (regra geral), técnica segundo a qual o legislador elege um devedor principal (responsável direto) e define um devedor secundário (responsável subsidiário) que só poderá ser acionado, no entanto, quanto ao resíduo indenizatório e após o esgotamento patrimonial do principal devedor.

No silêncio da lei considera-se subsidiária a responsabilidade no Direito Administrativo. Isso porque solidariedade não se presume, somente sendo cabível se houver expressa previsão legal.

É o que ocorre, entre tantos outros exemplos, na responsabilidade por prejuízos decorrentes da prestação de serviços públicos, na qual cabe ao prestador do serviço o papel de devedor principal (responsável direto), mas a entidade pública titular do serviço responde subsidiariamente se encerrado o patrimônio do prestador.

Porém, em **hipóteses raríssimas** a legislação administrativa prevê **responsabilidade solidária**, como no caso de contratação direta superfaturada (art. 25, § 2º, da Lei n. 8.666/93: "Na hipótese deste artigo (inexigibilidade) e em qualquer dos casos de dispensa, se comprovado superfaturamento, respondem solidariamente pelo dano causado à Fazenda Pública o fornecedor ou o prestador de serviços e o agente público responsável, sem prejuízo de outras sanções legais cabíveis"). Em razão do interesse público envolvido, deve-se concluir que a responsabilidade solidária, em Direito Administrativo, **não comporta benefício de ordem**. Também é solidária a responsabilidade entre a Administração Pública e o contratado pelos encargos previdenciários resultantes da execução do contrato (art. 71, § 2º, da Lei n. 8.666/93).

6.22 RESPONSABILIDADE ADMINISTRATIVA E CIVIL DAS PESSOAS JURÍDICAS NA LEI N. 12.846/2013 (LEI ANTICORRUPÇÃO)

A Lei n. 12.846, de 1º de agosto de 2013, conhecida como "Lei Anticorrupção", instituiu um sistema especial de responsabilização de pessoas jurídicas pela prática de atos contra a administração pública, nacional ou estrangeira.

Aplica-se a referida lei às sociedades empresárias e às sociedades simples, personificadas ou não, independentemente da forma de organização ou modelo societário adotado, bem como a quaisquer fundações, associações de entidades ou pessoas, ou sociedades estrangeiras, que tenham sede, filial ou representação no território brasileiro, constituídas de fato ou de direito, ainda que temporariamente (art. 1º, parágrafo único).

As pessoas jurídicas serão responsabilizadas objetivamente, nos âmbitos administrativo e civil, pelos atos lesivos previstos nessa lei praticados em seu interesse ou benefício, exclusivo ou não (art. 2º).

Nos termos do art. 5º, constituem atos lesivos à administração pública, nacional ou estrangeira, todos aqueles praticados pelas pessoas jurídicas mencionadas no parágrafo único do art. 1º, que atentem contra o patrimônio público nacional ou estrangeiro, contra princípios da administração pública ou contra os compromissos internacionais assumidos pelo Brasil, nas seguintes hipóteses:

"I – prometer, oferecer ou dar, direta ou indiretamente, vantagem indevida a agente público, ou a terceira pessoa a ele relacionada;

II – comprovadamente, financiar, custear, patrocinar ou de qualquer modo subvencionar a prática dos atos ilícitos previstos nesta Lei;

III – comprovadamente, utilizar-se de interposta pessoa física ou jurídica para ocultar ou dissimular seus reais interesses ou a identidade dos beneficiários dos atos praticados;

IV – no tocante a licitações e contratos:

a) frustrar ou fraudar, mediante ajuste, combinação ou qualquer outro expediente, o caráter competitivo de procedimento licitatório público;

b) impedir, perturbar ou fraudar a realização de qualquer ato de procedimento licitatório público;

c) afastar ou procurar afastar licitante, por meio de fraude ou oferecimento de vantagem de qualquer tipo;

d) fraudar licitação pública ou contrato dela decorrente;

e) criar, de modo fraudulento ou irregular, pessoa jurídica para participar de licitação pública ou celebrar contrato administrativo;

f) obter vantagem ou benefício indevido, de modo fraudulento, de modificações ou prorrogações de contratos celebrados com a administração pública, sem autorização em lei, no ato convocatório da licitação pública ou nos respectivos instrumentos contratuais; ou

g) manipular ou fraudar o equilíbrio econômico-financeiro dos contratos celebrados com a administração pública".

O art. 6º prevê aplicação das seguintes sanções:

I – multa, no valor de 0,1% (um décimo por cento) a 20% (vinte por cento) do faturamento bruto do último exercício anterior ao da instauração do processo administrativo, excluídos os tributos, a qual nunca será inferior à vantagem auferida, quando for possível sua estimação; e

II – publicação extraordinária da decisão condenatória.

6.22.1 Desconsideração da personalidade jurídica na Lei Anticorrupção

A **personalidade jurídica poderá ser desconsiderada** sempre que utilizada com **abuso do direito** para facilitar, **encobrir ou dissimular a prática dos atos ilícitos** ou para **provocar confusão patrimonial**, sendo estendidos todos os efeitos das sanções aplicadas à pessoa jurídica aos seus administradores e sócios com poderes de administração, observados o contraditório e a ampla defesa (art. 14).

6.22.1.1 Incidente de desconsideração da personalidade jurídica. Desconsideração inversa. Desconsideração expansiva

Os arts. de 133 a 137 do Código de Processo Civil disciplinam o incidente de desconsideração da personalidade jurídica:

"Art. 133. O incidente de desconsideração da personalidade jurídica será instaurado a pedido da parte ou do Ministério Público, quando lhe couber intervir no processo.

§ 1º O pedido de desconsideração da personalidade jurídica observará os pressupostos previstos em lei.

§ 2º Aplica-se o disposto neste Capítulo à hipótese de desconsideração inversa da personalidade jurídica.

Art. 134. O incidente de desconsideração é cabível em todas as fases do processo de conhecimento, no cumprimento de sentença e na execução fundada em título executivo extrajudicial.

§ 1º A instauração do incidente será imediatamente comunicada ao distribuidor para as anotações devidas.

§ 2º Dispensa-se a instauração do incidente se a desconsideração da personalidade jurídica for requerida na petição inicial, hipótese em que será citado o sócio ou a pessoa jurídica.

§ 3º A instauração do incidente suspenderá o processo, salvo na hipótese do § 2º.

§ 4º O requerimento deve demonstrar o preenchimento dos pressupostos legais específicos para desconsideração da personalidade jurídica.

Art. 135. Instaurado o incidente, o sócio ou a pessoa jurídica será citado para manifestar-se e requerer as provas cabíveis no prazo de 15 (quinze) dias.

Art. 136. Concluída a instrução, se necessária, o incidente será resolvido por decisão interlocutória.

Parágrafo único. Se a decisão for proferida pelo relator, cabe agravo interno.

Art. 137. Acolhido o pedido de desconsideração, a alienação ou a oneração de bens, havida em fraude de execução, será ineficaz em relação ao requerente".

Existe controvérsia jurisprudencial a respeito da aplicabilidade do incidente de desconsideração no âmbito das ações da Fazenda Pública em juízo.

Por enquanto, há jurisprudência para o caso específico da execução fiscal, que é a ação utilizada para cobrança de créditos estatais.

Julgando caso de sucessão de empresas integrantes de grupo econômico de fato, a 1ª Turma do STJ entendeu possível a instauração do incidente: **"O redirecionamento de execução fiscal a pessoa jurídica que integra o mesmo grupo econômico da sociedade empresária originalmente executada, mas que não foi identificada no ato de lançamento (nome na CDA) ou que não se enquadra nas hipóteses dos arts. 134 e 135 do CTN, depende da comprovação do abuso de personalidade, caracterizado pelo desvio de finalidade ou confusão patrimonial, tal como consta do art. 50 do Código Civil, daí porque, nesse caso, é necessária a instauração do incidente de desconsideração da personalidade da pessoa jurídica devedora"** (REsp n. 1.775.269, *DJe* de 1º-3-2019).

Já a 2ª Turma do STJ, em sentido contrário, julgou que: **"A previsão constante no art. 134, *caput*, do CPC/2015, sobre o cabimento do incidente de desconsideração da personalidade jurídica, na execução fundada em título executivo extrajudicial, não implica a incidência do incidente na execução fiscal regida pela Lei n. 6.830/1980, verificando-se verdadeira incompatibilidade entre o regime geral do Código de Processo Civil e a Lei de Execuções, que diversamente da Lei geral, não comporta a apresentação de defesa sem prévia garantia do juízo, nem a automática suspensão do processo, conforme a previsão do art. 134, § 3º, do CPC/2015. Na execução fiscal a aplicação do CPC é subsidiária, ou seja, fica reservada para as situações em que as referidas leis são silentes e no que com elas compatível"** (REsp n. 1.431.155/PB, rel. Min. Mauro Campbell Marques, Segunda Turma, j. 27-5-2014).

A questão ainda está em aberto na doutrina e na jurisprudência.

Do deslinde dessa controvérsia preliminar depende a solução de outro ponto, a saber, se é possível aplicar a "teoria da desconsideração inversa da personalidade jurídica" no rito da execução fiscal (arts. 133, § 2º e 792, § 3º, do CPC, e 50 do Código Civil).

A desconsideração inversa é uma defesa da empresa contra o sócio que se valeu da pessoa jurídica para ocultar ou desviar bens pessoais, com prejuízo a terceiros (Enunciados 284 e 285 da Jornada de Direito Civil).

Fala-se ainda em "desconsideração expansiva da personalidade jurídica", utilizada quando empresários faziam uso da criação de novas pessoas jurídicas para se esquivarem de dívidas e penalidades impostas às pessoas jurídicas das quais eram sócios anteriormente[14].

---

14. ALMEIDA, Túlio Ponte de. O que é desconsideração expansiva da personalidade jurídica?. *Revista Jus Navigandi*, ISSN 1518-4862, Teresina, ano 21, n. 4852, 13 out. 2016. Disponível em: https://jus.com.br/artigos/48417. Acesso em: 21 set. 2020.

As teorias inversa e expansiva da desconsideração da personalidade jurídica constituem novidades, em princípio, incompatíveis com o rito da execução fiscal, por falta de previsão legal específica na legislação tributária brasileira. Encontram óbice, portanto, nos princípios do devido processo legal e da legalidade (arts. 5º, LIV, e 37, *caput*, da CF/88, respectivamente).

6.23 REPARAÇÃO DO DANO PELA VIA ADMINISTRATIVA

Embora pouco comum no Brasil, o processo administrativo pode ser instaurado, de ofício ou mediante provocação do interessado, para viabilizar a reparação de danos causados por agentes públicos a **particulares**.

> **A prova de Escrivão da PC/AC em 2017 elaborada pelo Ibade considerou CORRETA a afirmação: "É admissível a responsabilidade civil do Estado por atos lícitos, com fundamento no princípio da igualdade, e não há óbice jurídico ao seu reconhecimento na via administrativa".**

A solução pela via administrativa oferece grande vantagem sobre a ação indenizatória na medida em que não sujeita a vítima à fila dos precatórios.

Para o Poder Público, o procedimento administrativo indenizatório é igualmente vantajoso porque, além de inibir o desgaste e os custos da demanda judicial, evita anos de incidência dos juros e correção monetária devidos pelo atraso entre o evento lesivo e o levantamento do precatório.

A Lei paulista do Processo Administrativo – Lei n. 10.177/98, de forma pioneira, disciplina expressamente, nos arts. 65 a 71, o "Procedimento de Reparação de Danos".

Prescreve o art. 65 da referida Lei:

"Aquele que pretender, da Fazenda Pública, ressarcimento por danos causados por agente público, agindo nessa qualidade, poderá requerê-lo administrativamente, observadas as seguintes regras:

I – o requerimento será protocolado na Procuradoria-Geral do Estado, até 5 (cinco) anos contados do ato ou fato que houver dado causa ao dano;

II – o protocolo do requerimento suspende, nos termos da legislação pertinente, a prescrição da ação de responsabilidade contra o Estado, pelo período que durar sua tramitação;

III – o requerimento conterá os requisitos do art. 54, devendo trazer indicação precisa do montante atualizado da indenização pretendida, e declaração de que o interessado concorda com as condições contidas neste artigo e no subsequente;

IV – o procedimento, dirigido por Procurador do Estado, observará as regras do art. 55;

V – a decisão do requerimento caberá ao Procurador-Geral do Estado ou ao dirigente da entidade descentralizada, que recorrerão de ofício ao Governador, nas hipóteses previstas em regulamento;

VI – acolhido em definitivo o pedido, total ou parcialmente, será feita, em 15 (quinze) dias, a inscrição, em registro cronológico, do valor atualizado do débito, intimando-se o interessado;

VII – a ausência de manifestação expressa do interessado, em 10 (dez) dias, contados da intimação, implicará em concordância com o valor inscrito; caso não concorde com esse valor, o interessado poderá, no mesmo prazo, apresentar desistência, cancelando-se a inscrição e arquivando-se os autos;

VIII – os débitos inscritos até 1º de julho serão pagos até o último dia útil do exercício seguinte, à conta de dotação orçamentária específica;

IX – o depósito, em conta aberta em favor do interessado, do valor inscrito, atualizado monetariamente até o mês do pagamento, importará em quitação do débito;

X – o interessado, mediante prévia notificação à Administração, poderá considerar indeferido seu requerimento caso o pagamento não se realize na forma e no prazo previstos nos incisos VIII e IX".

Cabe destacar, todavia, que a falta de regramento sobre o rito processual administrativo no âmbito da entidade federativa causadora do dano não impede a reparação nessa esfera. Os incisos LIV e LV do art. 5º da Constituição Federal, bem como os dispositivos da Lei Federal n. 9.784/99 (Lei Federal do Processo Administrativo) aplicados na falta de lei própria, bastam para que os gestores públicos balizem o procedimento.

6.24 JURISPRUDÊNCIA

6.24.1 STJ

Trânsito: O tráfego de veículos com excesso de peso gera responsabilidade civil em razão dos danos materiais às vias públicas e do dano moral coletivo consistente no agravamento dos riscos à saúde e à segurança de todos, sendo viável, como medida coercitiva, a aplicação de multa civil (astreinte), ainda que já imputada multa administrativa (REsp 1.574.350-SC, rel. Min. Herman Benjamin, por unanimidade, j. 3-10-2017, *DJe* 06-3-2019).

Responsabilidade civil do Estado: Não se verifica o dever do Estado de indenizar eventuais prejuízos financeiros do setor privado decorrentes da alteração de política econômico-tributária, no caso de o ente público não ter se comprometido, formal e previamente, por meio de determinado planejamento específico (REsp 1.492.832-DF, rel. Min. Gurgel de Faria, por maioria, j. 4-9-2018, *DJe* 1º-10-2018).

Súmula 624: É possível cumular a indenização do dano moral com a reparação econômica da Lei n. 10.559/2002 (Lei da Anistia Política). Primeira Seção, j. 12-12-2018, *DJe* 17-12-2018.

Acessibilidade / Reserva do possível: É essencial, incluso no conceito de mínimo existencial, o direito de pessoas com necessidades especiais poderem frequentar universidade pública, razão pela qual não pode a instituição alegar a incidência da cláusula da reserva do possível como justificativa para sua omissão em providenciar a conclusão de obras de adaptação em suas edificações e instalações (REsp 1.607.472-PE, rel. Min. Herman Benjamin, por unanimidade, j. 15-9-2016, *DJe* 11-10-2016).

Responsabilidade: Havendo o Conselho Nacional de Educação expedido parecer público e direcionado ao Conselho Estadual de Educação do Paraná sobre a regularidade do Programa Especial de Capacitação de Docentes, executado pela Fundação Faculdade Vizinhança Vale do Iguaçu, a sua desconstituição ou revogação pelo próprio Conselho Nacional de Educação ou mesmo a sua não homologação pelo Ministério da Educação autorizam a tese de que a União é responsável, civil e administrativamente, e de forma exclusiva, pelo registro dos diplomas e pela consequente indenização aos alunos que detinham vínculo formal como professores perante instituição pública ou privada, diante dos danos causados (REsp 1.487.139-PR, rel. Min. Og Fernandes, Primeira Seção, por unanimidade, j. 8-11-2017, *DJe* 21-11-2017 – Recursos Repetitivos).

Responsabilidade: Inexistindo ato regulamentar, seja do Conselho Nacional de Educação, seja do Conselho Estadual de Educação do Paraná, sobre a regularidade do Programa Especial de Capacitação de Docentes executado pela Fundação Faculdade Vizinhança Vale do Iguaçu relativamente a alunos estagiários, descabe falar em condenação da União e do Estado do Paraná, devendo a parte que entender prejudicada postular a indenização em face, tão somente, da instituição de ensino (REsp 1.487.139-PR, rel. Min. Og Fernandes, Primeira Seção, por unanimidade, j. 08-11-2017, *DJe* 21-11-2017).

Condenação imposta à Fazenda / Danos morais / Ditadura: Na condenação imposta à Fazenda Pública a título de danos morais decorrentes de perseguição política durante a ditadura militar instalada no Brasil após 1964, para fins de atualização monetária e compensação da mora, a partir da data do arbitramento da indenização em segunda instância, haverá a incidência dos índices oficiais de remuneração básica e juros aplicados à caderneta de poupança (REsp 1.485.260-PR, rel. Min. Sérgio Kukina, j. 5-4-2016, *DJe* 19-4-2016).

Anistiado político: O anistiado político que obteve, na via administrativa, a reparação econômica prevista na Lei n. 10.559/2002 (Lei de Anistia) não está impedido de pleitear, na esfera judicial, indenização por danos morais pelo mesmo episódio político (REsp 1.485.260-PR, rel. Min. Sérgio Kukina, j. 5-4-2016, *DJe* 19-4-2016).

Extravio de carta registrada: Se a Empresa Brasileira de Correios e Telégrafos (ECT) não comprovar a efetiva entrega de carta registrada postada por consumidor nem demonstrar causa excludente de responsabilidade, há de se reconhecer o direito a reparação por danos morais *in re ipsa*, desde que o consumidor comprove minimamente a celebração do contrato de entrega da carta registrada. Nesse caso, deve-se reconhecer a existência de dano moral *in re ipsa*, que exonera o consumidor do encargo de demonstrar o dano que, embora imaterial, é de notória existência (EREsp 1.097.266-PB, rel. Min. Ricardo Villas Bôas Cueva, j. 10-12-2014, *DJe* 24-2-2015).

Termo inicial da prescrição de pretensão indenizatória decorrente de tortura e morte de preso: O termo inicial da prescrição de pretensão indenizatória decorrente de suposta tortura e morte de preso custodiado pelo Estado, nos casos em que não chegou a ser ajuizada ação penal para apurar os fatos, é a data do arquivamento do inquérito policial (REsp 1.443.038, rel. Min. Humberto Martins, j. 12-2-2015, *DJe* 19-2-2015).

Responsabilidade civil do Estado: O consumidor faz jus a reparação por danos morais caso comprovada a existência de cadáver em avançado estágio de decomposição no reservatório do qual a concessionária de serviço público extrai a água fornecida à população (REsp 1.492.710-MG, rel. Min. Humberto Martins, j. 16-12-2014, *DJe* 19-12-2014).

Controle jurisdicional de políticas públicas/irregularidades estruturais e sanitárias em cadeia pública: Constatando-se inúmeras irregularidades em cadeia pública – superlotação, celas sem condições mínimas de salubridade para a permanência de presos, notadamente em razão de defeitos estruturais, de ausência de ventilação, de iluminação e de instalações sanitárias adequadas, desrespeito à integridade física e moral dos detentos, havendo, inclusive, relato de que as visitas íntimas seriam realizadas dentro das próprias celas e em grupos, e que existiriam detentas acomodadas improvisadamente –, a alegação de ausência de previsão orçamentária não impede que seja julgada procedente ação civil publica que, entre outras medidas, objetive obrigar o Estado a adotar providências administrativas e respectiva previsão orçamentária para reformar a referida cadeia pública ou construir nova unidade, mormente quando não houver comprovação objetiva da incapacidade econômico-financeira da pessoa estatal (REsp 1.389.952-MT, rel. Min. Herman Benjamin, j. 3-6-2014).

Responsabilidade da CEF pela segurança de casa lotérica: A Caixa Econômica Federal – CEF não tem responsabilidade pela segurança de agência com a qual tenha firmado contrato de permissão de loterias. Precedente citado: REsp 1.317.472-RJ, 3ª Turma, *DJe* 8-3-2013 (REsp 1.224.236-RS, rel. Min. Luis Felipe Salomão, j. 11-3-2014).

Responsabilidade civil do Estado: Aplica-se o prazo prescricional quinquenal – previsto no art. 1º do Decreto n. 20.910/32 – às ações indenizatórias ajuizadas contra a Fazenda Pública, e não o prazo prescricional trienal – previsto no art. 206, § 3º, V, do CC/2002 (REsp 1.251.993-PR, rel. Min. Mauro Campbell, j. 12-12-2012).

Responsabilidade civil do Estado: Na fixação do valor da indenização, não se deve aplicar o critério referente à teoria da perda da chance, e sim o da efetiva extensão do dano causado (art. 944 do CC), na hipótese em que o Estado tenha sido condenado por impedir servidor público, em razão de interpretação equivocada, de continuar a exercer de forma cumulativa dois cargos públicos regularmente acumuláveis. Na hipótese de perda da chance, o objeto da reparação é a perda da possibilidade de obter um ganho como provável, sendo que há que fazer a distinção entre o resultado perdido e a possibilidade de consegui-lo. A chance de vitória terá sempre valor menor que a vitória futura, o que refletirá no montante da indenização. Contudo, na situação em análise, o dano sofrido não advém da perda de uma chance, pois o servidor já exercia ambos os cargos no momento em que foi indevidamente impedido de fazê-lo, sendo este um evento certo, em relação ao qual não restam dúvidas. Não se trata, portanto, da perda de uma chance de exercício cumulativo de ambos os cargos, porque isso já ocorria, sendo que o ato ilícito imputado ao ente estatal gerou dano de caráter certo e determinado, que deve ser indenizado de acordo com sua efetiva extensão (art. 944 do CC) (REsp 1.308.719-MG, rel. Min. Mauro Campbell Marques, j. 25-6-2013).

Responsabilidade civil do Estado: É imprescritível a pretensão de recebimento de indenização por dano moral decorrente de atos de tortura ocorridos durante o regime militar de exceção. Precedentes citados: AgRg no AG 1.428.635-BA, 2ª Turma, *DJe* 9-8-2012; e AgRg no AG 1.392.493-RJ, 2ª Turma, *DJe* 1º-7-2011 (REsp 1.374.376-CE, rel. Min. Herman Benjamin, j. 25-6-2013).

Responsabilidade civil do Estado: A União é parte legítima para figurar no polo passivo de ação em que o arrendatário objetive ser indenizado pelos prejuízos decorrentes da desapropriação, por interesse social para a reforma agrária, do imóvel arrendado. Isso porque o direito à indenização do arrendatário não se sub-roga no preço do imóvel objeto de desapropriação por interesse social para a reforma agrária, pois a relação entre arrendante (expropriado) e arrendatário é de direito pessoal. Assim, não se aplica, nessa hipótese, o disposto no art. 31 do Decreto-lei n. 3.365/41, pois a sub-rogação no preço ocorre apenas quanto aos direitos reais constituídos sobre o bem expropriado (REsp 1.130.124-PR, rel. Min. Eliana Calmon, j. 4-4-2013).

Responsabilidade civil do Estado: A Administração Pública está obrigada ao pagamento de pensão e indenização por danos morais no caso de morte por suicídio de detento ocorrido dentro de estabelecimento prisional mantido pelo Estado. Nessas hipóteses, não é necessário perquirir eventual culpa da Administração Pública. Na verdade, a responsabilidade civil estatal pela integridade dos presidiários é objetiva em face dos riscos inerentes ao meio no qual foram inseridos pelo próprio Estado. Assim, devem ser reconhecidos os referidos direitos em consideração ao disposto nos arts. 927, parágrafo único, e 948, II, do CC (AgRg no REsp 1.305.259-SC, rel. Min. Mauro Campbell Marques, j. 2-4-2013).

Responsabilidade civil do Estado: Na hipótese de dano causado a particular por agente público no exercício de sua função, há de se conceder ao lesado a possibilidade de ajuizar ação diretamente contra o agente, contra o Estado ou contra ambos. De fato, o art. 37, § 6º, da CF prevê uma garantia para o administrado de buscar a recomposição dos danos sofridos diretamente da pessoa jurídica, que, em princípio, é mais solvente que o servidor, independentemente de demonstração de culpa do agente público (REsp 1.270.439-PR, rel. Min. Castro Meira, j. 26-6-2013).

Responsabilidade civil do Estado: Não é cabível indenização por danos morais em decorrência de lesões sofridas por militar oriundas de acidente ocorrido durante sessão de treinamento na qual não tenha havido exposição a risco excessivo e desarrazoado. Os militares, no exercício de suas atividades rotineiras de treinamento, são expostos a situações de risco que ultrapassam a normalidade dos servidores civis, tais como o manuseio de armas de fogo, explosivos etc. As sequelas físicas decorrentes de acidente sofrido por militar em serviço não geram, por si sós, o direito à indenização por danos morais, os quais devem estar vinculados à demonstração de existência de eventual abuso ou negligência dos agentes públicos responsáveis pelo respectivo treinamento, de forma a revelar a submissão do militar a condições de risco que ultrapassem aquelas consideradas razoáveis no contexto no qual foi inserido. Precedente citado: REsp 1.021.500-PR, *DJe* 13-10-2009 (AgRg no AREsp 29.046-RS, rel. Min. Arnaldo Esteves Lima, j. 21-2-2013).

Bloqueio de verbas públicas: É possível ao magistrado determinar, de ofício ou a requerimento das partes, o bloqueio ou sequestro de verbas públicas como medida coercitiva para o fornecimento de medicamentos pelo Estado na hipótese em que a demora no cumprimento da obrigação acarrete risco à saúde e à vida do demandante (REsp 1.069.810-RS, rel. Min. Napoleão Nunes Maia Filho, j. 23-10-2013).

6.24.2 STF

Responsabilidade civil do Estado (Covid-19 e responsabilização de agentes públicos): Foram firmadas as seguintes teses: "1. Configura erro grosseiro o ato administrativo que ensejar violação ao direito à vida, à saúde, ao meio ambiente equilibrado ou impactos adversos à economia, por inobservância: (i) de normas e critérios científicos e técnicos; ou (ii) dos princípios constitucionais da precaução e da prevenção. 2. A autoridade a quem compete decidir deve exigir que as opiniões técnicas em que baseará sua decisão tratem expressamente: (i) das normas e critérios científicos e técnicos aplicáveis à matéria, tal como estabelecidos por organizações e entidades internacional e nacionalmente reconhecidas; e (ii) da observância dos princípios constitucionais da precaução e da prevenção, sob pena de se tornarem corresponsáveis por eventuais violações a direitos" (ADI 6421 MC/DF, rel. Min. Roberto Barroso, j. 20 e 21-5-2020 / ADI 6422 MC/DF, rel. Min.

Roberto Barroso, j. 20 e 21-5-2020 / ADI 6424 MC/DF, rel. Min. Roberto Barroso, j. 20 e 21-5-2020 / ADI 6425 MC/DF, rel. Min. Roberto Barroso, j. 20 e 21-5-2020 / ADI 6427 MC/DF, rel. Min. Roberto Barroso, j. 20 e 21-5-2020 / ADI 6428 MC/DF, rel. Min. Roberto Barroso, j. 20 e 21-5-2020 / ADI 6431 MC/DF, rel. Min. Roberto Barroso, j. 20 e 21-5-2020, *Informativo* 978).

Responsabilidade civil do Estado (dever de fiscalizar): Para que fique caracterizada a responsabilidade civil do Estado por danos decorrentes do comércio de fogos de artifício, é necessário que exista a violação de um dever jurídico específico de agir, que ocorrerá quando for concedida a licença para funcionamento sem as cautelas legais ou quando for de conhecimento do poder público eventuais irregularidades praticadas pelo particular (RE 136.861/SP, rel. orig. Min. Edson Fachin, red. p/ o ac. Min. Alexandre de Moraes, j. 11-3-2020. Plenário, *Informativo* 969)

Responsabilidade civil do Estado (redução de alíquota de imposto de importação e dever de indenizar): a possibilidade de alteração da alíquota do imposto de importação por ato do poder público, como instrumento de política de economia, não gera direito à indenização por se caracterizar como ato legislativo, com efeito geral e abstrato. Isso porque seria inerente à política econômica a possibilidade de alteração para atender a circunstâncias internas e externas, como é inerente ao risco empresarial a necessidade de adaptação a tais mudanças. Não haveria, dessa forma, direito subjetivo à manutenção de determinada política econômica, desde que estabelecida genericamente e sem compromisso de sua permanência por determinado prazo. Ademais, não haveria afronta ao princípio da boa-fé ou quebra de confiança a legitimar a expectativa sólida no sentido de manutenção das alíquotas do imposto de importação. Portanto, não se configuraria a responsabilidade civil do Estado pelos prejuízos resultantes da queda dos níveis de venda dos produtos nacionais (ARE 1.175.599 AgR/DF, rel. Min. Rosa Weber, j. 10-12-2019, *Informativo* 963, Primeira Turma)

Responsabilidade civil do Estado (danos causados por agente público: ação de indenização e legitimidade passiva): A teor do disposto no art. 37, § 6º, da Constituição Federal (CF) (1), a ação por danos causados por agente público deve ser ajuizada contra o Estado ou a pessoa jurídica de direito privado prestadora de serviço público, sendo parte ilegítima para a ação o autor do ato, assegurado o direito de regresso contra o responsável nos casos de dolo ou culpa (RE 1.027.633/SP, rel. Min. Marco Aurélio, j. 14-8-2019 – *Informativo* 947, Repercussão Geral).

Responsabilidade civil do Estado (superpopulação carcerária e dever de indenizar): Considerando que é dever do Estado, imposto pelo sistema normativo, manter em seus presídios os padrões mínimos de humanidade previstos no ordenamento jurídico, é de sua responsabilidade, nos termos do art. 37, § 6º, da Constituição, a obrigação de ressarcir os danos, inclusive morais, comprovadamente causados aos detentos em decorrência da falta ou insuficiência das condições legais de encarceramento (RE 580.252/MS, Plenário, rel. orig. Min. Teori Zavascki, red. p/ o ac. Min. Gilmar Mendes, j. 16-2-2017 – *Informativo* n. 854, Repercussão Geral).

Responsabilidade civil do Estado (morte de detento): Em caso de inobservância do seu dever específico de proteção previsto no art. 5º, XLIX, da CF, o Estado é responsável pela morte de detento. Essa a conclusão do Plenário, que desproveu recurso extraordinário em que discutida a responsabilidade civil objetiva do Estado por morte de preso em estabelecimento penitenciário (RE 841.526/RS, Plenário, rel. Min. Luiz Fux, 30-3-2016 – *Informativo* n. 819, Repercussão Geral).

Responsabilidade civil do Estado (responsabilidade civil do Estado por ato lícito: intervenção econômica e contrato): intervenção econômica e contrato): A União, na qualidade de contratante, possui responsabilidade civil por prejuízos suportados por companhia aérea em decorrência de planos econômicos existentes no período objeto da ação (RE 571.969/DF, Plenário, rel. Min. Cármen Lúcia, 12-3-2014 – *Informativo* n. 738).

6.24.3 Repercussão Geral

Responsabilidade: Para que fique caracterizada a responsabilidade civil do Estado por danos decorrentes do comércio de fogos de artifício, é necessário que exista a violação de um dever jurídico específico de agir, que ocorrerá quando for concedida a licença para funcionamento sem as cautelas legais ou quando for de conhecimento do poder público eventuais irregularidades praticadas pelo particular (RE 136.861, 11-3-2020).

Responsabilidade: 1. O Estado não pode ser obrigado a fornecer medicamentos experimentais. 2. A ausência de registro na Anvisa impede, como regra geral, o fornecimento de medicamento por decisão judicial. 3. É possível, excepcionalmente, a concessão judicial de medicamento sem registro sanitário, em caso de mora irrazoável da Anvisa em apreciar o pedido (prazo superior ao previsto na Lei n. 13.411/2016), quando preenchidos três requisitos: (i) a existência de pedido de registro do medicamento no Brasil (salvo no caso de medicamentos órfãos para doenças raras e ultrarraras);(ii) a existência de registro do medicamento em renomadas agências de regulação no exterior; e (iii) a inexistência de substituto terapêutico com registro no Brasil. 4. As ações que demandem fornecimento de medicamentos sem registro na Anvisa deverão necessariamente ser propostas em face da União (RE 657.718, 22-5-2019).

Responsabilidade: O Estado responde, objetivamente, pelos atos dos tabeliães e registradores oficiais que, no exercício de suas funções, causem danos a terceiros, assentado o dever de regresso contra o responsável, nos casos de dolo ou culpa, sob pena de improbidade administrativa (RE 842.846, 27-2-2019).

Responsabilidade: Considerando que é dever do Estado, imposto pelo sistema normativo, manter em seus presídios os padrões mínimos de humanidade previstos no ordenamento jurídico, é de sua responsabilidade, nos termos do art. 37, § 6º, da Constituição, a obrigação de ressarcir os danos, inclusive morais, comprovadamente causados aos detentos em decorrência da falta ou insuficiência das condições legais de encarceramento (RE 580.252, 16-2-2017).

Responsabilidade: É prescritível a ação de reparação de danos à Fazenda Pública decorrente de ilícito civil (RE 669.069, 3-2-2016).

Responsabilidade: Em caso de inobservância do seu dever específico de proteção previsto no art. 5º, inciso XLIX, da Constituição Federal, o Estado é responsável pela morte de detento (RE 841.526, 30-3-2016).

Responsabilidade: É lícito ao Judiciário impor à Administração Pública obrigação de fazer, consistente na promoção de medidas ou na execução de obras emergenciais em estabelecimentos prisionais para dar efetividade ao postulado da dignidade da pessoa humana e assegurar aos detentos o respeito à sua integridade física e moral, nos termos do que preceitua o art. 5º, XLIX, da Constituição Federal, não sendo oponível à decisão o argumento da reserva do possível nem o princípio da separação dos poderes (RE 592.581, 13-8-2015).

Responsabilidade: A responsabilidade civil das pessoas jurídicas de direito privado prestadoras de serviço público é objetiva relativamente a terceiros usuários e não usuários do serviço, segundo decorre do art. 37, § 6º, da Constituição Federal (RE 591.874, 26-8-2009).

6.25 QUADRO SINÓTICO

RESPONSABILIDADE DO ESTADO

O Estado responde pelos prejuízos patrimoniais causados pelos agentes públicos a particulares, **em decorrência do exercício da função administrativa**. Trata-se de **responsabilidade civil** (em vista da natureza patrimonial dos prejuízos ensejadores da reparação) e **extracontratual** (danos decorrentes de relação jurídica de sujeição geral). Assim quando o agente público atua, considera-se que o Estado agiu.

DICA: essa noção de imputação é reforçada também pelo princípio da impessoalidade, que assevera ser a função administrativa exercida por agentes públicos "sem rosto", por conta da direta atribuição à Administração Pública das condutas por eles praticadas.

EVOLUÇÃO HISTÓRICA

TEORIA DA IRRESPONSABILIDADE	TEORIA DA RESPONSABILIDADE SUBJETIVA	TEORIA DA RESPONSABILIDADE OBJETIVA
Também chamada de teoria feudal, regalista ou regaliana, a teoria da irresponsabilidade do Estado era própria dos Estados Absolutistas, nos quais a vontade do Rei tinha força de lei. Os governantes eram considerados "representantes de Deus na terra", escolhidos e investidos diretamente pela própria divindade. Por isso, eventuais prejuízos causados pelo Estado deveriam ser atribuídos à providência divina.	Exige a comprovação de culpa ou dolo.	(ato + dano + nexo causal) Também chamada de teoria da responsabilidade sem culpa ou publicista, traz como fundamento do dever de indenizar o RISCO administrativo, conforme o art. 927, parágrafo único, CC.

RESPONSABILIDADE NA CF/88: art. 37, § 6º, CF – As pessoas jurídicas de direito público e as de direito privado prestadoras de serviços públicos responderão pelos danos que seus agentes, nessa qualidade, causarem a terceiros, assegurado o direito de regresso contra o responsável nos casos de dolo ou culpa.

AS CINCO TEORIAS DECORRENTES DO ART. 37, § 6º, DA CF

- a) teoria da responsabilidade objetiva do Estado: na referência aos termos "agentes", "danos" e "causarem" residem os três requisitos da teoria objetiva que fundamenta a responsabilidade estatal, respectivamente: ato, dano e nexo causal;
- b) teoria da imputação volitiva de Otto Gierke: ao dizer que as pessoas jurídicas responderão pelos danos que seus agentes "nessa qualidade" causarem a terceiros, o dispositivo adota expressamente a teoria de Gierke;
- c) teoria do risco administrativo: a Constituição de 1988 optou pela adoção de uma variante moderada da responsabilidade estatal, a teoria do risco administrativo. Tal teoria reconhece excludentes do dever de indenizar, como culpa exclusiva da vítima, força maior e culpa de terceiros;
- d) teoria da responsabilidade subjetiva do agente: a responsabilidade pessoal do agente público, apurada na ação regressiva, pressupõe a comprovação de culpa ou dolo, sendo por isso subjetiva e não objetiva;
- e) teoria da ação regressiva como dupla garantia: surgida no âmbito da jurisprudência do STF (RE 327.904/SP), tal teoria afirma que a ação regressiva (Estado × agente) representa garantia em favor: 1) do particular: possibilitando-lhe ação indenizatória contra a pessoa jurídica de direito público, ou de direito privado que preste serviço público; 2) do próprio agente público: que somente responde administrativa e civilmente perante a pessoa jurídica a cujo quadro funcional se vincular. O STF não admite que o agente seja diretamente acionado pela vítima (*vide* item 6.12).

A **Constituição Federal** adotou como **regra**: **TEORIA OBJETIVA** na modalidade **RISCO ADMINISTRATIVO.**

FUNDAMENTOS DO DEVER DE INDENIZAR

- ATO LESIVO LÍCITO: igual repartição dos encargos sociais, ideia derivada do princípio da ISONOMIA.
- ATO LESIVO ILÍCITO: princípio da legalidade

EXCLUDENTES DO DEVER DE INDENIZAR

A **responsabilidade objetiva** se desdobra **em duas teorias**: teoria do **risco integral** e teoria do **risco administrativo**.

- A teoria do risco integral é uma variação radical da responsabilidade objetiva, que sustenta ser devida a indenização sempre que o Estado causar prejuízo a particulares, sem qualquer excludente. No Brasil é adotada apenas em raras situações excepcionais, como por exemplo, em casos de atentados terroristas em aeronaves, seguro DPVAT e acidentes de trabalho nas relações de emprego público.

DICA: no caso de dano nuclear, apesar de alguns administrativistas sustentarem a aplicação da teoria do risco integral, considerando a Lei n. 6.453/77, que prevê diversas excludentes, impõe-se a conclusão de que a reparação por prejuízos nucleares, na verdade, sujeita-se à teoria do risco administrativo.

- A teoria do risco administrativo, por sua vez, é adotada como regra no Brasil e admite três hipóteses que excluem o dever de indenizar: culpa exclusiva da vítima (prejuízo causado pela ação deliberada do próprio prejudicado), força maior (acontecimento involuntário, imprevisível e incontrolável que rompe o nexo causal) e culpa de terceiros (quando o prejuízo é atribuído a pessoa estranha aos quadros da Administração Pública).

RISCO INTEGRAL	RISCO ADMINISTRATIVO
• Variante radical da teoria objetiva. • Corrente mais vantajosa para a vítima. • Não reconhece excludentes. • Adotada em casos raros, como acidentes de trabalho, seguro obrigatório (DPVAT) e atentados em aeronave.	• Variante moderada da teoria objetiva. • Corrente menos vantajosa para a vítima. • Possui três excludentes: culpa exclusiva da vítima, força maior e fato de terceiro. • Adotada como regra geral no Direito brasileiro.

CARACTERÍSTICAS DO DANO INDENIZÁVEL

- **DANO ANORMAL:** ultrapassa os inconvenientes naturais e esperados da vida em sociedade.
- **DANO ESPECÍFICO:** alcança a vítima de forma diferenciada.

DICA: para a configuração da responsabilidade estatal **é irrelevante a licitude ou ilicitude do ato lesivo,** bastando que haja um prejuízo anormal e específico decorrente de ação ou omissão do agente público.

DANOS POR OMISSÃO

A doutrina tradicional sempre entendeu pela aplicação da teoria objetiva, mas há vários anos Celso Antônio Bandeira de Mello vem sustentando que os danos por omissão submetem-se à teoria subjetiva.

- A posição majoritária do STJ é no sentido de que a responsabilidade seria subjetiva (REsp 1.345.620/RS).
- Já para o STF a responsabilidade seria objetiva, desde que demonstrado o nexo causal entre o dano e a omissão específica do Poder Público (ARE 897.890 e RE 677.283).

Em linhas gerais, sustenta-se que o Estado só pode ser condenado a ressarcir prejuízos atribuídos à sua omissão quando a legislação considera obrigatória a prática da conduta omitida. É a chamada "omissão específica".

RESERVA DO POSSÍVEL

A jurisprudência do STF admite sua utilização excepcional, desde que haja um justo motivo, objetivamente comprovável, cabendo ao Estado demonstrar que não teve como concretizar a pretensão solicitada.

RELAÇÕES DE CUSTÓDIA

A responsabilidade do Estado é mais acentuada do que nas relações de sujeição geral, à medida que o ente público tem o dever de garantir a integridade das pessoas e bens custodiados. Por isso, a responsabilidade estatal é objetiva inclusive quanto a atos de terceiros.

- **DICA 1:** quanto à questão de suicídio do preso dentro da cadeia, situação antes considerada como culpa exclusiva da vítima – o que afastava a responsabilidade –, hoje, de acordo com o STF e com o STJ, enseja responsabilidade objetiva do Estado, em razão de violação do dever estatal de zelar pela integridade física e moral do preso sob sua custódia (STF: ARE 700.927).
- **DICA 2:** ATENÇÃO! Em caso de inobservância do seu dever específico de proteção previsto no art. 5º, inciso XLIX, da Constituição Federal, o Estado é responsável pela morte do detento" (RE 841.526/RS – 3-3-2016, repercussão geral).

AÇÃO INDENIZATÓRIA

Proposta pela vítima contra a pessoa jurídica à qual o agente público causador do dano pertence. Após o julgamento do RE 327.904/SP, o STF passou a rejeitar a propositura de ação *per saltum* diretamente contra o agente público.

- PRAZO PRESCRICIONAL: de acordo com o disposto no art. 206, § 3º, V, do CC, o prazo prescricional para a propositura de ação indenizatória é de três anos contados da ocorrência do evento danoso. No mesmo sentido vinha se manifestando o STJ (REsp 698.195/DF). Entretanto, em radical mudança de orientação, o STJ passou a sustentar (desde 23-5-2012) a aplicação do prazo de 5 anos para ações indenizatórias propostas contra o Estado, previsto no Decreto n. 20.910/32, ao argumento de que, sendo o Código Civil uma lei de direito privado, não poderia ser aplicada a relações jurídicas de direito público (AGRG/EREsp 1.200.764/AC).

AÇÃO REGRESSIVA

É a ação proposta **pelo Estado contra o agente público** causador do dano, nos casos de culpa ou dolo (art. 37, § 6º, CF), tendo como finalidade apurar a reponsabilidade pessoal do agente público. A ação regressiva possui quatro requisitos para propositura:

- a) já **ter sido o Estado condenado na ação indenizatória proposta pela vítima;**
- b) **decisão condenatória transitada em julgado;**
- c) comprovação de **culpa ou dolo do agente;**
- d) **ausência de denunciação da lide** na ação indenizatória.

INEXISTÊNCIA DO ELEMENTO SUBJETIVO: a inexistência do elemento subjetivo (culpa ou dolo) exclui a responsabilidade do agente público na ação regressiva.

PRINCÍPIO DA INDISPONIBILIDADE: a propositura da ação regressiva, quando cabível, é um dever imposto à Administração e não uma simples faculdade.

PRAZO PRESCRICIONAL: recentemente o STF decidiu que são prescritíveis as ações de reparação de danos à Fazenda decorrentes de ilícito civil (RE 669.069 MG).

RESPONSABILIDADE DOS CONCESSIONÁRIOS DE SERVIÇOS PÚBLICOS

A responsabilidade é direta (responsabilidade primária do concessionário e subsidiária do Estado) e objetiva (o pagamento da indenização não depende da comprovação de culpa ou dolo).

RESPONSABILIDADE POR ATOS LEGISLATIVOS, REGULAMENTARES E JURISDICIONAIS

- LEGISLATIVOS: a responsabilidade estatal por danos causados por leis inconstitucionais foi admitida pelo STF (RE 153.464) desde que a vítima demonstre especial e anormal prejuízo decorrente da norma inválida, bem como desde que haja declaração formal de inconstitucionalidade da lei pelo próprio STF.
- REGULAMENTARES: raciocínio similar pode ser aplicado aos atos regulamentares e normativos expedidos pelo Poder Executivo, quando eivados de vício de ilegalidade ou se forem declarados inconstitucionais pelas autoridades competentes. Quanto às leis de efeitos concretos (que possuem destinatário determinado), a responsabilidade estatal independe de declaração de inconstitucionalidade.
- JURISDICIONAIS: atos tipicamente jurisdicionais em princípio não produzem direito à indenização

RESPONSABILIDADE DOS NOTÁRIOS E REGISTRADORES

- **Em 27-2-2019 o STF reafirmou que: "O Estado responde objetivamente pelos atos dos tabeliães registradores oficiais que, no exercício de suas funções, causem danos a terceiros, assentado o dever de regresso contra o responsável, nos casos de dolo ou culpa, sob pena de improbidade administrativa".**

6.26 QUESTÕES

1. (Juiz de Direito Substituto – TJ-BA – 2019 – Cespe) Determinado taxista dirigia embriagado quando colidiu contra o prédio de determinada secretaria estadual, que foi danificado com a batida.

Nessa situação hipotética, conforme o entendimento do STJ, o Estado Federado prejudicado deverá propor ação de ressarcimento:

A) no prazo prescricional de cinco anos, em razão de previsão expressa no Decreto Federal n. 20.910/32;

B) no prazo prescricional de três anos, com base no Código Civil;

C) em prazo indeterminado, ante a imprescritibilidade das ações de ressarcimento ao erário público;

D) no prazo prescricional de cinco anos, com base em aplicação analógica do Decreto Federal n. 20.910/32;

E) no prazo prescricional de cinco anos, por aplicação expressa da Lei Federal n. 9.784/99, que regula o processo administrativo no âmbito federal.

2. (Juiz de Direito Substituto – TJ-BA – 2019 – Cespe) A respeito da responsabilidade civil do Estado, julgue os itens a seguir.

I – O Estado é responsável pela morte de detento causada por disparo de arma de fogo portada por visitante do presídio, salvo se comprovada a realização regular de revista no público externo.

II – O Estado necessariamente será responsabilizado em caso de suicídio de pessoa presa, em razão do seu dever de plena vigilância.

III – A responsabilidade do Estado, em regra, será afastada quando se tratar da obrigação de pagamento de encargos trabalhistas de empregados terceirizados que tenham deixado de receber salário da empresa de terceirização.

Assinale a opção correta.

A) Apenas o item I está certo.

B) Apenas o item III está certo.

C) Apenas os itens I e II estão certos.

D) Apenas os itens II e III estão certos.

E) Todos os itens estão certos.

3. (Assistente Administrativo – Core-SP – 2019 – Inaz do Pará) "Responsabilidade do servidor estatutário, em sentido lato, é o dever que esse agente público tem de suportar as sanções que lhe são impostas em razão de fato ou ato irregular, comisso ou omisso, que lhe seja atribuído" (GASPARINI, 2008, p. 240). Observe as duas assertivas a seguir que tratam sobre as responsabilidades dos servidores.

I – Decorre da prática ou da omissão, dolosa ou culposa, de atos e fatos que lhe são atribuídos e que causam um dano à entidade a que se liga ou a terceiro.

II – Resulta do descumprimento de normas internas da entidade a que se está vinculado, da violação do correto desempenho do cargo ou da infração de regras estatutárias.

As assertivas acima estão relacionadas, respectivamente, às responsabilidades:

A) Criminal; e administrativa.

B) Penal; e estatutária.

C) Criminal; e estatutária.

D) Civil; e administrativa.

E) Penal; e administrativa.

4. (Policial Legislativo – AL-GO – 2019 – Iades) No que tange à responsabilidade civil do Estado, assinale a alternativa correta.

A) Não é possível o direito de regresso contra o responsável.

B) A culpa do Estado deve ser comprovada no processo judicial.

C) Somente é cabível no Poder Executivo Federal.

D) O Estado responde de forma objetiva, independentemente de culpa.

E) Aplica-se somente aos ocupantes de cargo em comissão.

5. (Procurador – AL-GO – 2019 – Iades) Na administração de bens da sociedade como um todo, deve o Estado se submeter a regras próprias de responsabilização civil perante terceiros. Após evolução doutrinária, legislativa e jurisprudencial, o tema, no ordenamento jurídico brasileiro, apresenta contornos característicos. Acerca desse assunto, assinale a alternativa correta.

A) Uma novidade constitucional introduzida pela Constituição Federal de 1988 foi a omissão do requisito da ação regressiva para o ressarcimento do dano indenizado contra o responsável, em relação ao modelo anterior.

B) A Constituição Federal de 1988 manteve, da Constituição anterior, a teoria do risco administrativo aplicável aos entes públicos e às entidades prestadoras de serviços públicos.

C) A noção da responsabilidade patrimonial do Estado diante da falta de serviço, com as respectivas subespécies de inexistência, mau funcionamento ou retardamento do serviço, inaugurou a segunda fase da responsabilidade patrimonial do Estado, ou seja, a responsabilidade civilística.

D) A teoria de responsabilização patrimonial do Estado, agasalhada pela Constituição Federal de 1988, é um avanço em relação aos modelos anteriores, partindo da presunção juris et de jure de que a vítima jamais teria culpa e nem dolo.

E) A jurisprudência do Supremo Tribunal Federal tem entendido que, por inexistência de ofensa a direitos subjetivos, haja vista exercício de desempenho das respectivas funções regulares, os danos causados por atos legislativos, por serem gerais, não acarretam responsabilidade civil do Estado, salvo em casos de dolo ou fraude, casos em que a responsabilidade civil será dirigida diretamente aos agentes públicos envolvidos.

6. (Procurador – AL-GO – 2019 – Iades) Considerando a jurisprudência sedimentada do Superior Tribunal de Justiça (STJ) quanto à responsabilidade civil do Estado, assinale a alternativa correta.

A) Em se tratando de indenização por danos decorrentes de responsabilidade contratual, os juros moratórios fluem a partir da ocorrência do evento danoso, tanto para os danos morais quanto para os materiais.

B) O valor arbitrado, a título de danos morais, não pode ser revisto pelo STJ em face de a Corte ter vedação de reanálise de matéria fática.

C) O prazo prescricional trienal contido no Código Civil de 2002 é aplicado nas ações indenizatórias ajuizadas contra a Fazenda Pública, em detrimento do prazo quinquenal previsto no Decreto n. 20.910/32.

D) A responsabilidade civil do Estado pela morte de detento em delegacia, presídio ou cadeia pública é objetiva, pois deve o Estado prestar vigilância e segurança aos presos sob a respectiva custódia.

E) Nas ações de indenização fundadas na responsabilidade civil objetiva do Estado, com base no § 6º do art. 37 da Constituição Federal de 1988, é inadmitida a denunciação da lide do agente público supostamente responsável pelo ato lesivo.

7. (Administrador – AGU – 2019 – Idecan) A Lei n. 8.112/90 prevê diversas penalidades disciplinares para o servidor público, que serão aplicadas levando em consideração a natureza e a gravidade da infração cometida, os danos que dela provierem para o serviço público, as circunstâncias agravantes ou atenuantes e os antecedentes funcionais. Nesse contexto normativo, assinale a alternativa que traga o prazo de prescrição da ação disciplinar quanto às infrações puníveis com suspensão:

A) um ano;

B) 60 dias;

C) dois anos;

D) 180 dias;

E) cinco anos.

8. (Pedagogo – IF-MS – 2019 – IF-MS) À luz do que dispõe a Lei n. 8.112, de 11 de dezembro de 1990, marque a assertiva CORRETA.

A) Carlos, Servidor Público Federal, procedeu de forma desidiosa no desempenho de suas funções e após regular Processo Administrativo Disciplinar foi considerado culpado. Nesse caso, o servidor será apenado com a sanção de advertência.

B) Maria, Servidora Pública Federal, recusou-se a atualizar seus dados cadastrais junto à repartição na qual é lotada. Nesse caso, a servidora poderá sofrer a penalidade de demissão.

C) José, Servidor Público Federal, respondeu a um Processo Administrativo Disciplinar e o relatório da Comissão concluiu pela prática de infração de corrupção. Nesse caso, José sofrerá a penalidade de suspensão, uma vez que para esse tipo de infração a Lei prevê a aplicação dessa sanção.

D) Juliana, Servidora Pública Federal, visando desempenhar suas atribuições na sua residência, retirou 7 (sete) processos da repartição sem prévia anuência da autoridade competente. Como a Lei não proíbe expressamente esse tipo de conduta, pelo Princípio da legalidade, Juliana não está sujeita a sofrer qualquer penalidade.

E) Joana, Servidora Pública Federal, recusou-se a ser submetida à inspeção médica determinada pela autoridade competente. Nesse caso, a servidora será punida com suspensão de até 15 (quinze) dias, cessando os efeitos da penalidade uma vez cumprida a determinação.

9. (Policial Rodoviário Federal – PRF – 2019 – Cespe) No tocante aos poderes administrativos e à responsabilidade civil do Estado, julgue o próximo item.

A responsabilidade civil do Estado por ato comissivo é subjetiva e baseada na teoria do risco administrativo, devendo o particular, que foi a vítima, comprovar a culpa ou o dolo do agente público.

( ) Certo

( ) Errado

10. (Administrador Judiciário – TJ-SP – 2019 – Vunesp) Uma determinada empresa pública que desenvolve atividade econômica em sentido estrito praticou um ato que provocou danos. Via de regra, pode-se afirmar que a responsabilidade extracontratual da referida estatal será:

A) integral;

B) subjetiva;

C) objetiva, fundada na teoria da culpa anônima;

D) imprescritível;

E) objetiva, fundada na culpa do serviço.

GABARITO

1. D / **2.** B / **3.** D / **4.** D / **5.** A / **6.** D / **7.** C / **8.** E / **9.** ERRADO / **10.** B

Acesse mais questões também pelo link:
http://somos.in/MDA1157

7

LICITAÇÃO

Acesse também a videoaula pelo link:
http://somos.in/MDA1108

7.1 INTRODUÇÃO

A licitação é um procedimento obrigatório que antecede a celebração de contratos pela Administração Pública. A razão de existir dessa exigência reside no fato de que o Poder Público não pode escolher livremente um fornecedor qualquer, como fazem as empresas privadas. Os imperativos da **isonomia, impessoalidade, moralidade** e **indisponibilidade do interesse público**, que informam a atuação da Administração, obrigam à realização de um processo público para seleção imparcial da melhor **proposta**, garantindo iguais condições a todos que queiram concorrer para a celebração do contrato.

> A prova da OAB/SP elaborada pela Vunesp considerou CORRETA a afirmação: "É da essência do instituto da licitação obter vantagem para a Administração sem descurar da isonomia".

7.2 FINALIDADES DA LICITAÇÃO

A realização do procedimento licitatório, nos termos do que dispõe a redação original da Lei n. 8.666/93 (art. 3º), sempre serviu a duas finalidades fundamentais: 1) **buscar a melhor proposta**, estimulando a **competitividade** entre os potenciais contratados, a fim de atingir o negócio mais vantajoso para a Administração; 2) **oferecer iguais condições** a todos que queiram contratar com a Administração, promovendo, em nome da **isonomia**, a possibilidade de participação no certame licitatório de quaisquer interessados que preencham as condições previamente fixadas no instrumento convocatório.

Sobre o tema foi promulgada a **Lei n. 12.349**, de 15 de dezembro de 2010, que inseriu no art. 3º da Lei n. 8.666/93 um **terceiro objetivo** do procedimento licitatório: **a promoção do desenvolvimento nacional sustentável**.

Assim, o art. 3º da Lei Geral de Licitações passou a ter a seguinte redação: "A licitação destina-se a **garantir a observância do princípio constitucional da isonomia**, a **seleção da proposta mais vantajosa** para a administração e a **promoção do desenvolvimento nacional sustentável** e será processada e julgada em estrita conformidade com os princípios básicos da legalidade, da impessoalidade, da moralidade, da igualdade, da publicidade, da probidade administrativa, da vinculação ao instrumento convocatório, do julgamento objetivo e dos que lhes são correlatos".

7.3 CONCEITOS DOUTRINÁRIOS

Os diversos conceitos apresentados pela doutrina permitem identificar as características fundamentais da licitação.

Celso Antônio Bandeira de Mello: "Licitação é um certame que as entidades governamentais devem promover e no qual abrem **disputa entre os interessados** em com elas travar determinadas relações de conteúdo patrimonial, **para escolher a proposta mais vantajosa** às conveniências públicas"[1].

Hely Lopes Meirelles: "É o **procedimento administrativo** mediante o qual a administração pública seleciona a proposta mais vantajosa para o contrato de seu interesse"[2].

José dos Santos Carvalho Filho: "É o procedimento administrativo vinculado por meio do qual os entes da Administração Pública e aqueles por ela controlados selecionam a melhor proposta entre as oferecidas pelos vários interessados, com **dois objetivos – a celebração de contrato**, ou a **obtenção do melhor trabalho técnico, artístico ou científico**"[3].

Maria Sylvia Zanella di Pietro: "(...) o procedimento administrativo pelo qual **um ente público, no exercício da função administrativa**, abre a todos os interessados, que se sujeitem às condições fixadas no instrumento convocatório, a possibilidade de formularem propostas dentre as quais selecionará e aceitará a mais conveniente para a celebração de contrato"[4].

Marçal Justen Filho: "É um procedimento administrativo **disciplinado por lei e por um ato administrativo prévio**, que determina critérios objetivos de seleção da proposta de contratação mais vantajosa, com observância do **princípio da isonomia**, conduzido por um órgão dotado de competência específica"[5].

7.4 NOSSO CONCEITO

Reunindo os elementos fundamentais dos conceitos acima apresentados, é possível definir licitação como *o procedimento administrativo pelo qual entidades governamentais convocam interessados em fornecer bens ou serviços, assim como locar ou adquirir bens públicos, estabelecendo uma competição a fim de celebrar contrato com quem oferecer a melhor proposta.*

---

1. *Curso de direito administrativo*, p. 517.
2. *Direito administrativo brasileiro*, p. 260.
3. *Manual de direito administrativo*, p. 225.
4. *Direito administrativo*, p. 350.
5. *Curso de direito administrativo*, p. 309.

7.4.1 Análise dos elementos conceituais

Para a adequada compreensão do conceito acima formulado, é conveniente analisar os diversos elementos que o compõem:

a) **procedimento**: a natureza jurídica da licitação é a de uma **sequência ordenada** de atos administrativos. Desse modo, é incorreto tratar da licitação como ato administrativo isolado. Também não se trata de processo administrativo, este um termo técnico utilizado no sentido de relação jurídica;

> A prova do Ministério Público/RO considerou INCORRETA a assertiva: "Não se pode considerar licitação como procedimento administrativo".

b) **administrativo:** sob a vigência de Constituições anteriores, houve quem sustentasse ser a licitação um tema afeto ao Direito Financeiro, e não ao Direito Administrativo. Essa diferença no enquadramento do instituto implicava a alteração dos princípios aplicáveis e a mudança da competência para editar leis sobre a matéria. Atualmente, a unanimidade da doutrina reconhece a licitação como instituto pertencente ao Direito Administrativo e, por isso, sujeito à incidência dos princípios e **regras** desse ramo jurídico;

c) **obrigatório para entidades governamentais**: a realização de licitação é um dever do Estado, não extensivo às empresas e pessoas privadas. Toda entidade governamental, de qualquer Poder, assim como instituições privadas mantidas com auxílio de verbas públicas, deve licitar. Tratase de exigência ligada aos princípios da impessoalidade, isonomia, moralidade e indisponibilidade do interesse público;

d) **mediante convocação de interessados**: a licitação é aberta a todos aqueles que queiram concorrer à celebração de um contrato com o Estado, desde que preencham as condições de participação definidas no instrumento convocatório. A participação no procedimento licitatório é sempre facultativa para o particular;

e) **promovendo uma competição:** com a isonomia, a competitividade, visando obter proposta vantajosa, é princípio básico da licitação. Por tal razão, só pode ser exigido dos licitantes o preenchimento de condições estritamente vinculadas ao objeto a ser contratado, sob pena de reduzir a quantidade de participantes. Em última análise, **a licitação é uma disputa** entre os interessados em contratar com o Estado. A finalidade da competição é promover uma disputa justa entre os interessados para celebrar **contrato econômico, satisfatório e seguro para a Administração**;

f) **fornecer bens ou serviços, assim como locar ou adquirir bens públicos:** a realização de prévio procedimento licitatório é obrigatória para celebração de contratos referentes a diversos objetos. **Objeto da licitação** é aquilo que a Administração pretende contratar, podendo ser o fornecimento de bens, a prestação de serviços, a locação de móveis ou imóveis privados, a locação ou venda de imóveis públicos, a premiação de trabalho artístico ou a alienação de determinado bem;

> A prova da OAB/SP elaborada pela Vunesp considerou CORRETA a afirmação: "De acordo com a Constituição Federal, a Administração está obrigada a praticar licitação para a realização de obras, serviços e alienações, bem assim para concessão e permissão de serviços públicos".

g) **visando celebrar contrato administrativo:** o objetivo final do procedimento licitatório é a celebração de um contrato administrativo entre o vencedor do certame e a Administração Pública. Na verdade, o ato que aperfeiçoa o contrato (assinatura) não pertence ao procedimento licitatório propriamente dito, à medida que ocorre após a adjudicação (fase final da licitação). Mesmo após a realização da licitação, "**a Administração Pública não é obrigada a celebrar o contrato**", de modo que o vencedor do procedimento licitatório possui somente **expectativa de direito** à celebração do contrato, e não direito adquirido;

h) **com quem oferecer a melhor proposta:** nem sempre o **preço mais baixo** é determinante para a decretação do vencedor no certame licitatório. Cabe ao instrumento convocatório da licitação preestabelecer o critério para definição da melhor proposta, denominado **tipo de licitação**, podendo ser **menor preço, melhor técnica, técnica e preço, maior lance ou menor oferta.**

> A prova de Analista da CGU elaborada pela Esaf considerou INCORRETA a afirmação: "A licitação, regulada pela Lei n. 8.666/93, destina-se a garantir a observância dos princípios constitucionais da isonomia e a selecionar propostas de preços mais baratos, para a Administração contratar compras, obras e serviços, devendo ser processada e julgada com observância da impessoalidade, igualdade e publicidade".

7.5 NATUREZA JURÍDICA

Identificar a natureza jurídica consiste na operação técnica de enquadrar determinado instituto em uma das grandes categorias do Direito – ato, fato, processo etc. –, a fim de **definir o regime jurídico aplicável**. A natureza jurídica da licitação, conforme indicado anteriormente, é de **procedimento administrativo.**

7.6 COMPETÊNCIA PARA LEGISLAR

Bastante controvertida é a discussão sobre a natureza da competência para criar leis sobre licitação.

O art. 22, XXVII, da **Constituição Federal** prescreve que "**compete privativamente à União** legislar sobre: normas gerais de licitação e contratação, em todas as modalidades, para as administrações públicas diretas, autárquicas e fundacionais da União, Estados, Distrito Federal e Municípios".

A **doutrina** observa, entretanto, que o texto constitucional estabeleceu curiosa situação ao atribuir à União a competência privativa para editar normas gerais sobre o tema. Nos demais incisos do mesmo art. 22, o constituinte definiu como federal a competência para legislar integralmente sobre diversos assuntos, sem reduzir a atribuição à expedição de normas gerais. Ora, se a União cria somente as normas gerais é porque as regras específicas competem às demais entidades federativas. Assim, impõe-se a conclusão de que todas as entidades federativas legislam sobre licitação. Trata-se, então, de **competência concorrente**, razão pela qual o **inciso XXVII foi equivocadamente incluído no art.** 22 da Constituição Federal de 1988 entre as competências privativas da União, pois deveria ter sido alocado no rol das competências legislativas concorrentes (art. 24).

> A prova de Defensor Público/BA considerou INCORRETA a assertiva: "A competência para legislar sobre procedimento licitatório é privativa da União".

É fundamental, portanto, atentar para essa peculiar questão nos concursos públicos: segundo a Constituição Federal de 1988, a competência para legislar sobre licitações é privativa da União, mas a doutrina considera que a competência é **concorrente**.

> A prova da OAB/MG considerou CORRETA a assertiva: "Os Estados e os Municípios podem legislar sobre licitações e contratos administrativos, o que significa que eles podem ter leis próprias sobre a matéria".

O certo é que atualmente as normas gerais sobre licitações e contratos administrativos estão na Lei federal n. 8.666/93 – Lei Geral de Licitações.

7.7 NORMATIZAÇÃO INFRACONSTITUCIONAL

Além da Constituição Federal, diversos diplomas normativos disciplinam no âmbito federal **aspectos gerais** do procedimento licitatório. Entre eles, merecem destaque:

1) Lei n. 8.666, de 21-6-1993: estabeleceu as normas gerais sobre licitações e contratos administrativos pertinentes a obras, serviços, inclusive de **publicidade**, compras, alienações e locações no âmbito dos Poderes da União, dos Estados, do Distrito Federal e dos Municípios.

> A prova da OAB Nacional elaborada pelo Cespe considerou INCORRETA a afirmação: "A contratação de empresa de publicidade pode ser feita sem licitação, diante da natureza singular do serviço".

2) Lei n. 8.883, de 8-6-1994: alterou diversos dispositivos da Lei n. 8.666/93.

3) Medida Provisória n. 2.026-3, de 28-7-2000: criou, somente para o âmbito federal, a modalidade licitatória denominada pregão.

4) Decreto n. 3.555, de 8-8-2000: regulamentou o procedimento do pregão federal.

5) Lei n. 10.520, de 17-7-2002: estendeu a todas as esferas federativas a modalidade licitatória denominada pregão, utilizada para contratação de bens e serviços comuns.

6) **Decreto n. 5.450, de 31-5-2005:** definiu o procedimento a ser adotado para o pregão eletrônico.

Outras leis estabeleceram **regras específicas** sobre exigibilidade da licitação e determinados aspectos procedimentais. Pela importância peculiar em concursos públicos, as inovações mais significativas são:

1) **Lei n. 9.472, de 16-7-1997:** estabeleceu duas novas modalidades licitatórias exclusivas para o âmbito da Agência Nacional das Telecomunicações – Anatel: o pregão e a consulta (arts. 54 a 57 da referida lei).

2) **Lei n. 9.648, de 27-5-1998:** definiu como dispensável a licitação para a celebração de contratos de prestação de serviços com as organizações sociais, qualificadas no âmbito das respectivas esferas de governo, para atividades contempladas no contrato de gestão.

3) **Lei n. 11.107, de 6-4-2005:** dobrou o limite de valor para contratação direta por dispensa de licitação nas compras, obras e serviços contratados por consórcios públicos.

4) **Lei Complementar n. 123, de 14-12-2006:** definiu como critério de desempate nas licitações a preferência de contratação para as microempresas e empresas de pequeno porte. Nos termos do art. 44, § 1º, da referida lei, entendem-se por empate aquelas situações em que as propostas apresentadas pelas microempresas e empresas de pequeno porte sejam iguais ou até 10% superiores à proposta mais bem classificada. Já no caso da modalidade pregão, o intervalo percentual é de até 5%. Ocorrendo o empate, a microempresa ou empresa de pequeno porte mais bem classificada poderá apresentar proposta de preço inferior àquela considerada vencedora do certame, situação em que será adjudicado em seu favor o objeto licitado (art. 44, I).

Importante salientar que, nos termos da Orientação Normativa n. 7 da AGU: "O tratamento favorecido de que tratam os arts. 43 a 45 da Lei Complementar n. 123, de 2006, deverá ser concedido às microempresas e empresas de pequeno porte independentemente de previsão editalícia".

5) **Lei n. 12.349, de 15-12-2010:** acrescentou a promoção do desenvolvimento sustentável como um dos objetivos do procedimento licitatório (art. 3º da Lei n. 8.666/93) e criou a **possibilidade de ser estabelecida margem de preferência para produtos manufaturados e para serviços nacionais que atendam a normas técnicas brasileiras.**

6) **Lei n. 12.462, de 5-8-2011:** estabeleceu o Regime Diferenciado de Contratação (RDC) para obras de infraestrutura vinculadas à Copa do Mundo de 2014 e aos Jogos Olímpicos de 2016.

7.8 NATUREZA JURÍDICA DA LEI N. 8.666/93

A doutrina de Direito Tributário trouxe para o Brasil a distinção, comum no direito estrangeiro, entre lei federal e lei nacional.

Lei federal é aquela que vale **apenas** para o âmbito da **União**, não se aplicando às demais esferas federativas. É o caso, por exemplo, da Lei n. 8.112/90 – Estatuto do Servidor Público Civil da União.

Ao contrário, a **lei nacional** é obrigatória para a União, os Estados, o Distrito Federal e os Municípios, alcançando simultaneamente **todas as esferas federativas**. Exemplo: o Código Tributário Nacional (Lei n. 5.172/66).

A Lei n. 8.666 tem, indiscutivelmente, **natureza jurídica de lei nacional**, estabelecendo normas gerais obrigatórias para todas as entidades federativas. É o que se depreende do disposto no seu art. 1º: "Esta Lei estabelece normas gerais sobre licitações e contratos administrativos pertinentes a obras, serviços, inclusive de publicidade, compras, alienações e locações **no âmbito dos Poderes da União, dos Estados, do Distrito Federal e dos Municípios**".

> Observação: segundo a doutrina, a Lei n. 8.666/93 não contém somente normas gerais, na medida em que o legislador federal terminou tratando de muitos assuntos específicos, ultrapassando a competência que possui para criar apenas normas gerais. Assim, deve-se entender que os dispositivos da Lei n. 8.666/93 veiculadores de regras excessivamente específicas, como as que definem determinados prazos, não se aplicam fora do âmbito federal.

7.9 FUNDAMENTO CONSTITUCIONAL DO DEVER DE LICITAR

O dever de realizar licitações está constitucionalmente disciplinado no art. 37, XXI: "ressalvados os casos especificados na legislação, as obras, serviços, compras e alienações serão contratados mediante processo de licitação pública que assegure igualdade de condições a todos os concorrentes, com cláusulas que estabeleçam obrigações de pagamento, mantidas as condições efetivas da proposta, nos termos da lei, o qual somente permitirá as exigências de qualificação técnica e econômica indispensáveis à garantia do cumprimento das obrigações".

O dispositivo transcrito merece, por sua importância, ser analisado por partes:

a) "ressalvados os casos especificados na legislação": o próprio texto constitucional atribui competência ao legislador para definir as hipóteses em que poderá ocorrer contratação direta sem licitação. Na Lei n. 8.666/93, esses casos excepcionais estão previstos nos arts. 24 e 25, constituindo as hipóteses de inexigibilidade, dispensa, licitação dispensada e **vedação**;

> A prova da OAB/SP elaborada pela Vunesp considerou CORRETA a afirmação: "Serão necessariamente precedidos de licitação, quando contratados com terceiros, as obras, serviços, compras e alienações, no âmbito da Administração Pública, salvo as hipóteses de dispensabilidade, de inexigibilidade e de vedação".

b) "obras, serviços, compras e alienações": a Constituição faz referência exemplificativa a alguns bens cuja contratação exige prévia licitação. É uma descrição panorâmica do objeto da licitação;

c) "igualdade de condições a todos os concorrentes": seleção da proposta mais vantajosa para a Administração (só a competitividade garante o direito de escolha, entre várias, da proposta mais vantajosa) e atendimento ao princípio da isonomia (todos que preencham os requisitos do instrumento convocatório têm direito de participar do certame licitatório) são as duas finalidades da licitação;

d) "mantidas as condições efetivas da proposta": a Constituição Federal obriga a Administração a garantir a manutenção das condições efetivas da proposta vencedora. Desse modo, mesmo que ocorram circunstâncias excepcionais que tornem mais onerosa a execução contratual, a Administração deve, atendidos os requisitos legais, aumentar a remuneração do contratado para **preservar sua margem de lucro**. A preservação do lucro contratual é denominada equilíbrio econômico-financeiro. Portanto, a **manutenção do equilíbrio econômico-financeiro dos contratos administrativos é uma garantia constitucional** estabelecida em benefício do contratado;

e) "as exigências de qualificação técnica e econômica devem se restringir ao estritamente indispensável para garantir o cumprimento das obrigações": essa parte final do dispositivo assegura a **competitividade** no certame licitatório. Assim, se o instrumento convocatório exigir condições desproporcionais para participação no certame, tais exigências desmedidas devem ser consideradas nulas, podendo ser objeto de impugnação por qualquer cidadão (art. 41, § 1º, da Lei n. 8.666/93).

7.10 PRESSUPOSTOS DA LICITAÇÃO

Ressalvadas as hipóteses de contratação direta definidas na legislação, a celebração de contratos administrativos exige a prévia realização de procedimento licitatório. Sendo uma disputa que visa a obtenção da melhor proposta à luz do interesse público, a licitação somente pode ser instaurada mediante a presença de **três pressupostos** fundamentais:

a) pressuposto lógico: consistente na pluralidade de objetos e ofertantes, sem o que se torna inviável a competitividade inerente ao procedimento licitatório. Ausente o pressuposto lógico, deve haver contratação direta por **inexigibilidade de licitação**. Exemplo: aquisição de materiais, equipamentos ou gêneros que só possam ser fornecidos por produtor exclusivo (art. 25, I, da Lei n. 8.666/93);

b) pressuposto jurídico: caracteriza-se pela conveniência e oportunidade na realização do procedimento licitatório. Há casos em que a instauração da licitação não atende ao interesse público, facultando à Administração promover a contratação direta. A falta do pressuposto jurídico pode caracterizar hipótese de **inexigibilidade ou de dispensa de licitação**. Exemplo: aquisição de bens de valor inferior a R$ 17.600,00 (dezessete mil e seiscentos reais) (art. 24, I, da Lei n. 8.666/93);

c) pressuposto fático: é a exigência de comparecimento de interessados em participar da licitação. A ausência do pressuposto fático implica a autorização para contratação direta por **dispensa de licitação** embasada na denominada **licitação deserta**. A previsão dessa hipótese de dispensa de licitação consta do art. 24, V, da Lei n. 8.666/93: "É dispensável a licitação quando não acudirem interessados à licitação anterior e esta, justificadamente, não puder ser repetida sem prejuízo para a Administração, mantidas, neste caso, todas as condições preestabelecidas".

7.11 EXTENSÃO MATERIAL DO DEVER DE LICITAR: OBJETO DA LICITAÇÃO

A doutrina diferencia objeto imediato de objeto mediato da licitação.

O **objeto imediato** da licitação é a **busca da melhor proposta**, ao passo que o **objeto mediato** é aquilo que a Administração pretende contratar.

O art. 37, XXI, da Constituição Federal afirma que **as obras, os serviços, as compras e as alienações** serão contratados mediante processo de licitação pública.

Mais minucioso, o art. 2º da Lei n. 8.666/93 exige prévia licitação para contratações da Administração com terceiros relativas a obras, serviços, **inclusive de publicidade**, compras, alienações, **concessões, permissões e locações**.

É, portanto, possível concluir pela obrigatoriedade de licitação para:

a) compra de bens móveis ou imóveis;

b) contratação de serviços, inclusive de seguro e publicidade;

c) realização de obras;

d) alienação de bens públicos e daqueles adquiridos judicialmente ou mediante dação em pagamento, doação, permuta e investidura (art. 17 da Lei n. 8.666/93);

e) outorga de concessão de serviço público;

f) expedição de permissão de serviço público.

ATENÇÃO: nos termos da Orientação Normativa n. 8 da AGU, o fornecimento de passagens aéreas e terrestres enquadra-se no conceito de serviço previsto no art. 6º, II, da Lei n. 8.666/93, devendo sua contratação ser precedida de licitação.

7.12 EXTENSÃO PESSOAL DO DEVER DE LICITAR

O dever de realizar licitação incumbe a **todas as entidades e órgãos públicos** pertencentes aos Poderes da União, dos Estados, do Distrito Federal e dos Municípios. É o que se depreende da leitura do art. 37, *caput* e inciso XXI, da Constituição Federal.

O teor desse imperativo constitucional foi desdobrado pelo art. 1º, parágrafo único, da Lei n. 8.666/93, segundo o qual estão subordinados ao dever de licitar: órgãos da administração direta, fundos especiais, autarquias, fundações públicas, empresas públicas, sociedades de economia mista e demais entidades controladas direta ou indiretamente pelas entidades federativas.

Atualizando o conteúdo dos referidos dispositivos com as novas figuras da Administração indireta, conclui-se que **estão sujeitos ao dever de licitar**:

a) Poder Legislativo: incluindo órgãos e entidades ligadas às casas legislativas, como a Caixa de Assistência Parlamentar (CAP), antiga autarquia federal vinculada ao Congresso Nacional;

b) Poder Judiciário;

c) Ministério Público;

d) Tribunais de Contas;

e) órgãos da Administração Pública direta;

f) autarquias e **fundações públicas**;

> A prova da Magistratura/PA considerou CORRETA a assertiva: "O princípio da obrigatoriedade da licitação deve ser observado pela Administração Pública direta e indireta, incluindo as fundações públicas e as sociedades de economia mista, de todos os entes federativos".

g) agências reguladoras e agências executivas;

h) associações públicas;

i) consórcios públicos;

j) fundações governamentais;

k) empresas públicas;

l) sociedades de economia mista;

m) **fundos especiais**: são dotações orçamentárias de valores ou acervos de bens destituídos de personalidade jurídica autônoma. Exemplo: Fundo de Garantia do Tempo de Serviço (FGTS);

> A prova de Analista Judiciário do TRE/PE considerou CORRETA a afirmação: "A Lei n. 8.666/93, que dispõe sobre Licitações e Contratos da Administração Pública, estabelece que ficam subordinados a seu regime, entre outros, os fundos especiais e demais entidades controladas direta ou indiretamente pelo Distrito Federal".

n) fundações de apoio;

o) serviços sociais do sistema "S";

p) conselhos de classe.

Convém analisar agora a situação de algumas entidades especiais cuja submissão ao dever de licitar desperta controvérsia.

7.12.1 Organizações sociais

O art. 24, XXIV, da Lei n. 8.666/93 dispensa a realização de procedimento licitatório para a celebração, pela Administração Pública, de contratos de prestação de serviços com as organizações sociais.

A autorização de dispensa é concedida à Administração Pública, e não às organizações sociais, que, via de regra, não estão obrigadas a licitar. Quando a organização social for contratante, não existe previsão genérica no ordenamento jurídico de realização de procedimento licitatório.

Em princípio, portanto, organizações sociais **não se sujeitam ao dever de licitar.**

O art. 1º do Decreto n. 5.504/2005 considera, entretanto, obrigatória a realização de licitação para obras, compras, serviços e alienações contratados por entidades com os **recursos ou bens repassados voluntariamente pela União.**

A citada ressalva objetiva evitar que as entidades do terceiro setor sejam maliciosamente utilizadas como intermediárias em contratações da União, burlando o dever de licitação.

7.12.2 Organizações da sociedade civil de interesse público

Quanto à obrigatoriedade de contratação mediante prévia licitação, a condição das Oscips é similar à das organizações sociais, à medida que, como regra, **não precisam licitar.**

Assim como ocorre com as organizações sociais, **as obras, as compras,** os **serviços e as alienações a serem realizadas pelas Oscips,** com os **recursos ou bens repassados voluntariamente pela União,** serão, porém, contratados mediante processo de **licitação pública** (art. 1º do Decreto n. 5.504/2005). Sendo **bens e serviços comuns,** torna-se obrigatória a utilização do **pregão,** preferencialmente na **modalidade eletrônica.**

7.12.3 Entidades paraestatais

Os denominados **serviços sociais,** instituições privadas sem fins lucrativos ligadas ao sistema sindical, como o Sesc, o Sesi e o Senai, são designados pela doutrina como entidades paraestatais, compondo o chamado sistema "S".

A doutrina sempre entendeu que as entidades paraestatais **estão sujeitas ao dever de realizar licitação,** especialmente porque eram mantidas com recursos provenientes de contribuições de natureza tributária, arrecadadas pelas instituições sindicais junto aos seus filiados.

Após a reforma trabalhista (Lei n. 13.467/2017), o pagamento das contribuições sindicais deixou de ser obrigatório, perdendo assim natureza tributária. Mas a obrigatoriedade de licitação foi reafirmada pelo STF no julgamento do Mandado de Segurança 33.442/DF, realizado em 27 de março de 2018, no qual o Supremo Tribunal Federal reafirmou a orientação de que o Senac não está obrigado a obedecer exigências da Lei n. 8.666/93. No relatório do Ministro Gilmar Mendes se fez referência à visão do STF segundo a qual "as entidades do Sistema S têm natureza privada e não integram a Administração Pública direta ou indireta, não se submetendo ao processo licitatório previsto pela Lei n. 8.666/93". E segue o relator: "Na mesma linha, ao apreciar o RE 789.874-RG, rel.

Min. Teori Zavascki, *DJe* 19-11-2014, o Plenário fixou o entendimento no sentido de que os serviços sociais autônomos possuem natureza jurídica de direito privado e não estão sujeitos à regra do art. 37, II, da Constituição, que exige a realização de concurso público para contratação de pessoal. Na oportunidade, ressaltou-se que as entidades do 'Sistema S' desempenham atividades privadas de interesse coletivo, em regime de colaboração com o Poder Público, e possuem patrimônio e receitas próprias, bem como a prerrogativa de autogestão de seus recursos. São patrocinadas por recursos recolhidos do setor produtivo beneficiado, tendo recebido inegável autonomia administrativa, embora se submetam ao controle finalístico do Tribunal de Contas da União". E finaliza: "Feitas essas considerações, conclui-se que as entidades do 'Sistema S' desenvolvem atividades privadas incentivadas e fomentadas pelo Poder Público, não se submetendo ao regramento disciplinado pela Lei n. 8.666/93. Tendo em vista a autonomia que lhes é conferida, exige-se apenas a realização de um procedimento simplificado de licitação previsto em regulamento próprio, o qual deve observar os princípios gerais que regem a matéria".

Cabe reforçar que a 1ª Câmara do **Tribunal de Contas da União**, na Decisão n. 47/2005, entendeu que o **procedimento licitatório** a ser observado pelas paraestatais pode ser **definido nos regimentos internos** de cada entidade, não havendo obrigatoriedade de cumprimento dos preceitos definidos na Lei n. 8.666/93.

7.12.4 Conselhos de classe

Os conselhos de classe, como o Conselho Regional de Medicina (CRM) e o Conselho Regional de Engenharia e Arquitetura (Crea), são tradicionalmente tratados pela doutrina como espécies de **autarquias profissionais**. Assim, pertencem à Administração Pública indireta e, por isso, **sujeitam-se ao dever de realizar licitação**.

Assim como ocorre com as entidades paraestatais, o procedimento licitatório não é, porém, o definido na Lei n. 8.666/93. Ao contrário, cabe ao regimento interno de cada entidade estabelecer o detalhamento do rito a ser observado, atendendo às peculiaridades e à natureza do respectivo conselho.

7.12.5 Ordem dos Advogados do Brasil

Acesse também a videoaula pelo link:
http://somos.in/MDA1138

Entre os conselhos de classe, bastante peculiar é a situação da Ordem dos Advogados do Brasil. Isso porque, no julgamento da ADIn 3.026/2006, o

Supremo Tribunal Federal rejeitou natureza autárquica à OAB, entendendo que a entidade não tem nenhuma ligação com o Estado e **não se sujeita aos ditames impostos à Administração Pública direta e indireta.**

Imperioso concluir, na esteira do referido entendimento do Supremo Tribunal Federal, que a OAB **não está obrigada a realizar licitação.**

7.12.6 Empresas estatais exploradoras de atividade econômica

Empresas públicas e sociedades de economia mista são pessoas jurídicas de direito privado pertencentes à Administração Pública indireta e, nessa condição, encontram-se submetidas ao dever de licitar.

O § 1º do art. 173 da Constituição Federal, acrescentado pela Emenda Constitucional n. 19/98, afirma, entretanto, que "a **lei estabelecerá** o estatuto jurídico da **empresa pública**, da **sociedade de economia mista** e de suas subsidiárias **que explorem atividade econômica** de produção ou comercialização de bens ou de prestação de serviços, **dispondo sobre**: I – sua função social e formas de fiscalização pelo Estado e pela sociedade; II – a sujeição ao regime jurídico próprio das empresas privadas, inclusive quanto aos direitos e obrigações civis, comerciais, trabalhistas e tributários; **III – licitação e contratação de obras, serviços, compras e alienações, observados os princípios da administração pública**; IV – a constituição e o funcionamento dos conselhos de administração e fiscal, com a participação de acionistas minoritários; V – os mandatos, a avaliação de desempenho e a responsabilidade dos administradores".

> A prova da OAB Nacional elaborada pelo Cespe considerou INCORRETA a afirmação: "Nos termos da Constituição Federal, as empresas estatais (sociedades de economia mista e empresas públicas), quando prestadoras de serviço público, podem elaborar ato normativo sobre licitação, observados os princípios da Administração Pública".

A especial preocupação da Emenda Constitucional n. 19/98 em criar um estatuto licitatório específico para as empresas estatais exploradoras de atividade econômica reside no fato de que o modelo tradicional de licitação dificulta a competitividade no mercado.

Em 30 de junho de 2016 finalmente foi publicado o Estatuto das Empresas Estatais, Lei n. 13.303/2016, cujos arts. de 31 a 41 definiram regras sobre licitação e contratos nas estatais, quer prestadoras de serviços públicos, quer exploradoras de atividade econômica. Além de enfatizar claramente a sujeição de todas as estatais ao dever de licitar (mesmo que explorem atividade econômica), o Estatuto fixou os limites para a contratação direta por dispensa de licitação nas empresas estatais. Agora, os patamares passam a ser de R$ 100.000,00 (cem mil reais) para obras e serviços de engenharia e R$ 50.000,00 (cinquenta mil reais) para os demais objetos (art. 29, I e II). Para um tratamento mais detalhado sobre o Estatuto, *vide* item 3.8.10 deste Manual.

Importante destacar, entretanto, que Celso Antônio **Bandeira de Mello** entende que empresas públicas e sociedades de economia mista **exploradoras de atividade econômica não precisam licitar** para contratação de objetos relacionados às suas atividades-fim, pois isso significaria uma desvantagem competitiva em relação aos demais concorrentes daquele setor específico de atuação.

Assim, por exemplo, supondo uma empresa pública municipal criada para comercializar refeições populares, a compra de gêneros alimentícios pode ser feita sem licitação. Mas, como tal exceção somente se aplica a objetos relacionados à atividade finalística, a aquisição de uma viatura para a diretoria da referida empresa pública deve ser realizada com observância da prévia licitação.

Portanto, as contratações feitas por empresas públicas e sociedades de economia mista, em regra, exigem licitação. Quanto às prestadoras de serviço público, não há exceção a essa regra. Já no caso das exploradoras de atividade econômica, o procedimento licitatório é dispensado para contratação de objetos vinculados à sua atividade-fim; em relação aos demais objetos, a licitação é obrigatória.

7.12.7 Entidades que não se sujeitam ao dever de licitar

De tudo quanto foi dito nos itens anteriores, é possível concluir que não precisam licitar:

a) empresas privadas;

b) concessionários de serviço público;

c) permissionários de serviço público;

d) organizações sociais, exceto para contratações com utilização direta de verbas provenientes de repasses voluntários da União;

e) Organizações da Sociedade Civil de Interesse Público (Oscips), exceto para contratações com utilização direta de verbas provenientes de repasses voluntários da União;

f) Ordem dos Advogados do Brasil.

7.12.8 Programa "Minha Casa, Minha Vida"

De acordo com orientação firmada pelo STJ em 17 de abril de 2018, é possível a flexibilização do dever de licitar nas contratações relacionadas ao programa "Minha Casa, Minha Vida", desde que observados os princípios gerais da Administração Pública, por força do art. 4º, parágrafo único, da Lei n. 10.188/2001, segundo o qual "as operações de aquisição, construção, recuperação, arrendamento e venda de imóveis obedecerão aos critérios estabelecidos pela CEF, respeitados os princípios da legalidade, finalidade, razoabilidade, moralidade administrativa, interesse público e eficiência, ficando dispensada da observância das disposições específicas da lei geral de licitação" (REsp 1.687.381/DF). Trata-se de importante programa governamental voltado a incentivar a produção e o acesso a habitações populares, razão pela qual – atendendo a comandos constitucionais previstos nos arts. 1º, III, 7º, IV, e 23, IX, da Constituição Federal – está justificada a referida flexibilização.

7.13 PRINCÍPIOS ESPECÍFICOS DA LICITAÇÃO

Ao ordenar à Administração Pública que seus contratos sejam precedidos de processo de licitação, a Constituição Federal enfatiza que seja assegurada **igualdade de condições** a todos os concorrentes (art. 37, XXI).

O legislador infraconstitucional foi mais detalhista. Para ele, o procedimento licitatório foi concebido para atender aos princípios da **isonomia** e da **competitividade**. A declaração está expressa no art. 3º da Lei n. 8.666/93. Diz: "A licitação destina-se a garantir a observância do princípio constitucional da isonomia e a selecionar a proposta mais vantajosa para a **Administração**".

> A prova de Gestor Governamental do Ministério do Planejamento/2008 elaborada pela Esaf considerou CORRETA a afirmação: "A licitação destina-se a garantir a observância do princípio constitucional da isonomia e a selecionar a proposta mais vantajosa para a Administração Pública".

Constituem **princípios específicos** aplicáveis ao procedimento licitatório[6]:

a) **princípio da isonomia:** defende a igualdade entre todos que se encontram na mesma situação. O princípio da isonomia impõe que a comissão de licitação dispense **tratamento igualitário** a todos os concorrentes. Em decorrência do princípio da isonomia, o art. 3º, § 1º, da Lei n. 8.666/93 proíbe preferências ou distinções em razão da naturalidade, da sede ou do domicílio dos licitantes ou de qualquer outra circunstância impertinente ou irrelevante para o específico objeto do contrato. Além disso, é vedado também estabelecer tratamento diferenciado de natureza comercial, legal, trabalhista, previdenciária ou qualquer outra, entre empresas brasileiras e estrangeiras, inclusive no que se refere a moeda, modalidade e local de pagamentos, mesmo quando envolvidos financiamentos de agências internacionais;

b) **princípio da competitividade:** a busca pela melhor proposta é uma das finalidades da licitação. Por isso, não podem ser adotadas medidas que comprometam decisivamente o caráter competitivo do certame. Assim, **as exigências de qualificação técnica e econômica devem se restringir ao estritamente indispensável para garantia do cumprimento das obrigações** (art. 37, XXI, da CF);

c) **princípio da vinculação ao instrumento convocatório:** a Administração Pública e os **participantes** do certame, além de cumprirem as regras legais, não podem desatender às normas e condições presentes no instrumento convocatório (art. 41 da Lei n. 8.666/93). Daí falar-se que **o edital é a lei da licitação;**

---

6. Os princípios específicos mencionados nesse tópico seguem a enumeração proposta por José dos Santos Carvalho Filho, *Manual de direito administrativo,* p. 236 e s.

> A prova de Analista Administrativo elaborada pela FCC considerou CORRETA a afirmação: "O princípio da vinculação ao instrumento convocatório é dirigido tanto à Administração Pública como aos licitantes".

d) princípio do julgamento objetivo: o edital deve apontar claramente o critério de julgamento a ser adotado para determinar o licitante vencedor. Assim, a análise de documentos e a avaliação das propostas devem se pautar por **critérios objetivos** predefinidos no instrumento convocatório, e não com base em elementos **subjetivos**. Segundo a doutrina, entretanto, a **objetividade não é absoluta**, na medida em que especialmente a verificação da qualificação técnica sempre envolve certo juízo subjetivo;

e) princípio da indistinção: são vedadas preferências quanto à naturalidade, à sede e ao domicílio dos licitantes (art. 3º, § 1º, I, da Lei n. 8.666/93);

f) princípio da inalterabilidade do edital: em regra, o edital não pode ser modificado após sua publicação. Porém, havendo necessidade de alteração de algum dispositivo, tornam-se obrigatórias a garantia de **ampla publicidade** e a **devolução dos prazos** para não prejudicar os potenciais licitantes que eventualmente tenham deixado de participar do certame em razão da cláusula objeto da modificação;

g) princípio do sigilo das propostas: nos termos do art. 43, § 1º, da Lei n. 8.666/93, os envelopes contendo as propostas dos licitantes não podem ser abertos e seus conteúdos divulgados antes do momento processual adequado, que é a sessão pública instaurada com essa finalidade;

h) princípio da vedação à oferta de vantagens: baseado na regra do art. 44, § 2º, da Lei n. 8.666/93, tal princípio proíbe a elaboração de propostas vinculadas às ofertas de outros licitantes;

i) princípio da obrigatoriedade: trata a realização de licitação como um dever do Estado (art. 37, XXI, da CF);

j) princípio do formalismo procedimental: as regras aplicáveis ao procedimento licitatório são definidas diretamente pelo legislador, não podendo o administrador público descumpri-las ou alterá-las livremente. Importante enfatizar, no entanto, que o descumprimento de uma formalidade só causará nulidade se houver comprovação de prejuízo. Desse modo, segundo a jurisprudência, o postulado *pas de nullité sans grief* (não há nulidade sem prejuízo) é aplicável ao procedimento licitatório;

k) princípio da adjudicação compulsória: obriga a Administração a atribuir o objeto da licitação ao vencedor do certame.

7.14 INCIDÊNCIA DOS PRINCÍPIOS GERAIS

Por ter natureza de procedimento administrativo, a licitação está submetida, além dos mencionados no item anterior, à incidência de todos os princípios gerais do **Direito Administrativo**, merecendo destaque:

> A prova de Analista Administrativo elaborada pela FCC considerou INCORRETA a afirmação: "O princípio da ampla defesa não é cabível no procedimento licitatório em razão do relevante interesse público sobre o particular".
>
> A prova do Ministério Público/MS considerou CORRETA a afirmação: "A licitação destina-se a garantir a observância do princípio constitucional da isonomia e a selecionar a proposta mais vantajosa para a Administração, sendo processada e julgada em estrita observância com os princípios básicos da legalidade, impessoalidade, moralidade, igualdade, publicidade, probidade administrativa, da vinculação ao instrumento convocatório, do julgamento objetivo e dos que são correlatos".

a) **legalidade:** os participantes da licitação têm **direito público subjetivo** à fiel observância do procedimento estabelecido em lei, podendo qualquer cidadão acompanhar o seu desenvolvimento. Assim, a licitação é um **procedimento plenamente formal e vinculado** (art. 4º da Lei n. 8.666/93);

b) **impessoalidade:** obriga a Administração licitante a conduzir com objetividade e imparcialidade o procedimento, a partir das normas editalícias, **impedindo privilégios e desfavorecimentos indevidos** em relação aos licitantes;

c) **moralidade:** impõe à comissão de licitação e aos licitantes a obrigação de obedecer aos padrões éticos, de probidade, lealdade, decoro e boa-fé;

d) **publicidade:** todos os atos que compõem o procedimento licitatório devem ser públicos; e as sessões, realizadas de portas abertas. O princípio da publicidade se desdobra, ainda, na obrigatoriedade de **realização de audiência pública**, antecedendo licitações e envolvendo objetos de grande valor (art. 39 da Lei n. 8.666/93), e no dever de publicação do resumo do **instrumento convocatório** na imprensa (art. 40 da Lei n. 8.666/93). A ampla divulgação dos atos da licitação encontra importante **exceção** no dever de manutenção do **sigilo das propostas**. É o que estabelece o art. 3º, § 3º, da Lei n. 8.666/93: "A licitação não será sigilosa, sendo públicos e acessíveis ao público os atos de seu procedimento, salvo quanto ao conteúdo das propostas, até a respectiva abertura".

> A prova de Analista Judiciário/AM elaborada pela FCC considerou CORRETA a afirmação: "A desclassificação do licitante, motivada pelo não atendimento às exigências constantes no instrumento convocatório do certame, está diretamente relacionada com o princípio da vinculação ao edital".
>
> A prova da Magistratura/PR considerou INCORRETA a assertiva: "A Administração não pode descumprir as normas e condições do edital, ao qual se acha estritamente vinculada, exceto em relação às exigências não previstas em lei, que poderão ser dispensadas após a abertura dos envelopes de habilitação, a fim de conferir maior competitividade ao certame".

7.15 TIPOS DE LICITAÇÃO

Dá-se o nome tipos de licitação para os **diferentes critérios para julgamento das propostas.**

O art. 45 da Lei n. 8.666/93 prevê a existência de quatro tipos de licitação:

a) **menor preço**: quando o critério de seleção da proposta mais vantajosa para a Administração determinar que será vencedor o licitante que apresentar a proposta de acordo com as especificações do edital ou convite e ofertar o menor preço;

b) **melhor técnica**: tipo de licitação utilizado exclusivamente para serviços de **natureza predominantemente intelectual**. Os procedimentos adotados para determinação da melhor proposta são os seguintes (art. 46, § 1º, da Lei n. 8.666/93): 1) serão abertos os envelopes contendo as propostas técnicas exclusivamente dos licitantes previamente qualificados e feitas, então, a avaliação e a classificação dessas propostas de acordo com os critérios pertinentes e adequados ao objeto licitado; 2) uma vez classificadas as propostas técnicas, passa-se à abertura das propostas de preço dos licitantes que tenham atingido a valorização mínima estabelecida no instrumento convocatório, iniciando a negociação, com a proponente mais bem classificada, das condições estabelecidas, tendo como referência o limite representado pela proposta de menor preço entre os licitantes que obtiveram a valorização mínima;

c) **técnica e preço**: utilizado exclusivamente para serviços de **natureza predominantemente intelectual**. O procedimento desse tipo de licitação está definido no art. 46, § 2º, da Lei n. 8.666/93: 1) serão abertos os envelopes contendo as propostas técnicas exclusivamente dos licitantes previamente qualificados e feitas, então, a avaliação e a classificação dessas propostas de acordo com os critérios pertinentes e adequados ao objeto licitado; 2) serão feitas a avaliação e a valorização das propostas de preços; 3) a classificação dos proponentes far-se-á de acordo com a média ponderada das valorizações das propostas técnicas e de preço, de acordo com os pesos preestabelecidos no instrumento convocatório;

d) **maior lance ou oferta**: critério utilizado exclusivamente para a modalidade **leilão**.

Para contratação de **bens e serviços de informática**, a Lei n. 8.666/93 determina a utilização obrigatória do tipo de licitação **técnica e preço**, permitindo o emprego de outro tipo de licitação nos casos indicados em decreto do Poder Executivo (art. 45, § 4º).

> A prova de Analista da CGU elaborada pela Esaf considerou INCORRETA a afirmação: "O tipo de licitação de maior lance ou oferta, previsto na Lei n. 8.666/93, ocorre na aquisição de bens e serviços de informática".

Na modalidade licitatória denominada **concurso**, o critério para julgamento das propostas é o **melhor trabalho** técnico, científico ou artístico (art. 22, § 4º, da Lei n. 8.666/93). Quanto ao pregão, a definição da proposta vencedora é baseada no critério do **menor lance ou oferta** (art. 4º, X, da Lei n. 10.520/2002).

Por fim, a Lei n. 8.666/93 proíbe a utilização de qualquer outro critério para julgamento das propostas (art. 45, § 5º).

7.16 MODALIDADES LICITATÓRIAS

Modalidades licitatórias são os **diferentes ritos** previstos na legislação para o processamento da licitação.

O art. 22 da Lei n. 8.666/93 menciona cinco modalidades: concorrência, tomada de preços, convite, concurso e leilão. A Lei n. 9.472/97 prevê a utilização da consulta exclusivamente para o âmbito da Agência Nacional de Telecomunicações – Anatel (art. 55). E a Lei n. 10.520/2002 disciplina outra modalidade licitatória existente no direito positivo brasileiro: o pregão.

Atualmente, portanto, são **sete as modalidades** licitatórias:

a) **concorrência** (Lei n. 8.666/93);

b) **tomada** de preços (Lei n. 8.666/93);

c) **convite** (Lei n. 8.666/93);

d) **concurso** (Lei n. 8.666/93);

e) **leilão** (Lei n. 8.666/93);

f) **consulta** (Lei n. 9.472/97);

g) **pregão** (Lei n. 10.520/2002).

> A prova de Auditor do INSS elaborada pelo Cespe considerou INCORRETA a afirmação: "Concorrência, tomada de preços, convite, hasta pública e concurso são modalidades de licitação".

O art. 22, § 8º, da Lei n. 8.666/93 proíbe a criação de outras modalidades de licitação ou a **combinação** das existentes. A vedação é dirigida à Administração **Pública**, mas não impede que o legislador crie novas **modalidades.**

> A prova do Ministério Público do TCU elaborada pelo Cespe considerou INCORRETA a afirmação: "Em um mesmo processo licitatório, a Administração Pública pode combinar as várias modalidades de licitação para o fim de atender melhor ao interesse público".

As três primeiras modalidades mencionadas – concorrência, tomada de preços e convite – diferenciam-se basicamente em função **do valor do objeto.** Em 18 de junho de 2018 foi editado o Decreto n. 9.412[7], que alterou as faixas de preços das modalidades licitatórias.

Agora, para **obras e serviços de engenharia**, os novos valores são: a) convite: até R$ 330.000,00 (trezentos e trinta mil reais); b) tomada de preços: até R$ 3.300.000,00 (três milhões e trezentos mil reais); c) concorrência: acima de R$ 3.300.000,00 (três milhões e trezentos mil reais).

Para contratação dos **demais objetos** são utilizadas as seguintes faixas: a) convite: até R$ 176.000,00 (cento e setenta e seis mil reais); b) tomada de

7. Note que a modificação das faixas de preço por meio de decreto presidencial, e não por lei, encontra amparo no art. 120 da Lei n. 8.666/93: "Os valores fixados por esta Lei poderão ser anualmente revistos pelo Poder Executivo Federal, que os fará publicar no *Diário Oficial da União*, observando como limite superior a variação geral dos preços do mercado, no período".

preços: até R$ 1.430.000,00 (um milhão, quatrocentos e trinta mil reais); c) concorrência: acima de R$ 1.430.000,00 (um milhão, quatrocentos e trinta mil reais).

Acesse também a videoaula pelo link:
http://somos.in/MDA1122

Em relação aos valores de contratação, algumas considerações são importantes:

1) se houver **fracionamento do objeto**, cada parte deverá ser licitada utilizando a modalidade cabível para o valor integral (art. 23, § 2º, da Lei n. 8.666/93). Essa regra impede que a divisão do objeto funcione como mecanismo de fuga da modalidade correta;

2) é sempre possível **utilizar modalidade mais rigorosa** do que a prevista na legislação diante do valor do objeto. Assim, por exemplo, se o serviço de engenharia tiver o valor integral de R$ 500.000,00 (quinhentos mil reais), caindo na faixa da tomada de preços, é possível substituir esta modalidade pela concorrência, mas não pelo convite. Esse é o sentido do art. 23, § 4º, da Lei n. 8.666/93: **"Nos casos em que couber convite, a Administração poderá utilizar a tomada de preços e, em qualquer caso, a concorrência"**;

A 83ª prova do MP/SP considerou INCORRETA a assertiva: "Nos casos em que a modalidade de licitação cabível seja convite, é vedado à Administração utilizar a tomada de preços".

3) admite-se que o legislador estadual ou municipal, no exercício de sua competência para criar normas específicas sobre o tema, determine a adoção da concorrência como única modalidade licitatória permitida na respectiva esfera federativa;

4) para contratação de objetos com valor de até 10% da faixa máxima do convite, a realização da licitação não é obrigatória. Assim, para obras e serviços de engenharia de até R$ 33.000,00 (trinta e três mil reais) e, nos demais casos, para objetos de até R$ 17.600,00 (dezessete mil e seiscentos reais), a contratação pode ser direta por **dispensa de licitação** (art. 24, I, da Lei n. 8.666/93).

ATENÇÃO: recente alteração na Lei n. 8.666/93 acrescentou o § 8º ao art. 23, determinando que, no caso de **consórcios públicos** formados por até três entes da Federação, aplica-se **o dobro dos valores** utilizados para definir as faixas de preço das modalidades licitatórias, **e o triplo**, quando formados por maior número.

7.16.1 Concorrência

Concorrência é a modalidade de licitação entre **quaisquer interessados** que, na fase inicial de habilitação preliminar, comprovem possuir os requisitos mínimos de qualificação exigidos no edital para execução de seu objeto, bem como garantia de **ampla publicidade** (art. 22, § 1º, da Lei n. 8.666/93).

> A prova de Técnico Judiciário do TRT/Campinas elaborada pela FCC considerou CORRETA a assertiva: "Concorrência é a modalidade de licitação entre quaisquer interessados que, na fase inicial de habilitação preliminar, comprovem possuir os requisitos mínimos de qualificação exigidos no edital para execução de seu objeto".

É utilizada para objetos de **grande vulto econômico**, sendo obrigatória, no caso de obras e serviços de engenharia, com valor acima de R$ 3.300.000,00 (três milhões e trezentos mil reais). Em relação aos demais objetos, o uso da concorrência é obrigatório para contratações de valor superior a R$ 1.430.000,00 (um milhão, quatrocentos e trinta mil reais). A circunstância de envolver valores elevados explica o fato de a concorrência ser a **modalidade formalmente mais rigorosa**.

Na concorrência, o **intervalo mínimo** entre a publicação do edital e a entrega de envelopes é de **quarenta e cinco dias corridos**, para os tipos de licitação melhor técnica ou técnica e preço, **ou trinta dias corridos**, para o tipo menor preço.

Independentemente do valor da contratação, a **concorrência é obrigatória** nos seguintes casos:

1) compras e **alienações de imóveis**;

> A 177ª prova da Magistratura/SP considerou CORRETA a assertiva: "A modalidade de licitação necessária para a alienação de bens imóveis é a concorrência pública".

2) concessões de **direito real de uso**;
3) licitações **internacionais**;
4) contratos de empreitada integral;
5) concessões de serviço público;
6) registro de preços.

7.16.2 Tomada de preços

É a modalidade entre **interessados devidamente cadastrados** ou que atendam às condições do edital até três dias antes da data do recebimento das **propostas**, observada a necessária **qualificação** (art. 22, § 2º, da Lei n. 8.666/93). Se o pedido de cadastramento for indeferido, cabe recurso no prazo de cinco dias.

> A prova de Fiscal do INSS elaborada pelo Cespe considerou INCORRETA a afirmação: "A tomada de preços é modalidade de licitação em que somente poderão participar oferecendo propostas as pessoas cadastradas no órgão ou entidade licitante antes da publicação do edital".

A tomada de preços é empregada para contratação de **objetos de vulto intermediário**: até R$ 3.300.000,00 (três milhões e trezentos mil reais), para obras e serviços de engenharia, e de até R$ 1.430.000,00 (um milhão, quatrocentos e trinta mil reais), para os demais objetos.

O **intervalo mínimo** entre o edital e a entrega de envelopes é de **trinta dias corridos** (melhor técnica ou técnica e preço) e **quinze dias corridos** (menor preço).

7.16.3 Convite

É a modalidade de licitação entre interessados do ramo pertinente ao seu objeto, cadastrados ou não, escolhidos e **convidados em número mínimo de três** pela unidade administrativa, a qual afixará, em local apropriado, cópia do instrumento convocatório e o estenderá aos **demais cadastrados** na correspondente especialidade que manifestarem seu interesse com antecedência de até vinte e quatro horas da apresentação das propostas (art. 22, § 3º, da Lei n. 8.666/93).

> Baseada no art. 22, § 7º, da Lei n. 8.666/93, a prova da Magistratura/PR considerou CORRETA a assertiva: "O comparecimento de apenas um licitante à licitação realizada na modalidade convite, relativa a objeto em que há limitações do mercado ou manifesto desinteresse dos convidados, devidamente justificados no processo, não constitui causa para a invalidação do procedimento licitatório".
>
> A prova de Fiscal do INSS elaborada pelo Cespe considerou CORRETA a afirmação: "Ainda que não tenha sido convidada, a empresa previamente cadastrada poderá apresentar proposta na licitação, na modalidade convite".

O convite é utilizado para **objetos de pequeno vulto** econômico: até R$ 330.000,00 (trezentos e trinta mil reais), para obras e serviços de **engenharia**; e até R$ 176.000,00 (cento e setenta e seis mil reais), para os demais objetos.

No convite, **não existe edital**. O instrumento convocatório dessa modalidade de licitação é denominado **carta-convite**.

O **intervalo mínimo** entre a expedição da carta-convite e a entrega de envelopes é de **cinco dias úteis**.

7.16.4 Concurso

Concurso é a modalidade de licitação entre quaisquer interessados para escolha de **trabalho técnico, científico ou artístico**, mediante a instituição de prêmios ou remuneração aos vencedores, conforme critérios constantes de **edital** (art. 22, § 4º, da Lei n. 8.666/93). Exemplos: concurso de projetos arquitetônicos de revitalização do centro da cidade; concurso de redações entre alunos da rede pública de ensino sobre os 500 anos do descobrimento do Brasil.

> A prova de Técnico Judiciário do TRT/Campinas elaborada pela FCC considerou CORRETA a assertiva: "Concurso é a modalidade de licitação entre quaisquer interessados para escolha de trabalho técnico, científico ou artístico, mediante a instituição de prêmios ou remuneração aos vencedores, conforme critérios constantes de edital publicado na imprensa oficial com antecedência mínima de 45 (quarenta e cinco) dias".

É fundamental **não confundir** essa modalidade de licitação com o **concurso para provimento de cargo**, que também é um procedimento administrativo seletivo, mas sem natureza licitatória.

> A 38ª Prova para Titular de Cartório/RJ considerou INCORRETA a assertiva: "Concurso é a modalidade de licitação entre pessoas com qualidade específica comprovada para ingresso em cargos da Administração".

Outra característica diferencial do concurso é que constitui a única modalidade de licitação em que **a comissão especial não precisa ser composta por agentes públicos**, admitida a participação de técnicos e especialistas habilitados a julgar os concorrentes, ainda que não pertencentes aos quadros da Administração Pública. É o que prescreve o art. 51, § 5º, da Lei n. 8.666/93: "No caso de concurso, o julgamento será feito por uma comissão especial integrada por **pessoas de reputação ilibada** e reconhecido **conhecimento da matéria** em exame, servidores públicos ou não".

No concurso, o **intervalo mínimo** entre a publicação do instrumento convocatório e a entrega dos envelopes é de **quarenta e cinco dias corridos.**

O prêmio pode ser em dinheiro ou alguma outra espécie, como uma viagem, por exemplo.

7.16.5 Leilão

Nos termos do art. 22, § 5º, da Lei n. 8.666/93, leilão é a modalidade de licitação **entre quaisquer interessados** para a **venda de bens** móveis inservíveis para a administração ou de produtos legalmente apreendidos ou penhorados, ou para a alienação de bens imóveis oriundos de procedimentos judiciais ou dação em pagamento, a quem oferecer o maior lance, igual ou superior ao **valor da avaliação**.

> A prova de Técnico Judiciário do TRT/Campinas elaborada pela FCC considerou CORRETA a assertiva: "Leilão é a modalidade de licitação entre quaisquer interessados para a venda de bens móveis inservíveis para a Administração ou de produtos legalmente apreendidos ou penhorados, ou para a alienação de bens imóveis prevista no art. 19, a quem oferecer o maior lance, igual ou superior ao valor da avaliação".

Em síntese, o leilão é utilizado para **venda de bens:**

1) **móveis inservíveis;**

2) **móveis de valor módico;**

3) **imóveis oriundos de procedimentos judiciais ou dação**, caso em que a Administração pode optar entre leilão e concorrência.

O **intervalo mínimo** entre o instrumento convocatório e a entrega dos envelopes é de **quinze dias corridos.**

O critério para julgamento da melhor proposta é o do **maior lance ou oferta.**

7.16.6 Consulta

Consulta surgiu como modalidade de licitação **exclusiva da** Agência Nacional de Telecomunicações – **Anatel**.

> A prova de Analista do Ministério Público Federal elaborada pela Esaf considerou CORRETA a afirmação: "A legislação das agências reguladoras estabeleceu a possibilidade de se utilizar, para aquisição de bens e contratação de serviços por essas entidades, uma modalidade especial de licitação, prevista tão somente para essa categoria organizacional, denominada consulta".

Importante registrar, entretanto, que o art. 37 da Lei n. 9.986/2000 **estendeu a modalidade consulta para aquisição de bens e serviços por todas as agências reguladoras.**

Segundo o disposto no art. 55 da Lei n. 9.472/97, a consulta será realizada mediante procedimentos próprios determinados por atos normativos expedidos pela agência, **vedada sua utilização para contratação de obras e serviços de engenharia.**

7.16.7 Pregão

Criado pela Lei n. 10.520/2002, resultante da conversão em lei da MP n. 2.182-18/2001, o pregão é a modalidade de licitação válida para **todas as esferas federativas** e utilizada para contratação de **bens e serviços comuns.**

> A prova de Procurador do Estado/MA 2003 considerou CORRETA a afirmação: "Suponha que determinada lei estadual venha estabelecer regra pela qual o Estado pode adotar a modalidade de pregão, conforme regulamento específico, para compras de bens comuns, quando efetuadas pelo sistema de registro de preços. Tal regra é compatível com as normas gerais de licitação editadas pela União".

Nos termos do art. 1º, parágrafo único, da Lei n. 10.520/2002, consideram-se bens e serviços comuns, independentemente de valor, **aqueles cujos padrões de desempenho e qualidade possam ser objetivamente definidos pelo edital, por meio de especificações usuais no mercado.**

> A prova de Gestor Governamental do Ministério do Planejamento 2008 elaborada pela Esaf considerou CORRETA a afirmação: "Pregão é a modalidade de licitação utilizada para aquisição de bens e serviços cujos padrões de desempenho possam ser objetivamente definidos pelo edital, por meio das especificações usuais no mercado".

Como a utilização da concorrência leva em consideração basicamente o valor do objeto e, no pregão, importa sobretudo a natureza daquilo que será contratado, é comum comparar as duas modalidades afirmando: na **concorrência**, interessa a **quantidade do objeto, independentemente da qualidade**; enquanto, no **pregão**, importa a **qualidade, independentemente da quantidade.**

Em princípio, o uso do **pregão é opcional**, podendo sempre a Administração optar pelo emprego de outra modalidade licitatória apropriada em função do valor do objeto. Entretanto, o art. 4º do Decreto n. 5.450/2005 tornou **obrigatório** o uso do pregão **para o âmbito federal**, devendo ser adotada **preferencialmente a modalidade eletrônica**. Assim, o uso do pregão presencial na esfera federal somente será permitido mediante justificativa expressa da autoridade competente.

> A prova de Gestor Governamental do Ministério do Planejamento 2008 elaborada pela Esaf considerou CORRETA a afirmação: "Entre as modalidades de licitação para compra de bens e serviços, destacam-se: concorrência, tomada de preços, pregão e convite".

No pregão, o **intervalo mínimo** entre a publicação do instrumento convocatório e o envio de propostas é de **oito dias úteis.**

A **característica fundamental** do procedimento do pregão é a **inversão nas fases naturais** da licitação. Isso porque, como visto nas regras acima transcritas, **o julgamento das propostas antecede a habilitação dos licitantes.**

Essa inversão relaciona-se com o objetivo essencial do pregão: propiciar economia de tempo e de dinheiro para o Poder Público. Assim, após a fase dos **lances verbais decrescentes**, analisa-se a documentação somente de quem ofertou o **menor lance**, devolvendo-se, fechados, os envelopes com documentos de habilitação dos demais licitantes.

> A prova de Auditor do TC/PI considerou CORRETA a afirmação: "A experiência das Administrações, em processos de licitação, tem demonstrado que o uso da modalidade pregão gera significativa economia para os cofres públicos. É elemento que concorre para explicar esse fato a possibilidade de os licitantes, ou parte deles, alterarem o valor de suas propostas após a abertura dos respectivos envelopes".

Importante frisar que a referida inversão de fases agora também é permitida nas concorrências que antecedem a concessão de serviços públicos e nas que precedem parcerias público-privadas.

Além disso, ao contrário do que ocorre com as demais modalidades, no pregão a **homologação é realizada após a adjudicação.**

Portanto, as etapas do pregão são: a) instrumento convocatório; b) julgamento (classificação); c) habilitação; d) adjudicação; e) homologação.

7.16.7.1 Bens e objetos comuns

O Decreto n. 3.555/2000, com redação dada pelo Decreto n. 3.784/2001, estabeleceu para o âmbito da União um **rol taxativo** dos bens e serviços que podem ser contratados mediante pregão:

"BENS COMUNS

1. Bens de Consumo

1.1. Água mineral

1.2. Combustível e lubrificante

1.3. Gás

1.4. Gênero alimentício

1.5. Material de expediente

1.6. Material hospitalar, médico e de laboratório

1.7. Medicamentos, drogas e insumos farmacêuticos

1.8. Material de limpeza e conservação

1.9. Oxigênio

1.10. Uniforme

2. Bens Permanentes

2.1. Mobiliário

2.2. Equipamentos em geral, exceto bens de informática

2.3. Utensílios de uso geral, exceto bens de informática

2.4. Veículos automotivos em geral

2.5. Microcomputador de mesa ou portátil (*notebook*), monitor de vídeo e impressora

SERVIÇOS COMUNS

1. Serviços de Apoio Administrativo

2. Serviços de Apoio à Atividade de Informática

2.1. Digitação

2.2. Manutenção

3. Serviços de Assinaturas

3.1. Jornal

3.2. Periódico

3.3. Revista

3.4. Televisão via satélite

3.5. Televisão a cabo

4. Serviços de Assistência

4.1. Hospitalar

4.2. Médica

4.3. Odontológica

5. Serviços de Atividades Auxiliares

5.1. Ascensorista

5.2. Auxiliar de escritório

5.3. Copeiro

5.4. Garçom

5.5. Jardineiro

5.6. Mensageiro

5.7. Motorista

5.8. Secretária

5.9. Telefonista

6. Serviços de Confecção de Uniformes
7. Serviços de Copeiragem
8. Serviços de Eventos
9. Serviços de Filmagem
10. Serviços de Fotografia
11. Serviços de Gás Natural
12. Serviços de Gás Liquefeito de Petróleo
13. Serviços Gráficos
14. Serviços de Hotelaria
15. Serviços de Jardinagem
16. Serviços de Lavanderia
17. Serviços de Limpeza e Conservação
18. Serviços de Locação de Bens Móveis
19. Serviços de Manutenção de Bens Imóveis
20. Serviços de Manutenção de Bens Móveis
21. Serviços de Remoção de Bens Móveis
22. Serviços de Microfilmagem
23. Serviços de Reprografia
24. Serviços de Seguro-Saúde
25. Serviços de Degravação
26. Serviços de Tradução
27. Serviços de Telecomunicações de Dados
28. Serviços de Telecomunicações de Imagem
29. Serviços de Telecomunicações de Voz
30. Serviços de Telefonia Fixa
31. Serviços de Telefonia Móvel
32. Serviços de Transporte
33. Serviços de Vale-Refeição
34. Serviços de Vigilância e Segurança Ostensiva
35. Serviços de Fornecimento de Energia Elétrica
36. Serviços de Apoio Marítimo
37. Serviço de Aperfeiçoamento, Capacitação e Treinamento
38. Serviços topográficos".

> ATENÇÃO: após sucessivas alterações, o Decreto n. 3.555/2000 foi mais uma vez modificado pelo **Decreto n. 7.174**, de 12 de maio de 2010, que **revogou a lista de bens e serviços comuns** para fins de utilização do pregão no âmbito federal. Assim, a situação atual é que a Administração Pública federal tem discricionariedade para decidir, diante do caso concreto, o que pode ser considerado objeto comum e licitado via pregão. O Decreto n. 7.174/2010 disciplina também as contratações de bens e serviços de informática e automação pelos órgãos e entidades da Administração federal, **eliminando a antiga proibição de uso do pregão para licitar bens e serviços de informática e automação**.

7.16.7.2 Hipóteses de vedação

Sendo taxativo o rol estabelecido pelo Decreto n. 3.555/2000, entende-se vedado, no âmbito federal, o uso do pregão para contratação de bens e serviços não indicados na referida lista.

Interpretando sistematicamente o conjunto de leis sobre licitação, conclui-se ser **proibido o uso do pregão, para todas as esferas federativas**, quando se tratar de:

a) contratação de **obras e serviços de engenharia**;

b) **locações imobiliárias**;

c) **alienações** em geral.

7.16.7.3 Modalidades

O art. 2º da Lei n. 10.520/2002 prevê duas modalidades de pregão: o convencional (presencial) e o eletrônico.

O **pregão eletrônico** é aquele realizado **com apoio da internet**, estando regulamentado pelo Decreto n. 5.450/2005. De acordo com o art. 4º do decreto, deve-se observar o **uso preferencial do pregão eletrônico**. A autoridade deverá justificar a opção pelo pregão presencial se o eletrônico for inviável.

7.16.7.4 Procedimento do pregão

Os arts. 3º e 4º da Lei n. 10.520/2002 dividem o procedimento do pregão em **fase preparatória** e **fase externa**.

A **fase preparatória** observará as seguintes regras (art. 3º):

"I – a autoridade competente justificará a necessidade de contratação e definirá o objeto do certame, as exigências de habilitação, os critérios de aceitação das propostas, as sanções por inadimplemento e as cláusulas do contrato, inclusive com fixação dos prazos para fornecimento;

II – a definição do objeto deverá ser precisa, suficiente e clara, vedadas especificações que, por excessivas, irrelevantes ou desnecessárias, limitem a competição;

III – dos autos do procedimento constarão a justificativa das definições referidas no inciso I deste artigo e os indispensáveis elementos técnicos sobre os quais estiverem apoiados, bem como o orçamento, elaborado pelo órgão ou entidade promotora da licitação, dos bens ou serviços a serem licitados; e

IV – a autoridade competente designará, dentre os servidores do órgão ou entidade promotora da licitação, o pregoeiro e respectiva equipe de apoio, cuja atribuição inclui, dentre outras, o recebimento das propostas e lances, a análise de sua aceitabilidade e sua classificação, bem como a habilitação e a adjudicação do objeto do certame ao licitante vencedor".

Pelo disposto no § 1º do art. 3º, a **equipe de apoio** deverá ser integrada em sua **maioria** por **servidores ocupantes de cargo efetivo** ou **emprego da administração**, preferencialmente pertencentes ao quadro permanente do órgão ou entidade promotora do evento.

Já a **fase externa** do pregão será iniciada com a convocação dos interessados e observará as seguintes regras (art. 4º):

"I – a convocação dos interessados será efetuada por meio de publicação de aviso em diário oficial do respectivo ente federado ou, não existindo, em jornal de circulação local, e facultativamente, por meios eletrônicos e conforme o vulto da licitação, em jornal de grande circulação, nos termos do regulamento;

II – do aviso constarão a definição do objeto da licitação, a indicação do local, dias e horários em que poderá ser lida ou obtida a **íntegra do edital**;

A prova de Analista Judiciário do TRT/SP 2008 considerou CORRETA a afirmação: "Do aviso para convocação dos interessados constarão a definição do objeto da licitação, a indicação do local, dias e horários em que poderá ser lida ou obtida a íntegra do edital".

III – do edital constarão o objeto do certame, as exigências de habilitação, os critérios de aceitação da proposta, as sanções, as cláusulas dos contratos, as normas que disciplinarem o procedimento e a minuta do contrato, quando for o caso;

IV – cópias do edital e do respectivo aviso serão colocadas à disposição de qualquer pessoa para consulta e **divulgadas**;

A prova de Analista Judiciário do TRT/MA 2009 considerou CORRETA a afirmação: "Na esfera federal, a fase externa do pregão presencial será iniciada com a convocação dos interessados e observará, dentre outras, à seguinte regra: cópias do edital e do respectivo aviso serão colocadas à disposição de qualquer pessoa para consulta e divulgadas na internet na *homepage* do Tribunal de Contas da União".

V – o prazo fixado para a apresentação das propostas, contado a partir da publicação do aviso, não será inferior a 8 (oito) dias úteis;

VI – no dia, hora e local designados, será realizada sessão pública para recebimento das propostas, devendo o interessado, ou seu representante, identificar-se e, se for o caso, comprovar a existência dos necessários poderes para formulação de propostas e para a prática de todos os demais atos inerentes ao certame;

VII – aberta a sessão, os interessados ou seus representantes, apresentarão declaração dando ciência de que cumprem plenamente os requisitos de habilitação e entregarão os envelopes contendo a indicação do objeto e do preço oferecidos, procedendo-se à sua imediata abertura e à verificação da conformidade das propostas com os requisitos estabelecidos no instrumento **convocatório**;

> A prova de Analista Judiciário do TRT/SP 2008 considerou CORRETA a afirmação: "Aberta a sessão, os interessados ou seus representantes, apresentarão declaração dando ciência de que cumprem plenamente os requisitos de habilitação e entregarão os envelopes contendo a indicação do objeto e do preço oferecidos".

VIII – no curso da sessão, o autor da oferta de valor mais baixo e os das ofertas com preços até 10% (dez por cento) superiores àquela poderão fazer novos lances verbais e sucessivos, até a **proclamação do vencedor**;

> A prova de Analista Judiciário do TRT/SP 2008 considerou CORRETA a afirmação: "No curso da sessão, o autor da oferta de valor mais baixo e os das ofertas com preços até 10% superiores àquela poderão fazer novos lances verbais e sucessivos, até a proclamação do vencedor".

IX – não havendo pelo menos 3 (três) ofertas nas condições definidas no inciso anterior, poderão os autores das melhores propostas, até o máximo de 3 (três), oferecer novos lances verbais e sucessivos, quaisquer que sejam os **preços oferecidos**;

> A prova de Analista Judiciário do TRT/GO 2008 considerou CORRETA a afirmação: "Na sessão pública para recebimento das propostas do pregão eletrônico, o autor da oferta de valor mais baixo e os das ofertas com preços até 10% (dez por cento) superiores àquela poderão fazer novos lances verbais e sucessivos, até a proclamação do vencedor. Não havendo pelo menos três ofertas nestas condições, poderão os autores das melhores propostas, até o máximo de três, oferecer novos lances verbais e sucessivos, quaisquer que sejam os preços oferecidos".

X – para julgamento e classificação das propostas, será adotado o critério de menor preço, observados os prazos máximos para fornecimento, as especificações técnicas e parâmetros mínimos de desempenho e qualidade definidos no edital;

XI – examinada a proposta classificada em primeiro lugar, quanto ao objeto e valor, caberá ao pregoeiro decidir motivadamente a respeito da sua **aceitabilidade**;

> A prova de Analista Judiciário do TRT/SP 2008 considerou CORRETA a afirmação: "Examinada a proposta classificada em primeiro lugar, quanto ao objeto e valor, caberá ao pregoeiro decidir motivadamente a respeito da sua aceitabilidade".

XII – encerrada a etapa competitiva e ordenadas as ofertas, o pregoeiro procederá à abertura do invólucro contendo os documentos de habilitação do licitante que apresentou a melhor proposta, para verificação do atendimento das condições fixadas no edital;

XIII – a habilitação far-se-á com a verificação de que o licitante está em situação regular perante a Fazenda Nacional, a Seguridade Social e o Fundo de Garantia do Tempo de Serviço – FGTS, e as Fazendas Estaduais e Municipais, quando for o caso, com a comprovação de que atende às exigências do **edital** quanto à habilitação jurídica e qualificações técnica e econômico-financeira;

> A prova de Analista Judiciário do TRT/SP 2008 considerou CORRETA a afirmação: "De conformidade com a Lei do Pregão é vedada a exigência de aquisição do edital pelos licitantes, como condição para participação no certame".

XIV – os licitantes poderão deixar de apresentar os documentos de habilitação que já constem do Sistema de Cadastramento Unificado de Fornecedores – Sicaf e sistemas semelhantes mantidos por Estados, Distrito Federal ou Municípios, assegurado aos demais licitantes o direito de acesso aos dados nele constantes;

XV – verificado o atendimento das exigências fixadas no edital, o licitante será declarado vencedor;

XVI – se a oferta não for aceitável ou se o licitante desatender às exigências habilitatórias, o pregoeiro examinará as ofertas subsequentes e a qualificação dos licitantes, na ordem de classificação, e assim sucessivamente, até a apuração de uma que atenda ao edital, sendo o respectivo licitante declarado vencedor;

XVII – nas situações previstas nos itens XI e XVI, o pregoeiro poderá negociar diretamente com o proponente para que seja obtido preço melhor;

XVIII – declarado o vencedor, qualquer licitante poderá manifestar imediata e motivadamente a intenção de recorrer, quando lhe será concedido o prazo de 3 (três) dias para apresentação das razões do recurso, ficando os demais licitantes desde logo intimados para apresentar contrarrazões em igual número de dias, que começarão a correr do término do prazo do recorrente, sendo-lhes assegurada vista imediata dos autos;

XIX – o acolhimento de recurso importará a invalidação apenas dos atos insuscetíveis de aproveitamento;

XX – a falta de manifestação imediata e motivada do licitante importará a decadência do direito de recurso e a adjudicação do objeto da licitação pelo pregoeiro ao vencedor;

XXI – decididos os recursos, a autoridade competente fará a adjudicação do objeto da licitação ao licitante vencedor;

XXII – homologada a licitação pela autoridade competente, o adjudicatário será convocado para assinar o contrato no prazo definido em edital; e

XXIII – se o licitante vencedor, convocado dentro do **prazo de validade** da sua proposta, não celebrar o contrato, aplicar-se-á o disposto no item XVI".

> A prova de Técnico Judiciário do TRT/Campinas 2009 considerou CORRETA a afirmação: "O prazo de validade das propostas no pregão presencial, se outro não for fixado no edital, é de sessenta dias".

7.16.8 Quadro comparativo entre as modalidades

É conveniente realizar a comparação entre as sete modalidades licitatórias atualmente existentes no **Direito brasileiro**.

> A prova de Titular de Cartório/ES considerou CORRETA a afirmação: "São modalidades de licitação concorrência, tomada de preços, convite, concurso, leilão e pregão".

Quadro comparativo entre as diferentes modalidades licitatórias

	Concorrência	Tomada de preços	Convite	Concurso	Leilão	Consulta	Pregão
Cabimento	Modalidade de licitação entre **quaisquer interessados** que, na fase inicial de habilitação preliminar, comprovem possuir os requisitos mínimos de qualificação exigidos no edital para execução de seu objeto e garantia de ampla publicidade. Obrigatória para objetos de **grande vulto econômico** (acima de R$ 3.300.000,00 para obras e serviços de engenharia. Acima de R$ 1.430.000,00 para demais objetos).	Modalidade entre **interessados devidamente cadastrados** ou que atendem às condições do edital até 3 dias antes da data do recebimento das propostas, observada a necessária qualificação. Utilizada para objetos **de vulto intermediário** (até R$ 3.300.000,00 para obras e serviços de engenharia. Até R$ 1.430.000,00 para demais objetos).	Modalidade de licitação entre interessados do ramo pertinente ao seu objeto, cadastrados ou não, **escolhidos e convidados em número mínimo de três** pela unidade administrativa, a qual afixará, em local apropriado, cópia do instrumento convocatório e o estenderá aos demais cadastrados na correspondente especialidade que manifestarem seu interesse com antecedência de até 24 horas da apresentação das propostas. Utilizada para **objetos de pequeno vulto econômico** (até R$ 330.000,00 para obras e serviços de engenharia. Até R$ 176.000,00 para demais objetos).	Modalidade de licitação entre quaisquer interessados para escolha de trabalho técnico, científico ou artístico, mediante a instituição de prêmios ou remuneração aos vencedores, conforme critérios constantes de edital.	Modalidade de licitação entre quaisquer interessados para a venda de bens móveis inservíveis para a administração ou de produtos legalmente apreendidos ou penhorados, ou para a alienação de bens imóveis oriundos de procedimentos judiciais ou dação em pagamento, a quem oferecer o maior lance, igual ou superior ao valor da avaliação.	Modalidade de licitação exclusiva das agências reguladoras.	modalidade de licitação válida para todas as esferas federativas e utilizada para contratação de bens e serviços comuns

Quadro comparativo entre as diferentes modalidades licitatórias

	Concorrência	Tomada de preços	Convite	Concurso	Leilão	Consulta	Pregão
Base legal	Lei n. 8.666/93	Lei n. 8.666/93	Lei n. 8.666/93	Lei n. 8.666/93	Lei n. 8.666/93	Lei n. 9.472/97	Lei n. 10.520/2002
Aberta	a quaisquer interessados que, na fase inicial de habilitação preliminar, comprovem possuir os requisitos mínimos de qualificação exigidos no edital.	entre interessados devidamente cadastrados ou que atendem às condições do edital até 3 dias antes da data do recebimento das propostas.	entre interessados do ramo pertinente ao seu objeto, cadastrados ou não, escolhidos e convidados em número mínimo de três.	a quaisquer interessados.	a quaisquer interessados.	a quaisquer interessados.	a quaisquer interessados
Intervalo mínimo entre instrumento convocatório e entrega de envelopes	45 dias corridos (nos tipos de licitação melhor técnica ou técnica e preço) ou 30 dias corridos (menor preço)	30 dias corridos (melhor técnica ou técnica e preço) e 15 dias corridos (menor preço).	5 dias úteis	45 dias corridos.	15 dias corridos.	sem previsão.	8 dias úteis

7.16.9 Licitação de serviços de publicidade prestados por intermédio de agências de propaganda (Lei n. 12.232/2010)

A novíssima Lei n. 12.232, publicada em 29 de abril de 2010, estabelece **normas gerais sobre licitações** e contratações pela Administração Pública de **serviços de publicidade prestados necessariamente por intermédio de agências de propaganda**, no âmbito da União, dos Estados, do Distrito Federal e dos Municípios (art. 1º).

O art. 2º conceitua serviços de publicidade como "o conjunto de atividades realizadas integradamente que tenham por objetivo o estudo, o planejamento, a conceituação, a concepção, a criação, a execução interna, a intermediação e a supervisão da execução externa e a distribuição de publicidade aos veículos e demais meios de divulgação, com o objetivo de promover a venda de bens ou serviços de qualquer natureza, difundir ideias ou informar o público em geral".

Fica **vedada a inclusão**, no conceito de contrato de publicidade, das atividades de **assessoria de imprensa, comunicação** e **relações públicas** ou as que tenham por finalidade a realização de **eventos festivos** de qualquer natureza, as quais serão contratadas por meio de procedimentos licitatórios próprios (art. 2º, § 2º).

Estranhamente, a Lei n. 12.232/2010 faculta que a Administração, mediante justificativa no processo de licitação, realize a **adjudicação do objeto a mais de uma agência de propaganda**. Essa "multiadjudicação" é promovida para, em seguida, permitir que o órgão ou entidade contratante institua procedimento de seleção interna entre as contratadas (art. 2º, § 4º). Trata-se de uma **licitação dentro da licitação**, procedimento visivelmente inconstitucional por violação do princípio da isonomia e do próprio dever de licitar (arts. 5º e 37, XXI, da CF).

O rito licitatório especial definido pela Lei n. 12.232/2010 deve obrigatoriamente observar os critérios de **"melhor técnica"** ou **"técnica e preço"**.

Assim como ocorre com o procedimento do pregão, a licitação para contratação dos serviços de publicidade também utiliza a **inversão das fases naturais do certame**, à medida que o **julgamento das propostas** antecede a fase de habilitação (art. 11, X e XI, da Lei n. 12.232/2010).

> A prova de Analista Judiciário do TRT/MS elaborada pela FCC considerou CORRETA a afirmação: "O pregão é modalidade de licitação em que a habitação do vencedor ocorre após a classificação das propostas".

7.17 REGISTRO DE PREÇOS

Previsto no art. 15 da Lei n. 8.666/93, regulamentada pelo Decreto n. 7.892/2013, o registro de preços é um sistema utilizado para **compras, obras ou serviços rotineiros** no qual, ao invés de fazer várias licitações, o Poder Público realiza uma **concorrência**, e a **proposta vencedora fica registrada**, estando disponível quando houver necessidade de contratação pela Administração.

A proposta vencedora fica à disposição da Administração para, quando desejar contratar, utilizar o cadastro quantas vezes forem necessárias.

Mesmo após a efetivação do registro de preços, o Poder Público não é obrigado a contratar com o ofertante registrado, mas ele terá preferência na contratação em igualdade de condições (art. 15, § 4º). Da leitura da ressalva constante na parte final do dispositivo transcrito, depreende-se ser obrigatória prévia pesquisa de preços de mercado, sempre que um órgão público pretenda contratar o objeto do registro de preços.

A Lei n. 8.666/93 estabelece algumas **condições** para a manutenção do sistema de registro de preços:

a) utilização de **concorrência pública**, exceto quando couber o pregão;

> A prova de Assessor Jurídico do TCE/PI considerou CORRETA a afirmação: "Determinado órgão da Administração Pública federal, para aplicar o sistema de registro de preços, realiza seleção mediante tomada de preços, comunicando aos interessados a especificação completa dos bens a serem adquiridos, inclusive preferência por fabricante e marca, e informando que o registro terá validade de dois anos. Nessa situação, o órgão público desrespeitou a Lei n. 8.666/93 apenas no tocante à modalidade de licitação empregada".

b) deve haver **sistema de controle e atualização dos preços**;

c) a validade do registro **não pode superar um ano**;

d) os registros **devem ser publicados trimestralmente** na imprensa oficial.

Nos termos do art. 9º, §§ 1º a 4º do Decreto n. 7.892/2013, devem ser observadas as seguintes regras quanto ao processamento do registro de preços:

a) O edital poderá admitir, como critério de julgamento, o menor preço aferido pela oferta de desconto sobre tabela de preços praticados no mercado, desde que **tecnicamente justificado**;

> A prova de Analista do TRT24 elaborada pela FCC em 2017 considerou CORRETA a afirmação: "O edital no registro de preço poderá admitir, como critério de julgamento, o menor preço aferido pela oferta de desconto sobre tabela de preços praticados no mercado, desde que tecnicamente justificado".

b) Quando o edital previr o fornecimento de bens ou prestação de serviços em locais diferentes, é facultada a exigência de apresentação de proposta diferenciada por região, de modo que aos preços sejam acrescidos custos variáveis por região;

c) A estimativa de quantidade a ser adquirida pelo órgão gerenciador e órgãos participantes não será considerada para fins de qualificação técnica e qualificação econômico-financeira na habilitação do licitante;

d) O exame e a aprovação das minutas do instrumento convocatório e do contrato serão efetuados exclusivamente pela assessoria jurídica do órgão **gerenciador**.

> A prova de Analista do TRT24 elaborada pela FCC em 2017 considerou CORRETA a afirmação: "No registro de preço, o exame e a aprovação das minutas do instrumento convocatório e do contrato serão efetuados exclusivamente pela assessoria jurídica do órgão gerenciador".

7.17.1 Carona em registro de preços

Denomina-se "carona" a utilização, por uma pessoa jurídica ou órgão público, do registro de preço realizado por outra entidade estatal. A vantagem é que o caroneiro poderá celebrar o contrato de imediato sem necessidade de refazer a licitação.

A prática da carona é **expressamente autorizada**, em âmbito federal, pelo art. 22 do Decreto n. 7.892/2013: "Desde que devidamente justificada a vantagem, a ata de registro de preços, durante sua vigência, poderá ser utilizada por qualquer órgão ou entidade da administração pública federal que não tenha participado do certame licitatório, mediante anuência do órgão gerenciador". Entretanto, o § 3º do art. 22 estabelece um importante **limite quantitativo** ao procedimento: "As aquisições ou contratações adicionais a que se refere este artigo não poderão exceder, por órgão ou entidade, a cem por cento dos quantitativos dos itens do instrumento convocatório e registrados na ata de registro de preços para o órgão gerenciador e órgãos participantes".

O instrumento convocatório deverá prever que o quantitativo decorrente das adesões à ata de registro de preços **não poderá exceder, na totalidade, ao quíntuplo do quantitativo de cada item registrado** na ata de registro de preços para o órgão gerenciador e órgãos participantes, independentemente do número de órgãos não participantes que aderirem (art. 22, § 4º, do Decreto n. 7.892/2013).

Os Tribunais de Contas Estaduais também admitem o uso da carona, desde que haja uma restrição quantitativa.

Já o TCU considera que a **carona é uma fraude ao dever de licitar** na medida em que multiplica posteriormente a dimensão do objeto, prejudicando direitos dos potenciais licitantes.

A Orientação Normativa n. 21 da AGU sobre Licitações e Contratos determina: "É vedada aos órgãos públicos federais a adesão à ata de registro de preços quando a licitação tiver sido realizada pela Administração Pública estadual, municipal ou do Distrito Federal, bem como por entidades paraestatais".

7.18 REGISTROS CADASTRAIS

O sistema de registro de preços não se confunde com os registros cadastrais. Estes são **bancos de dados que documentam a situação jurídica, técnica, financeira e fiscal** das empresas que participam usualmente de licitações.

Feito o registro cadastral, a empresa é considerada **previamente habilitada** para futuros certames.

> A prova de Procurador do TCE/SE considerou CORRETA a afirmação: "Nos termos da Lei n. 8.666/93, a pré-qualificação dos licitantes é compatível com a modalidade concorrência".

O registro cadastral deverá ser **amplamente divulgado** e estar permanentemente aberto aos interessados, obrigando-se a unidade por ele responsável a proceder, no mínimo **anualmente**, por meio da imprensa oficial e de jornal diário, a chamamento público para a atualização dos registros existentes e para o ingresso de novos interessados (art. 34, § 1º, da Lei n. 8.666/93).

> A prova de Procurador do TCE/SE considerou CORRETA a afirmação: "Um órgão da Administração Pública, ao elaborar seu registro cadastral, estabelece que sua validade é de dois anos, devendo ser atualizado no mínimo anualmente por meio de chamamento público; prevê ainda a possibilidade de utilização de registros cadastrais de outros órgãos da Administração Pública. Nesse caso, há irregularidade no prazo de validade".

Ao requerer inscrição ou atualização no cadastro, o interessado fornecerá documentação necessária à satisfação das exigências de habilitação estabelecidas na lei. Os inscritos serão classificados por categorias, tendo em vista sua especialização, subdivididas em grupos, segundo a qualificação técnica e econômica avaliada pelos elementos constantes da documentação.

A qualquer tempo, poderá ser alterado, suspenso ou cancelado o registro do inscrito que deixar de satisfazer as exigências de habilitação ou as estabelecidas para classificação cadastral (art. 37 da Lei n. 8.666/93).

7.19 COMISSÃO DE LICITAÇÃO

A comissão de licitação, em regra, é composta por **três membros**, sendo **dois deles dos quadros permanentes do órgão licitante**, nomeados pela autoridade superior dentro da própria entidade (art. 51 da Lei n. 8.666/93).

Existem **dois tipos** de comissão: **especial**, constituída para um certame específico, e **permanente**, que realiza todas as licitações no período de investidura.

Os membros da comissão **respondem solidariamente** por todos os atos a ela imputados, salvo se a posição individual divergente for manifestada em ata (art. 51, § 3º, da Lei n. 8.666/93).

7.20 FASES DA CONCORRÊNCIA

Cada modalidade licitatória possui um procedimento próprio. No entanto, a sequência de fases observa sempre o padrão empregado no procedimento da concorrência.

Assim, o estudo das fases da concorrência permite compreender as linhas gerais de todos os procedimentos licitatórios.

A concorrência é dividida em duas grandes etapas: **fase interna** e **fase externa**.

A fase interna compreende todos os atos anteriores à publicação do edital, envolvendo: a) elaboração de projeto básico para obras e serviços de engenharia; b) orçamento detalhado; c) previsão de recursos orçamentários e compatibilidade com o Plano Plurianual (PPA); d) abertura de processo administrativo para verificação da necessidade da contratação e designação de comissão.

> ATENÇÃO: se o objeto contratado tiver valor superior a cem vezes o limite mínimo da concorrência, isto é, **acima de R$ 330.000.000,00** (trezentos e trinta milhões de reais) para obras e serviços de engenharia, é necessária a realização de **audiência pública** (art. 39, *caput*, da Lei n. 8.666/93). Exige audiência pública também no caso de **LICITAÇÕES SIMULTÂNEAS**, entendidas como aquelas com objetos similares e com realização prevista para **intervalos não superiores a 30 dias e de LICITAÇÕES SUCESSIVAS**, também com objetos similares, em que o edital subsequente tenha uma **data anterior a 120 dias** após o término do contrato resultante da licitação antecedente (art. 39, parágrafo único, da Lei n. 8.666/93).

Nos termos do art. 9º da Lei n. 8.666/93, não poderá participar, direta ou indiretamente, da licitação ou da execução de obra ou serviço e do fornecimento de bens a eles necessários o autor do projeto, básico ou executivo, pessoa física ou jurídica.

Todavia, isso não impede fazer a licitação ou contratação de obra ou serviço que inclua a elaboração de projeto executivo como encargo do contratado ou pelo preço previamente fixado pela Administração (art. 9º, § 2º). Assim, quem elabora o projeto básico da obra está proibido de executar a obra. Já o autor do projeto executivo pode executar a obra. Ressalte-se, porém, que no âmbito do Regime Diferenciado de Contratação (RDC), o sistema de "contratação integrada" permite licitar conjuntamente o projeto básico, o executivo e a obra (art. 9º, § 1º, da Lei n. 12.462/2011) (sobre contratação integrada no RDC, *vide* item 7.23 deste *Manual*).

Acesse também a videoaula pelo link:
http://somos.in/MDA1129

A elaboração do instrumento convocatório encerra a fase interna.

A fase externa inicia-se com a publicação do edital e inclui basicamente cinco etapas: a) instrumento convocatório; b) habilitação; c) classificação; d) homologação; e) adjudicação.

7.20.1 Instrumento convocatório

A publicação do edital é o primeiro evento da fase externa da licitação. No edital, estão fixadas todas as regras do procedimento e os requisitos exigidos para participação no certame. A sua natureza vinculante e obrigatória faz do **edital a lei da licitação.**

O **preâmbulo** do edital conterá o **número de ordem** em série anual, o **nome da repartição** interessada, a **modalidade**, o **regime de execução** e o **tipo da licitação**, a menção de que será regido pela Lei n. 8.666/93, o **local**, o **dia** e a **hora para recebimento da documentação** e da **proposta**, bem como para **início da abertura dos envelopes.**

Além desses elementos indispensáveis no preâmbulo, o art. 40 da Lei n. 8.666/93 exige que o edital contenha também:

"I - objeto da licitação, em descrição sucinta e clara;

II - prazo e condições para assinatura do contrato ou retirada dos instrumentos para execução do contrato e para entrega do objeto da licitação;

III - sanções para o caso de inadimplemento;

IV - local onde poderá ser examinado e adquirido o projeto básico;

V - se há projeto executivo disponível na data da publicação do edital de licitação e o local onde possa ser examinado e adquirido;

VI - condições para participação na licitação e forma de apresentação das propostas;

VII - critério para julgamento, com disposições claras e parâmetros objetivos;

VIII - locais, horários e códigos de acesso dos meios de comunicação à distância em que serão fornecidos elementos, informações e esclarecimentos relativos à licitação e às condições para atendimento das obrigações necessárias ao cumprimento de seu objeto;

IX - condições equivalentes de pagamento entre empresas brasileiras e estrangeiras, no caso de licitações internacionais;

X - o critério de aceitabilidade dos preços unitário e global, conforme o caso, permitida a fixação de preços máximos e vedados a fixação de preços mínimos, critérios estatísticos ou faixas de variação em relação a preços de referência;

XI - critério de reajuste, que deverá retratar a variação efetiva do custo de produção, admitida a adoção de índices específicos ou setoriais, desde a data prevista para apresentação da proposta, ou do orçamento a que essa proposta se referir, até a data do adimplemento de cada parcela;

XII - (*vetado*);

XIII - limites para pagamento de instalação e mobilização para execução de obras ou serviços que serão obrigatoriamente previstos em separado das demais parcelas, etapas ou tarefas;

XIV - condições de pagamento, prevendo:

a) prazo de pagamento não superior a trinta dias, contado a partir da data final do período de adimplemento de cada parcela;

b) cronograma de desembolso máximo por período, em conformidade com a disponibilidade de recursos financeiros;

c) critério de atualização financeira dos valores a serem pagos, desde a data final do período de adimplemento de cada parcela até a data do efetivo pagamento;

d) compensações financeiras e penalizações, por eventuais atrasos, e descontos, por eventuais antecipações de pagamentos;

e) exigência de seguros, quando for o caso;

XV – instruções e normas para os recursos previstos nesta Lei;

XVI – condições de recebimento do objeto da licitação;

XVII – outras indicações específicas ou peculiares da licitação".

O aviso de edital será publicado na imprensa oficial ou em jornal de grande circulação[8], indicando o local onde a íntegra do instrumento convocatório poderá ser adquirida. O Poder Público não pode condicionar a participação no certame à compra do edital. A Administração pode cobrar o custo das cópias reprográficas para fornecimento do edital, vedada a obtenção de lucro com essa venda.

Qualquer cidadão é parte legítima para impugnar o edital em razão de ilegalidade, devendo protocolar o pedido até cinco dias úteis antes da data fixada para a abertura dos envelopes de habilitação, devendo a Administração julgar e responder à impugnação em até três dias úteis.

Se a impugnação for rejeitada pela Comissão, o proponente dispõe de três caminhos a seguir:

a) representar ao Tribunal de Contas;

b) representar ao Ministério Público;

c) propor ação popular ou ação civil pública.

Em regra, o edital não pode ser alterado. Mas, se for preciso realizar **alguma modificação**, deverá ser observado o **mesmo meio de divulgação** do texto original, **reabrindo o prazo** para recebimento das propostas e apresentação de documentos, exceto se a alteração não prejudicar a elaboração das **propostas**.

A prova de Agente Fiscal da CGU/2008 elaborada pela Esaf considerou CORRETA a afirmação: "Em uma licitação na modalidade pregão, na forma eletrônica, o pregoeiro, um dia antes da abertura, constatou um vício no edital. A alteração necessária implicou alteração na formulação das propostas. Diante das circunstâncias, a autoridade superior recomendou-lhe que republicasse o edital da mesma forma que a publicação original. A recomendação da autoridade superior se deu para que houvesse a observância do princípio da vinculação ao instrumento convocatório".

8 Em 9-9-2019, o Presidente da República editou a Medida Provisória n. 896/2019, que modifica a forma de publicação dos atos administrativos. Substituindo os jornais em papel, agora basta divulgar os atos no sítio (*site*) eletrônico oficial da entidade licitante ou sítio do *Diário Oficial da União* (art. 1º). A mudança vale para avisos de edital na Lei n. 8.666/93, registro de preços, Pregão, PPPs e RDC. Até o fechamento da 10ª edição deste *Manual*, a MP n. 896/2019 não havia sido votada no Congresso Nacional.

Decairá do direito de impugnação administrativa do edital o licitante que não o fizer até o **segundo dia útil que anteceder a abertura dos envelopes de habilitação** em concorrência, a abertura dos envelopes com as propostas em convite, tomada de preços ou concurso, ou a realização de leilão, as falhas ou irregularidades que viciariam esse edital, hipótese em que tal comunicação não terá efeito de recurso (art. 41, § 2º, da Lei n. 8.666/93).

Segundo a Orientação Normativa n. 5 da AGU sobre Licitações e Contratos: "Na contratação de obra ou serviço de engenharia, o instrumento convocatório deve estabelecer critérios de aceitabilidade dos preços unitários e global".

7.20.2 Habilitação

É a fase licitatória de **recebimento e abertura dos envelopes** contendo a documentação exigida para participar do certame.

Para preservar a mais ampla competitividade possível, as exigências de qualificação técnica e econômica devem ser compatíveis e proporcionais ao objeto licitado, restringindo-se ao estritamente indispensável para garantir o cumprimento adequado do futuro contrato.

O art. 27 da Lei n. 8.666/93 menciona **quatro tipos de documentos** exigidos na licitação:

a) documentos relativos à habilitação jurídica (art. 28): 1) cédula de identidade; 2) registro comercial, no caso de empresa individual; 3) ato constitutivo, estatuto ou contrato social em vigor, devidamente registrado, em se tratando de sociedades comerciais, e, no caso de sociedades por ações, acompanhado de documentos de eleição de seus administradores; 4) inscrição do ato constitutivo, no caso de sociedades civis, acompanhada de prova de diretoria em exercício; 5) decreto de autorização, em se tratando de empresa ou sociedade estrangeira em funcionamento no País, e ato de registro ou autorização para funcionamento expedido pelo órgão competente, quando a atividade assim o exigir;

b) documentos relativos à regularidade fiscal (art. 29): 1) prova de inscrição no Cadastro de Pessoas Físicas (CPF) ou no Cadastro Geral de Contribuintes (CGC); 2) prova de inscrição no cadastro de contribuintes estadual ou municipal, se houver, relativo ao domicílio ou sede do licitante, pertinente ao seu ramo de atividade e compatível com o objeto contratual; 3) prova de regularidade com a Fazenda Federal, Estadual e Municipal do domicílio ou sede do licitante, ou outra equivalente, na forma da lei; 4) prova de regularidade relativa à Seguridade Social e ao Fundo de Garantia do Tempo de Serviço (FGTS), demonstrando situação regular no cumprimento dos encargos sociais instituídos por lei;

c) documentos relativos à qualificação técnica (art. 30): 1) registro ou inscrição na **entidade profissional competente**; 2) comprovação de aptidão para desempenho de atividade pertinente e compatível em características, quantidades e prazos com o objeto da licitação, e indicação das instalações e do aparelhamento e do pessoal técnico adequados e disponíveis para a realização do objeto da licitação, bem como da qualificação de cada um dos membros da equipe técnica que se responsabilizará pelos trabalhos; 3) comprovação, fornecida pelo órgão licitante, de que recebeu os documentos, e, quando exigido, de que tomou conhecimento de todas as informações e das condições locais para o cumprimento das obrigações objeto da licitação; 4) prova de atendimento de requisitos previstos em lei especial, quando for o caso;

> A prova de Analista Judiciário do TRT/MT elaborada pela FCC considerou CORRETA a afirmação: "Considerando o que dispõe a Lei n. 8.666/93, especialmente quanto à fase de habilitação, o registro ou inscrição do engenheiro no Conselho Regional de Engenharia diz respeito à sua qualificação técnica".

d) documentos relativos à qualificação econômico-financeira (art. 31): 1) balanço patrimonial e demonstrações contábeis do último exercício social, já exigíveis e apresentados na forma da lei, que comprovem a **boa situação** financeira da empresa, vedada a sua substituição por balancetes ou balanços provisórios, podendo ser atualizados por índices oficiais quando encerrado há mais de três meses da data de apresentação da proposta; 2) certidão negativa de falência ou concordata expedida pelo distribuidor da sede da pessoa jurídica, ou de execução patrimonial, expedida no domicílio da pessoa física; 3) garantia, limitada a 1% do valor estimado do objeto da contratação.

> A prova de Procurador do Estado do Espírito Santo/2008 elaborada pelo Cespe considerou INCORRETA a afirmação: "É abusivo exigir, em edital de licitação, que, na fase de habilitação, as empresas participantes comprovem capital mínimo circulante ou patrimônio líquido de 10% do valor da contratação".

O licitante que não atender às exigências de habilitação será excluído da competição. A inabilitação do licitante importa preclusão do seu direito de participar das fases subsequentes (art. 41, § 4º, da Lei n. 8.666/93).

A comissão só pode exigir a apresentação de certidões tributárias relativas a tributos vinculados ao objeto do certame. Isso porque a licitação não pode ser usada como meio indireto para obter regularidade fiscal da empresa. Nesse sentido, o art. 193 do Código Tributário Nacional: "Salvo quando expressamente autorizado por lei, nenhum departamento da administração pública da União, dos Estados, do Distrito Federal, ou dos Municípios, ou sua autarquia, celebrará contrato ou aceitará proposta em concorrência pública sem que o contratante ou proponente faça prova da quitação de todos os tributos devidos à Fazenda Pública interessada, relativos à atividade em cujo exercício contrata ou concorre".

Com o encerramento da fase de habilitação, a comissão fica impossibilitada (preclusão) de utilizar elementos da qualificação dos licitantes para realizar o julgamento das propostas. É o que afirma o art. 43, § 5º, da Lei n. 8.666/93:

"Ultrapassada a fase de habilitação dos concorrentes e abertas as propostas, não cabe desclassificá-los por motivo relacionado com a habilitação, **salvo em razão de fatos supervenientes ou só conhecidos após o julgamento**".

Após a fase de habilitação, **o licitante não pode mais desistir da proposta** formulada, exceto por justo motivo decorrente de fato superveniente e aceito pela comissão.

Contra a decisão que inabilita participante, cabe recurso com **efeito suspensivo** no prazo de cinco dias úteis contados da intimação na sessão ou da publicação da decisão no *Diário Oficial*.

> A prova da CGU elaborada pela Esaf considerou CORRETA a afirmação: "Dos atos da Administração Pública decorrentes de aplicação da Lei n. 8.666/93, em questões relativas a procedimentos licitatórios e contratos administrativos é cabível recurso com efeito suspensivo, no caso de inabilitação de licitante".

Se o recurso for rejeitado pela comissão, o licitante inconformado pode impetrar mandado de segurança que, na maioria das vezes, tem pedido de suspensão da licitação deferido até o julgamento do mérito do *writ*. Há casos em que a concorrência fica paralisada por mais de ano aguardando decisão judicial sobre a habilitação do impetrante.

Se **nenhum licitante for habilitado**, deve ser aberto **prazo de oito dias** para complementação de documentos.

> A prova de Analista Judiciário do TRT/MS elaborada pela FCC considerou CORRETA a afirmação: "No transcorrer do procedimento licitatório, todos os concorrentes foram declarados inabilitados. Diante desta situação, o órgão responsável pelo certame poderá fixar aos licitantes o prazo de oito dias úteis para a apresentação de nova documentação escoimada das causas que deram margem à inabilitação".

O envelope com a proposta de preços deve ser devolvido lacrado ao licitante inabilitado.

7.20.3 Classificação

Classificação é a fase de **análise e julgamento das propostas** formuladas pelos concorrentes habilitados.

Nessa etapa procedimental, os envelopes são abertos, e a comissão promove a verificação da conformidade de cada proposta com os requisitos do edital e com os preços correntes no mercado, promovendo-se a desclassificação das propostas desconformes ou incompatíveis.

A comissão pode **desclassificar três tipos de propostas:**

a) inexequível: quando o valor estiver muito abaixo do praticado no mercado;

b) contrária à cláusula do edital;

c) indireta ou condicionada: aquela que não apresenta um valor exato, mas vincula a oferta a determinada condição ou a proposta de outro concorrente. Deve ser desclassificada, por exemplo, a proposta que diga "meu preço é 95% da proposta mais baixa apurada".

Nesse diapasão, prescreve o art. 44, § 2º, da Lei n. 8.666/93: "Não se considerará qualquer oferta de vantagem não prevista no edital ou no convite, inclusive financiamentos subsidiados ou a fundo perdido, **nem preço ou vantagem baseada nas ofertas dos demais licitantes**". E, no mesmo sentido, também o § 3º: "**Não se admitirá** proposta que apresente **preços global ou unitários simbólicos, irrisórios ou de valor zero**, incompatíveis com os preços dos insumos e salários de **mercado**, acrescidos dos respectivos encargos, ainda que o ato convocatório da licitação não tenha estabelecido limites mínimos, exceto quando se referirem a materiais e instalações de propriedade do próprio licitante, para os quais ele renuncie à parcela ou à totalidade da remuneração".

> A prova de Assessor Jurídico do TCE/PI considerou CORRETA a afirmação: "Em determinado processo de licitação, do tipo menor preço, sem fixação de preço máximo, para a contratação de serviços de engenharia, o valor orçado pela Administração foi de R$ 109.000,00. Nesse processo, compareceram apenas as empresas 'A', 'B' e 'C', que foram habilitadas e ofereceram propostas, respectivamente, no valor de R$ 110.000,00, R$ 90.000,00 e R$ 50.000,00. Considerando os preços oferecidos e considerando que nenhuma das empresas licitantes possui situação que justifique composição de custos diversa da do mercado, a empresa que deve ser considerada vencedora é a 'A', sendo as empresas 'B' e 'C' desclassificadas".

As propostas remanescentes são colocadas em **ordem classificatória** de acordo com o critério objetivo de julgamento, conforme o tipo de licitação.

Após a divulgação do resultado, abre-se prazo de cinco dias úteis para interposição de recursos com **efeito suspensivo**.

> A prova da CGU elaborada pela Esaf considerou CORRETA a afirmação: "Dos atos da Administração Pública decorrentes de aplicação da Lei n. 8.666/93, em questões relativas a procedimentos licitatórios e contratos administrativos, no caso de julgamento das propostas, cabe recurso administrativo, no prazo de cinco dias úteis, com efeito suspensivo".

Havendo **igualdade de condições**, como critério de desempate, será assegurada preferência, sucessivamente, aos bens e serviços:

I – produzidos no País;

II – produzidos ou prestados por empresas brasileiras;

III – produzidos ou prestados por empresas que invistam em pesquisa e no desenvolvimento de tecnologia no País (art. 3º, § 2º, da Lei n. 8.666/93).

Convém lembrar que a Lei Complementar n. 123/2006 criou uma **vantagem competitiva** para microempresas e empresas de pequeno porte (EPPs), o chamado **empate ficto** nas licitações de que participem tais empresas.

Considera-se microempresa a que aufira em cada ano-calendário receita bruta igual ou inferior a R$ 360.000,00 (trezentos e sessenta mil reais) (art. 3º, I).

As empresas de pequeno porte são as que auferem em cada ano-calendário receita bruta entre R$ 360.000,00 (trezentos e sessenta mil reais) e R$ 3.600.000,00 (três milhões e seiscentos mil reais) (art. 3º, II).

Nos termos do art. 44, § 1º, da referida lei, entendem-se por empate ficto aquelas situações em que as propostas apresentadas pelas microempresas e empresas de pequeno porte sejam iguais ou até 10% superiores à proposta mais bem classificada. Já no caso da modalidade pregão, o intervalo percentual é de até 5%. Ocorrendo o empate, a microempresa ou empresa de pequeno porte mais bem classificada poderá apresentar proposta de preço inferior àquela considerada vencedora do certame, situação em que será adjudicado em seu favor o objeto licitado (art. 44, I).

De acordo com a Orientação Normativa n. 7 da AGU: "O tratamento favorecido de que tratam os arts. 43 a 45 da Lei Complementar n. 123, de 2006, deverá ser concedido às microempresas e empresas de pequeno porte independentemente de previsão editalícia".

7.20.4 Homologação. Anulação e revogação. Responsabilidade pré-negocial

Após a definição da ordem classificatória, os autos sobem para a autoridade superior, que procederá à **avaliação de todo o procedimento** em busca de eventuais irregularidades. Se houver algum vício, a autoridade superior pode anular o certame ou, preferencialmente, somente os atos prejudicados pelo defeito, preservando os demais.

É possível ainda revogar a licitação na hipótese da ocorrência de causa superveniente que torne a licitação contrária ao interesse público.

Sobre a revogação e anulação da licitação, prescreve o art. 49 da Lei n. 8.666/93 que "a autoridade competente para a aprovação do procedimento somente poderá revogar a licitação por **razões de interesse público decorrentes de fato superveniente devidamente comprovado, pertinente e suficiente para justificar tal conduta**, devendo anulá-la por ilegalidade, de ofício ou por provocação de terceiros, mediante parecer escrito e devidamente fundamentado" (original sem grifos).

Inexistindo qualquer irregularidade ou acontecimento ensejador de revogação, a licitação será aprovada (homologada).

Contra decisões relativas à homologação cabe recurso no prazo de cinco dias úteis, sem efeito suspensivo.

> **Importante:** a anulação da licitação não produz direito a indenização; na revogação, a indenização é devida. Se já houver vencedor, somente ele será indenizado.

ATENÇÃO: para alguns autores (corrente minoritária), a fase de adjudicação antecede a fase de homologação.

Fala-se hoje em **responsabilidade pré-negocial** do Estado para fazer referência à discussão acerca do dever de indenizar os licitantes nas hipóteses de revogação ou anulação do certame. Em princípio, predomina o entendimento de que a mera participação na licitação gera simples expectativa de direito à futura contratação, razão pela qual a revogação ou anulação do procedimento não ensejaria dever de indenizar.

Sobre o tema, prescreve o art. 49 da Lei n. 8.666/93: "A autoridade competente para a aprovação do procedimento somente poderá revogar a licitação por razões de interesse público decorrente de fato superveniente devidamente comprovado, pertinente e suficiente para justificar tal conduta, devendo anulá-la por ilegalidade, de ofício ou por provocação de terceiros, mediante parecer escrito e devidamente fundamentado. § 1º A anulação do procedimento licitatório por motivo de ilegalidade não gera obrigação de indenizar, ressalvado o disposto no parágrafo único do art. 59 desta Lei".

Diferente é a situação do vencedor do certame. Estabelece o art. 59, parágrafo único, da Lei n. 8.666/93: "A nulidade (da licitação) não exonera a Administração do dever de indenizar o contratado pelo que este houver executado até a data em que ela for declarada e por outros prejuízos regularmente comprovados, contanto que não lhe seja imputável, promovendo-se a responsabilidade de quem lhe deu causa".

Porém, se houver **revogação ilícita** da licitação, isto é, decretada sem a ocorrência do fato superveniente pertinente e suficiente para justificar a conduta, os **licitantes devem ser indenizados desde que comprovados os prejuízos** (art. 37, § 6º, da CF).

7.20.5 Adjudicação

A última fase do procedimento da concorrência é a adjudicação, que consiste no ato administrativo **declaratório e vinculado de atribuição jurídica** do objeto da licitação ao **vencedor do certame**.

A 178ª prova da Magistratura/SP considerou CORRETA a assertiva: "O último ato do processo licitatório, atribuindo ao vencedor o objeto da licitação, denomina-se adjudicação".

Trata-se de ato administrativo declaratório porque reconhece a condição do adjudicatário, de vencedor da competição. Além disso, a adjudicação é ato vinculado na medida em que a comissão é obrigada, após a homologação, a encerrar o procedimento com a prática desse ato que declara como adjudicatário o vencedor do certame.

A adjudicação produz **dois efeitos principais**:

a) atribui o direito ao vencedor de **não ser preterido** na celebração do contrato;

b) provoca a **liberação dos licitantes** vencidos.

Importante destacar que o adjudicatário não tem direito adquirido à celebração do contrato, mas mera expectativa de direito. Isso porque, mesmo após a adjudicação, a **Administração não é obrigada a celebrar o contrato**, cabendo-lhe avaliar a conveniência e oportunidade da contratação.

Acesse também a videoaula pelo link:
http://somos.in/MDA1139

> A prova de Procurador do Estado do Ceará/2008 elaborada pelo Cespe considerou CORRETA a afirmação: "Havendo interesse público superveniente, a Administração poderá deixar de firmar o contrato, ainda que o resultado da licitação já tenha sido homologado".

Se, entretanto, houver celebração do contrato com preterição da ordem classificatória, é nula a contratação (art. 50 da Lei n. 8.666/93), passando o adjudicatário a ter direito adquirido de figurar no contrato.

A Administração convocará regularmente o interessado para assinar o termo de contrato, aceitar ou retirar o instrumento equivalente, dentro do prazo e condições estabelecidos, sob pena de decair do direito à contratação, admitida uma prorrogação, por igual período, quando solicitado pela parte durante o seu transcurso e desde que ocorra motivo justificado aceito pela **Administração**.

> A prova de Analista do INSS/2008 elaborada pelo Cespe considerou CORRETA a afirmação: "O adjudicatário que se recusar, injustificadamente, a assinar contrato administrativo está sujeito às penalidades pelo descumprimento total da obrigação assumida".

A Lei n. 8.666/93 faculta à Administração, quando o convocado não assinar o termo de contrato ou não aceitar ou retirar o instrumento equivalente no prazo e condições estabelecidos, a convocar os licitantes remanescentes, na ordem de classificação, para fazê-lo em igual prazo e nas mesmas condições propostas pelo primeiro **classificado**, inclusive quanto aos preços atualizados de conformidade com o ato convocatório, ou revogar a licitação.

> A prova da OAB/SP elaborada pela Vunesp considerou CORRETA a afirmação: "Convocado o primeiro classificado de uma licitação, para assinar o respectivo termo de contrato no prazo regularmente estabelecido, este não comparece, nem se manifesta. Encerrado o prazo, nos termos da Lei n. 8.666/93, terá decaído o direito de contratar do primeiro classificado, podendo a Administração convocar os licitantes remanescentes, na ordem de classificação, para fazê-lo em igual prazo e nas mesmas condições propostas pelo primeiro classificado".

Ultrapassados sessenta dias da data da entrega das propostas, sem convocação para a contratação, ficam os licitantes liberados dos compromissos assumidos.

Os atos, sempre vinculados, praticados na concorrência, e também sua ordem sequencial, são basicamente os mesmos que comandam a tomada de preços. O convite, a partir da classificação das propostas, segue igualmente o mesmo procedimento.

7.21 CONTRATAÇÃO DIRETA

A regra, no Direito brasileiro, é a obrigatoriedade de prévia licitação para celebração de contratos administrativos. Entretanto, a própria Constituição Federal atribui ao legislador a competência para definir casos excepcionais em que a licitação não é realizada: "**ressalvados os casos especificados na legislação**, as obras, serviços, compras e alienações serão contratados mediante processo de licitação pública(...)" (art. 37, XXI).

Assim, excepcionalmente, a legislação autoriza a realização de **contratação direta sem licitação**.

> A prova do Ministério Público/PE 2002 considerou CORRETA a afirmação: "Em matéria de licitações públicas, é certo que na licitação dispensável ou na inexigível, dentro das hipóteses cabíveis, a exclusão da obrigação de licitar exige um prévio ato da Administração Pública".

O Direito brasileiro prevê inúmeros casos em que a licitação não deve ser feita, ocorrendo contratação direta.

> PERGUNTA: O que é credenciamento?
>
> RESPOSTA: A par das hipóteses em que a legislação afasta o dever de realizar licitação, há casos de contratos administrativos que, pela sua natureza, são celebrados sem necessidade de licitação. É a situação, por exemplo, do contrato de credenciamento, com o qual o **Poder Público habilita qualquer interessado** em realizar determinada atividade, não havendo necessidade de estabelecer competição. Exemplo: credenciamento de hospitais para o SUS.

O estudo das hipóteses de contratação direta na Lei n. 8.666/93 revela a existência de **quatro institutos** diferentes: a) **dispensa**; b) **inexigibilidade**; c) **vedação**; d) **licitação dispensada**.

7.21.1 Dispensa de licitação

Previstos taxativamente no art. 24 da Lei n. 8.666/93, os casos de dispensa envolvem situações em que a **competição é possível**, mas sua realização **pode não** ser para a Administração **conveniente e oportuna**, à luz do interesse público. Assim, nos casos de dispensa, a efetivação da contratação direta é uma **decisão discricionária** da Administração Pública. Exemplo: contração de objetos de pequeno valor.

> A prova da Magistratura/PA considerou CORRETA a assertiva: "Há dispensa do procedimento licitatório quando, apesar da possibilidade de sua realização, for inconveniente para a Administração Pública realizá-lo. Há inexigibilidade de licitação quando houver inviabilidade de competição".

São hipóteses de dispensa de licitação (art. 24):

"I – para obras e serviços de engenharia de valor até R$ 33.000,00 (trinta e três mil reais), desde que não se refiram a parcelas de uma mesma obra ou serviço ou ainda para obras e serviços da mesma natureza e no mesmo local que possam ser realizadas conjunta e **concomitantemente**;

> A prova do Ministério Público/RO considerou INCORRETA a assertiva: "É inexigível a licitação para obras e serviços de engenharia de até 10% do limite de R$ 150.000,00, desde que não se refiram às parcelas de uma mesma obra ou serviço, ou ainda para obras da mesma natureza e no mesmo local que possam ser realizadas conjunta e concomitantemente".

II – para outros serviços e compras de valor até R$ 17.600,00 (dezessete mil e seiscentos reais), nos casos previstos nesta Lei, desde que não se refiram a parcelas de um mesmo serviço, compra ou alienação de maior vulto que possa ser realizada de uma só vez;

> ATENÇÃO: segundo a Orientação Normativa n. 10 da AGU: "A definição do valor da contratação levará em conta o período de vigência do contrato e as possíveis prorrogações para: a) a realização de licitação exclusiva (microempresa, empresa de pequeno porte e sociedade cooperativa); b) a escolha de uma das modalidades convencionais (concorrência, tomada de preços e convite); e c) o enquadramento das contratações previstas no art. 24, incisos I e II, da Lei n. 8.666, de 1993".

III – nos casos de guerra ou **grave perturbação da ordem**;

IV – nos casos de **emergência ou de calamidade pública**, quando caracterizada urgência de atendimento de situação que possa ocasionar prejuízo ou comprometer a segurança de pessoas, obras, serviços, equipamentos e outros bens, públicos ou particulares, e somente para os bens necessários ao atendimento da situação emergencial ou calamitosa e para as parcelas de obras e serviços que possam ser concluídas no prazo máximo de 180 (cento e oitenta) dias consecutivos e ininterruptos, contados da ocorrência da emergência ou calamidade, vedada a prorrogação dos respectivos **contratos**;

> A prova de Gestor Governamental do Ministério do Planejamento 2008 elaborada pela Esaf considerou CORRETA a afirmação: "A lei prevê que nos casos de emergência ou calamidade pública a licitação é dispensável".
>
> A prova de Auditor do TCE/SE considerou CORRETA a afirmação: "A situação de emergência ou de calamidade pública pode ensejar a dispensabilidade de licitação".
>
> A prova de Analista Judiciário do TRT/MS elaborada pela FCC considerou CORRETA a afirmação: "Para a aquisição de bens necessários ao atendimento de determinada situação emergencial, o Poder Público poderá dispensar o procedimento licitatório".

V – quando não acudirem interessados à licitação anterior e esta, justificadamente, não puder ser repetida sem prejuízo para a Administração, mantidas, neste caso, todas as condições preestabelecidas;

VI – quando a União tiver que intervir no domínio econômico para regular preços ou normalizar o abastecimento;

VII – quando as propostas apresentadas consignarem preços manifestamente superiores aos praticados no mercado nacional, ou forem incompatíveis com os fixados pelos órgãos oficiais competentes, casos em que, observado o parágrafo único do art. 48 da Lei n. 8.666/93 e, persistindo a situação, será admitida a adjudicação direta dos bens ou serviços, por valor não superior ao constante do registro de preços, ou dos serviços;

VIII – para a aquisição, por pessoa jurídica de direito público interno, de bens produzidos ou serviços prestados por órgão ou entidade que integre a Administração Pública e que tenha sido criado para esse fim específico em data anterior à vigência desta Lei, desde que o preço contratado seja compatível com o praticado no mercado;

IX – quando houver possibilidade de comprometimento da segurança nacional, nos casos estabelecidos em decreto do Presidente da República, ouvido o Conselho de Defesa Nacional;

X – para a compra ou locação de imóvel destinado ao atendimento das finalidades precípuas da Administração, cujas necessidades de instalação e localização condicionem a sua escolha, desde que o preço seja compatível com o valor de mercado, segundo avaliação prévia;

XI – na contratação de remanescente de obra, serviço ou fornecimento, em consequência de rescisão contratual, desde que atendida a ordem de classificação da licitação anterior e aceitas as mesmas condições oferecidas pelo licitante vencedor, inclusive quanto ao preço, devidamente **corrigido**;

> A prova de Assessor Jurídico do TCE/PI considerou CORRETA a afirmação: "Configura hipótese de dispensa de licitação, nos termos da Lei n. 8.666/93, a contratação de remanescente de obra, em consequência de rescisão contratual, atendida a ordem de classificação da licitação anterior e respeitada a oferta então realizada pela empresa a ser contratada".

XII – nas compras de hortifrutigranjeiros, pão e outros gêneros perecíveis, no tempo necessário para a realização dos processos licitatórios correspondentes, realizadas diretamente com base no preço do dia;

XIII – na contratação de instituição brasileira incumbida regimental ou estatutariamente da pesquisa, do ensino ou do desenvolvimento institucional, ou de instituição dedicada à recuperação social do preso, desde que a contratada detenha inquestionável reputação ético-profissional e não tenha fins lucrativos;

XIV – para a aquisição de bens ou serviços nos termos de acordo internacional específico aprovado pelo **Congresso Nacional**, quando as condições ofertadas forem manifestamente vantajosas para o Poder Público;

> A prova de Analista do MPU elaborada pela Esaf considerou INCORRETA a afirmação: "Inclui-se no rol legal de hipóteses de dispensa de licitação a aquisição de bens ou serviços nos termos de acordo internacional específico aprovado pelo Poder Executivo, quando as condições ofertadas forem manifestamente vantajosas para o Poder Público".

XV – para a aquisição ou restauração de obras de arte e objetos históricos, de autenticidade certificada, desde que compatíveis ou inerentes às finalidades do órgão ou entidade;

XVI – para a impressão dos diários oficiais, de formulários padronizados de uso da administração, e de edições técnicas oficiais, bem como para prestação de serviços de informática a pessoa jurídica de direito público interno, por órgãos ou entidades que integrem a Administração Pública, criados para esse fim específico;

XVII – para a aquisição de componentes ou peças de origem nacional ou estrangeira, necessários à manutenção de equipamentos durante o período de garantia técnica, junto ao fornecedor original desses equipamentos, quando tal condição de exclusividade for indispensável para a vigência da garantia;

XVIII – nas compras ou contratações de serviços para o abastecimento de navios, embarcações, unidades aéreas ou tropas e seus meios de deslocamento quando em estada eventual de curta duração em portos, aeroportos ou localidades diferentes de suas sedes, por motivo de movimentação operacional ou de adestramento, quando a exiguidade dos prazos legais puder comprometer a normalidade e os propósitos das operações e desde que seu valor não exceda ao limite previsto na alínea *a* do inciso II do art. 23 da Lei n. 8.666/93;

XIX – para as compras de material de uso pelas Forças Armadas, com exceção de materiais de uso pessoal e administrativo, quando houver necessidade de manter a padronização requerida pela estrutura de apoio logístico dos meios navais, aéreos e terrestres, mediante parecer de comissão instituída por decreto;

XX – na contratação de associação de portadores de deficiência física, sem fins lucrativos e de comprovada idoneidade, por órgãos ou entidades da Administração Pública, para a prestação de serviços ou fornecimento de mão de obra, desde que o preço contratado seja compatível com o praticado no mercado;

XXI – para a aquisição ou contratação de produto para pesquisa e desenvolvimento, limitada, no caso de obras e serviços de engenharia, a 20% (vinte por cento) do valor de que trata a alínea *b* do inciso I do *caput* do art. 23;

XXII – na contratação de fornecimento ou suprimento de energia elétrica e gás natural com concessionário, permissionário ou autorizado, segundo as normas da legislação específica;

XXIII – na contratação realizada por empresa pública ou sociedade de economia mista com suas subsidiárias e controladas, para a aquisição ou alienação de bens, prestação ou obtenção de serviços, desde que o preço contratado seja compatível com o praticado no mercado;

XXIV – para a celebração de contratos de prestação de serviços com as organizações sociais, qualificadas no âmbito das respectivas esferas de governo, para atividades contempladas no **contrato de gestão**;

> A prova de Analista Judiciário do TRT/MS elaborada pela FCC considerou CORRETA a afirmação: "A União pode contratar, com dispensa de licitação, a prestação de serviços de organização social para atividades contempladas no contrato de gestão".

XXV – na contratação realizada por Instituição Científica e Tecnológica – ICT ou por agência de fomento para a transferência de tecnologia e para o licenciamento de direito de uso ou de exploração de criação protegida;

XXVI – na **celebração de contrato de programa** com ente da Federação ou com entidade de sua administração indireta, para a prestação de serviços públicos de forma associada nos termos do autorizado em contrato de consórcio público ou em convênio de cooperação;

> A prova da OAB Nacional elaborada pelo Cespe considerou CORRETA a afirmação: "É dispensável a licitação na hipótese de celebração de contrato de programa entre entes da Federação ou com entidades da Administração indireta, para a prestação de serviços públicos de forma associada nos termos do autorizado em contrato de consórcio público ou em convênio de cooperação".

XXVII – na contratação da coleta, processamento e comercialização de resíduos sólidos urbanos recicláveis ou reutilizáveis, em áreas com sistema de coleta seletiva de lixo, efetuados por associações ou cooperativas formadas exclusivamente por pessoas físicas de baixa renda reconhecidas pelo Poder Público como catadores de materiais recicláveis, com o uso de equipamentos compatíveis com as normas técnicas, ambientais e de saúde pública;

XXVIII – para o fornecimento de bens e serviços, produzidos ou prestados no País, que envolvam, cumulativamente, alta complexidade tecnológica e defesa nacional, mediante parecer de comissão especialmente designada pela autoridade máxima do órgão;

XXIX – na aquisição de bens e contratação de serviços para atender aos contingentes militares das Forças Singulares brasileiras empregadas em operações de paz no exterior, necessariamente justificadas quanto ao preço e à escolha do fornecedor ou executante e ratificadas pelo Comandante da Força;

XXX – na contratação de instituição ou organização, pública ou privada, com ou sem fins lucrativos, para a prestação de serviços de assistência técnica e extensão rural no âmbito do Programa Nacional de Assistência Técnica e Extensão Rural na Agricultura Familiar e na Reforma Agrária, instituído por lei federal;

XXXI – nas contratações visando ao cumprimento do disposto nos arts. 3º, 4º, 5º e 20 da Lei n. 10.973, de 2 de dezembro de 2004, observados os princípios gerais de contratação dela constantes;

XXXII – na contratação em que houver transferência de tecnologia de produtos estratégicos para o Sistema Único de Saúde – SUS, no âmbito da Lei n. 8.080, de 19 de setembro de 1990, conforme elencados em ato da direção nacional do SUS, inclusive por ocasião da aquisição destes produtos durante as etapas de absorção tecnológica;

XXXIII – na contratação de entidades privadas sem fins lucrativos, para a implementação de cisternas ou outras tecnologias sociais de acesso à água para consumo humano e produção de alimentos, para beneficiar as famílias rurais de baixa renda atingidas pela seca ou falta regular de água;

XXXIV – para a aquisição por pessoa jurídica de direito público interno de insumos estratégicos para a saúde produzidos ou distribuídos por fundação que, regimental ou estatutariamente, tenha por finalidade apoiar órgão da administração pública direta, sua autarquia ou fundação em projetos de ensino, pesquisa, extensão, desenvolvimento institucional, científico e tecnológico e estímulo à inovação, inclusive na gestão administrativa e financeira necessária à execução desses projetos, ou em parcerias que envolvam transferência de tecnologia de produtos estratégicos para o Sistema Único de Saúde – SUS, nos termos do inciso XXXII deste artigo, e que tenha sido criada para esse fim específico em data anterior à vigência desta Lei, desde que o preço contratado seja compatível com o praticado no mercado;

XXXV – para a construção, a ampliação, a reforma e o aprimoramento de estabelecimentos penais, desde que configurada situação de grave e iminente risco à segurança pública.

§ 1º Os percentuais referidos nos incisos I e II do *caput* deste artigo serão 20% (vinte por cento) para compras, obras e serviços contratados por consórcios públicos, sociedade de economia mista, empresa pública e por autarquia ou fundação qualificadas, na forma da lei, como Agências Executivas.

§ 2º O limite temporal de criação do órgão ou entidade que integre a administração pública estabelecido no inciso VIII do *caput* deste artigo não se aplica aos órgãos ou entidades que produzem produtos estratégicos para o SUS, no âmbito da Lei n. 8.080, de 19 de setembro de 1990, conforme elencados em ato da direção nacional do SUS.

§ 3º A hipótese de dispensa prevista no inciso XXI do *caput*, quando aplicada a obras e serviços de engenharia, seguirá procedimentos especiais instituídos em regulamentação específica.

§ 4º Não se aplica a vedação prevista no inciso I do *caput* do art. 9º à hipótese prevista no inciso XXI do *caput*".

A respeito do tema dispensa de licitação, são relevantes os seguintes entendimentos normativos da AGU:

a) Orientação Normativa n. 11 da AGU: "A contratação direta com fundamento no inciso IV do art. 24 da Lei n. 8.666, de 1993, exige que, concomitantemente, seja apurado se a situação emergencial foi gerada por falta de planejamento, desídia ou má gestão, hipótese que, quem lhe deu causa será responsabilizado na forma da lei".

b) Orientação Normativa n. 12 da AGU: "Não se dispensa licitação, com fundamento nos incisos V e VII do art. 24 da Lei n. 8.666, de 1993, caso a licitação fracassada ou deserta tenha sido realizada na modalidade convite".

c) Orientação Normativa n. 13 da AGU: "Empresa pública ou sociedade de economia mista que exerça atividade econômica não se enquadra como órgão ou entidade que integra a Administração Pública, para os fins de dispensa de licitação com fundamento no inciso VIII do art. 24 da Lei n. 8.666, de 1993".

d) Orientação Normativa n. 14 da AGU: "Os contratos firmados com as fundações de apoio com base na dispensa de licitação prevista no inciso XIII do art. 24 da Lei n. 8.666, de 1993, devem estar diretamente vinculados a projetos com definição clara do objeto e com prazo determinado, sendo vedadas a subcontratação; a contratação de serviços contínuos ou de manutenção; e a contratação de serviços destinados a atender às necessidades permanentes da instituição".

7.21.1.1 Licitação fracassada e licitação deserta

Convém esclarecer que **licitação fracassada** é aquela em que comparecem interessados, mas nenhum atende às necessidades da Administração, caso em que deve ser **reaberto um prazo de oito dias úteis** para apresentação de nova documentação ou melhoria das propostas (art. 48, § 3º, da Lei n. 8.666/93).

Já na **licitação deserta**, publica-se o edital mas não acode nenhum interessado, sendo autorizada contratação direta por dispensa de licitação, justificadamente, se não puder ser repetido o certame sem prejuízo para a Administração, mantidas, nesse caso, todas as condições preestabelecidas (art. 24, V, da Lei n. 8.666/93).

7.21.2 Inexigibilidade

As hipóteses de inexigibilidade estão previstas **exemplificativamente** no **art. 25** da Lei n. 8.666/93. São casos em que a realizaçao do **procedimento licitató rio é logicamente impossível** por **inviabilidade de competição**, seja porque o fornecedor é exclusivo, seja porque o objeto é singular.

> A prova de Defensor Público/BA considerou INCORRETA a assertiva: "O rol de hipóteses de inexigibilidade previsto no art. 25 da Lei federal n. 8.666/93 é taxativo".
> A prova da OAB/RJ considerou CORRETA a assertiva: "A inexigibilidade da licitação decorre da inviabilidade de competição verificada no caso concreto".

Nos casos de inexigibilidade, a **decisão** de não realizar o certame é **vinculada**, à medida que, configurada alguma das hipóteses legais, à Administração não resta alternativa além da contratação direta.

> A prova de Procurador do Estado/RN considerou INCORRETA a afirmação: "Na inexigibilidade de licitação a competição é perfeitamente possível, sendo opção discricionária do administrador a não realização do certame licitatório. Nas hipóteses de dispensa de licitação é impossível realizar-se o procedimento licitatório".

De acordo com o art. 25 da Lei n. 8.666/93, é inexigível a licitação quando houver inviabilidade de **competição**, em especial:

> A prova de Procurador do Estado/RN considerou CORRETA a afirmação: "Na dispensa de licitação existe possibilidade de competição. A licitação deixa de ocorrer por opção discricionária do administrador. Na inexigibilidade a competição é inviável, porque apenas uma pessoa ou um único objeto satisfazem as necessidades da Administração".

"I – para aquisição de materiais, equipamentos, ou gêneros que só possam ser fornecidos por produtor, empresa ou representante comercial exclusivo, vedada a preferência de marca, devendo a comprovação de exclusividade ser feita através de atestado fornecido pelo órgão de registro do comércio do local em que se realizaria a licitação ou a obra ou o serviço, pelo Sindicato, Federação ou Confederação Patronal, ou, ainda, pelas entidades equivalentes;

> ATENÇÃO: de acordo com a **Orientação Normativa n. 16 da AGU**: "Compete à Administração averiguar a veracidade do atestado de exclusividade apresentado nos termos do art. 25, inciso I, da Lei n. 8.666, de 1993". Relevante também o teor da **Orientação Normativa n. 17** sobre o mesmo dispositivo: "A razoabilidade do valor das contratações decorrentes de inexigibilidade de licitação poderá ser aferida por meio da comparação da proposta apresentada com os preços praticados pela futura contratada junto a outros entes públicos e/ou privados, ou outros meios igualmente idôneos". Quanto à contratação de conferencistas por notória especialização, enuncia a **Orientação Normativa n. 18**: "Contrata-se por inexigibilidade de licitação com fundamento no art. 25, inciso II, da Lei n. 8.666, de 1993, conferencistas para ministrar cursos para treinamento e aperfeiçoamento de pessoal, ou a inscrição em cursos abertos, desde que caracterizada a singularidade do objeto e verificado tratar-se de notório especialista".

II – para a contratação de serviços técnicos enumerados no art. 13 da Lei n. 8.666/93, de natureza singular, com profissionais ou empresas de notória especialização, vedada a inexigibilidade para serviços de **publicidade** e divulgação;

> A prova de Procurador do Estado da Paraíba/2008 elaborada pelo Cespe considerou CORRETA a afirmação: "Um prefeito, tendo realizado contratação direta de um publicitário para a realização dos serviços de publicidade institucional da Prefeitura, justificou o seu ato sob o argumento de que, por se tratar de serviço técnico de notória especialização, não seria exigível a licitação. Na situação apresentada, a atitude do prefeito, à luz da Lei de Licitações, deve ser considerada errada, pois serviços de publicidade não podem ser classificados como de notória especialização, sendo necessário o procedimento de licitação para a contratação desse tipo de serviço".

A contratação direta de **escritório de advocacia** para o **patrocínio de causas de massa**, como contencioso trabalhista ou cível, **não pode ser enquadrada como serviço técnico de natureza singular**[9]. Para contratar a realização de atividade, imprescindível realizar prévia licitação;

III – para contratação de profissional de qualquer **setor artístico**, diretamente ou através de empresário exclusivo, desde que consagrado pela crítica especializada ou pela opinião pública".

Considera-se de **notória especialização** o profissional ou empresa cujo conceito no campo de sua especialidade, decorrente de desempenho anterior, estudos, experiências, publicações, organização, aparelhamento, equipe técnica, ou de outros requisitos relacionados com suas atividades, permita inferir que o **seu trabalho é essencial e indiscutivelmente o mais adequado à plena satisfação do objeto do contrato** (art. 25, § 1º, da Lei n. 8.666/93).

7.21.3 Licitação vedada ou proibida

São situações excepcionais, identificadas pela doutrina e sem previsão expressa na lei, em que a **realização do certame licitatório violaria o interesse público** em razão da **extrema urgência** em obter certos bens ou serviços. São casos, portanto, nos quais a Administração Pública é obrigada a adotar a **decisão vinculada** de realizar a contratação direta pelo fato de a proteção do interesse público ser incompatível com o período de tempo necessário para concluir o procedimento licitatório. Exemplo: compra de vacinas durante epidemia.

7.21.4 Licitação dispensada

Recentemente identificados pela doutrina, os casos de **licitação dispensada** não envolvem a possibilidade discricionária, como nas hipóteses convencionais de dispensa, de a Administração escolher entre promover a licitação ou realizar a contratação direta. Trata-se, portanto, de situações em que a contratação direta é uma **decisão vinculada**.

A própria Lei n. 8.666/93 distingue casos de licitação "dispensável" (art. 24, *caput*) e de licitação "dispensada" (art. 17). Naqueles, a Administração decide discricionariamente se a melhor solução é licitar ou contratar diretamente; nestes, a realização da licitação está de antemão excluída, dispensada.

As hipóteses de licitação dispensada estão **descritas taxativamente** no art. 17 da Lei n. 8.666/93:

1) **alienação de bens imóveis** provenientes de:

a) dação em pagamento;

b) doação, permitida exclusivamente para outro órgão ou entidade da administração pública, de qualquer esfera de governo;

---

9. Fundação Getulio Vargas. Padrão de Respostas. Prova Discursiva. Direito Administrativo. Exame de Ordem 2010.3.

c) permuta, por outro imóvel que atenda aos requisitos constantes do inciso X do art. 24 da Lei n. 8.666/93;

d) **investidura**;

> Confundindo licitação dispensável com licitação dispensada, a prova de Analista do Ministério Público da União elaborada pela Esaf considerou CORRETA a afirmação: "A alienação aos proprietários de imóveis lindeiros, de área remanescente ou resultante de obra pública, a qual se torne inapropriável, isoladamente, que a Lei n. 8.666/93 considera dispensável a licitação, para esse fim, é conceituada nesse diploma legal como sendo investidura".

e) venda a outro órgão ou entidade da Administração Pública, de qualquer esfera de governo;

f) alienação gratuita ou onerosa, aforamento, concessão de direito real de uso, locação ou permissão de uso de bens imóveis residenciais construídos, destinados ou efetivamente utilizados no âmbito de **programas habitacionais** ou de regularização fundiária de interesse social desenvolvidos por órgãos ou entidades da Administração Pública;

> A prova de Agente Fiscal da CGU/2008 elaborada pela Esaf considerou CORRETA a afirmação: "Pode ser dispensada a concorrência na alienação de bens imóveis da Administração Pública nas hipóteses de dação em pagamento, investidura, venda a outro órgão da Administração Pública e alienação gratuita ou onerosa em programas habitacionais".

g) procedimentos de legitimação de posse, mediante iniciativa e deliberação dos órgãos da Administração Pública em cuja competência legal inclua-se tal atribuição;

h) alienação gratuita ou onerosa, aforamento, concessão de direito real de uso, locação ou permissão de uso de bens imóveis de uso comercial de âmbito local com área de até 250 m^2 e inseridos no âmbito de programas de regularização fundiária de interesse social desenvolvidos por órgãos ou entidades da Administração Pública;

i) alienação e concessão de **direito real de uso**, gratuita ou onerosa, de terras públicas rurais da União na Amazônia Legal onde incidam ocupações até o limite de quinze módulos fiscais ou 1.500 ha, para fins de regularização fundiária, atendidos os requisitos legais;

> A prova de Técnico Judiciário do TRT/RS elaborada pela FCC considerou CORRETA a afirmação: "Para a escolha de trabalho científico, técnico ou artístico, e nas concessões de direito real de uso, a Administração Pública deverá observar, respectivamente, as modalidades de licitação denominadas concurso e concorrência".

2) alienação de bens móveis provenientes de:

a) doação, permitida exclusivamente para fins e uso de interesse social, após avaliação de sua oportunidade e conveniência socioeconômica, relativamente à escolha de outra forma de alienação;

b) permuta, permitida exclusivamente entre órgãos ou entidades da Administração Pública;

c) venda de ações, que poderão ser negociadas em bolsa, observada a legislação específica;

d) venda de títulos, na forma da legislação pertinente;

e) venda de bens produzidos ou comercializados por órgãos ou entidades da Administração Pública, em virtude de suas finalidades;

f) venda de materiais e equipamentos para outros órgãos ou entidades da Administração Pública, sem utilização previsível por quem deles dispõe.

7.21.5 Responsabilidade por superfaturamento

De acordo com a art. 25, § 2º, da Lei n. 8.666/93, nas hipóteses de contratação direta por dispensa ou inexigibilidade, se **comprovado superfaturamento**, haverá **responsabilidade solidária**, pelo dano causado, do **fornecedor** ou **prestador de serviços** e do **agente público responsável**, sem prejuízo de outras sanções legais cabíveis.

Trata-se de um **caso raríssimo**, um dos únicos, de responsabilidade solidária no Direito Administrativo brasileiro, pois a regra geral neste ramo é a natureza subsidiária da responsabilidade.

Quadro comparativo entre os diferentes institutos de contratação direta

	Dispensa	Inexigibilidade	Vedação	Licitação dispensada
Base legal	art. 24 da Lei n. 8.666/93	art. 25 da Lei n. 8.666/93	---------	art. 17 da Lei n. 8.666/93
Rol	taxativo	exemplificativo	--------	taxativo
Caracterização	casos em que a licitação é possível, mas pode ser inconveniente ao interesse público	a realização da licitação é logicamente impossível, por inviabilidade de competição	a situação emergencial torna proibida a promoção da licitação	a Lei n. 8.666/93 descreve casos em que a licitação é "dispensada", obrigando a contratação direta
Natureza da decisão	a decisão pela contratação direta é discricionária	a decisão pela contratação direta é vinculada	a decisão pela contratação direta é vinculada	a decisão pela contratação direta é vinculada
Exemplo importante	compra de objetos de pequeno valor	contratação de artista consagrado para *show* da Prefeitura	compra de vacinas durante epidemia	alienação de bens imóveis provenientes de dação em pagamento

7.22 CRIMES NA LEI N. 8.666/93

Os arts. 89 a 99 da Lei n. 8.666/93 tipificam alguns **crimes** relacionados com o **procedimento licitatório** e a **celebração de contratos administrativos.**

Podem incorrer nessas condutas tanto **particulares** licitantes quanto **agentes públicos**. Todos os crimes são de **ação penal pública incondicionada**, e seu cometimento não impede a aplicação das sanções previstas na Lei de Improbidade Administrativa – Lei n. 8.429/92.

As condutas definidas como crime são as seguintes:

1) dispensar ou inexigir licitação fora das hipóteses previstas em lei, ou deixar de observar as formalidades pertinentes à dispensa ou à inexigibilidade (art. 89);

2) frustrar ou fraudar, mediante ajuste, combinação ou qualquer outro expediente, o caráter competitivo do procedimento licitatório, com o intuito de obter, para si ou para outrem, vantagem decorrente da adjudicação do objeto da licitação (art. 90);

3) patrocinar, direta ou indiretamente, interesse privado perante a Administração, dando causa à instauração de licitação ou à celebração de contrato, cuja invalidação vier a ser decretada pelo **Poder Judiciário** (art. 91);

> A prova de Auditor do TCE/SE considerou CORRETA a afirmação: "O patrocínio direto ou indireto de interesse privado perante a Administração, dando causa à instauração de licitação, cuja invalidação vier a ser decretada pelo Poder Judiciário, está sujeito à pena de detenção de seis meses a dois anos, e multa".

4) admitir, possibilitar ou dar causa a qualquer modificação ou vantagem, inclusive prorrogação contratual, em favor do adjudicatário, durante a execução dos contratos celebrados com o Poder Público, sem autorização em lei, no ato convocatório da licitação ou nos respectivos instrumentos contratuais, ou, ainda, pagar fatura com preterição da ordem cronológica de sua exigibilidade (art. 92);

5) impedir, perturbar ou fraudar a realização de qualquer ato de procedimento licitatório (art. 93);

6) devassar o sigilo de proposta apresentada em procedimento licitatório, ou proporcionar a terceiro o ensejo de devassá-lo (art. 94);

7) afastar ou procurar afastar licitante, por meio de violência, grave ameaça, fraude ou oferecimento de vantagem de qualquer tipo (art. 95);

8) fraudar, em prejuízo da Fazenda Pública, licitação instaurada para aquisição ou venda de bens ou mercadorias, ou contrato dela decorrente: a) elevando arbitrariamente os preços; b) vendendo, como verdadeira ou perfeita, mercadoria falsificada ou deteriorada; c) entregando uma mercadoria por outra; d) alterando substância, qualidade ou quantidade da mercadoria fornecida; e) tornando, por qualquer modo, injustamente, mais onerosa a proposta ou a execução do contrato (art. 96);

9) admitir à licitação ou celebrar contrato com empresa ou profissional declarado inidôneo (art. 97);

10) obstar, impedir ou dificultar, injustamente, a inscrição de qualquer interessado nos registros cadastrais ou promover indevidamente a alteração, suspensão ou cancelamento de registro do inscrito (art. 98).

> ATENÇÃO: segundo entendimento do Supremo Tribunal Federal, a realização de consulta formulada a órgão jurídico, sobre a exigibilidade do dever de licitar, afasta o dolo da contratação feita sem licitação (Inquérito 2.482/MG, j. 15-9-2011).

7.23 REGIME DIFERENCIADO DE CONTRATAÇÕES PÚBLICAS (RDC) – LEI N. 12.462, DE 5 DE AGOSTO DE 2011

Aproveitando que o Brasil foi confirmado como país-sede da Copa do Mundo de 2014 e dos Jogos Olímpicos de 2016, o governo federal conseguiu aprovar no Congresso Nacional a Lei n. 12.462/2011, que institui o controvertido RDC, Regime Diferenciado de Contratações Públicas, com o objetivo de viabilizar as obras e contratações necessárias para criar a infraestrutura indispensável para receber os dois eventos.

A **utilização do RDC é exclusiva para** licitações e contratos vinculados à realização das:

1) **Copa das Confederações** (2013);

2) **Copa do Mundo** (2014);

3) **Jogos Olímpicos e Paralímpicos** (2016);

4) obras de infraestrutura e de contratação de serviços para os **aeroportos das capitais dos Estados da Federação distantes até 350 km** das cidades sedes dos eventos acima;

5) ações integrantes do Programa de Aceleração do Crescimento – PAC;

6) obras e serviços de engenharia no âmbito do Sistema Único de Saúde – SUS;

7) obras e serviços de engenharia para construção, ampliação e reforma de **estabelecimentos penais e unidades de atendimento socioeducativo;**

8) ações no âmbito da **segurança pública;**

9) obras e serviços de engenharia, relacionadas a melhorias na **mobilidade urbana** ou ampliação de infraestrutura logística;

10) contratos de locação de bens móveis e imóveis, nos quais o locador realiza prévia aquisição, construção ou reforma substancial, com ou sem aparelhamento de bens, por si mesmo ou por terceiros, do bem especificado pela administração;

11) ações em órgãos e entidades dedicados à **ciência, à tecnologia e à inovação.**

É o que está previsto logo no art. 1º da Lei do RDC:

"Art. 1º É instituído o Regime Diferenciado de Contratações Públicas (RDC), aplicável exclusivamente às licitações e contratos necessários à realização:

I – dos Jogos Olímpicos e Paraolímpicos de 2016, constantes da Carteira de Projetos Olímpicos a ser definida pela Autoridade Pública Olímpica (APO); e

II – da Copa das Confederações da Federação Internacional de Futebol Associação – Fifa 2013 e da Copa do Mundo Fifa 2014, definidos pelo Grupo Executivo – Gecopa 2014 do Comitê Gestor instituído para definir, aprovar e supervisionar as ações previstas no Plano Estratégico das Ações do Governo Brasileiro para a realização da Copa do Mundo Fifa 2014 – CGCOPA 2014, restringindo-se, no caso de obras públicas, às constantes da matriz de responsabilidades celebrada entre a União, Estados, Distrito Federal e Municípios;

III – de obras de infraestrutura e de contratação de serviços para os aeroportos das capitais dos Estados da Federação distantes até 350 km (trezentos e cinquenta quilômetros) das cidades sedes dos mundiais referidos nos incisos I e II.

IV – das ações integrantes do Programa de Aceleração do Crescimento (PAC).

V – das obras e serviços de engenharia no âmbito do Sistema Único de Saúde – SUS.

VI – das obras e serviços de engenharia para construção, ampliação e reforma e administração de estabelecimentos penais e de unidades de atendimento socioeducativo; (Incluído pela Lei n. 13.190, de 2015)

VII – das ações no âmbito da segurança pública; (Incluído pela Lei n. 13.190, de 2015)

VIII – das obras e serviços de engenharia, relacionadas a melhorias na mobilidade urbana ou ampliação de infraestrutura logística; e (Incluído pela Lei n. 13.190, de 2015)

IX – dos contratos a que se refere o art. 47-A. (Incluído pela Lei n. 13.190, de 2015)

X – das ações em órgãos e entidades dedicados à ciência, à tecnologia e à inovação".

O RDC possui 4 **objetivos** (art. 1º, § 1º): a) ampliar a eficiência nas contratações públicas e a competitividade entre os licitantes; b) promover a troca de experiências e tecnologias em busca da melhor relação entre custos e benefícios para o setor público; c) incentivar a inovação tecnológica; d) assegurar tratamento isonômico entre os licitantes e a seleção da proposta mais vantajosa para a administração pública.

Quanto ao **procedimento** do RDC, merecem destaque algumas **características especiais**:

a) a possibilidade de a administração pública contratar mais de uma empresa ou instituição para executar o mesmo serviço (**multiadjudicação**), desde que não implique perda de economia de escala, quando o objeto da contratação puder ser executado de forma concorrente e simultânea por mais de um contratado ou a múltipla execução for conveniente para atender à administração pública (art. 11);

b) **inversão das fases naturais** da licitação, com o julgamento das propostas precedendo a habilitação (art. 12);

c) **uso preferencial do RDC eletrônico** (art. 13);

d) **oferecimento das propostas** poderá ser realizado pelo **sistema de disputa aberto**, no qual os licitantes apresentarão suas ofertas por meio de lances públicos e sucessivos, crescentes ou decrescentes, conforme o critério de julgamento adotado, ou **no modo de disputa fechado**, em que as propostas apresentadas pelos licitantes serão sigilosas até a data e a hora designadas para que sejam divulgadas (art. 17);

e) **sigilo dos orçamentos** até o fim da licitação.

Esta última característica presente no regime do RDC é o aspecto mais polêmico da nova lei. Os críticos desse modelo consideram inconstitucional, por atentatório ao princípio da publicidade, manter-se em sigilo até o final da licitação o valor que o Poder Público pretende gastar com a contratação. Nas demais licitações, o próprio edital declara qual o valor máximo disponível em caixa para ser gasto com a celebração do contrato, o que garante mais transparência no controle das despesas.

Outro aspecto bastante polêmico da Lei do RDC é o **contrato de eficiência**. Trata-se de um contrato acessório que terá por objeto a prestação de serviços, incluindo a realização de obras e o fornecimento de bens, com o objetivo de proporcionar economia ao contratante, na forma de redução de despesas correntes, sendo o **contratado remunerado com base no percentual da economia gerada** (art. 23, § 1º).

Estranha também é a hipótese chamada de **contratação integrada**, na qual obras e serviços são contratados **sem projeto básico aprovado pela autoridade competente** (art. 8º, § 5º), em flagrante violação dos requisitos básicos exigidos para um edital segundo o disposto no art. 40 da Lei n. 8.666/93.

Como regimes de execução indireta de obras e serviços de engenharia, o art. 8º prevê:

I – empreitada por preço unitário;

II – empreitada por preço global;

III – contratação por tarefa;

IV – empreitada integral; ou

V – contratação **integrada**.

> A prova da PC/AC em 2017 elaborada pelo Ibade considerou CORRETA a afirmação: "Conforme a Lei do Regime Diferenciado de Contratações Públicas (RDC), nas licitações e contratações de obras e serviços de engenharia serão adotados como regimes de execução indireta, preferencialmente, a empreitada por preço global, a empreitada integral ou a contratação integrada".

7.24 JURISPRUDÊNCIA

7.24.1 STJ

Credenciamento. Hipótese de ilegibilidade de licitação: O estabelecimento de critérios de classificação para a escolha de licitantes em credenciamento é ilegal. O credenciamento é hipótese de inexigibilidade de licitação não prevista no rol exemplificativo do art. 25 da Lei n. 8.666/93, amplamente reconhecida pela doutrina especializada e pela jurisprudência do Tribunal de Contas da União. Segundo a doutrina, o sistema de credenciamento, como forma de inexigibilidade de licitação, torna inviável a competição entre os credenciados, que não disputam preços, já que, após selecionados, a Administração pública se compromete a contratar todos os que atendam aos requisitos de pré-qualificação. Segundo o TCU, para a utilização do credenciamento devem ser observados requisitos como: i) contratação de todos os que tiverem interesse e que satisfaçam as condições fixadas pela Administração, não havendo relação de exclusão; ii) garantia de igualdade de condições entre todos os interessados hábeis a contratar com a Administração, pelo preço por ela definido; iii) demonstração inequívoca de que as necessidades da Administração somente poderão ser atendidas dessa forma. Com efeito, sendo o credenciamento modalidade de licitação inexigível em que há inviabilidade de competição, ao mesmo tempo que se admite a possibilidade de contratação de todos os interessados em oferecer o mesmo tipo de serviço à Administração Pública, os critérios de pontuação exigidos em edital para desclassificar a contratação de empresa já habilitada mostra-se contrário ao entendimento doutrinário e jurisprudencial esposado (REsp 1.747.636-PR, rel. Min. Gurgel de Faria, Primeira Turma, por unanimidade, j. 3-12-2019, *DJe* 9-12-2019, *Informativo* 662).

Licitação: Sociedade empresária em recuperação judicial pode participar de licitação, desde que demonstre, na fase de habilitação, a sua viabilidade econômica (AREsp 309.867-ES, rel. Min. Gurgel de Faria, por unanimidade, j. 26-6-2018, *DJe* 8-8-2018).

Franquias postais / Licitação: Os contratos das Agências de Correios Franqueadas em vigor em 27 de novembro de 2007 que não sejam precedidos de licitação possuem eficácia até que as novas avenças sejam firmadas, ainda que descumprido o prazo estabelecido pelo art. 7º, parágrafo único, da Lei n. 11.668/2008 (AREsp 613.239-RS, rel. Min. Benedito Gonçalves, 1ª Turma, por unanimidade, j. 7-11-2017, *DJe* 16-11-2017).

Licitação / "Minha Casa Minha Vida": As regras gerais previstas na Lei n. 8.666/93 podem ser flexibilizadas no Programa Minha Casa Minha Vida, por força do art. 4º, parágrafo único, da Lei n. 10.188/2001, desde que se observem os princípios gerais da administração pública (REsp 1.687.381-DF, rel. Min. Francisco Falcão, por unanimidade, j. 17-4-2018, *DJe* 23-4-2018).

Licitação: A divulgação do Cadastro Nacional de Empresas Inidôneas e Suspensas – Ceis pela CGU tem mero caráter informativo, não sendo determinante para que os entes federativos impeçam a participação, em licitações, das empresas ali constantes (MS 21.750-DF, rel. Min. Napoleão Nunes Maia Filho, por unanimidade, j. 25-10-2017, *DJe* 7-11-2017).

Licitação e contratos: O fato de o servidor estar licenciado não afasta o entendimento segundo o qual não pode participar de procedimento licitatório a empresa que possuir em seu quadro de pessoal servidor ou dirigente do órgão contratante ou responsável pela licitação (REsp 1.607.715-AL, rel. Min. Herman Benjamin, por unanimidade, j. 7-3-2017, *DJe* 20-4-2017).

Licitação: O termo inicial para efeito de detração da penalidade prevista no art. 7º da Lei n. 10.520/2002 (impedimento de licitar e contratar com a União, bem como o descredenciamento do SICAF, pelo prazo de até 5 anos), aplicada por órgão federal, coincide com a data em que foi publicada a decisão administrativa no *Diário Oficial da União* – e não com a do registro no Sicaf (MS 20.784-DF, rel. Min. Sérgio Kukina, rel. para acórdão Min. Arnaldo Esteves Lima, j. 9-4-2015, *DJe* 7-5-2015).

Licitação: É lícita cláusula em edital de licitação exigindo que o licitante, além de contar, em seu acervo técnico, com um profissional que tenha conduzido serviço de engenharia similar àquele em licitação, já tenha atuado em serviço similar (RMS 39.883-MT, rel. Min. Humberto Martins, j. 17-12-2013).

Convalidação de vício de competência em processo licitatório: Não deve ser reconhecida a nulidade em processo licitatório na hipótese em que, a despeito de recurso administrativo ter sido julgado por autoridade incompetente, tenha havido a posterior homologação de todo o certame pela autoridade competente (REsp 1.348.472-RS, rel. Min. Humberto Martins, j. 21-5-2013).

Licitação: A sociedade empresária que, em concorrência realizada para ampliação de prédio público, deixe de apresentar, no envelope de habilitação, declaração de concordância do responsável técnico, descumprindo exigência prevista no edital, não tem direito líquido e certo a realizar o referido ato em momento posterior e por meio diverso do estabelecido no instrumento convocatório, tampouco a ser considerada habilitada no procedimento licitatório, ainda que tenha apresentado documentos assinados por seu represente legal que comprovem ser este um engenheiro civil (RMS 38.359-SE, rel. Min. Benedito Gonçalves, j. 11-4-2013).

Licitação: Não se amolda à hipótese de dispensa de licitação prevista no art. 24, II, da Lei n. 8.666/93 a situação em que, contratada organizadora para a realização de concurso público por valor inferior ao limite previsto no referido dispositivo, tenha-se verificado que a soma do valor do contrato com o total arrecado a título de taxa de inscrição supere o limite de dispensa previsto no aludido inciso (REsp 1.356.260-SC, rel. Min. Humberto Martins, j. 7-2-2013).

7.24.2 STF

Licitação (lei orgânica e restrição): A Segunda Turma deu provimento a recurso extraordinário para declarar a **constitucionalidade do art. 36 da Lei Orgânica do Município de Brumadinho/MG, que proibiria agentes políticos e seus parentes de contratar com o município** ("O Prefeito, o Vice-Prefeito, os Vereadores, os ocupantes de cargo em comissão ou função de confiança, as pessoas ligadas a qualquer deles por matrimônio ou parentesco, afim ou consanguíneo, até o 2º grau, ou por adoção e os servidores e empregados públicos municipais, não poderão contratar com o Município, subsistindo a proibição até seis meses após findas as respectivas funções"). **Asseverou-se que a Constituição** outorgaria à União a competência para editar normas gerais sobre licitação (CF, art. 22, XXVII) e **permitiria que Estados-membros e Municípios legislassem para complementar as normas gerais e adaptá-las às suas realidades.** Afirmou-se que essa discricionariedade existiria para preservar interesse público fundamental, de modo a possibilitar efetiva, real e isonômica competição. Assim, as leis locais deveriam observar o art. 37, XXI, da CF, para assegurar "a igualdade de condições de todos os concorrentes" (RE 423.560/MG, 2ª Turma, rel. Min. Joaquim Barbosa, 29-5-2012 – *Informativo* n. 668).

7.25 QUADRO SINÓTICO

LICITAÇÃO

A licitação é um **procedimento** obrigatório que antecede a celebração de contratos pela Administração Pública. A razão de existir dessa exigência reside no fato de que os imperativos **da isonomia, impessoalidade, moralidade e indisponibilidade do interesse público,** que informam a atuação da Administração, obrigam à realização de um processo público para seleção imparcial da **melhor proposta**.

FINALIDADES

- 1) **Buscar a melhor proposta**, estimulando a competitividade entre os potenciais licitantes, a fim de atingir o negócio mais vantajoso para a Administração.
- 2) **Oferecer iguais condições a todos que queiram contratar** com a Administração, promovendo, em nome da isonomia, a possibilidade de participação no certame licitatório de quaisquer interessados que preencham as condições previamente fixadas no instrumento convocatório.
- 3) A promoção do **desenvolvimento nacional sustentável** (inserido pela Lei n. 12.349/2010).

NATUREZA JURÍDICA

A natureza jurídica da licitação é de procedimento administrativo.

COMPETÊNCIA PARA LEGISLAR

Segundo a **CF/88 (art. 22, XXVII)**, a competência para legislar sobre licitações é **privativa da União** para normas gerais.

NORMATIZAÇÃO INFRACONSTITUCIONAL

Além da Constituição Federal, diversos diplomas normativos disciplinam no âmbito federal aspectos gerais do procedimento licitatório.

- 1) **Lei n. 8.666/93:** estabelece as normas gerais sobre licitações e contratos administrativos pertinentes a obras, serviços, inclusive de publicidade, compras, alienações e locações no âmbito dos Poderes da União, dos Estados, do Distrito Federal e dos Municípios.
- 2) **Lei n. 10.520/2002:** estende a todas as esferas federativas a modalidade licitatória denominada pregão, utilizada para contratação de bens e serviços comuns.
- 3) **Decreto n. 5.450/2005:** define o procedimento a ser adotado para o pregão eletrônico.
- 4) **Lei n. 9.472/97:** estabelece duas novas modalidades licitatórias exclusivas para o âmbito da Agência Nacional das Telecomunicações – Anatel: o pregão e a consulta.
- 5) **Lei n. 9.648/98:** define como dispensável a licitação para a celebração de contratos de prestação de serviços com as organizações sociais, qualificadas no âmbito das respectivas esferas de governo, para atividades contempladas no contrato de gestão.
- 6) **Lei n. 11.107/2005:** dobro o limite de valor para contratação direta por dispensa de licitação nas compras, obras e serviços contratados por consórcios públicos e agências executivas.
- 7) **Lei Complementar n. 123/2006:** definiu como critério de desempate nas licitações a preferência de contratação para as microempresas e empresas de pequeno porte. Nos termos do art. 44, § 1º, da referida lei, entendem-se por empate aquelas situações em que as propostas apresentadas pelas microempresas e empresas de pequeno porte sejam iguais ou até 10% superiores à proposta mais bem classificada. Já no caso da modalidade pregão, o intervalo percentual é de até 5%. Ocorrendo o empate, a microempresa ou empresa de pequeno porte mais bem classificada poderá apresentar proposta de preço inferior àquela considerada vencedora do certame, situação em que será adjudicado em seu favor o objeto licitado (art. 44, I).

DICA: Orientação Normativa n. 7 da AGU: "O tratamento favorecido de que tratam os arts. 43 a 45 da Lei Complementar n. 123, de 2006, deverá ser concedido às microempresas e empresas de pequeno porte independentemente de previsão editalícia".

- 8) **Lei n. 12.349/2010:** acrescenta a promoção do desenvolvimento sustentável como um dos objetivos do procedimento licitatório (art. 3º da Lei n. 8.666/93).
- 9) **Lei n. 12.462/2011:** cria o Regime Diferenciado de Contratação (RDC) para obras de infraestrutura.

NATUREZA JURÍDICA DA LEI N. 8.666/93

A Lei n. 8.666 tem natureza jurídica de lei nacional, estabelecendo normas gerais obrigatórias para todas as entidades federativas.

EXTENSÃO MATERIAL DO DEVER DE LICITAR (OBJETO)

É obrigatória a licitação para:

- a) compra de bens móveis ou imóveis;
- b) contratação de serviços, inclusive de seguro e publicidade;
- c) realização de obras;

- d) alienação de bens públicos e daqueles adquiridos judicialmente ou mediante dação em pagamento, doação, permuta e investidura (art. 17 da Lei n. 8.666/93);
- e) outorga de concessão de serviço público;
- f) permissão de serviço público.

EXTENSÃO PESSOAL DO DEVER DE LICITAR	
TEM QUE LICITAR:	**NÃO TEM QUE LICITAR:**
a) Poder Legislativo; b) Poder Judiciário; c) Ministério Público; d) Tribunais de Contas; e) Órgãos da Administração Pública direta; f) Autarquias e fundações públicas; g) Agências reguladoras e agências executivas; h) Associações públicas; i) Consórcios públicos; j) Fundações governamentais; k) Empresas públicas; l) Sociedades de economia mista; m) Fundos especiais; n) Fundações de apoio; o) Serviços sociais do sistema "S"; p) Conselhos de classe.	a) Empresas privadas; b) Concessionários e de serviço público; c) Permissionários de serviço público; d) Organizações sociais, exceto para contratações com utilização direta de verbas provenientes de repasses voluntários da União; e) Organizações da Sociedade Civil de Interesse Público (Oscips), exceto para contratações com utilização direta de verbas provenientes de repasses voluntários da União.

OUTROS CASOS

ORGANIZAÇÕES SOCIAIS: o art. 24, XXIV, da Lei n. 8.666/93 dispensa a realização de procedimento licitatório para a celebração, pela Administração Pública, de contratos de prestação de serviços com as organizações sociais. A autorização de dispensa é concedida à Administração Pública, e não às organizações sociais, que, via de regra, não estão obrigadas a licitar.

ENTIDADES PARAESTATAIS (sistema S): a doutrina entende que as entidades paraestatais estão sujeitas ao dever de realizar licitação, especialmente porque são mantidas com recursos provenientes de contribuições de natureza tributária, cobradas dos empregadores. A 1ª Câmara do Tribunal de Contas da União, na Decisão n. 47/2005, entendeu, entretanto, que o procedimento licitatório a ser observado pelas paraestatais pode ser definido nos regimentos internos de cada entidade, não havendo obrigatoriedade de cumprimento dos preceitos definidos na Lei n. 8.666/93.

CONSELHOS DE CLASSE: os conselhos de classe, como o Conselho Regional de Medicina (CRM) e o Conselho Regional de Engenharia e Arquitetura (Crea), são tradicionalmente tratados pela doutrina como espécies de autarquias profissionais. Assim, pertencem à Administração Pública indireta e, por isso, sujeitam-se ao dever de realizar licitação.

EMPRESAS ESTATAIS EXPLORADORAS DE ATIVIDADE ECONÔMICA: Empresas públicas e sociedades de economia mista são pessoas jurídicas de direito privado pertencentes à Administração Pública indireta e, nessa condição, encontram-se submetidas ao dever de licitar.

PRINCÍPIOS DA LICITAÇÃO

Além dos princípios gerais de Direito Administrativo, a licitação está submetida aos seguintes:

- ISONOMIA;
- COMPETITIVIDADE;
- VINCULAÇÃO AO INSTRUMENTO convocatório (o edital é a lei da licitação);
- JULGAMENTO OBJETIVO (não é absoluto);
- INDISTINÇÃO (vedadas preferências quanto à naturalidade, à sede e ao domicílio dos licitantes);
- INALTERABILIDADE DO EDITAL (ampla publicidade e devolução dos prazos se alterar depois de publicado);
- SIGILO DAS PROPOSTAS;
- VEDAÇÃO À OFERTA DE VANTAGENS (proíbe propostas vinculadas);
- OBRIGATORIEDADE (é dever do Estado licitar);
- FORMALISMO PROCEDIMENTAL (o descumprimento de uma formalidade só gera nulidade se comprovar prejuízo); e
- ADJUDICAÇÃO COMPULSÓRIA (obriga a administração a atribuir o objeto ao vencedor).

COMISSÃO DE LICITAÇÃO

A comissão de licitação, em **regra**, é composta por **três membros, sendo dois** deles dos quadros **permanentes do órgão** licitante, nomeados pela autoridade superior dentro da própria entidade. **Comissão especial** – constituída para um certame específico. **Comissão permanente** – que realiza todas as licitações no período de investidura.

DICA: os **membros da comissão respondem solidariamente** por todos os atos a ela imputados, **salvo** se a **posição individual divergente** for manifestada **em ata**.

TIPOS DE LICITAÇÃO

- MENOR PREÇO: será vencedor o licitante que apresentar a proposta de acordo com as especificações do edital ou convite e ofertar o menor preço.
- MELHOR TÉCNICA: exclusivamente para serviços de natureza predominantemente intelectual;
- TÉCNICA E PREÇO: exclusivamente para serviços de natureza predominantemente intelectual. A classificação dos proponentes far-se-á de acordo com a média ponderada das valorizações das propostas técnicas e de preço, de acordo com os pesos preestabelecidos no instrumento convocatório.
- MAIOR LANCE: critério utilizado exclusivamente para a modalidade leilão.

DICA: para contratação de bens e serviços de informática, a Lei n. 8.666/93 determina a utilização obrigatória do tipo de licitação técnica e preço, permitindo o emprego de outro tipo de licitação nos casos indicados em decreto do Poder Executivo (art. 45, § 4º).

MODALIDADES DE LICITAÇÃO

Modalidades são os **diferentes ritos** previstos na legislação para o processamento da licitação. São sete modalidades de licitação:

- CONCORRÊNCIA: quaisquer interessados – requisitos mínimos ampla publicidade – grande vulto econômico – (quando antecede concessão e PPP, pode inverter as fases) é obrigatória para: compras e alienações de imóveis; concessões de direito real de uso; licitações internacionais; contratos de empreitada integral; concessões de serviço público; registro de preços;
- TOMADA DE PREÇOS: interessados cadastrados – condições do edital 3 dias antes da proposta – objetos de vulto intermediário;
- CONVITE: interessados cadastrados ou não – 3 convidados no mínimo – estende-se aos demais cadastrados que demonstrarem interesse até 24 horas antes das propostas – objetos de pequeno vulto – não existe edital e sim carta convite;
- CONCURSO: quaisquer interessados – trabalho técnico, científico ou artístico – prêmios ou remuneração conforme edital – comissão não precisa ser composta por agentes públicos.

DICA: na modalidade **concurso**, o critério para julgamento das propostas é o **melhor trabalho** técnico, científico ou artístico (art. 22, § 4º, da Lei n. 8.666/93). Quanto ao **pregão**, a definição da proposta vencedora é baseada no critério do **menor lance ou oferta** (art. 4º, X, da Lei n. 10.520/2002).

- LEILÃO: quaisquer interessados – para venda de bens – produtos – alienação – dação – maior lance da avaliação.
- CONSULTA: realizada por procedimento próprio – aquisição de bens e serviços por todas as agências reguladoras – vedada para engenharia.
- PREGÃO: para todas as esferas federativas.

ATENÇÃO! O art. 22, § 8º, da Lei n. 8.666/93 proíbe a criação de outras modalidades de licitação ou a **combinação** das existentes. A vedação é dirigida à Administração **Pública**, mas **não impede** que **o legislador** crie novas **modalidades**.

MODALIDADES DETERMINADAS PELO VALOR DO OBJETO

OBRAS E SERVIÇOS DE ENGENHARIA:

- A) até R$ 330.000,00 (trezentos e trinta mil reais) – CONVITE.
- B) até R$ 3.300.000,00 (três milhões e trezentos mil reais) – TOMADA DE PREÇO.
- C) acima de R$ 3.300.000,00 (três milhões e trezentos mil reais) – CONCORRÊNCIA.

DEMAIS OBJETOS:

- até R$ 176.000,00 (cento e setenta e seis mil reais) – CONVITE.
- B) até R$ 1.430.000,00 (um milhão, quatrocentos e trinta mil reais) – TOMADA DE PREÇOS.
- C) acima de R$ 1.430.000,00 (um milhão, quatrocentos e trinta mil reais) – CONCORRÊNCIA.

DICAS:

1) se houver **fracionamento do objeto**, cada parte deverá ser licitada utilizando a **modalidade cabível para o valor integral** (art. 23, § 2º, da Lei n. 8.666/93). Essa regra impede que a divisão do objeto funcione como mecanismo de fuga da modalidade correta;

2) é **sempre possível utilizar modalidade mais rigorosa** do que a prevista na legislação diante do valor do objeto;

3) **admite-se** que o legislador estadual ou municipal, no exercício de sua competência para criar normas específicas sobre o tema, **determine a adoção da concorrência como única modalidade** licitatória permitida na respectiva esfera federativa;

4) para contratação de objetos **com valor de até 10% da faixa máxima do convite**, a realização da licitação **não é obrigatória**;

REGISTRO DE PREÇOS

É um sistema utilizado para compras, obras ou serviços rotineiros no qual, em vez de fazer várias licitações, o Poder Público realiza uma concorrência, e a proposta vencedora fica registrada, estando disponível quando houver necessidade de contratação pela administração.

DICA: mesmo após a efetivação do registro de preços, o Poder Público não é obrigado a contratar com o ofertante registrado, mas ele terá preferência na contratação em igualdade de condições (art. 15, § 4º).

"CARONA"

Denomina-se "carona" a utilização, por uma pessoa jurídica ou órgão público, do registro de preço realizado por outra entidade estatal. A vantagem é que o caroneiro poderá celebrar o contrato de imediato sem necessidade de refazer a licitação. A prática da carona é expressamente autorizada, em âmbito federal, pelo art. 22 do Decreto n. 7.892/2013.

FASES DA CONCORRÊNCIA (INTERNA E EXTERNA)

A fase interna compreende todos os atos anteriores à publicação do edital, envolvendo:

- a) elaboração de projeto básico para obras e serviços de engenharia;
- b) orçamento detalhado;
- c) previsão de recursos orçamentários e compatibilidade com o plano plurianual (PPA);
- d) abertura de processo administrativo para verificação da necessidade da contratação e designação de comissão.

A fase externa inicia-se com a publicação do edital e inclui basicamente cinco etapas:

- a) instrumento convocatório;
- b) habilitação;
- c) classificação;
- d) homologação;
- e) adjudicação.

DICA: se o objeto contratado tiver valor superior a cem vezes o limite mínimo da concorrência, isto é, acima de R$ 330.000.000,00 (trezentos e trinta milhões de reais) para obras e serviços de engenharia, é necessária a realização de audiência pública (art. 39, *caput*, da Lei n. 8.666/93). Exige audiência pública também no caso de LICITAÇÕES SIMULTÂNEAS, entendidas como aquelas com objetos similares e com realização prevista para intervalos não superiores a 30 dias e de LICITAÇÕES SUCESSIVAS, também com objetos similares, em que o edital subsequente tenha uma data anterior a 120 dias após o término do contrato resultante da licitação antecedente (art. 39, parágrafo único, da Lei n. 8.666/93).

Após a definição da ordem classificatória, os autos sobem para a autoridade superior, que procederá à avaliação de todo o procedimento em busca de eventuais irregularidades, podendo haver:

- **REVOGAÇÃO:** É possível revogar a licitação na hipótese da ocorrência de causa superveniente que a torne contrária ao interesse público: art. 49 da Lei n. 8.666/93.
- **ANULAÇÃO:** Se houver algum vício, a autoridade superior pode anular o certame ou, preferencialmente, somente os atos prejudicados pelo defeito, preservando os demais.
- **HOMOLOGAÇÃO:** Inexistindo qualquer irregularidade ou acontecimento ensejador de revogação, a licitação será aprovada (homologada). Contra decisões relativas à homologação cabe recurso no prazo de cinco dias úteis, sem efeito suspensivo.
- **ADJUDICAÇÃO:** Consiste no ato administrativo declaratório e vinculado de atribuição jurídica do objeto da licitação ao vencedor do certame, que produz dois efeitos principais: a) atribui o direito ao vencedor de não ser preterido na celebração do contrato (não tem direito adquirido à celebração do contrato, pois mesmo após a adjudicação, a Administração não é obrigada a celebrá-lo. Se, entretanto, houver celebração do contrato com preterição da ordem classificatória, é nula a contratação, passando o adjudicatário a ter direito adquirido de figurar no contrato.); b) provoca a liberação dos licitantes vencidos.

DICA: ultrapassados sessenta dias da data da entrega das propostas, sem convocação para a contratação, ficam os licitantes liberados dos compromissos assumidos.

CONTRATAÇÃO DIRETA

- **DISPENSA (ART. 24 DA LEI N. 8.666/93)**: licitação possível mas não obrigatória. Neste caso, a efetivação da contratação direta é uma decisão discricionária da Administração Pública ("dispensável"). O rol de casos é TAXATIVO. Ex.: compra de objetos de pequeno valor.

- **INEXIGIBILIDADE (ART. 25 DA LEI N. 8.666/93):** são casos em que a realização do procedimento licitatório é logicamente impossível por inviabilidade de competição, seja porque o fornecedor é exclusivo, seja porque o objeto é singular. A decisão de não realizar o certame é vinculada. O rol de casos é EXEMPLIFICATIVO.
- **VEDAÇÃO (SEM PREVISÃO LEGAL):** são situações excepcionais, identificadas pela doutrina e sem previsão expressa na lei, em que a realização do certame licitatório violaria o interesse público em razão da extrema urgência em obter certos bens ou serviços.
- **DISPENSADA (ART. 17 DA LEI N. 8.666/93):** não envolvem a possibilidade discricionária, como nas hipóteses convencionais de dispensa. Tratase de situações em que a contratação direta é uma decisão vinculada, e a realização da licitação está de antemão excluída, dispensada. Ex.: alienação de bens imóveis provenientes de dação em pagamento.

NÃO CONFUNDIR:

- **LICITAÇÃO FRACASSADA:** aquela em que comparecem interessados, mas nenhum atende às necessidades da Administração, caso em que deve ser reaberto um prazo de oito dias úteis para apresentação de nova documentação ou melhoria das propostas.
- **LICITAÇÃO DESERTA:** publica-se o edital, mas não acode nenhum interessado, sendo autorizada contratação direta por dispensa de licitação, justificadamente, se não puder ser repetido o certame sem prejuízo para a Administração, mantidas, nesse caso, todas as condições preestabelecidas.

REGIME DIFERENCIADO DE CONTRATAÇÕES (RDC) – LEI N. 12.462/2011

A utilização do RDC é exclusiva para licitações e contratos vinculados à realização da:

- copa das confederações (2013);
- copa do mundo (2014); jogos olímpicos e paralímpicos (2016);
- obras de infraestrutura e de contratação de serviços para os aeroportos das capitais dos estados da federação distantes até 350 km das cidades-sede dos eventos acima;
- ações integrantes do programa de aceleração do crescimento – PAC;
- obras e serviços de engenharia no âmbito do sistema único de saúde – SUS;
- obras e serviços de engenharia para construção, ampliação e reforma de estabelecimentos penais e unidades de atendimento socioeducativo;
- ações no âmbito da segurança pública;
- obras e serviços de engenharia relacionados à mobilidade urbana;
- contrato de locação de bens nos quais o locador realiza prévia aquisição, construção ou reforma substancial com ou sem aparelhamento do bem especificado pela administração; e
- ações em órgãos e entidades dedicados à tecnologia e à inovação.

CARACTERÍSTICAS DO PROCEDIMENTO DO RDC

- a) a possibilidade de a Administração Pública contratar mais de uma empresa ou instituição para executar o mesmo serviço (multiadjudicação), desde que não implique perda de economia de escala, quando o objeto da contratação puder ser executado de forma concorrente e simultânea por mais de um contratado ou a múltipla execução for conveniente para atender à Administração Pública;
- b) inversão das fases naturais da licitação, com o julgamento das propostas precedendo a habilitação;
- c) uso preferencial do RDC eletrônico;
- d) oferecimento das propostas poderá ser realizado pelo sistema de disputa aberto, no qual os licitantes apresentarão suas ofertas por meio de lances públicos e sucessivos, crescentes ou decrescentes, conforme o critério de julgamento adotado, ou no modo de disputa fechado, em que as propostas apresentadas pelos licitantes serão sigilosas até a data e a hora designadas para que sejam divulgadas; e
- e) sigilo dos orçamentos até o fim da licitação.

7.26 QUESTÕES

1. (Juiz de Direito Substituto – TJ-BA – 2019 – Cespe) Um município deseja realizar obra de construção de uma ponte. Embora pequena, a obra é complexa, sem especificação usual, dada a peculiaridade do terreno, e está orçada em cerca de R$ 1,6 milhão.

Nessa situação hipotética, o gestor poderá escolher, para a contratação, a licitação na modalidade:

A) convite;

B) concorrência;

C) pregão;

D) leilão;

E) concurso.

2. (Pedagogo – IF-MS – 2019 – IF-MS) Licitação é o procedimento administrativo vinculado por meio do qual os entes da Administração Pública e aqueles por ela controlados selecionam a melhor proposta entre as oferecidas pelos vários interessados, com dois objetivos – a celebração de contrato, ou a obtenção do melhor trabalho técnico, artístico ou científico (CARVALHO, 2014, p. 238). CARVALHO, José dos Santos Filho. *Manual de direito administrativo*. 27ª ed. São Paulo: Atlas, 2014.

A Lei n. 8.666, de 21 de junho de 1993, regulamenta o disposto no art. 37, XXI da Constituição Federal e institui as normas para licitações e contratos da Administração Pública. Embora licitar seja regra, há casos em que a legislação prevê a possibilidade de dispensa do referido procedimento ou até mesmo este é inexigível. De acordo com as regras estabelecidas na Lei n. 8.666/93, marque a assertiva CORRETA. É dispensável a licitação:

A) para contratação de profissional de qualquer setor artístico, diretamente ou através de empresário exclusivo, desde que consagrado pela crítica especializada ou pela opinião pública;

B) nos casos de emergência ou de calamidade pública, quando caracterizada urgência de atendimento de situação que possa ocasionar prejuízo ou comprometer a segurança de pessoas, obras, serviços, equipamentos e outros bens, públicos ou particulares, e somente para os bens necessários ao atendimento da situação emergencial ou calamitosa e para as parcelas de obras e serviços que possam ser concluídas no prazo máximo de 6 meses, prorrogáveis por igual período;

C) para concessão ou permissão de prestação de serviço público, desde que comprovada capacidade técnica, econômica e financeira do concessionário ou permissionário;

D) para obras e serviços de engenharia de valor até 20% (vinte por cento) do limite previsto na alínea *a* do inciso I do art. 23 da Lei n. 8.666/93;

E) Na contratação realizada por Instituição Científica e Tecnológica – ICT ou por agência de fomento para a transferência de tecnologia e para o licenciamento de direito de uso ou de exploração de criação protegida.

3. (Administrador – AGU – 2019 – Idecan) A Lei n. 8.666/93 prevê, como modalidades licitatórias, a concorrência, a tomada de preços, o convite, o concurso e o leilão. Nesse cenário, assinale a alternativa que apresente a modalidade de licitação cabível para a concessão de direito real de uso que envolva valor inferior a R$ 80.000,00 (oitenta mil reais).

A) Convite.

B) Leilão.

C) Concorrência.

D) Tomada de preços.

E) Concurso.

4. (Engenheiro Civil – AL-GO – 2019 – Iades) Acerca de licitações e da Lei n. 8.666/93, assinale a alternativa correta.

A) A licitação pode ser dispensada caso algumas condições sejam cumpridas.

B) Em obras de até R$ 5.000.000,00, só pode ser usada a modalidade tomada de preços.

C) A Administração Pública participa de leilões para a aquisição de produtos considerados raros.

D) Concorrência é a modalidade mais abrangente de licitação, uma vez que pode ser utilizada em obras de até R$ 1.500.000,00.

E) Autarquias e sociedades de economia mista são dispensadas de promover licitação em casos em que haja urgência da aquisição do bem ou serviço, desde que comprovada previamente.

5. (Técnico em Comunicação Social – AGU – 2019 – Idecan) Para fins de aquisição de bens e serviços comuns, a Lei n. 10.520/2002 prevê o chamado pregão, que poderá ser realizado na forma eletrônica. A respeito da fase externa dessa modalidade de licitação, assinale a afirmativa incorreta.

A) O prazo fixado para a apresentação das propostas, contado a partir da publicação do aviso, não será inferior a 8 (oito) dias úteis.

B) Para julgamento e classificação das propostas, será adotado o critério de menor preço, observados os prazos máximos para fornecimento, as especificações técnicas e parâmetros mínimos de desempenho e qualidade definidos no edital.

C) Examinada a proposta classificada em primeiro lugar, quanto ao objeto e valor, caberá ao pregoeiro decidir motivadamente a respeito da sua aceitabilidade.

D) Homologada a licitação pela autoridade competente, o adjudicatário será convocado para assinar o contrato no prazo definido em edital.

E) No curso da sessão, o autor da oferta de valor mais baixo e os das ofertas com preços até 25% (vinte e cinco por cento) superiores àquela poderão fazer novos lances verbais e sucessivos, até a proclamação do vencedor.

6. (Administrador – IF-MS – 2019 – IF-MS) O Decreto n. 7.892/2013 regulamenta o sistema de registro de preços que estabelece o conjunto de procedimentos para registro formal de preços relativos à prestação de serviços e aquisição de bens, para contratações futuras. Diante do exposto a respeito do Decreto n. 7.892/2013, assinale a alternativa que corresponde à hipótese na qual o sistema de registro de preços poderia ser adotado.

A) Quando for conveniente a aquisição de bens com previsão de entregas parceladas ou contratação de serviços não remunerados por unidade de medida ou em regime de demanda.

B) Quando for conveniente a aquisição de bens ou a contratação de serviços para atendimento a mais de um departamento ou ao programa Bolsa Família.

C) Quando, pela natureza do objeto, for possível definir previamente o quantitativo a ser demandado pela empresa pública.

D) Quando, pelas características do bem ou serviço, houver necessidade de contratações frequentes.

E) Quando houver a necessidade de contratação de fornecedor remanescente.

7. (Administrador – IF-MS – 2019 – IF-MS) Licitação é o procedimento administrativo promovido pelas entidades governamentais com vistas a selecionar a proposta mais vantajosa às conveniências públicas. Sobre o processo licitatório, analise as afirmativas a seguir e assinale a alternativa CORRETA.

I – A licitação deve ser pautada não somente pelo comportamento lícito, mas, também, em consonância com a moral, com as regras da boa administração e com os princípios de justiça e de equidade.

II – O direito condena condutas dissociadas dos valores jurídicos e morais. Por isso, mesmo quando não há disciplina legal, é vedado ao administrador conduzir-se de modo ofensivo à ética e à moral. A moralidade está associada à legalidade: se uma conduta é imoral, deve ser invalidada.

III – É inconstitucional considerar como fatores de averiguação da proposta mais vantajosa os valores relativos aos impostos pagos ao ente federativo que realiza a licitação; tais fatores, obviamente, desfavorecem eventuais competidores locais e prejudicam sensivelmente os instalados em localidades diversas.

IV – Os atos licitatórios são públicos e acessíveis a todos, podendo ser acompanhados por servidores públicos efetivos.

V – Todos os licitantes devem ser tratados igualmente, em termos de direitos e obrigações, ou seja, com absoluta neutralidade. São vedados os apadrinhamentos, impondo que não haja favorecimentos pessoais.

A) As afirmativas II, III e IV estão corretas.
B) As afirmativas I, III, IV estão corretas.
C) As afirmativas I, IV e V estão corretas.
D) As afirmativas I, II, III e V estão corretas.
E) As afirmativas I, III, IV e V estão corretas.

8. (Enfermeiro – IF-ES – 2019 – IF-ES) Tendo por base a Lei n. 8.666/93, que institui as normas para licitações e contratos da Administração Pública, analise as assertivas abaixo:

I – É inexigível a licitação para contratação de profissional de qualquer setor artístico consagrado pela crítica especializada ou pela opinião pública, bem como para a contratação de serviços de publicidade e divulgação.

II – Na hipótese de inexigibilidade da licitação e em qualquer dos casos de dispensa, se comprovado superfaturamento, respondem solidariamente pelo dano causado à Fazenda Pública o fornecedor ou o prestador de serviços e o agente público responsável, sem prejuízo de outras sanções legais cabíveis.

III – É inexigível a licitação nos casos de guerra ou grave perturbação da ordem.

Marque a alternativa que apresenta somente assertiva(s) CORRETA(S):

A) II e III;
B) I e III;
C) II;
D) I, II e III;
E) III.

9. (Auditor-Fiscal da Receita Estadual – Bloco II – Sefaz-RS – 2019 – Cespe) Um Estado da Federação criou uma premiação como forma de reconhecimento pelos serviços prestados por agentes públicos de diversos órgãos. Assim, o Estado contratou um artista plástico amplamente consagrado pela crítica especializada para elaborar os troféus e as medalhas, hipótese que configura:

A) inexigibilidade de licitação;
B) dispensa de licitação;
C) leilão;
D) concorrência;
E) tomada de preço.

10. (Administrador Judiciário – TJ-SP – 2019 – Vunesp) Com relação às garantias nos contratos administrativos, com base na Lei n. 8.666/93, é correto afirmar que:

A) a exigência de garantia dispensa a prévia previsão no instrumento convocatório;
B) a fiança bancária é modalidade de garantia admitida pela legislação;
C) a exigência de garantia contratual se encontra limitada a 2% do valor do contrato;
D) cabe à Administração, dentre as hipóteses legalmente admitidas, definir que modalidade de garantia deverá ser prestada pelo contratado;
E) a garantia deverá ser progressivamente liberada ao longo da execução do contrato.

GABARITO

1. B / **2.** E / **3.** C / **4.** A / **5.** E / **6.** D / **7.** D / **8.** C / **9.** A / **10.** B

Acesse mais questões também pelo link:
http://somos.in/MDA1158

8

CONTRATOS ADMINISTRATIVOS

Acesse também a videoaula pelo link:
http://somos.in/MDA1109

8.1 INTRODUÇÃO

No exercício da função administrativa, o Poder Público estabelece diversas relações jurídicas com particulares, além de criar vínculos especiais de colaboração intergovernamental. Sempre que tais **conexões subjetivas** tiverem **natureza contratual** e forem submetidas aos princípios e regras do **Direito Administrativo**, estaremos diante de **contratos administrativos**.

> A prova do Ministério Público/AM 2007 considerou CORRETA a assertiva: "O contrato administrativo tem íntima relação com a democratização do Estado, pois, em um Estado autoritário, os bens e serviços podem ser requisitados compulsoriamente ou apropriados pelos governantes sem maiores formalidades".

São **exemplos** de contrato administrativo: concessão de serviço público, parceria público-privada (PPP), contrato de gestão, termo de parceria e contrato de gerenciamento etc.

8.2 CONCEITOS DOUTRINÁRIOS

O melhor ponto de partida para compreensão do contrato administrativo é iniciar pela análise dos diferentes conceitos apresentados pela doutrina.

Celso Antônio **Bandeira de Mello**: "contrato administrativo é um tipo de avença travada **entre a Administração e terceiros** na qual, por força de lei, de cláusulas pactuadas ou do tipo de objeto, a permanência do vínculo e as condições preestabelecidas sujeitam-se a **cambiáveis imposições** de **interesse público**, ressalvados os **interesses patrimoniais do contratado privado**"[1].

> A 22ª prova da Procuradoria da República considerou CORRETA a assertiva: "Ao Poder Público pertencem todas as prerrogativas necessárias à proteção do interesse público, desde que pode adotar as providências requeridas para tanto, ainda que impliquem alterações no ajuste inicial".

Hely Lopes Meirelles: "é o ajuste que a Administração Pública, **agindo nessa qualidade**, firma com particulares ou outra entidade administrativa para a

1. *Curso de direito administrativo*, p. 615.

consecução de **objetivos de interesse público**, nas condições estabelecidas pela própria Administração"[2].

Maria Sylvia Zanella Di Pietro: "ajustes que a Administração, nessa qualidade, celebra com **pessoas físicas ou jurídicas, públicas ou privadas**, para a consecução de fins públicos, segundo regime jurídico de **direito público**"[3].

A prova do Ministério Público/AM 2007 considerou INCORRETA a assertiva: "O contrato administrativo sujeita-se integralmente ao regime dos contratos privados".

José dos Santos **Carvalho Filho**: "ajuste firmado entre a Administração Pública e um particular, **regulado basicamente pelo direito público**, e tendo por objeto uma atividade que, de alguma forma, traduza interesse público"[4].

A grande variedade de contratos administrativos e a diversidade nas características de cada espécie dificultam a elaboração de um conceito preciso do instituto. Sintetizando as conceituações apresentadas, é possível destacar elementos comuns, úteis para a formulação do nosso conceito:

a) é o ajuste estabelecido entre a Administração Pública: a presença da Administração em pelo menos um dos polos da relação jurídica é indispensável para caracterizar determinada avença como contrato administrativo;

b) agindo nessa qualidade: o contrato administrativo, em regra, pressupõe a presença da Administração Pública revestida de sua condição de superioridade sobre o particular. Em alguns casos, o contrato é firmado pelo ente público destituído de sua supremacia. Nessa hipótese, o ajuste não terá natureza de contrato administrativo. Exemplo: contrato de locação;

c) e terceiros: na maioria das vezes, o contrato administrativo é celebrado entre o ente público e pessoas privadas que não pertencem à estrutura estatal. É o que ocorre com as concessões de serviço público, termos de parceria, contratos de prestação de serviços etc.;

d) ou com outra entidade administrativa: há casos raros em que o contrato administrativo é firmado somente entre pessoas governamentais, visando a cooperação mútua e a persecução de objetivos comuns. É o caso dos consórcios administrativos estabelecidos entre entidades federativas;

e) submetido ao regime jurídico-administrativo: o critério fundamental para classificar determinado ajuste como contrato administrativo é a sua submissão aos princípios e regras do Direito Administrativo. Até pouco tempo atrás, era comum a doutrina utilizar o critério das partes, definindo contrato administrativo como aquele em que a Administração figura em pelo menos um dos **polos da relação jurídica**. Entretanto, diante da existência de contratos celebrados pela

2. *Direito administrativo brasileiro*, p. 205-206.
3. *Direito administrativo*, p. 251.
4. *Manual de direito administrativo*, p. 169.

Administração, mas que não se caracterizam como contratos administrativos, como é o caso do **contrato de locação**, **o critério das partes contratantes não é mais utilizado.** Atualmente, o critério mais apropriado para conceituação dos contratos administrativos é o **critério formal**, que define como administrativos os contratos **submetidos aos princípios e regras do Direito Administrativo**;

> A prova da Magistratura/PA 2008 considerou INCORRETA a assertiva: "Sempre que estiver presente em um dos polos da avença a Administração Pública, estamos diante de um contrato administrativo, regulado pelo direito público".
>
> A prova da OAB Nacional 2008.3 elaborada pelo Cespe considerou INCORRETA a assertiva: "A presença da Administração Pública na relação contratual é suficiente para se qualificarem avenças no contrato administrativo".
>
> A prova de Especialista em Políticas Públicas elaborada pela Esaf considerou INCORRETA a afirmação: "Todos os contratos administrativos deverão ser firmados na forma de instrumento particular, sendo regidos pelas normas do Direito comum".

f) para a consecução de objetivos de interesse público: ao contrário dos contratos privados, celebrados visando objetivos de interesse dos particulares contratantes, os contratos administrativos têm como finalidade fundamental a consecução de objetivos relacionados com a proteção do interesse da coletividade, isto é, do **interesse público primário.**

8.3 NOSSO CONCEITO

Reunindo os elementos apresentados no item anterior, podemos conceituar contrato administrativo como o *ajuste estabelecido entre a Administração Pública, agindo nessa qualidade, e terceiros, ou somente entre entidades administrativas, submetido ao regime jurídico-administrativo para a consecução de objetivos de interesse público.*

8.4 COMPETÊNCIA PARA LEGISLAR

O art. 22, XXVII, da Constituição Federal prescreve que **compete privativamente à União criar normas gerais sobre licitações e contratos administrativos.**

Como compete à União editar somente as normas gerais, as outras entidades federativas, entretanto, possuem competência legislativa para expedir regras específicas em matéria de licitações e contratos.

Assim, a conclusão **tecnicamente** mais correta é que a **competência para legislar** sobre licitações e contratos, na verdade, **é concorrente** entre a União, os Estados, o Distrito Federal e os **Municípios.**

> A prova de Analista de Comércio Exterior elaborada pelo Cespe considerou CORRETA a assertiva: "Estados e Municípios podem editar normas específicas sobre contratação das administrações públicas diretas, autárquicas e fundacionais no âmbito de suas esferas de atuação".

De todo modo, não resta dúvida de que Estados, Distrito Federal e Municípios **podem legislar de forma suplementar** sobre contratos administrativos em geral ou acerca da disciplina de figuras contratuais específicas, como, por exemplo, parcerias público-privadas[5], respeitadas as normas gerais editadas pela União.

8.5 CONTRATOS DA ADMINISTRAÇÃO E CONTRATOS ADMINISTRATIVOS

Como visto nos itens anteriores, existem contratos celebrados pela Administração Pública que não são considerados contratos administrativos. Por isso, é conveniente diferenciar o gênero contratos da Administração, que são todos aqueles firmados pela Administração Pública, incluindo os regidos pelo direito privado, e a espécie contratos administrativos, considerados como tais somente os submetidos ao Direito Administrativo.

É importante destacar que os contratos privados celebrados pela Administração também sofrem alguma influência do Direito Público, especialmente quanto ao dever de prévia licitação para escolha do contratado.

8.6 CONTRATOS *VERSUS* CONVÊNIOS

Em termos gerais, os **contratos administrativos** são caracterizados pela existência de **interesses contrapostos**. É o caso da concessão de serviços públicos, do contrato de obra e do contrato de fornecimento.

De outro lado, os denominados **convênios** são ajustes firmados pela Administração para **mútua cooperação** e com **ausência de contraposição de interesses**[6]. Exemplos: termo de parceria, consórcio e convênio intergovernamental (art. 241 da Constituição Federal: "A União, os Estados, o Distrito Federal e os Municípios disciplinarão por meio de lei os consórcios públicos e os convênios de cooperação entre os entes federados, autorizando a gestão associada de serviços públicos, bem como a transferência total ou parcial de encargos, serviços, pessoal e bens essenciais à continuidade dos serviços transferidos").

Enquanto a celebração de contratos administrativos exige realização de prévia licitação, o art. 116 da Lei n. 8.666/93 prescreve que o **regime licitatório aplica-se "no que couber" aos convênios, acordos, ajustes e outros instrumentos congêneres** celebrados por órgãos e entidades da Administração.

Por isso, de acordo com a **doutrina e a jurisprudência do TCU**, se a Administração decidir **firmar termo de parceria** com uma entidade do terceiro setor, **havendo pluralidade de interessados**, a escolha da entidade a ser favorecida pela parceria deve ser precedida de **procedimento seletivo simplificado** (licitação sem o rito da Lei n. 8.666/93) a fim de garantir a observância dos

5. Fundação Getulio Vargas. Padrão de Respostas. Prova Discursiva. Direito Administrativo. X Exame de Ordem Unificado.
6. Fundação Getulio Vargas. Padrão de Respostas. Prova Discursiva. Direito Administrativo. VII Exame de Ordem Unificado.

princípios administrativos e como forma de reduzir o subjetivismo na escolha do ente beneficiado[7].

8.7 PRÉVIA LICITAÇÃO

Em regra, a celebração do contrato administrativo exige prévia licitação, exceto nos casos de contratação direta previstos na legislação.

Nas hipóteses em que a realização do procedimento licitatório é obrigatória, os concursos têm considerado que o **contrato administrativo firmado sem observância de prévia licitação** possui **defeito no plano da existência**, sendo considerado **inexistente, inválido e ineficaz**.

> A prova de Procurador Federal 2007, elaborada pelo Cespe, considerou CORRETA a assertiva: "A licitação é pressuposto que, uma vez ausente, macula a existência, a validade e a eficácia do contrato administrativo".

8.8 NORMAS APLICÁVEIS

No **texto constitucional**, há basicamente dois dispositivos aplicáveis à disciplina dos contratos administrativos:

a) art. 22, XXVII: "compete privativamente à União legislar sobre: XXVII – normas gerais de licitação e contratação, em todas as modalidades, para as administrações públicas diretas, autárquicas e fundacionais da União, Estados, Distrito Federal e Municípios, obedecido o disposto no art. 37, XXI, e para as empresas públicas e sociedades de economia mista";

b) art. 37, XXI: "ressalvados os casos especificados na legislação, as obras, serviços, compras e alienações serão contratados mediante processo de licitação pública que assegure igualdade de condições a todos os concorrentes, com cláusulas que estabeleçam obrigações de pagamento, mantidas as condições efetivas da proposta, nos termos da lei, o qual somente permitirá as exigências de qualificação técnica e econômica indispensáveis à garantia do cumprimento das obrigações".

Já no **plano infraconstitucional**, diversas leis disciplinam o instituto do contrato administrativo e suas várias espécies. Merecem especial destaque:

a) Lei n. 8.666/93: define as **normas gerais** sobre licitações e contratos válidos para todas as esferas federativas. Importante frisar que o art. 54 dessa lei submete os contratos administrativos à **aplicação supletiva dos princípios da teoria geral dos contratos e às disposições de direito privado**. As disposições da Lei n. 8.666/93 são válidas para os **Três Poderes estatais**;

---

7. Fundação Getulio Vargas. Padrão de Respostas. Prova Discursiva. Direito Administrativo. VII Exame de Ordem Unificado.

> A prova de Analista Judiciário do TRT/6ª Região elaborada pelo Cespe considerou INCORRETA a afirmação: "O contrato administrativo regido pela Lei n. 8.666/93 é regulado por preceitos de direito público, sendo-lhe vedada a aplicação de regras de direito privado, ainda que em caráter supletivo".
>
> A prova do Ministério Público do TCU elaborada pelo Cespe considerou INCORRETA a assertiva: "Não se aplicam disposições de direito privado aos contratos administrativos, os quais, além de cláusulas exorbitantes que os diferenciam dos contratos de direito comum, são regulados por legislação específica".
>
> A prova do Ministério Público/AM 2007 considerou INCORRETA a assertiva: "A disciplina contratual estabelecida pela Lei de Licitações e contratos é aplicável à Administração Pública, portanto a expressão administração, sempre que referida de modo generalizado no mencionado diploma normativo, deve ser entendida como Poder Executivo".

b) **Lei n. 8.883/94:** promoveu alterações importantes no conteúdo da Lei n. 8.666/93;

c) **Lei n. 8.987/95:** disciplina as **concessões e permissões** de serviço público;

d) **Lei n. 9.637/98:** prevê a celebração de **contratos de gestão** entre o governo federal e as organizações sociais;

e) **Lei n. 9.790/99:** institui e disciplina o Termo de Parceria entre a União Federal e as organizações da sociedade civil de interesse público – as **Oscips**;

f) **Lei n. 11.079/2004:** institui normas gerais para licitação e contratação de **parceria público-privada** (PPP) no âmbito dos Poderes da União, dos Estados, do Distrito Federal e dos Municípios;

g) **Lei n. 11.107/2005:** regula a celebração de **consórcios públicos** entre as entidades federativas;

h) **Lei n. 12.232/2010:** dispõe sobre normas gerais para licitação e contratação de serviços de publicidade do governo.

8.9 CARACTERÍSTICAS DOS CONTRATOS ADMINISTRATIVOS

A doutrina apresenta diversas **características dos contratos administrativos** que os diferenciam dos contratos privados. As mais importantes são as **seguintes:**

> A prova de Titular de Serviços Notariais/DF elaborada pelo Cespe considerou CORRETA a assertiva: "São algumas das características essenciais dos contratos administrativos a não aplicabilidade plena do princípio *pacta sunt servanda*, a possibilidade de alteração unilateral de algumas de suas cláusulas mesmo contra a vontade de um dos contratantes, a aplicabilidade do princípio da *exceptio non adimpleti contractus*, a necessidade de manutenção do equilíbrio econômico-financeiro, a possibilidade de aplicação de sanções unilateralmente e sem necessidade de recurso ao Poder Judiciário".

a) **submissão ao Direito Administrativo:** ao contrário dos contratos privados, que são regidos pelo Direito Civil e pelo Empresarial, os contratos administrativos estão submetidos aos **princípios e regras de Direito Público**, especialmente do Direito Administrativo, sujeitando-se a regras jurídicas capazes de viabilizar a adequada defesa do interesse público. Importante destacar que as cláusulas contratuais que versam sobre a remuneração do contratado são regidas pelo Direito Privado, somente admitindo modificação com anuência do particular;

b) presença da Administração em pelo menos um dos polos: todo contrato administrativo pressupõe que a Administração Pública figure em, pelo menos, um dos polos relacionais. Assim, a **presença da Administração é condição necessária, mas não suficiente** para caracterizar um contrato como administrativo;

c) desigualdade entre as partes: no contrato administrativo, as partes envolvidas não estão em posição de igualdade. Isso porque o interesse público defendido pela Administração é juridicamente mais relevante do que o interesse privado do contratado. Por isso, ao contrário da horizontalidade vigente nos contratos privados, os contratos administrativos caracterizam-se pela **verticalidade**, pois a Administração Pública ocupa uma **posição de superioridade** diante do particular, revelada pela presença de **cláusulas exorbitantes** que conferem poderes especiais à Administração contratante;

d) mutabilidade: diferentemente do que ocorre no Direito Privado, em que vigora o princípio segundo o qual os contratos devem ser cumpridos tal como escritos (*pacta sunt servanda*), no Direito Administrativo a legislação autoriza que a Administração Pública promova a **modificação unilateral das cláusulas do contrato**, instabilizando a relação contratual diante de causas supervenientes de interesse público. Porém, os dispositivos contratuais que tratam da remuneração do particular nunca podem sofrer alteração unilateral, à medida que eventuais modificações em tais cláusulas pressupõem a **anuência do contratado**;

> A prova de Agente Financeiro do Tesouro Nacional 2008 elaborada pela Esaf considerou CORRETA a afirmação: "Constitui prerrogativa da Administração Pública frente a seus contratos modificá-los, unilateralmente, para melhor adequação às finalidades de interesse público, respeitados os direitos dos contratados".
>
> A prova da OAB Nacional 2008.3 elaborada pelo Cespe considerou CORRETA a assertiva: "As cláusulas exorbitantes possibilitam à Administração Pública alterar unilateralmente o contrato administrativo, exceto no que se refere à manutenção do equilíbrio econômico-financeiro".

e) existência de cláusulas exorbitantes: as cláusulas exorbitantes são disposições contratuais que definem **poderes especiais para a Administração** dentro do contrato, projetando-a para uma posição de superioridade em relação ao **contratado**. São exemplos de cláusulas exorbitantes: 1) possibilidade de revogação unilateral do contrato por razões de interesse público; 2) alteração unilateral do objeto do contrato; 3) aplicação de sanções contratuais;

> A prova de Especialista em Políticas Públicas elaborada pela Esaf considerou INCORRETA a afirmação: "Nos contratos administrativos, estão vedadas as chamadas cláusulas exorbitantes, que garantem prerrogativas excepcionais a uma das partes".

f) formalismo: o contrato administrativo **não tem forma livre**, devendo observar o cumprimento de requisitos intrínsecos e **extrínsecos**. Em regra, os

contratos administrativos devem ter a forma escrita. É nulo e de nenhum efeito o contrato verbal com a Administração. Entretanto, no caso de **pequenas compras de pronto pagamento feitas em regime de adiantamento**, a Lei n. 8.666/93 admite **contrato administrativo verbal** (art. 60, parágrafo único). São consideradas de pequeno valor as compras de até R$ 8.800,00 (oito mil e oitocentos reais);

> A prova de Analista de Comércio Exterior elaborada pelo Cespe considerou CORRETA a assertiva: "São características do contrato administrativo: formalismo, comutatividade e bilateralidade".

g) bilateralidade: o contrato administrativo prevê obrigações para as duas partes;

h) comutatividade: normalmente existe uma equivalência entre as obrigações das partes contratantes;

i) confiança recíproca: o contrato administrativo é personalíssimo, celebrado *intuitu personae*, isso porque o preenchimento de determinadas exigências subjetivas e objetivas foi decisivo para determinar a escolha do contratado. Por tal razão, a **subcontratação** total ou parcial não prevista no edital de licitação e no contrato, a decretação de falência ou insolvência civil do contratado, a dissolução da sociedade e o falecimento do contratado são causas que autorizam a **rescisão contratual** (art. 78 da Lei n. 8.666/93). Porém, o **caráter personalíssimo** do contrato administrativo **não é absoluto** na medida em que o art. 64, § 2º, da Lei n. 8.666/93 autoriza a Administração a substituir o licitante vencedor quando ele, convocado, não assinar o termo de contrato, não aceitar o instrumento equivalente ou não retirar esse instrumento no prazo e condições estabelecidos. Observamos que o substituto, também classificado no processo licitatório, deve sujeitar seu preço ao do **vencedor**.

> A prova de Especialista em Políticas Públicas elaborada pela Esaf considerou CORRETA a afirmação: "O contratado poderá subcontratar parte do serviço ou fornecimento, conforme previsto e explicitado no ato convocatório e no contrato".
>
> A prova da OAB Nacional 2008.3 elaborada pelo Cespe considerou INCORRETA a assertiva: "A modificação da finalidade da empresa contratada pela administração para prestação de serviços implica automática rescisão do contrato administrativo".
>
> A prova de Promotor/MG em 2017 elaborada pela Fundep considerou CORRETA a afirmação: "São características do contrato administrativo, entre outras: o formalismo, a comutatividade, a confiança recíproca e a bilateralidade".

8.10 DIFERENÇAS EM RELAÇÃO AOS CONTRATOS PRIVADOS

Os contratos administrativos possuem um regime jurídico bastante diferente daquele aplicável aos contratos privados. A doutrina destaca especialmente os seguintes elementos de distinção:

a) aplicação dos princípios e regras do Direito Público;

b) desigualdade entre as partes;

c) mutabilidade;

d) defesa do interesse público.

Assim, as principais diferenças entre contratos administrativos e contratos privados podem ser resumidas no quadro abaixo:

Quadro comparativo entre contratos privados e contratos administrativos	
Contratos privados	**Contratos administrativos**
Aplicação do Direito Privado	Aplicação do Direito Público
Normas gerais previstas no Código Civil	Normas gerais previstas na Lei n. 8.666/93
Exemplos: compra e venda simples e comodato	Exemplos: concessão de serviço público, consórcio público, parceria público-privada
Igualdade entre as partes (horizontalidade)	Administração ocupa posição de superioridade contratual (verticalidade)
Cláusulas imutáveis *(pacta sunt servanda)*	Mutabilidade unilateral das cláusulas por vontade da Administração
Defesa de interesses privados	Defesa do interesse público

Segundo **Hely Lopes Meirelles**[8], além das diferenças apontadas anteriormente, existem peculiaridades quanto à interpretação dos contratos administrativos. São elas:

a) interpretação favorável ao interesse público primário: cabendo mais de uma interpretação sobre determinado dispositivo contratual, deve ser adotada a solução mais favorável aos interesses da coletividade (interesse público primário), o que, necessariamente, não significa dever de optar pela melhor interpretação conforme o interesse patrimonial da Administração contratante (interesse público secundário);

b) vinculação da Administração ao interesse público: o contrato administrativo é firmado visando algum objetivo de interesse da coletividade. Qualquer cláusula que contrarie o interesse público deve ser considerada como não escrita;

c) presunção de legitimidade: as cláusulas do contrato administrativo são dotadas de presunção relativa de legitimidade, considerando-se, até prova em contrário, praticadas em conformidade com o Direito;

d) alterabilidade: as disposições do contrato administrativo podem ser modificadas unilateralmente pela Administração Pública, devido a motivo superveniente de **interesse público**;

> A 22ª prova da Procuradoria da República considerou CORRETA a assertiva: "O poder de alteração unilateral dos contratos administrativos está regrado em lei, e é cabível quando houver modificação do projeto ou das especificações para melhorar adequação técnica de seus objetivos, ou quando necessária a modificação do valor contratual em decorrência de acréscimo ou diminuição quantitativa de seu objeto".

8. *Direito administrativo brasileiro*, p. 212-213.

e) **excepcionalidade dos contratos de atribuição:** no Direito Administrativo, **predominam contratos de colaboração**, que são aqueles firmados no interesse da Administração. Os contratos de atribuição constituem exceções, pois neles prepondera o interesse particular;

f) **interpretação restritiva das vantagens conferidas ao particular:** os dispositivos contratuais que consagram benefícios, vantagens e direitos ao contratado devem ser objeto de interpretação literal e restritiva.

Acesse também a videoaula pelo link:
http://somos.in/MDA1140

8.11 ARBITRAGEM E MEDIAÇÃO PARA SOLUÇÃO DE CONFLITOS EM DIREITO PÚBLICO

A doutrina tradicional sempre rejeitou a validade do uso da arbitragem e mediação na solução de conflitos envolvendo o interesse público. Dois eram os argumentos principais:

a) incompatibilidade com o supraprincípio da indisponibilidade do interesse público: na medida em que a Administração não é titular do interesse público primário (pertence ao povo), estando impedida, por isso, de valer-se de um meio privado para solução de conflito que envolva interesse de terceiro;

b) violação da legalidade: nunca houve no Direito Administrativo pátrio uma autorização geral para emprego de arbitragem e mediação pela Administração Pública, exceto em casos raros como nas leis da concessão de serviço público (art. 23-A da Lei n. 8.987/95) e das PPPs (art. 11, III, da Lei n. 11.079/2004).

O regime normativo, entretanto, sofreu expressiva mudança com a aprovação da Lei n. 13.129, de 26-5-2015, que incorporou artigos na Lei de Arbitragem (Lei n. 9.307/96) acerca do emprego de tais instrumentos privados também ao setor público.

Agora, os §§ 1º e 2º do art. 1º da Lei n. 9.307/96 afirmam textualmente que:

1) a Administração Pública Direta e Indireta poderá utilizar-se da arbitragem **para dirimir conflitos relativos a direitos patrimoniais disponíveis;**

2) a autoridade ou o órgão competente da Administração Pública Direta para a celebração de convenção de arbitragem é a mesma para a realização de acordos ou transações.

É fundamental registrar que o uso da arbitragem pela Administração está restrito a conflitos relativos a direitos patrimoniais disponíveis (interesse público secundário, ou seja, interesse patrimonial do Estado como pessoa jurídica), **mas nunca quando estiver em causa o interesse público primário** (titularizado pelo povo).

Além disso, o art. 2º, § 3º, da Lei n. 9.307/96 determina que a arbitragem envolvendo a Administração Pública será sempre de direito e respeitará o princípio da publicidade.

Quanto à mediação, a Lei n. 13.140, de 26-6-2015, prevê seu uso como meio de solução de controvérsias entre particulares e disciplina a autocomposição de conflitos no âmbito da Administração Pública.

Considera-se mediação a atividade técnica exercida por terceiro imparcial sem poder decisório, que, escolhido ou aceito pelas partes, as auxilia e estimula a identificar ou desenvolver soluções consensuais para a controvérsia (art. 1º, parágrafo único, da Lei n. 13.140/2015).

Interessante notar que a própria lei enuncia que só pode ser objeto de mediação o conflito que verse sobre **direitos disponíveis ou sobre direitos indisponíveis que admitam transação** (art. 3º).

Desse modo, assim como na arbitragem, o uso da mediação pela Administração limita-se a conflitos relativos ao interesse público secundário. **Incabível quando estiver em causa o interesse público primário.**

A título de exemplo, pode-se admitir, em tese, o uso de arbitragem ou mediação para solucionar conflito relacionado às cláusulas de remuneração do particular no contrato administrativo, mas a arbitragem é vedada se a controvérsia versar sobre cláusula exorbitante.

Nesse sentido, a lei **inclui na competência das câmaras de mediação a prevenção e a resolução de conflitos que envolvam equilíbrio econômico-financeiro de contratos celebrados pela administração com particulares** (art. 32, § 5º).

Outra novidade. O art. 10-B do Decreto-lei n. 3.365/41, incluído pela Lei n. 13.867/2019, admite o uso de mediação e arbitragem no procedimento da desapropriação. Assim, feita a opção pela mediação ou pela via arbitral, o expropriado indicará um dos órgãos ou instituições especializadas em mediação ou arbitragem previamente cadastrados pelo órgão responsável pela desapropriação.

De acordo com os §§ 1º e 2º do dispositivo, a mediação seguirá as normas da Lei n. 13.140, de 26 de junho de 2015, e, **subsidiariamente, os regulamentos do órgão ou instituição, podendo inclusive ser eleita câmara de mediação criada pelo poder público, nos termos do** art. 32 da Lei n. 13.140/2015.

8.12 AUTOCOMPOSIÇÃO DE CONFLITOS EM QUE FOR PARTE PESSOA JURÍDICA DE DIREITO PÚBLICO.

As mais expressivas novidades da Lei n. 13.140/2015 para o Direito Administrativo, todavia, constam dos arts. 32 a 40, prevendo mecanismos de autocomposição de conflitos em que for parte pessoa jurídica de direito público.

O art. 32 autoriza a União, Estados, Distrito Federal e Municípios a criar câmaras de prevenção e resolução administrativa de conflitos, no âmbito dos respectivos órgãos da Advocacia Pública, onde houver, com competência para:

I – dirimir conflitos entre órgãos e entidades da Administração Pública;

II – avaliar a admissibilidade dos pedidos de resolução de conflitos, por meio de composição, no caso de controvérsia entre particular e pessoa jurídica de direito público;

III – promover, quando couber, a celebração de termo de ajustamento de conduta.

Note que a Lei n. 13.140/2015 não institui os órgãos para prevenir e resolver tais conflitos, somente autoriza sua criação. Enquanto não forem criadas as câmaras de mediação, os conflitos poderão ser dirimidos nos termos do procedimento de mediação criado pela própria lei (art. 33).

Não se incluem na competência das Câmaras as controvérsias que somente possam ser resolvidas por atos ou concessão de direitos sujeitos a autorização do Poder Legislativo (art. 32, § 4º).

A Advocacia Pública da União, dos Estados, do Distrito Federal e dos Municípios poderá instaurar, de ofício ou mediante provocação, procedimento de mediação coletiva de conflitos relacionados à prestação de serviços públicos (art. 33, parágrafo único).

Cabe destacar ainda que a instauração de procedimento administrativo para a resolução consensual de conflito no âmbito da Administração Pública suspende a prescrição (art. 34).

Especificamente quanto às controvérsias jurídicas que envolvam a Administração Pública Federal Direta, autárquica e fundacional, a Lei n. 13.140/2015, no seu art. 35, admite a curiosa figura da "transação por adesão", fundamentada em:

I – autorização do Advogado-Geral da União, com base na jurisprudência pacífica do Supremo Tribunal Federal ou de tribunais superiores; ou

II – parecer do Advogado-Geral da União, aprovado pelo Presidente da República.

A Lei n. 13.140/2015 (art. 35, §§ 2º a 6º) cria um regramento mínimo sobre a transação por adesão – cujos requisitos e condições devem ser definidos em resolução administrativa própria – a saber:

1) ao fazer o pedido de adesão, o interessado deverá juntar prova de atendimento aos requisitos e às condições estabelecidos na resolução administrativa;

2) a resolução administrativa terá efeitos gerais e será aplicada aos casos idênticos, tempestivamente habilitados mediante pedido de adesão, ainda que solucione apenas parte da controvérsia;

3) a adesão implicará renúncia do interessado ao direito sobre o qual se fundamenta a ação ou o recurso, eventualmente pendentes, de natureza administrativa ou judicial, no que tange aos pontos compreendidos pelo objeto da resolução administrativa;

4) se o interessado for parte em processo judicial inaugurado por ação coletiva, a renúncia ao direito sobre o qual se fundamenta a ação deverá ser expressa, mediante petição dirigida ao juiz da causa;

5) a formalização de resolução administrativa destinada à transação por adesão não implica a renúncia tácita à prescrição nem sua interrupção ou suspensão.

8.13 SUJEITOS DO CONTRATO

O art. 6º, XIV e XV, da Lei n. 8.666/93 define **contratante** como o órgão ou entidade signatária do instrumento contratual e **contratado** como a pessoa física ou jurídica signatária de contrato com a Administração Pública. Assim, em regra, os contratos administrativos são bilaterais, isto é, celebrados entre a Administração contratante e o particular contratado.

Entretanto, nos denominados **contratos administrativos plurilaterais**, não há presença de particulares, já que as partes pactuantes são **diversas entidades federativas** firmando compromisso para defesa de **interesses comuns e não conflitantes**. É o caso do contrato de consórcio público e dos convênios de cooperação entre os entes federados, firmados para gestão associada de serviços públicos, bem como a transferência total ou parcial de encargos, serviços, pessoal e bens essenciais à continuidade dos serviços transferidos (art. 241 da CF).

8.14 CONTRATOS EM ESPÉCIE

A legislação brasileira contempla diversas espécies de contratos administrativos. Os mais importantes tipos de contrato são:

a) contrato de obra pública;

b) contrato de fornecimento;

c) contrato de prestação de serviço;

d) concessão de serviço público;

e) permissão de serviço público;

f) concessão de serviço público precedida de obra;

g) concessão de uso de bem público;

h) contrato de gerenciamento;

i) contrato de gestão;

j) termo de parceria;

k) parceria público-privada;

l) consórcio público;

m) contrato de convênio;

n) contrato de credenciamento.

8.14.1 Contrato de obra pública

É o ajuste por meio do qual a Administração seleciona uma empresa privada com a finalidade de realizar a **construção, reforma ou ampliação de imóvel** destinado ao público ou ao serviço público.

Segundo Hely Lopes Meirelles[9], as obras públicas podem ser de quatro tipos:

a) equipamento urbano: ruas, praças, estádios;

b) equipamento administrativo: aparelhos para o serviço da Administração Pública em geral;

c) empreendimentos de utilidade pública: ferrovias, rodovias;

d) edifício público: repartições, cadeias etc.

Bastante importante é a distinção entre obra e serviço. Entre outras consequências da diferenciação, está o fato de que obras públicas podem ser remuneradas pela cobrança de contribuição de melhoria junto aos contribuintes, ao passo que a prestação de serviço público enseja a arrecadação de taxa. Na obra, existe um predomínio do resultado final sobre a atividade, enquanto no serviço prepondera a atividade sobre o resultado final. Assim, por exemplo, para a construção de uma ponte, é realizada a tarefa de construir, mas o resultado final, isto é, a ponte construída, predomina sobre o processo de construção.

Os contratos de obra podem ter basicamente dois **regimes de execução:**

a) **regime de empreitada:** a Administração atribui a execução da obra por conta e risco do contratado, mediante remuneração previamente ajustada. O pagamento pode ser realizado por preço global ou preço unitário;

b) **regime de tarefa:** consistente na execução de obras de pequeno porte com pagamento periódico, após verificação do fiscal do órgão contratante. Em geral, o tarefeiro não fornece os materiais, somente a mão de obra e os **instrumentos de trabalho**.

> A prova de Agente Fiscal da Receita Federal elaborada pela Esaf considerou CORRETA a assertiva: "O contrato administrativo que tem por objeto a obtenção de mão de obra para pequenos trabalhos, mediante pagamento por preço certo, com ou sem fornecimento de material, denomina-se tarefa".

8.14.2 Contrato de fornecimento

É o contrato administrativo por meio do qual a Administração **adquire coisas móveis** para utilização nas repartições públicas ou estabelecimentos públicos. Exemplo: contrato de fornecimento de gêneros alimentícios para escolas da rede pública.

O contrato pode ser de **três tipos:**

a) **fornecimento integral:** em que a entrega é realizada de uma só vez;

b) **fornecimento parcelado:** a entrega fracionada obedece a uma programação prévia. O fornecimento é encerrado somente após a entrega final da quantidade contratada;

c) **fornecimento contínuo:** a entrega é sucessiva e se estende no tempo.

9. *Direito administrativo brasileiro*, p. 244.

8.14.3 Contrato de prestação de serviço

É todo aquele que tem por objeto a prestação de uma **atividade** destinada a obter determinada **utilidade de interesse para a Administração Pública** ou para a coletividade, predominando o *fazer* sobre o resultado final.

Exemplos: coleta de lixo, demolição, conserto, instalação, montagem, operação, conservação, reparação, adaptação, manutenção, transporte, locação de bens, publicidade, seguro ou trabalhos técnico-profissionais (art. 6º, II, da Lei n. 8.666/93).

Segundo Hely Lopes Meirelles, os serviços contratados podem ser de **diversos tipos**[10]:

a) serviços comuns: são aqueles realizáveis por qualquer pessoa. Exemplo: limpeza. A contratação dessa espécie de serviço sempre exige licitação;

b) serviços técnicos profissionais generalizados: exigem **alguma habilitação** específica, mas não demandam maiores conhecimentos. Exemplo: serviços de engenharia. A celebração do contrato também pressupõe procedimento licitatório;

c) serviços técnicos profissionais especializados: exigem **conhecimento mais apurado** do que nos serviços comuns. Exemplo: elaboração de pareceres. A contratação desses serviços pode caracterizar hipótese de inexigibilidade se o contratado tiver notória especialização;

d) trabalhos artísticos: são atividades profissionais relacionadas com escultura, pintura e música. Contratação de serviços artísticos, em regra, depende de prévia **licitação** na modalidade **concurso**, exceto se as circunstâncias recomendarem a escolha de artista renomado e consagrado pela crítica especializada ou pelo público em geral, caso em que haverá contratação direta por inexigibilidade de licitação.

8.14.4 Contrato de concessão

O nome "concessão" é utilizado pela legislação brasileira para designar **diversas espécies de contratos ampliativos** nos quais a Administração Pública delega ao **particular** a prestação de **serviço público**, a execução de **obra pública** ou o uso de **bem público.**

Todas as modalidades de contrato de concessão são **bilaterais, comutativos, remunerados** e ***intuitu personae.***

ATENÇÃO: a **concessão de jazida** prevista no art. 176 da Constituição Federal, na verdade, **não é contrato**, mas ato unilateral do Presidente da República: "Art. 176. As jazidas, em lavra ou não, e demais recursos minerais e os potenciais de energia hidráulica constituem propriedade distinta da do solo, para efeito de exploração ou aproveitamento, e pertencem à União, garantida ao concessionário a propriedade do produto da lavra".

---

10. *Direito administrativo brasileiro*, p. 247-248.

8.14.4.1 Concessão de serviço público

A concessão de serviço público é o **mais importante contrato administrativo brasileiro**, sendo utilizado sempre que o Poder Público opte por promover a **prestação indireta de serviço público** mediante **delegação a particulares**. Exemplos de serviços sob concessão: transporte aéreo de passageiros, radiodifusão sonora (rádio) e de sons e imagens (televisão), concessão de rodovias etc.

> A prova da OAB Nacional 2009.3 elaborada pelo Cespe considerou CORRETA a assertiva: "Considera-se concessão de serviço público a delegação de sua prestação, feita pelo poder concedente, mediante licitação, na modalidade de concorrência, à pessoa jurídica ou consórcio de empresas que demonstre capacidade para seu desempenho, por sua conta e risco e por prazo determinado".

A **base constitucional** do instituto é o **art. 175 da Constituição Federal**, segundo o qual: "Incumbe ao Poder Público, na forma da lei, diretamente ou sob regime de concessão ou permissão, **sempre através de licitação**, a prestação de serviços públicos. Parágrafo único. A lei disporá sobre: I – o regime das empresas concessionárias e permissionárias de serviços públicos, o caráter especial de seu contrato e de sua prorrogação, bem como as condições de caducidade, fiscalização e rescisão da concessão ou permissão; II – os direitos dos usuários; III – política tarifária; IV – a obrigação de manter serviço adequado".

O referido dispositivo autoriza concluir que ocorre prestação direta quando for realizada pessoalmente pelo próprio Estado (Administração direta), enquanto será indireta a prestação quando estiver a cargo de concessionários e permissionários. A delegação da prestação a concessionários e permissionários, por expressa determinação constitucional, depende da realização de procedimento licitatório. No caso **da concessão, a licitação deve ser processada na modalidade concorrência pública**, ao passo que na permissão pode ser utilizada qualquer modalidade licitatória.

8.14.4.1.1 Base legislativa

O art. 175, parágrafo único, da Constituição Federal prevê a promulgação de lei disciplinando o regime jurídico das concessões e permissões. Atualmente, o tema é tratado pela **Lei federal n. 8.987/95** – Lei das Concessões de Serviço Público.

As concessões, permissões e autorizações de **rádio e televisão, entretanto, não se sujeitam à Lei n. 8.987/95** (art. 41: O disposto nesta Lei não se aplica à concessão, permissão e autorização para o serviço de radiodifusão sonora e de sons e imagens).

8.14.4.1.2 Natureza jurídica (controvérsia)

Existem **diversas teorias** sobre a natureza jurídica da concessão de serviço público.

É possível agrupar as várias concepções em **três classes diferentes**:

a) teorias unilaterais: alguns autores entendem que a concessão de serviço público é um ato unilateral. Para outros, seria composta por dois atos unilaterais distintos, um de império e outro referente aos dispositivos sobre remuneração do contratado, revestido de natureza particular e regido pelo direito privado;

b) teorias bilaterais: de acordo com os defensores desta concepção, a concessão possui natureza contratual pressupondo a conjugação de vontades entre a Administração e o particular concessionário. Entre os bilateralistas, há quem defenda tratar-se a concessão de: **b1) contrato de direito privado; b2) contrato de direito público** (visão majoritária), dotado de regime jurídico derrogatório das regras contratuais do direito privado; **b3) contrato de direito público e privado:** combinando regras publicísticas com normas aplicáveis aos contratos privados;

c) teoria mista: considera a concessão de serviço público um complexo de relações jurídicas distintas e heterogêneas ligadas em torno da delegação da execução de serviço público a particulares. É a posição sustentada por Celso Antônio **Bandeira de Mello**, para quem a concessão seria uma relação jurídica complexa composta por um ato regulamentar, um ato-condição (aceitação do particular em participar do vínculo contratual) e um contrato envolvendo as cláusulas de equilíbrio econômico-financeiro[11].

Em que pese a controvérsia doutrinária quanto à natureza jurídica do instituto, a **Constituição Federal** (art. 175, parágrafo único, I) e a **Lei n. 8.987/95** (art. 23) claramente consideram a concessão de serviço público como um **contrato administrativo bilateral.**

8.14.4.1.3 Conceito legislativo

A Lei Geral das Concessões de Serviço Público – Lei n. 8.987/95, em seu art. 2º, II, conceitua a concessão de serviço público como a **delegação de sua prestação, feita pelo poder concedente, mediante licitação, na modalidade de concorrência, à pessoa jurídica ou consórcio de empresas que demonstre capacidade para seu desempenho, por sua conta e risco e por prazo determinado.**

> A prova da OAB/SP elaborada pela Vunesp considerou CORRETA a assertiva: "É característica básica do contrato de concessão de serviço público a exploração do serviço por conta e risco da concessionária".

Por sua precisa redação, a conceituação legislativa de concessão constitui importante ponto de partida para elaboração do nosso conceito dessa espécie de contrato administrativo.

8.14.4.1.4 Nosso conceito

Reunindo as características jurídicas fundamentais do instituto, podemos conceituar concessão de serviço público como o *contrato administrativo pelo qual*

11. *Curso de direito administrativo*, p. 706.

o Estado (poder concedente) transfere à pessoa jurídica privada (concessionária) a prestação de serviço público, mediante o pagamento de tarifa diretamente do usuário ao prestador.

A adequada compreensão do conceito elaborado depende da análise separada de cada um de seus elementos componentes:

a) contrato administrativo: a concessão de serviço público tem natureza jurídica de contrato administrativo bilateral, **obrigatoriamente escrito**, dependendo, para sua formação, da combinação de vontades entre a Administração Pública, denominada dentro da concessão de "poder concedente", e a pessoa privada, chamada de "concessionária";

> A prova da OAB Nacional 2009.3 elaborada pelo Cespe considerou INCORRETA a assertiva: "A concessão de serviço público que não for precedida da execução de obra pública poderá ser formalizada mediante acordo verbal".

b) transfere à pessoa jurídica privada: a legislação brasileira determina que o *status* de concessionária não pode ser atribuído a pessoa física, mas tão somente a **pessoa jurídica** ou a **consórcio de empresas.** Entretanto, existem casos raríssimos em que empresas públicas e sociedades de economia mista vencem o procedimento licitatório e passam a atuar como concessionárias de serviço público. É o caso da Sabesp, sociedade de economia mista pertencente ao Estado de São Paulo, mas que atua como concessionária de abastecimento de água em alguns Estados do Nordeste brasileiro;

c) prestação de serviço público: a concessão promove **delegação somente da execução do serviço público**, sem nunca transferir a titularidade do serviço. Assim, o poder concedente delega a prestação e também mantém a titularidade sobre o serviço público delegado;

d) mediante o pagamento de tarifa: o que diferencia a concessão de serviço público dos demais contratos administrativos é o fato de que o **concessionário é remunerado diretamente pelo usuário**, por meio do pagamento de tarifa. Ao contrário, nos demais contratos administrativos, o contratado é remunerado pelo Estado, não pelos beneficiários da prestação.

8.14.4.1.5 Características da concessão de serviço público

Além das características apontadas na análise do conceito de concessão de serviço público, outras peculiaridades devem ser mencionadas:

a) exige prévia concorrência pública: o art. 2º, II, da Lei n. 8.987/95 determina que a outorga da concessão de serviço público depende da realização de licitação na modalidade concorrência pública. Importante destacar que o edital pode prever a **inversão da ordem das fases de habilitação e de julgamento das propostas,** adotando-se procedimento similar ao utilizado para a modalidade pregão (art. 18-A da Lei n. 8.987/95);

b) o concessionário assume a prestação do serviço público por sua conta e risco: todos os danos decorrentes da prestação do serviço público concedido são de **responsabilidade do concessionário**. Em conformidade com o novo entendimento do Supremo Tribunal Federal, adotado em agosto de 2009 no julgamento do RE 591.874/MS, tanto os **prejuízos causados a usuários** quanto aqueles que atingem **terceiros não usuários** devem ser **indenizados objetivamente**, isto é, sem que a vítima tenha necessidade de demonstrar culpa ou dolo do prestador. Além de objetiva, a responsabilidade do concessionário **é direta**, tendo em vista que não pode ser acionado diretamente o Estado para ressarcir danos decorrentes da prestação de serviços públicos em concessão. A **responsabilidade do Estado**, quando o serviço público é prestado por concessionários, **é subsidiária**, já que só responde pelo pagamento da indenização se o concessionário, depois de acionado pela vítima, não tiver patrimônio suficiente para ressarcimento integral dos danos causados;

> A prova da OAB/RJ considerou CORRETA a assertiva: "Nas concessões de serviço público o concessionário presta o serviço em nome próprio, mas a titularidade do serviço permanece em poder da Administração Pública".
>
> A prova da OAB/SP elaborada pela Vunesp considerou CORRETA a assertiva: "A responsabilidade civil do concessionário de serviço público é objetiva".

c) exige lei específica: somente o legislador pode decidir a forma como deve ser realizada a prestação do serviço público: se diretamente pelo Estado, por outorga a pessoas governamentais ou, indiretamente, mediante delegação a **concessionários**. Assim, é necessária a promulgação de lei específica para que o serviço público possa ser prestado mediante concessão;

> A prova de Titular de Cartório/SP considerou CORRETA a assertiva: "O serviço público delegado a particulares por concessão é aquele que decorre da lei ou do contrato, na forma autorizada e regulamentada pelo Executivo".

d) prazo determinado: o contrato de concessão de serviço público deverá obrigatoriamente ser celebrado com previsão de termo final, sendo inadmissível sua celebração por prazo indeterminado;

e) admite arbitragem: recente alteração na Lei de Concessões passou a admitir expressamente o uso de arbitragem e outros mecanismos privados de solução de conflitos (art. 23-A da Lei n. 8.987/95);

f) prevê a cobrança de tarifa: o concessionário é remunerado basicamente pela arrecadação de tarifa junto aos usuários do serviço público. A **tarifa não tem natureza de tributo**, mas de preço público exigido como contraprestação contratual pela utilização do **serviço**. Importante destacar que, para atender ao princípio da modicidade das tarifas, a legislação prevê diversas **fontes alternativas** de remuneração do concessionário, como a exploração de pontos comerciais ao lado de rodovia, a cobrança pela divulgação de propagandas durante intervalos na programação em **emissoras de rádio e televisão**. Importante destacar que o **menor valor de tarifa é um dos critérios** para determinar o vencedor da licitação que antecede à concorrência (art. 15, I, da Lei n. 8.987/95).

> Entendendo que a tarifa, ao contrário da taxa, não tem natureza de tributo, a prova de Procurador da República considerou INCORRETA a assertiva: "A remuneração das concessionárias pelo serviço prestado se dá por meio de tarifa, que tem natureza jurídica de taxa".
>
> A prova do Ministério Público/DF considerou INCORRETA a assertiva: "A concessionária ou permissionária de serviços públicos é remunerada pelas tarifas cobradas de seus usuários, sendo vedada a possibilidade de outras fontes de renda provenientes de receitas alternativas, como, por exemplo, a exploração das faixas de domínio das rodovias submetidas a essa modalidade de contrato administrativo".

8.14.4.1.6 Direitos e obrigações dos usuários

O art. 7º da Lei n. 8.987/95 define como **direitos do usuário** de serviço público:

a) receber serviço adequado;

b) obter informações para a defesa de interesses individuais ou coletivos;

c) obter e utilizar o serviço, com liberdade de escolha entre vários prestadores de serviços, quando for o caso, observadas as normas do poder concedente;

d) ter à disposição, no mínimo, seis datas opcionais no mês para escolher o dia de vencimento dos seus débitos.

O mesmo dispositivo legal enumera as seguintes **obrigações do usuário**:

a) levar ao conhecimento do Poder Público e da concessionária as irregularidades de que tenha conhecimento, referentes ao serviço prestado;

b) comunicar às autoridades competentes os atos ilícitos praticados pela concessionária na prestação do serviço;

c) contribuir para a permanência das boas condições dos bens públicos pelos quais lhe são prestados os serviços.

8.14.4.1.7 Encargos do poder concedente

Na prestação descentralizada por meio da concessão de serviço público, são **deveres do poder concedente** (art. 29 da Lei n. 8.987/95):

a) regulamentar o serviço concedido e fiscalizar permanentemente sua execução;

b) aplicar as penalidades regulamentares e contratuais;

c) intervir na prestação do serviço, nos casos e nas condições previstos em lei;

d) extinguir a concessão, nos casos previstos em lei e na forma prevista no contrato;

e) homologar reajustes e proceder à revisão das tarifas na forma da lei, das normas pertinentes e do contrato;

f) cumprir e fazer cumprir as disposições regulamentares do serviço e as cláusulas contratuais da concessão;

g) zelar pela boa qualidade do serviço, receber, apurar e solucionar queixas e reclamações dos usuários, que serão cientificados, em até trinta dias, das providências tomadas;

h) declarar de utilidade pública os bens necessários à execução do serviço ou obra pública, promovendo as desapropriações, diretamente ou mediante outorga de poderes à concessionária, caso em que será desta a responsabilidade pelas indenizações cabíveis;

i) declarar de necessidade ou utilidade pública, para fins de instituição de servidão administrativa, os bens necessários à execução de serviço ou obra pública, promovendo-a diretamente ou mediante outorga de poderes à concessionária, caso em que será desta a responsabilidade pelas indenizações cabíveis;

j) estimular o aumento da qualidade, produtividade, preservação do meio ambiente e conservação;

k) incentivar a competitividade; e

l) estimular a formação de associações de usuários para defesa de interesses relativos ao serviço.

8.14.4.1.8 Encargos da concessionária

De acordo com o art. 31 da Lei n. 8.987/95, são deveres da concessionária:

a) prestar serviço adequado, na forma prevista em lei, nas normas técnicas aplicáveis e no contrato;

b) manter em dia o inventário e o registro dos bens vinculados à concessão;

c) prestar contas da gestão do serviço ao poder concedente e aos usuários, nos termos definidos no contrato;

d) cumprir e fazer cumprir as normas do serviço e as cláusulas contratuais da concessão;

e) permitir aos encarregados da fiscalização livre acesso, em qualquer época, às obras, aos equipamentos e às instalações integrantes do serviço, bem como a seus registros contábeis;

f) promover as desapropriações e constituir servidões autorizadas pelo poder concedente, conforme previsto no edital e no contrato;

g) zelar pela integridade dos bens vinculados à prestação do serviço, bem como segurá-los adequadamente; e

h) captar, aplicar e gerir os recursos financeiros necessários à prestação do serviço.

Relevante destacar, ainda, que "as contratações, inclusive de mão de obra, feitas pela concessionária serão regidas pelas disposições de direito privado e pela legislação trabalhista, não se estabelecendo qualquer relação entre os terceiros contratados pela concessionária e o poder concedente" (art. 31, parágrafo único, da Lei n. 8.987/95).

8.14.4.1.9 Intervenção

Visando assegurar a adequada prestação do serviço público, bem como o fiel cumprimento da lei e das normas contratuais, o poder concedente poderá **decretar intervenção na concessionária**, assumindo temporariamente a gestão da empresa até a **normalização da prestação** (art. 32 da Lei n. 8.987/95).

> A 84ª prova do Ministério Público/SP considerou CORRETA a assertiva: "A Administração pode determinar a intervenção na execução do contrato quando há iminência ou paralisação efetiva do serviço que cause, ou possa causar, prejuízo para o serviço público".

O ato de intervenção é realizado por meio de **decreto** com a designação do interventor, o prazo, os objetivos e os limites da medida.

> A prova da Magistratura/DF considerou CORRETA a assertiva: "Em tema de concessões de serviços públicos, na sistemática da Lei n. 8.987/95, é certo afirmar que a intervenção se fará mediante decreto do poder concedente".

Após a decretação da intervenção, o poder concedente deverá, no prazo de trinta dias, instaurar processo administrativo para apuração das responsabilidades pela prestação inadequada do serviço, garantida a ampla defesa.

Encerrada a intervenção, e desde que não seja extinta a concessão, a concessionária reassume a gestão do serviço público, precedida de prestação de contas pelo interventor, que responderá pelos atos praticados durante a sua gestão.

8.14.4.1.10 Formas de extinção da concessão

O art. 35 da Lei n. 8.987/95 enumera seis formas de extinção do contrato de concessão. São elas:

a) advento do termo contratual: é extinção do contrato após o **encerramento do seu prazo** de vigência. Trata-se de extinção de pleno direito (*ipso iure*), que ocorre automaticamente sem necessidade de ser declarada por ato do poder concedente;

b) encampação ou resgate: é a retomada do serviço público, mediante **lei autorizadora e prévia indenização, motivada por razões de interesse público** justificadoras da **extinção contratual** (art. 37: "Considera-se encampação a retomada do serviço pelo poder concedente durante o prazo da concessão, por motivo de interesse público, mediante lei autorizativa específica e após prévio pagamento da indenização, na forma do artigo anterior"). Na encampação, não existe descumprimento de dever contratual ou culpa por parte do concessionário, razão pela qual é incabível a aplicação de **sanções ao contratado**. Exemplo histórico de encampação ocorreu com a extinção das concessões de transporte público outorgadas a empresas de bonde após tal meio de **transporte** ter se tornado obsoleto no Brasil.

A prova da OAB Nacional 2009.1 elaborada pelo Cespe considerou CORRETA a assertiva: "Conforme dispõe a lei geral de concessões, a encampação consiste na retomada do serviço pelo poder concedente durante o prazo da concessão, por motivo de interesse público, mediante lei autorizativa específica e após prévio pagamento da indenização".

A prova da OAB/SP elaborada pela Vunesp considerou CORRETA a assertiva: "Sobre a concessão de serviço público, é correto afirmar que pode ser extinta por encampação ou resgate, por motivo de interesse público, sempre mediante indenização e desde que haja autorização em lei específica".

A prova da Magistratura/SP considerou CORRETA a assertiva: "Ao serviço público concedido que pode ser retomado pelo poder concedente, mesmo durante o prazo de concessão, por motivo de interesse público, mediante lei autorizadora específica e pagamento prévio da indenização apurada, dá-se o nome de encampação".

Bastante controvertida na doutrina e na jurisprudência é a questão sobre quais valores devem ser cobertos pela indenização em caso de encampação do contrato de concessão. Predomina o entendimento de que é devida **a indenização dos danos emergentes** oriundos da extinção contratual, **mas não a dos lucros cessantes**. O ressarcimento de lucros cessantes representaria um enriquecimento sem causa, tendo em vista a interrupção na execução do contrato, pois o concessionário seria indenizado por uma prestação não realizada;

c) caducidade: consiste na modalidade de extinção da concessão devido à **inexecução total ou parcial do contrato** ou pelo descumprimento de obrigações a cargo da concessionária.

Acesse também a videoaula pelo link:
http://somos.in/MDA1126

O art. 38 da Lei n. 8.987/95 descreve como motivos ensejadores da declaração de caducidade:

"I – o serviço estiver sendo prestado de forma inadequada ou deficiente, tendo por base as normas, critérios, indicadores e parâmetros definidores da qualidade do serviço;

II – a concessionária descumprir cláusulas contratuais ou disposições legais ou regulamentares concernentes à concessão;

III – a concessionária paralisar o serviço ou concorrer para tanto, ressalvadas as hipóteses decorrentes de caso fortuito ou força maior;

IV – a concessionária perder as condições econômicas, técnicas ou operacionais para manter a adequada prestação do serviço concedido;

V – a concessionária não cumprir as penalidades impostas por infrações, nos devidos prazos;

VI – a concessionária não atender a intimação do poder concedente no sentido de regularizar a prestação do serviço; e

VII – a concessionária for condenada em sentença transitada em julgado por sonegação de tributos, inclusive contribuições sociais".

Ao contrário do que ocorre com o advento do termo contratual, a caducidade não extingue o contrato de pleno direito, devendo, ao contrário, ser declarada pelo poder concedente após a devida apuração da inadimplência em processo administrativo com garantia de ampla defesa.

Para que possa haver instauração do processo administrativo de inadimplência, a concessionária deve ser previamente comunicada sobre a eventual irregularidade, dando-lhe um prazo para corrigir as falhas ou transgressões apontadas.

Assim, são **requisitos prévios à declaração de caducidade** (art. 38, §§ 2º e 3º, da Lei n. 8.987/95):

a) cientificação da concessionária acerca do descumprimento contratual;

b) fixação de prazo para que promova as adequações necessárias;

c) instauração de processo com garantia de contraditório e ampla defesa;

d) comprovação de inadimplência.

A **inobservância desses requisitos** compreendidos no devido processo legal (art. 5º, LIV, da CF) para a tomada da decisão **causa nulidade do decreto de caducidade**[12].

Constatada no processo a ocorrência da irregularidade, a **caducidade poderá ser declarada por decreto**, independentemente do pagamento de indenização ao concessionário. A legislação prevê a possibilidade de reversão, ao poder concedente, de bens do concessionário indispensáveis para garantir a continuidade do serviço público. Nesse caso, a declaração de caducidade não afasta o dever de o poder concedente indenizar os bens revertidos, na forma como dispuser o contrato, descontando-se o valor das multas contratuais e dos danos causados pela concessionária em razão do descumprimento contratual (art. 38, § 5º, da Lei n. 8.987/95).

A declaração de caducidade não gera, para o poder concedente, qualquer espécie de responsabilidade em relação a encargos, ônus, obrigações ou compromissos com terceiros ou com empregados da concessionária;

d) **rescisão por culpa do poder concedente:** no caso de descumprimento de normas contratuais pelo poder concedente, o concessionário poderá intentar ação judicial para promover a rescisão contratual. Nesta hipótese, o concessionário faz jus

12. Fundação Getulio Vargas. Padrão de Respostas. Prova Discursiva. Direito Administrativo. V Exame de Ordem Unificado.

à **indenização** dos danos emergentes decorrentes da extinção contratual, mas não à dos lucros cessantes. Até o trânsito em julgado da ação judicial de rescisão, os serviços prestados pela concessionária não poderão ser **interrompidos ou paralisados**;

> A prova do Ministério Público/DF considerou CORRETA a assertiva: "O contrato de concessão poderá ser rescindido por iniciativa da concessionária no caso de descumprimento de norma contratual pelo poder concedente, mediante ação judicial movida especialmente para essa finalidade, hipótese em que os serviços não poderão ser interrompidos ou paralisados até o trânsito em julgado da decisão".

e) anulação: é a extinção motivada por ilegalidade ou defeito no contrato. Desde que observados contraditório e ampla defesa, a anulação pode ser decretada de ofício pelo poder concedente ou por meio de ação judicial. Em princípio, **não há indenização** devida ao concessionário na hipótese de anulação, exceto quanto à parte já executada do contrato. É o que determina o art. 59, parágrafo único, da Lei n. 8.666/93: "A nulidade não exonera a Administração do dever de indenizar o contratado pelo que este houver executado até a data em que ela for declarada e por outros prejuízos regularmente comprovados, contanto que não lhe seja imputável, promovendo-se a responsabilidade de quem lhe deu causa";

f) falência ou extinção da empresa: o art. 35, VI, da Lei n. 8.987/95 prevê como motivo para a extinção da concessão a "falência ou extinção da empresa concessionária e falecimento ou incapacidade do titular, no caso de empresa individual". Realmente, como os contratos administrativos têm natureza personalíssima, o desaparecimento do contratado induz à extinção do vínculo contratual.

Quando a extinção da concessão ocorrer por caducidade, falência ou extinção da empresa, além das sanções administrativas previstas na Lei n. 8.666/93, poderão ser determinadas as seguintes medidas:

1) assunção imediata do objeto do contrato, no estado e no local em que se encontrar, por ato próprio da Administração;

2) ocupação e utilização do local, instalações, equipamentos, material e pessoal empregados na execução do contrato, necessários à sua continuidade, na forma do inciso V do art. 58 da Lei n. 8.666/93;

3) execução da garantia contratual, para ressarcimento da Administração, e dos valores das multas e indenizações a ela devidos;

4) retenção dos créditos decorrentes do contrato até o limite dos prejuízos causados à Administração.

8.14.4.1.11 Subconcessão

Desde que autorizada no contrato e prevista no edital licitatório, **admite-se a subconcessão,** instrumento por meio do qual parte da prestação do serviço é terceirizada a outro concessionário. A medida exige expressa **autorização do poder concedente** (art. 26 da Lei n. 8.987/95). Para evitar violação da exigência constitucional, deve-se considerar **obrigatória a realização de licitação** na modalidade **concorrência** para selecionar o beneficiário da subconcessão.

Nos termos do art. 26, § 2º, da Lei n. 8.987/95, "o subconcessionário se sub-rogará todos os direitos e obrigações da subconcedente dentro dos limites da subconcessão".

8.14.4.1.12 Serviços públicos passíveis de concessão

Importante destacar que nem todos os serviços públicos admitem delegação de sua prestação a terceiros mediante contrato de concessão. Assim, são **insuscetíveis de concessão a terceiros**:

a) os serviços públicos não privativos do Estado: como é o caso dos serviços de **saúde** e **educação**, cuja prestação é constitucionalmente facultada aos particulares mediante simples autorização do Estado;

b) os serviços públicos *uti universi*: os serviços públicos gerais ou indivisíveis (*uti universi*) são prestados pelo Estado sem o oferecimento de vantagens fruíveis individualmente pelo usuário. Ao contrário, são prestações que criam benefícios difusos e diluídos por toda a coletividade. É o caso, por exemplo, da **iluminação pública** e da **varrição de ruas**. Os serviços *uti universi* são insuscetíveis de concessão por conta da impossibilidade de cobrar tarifa dos usuários. Como a prestação não cria benefício particularizado, torna-se impossível aferir o valor apropriado a ser exigido a título de remuneração do prestador, devendo as **despesas gerais** da prestação ser **custeadas pela cobrança de impostos**. Interessante observar que os serviços indivisíveis podem ser prestados em nome do Estado por empresas privadas terceirizadas, mas o regime não é de concessão, e sim de **prestação direta pelo Estado por meio do contratado**. Nessa hipótese, a **responsabilidade** por eventuais danos causados a particulares **é do Estado**, cabendo-lhe propor posterior ação regressiva contra o causador do dano.

8.14.4.1.13 Reversão de bens

A extinção do contrato de concessão não pode interromper a prestação do serviço público, sob pena de violação do **princípio da continuidade** (art. 6º, § 1º, da Lei n. 8.987/95). Por isso, a legislação prevê a reversão ao poder concedente, com o término do contrato, dos bens pertencentes ao concessionário que forem indispensáveis para garantir a não interrupção do serviço. É o caso, por exemplo, das cabines de pedágio construídas pelo concessionário e que, ao final da concessão, passam a ser propriedade do poder concedente.

A reversão **deve ser prevista no edital licitatório e no contrato de concessão**, incorporando-se assim às despesas previstas para o concessionário na execução do serviço. Por isso, o custo da reversão normalmente é amortizado no valor da tarifa cobrada do usuário, não havendo necessidade de posterior ressarcimento pelo **poder concedente**.

> A prova da Magistratura/PA 2008 considerou INCORRETA a assertiva: "Reversão é a retomada do serviço pelo poder concedente durante o prazo de concessão, por motivo de interesse público, mediante lei autorizativa específica, e após prévio pagamento de indenização, nos termos da lei".

Em nome da supremacia do interesse público, é possível, entretanto, determinar a reversão de bens do concessionário mesmo **sem previsão no contrato**, desde que a medida seja absolutamente indispensável para garantir a continuidade na prestação do serviço. Por óbvio, a reversão realizada sem previsão contratual está condicionada ao pagamento de **prévia e integral indenização**, desde que o investimento nos bens não tenha sido amortizado pelas **tarifas**.

> A prova da OAB Nacional elaborada pelo Cespe considerou CORRETA a assertiva: "Ao cabo de um contrato de concessão, os bens afetados à prestação do serviço serão revertidos ao ente público concedente, em função do princípio da continuidade do serviço público. Essa reversão ao patrimônio público implica indenização à concessionária desde que os investimentos nesses bens não tenham sido amortizados pelas tarifas".

É o que estabelece o art. 36 da Lei n. 8.987/95: "A **reversão** no advento do termo contratual **far-se-á com a indenização** das parcelas **dos investimentos vinculados a bens reversíveis, ainda não amortizados** ou depreciados, que tenham sido realizados com o objetivo de garantir a continuidade e atualidade do serviço concedido" (grifos nossos).

8.14.5 Permissão de serviço público

A concessão de serviço público não é o único instrumento hábil a promover a delegação da prestação de serviços públicos a particulares. É o que se extrai na norma contida no art. 175 da Constituição Federal: "Incumbe ao Poder Público, na forma da lei, **diretamente ou sob regime de concessão ou permissão**, sempre através de licitação, a prestação de serviços públicos".

Segundo a doutrina, a permissão de serviço público é o **ato administrativo unilateral, discricionário, *intuitu personae* e precário** que realiza, mediante **prévia licitação**, a delegação temporária da prestação do serviço público.

> A prova da OAB Nacional 2009.3 elaborada pelo Cespe considerou INCORRETA a assertiva: "A permissão de serviço público ocorre mediante título precário e sem licitação".

8.14.5.1 Permissão é ato ou contrato administrativo?

A **maioria da doutrina** considera a permissão de serviço público um **ato administrativo** unilateral. Nesse sentido, Celso Antônio Bandeira de Mello, Hely Lopes Meirelles e Maria Sylvia Zanella Di Pietro. Trata-se da orientação mais coerente levando em consideração a natureza precária da permissão e a ausência de significativos, direitos do permissionário em face do Poder Público.

Entretanto, após a Constituição de 1988 o direito positivo brasileiro passou a tratar, equivocadamente, da permissão como um **contrato de adesão.**

Observe-se a redação do parágrafo único do art. 175 da CF/88:

"Art. 175. Incumbe ao Poder Público, na forma da lei, diretamente ou sob regime de concessão ou permissão, sempre através de licitação, a prestação de serviços públicos. Parágrafo único. A lei disporá sobre:

I – o regime das empresas concessionárias e permissionárias de serviços públicos, **o caráter especial de seu contrato** e de sua prorrogação, bem como as condições de caducidade, fiscalização e rescisão da concessão ou permissão;

II – os direitos dos usuários;

III – política tarifária;

IV – a obrigação de manter serviço adequado" (original sem grifos).

Na mesma linha, é o que se depreende da leitura do art. 40 da Lei n. 8.987/95: "A permissão de serviço público será formalizada mediante **contrato de adesão,** que observará os termos desta Lei, das demais normas pertinentes e do edital de licitação, inclusive quanto à precariedade e à revogabilidade unilateral do contrato pelo poder concedente" (original sem grifos).

A expressão contrato "de adesão", empregada pela Lei n. 8.987/95, remete a ajustes privados disciplinados pelo Direito das Relações de Consumo nos quais as disposições contratuais são elaboradas unilateralmente pelo fornecedor, sem qualquer participação do consumidor, cabendo a este aderir às regras preestabelecidas.

Nos contratos administrativos, o contratado não tem o poder de definir ou modificar o conteúdo das regras aplicáveis ao vínculo. As disposições contratuais são estabelecidas unilateralmente pelo Poder Contratante antes mesmo de ser realizada a licitação para escolha do contratado.

Embora haja certa semelhança nas posições fáticas de hipossuficiência ocupadas pelo consumidor nos contratos de adesão e pelo particular nos contratos administrativos, em termos jurídicos as diferenças entre as duas figuras contratuais são evidentes. A começar pelo fato de o contrato de adesão estar regido pelo Direito Privado, baseando-se no princípio da autonomia da vontade, ao passo que o contrato administrativo submete-se ao Direito Público, tendo como fundamento a supremacia do interesse público sobre o privado.

Assim, os princípios e regras aplicáveis ao contrato de adesão são absolutamente distintos daqueles válidos para os contratos administrativos.

Inexiste qualquer utilidade concreta na aproximação entre tais institutos.

Todavia, lamentando o erro cometido pelo legislador, autores como José dos Santos Carvalho Filho vêm admitindo que a permissão de serviço público tem natureza de contrato administrativo de adesão[13]. É a mesma orientação adotada pelo Supremo Tribunal Federal no julgamento da ADIn 1.491/98.

---

13. *Manual de direito administrativo*, p. 437.

Desse modo, parece mais seguro, **para o fim específico de obter aprovação em concurso público**, seguir a visão baseada na literalidade de nossos textos normativos, e abonada pelo STF, segundo a qual a **permissão de serviço público é contrato administrativo de adesão.**

8.14.5.2 Hipóteses de uso da permissão de serviço público

De acordo com Celso Antônio Bandeira de Mello, "o Estado, em princípio, valer-se-ia da permissão justamente quando não desejasse constituir o particular em direitos contra ele, mas apenas em face de terceiros"[14].

Sobre as **hipóteses** mais frequentes **de utilização da permissão**, o citado mestre esclarece: "Pelo seu caráter precário, caberia utilizá-lo quando: a) o permissionário **não necessitasse alocar grandes capitais** para o desempenho do serviço, b) poderia mobilizar, para diversa destinação e sem maiores transtornos, o equipamento utilizado, ou, ainda, c) quando o serviço **não envolvesse** implantação física de **aparelhamento que adere ao solo**, ou, finalmente, d) quando os riscos da precariedade a serem assumidos pelo permissionário fossem compensáveis seja pela **extrema rentabilidade do serviço**, seja pelo **curtíssimo prazo** em que se realizaria a **satisfação econômica** almejada"[15].

E completa o famoso administrativista: "A precariedade significa, afinal, que a Administração dispõe de poderes para, flexivelmente, estabelecer alterações ou encerrá-la, a qualquer tempo, desde que fundadas razões de interesse público o aconselhem, sem obrigação de indenizar o permissionário"[16].

Como se nota, a **comparação entre** os institutos da **concessão** e da **permissão** de serviço público é uma preocupação permanente da doutrina. As diferenças mais notáveis são:

a) quanto à natureza jurídica: a concessão é contrato bilateral; a permissão é unilateral;

b) quanto aos beneficiários: a concessão só beneficia pessoas jurídicas; a permissão pode favorecer pessoas físicas ou jurídicas;

c) quanto ao capital: a concessão pressupõe maior aporte de capital; a permissão exige menor investimento;

d) quanto à constituição de direitos: a concessão constitui o concessionário em direitos contra o poder concedente; a permissão não produz esse efeito;

e) quanto à extinção unilateral: sendo extinta antecipadamente, a concessão enseja direito à indenização para o concessionário; a permissão, devido ao caráter precário, autoriza o Poder Público a extinguir unilateralmente o vínculo, sem ocasionar ao permissionário direito à indenização;

---

14. *Curso de direito administrativo*, p. 759.
15. *Curso de direito administrativo*, p. 759.
16. *Curso de direito administrativo*, p. 760.

f) quanto à licitação: a concessão depende de licitação na modalidade concorrência pública; a permissão pode ser outorgada mediante licitação em qualquer modalidade;

g) quanto à forma de outorga: a concessão de serviço público se dá por meio de lei específica; a permissão depende de simples autorização legislativa.

8.14.6 Concessão precedida de obra pública

Acesse também a videoaula pelo link:
http://somos.in/MDA1141

O art. 2º, III, da Lei n. 8.987/95 conceitua o contrato de concessão de serviço público precedida da execução de obra pública como "a construção, total ou parcial, conservação, reforma, ampliação ou melhoramento de quaisquer **obras de interesse público**, delegada pelo poder concedente, mediante licitação, na modalidade de **concorrência**, à pessoa jurídica ou consórcio de empresas que demonstre capacidade para a sua realização, por sua conta e risco, de forma que o **investimento da concessionária seja remunerado e amortizado mediante a exploração do serviço ou da obra por prazo determinado**".

> A prova da OAB/SP elaborada pela Vunesp considerou CORRETA a assertiva: "Após realização de estudos econômico-financeiros, em que se verificou que a construção de uma estrada poderia ser totalmente custeada pelas tarifas dos futuros usuários, eis que seu valor não atingiria R$ 20 milhões, o Estado decidiu abrir licitação para contratação de concessão de serviço público precedida de obra pública".

Trata-se, na verdade, de uma concessão comum, mas com a peculiaridade de que, antes do início da prestação do serviço, o **concessionário constrói uma obra pública** cujo uso será por ele explorado economicamente. A **cobrança pela utilização da obra** construída é a principal **fonte de remuneração** do concessionário, nessa modalidade de contrato. É o caso, por exemplo, do concessionário que realiza a construção de uma ponte para, em seguida, cobrar, como forma de amortização do investimento, pedágio dos usuários que a **utilizarem**.

> A prova do Ministério Público/DF considerou INCORRETA a assertiva: "A exploração de estradas federais por meio de concessão é obrigatoriamente precedida de execução de obra pública".

8.14.7 Concessão de uso de bem público

Concessão de uso de bem público é o contrato administrativo pelo qual o Poder Público outorga ao particular, mediante **prévia licitação**, a **utilização**

privativa de um bem público, por **prazo determinado**, de forma **remunerada ou não**, no **interesse predominantemente público.**

Difere da permissão e da autorização pelo fato de essas formas de outorga de uso de bens públicos serem atos unilaterais, ao contrário da concessão, que tem natureza de contrato.

8.14.8 Contrato de gerenciamento

O contrato de gerenciamento é aquele em que o Poder Público contratante **transfere** ao particular gerenciador **a condução de um empreendimento, reservando para si a competência decisória final.** O contratante permanece responsável pelos encargos financeiros da execução das obras e serviços projetados, com os respectivos equipamentos para sua implantação e operação[17].

O gerenciador exerce em **nome próprio uma atividade técnica especializada** (por exemplo, construindo uma obra), mas sempre sujeito ao controle de resultados feito pelo governo.

Ao contrário dos contratos comuns de obra pública e prestação de serviços, no gerenciamento o contratado detém uma **acentuada autonomia executória** para desenvolvimento da tarefa contratada, permanecendo o contratante com a competência para aprovação das propostas apresentadas e dos trabalhos realizados.

8.14.9 Contrato de gestão

Contrato de gestão é a terminologia genérica utilizada pela doutrina para designar qualquer **acordo operacional** firmado entre a Administração central e **organizações sociais**, para **fixar metas de desempenho**, permitindo melhor **controle de resultados**.

> A prova da Magistratura/PA 2008 considerou CORRETA a assertiva: "Contrato de gestão é aquele pactuado entre o Poder Público e determinada entidade estatal, fixando-se um plano de metas para esta, ao mesmo tempo em que aquele se compromete a assegurar maior autonomia e liberdade gerencial, orçamentária e financeira ao contratado na consecução de seus objetivos".

O contrato de gestão é um instituto introduzido no direito brasileiro pela **Emenda Constitucional n. 19/98** como um dos instrumentos de parceria da Administração característicos do modelo de **administração gerencial**.

> A prova de Procurador do Estado/SP 2005 considerou CORRETA a assertiva: "O contrato de gestão objetiva assegurar autonomia gerencial, financeira e orçamentária a órgãos e entidades da Administração Pública".

Em relação ao contrato de gestão celebrado entre a União e as organizações sociais, o art. 5º da Lei n. 9.637/98 afirma que a parceria é estabelecida para

17. Hely Lopes Meirelles, *Direito administrativo brasileiro*, p. 254.

fomento e execução de atividades relativas às áreas do ensino, à pesquisa científica, ao desenvolvimento tecnológico, à proteção e preservação do meio ambiente, à cultura e à saúde.

Nos termos do art. 7º da referida lei, o contrato de gestão discriminará as **atribuições, responsabilidades** e obrigações do Poder Público e da organização social, e **conterá** especialmente:

I – **especificação do programa de trabalho** proposto pela organização social, a **estipulação das metas** a serem atingidas e os respectivos **prazos de execução**, bem como previsão expressa dos **critérios objetivos de avaliação** de desempenho a serem utilizados, mediante indicadores de qualidade e produtividade;

II – a estipulação dos **limites e critérios para despesa com remuneração** e vantagens de qualquer natureza a serem **percebidas pelos dirigentes e empregados** das organizações sociais, no exercício de suas funções.

8.14.10 Termo de parceria

É o instrumento firmado entre o **Poder Público** e as organizações da sociedade civil de interesse público – **Oscips**, caracterizado como um **vínculo de cooperação, fomento** e **execução de atividades de interesse público** (art. 9º da Lei n. 9.790/99).

> A prova de Procurador do Estado/SP 2005 considerou CORRETA a assertiva: "Termo de parceria é o instrumento firmado entre o Poder Público e as entidades qualificadas como Organizações da Sociedade Civil de Interesse Público".

Bastante similar ao contrato de gestão celebrado com as organizações sociais, o termo de parceria também constitui um instituto ligado à lógica da **administração gerencial** e do **controle de resultados** introduzida pela Reforma Administrativa decorrente da Emenda n. 19/98.

De acordo com o art. 10 da Lei n. 9.790/99, o termo de parceria deve discriminar **direitos, responsabilidades e obrigações** das partes signatárias, tendo como **cláusulas essenciais:**

I – a definição do objeto contratual, mediante a **especificação do programa de trabalho** proposto pela Oscip;

II – a estipulação das **metas** e dos **resultados** a serem atingidos e os respectivos **prazos de execução;**

III – a previsão expressa dos **critérios objetivos de avaliação de desempenho** utilizados, mediante indicadores de resultado;

IV – a previsão de **receitas** e **despesas** a serem realizadas, estipulando as categorias contábeis usadas pela organização e o detalhamento das remunerações e benefícios de pessoal, pagos com recursos oriundos ou vinculados ao Termo de Parceria, aos seus diretores, empregados e consultores;

V – o estabelecimento das **obrigações da Oscip**, entre as quais a de apresentar ao Poder Público, ao término de cada exercício, relatório sobre a execução do objeto do Termo de Parceria, contendo comparativo específico das metas propostas com os resultados alcançados, acompanhado de prestação de contas dos gastos e receitas efetivamente realizados;

VI – a publicação, na imprensa oficial, de extrato do Termo de Parceria e de demonstrativo da sua execução física e financeira, contendo os dados principais da documentação obrigatória, sob pena de não liberação dos recursos previstos no Termo de Parceria.

8.14.11 Parceria público-privada (PPP)

Criadas pela Lei n. 11.079/2004, as parcerias público-privadas (PPPs) são um instrumento contratual concebido para **incentivar o investimento privado no setor público**, por meio da **repartição objetiva dos riscos** entre o Estado (parceiro público) e o investidor particular (parceiro privado).

Trata-se de um tipo peculiar de **contrato de concessão**, bastante criticado pela doutrina por transformar o Estado em garantidor do retorno do investimento privado aplicado na parceria, tornando-se atrativo por reduzir demasiadamente, para o contratado, os "riscos do negócio".

Curioso observar que as PPPs representam uma **quarta fase na evolução histórica** das formas de prestação de serviços públicos:

1ª Fase (ausência do Estado na prestação): num primeiro momento, até o início do século XX, e sob a vigência do chamado Estado Liberal ou Estado-Polícia, o Poder Público não prestava serviços públicos à coletividade, já que a missão fundamental atribuída ao Estado consistia na simples fiscalização da atuação dos particulares.

2ª Fase (prestação direta): com o advento das chamadas Constituições Sociais, especialmente a mexicana de 1917 e a alemã de 1919, surgiu o denominado Estado Social ou Estado Providência, encarregado da prestação direta de inúmeros serviços públicos.

3ª Fase (prestação indireta via concessão e permissão): já na metade do século XX, ocorreu a conhecida "Crise do Estado Social", desencadeada, entre outras razões, pela má qualidade dos serviços prestados pelos organismos estatais. Foi então, especialmente após a Segunda Guerra Mundial, que a prestação de serviços públicos deixou de ser realizada diretamente pelo Estado e passou a ser delegada a empresas privadas por meio de instrumentos de concessão e permissão de serviços públicos.

4ª Fase (prestação com distribuição de riscos): o alto custo da prestação e o risco elevado que envolve a condição de concessionário de serviço público, associados ao desenvolvimento do capitalismo financeiro e à escassez de recursos públicos, forçaram o Estado moderno a criar novas fórmulas para tornar mais atrativa a prestação de serviços públicos para o investidor privado. As PPPs nasceram nesse contexto de falta de recursos públicos, ineficiência na gestão governamental e necessidade de distribuição de riscos para atrair parceiros privados.

8.14.11.1 Abrangência da Lei n. 11.079/2004

A Lei n. 11.079/2004 é a Lei Geral das Parcerias Público-Privadas e, nos termos de seu art. 1º, parágrafo único, é aplicável a todos os órgãos da Administração Pública direta, aos fundos especiais, às autarquias, às fundações públicas, às empresas públicas, às sociedades de economia mista e às demais entidades controladas direta ou indiretamente pela União, pelos Estados, pelo Distrito Federal e pelos Municípios. Trata-se, portanto, de **lei nacional** aplicável a todas as esferas federativas.

Importante destacar também que as Leis n. **8.666/93** (licitações) e n. **8.987/95** (concessões e permissões) **aplicam-se subsidiariamente** na disciplina das PPPs.

8.14.11.2 Conceito e características

José dos Santos **Carvalho Filho** conceitua a parceria público-privada como o "acordo firmado entre a Administração Pública e pessoa do setor privado com o **objetivo de implantação ou gestão de serviços públicos**, com **eventual execução de obras ou fornecimento de bens**, mediante financiamento do contratado, contraprestação pecuniária do Poder Público e compartilhamento dos riscos e ganhos entre os pactuantes"[18].

Enfatizando os elementos conceituais mais exigidos em provas e concursos públicos, podemos conceituar parcerias público-privadas como **contratos administrativos de concessão**, nas modalidades **administrativa ou patrocinada**, com duração entre cinco e trinta e cinco anos, mediante prévia concorrência, com valor do objeto superior a R$ 10.000.000,00 (dez milhões de reais), caracterizados por um **compartilhamento de riscos** entre o Estado (parceiro público) e pessoa jurídica privada (parceiro privado), sendo pactuada a criação de uma **sociedade de propósito específico** para administrar a parceria.

Os conceitos anteriormente apresentados permitem identificar algumas **características fundamentais** das PPPs:

1) são tipos especiais de concessão: as PPPs são uma espécie de contrato de concessão na medida em que o Estado outorga ao parceiro privado a execução de uma tarefa pública. Por essa razão, como já dito, a Lei das Concessões – 8.987/95 – aplica-se subsidiariamente a tais parcerias;

2) por prazo determinado: como toda concessão, a PPP obrigatoriamente está submetida a um prazo determinado para sua vigência. Nos termos dos arts.

18. *Manual de direito administrativo*, p. 406.

2º e 5º da Lei n. 11.079/2004, a duração do contrato deve ser superior a cinco anos e inferior a trinta e cinco anos;

3) objeto com valor superior a R$ 10.000.000,00 (dez milhões de reais): é o que determina o art. 2º, § 4º, I, da Lei das PPPs;

4) mediante prévia concorrência: a celebração da parceria exige a realização de licitação, sendo obrigatória a utilização da modalidade concorrência pública (art. 10 da Lei n. 11.079/2004). Importante destacar que, na concorrência pública instaurada para selecionar o parceiro privado, **o julgamento das propostas poderá anteceder a habilitação**, invertendo-se as fases naturais do procedimento, além da previsão de oferecimento de **lances em viva-voz** (arts. 12 e 13), características estas similares ao rito existente no pregão;

5) compartilhamento de riscos: nas PPPs, o parceiro público divide os riscos do empreendimento com o parceiro privado;

6) nas modalidades administrativa ou patrocinada: a lei prevê dois tipos de PPPs. Na concessão administrativa, a Administração Pública é a principal usuária do serviço prestado pelo parceiro privado. Normalmente, a concessão administrativa é utilizada quando o serviço prestado pelo parceiro privado é *uti universi*, impedindo cobrança de tarifa do particular. Já a concessão patrocinada caracteriza-se pelo pagamento de um complemento remuneratório, do parceiro público ao privado, adicional ao valor da tarifa paga pelo **usuário**. A concessão patrocinada é utilizada para delegação de serviços públicos *uti singuli*, sendo cabível quando o empreendimento não seja financeiramente autossustentável ou como instrumento de redução das tarifas. As concessões patrocinadas em que mais de 70% da remuneração do parceiro privado for paga pela Administração Pública dependerão de autorização legislativa específica (art. 10, § 3º, da Lei n. 11.079/2004);

> A prova da OAB/SP elaborada pela Vunesp considerou CORRETA a assertiva: "A efetivação das parcerias público-privadas, em que haja prestação de serviço público diretamente aos usuários, e que o prestador dos serviços recebe sua contraprestação pecuniária do usuário e também da Administração Pública contratante é chamada de concessão patrocinada".
>
> A prova da Magistratura/PA 2008 considerou INCORRETA a assertiva: "A concessão especial denominada de parceria público-privada subdivide-se em duas categorias: concessões patrocinadas e concessões administrativas. No que tange à primeira, é facultada à Administração Pública a contraprestação pecuniária do parceiro público ao parceiro privado; no entanto, os ganhos econômicos efetivos do parceiro privado serão compartilhados com o parceiro público".

7) sendo pactuada a criação de uma sociedade de propósito específico: outra importante peculiaridade presente no regime jurídico das PPPs é a criação de uma pessoa jurídica privada, legalmente denominada "sociedade de propósito específico" encarregada de **implantar e gerir o objeto da parceria.**

ATENÇÃO: o art. 11, III, da Lei n. 11.079/2004 **autoriza o emprego dos mecanismos privados de resolução de disputas**, inclusive a **arbitragem**, a ser realizada no Brasil e em língua portuguesa, para dirimir conflitos decorrentes ou relacionados ao **contrato**.

8.14.11.3 Diretrizes legais

A Lei n. 11.079/2004 define **sete diretrizes** de observância obrigatória na celebração de PPPs (art. 4º):

a) **eficiência** no cumprimento das missões de Estado e no emprego dos recursos da sociedade;

b) **respeito aos interesses e direitos** dos destinatários dos serviços e dos entes privados incumbidos da sua execução;

c) **indelegabilidade das funções de regulação, jurisdicional, do exercício do poder de polícia** e de outras atividades exclusivas do Estado;

d) **responsabilidade fiscal** na celebração e execução das parcerias;

e) **transparência** dos procedimentos e das decisões;

f) **repartição objetiva de riscos** entre as partes;

g) **sustentabilidade financeira** e vantagens socioeconômicas dos projetos de parceria.

8.14.11.4 Vedações à celebração de PPPs

O art. 2º, § 4º, da Lei n. 11.079/2004 prevê **três vedações** à celebração de contratos de parceria público-privada:

a) contrato **inferior a R$ 10.000.000,00 (dez milhões de reais)**;

b) período de prestação do serviço **inferior a cinco anos**;

c) **fornecimento de mão de obra, fornecimento e instalação de equipamentos** e a **execução de obra pública**.

A prova da OAB Nacional elaborada pelo Cespe considerou CORRETA a assertiva: "Um contrato a ser celebrado entre o Poder Público e o privado não poderá ser considerado parceria público-privada se o seu objeto for exclusivamente execução de obras".

8.14.11.5 Garantias

Nos termos do art. 8º da Lei das PPPs, as obrigações pecuniárias contraídas pela Administração Pública em contrato de parceria público-privada poderão ser garantidas mediante: a) vinculação de receitas; b) instituição ou utilização de fundos especiais previstos em lei; c) contratação de seguro-garantia com as companhias seguradoras que não sejam controladas pelo Poder Público; d) garantia prestada por organismos internacionais ou instituições financeiras que não sejam controladas pelo Poder Público; e) garantias prestadas por fundo garantidor ou empresa estatal criada para essa finalidade; f) outros mecanismos admitidos em lei.

ATENÇÃO: a previsão de **vinculação de receitas de impostos** (art. 8º, I, da Lei n. 11.079/2004) como forma de garantia das obrigações assumidas pela Administração Pública nas PPPs **é inconstitucional** por violar a norma do art. 167, IV, da Constituição Federal ("São vedados: IV – a vinculação de receita de impostos a órgão, fundo ou despesa, ressalvadas a repartição do produto da arrecadação dos impostos a que se referem os arts. 158 e 159, a destinação de recursos para manutenção e desenvolvimento do ensino, como determinado pelo art. 212, e a prestação de garantias às operações de crédito por antecipação de receita, previstas no art. 165, § 8º").

Convém destacar que o citado art. 8º da Lei n. 11.079/2004, ao definir os instrumentos de garantia contratual nas PPPs, é inconstitucional na medida em que a disciplina da concessão de garantias por entidades públicas está sob reserva de lei complementar (art. 163, III, da CF).

8.14.11.6 Modalidades

Existem **duas modalidades** de parcerias público-privadas previstas na legislação:

a) concessão patrocinada: é a concessão de serviços públicos ou de obras públicas, que envolve, adicionalmente à tarifa cobrada dos usuários, **contraprestação pecuniária** paga pelo parceiro público ao parceiro privado (art. 2º, § 1º, da Lei das PPPs). Essa contraprestação pecuniária complementar ao valor da tarifa é denominada **subsídio, prêmio** ou **patrocínio** e viabiliza mais rapidamente a amortização dos investimentos feitos pelo parceiro privado no caso de empreendimentos de alto custo. Essa **dualidade de fontes de receita** (tarifa + contraprestação) é a característica fundamental da concessão patrocinada. Na prática, utiliza-se essa modalidade de PPP para conceder ao parceiro privado serviços públicos *uti singuli*;

b) concessão administrativa: é o contrato de prestação de serviços de que a administração seja usuária direta ou indireta (art. 2º, § 2º, da Lei n. 11.079/2004). O **Estado de Minas Gerais** vem utilizando a concessão administrativa para delegar a empresas privadas a **administração de presídios**.

No V Exame de Ordem Unificado, a FGV rejeitou a possibilidade de delegação da administração de presídios a particulares, ao argumento de que seria uma delegação do próprio poder de polícia, esbarrando na proibição contida no art. 4º, II, da Lei n. 11.079/2004). Na prática, utiliza-se a concessão administrativa para conceder ao parceiro privado **serviços públicos *uti universi***.

Importante destacar que, em qualquer caso, **a contraprestação da Administração ao parceiro privado só pode ser paga após a disponibilização do serviço** (art. 7º da Lei n. 11.079/2004), exceto se houver previsão no edital de aportes financeiros para realização da obra ou aquisição de bens reversíveis devendo, nesse caso, os repasses guardar proporcionalidade com as etapas efetivamente executadas.

8.14.11.7 Sociedade de propósito específico (art. 9º)

A **implantação** e o **gerenciamento** da parceria público-privada ficam a cargo de sociedade de propósito específico, que poderá assumir a forma de **companhia aberta**, tendo valores mobiliários passíveis de negociação no mercado.

A transferência do controle da sociedade de propósito específico estará condicionada à autorização expressa da Administração Pública, nos termos do edital e do contrato (art. 9º, § 1º).

A legislação **proíbe que a Administração Pública detenha a maioria do capital** votante da sociedade de propósito específico. É que, se a maioria do capital votante for pública, a sociedade de propósito específico se incorporará à estrutura da Administração Pública indireta, tornando-se sociedade de economia mista, incorporação esta que o legislador desejou evitar.

8.14.12 Consórcio público

Tradicionalmente, a doutrina nacional sempre definiu consórcio público como o contrato administrativo firmado entre **entidades federativas do mesmo tipo** (Municípios com Municípios, Estados-membros com Estados-membros), para realização de **objetivos de interesse comum.** Exemplo: Consórcio Intermunicipal do Grande ABC (formado por Municípios da Região do ABC Paulista). Nesse ponto, os consórcios públicos difeririam dos **convênios**, à medida que estes também são contratos administrativos de mútua cooperação, mas **entre entidades federativas desiguais.** Exemplo: convênio de ICMS celebrado entre a União e os Estados-membros.

> A prova da Magistratura/TO considerou INCORRETA a assertiva: "Os consórcios são acordos firmados por entidades públicas de qualquer espécie, ou entre estas e organizações particulares, para a realização de objetivos de interesse comum dos partícipes".

Entretanto, com a promulgação da **Lei n. 11.107/2005**, que "dispõe sobre normas gerais para a União, os Estados, o Distrito Federal e os Municípios contratarem consórcios públicos para a realização de objetivos de interesse comum" (art. 1º), foi criada **outra espécie de contrato de consórcio público.** Na referida lei, os consórcios públicos podem ser celebrados **entre quaisquer entidades federativas**, do mesmo tipo ou não.

> A prova da OAB Nacional elaborada pelo Cespe considerou CORRETA a assertiva: "A Lei n. 11.107, de 6-4-2005, regulamentando o art. 241 da Constituição Federal, disciplinou a gestão associada de atividades entre os entes federados mediante transferência total ou parcial de encargos, pessoal e bens essenciais à continuidade de serviços públicos. O instituto disciplinado por essa lei chama-se consórcio público".

Deve-se, portanto, concluir pela existência de dois tipos de contratos de consórcio público no Brasil:

a) consórcios públicos convencionais: celebrados entre entidades federativas do mesmo tipo;

b) consórcios públicos regidos pela Lei n. 11.107/2005: firmados entre quaisquer entidades federativas.

8.14.12.1 Consórcios públicos da Lei n. 11.107/2005

A **base constitucional** para a celebração de consórcios públicos é o **art. 241** da Constituição Federal, com redação dada pela Emenda n. 19/98: "A União, os Estados, o Distrito Federal e os Municípios disciplinarão por meio de lei os **consórcios públicos** e os **convênios de cooperação** entre os entes federados, autorizando a **gestão associada de serviços públicos**, bem como a transferência total ou parcial de encargos, serviços, pessoal e bens essenciais à continuidade dos serviços transferidos".

Assim, a Lei n. 11.107/2005 foi promulgada com a finalidade de regulamentar o art. 241 da Constituição Federal, viabilizando a celebração de consórcios públicos entre quaisquer entidades federativas.

Sendo aplicável a todas as esferas federativas, a **Lei n. 11.107/2005** tem natureza jurídica de **lei nacional**.

No entanto, a **grande novidade** dos consórcios públicos regidos pela Lei n. 11.107/2005 é que, agora, a celebração do contrato resulta na **instituição de uma nova pessoa jurídica**, com personalidade distinta da personalidade das entidades consorciadas. A criação dessa **sociedade de propósito específico** indica uma tendência no Direito Administrativo brasileiro à "**personificação**" ou "**pejotização**" contratual, isto é, o nascimento de uma nova pessoa jurídica especializada na gestão contratual.

A lei prescreve que o consórcio público poderá adquirir personalidade jurídica: **a) de direito público:** no caso de constituir **associação pública**, mediante a vigência das leis de ratificação do protocolo de intenções; **b) de direito privado:** mediante o atendimento dos requisitos da legislação civil (art. 6º).

Como se vê, as entidades consorciadas têm liberdade para escolher qual natureza jurídica será dada à nova pessoa jurídica: se de direito público, caso em que será denominada associação pública; ou de direito privado, sendo regida pela legislação civil.

Optando pela criação de pessoa de direito público, a **associação pública passa a integrar a Administração indireta de todas as entidades consorciadas** (art. 6º, § 1º).

O consórcio público, com personalidade jurídica de direito público ou privado, observará as normas de Direito Público no que concerne à realização de **licitação**, celebração de **contratos**, **prestação de contas** e **admissão de pessoal**, que será regida pela Consolidação das Leis do Trabalho – CLT (art. 6º, § 2º, da Lei n. 11.107/2005, com redação alterada pela Lei n. 13.822/2019).

Quanto à admissão de pessoal, a Lei n. 13.822, de 3-5-2019, alterou a redação do § 2º do art. 6º da Lei n. 11.107/2005, prescrevendo que os consórcios públicos, quer os de direito público quer os de direito privado, somente podem contratar pessoal no regime de emprego público submetido à Consolidação das Leis do Trabalho – CLT. Quanto aos consórcios públicos de direito público (**associações públicas**), o dispositivo é claramente inconstitucional, pois o art. 39 da CF/88 impõe regime de cargo público para as pessoas jurídicas de direito público (STF: Adin 2.135-4).

> ATENÇÃO: a União só poderá participar de consórcios públicos dos quais também façam parte todos os Estados em cujos territórios estejam situados os Municípios consorciados.

8.14.12.1.1 Conceito e atribuições

É possível conceituar consórcio público, nos termos da Lei n. 11.107/2005, como o **contrato administrativo multilateral**, firmado **entre entidades federativas**, para persecução de **objetivos comuns**, que resulta na **criação de uma nova pessoa jurídica** de direito público, caso em que recebe o nome de associação pública ou de direito privado.

Ao adquirir personalidade jurídica autônoma, **o consórcio público poderá:**

a) **firmar convênios**, contratos, acordos de qualquer natureza, **receber auxílios**, contribuições e subvenções sociais ou econômicas de outras entidades e órgãos do governo;

b) **promover desapropriações e instituir servidões** nos termos de declaração de utilidade ou necessidade pública, ou interesse social, realizada pelo Poder Público;

c) **ser contratado pela Administração direta ou indireta** dos entes da Federação consorciados, dispensada a licitação;

d) emitir documentos de cobrança e **exercer atividades de arrecadação de tarifas e outros preços públicos** pela prestação de serviços ou pelo uso ou outorga de uso de bens públicos por eles administrados ou, mediante autorização específica, pelo ente da Federação consorciado;

e) **outorgar concessão, permissão ou autorização** de obras ou serviços públicos mediante autorização prevista no contrato de consórcio público, que deverá indicar de forma específica o objeto da concessão, permissão ou autorização e as condições a que deverá atender, observada a legislação de normas gerais em vigor.

8.14.12.1.2 Procedimento para celebração do consórcio

A celebração do contrato de consórcio pressupõe, inicialmente, a elaboração de um **protocolo de intenções** a ser subscrito pelos interessados.

O protocolo de intenções terá as seguintes **cláusulas obrigatórias** (art. 4º):

"a) a denominação, a finalidade, o prazo de duração e a sede do consórcio;

b) a identificação dos entes da Federação consorciados;

c) a indicação da área de atuação do consórcio;

d) a previsão de que o consórcio público é associação pública ou pessoa jurídica de direito privado sem fins econômicos;

e) os critérios para, em assuntos de interesse comum, autorizar o consórcio público a representar os entes da Federação consorciados perante outras esferas de governo;

f) as normas de convocação e funcionamento da assembleia geral, inclusive para a elaboração, aprovação e modificação dos estatutos do consórcio público;

g) a previsão de que a assembleia geral é a instância máxima do consórcio público e o número de votos para as suas deliberações;

h) a forma de eleição e a duração do mandato do representante legal do consórcio público que, obrigatoriamente, deverá ser chefe do Poder Executivo de ente da Federação consorciado;

i) o número, as formas de provimento e a remuneração dos empregados públicos, bem como os casos de contratação por tempo determinado para atender a necessidade temporária de excepcional interesse público;

j) as condições para que o consórcio público celebre contrato de gestão ou termo de parceria;

k) a autorização para a gestão associada de serviços públicos, explicitando: 1) as competências cujo exercício se transferiu ao consórcio público; 2) os serviços públicos objeto da gestão associada e a área em que serão prestados; 3) a autorização para licitar ou outorgar concessão, permissão ou autorização da prestação dos serviços; 4) as condições a que deve obedecer o contrato de programa, no caso de a gestão associada envolver também a prestação de serviços por órgão ou entidade de um dos entes da Federação consorciados; 5) os critérios técnicos para cálculo do valor das tarifas e de outros preços públicos, bem como para seu reajuste ou revisão; e

l) o direito de qualquer dos contratantes, quando adimplente com suas obrigações, de exigir o pleno cumprimento das cláusulas do contrato de consórcio público".

O protocolo de intenções deverá ser publicado na imprensa oficial. Após isso, o contrato de consórcio será celebrado com a **ratificação do protocolo de intenções**, por meio de **lei específica** aprovada no âmbito de cada entidade consorciada. A ratificação fica dispensada para o ente da Federação que, antes de subscrever o protocolo de intenções, disciplinar por lei a sua participação no consórcio público.

A lei admite que a ratificação seja realizada com reserva que, aceita pelos demais entes subscritores, implicará consorciamento parcial ou condicional.

Por fim, cabe destacar que ratificação realizada após dois anos da subscrição do protocolo de intenções dependerá de homologação da assembleia geral do consórcio público.

IMPORTANTE: **o art. 10** da Lei n. 11.107/2005 **foi vetado** pelo Presidente da República. A regra nele contida prescrevia que "os consorciados respondem solidariamente pelas obrigações assumidas pelo consórcio". O texto da **Mensagem de Veto n. 193/2005** esclarece: "A intenção do legislador, aparentemente, era dizer que os consorciados respondem subsidiariamente; contudo, constou que os consorciados respondem solidariamente. Na responsabilidade subsidiária, a Administração direta somente responde por obrigações quando comprovada a insolvência patrimonial do ente que integra a Administração indireta. **Com o veto, o regime a ser aplicado aos consórcios públicos será o da responsabilidade subsidiária, que é o ordinário da Administração indireta**".

8.14.12.1.3 Regras especiais sobre licitações

A Lei n. 11.107/2005 estabeleceu várias regras especiais sobre licitações envolvendo consórcios públicos, tais como:

a) limites maiores para as faixas de valor das modalidades licitatórias: os limites definidores do cabimento da concorrência, da tomada de preços e do convite devem ser aplicados em dobro para consórcios formados por até três entes da Federação, e em triplo quando formado por maior número (art. 23, § 8º, da Lei n. 8.666/93);

b) dispensa de licitação para contratação de consórcios públicos: é dispensável a licitação "na celebração de **contrato de programa** com ente da Federação ou com entidade de sua Administração indireta, para a prestação de serviços públicos de forma associada nos termos do autorizado em contrato de consórcio público ou em convênio de cooperação" (art. 24, XXVI, da Lei n. 8.666/93);

A prova de Procurador do Estado/SP 2005 considerou CORRETA a assertiva: "O contrato de programa pode ser firmado entre entes da Federação com o objetivo de permitir a gestão associada de serviços públicos".

c) aplicação do dobro do percentual para contratação direta sem licitação: na contratação de seus fornecedores, os consórcios públicos possuem o dobro do limite aplicável às demais entidades para autorizar a dispensa de licitação (art. 24, § 1º, da Lei n. 8.666/93).

8.14.12.1.4 Celebração de convênio e exigência de regularidade (Lei n. 13.821, de 3-5-2019)

A Lei n. 13.821, de 3 maio de 2019, acrescentou o parágrafo único ao art. 14 da Lei n. 11.107/2005, determinando que, para a celebração de convênio entre a União e os consórcios públicos, **as exigências legais de regularidade aplicam-se ao próprio consórcio público envolvido** (pessoa jurídica autônoma), e não aos entes federativos nele consorciados.

8.14.13 Contrato de convênio

Convênio é o **acordo administrativo multilateral** firmado entre **entidades públicas** de qualquer espécie, ou entre estas e **organizações particulares**[19], visando a **cooperação** recíproca para alcançar **objetivos de interesse comum** a todos os conveniados.

> A prova da Procuradoria do Município de São Paulo considerou CORRETA a assertiva: "Entende-se por convênio administrativo o ajuste firmado entre o Poder Público e entidades públicas ou privadas, para a realização de objetivos de interesse comum".

Segundo doutrina majoritária, a celebração de convênios sempre depende de **prévia autorização legislativa.** Mas o Supremo Tribunal Federal considera inconstitucional a obrigatoriedade dessa autorização legal por violar a independência dos Poderes[20].

Os convênios diferem dos consórcios, essencialmente, quanto a dois pontos:

a) convênios podem ser celebrados entre quaisquer entidades públicas, ou entre estas e organizações particulares; consórcios são firmados somente entre entidades federativas;

b) convênios não resultam na criação de novas pessoas jurídicas; os consórcios da Lei n. 11.107/2005 têm como característica fundamental a instituição de uma pessoa jurídica autônoma.

8.14.14 Contrato de credenciamento

Credenciamento é o contrato administrativo pelo qual o **Poder Público habilita qualquer interessado** em realizar determinada atividade, sem necessidade de estabelecer competição. Normalmente, o credenciamento é utilizado para casos em que todos os interessados podem ser contratados diante da conveniência em **disponibilizar a maior quantidade possível** de prestadores da atividade credenciada. Exemplos: credenciamento de hospitais para o Sistema Único de Saúde – SUS; credenciamento de clínicas para realizar exame médico de habilitação em motoristas.

Como o credenciamento não envolve competitividade entre os interessados, na celebração do contrato **não se realiza procedimento licitatório.**

---

19. Hely Lopes Meirelles, *Curso de direito administrativo*, p. 383.
20. Hely Lopes Meirelles, *Curso de direito administrativo*, p. 384.

8.14.15 Contrato de trabalhos artísticos

É o contrato celebrado pelo Poder Público visando a realização de obra de arte. Em regra, tal contratação exige prévio **procedimento licitatório** na modalidade **concurso** (art. 22, § 4º, da Lei n. 8.666/93). Excepcionalmente, se o profissional do setor artístico for **consagrado pela crítica especializada ou pela opinião pública**, admite-se a contratação direta por **inexigibilidade de licitação** (art. 25, III, da Lei n. 8.666/93).

8.14.16 Contrato de empréstimo público

Empréstimo público é o contrato por meio do qual a Administração Pública obtém recursos junto a instituições financeiras privadas para atender situações de emergência ou de peculiar interesse público.

8.14.17 Contrato de serviços de publicidade prestados por intermédio de agências de propaganda (Lei n. 12.232/2010)

A Lei n. 12.232, de 29 de abril de 2010, estabelece normas gerais sobre licitações e contratações pela Administração Pública de serviços de publicidade prestados necessariamente por intermédio de agências de propaganda, no âmbito da União, dos Estados, do Distrito Federal e dos Municípios (art. 1º).

Nos termos do art. 2º da lei, "considera-se serviços de publicidade o conjunto de atividades realizadas integradamente que tenham por objetivo o estudo, o planejamento, a conceituação, a concepção, a criação, a execução interna, a intermediação e a supervisão da execução externa e a distribuição de publicidade aos veículos e demais meios de divulgação, com o objetivo de promover a venda de bens ou serviços de qualquer natureza, difundir ideias ou informar o público em geral".

A licitação será sempre julgada com base nos critérios de **melhor técnica** ou **técnica e preço**.

Trata-se, na verdade, de um contrato comum de prestação de serviços com peculiaridades no procedimento licitatório que antecede a contratação, como a **inversão das fases naturais** do certame, de modo que o julgamento das propostas antecede a fase de habilitação (arts. 5º e 6º) e, especialmente, no que se refere à nova figura da **multiadjudicação**, que consiste na possibilidade de o objeto da licitação ser adjudicado a mais de uma empresa licitante.

Após a multiadjudicação, será promovido um **novo processo seletivo**, com regras fixadas pelo órgão público ou entidade contratante, somente entre as agências adjudicatárias, tendo a finalidade de selecionar quem irá celebrar o contrato. É uma outra competição após a licitação.

8.15 FORMALIZAÇÃO DOS CONTRATOS ADMINISTRATIVOS

Como **regra geral**, os contratos administrativos devem ter a **forma escrita**. "É nulo e de nenhum efeito o contrato verbal com a Administração" (art. 60, parágrafo único, da Lei n. 8.666/93).

> A prova de Advogado da CEB elaborada pelo Cespe considerou CORRETA a assertiva: "Verificando-se vício de formalização do contrato, a Administração deverá promover sua anulação, independentemente de ação judicial".

Porém, o referido dispositivo admite importante exceção a tal regra, autorizando a celebração de **contrato verbal** para **pequenas compras de pronto pagamento** feitas em regime de adiantamento. Consideram-se "pequenas compras" aquelas de até **R$ 8.800,00** (oito mil e oitocentos reais).

Constitui requisito indispensável para a produção de efeitos publicação resumida do contrato e de seus **aditivos na imprensa oficial**.

> A prova de Analista Financeiro da CGU/2008 elaborada pela Esaf considerou CORRETA a afirmação: "A publicação resumida do contrato e dos seus aditivos na imprensa oficial é condição indispensável para a sua eficácia".

Nos termos do art. 62 da Lei n. 8.666/93, o instrumento de contrato é obrigatório nos casos de concorrência e de tomada de preços, bem como nas dispensas e inexigibilidades cujos preços estejam compreendidos nos limites dessas duas modalidades de licitação, e facultativo nos demais em que a Administração puder substituí-lo por outros instrumentos hábeis, tais como carta-contrato, **nota de empenho** de despesa, autorização de compra ou ordem de execução de serviço.

> A prova de Analista Financeiro da CGU/2008 elaborada pela Esaf considerou CORRETA a afirmação: "A lei faculta à Administração Pública substituir o instrumento de contrato por outro, como, por exemplo, a Nota de Empenho, para valores situados abaixo dos limites de Tomada de Preços e Concorrência".

8.16 CLÁUSULAS EXORBITANTES

Uma das características fundamentais dos contratos administrativos é a presença das chamadas cláusulas exorbitantes. São regras que conferem **poderes contratuais especiais**, projetando a Administração Pública para uma **posição de superioridade** diante do **particular contratado**. São prerrogativas **decorrentes da supremacia do interesse público sobre o privado** e, por isso, **são aplicáveis ainda que não escritas** no instrumento contratual.

> A prova de Fiscal do ICMS/SP elaborada pela FCC considerou CORRETA a afirmação: "Consideram-se cláusulas exorbitantes em um contrato administrativo as que disponham, nos termos da lei, sobre prerrogativas especiais da Administração, não extensíveis à outra parte contratante".

Importante esclarecer que o qualificativo "exorbitantes" não tem qualquer sentido pejorativo, ou que denote **abusividade**. Ao contrário, as cláusulas recebem tal denominação porque são dispositivos incomuns, atípicos, anormais para a lógica igualitária dos contratos de **Direito Privado**. Por isso, se previstas nos contratos privados celebrados pela Administração, serão nulas.

> A 22ª prova da Procuradoria da República considerou INCORRETA a assertiva: "A existência das prerrogativas especiais ou das cláusulas exorbitantes nos contratos administrativos, inadmissíveis nas relações contratuais particulares, significa minimização dos interesses do representante da iniciativa privada no objeto de sua pretensão contratual com a Administração Pública".
>
> A prova de Procurador do Bacen elaborada pela FCC considerou CORRETA a afirmação: "As ditas 'cláusulas exorbitantes' de um contrato administrativo são aquelas que estabelecem prerrogativas à Administração Pública, como parte contratante, não previstas, em regra, nos contratos regidos pelo Direito Privado".

Como as cláusulas exorbitantes **têm previsão legal** (Lei n. 8.666/93), não podem ser consideradas **abusivas.**

A existência das cláusulas exorbitantes relaciona-se, também, com o fato de os contratos administrativos assemelharem-se a **contratos de adesão** (Maria Sylvia Zanella Di Pietro), tendo regras fixadas unilateralmente pela Administração Pública e aceitas pelo particular contratado.

As cláusulas exorbitantes **mais importantes** previstas na Lei n. 8.666/93 são as seguintes:

1) exigência de garantia;

2) alteração unilateral do objeto;

3) manutenção do equilíbrio econômico-financeiro;

4) inoponibilidade da exceção do contrato não cumprido;

5) rescisão unilateral;

6) **fiscalização**;

> A prova de Agente Financeiro do Tesouro Nacional/2008 elaborada pela Esaf considerou CORRETA a afirmação: "Constitui prerrogativa da Administração Pública frente a seus contratos fiscalizar-lhes a execução".

7) aplicação de **penalidades**;

> A prova de Agente Financeiro do Tesouro Nacional/2008 elaborada pela Esaf considerou CORRETA a afirmação: "Constitui prerrogativa da Administração Pública frente a seus contratos aplicar sanções motivadas pela inexecução total ou parcial do ajuste".

8) ocupação provisória.

8.16.1 Exigência de garantia

A autoridade administrativa pode exigir do contratado, desde que previsto no instrumento convocatório, o oferecimento de garantia. Constitui **direito do contratado** optar entre as seguintes modalidades de garantia:

a) caução em dinheiro ou em títulos da dívida pública (TDPs). Sobre os TDPs, para serem utilizados como garantia contratual, devem ter sido "emitidos sob a forma escritural, mediante registro em sistema centralizado de liquidação e de custódia autorizado pelo Banco Central do Brasil e avaliados pelos seus valores econômicos, conforme definido pelo Ministério da Fazenda" (art. 56, § 1º, I, da Lei n. 8.666/93);

b) seguro-garantia;

c) fiança bancária.

8.16.2 Alteração unilateral do objeto

A lei autoriza que a Administração realize modificação unilateral no objeto do contrato para melhor adequação às finalidades de interesse público. A alteração pode consistir na modificação do projeto ou em acréscimo e diminuição na quantidade do objeto. Desse modo, as alterações unilaterais **podem ser modificações qualitativas ou quantitativas.**

Alterações **qualitativas** são autorizadas quando houver **modificação do projeto ou das especificações** para melhor adequação técnica aos seus objetivos (art. 65, I, *a*, da Lei n. 8.666/93), desde que não haja descaracterização do objeto descrito no edital licitatório.

Já as alterações **quantitativas** são possíveis quando necessária a **modificação do valor contratual em decorrência de acréscimo ou diminuição** na quantidade do seu objeto, nos limites permitidos em lei (art. 65, I, *b*, da Lei n. 8.666/93).

A modificação quantitativa deve observar os limites de **até 25%**, para obras, serviços ou compras, e **até 50%**, no caso de reforma em edifício ou **equipamento (art. 65, § 1º, da Lei n. 8.666/93).**

> A prova da OAB Nacional elaborada pelo Cespe considerou INCORRETA a assertiva: "A Administração pode alterar, de forma unilateral, os contratos que celebrar. No entanto, no que se refere à alteração quantitativa, a lei estabelece, como limite para os acréscimos e supressões nas obras, serviços ou compras, o percentual de 50% em relação ao valor original do contrato".
>
> A prova de Advogado da CEB elaborada pelo Cespe considerou INCORRETA a assertiva: "Poderá a Administração modificar unilateral e ilimitadamente o contrato administrativo".

Admite-se **diminuição do objeto, além desses limites,** se houver **consenso entre as partes.** Mas os **acréscimos acima dos limites** apresentados estão **proibidos em qualquer hipótese (art. 65, § 2º, II, da Lei n. 8.666/93).**

A alteração unilateral do contrato exige mudança na remuneração do contratado, ensejando direito ao **reequilíbrio econômico-financeiro.**

8.16.3 Manutenção do equilíbrio econômico-financeiro

Qualquer circunstância especial capaz de alterar a margem de lucro do contratado autoriza uma modificação na remuneração a ele devida. Esse dever de manutenção de equilíbrio na relação custo-remuneração também constitui cláusula exorbitante típica do contrato administrativo.

8.16.4 Inoponibilidade da exceção do contrato não cumprido

Nos contratos privados comutativos, aplica-se a chamada exceção do contrato não cumprido, que autoriza uma das partes a interromper a execução do contrato se a outra parte não cumprir o que lhe cabe.

Nos contratos administrativos, ao contrário, a *exceptio non adimpleti contractus* somente pode ser invocada pelo contratado, com o fim de suspender a execução contratual, após **noventa dias de inadimplemento** por parte da Administração, e desde que ausente justa causa.

> A 84ª prova do Ministério Público/SP considerou INCORRETA a assertiva: "Se a Administração não pagar a parcela vencida em determinado mês, após trinta dias da data, está o contratado autorizado a paralisar o serviço contratado, alegando em seu favor a exceção do contrato não cumprido".

É o que se depreende da leitura do art. 78, XV, da Lei n. 8.666/93: "Constituem motivo para rescisão do contrato: XV – o atraso superior a 90 (noventa) dias dos pagamentos devidos pela Administração decorrentes de obras, serviços ou fornecimento, ou parcelas destes, já recebidos ou executados, salvo em caso de calamidade pública, grave perturbação da ordem interna ou guerra, assegurado ao contratado o direito de optar pela **suspensão do cumprimento de suas obrigações** até que seja normalizada a situação".

> A prova de Advogado da CEB elaborada pelo Cespe considerou CORRETA a assertiva: "Na hipótese de se verificar atraso nos pagamentos devidos pela Administração, somente se esse superar o prazo de noventa dias, poderá o contratado optar pela suspensão da execução do contrato ou pela sua rescisão".

Portanto, a *exceptio* não é aplicável integralmente nos contratos administrativos, mas somente após noventa dias do inadimplemento.

8.16.5 Rescisão unilateral

O art. 58, II, da Lei n. 8.666/93 define como prerrogativa especial da Administração rescindir unilateralmente os contratos administrativos. Trata-se de outra importante cláusula exorbitante, ausente nos contratos de direito privado.

As hipóteses mais relevantes dessa rescisão estão enumeradas no art. 78 da Lei n. 8.666/93:

a) *por inadimplemento do contratado*: caso em que a rescisão é promovida sem indenização;

b) *devido ao desaparecimento do objeto, à insolvência ou à falência do contratado:* hipótese de rescisão também sem indenização;

c) *por razões de interesse público*: tais razões de interesse público autorizam a rescisão do contrato desde que sejam "de alta relevância e amplo conhecimento, justificadas e determinadas pela máxima autoridade da esfera administrativa a que está subordinado o contratante e exaradas no processo administrativo a que se refere o contrato" (art. 78, XII). Nesse caso, o contratado faz jus à indenização porque o contrato é rescindido sem qualquer **inadimplemento do particular**;

> A prova de Advogado da CEB elaborada pelo Cespe considerou CORRETA a assertiva: "De acordo com a legislação pertinente, há situações em que os contratos administrativos podem ser rescindidos unilateralmente, mesmo que o contratado esteja cumprindo fielmente suas obrigações".

d) *caso fortuito ou força maior*: desde que a circunstância esteja devidamente comprovada (art. 78, XVII), garantindo-se **indenização ao contratado**.

> A prova de Titular de Serviços Notariais/DF elaborada pelo Cespe considerou CORRETA a assertiva: "O caso fortuito e a força maior são eventos imprevisíveis e insuperáveis, que alteram radicalmente as condições do contrato, geralmente impedindo-lhe a continuidade da execução; não obstante, pode haver situações em que o caso fortuito ou a força maior deva acarretar simplesmente a prorrogação do prazo contratual, depois de removidas as causas da impossibilidade de prosseguimento da execução contratual".

8.16.6 Fiscalização

A execução dos contratos deve ser amplamente acompanhada e fiscalizada **por representante da Administração**, permitida a **contratação de terceiros** para essa **finalidade específica** (art. 67).

> A prova da Magistratura/MG 2005 considerou INCORRETA a assertiva: "A execução do contrato deverá ser acompanhada e fiscalizada por um representante da Administração Pública, especialmente designado, vedada a contratação de terceiros para assisti-lo ou subsidiá-lo".

8.16.6.1 Terceirização de mão de obra

De acordo com o disposto no art. 71, § 1º, da Lei n. 8.666/93, se uma empresa contratada pelo Estado deixar de recolher encargos trabalhistas, fiscais e comerciais tal circunstância **não transfere à Administração Pública a responsabilidade por seu pagamento.**

> A prova da PGE/AC em 2017 elaborada pela FMP considerou CORRETA a afirmação: "O inadimplemento dos encargos trabalhistas dos empregados do contratado não transfere automaticamente ao Poder Público contratante a responsabilidade pelo seu pagamento, seja em caráter solidário ou subsidiário".

Assim, impossível falar nesse caso, por exemplo, em formação de vínculo de emprego entre os trabalhadores da empresa contratada e a Administração pois a investidura em cargos públicos somente pode ser realizada mediante aprovação em concurso público (art. 37, II, da CF).

Porém, se ficar evidenciada **conduta culposa da Administração**, especialmente quanto à **falta de fiscalização** do cumprimento das obrigações contratuais e legais da prestadora de serviço como empregadora, as entidades da Administração Pública Direta e Indireta passam a responder subsidiariamente pelos encargos não recolhidos (Súmula 331 do TST).

Nas palavras da referida Súmula:

"IV – O inadimplemento das obrigações trabalhistas, por parte do empregador, implica a responsabilidade subsidiária do tomador dos serviços quanto àquelas obrigações, desde que haja participado da relação processual e conste também do título executivo judicial.

V – Os entes integrantes da administração pública direta e indireta respondem subsidiariamente, nas mesmas condições do item iv, caso evidenciada a sua conduta culposa no cumprimento das obrigações da Lei n. 8.666, de 21-6-1993, especialmente na fiscalização do cumprimento das obrigações contratuais e legais da prestadora de serviço como empregadora. A aludida responsabilidade não decorre de mero inadimplemento das obrigações trabalhistas assumidas pela empresa regularmente contratada".

8.16.7 Aplicação de penalidades

O art. 87 da Lei n. 8.666/93 prevê a aplicação de sanções administrativas ao contratado pela inexecução total ou parcial do contrato, garantindo-se a prévia defesa. As penalidades cabíveis são as seguintes:

a) advertência;

b) **multa**;

> A 84ª prova do Ministério Público/SP considerou CORRETA a assertiva: "Na hipótese de inexecução do contrato administrativo a responsabilidade administrativa é sempre pessoal e, por essa razão, a execução da sanção imposta é sempre personalíssima".

c) suspensão temporária do direito de participação em licitação e impedimento de contratar com a Administração, por prazo não **superior a dois anos**;

> A 84ª prova do Ministério Público/SP considerou CORRETA a assertiva: "Na hipótese de inexecução do contrato administrativo, a suspensão provisória ou temporária do direito de participar de licitação e impedimento de contratar é aplicada se o contratado prejudicar a execução do contrato dolosamente".

d) declaração de inidoneidade para licitar ou contratar com a Administração.

A aplicação de penalidades contratuais constitui cláusula exorbitante porque as referidas **sanções** são aplicadas pela própria Administração.

> A prova da OAB Nacional 2009.3 elaborada pelo Cespe considerou CORRETA a assertiva: "Em decorrência das chamadas cláusulas exorbitantes, a Administração Pública pode aplicar ao contratado sanções de natureza administrativa, na hipótese de inexecução total ou parcial do contrato".

> CUIDADO: a lei admite **acumulação somente da pena de multa** com alguma outra. As demais sanções não podem ser cumuladas umas com as **outras**.

As referidas penas somente podem ser aplicadas após a instauração de processo administrativo, com garantia de contraditório e **ampla defesa**.

> A prova de Advogado da CEB elaborada pelo Cespe considerou CORRETA a assertiva: "Poderá a Administração aplicar sanções administrativas aos contratados, independentemente de ação judicial, desde que assegure o contraditório e a ampla defesa".

Importante destacar que, contra penas de advertência, multa e suspensão, cabe recurso no prazo de cinco dias úteis. Contra declaração de inidoneidade, cabe pedido de reconsideração no prazo de dez dias.

Acesse também a videoaula pelo link:
http://somos.in/MDA1142

8.16.7.1 Existe ordem legal de penalidades?

Interessante questão consiste em saber se existiria uma ordem legal para aplicação das sanções previstas no art. 87 da Lei n. 8.666/93. Em outras palavras: **pode a Administração aplicar uma sanção mais grave antes da mais leve?**

A resposta é afirmativa. Desde que garanta contraditório e ampla defesa, **nada impede que a Administração discricionariamente aplique direto, por exemplo, a pena de declaração de inidoneidade**, se a infração cometida no caso concreto justificar a opção pela sanção mais grave[21].

8.16.7.2 Competência para aplicação da pena

Nos termos do art. 87, § 3º, da Lei n. 8.666/93, as sanções de advertência, multa e suspensão temporária de participação em licitação podem ser aplicadas no âmbito da própria comissão processante ou por autoridade administrativa diversa. Já a aplicação da pena de **declaração de inidoneidade é de competência exclusiva do MINISTRO DE ESTADO, SECRETÁRIO ESTADUAL ou SECRETÁRIO MUNICIPAL.**

8.16.8 Ocupação provisória (art. 58, V)

O art. 58, V, da Lei n. 8.666/93 faculta à Administração, nos casos de serviços essenciais, ocupar provisoriamente bens móveis, imóveis, pessoal e serviços vinculados ao objeto do contrato, seja para garantir a apuração administrativa de faltas contratuais pelo contratado ou na hipótese de **rescisão do contrato administrativo**.

---

21. Fundação Getulio Vargas. Padrão de Respostas. Prova Discursiva. Direito Administrativo. VII Exame de Ordem Unificado.

> A prova de Auditor do INSS elaborada pelo Cespe considerou INCORRETA a assertiva: "O regime jurídico dos contratos administrativos instituído pela Lei de Licitações e Contratos não confere à Administração, em relação a eles, a prerrogativa de, no caso dos serviços essenciais, ocupar provisoriamente bens móveis, imóveis, pessoal e serviços vinculados ao objeto do contrato".

8.17 ESTUDO DO EQUILÍBRIO ECONÔMICO-FINANCEIRO

O **art. 37, XXI, da Constituição Federal**, ao disciplinar a obrigatoriedade do procedimento licitatório, prescreve que "ressalvados os casos especificados na legislação, as obras, serviços, compras e alienações serão contratados mediante processo de licitação pública, com cláusulas que estabeleçam obrigações de pagamento, **mantidas as condições efetivas da proposta**".

Essa referência a "mantidas as condições efetivas da proposta" tornou obrigatória a criação de um **sistema legal de preservação da margem de lucro do contratado**, denominado **equilíbrio econômico-financeiro**.

> A prova de Defensor Público/BA considerou CORRETA a assertiva: "O equilíbrio econômico-financeiro é direito do concessionário de serviço público, devendo por isso ser restabelecido se afetado por alteração unilateral do contrato".

A disciplina legislativa do tema consta da Lei n. 8.666/93 (arts. 57, § 1º, e 65, II, *d*), da Lei n. 8.987/95 (art. 9º, § 2º) e da Lei n. 9.074/95 (art. 35).

A equação econômico-financeira pode ser conceituada como a **relação** que se estabelece, no momento da celebração do contrato, **entre o encargo assumido e a remuneração pactuada**.

A manutenção desse equilíbrio é um **direito constitucionalmente tutelado do contratado** e decorre do **princípio da boa-fé** e também da busca pelo **interesse público primário**, tendo como fundamentos a regra do *rebus sic stantibus* e a **teoria da imprevisão**.

> A 13ª prova da Magistratura Federal da 3ª Região considerou INCORRETA a assertiva: "A prevalência do interesse público sobre o particular torna imperativo, em âmbito administrativo, o princípio da obrigatoriedade do contrato (*pacta sunt servanda*), afastando a teoria da imprevisão, e consequentemente, o socorro à cláusula *rebus sic stantibus*".

Em termos práticos, a garantia do equilíbrio econômico-financeiro obriga o contratante a alterar a remuneração do contratado sempre que sobrevier circunstância excepcional capaz de tornar mais **onerosa a execução**. Assim, procura-se recompor a margem de lucro inicialmente projetada no momento da celebração contratual.

> A 22ª prova da Procuradoria da República considerou CORRETA a assertiva: "Não se consideram alteração contratual a variação do valor para fazer face ao reajuste previsto no próprio contrato, as atualizações, compensações ou penalizações financeiras decorrentes das condições de pagamento nele previstas, bem como o empenho de dotações orçamentárias suplementares até o limite do valor corrigido".

Essa alteração remuneratória pode se dar mediante reajuste ou revisão.

Reajuste é a terminologia apropriada para denominar a **atualização** do valor remuneratório ante as perdas inflacionárias ou majoração nos insumos. Normalmente, as regras de reajuste têm previsão contratual e são formalizadas por meio de instituto denominado **apostila**.

> A prova de Agente Fiscal da CGU elaborada pela Esaf considerou CORRETA a assertiva: "O instituto previsto na legislação sobre contrato administrativo, referente à formalização da variação do valor contratual, decorrente de reajuste de preços, previsto no contrato, que não caracteriza a sua alteração, denomina-se apostila".

Já **revisão** ou **recomposição** são **alterações no valor efetivo da tarifa**, quase sempre sem previsão contratual, diante de circunstâncias insuscetíveis de recomposição por reajuste.

Portanto, no reajuste é promovida uma simples atualização monetária da remuneração, ao passo que na revisão ocorre um aumento real no valor pago ao contratado.

Ao final, é interessante lembrar o conteúdo da Orientação Normativa n. 22 da AGU: "O reequilíbrio econômico-financeiro pode ser concedido a qualquer tempo, independentemente de previsão contratual, desde que verificadas as circunstâncias elencadas na letra *d* do inciso II do art. 65 da Lei n. 8.666, de 1993".

8.17.1 Circunstâncias excepcionais que autorizam a revisão tarifária

Existe **grande controvérsia** doutrinária acerca da classificação das situações que autorizam revisão na remuneração do contratado. Cada autor, de acordo com suas preferências pessoais, organiza as diferentes categorias atribuindo nomes que não coincidem com o restante da doutrina.

A estratégia mais apropriada para a compreensão do tema é enumerar todas as figuras identificadas pelos autores mais importantes para o contexto dos concursos públicos[22]. São elas:

1) alteração unilateral do contrato: quando a Administração contratante realiza modificações quantitativas ou qualitativas no objeto contratual (art. 65, §§ 1º e 4º, da Lei n. 8.666/93). São, portanto, **circunstâncias internas** ao contrato. Exemplo: aumento no número de ruas a serem asfaltadas pelo **contratado**;

22. Utilizaremos, aqui, as categorias identificadas por Celso Antônio Bandeira de Mello, Hely Lopes Meirelles, Maria Sylvia Zanella Di Pietro e José dos Santos Carvalho Filho.

> A prova da OAB/RJ considerou CORRETA a assertiva: "Os contratos de concessão de serviço público podem ser alterados unilateralmente pela Administração, mediante concomitante providência que preserve seu equilíbrio econômico-financeiro".

2) fato do príncipe: é todo acontecimento **externo ao contrato e de natureza geral** (abrange toda a coletividade) provocado pela entidade contratante, "sob titulação jurídica diversa da contratual"[23]. Exemplos: criação de benefício tarifário não previsto, aumento de tributo promovido pela entidade **contratante**. Se a majoração de tributo for realizada por outra esfera federativa, aplica-se a teoria da imprevisão, e não o fato do príncipe;

> A prova de Procurador do Estado/PB elaborada pelo Cespe considerou CORRETA a assertiva: "Fato do príncipe é a situação ensejadora da revisão contratual para a garantia da manutenção do equilíbrio econômico-financeiro do contrato".
>
> A 84ª prova do Ministério Público/SP considerou CORRETA a assertiva: "O fato do príncipe, se redundar em oneração excessiva do contrato para o contratado, de molde a impedir a sua execução, é causa automática para a rescisão da avença, sem que tenha a Administração a obrigação de arcar com qualquer indenização pelos prejuízos experimentados pelo contratado".
>
> A prova de Advogado da Cegás em 2017 elaborada pelo Ieses considerou CORRETA a afirmação: "Segundo o eminente doutrinador Dr. Hely Lopes Meirelles, podemos definir a teoria do fato do príncipe na administração pública é toda determinação estatal positiva ou negativa, geral, imprevista e imprevisível, que onera substancialmente a execução do contrato administrativo. Essa oneração, constituindo uma álea econômica extraordinária e extracontratual, desde que intolerável e impeditiva da execução do ajuste, obriga o Poder Público contratante a compensar integralmente os prejuízos suportados pela outra parte, a fim de possibilitar o prosseguimento da execução, e, se esta for impossível, rende ensejo à rescisão do contrato, com as indenizações cabíveis".

3) fato da Administração: de acordo com Hely Lopes Meirelles[24] e Maria Sylvia Zanella Di Pietro[25], o fato da Administração consiste na **ação ou omissão** da Administração contratante, sem natureza geral, **que retarda ou impede a execução do contrato**. Exemplo: Administração não providencia desapropriações necessárias para a duplicação de rodovia. Para Celso Antônio Bandeira de Mello, no entanto, fato da Administração é o **comportamento irregular do contratante** que viola direitos do contratado, mas não necessariamente dificulta ou impede a execução, permitindo que o contratado continue o cumprimento do contrato[26];

> A prova de Procurador do Estado/PB elaborada pelo Cespe considerou CORRETA a assertiva: "Ocorre fato da Administração quando uma ação ou omissão do Poder Público especificamente relacionada ao contrato impede ou retarda a sua execução".

4) álea econômica (teoria da imprevisão): é o acontecimento **externo ao contrato**, de natureza econômica e **estranho à vontade das partes**, imprevisível

23. Celso Antônio Bandeira de Mello, *Curso de direito administrativo*, p. 633.
24. *Direito administrativo brasileiro*, p. 233.
25. *Direito administrativo*, p. 279.
26. *Curso de direito administrativo*, p. 633.

e inevitável, que cause desequilíbrio contratual. Exemplo: aumento de tributo determinado por entidade federativa diversa da administração contratante. A recomposição decorrente de álea econômica está relacionada com a aplicação, na seara dos contratos administrativos, da **teoria da imprevisão**. Para que tal circunstância possa gerar revisão tarifária, faz-se necessário o preenchimento de **algumas condições**, de modo que o fato seja: a) imprevisível quanto à sua ocorrência e ao alcance de suas consequências; b) estranho à vontade das partes; c) inevitável; d) causador de significativo desequilíbrio ao contrato;

5) **sujeições imprevistas ou interferências imprevistas**: são **dificuldades imprevisíveis de ordem material**. Exemplo: lençol freático encontrado durante a construção de túnel dificultando a execução da obra;

> A prova de Procurador do Estado/PB elaborada pelo Cespe considerou CORRETA a assertiva: "Interferências imprevistas consistem em elementos materiais que surgem durante a execução do contrato, dificultando extremamente a sua execução e tornando-a insuportavelmente onerosa".

6) **agravos econômicos resultantes da inadimplência da Administração**: é o **atraso no pagamento** da **remuneração devida ao contratado**[27].

> A prova de Especialista em Políticas Públicas elaborada pela Esaf considerou INCORRETA a afirmação: "O reequilíbrio econômico-financeiro do contrato pode apenas ser solicitado pela Administração Pública em função da ocorrência de fatos retardadores da execução do que foi contratado".

8.17.2 Novos benefícios tarifários e equação econômico-financeira

A margem de lucro garantida pelo equilíbrio econômico-financeiro é aquela calculada **no momento da assinatura do contrato**. Entretanto, o contratado pode ser surpreendido por um desequilíbrio na relação custo-benefício provocado pela superveniência de benefício tarifário não previsto no contrato. É o caso, por exemplo, de uma empresa concessionária de rodovia prejudicada pela edição inesperada de decreto isentando motocicletas do pagamento do pedágio[28].

Embora o art. 35 da Lei n. 9.074/95 determine que "a estipulação de novos benefícios tarifários pelo poder concedente, fica condicionada à previsão, em lei, da origem dos recursos ou da simultânea revisão da estrutura tarifária do concessionário ou permissionário, de forma a preservar o equilíbrio econômico-financeiro do contrato", **não há como prever ou impedir a instituição de novos benefícios tarifários** (arts. 175, parágrafo único, III, da CF, 2º, II, da Lei n. 8.987/95 e 58, I, da Lei n. 8.666/93).

---

27. Celso Antônio Bandeira de Mello, *Curso de direito administrativo*, p. 633.
28. Fundação Getulio Vargas. Padrão de Respostas. Prova Discursiva. Direito Administrativo. IV Exame de Ordem Unificado.

Entretanto, tal superveniência caracteriza-se como fato do príncipe ensejando direito à recomposição do equilíbrio econômico-financeiro em favor do contratado (art. 9º, § 4º, da Lei n. 8.987/95).

8.18 DURAÇÃO E EXECUÇÃO DOS CONTRATOS EM GERAL. RESPONSABILIDADE POR ENCARGOS PREVIDENCIÁRIOS DO CONTRATADO

Nos termos do art. 57 da Lei n. 8.666/93, o prazo dos contratos administrativos fica adstrito à vigência dos respectivos **créditos orçamentários**, exceto em três casos:

> A prova de Agente Fiscal da CGU elaborada pela Esaf considerou CORRETA a assertiva: "A regra básica relativa à vigência dos contratos administrativos é a sua duração adstrita aos respectivos créditos orçamentários".
>
> A prova de Procurador do Estado/PB elaborada pelo Cespe considerou INCORRETA a assertiva: "É possível a existência de contrato administrativo com prazo de vigência indeterminado".

I – aos projetos cujos produtos estejam contemplados nas metas estabelecidas no Plano Plurianual, os quais poderão ser prorrogados se houver interesse da Administração e desde que isso tenha sido previsto no ato convocatório;

II – à prestação de serviços a serem executados de forma contínua, que poderão ter a sua duração prorrogada por iguais e sucessivos períodos com vistas à obtenção de preços e condições mais vantajosas para a Administração, **limitada a sessenta meses**;

> A prova de Analista do MPU elaborada pela Esaf considerou CORRETA a afirmação: "De regra, os contratos administrativos, regidos pela Lei n. 8.666/93, devem ter sua duração adstrita à vigência dos respectivos créditos orçamentários, mas entre as exceções incluem-se os relativos à prestação de serviços, a serem executados de forma continuada, que poderão tê-la prorrogada, por iguais e sucessivos períodos, até sessenta meses".

III – ao aluguel de equipamentos e à utilização de programas de informática, podendo a duração estender-se pelo prazo de até quarenta e oito meses após o início da vigência do contrato

Nos termos da Orientação Normativa n. 1 da AGU sobre Licitações e Contratos: "A vigência do contrato de serviço contínuo não está adstrita ao exercício financeiro". Sobre tema conexo, convém transcrever também a Orientação Normativa n. 3 da AGU: "Na análise dos processos relativos à prorrogação de prazo, cumpre aos órgãos jurídicos verificar se não há extrapolação do atual prazo de vigência, bem como eventual ocorrência de solução de continuidade nos aditivos precedentes, hipóteses que configuram a extinção do ajuste, impedindo a sua prorrogação". Por sua especial relevância, vale lembrar ainda o enunciado da Orientação Normativa n. 6 da AGU: "A vigência do contrato de locação de imóveis, no qual a Administração Pública é locatária, rege-se pelo art. 51 da Lei n. 8.245, de 1991, não estando sujeita ao limite máximo de sessenta meses, estipulado pelo inciso II do art. 57 da Lei n. 8.666, de 1993".

A legislação admite a **prorrogação do contrato administrativo**, que deve ser entendida como o aumento do prazo contratual, mantidas as mesmas condições anteriores e diante do mesmo contratado, desde que **justificada por escrito** e **autorizada pela esfera competente.**

A prorrogação difere da **renovação** na medida em que esta pressupõe alguma modificação em cláusula contratual, por exemplo, no que diz respeito à forma de execução do contrato.

Sobre a execução do contrato, convém destacar que o contratado é responsável pelos encargos trabalhistas, previdenciários, fiscais e comerciais resultantes da execução do contrato (art. 71 da Lei n. 8.666/93).

A Administração Pública, na hipótese de inadimplência do contratado, com referência aos encargos fiscais e comerciais, não tem responsabilidade por seu pagamento.

Quantos aos encargos trabalhistas, *vide* item 8.14.6.1 deste *Manual.*

Porém, a **Administração contratante responde solidariamente** com o contratado somente **pelos encargos previdenciários** resultantes da execução do **contrato**.

> A prova da PGE/AC em 2017 elaborada pela FMP considerou CORRETA a afirmação: "A Administração Pública responde solidariamente com o contratado pelos encargos previdenciários resultantes da execução do contrato".

8.18.1 Extinção

O contrato administrativo pode ser extinto em decorrência da **conclusão do objeto**, do **término do prazo**, de **anulação** motivada por defeito ou de **rescisão.**

O art. 79 da Lei n. 8.666/93 prevê **três tipos de rescisão** contratual:

a) rescisão unilateral: decretada pela Administração contratante, sem necessidade de **autorização judicial**. Havendo culpa do contratado, não é devida indenização, aplicando-se a sanção cabível; se não houver culpa, como no caso da rescisão motivada por razões de interesse público, cabe **indenização**;

> A prova de Agente Financeiro do Tesouro Nacional/2008 elaborada pela Esaf considerou CORRETA a afirmação: "Constitui prerrogativa da Administração Pública frente a seus contratos rescindi-los, unilateralmente, nos casos especificados na lei".
> A prova de Procurador do DF elaborada pela Esaf considerou CORRETA a assertiva: "A declaração de nulidade do contrato administrativo produz efeito retroativo, desconstituindo os efeitos já produzidos, mas obrigando a Administração a indenizar os prejuízos que o contratante sofreu, desde que a causa da nulidade não lhe seja imputável".

b) rescisão amigável: feita administrativamente por acordo entre as partes. Em regra, não gera indenização;

c) **rescisão judicial**: determinada pelo Poder Judiciário em razão de inadimplemento do contratante ou do contratado. Havendo inadimplemento do contratado, a Administração pode optar também por rescindir unilateralmente[29].

ATENÇÃO: **Hely Lopes** Meirelles menciona ainda a **rescisão de pleno direito**, que independe da vontade das partes e produz efeitos automaticamente **pela ocorrência de fato extintivo** previsto na lei, regulamento ou contrato28. Exemplos: falência, insolvência ou falecimento do contratado.

8.19 EXTINÇÃO DO CONTRATO E DEVER DE INDENIZAR

Para que a extinção contratual gere direito à indenização em favor do contratado exige-se a ocorrência simultânea das seguintes condições:

1) **extinção antecipada**: não se pode cogitar de indenização se o contrato foi extinto naturalmente, seja em decorrência do regular adimplemento, seja devido ao encerramento do seu prazo de duração (termo final). Exige-se, antes de tudo, que a extinção seja anômala;

2) **relação jurídica não precária**: se o vínculo contratual, por sua natureza, for rescindível a qualquer tempo por razões de interesse público (relação precária), ao contratado não cabe pleitear indenização, pois tais relações são caracterizadas pela ausência de expectativa à permanência do vínculo;

3) **boa-fé do contratado**: se o contratado, de alguma forma, concorreu para a extinção contratual (má-fé), não se admite pagamento de indenização. Tal conclusão deriva da máxima jurídica segundo a qual "ninguém pode beneficiar-se da própria torpeza" (*nemo turpitudinem suam allegare potest*).

8.20 ANULAÇÃO DO CONTRATO E INDENIZAÇÃO

Ocorrendo **extinção motivada em defeito** (ilegalidade) contratual, a Administração tem o **dever de indenizar** o contratado pelo que este **houver executado** até a data em que ela for declarada e por **outros prejuízos regularmente comprovados**, exceto se o contratado deu causa ao vício (art. 59, parágrafo único, da Lei n. 8.666/93). Se o contratado deu causa à anulação (má-fé), deve ser indenizado somente pelo que já houver executado.

Constata-se que a referida regra inclui no *quantum* da indenização os valores decorrentes da execução, bem como perdas e danos. Mas não faz qualquer referência aos lucros cessantes. Assim, ao menos no plano da disciplina normativa da matéria, o valor dos lucros cessantes não compõe a indenização por anulação do contrato.

29. *Direito administrativo brasileiro*, p. 226.

Quanto aos valores já recebidos, embora a declaração de nulidade tenha eficácia retroativa (*ex tunc*), a **proibição do enriquecimento sem causa** impede que a Administração exija restituição daquilo que já foi pago ao contratado.

8.21 CRIMES

Os arts. 89 a 99 da Lei n. 8.666/93 tipificam crimes praticados no contexto do procedimento licitatório. Entre as **condutas criminosas** ali previstas, quatro relacionam-se diretamente com a celebração de contratos administrativos:

"**Art. 89.** Dispensar ou inexigir licitação fora das hipóteses previstas em lei, ou deixar de observar as formalidades pertinentes à dispensa ou à inexigibilidade:

Pena – detenção, de 3 (três) a 5 (cinco) anos, e multa.

Art. 92. Admitir, possibilitar ou dar causa a qualquer modificação ou vantagem, inclusive prorrogação contratual, em favor do adjudicatário, durante a execução dos contratos celebrados com o Poder Público, sem autorização em lei, no ato convocatório da licitação ou nos respectivos instrumentos contratuais, ou, ainda, pagar fatura com preterição da ordem cronológica de sua exigibilidade:

Pena – detenção, de 2 (dois) a 4 (quatro) anos, e multa.

Art. 96. Fraudar, em prejuízo da Fazenda Pública, licitação instaurada para aquisição ou venda de bens ou mercadorias, ou contrato dela decorrente:

I – elevando arbitrariamente os preços;

II – vendendo, como verdadeira ou perfeita, mercadoria falsificada ou deteriorada;

III – entregando uma mercadoria por outra;

IV – alterando substância, qualidade ou quantidade da mercadoria fornecida;

V – tornando, por qualquer modo, injustamente, mais onerosa a proposta ou a execução do contrato:

Pena – detenção, de 3 (três) a 6 (seis) anos, e multa.

Art. 97. Admitir à licitação ou celebrar contrato com empresa ou profissional declarado inidôneo:

Pena – detenção, de 6 (seis) meses a 2 (dois) anos, e multa".

Em todos os mencionados tipos penais, é **obrigatório o elemento dolo**, não sendo punível a conduta meramente culposa.

8.22 JURISPRUDÊNCIA

8.22.1 STJ

Transporte rodoviário interestadual: A reserva de 2 (duas) vagas gratuitas por veículo para idosos com renda igual ou inferior a 2 (dois) salários-mínimos, prevista no art. 40, I, do Estatuto do Idoso, não se limita ao valor das passagens, abrangendo eventuais custos relacionados diretamente com o transporte, em que se incluem as tarifas de pedágio e de utilização dos terminais (REsp 1.543.465-RS, rel. Min. Napoleão Nunes Maia Filho, por unanimidade, j. 13-12-2018, *DJe* 4-2-2019).

Concessões: O transporte aéreo é serviço essencial e pressupõe continuidade. Considera-se prática abusiva tanto o cancelamento de voos sem razões técnicas ou de segurança inequívocas como o descumprimento do dever de informar o consumidor, por escrito e justificadamente, quando tais cancelamentos vierem a ocorrer (REsp 1.469.087-AC, rel. Min. Humberto Martins, por unanimidade, j. 18-8-2016, *DJe* 17-11-2016).

Consórcio público: O fato de ente integrante de consórcio público possuir pendência no Serviço Auxiliar de Informações para Transferências Voluntárias (CAUC) não impede que o consórcio faça jus, após a celebração de convênio, à transferência voluntária a que se refere o art. 25 da LC n. 101/2000 (REsp 1.463.921-PR, rel. Min. Humberto Martins, j. 10-11-2015, *DJe* 15-2-2016).

Contrato de concessão: Concessionária de rodovia pode cobrar de concessionária de energia elétrica pelo uso de faixa de domínio de rodovia para a instalação de postes e passagem de cabos aéreos efetivadas com o intuito de ampliar a rede de energia, na hipótese em que o contrato de concessão da rodovia preveja a possibilidade de obtenção de receita alternativa decorrente de atividades vinculadas à exploração de faixas marginais (EREsp 985.695-RJ, rel. Min. Humberto Martins, j. 26-11-2014, *DJe* 12-12-2014).

Impossibilidade de condenação de ressarcimento ao erário fundada em lesão presumida: Ainda que procedente o pedido formulado em ação popular para declarar a nulidade de contrato administrativo e de seus posteriores aditamentos, não se admite reconhecer a existência de lesão presumida para condenar os réus a ressarcir ao erário se não houve comprovação de lesão aos cofres públicos, mormente quando o objeto do contrato já tenha sido executado e existam laudo pericial e parecer do Tribunal de Contas que concluam pela inocorrência de lesão ao erário (REsp 1.447.237-MG, rel. Min. Napoleão Nunes Maia Filho, j. 16-12-2014, *DJe* 9-3-2015).

Termo final de contrato de permissão nulo: Declarada a nulidade de permissão outorgada sem licitação pública ainda antes da Constituição Federal de 1988, é possível ao magistrado estabelecer, independentemente de eventual direito a indenização do permissionário, prazo máximo para o termo final do contrato de adesão firmado precariamente (AgRg no REsp 1.435.347-RJ, rel. Min. Mauro Campbell Marques, j. 19-8-2014).

Objeto de ação civil pública para anular permissões precárias: Em ação civil pública movida para anular permissões para a prestação de serviços de transporte coletivo concedidas sem licitação e para condenar o Estado a providenciar as licitações cabíveis, não cabe discutir eventual indenização devida pelo Estado ao permissionário (AgRg no REsp 1.435.347-RJ, rel. Min. Mauro Campbell Marques, j. 19-8-2014).

Termo final de contrato de permissão nulo: Declarada a nulidade de permissão outorgada sem licitação pública ainda antes da Constituição Federal de 1988, é possível ao magistrado estabelecer, independentemente de eventual direito a indenização do permissionário, prazo máximo para o termo final do contrato de adesão firmado precariamente (AgRg no REsp 1.435.347-RJ, rel. Min. Mauro Campbell Marques, j. 19-8-2014).

Impossibilidade de manutenção por longo prazo de permissão precária: A não adoção pelo poder concedente das providências do § 3º do art. 42 da Lei n. 8.987/95 não justifica a permanência por prazo muito longo de permissões para a prestação de serviços de transporte coletivo concedidas sem licitação antes da Constituição Federal de 1988 (AgRg no REsp 1.435.347-RJ, rel. Min. Mauro Campbell Marques, j. 19-8-2014).

Equilíbrio econômico-financeiro em contrato de permissão de serviço público: Não há garantia da manutenção do equilíbrio econômico-financeiro do contrato de permissão de serviço de transporte público realizado sem prévia licitação. Precedentes citados: AgRg nos EDcl no REsp 799.250-MG, 2ª Turma, *DJe* 4-2-2010, e AgRg no Ag 800.898-MG, 2ª Turma, *DJe* 2-6-2008 (REsp 1.352.497-DF, rel. Min. Og Fernandes, j. 4-2-2014).

Indenização por serviços prestados no caso de contrato administrativo nulo: Reconhecida a nulidade de contrato administrativo por ausência de prévia licitação, a Administração Pública não tem o dever de indenizar os serviços prestados pelo contratado na hipótese em que este tenha agido de má-fé ou concorrido para a nulidade do contrato. Realmente, o fato de um contrato administrativo ter sido considerado nulo por ausência de prévia licitação não exime, em princípio, a Administração do dever de indenizar o contratado pelos serviços por ele prestados. Todavia, em consideração ao disposto no art. 59 da Lei n. 8.666/93, devem ser ressalvadas as hipóteses de má-fé ou de ter o contratado concorrido para a nulidade do contrato (AgRg no REsp 1.394.161-SC, rel. Min. Herman Benjamin, j. 8-10-2013).

8.22.2 STF

Contratos administrativos (Responsabilidade subsidiária da Administração e encargos trabalhistas não adimplidos): O inadimplemento dos encargos trabalhistas dos empregados do contratado não transfere automaticamente ao Poder Público contratante a responsabilidade pelo seu pagamento, seja em caráter solidário ou subsidiário, nos termos do art. 71, § 1º, da Lei n. 8.666/93 (RE 760.931/DF, Plenário, rel. orig. Min. Rosa Weber, red. p/ o ac. Min. Luiz Fux, j. 26-4-2017 – *Informativo* n. 862).

Contratos administrativos (Contrato de concessão: advento da Lei n. 12.783/2013 e prorrogação): O Ministro Celso de Mello salientou que a Administração pode modificar unilateralmente as cláusulas regulamentares, mesmo que não haja previsão no próprio contrato de concessão, porque ínsito à potestade pública. É, de fato, uma prerrogativa de poder de que se vale o Estado para fazer prevalecer, de um lado, a superioridade, a supremacia do interesse público sobre o interesse privado e, de outro lado, para respeitar a cláusula de indisponibilidade desse interesse público (RMS 34.203/DF, rel. Min. Dias Toffoli, j. 21-11-2017. AC 3.980/DF, 2ª Turma, rel. Min. Dias Toffoli, j. 21-11-2017 – *Informativo* n. 885).

Contratos administrativos (TCU e anulação de contratos administrativos): O TCU, embora não tenha poder para anular ou sustar contratos administrativos, possui competência, consoante o art. 71, IX, da CF, para determinar à autoridade administrativa que promova a anulação de contrato e, se for o caso, da licitação de que se originara (MS 26.000/SC, 1ª Turma, rel. Min. Dias Toffoli, 16-10-2012 – *Informativo* n. 684).

8.23 QUADRO SINÓTICO

CONTRATO ADMINISTRATIVO

É o ajuste estabelecido entre a Administração Pública e terceiros.

É diferente de:

- **CONTRATOS DA ADMINISTRAÇÃO:** todos aqueles firmados pela Administração Pública, incluindo os regidos pelo Direito Privado.

PRINCIPAIS DIFERENÇAS:	
CONTRATOS PRIVADOS	**CONTRATOS ADMINISTRATIVOS**
• Aplicação do Direito Privado. • Normas gerais previstas no Código Civil. • Igualdade entre as partes (relação horizontal). • Cláusulas imutáveis (*pacta sunt servanda*). • Defesa de interesses privados. Exemplos: compra e venda simples, comodato.	• Aplicação do Direito Público. • Normas gerais previstas na Lei n. 8.666/93. • Administração ocupa posição de superioridade (relação vertical). • Mutabilidade unilateral das cláusulas por vontade da Administração. • Defesa do interesse público. Exemplos: concessão de serviço público, consórcio público, parceria público-privada.

COMPETÊNCIA PARA LEGISLAR

Compete privativamente à União criar normas gerais sobre licitações e contratos administrativos.

PRÉVIA LICITAÇÃO

Em regra, a celebração do contrato administrativo exige prévia licitação, exceto nos casos de contratação direta previstos na legislação.

CARACTERÍSTICAS DO CONTRATO ADMINISTRATIVO

- a) Submissão ao Direito Administrativo.
- b) Presença da Administração em pelo menos um dos polos.
- c) Desigualdade entre as partes.
- d) Mutabilidade.
- e) Cláusulas exorbitantes.
- f) Formalismo.
- g) Bilateralidade.
- h) Comutatividade.
- i) Confiança recíproca.

NORMAS APLICÁVEIS

NORMAS CONSTITUCIONAIS APLICÁVEIS:

- **a) art. 22, XXVII:** "compete privativamente à união legislar sobre: (...) XXVII – normas gerais de licitação e contratação, em todas as modalidades, para as administrações públicas diretas, autárquicas e fundacionais da união, estados, distrito federal e municípios, obedecido o disposto no art. 37, XXI, e para as empresas públicas e sociedades de economia mista";
- **b) art. 37, XXI:** "ressalvados os casos especificados na legislação, as obras, serviços, compras e alienações serão contratados mediante processo de licitação pública que assegure igualdade de condições a todos os concorrentes, com cláusulas que estabeleçam obrigações de pagamento, mantidas as condições efetivas da proposta, nos termos da lei, o qual somente permitirá as exigências de qualificação técnica e econômica indispensáveis à garantia do cumprimento das obrigações".

JÁ NO PLANO INFRACONSTITUCIONAL, DIVERSAS LEIS DISCIPLINAM O CONTRATO ADMINISTRATIVO:

- **a) 8.666/93:** define as normas gerais sobre licitações e contratos;
- **b) 8.987/95:** concessões e permissões de serviço público;
- **c) 9.637/98:** prevê a celebração de contratos de gestão entre o governo federal e as organizações sociais;
- **d) 9.790/99:** institui e disciplina o termo de parceria entre a união federal e as organizações da sociedade civil de interesse público – as OSCIPS;
- **e) 11.079/2004:** parceria público-privada (PPPs);
- **f) 11.107/2005:** consórcios públicos entre as entidades federativas;
- **g) 12.232/2010:** contratação de serviços de publicidade do governo.

CONTRATOS *VERSUS* CONVÊNIOS

- Contratos são caracterizados pela existência de interesses contrapostos.
- CONVÊNIOS são ajustes firmados pela Administração para mútua cooperação.

CONTRATOS EM ESPÉCIE

- CONTRATOS DE OBRA PÚBLICA: é o ajuste por meio do qual a Administração seleciona uma empresa privada com a finalidade de realizar a construção, reforma ou ampliação de imóvel destinado ao público ou ao serviço público.
- CONTRATO DE FORNECIMENTO: adquire coisas móveis para utilização nas repartições públicas ou estabelecimentos públicos.
- CONTRATO DE PRESTAÇÃO DE SERVIÇO: tem por objeto a prestação de uma atividade destinada a obter determinada utilidade de interesse para a Administração Pública ou para a coletividade, predominando o fazer sobre o resultado final.
- CONTRATO DE CONCESSÃO: o nome "concessão" é utilizado pela legislação brasileira para designar diversas espécies de contratos ampliativos nos quais a Administração Pública delega ao particular a prestação de serviço público, a execução de obra pública ou o uso de bem público.

DICA: a concessão de serviço público é o mais importante contrato administrativo brasileiro, sendo utilizado sempre que o Poder Público opte por promover a prestação indireta de serviço público mediante delegação a particulares. Por isso, atenção no quadro abaixo:

CARACTERÍSTICAS DA CONCESSÃO DE SERVIÇO PÚBLICO (LEI N. 8.987/95):

- a) prévia concorrência pública (com inversão de fases);
- b) o concessionário assume a prestação do serviço público por sua conta e risco;
- c) lei específica;
- d) prazo determinado;
- e) admite arbitragem;
- f) prevê a cobrança de tarifa.

INTERVENÇÃO: o poder concedente poderá decretar intervenção na concessionária, assumindo temporariamente a gestão da empresa até a normalização da prestação.

- O ato de intervenção é realizado por meio de decreto com a designação do interventor, o prazo, os objetivos e os limites da medida.

FORMAS DE EXTINÇÃO:

- a) advento do termo contratual (automática, *ipso iure*);
- b) encampação ou resgate (lei autorizadora e prévia indenização por razões de interesse público);
- c) caducidade (inexecução total ou parcial);
- d) rescisão por culpa do poder concedente (ação judicial);
- e) anulação (ilegalidade ou defeito);
- f) falência ou extinção da empresa.

SUBCONCESSÃO: é o instrumento por meio do qual parte da prestação do serviço é terceirizada a outro concessionário.

- admite-se desde que autorizada no contrato e prevista no edital.

DIREITOS DO USUÁRIO:

- a) receber serviço adequado;
- b) obter informações para a defesa de interesses individuais ou coletivos;
- c) obter e utilizar o serviço, com liberdade de escolha entre vários prestadores de serviços, quando for o caso, observadas as normas do poder concedente;
- d) ter à disposição, no mínimo, seis datas opcionais no mês para escolher o dia de vencimento dos seus débitos.

OBRIGAÇÕES DO USUÁRIO:

- a) levar ao conhecimento do Poder Público e da concessionária as irregularidades de que tenha conhecimento, referentes ao serviço prestado;
- b) comunicar às autoridades competentes os atos ilícitos praticados pela concessionária na prestação do serviço;
- c) contribuir para a permanência das boas condições dos bens públicos pelos quais lhe são prestados os serviços.

- **CONCESSÃO PRECEDIDA DE OBRA PÚBLICA:** antes do início da prestação do serviço, o concessionário constrói uma obra pública cujo uso será por ele explorado economicamente.
- **CONCESSÃO DE USO DE BEM PÚBLICO:** é o contrato administrativo pelo qual o Poder Público outorga ao particular, mediante prévia licitação, a utilização privativa de um bem público, por prazo determinado, de forma remunerada ou não, no interesse predominantemente público.
- **PERMISSÃO DE SERVIÇO PÚBLICO:** é ato administrativo unilateral, discricionário, *intuitu personae* e precário que realiza, mediante prévia licitação, a delegação temporária da prestação do serviço público (para a Lei n. 8.987/95 trata-se de "contrato de adesão")

PRINCIPAIS DIFERENÇAS ENTRE PERMISSÃO E CONCESSÃO:

- a) quanto à natureza jurídica: a concessão é contrato bilateral; a permissão é unilateral;
- b) quanto aos beneficiários: a concessão só beneficia pessoas jurídicas; a permissão pode favorecer pessoas físicas ou jurídicas;
- c) quanto ao capital: a concessão pressupõe maior aporte de capital; a permissão exige menor investimento;
- d) quanto à constituição de direitos: a concessão constitui o concessionário em direitos contra o poder concedente; a permissão não produz esse efeito;
- e) quanto à extinção unilateral: sendo extinta antecipadamente, a concessão enseja direito à indenização para o concessionário; a permissão, devido ao caráter precário, autoriza o Poder Público a extinguir unilateralmente o vínculo sem ocasionar direito à indenização;
- f) quanto à licitação: a concessão depende de licitação na modalidade concorrência pública; a permissão pode ser outorgada mediante licitação em qualquer modalidade;
- g) quanto à forma de outorga: a concessão de serviço público se dá por meio de lei específica; a permissão depende de simples autorização legislativa.

- **CONTRATO DE GERENCIAMENTO:** o Poder Público contratante transfere ao particular gerenciador a condução de um empreendimento, reservando para si a competência decisória final.
- **CONTRATO DE GESTÃO:** qualquer acordo operacional firmado entre a administração central e organizações sociais ou agências executivas, para fixar metas de desempenho, permitindo melhor controle de resultados.
- **TERMO DE PARCERIA:** instrumento firmado entre o Poder Público e as organizações da sociedade civil de interesse público – OSCIPS, caracterizado como um vínculo de cooperação, fomento e execução de atividades de interesse público.
- **PARCERIA PÚBLICO-PRIVADA (PPP):** pensada para incentivar o investimento privado no setor público, por meio da repartição objetiva dos riscos entre o Estado (parceiro público) e o investidor particular (parceiro privado). Criada pela Lei n. 11.079/2004, aplicável a todas as esferas federativas.

VEDAÇÕES À CELEBRAÇÃO DE PPP:

- a) contrato inferior a R$ 10.000.000,00 (dez milhões de reais);
- b) período de prestação do serviço inferior a cinco anos;
- c) tenha como objeto único o fornecimento de mão de obra, fornecimento e instalação de equipamentos e a execução de obra pública.

MODALIDADES:

- a) concessão patrocinada: adicionalmente à tarifa cobrada dos usuários, prevê contraprestação pecuniária paga pelo parceiro público ao parceiro privado; e
- b) concessão administrativa: a administração é usuária direta ou indireta.

- **CONSÓRCIO PÚBLICO:** parceria multilateral entre entidades federativas, para persecução de objetivos comuns, que resulta na criação de uma nova pessoa jurídica de direito público, caso em que recebe o nome de associação pública ou de direito privado. A celebração do contrato de consórcio pressupõe, inicialmente, a elaboração de um protocolo de intenções a ser subscrito pelos interessados e que deverá ser publicado na imprensa oficial. Após isso, o contrato de consórcio será celebrado com a ratificação do protocolo de intenções, por meio de lei específica aprovada no âmbito de cada entidade consorciada.
- **CONVÊNIO:** parceria administrativa multilateral entre entidades públicas, ou entre estas e organizações particulares, visando a cooperação para alcançar objetivos de interesse comum
- **CREDENCIAMENTO:** é o contrato administrativo pelo qual o Poder Público habilita qualquer interessado em realizar determinada atividade, sem necessidade de estabelecer competição.
- **CONTRATO DE TRABALHOS ARTÍSTICOS:** celebrado pelo Poder Público visando à realização de obra de arte.
- **EMPRÉSTIMO PÚBLICO:** contrato por meio do qual a Administração Pública obtém recursos junto a instituições financeiras privadas para atender situações de emergência ou de peculiar interesse público.

FORMALIZAÇÃO DOS CONTRATOS ADMINISTRATIVOS

Como regra, os contratos administrativos devem ter a forma escrita, sendo nulo e de nenhum efeito o contrato verbal com a Administração.

DICA: admite-se a celebração de contrato verbal para pequenas compras de pronto pagamento feitas em regime de adiantamento. Consideram-se "pequenas compras" aquelas de até R$ 8.800,00 (oito mil e oitocentos reais).

CLÁUSULAS EXORBITANTES

São regras que conferem poderes contratuais especiais, projetando a Administração Pública em uma posição de superioridade diante do particular contratado.

AS MAIS IMPORTANTES SÃO:

- exigência de garantia (contratado pode optar por caução em dinheiro, títulos da dívida pública, seguro-garantia ou fiança);
- alteração unilateral do objeto (pode ser qualitativa ou quantitativa);
- manutenção do equilíbrio econômico-financeiro;
- inoponibilidade da exceção do contrato não cumprido (somente pode ser invocada pelo contratado após 90 dias de inadimplemento, desde que ausente justa causa);
- rescisão unilateral (por inadimplemento, insolvência ou falência do contratado, por desaparecimento do objeto, razões de interesse público e por caso fortuito ou força maior);
- fiscalização e aplicação de penalidades (garantida defesa, pode aplicar advertência, multa, suspensão temporária do direito de licitar e declaração de inidoneidade).

EQUILÍBRIO ECONÔMICO-FINANCEIRO

O art. 37, XXI, da Constituição Federal, ao disciplinar a obrigatoriedade do procedimento licitatório, prescreve que "ressalvados os casos especificados na legislação, as obras, serviços, compras e alienações serão contratados mediante processo de licitação pública, com cláusulas que estabeleçam obrigações de pagamento, mantidas as condições efetivas da proposta".

Essa referência a "mantidas as condições efetivas da proposta" tornou obrigatória a criação de um sistema legal de preservação da margem de lucro do contratado, denominado equilíbrio econômico-financeiro.

CIRCUNSTÂNCIAS EXCEPCIONAIS QUE AUTORIZAM REVISÃO TARIFÁRIA:

- **1) alteração unilateral do contrato:** quando a Administração contratante realiza modificações quantitativas ou qualitativas no objeto contratual (art. 65, §§ 1º e 4º, da Lei n. 8.666/93). São, portanto, circunstâncias internas ao contrato;
- **2) fato do príncipe:** é todo acontecimento externo ao contrato e de natureza geral (abrange toda a coletividade) provocado pela entidade contratante, "sob titulação jurídica diversa da contratual";
- **3) fato da administração:** de acordo com Hely Lopes Meirelles e Maria Sylvia Zanella Di Pietro, o fato da administração consiste na ação ou omissão da Administração contratante, sem natureza geral, que retarda ou impede a execução do contrato;
- **4) álea econômica (teoria da imprevisão):** é o acontecimento externo ao contrato, de natureza econômica e estranho à vontade das partes, imprevisível e inevitável, que cause desequilíbrio contratual;
- **5) sujeições ou interferências imprevistas:** são dificuldades imprevisíveis de ordem material;
- **6) agravos econômicos resultantes da inadimplência da administração:** atraso no pagamento da remuneração devida ao contratado.

VIGÊNCIA E EXECUÇÃO DOS CONTRATOS

O prazo dos contratos administrativos fica adstrito à vigência dos respectivos créditos orçamentários, exceto em três casos:

- a) projetos contemplados nas metas estabelecidas no plano plurianual;
- b) prestação de serviços a serem executados de forma contínua;
- c) aluguel de equipamentos e utilização de programas de informática.

PRORROGAÇÃO

A legislação admite a prorrogação do contrato administrativo, que deve ser entendida como o aumento do prazo contratual, mantidas as mesmas condições anteriores e diante do mesmo contratado, desde que justificada por escrito e autorizada pela esfera competente.

EXTINÇÃO

SÃO TRÊS TIPOS:

- **a) rescisão unilateral:** decretada pela Administração contratante, sem necessidade de autorização judicial. Havendo culpa do contratado, não é devida indenização, aplicando-se a sanção cabível; se não houver culpa, como no caso da rescisão motivada por razões de interesse público, cabe indenização;

- **b) rescisão amigável:** feita administrativamente por acordo entre as partes. Em regra, não gera indenização;
- **c) rescisão judicial:** determinada pelo Poder Judiciário em razão de inadimplemento do contratante ou do contratado (por inadimplemento do contratado, a Administração pode optar também por rescindir unilateralmente).

DICA: para que a extinção contratual gere direito à indenização em favor do contratado, exige-se a ocorrência simultânea das seguintes condições:

- 1) extinção antecipada e anômala;
- 2) relação jurídica não precária;
- 3) boa-fé do contratado.

ANULAÇÃO

Ocorrendo extinção motivada em defeito (ilegalidade) contratual, a Administração tem o dever de indenizar o contratado pelo que este houver executado até a data em que for declarada e por outros prejuízos regularmente comprovados, exceto se o contratado deu causa ao vício.

DICA: se o contratado deu causa à anulação (má-fé), deve ser indenizado somente pelo que já houver executado.

8.24 QUESTÕES

1. (Juiz de Direito Substituto – TJ-BA – 2019 – Cespe) Uma empresa contratada pela Administração Pública não entregou bens em conformidade com o projeto básico, razão pela qual, após o regular processo administrativo, a contratante rescindiu unilateralmente o contrato e aplicou uma multa à citada empresa.

Nessa situação hipotética:

A) a multa deverá ser descontada, preferencialmente, dos pagamentos eventualmente ainda devidos pela Administração Pública;

B) a multa deverá ser descontada, primordialmente, da garantia do respectivo contrato;

C) a Administração agiu equivocadamente, pois multa e rescisão unilateral são inacumuláveis quando motivadas pelo mesmo fato;

D) a Administração Pública, em regra, não estará autorizada a reter unilateralmente pagamentos devidos à empresa para compensar os prejuízos sofridos;

E) excepcionalmente, caso a multa aplicada seja superior ao saldo a pagar à contratada, a Administração Pública poderá reter o pagamento até a quitação da multa.

2. (Técnico em Contabilidade – Imesf – 2019 – Fundatec) Referente às normas para contratos da Administração Pública estabelecidos na Lei n. 8.666/93, analise as seguintes assertivas.

I – Os contratos devem estabelecer com clareza e precisão as condições para sua execução, expressas em cláusulas que definam os direitos, obrigações e responsabilidades das partes, em conformidade com os termos da licitação e da proposta a que se vinculam.

II – A critério da autoridade competente, em cada caso, e desde que prevista no instrumento convocatório, poderá ser exigida prestação de garantia nas contratações de obras, serviços e compras.

III – As cláusulas econômico-financeiras e monetárias dos contratos administrativos não poderão ser alteradas sem prévia concordância do contratado.

IV – A declaração de nulidade do contrato administrativo opera retroativamente, impedindo os efeitos jurídicos que ele, ordinariamente, deveria produzir, além de desconstituir os já produzidos.

Quais estão corretas?

A) Apenas I e II.

B) Apenas I e III.

C) Apenas I e IV.

D) Apenas II e III.

E) I, II, III e IV.

3. (Assistente Administrativo – Core-SP – 2019 – Inaz do Pará) Sobre os contratos administrativos é correto afirmar.

A) Aqueles orientados pelo Direito Privado, ou seja, os regulados substancialmente pelo Direito Civil são chamados de contratos administrativos civis e, dessa espécie de ajuste são, por exemplo, os contratos de seguro e de locação, embora a legalidade desses ajustes e as respectivas formalidades dependam da verificação de exigências prévias e posteriores.

B) As avenças disciplinadas pelo Direito Administrativo são denominadas contratos processuais civis e desses são exemplos os regulados pela Lei Federal das Licitações e Contratos da Administração Pública. São assim chamados e regulados pelo respectivo diploma legal e porque se valem de cláusulas exorbitantes, requisitos caracterizadores desses ajustes.

C) O objeto do contrato pode ser um bem ou serviço desejado pela Administração Pública e sobre os quais as partes contratantes fixam os respectivos direitos e obrigações. O objeto também pode estar indicado em certo processo de dispensa ou inexigibilidade de licitação. Deve ser de execução materialmente viável, condenado ou não pelo Direito.

D) A Administração Pública, na condição de contratante, somente poderá ter como seu representante legal, uma das entidades da Administração Direta, quais sejam: a União, os Estados-membros, o Distrito

Federal e os Municípios. O particular como ente contratado pode ser pessoa física ou jurídica, e esta de natureza mercantil, industrial ou de prestação de serviço.

E) A competência legislativa sobre o contrato administrativo recai sobre a União, os Estados-membros, os Municípios e o Distrito Federal. As pessoas jurídicas de Direito Público com capacidade política possuem tal competência, vez que o contrato administrativo é instituto do Direito Administrativo e legislar sobre esse ramo do Direito Público cabe a cada uma dessas pessoas.

4. (Procurador – AL-GO – 2019 – Iades) Conforme a Lei n. 8.666/93, a critério da autoridade competente, em cada caso, e desde que prevista no instrumento convocatório, poderá ser exigida prestação de garantia nas contratações de obras, serviços e compras, situação na qual caberá ao contratado optar por uma das seguintes modalidades de garantia:

A) caução em dinheiro, em títulos da dívida pública ou fidejussória;
B) caução em dinheiro ou títulos da dívida pública;
C) seguro-garantia;
D) seguro-garantia e fiança bancária;
E) caução em dinheiro ou fidejussória.

5. (Administrador – AGU – 2019 – Idecan) A respeito dos contratos administrativos, assinale a afirmativa incorreta.

A) A rescisão administrativa ou amigável deverá ser precedida de autorização escrita e fundamentada da autoridade competente.
B) É permitido à Administração, no caso de concordata do contratado, manter o contrato, podendo assumir o controle de determinadas atividades de serviços essenciais.
C) A rescisão do contrato poderá ser amigável, por acordo entre as partes, reduzida a termo no processo da licitação, desde que haja conveniência para a Administração.
D) Ocorrendo impedimento, paralisação ou sustação do contrato, o cronograma de execução será prorrogado por até 120 (cento e vinte) dias.
E) A Administração rejeitará, no todo ou em parte, obra, serviço ou fornecimento executado em desacordo com o contrato.

6. (Arquivista – AGU – 2019 – Idecan) A respeito dos contratos administrativos, assinale a afirmativa incorreta.

A) Ocorrendo impedimento, paralisação ou sustação do contrato, o cronograma de execução será prorrogado por até 120 (cento e vinte) dias.
B) A rescisão administrativa ou amigável deverá ser precedida de autorização escrita e fundamentada da autoridade competente.
C) É permitido à Administração, no caso de concordata do contratado, manter o contrato, podendo assumir o controle de determinadas atividades de serviços essenciais.
D) A rescisão do contrato poderá ser amigável, por acordo entre as partes, reduzida a termo no processo da licitação, desde que haja conveniência para a Administração.
E) A Administração rejeitará, no todo ou em parte, obra, serviço ou fornecimento executado em desacordo com o contrato.

7. (Auditor-Fiscal da Receita Estadual – Bloco II – Sefaz-RS – 2019 – Cespe) De acordo com a legislação pertinente, se o objeto de um contrato administrativo for a construção de uma estrutura essencial para um evento internacional a ser sediado pelo país e, injustificadamente, o contratado atrasar a execução desse contrato, de modo que a conclusão da obra não seja mais possível em tempo hábil para o evento, poderá a Administração Pública:

A) alterar unilateralmente o contrato, sem a possibilidade de aplicação de multa contratual;
B) rescindir unilateralmente o contrato, com a possibilidade de aplicação de multa contratual;
C) rescindir unilateralmente o contrato, sem a possibilidade de aplicação de multa contratual;

D) alterar unilateralmente o contrato, com a possibilidade de aplicação de multa contratual;

E) aplicar a multa contratual, o que exclui a possibilidade de rescisão unilateral do contrato.

8. (Assistente em Administração – UFABC – 2019 – Vunesp) A Lei n. 8.666/93 estabelece que os contratos administrativos:

A) poderão ser celebrados por prazo de vigência indeterminado;

B) não poderão ser fiscalizados pela Administração Pública;

C) são regidos primordialmente pelo Direito Civil e supletivamente pelo Direito Público;

D) tornam a Administração responsável direta pelos encargos fiscais resultantes da execução do contrato;

E) podem ser rescindidos, unilateralmente, pela Administração, nos casos especificados na lei.

9. (Administrador – IF-ES – 2019 – IF-ES) Maria deseja celebrar um contrato administrativo com a Administração Pública e, para tal, consultou a Lei n. 8.666/93. Analise as afirmativas abaixo e assinale a alternativa CORRETA sobre a formalização dos contratos que Maria deverá realizar.

A) O contrato pode mencionar os nomes das partes e/ou os de seus representantes, o mérito, a finalidade e o número do processo da licitação, da dispensa ou da inexigibilidade, de acordo com as normas desta Lei e suas cláusulas contratuais.

B) O instrumento de contrato é facultativo nos casos de concorrência e de tomada de preços, bem como nas dispensas e inexigibilidades cujos preços estejam compreendidos nos limites destas duas modalidades de licitação, e obrigatório nos demais, em que a Administração puder substituí-lo por outros instrumentos hábeis, tais como carta-contrato, nota de empenho de despesa, autorização de compra ou ordem de execução de serviço.

C) Os contratos e seus aditamentos serão lavrados nas repartições interessadas, as quais manterão arquivo cronológico dos seus autógrafos e registro sistemático do seu extrato, salvo os relativos a direitos reais sobre imóveis, que se formalizam por instrumento lavrado em cartório de notas, de tudo juntando-se cópia no processo que lhe deu origem.

D) A publicação resumida do instrumento de contrato ou de seus aditamentos na imprensa oficial, que é condição indispensável para sua eficácia, será providenciada pela Administração até o oitavo dia útil do mês seguinte ao de sua assinatura.

E) A integração da minuta do futuro contrato é facultativa ao edital ou ato convocatório da licitação.

10. (Engenheiro – IF-ES – 2019 – IF-ES) Com relação ao acompanhamento e fiscalização da execução de um contrato administrativo, conforme a Lei n. 8.666/93, considera-se IRREGULARIDADE:

A) a ausência de aditivo contratual, no caso de meros reajustes decorrentes de correção monetária prevista no contrato;

B) os encargos trabalhistas, previdenciários, fiscais e comerciais resultantes da execução do contrato são responsabilidades do contratado;

C) a vinculação do contrato ao edital de licitação ou ao termo que a dispensou ou a inexigiu;

D) a ausência de aditivos contratuais contemplando eventuais alterações de projeto;

E) a subcontratação admitida no edital e no contrato.

GABARITO

1. B / **2.** E / **3.** E / **4.** C / **5.** D / **6.** A / **7.** B / **8.** E /**9.** C / **10.** D

Acesse mais questões também pelo link:
http://somos.in/MDA1159

9

AGENTES PÚBLICOS

Acesse também a videoaula pelo link:
http://somos.in/MDA1110

9.1 AGENTES PÚBLICOS

O nome "**agente público**" é a **designação mais genérica** possível para fazer referência a todas as pessoas que desempenham função pública. A utilidade prática em identificar o grande gênero dos agentes públicos reside em saber quem pode figurar como **autoridade coatora** em eventual **mandado de segurança** (art. 1º da Lei n. 12.016/2009)[1]. O mesmo conceito amplo é empregado pelo art. 2º da Lei n. 8.429/92 para definir quem são os agentes públicos para fins da prática de **improbidade administrativa.**

Assim, podemos conceituar **agentes públicos** como "todos aqueles que exercem função pública, ainda que em **caráter temporário ou sem remuneração**".

A Constituição Federal de 1988 tem duas seções especificamente dedicadas ao tema dos agentes públicos: Seções I e II do Capítulo VII do Título III, tratando respectivamente dos "servidores públicos civis" (arts. 37 e 38) e dos "militares dos Estados, do Distrito Federal e dos Territórios" (art. 42).

O gênero agentes públicos comporta diversas espécies: a) agentes políticos; b) ocupantes de cargos em comissão; c) contratados temporários; d) agentes militares; e) servidores públicos estatutários; f) empregados públicos; g) particulares em colaboração com a Administração (agentes honoríficos).

Convém analisar separadamente cada uma dessas categorias de agentes públicos.

9.2 AGENTES POLÍTICOS

A primeira espécie dentro do gênero agentes públicos é a dos agentes políticos. Os agentes políticos exercem uma função pública (***munus publico***) de **alta direção do Estado.** Ingressam, em regra, por meio de **eleições**, desempenhando **mandatos fixos** ao término dos quais sua relação com o Estado desaparece automaticamente. A vinculação dos agentes políticos com o aparelho governamental não é profissional, mas institucional e estatutária.

1. Celso Antônio Bandeira de Mello, *Curso de direito administrativo*, p. 242.

São os membros de Poder que ocupam a cúpula diretiva do Estado.

É o caso dos **parlamentares, Presidente da República, governadores, prefeitos, e seus respectivos vices, ministros de Estado e secretários.**

9.2.1 Magistrados, promotores, procuradores da República e diplomatas

Acesse também a videoaula pelo link: http://somos.in/MDA1143

A melhor doutrina sempre considerou que magistrados e membros do Ministério Público (promotores e procuradores da República) são servidores públicos estatutários titulares de cargos vitalícios, e não agentes políticos (Celso Antônio Bandeira de Mello[2], Maria Sylvia Zanella Di Pietro[3] e José dos Santos Carvalho Filho[4]).

Na verdade, o regime jurídico de magistrados e membros do Ministério Público é absolutamente distinto daquele aplicável aos agentes políticos, isso porque:

1) ingressam nos quadros estatais mediante concurso público, ao passo que agentes políticos são eleitos ou nomeados;

2) não têm mandatos fixos;

3) sua vinculação com o Estado é técnico-profissional, na medida em que para o desempenho de suas tarefas dependem de formação jurídica específica, ao contrário dos agentes políticos, que exercem múnus público sem qualquer natureza profissional;

4) não respondem pela alta direção dos interesses do Estado (não integram o "Governo");

5) não participam da formulação das políticas públicas.

Adotando posicionamento minoritário, Hely Lopes Meirelles inclui os **magistrados**, membros do **Ministério Público** e diplomatas entre os agentes políticos, ao argumento de que eles também exercem uma **parcela da soberania** estatal. Tal entendimento é cientificamente frágil, pois ignora diferenças jurídicas evidentes entre os regimes político e estatutário. Embora o art. 37, XI, da Constituição Federal equipare as duas categorias exclusivamente para fins de remuneração, tratar magistrados e membros do Ministério Público como "políticos" é incorreto.

2. *Curso de direito administrativo*, p. 308.

3. *Direito administrativo*, p. 305.

4. *Manual de direito administrativo*, p. 613. Para Carvalho Filho, magistrados e membros do Ministério Público seriam "servidores especiais" dentro da categoria genérica de servidores públicos.

Todavia, a corrente minoritária começou a ganhar força em concursos públicos, especialmente nas provas elaboradas pela própria Magistratura e pelo Ministério Público, ao que parece visando atender o objetivo institucional de reforçar a indiscutível relevância das funções desempenhadas por juízes, promotores e procuradores da República.

Os defensores dessa visão indagam: se as tarefas de cúpula dos Poderes Executivo e Legislativo têm tal *status* político, por que no Judiciário e no Ministério Público seria diferente?

Atraídas por tal raciocínio, as bancas examinadoras contemplam nos gabaritos essa "verdade válida somente para concursos": membros da Magistratura e do Ministério Público são agentes políticos.

O Supremo Tribunal, analisando a questão sob o prisma da responsabilidade estatal, já se manifestou, exclusivamente quanto à condição dos magistrados, nesse mesmo sentido: "A autoridade judiciária não tem responsabilidade civil pelos atos jurisdicionais praticados. **Os magistrados enquadram-se na espécie agente político, investidos para o exercício de atribuições constitucionais, sendo dotados de plena liberdade funcional no desempenho de suas funções, com prerrogativas próprias e legislação específica.** Ação que deveria ter sido ajuizada contra a Fazenda Estadual – responsável eventual pelos alegados danos causados pela autoridade judicial, ao exercer suas atribuições –, a qual, posteriormente, terá assegurado o direito de regresso contra o magistrado responsável, nas hipóteses de dolo ou culpa. Legitimidade passiva reservada ao Estado" (RE 228.977, rel. Min. Néri da Silveira, j. 5-3-2002, 2ª Turma, *DJ* de 12-4-2002).

Interessante registrar que no concurso para Analista Judiciário da Controladoria Geral de Justiça/RJ, em 2008, órgão este que integra a estrutura do Tribunal de Justiça do Estado do Rio de Janeiro, o Cespe havia considerado correta uma assertiva que enquadrava os magistrados como agentes políticos. Todavia, reconhecendo a enorme controvérsia que cerca o tema, a Banca resolveu anular a questão, com base na seguinte justificativa:

"Há divergência na doutrina acerca do tema. **A doutrina moderna constitucionalista confere ao Poder Judiciário um papel muito mais atuante e politizado do que houvera em outros tempos, já que os juízes exercem também uma parcela da soberania do Estado** (cf. Hely Lopes Meirelles, 2003, e Maria Sylvia Zanella Di Pietro, 2006). No entanto, nos manuais de alguns doutrinadores do Direito Administrativo, a exemplo de José dos Santos Carvalho Filho, Diógenes Gasparini, Celso Antônio Bandeira de Mello, dentre outros, essa visão mais moderna não é compartilhada, dado que entendem que os juízes não seriam agentes políticos em razão de não terem a atribuição de definir as políticas públicas ou a possibilidade de serem eleitos. A anulação da questão não tem por finalidade mudar o entendimento de que os juízes seriam agentes políticos, mas evitar prejuízo àqueles que estudaram os manuais mais conhecidos de Direito Administrativo".

O bom senso recomenda que o referido tema não seja abordado em provas de múltipla escolha. No entanto, se isso ocorrer, orientamos os queridos leitores a sustentar o entendimento lastreado na visão do Supremo Tribunal Federal e de Hely Lopes Meirelles no sentido de que juízes, promotores, procuradores da República e diplomatas são agentes políticos.

9.3 OCUPANTES DE CARGOS EM COMISSÃO

Conhecidos popularmente como "cargos de confiança", os cargos em comissão ou comissionados estão reservados a atribuições de **direção, chefia e assessoramento** (art. 37, V, da CF). Qualquer outra atribuição de função a comissionados – e que não envolva direção, chefia ou assessoramento – deve ser considerada como inconstitucional.

O regime jurídico dos ocupantes de cargos em comissão vem parcialmente disciplinado, no âmbito federal, pela Lei n. 8.112/90 – o Estatuto do Servidor Público.

Tais cargos são acessíveis **sem concurso público**, mas providos por nomeação política. De igual modo, a **exoneração é ad nutum**, podendo os comissionados ser desligados do cargo **imotivadamente**, sem necessidade de garantir contraditório, ampla defesa e direito ao devido processo legal.

> A prova de Fiscal do ISS/SP elaborada pela FCC considerou CORRETA a assertiva: "É elemento típico do regime dito estatutário dos servidores públicos, nos termos do Direito brasileiro vigente, a possibilidade excepcional de nomeação sem concurso público".
>
> A 177ª prova da Magistratura/SP considerou INCORRETA a assertiva: "É nula a simples dispensa de servidor titular de cargo de provimento em comissão, de livre nomeação, sem o regular processo administrativo".

Entretanto, se a autoridade competente apresentar um motivo para a exoneração e o motivo for comprovadamente falso ou inexistente, o desligamento será nulo em razão da teoria dos **motivos determinantes**.

> A 23ª prova de Procurador da República considerou CORRETA a assertiva: "Na dispensa de um servidor, ocupante de cargo de confiança exonerável *ad nutum*, declarado o motivo, este passará a ser vinculante ao ato e sua validade e eficácia ficarão na dependência da efetiva existência do motivo declarado".

São exemplos de cargos em comissão os de **assessoria parlamentar** e os **subprefeitos**.

Importante destacar que os cargos comissionados, como não exigem concurso, podem ser ocupados por indivíduos sem qualquer relação permanente com o Estado. Porém, a legislação estabelecerá os casos, condições e percentuais em que os cargos comissionados devem ser preenchidos por servidores públicos de carreira (art. 37, V, da CF).

No âmbito federal, o Decreto n. 5.497/2005 definiu os seguintes percentuais dos cargos em comissão do Grupo-Direção e Assessoramento Superiores (DAS) da administração pública federal direta, autárquica e fundacional, a serem preenchidos por servidores concursados:

I – 75% dos cargos em comissão DAS, níveis 1, 2 e 3;

II – 50% dos cargos em comissão DAS, nível 4.

Não se deve confundir, porém, cargo de confiança (comissionado) com **função de confiança.** As funções de confiança também se relacionam **exclusivamente** com atribuições de **direção, chefia e assessoramento** (art. 37, V, da CF), mas só podem ser exercidas por **servidores de carreira.** Pressupõem, portanto, que o indivíduo que irá exercer a função de confiança pertença aos quadros de pessoal da Administração. Exemplo: a função de chefia na procuradoria do município só pode ser exercida por um procurador concursado. A **livre nomeação** para funções de confiança, portanto, **depende de vinculação prévia** com o serviço público.

> A prova da Magistratura/PR considerou INCORRETA a assertiva: "As funções de confiança, exercidas exclusivamente por servidores ocupantes de cargo efetivo, e os cargos em comissão, a serem preenchidos por servidores de carreira nos casos, condições e percentuais mínimos previstos em lei, destinam-se preferencialmente às atribuições de direção, chefia e assessoramento".

9.4 CONTRATADOS TEMPORÁRIOS

O art. 37, IX, da Constituição Federal prescreve que "a lei estabelecerá os casos de **contratação por tempo determinado** para atender a **necessidade temporária de excepcional interesse público**".

> A 46ª prova do Ministério Público/MG considerou CORRETA a assertiva: "Segundo princípios constitucionais da Administração Pública, a lei estabelecerá os casos de contratação por tempo determinado, para atender a necessidade de excepcional interesse público".

Regulamentando o referido dispositivo, foi promulgada a Lei n. 8.745/93 para disciplinar a contratação temporária no âmbito dos órgãos da administração federal direta, bem como de suas autarquias e fundações públicas. Assim, o sistema de contratação por tempo determinado, estabelecido pela Lei n. 8.745/93, **somente é aplicável às pessoas de direito público de âmbito federal.** Não se aplica, portanto, aos Estados, ao Distrito Federal e aos Municípios, nem tampouco às empresas públicas e às sociedades de economia mista da União. A contratação temporária, como se nota, não se rege pela Lei n. 8.112/90 – o **Estatuto do Servidor Público Federal**.

> A prova da OAB Nacional 2008.2 elaborada pelo Cespe considerou INCORRETA a assertiva: "As pessoas que, na esfera federal, são contratadas por tempo determinado para atender a necessidade temporária de excepcional interesse público são regidas pela Lei n. 8.112/90".

Nos termos do art. 2º da Lei n. 8.745/93, considera-se necessidade temporária de excepcional interesse público:

"I – assistência a situações de calamidade pública;

II – assistência a emergências em saúde pública;

III – realização de recenseamentos e outras pesquisas de natureza estatística efetuadas pela Fundação Instituto Brasileiro de Geografia e Estatística – IBGE;

IV – admissão de professor substituto e professor visitante;

V – admissão de professor e pesquisador visitante estrangeiro;

VI – atividades especiais como organização das Forças Armadas, identificação e demarcação territorial, atuações finalísticas do Hospital das Forças Armadas, assistência à saúde para comunidades indígenas;

VII – admissão de professor, pesquisador e tecnólogo substitutos para suprir a falta de professor, pesquisador ou tecnólogo ocupante de cargo efetivo, decorrente de licença para exercer atividade empresarial relativa à inovação;

VIII – admissão de pesquisador, nacional ou estrangeiro, para projeto de pesquisa com prazo determinado, em instituição destinada à pesquisa;

IX – combate a emergências ambientais, na hipótese de declaração, pelo Ministro de Estado do Meio Ambiente, da existência de emergência ambiental na região específica".

Importante observar que o **recrutamento** para contratação temporária **prescinde de concurso público**, mas deve ser feito por **processo seletivo simplificado** (art. 3º). Entretanto, nos casos de calamidade pública ou emergência ambiental o processo seletivo simplificado é dispensado.

> **A prova de Agente Fiscal da Receita Federal elaborada pela Esaf considerou CORRETA a assertiva: "A exigência de concurso público de provas ou de provas e títulos, estabelecida no art. 37, II, da Constituição Federal, pode ser excepcionada por lei que autorize a contratação por tempo determinado para atender a necessidade temporária de excepcional interesse público".**

O **prazo máximo** de duração da contratação temporária varia conforme o enquadramento do caso nos incisos acima transcritos do art. 2º da Lei n. 8.745/93, podendo ser de: a) **seis meses** (incisos I, II e IX); b) **um ano** (incisos III e IV, bem como em algumas hipóteses do inciso IV); c) **dois anos** (em algumas hipóteses do inciso VI); d) **três anos** (VII e VIII, bem como em algumas hipóteses do inciso IV); e) **quatro anos** (inciso V, bem como em algumas hipóteses do inciso VI).

9.5 AGENTES MILITARES

Os agentes militares formam uma categoria à parte entre os agentes públicos na medida em que as instituições militares são organizadas com base na **hierarquia** e na **disciplina**. Aqueles que compõem os quadros permanentes das forças militares possuem **vinculação estatutária**, e não contratual, mas o regime jurídico é disciplinado por legislação específica diversa da aplicável aos servidores civis.

Os membros das Polícias Militares e dos Corpos de Bombeiros Militares são servidores públicos dos **Estados, do Distrito Federal** e dos **Territórios**, sendo as patentes dos oficiais conferidas pelos respectivos governadores (art. 42, § 1º, da CF).

São estatutários também os militares ligados às Forças Armadas, constituídas pela Marinha, pelo Exército e pela Aeronáutica, instituições nacionais permanentes e regulares. As **Forças Armadas** estão igualmente fundamentadas nos princípios de disciplina e hierarquia e organizadas sob a **autoridade suprema do Presidente da República.**

As **patentes**, com prerrogativas, direitos e deveres a ela inerentes, são conferidas pelo **Presidente da República.**

Importante destacar que aos militares estão constitucionalmente **proibidas** a **sindicalização**, a **greve**, a **acumulação de cargos** e a **filiação partidária.**

> A prova da OAB Nacional 2008.2 elaborada pelo Cespe considerou CORRETA a assertiva: "O dispositivo constitucional que proíbe a sindicalização e a greve dos militares federais estende-se aos militares dos estados e do DF".

9.6 SERVIDORES PÚBLICOS ESTATUTÁRIOS

A Constituição Federal de 1988 estabelece dois regimes principais de contratação para o serviço público: o estatutário, ou de cargo público, e o celetista, ou de emprego público. Daí a existência de duas categorias básicas entre os agentes públicos: os servidores estatutários e os empregados públicos. São inúmeras as diferenças entre o regime jurídico de cargo e o de emprego público, este último a ser estudado no item seguinte.

O regime estatutário é **regime comum** de contratação de agentes públicos pela Administração Direta, isto é, União, Estados, Distrito Federal e Municípios, assim como pelas pessoas jurídicas de direito público da Administração Indireta, como autarquias, fundações públicas e associações públicas.

No âmbito federal, o regime de cargo público vem disciplinado na **Lei n. 8.112/90** – o Estatuto do Servidor Público Federal.

Os servidores estatutários são selecionados por **concurso público** para ocupar **cargos públicos**, tendo vinculação de natureza estatutária **não contratual**, e adquirem **estabilidade** após se sujeitarem a um **estágio probatório.**

> A prova de Analista do TRE/PE em 2017 elaborada pelo Cespe considerou CORRETA a afirmação: "A relação jurídica estatutária não tem natureza contratual, tratando-se de relação própria de direito público".
> A prova da OAB/MG considerou INCORRETA a afirmação: "Os cargos públicos são unidades de competências sujeitas a regime contratual".

Como não se trata de vinculação contratual, pode haver alteração unilateral no regime aplicável aos **servidores estatutários**.

> A prova da OAB/MS elaborada pelo Cespe considerou CORRETA a afirmação: "Os estatutários poderão ter sua vida funcional unilateralmente alterada".

Entretanto, as alterações unilaterais, inerentes ao regime estatutário, não podem prejudicar **direitos adquiridos**.

> A prova de Procurador do Estado de São Paulo considerou CORRETA a afirmação: "O regime estatutário aplicável aos servidores públicos é definido em lei, podendo ser modificado unilateralmente, respeitados os direitos adquiridos".

O regime de cargo público é **mais vantajoso e protetivo** para o agente do que o de emprego público. Isso porque o regime de cargo foi concebido para garantir maior estabilidade no exercício das funções públicas, protegendo o servidor contra influências partidárias e pressões políticas provocadas pela constante alternância na cúpula diretiva do Estado.

A principal vantagem conferida aos estatutários é a estabilidade adquirida após o estágio probatório. Essa estabilidade consiste na impossibilidade de perda do cargo, a não ser nas hipóteses constitucionalmente previstas. Segundo o art. 41, § 1º, da Constituição Federal, o servidor estável só perderá o cargo por: a) sentença judicial transitada em julgado; b) processo administrativo disciplinar; c) avaliação periódica de desempenho. Além dessas três formas, é possível ser decretada a perda do cargo também para redução de despesas com pessoal.

Ressalte-se, entretanto, que, no caso dos três cargos públicos vitalícios (magistrados, membros do Ministério Público e membros dos Tribunais de Contas), adquirida a vitaliciedade, a perda do cargo somente pode ocorrer por sentença judicial transitada em julgado.

Assim, é possível identificar **dois regimes diferentes** aplicáveis aos servidores estatutários:

a) **cargos vitalícios:** é o caso dos membros dos **Tribunais de Contas** (Conselheiros dos TCEs/TCMs e Ministros do TCU). Embora atualmente sejam considerados agentes políticos, **magistrados e membros do Ministério Público** (promotores e procuradores da República), também são vitalícios. Nos cargos vitalícios, o **estágio probatório** é reduzido, tendo duração de somente **dois anos**, após o qual o agente adquire vitaliciedade, podendo perder o cargo unicamente por meio de **sentença judicial transitada em julgado**;

b) **cargos efetivos:** é a condição de todos os cargos públicos, com exceção dos três vitalícios acima indicados. Os cargos efetivos têm **estágio probatório** maior, de **três anos**. Após o estágio probatório, o servidor adquire **estabilidade**, podendo perder o cargo pelas quatro formas já referidas: a) **sentença judicial** transitada em julgado; b) **processo administrativo disciplinar**; c) **avaliação de desempenho**; d) para **redução de despesas com pessoal**.

A análise detalhada das características jurídicas do regime aplicável aos estatutários será realizada nos itens seguintes deste capítulo.

Aos servidores públicos estatutários são garantidos os seguintes direitos trabalhistas (art. 39, § 3º, da CF):

a) salário mínimo;

b) garantia de salário, nunca inferior ao mínimo, para os que percebem remuneração variável;

c) remuneração do trabalho noturno superior à do diurno;

d) salário-família pago em razão do dependente do trabalhador de baixa renda nos termos da lei;

e) duração do trabalho normal não superior a oito horas diárias e quarenta e quatro semanais, facultada a compensação de horários e a redução da jornada, mediante acordo ou convenção coletiva de trabalho;

f) repouso semanal remunerado, preferencialmente aos domingos;

g) remuneração do serviço extraordinário superior, no mínimo, em cinquenta por cento à do normal;

h) gozo de férias anuais remuneradas com, pelo menos, um terço a mais do que o salário normal;

i) licença à gestante, sem prejuízo do emprego e do salário, com a duração de seis meses;

j) licença-paternidade, nos termos fixados em lei;

k) proteção do mercado de trabalho da mulher, mediante incentivos específicos, nos termos da lei;

l) redução dos riscos inerentes ao trabalho, por meio de normas de saúde, higiene e segurança;

m) proibição de diferença de salários, de exercício de funções e de critério de admissão por motivo de sexo, idade, cor ou estado civil.

9.7 EMPREGADOS PÚBLICOS

Ao regime tipicamente público dos servidores estatutários, opõe-se o **regime essencialmente privado** dos empregados públicos.

Os empregados públicos ingressam por meio de **concurso público** para ocupar **empregos públicos**, tendo uma **vinculação contratual** com o Estado regida pela Consolidação das Leis do Trabalho – CLT. Por isso, são conhecidos como "celetistas".

O regime de emprego público é **menos protetivo** do que o regime estatutário de cargo público e está constitucionalmente definido como o sistema de contratação a ser utilizado nas **pessoas jurídicas de direito privado** da Administração indireta, isto é, nas empresas públicas, sociedades de economia mista, fundações governamentais e consórcios privados. Além das pessoas de direito privado, admite-se contratação por regime de emprego também nas pessoas jurídicas de direito público, desde que para **funções materiais subalternas**[5]. É possível encontrar também empregados públicos em pessoas jurídicas de direito público **contratados antes da Constituição Federal de 1988**, quando não havia tanta restrição ao uso do regime de emprego.

Importante destacar que a Emenda Constitucional n. 19/98 alterou a redação do art. 39 da Constituição, permitindo ao legislador escolher entre os regimes de cargo ou de emprego, independentemente da natureza jurídica da entidade contratante.

No julgamento da Ação Direta de Inconstitucionalidade n. 2.135-4, o Supremo Tribunal Federal concedeu medida liminar suspendendo a nova redação da norma, de modo a restabelecer o regime de cargo como predominante nas contratações para pessoas jurídicas de direito público da Administração.

Recentemente, entretanto, o Supremo Tribunal Federal, na ADI 5.615, em junho de 2020, declarou constitucional lei complementar paulista que criou empregos públicos na Universidade de São Paulo (autarquia fundacional). Valendo-se de estranho argumento, o voto do relator Ministro Alexandre de Moraes, acompanhado pela maioria da corte, considerou peculiar a situação do Estado de São Paulo na medida em que outras autarquias paulistas também contratam em regime de emprego público.

Após a posse, os empregados públicos não têm estágio probatório, mas se sujeitam ao **período de experiência** com duração **de noventa dias**, previsto no art. 455, parágrafo único, da Consolidação das Leis do Trabalho.

Os empregados públicos não têm a estabilidade típica do regime estatutário. Entretanto, isso não quer dizer que o empregado público possa ser demitido livremente, como um empregado comum. A totalidade da doutrina administrativista entende que os empregados públicos somente podem sofrer **demissão motivada** e após regular **processo administrativo**, observadas as garantias do **contraditório** e da **ampla defesa**. Constitui absurdo impensável admitir que o empregado público ingressa na função mediante concurso público e pode ser demitido sem justa causa. A demissão imotivada, comum na iniciativa privada, é incompatível com os princípios administrativos da obrigatória motivação, impessoalidade, finalidade, legalidade, moralidade, entre outros. Isso porque o regime aplicado ao emprego público é predominantemente privado, mas **não exclusivamente privado**, sofrendo marcante influência de princípios e regras do Direito Administrativo derrogatórios do regime empregatício privado. Os principais aspectos do regime de emprego, influenciados pelas regras públicas, relacionam-se com a entrada e a saída na função, ou seja, quanto às exigências,

5. Celso Antônio Bandeira de Mello, *Curso de direito administrativo*, p. 129.

respectivamente, de concurso público para ingresso e de processo administrativo para demissão. Essas duas características especiais não se aplicam às vinculações empregatícias comuns da iniciativa privada.

Entretanto, o **Tribunal Superior do Trabalho** tradicionalmente tem se posicionado pela possibilidade de **dispensa imotivada de empregados públicos**, aplicando sem qualquer alteração os dispositivos comuns da Consolidação das Leis do Trabalho sobre demissão de empregados privados. Assim, editou a esdrúxula **Súmula 390** com o seguinte teor: "Ao empregado de empresa pública ou de sociedade de economia mista, ainda que admitido mediante aprovação em concurso público, não é garantida a estabilidade prevista no art. 41 da CF/88". No mesmo sentido, expediu ainda a hoje alterada **Orientação Jurisprudencial n. 247**: "Servidor público. Celetista Concursado. Despedida imotivada. Empresa pública ou sociedade de economia mista. Possibilidade".

Porém, **em 13 de novembro de 2007**, baixou, com base em precedentes do Supremo Tribunal Federal, a **Resolução n. 143**, alterando a redação da Orientação Jurisprudencial n. 247, que passou a vigorar com o seguinte conteúdo:

"SERVIDOR PÚBLICO. CELETISTA CONCURSADO. DESPEDIDA IMOTIVADA. EMPRESA PÚBLICA OU SOCIEDADE DE ECONOMIA MISTA. POSSIBILIDADE.

1. A despedida de empregados de empresa pública e de sociedade de economia mista, mesmo admitidos por concurso público, independe de ato motivado para sua validade.

2. A validade do ato de despedida do empregado da Empresa Brasileira de Correios e Telégrafos (ECT) está condicionada à motivação, por gozar a empresa do mesmo tratamento destinado à Fazenda Pública em relação à imunidade tributária e à execução por precatório, além das prerrogativas de foro, prazos e custas processuais".

Assim, no caso específico dos empregados da ECT, por ser empresa pública prestadora de serviço público, o Tribunal Superior do Trabalho passou a considerar obrigatória a motivação do ato de despedida de seus empregados. A tendência, portanto, é que o Tribunal estenda tal orientação a todos os empregados das prestadoras de serviços públicos. Esse constitui importante passo para reforma do absurdo entendimento do TST sobre a forma de dispensa dos empregados públicos.

9.7.1 Obrigatória motivação na dispensa de empregados por empresas públicas: jurisprudência do STF

No julgamento do Recurso Extraordinário 589.998, em 20 de março de 2013, o plenário do Supremo Tribunal Federal considerou **obrigatória a motivação da dispensa unilateral de empregado por empresa pública e sociedade de economia mista** tanto da União quanto dos estados, do Distrito Federal e dos municípios.

O caso em tela envolveu, mais uma vez, a Empresa Brasileira de Correios e Telégrafos (ECT), estatal prestadora de serviços públicos.

O colegiado reconheceu, entretanto, expressamente, a inaplicabilidade do instituto da estabilidade no emprego aos trabalhadores de empresas públicas e sociedades de economia mista. Esse direito é assegurado pelo art. 41 da Constituição Federal (CF) aos servidores públicos estatutários.

Em outubro de 2018, o STF, no julgamento do RE 589.998, confirmou a obrigatoriedade da motivação para despedida em empregado da ECT: "A Empresa Brasileira de Correios e Telégrafos (ECT) tem o dever jurídico de motivar, em ato formal, a demissão de seus empregados". A Corte entendeu ainda que, quanto às **demais empresas públicas e sociedades de economia mista**, a exigência **deverá ser analisada caso a caso** (STF. Plenário. RE 589.998 ED/PI, rel. Min. Roberto Barroso).

9.8 PARTICULARES EM COLABORAÇÃO COM A ADMINISTRAÇÃO (AGENTES HONORÍFICOS)

Os particulares em colaboração com a Administração constituem uma classe de agentes públicos, em regra, **sem vinculação permanente e remunerada** com o **Estado**.

> A prova da OAB Nacional 2007.1 elaborada pelo Cespe considerou INCORRETA a assertiva: "Os particulares em colaboração com o Poder Público são considerados servidores públicos".

De acordo com Hely Lopes Meirelles, são chamados também de "**agentes honoríficos**", exercendo função pública sem serem servidores públicos[6]. Essa categoria de agentes públicos é composta, segundo Celso Antônio Bandeira de Mello[7], por:

a) **requisitados de serviço:** como mesários e convocados para o serviço militar (conscritos);

b) **gestores de negócios públicos:** são particulares que assumem espontaneamente uma tarefa pública, em situações emergenciais, quando o Estado não está presente para proteger o interesse público. Exemplo: socorrista de parturiente;

c) **contratados por locação civil de serviços:** é o caso, por exemplo, de jurista famoso contratado para emitir um parecer;

d) **concessionários e permissionários:** exercem função pública por delegação estatal;

e) **delegados de função ou ofício público:** é o caso dos titulares de cartórios.

6. *Direito administrativo brasileiro*, p. 79.
7. *Curso de direito administrativo*, p. 250.

Importante destacar que os particulares em colaboração com a Administração, mesmo atuando temporariamente e sem remuneração, podem praticar ato de improbidade administrativa (art. 2º da Lei n. 8.429/92).

9.9 ACUMULAÇÃO DE CARGOS, EMPREGOS E FUNÇÕES PÚBLICAS

Em regra, o ordenamento jurídico brasileiro **proíbe a acumulação remunerada de cargos** ou empregos públicos. Porém, a Constituição Federal prevê um **rol taxativo** de casos excepcionais em que a **acumulação é permitida**. Importantíssimo destacar que, em qualquer hipótese, a acumulação só será permitida se houver **compatibilidade de horários** e observado o **limite máximo de dois cargos**.

A prova da OAB Nacional 2008.1 elaborada pelo Cespe considerou CORRETA a assertiva: "As exceções à regra da vedação de acumulação de cargos públicos, previstas na Constituição Federal, são taxativas".

As únicas hipóteses de acumulação constitucionalmente autorizadas são:

a) a de dois cargos de professor (art. 37, XVI, *a*);

b) a de um cargo de professor com outro técnico ou científico (art. 37, XVI, *b*);

c) a de **dois cargos** ou empregos privativos de profissionais de saúde, com profissões regulamentadas (art. 37, XVI, *c*), inclusive militares (Emenda Constitucional n. 77/2014);

A prova da OAB Nacional 2007.3 elaborada pelo Cespe considerou CORRETA a assertiva: "É possível a acumulação remunerada de dois cargos de enfermeiro".

d) a de um cargo de vereador com outro cargo, emprego ou função pública (art. 38, III);

e) a de um cargo de magistrado com outro no magistério (art. 95, parágrafo único, I);

f) a de um cargo de membro do Ministério Público com outro no **magistério** (art. 128, § 5º, II, *d*).

Além disso, a Emenda Constitucional n. 101/2019 incluiu o § 3º ao art. 42 da Constituição Federal, estendendo expressamente o direto à acumulação de cargos públicos que prevê o art. 37, inciso XVI, da CF, aos militares dos Estados, DF e dos Territórios.

A 43ª prova do MP/MG considerou CORRETA a assertiva: "O Promotor de Justiça, ainda que em disponibilidade, não pode exercer nenhuma outra função pública, salvo uma de magistério".

A proibição de **acumular cargos** atinge também empregos e funções públicas na Administração Pública indireta, isto é, nas autarquias, fundações públicas, empresas públicas, sociedades de economia mista, fundações governamentais, bem como nas suas subsidiárias e sociedades controladas, direta ou indiretamente, pelo Poder Público.

> A prova da OAB Nacional 2007.3 elaborada pelo Cespe considerou INCORRETA a assertiva: "Somente é possível a acumulação de cargos públicos se um deles não for remunerado, como nos serviços voluntários".

É relevante destacar que o art. 118 da Lei n. 8.112/90, em que pese ser esta uma lei aplicável somente ao âmbito da União, estende a proibição de acumular **cargos ou empregos públicos** às entidades da administração indireta do Distrito Federal, dos Estados, dos Territórios e dos Municípios.

> A prova de Técnico Judiciário do TRT do Maranhão elaborada pelo Cespe considerou CORRETA a afirmação: "Apesar de a Lei n. 8.112/90 ser aplicável aos servidores da União, das autarquias e das fundações públicas federais, ela prevê expressamente que a vedação de acumular cargos, empregos e funções estende-se aos empregados das empresas públicas estaduais".

9.9.1 Acumulação e teto remuneratório

No julgamento dos REs 612.975 e 602.043, o STF firmou a orientação no sentido de que nas acumulações compatíveis com o texto constitucional:

a) o teto remuneratório **aplica-se a cada um dos vínculos separadamente, e não sobre a somatória de ambos os vencimentos;**

b) situações remuneratórias consolidadas antes do advento da EC n. 41/2003 não podem ser atingidas pela vinculação do teto à somatória dos vencimentos, em razão das garantias do direito adquirido e da irredutibilidade de vencimentos.

Vale a transcrição do *Informativo* n. 862 do STF:

"No caso, os acórdãos recorridos revelaram duas conclusões principais: a) nas acumulações compatíveis com o texto constitucional, o que auferido em cada um dos vínculos não deve ultrapassar o teto constitucional; e b) situações remuneratórias consolidadas antes do advento da Emenda Constitucional n. 41/2003 não podem ser atingidas, observadas as garantias do direito adquirido e da irredutibilidade de vencimentos, porque oponíveis ao poder constituinte derivado.

O Colegiado afirmou que a solução da controvérsia pressupõe interpretação capaz de compatibilizar os dispositivos constitucionais em jogo, no que aludem ao acúmulo de cargos públicos e das respectivas remunerações, incluídos os vencimentos e proventos decorrentes da aposentadoria, considerados os preceitos atinentes ao direito adquirido (CF, art. 5º, XXXVI) e à irredutibilidade de vencimentos (CF, art. 37, XV).

Ressaltou que a percepção somada de remunerações relativas a cargos acumuláveis, ainda que acima, no cômputo global, do patamar máximo, não interfere nos objetivos que inspiram o texto constitucional. As situações alcançadas pelo art. 37, XI, da CF são aquelas nas quais o servidor obtém ganhos desproporcionais, observadas as atribuições dos cargos públicos ocupados. Admitida a incidência do limitador em cada uma das matrículas, descabe declarar prejuízo à dimensão ética da norma, porquanto mantida a compatibilidade exigida entre trabalho e remuneração.

Assentou que as possibilidades que a CF abre em favor de hipóteses de acumulação de cargos não são para benefício do servidor, mas da coletividade. Assim, o disposto no art. 37, XI, da CF, relativamente ao teto, não pode servir de desestímulo ao exercício das relevantes funções mencionadas no inciso XVI dele constante, repercutindo, até mesmo, no campo da eficiência administrativa.

Frisou que a incidência do limitador, considerado o somatório dos ganhos, ensejaria enriquecimento sem causa do Poder Público, pois viabiliza retribuição pecuniária inferior ao que se tem como razoável, presentes as atribuições específicas dos vínculos isoladamente considerados e respectivas remunerações. Ademais, essa situação poderá potencializar situações contrárias ao princípio da isonomia, já que poderia conferir tratamento desigual entre servidores públicos que exerçam idênticas funções. O preceito concernente à acumulação preconiza que ela é remunerada, não admitindo a gratuidade, ainda que parcial, dos serviços prestados, observado o art. 1º da CF, no que evidencia, como fundamento da República, a proteção dos valores sociais do trabalho.

Enfatizou que o ordenamento constitucional permite que os ministros do Supremo Tribunal Federal (STF) acumulem as suas funções com aquelas inerentes ao Tribunal Superior Eleitoral (CF, art. 119), sendo ilógico supor que se imponha o exercício simultâneo, sem a correspondente contrapartida remuneratória. Da mesma forma, os arts. 95, parágrafo único, I, e 128, § 5º, II, *d*, da CF veiculam regras quanto ao exercício do magistério por juízes e promotores de justiça, de maneira que não se pode cogitar, presente o critério sistemático de interpretação, de trabalho não remunerado ou por valores inferiores aos auferidos por servidores que desempenham, sem acumulação, o mesmo ofício. Idêntica orientação há de ser observada no tocante às demais circunstâncias constitucionais de acumulação de cargos, empregos e funções públicas, alusivas a vencimento, subsídio, remuneração oriunda do exercício de cargos em comissão, proventos e pensões, ainda que os vínculos digam respeito a diferentes entes federativos.

Consignou que consubstancia direito e garantia individual o acúmulo tal como estabelecido no inciso XVI do art. 37 da CF, a encerrar a prestação de serviços com a consequente remuneração, ante os diversos cargos contemplados, gerando situação jurídica na qual os valores devem ser recebidos na totalidade.

O teto remuneratório não pode atingir, a partir de critérios introduzidos por emendas constitucionais, situações consolidadas, observadas as regras preexistentes, porque vedado o confisco de direitos regularmente incorporados ao patrimônio do servidor público ativo ou inativo (CF, arts. 5º, XXXVI, e 37, XV)".

9.9.2 Acumulação e jornada semanal máxima: inaplicabilidade

A Primeira Turma do STF negou provimento a agravo interno em recurso extraordinário no qual se discutia a viabilidade de cumulação de cargos de profissional da saúde quando a jornada de trabalho ultrapassar 60 horas semanais. **O colegiado reafirmou a jurisprudência consolidada da Corte no sentido da possibilidade da cumulação se comprovado o cumprimento de ambas as jornadas. Ou seja, quando houver compatibilidade de horários, a existência de norma infraconstitucional limitadora de jornada semanal de trabalho não constitui óbice ao reconhecimento da cumulação de cargos prevista no art. 37, XVI, da Constituição Federal (CF)** (RE 1.176.440/DF, 1ª Turma, rel. Min. Alexandre de Moraes, j. 9-4-2019 – *Informativo* n. 937).

9.10 CONCURSO PÚBLICO

9.10.1 Conceito e natureza jurídica

Concurso público é o **procedimento administrativo** instaurado pelo Poder Público para selecionar os candidatos mais aptos ao exercício de cargos e empregos públicos. Assim, sua natureza jurídica (ou taxonomia) é de "procedimento" na medida em que constitui uma sequência encadeada de atos administrativos. Trata-se, ainda, de um procedimento **externo** e **concorrencial**. É externo porque envolve a participação de particulares. É concorrencial porque enseja uma disputa, cujo resultado final favorece alguns competidores em detrimento dos demais.

9.10.2 Fundamentos

A realização de concurso público é um imperativo, entre outros, dos princípios da **isonomia, impessoalidade, moralidade, legalidade e meritocracia (art. 37, II, da CF)**[8], minimizando os riscos de contratações baseadas em preferências pessoais ou interesses ilegítimos.

9.10.3 Concurso como "princípio" e suas exceções

O art. 37, II, da Constituição Federal determina que "a investidura em cargo ou emprego público depende de aprovação prévia em concurso público de provas ou de provas e títulos, de acordo com a natureza e a complexidade do cargo ou emprego, na forma prevista em lei, ressalvadas as nomeações para cargo em comissão declarado em lei de livre nomeação e exoneração".

> A 43ª prova do MP/MG considerou INCORRETA a assertiva: "A obrigatoriedade de submissão prévia a concurso público para ingresso na Administração Pública é uma regra autoaplicável, em face do que dispõe a Constituição Federal".

8. Fundação Getulio Vargas. Padrão de Respostas. Prova Discursiva. Direito Administrativo. Exame de Ordem 2010.3.

Assim, a norma constitucional considera **obrigatória a realização de concurso público** como condição prévia ao provimento de **cargos e empregos públicos**, admitindo, entretanto, a possibilidade de a legislação definir os cargos em comissão cuja nomeação independa de concurso público. Exige-se aprovação em concurso público também para exercer os serviços notariais e de registro (art. 236, § 3º, da CF).

Algumas provas tratam do dever de realizar concurso público como um verdadeiro **princípio do Direito Administrativo**, estabelecido constitucionalmente no próprio art. 37, II, do Texto Maior. Tal princípio incidiria somente como requisito à investidura em cargos e empregos públicos.

Se é a Constituição Federal que prevê o princípio do concurso público somente ela pode definir as exceções a tal exigência.

A exigência de concurso, desse modo, não se aplica a (exceções ao princípio):

1) cargos em comissão (seus ocupantes ingressam mediante ato unilateral de "nomeação", e não por meio de um procedimento);

2) funções de confiança (também acessíveis via "nomeação");

3) contratados temporários, nos termos do art. 37, IX, da CF (o ingresso se dá por meio de "processo seletivo simplificado");

4) contratação de agentes comunitários de saúde e agentes de combate às endemias, prevista agora no art. 198, § 4º, da Constituição Federal (a contratação será promovida após a realização de **processo seletivo público**, de acordo com a natureza e complexidade de suas atribuições e requisitos específicos para sua **atuação**);

> A prova de Cartório/MG em 2017 elaborada pela Consulplan considerou ERRADA a afirmação: "O preenchimento dos cargos de agentes comunitários de saúde e agentes de combates às endemias pressupõe a submissão a concurso público de provas e títulos".

5) agentes políticos (ingressam mediante eleições);

6) particulares em colaboração com a Administração (o exercício da função pública, nesse caso, pode iniciar-se mediante convocação, concurso ou até espontaneamente, variando de acordo com o tipo de colaborador);

7) magistrados que ingressam nos tribunais pelo quinto constitucional e os componentes dos Tribunais Superiores (o acesso a tais funções na cúpula do Judiciário segue ritos próprios fixados pela Constituição, afastando concurso específico);

8) contratação de professores em Universidades Federais, pois de acordo com o entendimento firmado pelo Supremo Tribunal Federal, no julgamento da ADIn 1.923, em 16 de abril de 2015, foi declarada constitucional a Lei n. 9.637/98, que disciplina as Organizações Sociais, admitindo-se a terceirização na contratação de pessoal por meio de tais entidades.

9.10.4 Tipos de concurso

A norma prevista no art. 37, II, da Constituição Federal faz referência a **dois tipos de concurso público**: o de provas e o de provas e títulos.

O **concurso de provas** deve ser utilizado para cargos e empregos que envolvam, como regra, atribuições de **menor complexidade** em que predominam tarefas materiais sem natureza intelectual, tais como vigias escolares e varredores de ruas. Nada impede, porém, que o concurso de provas seja usado para provimento de cargos ou empregos de atribuições de média complexidade, se tal medida mostrar-se conveniente ao interesse público. O único critério utilizado para estabelecer a ordem classificatória entre os candidatos é o desempenho nas provas escritas, cujo teor deverá abordar basicamente conhecimentos gerais.

Já no **concurso de provas e títulos**, a ordem classificatória é determinada pela ponderação entre o resultado nas provas e a pontuação atribuída aos títulos indicados no edital. Normalmente, os concursos de provas e títulos são realizados para o provimento de cargos ou empregos públicos com **atribuições de maior complexidade**, exigindo conhecimentos técnicos especializados.

Importante destacar que a Constituição de 1988 **não admite concurso público exclusivamente de títulos**, sistema de seleção hoje **ilegítimo**, mas que já foi aceito em nosso ordenamento.

> A prova de Técnico da Área Administrativa do TRT do Rio de Janeiro elaborada pelo Cespe considerou INCORRETA a assertiva: "O concurso de títulos, mediante seleção por currículos, para provimento de cargo isolado, terá validade de um ano, prorrogável por igual período".

É fácil notar que o Texto Maior impede que alguém ocupe cargo público sem ter sido aprovado no respectivo concurso e, ao mesmo tempo, proíbe também que um servidor público investido para exercer determinado cargo passe a ocupar outro cargo em carreira diversa daquela para a qual foi aprovado em concurso público. Nesse sentido, estabelece a Súmula 685 do Supremo Tribunal Federal: "é inconstitucional toda modalidade de provimento que propicie ao servidor investir-se, sem prévia aprovação em concurso público destinado ao seu provimento, em cargo que não integra a carreira na qual anteriormente investido".

Desde 8 de abril de 2015, o teor da Súmula 685 foi **transformado na atual Súmula Vinculante 43**: "É inconstitucional toda modalidade de provimento que propicie ao servidor investir-se, sem prévia aprovação em concurso público destinado ao seu provimento, em cargo que não integra a carreira na qual anteriormente investido".

9.10.5 Direito sumular

Bastante discutida na jurisprudência é a possibilidade de utilização de **exames psicotécnicos** como requisito de habilitação de candidato para o preenchimento de cargo público. Segundo a **Súmula 686** do Supremo Tribunal Federal, **somente com previsão em lei** pode-se sujeitar a exame psicotécnico o candidato a cargo público.

A partir de 8 de abril de 2015, o enunciado da Súmula 686 foi **transformado na atual Súmula Vinculante 44**: "Só por lei se pode sujeitar a exame psicotécnico a habilitação de candidato a cargo público".

Em qualquer caso, a realização do exame psicotécnico deve pautar-se por critérios objetivos, garantida a possibilidade de reexame quanto ao resultado da avaliação.

Duas outras Súmulas do STF são pertinentes ao tema dos concursos públicos:

Súmula 683: "O limite de idade para a inscrição em concurso público só se legitima em face do art. 7º, XXX, da Constituição, quando possa ser justificado pela natureza das atribuições do cargo a ser preenchido".

Súmula 684: "É inconstitucional o veto não motivado à participação de candidato a concurso público".

Quanto ao momento para exigir diploma ou habilitação profissional, determina a Súmula 266 do Superior Tribunal de Justiça: "O diploma ou habilitação legal para o exercício do cargo deve ser exigido na posse e não na inscrição para o concurso público".

9.10.6 Pressupostos para abertura do concurso

Podem ser identificados dois pressupostos para a abertura de concurso:

a) necessidade de preenchimento das vagas;

b) disponibilidade financeira para remuneração desses cargos[9].

A Administração Pública, ao realizar o concurso, fica vinculada ao preenchimento de tais pressupostos.

9.10.7 Validade do concurso

Quanto à **validade do concurso**, nos termos do art. 37, III, da Constituição Federal, será de **até dois anos, prorrogável** uma única vez **por igual período**. Com igual teor, o art. 12 da Lei n. 8.112/90: "O concurso público terá validade de até 2 (dois) anos, podendo ser prorrogado uma única vez, por igual período".

> A prova de Analista da CGU elaborada pela Esaf considerou CORRETA a assertiva: "O prazo de validade do concurso público será de até dois anos, prorrogável uma vez, por igual período".

O prazo de validade deve ser **contado a partir da data de homologação do concurso.**

Assim, nada impede que o edital estabeleça um prazo de validade inferior a dois anos. O prazo de validade fixado no edital vincula o período de prorrogação.

---

9. Fundação Getulio Vargas: Padrão de Respostas. Prova Discursiva. Direito Administrativo. Exame de Ordem 2010/2.

Assim, por exemplo, pode o edital definir a validade do concurso como de 18 meses. Nesse caso, a única prorrogação possível será obrigatoriamente também de 18 meses.

Segundo o que estabelece o art. 12, § 2º, da Lei n. 8.112/90, "não será aberto novo concurso enquanto houver candidato aprovado em concurso anterior com **prazo de validade não expirado**".

> A 10ª prova do Ministério Público Militar considerou INCORRETA a assertiva: "Se o interesse público exigir, poder-se-á abrir novo concurso mesmo se ainda houver candidato aprovado e não nomeado em concurso anterior com prazo de validade não expirado".

Na verdade, a melhor interpretação dessa norma, à luz do disposto no regime constitucional vigente, impõe a conclusão de que um novo concurso pode ser aberto, contanto que os candidatos já aprovados tenham prioridade sobre os novos aprovados. Essa conclusão pode ser extraída do teor do art. 37, IV, da Constituição Federal: "durante o prazo improrrogável previsto no edital de convocação, aquele **aprovado em concurso público** de provas ou de provas e títulos **será convocado com prioridade sobre novos concursados** para assumir cargo ou emprego, na carreira".

9.10.8 Direitos do candidato aprovado no concurso

De acordo com a jurisprudência do Superior Tribunal de Justiça (RMS 30.110/CE), o candidato devidamente aprovado em concurso público tem constitucionalmente asseguradas duas ordens de direitos:

a) **direito de precedência:** dentro do prazo de validade do certame, o candidato aprovado no concurso anterior tem prioridade na convocação em relação aos aprovados em concurso superveniente;

b) **direito de convocação por ordem descendente de classificação de todos os aprovados:** trata-se do direito à não preterição na ordem classificatória.

9.10.9 Aprovação em concurso: expectativa de direito ou direito subjetivo à nomeação?

Tradicionalmente, a doutrina pátria sempre sustentou que a **aprovação em concurso público** gera ao candidato somente **expectativa de direito**, e não direito adquirido à posse no cargo.

A expectativa de direito constitui uma posição de vantagem (situação subjetiva ativa) desprovida de exigibilidade, razão pela qual o indivíduo que a titulariza não possui mecanismos jurídicos capazes de impor a execução de seu conteúdo.

Para transformar-se em direito subjetivo, adquirindo exigibilidade, a expectativa de direito depende da ocorrência de um "fato jurídico conversor", isto é, do surgimento de um fato novo suficiente para qualificar a posição do titular.

Diversos fatos jurídicos conversores vêm sendo gradativamente reconhecidos pela jurisprudência brasileira.

A expectativa de direito transforma-se em verdadeiro **direito subjetivo à posse** na hipótese de **preterição da ordem** classificatória. Esse é o teor da Súmula 15 do Supremo Tribunal Federal: "Dentro do prazo de validade do concurso, o candidato aprovado tem o direito à nomeação, quando o cargo for preenchido sem observância da classificação". Cabe ao preterido fazer valer o seu direito impetrando mandado de segurança, pois trata-se de direito líquido e certo à posse. Segundo jurisprudência do STF, não se configuraria preterição quando a Administração realizasse nomeações em observância a decisão judicial (RE 598.099/MS).

Idêntico raciocínio aplica-se no caso de **contratação temporária** de pessoal em cargo para cujo provimento haja candidato aprovado em concurso público realizado pela mesma entidade estatal que promoveu a contratação. Importante ressalvar, porém, que nessa hipótese o direito adquirido surgirá somente para o número de candidatos correspondente à quantidade exata de contratados temporários.

A Sexta Turma do **Superior Tribunal de Justiça**, no julgamento do RMS 20.718 de 8-2-2008, firmou o entendimento de que candidato aprovado em concurso público **dentro do número de vagas** anunciadas no edital possui **direito subjetivo, líquido e certo à nomeação**. Esse dever de contratar, quando o edital anuncia o número de vagas, é uma imposição dos princípios **proteção à confiança legítima**, moralidade administrativa e boa-fé. Porém, a Administração tem todo o prazo de validade do concurso, mais a prorrogação, para realizar a nomeação. Diferentemente do que ocorre nas hipóteses anteriores, neste caso os candidatos não adquirem de imediato direito subjetivo à posse. A exigibilidade, pelo contrário, surge somente com a proximidade do encerramento do prazo previsto no edital para validade do concurso.

Nota-se que a **indicação, no edital, do número de vagas** abertas **vincula a Administração** à necessidade de seu preenchimento, **exceto se houver fato posterior que elimine essa necessidade**[10].

No julgamento do Recurso Extraordinário 581.113/SC, relatado pelo Ministro Dias Toffoli, a 1ª Turma do **Supremo Tribunal Federal** reconheceu o **direito adquirido à nomeação** de candidatos aprovados **quando ocorre requisição de servidores** para exercício da mesma função a ser provida pelo concurso.

Convém transcrever interessante trecho do *Informativo* n. 622/STF, publicado em 19 de abril de 2011 no *site* <http://www.stf.jus.br>, reunindo argumentos utilizados pelos ministros do STF favoráveis ao direito à nomeação:

"Por reputar haver direito subjetivo à nomeação, a 1ª Turma proveu recurso extraordinário para conceder a segurança impetrada pelos recorrentes, determinando ao Tribunal Regional Eleitoral catarinense que proceda as suas nomeações, nos cargos para os quais regularmente aprovados, dentro do número de vagas

10. Fundação Getulio Vargas: Padrão de Respostas. Prova Discursiva. Direito Administrativo. Exame de Ordem 2010/2.

existentes até o encerramento do prazo de validade do concurso. Na espécie, fora publicado edital para concurso público destinado ao provimento de cargos do quadro permanente de pessoal, bem assim à formação de cadastro de reserva para preenchimento de vagas que surgissem até o seu prazo final de validade. Em 20-2-2004, fora editada a Lei n. 10.842/2004, que criara novas vagas, autorizadas para provimento nos anos de 2004, 2005 e 2006, de maneira escalonada. O prazo de validade do certame escoara em 6-4-2004, sem prorrogação. Afastou-se a discricionariedade aludida pelo tribunal regional, que aguardara expirar o prazo de validade do concurso sem nomeação de candidatos, sob o fundamento de que se estaria em ano eleitoral e os servidores requisitados possuiriam experiência em eleições anteriores. Reconheceu-se haver a necessidade de convocação dos aprovados no momento em que a lei fora sancionada. Observou-se que não se estaria a deferir a dilação da validade do certame. Mencionou-se que entendimento similar fora adotado em caso relativo ao Estado do Rio de Janeiro. O Min. Luiz Fux ressaltou que a vinculação da Administração Pública à lei seria a base da própria cidadania. O Min. Marco Aurélio apontou, ainda, que seria da própria dignidade do homem. O Min. Ricardo Lewandowski acentuou que a Administração sujeitar-se-ia não apenas ao princípio da legalidade, mas também ao da economicidade e da eficiência. A Min. Cármen Lúcia ponderou que esse direito dos candidatos não seria absoluto, surgiria quando demonstrada a necessidade pela Administração Pública, o que, na situação dos autos, ocorrera com a requisição de servidores para prestar serviços naquele Tribunal".

No mesmo sentido, o **Conselho Nacional de Justiça**, no julgamento do Pedido de Providências n. 5662-23.2010.2.00, firmou o entendimento de reconhecer **direito subjetivo à nomeação** aos candidatos **aprovados fora do número de vagas** quando o órgão público manifesta, por ato inequívoco, a necessidade do preenchimento de novas vagas. "A nova manifestação do CNJ não afasta essa jurisprudência pacificada. Apenas trata de uma situação específica – quando o Tribunal externa a necessidade de provimento de novas vagas, nomeando candidatos aprovados fora do número de vagas, mas nem todos esses candidatos assumem o cargo, em razão de desistência. Neste caso, o entendimento adotado é que os candidatos subsequentes terão direito à nomeação, de forma proporcional aos candidatos desistentes. Destacou-se, no julgamento, que idêntico posicionamento foi adotado pelo Superior Tribunal de Justiça em recente julgado de relatoria da Ministra Eliana Calmon (RMS 32.105/DF)"[11].

Surge também direito adquirido à posse na hipótese de **convocação dos candidatos para apresentar documentos necessários à nomeação** (STJ: RMS 30.881/CE, RMS 30.110/CE).

---

11. Notícias no Portal do CNJ (<http://www.cnj.jus.br>): "Candidatos aprovados fora de vagas têm direito à nomeação em caso de necessidade do tribunal".

Portanto, é preciso ter cautela para não enxergar nessas tendências jurisprudenciais uma mudança integral na orientação majoritária dos nossos tribunais sobre o tema. Ainda predomina a visão tradicional, segundo a qual a aprovação em concurso gera mera expectativa de direito à nomeação, exceto quando, por ato inequívoco, tornar-se incontestável a necessidade do preenchimento de novas vagas. Essa é a posição mais segura, por enquanto, para ser sustentada em provas e concursos públicos.

9.10.9.1 Resumindo os fatos jurídicos conversores

Em síntese, a aprovação em concurso público, como regra, gera simples expectativa de direito à nomeação.

Porém, haverá direito subjetivo (ou direito adquirido) à nomeação nas seguintes hipóteses excepcionais:

1) preterição da ordem classificatória (gera direito imediato à posse para todos os preteridos, exceto se a preterição ocorreu pela via judicial);

2) contratação temporária para a mesma função (direito imediato à posse do mesmo número de contratados);

3) aprovação dentro do número de vagas anunciadas no edital (direito à posse surge com a proximidade do encerramento do prazo de validade do concurso);

4) requisição de servidores para exercício da mesma tarefa a ser provida pelo concurso (direito imediato à posse do mesmo número de requisitados);

5) desistência do candidato aprovado na posição imediatamente anterior (direito imediato à posse do mesmo número de desistentes);

6) convocação dos candidatos para apresentar documentos necessários à nomeação (direito imediato à posse dos convocados);

7) prática de qualquer ato inequívoco que torne incontestável a necessidade do preenchimento de novas vagas.

9.10.9.2 Direito à nomeação versus restrição orçamentária

Cabe destacar ainda a decisão do STJ, no MS 22.813-DF, segundo a qual candidato **aprovado em concurso público fora do número de vagas tem direito subjetivo à nomeação caso surjam novas vagas** durante o prazo de validade do certame, haja manifestação inequívoca da Administração sobre a necessidade de seu provimento e **não tenha restrição orçamentária** (MS 22.813-DF, rel. Min. Og Fernandes, por maioria, j. 13-6-2018, *DJe* 22-6-2018).

9.10.9.3 Instrumento processual apropriado para garantir o direito à nomeação

Em todas as hipóteses relatadas no item anterior o candidato, segundo entendimento jurisprudencial pacificado, passa a ter **direito líquido e certo** à

investidura no cargo ou emprego público, amparável por **mandado de segurança** com pedido de medida liminar (**STJ: RMS 30.881/CE, RMS 30.110/CE**) ou ação ordinária com antecipação da tutela (art. 294 do CPC: "A tutela provisória pode fundamentar-se em urgência ou evidência. Parágrafo único. A tutela provisória de urgência, cautelar ou antecipada, pode ser concedida em caráter antecedente ou incidental").

9.10.9.4 Servidor nomeado por decisão judicial não tem direito a indenização

No julgamento do RE 724.367, o Supremo Tribunal Federal entendeu que não cabe indenização a servidor empossado por decisão judicial, sob argumento de que houve demora na nomeação, salvo arbitrariedade flagrante.

Para fins de repercussão geral, na oportunidade foi definida a seguinte tese: "na hipótese de **posse em cargo público determinada por decisão judicial**, o servidor não faz jus à indenização sob fundamento de que deveria ter sido investido em momento anterior, salvo situação de arbitrariedade flagrante". A tese foi proposta pelo ministro Luís Roberto Barroso, responsável pela redação do acórdão.

> A prova da PC/AC em 2017 elaborada pelo Ibade considerou ERRADA a afirmação: "Conforme a jurisprudência do Supremo Tribunal Federal, o Estado não deve ser condenado a indenizar servidores na hipótese de posse em cargo público determinada por decisão judicial, sob fundamento de que deveria ter sido investido em momento anterior, ainda que seja comprovada situação de arbitrariedade flagrante. Para o Supremo Tribunal Federal, nas hipóteses de arbitrariedade flagrante, a indenização deve ser substituída pelo reconhecimento do tempo de serviço".

Esse entendimento do STF é aplicável ainda que o erro tenha sido reconhecido pela própria Administração Pública (**STJ. 1ª Turma. REsp 1.238.344-MG, rel. Min. Sérgio Kukina, j. 30-11-2017**).

9.10.10 Provimento em lotação com vacância potencial no futuro

A 1ª Turma do STJ firmou entendimento no sentido de que "sem base legal ou editalícia não é possível pretender vaga para o provimento em lotação com vacância potencial no futuro".

Exceto por previsão contrária em lei ou no edital, se o candidato for convocado para tomar posse, fica obrigado a aceitar a vaga que estiver disponível no momento da convocação, inexistindo forma de "guardar o seu lugar na fila" até aparecer posteriormente vaga em localidade mais interessante.

9.10.11 Recusa de vaga e alocação no final da fila de aprovados

No julgamento do RMS 41.792, a 1ª Turma do STJ considerou que **não há ilegalidade** em edital de concurso que preveja opção **do candidato ser alocado ao final da fila de aprovados** se manifestar desinteresse na vaga ofertada no momento da convocação.

"No caso, um candidato foi aprovado em processo seletivo para o cargo de agente penitenciário no Paraná, com vagas previstas em diversos municípios. Quando convocado, o candidato se recusou a assumir a vaga pois não era para cidade onde morava. Depois de recusar a vaga, buscou o Judiciário para afastar a previsão do edital de que, não havendo interesse na lotação oferecida, o candidato deve ir para o final da fila. Ele queria manter sua classificação até que surgisse a lotação na cidade desejada.

A Justiça paranaense negou o mandado de segurança impetrado pelo candidato, que recorreu ao Superior Tribunal de Justiça. O relator do recurso, ministro Humberto Martins, destacou que o edital previa que os candidatos seriam alocados em lista única e que, na medida em que fossem identificadas as necessidades nas várias localidades, seria dada opção de lotação, obedecendo à ordem de classificação.

Também estava estabelecido no edital que, em caso de não haver interesse na lotação ofertada, o candidato poderia pedir sua alocação no final da fila. No caso em julgamento, o impetrante não teve interesse nas lotações ofertadas e postulou o direito de manter sua classificação para ser lotado, no futuro, em localidade de seu interesse"[12].

9.10.12 Concurso público e teoria da perda da chance

No julgamento do AgRg no REsp 1.220.911-RS, relatado pelo Ministro Castro Meira, em 17-3-2011, a Segunda Turma do STJ afastou a aplicação da teoria da perda da chance a um candidato que pleiteou pagamento de indenização por ter sido reprovado indevidamente no exame psicotécnico do concurso para a Polícia Rodoviária Federal. "De acordo com o Min. Relator, tal teoria exige que o ato ilícito implique perda da oportunidade de o lesado obter situação futura melhor, desde que a chance seja real, séria e lhe proporcione efetiva condição pessoal de concorrer a essa situação. No entanto, salientou que, *in casu*, o candidato recorrente foi aprovado apenas na primeira fase da primeira etapa do certame, não sendo possível estimar sua probabilidade em ser, além de aprovado ao final do processo, também classificado dentro da quantidade de vagas estabelecidas no edital" (*Informativo* n. 466 do STJ).

9.10.13 Princípio do livre acesso aos cargos públicos

O princípio do livre acesso aos cargos públicos enuncia que só podem ser exigidos requisitos diferenciados de acesso quando a natureza ou complexidade da função a ser exercida os exigirem (art. 37, I e II, da CF)[13].

12. Fonte: <http://www.conjur.com.br>. "Candidato não pode pretender reserva de vaga futura", notícia de 22-8-2013.

13. Fundação Getulio Vargas. Padrão de Respostas. Prova Discursiva. Direito Administrativo. VIII Exame de Ordem Unificado.

9.10.14 Dever de intimação pessoal do candidato nomeado em concurso público

Em regra, incumbe ao candidato o ônus de acompanhar, via *Diário Oficial* ou internet, as publicações referentes ao concurso público, inclusive aquelas atinentes às convocações dos aprovados para que apresentem documentos necessários à posse. No entanto, no julgamento do RMS 23.106, a 5ª Turma do STJ entendeu que a Administração Pública tem o dever de intimar pessoalmente o candidato quando houver decurso de tempo razoável entre a homologação do resultado e a data da nomeação. O caso em questão envolveu candidata que morava numa cidade sem acesso ao *Diário Oficial* e que, por isso, não tomou conhecimento de sua nomeação. Assim, perdeu o prazo para apresentar a documentação necessária para realizar exames médicos.

Segundo a relatora, Min. Laurita Vaz, ainda que no edital não exista norma prevendo a intimação pessoal de candidato, a Administração Pública tem o dever de intimar pessoalmente quando há o decurso de tempo razoável entre a homologação do resultado e a data da nomeação – nesse caso, mais de um ano –, em atendimento aos princípios constitucionais da publicidade e razoabilidade[14].

9.10.15 Tatuagem pode desclassificar em concurso público?

Os tribunais vêm discutindo a legitimidade da desclassificação de candidatos que ostentam tatuagem. Sabe-se que décadas atrás o uso de tatuagem no Brasil estava associado, de forma preconceituosa, no imaginário popular, à prática de condutas criminosas.

Atualmente, porém, a decisão de tatuar-se não implica qualquer vinculação do indivíduo com grupos específicos ou comportamentos sociais reprováveis.

No campo do concurso público, ser o candidato tatuado constitui um indiferente jurídico. Não há relação lógica entre a existência de tatuagem e a demonstração de capacidade para exercer função pública.

Entendemos que os princípios da impessoalidade e razoabilidade impedem que haja qualquer restrição no edital à participação em concurso de candidatos tatuados.

Nesse sentido, o art. 37, II, da Constituição Federal prescreve que: "a investidura em cargo ou emprego público depende de aprovação prévia em concurso público de provas ou de provas e títulos, **de acordo com a natureza e a complexidade do cargo ou emprego, na forma prevista em lei**" (original sem grifos).

E ainda: "os cargos, empregos e funções públicas são acessíveis aos brasileiros **que preencham os requisitos estabelecidos em lei**" (art. 37, I, da CF, original sem grifos).

---

14. Fonte: <http://www.stj.jus.br>.

Os dispositivos constitucionais mencionados evidenciam duas regras distintas:

a) somente a lei pode fixar requisitos para o acesso a cargos e empregos públicos. Assim, o edital, como ato administrativo, só pode repetir os requisitos previstos na lei;

b) as condições que **a lei estabelecer** para participação em concurso público devem guardar relação de pertinência lógica com a natureza e complexidade da função a ser exercida. Por isso, ainda que o legislador restrinja a presença de candidatos tatuados, a lei será inconstitucional em razão da ausência de conexão entre tal impedimento e a natureza ou complexidade da tarefa a ser desempenhada.

Tais conclusões são aplicáveis também aos concursos para cargos nos órgãos estatais de segurança pública.

É comum que editais elaborados por instituições militares ou policiais limitem expressamente a participação de candidatos com certos tipos de tatuagem.

A título de exemplo, no concurso da Polícia Militar do Estado de São Paulo, em 2008, o edital prescrevia: "Os candidatos que ostentarem tatuagem serão submetidos à avaliação, sendo observado que:

– a tatuagem não poderá atentar contra a moral e os bons costumes;

– deverá ser de pequenas dimensões, sendo vedado cobrir regiões ou membros do corpo em sua totalidade, e, em particular, região cervical, face, antebraços, mãos e pernas;

– não poderá estar em regiões visíveis quando da utilização de uniforme de treinamento físico, composto por uma camiseta branca meia manga, calção azul-royal, meias brancas, calçado esportivo preto, conforme previsão do Regulamento de Uniformes da Polícia Militar do Estado de São Paulo".

No julgamento do RE 898.450, o Supremo Tribunal Federal admitiu a repercussão geral da discussão sobre a constitucionalidade do referido edital. A jurisprudência do STF é pacífica no sentido de que somente a lei pode estabelecer condições para participação em concurso público (Súmula 686, RE 593.198/SE, RE 537.795). O Parecer n. 7.055/16 do Procurador-Geral da República, emitido no RE 898.450, opinou pela inconstitucionalidade das restrições editalícias ao uso de tatuagem nas carreiras policiais, por violação aos princípios da igualdade e razoabilidade. Vale a pena transcrever elucidativo trecho do parecer: "os argumentos de que a tatuagem indicaria um 'perfil psicológico' adverso ou que tornaria alguém reconhecível na rua, fora do horário de serviço, por exemplo, em nada se vincula com a discussão travada nestes autos. Primeiramente porque a inaptidão psíquica para o desempenho de uma função pública tem foro próprio de averiguação: testes psicotécnicos ou psiquiátricos que, como já reconhecido por esta Corte, devem ter previsão legal e serem justificados pela natureza das atribuições do cargo, observado, portanto, mais uma vez, o princípio da razoabilidade. Por outro lado, a hipótese de o candidato poder ser reconhecido, fora do serviço, em razão da tatuagem, gera, em tese, prejuízo para o próprio recorrente, que poderia ser alvo de vingança ou retaliação pessoal. Não cabe, no entanto, à Administração Pública substituí-lo na decisão de prosseguir no certame, mas a ele, exclusivamente, optar por correr esse risco, que, de outro lado, existe com ou sem a tatuagem, já que a atividade não é desenvolvida em traje que impeça o reconhecimento de quem a utiliza".

Necessário ressalvar, no entanto, que o parecer do PGR admite **hipóteses em que a restrição legal a certas tatuagens seria legítima** em concursos militares ou policiais, como por exemplo havendo **incitação:**

a) à prática de crimes;

b) à homofobia;

c) ao uso de drogas.

Na mesma linha, a Sexta Turma do Superior Tribunal de Justiça, no julgamento do REsp 1.086.075, em 15-6-2016, entendeu que **não existe fundamentação jurídica válida para considerar que um candidato com tatuagens tenha menor aptidão física em relação a outros concorrentes do certame.** No caso citado, candidato inscrito no concurso de admissão do Corpo de Bombeiros de Minas Gerais obteve aprovação na primeira fase do certame mas, após ser submetido a exames médicos, foi eliminado da disputa sob o argumento de que tinha três tatuagens. Nas palavras do Ministro Relator Antonio Saldanha Palheiro: "Assim, a par da evolução cultural experimentada pela sociedade mineira desde a realização do concurso sob exame, **não é justo, nem razoável, nem proporcional, nem adequado julgar candidato ao concurso de soldado bombeiro militar inapto fisicamente pelo simples fato de possuir três tatuagens** que, somente ao trajar sunga, mostram-se aparentes, e nem assim se denotam ofensivas ou incompatíveis com o exercício das atividades da corporação".

9.11 RESERVA DE VAGAS PARA PORTADORES DE DEFICIÊNCIA

Em atenção ao princípio da isonomia, o art. 37, VIII, da Constituição Federal prescreve que a **lei** reservará percentual dos cargos e empregos públicos para os portadores de deficiência e definirá os critérios de sua admissão.

> A 179ª prova da Magistratura/SP considerou INCORRETA a afirmação: "A Administração Pública pode reservar, por decreto, percentual dos cargos e empregos públicos para as pessoas portadoras de deficiência, com base na discricionariedade".

Regulamentando o referido dispositivo, o art. 5º, § 2º, da Lei n. 8.112/90 determina que portadores de deficiência têm assegurado o direito de inscrição em concurso público para provimento de cargo de atribuições compatíveis com sua deficiência. Para tanto, a lei afirma que serão reservadas aos portadores de deficiência até 20% das vagas oferecidas no **concurso**.

> A prova de Psicólogo da UFPR em 2017 elaborada pela UFPR considerou CORRETA a afirmação: "Em conformidade com a Lei n. 8.112, de 11 de dezembro de 1990, e suas alterações, que dispõem sobre o regime jurídico dos servidores públicos civis da União, das autarquias e das fundações públicas federais, às pessoas portadoras de deficiência é assegurado o direito de se inscrever em concurso público para provimento de cargo cujas atribuições sejam compatíveis com a deficiência de que são portadoras; das vagas oferecidas no concurso, para tais pessoas serão reservadas até 20% (vinte por cento)".

O objetivo do constituinte foi estabelecer uma espécie de "reserva de mercado", criando condições para os portadores de deficiência disputarem vagas no serviço público. A reserva de vagas é, assim, um desdobramento da proibição de discriminação contra o trabalhador portador de deficiência (art. 7º, XXXI, da CF).

Importante frisar que os portadores de deficiência não estão excluídos da necessidade de aprovação em concurso público para tomar posse em cargos ou empregos públicos. O edital, desse modo, deve estabelecer as regras para que os portadores de deficiência participem do concurso público concorrendo a vagas disputadas somente entre portadores de deficiência. Não havendo nenhum aprovado, as vagas reservadas são revertidas para os não deficientes.

Como a Lei n. 8.112/90 fala na reserva de "até 20%", conclui-se que, se o edital anunciar menos de cinco vagas a serem preenchidas, fica vedada a reserva de vagas aos portadores de deficiência. Isso porque, havendo somente uma, duas, três ou quatro vagas, a aplicação do percentual de 20% resultará em fração inferior a uma vaga.

9.11.1 Reserva de vagas na contratação temporária

O Decreto n. 9.508, de 24 de setembro de 2018, regulamenta a participação de pessoas com deficiência nos concursos da Administração Pública Federal, reservando o **percentual mínimo de 5% das vagas** oferecidas no âmbito da Administração Pública Federal direta, autárquica e fundacional às pessoas com deficiência, **inclusive nos casos de contratação por tempo determinado** para atender necessidade temporária de excepcional interesse público (art. 37, IX, da CF/88).

9.12 ANÁLISE DO REGIME ESTATUTÁRIO FEDERAL (LEI N. 8.112/90)

A Lei n. 8.112, de 11 de dezembro de 1990, institui o "regime jurídico dos servidores públicos civis da União, das autarquias, inclusive as em regime especial, e das fundações públicas federais", sendo conhecida como **Estatuto do Servidor Público Federal.**

Trata-se de lei aplicável somente no **âmbito federal**, sujeitando especificamente os ocupantes de cargos públicos e cargos em comissão da União, bem como suas pessoas jurídicas de direito público, isto é, as **autarquias, fundações públicas, agências reguladoras e associações públicas federais.**

Quanto aos ocupantes de cargos públicos estaduais, distritais e municipais, suas regras de atuação devem ser estabelecidas em leis próprias promulgadas em cada uma das esferas federativas.

Em provas e concursos, as perguntas sobre a Lei n. 8.112/90 cobram essencialmente o conhecimento sobre a literalidade dos dispositivos previstos no Estatuto. Assim, o estudo feito nos itens subsequentes, em vários pontos, reduz-se a uma organização das diversas normas presentes na Lei n. 8.112/90.

9.12.1 Linha do tempo

Os diversos institutos disciplinados pelo Estatuto do Servidor Público Federal formam uma sequência encadeada de eventos que, juntos, expressam como se dá a vida funcional de um servidor estatutário da União.

Assim, é possível resumir os sucessivos momentos dessa vida funcional em um instrumento didático denominado linha do tempo, nos seguintes termos:

Concurso → aprovação → provimento → posse → exercício → estágio probatório → confirmação → estabilidade → saída do cargo

Como o tema do concurso público foi tratado em item anterior, analisaremos o itinerário funcional do servidor estatutário a partir do provimento.

9.12.2 Cargo público

Cargo público é o **conjunto de atribuições e responsabilidades** previstas na estrutura organizacional que devem ser cometidas a um servidor, sendo criado e extinto por lei, com denominação própria e vencimento pago pelos cofres públicos, para provimento em caráter efetivo ou em comissão (art. 3º da Lei n. 8.112/90).

9.12.2.1 Criação, transformação e extinção de cargos, empregos e funções públicas

De acordo com importante regra de Direito Financeiro **somente ao Poder Legislativo compete a geração de despesa pública**. Desse modo, **a criação de cargo, emprego ou funções sempre depende de lei.** Em consequência, aplicando-se o princípio da simetria das formas, cabe também à lei transformar ou extinguir cargos, empregos ou funções.

É o que prescreve expressamente o art. 48, X, da Constituição Federal:

"Cabe ao Congresso Nacional, com a sanção do Presidente da República, não exigida esta para o especificado nos arts. 49, 51 e 52, dispor sobre todas as matérias de competência da União, especialmente sobre:

X – criação, transformação e extinção de cargos, empregos e funções públicas, observado o que estabelece o art. 84, VI, *b*".

Conforme ressalvado na parte final do dispositivo, estando vago, e somente nessa hipótese, poderá ser **extinto o cargo ou a função, mediante decreto** (art. 84, VI, *b*, da CF).

> A prova da OAB/MG considerou CORRETA a afirmação: "Os cargos públicos no âmbito do Poder Executivo são criados por lei e podem ser extintos por decreto, se vagos".

Desse modo, excetuado unicamente o caso de cargos ou funções vagas, não se admite que ato administrativo crie, modifique ou extinga cargos, empregos ou função, pois se trata de **matéria reservada à lei.**

Por óbvio, a necessidade de lei aplica-se aos cargos, empregos e funções tanto na Administração pública direta quanto na Administração autárquica e fundacional, observando-se inclusive a **iniciativa privativa do chefe do Poder Executivo na tramitação do projeto de lei** (art. 61, § 1º, *a*, da CF).

Por simetria, Estados, Distrito Federal e Municípios submetem-se às mesmas regras.

Todavia, quanto às empresas estatais, vem predominando nos concursos públicos a esdrúxula orientação segundo a qual a **criação de empregos públicos nas empresas públicas e sociedades de economia mista não depende de lei** "porque as entidades de direito privado da administração indireta estão excluídas da dicção daquele dispositivo constitucional (art. 61, § 1º, *a*, da CF)"[15]. A referida conclusão, embora repetida por diversas bancas, ignora solenemente o art. 48, X, da CF, que exige "lei" para a criação (e, portanto, para a extinção) de qualquer emprego público!

9.12.2.2 Conceitos de servidor público e provimento

Servidor público, de acordo com o art. 2º da Lei n. 8.112/90, é a **pessoa legalmente investida** em cargo público.

Para ocupar cargo público, o ordenamento jurídico exige que ocorra o **provimento**, isto é, que seja praticado um **ato administrativo constitutivo** hábil a promover o ingresso no cargo.

Existem **diversos tipos** de provimento:

a) quanto à durabilidade: o provimento pode ser: 1) **de caráter efetivo**, quando relacionado a cargo público permanente, que garanta estabilidade ou vitaliciedade ao seu titular; ou 2) **em comissão**, quando promova o ingresso em cargo público destituído de estabilidade, podendo o servidor ser exonerado *ad nutum*;

b) quanto à preexistência de vínculo: o provimento pode ser: 1) **originário**: é o tipo de provimento que não depende de vinculação jurídica anterior com o Estado. Exemplo: **nomeação** em caráter efetivo; 2) **derivado**: constitui o provimento que pressupõe relação jurídica anterior com o Estado. Exemplos: **promoção**, **remoção**, readaptação, reversão, aproveitamento, reintegração e recondução.

15. Fundação Getulio Vargas. Padrão de Respostas. XIII Exame de Ordem Unificado.

> A prova de Delegado de Polícia/SC considerou CORRETA a assertiva: "A investidura derivada depende de vinculação anterior ao serviço público, tendo por exemplo a remoção".

O provimento dos cargos públicos é sempre realizado mediante ato da autoridade competente dentro do respectivo Poder. A **investidura** em cargo público ocorre com a **posse**.

> A 47ª prova do Ministério Público/MG considerou CORRETA a afirmação: "Dar-se-á o provimento de cargo público com a posse".

São **requisitos básicos para investidura** em cargo público:

I – a nacionalidade brasileira;

II – o gozo dos direitos políticos;

III – a quitação com as obrigações militares e eleitorais;

IV – o nível de escolaridade exigido para o exercício do cargo;

V – a idade mínima de 18 anos;

VI – aptidão física e mental.

O art. 8º da Lei n. 8.112/90 faz referência a sete **formas de provimento**: a) nomeação; b) promoção; c) readaptação; d) reversão; e) aproveitamento; f) reintegração; g) recondução.

9.12.2.3 Nomeação

A nomeação em caráter efetivo é a única forma de **provimento originário** na medida em que não depende de prévia relação jurídica do servidor com o Estado, dependendo sempre de prévia habilitação em concurso público de provas ou de provas e títulos, obedecidos a ordem de classificação e o prazo de sua validade.

Nos termos do art. 9º da Lei n. 8.112/90, a nomeação poderá ser promovida:

I – em caráter efetivo, quando se tratar de cargo isolado de provimento efetivo ou de carreira;

II – em comissão, inclusive na condição de interino, para cargos de confiança vagos.

Evidentemente, a nomeação para cargo em comissão também possui carater originário, pois independe de vínculo anterior com o Estado.

O Estatuto admite que servidor comissionado seja nomeado para ter exercício, interinamente, em outro cargo de confiança, sem prejuízo das atribuições do que atualmente ocupa, caso em que deverá optar pela remuneração de um deles durante o período da interinidade.

9.12.2.4 Promoção

A promoção é uma forma de **provimento derivado**, pois só pode favorecer os servidores públicos que já ocupam cargos públicos em caráter efetivo.

Além da aprovação em concurso público, os demais requisitos para o ingresso e o desenvolvimento do servidor na carreira, mediante promoção, serão estabelecidos pela lei que fixar as diretrizes do sistema de carreira na Administração Pública Federal e seus regulamentos (art. 10, parágrafo único, da Lei n. 8.112/90).

9.12.2.5 *Readaptação*

A readaptação é uma espécie de **provimento derivado**, consistente na **investidura** do servidor em cargo de atribuições e responsabilidades compatíveis com a **limitação que tenha sofrido** em sua capacidade física ou mental, verificada em **inspeção médica** (art. 24 do Estatuto).

> A prova de Oficial de Execução de Mandados do TRT do Amazonas elaborada pela FCC considerou CORRETA a assertiva: "A investidura do servidor em cargo de atribuições e responsabilidades compatíveis com a limitação que tenha sofrido em sua capacidade física ou mental, verificada em inspeção médica, dar-se-á mediante readaptação".

É o caso, por exemplo, do motorista de caminhão da prefeitura que, após acidente causador de deficiência visual parcial, é readaptado para a função de auxiliar de garagem.

O reenquadramento do servidor readaptando será realizado em cargo de atribuições afins, respeitada a habilitação exigida, nível de escolaridade e equivalência de vencimentos e, na hipótese de inexistência de cargo vago, o servidor exercerá suas atribuições como excedente, até a ocorrência de vaga.

Na hipótese de o readaptando, diante da gravidade de sua limitação, ser julgado incapaz para o serviço público, ele será aposentado.

9.12.2.6 *Reversão*

A reversão é uma espécie de **provimento derivado** decorrente do **retorno à atividade de servidor aposentado por invalidez**, quando junta médica oficial declarar insubsistentes os motivos da **aposentadoria**; **ou no interesse da Administração**, desde que: a) tenha solicitado a reversão; b) a aposentadoria tenha sido voluntária; c) estável quando na atividade; d) a aposentadoria tenha ocorrido nos cinco anos anteriores à solicitação; e) haja **cargo vago** (art. 25 do Estatuto).

> A prova da PFN elaborada pela Esaf considerou CORRETA a assertiva: "O retorno à atividade, no interesse da Administração, somente será possível se a aposentadoria tiver sido voluntária".
>
> A prova de Analista Administrativo do TRT do Amazonas elaborada pela FCC considerou CORRETA a assertiva: "Afrodite, servidora pública, aposentada por invalidez quando do exercício de suas funções perante o tribunal Regional do Trabalho, da 11ª Região, ao ser submetida à junta médica oficial, cujo laudo declarou insubsistentes os motivos da aposentadoria, retornará à atividade mediante ato de reversão".

A Lei n. 8.112/90 tem uma disciplina bastante detalhada sobre a reversão, merecendo destaque as seguintes normas (arts. 25 a 27):

1) a reversão far-se-á no mesmo cargo ou no cargo resultante de sua transformação;

2) o tempo em que o servidor estiver em exercício será considerado para concessão da aposentadoria;

3) declarados insubsistentes os motivos da aposentadoria por invalidez, encontrando-se provido o cargo, o servidor exercerá suas atribuições como excedente, até a ocorrência de vaga;

4) o servidor que retornar à atividade por interesse da administração perceberá, em substituição aos proventos da aposentadoria, a remuneração do cargo que voltar a exercer, inclusive com as vantagens de natureza pessoal que percebia anteriormente à **aposentadoria**;

> A prova da PFN elaborada pela Esaf considerou CORRETA a assertiva: "O servidor que retornar à atividade por interesse da administração perceberá, em substituição aos proventos da aposentadoria, a remuneração do cargo que voltar a exercer, inclusive com as vantagens de natureza pessoal que percebia anteriormente à aposentadoria".

5) o servidor de que trata o inciso II somente terá os proventos calculados com base nas regras atuais se permanecer pelo menos cinco anos no cargo;

6) não poderá reverter o aposentado que já tiver completado 75 anos de idade, na forma da lei complementar, conforme nova redação dada ao art. 40, II, da CF/88, pela EC n. 88.

9.12.2.7 Aproveitamento

O aproveitamento é um tipo de **provimento derivado** que consiste no **retorno do servidor em disponibilidade**, sendo obrigatório seu regresso em cargo de atribuições e vencimentos compatíveis com os do anteriormente ocupado (art. 30 da Lei n. 8.112/90).

O órgão Central do Sistema de Pessoal Civil determinará o imediato aproveitamento de servidor disponível em vaga que vier a ocorrer nos órgãos ou entidades da Administração Pública Federal.

No caso de reorganização ou extinção de órgão ou entidade, havendo extinção do cargo ou declarada a desnecessidade do órgão ou entidade, o servidor posto em disponibilidade poderá ser mantido sob responsabilidade do órgão central do Sistema de Pessoal Civil da Administração Federal – SIPEC, até o seu adequado aproveitamento em outro órgão ou **entidade**.

> A prova de Agente Fiscal do Tesouro Nacional elaborada pela Esaf considerou CORRETA a assertiva: "Até que seja adequadamente aproveitado em outro cargo, o servidor estável ficará em disponibilidade, com remuneração proporcional ao tempo de serviço, quando o cargo que ocupar for declarado desnecessário ou extinto".

Será tornado sem efeito o aproveitamento e cassada a disponibilidade se o servidor não entrar em exercício no prazo legal, salvo doença comprovada por junta médica oficial (art. 32).

9.12.2.8 Reintegração

A reintegração é uma modalidade de **provimento derivado** que ocorre pela **reinvestidura do servidor estável no cargo anteriormente ocupado**, ou no cargo resultante de sua transformação, quando invalidada a sua demissão por decisão administrativa ou judicial, com ressarcimento de todas as vantagens (art. 28 da Lei n. 8.112/90 c/c art. 41, § 2º, da CF).

Na hipótese de o cargo ter sido extinto, o servidor ficará em disponibilidade, podendo haver seu aproveitamento em outro cargo, respeitadas as regras sobre aproveitamento indicadas no item anterior.

Encontrando-se provido o cargo, o seu eventual ocupante será reconduzido ao cargo de origem, sem direito à indenização, ou aproveitado em outro cargo, ou, ainda, posto em **disponibilidade**.

> A prova de Procurador do INSS elaborada pelo Cespe considerou INCORRETA a assertiva: "O servidor reintegrado exercerá as atividades como excedente, na hipótese de encontrar-se provido o cargo".

9.12.2.9 Recondução

A recondução é a forma de **provimento derivado**, consistente no **retorno do servidor estável ao cargo** anteriormente ocupado, e decorrerá de inabilitação em estágio probatório relativo a outro cargo ou reintegração do anterior ocupante (art. 29 da Lei n. 8.112/90).

Encontrando-se provido o cargo de origem, o servidor será aproveitado em outro.

Muito importante destacar que, se o cargo for extinto **durante o estágio probatório** do servidor, **inexiste direito à recondução** (Súmula 22 do STF). Tal hipótese é de exoneração (art. 41, § 3º, da Constituição Federal).

9.12.2.10 Formas de provimento que são direitos constitucionais de qualquer servidor estatutário e formas de provimento que exigem previsão no respectivo estatuto

Algumas das formas de provimento enumeradas no art. 8º da Lei n. 8.112/90 constituem **direitos assegurados a qualquer servidor estatutário** pela CF/88. Assim, **valem para todo servidor** público estatutário, de qualquer esfera federativa, **independentemente de previsão no respectivo estatuto**. São eles:

a) **reintegração:** ocorre quando o Judiciário anula a demissão administrativa de servidor público estável, determinando seu retorno ao cargo, com ressarcimento de todas as vantagens (art. 41, § 2º, da CF);

b) **recondução, aproveitamento ou disponibilidade:** efetivada a reintegração de um servidor por ordem judicial, o eventual ocupante da vaga, se também for **servidor público estável**, tem direito constitucional a ser reconduzido ao cargo que anteriormente ocupava, sem direito a indenização (recondução), ou aproveitado em outro cargo (aproveitamento) ou posto em disponibilidade com remuneração proporcional ao tempo de serviço (art. 41, § 2º, da CF);

c) **disponibilidade:** além da hipótese mencionada no item anterior, o **servidor público estável** ficará em disponibilidade, **sem trabalhar, mas com remuneração proporcional ao tempo de serviço**, se for extinto o seu cargo ou declarada a sua desnecessidade, até seu adequado aproveitamento em outro cargo (art. 41, § 3º, da CF).

Importante notar que as **demais formas de provimento** listadas no art. 8º da Lei n. 8.112/90, como readaptação e reversão, ou mesmo a recondução fora da hipótese acima mencionada (*vide*, por exemplo, o caso de recondução previsto no art. 29, I, da Lei n. 8.112/90), não são garantias constitucionais, mas benefícios conferidos pela lei somente aos servidores públicos civis da União, das autarquias e fundações públicas federais. Por essa razão, os **servidores estatutários estaduais, distritais e municipais**, assim como os servidores ligados às respectivas administrações indiretas farão jus a tais vantagens **somente se houver expressa previsão nos respectivos estatutos.**

9.12.3 Posse

A posse no cargo público ocorre, nos termos do art. 13 da Lei n. 8.112/90, pela assinatura do **termo de posse**, no qual deverão constar as atribuições, deveres, responsabilidades e direitos inerentes ao cargo que não poderão ser unilateralmente alterados.

O **prazo** para posse é de **trinta dias** contados da publicação do ato de provimento, podendo dar-se por **procuração específica**. Só poderá ser empossado aquele que for julgado, conforme **prévia inspeção médica** oficial, apto física e mentalmente.

> A prova de Analista Judiciário do TRT de Goiás elaborada pela FCC considerou CORRETA a assertiva: "De acordo com a Lei que dispõe sobre o Regime Jurídico dos Servidores Públicos Civis da União, os prazos para o funcionário público nomeado para cargo efetivo tomar posse e entrar em exercício são, respectivamente, de 30 e 15 dias".

9.12.4 Exercício

Após a realização de concurso público, a aprovação, o provimento e a posse, o servidor entra em exercício. Exercício é o **início efetivo do desempenho das atribuições** do cargo ou da função de confiança.

O servidor empossado tem o **prazo de quinze dias** para entrar em exercício (art. 15, § 1º, da Lei n. 8.112/90), contados da data da posse, sob pena de ser exonerado do cargo ou de tornar-se sem efeito sua designação para função de confiança.

> **A prova de Analista da CGU elaborada pela Esaf considerou CORRETA a assertiva: "Determinado concurso público, destinado a selecionar candidatos a cargos públicos na Administração Federal, teve seu edital publicado em 2-1-2006, com prazo de validade de um ano, prorrogável por igual período. O concurso foi homologado em 3-3-2006. Não houve prorrogação. Determinado candidato aprovado foi nomeado em 1º-3-2007, respeitada a ordem de sua classificação. A posse deu-se 30 dias depois da nomeação. O exercício ocorreu 15 dias depois da posse. Baseado nos fatos acima narrados pode-se dizer que a nomeação é válida".**

Na hipótese de servidor que deva ter **exercício em outro Município** em razão de ter sido removido, redistribuído, requisitado, cedido ou posto em exercício provisório terá, no mínimo, dez e, no máximo, trinta dias de prazo, contados da publicação do ato, para a retomada do efetivo desempenho das atribuições do cargo, incluído nesse prazo o tempo necessário para o deslocamento à nova sede (art. 18 da Lei n. 8.112/90).

9.12.5 Estágio probatório

No exato momento em que entra em exercício, o servidor ocupante de cargo efetivo ou vitalício inicia o estágio probatório, um **período de avaliação** durante o qual deverá demonstrar aptidão e capacidade para o exercício do cargo, observados os **fatores**:

a) **assiduidade**;

b) **disciplina**;

c) **capacidade de iniciativa**;

d) **produtividade**;

e) **responsabilidade**.

Durante o período de estágio probatório, o servidor poderá exercer quaisquer cargos de provimento em comissão ou função de direção, chefia ou assessoramento, desde que **no mesmo órgão ou entidade**.

No caso dos três únicos **cargos públicos vitalícios** existentes no Brasil – magistrados, membro do Ministério Público e membros dos Tribunais de Contas –, o estágio probatório tem duração de **dois anos**, após os quais o servidor adquire vitaliciedade, só podendo perder o cargo por sentença judicial transitada em julgado.

Quanto aos **cargos efetivos**, a duração do estágio probatório envolve importante **controvérsia**.

O texto original do art. 41 da Constituição de 1988 afirmava: "São **estáveis**, após dois anos de efetivo exercício, os servidores nomeados em virtude de concurso público". Na esteira do texto constitucional, foi promulgada em 1990 a Lei n. 8.112, cujo art. 20 prescreve: "Ao entrar em exercício, o servidor nomeado para cargo de provimento efetivo ficará sujeito a **estágio probatório** por período de 24 (vinte e quatro) meses".

Por um descuido terminológico, a Constituição mencionava o prazo de dois anos "para estabilidade", enquanto o Estatuto fazia referência ao prazo de vinte e quatro meses "de estágio probatório". Como os prazos eram idênticos, embora um contado em anos e outro, em meses, não havia dúvida quanto a isto: o servidor passava por estágio probatório por dois anos (ou vinte e quatro meses, na linguagem do Estatuto), após o qual, confirmado na carreira, adquiriria estabilidade imediatamente. A duração do estágio probatório coincidia com o período de estabilidade porque, evidentemente, uma coisa está vinculada à outra.

Ocorre que, no ano de 1998, foi promulgada a **Emenda Constitucional n. 19** que, entre outras novidades, modificou a redação do art. 41 da Constituição, **ampliando para três anos** o período para o servidor adquirir estabilidade. A melhor doutrina sempre considerou que o novo prazo trienal implicava imediata ampliação, também para três anos, na duração do estágio probatório, derrogando o disposto no art. 20 da Lei n. 8.112/90. Entretanto, alguns entendimentos minoritários passaram a sustentar a tese absurda de que o estágio probatório continuaria sendo de vinte e quatro meses (Estatuto), mas a estabilidade somente seria alcançada após três anos (Emenda n. 19), de modo que, mesmo encerrado o período do estágio probatório, o servidor permaneceria mais um ano até adquirir estabilidade. Esse inaceitável ponto de vista criou um ano, o terceiro após a posse, de "limbo", em que o servidor supera o estágio probatório, mas não é ainda estável.

Em 14-5-2008, foi editada a Medida Provisória n. 431, que introduziu diversas alterações no Estatuto, entre elas a correção da redação do art. 20 da Lei n. 8.112/90, alterando a duração do estágio probatório para trinta e seis meses. Entretanto, ao ser convertida a MP na Lei n. 11.784, de 22-9-2008, o legislador esqueceu de fazer referência à atualização na redação do art. 20 do Estatuto, de modo que, incrivelmente, o seu teor atual continua falando em vinte e quatro meses.

A despeito de toda controvérsia, a **corrente majoritária** sustenta que a duração atual do **estágio probatório é de três anos**, ou trinta e seis meses, mesmo período exigido para o servidor ocupante de cargo efetivo adquirir **estabilidade**.

> A 86ª prova do Ministério Público/SP considerou INCORRETA a assertiva: "O servidor público que, após regular concurso, é nomeado para cargo de provimento efetivo adquire estabilidade após dois anos de exercício".

Exceção feita aos cargos vitalícios, cujo estágio probatório sempre foi indubitavelmente de dois anos. Para a melhor doutrina, desde a promulgação da Emenda n. 19, em 4-6-1998, a duração do estágio probatório e o período para aquisição de estabilidade foram simultaneamente ampliados de dois para três anos.

Outra coisa. Durante o estágio probatório, o servidor somente terá direito a **licenças e afastamentos** nas seguintes hipóteses (art. 20, § 4º, da Lei n. 8.112/90):

1) licença por motivo de doença em pessoa da família;

2) licença por motivo de afastamento do cônjuge ou companheiro;

3) licença para o serviço militar;

4) licença para atividade política;

5) afastamento para Exercício de Mandato Eletivo;

6) afastamento para Estudo ou Missão no Exterior;

7) afastamento para servir em organismo internacional de que o Brasil participe ou com o qual coopere;

8) afastamento para participar de curso de formação decorrente de aprovação em concurso para outro cargo na Administração Pública Federal.

É nula a **dispensa de servidor** em estágio probatório sem o devido processo administrativo com garantia de contraditório e ampla defesa.

> A 177ª prova da Magistratura/SP considerou CORRETA a assertiva: "É nula a dispensa de servidor público em estágio probatório, sem o regular processo administrativo".

Havendo extinção do cargo durante o estágio probatório, o servidor será exonerado de ofício porque ainda não goza de estabilidade[16].

9.12.6 Confirmação

Cada órgão ou entidade pública deverá formar uma comissão instituída especificamente com a finalidade de realizar a **avaliação especial de desempenho** dos servidores em estágio probatório, nos termos do que dispuser a lei ou o regulamento da respectiva carreira ou **cargo** (art. 41, § 4º, da CF). Quatro meses antes de encerrado o período de estágio probatório, a avaliação será remetida à autoridade competente para homologação. Sendo a decisão favorável ao servidor, este é confirmado na carreira. O **servidor não aprovado** em estágio probatório **será exonerado**. Entretanto, se o servidor já tiver estabilidade garantida em outro cargo, o art. 20, § 2º, da Lei n. 8.112/90 afirma que o servidor será reconduzido ao cargo anteriormente ocupado. Por força dessa regra, evita-se que o servidor estável deixe de tomar posse em cargo melhor por receio de não ser confirmado no estágio probatório. Por isso, se não for aprovado no estágio probatório do cargo novo, pode regressar ao seu cargo estável anterior.

> A prova de Agente Fiscal do Tesouro Nacional elaborada pela Esaf considerou INCORRETA a assertiva: "A Constituição Federal faculta que a Administração adote o instrumento da avaliação especial de desempenho por comissão instituída para essa finalidade como condição para a aquisição da estabilidade".

---

16. Cespe: Padrão de Resposta, Questão 4, Prova Prático-Profissional, Direito Administrativo, Exame de Ordem 2010.1.

9.12.7 Estabilidade

Com o encerramento do estágio probatório, e sendo confirmado na carreira, o servidor público adquire **direito à permanência no cargo**, ficando protegido contra exoneração *ad nutum*. A esse direito à permanência no cargo dá-se o nome de estabilidade.

> A 4ª prova de Cartório/SP considerou CORRETA a assertiva: "A estabilidade no serviço público é garantia constitucional de permanência no serviço público".

O servidor estável só perderá o cargo em virtude de:

a) **sentença judicial** transitada em julgado;

b) **processo administrativo disciplinar** com garantia de ampla defesa;

> A prova da OAB Nacional 2008.1 elaborada pelo Cespe considerou CORRETA a assertiva: "O servidor público estável pode perder o cargo mediante processo administrativo".

c) procedimento de **avaliação periódica de desempenho**, assegurada ampla defesa (art. 41, § 1º, III, da CF);

d) **redução de despesas** (art. 169, § 4º, da CF).

A possibilidade de perda do cargo para redução de receitas está prevista no art. 169, § 4º, da Constituição Federal, com redação dada pela Emenda Constitucional n. 19/98, medida posteriormente regulamentada pela Lei Complementar n. 101/2000 – a Lei de Responsabilidade Fiscal. O objetivo dessas novas regras foi estabelecer mecanismos para diminuir as despesas públicas com o funcionalismo.

Essa novidade, de constitucionalidade bastante discutida, acrescentada pela Emenda n. 19/98, criou mais uma hipótese de perda do cargo, mas, de modo algum, significa o fim da estabilidade do servidor estatutário, como alguns chegaram a afirmar após a promulgação da emenda.

A Emenda n. 19/98 estabeleceu uma regra segundo a qual a despesa com pessoal ativo e inativo da União, dos Estados, do Distrito Federal e dos Municípios não poderá exceder os limites estabelecidos em lei (art. 169 da CF).

Nos termos do art. 19 da Lei Complementar n. 101/2000, a despesa total com pessoal, em cada período de apuração e em cada ente da Federação, não poderá exceder os percentuais da receita corrente líquida, a seguir discriminados:

I – União: 50% (cinquenta por cento);

II – Estados: 60% (sessenta por cento);

III – Municípios: 60% (sessenta por cento).

Ultrapassados esses limites, torna-se obrigatória a adoção de uma série de providências, sendo que a última delas é a exoneração de servidores estáveis.

Assim, para ser possível, nos termos da disciplina introduzida pela Emenda n. 19/98 e pela Lei Complementar n. 101/2000, a exoneração de servidores estáveis, com o objetivo de reduzir despesas, devem ser adotadas algumas medidas prévias:

1) suspensão de todos os repasses federais ou estaduais aos Estados, ao Distrito Federal e aos Municípios;

2) redução em pelo menos vinte por cento das despesas com cargos em comissão e funções de confiança;

3) exoneração dos servidores não estáveis.

Se as medidas adotadas não forem suficientes para assegurar a recondução dos gastos aos patamares acima indicados, o servidor estável poderá perder o cargo, desde que o **ato normativo motivado** de cada um dos Poderes especifique a atividade funcional, o órgão ou unidade administrativa objeto da redução de pessoal.

O servidor exonerado para redução de despesas fará jus à indenização correspondente a um mês de remuneração por ano de serviço, sendo o cargo objeto da redução considerado extinto (art. 169, §§ 5º e 6º, da CF).

9.12.7.1 Tipos de estabilidade (art. 19 do ADCT)

Além da estabilidade dos servidores estatutários estudada no item anterior, é importante fazer referência também à **estabilidade especial** conferida pelo art. 19 do Ato das Disposições Constitucionais Transitórias.

Segundo tal dispositivo, os **servidores públicos** civis da União, dos Estados, do Distrito Federal e dos Municípios, da administração direta, autárquica e das fundações públicas, em exercício na data da promulgação do Texto de 1988, **há pelo menos cinco anos continuados**, admitidos **sem concurso**, são considerados **estáveis no serviço público**. A regra não se aplica aos ocupantes de cargos, funções e empregos de confiança ou em comissão, nem aos que a lei declare de **livre exoneração** (art. 19, § 2º, do ADCT).

> A prova da OAB Nacional 2009.3 elaborada pelo Cespe considerou CORRETA a assertiva: "A estabilidade excepcional não foi concedida aos ocupantes de cargos, funções e empregos de confiança ou em comissão, além de não ter sido concedida, ainda, aos ocupantes de cargos declarados, por lei, de livre exoneração".

9.12.7.2 Disponibilidade

A disponibilidade é o **direito exclusivo de servidores estáveis** (já confirmados na carreira) a permanecer **temporariamente sem exercer suas funções**, garantida **remuneração proporcional ao tempo de serviço**, nas seguintes hipóteses:

a) extinção do cargo ou declaração de sua desnecessidade, até seu adequado aproveitamento em outro cargo (art. 41, § 3º, da CF);

b) reintegração do servidor que anteriormente ocupava o cargo (art. 28, § 2º, da Lei n. 8.112/90).

O instituto da disponibilidade é uma decorrência do direito à estabilidade dos servidores estatutários, garantindo a manutenção de seus vencimentos diante de circunstância excepcional que impossibilite temporariamente o exercício regular da função pública.

Já nos casos dos **servidores em estágio probatório**, semelhante **proteção não existe**. Sendo extinto o cargo, cabe exoneração de ofício (Súmula 22 do STF).

Importante lembrar que a disponibilidade **nunca pode ser utilizada como medida sancionatória**, ou seja, como um meio de desligar temporariamente o servidor de suas funções visando aplicar uma punição. A disponibilidade com fins punitivos, ou empregada fora das duas hipóteses legais acima mencionadas, caracteriza **desvio de finalidade** ensejador de **nulidade do ato** e da caracterização de **improbidade administrativa** (art. 11, I, da Lei n. 8.429/92).

9.12.8 Saída do cargo

Basicamente, pode-se falar em três formas pelas quais o servidor público pode sair do cargo: exoneração, demissão e aposentadoria.

Exoneração é a saída **não punitiva** do servidor que deixa o cargo público. Pode ser voluntária, na hipótese de pedido formulado pelo próprio servidor, ou involuntária, quando o servidor não é confirmado ao final do estágio probatório.

Nos termos do art. 34 da Lei n. 8.112/90, a exoneração de cargo efetivo poderá dar-se a pedido do servidor ou de ofício. A exoneração de ofício ocorre: a) quando não satisfeitas as condições do estágio probatório; b) quando, tendo tomado posse, o servidor não entrar em exercício no prazo estabelecido.

No caso da exoneração de cargo em comissão, a dispensa de função de confiança dar-se-á: a) a juízo da autoridade competente; b) a pedido do próprio servidor (art. 35 da Lei n. 8.112/90).

Já o termo **demissão** é utilizado pela legislação para designar a **saída punitiva compulsória** decorrente de uma decisão administrativa ou judicial, fundada em alguma infração funcional cometida pelo servidor.

> A prova de Técnico do TRT da Paraíba elaborada pela FCC considerou CORRETA a assertiva: "A demissão caracteriza-se como medida punitiva que proporciona o desligamento do servidor do quadro de pessoal da entidade a que se vincula".
>
> A prova da OAB Nacional 2007.1 elaborada pelo Cespe considerou CORRETA a assertiva: "A demissão de servidor público tem natureza punitiva, enquanto a exoneração não tem esse caráter".

Existe ainda a possibilidade de a saída ser devido à **aposentadoria** do servidor. Convém lembrar que a aposentadoria compulsória dos servidores públicos ocorre aos **75** anos de idade, com proventos proporcionais ao tempo de contribuição (art. 40, § 1º, II, da CF). As demais hipóteses de aposentadoria serão estudadas adiante. Importante destacar que, para o Supremo Tribunal Federal, a aposentadoria compulsória não se aplica aos titulares de cartórios e notários (RE 647.827 e ADIn 2.902, j. 29112005).

No julgamento do RE 647.827, o STF aprovou a seguinte tese: "Não se aplica a aposentadoria compulsória prevista no art. 40, parágrafo 1º, inciso II, da

Constituição Federal aos titulares de serventias judiciais não estatizadas, desde que não sejam ocupantes de cargo público efetivo e não recebam remuneração proveniente dos cofres públicos" (*vide* item 16.1.1 deste *Manual*).

9.13 VACÂNCIA

O art. 33 da Lei n. 8.112/90 faz referência às hipóteses em que ocorre a vacância de cargo público:

a) exoneração;

b) demissão;

c) promoção;

d) readaptação;

e) aposentadoria;

f) posse em outro cargo inacumulável;

g) falecimento.

9.14 REMOÇÃO

Remoção é o **deslocamento do servidor**, a pedido ou de ofício, no âmbito do mesmo quadro, com ou sem **mudança de sede**. A remoção pode ser: a) **de ofício**: no interesse da Administração; b) **a pedido**, a critério da Administração ou, para outra localidade, independentemente do interesse da Administração.

> A prova de Delegado de Polícia/SC considerou CORRETA a assertiva: "A investidura derivada depende de vinculação anterior ao serviço público, tendo por exemplo a remoção".

Pode ocorrer remoção a pedido, para outra localidade, nas seguintes hipóteses (art. 36, III, da Lei n. 8.112/90):

a) para acompanhar cônjuge ou companheiro, também servidor público civil ou militar, de qualquer dos Poderes da União, dos Estados, do Distrito Federal e dos Municípios, que foi deslocado no interesse da Administração;

b) por motivo de saúde do servidor, cônjuge, companheiro ou dependente que viva às suas expensas e conste do seu assentamento funcional, condicionada à comprovação por junta médica oficial;

c) em virtude de processo seletivo promovido, na hipótese em que o número de interessados for superior ao número de vagas, de acordo com normas preestabelecidas pelo órgão ou entidade em que aqueles estejam lotados.

Segundo entendimento da 1ª Turma do STJ, o servidor público federal somente tem direito à remoção prevista no art. 36, parágrafo único, III, *a*, da Lei n. 8.112/90, na hipótese em que o cônjuge ou companheiro, também servidor, tenha sido deslocado de ofício, para atender ao interesse da Administração (nos moldes do inciso I do mesmo dispositivo legal) (STJ. 1ª Seção. EREsp 1.247.360-RJ, rel. Min. Benedito Gonçalves, j. 22-11-2017 – *Informativo* n. 617).

9.15 REDISTRIBUIÇÃO

Redistribuição é o **deslocamento de cargo** de provimento efetivo para outro órgão ou entidade do mesmo Poder, observados os preceitos de:

> A prova da PFN elaborada pela Esaf considerou CORRETA a assertiva: "Entende-se a redistribuição como o deslocamento de cargo de provimento efetivo, ocupado ou vago no âmbito do quadro geral de pessoal, para outro órgão ou entidade do mesmo Poder".

I – interesse da administração;

II – equivalência de vencimentos;

III – manutenção da essência das atribuições do cargo;

IV – vinculação entre os graus de responsabilidade e complexidade das atividades;

V – mesmo nível de escolaridade, especialidade ou habilitação profissional;

VI – compatibilidade entre as atribuições do cargo e as finalidades institucionais do órgão ou entidade.

9.16 DIREITOS E VANTAGENS DO SERVIDOR

A Lei n. 8.112/90 elenca diversos direitos e vantagens do servidor público, incluindo: a) vencimento; b) indenizações; c) gratificações; d) diárias; e) adicionais; f) férias; g) licenças; h) concessões; e i) direito de petição.

Convém analisar o resumo da disciplina normativa de cada uma dessas categorias.

9.17 VENCIMENTO E REMUNERAÇÃO

Os arts. 40 e 41 do Estatuto do Servidor Público diferenciam vencimento e remuneração.

Vencimento é um conceito mais restrito, pois consiste na **retribuição pecuniária** pelo exercício do cargo público, com valor fixado em lei.

Já a **remuneração**, noção de alcance mais abrangente, é o **vencimento** do cargo, **somado às vantagens pecuniárias** permanentes estabelecidas em lei.

Assim, temos que:

Remuneração = vencimento + vantagens

O direito ao vencimento é inerente ao regime dos servidores estatutários como decorrência da proibição de enriquecimento sem causa por parte do Estado. Além disso, é expressamente **proibida a prestação de serviços gratuitos**, salvo nos casos previstos em lei (art. 4º da Lei n. 8.112/90).

Importantíssimo destacar que o **menor valor** pago ao agente público, independentemente do tipo de vinculação com o Estado, é o **salário mínimo** (art. 39, § 3º, da CF). Cumpre destacar, no entanto, que, nos termos da **Súmula Vinculante 6** do Supremo Tribunal Federal, foi reconhecida importante **exceção** ao mínimo remuneratório: "Não viola a Constituição o estabelecimento de remuneração inferior ao salário mínimo para as praças prestadoras de serviço militar inicial". "Praças" são os indivíduos recém-incorporados ao serviço militar, única hipótese em que o ordenamento jurídico pátrio admite remuneração inferior ao salário mínimo.

O vencimento do cargo efetivo, acrescido das vantagens de caráter permanente, é **irredutível**, sendo vedado o recebimento de remuneração inferior ao salário mínimo (art. 41, § 5º, do Estatuto). Entretanto, o princípio da irredutibilidade de vencimentos **não é absoluto**, podendo haver redução de remuneração nos casos de adaptação de valores ao teto constitucional ou sistema de pagamento por subsídios (art. 37, XV, da CF). Pela mesma razão, se o servidor vem recebendo remuneração ilegal ou inconstitucional, o princípio da irredutibilidade não representa obstáculo ao corte dos acréscimos indevidos, desde que observadas as garantias constitucionais do devido processo legal, contraditório e ampla defesa. Na verdade, **o princípio da irredutibilidade de vencimentos protege contra a revogação de vantagens remuneratórias, mas não contra sua anulação.**

> A prova de Agente Fiscal da Receita Federal elaborada pela Esaf considerou INCORRETA a assertiva: "O princípio da irredutibilidade dos vencimentos possui natureza absoluta, não comportando qualquer exceção".

Outra importante consideração deve ser feita quanto ao prazo para a Administração anular vantagens indevidamente concedidas ao servidor. Como regra geral, em nome da segurança jurídica, a Administração tem 5 anos decadenciais para anular seus atos quando eivados de vícios (art. 54 da Lei n. 9.784/99). Tal prazo é aplicável para o âmbito federal, assim como no caso de entidades federativas sem lei própria de processo administrativo, desde que o beneficiário esteja de boa-fé. Por óbvio, se o ordenamento impede a anulação pela via administrativa, também tranca o acesso para a invalidação do ato na esfera judicial. Desse modo, ocorrendo a decadência, consuma-se, ao mesmo tempo, a prescrição[17].

O vencimento, a remuneração e o provento **não serão objetos de arresto, sequestro ou penhora**, salvo no caso de prestação de alimentos resultante de determinação judicial.

> A prova de Analista Judiciário do TRT do Mato Grosso elaborada pela FCC considerou CORRETA a assertiva: "O vencimento, a remuneração e o provento não serão objeto de arresto, sequestro ou penhora, exceto nos casos de prestação de alimentos resultante de decisão judicial".

17. Sobre segurança jurídica e estabilização de benefícios ilegais, *vide* item 2.7.7.8.

Do valor do vencimento devem ser descontadas a remuneração do dia em que faltar sem motivo justificado e a parcela de remuneração diária proporcional aos atrasos ou ausências justificadas, salvo na hipótese de compensação de horários até o mês subsequente ao da ocorrência.

Sendo condenado a realizar **reposições** ou pagar **indenizações ao erário**, o servidor ativo, aposentado ou pensionista será previamente notificado para **pagamento no prazo máximo de trinta dias**, podendo o valor ser parcelado a pedido do interessado. Nesse caso, o valor de cada parcela não **poderá ser inferior a 10% cento da remuneração**, provento ou pensão.

Se o servidor for demitido, exonerado ou tiver sua aposentadoria cassada, o prazo para quitação do débito será de **sessenta dias**.

> A prova de Oficial de Execução de Mandados do TRT do Amazonas elaborada pela FCC considerou CORRETA a assertiva: "Os valores percebidos pelo servidor, em razão de decisão liminar, de qualquer medida de caráter antecipatório ou de sentença, posteriormente cassada ou revista, deverão ser repostos no prazo de sessenta dias, sob pena de inscrição em dívida ativa".

9.17.1 Regime de subsídios

Com o objetivo de coibir os "supersalários", comuns no serviço público brasileiro especialmente antes da Constituição de 1988, a Emenda Constitucional n. 19/98 alterou a redação do art. 39, § 4º, da Constituição Federal, criando a **remuneração em parcela única** denominada subsídio, válida para algumas categorias de agentes públicos.

Estabelece o referido dispositivo: "O membro de Poder, o detentor de mandato eletivo, os Ministros de Estado e os Secretários Estaduais e Municipais serão remunerados exclusivamente por subsídio fixado em parcela única, vedado o acréscimo de qualquer gratificação, adicional, abono, prêmio, verba de representação ou outra espécie remuneratória, obedecido, em qualquer caso, o disposto no art. 37, X e XI".

O pagamento mediante subsídio é aplicável somente aos seguintes agentes públicos:

a) chefes do Executivo (Presidente, Governadores e Prefeitos);

b) parlamentares;

c) magistrados;

d) ministros de Estado;

e) secretários estaduais, distritais e municipais;

f) membros do **Ministério Público**;

> A 22ª prova do Ministério Público Federal considerou CORRETA a assertiva: "Os Procuradores da República são remunerados exclusivamente por subsídio fixado em parcela única, vedado o acréscimo de qualquer gratificação, adicional, abono, prêmio, verba de representação ou outra espécie remuneratória".

g) integrantes da Defensoria Pública;

h) membros da **Advocacia Pública** (advogados da União, procuradores federais, procuradores autárquicos, procuradores distritais e procuradores estaduais);

> A prova da OAB Nacional 2008.2 elaborada pelo Cespe considerou CORRETA a assertiva: "Os integrantes da Advocacia-Geral da União, os procuradores dos Estados e do DF e os defensores públicos são, nos termos da CF, remunerados por subsídio".

i) integrantes das polícias federal, rodoviária federal, ferroviária federal e polícias civis.

Facultativamente, a remuneração dos servidores públicos organizados em carreira também poderá ser fixada no sistema de subsídios (art. 39, § 8º, da CF).

Como se vê, a ideia do sistema de subsídio é pagar a remuneração em parcela única sobre a qual não possa incidir qualquer outro acréscimo ou adicional[18].

9.17.1.1 Exigência de lei para fixar ou alterar remuneração de servidores públicos

O art. 37, X, da Constituição Federal é claro ao prescrever que **somente por lei** pode-se fixar ou alterar a remuneração de servidores públicos, reservando ao parlamento a **criação ou majoração de qualquer gratificação, adicional, abono, prêmio, verba de representação ou outra espécie remuneratória**. É flagrantemente inconstitucional a edição de atos administrativos versando sobre remuneração de servidores públicos.

No entanto, no caso de agentes públicos submetidos ao **regime de subsídios, nem por meio de lei** pode ser criada gratificação, adicional, abono, prêmio, verba de representação ou outra espécie remuneratória na medida em que o pagamento deve ser feito mediante parcela única, vedado qualquer acréscimo (art. 39, § 4º, da CF).

9.18 INDENIZAÇÕES

Além do vencimento, poderão ser pagos ao servidor indenizações, gratificações e adicionais (art. 49 da Lei n. 8.112/90). As indenizações não se incorporam ao vencimento ou provento, mas as gratificações e os adicionais são incorporados nos termos previstos na legislação.

O Estatuto prevê as seguintes espécies de indenizações:

a) **ajuda de custo por mudança** (art. 53): destinada a compensar as despesas de instalação do servidor que, no interesse do serviço, passar a ter exercício em

18. "O direito à percepção de VPNI (Vantagem Pessoal Nominalmente Identificável) não impede sua eventual absorção pelo subsídio e, do mesmo modo, não inviabiliza a aplicação do teto constitucional, que inclui a vantagem de caráter pessoal no cômputo da remuneração do servidor para a observância do teto" (5-4-2018 – *Informativo* n. 624 STJ).

nova sede, com mudança de domicílio em caráter permanente, não podendo seu valor superar o montante equivalente a três meses da remuneração do servidor;

b) ajuda de custo por falecimento (art. 53, § 2º): à família do servidor que falecer na nova sede, é assegurada ajuda de custo e transporte para a localidade de origem, dentro do prazo de um ano, contado do óbito;

c) diárias por deslocamento (art. 58): devidas ao servidor que, a serviço, se afastar da sede em caráter eventual ou transitório para outro ponto do território nacional ou para o exterior, tendo direito a passagens e diárias destinadas a indenizar as parcelas de despesas extraordinárias com pousada, alimentação e locomoção urbana, exceto se o deslocamento da sede constituir exigência permanente do **cargo**;

> A prova de Oficial de Execução de Mandados do TRT do Amazonas elaborada pela FCC considerou CORRETA a assertiva: "As indenizações percebidas pelo servidor a título de diárias não se incorporam ao vencimento ou ao provento para qualquer efeito".

d) indenização de transporte (art. 60): devida ao servidor que realizar despesas com a utilização de meio próprio de locomoção para a execução de serviços externos, por força das atribuições próprias do cargo;

e) auxílio-moradia (art. 60): é o ressarcimento das despesas comprovadamente realizadas pelo servidor com aluguel de moradia ou com meio de hospedagem administrado por empresa hoteleira, no prazo de um mês após a comprovação da despesa pelo servidor. A concessão do auxílio-moradia tem como **requisitos** que:

I – não exista imóvel funcional disponível para uso pelo servidor;

II – o cônjuge ou companheiro do servidor não ocupe imóvel funcional;

III – o servidor ou seu cônjuge ou companheiro não seja ou tenha sido proprietário, promitente-comprador, cessionário ou promitente cessionário de imóvel no Município aonde for exercer o cargo, incluída a hipótese de lote edificado sem averbação de construção, nos doze meses que antecederem a sua nomeação;

IV – nenhuma outra pessoa que resida com o servidor receba auxílio-moradia;

V – o servidor tenha se mudado do local de residência para ocupar cargo em comissão ou função de confiança do tipo DAS 4, 5 ou 6;

VI – o Município no qual assuma o cargo em comissão ou função de confiança não pertença à mesma região metropolitana em relação ao local de residência ou domicílio do servidor;

VII – o servidor não tenha sido domiciliado ou tenha residido no Município, nos últimos doze meses, aonde for exercer o cargo em comissão ou função de confiança, desconsiderando-se prazo inferior a sessenta dias dentro desse período;

VIII – o deslocamento não tenha sido por força de alteração de lotação ou nomeação para cargo efetivo;

IX – o deslocamento tenha ocorrido após 30 de junho de 2006.

O auxílio-moradia não será concedido por prazo superior a oito anos dentro de cada período de doze anos, sendo que seu valor mensal fica limitado a 25% do valor da remuneração do servidor.

9.19 RETRIBUIÇÕES, GRATIFICAÇÕES E ADICIONAIS

Além dos vencimentos e das vantagens, o servidor público tem direito ainda às seguintes retribuições, gratificações e adicionais (art. 61 do Estatuto):

I – retribuição pelo exercício de função de direção, chefia e assessoramento;

II – gratificação natalina, no valor de 1/12 da remuneração correspondente ao mês de dezembro por mês de exercício no ano corrente;

III – adicional pelo exercício de atividades insalubres, perigosas ou penosas;

IV – adicional pela prestação de serviço extraordinário, remunerado com acréscimo de 50% em relação à hora normal trabalhada;

V – adicional noturno, referente a serviços prestados entre as 22 horas de um dia e 5 horas do dia seguinte, sendo o valor-hora acrescido de 25%, computando-se cada hora como cinquenta e dois minutos e trinta segundos;

VI – adicional de férias, no valor de 1/3 da remuneração do período de férias;

VII – outros, relativos ao local ou à natureza do trabalho;

VIII – gratificação por encargo de curso ou concurso.

9.20 FÉRIAS

Durante o ano, o servidor tem direito a trinta dias de férias, que podem ser acumuladas, até o máximo de dois períodos, no caso de necessidade do serviço, ressalvadas as hipóteses em que haja legislação específica. Para ter direito à fruição de férias, no primeiro período aquisitivo, serão exigidos doze meses de exercício (art. 77 da Lei n. 8.112/90).

O pagamento da remuneração das férias, com o respectivo adicional, será efetuado em até dois dias antes do início do respectivo período.

9.21 LICENÇAS

O Estatuto prevê a existência de **sete tipos** diferentes de licenças:

a) por motivo de doença em pessoa da família (art. 83): concedida, **sem prejuízo dos vencimentos**, por motivo de doença do cônjuge ou companheiro, dos pais, dos filhos, do padrasto ou madrasta e enteado, ou dependente que viva às suas expensas. O servidor, nesse caso de doença familiar, tem **direito à licença**, sendo o seu deferimento uma **decisão vinculada** da Administração Pública;

b) por motivo de afastamento do cônjuge ou companheiro (art. 84): concedida por prazo indeterminado e **sem remuneração** para o servidor acompanhar cônjuge ou companheiro que foi deslocado para outro ponto do território nacional, para o exterior ou para exercício de mandato eletivo;

c) para o serviço militar (art. 85): outorgada **com remuneração** ao servidor público convocado para o serviço militar. Concluído o serviço militar, o servidor tem trinta dias sem remuneração para reassumir o exercício do cargo;

d) para atividade política (art. 86): concedida **sem remuneração** para o servidor público candidato a cargo eletivo, sendo válida durante o período que mediar entre a sua escolha em convenção partidária e a véspera do registro de sua candidatura perante a Justiça Eleitoral, até o décimo dia seguinte ao do pleito;

e) para capacitação profissional (art. 87): após cada quinquênio de efetivo exercício, o servidor poderá, no interesse da Administração, afastar-se do exercício do cargo efetivo, **sem prejuízo da remuneração**, por até três meses, para participar de **curso de capacitação profissional**;

> A prova de Analista Judiciário do TRT do Amazonas elaborada pela FCC considerou CORRETA a assertiva: "No interesse da Administração, o servidor poderá afastar-se do cargo efetivo para participar de curso de capacitação profissional após cada quinquênio, por até três meses, com a respectiva remuneração".

f) para tratar de interesses particulares (art. 91): pode ser concedida, a critério da Administração, para ocupante de cargo efetivo, desde que não esteja em estágio probatório, pelo prazo de três anos consecutivos, **sem remuneração**;

g) para desempenho de mandato classista (art. 92): é concedida **sem remuneração** para desempenho de mandato em confederação, federação, associação de classe, sindicato representativo de categoria profissional, entidade fiscalizadora de classe ou para participar de gerência de cooperativa de servidores públicos.

9.22 AFASTAMENTOS E CONCESSÕES

Além das licenças acima mencionadas, a Lei n. 8.112/90 prevê **quatro tipos** diferentes de afastamento, a saber:

a) para servir a outro órgão ou entidade (art. 93);

b) para exercício de mandato eletivo (art. 94);

c) para estudo ou missão no exterior (art. 95);

d) para participação em programa de pós-graduação *stricto sensu* no País (art. 96-A).

Há previsão também de **concessão** ao servidor **do direito de ausentar-se sem prejuízo da remuneração**:

I – por um dia, para doação de sangue;

II – por dois dias, para se alistar como eleitor;

III – por oito dias consecutivos em razão de:

a) casamento; ou

b) falecimento do cônjuge, companheiro, pais, madrasta ou padrasto, filhos, enteados, menor sob guarda ou tutela e irmãos.

9.23 DIREITO DE PETIÇÃO

O Capítulo VIII da Lei n. 8.112/90, nos arts. 104 a 115, é todo dedicado ao direito de petição, assegurando ao servidor público o **direito de requerer** aos Poderes Públicos, em **defesa de direito** ou **interesse legítimo**.

Trata-se de uma extensão do direito constitucional de petição a ser exercido por qualquer pessoa em defesa de direitos ou contra ilegalidade e abuso de poder (art. 5º, XXXIV, da CF).

Ao servidor público é permitido formular **requerimento** à autoridade competente a ser encaminhado por intermédio da autoridade a que estiver imediatamente subordinado o requerente, sem prejuízo do pedido de **reconsideração** que pode ser endereçado à autoridade responsável pela expedição do ato. Nos dois casos, o pedido deverá ser despachado em cinco dias e **decidido dentro de trinta dias**.

Caberá **recurso** contra o indeferimento do pedido de reconsideração, ou contra as decisões sobre os recursos sucessivamente interpostos, no prazo de **trinta dias** a contar da publicação do ato ou da ciência da decisão recorrida.

Como regra, o **direito de requerer prescreve em cinco anos**, contados da data da publicação do ato impugnado ou da data da ciência pelo interessado quando o ato não for publicado.

9.24 DIREITO DE GREVE. POLICIAIS NÃO PODEM FAZER GREVE

O art. 37, VII, da Constituição Federal assegura aos servidores públicos o **direito de greve** a ser exercido **nos termos e nos limites definidos em lei específica.**

Como ainda não foi promulgada tal lei, considera-se que a referida norma é de **eficácia limitada**, podendo ser futuramente restringido o alcance do dispositivo pelo legislador infraconstitucional. Enquanto não houver a referida lei, aplicam-se as disposições concernentes ao direito de greve na iniciativa privada, nos termos da Lei n. 7.783/89.

Para o STF, servidores podem fazer greve com base na Lei n. 7.783/89. Admite-se desconto dos dias paralisados, exceto se a greve foi provocada por conduta ilícita do Poder Público (RE 693.456/RJ). **Porém, policiais militares ou civis ou federais, bem como servidores que atuem diretamente na área de segurança pública, não podem fazer greve** (STF ARE 654.432). Trata-se de carreira de Estado, essencial para a segurança pública.

Como alternativa para que a categoria possa vocalizar suas reivindicações, os respectivos sindicatos de policiais podem acionar o Judiciário para mediação junto ao Poder Público, nos termos do art. 165 do CPC (STF ARE 654.432).

9.25 TETOS REMUNERATÓRIOS

A Constituição Federal de 1988, inovando em relação aos textos constitucionais anteriores, definiu um **limite máximo** para a remuneração de quaisquer agentes públicos. Tal limite tem sido chamado de teto remuneratório.

Após diversas alterações promovidas da redação original, o teto remuneratório atual está previsto no art. 37, XI, da Constituição Federal, com redação dada pela Emenda Constitucional n. 41/2003: "**a remuneração e o subsídio** dos ocupantes de cargos, funções e empregos públicos da administração direta, autárquica e fundacional, dos membros de qualquer dos Poderes da União, dos Estados, do Distrito Federal e dos Municípios, dos detentores de mandato eletivo e dos demais agentes políticos e os proventos, pensões ou outra espécie remuneratória, percebidos cumulativamente ou não, incluídas as vantagens pessoais ou de qualquer outra natureza, **não poderão exceder o subsídio mensal**, em espécie, **dos Ministros do Supremo Tribunal Federal**, aplicando-se como limite, nos Municípios, o subsídio do Prefeito, e nos Estados e no Distrito Federal, o subsídio mensal do Governador no âmbito do Poder Executivo, o subsídio dos Deputados Estaduais e Distritais no âmbito do Poder Legislativo e o subsídio dos Desembargadores do Tribunal de Justiça, limitado a noventa inteiros e vinte e cinco centésimos por cento (90,25%) do subsídio mensal, em espécie, dos Ministros do Supremo Tribunal Federal, no âmbito do Poder Judiciário, aplicável este limite aos membros do Ministério Público, aos Procuradores e aos Defensores Públicos".

Assim, o **teto remuneratório geral** aplicável a todas as esferas federativas é a remuneração dos ministros do Supremo Tribunal Federal. O **valor atualizado** do subsídio pago aos ministros do Supremo é de **R$ 39.293,32** (trinta e nove mil, duzentos e noventa e três reais e trinta e dois centavos). Desse modo, tal valor é o limite máximo que pode atualmente ser pago aos agentes públicos no Brasil, independentemente da espécie de vínculo entre o agente e o Estado: temporário, comissionado, político, estatutário ou celetista.

Como se pode notar da leitura da norma constitucional anteriormente transcrita, além do teto geral, a Constituição Federal fixou **tetos parciais**, ou subtetos, aplicáveis às demais esferas federativas.

No âmbito dos **Estados** e do **Distrito Federal**, o teto no Poder Executivo é o subsídio do Governador; no Poder Legislativo, o subsídio dos Deputados Estaduais e Distritais; e no Judiciário, o subsídio dos Desembargadores do Tribunal de Justiça, limitado este a 90,25% da remuneração dos ministros do Supremo Tribunal Federal. O teto do Poder Judiciário, inclusive com o limite de 90,25% da remuneração dos ministros do Supremo, é extensivo também aos membros do Ministério Público, das Procuradorias e das Defensorias. Como tal extensão somente é aplicável aos "membros" do Ministério Público, das Procuradorias e das Defensorias, deve-se entender que o quadro geral do funcionalismo de tais órgãos (os agentes que não são membros) submete-se ao limite aplicável ao Poder Executivo, e não ao Judiciário.

Na esfera dos **Municípios**, o limite máximo de remuneração é o subsídio do Prefeito.

9.25.1 Exceção ao teto remuneratório

A doutrina e a jurisprudência vêm excluindo do teto remuneratório, com fundamento em diversos dispositivos legais, certos valores pagos ao agente público. Assim, são **exceções ao teto remuneratório**:

a) verbas indenizatórias (art. 37, § 11, da CF);

b) remuneração decorrente de cargos públicos de magistério constitucionalmente acumuláveis;

c) benefícios previdenciários;

d) atuação como requisitado de serviço pela Justiça Eleitoral;

e) exercício temporário de função cumulativa;

f) empresas estatais não dependentes (art. 37, § 9º);

g) acumulação autorizada de cargos (STF: REs 612.975 e 602.043).

Quanto às duas últimas hipóteses, cabem algumas explicações.

De acordo com o disposto no art. 37, § 9º, da Constituição Federal, empresas públicas, sociedades de economia mista e subsidiárias estão submetidas ao teto remuneratório quando receberem recursos da União, Estados, Distrito Federal ou Municípios para pagamento de despesas de pessoal ou de custeio geral.

O referido dispositivo admite uma hipótese de **inaplicabilidade do teto remuneratório** no caso de **empresas estatais não dependentes**, ou seja, que não recebam recursos da União, Estados, Distrito Federal ou Municípios para custeio de despesas de pessoal ou de custeio geral. São estatais autossustentáveis e que, por isso, não precisam se dinheiro proveniente dos cofres públicos.

Por fim, segundo jurisprudência consolidada do STF, não incide o teto remuneratório na hipótese de acumulação de cargos autorizada pela CF/88 sobre a somatória dos dois vencimentos. Aplica-se o limite a cada um dos vínculos separadamente (STF: REs 612.975 e 602.043).

9.26 PREVIDÊNCIA DOS SERVIDORES

Os servidores públicos estatutários têm direito a regime de previdência social de caráter contributivo e solidário, mediante contribuição do respectivo ente público, dos servidores ativos e inativos e dos pensionistas (art. 40 da CF).

Esse regime especial de previdência não se aplica aos empregados públicos, aos contratados temporários e aos ocupantes de cargos em comissão, uma vez que empregados, temporários e comissionados estão sujeitos ao regime geral de previdência (art. 40 da CF).

Assim, o direito à aposentadoria fica sempre condicionado ao pagamento de contribuição, sendo certo que o tempo de contribuição federal, estadual ou municipal será contado para efeito de aposentadoria, e o tempo de serviço correspondente para efeito de disponibilidade, estendendo-se tal regra também ao tempo de contribuição na atividade privada (art. 201, § 9º, da CF).

Importante destacar que o teto remuneratório para o valor das aposentadorias no serviço público sofreu profunda alteração com a promulgação da Emenda n. 41/2003. Servidores estatutários que ingressaram nas funções antes da Emenda n. 41/2003 recebiam aposentadoria integral com montante submetido aos tetos remuneratórios definidos no art. 37, XI, da Constituição Federal. Após a Emenda n. 41/2003, o teto do valor das aposentadorias de servidores públicos passou a ser o montante máximo de benefício no regime geral da Previdência, isto é, R$ 4.390,24 mensais.

O texto constitucional prevê as seguintes **modalidades de aposentadoria**:

a) aposentadoria por invalidez: com proventos proporcionais ao tempo de contribuição, exceto se decorrente de acidente de serviço, moléstia profissional ou doença grave, contagiosa ou incurável, na forma da lei;

b) aposentadoria compulsória: aos 75 anos de idade, com proventos proporcionais ao tempo de contribuição;

c) aposentadoria voluntária: em relação aos servidores que cumpriram todos os requisitos até a data de promulgação da Emenda n. 41/2003, a aposentadoria será calculada, integral ou proporcionalmente, de acordo com a legislação vigente antes da emenda. Entretanto, quanto aos servidores que ingressaram no serviço público após a EC n. 41/2003 e depois da vigência do Plano de Previdência Complementar Para os Servidores Efetivos, não há mais possibilidade de aposentadoria com proventos integrais, passando seu valor a sujeitar-se aos patamares do regime geral de previdência.

O art. 40, § 5º, da Constituição Federal disciplina a **aposentadoria especial dos professores**, cujos requisitos de idade e tempo de serviço serão reduzidos em cinco anos, para o professor que comprove exclusivamente tempo de efetivo exercício das funções de magistério na educação infantil e no ensino fundamental e médio. O desempenho de função administrativa, estranha ao magistério, não pode ser considerado para fins da referida aposentadoria especial[19] (Súmula 726 do STF: "Para efeito de aposentadoria especial de professores, não se computa o tempo de serviço prestado fora da sala de aula").

Importante esclarecer que, nos termos do art. 67, § 2º, da Lei n. 9.394/96: "Para os efeitos do disposto no § 5º do art. 40 e no § 8º do art. 201 da Constituição Federal, são consideradas funções de magistério as exercidas por professores e especialistas em educação no desempenho de atividades educativas, quando exercidas em estabelecimento de educação básica em seus diversos níveis e modalidades, incluídas, além do exercício da docência, as de direção de unidade escolar e as de coordenação e assessoramento pedagógico".

19. Fundação Getulio Vargas. Padrão de Respostas. Prova Discursiva. Direito Administrativo. Exame de Ordem 2010.3.

9.27 REGIME DISCIPLINAR

A Lei n. 8.112/90 define, como base do regime disciplinar aplicável aos servidores públicos, deveres e proibições cujo desatendimento enseja a instauração de processo disciplinar para apuração de infrações funcionais.

9.28 DEVERES DO SERVIDOR

O art. 116 do Estatuto elenca os seguintes **deveres do servidor**:

> A 22ª prova de Procurador do Trabalho considerou INCORRETA a assertiva: "O servidor poderá eximir-se do cumprimento de seus deveres quando motivado por crença religiosa".

I – exercer com zelo e dedicação as atribuições do cargo;

II – ser leal às instituições a que servir;

III – observar as normas legais e regulamentares;

IV – cumprir as ordens superiores, exceto quando manifestamente ilegais;

V – atender com presteza:

a) ao público em geral, prestando as informações requeridas, ressalvadas as protegidas por sigilo;

b) à expedição de certidões requeridas para defesa de direito ou esclarecimento de situações de interesse pessoal;

c) às requisições para a defesa da Fazenda Pública;

VI – levar ao conhecimento da autoridade superior as irregularidades de que tiver ciência em razão do cargo;

VII – zelar pela economia do material e a conservação do patrimônio público;

VIII – guardar sigilo sobre assunto da repartição;

IX – manter conduta compatível com a moralidade administrativa;

X – ser assíduo e pontual ao serviço;

XI – tratar com urbanidade as pessoas;

XII – representar contra ilegalidade, omissão ou abuso de poder.

9.29 PROIBIÇÕES APLICÁVEIS AO SERVIDOR

O art. 117 da Lei n. 8.112/90 elenca as seguintes proibições ao servidor público:

I – ausentar-se do serviço durante o expediente, sem prévia autorização do chefe imediato;

II – retirar, sem prévia anuência da autoridade competente, qualquer documento ou objeto da repartição;

III – recusar fé a documentos públicos;

IV – opor resistência injustificada ao andamento de documento e processo ou execução de serviço;

V – promover manifestação de apreço ou desapreço no recinto da repartição;

VI – cometer a pessoa estranha à repartição, fora dos casos previstos em lei, o desempenho de atribuição que seja de sua responsabilidade ou de seu subordinado;

VII – coagir ou aliciar subordinados no sentido de filiarem-se a associação profissional ou sindical, ou a partido político;

VIII – manter sob sua chefia imediata, em cargo ou função de confiança, cônjuge, companheiro ou parente até o segundo grau civil;

IX – valer-se do cargo para lograr proveito pessoal ou de outrem, em detrimento da dignidade da função pública;

X – participar de gerência ou administração de sociedade privada, personificada ou não personificada, exercer o comércio, exceto na qualidade de acionista, cotista ou comanditário;

XI – atuar, como procurador ou intermediário, junto a repartições públicas, salvo quando se tratar de benefícios previdenciários ou assistenciais de parentes até o segundo grau, e de cônjuge ou companheiro;

XII – receber propina, comissão, presente ou vantagem de qualquer espécie, em razão de suas atribuições;

XIII – aceitar comissão, emprego ou pensão de estado estrangeiro;

XIV – praticar usura sob qualquer de suas formas;

XV – proceder de forma desidiosa;

XVI – utilizar pessoal ou recursos materiais da repartição em serviços ou atividades particulares;

XVII – cometer a outro servidor atribuições estranhas ao cargo que ocupa, exceto em situações de emergência e transitórias;

XVIII – exercer quaisquer atividades que sejam incompatíveis com o exercício do cargo ou função e com o horário de trabalho;

XIX – recusar-se a atualizar seus dados cadastrais quando solicitado.

9.30 SÊXTUPLA RESPONSABILIDADE DOS SERVIDORES PÚBLICOS

Tradicionalmente a doutrina afirma que uma única conduta do servidor público pode desencadear três processos distintos e independentes:

a) **civil:** relacionado à reparação de dano patrimonial;

b) **penal:** para apuração de eventual crime;

c) **administrativo:** voltado à aplicação de punições funcionais.

Daí o Estatuto afirmar que o servidor responde civil, penal e administrativamente pelo exercício irregular de suas atribuições (**art. 121**).

A prova da OAB Nacional 2007.3 elaborada pelo Cespe considerou CORRETA a assertiva: "O Estatuto do Servidor Público Federal prevê que as sanções penais, cíveis e administrativas podem ser cumuladas".

A responsabilidade civil decorre de ato omissivo ou comissivo, doloso ou culposo, que resulte em prejuízo ao erário ou a terceiros. A responsabilidade penal abrange os crimes e contravenções imputadas ao servidor, nessa qualidade. A responsabilidade civil-administrativa resulta de ato omissivo ou comissivo praticado no desempenho do cargo ou função.

A independência das três instâncias vem declarada no art. 125 da Lei n. 8.112/90: "As sanções civis, penais e administrativas poderão cumular-se, sendo independentes entre si".

O Estatuto do Servidor Público contempla a **única hipótese** em que a decisão de um processo repercute nas outras duas instâncias: a responsabilidade administrativa e civil do servidor será afastada no caso de **absolvição criminal** que **negue a existência do fato** ou de **sua autoria**.

> A prova da OAB Nacional 2007.3 elaborada pelo Cespe considerou INCORRETA a assertiva: "Sempre que houver a responsabilidade penal, haverá também a responsabilidade civil e a administrativa".

Tal efeito externo da sentença penal absolutória justifica-se pelo fato de que **o processo penal**, entre todas as esferas de responsabilização, **é o mais "garantista"**, além de pautar-se pela **busca da verdade real**, projetando a absolvição também sobre as demais instâncias de maneira a evitar decisões contraditórias nos outros processos.

Importante destacar que a sentença penal absolutória somente produzirá o efeito nas demais esferas se o fundamento expresso da decisão for algum dos mencionados acima. Tendo a absolvição penal qualquer outro fundamento, como a **falta de provas, não haverá repercussão** nos processos civil e administrativo.

Todavia, a jurisprudência vem estendendo a repercussão da decisão penal na esfera administrativa também a outras hipóteses, como a **absolvição por legítima defesa**. Nesse sentido, vale transcrever o entendimento do Superior Tribunal de Justiça, no julgamento do REsp 448.132/PE:

"ADMINISTRATIVO. POLICIAL MILITAR. LICENCIAMENTO. ATO ADMINISTRATIVO. ABSOLVIÇÃO NA ESFERA PENAL. LEGÍTIMA DEFESA. EFEITOS. PRESCRIÇÃO. DECRETO N. 20.910/32. TRÂNSITO EM JULGADO DA SENTENÇA CRIMINAL.

1. Absolvido o autor na esfera criminal, o lapso prescricional quinquenal, previsto no Decreto n. 20.910/32, tem como termo *a quo* a data do trânsito em julgado da sentença penal e não o momento do ato administrativo de licenciamento.

2. A decisão penal repercute no julgamento administrativo quando ocorre sentença penal absolutória relacionada aos incisos I e V do art. 386 do Código de Processo Penal.

3. Tento de vista que o autor foi absolvido na esfera penal por legítima defesa, e o ato de licenciamento foi fundado unicamente na prática de homicídio,

não há motivos para manter a punição administrativa, pois a controvérsia está embasada unicamente em comportamento tido como lícito.

4. Recurso ao qual se nega provimento."

A força vinculante, no processo administrativo, da absolvição criminal **fundada em excludente de ilicitude** (legítima defesa) vem sendo reconhecida também em provas e concursos públicos. Veja-se, por exemplo, a visão sustentada pela FGV: "na hipótese de absolvição penal com fundamento em excludente de ilicitude, como a legítima defesa, não há espaço para aplicação do resíduo administrativo (falta residual), vez que constitui uma das hipóteses de mitigação ao princípio da independência entre as instâncias, ou seja, a decisão proferida na esfera penal necessariamente vinculará o conteúdo da decisão administrativa – art. 125 c/c o art. 126, ambos da Lei n. 8.112/90 c/c o art. 65 do CPP"[20].

No caso de **condenação criminal**, segundo Hely Lopes Meirelles, tal circunstância implica o **reconhecimento automático da responsabilização**, pelo mesmo fato, **nos processo civil e administrativo** porque "o ilícito penal é mais que o ilícito administrativo e o ilícito civil"[21].

É interessante notar que a responsabilidade decorrente de **improbidade administrativa** pode ser considerada a **quarta esfera de responsabilização** do agente público (art. 1º da Lei n. 8.429/92). Além disso, modernamente, há mais duas esferas de responsabilização dos agentes públicos, totalizando uma **responsabilidade sêxtupla**: a) processo de **responsabilidade política** por crimes de responsabilidade (Lei n. 1.079/50); b) **processo de controle** perante órgãos internos (controladorias, corregedorias etc.) e externos (tribunais de contas).

> A prova de Procurador do Banco Central/2006 elaborada pelo Cespe considerou CORRETA a afirmação: "Caso um ato praticado por agente público configure, ao mesmo tempo, ilícito penal, civil, administrativo e ainda ato de improbidade administrativa, o agente poderá sofrer penalidades em todas essas quatro esferas".

Embora a legislação não discipline expressamente o tema, é coerente sustentar que a **absolvição criminal por negativa de autoria ou ausência de materialidade também faz coisa julgada na ação de improbidade, na instância política e no processo de controle.**

9.31 PROCESSO DISCIPLINAR

Os arts. 116 e seguintes da Lei n. 8.112/90 definem o regime disciplinar aplicável aos servidores públicos estatutários da União. Havendo descumprimento de algum dever ou proibição, o servidor estará sujeito à instauração de processo

20. Fundação Getulio Vargas: Padrão de Respostas da prova de Direito Administrativo na 2ª fase do XIX Exame Unificado de Ordem, divulgado em 30-5-2016.

21. *Direito administrativo brasileiro*, p. 410.

administrativo disciplinar para apuração da falta cometida e aplicação da pena mais apropriada.

É indispensável reforçar que a **aplicação de qualquer punição** ao agente público pressupõe a instauração de processo administrativo com garantia de **contraditório** e a **ampla defesa**, sob pena de nulidade da sanção aplicada.

Quanto à necessidade de presença de advogado, o Superior Tribunal de Justiça editou a Súmula 343: "é obrigatória a presença de advogado em todas as fases do processo administrativo disciplinar". Entretanto, o Supremo Tribunal Federal, por força da **Súmula Vinculante 5**, externou diferente orientação quanto à matéria: "a falta de defesa técnica por advogado no processo administrativo disciplinar **não ofende a Constituição**".

> A 14ª prova de Procurador do Trabalho considerou CORRETA a assertiva: "A falta de defesa técnica por advogado no processo administrativo disciplinar não ofende a Constituição".

Assim, por uma questão de hierarquia, entendemos que deve prevalecer o posicionamento do Supremo Tribunal Federal considerando **desnecessária a presença de advogado em processo disciplinar.**

Em 14 de maio de 2018, o STJ editou a Súmula 611 admitindo a instauração do PAD com base em denúncia anônima: "desde que devidamente motivada e com amparo em investigação ou sindicância, é permitida a instauração de processo administrativo disciplinar com base em denúncia anônima, em face do poder-dever de autotutela imposto à Administração". Já a Súmula 591 do STJ afirma que "é permitida a **prova emprestada no processo administrativo disciplinar**, desde que devidamente autorizada pelo juízo competente e respeitados o contraditório e a ampla defesa" (STJ. 1ª Seção. Aprovada em 13-9-2017, DJe 18-9-2017).

A Lei n. 8.112/90 prevê dois procedimentos diferentes para aplicação de sanções disciplinares: a sindicância e o processo administrativo disciplinar (PAD). Observe-se que **a autoridade** que tiver ciência da infração **é obrigada a promover sua apuração** imediata, utilizando um dos dois instrumentos mencionados (art. 143 da Lei n. 8.112/90).

Em 12 de junho de 2019, a Primeira Turma do STJ aprovou a nova Súmula 635, segundo a qual: "Os prazos prescricionais previstos no art. 142 da Lei n. 8.112/90 iniciam-se na data em que a autoridade competente para a abertura do procedimento administrativo tomar conhecimento do fato, interrompendo-se com o primeiro ato de instauração válido, sindicância de caráter punitivo ou processo disciplinar, e volta a fluir por inteiro após decorridos 140 dias desde a interrupção".

A **sindicância** constitui um procedimento sumário instaurado para apurar infrações que comportem a pena máxima de **suspensão por até trinta dias.**

Após toda a apuração, que não pode exceder o prazo de trinta dias prorrogável por igual período, a sindicância poderá resultar em: I – arquivamento do processo; II – aplicação de penalidade de advertência ou suspensão de até trinta dias; III – instauração de processo disciplinar.

Como se nota, **não é obrigatória a instauração prévia de sindicância.** Assim, nada impede que a autoridade inicie diretamente o processo administrativo disciplinar sem sindicância anterior[22].

A autoridade instauradora do processo pode determinar cautelarmente o **afastamento preventivo** do servidor **sem prejuízo da remuneração,** como medida cautelar a fim de evitar que o acusado venha a influir na apuração da irregularidade. O **prazo máximo** do afastamento é de **60 dias,** sendo cabível uma prorrogação por igual período, findo o qual cessarão seus efeitos, ainda que não concluído o processo (art. 147 da Lei n. 8.112/90).

Já o **processo administrativo disciplinar** (PAD) deve ser utilizado para apuração de ilícitos que ensejarem penalidades mais severas do que a suspensão por trinta dias, incluindo demissão, cassação de aposentadoria ou disponibilidade, e destituição de cargo em comissão.

O processo disciplinar se desenvolve em **três fases:** a) **instauração,** com a publicação do ato que constituir a comissão; b) **inquérito administrativo,** que compreende instrução, defesa e relatório; c) **julgamento.**

Importante destacar que a **manifestação final da comissão processante é um relatório** conclusivo quanto à inocência ou responsabilidade do servidor (art. 165 da Lei n. 8.112/90). **A decisão final** sobre a aplicação, ou não, de sanção ao servidor **nunca é tomada pela comissão processante,** cabendo a esta encaminhar o relatório para a autoridade competente, nos termos da lei, para realizar o julgamento relativo à aplicação da penalidade cabível.

As atividades da comissão devem observar os critérios de independência e imparcialidade, garantindo-se o sigilo necessário à elucidação do fato e ao interesse da Administração. As reuniões e audiências das comissões terão caráter reservado (art. 150 da Lei n. 8.112/90). **Nos termos da Súmula 592 do STJ: "o excesso de prazo para a conclusão do processo administrativo disciplinar** só causa nulidade se houver demonstração de prejuízo à defesa" (STJ. 1ª Seção. Aprovada em 13-9-2017, DJe 18-9-2017).

9.31.1 Requisitos para composição da comissão processante

O processo disciplinar será conduzido por comissão formada por três servidores estáveis designados mediante **portaria** pela autoridade competente, sendo que o **presidente da comissão deverá ser ocupante de cargo efetivo superior ou de mesmo nível, ou ter nível de escolaridade igual ou superior ao do indiciado** (art. 149 da Lei n. 8.112/90).

22. Fundação Getulio Vargas. Padrão de Respostas. XIII Exame Unificado de Ordem.

> A prova de Juiz/DF elaborada pelo TJ-DF em 2016 considerou CORRETA a afirmação: "A portaria de instauração de processo administrativo disciplinar dispensa a descrição minuciosa da imputação contra o servidor público, exigida na fase de indiciamento".

É **vedada a participação**, como membro componente de comissão processante, de **cônjuge, companheiro ou parente do acusado**, consanguíneo ou afim, em linha reta ou colateral, **até o terceiro grau** (art. 149, § 2º, da Lei n. 8.112/90).

9.31.2 Penalidades

O Estatuto prevê a aplicação das seguintes penalidades ao servidor público (art. 127):

a) advertência: aplicável por escrito nas hipóteses de: 1) ausentar-se do serviço durante o expediente, sem prévia autorização do chefe imediato; 2) retirar, sem prévia anuência da autoridade competente, qualquer documento ou objeto da repartição; 3) recusar fé a documentos públicos; 4) opor resistência injustificada ao andamento de documento e processo ou execução de serviço; 5) promover manifestação de apreço ou desapreço no recinto da repartição; 6) cometer a pessoa estranha à repartição, fora dos casos previstos em lei, o desempenho de atribuição que seja de sua responsabilidade ou de seu subordinado; 7) coagir ou aliciar subordinados no sentido de filiarem-se a associação profissional ou sindical, ou a partido político; 8) manter sob sua chefia imediata, em cargo ou função de confiança, cônjuge, companheiro ou parente até o segundo grau civil; 9) recusar-se a atualizar seus dados cadastrais quando solicitado; 10) inobservância de dever funcional previsto em lei, regulamentação ou norma interna, que não justifique imposição de penalidade mais grave;

b) suspensão: aplicada em caso de reincidência das faltas punidas com advertência e de violação das demais proibições que não tipifiquem infração sujeita a penalidade de demissão, não podendo exceder de noventa dias;

c) demissão: será aplicada nas hipóteses de: 1) crime contra a administração pública; 2) abandono de cargo; 3) inassiduidade habitual; 4) improbidade administrativa; 5) incontinência pública e conduta escandalosa, na repartição; 6) insubordinação grave em serviço; 7) ofensa física, em serviço, a servidor ou a particular, salvo em legítima defesa própria ou de outrem; 8) aplicação irregular de dinheiros públicos; 9) revelação de segredo do qual se apropriou em razão do cargo; 10) lesão aos cofres públicos e dilapidação do patrimônio nacional; 11) corrupção; 12) acumulação ilegal de cargos, empregos ou funções públicas; 13) valer-se do cargo para lograr proveito pessoal ou de outrem, em detrimento da dignidade da função pública; 14) participar de gerência ou administração de sociedade privada, personificada ou não personificada, exercer o comércio, exceto na qualidade de acionista, cotista ou comanditário; 15) atuar, como procurador ou intermediário, junto a repartições públicas, salvo quando se tratar de benefícios previdenciários ou assistenciais de parentes até o segundo grau, e de cônjuge ou companheiro; 16) receber propina, comissão, presente ou vantagem de qualquer espécie, em razão de suas atribuições; 17) aceitar comissão, emprego ou pensão de estado estrangeiro; 18) praticar usura sob qualquer de suas formas; 19) proceder de forma desidiosa; 20) utilizar pessoal ou recursos materiais da repartição em serviços ou atividades particulares;

d) cassação de aposentadoria ou disponibilidade: será cassada a aposentadoria ou a disponibilidade do inativo que houver praticado, na atividade, falta punível com a demissão;

e) destituição de cargo em comissão: a destituição de cargo em comissão exercido por não ocupante de cargo efetivo será aplicada nos casos de infração sujeita às penalidades de suspensão e de demissão;

f) destituição de função comissionada: pena aplicável nas mesmas hipóteses da destituição de cargo em comissão.

9.31.3 Competência para aplicação das sanções disciplinares

As penalidades disciplinares serão aplicadas (art. 141 da Lei n. 8.112/90):

I – **pelo Presidente da República**, pelos Presidentes das Casas do Poder Legislativo e dos Tribunais Federais e pelo Procurador-Geral da República, quando se tratar de **demissão e cassação de aposentadoria ou disponibilidade de servidor** vinculado ao respectivo Poder, órgão, ou entidade;

II – pelas autoridades administrativas de hierarquia imediatamente inferior àquelas mencionadas no inciso anterior quando se tratar de suspensão superior a 30 (trinta) dias;

III – pelo chefe da repartição e outras autoridades na forma dos respectivos regimentos ou regulamentos, nos casos de advertência ou de suspensão de até 30 (trinta) dias;

IV – pela autoridade que houver feito a nomeação, quando se tratar de destituição de cargo em comissão.

Entre os casos acima descritos destaca-se a **competência exclusiva do Presidente da República**, em âmbito federal, para aplicar a pena de **demissão** a servidores da Administração Direta da União. Por simetria, nas **demais entidades** federativas a competência para demitir servidores da Administração direta é **exclusiva de Governadores e Prefeitos.**

Assim, a aplicação da penalidade máxima compete exclusivamente à autoridade máxima. Guarde: **pena máxima, autoridade máxima!**

O art. 170 do Estatuto determina que, extinta a punibilidade pela prescrição, a autoridade julgadora determinará o registro do fato nos assentamentos individuais do servidor. Ocorre que o STF (MS 23.262) e o STJ (MS 21.598) consideram inconstitucional o dispositivo, por violar os princípios da presunção de inocência e da razoabilidade.

9.31.4 Reabilitação. Revisão. Proibidos de retornar ao serviço público

As penalidades de advertência e de suspensão terão seus registros cancelados (reabilitação), após o decurso de três e cinco anos de efetivo exercício, respectivamente, se o servidor não houver, nesse período, praticado nova infração disciplinar (art. 131 do Estatuto).

O processo disciplinar poderá ser revisto, a qualquer tempo, a pedido ou de ofício, quando se aduzirem fatos novos ou circunstâncias suscetíveis de justificar a inocência do punido ou a inadequação da penalidade aplicada.

Não poderá mais retornar ao serviço público federal o servidor que for demitido ou destituído do cargo em comissão nos casos de:

a) crime contra a administração pública;

b) improbidade administrativa;

c) aplicação irregular de dinheiros públicos;

d) lesão aos cofres públicos e dilapidação do **patrimônio nacional**;

e) corrupção.

9.31.5 Prescrição. Infração funcional tipificada como crime (STJ)

Quanto ao prazo para apuração das faltas cometidas pelo servidor, será de:

a) 5 anos: para faltas punidas com demissão, cassação de aposentadoria ou disponibilidade e destituição de cargo em comissão;

b) 2 anos: para condutas sujeitas a suspensão;

c) 180 dias: para infrações puníveis com advertência.

O STJ, no julgamento do MS 20.857/DF, decisão publicada em 22 de maio de 2019, entendeu que se a infração disciplinar praticada for, em tese, também crime, o prazo prescricional do processo administrativo será aquele que for previsto no art. 109 do CP, esteja ou não esse fato sendo apurado na esfera penal.

Vale lembrar ainda o teor da nova Súmula 635 do STJ: "Os prazos prescricionais previstos no art. 142 da Lei n. 8.112/90 iniciam-se na data em que a autoridade competente para a abertura do procedimento administrativo tomar conhecimento do fato, interrompendo-se com o primeiro ato de instauração válido, sindicância de caráter punitivo ou processo disciplinar, e volta a fluir por inteiro após decorridos 140 dias desde a interrupção".

9.32 JURISPRUDÊNCIA

9.32.1 STJ

Servidor público: É possível a cassação de aposentadoria de servidor público pela prática, na atividade, de falta disciplinar punível com demissão. Prevalece no STJ e no STF a tese de que a cassação de aposentadoria é compatível com a Constituição Federal, a despeito do caráter contributivo conferido àquela, mormente porque nada impede que, na seara própria, haja o acertamento de contas entre a Administração e o servidor aposentado punido. Assim, constatada a existência de infração disciplinar praticada enquanto o servidor estiver na ativa, o ato de aposentadoria não se transforma num salvo conduto para impedir o sancionamento do infrator pela Administração Pública. Faz-se necessário observar o regramento contido na Lei n. 8.112/90, aplicando-se a penalidade compatível com as infrações puradas (MS 23.608-DF, rel. Min. Napoleão Nunes Maia Filho, rel. Acd. Min. Og Fernandes, Primeira Seção, por maioria, j. 27-11-2019, *DJe* 5-3-2020, *Informativo* 666).

Concurso para provimento do cargo de Policial Rodoviário Federal: Em situações excepcionais, é possível, para efeito de estabilidade, a contagem do tempo de serviço prestado por força de decisão liminar. A Primeira Turma, seguindo a orientação firmada pelo Supremo Tribunal Federal em repercussão geral (Tema 476/STF, RE 608.482/RN, rel. Min. Teori Zavascki, *DJe* de 30-10-2014), entendia inaplicável a Teoria do Fato Consumado aos concursos públicos, não sendo possível o aproveitamento do tempo de serviço prestado por força de decisão judicial pelo militar temporário, para efeito de estabilidade. Contudo, no caso, há a solidificação de situações fáticas ocasionada em razão do excessivo decurso de tempo entre a liminar concedida e os dias atuais, de maneira que a reversão desse quadro implicaria inexoravelmente danos desnecessários e irreparáveis ao recorrido. Veja-se que a liminar que deu posse ao recorrente no cargo de Policial Rodoviário Federal foi deferida em 1999 e desde então está no cargo, ou seja, há 20 anos. Desse modo, este Colegiado passou a entender que existem situações excepcionais, como a dos autos, nas quais a solução padronizada ocasionaria mais danos sociais do que a manutenção da situação consolidada, impondo-se o *distinguishing*, e possibilitando a contagem do tempo de serviço prestado por força de decisão liminar, em necessária flexibilização da regra (AREsp 883.574-MS, rel. Min. Napoleão Nunes Maia Filho, Primeira Turma, por unanimidade, j. 20-2-2020, *DJe* 5-3-2020, *Informativo* 666).

Militar temporário: O militar temporário não estável, considerado incapaz apenas para o serviço militar, somente terá direito à reforma *ex officio* se comprovar o nexo de causalidade entre a moléstia sofrida e a prestação das atividades militares (EREsp 1.123.371-RS, rel. Min. Og Fernandes, rel. Acd. Min. Mauro Campbell Marques, por maioria, j. 19-9-2018, *DJe* 12-3-2019).

Servidor público: A acumulação de cargos públicos de profissionais da área de saúde, prevista no art. 37, XVI, da CF/88, não se sujeita ao limite de 60 horas semanais (REsp 1.767.955-RJ, rel. Min. Og Fernandes, por unanimidade, j. 27-3-2019, *DJe* 03-4-2019).

Pensão por morte: Não ocorre a prescrição do fundo de direito no pedido de concessão de pensão por morte, estando prescritas apenas as prestações vencidas no quinquênio que precedeu à propositura da ação (EREsp 1.269.726-MG, rel. Min. Napoleão Nunes Maia Filho, por unanimidade, j. 13-3-2019, *DJe* 20-3-2019).

Concurso público: É constitucional a remarcação de curso de formação para o cargo de agente penitenciário feminino de candidata que esteja lactante à época de sua realização, independentemente da previsão expressa em edital do concurso público (RMS 52.622-MG, rel. Min. Gurgel de Faria, por unanimidade, j. 26-3-2019, *DJe* 29-3-2019).

Servidor público: O cômputo dos dez ou quinze minutos que faltam para que a "hora-aula" complete efetivamente uma "hora de relógio" não pode ser considerado como tempo de atividade extraclasse dos profissionais do magistério (REsp 1.569.560-RJ, rel. Min. Herman Benjamin, rel. Ac. Min. Og Fernandes, por maioria, j. 21-6-2018, *DJe* 11-3-2019).

Servidor público: A Lei n. 12.855/2013, que instituiu a Indenização por Trabalho em Localidade Estratégica, é norma de eficácia condicionada à prévia regulamentação, para definição das localidades consideradas estratégicas, para fins de pagamento da referida vantagem (REsp 1.617.086-PR, rel. Min. Assusete Magalhães, Primeira Seção, por maioria, j. 28-11-2018, *DJe* 1º-2-2019 – Recursos Repetitivos).

Policiais rodoviários: O reajuste geral de 28,86%, concedido pelas Leis n. 8.622/93 e 8.627/93, não pode ser compensado pelas novas gratificações criadas pela Lei n. 9.654/98 (EREsp 1.577.881-DF, rel. Min. Benedito Gonçalves, por unanimidade, j. 27-6-2018, *DJe* 9-8-2018).

Concurso público: O candidato aprovado em concurso público fora do número de vagas tem direito subjetivo à nomeação caso surjam novas vagas durante o prazo de validade do certame, haja manifestação inequívoca da administração sobre a necessidade de seu provimento e não tenha restrição orçamentária (MS 22.813-DF, rel. Min. Og Fernandes, por maioria, j. 13-6-2018, *DJe* 22-6-2018).

Adicional de insalubridade: O termo inicial do adicional de insalubridade a que faz jus o servidor público é a data do laudo pericial (PUIL 413-RS, rel. Min. Benedito Gonçalves, por unanimidade, j. 11-4-2018, *DJe* 18-4-2018).

Servidor público: São imprescritíveis as ações de reintegração em cargo público quando o afastamento se deu em razão de atos de exceção praticados durante o regime militar (REsp 1.565.166-PR, rel. Min. Regina Helena Costa, por unanimidade, j. 26-6-2018, *DJe* 2-8-2018).

Militares: Os descontos em folha, juntamente com os descontos obrigatórios, podem alcançar o percentual de 70% das remunerações ou dos proventos brutos dos servidores militares (EAREsp 272.665-PE, rel. Min. Mauro Campbell Marques, por unanimidade, j. 13-12-2017, *DJe* 18-12-2017).

Servidor público: O servidor público federal somente tem direito à remoção prevista no art. 36, parágrafo único, III, *a*, da Lei n. 8.112/90, na hipótese em que o cônjuge/companheiro, também servidor, tenha sido deslocado de ofício, para atender ao interesse da Administração (nos moldes do inciso I do mesmo dispositivo legal) (EREsp 1.247.360-RJ, rel. Min. Benedito Gonçalves, por maioria, j. 22-11-2017, *DJe* 29-11-2017).

Servidor público: O Auditor-Fiscal do Trabalho, com especialidade em medicina do trabalho, não pode cumular o exercício do seu cargo com outro da área de saúde (REsp 1.460.331-CE, rel. Min. Napoleão Nunes Maia Filho, rel. Acd. Min. Gurgel de Faria, por maioria, j. 10-4-2018, *DJe* 7-5-2018).

Servidor aposentado / Ministério Público: Em adequação ao entendimento do Supremo Tribunal Federal, o direito à percepção de VPNI não impede a sua eventual absorção pelo subsídio e, do mesmo modo, não inviabiliza a aplicação do teto constitucional, que inclui a vantagem de caráter pessoal no cômputo da remuneração do servidor para observância do teto (RMS 33.744-DF, rel. Min. Benedito Gonçalves, por unanimidade, j. 5-4-2018, *DJe* 19-4-2018).

Concurso público: A nomeação tardia de candidatos aprovados em concurso público não gera direito à indenização, ainda que a demora tenha origem em erro reconhecido pela própria Administração Pública (REsp 1.238.344-MG, rel. Min. Sérgio Kukina, por maioria, j. 30-11-2017, *DJe* 19-12-2017).

Servidor público: A acumulação de cargos públicos de profissionais da área de saúde, prevista no art. 37, XVI, da CF/88, não se sujeita ao limite de 60 horas semanais (REsp 1.746.784-PE, rel. Min. Og Fernandes, por unanimidade, j. 23-8-2018, *DJe* 30-8-2018).

Pensão por morte: O acordo de partilha de pensão por morte, homologado judicialmente, não altera a ordem legal do pensionamento, podendo, todavia, impor ao órgão de previdência a obrigação de depositar parcela do benefício em favor do acordante que não figura como beneficiário perante a autarquia previdenciária (RMS 45.817-RJ, rel. Min. Humberto Martins, rel. Acd. Min. Og Fernandes, por maioria, j. 26-9-2017, *DJe* 5-2-2018).

Servidor público: A "teoria do fato consumado" não pode ser aplicada para consolidar remoção de servidor público destinada a acompanhamento de cônjuge, em hipótese que não se adequa à legalidade estrita, ainda que tal situação haja perdurado por vários anos em virtude de decisão liminar não confirmada por ocasião do julgamento de mérito (EREsp 1.157.628-RJ, rel. Min. Raul Araújo, por maioria, j. 7-12-2016, *DJe* 15-2-2017).

Pensão: Em se tratando de dependente incapaz, o termo inicial para o pagamento do benefício da pensão especial de ex-combatente é o óbito do instituidor (EREsp 1.141.037-SC, rel. Min. Humberto Martins, por unanimidade, j. 7-12-2016, *DJe* 16-12-2016).

Concurso público: Quando o exercício do cargo foi amparado por decisões judiciais precárias e o servidor se aposentou, antes do julgamento final de mandado de segurança, por tempo de contribuição durante esse exercício e após legítima contribuição ao sistema, a denegação posterior da segurança que inicialmente permitira ao servidor prosseguir no certame não pode ocasionar a cassação da aposentadoria (MS 20.558-DF, rel. Min. Herman Benjamin, por unanimidade, j. 22-2-2017, *DJe* 31-3-2017).

Servidor público: Não viola o princípio da isonomia o implemento de regra de transição de aposentadoria dos servidores integrantes do Serviço Exterior Brasileiro – Lei n. 11.440/2006 – como está previsto no parágrafo único do art. 2º da Lei Complementar n. 152/2015, considerando-se as peculiaridades da carreira, as necessidades do Estado e a ordem constitucional vigente (MS 22.394-DF, rel. Min. Humberto Martins, por maioria, j. 9-11-2016, *DJe* 2-2-2017).

Servidor público: O término da incorporação dos 11,98%, ou do índice obtido em cada caso, oriundo das perdas salariais resultantes da conversão de cruzeiro real em URV, na remuneração do servidor, deve ocorrer no momento em que a carreira passa por uma restruturação remuneratória (EREsp 900.311-RN, rel. Min. Felix Fischer, por unanimidade, j. 22-2-2017, *DJe* 1º-3-2017).

Estatuto do Desarmamento: A isenção do recolhimento da taxa para emissão, renovação, transferência e expedição de segunda via de certificado de registro de arma de fogo particular prevista no art. 11, § 2º, da Lei n. 10.826/2003 não se estende aos policiais rodoviários federais aposentados (REsp 1.530.017-PR, rel. Min. Regina Helena Costa, por unanimidade, j. 21-9-2017, *DJe* 29-9-2017).

Concurso público: A desistência de candidatos melhor classificados em concurso público convola a mera expectativa em direito líquido e certo, garantindo a nomeação dos candidatos que passarem a constar dentro do número de vagas previstas no edital (RMS 53.506-DF, rel. Min. Regina Helena Costa, por unanimidade, j. 26-9-2017, *DJe* 29-9-2017).

Concurso público: A simples alteração na ordem de aplicação das provas de teste físico em concurso público, desde que anunciada com antecedência e aplicada igualmente a todos, não viola direito líquido e certo dos candidatos inscritos (RMS 36.064-MT, rel. Min. Sérgio Kukina, por unanimidade, j. 13-6-2017, *DJe* 22-6-2017).

Servidor público: O abono de permanência insere-se no conceito de remuneração do cargo efetivo, de forma a compor a base de cálculo da licença-prêmio não gozada (REsp 1.514.673-RS, rel. Min. Regina Helena Costa, por unanimidade, j. 7-3-2017, *DJe* 17-3-2017).

Concurso público: Em ação ordinária na qual se discute a eliminação de candidato em concurso público – em razão da subjetividade dos critérios de avaliação de exame psicotécnico previstos no edital – a legitimidade passiva será da entidade responsável pela elaboração do certame (REsp 1.425.594-ES, rel. Min. Regina Helena Costa, por unanimidade, j. 7-3-2017, *DJe* 21-3-2017).

Diárias: É ilegal a limitação de duas diárias e meia semanais, à luz do art. 5º da Resolução CJF n. 51/2009, quando o deslocamento de juiz federal convocado para substituição em tribunais regionais for superior a esse lapso (REsp 1.536.434-SC, rel. Min. Og Fernandes, por unanimidade, j. 17-10-2017, *DJe* 20-10-2017).

Concurso público: Os requisitos para o ingresso na carreira de Defensor Público da União estabelecidos pelo art. 26 da Lei Complementar n. 80/94 devem prevalecer mesmo após o advento da EC n. 80/2014, que possibilitou a aplicação à instituição, no que couber, do disposto no art. 93 da CF/88 – que dispõe sobre o Estatuto da Magistratura (REsp 1.676.831-AL, rel. Min. Mauro Campbell Marques, por unanimidade, j. 5-9-2017, *DJe* 14-9-2017).

Concurso público: Em prova dissertativa de concurso público, o grave erro no enunciado – reconhecido pela própria banca examinadora – constitui flagrante ilegalidade apta a ensejar a nulidade da questão. De outra parte, a motivação do ato avaliativo do candidato, constante do espelho de prova, deve ser apresentado anteriormente ou concomitante à divulgação do resultado, sob pena de nulidade (RMS 49.896-RS, rel. Min. Og Fernandes, por unanimidade, j. 20-4-2017, *DJe* 2-5-2017).

Servidor público: Não se mostra razoável a possibilidade de desconto em parcela única sobre a remuneração do servidor público dos dias parados e não compensados provenientes do exercício do direito de greve (RMS 49.339-SP, rel. Min. Francisco Falcão, por unanimidade, j. 6-10-2016, *DJe* 20-10-2016).

Servidor público: A partir de 14-4-2010 deve ser reconhecida a natureza contratual da relação firmada entre os servidores do Estado de Minas Gerais e o IPSEMG, instituída pelo art. 85 da Lei Complementar Estadual n. 64/2002, sendo garantida a restituição de indébito somente àqueles que, após essa data, não tenham aderido expressa ou tacitamente aos serviços de saúde disponibilizados (REsp 1.348.679-MG, rel. Min. Herman Benjamin, Primeira Seção, j. 23-11-2016, *DJe* 29-5-2017 – Recursos Repetitivos).

Servidor público: A Lei n. 11.738/2008, em seu art. 2º, § 1º, ordena que o vencimento inicial das carreiras do magistério público da educação básica deve corresponder ao piso salarial profissional nacional, sendo vedada a fixação do vencimento básico em valor inferior, não havendo determinação de incidência automática em toda a carreira e reflexo imediato sobre as demais vantagens e gratificações, o que somente ocorrerá se estas determinações estiverem previstas nas legislações locais (REsp 1.426.210-RS, rel. Min. Gurgel de Faria, Primeira Seção, por unanimidade, j. 23-11-2016, *DJe* 9-12-2016 – Recursos Repetitivos).

Mandado de segurança / Servidor público: O prazo decadencial para impetrar mandado de segurança contra redução do valor de vantagem integrante de proventos ou de remuneração de servidor público renova-se mês a mês. A citada redução, ao revés da supressão de vantagem, configura relação de trato sucessivo, pois não equivale à negação do próprio fundo de direito (EREsp 1.164.514-AM, rel. Min. Napoleão Nunes Maia Filho, j. 16-12-2015, *DJe* 25-2-2016).

Servidor público: A Administração Pública Federal não está mais obrigada a atender toda e qualquer requisição de servidor público efetuada pelo Defensor Público-Geral da União na forma do art. 4º da Lei n. 9.020/95 (MS 17.500-DF, rel. Min. Benedito Gonçalves, j. 9-12-2015, *DJe* 15-12-2015).

Concurso público: É legal a cláusula de edital que prescreva que as atividades do cargo de perito datiloscopista são de nível médio, desde que, à época da publicação do edital do concurso para o referido cargo, haja previsão legislativa estatual nesse sentido (AgRg no RMS 32.892-RO, rel. Min. Napoleão Nunes Maia Filho, j. 17-12-2015, *DJe* 3-2-2016).

Proventos / Servidor falecido: Os herdeiros devem restituir os proventos que, por erro operacional da Administração Pública, continuaram sendo depositados em conta de servidor público após o seu falecimento (AgRg no REsp 1.387.971-DF, rel. Min. Mauro Campbell Marques, j. 15-3-2016, *DJe* 21-3-2016).

Servidor público / Monitoramento de e-mail coorporativo: As informações obtidas por monitoramento de e-mail corporativo de servidor público não configuram prova ilícita quando atinentes a aspectos não pessoais e de interesse da Administração Pública e da própria coletividade, sobretudo quando exista, nas disposições normativas acerca do seu uso, expressa menção da sua destinação somente para assuntos e matérias afetas ao serviço, bem como advertência sobre monitoramento e acesso ao conteúdo das comunicações dos usuários para cumprir disposições legais ou instruir procedimento administrativo. No que diz respeito à quebra do sigilo das comunicações telemáticas, saliente-se que os dados são objeto de proteção jurídica. A quebra do sigilo de dados telemáticos é vista como medida extrema, pois restritiva de direitos consagrados no art. 5º, X e XII, da CF e nos arts. 11 e 21 do CC. Não obstante, a intimidade e a privacidade das pessoas, protegidas no que diz respeito aos dados já transmitidos, não constituem direitos absolutos, podendo sofrer restrições, assim como quaisquer outros direitos fundamentais, os quais, embora formalmente ilimitados – isto é, desprovidos de reserva –, podem ser restringidos caso isso se revele imprescindível à garantia de outros direitos constitucionais. No caso, não há de se falar em indevida violação de dados telemáticos, tendo em vista o uso de e-mail corporativo para cometimento de ilícitos. A reserva da intimidade, no âmbito laboral, público ou privado, limita-se às informações familiares, da vida privada, política, religiosa e sindical, não servindo para acobertar ilícitos. Ressalte-se que, no âmbito do TST, a temática já foi inúmeras vezes enfrentada (TST, RR 613/2000-013-10-0, *DJe* 10-6-2005) (RMS 48.665-SP, rel. Min. Og Fernandes, j. 15-9-2015, *DJe* 5-2-2016).

Cargo público / Menoridade: Ainda que o requisito da idade mínima de 18 anos conste em lei e no edital de concurso público, é possível que o candidato menor de idade aprovado no concurso tome posse no cargo de auxiliar de biblioteca no caso em que ele, possuindo 17 anos e 10 meses na data da sua posse, já havia sido emancipado voluntariamente por seus pais há 4 meses (REsp 1.462.659-RS, rel. Min. Herman Benjamin, j. 1º-12-2015, *DJe* 4-2-2016).

Acumulação lícita de cargos públicos: É possível a acumulação de um cargo público de professor com outro de intérprete e tradutor da Língua Brasileira de Sinais (Libras) (REsp 1.569.547-RN, rel. Min. Humberto Martins, j. 15-12-2015, *DJe* 2-2-2016).

Pensão por morte/Militar: O falecimento de militar após o advento da Lei n. 6.880/80 e antes da vigência da Medida Provisória n. 2.215-10/2001 gera direito à percepção de pensão por morte a filho universitário menor de 24 anos e não remunerado (EREsp 1.181.974-MG, rel. Min. Og Fernandes, j. 16-9-2015, *DJe* 16-10-2015).

Desconto salarial / Servidores grevistas: Deve ser suspensa a execução da decisão liminar (art. 25, § 3º, da Lei n. 8.038/90) proibitiva de desconto salarial dos dias de paralisação decorrentes de greve dos professores do Estado de São Paulo, movimento paredista que durava mais de 60 dias até a análise do pedido de suspensão de segurança, sem êxito nas tentativas de acordo e sem notícia de decisão judicial sobre as relações obrigacionais entre grevistas e o Estado, e que, além disso, já havia levado ao dispêndio de vultosos recursos na contratação de professores substitutos, como forma de impedir a iminente interrupção da prestação do serviço público educacional do Estado. Nessa situação, encontra-se configurada grave lesão à ordem e à economia pública do referido Estado (AgRg na SS 2.784-SP, rel. Min. Francisco Falcão, j. 3-6-2015, *DJe* 12-6-2015).

Contratação temporária: Ainda que para o exercício de atividades permanentes do órgão ou entidade, admite-se a contratação por tempo determinado para atender a necessidade temporária de excepcional interesse público (arts. 37, IX, da CF e 2º da Lei n. 8.745/93) – qual seja, o crescente número de demandas e o elevado passivo de procedimentos administrativos parados junto ao órgão, que se encontra com o quadro de pessoal efetivo completo, enquanto pendente de análise no Congresso Nacional projeto de lei para a criação de vagas adicionais (MS 20.335-DF, rel. Min. Benedito Gonçalves, j. 22-4-2015, *DJe* 29-4-2015).

Concurso público: O candidato aprovado fora do número de vagas previstas no edital de concurso público tem direito subjetivo à nomeação quando o candidato imediatamente anterior na ordem de classificação, aprovado dentro do número de vagas, for convocado e manifestar desistência (AgRg no ROMS 48.266-TO, rel. Min. Benedito Gonçalves, j. 18-8-2015, *DJe* 27-8-2015).

Concurso público: O candidato aprovado fora do número de vagas previstas no edital de concurso público tem direito subjetivo à nomeação quando o candidato imediatamente anterior na ordem de classificação, embora aprovado fora do número de vagas, for convocado para vaga surgida posteriormente e manifestar desistência (AgRg no RMS 41.031-PR, rel. Min. Benedito Gonçalves, j. 18-8-2015, *DJe* 27-8-2015 – *Informativo* n. 567).

Pensão especial de ex-combatente: Na hipótese de morte do titular de pensão especial de ex-combatente, o menor de dezoito anos que estava sob sua guarda deve ser enquadrado como dependente (art. 5º da Lei n. 8.059/90) para efeito de recebimento, na proporção que lhe couber, da pensão especial (art. 53, II, do ADCT) que recebia o seu guardião (REsp 1.339.645-MT, rel. Min. Sérgio Kukina, j. 3-3-2015, *DJe* 4-5-2015).

Pensão especial de ex-combatente a neto menor de idade sob sua guarda: Diante da morte de titular de pensão especial de ex-combatente, o seu neto menor de dezoito anos que estava sob sua guarda deve ser enquadrado como dependente (art. 5º da Lei n. 8.059/90) para efeito de recebimento da pensão especial que recebia o guardião (art. 53, II, do ADCT), dispensando-se, inclusive, o exame de eventual dependência econômica entre eles (rel. Min. Mauro Campbell Marques, j. 15-10-2015, *DJe* 22-10-2015).

Posse de membro do Ministério Público no cargo de desembargador federal e direito à transferência universitária de dependente: O filho de membro do Ministério Público do Trabalho tem, em razão da mudança de domicílio de seu pai para tomar posse no cargo de Desembargador Federal do Trabalho, direito a ser transferido para instituição de ensino superior congênere nos termos do art. 49 da Lei n. 9.394/96, c/c art. 1º da Lei n. 9.536/97 (REsp 1.536.723-RS, rel. Min. Humberto Martins, j. 13-10-2015, *DJe* 20-10-2015).

Férias gozadas em período coincidente com o da licença à gestante: A Lei n. 8.112/90 não assegura à servidora pública o direito de usufruir, em momento posterior, os dias de férias já gozados em período coincidente com o da licença à gestante. Ressalta-se que a coincidência das férias com a licença-gestante – sem a possibilidade de gozo ulterior dos dias de férias em que essa coincidência se verificar – não importa violação do direito constitucional a férias (AgRg no RMS 39.563-PE, rel. Min. Mauro Campbell Marques, j. 6-8-2015, *DJe* 18-8-2015).

Auxílio-reclusão a servidores ocupantes de cargo efetivo: Para concessão de auxílio-reclusão, não se aplica aos servidores públicos estatutários ocupantes de cargos efetivos a exigência de baixa renda prevista no art. 13 da EC n. 20/98. Isso porque o referido dispositivo legal foi dirigido apenas aos servidores públicos vinculados ao Regime Geral da Previdência Social (RGPS). Ademais, por ocasião do julgamento do RE 486.413-SP, o STF examinou a questão do auxílio-reclusão sob a ótica de saber se, para sua concessão, a renda a ser considerada é a do próprio segurado preso ou aquela de seus dependentes. Naquela oportunidade, o

STF assentou que "a Constituição circunscreve a concessão do auxílio-reclusão às pessoas que: (i) estejam presas; (ii) possuam dependentes; (iii) sejam seguradas da Previdência Social; e (iv) tenham baixa renda", tendo o voto vencedor expressamente registrado que "um dos escopos da referida Emenda Constitucional foi o de restringir o acesso ao auxílio-reclusão, utilizando, para tanto, a renda do segurado" (RE 486.413-SP, Tribunal Pleno, *DJe* 8-5-2009). Assim, conclui-se que o art. 13 da EC n. 20/98 não afeta a situação jurídica dos servidores ocupantes de cargo público de provimento efetivo, mas apenas os servidores vinculados ao RGPS, isto é, empregados públicos, contratados temporariamente e exclusivamente titulares de cargos comissionados. Precedente citado: REsp 1.421.533-PB, 2ª Turma, *DJe* 25-9-2014 (AgRg no REsp 1.510.425-RJ, rel. Min. Humberto Martins, j. 16-4-2015, *DJe* 22-4-2015).

Acumulação de aposentadoria de emprego público com remuneração de cargo temporário: É possível a cumulação de proventos de aposentadoria de emprego público com remuneração proveniente de exercício de cargo temporário (REsp 1.298.503-DF, rel. Min. Humberto Martins, j. 7-4-2015, *DJe* 13-4-2015).

Aposentadoria de servidor público com doença não prevista no art. 186 da Lei n. 8.112/90: Serão proporcionais – e não integrais – os proventos de aposentadoria de servidor público federal diagnosticado com doença grave, contagiosa ou incurável não prevista no art. 186, § 1º, da Lei n. 8.112/90 nem indicada em lei (REsp 1.324.671-SP, rel. Min. Humberto Martins, j. 3-3-2015, *DJe* 9-3-2015).

Direito à recondução: Não é possível a aplicação, por analogia, do instituto da recondução previsto no art. 29, I, da Lei n. 8.112/90 a servidor público estadual na hipótese em que o ordenamento jurídico do estado for omisso acerca desse direito. Isso porque a analogia das legislações estaduais e municipais com a Lei n. 8.112/90 somente é possível se houver omissão no tocante a direito de cunho constitucional autoaplicável que seria necessário para suprir a omissão da legislação estadual, bem como que a situação não dê azo ao aumento de gastos (RMS 46.438-MG, rel. Min. Humberto Martins, j. 16-12-2014, *DJe* 19-12-2014).

Pensão por morte de servidor público federal: Para fins de concessão da pensão por morte de servidor público federal, a designação do beneficiário nos assentos funcionais do servidor é prescindível se a vontade do instituidor em eleger o dependente como beneficiário da pensão houver sido comprovada por outros meios idôneos. Precedentes citados: AgRg no REsp 1.362.822-PE, 1ª Turma, *DJe* 17-4-2013; AgRg no REsp 1.295.320-RN, 2ª Turma, *DJe* 28-6-2012; e REsp 1.307.576-PE, 2ª Turma, *DJe* 25-4-2012 (REsp 1.486.261-SE, rel. Min. Herman Benjamin, j. 20-11-2014, *DJe* 5-12-2014).

Fixação de limitação temporal para o recebimento de nova ajuda de custo: fixação de limitação temporal para o recebimento da indenização prevista no art. 51, I, da Lei n. 8.112/90, por meio de normas infralegais, não ofende o princípio da legalidade (REsp 1.257.665-CE, rel. Min. Herman Benjamin, Primeira Seção, j. 8-10-2014, *DJe* 17-9-2015 – Recurso Repetitivo).

Servidores públicos do magistério superior: O pagamento do reajuste de 3,17% está limitado à data da reestruturação ou reorganização da carreira, nos termos do art. 10 da Medida Provisória n. 2.225-45/2001, não configurando tal marco o advento da Lei n. 9.678, de 3 de julho de 1998, que estabeleceu a Gratificação de Estímulo à Docência – GED, uma vez que esse normativo não reorganizou ou reestruturou a carreira dos servidores públicos do magistério superior lotados em instituições de ensino dos Ministérios da Educação e da Defesa (REsp 1.371.750-PE, rel. Min. Og Fernandes, Primeira Seção, j. 25-3-2015, *DJe* 10-4-2015 – *Informativo* n. 559 – Recurso Repetitivo).

Súmula 552: O portador de surdez unilateral não se qualifica como pessoa com deficiência para o fim de disputar as vagas reservadas em concursos públicos. Corte Especial, aprovada em 4-11-2015, *DJe* 9-11-2015 (*Informativo* n. 572).

Concurso público: O termo inicial do prazo decadencial para a impetração de mandado de segurança no qual se discuta regra editalícia que tenha fundamentado eliminação em concurso público é a data em que o candidato toma ciência do ato administrativo que determina sua exclusão do certame, e não a da publicação do edital. Precedente citado: EREsp 1.266.278-MS, Corte Especial, *DJe* 10-5-2013 (REsp 1.124.254-PI, rel. Min. Sidnei Beneti, j. 1º-7-2014).

Concurso público: Candidato em concurso público com surdez unilateral não tem direito a participar do certame na qualidade de deficiente auditivo. Isso porque o Decreto n. 5.296/2004 alterou a redação do art. 4º, II, do Decreto n. 3.298/99 – que dispõe sobre a Política Nacional para Integração de Pessoa Portadora de Deficiência – e excluiu da qualificação "deficiência auditiva" os portadores de surdez unilateral. Vale ressaltar que a jurisprudência do STF confirmou a validade da referida alteração normativa. Precedente citado do STF: MS 29.910 AgR, 2ª Turma, *DJe* 1º-8-2011 (MS 18.966-DF, rel. Min. Castro Meira, rel. para acórdão Min. Humberto Martins, j. 2-10-2013).

Concurso público: O prazo decadencial para impetrar mandado de segurança contra limitação de idade em concurso público conta-se da ciência do ato administrativo que determina a eliminação do candidato pela idade, e não da publicação do edital que prevê a regra da limitação. Precedentes citados: AgRg no AREsp 258.950-BA, 2ª Turma, *DJe* 18-3-2013; AgRg no AREsp 259.405-BA, 1ª Turma, *DJe* 18-4-2013 (AgRg no AREsp 213.264-BA, rel. Min. Benedito Gonçalves, j. 5-12-2013).

Agregação de militar que participa de curso de formação: O militar aprovado em concurso público tem direito a ser agregado durante o prazo de conclusão de curso de formação, com direito à opção pela respectiva remuneração.

Precedentes citados: AgRg no AREsp 134.481-BA, 2ª Turma, *DJe* 2-5-2012; AgRg no AREsp 172.343-RO, 2ª Turma, *DJe* 1-8-2012; e AgRg no REsp 1.007.130-RJ, 6ª Turma, *DJe* 21-2-2011 (AgRg no REsp 1.470.618-RN, rel. Min. Herman Benjamin, j. 16-10-2014).

Exame médico para ingresso em cargo público: O candidato a cargo público federal pode ser eliminado em exame médico admissional, ainda que a lei que discipline a carreira não confira caráter eliminatório ao referido exame. Isso porque a inspeção de saúde é exigência geral direcionada a todos os cargos públicos federais (arts. 5º, VI, e 14 da Lei n. 8.112/90), daí a desnecessidade de constar expressamente na lei que disciplina a carreira da qual se pretende o ingresso. Ademais, a referida inspeção clínica não se confunde com o teste físico ou psicológico, os quais são exigências específicas para o desempenho de determinados cargos e, portanto, devem possuir previsão legal em lei específica. Precedente citado: REsp 944.160-DF, 5ª Turma, *DJe* 6-12-2010 (AgRg no REsp 1.414.990-DF, rel. Min. Humberto Martins, j. 3-4-2014).

Exame psicológico em concurso público: É admitida a realização de exame psicotécnico em concursos públicos se forem atendidos os seguintes requisitos: previsão em lei, previsão no edital com a devida publicidade dos critérios objetivos fixados e possibilidade de recurso. Precedentes citados do STF: MS 30.822-DF, 2ª Turma, *DJe* 26-6-2012; e AgRg no RE 612.821-DF, 2ª Turma, *DJe* 1º-6-2011 (RMS 43.416-AC, rel. Min. Humberto Martins, j. 18-2-2014).

Investigação social em concurso público: Na fase de investigação social em concurso público, o fato de haver instauração de inquérito policial ou propositura de ação penal contra candidato, por si só, não pode implicar a sua eliminação. A eliminação nessas circunstâncias, sem o necessário trânsito em julgado da condenação, viola o princípio constitucional da presunção de inocência. Precedentes citados do STF: ARE 754.528 AgR, 1ª Turma, *DJe* 28-8-2013; e AI 769.433 AgR, 2ª Turma, *DJe* 4-2-2010; precedentes citados do STJ: REsp 1.302.206-MG, 2ª Turma, *DJe* 4-10-2013; EDcl no AgRg no REsp 1.099.909-RS, 5ª Turma, *DJe* 13-3-2013 e AgRg no RMS 28.825-AC, 6ª Turma, *DJe* 21-3-2012 (AgRg no RMS 39.580-PE, rel. Min. Mauro Campbell Marques, j. 11-2-2014).

Limite etário em concurso público para ingresso na carreira de policial militar: Não tem direito a ingressar na carreira de policial militar o candidato à vaga em concurso público que tenha ultrapassado, no momento da matrícula no curso de formação, o limite máximo de idade previsto em lei específica e em edital. Precedente citado: RMS 31.923-AC, 1ª Turma, *DJe* 13-10-2011 (RMS 44.127-AC, rel. Min. Humberto Martins, j. 17-12-2013).

FGTS: A suspensão do contrato de trabalho em decorrência de nomeação em cargo em comissão não autoriza o levantamento do saldo da conta vinculada ao FGTS. Isso porque o art. 20, VIII, da Lei n. 8.036/90 condiciona a liberação do saldo da conta do FGTS ao fato de o trabalhador permanecer três anos ininterruptos "fora do regime do FGTS", circunstância que não ocorre quando o empregado tem seu contrato de trabalho suspenso por força de nomeação em cargo público em comissão. De fato, não ocorre a ruptura do vínculo laboral, nem o empregado fica "fora" do regime do FGTS, mas permanece nele, embora não ocorrendo depósitos por força da suspensão do contrato de trabalho (REsp 1.419.112-SP, rel. Min. Og Fernandes, j. 24-9-2014 – Recurso Repetitivo).

A primeira fruição de férias de magistrado: Para o primeiro período aquisitivo de férias de juiz federal substituto serão exigidos doze meses de exercício. De fato, a LC n. 35/79 (Loman), ao tratar das férias dos magistrados, não disciplina o início do período aquisitivo do direito a férias na magistratura. Dessa forma, ante o silêncio da Loman, incide o art. 77, § 1º, da Lei n. 8.112/90, aplicada subsidiariamente, segundo o qual "Para o primeiro período aquisitivo de férias serão exigidos 12 (doze) meses de exercício" (REsp 1.421.612-PB, rel. Min. Herman Benjamin, j. 3-6-2014).

Servidor militar: A Polícia Militar pode, mediante decisão administrativa fundamentada, determinar a suspensão cautelar do porte de arma de policial que responde a processo criminal (RMS 42.620-PB, rel. Min. Humberto Martins, j. 25-2-2014).

Incompatibilidade entre o exercício da advocacia e o de cargo de fiscalização: O exercício do cargo de Fiscal Federal Agropecuário é incompatível com o exercício da advocacia. O art. 28, V, da Lei n. 8.906/94 estabelece ser incompatível com o exercício da advocacia, mesmo em causa própria, as atividades dos "ocupantes de cargos ou funções vinculados direta ou indiretamente à atividade policial de qualquer natureza" (REsp 1.377.459-RJ, rel. Min. Benedito Gonçalves, j. 20-11-2014).

Revisão de aposentadoria de servidor público: Nos casos em que o servidor público busque a revisão do ato de aposentadoria, ocorre a prescrição do próprio fundo de direito após o transcurso de mais de cinco anos – e não de dez anos – entre o ato de concessão e o ajuizamento da ação. Precedentes citados: AgRg no AREsp 86.525-RS, 1ª Turma, *DJe* 16-5-2014; e AgRg no REsp 1.242.708-RS, 2ª Turma, *DJe* 14-4-2014. Pet 9.156-RJ, rel. Min. Arnaldo Esteves Lima, j. 28-5-2014.

Restituição ao erário dos valores recebidos por força de decisão judicial precária posteriormente revogada: É devida a restituição ao erário dos valores de natureza alimentar pagos pela Administração Pública a servidores públicos em cumprimento a decisão judicial precária posteriormente revogada. Precedente citado: EREsp 1.335.962-RS, Primeira Seção, *DJe* 2-8-2013 (EAREsp 58.820-AL, rel. Min. Benedito Gonçalves, j. 8-10-2014).

Caráter geral de gratificação de desempenho de servidor público: Devem ser estendidas a todos os aposentados e pensionistas as gratificações de desempenho pagas indistintamente a todos os servidores da ativa, no mesmo percentual, ainda que possuam caráter pro labore faciendo. Isso porque as referidas vantagens, quando pagas indistintamente a todos os servidores na ativa, no mesmo percentual, assumem natureza genérica. Precedentes citados: AgRg no REsp 1.314.529-SC, 2ª Turma, *DJe* 14-8-2012 e REsp 1.291.011/MG, 2ª Turma, *DJe* 10-2-2012 (AgRg no REsp 1.372.058-CE, rel. Min. Benedito Gonçalves, j. 4-2-2014).

Contratação temporária de servidor que já possuiu contrato com órgão diverso: É possível nova contratação temporária, também com fundamento na Lei n. 8.745/93, precedida por processo seletivo equiparável a concurso público, para outra função pública e para órgão sem relação de dependência com aquele para o qual fora contratado anteriormente, ainda que a nova contratação tenha ocorrido em período inferior a 24 meses do encerramento do contrato temporário anterior. Precedente citado: REsp 503.823-MG, 5ª Turma, *DJ* 17-12-2007 (REsp 1.433.037-DF, rel. Min. Humberto Martins, j. 25-2-2014).

Dependência econômica para concessão de pensão por morte de servidor público federal: Não se exige prova de dependência econômica para a concessão de pensão por morte a filho inválido de servidor público federal (REsp 1.440.855-PB, rel. Min. Humberto Martins, j. 3-4-2014).

Concurso público: O candidato aprovado fora das vagas previstas no edital não tem direito subjetivo à nomeação, ainda que surjam novas vagas durante o prazo de validade do certame, seja em decorrência de vacância nos quadros funcionais seja em razão da criação de novas vagas por lei. Precedente citado do STF: RE 598.099-MS, Plenário, *DJ* 10-8-2011 (MS 17.886-DF, rel. Min. Eliana Calmon, j. 11-9-2013).

Concurso público: O candidato aprovado fora das vagas previstas originariamente no edital, mas classificado até o limite das vagas surgidas durante o prazo de validade do concurso, possui direito líquido e certo à nomeação se o edital dispuser que serão providas, além das vagas oferecidas, as outras que vierem a existir durante sua validade. Precedentes citados: AgRg no RMS 31.899-MS, *DJe* 18-5-2012, e AgRg no RMS 28.671-MS, *DJe* 25-4-2012 (MS 18.881-DF, rel. Min. Napoleão Nunes Maia Filho, j. 28-11-2012).

Concurso público: É ilegal o ato administrativo que determine a exclusão de candidato já emancipado e a menos de dez dias de completar a idade mínima de 18 anos exigida em edital de concurso público para oficial da Polícia Militar, por este não haver atingido a referida idade na data da matrícula do curso de formação, ainda que lei complementar estadual estabeleça essa mesma idade como sendo a mínima necessária para o ingresso na carreira (RMS 36.422-MT, rel. Min. Sérgio Kukina, j. 28-5-2013).

Concurso público: Os candidatos que tenham "pé torto congênito bilateral" têm direito a concorrer às vagas em concurso público reservadas às pessoas com deficiência. A mencionada deficiência física enquadra-se no disposto no art. 4º, I, do Decreto n. 3.298/99 (RMS 31.861-PE, rel. Min. Sérgio Kukina, j. 23-4-2013).

Concurso público: Na hipótese em que houver, em ação autônoma, o reconhecimento da nulidade de questões de concurso público, o termo inicial do prazo para que o candidato beneficiado impetre mandado de segurança objetivando sua nomeação no cargo público será a data do trânsito em julgado da decisão judicial. Isso porque o candidato favorecido pela decisão judicial somente passa a ter direito líquido e certo à nomeação a partir da referida data (AgRg no REsp 1.284.773-AM, rel. Min. Benedito Gonçalves, j. 23-4-2013).

Concurso público: Não tem direito à correção de cartão-resposta de prova aplicada em certame público o candidato que, descumprindo regra contida no edital e expressa no próprio cartão-resposta, abstenha-se de realizar a identificação do seu tipo de caderno de questões. Isso porque viabilizar a correção da folha de resposta de candidato que não tenha observado as instruções contidas no regulamento do certame e ressalvadas no próprio cartão-resposta implicaria privilegiar um candidato em detrimento dos demais – que concorreram em circunstâncias iguais de maturidade, preparação, estresse e procedimento –, configurando flagrante violação do princípio da isonomia (REsp 1.376.731-PE, rel. Min. Humberto Martins, j. 14-5-2013).

Concurso público: A convocação de candidato para a fase posterior de concurso público não pode ser realizada apenas pelo diário oficial na hipótese em que todas as comunicações anteriores tenham ocorrido conforme previsão editalícia de divulgação das fases do concurso também pela internet. Efetivamente, a comunicação realizada apenas pelo diário oficial, nessa situação, caracteriza violação dos princípios da publicidade e da razoabilidade. Ademais, a divulgação das fases anteriores pela internet gera aos candidatos a justa expectativa de que as demais comunicações do certame seguirão o mesmo padrão. Cabe ressaltar, ainda, que o diário oficial não tem o mesmo alcance de outros meios de comunicação, não sendo razoável exigir que os candidatos aprovados em concurso público o acompanhem (AgRg no RMS 33.696-RN, rel. Min. Eliana Calmon, *DJe* 22-4-2013).

Concurso público: Ainda que sejam criados novos cargos durante a validade do concurso, a Administração Pública não poderá ser compelida a nomear candidato aprovado fora do número de vagas oferecidas no edital de abertura do certame na hipótese em que inexista dotação orçamentária específica (RMS 37.700-RO, rel. Min. Mauro Campbell Marques, j. 4-4-2013).

Concurso público: Não tem direito líquido e certo à nomeação o candidato aprovado dentro do número de vagas em processo seletivo especial destinado à contratação de servidores temporários na hipótese em que o edital preveja a possibilidade de nomeação dos aprovados, conforme a disponibilidade orçamentária existente, em número inferior ou superior ao das vagas colocadas em certame (RMS 35.211-SP, rel. Min. Mauro Campbell Marques, j. 2-4-2013).

Concurso público: Os biomédicos não possuem o direito de participar de concurso público cujo edital prescreva como atribuições do cargo atividades específicas de biólogo. Da análise da Lei n. 6.684/79 e dos Decretos n. 88.438/83 e 88.439/83, extrai-se a conclusão de que as profissões de biólogo e de biomédico, apesar de se assemelharem em alguns pontos, são distintas, com atribuições e áreas de atuação próprias. Foram, inclusive, reguladas por atos normativos diversos e seus profissionais são registrados em conselhos profissionais distintos. Dessa forma, a Administração, entendendo necessitar de biólogos, não é obrigada a aceitar, em concurso destinado a suprir essa necessidade, profissionais de outras áreas (REsp 1.331.548-RJ, rel. Min. Mauro Campbell Marques, j. 4-4-2013).

Concurso público: É possível a remarcação de teste de aptidão física em concurso público com o objetivo de proporcionar a participação de candidata comprovadamente grávida, ainda que o edital não contenha previsão nesse sentido. Nesse contexto, a gravidez deve ser considerada como motivo de força maior, apto a possibilitar a remarcação do referido teste, sem que se configure qualquer ofensa ao princípio constitucional da isonomia (RMS 37.328-AP, rel. Min. Humberto Martins, j. 21-3-2013).

Concurso público: O Governador do Estado é parte ilegítima para figurar como autoridade coatora em mandado de segurança no qual o impetrante busque a atribuição da pontuação referente à questão de concurso público realizado para o provimento de cargos do quadro de pessoal da respectiva unidade federativa. A autoridade coatora, para impetração de mandado de segurança, é aquela que pratica ou ordena, de forma concreta e específica, o ato ilegal, ou, ainda, aquela que detém competência para corrigir a suposta ilegalidade, conforme se extrai do art. 6º, § 3º, da Lei n. 12.016/2009. Na hipótese em análise, constatada a não atribuição de pontuação após a anulação de questão, a autoridade competente para proceder à reclassificação dos impetrantes seria a banca examinadora responsável pelo certame, que é a executora direta do ato impugnado. O Governador do Estado teria competência para nomear e dar posse aos candidatos, mas não para corrigir a ilegalidade apontada (AgRg no RMS 37.924-GO, rel. Min. Mauro Campbell Marques, j. 9-4-2013).

Concurso público: No caso em que lei estadual que regule a carreira de professor estabeleça, como requisito para a admissão no cargo, apenas a apresentação de diploma em ensino superior, não é possível que o edital do respectivo concurso exija do candidato diploma de pós-graduação. Nesse contexto, é ilegal a exigência estabelecida no edital do concurso, pois impõe o preenchimento de requisito que não encontra fundamento na legislação de regência (RMS 33.478-RO, rel. Min. Mauro Campbell Marques, j. 21-3-2013).

Concurso público: O candidato tem direito a ser comunicado pessoalmente sobre sua nomeação no caso em que o edital do concurso estabeleça expressamente o seu dever de manter atualizados endereço e telefone, não sendo suficiente a sua convocação apenas por meio de diário oficial se, tendo sido aprovado em posição consideravelmente fora do número de vagas, decorrer curto espaço de tempo entre a homologação final do certame e a publicação da nomeação (AgRg no RMS 37.227-RS, rel. Min. Mauro Campbell Marques, j. 6-12-2012).

Concurso público: É indevida a indenização por danos materiais a candidato aprovado em concurso público cuja nomeação tardia decorreu de decisão judicial. O STJ mudou o entendimento sobre a matéria e passou a adotar a orientação do STF no sentido de que não é devida indenização pelo tempo em que se aguardou solução judicial definitiva para que se procedesse à nomeação de candidato para cargo público. Assim, não assiste ao concursado o direito de receber o valor dos vencimentos que poderia ter auferido até o advento da nomeação determinada judicialmente, pois essa situação levaria a seu enriquecimento ilícito em face da inexistência da prestação de serviços à Administração Pública. Precedentes citados: EREsp 1.117.974-RS, *DJe* 19-12-2011, e AgRg no AgRg no RMS 34.792-SP, *DJe* 23-11-2011 (AgRg nos EDcl nos EDcl no RMS 30.054-SP, rel. Min. Og Fernandes, j. 19-2-2013).

Concurso público: Ainda que o edital do concurso expressamente preveja a impossibilidade de realização posterior de exames ou provas em razão de alterações psicológicas ou fisiológicas temporárias, é ilegal a exclusão de candidata gestante que, seguindo a orientação médica de que a realização de alguns dos vários exames exigidos poderia causar dano à saúde do feto, deixe de entregá-los na data marcada, mas que se prontifique a apresentá-los em momento posterior (RMS 28.400-BA, rel. Min. Sebastião Reis Júnior, j. 19-2-2013).

Progressão na Carreira de Educação Básica: Até o advento do Decreto n. 7.806/2012, que regulamenta o art. 120 da Lei n. 11.784/2008, era possível a docente da Carreira da Educação Básica, Técnica e Tecnológica progredir por titulação sem observância de interstício temporal. Conforme o art. 120 da Lei n. 11.784/2008, "o desenvolvimento na Carreira de Magistério do Ensino Básico, Técnico e Tecnológico dos servidores que integram os Quadros de Pessoal das Instituições Federais de Ensino, subordinadas ou vinculadas ao Ministério da Educação, ocorrerá mediante progressão funcional, exclusivamente, por titulação e desempenho acadêmico, nos termos do regulamento" (REsp 1.343.128-SC, rel. Min. Mauro Campbell Marques, j. 12-6-2013 – Recurso Repetitivo).

Função comissionada: Não é possível a redução dos valores dos quintos incorporados por servidor público quando do exercício de função comissionada em Poder da União diverso do de origem sob o fundamento de ser necessário efetuar a correlação entre as funções dos respectivos Poderes. A Lei n. 8.911/94, em seu art. 10, permitia a incorporação de quintos decorrentes do exercício de cargo em comissão e de função de direção, chefia e assessoramento pelos servidores efetivos da União, das autarquias e fundações públicas regidos pela Lei n. 8.112/90, cedidos, por afastamento, para exercício em órgão ou entidade do mesmo Poder ou de outro Poder da União. Nesse contexto, o STJ entende que, no pagamento das parcelas relativas aos quintos incorporados aos vencimentos dos servidores cedidos a outro Poder, deve-se observar o valor da função efetivamente exercida. Precedentes citados: AgRg no REsp 1.159.467-DF, *DJe* 25-5-2011, e AgRg no REsp 942.868-DF, *DJe* 8-6-2009 (REsp 1.230.532-DF, rel. Min. Napoleão Nunes Maia Filho, j. 12-12-2012).

Servidor militar antigo DF: A vantagem pecuniária especial (VPE) criada pela Lei n. 11.134/2005 e devida aos militares da Polícia Militar e do Corpo de Bombeiros Militar do atual Distrito Federal deve ser estendida aos inativos e pensionistas do antigo Distrito Federal. Isso porque o art. 65, § 2º, da Lei n. 10.486/2002 assegurou aos militares inativos e pensionistas integrantes da Polícia Militar e do Corpo de Bombeiros Militar do antigo DF as vantagens previstas para os policiais militares do atual DF. Percebe-se, assim, que a Lei n. 10.486/2002 estabelece uma vinculação jurídica permanente entre os militares do antigo e do atual DF, sendo todos igualmente remunerados pela União. A intenção do legislador, ao estabelecer essa vinculação entre os servidores deste e do antigo DF, não foi outra senão a de conferir as vantagens que porventura fossem criadas para os servidores deste distrito àqueles do antigo, até por medida de efetiva justiça. Dessa forma, é desnecessária a menção expressa no art. 1º da Lei n. 11.134/2005 de que a VPE também deve ser paga aos militares do antigo DF (EREsp 1.121.981-RJ, rel. Min. Alderita Ramos de Oliveira – Desembargadora convocada do TJ-PE, j. 8-5-2013).

Servidor público federal / Remoção: O servidor público federal tem direito de ser removido a pedido, independentemente do interesse da Administração, para acompanhar o seu cônjuge empregado de empresa pública federal que foi deslocado para outra localidade no interesse da Administração (MS 14.195-DF, rel. Min. Sebastião Reis Júnior, j. 13-3-2013).

Pensão por morte de servidor: Não é possível reservar cota-parte de pensão por morte a fim de resguardar eventual beneficiário que ainda não tenha se habilitado. Isso porque, somente após a habilitação, mesmo que tardia, é que a Administração deverá realizar novo rateio do benefício entre os beneficiários concorrentes. Precedente citado: REsp 1.002.419-CE, 5ª Turma, *DJe* 28-9-2009 (AgRg no REsp 1.273.009-RJ, rel. Min. Benedito Gonçalves, j. 17-10-2013).

Servidor público federal / Remoção: O servidor público federal não tem direito de ser removido a pedido, independentemente do interesse da Administração, para acompanhar seu cônjuge, também servidor público, que fora removido em razão de aprovação em concurso de remoção. Isso porque o art. 36, parágrafo único, III, *a*, da Lei n. 8.112/90, que prevê a possibilidade de remoção para acompanhar cônjuge ou companheiro, não ampara a referida pretensão, tendo em vista que, na hipótese, a remoção do cônjuge não se deu *ex officio*, mas voluntariamente (AgRg no REsp 1.290.031-PE, rel. Min. Arnaldo Esteves Lima, j. 20-8-2013).

Acumulação de cargos públicos: Havendo compatibilidade de horários, é possível a acumulação de dois cargos públicos privativos de profissionais de saúde, ainda que a soma da carga horária referente àqueles cargos ultrapasse o limite máximo de sessenta horas semanais considerado pelo TCU na apreciação de caso análogo. De fato, o art. 37, XVI, da CF e o art. 118, § 2º, da Lei n. 8.112/90 somente condicionam a acumulação lícita de cargos à compatibilidade de horários, não havendo qualquer dispositivo que estabeleça limite máximo, diário ou semanal, à carga horária a ser cumprida. Dessa forma, não se pode negar o direito à acumulação com base numa suposta incompatibilidade com decisão proferida pelo TCU (Acórdão 2.133/2005), a qual não possui força normativa capaz de se sobrepor à garantia constitucional e legal. Ademais, mostra-se desarrazoado negar o referido direito com fundamento em mera presunção de que a realização de jornada de trabalho superior a sessenta horas semanais comprometeria a qualidade do serviço a ser prestado. Precedentes citados: AgRg no REsp 1.168.979-RJ, 6ª Turma, *DJe* 14-12-2012; MS 15.663-DF, Primeira Seção, *DJe* 3-4-2012; e EDcl no REsp 1.195.791-RJ, 2ª Turma, *DJe* 28-6-2012 (AgRg no AREsp 291.919-RJ, rel. Min. Napoleão Nunes Maia Filho, j. 18-4-2013).

Pensão por morte de servidor público: É possível a execução provisória contra a Fazenda Pública nos casos de instituição de pensão por morte de servidor público. Isso porque a referida situação não está inserida nas vedações do art. 2º-B da Lei n. 9.494/97, cuja interpretação deve ser restritiva. Com efeito, embora acarrete, por via reflexa, a liberação de recursos públicos, não se trata de concessão de aumento ou extensão de vantagem. Precedentes citados: AgRg no Ag 1.364.594-SP, 1ª Turma, *DJe* 27-5-2011, e AgRg no Ag 1.168.784-ES, 5ª Turma, *DJe* 9-8-2010 (AgRg no AREsp 230.482-RS, rel. Min. Sérgio Kukina, j. 7-3-2013).

Contrato de trabalho temporário: Não é devido o depósito do FGTS na conta vinculada do trabalhador cujo contrato de trabalho temporário efetuado com a Administração Pública sob o regime de "contratação excepcional" tenha sido declarado nulo em razão da falta de realização de concurso público (AgRg nos EDcl no AREsp 45.467-MG, rel. Min. Arnaldo Esteves Lima, j. 5-3-2013).

Servidor / Licença: É cabível a concessão de licença a servidor público para acompanhamento de cônjuge na hipótese em que se tenha constatado o preenchimento dos requisitos legais para tanto, ainda que o cônjuge a ser acompanhado não seja servidor público e que o seu deslocamento não tenha sido atual. Precedentes citados: AgRg no REsp 1.195.954-DF, *DJe* 30-8-2011, e AgRg no Ag 1.157.234-RS, *DJe* 6-12-2010 (AgRg no REsp 1.243.276-PR, rel. Min. Benedito Gonçalves, j. 5-2-2013).

Servidor público: Incumbe à Administração Pública demonstrar, enquanto fato impeditivo, modificativo ou extintivo do direito da parte autora (art. 333, II, do CPC), que não houve o efetivo exercício no cargo, para fins de recebimento da remuneração, na hipótese em que é incontroversa a existência do vínculo funcional. Isso porque o recebimento da remuneração por parte do servidor público pressupõe, além do efetivo vínculo entre ele e a Administração Pública, o exercício no cargo. Precedente citado: AgRg no AREsp 149.514-GO, *DJe* 29-5-2012 (AgRg no AREsp 116.481-GO, rel. Min. Arnaldo Esteves Lima, j. 4-12-2012).

Desvio de função no serviço público: A Administração Pública não pode, sob a simples alegação de insuficiência de servidores em determinada unidade, designar servidor para o exercício de atribuições diversas daquelas referentes ao cargo para o qual fora nomeado após aprovação em concurso. O administrador deve agir de acordo com o que estiver expresso em lei, devendo designar cada servidor para exercer as atividades que correspondam àquelas legalmente previstas. Apenas em circunstâncias excepcionais previstas em lei – o que não ocorre na situação em análise –, poderá o servidor público desempenhar atividade diversa daquela pertinente ao seu cargo. Inexistindo as circunstâncias excepcionais, tem o servidor público o direito de ser designado para exercer as atividades correspondentes ao cargo para o qual tenha sido aprovado (RMS 37.248-SP, rel. Min. Mauro Campbell Marques, j. 27-8-2013).

Auxílio-alimentação referente a período de férias: O servidor público tem direito ao recebimento de auxílio-alimentação referente a período de férias. Precedentes citados: AgRg no AREsp 276.991-BA, 2ª Turma, *DJe* 8-5-2013; e AgRg no REsp 1.082.563-CE, 6ª Turma, *DJe* 1º-2-2011 (AgRg no REsp 1.360.774-RS, rel. Min. Humberto Martins, j. 18-6-2013).

Aposentadoria compulsória / Cargo em comissão: Não é aplicável a regra da aposentadoria compulsória por idade na hipótese de servidor público que ocupe exclusivamente cargo em comissão. Com efeito, a regra prevista no art. 40, § 1º, II, da CF, cujo teor prevê a aposentadoria compulsória do septuagenário, destina-se a disciplinar o regime jurídico dos servidores efetivos, não se aplicando aos servidores em geral. Assim, ao que ocupa exclusivamente cargo em comissão, aplica-se, conforme determina o § 13 do art. 40 da CF, o regime geral de previdência social, no qual não é prevista a aposentadoria compulsória por idade (RMS 36.950-RO, rel. Min. Castro Meira, *DJe* 26-4-2013).

Adicional noturno / Servidor público federal: O adicional noturno previsto no art. 75 da Lei n. 8.112/90 será devido ao servidor público federal que preste o seu serviço em horário compreendido entre 22 horas de um dia e 5 horas do dia seguinte, ainda que o serviço seja prestado em regime de plantão (REsp 1.292.335-RO, rel. Min. Castro Meira, j. 9-4-2013).

Acumulação de cargos: Caso exista compatibilidade de horários, é possível a acumulação do cargo de médico militar com o de professor de instituição pública de ensino (RMS 39.157-GO, rel. Min. Herman Benjamin, j. 26-2-2013).

Progressão na Carreira de Educação Básica, Técnica e Tecnológica: O entendimento do STJ é que a progressão dos docentes da carreira do magistério básico, técnico e tecnológico federal, até a publicação do Decreto n. 7.806/2012, é regida pelas disposições da Lei n. 11.344/2006, com duas possibilidades: por interstício, com avaliação de desempenho; e por titulação, sem observância do interstício (REsp 1.335.953-RS, rel. Min. Herman Benjamin, j. 7-2-2013).

Concurso público de remoção: É legal a reclassificação de candidato em concurso público de remoção, com a consequente destituição da remoção efetivada, na hipótese em que tenha havido alteração do resultado do certame devido à exclusão de critérios de classificação considerados inconstitucionais pelo STF em ação direta de inconstitucionalidade. Precedentes citados: RMS 23.828-RS, 2ª Turma, *DJe* 20-4-2009, e RMS 24.092-RS, 1ª Turma, *DJ* 1º-2-2008 (RMS 37.221-RS, rel. Min. Herman Benjamin, j. 7-2-2013).

Soldo em valor inferior ao salário mínimo: É possível fixar o soldo em valor inferior ao do salário mínimo, desde que a remuneração total percebida pelo militar, já consideradas as vantagens pecuniárias, seja igual ou superior àquele valor (AgRg no AREsp 258.848-PE, rel. Min. Herman Benjamin, j. 7-2-2013).

Licença-prêmio não gozada: O período de licença-prêmio não gozada deve ser computado como de efetivo exercício para o fim de enquadramento no Plano de Carreira dos Cargos Técnico-Administrativos em Educação no âmbito das Instituições Federais de Ensino – instituído pela Lei n. 11.091/2005 – se, na época da aposentadoria do servidor, vigia o art. 102, VIII, "e", da Lei n. 8.112/90 em sua redação original, que considerava a licença-prêmio como de efetivo exercício. Com efeito, se a licença-prêmio não gozada foi computada para o fim de aposentadoria como tempo efetivo de serviço, não pode, posteriormente, ser desconsiderada para efeito do enquadramento previsto na Lei n. 11.091/2005. É o que se infere dos termos da Súmula 359 do STF, segundo a qual, ressalvada a revisão prevista em lei, os proventos da inatividade serão regulados pela lei vigente ao tempo em que o militar ou o servidor civil reuniram os requisitos necessários para tanto. Ressalte-se que, embora o referido enunciado trate da norma aplicável para a concessão do benefício, também pode ser aplicado, mutatis mutandis, à hipótese de enquadramento em plano de carreira (REsp 1.336.566-RS, rel. Min. Humberto Martins, j. 7-2-2013).

Adicionais de localidade: As alterações promovidas pelo Decreto n. 5.554/2005 quanto ao adicional de localidade previsto no Decreto n. 1.656/95, devido ao servidor que receba diárias por deslocamento, não implicam reajuste das indenizações de trabalho de campo criadas pelo art. 16 da Lei n. 8.216/91, ainda que se considere que essas indenizações devam ser reajustadas com o mesmo percentual e na mesma data de eventual revisão legislativa dos valores das diárias. As diárias são destinadas a cobrir custos suportados pelo servidor no exercício de atividades fora do local de sua lotação (AgRg no REsp 1.283.707-PB, rel. Min. Humberto Martins, j. 18-12-2012).

Pensão por morte: No caso de concessão integral da pensão por morte de servidor público, a posterior habilitação, que inclua novo dependente, produz efeitos a partir da data de seu requerimento na via administrativa. Presume-se que nessa data tenha ocorrido a ciência da Administração sobre o fato gerador a ensejar a concessão do benefício, o que se infere da análise das regras contidas nos arts. 215, 218 e 219, parágrafo único, da Lei n. 8.112/90 (REsp 1.348.823-RS, rel. Min. Mauro Campbell Marques, j. 7-2-2013).

Incorporação da GAE aos vencimentos dos integrantes da Carreira do Magistério Superior: A incorporação da GAE aos vencimentos dos integrantes da carreira do Magistério Superior, nos termos da Lei n. 11.784/2008, não significa que os novos vencimentos básicos devam corresponder à soma do valor referente ao padrão anterior com o da mencionada gratificação. A Lei n. 11.784/2008, que reestruturou o plano de carreira do Magistério Superior, extinguiu, em seu art. 21, a Gratificação de Atividade Executiva – GAE, ficando seu valor incorporado à tabela dos novos vencimentos básicos dos servidores integrantes da respectiva carreira, de forma a ser preservada a irredutibilidade de vencimentos. Nesse contexto, o STJ entende que o parágrafo único do referido dispositivo legal previu a incorporação da GAE à tabela de vencimentos básicos, e não a soma do valor da gratificação aos valores dos vencimentos básicos anteriormente recebidos pelos servidores. Precedentes citados: AgRg no REsp 1.334.876-RS, 2ª Turma, *DJe* 10-10-2012, e REsp 1.314.554-SC, 1ª Turma, *DJe* 27-6-2012 (REsp 1.321.727-RS, rel. Min. Herman Benjamin, j. 7-2-2013).

Auxílio-transporte: É devido o pagamento de auxílio-transporte ao servidor público que utiliza veículo próprio no deslocamento para o trabalho (AgRg no AREsp 238.740-RS, rel. Min. Mauro Campbell Marques, j. 18-12-2012).

Servidor público federal / Férias: Se um servidor público federal passar à inatividade no serviço público, o prazo prescricional para pleitear indenização referente a férias não gozadas por ele tem início na data da sua inatividade. Isso porque o termo inicial do prazo prescricional para pleitear indenização referente a férias não gozadas inicia-se com a impossibilidade de o servidor usufruí-las. Precedentes citados: AgRg no AREsp 185.117-BA, *DJe* 25-9-2012, e AgRg no RMS 22.246-ES, *DJe* 18-4-2012 (AgRg no AREsp 255.215-BA, rel. Min. Humberto Martins, j. 6-12-2012).

Supressão de horas extras incorporadas: O termo inicial do prazo decadencial para impetração de mandado de segurança na hipótese de supressão de valores referentes a horas extras supostamente incorporadas por servidor público é a data em que a verba deixou de ser paga. Precedentes citados: AgRg no Ag 1.337.066-BA, *DJe* 16-2-2009, e AgRg no REsp 1.110.192-CE, *DJe* 24-5-2010 (RMS 34.363-MT, rel. Min. Herman Benjamin, j. 6-12-2012).

Pensão por morte de ex-combatente: A pensão por morte de ex-combatente paga a beneficiário absolutamente incapaz é devida a partir do óbito do segurado, pois contra aquele não corre prescrição. Precedentes citados: AgRg no REsp 1.263.900-PR, *DJe* 18-6-2012, e REsp 1.257.059-RS, *DJe* 8-5-2012 (REsp 1.141.465-SC, rel. Min. Alderita Ramos de Oliveira – Desembargadora convocada do TJ-PE, j. 11-12-2012).

Promoção de anistiado político militar: Não é possível a promoção de anistiado político (art. 6º da Lei n. 10.559/2002) para carreira militar diversa da que ele integra. De fato, ao anistiado político foi assegurado, na forma do art. 8º do ADCT, as promoções a que teria direito se na ativa estivesse, em observância ao disposto no art. 6º, §§ 3º e 4º, da Lei n. 10.559/2002. Essa prerrogativa, contudo, é restrita às promoções da carreira à qual o anistiado pertence. Precedentes citados do STJ: AgRg no REsp 1.279.476-RJ, 1ª Turma, *DJe* 14-11-2012; e AgRg no AREsp 283.211-RJ, 1ª Turma, *DJe* 18-3-2013. Precedentes do STF: ARE 692.360-RJ AgR; e RE 630.868-RJ AgR (REsp 1.357.700-RJ, rel. Min. Herman Benjamin, j. 12-6-2013 – Recurso Repetitivo).

Anistiado político militar: A condição de anistiado político confere ao militar o direito aos planos de seguro e de assistência médica, odontológica e hospitalar assegurados aos militares. Isso porque, conforme o art. 14 da Lei n. 10.559/2002 (Lei de Anistia), ao "anistiado político são também assegurados os benefícios indiretos mantidos pelas empresas ou órgãos da Administração Pública a que estavam vinculados quando foram punidos". Portanto, os anistiados políticos fazem jus aos benefícios em questão, pois estes constituem direito dos militares, consoante o disposto no art. 50, IV, *e*, da Lei n. 6.880/80 (Estatuto dos Militares) (MS 10.642-DF, rel. Min. Og Fernandes, j. 12-6-2013).

Anistiado político militar: O procedimento de execução contra a Fazenda Pública (art. 730 do CPC) não é adequado ao cumprimento de portaria ministerial que tenha reconhecido condição de anistiado político. Isso porque não se trata apenas do recebimento de prestação pecuniária, mas sim do integral cumprimento de ato administrativo que reconhece a condição de anistiado político (AgRg no REsp 1.362.644-PE, rel. Min. Humberto Martins, j. 23-4-2013).

9.32.2 STF

Servidor aposentado pelo RGPS e reintegração sem concurso: A Turma considerou inadmissível que o servidor efetivo, depois de aposentado regularmente, seja reconduzido ao mesmo cargo sem a realização de concurso público, com o intuito de cumular vencimentos e proventos de aposentadoria. Se o servidor é aposentado pelo RGPS, a vacância do cargo respectivo não implica direito à reintegração ao mesmo cargo sem a realização de concurso (ARE 1.234.192 AgR/PR, rel. orig. Min. Marco Aurélio, red. p/ o ac. Min. Alexandre de Moraes, j. 16-6-2020. ARE 1.250.903 AgR/PR, rel. orig. Min. Marco Aurélio, red. p/ o ac. Min. Alexandre de Moraes, j. 16-6-2020, *Informativo* 982, Primeira Turma).

Presunção de inocência e eliminação de concurso público: Sem previsão constitucionalmente adequada e instituída por lei, não é legítima a cláusula de edital de concurso público que restrinja a participação de candidato pelo simples fato de responder a inquérito ou a ação penal (RE 560.900/DF, rel. Min. Roberto Barroso, j. 5 e 6-2-2020, *Informativo* 965, Plenário).

Julgamento de concessão de aposentadoria: prazo decadencial, contraditório e ampla defesa: Em atenção aos princípios da segurança jurídica e da confiança legítima, os Tribunais de Contas estão sujeitos ao prazo de cinco anos para o julgamento da legalidade do ato de concessão inicial de aposentadoria, reforma ou pensão, a contar da chegada do processo à respectiva Corte de Contas (RE 636.553/RS, rel. Min. Gilmar Mendes, j. 19-2-2020, *Informativo* 967, Plenário).

Subsídio mensal e vitalício a ex-governadores e desnecessidade de devolução dos valores recebidos: a instituição de prestação pecuniária mensal e vitalícia a ex-governadores, designada "subsídio", corresponde à concessão de benesse que não se compatibiliza com a Constituição Federal (notadamente com o princípio republicano e o princípio da igualdade, consectário daquele), por configurar tratamento diferenciado e privilegiado sem fundamento jurídico razoável, em favor de quem não exerce função pública ou presta qualquer serviço à administração. Entretanto, por maioria, explicitou a desnecessidade da devolução dos valores percebidos até o julgamento da ação, considerados, sobretudo, os princípios da boa-fé, da segurança jurídica e, ainda, da dignidade da pessoa humana (ADI 4.545/PR, rel. Min. Rosa Weber, j. 5-12-2019, *Informativo* 962, Plenário).

Servidor Público: Reajuste de vencimentos e dever estatal de indenização: O não encaminhamento de projeto de lei de revisão anual dos vencimentos dos servidores públicos, previsto no inciso X do art. 37 da CF/88 (1), não gera direito subjetivo a indenização. Deve o Poder Executivo, no entanto, se pronunciar, de forma fundamentada, acerca das razões pelas quais não propôs a revisão (RE 565.089/SP, rel. orig. Min. Marco Aurélio, red. p/ o ac. Min. Roberto Barroso, j. 25-9-2019, *Informativo* 953, Plenário).

Art. 19 do ADCT e fundação pública de natureza privada: A qualificação de uma fundação instituída pelo Estado como sujeita ao regime público ou privado depende (i) do estatuto de sua criação ou autorização e (ii) das atividades por ela prestadas. As atividades de conteúdo econômico e as passíveis de delegação, quando definidas como objetos de dada fundação, ainda que essa seja instituída ou mantida pelo poder público, podem se submeter ao regime jurídico de direito privado. A estabilidade especial do art. 19 do Ato das Disposições Constitucionais Transitórias (ADCT) (1) não se estende aos empregados das fundações públicas de direito privado, aplicando-se tão somente aos servidores das pessoas jurídicas de direito público (RE 716.378/SP, rel. Min. Dias Toffoli, j. 1º e 7-8-2019, *Informativo* 946, Repercussão Geral).

Agentes políticos (ADIn: governador e vice-governador e afastamento do país): A exigência de prévia autorização da assembleia legislativa para o governador e o vice-governador do estado ausentarem-se, em qualquer tempo, do território nacional mostra-se incompatível com os postulados da simetria e da separação dos Poderes (ADIn 5.373 MC/RR, Plenário, rel. Min. Celso de Mello, j. 9-552019 – *Informativo* n. 939).

Administração Pública (Cumulação de cargos e profissionais da área de saúde): A Primeira Turma negou provimento a agravo interno em recurso extraordinário no qual se discutia a viabilidade de cumulação de cargos de profissional da saúde quando a jornada de trabalho ultrapassar 60 horas semanais. **O colegiado reafirmou a jurisprudência consolidada da Corte no sentido da possibilidade da cumulação se comprovado o cumprimento de ambas as jornadas. Ou seja, quando houver compatibilidade de horários, a existência de norma infraconstitucional limitadora de jornada semanal de trabalho não constitui óbice ao reconhecimento da cumulação de cargos prevista no art. 37, XVI, da Constituição Federal (CF)** (RE 1.176.440/DF, 1ª Turma, rel. Min. Alexandre de Moraes, j. 9-4-2019 – *Informativo* n. 937).

Servidor público (Ingresso na carreira e vinculação de remuneração de pessoal): Em conclusão de julgamento, o Plenário, por maioria, conheceu integralmente de ação direta de inconstitucionalidade e, no mérito, julgou parcialmente procedente o pedido para declarar a inconstitucionalidade, com efeitos *ex nunc*, do art. 18, § 1º, e reconhecer a constitucionalidade do *caput* do art. 27, ambos da Lei n. 8.691/93, que dispõe sobre o Plano de Carreiras para área de Ciência e Tecnologia da Administração Federal Direta, das Autarquias e das Fundações Federais (*Informativos* 854 e 871). Prevaleceu o voto da ministra Cármen Lúcia (relatora), reajustado nesta assentada para modular os efeitos da declaração de inconstitucionalidade do art. 18, § 1º, e assentar a constitucionalidade do *caput* do art. 27. Para ela, o **art. 18, § 1º, da Lei n. 8.691/93, que prevê a possibilidade de ingresso imediato no último padrão da classe mais elevada do nível superior, afronta os princípios da igualdade e da impessoalidade, os quais regem o concurso público. A obrigatoriedade do concurso público, com as exceções constitucionais, é um instrumento de efetivação dos princípios da igualdade, da impessoalidade e da moralidade, garantindo aos cidadãos o acesso aos cargos públicos em condições de igualdade.** A relatora afirmou, nesse sentido, que **o respeito efetivo à exigência de prévia aprovação em concurso público qualifica-se, constitucionalmente, como paradigma de legitimação ético-jurídica da investidura de qualquer cidadão em cargos, funções ou empregos públicos, ressalvadas as hipóteses de nomeação para cargos em comissão (CF, art. 37, II).** A razão subjacente ao postulado do concurso público traduz-se na necessidade essencial de o Estado conferir efetividade ao princípio constitucional de que todos são iguais perante a lei, sem distinção de qualquer natureza, vedando-se, desse modo, a prática inaceitável de o Poder Público conceder privilégios a alguns ou dispensar tratamento discriminatório e arbitrário a outros (ADIn 2.364 MC/AL). Entretanto, acolheu proposta de modulação dos efeitos, uma vez que se passaram 26 anos desde que a norma está em vigor. De igual modo, a ministra reconheceu a constitucionalidade do *caput* do art. 27. Salientou que todos os aumentos foram dados e os reajustes feitos. Aposentadoria e falecimento de vários servidores também ocorreram no período. Eventual declaração de inconstitucionalidade equivaleria a uma impossibilidade administrativa, com a criação de situação mais grave de desonomia. Por fim, a relatora observou não se tratar de hipótese de vinculação, mas de carreiras que sobrevivem até que haja a integração plena (ADIn 1.240/DF, Plenário, rel. Min. Cármen Lúcia, j. 28-2-2019 – *Informativo* n. 932).

Teto aplicável aos procuradores municipais (Procurador municipal e teto remuneratório): A expressão "Procuradores", contida na parte final do inciso XI do art. 37 da Constituição da República, compreende os procuradores municipais, uma vez que estes se inserem nas funções essenciais à Justiça, estando, portanto, submetidos ao teto de noventa inteiros e vinte e cinco centésimos por cento do subsídio mensal, em espécie, dos ministros do Supremo Tribunal Federal (RE 663.696/MG, Plenário, rel. Min. Luiz Fux, j. 28-2-2019 – *Informativo* n. 932).

Competência (Redistribuição de cargos efetivos e competência do CNJ): O Plenário, por maioria, julgou improcedente o pedido formulado em ação direta de inconstitucionalidade ajuizada contra o art. 6º, inciso I, da Resolução n. 146/2012 do Conselho Nacional de Justiça (CNJ). O Plenário ressaltou que o instituto da redistribuição de cargos efetivos tem função de resguardar o interesse da Administração Pública e não visa a atender às necessidades do servidor. Salientou que o prazo de 36 meses previsto no dispositivo impugnado coincide com o prazo estabelecido no art. 41 da Constituição Federal (CF) relativo à estabilidade do servidor público, de modo a evidenciar a razoabilidade e a proporcionalidade da resolução (ADIn 4.938/DF, rel. Min. Cármen Lúcia, j. 26-4-2018).

Concurso público / Edital (Concurso público e remarcação de teste de aptidão física): É constitucional a remarcação do teste de aptidão física de candidata que esteja grávida à época de sua realização, independentemente da previsão expressa em edital do concurso público (RE 1.058.333/PR, rel. Min. Luiz Fux, j. 23-11-2018).

Concurso público / Edital (Direito subjetivo à nomeação e contratação de terceirizados): A Primeira Turma, por maioria, deu provimento a agravo regimental para julgar improcedente o pedido formulado em reclamação ajuizada contra acórdão de tribunal regional do trabalho (TRT) que reconheceu o direito subjetivo à nomeação de candidatos aprovados para cadastro de reserva em concurso público para o cargo de advogado de sociedade de economia mista,

ante a contratação de escritórios de advocacia durante o prazo de vigência do certame. Rcl 29307 AgR/PB, 1ª Turma, rel. Min. Alexandre de Moraes, red. p/ o ac. Min. Rosa Weber, j. 4-12-2018 - *Informativo* 926).

Concurso público / Edital (Posse em concurso público e exercício determinados por decisões precárias. Concessão de aposentadoria voluntária): O colegiado rememorou que o Supremo Tribunal Federal (STF), ao julgar o RE 608.482, decidiu pela inaplicabilidade da "teoria do fato consumado" a candidato que assumiu o cargo em razão de decisão judicial de natureza precária e revogável. Naquele julgado, a Corte entendeu que, em face das disposições constitucionais que regem o acesso a cargos públicos, é incabível justificar a permanência de alguém que tomou posse em razão de decisão judicial de caráter precário, com fundamento nos princípios da boa-fé e da proteção da confiança legítima. Entretanto, no julgamento do precedente, não foram contempladas as hipóteses em que servidor, em razão do decurso do tempo no exercício do cargo, tem a aposentadoria concedida pela Administração Pública. Afirmou-se que especificidades - em especial o decurso de mais de 21 anos no cargo e a concessão de aposentadoria voluntária pela Administração Pública - diferem das circunstâncias do indigitado leading case. No caso concreto, em razão do elevado grau de estabilidade da situação jurídica, o princípio da proteção da confiança legítima incide com maior intensidade. A Turma entendeu que a segurança jurídica, em sua perspectiva subjetiva, protege a confiança legítima e preserva fatos pretéritos de eventuais modificações na interpretação jurídica, bem como resguarda efeitos jurídicos de atos considerados inválidos por qualquer razão (RE 740.029 AgR/DF, 1ª Turma, rel. Min. Alexandre de Moraes, j. 14-8-2018 - *Informativo* 911).

Concurso público / Edital (Resolução do CNJ e avaliação de títulos): A 1ª Turma, em conclusão de julgamento, indeferiu a ordem em mandado de segurança no qual se pretendia a cassação de decisão do Conselho Nacional de Justiça (CNJ) que alterou a contagem de títulos realizada por comissão de concurso público de provas e títulos para outorga de delegações de atividades notariais e/ou registrais do Estado do Rio de Janeiro. (...) A Turma salientou que o CNJ, assim como o próprio Poder Judiciário, no exercício da atividade jurisdicional, não pode substituir a banca na questão valorativa, na questão de correção. Pode, no entanto, substituir, anular ou reformar decisões que firam os princípios da razoabilidade, da igualdade, da legalidade, da impessoalidade, da moralidade e da publicidade. Pontuou que a interpretação conferida pelo CNJ à Resolução n. 81/2009 é anterior ao edital do concurso público em discussão. Nesse contexto, os candidatos já sabiam previamente como os títulos seriam avaliados. Não houve ilegalidade porque a mudança não ofendeu o princípio da impessoalidade. A segurança jurídica, portanto, está preservada com a observância da interpretação do CNJ (MS 33527/RJ, 1ª Turma, rel. orig. Min. Marco Aurélio, red. p/ o acórdão Min. Alexandre de Moraes, j. 20-3-2018 - *Informativo* n. 895).

Estabilidade (ECT: despedida de empregado e motivação): O Plenário, por maioria, acolheu parcialmente embargos de declaração para fixar a seguinte tese: **A Empresa Brasileira de Correios e Telégrafos (ECT) tem o dever jurídico de motivar, em ato formal, a demissão de seus empregados** (RE 589.998/PI, Plenário, rel. Min. Roberto Barroso, j. 10-10-2018 – *Informativo* n. 919).

Servidor público (Súmula Vinculante 37: reajuste de 13,23% e Lei n. 13.317/2016): Não cabe ao Poder Judiciário, que não tem função legislativa, aumentar vencimentos de servidores públicos sob o fundamento de isonomia (Rcl 24.965 AgR/SE, 1ª Turma, rel. orig. Min. Marco Aurélio, red. p/ o ac. Min. Alexandre de Moraes, j. 28-11-2017 – *Informativo* n. 886).

Agentes públicos (Nomeação de servidor e nepotismo): No caso, servidor público teria sido nomeado para ocupar o cargo de assessor de controle externo de tribunal de contas de Município. Nesse mesmo órgão, seu tio, parente em linha colateral de 3º grau, já exerceria o cargo de assessor-chefe de gabinete de determinado conselheiro – v. *Informativo* n. 796. A Turma observou que não haveria nos autos elementos objetivos a configurar o nepotismo, uma vez que a incompatibilidade dessa prática com o art. 37, "*caput*", da CF não decorreria diretamente da existência de relação de parentesco entre pessoa designada e agente político ou servidor público, mas da presunção de que a escolha para ocupar cargo de direção, chefia ou assessoramento fosse direcionada a pessoa com relação de parentesco com alguém com potencial de interferir no processo de seleção. Assim, em alguma medida, violaria o princípio da impessoalidade – princípio que se pretendera conferir efetividade com a edição do Enunciado 13 da Súmula Vinculante – vedar o acesso de qualquer cidadão a cargo público somente em razão da existência de relação de parentesco com servidor que não tivesse competência para selecioná-lo ou nomeá-lo para o cargo de chefia, direção ou assessoramento pleiteado, ou que não exercesse ascendência hierárquica sobre aquele que possuísse essa competência (Rcl 18564/SP, 2ª Turma, rel. orig. Min. Gilmar Mendes, red. p/ o acórdão Min. Dias Toffoli, 23-2-2016 – *Informativo* n. 815).

Agentes públicos (Licença-maternidade e discriminação entre gestação e adoção): Os prazos da licença-adotante não podem ser inferiores aos prazos da licença-gestante, o mesmo valendo para as respectivas prorrogações. Em relação à licença-adotante, não é possível fixar prazos diversos em função da idade da criança adotada (RE 778.889/PE, Plenário, rel. Min. Roberto Barroso, 10-3-2016 – *Informativo* n. 817 – Repercussão Geral).

Concurso público (Magistratura: triênio para ingresso na carreira e momento de comprovação): A comprovação do triênio de atividade jurídica exigida para o ingresso no cargo de juiz substituto, nos termos do art. 93, I, da CF, deve ocorrer no momento da inscrição definitiva no concurso público (RE 655265/DF, Plenário, rel. orig. Min. Luiz Fux, red. p/ o acórdão Min. Edson Fachin, 13-4-2016 – *Informativo* n. 821 – Repercussão Geral.

Concurso público (Direito subjetivo à nomeação e surgimento de vaga): em sede de repercussão geral, o Tribunal fixara a tese de que a existência de direito subjetivo à nomeação está ligada ao surgimento de nova vaga durante a validade do certame. A mera existência de tratativas sobre a inauguração de novo concurso permite inferir, apenas, sobre a existência de vaga, mas não gera direito líquido e certo (RMS 31.478/DF, 1ª Turma, rel. orig. Min. Marco Aurélio, red. p/ o acórdão Min. Edson Fachin, 9-8-2016 - *Informativo* n. 834).

Concurso público (Concurso público e restrição à tatuagem): Editais de concurso público não podem estabelecer restrição a pessoas com tatuagem, salvo situações excepcionais em razão de conteúdo que viole valores constitucionais (RE 898.450/SP, Plenário, rel. Luiz Fux, 17-8-2016 - *Informativo* n. 835 - Repercussão Geral).

Concurso público (CNJ: provimento de serventias extrajudiciais e segurança jurídica): A Primeira Turma concluiu julgamento e, por maioria, denegou a ordem em mandado de segurança impetrado contra ato do Conselho Nacional de Justiça (CNJ), que havia negado seguimento a recurso administrativo cujo objetivo era desconstituir decisão mediante a qual havia sido elaborada lista de serventias extrajudiciais vagas. Na espécie, o impetrante foi nomeado, em 12-8-1993, para o cargo de tabelião, após prestar concurso público. Posteriormente, em 20-9-1993, mediante permuta, passou a titularizar o mesmo cargo em outra serventia, que foi declarada vaga pelo referido ato do CNJ. O impetrante sustentava ofensa à segurança jurídica e ao direito adquirido, pois o CNJ teria revisto o ato de designação após mais de dezessete anos, em afronta ao art. 54 da Lei n. 9.784/99 ("O direito da Administração de anular os atos administrativos de que decorram efeitos favoráveis para os destinatários decai em cinco anos, contados da data em que foram praticados, salvo comprovada má-fé"). Ressaltava, ademais, que a permuta teria sido realizada de acordo com a legislação até então vigente e que seria inviável o seu retorno à serventia originária, já extinta - v. *Informativo* n. 812. A Primeira Turma **afirmou não ser lícito que alguém ocupasse determinado cargo por força de titularização inconstitucional (no caso, a permuta sem concurso público); sequer perdesse o direito ao cargo de origem, para o qual havia ingressado mediante concurso público.** Assim, o ato do CNJ que culminou na anulação da permuta estava correto. O Colegiado determinou, entretanto, oficiar à Corte local. Assim, a situação seria equacionada, vedada a **manutenção do impetrante no cargo fruto da permuta em desacordo com a Constituição** (MS 29415/DF, 1ª Turma, rel. orig. Min. Marco Aurélio, red. p/ o ac. Min. Luiz Fux, 27-9-2016 - *Informativo* n. 841).

Greve (Greve de servidor público e desconto de dias não trabalhados): A administração pública deve proceder ao desconto dos dias de paralisação decorrentes do exercício do direito de greve pelos servidores públicos, em virtude da suspensão do vínculo funcional que dela decorre. É permitida a compensação em caso de acordo. O desconto será, contudo, incabível se ficar demonstrado que a greve foi provocada por conduta ilícita do Poder Público (RE 693.456/RJ, Plenário, rel. Min. Dias Toffoli, 27-10-2016 – *Informativo* n. 845 – Repercussão Geral).

Sistema remuneratório (Substitutos interinos das serventias extrajudiciais: submissão ao teto remuneratório constitucional): Incide o teto remuneratório constitucional aos substitutos interinos de serventias extrajudiciais (MS 29.039/DF, 2ª Turma, rel. Min. Gilmar Mendes, j. 13-11-2018 – *Informativo* n. 923).

Agentes públicos (Constituição Federal de 1988 e defensores admitidos sem concurso público): A Primeira Turma, por maioria, deu provimento a agravo regimental em recurso extraordinário em que discutida a situação de advogados contratados sem concurso público para exercer cargo em defensoria pública estadual depois de promulgada a Constituição Federal de 1988. (...) **Conforme tese fixada em repercussão geral (Tema 476), os princípios da segurança jurídica e da proteção da confiança legítima não podem justificar a manutenção no cargo de candidato admitido sem concurso público** (RE 856.550/ES, 1ª Turma, rel. orig. Min. Rosa Weber, red. p/ o ac. Min. Alexandre de Moraes, j. 10-10-2017 – *Informativo* n. 881).

Aposentadoria e proventos (Aposentadoria compulsória e titulares de serventias judiciais não estatizadas): Não se aplica a aposentadoria compulsória prevista no art. 40, § 1º, II, da CF aos titulares de serventias judiciais não estatizadas, desde que não sejam ocupantes de cargo público efetivo e não recebam remuneração proveniente dos cofres públicos (RE 647.827/PR, Plenário, rel. Min. Gilmar Mendes, j. 15-2-2017 – *Informativo* n. 854 – Repercussão Geral).

Aposentadoria e proventos (Integralidade e Emenda Constitucional 70/2012): Os efeitos financeiros das revisões de aposentadoria concedida com base no art. 6º-A da Emenda Constitucional (EC) n. 41/2003, introduzido pela EC n. 70/2012, somente se produzirão a partir da data de sua promulgação (30-3-2012) (RE 924.456/RJ, Plenário, rel. orig. Min. Dias Toffoli, red. p/ o ac. Min. Alexandre de Moraes, j. 5-4-2017 – *Informativo* n. 860).

Aposentadoria e proventos (Acumulação de cargo público e "teto" remuneratório): Nos casos autorizados constitucionalmente de acumulação de cargos, empregos e funções, a incidência do art. 37, XI, da Constituição Federal (CF) pressupõe consideração de cada um dos vínculos formalizados, afastada a observância do teto remuneratório quanto ao somatório dos ganhos do agente público (RE 612.975/MT, rel. Min. Marco Aurélio, j. 26 e 27-4-2017. RE 602.043/MT, Plenário, rel. Min. Marco Aurélio, j. 26 e 27.4.2017 – *Informativo* n. 862).

Concurso público (Promoção funcional retroativa nas nomeações por ato judicial): A nomeação tardia de candidatos aprovados em concurso público, por meio de ato judicial, à qual atribuída eficácia retroativa, não gera direito às promoções ou progressões funcionais que alcançariam houvesse ocorrido, a tempo e modo, a nomeação (RE 629.392 RG/MT, Plenário, rel. Min. Marco Aurélio, j. 8-6-2017 – *Informativo* n. 868 – Repercussão Geral).

Contratação temporária (Contratação temporária e autorização legislativa genérica): São inconstitucionais, por violarem o art. 37, IX, da CF, a autorização legislativa genérica para contratação temporária e a permissão de prorrogação indefinida do prazo de contratações temporárias. ADIn 3.662/MT, Plenário, rel. Min. Marco Aurélio, j. 23-3-2017 – *Informativo* n. 858).

Contratação temporária (Professor substituto e contratação temporária): É compatível com a Constituição Federal a previsão legal que exija o transcurso de 24 (vinte e quatro) meses, contados do término do contrato, antes de nova admissão de professor temporário anteriormente contratado (RE 635.648/CE, 2ª Turma, rel. Min. Edson Fachin, j. 14-6-2017 – *Informativo* n. 869).

Servidores públicos (Cargo em comissão, função comissionada e aposentadoria compulsória): Os servidores ocupantes de cargo exclusivamente em comissão não se submetem à regra da aposentadoria compulsória prevista no art. 40, § 1º, II, da CF, a qual atinge apenas os ocupantes de cargo de provimento efetivo, inexistindo, também, qualquer idade limite para fins de nomeação a cargo em comissão. Ressalvados impedimentos de ordem infraconstitucional, não há óbice constitucional a que o servidor efetivo aposentado compulsoriamente permaneça no cargo comissionado que já desempenhava ou a que seja nomeado para cargo de livre nomeação e exoneração, uma vez que não se trata de continuidade ou criação de vínculo efetivo com a Administração (RE 786.540/DF, Plenário, rel. Min. Dias Toffoli, 15-12-2016 – *Informativo* n. 851 – Repercussão Geral).

Sistema remuneratório (Auxílio-alimentação e servidores inativos): O Plenário acolheu proposta de edição de enunciado de súmula vinculante com o seguinte teor: "O direito ao auxílio-alimentação não se estende aos servidores inativos". Assim, tornou vinculante o conteúdo do Verbete 680 da Súmula do STF (PSV 100/DF, Plenário, 17-3-2016 – *Informativo* n. 818).

Agentes públicos (Contratação de servidores temporários e competência): A Justiça Comum é competente para processar e julgar causas em que se discuta a validade de vínculo jurídico-administrativo entre o Poder Público e servidores temporários (Rcl 4.351 MC-AgR/PE, Plenário, rel. orig. Min. Marco Aurélio, red. p/ o acórdão Min. Dias Toffoli, 11-11-2015 – *Informativo* n. 807).

Aposentadorias e pensões (Adoção de descendente maior de idade e legitimidade): Não é legítima a adoção de descendente maior de idade, sem a constatação de suporte moral ou econômico, com o fim de induzir o deferimento de benefício previdenciário (MS 31.383/DF, 1ª Turma, rel. Min. Marco Aurélio, 12-5-2015 – *Informativo* n. 785).

Aposentadorias e pensões (EC n. 41/2003: pensão por óbito posterior à norma e direito à equiparação): Os pensionistas de servidor falecido posteriormente à EC n. 41/2003 têm direito à paridade com servidores em atividade (EC

n. 41/2003, art. 7º), caso se enquadrem na regra de transição prevista no art. 3º da EC n. 47/2005. Não têm, contudo, direito à integralidade (CF, art. 40, § 7º, I) (RE 603.580/RJ, Plenário, rel. Min. Ricardo Lewandowski, 20-5-2015 – *Informativo* n. 786 – Repercussão Geral).

Concurso público (Posse em cargo público por determinação judicial e dever de indenizar): Na hipótese de posse em cargo público determinada por decisão judicial, o servidor não faz jus à indenização, sob fundamento de que deveria ter sido investido em momento anterior, salvo situação de arbitrariedade flagrante (RE 724.347/DF, Plenário, rel. orig. Min. Marco Aurélio, red. p/ o acórdão Min. Roberto Barroso, 26-2-2015 – *Informativo* n. 775 – Repercussão Geral).

Concurso público (Estatuto do Idoso e critérios de desempate em concurso público): O Estatuto do Idoso, por ser lei geral, não se aplica como critério de desempate, no concurso público de remoção para outorga de delegação notarial e de registro, porque existente lei estadual específica reguladora do certame, a tratar das regras aplicáveis em caso de empate (MS 33.046/PR, 1ª Turma, rel. Min. Luiz Fux, 10-3-2015 – *Informativo* 777).

Concurso público (PSV: exame psicotécnico e concurso público – Enunciado 44 da Súmula Vinculante): O Plenário acolheu proposta de edição de enunciado de súmula vinculante com o seguinte teor: "Só por lei se pode sujeitar a exame psicotécnico a habilitação de candidato a cargo público". Assim, tornou vinculante o conteúdo do Verbete 686 da Súmula do STF (PSV 103/DF, 8-4-2015 – *Informativo* n. 780, Plenário)

Concurso público (Questões de concurso público e controle jurisdicional): Os critérios adotados por banca examinadora de concurso público não podem ser revistos pelo Poder Judiciário (RE 632.853/CE, Plenário, rel. Min. Gilmar Mendes, 23-4-2015 – *Informativo* n. 782, Repercussão Geral).

Concurso público (CNJ: concurso público e Resolução n. 187/2014): A Resolução n. 187/2014 do CNJ, que disciplina a contagem de títulos em concursos públicos para outorga de serventias extrajudiciais, não se aplica a concursos já em andamento quando do início de sua vigência (MS 33.094/ES, 1ª Turma, rel. Min. Marco Aurélio, 23-6-2015 – *Informativo* n. 791).

Concurso público (Limite de idade): O limite de idade, quando regularmente fixado em lei e no edital de determinado concurso público, há de ser comprovado no momento da inscrição no certame (ARE 840.592/CE, 1ª Turma, Min. Roberto Barroso, 23-6-2015 – *Informativo* n. 791).

Concurso público (Concurso público: procurador da república e atividade jurídica): A referência a "três anos de atividade jurídica", contida no art. 129 da CF, não se limita à atividade privativa de bacharel em direito (MS 27.601/DF, 1ª Turma, rel. Min. Marco Aurélio, 22-9-2015 – *Informativo* n. 800).

Concurso público (Direito subjetivo à nomeação e surgimento de vagas): O surgimento de novas vagas ou a abertura de novo concurso para o mesmo cargo, durante o prazo de validade do certame anterior, não gera automaticamente o direito à nomeação dos candidatos aprovados fora das vagas previstas no edital, ressalvadas as hipóteses de preterição arbitrária e imotivada por parte da administração, caracterizada por comportamento tácito ou expresso do Poder Público capaz de revelar a **inequívoca necessidade de nomeação do aprovado durante o período de validade do certame, a ser demonstrada de forma cabal pelo candidato.** Assim, o direito subjetivo à nomeação do candidato aprovado em concurso público exsurge nas seguintes hipóteses: a) quando a aprovação ocorrer dentro do número de vagas dentro do edital; b) quando houver preterição na nomeação por não observância da ordem de classificação; e c) quando surgirem novas vagas, ou for aberto novo concurso durante a validade do certame anterior, e ocorrer a preterição de candidatos de forma arbitrária e imotivada por parte da administração nos termos acima. Essa a tese que, por maioria, o Plenário fixou para efeito de repercussão geral (RE 837.311/PI, Plenário, rel. Min. Luiz Fux, 9-12-2015 - *Informativo* n. 811 - Repercussão Geral).

Concurso público (Concurso público e nomeação precária): O candidato que toma posse em concurso público por força de decisão judicial precária assume o risco de posterior reforma desse julgado que, em razão do efeito *ex tunc*, inviabiliza a aplicação da teoria do fato consumado em tais hipóteses (RMS 31.538/DF, 1ª Turma, rel. orig. Min. Luiz Fux, red. p/ o acórdão Min. Marco Aurélio, 17-11-2015 - *Informativo* n. 808).

Sistema remuneratório (PSV: reajuste de vencimentos e correção monetária - Enunciado 42 da Súmula Vinculante): O Plenário acolheu proposta de edição de enunciado de súmula vinculante com o seguinte teor: "**É inconstitucional a vinculação do reajuste de vencimentos de servidores estaduais ou municipais a índices federais de correção monetária**". Assim, tornou vinculante o conteúdo do Verbete 681 da Súmula do STF (PSV 101/DF, Plenário, 12-3-2015 - *Informativo* n. 777).

Sistema remuneratório (Teto constitucional e base de cálculo para incidência de imposto e contribuição): Subtraído o montante que exceder o teto ou subteto previstos no art. 37, XI, da CF, tem-se o valor que serve como base de cálculo para a incidência do imposto de renda e da contribuição previdenciária ("XI - a remuneração e o subsídio dos ocupantes de cargos, funções e empregos públicos da administração direta, autárquica e fundacional, dos membros de qualquer dos Poderes da União, dos Estados, do Distrito Federal e dos Municípios, dos detentores de mandato eletivo e dos demais agentes políticos e os proventos, pensões ou outra espécie remuneratória, percebidos cumulativamente ou não, incluídas as vantagens pessoais ou de qualquer outra natureza, não poderão exceder o subsídio mensal, em espécie, dos Ministros do Supremo Tribunal

Federal, aplicando-se como limite, nos Municípios, o subsídio do Prefeito, e nos Estados e no Distrito Federal, o subsídio mensal do Governador no âmbito do Poder Executivo, o subsídio dos Deputados Estaduais e Distritais no âmbito do Poder Legislativo e o subsídio dos Desembargadores do Tribunal de Justiça, limitado a noventa inteiros e vinte e cinco centésimos por cento do subsídio mensal, em espécie, dos Ministros do Supremo Tribunal Federal, no âmbito do Poder Judiciário, aplicável este limite aos membros do Ministério Público, aos Procuradores e aos Defensores Públicos") (RE 675.978/SP, Plenário, rel. Min. Cármen Lúcia, 15-4-2015 – *Informativo* n. 781 – Repercussão Geral).

Sistema remuneratório (PSV: Leis n. 8.622/93 e 8.627/93 e extensão de reajuste – Enunciado 51 da Súmula Vinculante): O Tribunal, por maioria, acolheu proposta de edição de enunciado de súmula vinculante com o seguinte teor: "O reajuste de 28,86%, concedido aos servidores militares pelas Leis n. 8.622/93 e 8.627/93, estende-se aos servidores civis do Poder Executivo, observadas as eventuais compensações decorrentes dos reajustes diferenciados concedidos pelos mesmos diplomas legais". Assim, tornou vinculante o conteúdo do Verbete 672 da Súmula do STF (PSV 99/DF, Plenário, 18-6-2015 – *Informativo* n. 790).

Sistema remuneratório (Teto remuneratório: EC n. 41/2003 e vantagens pessoais): Computam-se, para efeito de observância do teto remuneratório do art. 37, XI, da CF, também os valores percebidos anteriormente à vigência da EC n. 41/2003 a título de vantagens pessoais pelo servidor público, dispensada a restituição de valores eventualmente recebidos em excesso e de boa-fé até o dia 18-11-2015 (RE 606.358/SP, Plenário, rel. Min. Rosa Weber, 18-11-2015 – *Informativo* n. 808, Repercussão Geral).

Sistema remuneratório (Adicional por tempo de serviço: coisa julgada e art. 17 do ADCT): Não há garantia à continuidade de recebimento de adicionais por tempo de serviço em percentual superior àquele previsto em legislação posterior sob o fundamento de direito adquirido (MS 22.423/RS, Plenário, rel. orig. Min. Eros Grau, red. p/ o acórdão Min. Gilmar Mendes, 26-11-2015 – *Informativo* n. 809).

Agentes públicos (Cargo em comissão e provimento por pessoa fora da carreira): O cargo em comissão de Diretor do Departamento de Gestão da Dívida Ativa da Procuradoria-Geral da Fazenda Nacional – PGFN, não privativo de bacharel em direito, pode ser ocupado por pessoa estranha a esse órgão (RMS 29.403 AgR/DF, 2ª Turma, rel. Min. Teori Zavascki, 25-3-2014 – *Informativo* n. 740).

Agentes públicos (Acumulação de cargo e decadência): A Ministra Cármen Lúcia registrou que, a partir da análise das atribuições do cargo ocupado pela recorrente no Ministério da Saúde, seria possível concluir que não teria natureza técnica. No ponto, assinalou que a natureza técnica apenas poderia ser conferida aos cargos que exigissem, no desempenho de suas atribuições, a aplicação de conhecimentos especializados de alguma área do saber. Anotou que não estariam nessa categoria os cargos que implicassem a prática de atividades meramente burocráticas, de caráter repetitivo e que não exigissem formação específica. Nesse sentido, atividades de agente administrativo, descritas como atividades de nível médio, não se enquadrariam no conceito constitucional. No que diz respeito à eventual decadência do direito da União de anular os atos de nomeação nos cargos que ensejaram a acumulação, aduziu que o limite temporal de cinco anos teria sido fixado no art. 54 da Lei n. 9.784/99. Frisou que a jurisprudência da Turma orientar-se-ia no sentido de que esse prazo decadencial seria aplicável somente a partir da vigência da citada norma (RMS 28.497/DF, 1ª Turma, rel. orig. Min. Luiz Fux, red. p/ o acórdão Min. Cármen Lúcia, 20-5-2014 – *Informativo* n. 747).

Agentes públicos (Art. 84, § 2º, da Lei n. 8.112/90: licença para acompanhar cônjuge e provimento originário): A licença para o acompanhamento de cônjuge ou companheiro de que trata o § 2º do art. 84 da Lei n. 8.112/90 não se aplica aos casos de provimento originário de cargo público ("Art. 84. Poderá ser concedida licença ao servidor para acompanhar cônjuge ou companheiro que foi deslocado para outro ponto do território nacional, para o exterior ou para o exercício de mandato eletivo dos Poderes Executivo e Legislativo... § 2º No deslocamento de servidor cujo cônjuge ou companheiro também seja servidor público, civil ou militar, de qualquer dos Poderes da União, dos Estados, do Distrito Federal e dos Municípios, poderá haver exercício provisório em órgão ou entidade da Administração Federal direta, autárquica ou fundacional, desde que para o exercício de atividade compatível com o seu cargo") (MS 28.620/DF, 1ª Turma, rel. Min. Dias Toffoli, 23-9-2014 – *Informativo* n. 760).

Agentes públicos (Procuradores federais e férias): Os procuradores federais têm o direito às férias de 30 dias, por força do que dispõe o art. 5º da Lei n. 9.527/97, porquanto não recepcionados com natureza complementar o art. 1º da Lei n. 2.123/53 e o art. 17, parágrafo único, da Lei n. 4.069/62 (RE 602.381/AL, Plenário, rel. Min. Cármen Lúcia, 20-11-2014 – *Informativo* n. 768 – Repercussão Geral).

Aposentadorias e pensões (PSV: aposentadoria especial de servidor público e atividades exercidas em condições prejudiciais à saúde ou à integridade física): O Plenário acolheu proposta de edição de Súmula Vinculante com o seguinte teor: "Aplicam-se ao servidor público, no que couber, as regras do Regime Geral de Previdência Social sobre aposentadoria especial de que trata o art. 40, § 4º, inciso III, da Constituição Federal, até edição de lei complementar específica" (RE 656.860/MT, Plenário, rel. Min. Teori Zavascki, 21-8-2014 – *Informativo* n. 755 – Repercussão Geral).

Aposentadorias e pensões (Aposentadoria por invalidez com proventos integrais: doença incurável e rol taxativo): A concessão de aposentadoria por invalidez com proventos integrais exige que a doença incapacitante esteja prevista em rol taxativo da legislação de regência (RE 656.860/MT, Plenário, rel. Min. Teori Zavascki, 21-8-2014 – *Informativo* n. 755 – Repercussão Geral).

Aposentadorias e pensões (Pensão a menor sob guarda de ex-servidor): O TCU considerara ilegal o referido benefício ao fundamento de que a Lei n. 8.213/91 não contemplaria o pagamento de pensão a menor sob guarda e que a relação de beneficiários prevista no seu art. 16 teria sofrido ajustes a partir das edições da Lei n. 9.032/95 e da Medida Provisória n. 1.536/96, convertida na Lei n. 9.528/97. (...) Enfatizou que a interpretação conferida ao art. 5º da Lei n. 9.717/98 pelo TCU, que excluísse da ordem dos beneficiários, tradicionalmente consagrados pela previdência social, pessoa em comprovada situação de dependência econômica do segurado, seria divorciar-se do sistema de proteção formatado na Constituição, a afrontar, ainda, os princípios da vedação do retrocesso social e da proteção ao hipossuficiente (MS 31.770/DF, 2ª Turma, rel. Min. Cármen Lúcia, 4-11-2014 – *Informativo* n. 766).

Concurso público (Concurso público e cláusula de barreira): É constitucional a regra denominada "cláusula de barreira", inserida em edital de concurso público, que limita o número de candidatos participantes de cada fase da disputa, com o intuito de selecionar apenas os concorrentes mais bem classificados para prosseguir no certame (RE 635.739/AL, Plenário, rel. Min. Gilmar Mendes, 19-2-2014 – *Informativo* n. 736 – Repercussão Geral).

Concurso público (Fase recursal e participação da OAB): A Turma sublinhou que seria legítimo o exercício da autotutela pela Administração Pública, a qual, diante de ilegalidade, poderia anular seus próprios atos sem que isso importasse em desrespeito aos princípios da segurança jurídica ou da confiança. Aludiu que esse entendimento estaria pacificado na Corte (Enunciados 346 e 473 da Súmula do STF). Consignou que seria legítima a atuação revisional do Conselho Superior do Ministério Público e do Colégio de Procuradores de Justiça no tocante à legalidade do resultado da prova objetiva, resguardada a competência da comissão do concurso, integrada por representante da OAB, para decidir quanto ao conteúdo da prova e ao mérito das questões (MS 32.176/DF, 1ª Turma, rel. Min. Dias Toffoli, 18.3.2014 – *Informativo* n. 739).

Concurso público (Serventia extrajudicial e concurso público): Inexiste direito adquirido à efetivação na titularidade de cartório quando a vacância do cargo ocorre na vigência da Constituição de 1988, que exige a submissão a concurso público, de modo a afastar a incidência do art. 54 da Lei n. 9.784/99 ("O direito da Administração de anular os atos administrativos de que decorram efeitos favoráveis para os destinatários decai em cinco anos, contados da data em que foram praticados, salvo comprovada má-fé") a situações flagrantemente inconstitucionais (MS 26.860/DF, Plenário, rel. Min. Luiz Fux, 2-4-2014 – *Informativo* n. 741).

Concurso público (Contratação temporária de servidor público sem concurso): É inconstitucional lei que institua hipóteses abrangentes e genéricas de contratações temporárias sem concurso público e tampouco especifique a contingência fática que evidencie situação de emergência (RE 658.026/MG, Plenário, rel. Min. Dias Toffoli, 9-4-2014 – *Informativo* n. 742 – Repercussão Geral).

Concurso público (Posse em concurso público por medida judicial precária e "fato consumado"): A posse ou o exercício em cargo público por força de decisão judicial de caráter provisório não implica a manutenção, em definitivo, do candidato que não atende a exigência de prévia aprovação em concurso público (CF, art. 37, II), valor constitucional que prepondera sobre o interesse individual do candidato, que não pode invocar, na hipótese, o princípio da proteção da confiança legítima, pois conhece a precariedade da medida judicial (RE 608.482/RN, Plenário, rel. Min. Teori Zavascki, 7-8-2014 – *Informativo* n. 753 – Repercussão Geral).

Concurso público (Contratações pela Administração Pública sem concurso público e efeitos trabalhistas): É nula a contratação de pessoal pela Administração Pública sem a observância de prévia aprovação em concurso público, razão pela qual não gera quaisquer efeitos jurídicos válidos em relação aos empregados eventualmente contratados, ressalvados os direitos à percepção dos salários referentes ao período trabalhado e, nos termos do art. 19-A da Lei n. 8.036/90, ao levantamento dos depósitos efetuados no Fundo de Garantia do Tempo de Serviço – FGTS (RE 705.140/RS, Plenário, rel. Min. Teori Zavascki, 28-8-2014 – *Informativo* n. 756 – Repercussão Geral).

Concurso público (Serviços sociais autônomos e exigência de concurso público): Os serviços sociais autônomos, por possuírem natureza jurídica de direito privado e não integrarem a Administração Pública, mesmo que desempenhem atividade de interesse público em cooperação com o ente estatal, não estão sujeitos à observância da regra de concurso público (CF, art. 37, II) para contratação de seu pessoal (RE 789.874/DF, Plenário, rel. Min. Teori Zavascki, 17-9-2014 – *Informativo* n. 759 – Repercussão Geral).

Sistema remuneratório (Poder geral de cautela da Administração e suspensão de pagamento de vantagem): Os denominados "quintos" incorporados aos vencimentos de servidor podem ser suspensos, no curso de processo administrativo, com fundamento no poder cautelar da Administração (Lei n. 9.784/99: Art. 45: Em caso de risco iminente, a Administração Pública poderá motivadamente adotar providências acauteladoras sem a prévia manifestação do interessado) (RMS 31.973/DF, 2ª Turma, rel. Min. Cármen Lúcia, 25-2-2014 – *Informativo* n. 737).

Sistema remuneratório (Vantagem de caráter geral e extensão a inativos): As vantagens remuneratórias de caráter geral conferidas a servidores públicos, por serem genéricas, são extensíveis a inativos e pensionistas (RE 596.962/MT, Plenário, rel. Min. Dias Toffoli, 21-8-2014 – *Informativo* n. 755 – Repercussão Geral).

Sistema remuneratório (Aumento de vencimento e isonomia): Não cabe ao Poder Judiciário, que não tem a função legislativa, aumentar vencimentos de servidores públicos sob o fundamento de isonomia (RE 592.317/RJ, Plenário, rel. Min. Gilmar Mendes, 28-8-2014 –*Informativo* n. 756 – Repercussão Geral).

Sistema remuneratório (EC n. 41/2003: fixação de teto constitucional e irredutibilidade de vencimentos): O teto de retribuição estabelecido pela EC 41/2003 é de eficácia imediata, e submete às referências de valor máximo nele discriminadas todas as verbas de natureza remuneratória percebidas pelos servidores públicos da União, dos Estados, do Distrito Federal e dos Municípios, ainda que adquiridas de acordo com regime legal anterior (RE 609.381/GO, Plenário, rel. Min. Teori Zavascki, 2-10-2014 – *Informativo* n. 761 – Repercussão Geral).

Sistema remuneratório (PSV: servidor público e aumento jurisdicional de vencimentos – Enunciado 37 da Súmula Vinculante). O Tribunal acolheu proposta de edição de enunciado de súmula vinculante com o seguinte teor: "Não cabe ao Poder Judiciário, que não tem função legislativa, aumentar vencimentos de servidores públicos sob o fundamento de isonomia". Assim, tornou vinculante o conteúdo do Verbete 339 da Súmula do STF (PSV 88/DF, Plenário, 16-10-2014 – *Informativo* n. 763).

Sistema remuneratório (Aumento de jornada de trabalho e irredutibilidade de vencimentos): A ampliação de jornada de trabalho sem alteração da remuneração do servidor consiste em violação da regra constitucional da irredutibilidade de vencimentos (CF, art. 37, XV) (ARE 660.010/PR, Plenário, rel. Min. Dias Toffoli, 30-10-2014 – *Informativo* n. 765 – Repercussão Geral).

Agentes públicos (ECT: despedida de empregado e motivação): Servidores de empresas públicas e sociedades de economia mista, admitidos por concurso público, não gozam da estabilidade preconizada no art. 41 da CF, mas sua demissão deve ser sempre motivada (RE 589.998/PI, Plenário, rel. Min. Ricardo Lewandowski, 21-3-2013 – *Informativo* n. 699 – Repercussão Geral).

Agentes públicos (Licença médica e dispensa): Não é possível a dispensa – com o consequente rompimento da relação jurídica – de servidor ocupante apenas de cargo em comissão, em licença médica para tratamento de doença (AI 759.882 AgR/MG, 1ª Turma, rel. Min. Marco Aurélio, 10-12-2013 – *Informativo* n. 732).

Aposentadorias e pensões (Pensão vitalícia à viúva de ex-prefeito): Lei municipal que concedera à viúva de ex-prefeito, falecido no curso do mandato, pensão vitalícia equivalente a 30% dos vencimentos por ele percebidos, encontra base material de apoio na Constituição (RE 405.386/RJ, 2ª Turma, rel. orig. Min. Ellen Gracie, red. p/ o acórdão Min. Teori Zavascki, 26-2-2013 – *Informativo* n. 696).

Aposentadorias e pensões (Aposentadoria e reestruturação de carreira): Desde que mantida a irredutibilidade, o servidor inativo, embora aposentado no último patamar da carreira anterior, não tem direito adquirido de perceber proventos correspondentes aos da última classe da nova carreira reestruturada por lei superveniente. Todavia, relativamente à reestruturação da carreira disciplinada pela Lei n. 13.666/2002, do Estado do Paraná, assegura-se aos servidores inativos, com base no art. 40, § 8º, da CF (na redação anterior à EC n. 41/2003), o direito de terem seus proventos ajustados em condições semelhantes aos dos servidores da ativa, com alicerce nos requisitos objetivos decorrentes do tempo de serviço e da titulação, aferíveis até a data da inativação (RE 606.199/PR, Plenário, rel. Min. Teori Zavascki, 9-10-2013 – *Informativo* n. 723 – Repercussão Geral).

Concurso público (Ascensão funcional e efeitos de julgamento de ADIn): A promoção de servidor por ascensão funcional constitui forma de provimento derivado incompatível com a determinação prevista no art. 37, II, da CF, no sentido de que os cargos públicos devem ser providos por concurso (RE 602.264 AgR/DF, 2ª Turma, rel. Min. Ricardo Lewandowski, 7-5-2013 – *Informativo* n. 705).

Concurso público (Concurso público e segunda chamada em teste de aptidão física): Os candidatos em concurso público não têm direito à prova de segunda chamada nos testes de aptidão física em razão de circunstâncias pessoais, ainda que de caráter fisiológico ou de força maior, salvo contrária disposição editalícia (RE 630.733/DF, Plenário, rel. Min. Gilmar Mendes, 15-5-2013 – *Informativo* n. 706 – Repercussão Geral).

Concurso público (Impossibilidade de participação de mulheres e isonomia): A imposição de discrímen de gênero para fins de participação em concurso público somente é compatível com a Constituição nos excepcionais casos em que demonstradas a fundamentação proporcional e a legalidade da imposição, sob pena de ofensa ao princípio da isonomia (RE 528.684/MS, 2ª Turma, rel. Min. Gilmar Mendes, 3-9-2013 – *Informativo* n. 718).

Concurso público (Criação de cargos e não instalação do órgão): O fato de haver o esgotamento do prazo de validade do concurso antes da instalação do órgão a que vinculadas vagas obstaculiza o reconhecimento do direito do candidato à nomeação (RE 748.105 AgR/DF, 1ª Turma, rel. Min. Marco Aurélio, 17-9-2013 – *Informativo* n. 720).

Sistema remuneratório (Gratificação de desempenho a ativos e inativos): Os servidores inativos e pensionistas do Departamento Nacional de Obras Contra as Secas – DNOCS têm direito à Gratificação de Desempenho do Plano Geral de Cargos do Poder Executivo – GDPGPE, prevista na Lei n. 11.357/2006, em percentual igual ao dos servidores ativos, até a implantação do primeiro ciclo de avaliação de desempenho (RE 631.389/CE, Plenário, rel. Min. Marco Aurélio, 25-9-2013 – *Informativo* n. 721 – Repercussão Geral).

Sistema remuneratório (Conversão monetária: competência e irredutibilidade de vencimentos): O direito de servidor público a determinado percentual compensatório em razão de incorreta conversão do padrão monetário – de Cruzeiro Real para Unidade Real de Valor – URV – decorre exclusivamente dos parâmetros estabelecidos pela Lei n. 8.880/94, e o *quantum debeatur* deve ser apurado no momento da liquidação de sentença. Ademais, esse percentual não pode ser compensado ou abatido por aumentos remuneratórios supervenientes e deve incidir até reestruturação remuneratória de cada carreira, que, ao suprimir o índice, não poderá ofender o princípio da irredutibilidade de vencimentos (RE 561.836/RN, Plenário, rel. Min. Luiz Fux, 25 e 26-9-2013 – *Informativo* n. 721 – Repercussão Geral).

Sistema remuneratório (Incorporação de quintos e regime jurídico anterior): É vedada a incorporação de quintos, aos vencimentos de magistrados, decorrente de exercício de função comissionada em cargo público, ocorrido em data anterior ao ingresso na magistratura (RE 587.371/DF, Plenário, rel. Min. Teori Zavascki, 14-11-2013 – *Informativo* n. 728 – Repercussão Geral).

Concurso público (Mandado de segurança e prazo decadencial): O termo inicial para impetração de mandado de segurança a fim de impugnar critérios de aprovação e de classificação de concurso público conta-se do momento em que a cláusula do edital causar prejuízo ao candidato (RMS 23.586/DF, 2ª Turma, rel. Min. Gilmar Mendes, 25-10-2011 – *Informativo* n. 646).

SERVIDOR PÚBLICO (Teto Remuneratório – EC n. 41/2003: teto remuneratório e vantagens pessoais): As vantagens pessoais percebidas antes da entrada em vigor da EC n. 41/2003 não se computam para fins de cálculo do teto constitucional (MS 27.565/DF, 2ª Turma, rel. Min. Gilmar Mendes, 18-10-2011 – *Informativo* n. 645).

Aposentadorias e pensões (Servidor municipal e contagem recíproca de tempo de contribuição): É inconstitucional condicionar-se, por meio de lei local, a concessão de aposentadoria a número mínimo de contribuições ao sistema previdenciário do Estado (AI 452.425 AgR/PR, 1ª Turma, rel. Min. Marco Aurélio, 13-9-2011 – *Informativo* n. 640).

Aposentadorias e pensões (Acumulação de pensões e reingresso no serviço público antes da EC n. 20/98): Não é possível cogitar-se de direito ao recebimento de uma segunda pensão por morte se proibida a percepção de dupla aposentadoria estatutária pelo servidor que veio a falecer. RE 584.388/SC, Plenário, rel. Min. Ricardo Lewandowski, 31-8-2011 – *Informativo* n. 638 – Repercussão Geral).

Cargo público (Cargo público: mudança de atribuições e lei formal): A alteração de atribuições de cargo público somente pode ocorrer por intermédio de lei formal. MS 26740/DF, rel. Min. Ayres Britto, 30.8.2011. (MS-26740) (*Informativo* 638, 2ª Turma).

Concurso público (Vagas previstas em edital e direito subjetivo à nomeação): O Plenário desproveu recurso extraordinário interposto de acórdão do STJ que, ao reconhecer o direito subjetivo à nomeação de candidato aprovado em concurso público no limite do número de vagas definido no edital, determinara que ela fosse realizada. Entendeu-se, em síntese, que a Administração Pública estaria vinculada às normas do edital e que seria, inclusive, obrigada a preencher as vagas previstas para o certame dentro do prazo de validade do concurso. Acrescentou-se que essa obrigação só poderia ser afastada diante de excepcional justificativa, o que não ocorrera no caso (RE 598.099/MS, Plenário, rel. Min. Gilmar Mendes, 10-8-2011 – *Informativo* n. 635 – Repercussão Geral).

Concurso público (Concurso público e princípio da isonomia): A 1ª Turma proveu recurso extraordinário para assentar a impossibilidade de que fossem exigidos requisitos de candidatos em concurso público – que lograram êxito no prosseguimento do certame pela via judicial –, não impostos àqueles que permaneceram na disputa sem intervenção do Poder Judiciário (RE 543.389/DF, 1ª Turma, rel. Min. Gilmar Mendes, 7-6-2011 – *Informativo* n. 630).

Servidores públicos (Procuradores federais e estágio probatório): Os institutos da estabilidade e do estágio probatório estão necessariamente vinculados, de modo que se lhes aplica o prazo comum de 3 anos (AI 754.802 ED-AgR/DF, 2ª Turma, rel. Min. Gilmar Mendes, 7-6-2011 – *Informativo* n. 630).

Servidores públicos (Empregado público estrangeiro e o princípio da isonomia): O disposto no § 6º do art. 243 da Lei n. 8.112/90 ("Ficam submetidos ao regime jurídico instituído por esta Lei, na qualidade de servidores públicos, os servidores dos Poderes da União, dos ex-Territórios, das autarquias, inclusive as em regime especial, e das fundações públicas, regidos pela Lei n. 1.711, de 28 de outubro de 1952 – Estatuto dos Funcionários Públicos Civis da União, ou pela Consolidação das Leis do Trabalho, aprovada pelo Decreto-lei n. 5.452, de 1º de maio de 1943, exceto os contratados por prazo determinado, cujos contratos não poderão ser prorrogados após o vencimento do prazo de prorrogação... § 6º Os empregos dos servidores estrangeiros com estabilidade no serviço público, enquanto não adquirirem a nacionalidade brasileira, passarão a integrar tabela em extinção, do respectivo órgão ou entidade, sem prejuízo dos direitos inerentes aos planos de carreira aos quais se encontrem vinculados os empregos.") não afronta o princípio da isonomia (RE 346.180 AgR/RS, 2ª Turma, rel. Min. Joaquim Barbosa, 14-6-2011 – *Informativo* n. 631).

Concurso público (Cadastro de reserva e direito à nomeação): Por reputar haver direito subjetivo à nomeação, a 1ª Turma proveu recurso extraordinário para conceder a segurança impetrada pelos recorrentes, determinando ao Tribunal Regional Eleitoral catarinense que proceda as suas nomeações, nos cargos para os quais regularmente aprovados, dentro do número de vagas existentes até o encerramento do prazo de validade do concurso (RE 581.113/SC, 1ª Turma, rel. Min. Dias Toffoli, 5-4-2011 – *Informativo* n. 622).

Agentes públicos (Serviço Público: cessação de relação jurídica e contraditório): Em conclusão, a 1ª Turma negou provimento a recurso extraordinário em que se discutia se servidores que não possuíam, à época da promulgação da CF/88, o requisito temporal necessário para a estabilidade prevista no art. 19 do ADCT, poderiam, ou não, ser demitidos sem prévio procedimento administrativo – *vide Informativo* 553. **Considerou-se que a cessação de relação jurídica regida pela CLT, no tocante a servidor público que não detenha estabilidade, dispensaria a formalização de processo administrativo e, portanto, do contraditório. Enfatizou-se que o devido processo administrativo relativo a tal desligamento pressuporia a estabilidade que, inexistente na espécie, permitiria ao ente federal cessar essa relação sem a observância do contraditório** (RE 289.321/PR, 1ª Turma, rel. Min. Marco Aurélio, 2-12-2010 – *Informativo* n. 611).

Cargo público (Cargo público: mudança de atribuições e lei formal): A alteração de atribuições de cargo público somente pode ocorrer por intermédio de lei formal (MS 26.955/DF, Plenário, rel. Min. Cármen Lúcia, 1º-12-2010 – *Informativo* n. 611).

Concurso público (Serventia extrajudicial e concurso público): Não há direito adquirido do substituto, que preencheu os requisitos do art. 208 da Constituição pretérita, à investidura na titularidade de cartório, quando a vaga tenha surgido após a promulgação da CF/88, a qual exige expressamente, no seu art. 236, § 3º, a realização de concurso público de provas e títulos para o ingresso na atividade notarial e de registro (MS 28.279/DF, Plenário, rel. Min. Ellen Gracie, 16-12-2010 – *Informativo* n. 613).

Agentes públicos (Procurador da Fazenda e redução de férias): A Segunda Turma negou provimento a recurso extraordinário interposto contra acórdão que entendera possível a redução de período de férias de procuradores da Fazenda Nacional por meio de medida provisória e lei ordinária. Inicialmente, registrou-se que o acórdão recorrido estaria em consonância com o entendimento do STF no sentido de que não haver direito adquirido a regime jurídico. Tampouco reconheceu-se violação ao princípio da irredutibilidade salarial, no caso dos autos, uma vez que, suprimidas as férias, o servidor não teria jus ao seu abono. **Consignou-se que a Constituição Federal reservaria à lei complementar apenas a questão referente à organização e ao funcionamento da Advocacia-Geral da União. Ressaltou-se que as regras estabelecidas na Lei n. 8.112/90 (Regime Geral dos Servidores Públicos) balizariam as atividades dos advogados públicos em geral – procuradores da Fazenda, advogados da União e procuradores autárquicos. Concluiu-se que haveria um enorme conflito, uma assimetria gravíssima, se esta Corte reconhecesse 2 meses de férias, aos procuradores da Fazenda, e apenas 1 mês, aos procuradores federais, quando ambos estão a serviço da mesma causa** (RE 539.370/RJ, 2ª Turma, rel. Min. Gilmar Mendes, 30-11-2010 – *Informativo* n. 611).

9.32.3 Repercussão Geral

Compete à Justiça comum processar e julgar causas sobre complementação de aposentadoria instituída por lei cujo pagamento seja, originariamente ou por sucessão, da responsabilidade da Administração Pública direta ou indireta, por derivar essa responsabilidade de relação jurídico-administrativa (RE 1.265.549, 5-6-2020).

Servidores temporários não fazem jus a décimo terceiro salário e férias remuneradas acrescidas do terço constitucional, salvo (I) expressa previsão legal e/ou contratual em sentido contrário, ou (II) comprovado desvirtuamento da contratação temporária pela Administração Pública, em razão de sucessivas e reiteradas renovações e/ou prorrogações (RE 1.066.677, 22-5-2020).

Os Procuradores da Fazenda Nacional não possuem direito a férias de 60 (sessenta) dias, nos termos da legislação constitucional e infraconstitucional vigentes (RE 594.481, 5-5-2020).

As hipóteses excepcionais autorizadoras de acumulação de cargos públicos previstas na Constituição Federal sujeitam-se, unicamente, à existência de compatibilidade de horários, verificada no caso concreto, ainda que haja norma infraconstitucional que limite a jornada semanal (ARE 1.246.685, 20-3-2020).

Compete à Justiça comum processar e julgar controvérsias relacionadas à fase pré-contratual de seleção e de admissão de pessoal e eventual nulidade do certame em face da Administração Pública, direta e indireta, nas hipóteses em que adotado o regime celetista de contratação de pessoal (RE 960.429, 5-3-2020).

Sem previsão constitucionalmente adequada e instituída por lei, não é legítima a cláusula de edital de concurso público que restrinja a participação de candidato pelo simples fato de responder a inquérito ou ação penal (RE 560.900, 5-2-2020).

Lei municipal a versar a percepção, mensal e vitalícia, de "subsídio" por ex-vereador e a consequente pensão em caso de morte não é harmônica com a Constituição Federal de 1988 (RE 638.307, 19-12-2019).

A expressão "Procuradores", contida na parte final do inciso XI do art. 37 da Constituição da República, compreende os Procuradores Municipais, uma vez que estes se inserem nas funções essenciais à Justiça, estando, portanto, submetidos ao teto de noventa inteiros e vinte e cinco centésimos por cento do subsídio mensal, em espécie, dos Ministros do Supremo Tribunal Federal (RE 663.696, 28-2-2019).

I – O termo inicial do pagamento diferenciado das gratificações de desempenho entre servidores ativos e inativos é o da data da homologação do resultado das avaliações, após a conclusão do primeiro ciclo; II – A redução, após a homologação do resultado das avaliações, do valor da gratificação de desempenho paga aos inativos e pensionistas não configura ofensa ao princípio da irredutibilidade de vencimentos (ARE 1.052.570, 16-2-2018).

É constitucional a previsão legal que assegure, na hipótese de transferência *ex officio* de servidor, a matrícula em instituição pública, se inexistir instituição congênere à de origem (RE 601.580, 19-9-2018).

É constitucional a remarcação do teste de aptidão física de candidata que esteja grávida à época de sua realização, independentemente da previsão expressa em edital do concurso público (RE 1.058.333, 21-11-2018).

a) A criação de cargos em comissão somente se justifica para o exercício de funções de direção, chefia e assessoramento, não se prestando ao desempenho de atividades burocráticas, técnicas ou operacionais; b) tal criação deve pressupor a necessária relação de confiança entre a autoridade nomeante e o servidor nomeado; c) o número de cargos comissionados criados deve guardar proporcionalidade com a necessidade que eles visam suprir e com o número de servidores ocupantes de cargos efetivos no ente federativo que os criar; e d) as atribuições dos cargos em comissão devem estar descritas, de forma clara e objetiva, na própria lei que os instituir (RE 1.041.210, 28-9-2018).

O exercício do direito de greve, sob qualquer forma ou modalidade, é vedado aos policiais civis e a todos os servidores públicos que atuem diretamente na área de segurança pública. 2 – É obrigatória a participação do Poder Público em mediação instaurada pelos órgãos classistas das carreiras de segurança pública, nos termos do art. 165 do CPC, para vocalização dos interesses da categoria (ARE 654.432, 5-4-2017).

A nomeação tardia de candidatos aprovados em concurso público, por meio de ato judicial, à qual atribuída eficácia retroativa, não gera direito às promoções ou progressões funcionais que alcançariam houvesse ocorrido, a tempo e modo, a nomeação (RE 629.392, 8-6-2017).

Não se aplica a aposentadoria compulsória prevista no art. 40, § 1º, inciso II, da Constituição Federal aos titulares de serventias judiciais não estatizadas, desde que não sejam ocupantes de cargo público efetivo e não recebam remuneração proveniente dos cofres públicos (RE 647.827, 15-2-2017).

A Justiça Comum, federal ou estadual, é competente para julgar a abusividade de greve de servidores públicos celetistas da Administraçao Pública direta, autarquias e fundações públicas (RE 846.854, 25-5-2017).

Nos casos autorizados constitucionalmente de acumulação de cargos, empregos e funções, a incidência do art. 37, inciso XI, da Constituição Federal pressupõe consideração de cada um dos vínculos formalizados, afastada a observância do teto remuneratório quanto ao somatório dos ganhos do agente público (A mesma tese foi fixada para o Tema 384) (RE 612.975, 27-4-2017).

É vedada a cumulação tríplice de vencimentos e/ou proventos, ainda que a investidura nos cargos públicos tenha ocorrido anteriormente à EC 20/98 (ARE 848.993, 7-10-2016).

Compete à Justiça do Trabalho processar e julgar ações relativas às verbas trabalhistas referentes ao período em que o servidor mantinha vínculo celetista com a Administração, antes da transposição para o regime estatutário (ARE 1.001.075, 9-12-2016).

A comprovação do triênio de atividade jurídica exigida para o ingresso no cargo de juiz substituto, nos termos do inciso I do art. 93 da Constituição Federal, deve ocorrer no momento da inscrição definitiva no concurso público (RE 655.265, 13-4-2016).

1. Os servidores ocupantes de cargo exclusivamente em comissão não se submetem à regra da aposentadoria compulsória prevista no art. 40, § 1º, II, da Constituição Federal, a qual atinge apenas os ocupantes de cargo de provimento efetivo, inexistindo, também, qualquer idade limite para fins de nomeação a cargo em comissão; 2. Ressalvados impedimentos de ordem infraconstitucional, não há óbice constitucional a que o servidor efetivo aposentado compulsoriamente permaneça no cargo comissionado que já desempenhava ou a que seja nomeado para cargo de livre nomeação e exoneração, uma vez que não se trata de continuidade ou criação de vínculo efetivo com a Administração (RE 786.540, 15-12-2016).

A contratação por tempo determinado para atendimento de necessidade temporária de excepcional interesse público realizada em desconformidade com os preceitos do art. 37, IX, da Constituição Federal não gera quaisquer efeitos jurídicos válidos em relação aos servidores contratados, com exceção do direito à percepção dos salários referentes ao período trabalhado e, nos termos do art. 19-A da Lei n. 8.036/90, ao levantamento dos depósitos efetuados no Fundo de Garantia do Tempo de Serviço – FGTS (RE 765.320, 16-9-2016).

Editais de concurso público não podem estabelecer restrição a pessoas com tatuagem, salvo situações excepcionais em razão de conteúdo que viole valores constitucionais (RE 898.450, 17-8-2016).

A Administração Pública deve proceder ao desconto dos dias de paralisação decorrentes do exercício do direito de greve pelos servidores públicos, em virtude da suspensão do vínculo funcional que dela decorre, permitida a compensação em caso de acordo. O desconto será, contudo, incabível se ficar demonstrado que a greve foi provocada por conduta ilícita do Poder Público (RE 693.456, 27-10-2016).

Compete à Justiça do Trabalho processar e julgar demandas visando a obter prestações de natureza trabalhista, ajuizadas contra órgãos da Administração Pública por servidores que ingressaram em seus quadros, sem concurso público, antes do advento da CF/88, sob regime da Consolidação das Leis do Trabalho – CLT (ARE 906.491, 2-10-2015).

É inconstitucional, por afrontar a iniciativa privativa do chefe do Poder Executivo, a normatização de direitos dos servidores públicos em lei orgânica do Município (RE 590.829, 7-4-2015).

O surgimento de novas vagas ou a abertura de novo concurso para o mesmo cargo, durante o prazo de validade do certame anterior, não gera automaticamente o direito à nomeação dos candidatos aprovados fora das vagas previstas no edital, ressalvadas as hipóteses de preterição arbitrária e imotivada por parte da administração, caracterizada por comportamento tácito ou expresso do Poder Público capaz de revelar a inequívoca necessidade de nomeação do aprovado durante o período de validade do certame, a ser demonstrada de forma cabal pelo candidato. Assim, o direito subjetivo à nomeação do candidato aprovado em concurso público exsurge nas seguintes hipóteses: I – Quando a aprovação ocorrer dentro do número de vagas dentro do edital; II – Quando houver preterição na nomeação por não observância da ordem de classificação; III – Quando surgirem novas vagas, ou for aberto novo concurso durante a validade do certame anterior, e ocorrer a preterição de candidatos de forma arbitrária e imotivada por parte da administração nos termos acima (RE 837.311, 14-10-2015).

É vedada a equiparação remuneratória entre militares das Forças Armadas e policiais e bombeiros militares do Distrito Federal, visto que a Constituição Federal de 1988, em seu art. 37, XIII, coíbe a vinculação ou equiparação de quaisquer espécies remuneratórias no âmbito do serviço público (ARE 665.632, 17-4-2015).

Computam-se, para efeito de observância do teto remuneratório do art. 37, XI, da Constituição da República, também os valores percebidos anteriormente à vigência da Emenda Constitucional n. 41/2003 a título de vantagens pessoais pelo servidor público, dispensada a restituição dos valores recebidos em excesso e de boa-fé até o dia 18 de novembro de 2015 (RE 606.358, 18-11-2015).

Os pensionistas de servidor falecido posteriormente à EC n. 41/2003 têm direito à paridade com servidores em atividade (EC n. 41/2003, art. 7º), caso se enquadrem na regra de transição prevista no art. 3º da EC n. 47/2005. Não tem, contudo, direito à integralidade (CF, art. 40, § 7º, inciso I) (RE 603.580, 20-5-2015).

Nos limites da circunscrição do município e havendo pertinência com o exercício do mandato, garante-se a imunidade ao vereador (RE 600.063, 25-2-2015).

Na hipótese de posse em cargo público determinada por decisão judicial, o servidor não faz jus a indenização, sob fundamento de que deveria ter sido investido em momento anterior, salvo situação de arbitrariedade flagrante (RE 724.347, 26-2-2015).

A imposição de restrições, por legislação local, à contagem recíproca do tempo de contribuição na administração pública e na atividade privada para fins de concessão de aposentadoria viola o art. 202, § 2º, da Constituição Federal, com redação anterior à EC n. 20/98 (RE 650.851, 1º-10-2014).

O teto de retribuição estabelecido pela Emenda Constitucional 41/03 possui eficácia imediata, submetendo às referências de valor máximo nele discriminadas todas as verbas de natureza remuneratória percebidas pelos servidores públicos da União, Estados, Distrito Federal e Municípios, ainda que adquiridas de acordo com regime legal anterior. Os valores que ultrapassam os limites estabelecidos para cada nível federativo na Constituição Federal constituem excesso cujo pagamento não pode ser reclamado com amparo na garantia da irredutibilidade de vencimentos (RE 609.381, 2-10-2014).

Não é compatível com o regime constitucional de acesso aos cargos públicos a manutenção no cargo, sob fundamento de fato consumado, de candidato não aprovado que nele tomou posse em decorrência de execução provisória de medida liminar ou outro provimento judicial de natureza precária, supervenientemente revogado ou modificado (RE 608.482, 7-8-2014).

Nos termos do art. 37, IX, da Constituição Federal, para que se considere válida a contratação temporária de servidores públicos, é preciso que: a) os casos excepcionais estejam previstos em lei; b) o prazo de contratação seja predeterminado; c) a necessidade seja temporária; d) o interesse público seja excepcional; e) a contratação seja indispensável, sendo vedada para os serviços ordinários permanentes do Estado que estejam sob o espectro das contingências normais da Administração (RE 658.026, 11-4-2014).

O termo inicial do pagamento diferenciado das gratificações de desempenho entre servidores ativos e inativos é o da data da homologação do resultado das avaliações, após a conclusão do primeiro ciclo de avaliações, não podendo a Administração retroagir os efeitos financeiros a data anterior (RE 662.406, 11-12-2014).

É constitucional a regra inserida no edital de concurso público, denominada cláusula de barreira, com o intuito de selecionar apenas os candidatos mais bem classificados para prosseguir no certame (RE 635.739, 19-2-2014).

I – As vantagens remuneratórias legítimas e de caráter geral conferidas a determinada categoria, carreira ou, indistintamente, a servidores públicos, por serem vantagens genéricas, são extensíveis aos servidores inativos e pensionistas; II – Nesses casos, a extensão alcança os servidores que tenham ingressado no serviço público antes da publicação das Emendas Constitucionais n. 20/98 e 41/2003 e se aposentado ou adquirido o direito à aposentadoria antes da EC n. 41/2003; III – Com relação àqueles servidores que se aposentaram após a EC n. 41/2003, deverão ser observados os requisitos estabelecidos na regra de transição contida no seu art. 7º, em virtude da extinção da paridade integral entre ativos e inativos contida no art. 40, § 8º, da CF para os servidores que ingressaram no serviço público após a publicação da referida emenda; IV – Por fim, com relação aos servidores que ingressaram no serviço público antes da EC n. 41/2003 e se aposentaram ou adquiriram o direito à aposentadoria após a sua edição, é necessário observar a incidência das regras de transição fixadas pela EC n. 47/2005, a qual estabeleceu efeitos retroativos à data de vigência da EC n. 41/2003, conforme decidido nos autos do RE 590.260/SP, Plenário, rel. Min. Ricardo Lewandowski, j. 24-6-2009 (RE 596.962, 22-8-2014).

A concessão de aposentadoria de servidor público por invalidez com proventos integrais exige que a doença incapacitante esteja prevista em rol taxativo da legislação de regência (RE 656.860, 22-8-2014).

A Constituição de 1988 comina de nulidade as contratações de pessoal pela Administração Pública sem a observância das normas referentes à indispensabilidade da prévia aprovação em concurso público (CF, art. 37, § 2º), não gerando, essas contratações, quaisquer efeitos jurídicos válidos em relação aos empregados contratados, a não ser o direito à percepção dos salários referentes ao período trabalhado e, nos termos do art. 19-A da Lei n. 8.036/90, ao levantamento dos depósitos efetuados no Fundo de Garantia por Tempo de Serviço – FGTS (RE 705.140, 28-8-2014).

É inconstitucional norma que vincula pensões e proventos de aposentadoria de servidores públicos efetivos a subsídios de agentes políticos (RE 759.518, 30-5-2014).

É assegurada ao servidor público inativo a conversão de férias não gozadas, ou de outros direitos de natureza remuneratória, em indenização pecuniária, dada a responsabilidade objetiva da Administração Pública em virtude da vedação ao enriquecimento sem causa. Obs.: após a oposição de embargos de declaração o STF decidiu permitir o processamento do recurso extraordinário para julgar a questão em relação aos servidores públicos em atividade (ARE 721.001, 1º-3-2013).

I – O art. 37, XIV, da Constituição Federal, na redação dada pela Emenda Constitucional 19/98, é autoaplicável; II – Não há direito adquirido a regime jurídico, notadamente à forma de composição da remuneração de servidores públicos, observada a garantia da irredutibilidade de vencimentos (RE 563.708, 6-2-2013).

Desde que mantida a irredutibilidade, não tem o servidor inativo, embora aposentado na última classe da carreira anterior, o direito de perceber proventos correspondentes aos da última classe da nova carreira, reestruturada por lei superveniente (RE 606.199, 9-10-2013).

Não encontra amparo constitucional a pretensão de acumular, no cargo de magistrado ou em qualquer outro, a vantagem correspondente a "quintos", a que o titular fazia jus quando no exercício de cargo diverso (RE 587.371, 14-11-2013).

Inexiste direito dos candidatos em concurso público à prova de segunda chamada nos testes de aptidão física, salvo contrária disposição editalícia, em razão de circunstâncias pessoais, ainda que de caráter fisiológico ou de força maior, mantida a validade das provas de segunda chamada realizadas até 15-5-2013, em nome da segurança jurídica (RE 630.733, 16-5-2013).

A Gratificação de Desempenho do Plano Geral de Cargos do Poder Executivo – GDPGPE, prevista na Lei n. 11.357/2006, estende-se aos inativos e pensionistas, no patamar de oitenta pontos, até o implemento da avaliação dos servidores em atividade (RE 631.389, 25-9-2013).

O estabelecimento de limite de idade para inscrição em concurso público apenas é legítimo quando justificado pela natureza das atribuições do cargo a ser preenchido (ARE 678.112, 26-4-2013).

I – Ao editar a Lei n. 8.880/94, a União legislou sobre o sistema monetário e exerceu a sua competência prevista no art. 22, VI, da Constituição de 1988. Assim, qualquer lei, seja ela estadual ou municipal, que discipline a conversão da moeda Cruzeiro Real em URV no que tange à remuneração de seus servidores de uma forma incompatível com a prevista na Lei n. 8.880/94 será inconstitucional, mormente quando acarretar redução de vencimentos; II – O término da incorporação, na remuneração do servidor, do percentual devido em razão da ilegalidade na conversão de Cruzeiros Reais em URV deve ocorrer no momento em que a carreira do servidor passa por uma restruturação remuneratória (RE 561.836, 27-9-2013).

I – A Gratificação de Desempenho de Atividade de Ciência e Tecnologia – GDACT, instituída pela Medida Provisória n. 2.048/2000, apesar de originalmente concebida como gratificação *pro labore faciendo*, teve caráter geral e foi estendida aos inativos até a sua regulamentação pelo Decreto n. 3.762/2001, quando passou a constituir gratificação paga em razão do efetivo exercício de cargo; II – É constitucional o art. 60-A acrescentado pela Lei n. 10.769/2003 à MP n. 2.229- 43/2001, dado que não implicou redução indevida, visto que, após o Decreto n. 3.762/2001, deixou de existir o direito dos inativos à percepção da GDACT nas mesmas condições em que concedida aos servidores em atividade (RE 572.884, 20-6-2012).

As regras dos §§ 4º e 5º do art. 40 da Constituição Federal, na redação anterior à EC n. 20/98, não se aplicam ao servidor submetido ao regime da Consolidação das Leis do Trabalho que se aposentou ou faleceu antes do advento da Lei n. 8.112/90 (RE 627.294, 21-9-2012).

É compatível com a Constituição a extensão, aos servidores públicos inativos, dos critérios de cálculo da Gratificação de Desempenho da Carreira da Previdência, Saúde e Trabalho – GDPST estabelecidos para os servidores públicos em atividade (RE 631.880, 10-6-2011).

É compatível com a Constituição a extensão, aos servidores públicos inativos, dos critérios de cálculo da Gratificação de Desempenho de Atividade Técnico-Administrativa e de Suporte – GDPGTAS estabelecidos para os servidores públicos em atividade (RE 633.933, 10-6-2011).

O candidato aprovado em concurso público dentro do número de vagas previsto no edital possui direito subjetivo à nomeação (RE 598.099, 10-8-2011).

É compatível com a Constituição a extensão, aos servidores públicos inativos e pensionistas, dos critérios de cálculo da Gratificação de Desempenho de

Atividade Técnico-Administrativa do Meio Ambiente – GDAMB estabelecidos para os servidores públicos em atividade (ARE 642.827, 24-6-2011).

É inconstitucional a percepção cumulativa de duas pensões estatutárias pela morte de servidor aposentado que reingressara no serviço público, por meio de concurso, antes da edição da EC n. 20/98 e falecera após o seu advento (RE 584.388, 31-8-2011).

A exigência do exame psicotécnico em concurso depende de previsão em lei e no edital, e deve seguir critérios objetivos (AI 758.533, 23-6-2010).

A fixação da GDATA e da GDASST em relação aos servidores inativos deve obedecer aos critérios a que estão submetidos os servidores em atividade de acordo com a sucessão de leis de regência (RE 597.154, 20-2-2009).

Os servidores que ingressaram no serviço público antes da EC 41/2003, mas que se aposentaram após a referida emenda, possuem direito à paridade remuneratória e à integralidade no cálculo de seus proventos, desde que observadas as regras de transição especificadas nos arts. 2º e 3º da EC n. 47/2005 (RE 590.260, 24-6-2009).

O cálculo de gratificações e outras vantagens do servidor público não incide sobre o abono utilizado para se atingir o salário mínimo (RE 572.921, 13-11-2008).

Os arts. 7º, IV, e 39, § 3º (redação da EC n. 19/98), da Constituição referem-se ao total da remuneração percebida pelo servidor público (RE 582.019, 13-11-2008).

Não viola a Constituição o estabelecimento de remuneração inferior ao salário mínimo para as praças prestadoras de serviço militar inicial (RE 570.177, 30-4-2008).

9.33 QUADRO SINÓTICO

AGENTES PÚBLICOS

Todos aqueles que exercem função pública, ainda que em **caráter temporário** ou **sem remuneração**.

ESPÉCIES DE AGENTES PÚBLICOS

- Agentes políticos
- Ocupantes de cargo em comissão
- Contratados temporários
- Agentes militares
- Servidores públicos estatutários
- Empregados públicos
- Particulares em colaboração com a Administração (agentes honoríficos)

AGENTES POLÍTICOS

Exercem uma função pública (*munus publico*) de alta direção do Estado. Ingressam, em regra, por meio de eleições, exercendo mandatos fixos ao término dos quais sua relação com o Estado desaparece automaticamente. A vinculação dos agentes políticos com o aparelho governamental não é profissional, mas institucional e estatutária.

OCUPANTES DE CARGO EM COMISSÃO

Tais cargos estão reservados a atribuições de direção, chefia e assessoramento e são acessíveis sem concurso público, mas providos por nomeação política. De igual modo, a exoneração é *ad nutum*, podendo os comissionados ser desligados do cargo imotivadamente, sem necessidade de garantir contraditório, ampla defesa e direito ao devido processo legal.

- **DICA:** entretanto, se a autoridade competente apresentar um motivo para a exoneração e o motivo for comprovadamente falso ou inexistente, o desligamento será nulo em razão da teoria dos motivos determinantes.

CONTRATADOS TEMPORÁRIOS

A Constituição Federal prescreve que "a lei estabelecerá os casos de **contratação por tempo determinado** para atender a **necessidade temporária de excepcional interesse público**".

Regulamentando o referido dispositivo, foi promulgada a Lei n. 8.745/93, que **somente é aplicável às pessoas de direito público de âmbito federal**.

O **recrutamento** para contratação temporária **prescinde de concurso público**, mas deve ser feito por **processo seletivo simplificado** (art. 3º).

- **DICA:** entretanto, nos casos de calamidade pública ou emergência ambiental, o processo seletivo simplificado é dispensado.

PRAZO MÁXIMO DE CONTRATAÇÃO TEMPORÁRIA

O prazo máximo de duração da contratação temporária varia conforme o enquadramento do caso nos incisos acima transcritos do art. 2º da Lei n. 8.745/93, podendo ser de:

- a) seis meses (incisos I, II e IX);
- b) um ano (incisos III e IV, bem como em algumas hipóteses do inciso IV);
- c) dois anos (em algumas hipóteses do inciso VI);
- d) três anos (VII e VIII, bem como em algumas hipóteses do inciso IV);
- e) quatro anos (inciso V, bem como em algumas hipóteses do inciso VI).

AGENTES MILITARES

Compõem os quadros permanentes das forças militares, possuem **vinculação estatutária**, e não contratual, mas o regime jurídico é disciplinado por legislação específica diversa da aplicável aos servidores civis.

- **DICA:** formam uma categoria à parte entre os agentes públicos na medida em que suas instituições são organizadas com base na **hierarquia** e na **disciplina.**

SERVIDORES PÚBLICOS ESTATUTÁRIOS

Selecionados por **concurso público** para titularizar **cargos públicos**, tendo vinculação de natureza estatutária **não contratual**, e adquirem **estabilidade** após se sujeitarem a um **estágio probatório**. Como não se trata de vinculação contratual, pode haver alteração unilateral no regime aplicável aos **servidores estatutários**. Entretanto, as alterações unilaterais, inerentes ao regime estatutário, não podem prejudicar **direitos adquiridos**.

DICA: Segundo o art. 41, § 1º, da CF, o servidor estável só perderá o cargo por:

a) sentença judicial transitada em julgado;

b) processo administrativo disciplinar;

c) avaliação periódica de desempenho;

ATENÇÃO! No caso dos cargos vitalícios, uma vez adquirida a vitaliciedade, a perda do cargo somente pode ocorrer por meio de sentença judicial transitada em julgado.

- a) salário mínimo;
- b) garantia de salário, nunca inferior ao mínimo, para os que percebem remuneração variável;
- c) remuneração do trabalho noturno superior à do diurno;
- d) salário-família pago em razão do dependente do trabalhador de baixa renda nos termos da lei;
- e) duração do trabalho normal não superior a oito horas diárias e quarenta e quatro semanais, facultada a compensação de horários e a redução da jornada, mediante acordo ou convenção coletiva de trabalho;
- f) repouso semanal remunerado, preferencialmente aos domingos;
- g) remuneração do serviço extraordinário superior, no mínimo, em cinquenta por cento à do normal;
- h) gozo de férias anuais remuneradas com, pelo menos, um terço a mais do que o salário normal;
- i) licença à gestante, sem prejuízo do emprego e do salário, com a duração de seis meses;
- j) licença-paternidade, nos termos fixados em lei;
- k) proteção do mercado de trabalho da mulher, mediante incentivos específicos, nos termos da lei;
- l) redução dos riscos inerentes ao trabalho, por meio de normas de saúde, higiene e segurança;
- m) proibição de diferença de salários, de exercício de funções e de critério de admissão por motivo de sexo, idade, cor ou estado civil.

EMPREGADOS PÚBLICOS

Os empregados públicos ingressam por meio de **concurso público** para ocupar **empregos públicos**, tendo uma **vinculação contratual** com o Estado regida pela Consolidação das Leis do Trabalho – CLT. Por isso, são conhecidos como "celetistas". Além das pessoas de direito privado, admite-se contratação por regime de emprego também nas pessoas jurídicas de direito público, desde que para **funções materiais subalternas.**

PARTICULARES EM COLABORAÇÃO (AGENTES HONORÍFICOS)

Os particulares em colaboração com a Administração constituem uma classe de agentes públicos, em regra, **sem vinculação permanente ou remunerada** com o **Estado**

DICA: mesmo atuando temporariamente e sem remuneração, podem praticar ato de improbidade administrativa.

EXEMPLOS:

- a) requisitados de serviço: como mesários e convocados para o serviço militar (conscritos);
- b) gestores de negócios públicos: são particulares que assumem espontaneamente uma tarefa pública, em situações emergenciais, quando o Estado não está presente para proteger o interesse público. Exemplo: socorrista de parturiente;
- c) contratados por locação civil de serviços: é o caso, por exemplo, de jurista famoso contratado para emitir um parecer;
- d) concessionários e permissionários: exercem função pública por delegação estatal;
- e) delegados de função ou ofício público: como os titulares de cartórios.

ACUMULAÇÃO DE CARGOS, EMPREGOS E FUNÇÕES PÚBLICAS

Em regra, o ordenamento jurídico brasileiro **proíbe a acumulação remunerada de cargos** ou empregos públicos. A Constituição Federal prevê um **rol taxativo** de casos excepcionais em que a **acumulação é permitida**. Importantíssimo destacar que, em qualquer hipótese, a acumulação só será permitida **se houver compatibilidade de horários e observado o limite máximo de dois cargos.**

AS ÚNICAS HIPÓTESES DE ACUMULAÇÃO CONSTITUCIONALMENTE AUTORIZADAS SÃO:

- a) a de dois cargos de professor (art. 37, XVI, *a*);
- b) a de um cargo de professor com outro técnico ou científico (art. 37, XVI, *b*);
- c) a de dois cargos ou empregos privativos de profissionais de saúde, com profissões regulamentadas (art. 37, XVI, *c*), inclusive militares (Emenda Constitucional n. 77/2014);
- d) a de um cargo de vereador com outro cargo, emprego ou função pública (art. 38, III);
- e) a de um cargo de magistrado com outro no magistério (art. 95, parágrafo único, I);
- f) a de um cargo de membro do Ministério Público com outro no magistério (art. 128, § 5º, II, *d*).

DICA: a proibição de **acumular cargos** atinge também empregos e funções públicas na Administração Pública indireta, isto é, nas autarquias, fundações públicas, empresas públicas, sociedades de economia mista, fundações governamentais, bem como nas suas subsidiárias e sociedades controladas, direta ou indiretamente, pelo **Poder Público**.

- **NOVIDADE:** A Emenda Constitucional n. 101/2019 acrescentou o § 3º ao art. 42, da CF: "aplica-se aos militares dos Estados, do Distrito Federal e dos Territórios o disposto no art. 37, inciso XVI, com prevalência da atividade militar".

REGIME ESTATUTÁRIO FEDERAL (LEI N. 8.112/90)

- Trata-se de lei aplicável somente no **âmbito federal,** sujeitando especificamente os ocupantes de cargos públicos e cargos em comissão da União, bem como suas pessoas jurídicas de direito público, isto é, as **autarquias, fundações públicas, agências reguladoras e associações públicas federais**.

DICA: quanto aos ocupantes de cargos públicos estaduais, distritais e municipais, suas regras de atuação devem ser estabelecidas em leis próprias promulgadas em cada uma das esferas federativas.

SERVIDOR PÚBLICO

É a **pessoa legalmente investida** em cargo público.

- Para ocupar cargo público, o ordenamento jurídico exige que ocorra o **provimento,** isto é, que seja praticado um **ato administrativo** constitutivo hábil a promover o ingresso no cargo.

TIPOS DE PROVIMENTO

- a) quanto à durabilidade: o provimento pode ser:

  1) **DE CARÁTER EFETIVO**, quando relacionado a cargo público permanente, que garanta estabilidade ou vitaliciedade ao seu titular; ou

  2) **EM COMISSÃO**, quando promova o ingresso em cargo público destituído de estabilidade, podendo o servidor ser exonerado *ad nutum*;

- b) quanto à preexistência de vínculo: o provimento pode ser:

  1) **ORIGINÁRIO**: é o tipo de provimento que não depende de vinculação jurídica anterior com o Estado. Exemplo: **nomeação** em caráter efetivo;

  2) **DERIVADO**: constitui o provimento que pressupõe relação jurídica anterior com o Estado. Exemplos: **promoção, remoção, readaptação** (decorre de limitação na capacidade física ou mental), **reversão** (decorre do retorno à atividade do servidor aposentado por invalidez), **aproveitamento** (retorno do servidor em disponibilidade), **reintegração** (reinvestidura do servidor estável no cargo anteriormente ocupado) e **recondução** (retorno do servidor estável ao cargo).

REINTEGRAÇÃO

A reintegração é uma modalidade de provimento derivado que ocorre pela reinvestidura do servidor estável no cargo anteriormente ocupado, ou no cargo resultante de sua transformação, quando invalidada a sua demissão por decisão administrativa ou judicial, com ressarcimento de todas as vantagens (art. 28 da Lei n. 8.112/90 c/c art. 41, § 2º, da CF).

- Na hipótese de o cargo ter sido extinto, o servidor ficará em disponibilidade, podendo haver seu aproveitamento em outro cargo, respeitadas as regras sobre aproveitamento indicadas no item anterior.
- Encontrando-se provido o cargo, o seu eventual ocupante será reconduzido ao cargo de origem, sem direito à indenização, ou aproveitado em outro cargo, ou, ainda, posto em disponibilidade.

RECONDUÇÃO

A recondução é a forma de provimento derivado, consistente no retorno do servidor estável ao cargo anteriormente ocupado, e decorrerá de inabilitação em estágio probatório relativo a outro cargo ou reintegração do anterior ocupante (art. 29 da Lei n. 8.112/90).

- Encontrando-se provido o cargo de origem, o servidor será aproveitado em outro.

DICA: muito importante destacar que, se o cargo for extinto durante o estágio probatório do servidor, inexiste direito à recondução (Súmula 22 do STF). Tal hipótese é de exoneração (art. 41, § 3º, da Constituição Federal).

DISPONIBILIDADE

A disponibilidade é o **direito exclusivo de servidores estáveis** (já confirmados na carreira) permanecerem **temporariamente sem exercer suas funções,** garantida **remuneração proporcional ao tempo de serviço,** nas seguintes hipóteses:

- a) extinção do cargo ou declaração de sua desnecessidade, até seu adequado aproveitamento em outro cargo (art. 41, § 3º, da CF);
- b) reintegração do servidor que anteriormente ocupava o cargo (art. 28, § 2º, da Lei n. 8.112/90).

DICA: nos casos dos servidores **em estágio probatório, semelhante proteção não existe**. Sendo extinto o cargo, cabe exoneração de ofício (Súmula 22 do STF).

DICA: a disponibilidade com fins punitivos, ou empregada fora das duas hipóteses legais mencionadas, caracteriza **desvio de finalidade** ensejador de **nulidade do ato** e da caracterização de **improbidade administrativa.**

POSSE, EXERCÍCIO E ESTÁGIO PROBATÓRIO

- A posse ocorre pela assinatura do termo de posse, no qual deverão constar as atribuições, deveres, responsabilidades e direitos inerentes ao cargo que não poderão ser unilateralmente alterados.

DICA: o prazo para posse é de trinta dias contados da publicação do ato de provimento, podendo dar-se por procuração específica. Só poderá ser empossado aquele que for julgado, conforme prévia inspeção médica oficial, apto física e mentalmente.

- Exercício é o início efetivo do desempenho das atribuições do cargo ou da função de confiança.

DICA: o servidor empossado tem o prazo de quinze dias para entrar em exercício, contados da data da posse, sob pena de ser exonerado do cargo ou de tornar-se sem efeito sua designação para função de confiança.

- No exato momento em que entra em exercício, o servidor ocupante de cargo efetivo ou vitalício inicia o estágio probatório: período de avaliação durante o qual deverá demonstrar aptidão e capacidade para o exercício do cargo, observados os fatores de: assiduidade, disciplina, capacidade de iniciativa, produtividade e responsabilidade.

DICA: durante o período de estágio probatório, o servidor poderá exercer quaisquer cargos de provimento em comissão ou função de direção, chefia ou assessoramento, desde que no mesmo órgão ou entidade.

DICA: é nula a dispensa de servidor em estágio probatório sem o devido processo administrativo com garantia de contraditório e ampla defesa.

DICA: havendo extinção do cargo durante o estágio probatório, o servidor será exonerado de ofício porque ainda não goza de estabilidade

SAÍDA DO CARGO

DICA: o servidor estável só perderá o cargo em virtude de sentença judicial transitada em julgado, processo administrativo disciplinar com garantia de ampla defesa, procedimento de avaliação periódica de desempenho, assegurada ampla defesa, ou ainda, por motivo de redução de despesas nos termos do art. 169, § 4º, da CF.

EXONERAÇÃO é a saída não punitiva do servidor que deixa o cargo público. Pode ser voluntária, na hipótese de pedido formulado pelo próprio servidor, ou involuntária, quando o servidor não é confirmado ao final do estágio probatório.

DEMISSÃO é a saída punitiva decorrente de uma decisão administrativa ou judicial, fundada em alguma infração funcional cometida pelo servidor.

Sobre a **APOSENTADORIA** do servidor convém lembrar que:

- A aposentadoria compulsória dos servidores públicos ocorre aos 75 anos de idade, com proventos proporcionais ao tempo de contribuição (art. 40, § 1º, II, da CF).
- No julgamento do RE 647.827, o STF aprovou a seguinte tese: "Não se aplica a aposentadoria compulsória prevista no art. 40, § 1º, inciso II, da Constituição Federal aos titulares de serventias judiciais não estatizadas, desde que não sejam ocupantes de cargo público efetivo e não recebam remuneração proveniente dos cofres públicos."

VACÂNCIA, REMOÇÃO E REDISTRIBUIÇÃO

- **VACÂNCIA** ocorre quando há: a) exoneração; b) demissão; c) promoção; d) readaptação; e) aposentadoria; f) posse em outro cargo inacumulável; g) falecimento.
- **REMOÇÃO** é o deslocamento do servidor, a pedido ou de ofício, **no âmbito do mesmo quadro**, com ou sem mudança de sede.
- **REDISTRIBUIÇÃO** é o deslocamento de cargo de provimento efetivo **para outro órgão ou entidade do mesmo Poder**.

PROCEDIMENTOS PARA APLICAÇÃO DE SANÇÕES DISCIPLINARES

Havendo descumprimento de algum dever ou proibição, o servidor estará sujeito à instauração de processo administrativo disciplinar para **apuração da falta** cometida e **aplicação da pena** mais apropriada.

- A aplicação de qualquer punição ao agente público pressupõe a instauração de processo administrativo com **garantia de contraditório e a ampla defesa**, sob pena de nulidade da sanção aplicada.

A Lei n. 8.112/90 prevê **dois procedimentos diferentes para aplicação de sanções disciplinares:** a sindicância e o processo administrativo disciplinar (PAD).

- Observe que **a autoridade** que tiver ciência da infração **é obrigada a promover sua apuração** imediata, utilizando um dos dois instrumentos mencionados (art. 143 da Lei n. 8.112/90).

SINDICÂNCIA

A **sindicância** constitui um procedimento sumário instaurado para apurar infrações que comportem a pena máxima de **suspensão por até trinta dias**.

- Após toda a apuração, que não pode exceder o prazo de trinta dias prorrogável por igual período, a sindicância poderá resultar em: I – arquivamento do processo; II – aplicação de penalidade de advertência ou suspensão de até trinta dias; III – instauração de processo disciplinar. Como se nota, **não é obrigatória a instauração prévia de sindicância**. Assim, nada impede que a autoridade inicie diretamente o processo administrativo disciplinar sem sindicância anterior.

DICA: não é obrigatória a instauração prévia de sindicância. Assim, nada impede que a autoridade inicie diretamente o processo administrativo disciplinar sem sindicância anterior.

PROCESSO ADMINISTRATIVO DISCIPLINAR (PAD)

O processo administrativo disciplinar (PAD) deve ser utilizado para apuração de ilícitos que ensejarem penalidades mais severas do que a suspensão por trinta dias, incluindo demissão, cassação de aposentadoria ou disponibilidade, e destituição de cargo em comissão.

- O processo disciplinar se desenvolve em três fases:
  a) instauração, com a publicação do ato que constituir a comissão;
  b) inquérito administrativo, que compreende instrução, defesa e relatório;
  c) julgamento.
- O processo disciplinar será conduzido por comissão formada por três servidores estáveis designados mediante portaria pela autoridade competente, sendo que o presidente da comissão deverá ser ocupante de cargo efetivo superior ou de mesmo nível, ou ter nível de escolaridade igual ou superior ao do indiciado.

DICA: é desnecessária a presença de advogado em PAD (Súmula Vinculante 5: "A falta de defesa técnica por advogado no processo administrativo disciplinar não ofende a Constituição").

- Os prazos para apuração das faltas cometidas pelo servidor, serão de:
  a) cinco anos: para faltas punidas com demissão, cassação de aposentadoria ou disponibilidade e destituição de cargo em comissão;
  b) dois anos: para condutas sujeitas a suspensão;
  c) cento e oitenta dias: para infrações puníveis com advertência.
- A manifestação final da comissão processante é um relatório conclusivo quanto à inocência ou responsabilidade do servidor, mas a decisão final sobre a aplicação, ou não, de sanção ao servidor nunca é tomada pela comissão processante, cabendo a esta encaminhar o relatório para a autoridade competente, nos termos da lei, para realizar o julgamento relativo à aplicação da penalidade cabível.

DICA: o processo disciplinar poderá ser revisto, a qualquer tempo, a pedido ou de ofício, quando se aduzirem fatos novos ou circunstâncias suscetíveis de justificar a inocência do punido ou a inadequação da penalidade aplicada.

- É de competência exclusiva do Presidente da República, em âmbito federal, aplicar a pena de demissão a servidores da Administração Direta da União.

DICA: por simetria, nas demais entidades federativas a competência para demitir servidores da Administração direta é exclusiva de Governadores e Prefeitos. Guarde: pena máxima, autoridade máxima!

PENALIDADES, REABILITAÇÃO E REVISÃO

- As penalidades de advertência e de suspensão terão seus registros cancelados (reabilitação), após o decurso de três e cinco anos de efetivo exercício, respectivamente, se o servidor não houver, nesse período, praticado nova infração disciplinar.
- Não poderá mais retornar ao serviço público federal o servidor que for demitido ou destituído do cargo em comissão nos casos de:
  a) crime contra a Administração Pública;
  b) improbidade administrativa;
  c) aplicação irregular de dinheiros públicos;
  d) lesão aos cofres públicos e dilapidação do patrimônio nacional;
  e) corrupção.

9.34 QUESTÕES

1. (Juiz de Direito Substituto – TJ-BA – 2019 – Cespe) Se os servidores estatutários de uma autarquia ambiental deflagrarem greve e pararem de trabalhar:

A) a greve será, de pronto, ilegal, visto que ainda não foi editada lei que regulamente a greve no serviço público;

B) a greve poderá ser considerada legal se o Estado der causa à deflagração, assim como ocorreria no caso de servidores policiais civis;

C) a administração pública poderá agir discricionariamente para escolher se desconta da remuneração dos servidores os dias parados;

D) a greve poderá ser declarada legal, porém a administração pública deverá, em regra, descontar da remuneração dos servidores os dias parados;

E) a administração pública será obrigada, caso haja requerimento de sindicato ou associação, a promover uma compensação pelas horas não trabalhadas, evitando o desconto na remuneração dos servidores.

2. (Pedagogo – IF-MS – 2019 – IF-MS) A Lei n. 8.112, de 11 de dezembro de 1990, prevê a concessão de afastamentos e licenças aos servidores públicos. Entretanto, a referida lei determina quais afastamentos e licenças podem ser concedidos aos servidores em estágio probatório. Assinale a alternativa que apresenta um afastamento ou uma licença permitida a um servidor em estágio probatório.

A) Licença por motivo de afastamento do cônjuge ou companheiro.

B) Licença capacitação.

C) Licença para tratar de interesses particulares.

D) Licença para desempenho de mandato classista.

E) Afastamento para participar de curso de formação decorrente de aprovação em concurso para outro cargo em qualquer esfera da Administração Pública.

3. (Arquivista – AGU – 2019 – Idecan) A Lei n. 8.112/90 prevê diversas penalidades disciplinares para o servidor público, que serão aplicadas levando em consideração a natureza e a gravidade da infração cometida, os danos que dela provierem para o serviço público, as circunstâncias agravantes ou atenuantes e os antecedentes funcionais. Nesse contexto normativo, assinale a alternativa que traga o prazo de prescrição da ação disciplinar quanto às infrações puníveis com suspensão:

A) um ano;

B) dois anos;

C) 60 dias;

D) 180 dias;

E) cinco anos;

4. (Administrador – AGU – 2019 – Idecan) A Lei n. 8.112/90 dispõe sobre o regime jurídico dos servidores públicos civis da União, das autarquias e das fundações públicas federais. Nesse contexto normativo, assinale o que não é considerado requisito básico para investidura em cargo público.

A) Nacionalidade brasileira.

B) Aptidão física e mental.

C) Gozo dos direitos políticos.

D) Idade mínima de dezoito anos.

E) Quitação com as obrigações militares, eleitorais e fiscais.

5. (Técnico em Comunicação Social – AGU – 2019 – Idecan) De acordo com a Lei n. 8.112/90, poderão ser instituídos, no âmbito dos Poderes Executivo, Legislativo e Judiciário, os seguintes incentivos funcionais:

I – prêmios pela apresentação de ideias, inventos ou trabalhos que favoreçam o aumento de produtividade e a redução dos custos operacionais;

II – concessão de medalhas, diplomas de honra ao mérito, condecoração e elogio;

III – gratificação pecuniária pela prestação de serviço eleitoral relevante,

Analisando os itens acima, é correto afirmar que:

A) somente o item I está correto;
B) somente o item II está correto;
C) somente o item III está correto;
D) somente os itens I e II estão corretos;
E) todos os itens estão corretos.

6. (Tecnólogo em Gestão Pública – IF-MS – 2019 – IF-MS) Os agentes públicos são classificados pela doutrina em diversas categorias, dentre as quais estão os agentes políticos. Sobre os agentes políticos, assinale a alternativa CORRETA.

A) Agente político é apenas aquele investido pelo voto popular.
B) Os agentes políticos serão remunerados exclusivamente por subsídio fixado em parcela única, vedado o acréscimo de qualquer gratificação, adicional, abono, prêmio, verba de representação ou outra espécie remuneratória.
C) Os Ministros de Estado e os Secretários Estaduais, Distritais e Municipais não são considerados agentes políticos.
D) São considerados agentes políticos o Presidente da República, os Governadores e os Prefeitos, não recaindo esta condição sobre os seus respectivos vices.
E) Não é possível a imputação de responsabilidade aos agentes políticos nos casos de irregularidades grosseiras, avaliadas sob enfoque amplo, ocorrida na condução de assuntos de sua competência.

7. (Matemática – IF-SP – 2019 – IF-SP) Joana, servidora de carreira técnico-administrativa do Campus São Roque, recentemente foi nomeada para o cargo de Professora do Ensino Básico, Técnico e Tecnológico do Campus Barretos, onde já se encontra em exercício do novo cargo. Seu marido, Carlos, é servidor efetivo do Campus São Roque. Carlos deseja trabalhar no mesmo Campus que sua esposa. Para isso, considerando o que dispõe a Lei n. 8.112/90, ele pode:

A) Ser removido a pedido, independente do interesse da administração, para acompanhamento de cônjuge.
B) Solicitar licença para acompanhamento de cônjuge, com exercício provisório no Campus Barretos, em virtude da nomeação de sua esposa.
C) Ser removido a pedido, a critério da Administração.
D) Solicitar transferência de seu cargo do Campus São Roque para o Campus Barretos.

8. (Matemática – IF-SP – 2019 – IF-SP) De acordo com a seção IV – Da Posse e do Exercício, do Capítulo I do Regime Jurídico Único – Lei n. 8112/90, assinale a alternativa correta.

A) A posse ocorrerá no prazo máximo de trinta dias contados da publicação do ato de nomeação.
B) Caso a posse não ocorra no prazo previsto na lei n. 8.112/90, o servidor será exonerado do cargo.
C) É de trinta dias o prazo para o servidor empossado em cargo público entrar em exercício, contados da data da posse.
D) Ao entrar em exercício, o servidor nomeado para cargo de provimento efetivo ficará sujeito a estágio probatório pelo total período de 12 (doze) meses, durante o qual a sua aptidão e capacidade serão objeto de avaliação para o desempenho do cargo.

9. (Auditor-Fiscal da Receita Estadual – Bloco II – Sefaz-RS – 2019 – Cespe) O deslocamento de servidor público, por interesse da administração, para o exercício em uma nova sede, com mudança de domicílio permanente, configura:

A) recondução, com direito a ajuda de custo para sua instalação;

B) readaptação, com direito a ajuda de custo para sua instalação;

C) remoção, com direito a ajuda de custo para sua instalação;

D) readaptação, sem direito a ajuda de custo para sua instalação;

E) remoção, sem direito a ajuda de custo para sua instalação.

10. (Administrador – UFSC – 2019 – UFSC) De acordo com a Lei n. 8.112, de 11 de dezembro de 1990, e suas alterações, que trata do Regime Jurídico Único, a vacância de cargo público poderá decorrer de:

A) exoneração, reintegração e aposentadoria;

B) falecimento, aproveitamento e readaptação;

C) demissão, readaptação e reversão;

D) demissão, readaptação e posse em outro cargo inacumulável;

E) exoneração, aproveitamento e falecimento.

GABARITO

1. D / **2.** A / **3.** B / **4.** E / **5.** D / **6.** B / **7.** C / **8.** A / **9.** C / **10.** D

Acesse mais questões também pelo link:
http://somos.in/MDA1160

10

IMPROBIDADE ADMINISTRATIVA

Acesse também a videoaula pelo link:
http://somos.in/MDA1111

10.1 INTRODUÇÃO

Os agentes públicos podem praticar, no exercício das funções estatais, condutas violadoras do Direito, capazes de sujeitá-los à aplicação das mais diversas formas de punição. Se o comportamento causar prejuízo patrimonial, pode ser proposta uma ação civil visando a reparação do dano. Sendo praticada conduta tipificada como crime, instaura-se um processo penal tendente à aplicação de sanções restritivas da liberdade. Já na hipótese de infração de natureza funcional, o Poder Público poderá instaurar um processo administrativo que, em caso de condenação do agente, resulta na fixação de sanções relacionadas ao cargo público, como advertência, suspensão e até demissão do servidor.

Essas três instâncias distintas de responsabilidade, a **civil**, a **penal** e a **administrativa**, compõem tradicionalmente a denominada **tríplice responsabilidade** do agente público.

A par das repercussões civil, penal e administrativa, é possível identificar uma **quarta esfera de responsabilização** do agente público em decorrência de condutas praticadas no exercício de suas funções, a saber: aquela **decorrente da aplicação da Lei de Improbidade Administrativa (LIA)** – Lei n. 8.429/92.

Como a aplicação das sanções decorrentes da prática de ato de improbidade administrativa ocorre em **processo judicial autônomo** em relação às demais esferas de responsabilização, a doutrina afirma que **a apuração do ato de improbidade independe do resultado nos processos civil, penal e administrativo.** Isso porque, em regra, as diferentes instâncias punitivas são independentes entre si, de modo que o resultado em uma **independe das demais** (art. 12 da LIA).

> Aceitando a cumulação da ação de improbidade com pedido de ressarcimento de danos morais, a prova da OAB Nacional 2008.3 elaborada pelo Cespe considerou INCORRETA a assertiva: "De acordo com a LIA, a ação de improbidade administrativa não pode ser cumulada com pedido de danos morais".

Atualmente, a doutrina moderna identificou ainda mais duas esferas de responsabilização do agente público: a) a instância política pela prática de crimes de responsabilidade (Lei n. 1.079/50); b) o processo de controle.

Portanto, não é exagero falar-se em **responsabilidade sêxtupla dos agentes públicos.**

10.2 BASE CONSTITUCIONAL

O dever de punição dos atos de improbidade administrativa tem fundamento constitucional no art. 37, § 4º, do Texto Maior: "os atos de improbidade administrativa importarão a suspensão dos direitos políticos, a perda da função pública, a indisponibilidade dos bens e o ressarcimento ao erário, na forma e gradação previstas em lei, sem prejuízo da ação penal cabível". Trata-se de **norma de eficácia limitada** cuja aplicabilidade somente ganhou alcance prático com a promulgação da Lei n. 8.429/92.

Segundo o STF, o fato de a LIA ter ampliado o rol de sanções mínimas originariamente previstas na Constituição Federal não representa inconstitucionalidade (AgRg no RE 598.588).

Pode-se dizer que a Lei de Improbidade Administrativa definiu **contornos concretos para o princípio da moralidade administrativa**, com base no enunciado no art. 37, *caput*, da CF de 1988. Na verdade, o princípio da probidade é um **subprincípio** dentro da noção mais abrangente de moralidade. O dever de punição dos atos de improbidade é também uma imposição do **princípio da legalidade.**

> A 27ª prova do Ministério Público/DF considerou CORRETA a afirmação: "A temática da Lei n. 8.249/92 obriga a uma aproximação entre o Direito e a Moral, acentuando os laços éticos que devem presidir a relação entre o povo e as autoridades".

Na jurisprudência dos **Tribunais Superiores**, tornou-se comum fazer referência à improbidade como **uma ilegalidade tipificada e qualificada pelo elemento subjetivo da conduta**[1].

Outros dispositivos constitucionais também fazem referência ao dever de probidade administrativa, tais como:

a) art. 14, § 9º: "Lei complementar estabelecerá outros casos de **inelegibilidade** e os prazos de sua cessação, a fim de proteger a probidade administrativa, a moralidade para exercício de mandato considerada vida pregressa do candidato, e a normalidade e legitimidade das eleições contra a influência do poder econômico ou o abuso do exercício de função, cargo ou emprego na administração direta ou indireta";

1. Fundação Getulio Vargas. Padrão de Respostas. Prova Discursiva. Direito Administrativo. IX Exame de Ordem Unificado.

b) art. 15, V: "é vedada a **cassação de direitos políticos**, cuja perda ou suspensão só se dará nos casos de: (...) V – improbidade administrativa, nos termos do art. 37, § 4º";

c) art. 85, V: "são **crimes de responsabilidade** os atos do Presidente da República que atentem contra a Constituição Federal e, especialmente, contra: (...) V – a probidade na administração".

10.3 DEFESA CONSTITUCIONAL DA MORALIDADE ADMINISTRATIVA

A Constituição de 1988 definiu como princípio vinculante para a Administração Pública direta e indireta de cada um dos Poderes da União, Estados, Distrito Federal e Municípios o dever de respeito à moralidade administrativa (art. 37, *caput*) e às sanções aplicáveis aos atos de improbidade administrativa (art. 37, § 4º).

O Texto Maior estabelece **dois mecanismos processuais** principais com natureza de **garantias fundamentais**, para defesa da moralidade administrativa:

a) ação popular, tendo como base o art. 5º, LXXIII, da CF, segundo o qual "qualquer cidadão é parte legítima para propor ação popular que vise a anular ato lesivo ao patrimônio público ou de entidade de que o Estado participe, à moralidade administrativa, ao meio ambiente e ao patrimônio histórico e cultural, ficando o autor, salvo comprovada má-fé, isento de custas judiciais e do ônus da sucumbência";

b) ação de improbidade administrativa, fundamentada no art. 37, § 4º, da CF: "os atos de improbidade administrativa importarão a suspensão dos direitos políticos, a perda da função pública, a indisponibilidade dos bens e o ressarcimento ao erário, na forma e gradação previstas em lei, sem **prejuízo da ação penal cabível**".

> A prova da Magistratura/PA – 2008 considerou CORRETA a assertiva: "A conduta do administrador público em desrespeito ao princípio da moralidade administrativa enquadra-se nos denominados 'atos de improbidade'. Tal conduta poderá ser sancionada com a suspensão dos direitos políticos, a perda da função pública, a indisponibilidade dos bens e o ressarcimento ao erário, na forma e gradação previstas em lei, sem prejuízo da ação penal cabível".

As **diferenças centrais** entre a ação popular e a ação de improbidade estão na **legitimidade ativa** e nos **pedidos** que podem ser formulados.

Isso porque a **ação popular** só pode ser proposta pela **pessoa física** em pleno gozo de direitos políticos (cidadão), e a sentença promove essencialmente a **anulação do ato** lesivo à moralidade, assim como a condenação do réu ao **pagamento de perdas e danos** (art. 11 da Lei n. 4.717/65).

Pelo contrário, a **ação de improbidade administrativa** só pode ser intentada pelo **Ministério Público** ou pela **pessoa jurídica interessada** (art. 17 da Lei n. 8.429/92), e tem como **efeitos possíveis da sentença**:

A prova da Magistratura/PR – 2006 considerou INCORRETA a assertiva: "A ação de improbidade administrativa, de que trata a Lei n. 8.429/92, será proposta pelo Ministério Público, pela pessoa jurídica interessada ou por associação que esteja constituída há pelo menos um ano, nos termos da lei civil, e que inclua, entre suas finalidades institucionais, a proteção ao patrimônio público".

a) perda dos bens ou valores acrescidos ilicitamente;

b) ressarcimento integral do dano;

c) perda da função pública;

d) suspensão dos direitos políticos;

e) multa civil;

f) proibição de contratar com o Poder Público ou receber benefícios ou incentivos fiscais ou **creditícios**.

Acrescentando a indisponibilidade de bens no rol das sanções da LIA, a 23ª prova do MPF considerou INCORRETA a assertiva: "Os atos de improbidade administrativa importarão a perda da função pública, a indisponibilidade dos bens, o ressarcimento ao erário e a cassação dos direitos políticos, sem prejuízo da ação penal cabível".

Frise-se que não há impedimento de qualquer natureza à propositura simultânea de ação popular e ação de improbidade administrativa motivadas em somente uma conduta lesiva.

10.4 COMPETÊNCIA PARA LEGISLAR SOBRE IMPROBIDADE ADMINISTRATIVA

A Constituição Federal de 1988 não definiu claramente de quem é a competência para criar leis punitivas contra a prática de atos de improbidade administrativa. Entretanto, tendo em vista a natureza das penas previstas, deve-se concluir que o tema é de competência legislativa privativa da União.

10.5 ABRANGÊNCIA E NATUREZA DA LEI N. 8.429/92. ATOS PRATICADOS ANTES DA VIGÊNCIA DA LIA

Nos termos do disposto no art. 1º da Lei n. 8.429/92, a Lei de Improbidade Administrativa é aplicável aos atos praticados por **qualquer agente público**, servidor ou não, contra a administração direta, indireta ou fundacional de qualquer dos Poderes da União, dos Estados, do Distrito Federal, dos Municípios, de Território, de empresa incorporada ao patrimônio público ou de entidade para cuja criação ou custeio o erário haja concorrido ou concorra com mais de 50% do patrimônio ou da receita anual.

A 18ª prova do Ministério Público/RO considerou INCORRETA a afirmação: "Reputa-se agente público, para efeitos da Lei n. 8.429/92, tão somente aquele que por eleição ou nomeação exerça mandato ou cargo na Administração direta dos Estados, do Distrito Federal, dos Municípios e de Territórios".

O parágrafo único do mesmo dispositivo estende as penalidades previstas na lei também aos atos praticados contra o patrimônio de entidade que receba subvenção, benefício ou incentivo, fiscal ou creditício, de órgão público, bem como daquelas cuja criação ou custeio o erário haja concorrido ou concorra com menos de 50% do patrimônio ou da receita anual, limitando-se, nesses casos, a sanção patrimonial à repercussão do ilícito sobre a contribuição dos cofres públicos.

Sendo aplicável simultaneamente a todos os âmbitos federativos, a Lei n. 8.429/92 tem **natureza jurídica de lei nacional**, diferindo das leis federais comuns que são obrigatórias somente para a esfera federal.

No julgamento do REsp 1.129.121, o STJ entendeu que a LIA não pode ser aplicada para punir condutas anteriores à sua vigência, ainda que ocorridas após a edição da Constituição Federal de 1988.

10.6 SUJEITO PASSIVO DO ATO DE IMPROBIDADE

Sujeito passivo é a entidade que sofre as consequências do ato de improbidade administrativa. É a vítima da improbidade. O sujeito passivo do ato de improbidade será sujeito ativo da ação de improbidade (art. 17 da LIA). Conforme o disposto no art. 1º da Lei n. 8.429/92, podem ocupar essa condição pessoas jurídicas organizadas nas seguintes categorias:

a) **Administração Pública Direta:** composta pelas pessoas federativas, a saber, União, Estados, Distrito Federal, Municípios e Territórios;

b) **Administração Pública Indireta:** são autarquias, fundações públicas, associações públicas, empresas públicas, sociedades de economia mista e fundações governamentais;

c) **empresas incorporadas ao patrimônio público ou de entidade cuja criação ou custeio o erário haja concorrido ou concorra com mais de 50% do patrimônio ou da receita anual:** com essa referência, o legislador quis reforçar a inclusão, no rol dos sujeitos passivos dos atos de improbidade, das chamadas empresas governamentais, ou seja, empresas públicas e sociedades de economia mista;

d) **entidades que recebam subvenção, benefício ou incentivo, fiscal ou creditício, provenientes de órgãos públicos:** as pessoas jurídicas privadas, não pertencentes ao Estado, também podem figurar como sujeito passivo de ato de improbidade administrativa desde que recebam algum tipo de vantagem concedida pelo Poder Público, tais como: subvenções, benefícios, incentivos fiscais ou incentivos creditícios. Porém, nesses casos, a sanção patrimonial fica limitada à repercussão do ilícito sobre a contribuição dos cofres públicos (art. 1º, parágrafo único, da LIA). Nessa categoria, estão enquadradas, além das pessoas jurídicas pertencentes ao **Terceiro Setor** que recebem receitas diretamente do Estado, tais como as organizações sociais e organizações da sociedade civil de **interesse**

público, as entidades parafiscais que arrecadam tributos de seus membros e associados, como os partidos políticos e entidades sindicais;

> A prova do Ministério Público/AM – 2007 elaborada pelo Cespe considerou CORRETA a afirmação: "Estão sujeitos às penalidades da LIA os atos de improbidade praticados contra o patrimônio de entidade que receba subvenção, benefício ou incentivo, fiscal ou creditício, de órgão público, a exemplo das entidades beneficentes de assistência social".

e) entidades para cuja criação ou custeio o erário haja concorrido ou concorra com menos de 50% do patrimônio ou da receita anual: o ato de improbidade também pode ser praticado contra as denominadas empresas privadas com participação estatal, isto é, aquelas em que o Estado detenha percentual minoritário na composição do capital votante. Nesse caso, a entidade não pertence à Administração Pública, mas é sujeito passivo de atos de improbidade. É o que ocorre, por exemplo, com as sociedades de propósito específico criadas para gerir parcerias público-privadas (art. 9º, § 4º, da Lei n. 11.079/2004).

> ATENÇÃO: a **legitimidade ativa** para propositura da ação de improbidade administrativa é **concorrente** entre as entidades acima mencionadas e o Ministério Público.

10.7 SUJEITO ATIVO DO ATO DE IMPROBIDADE

O art. 1º da LIA prescreve que o ato de improbidade administrativa pode ser praticado por **"qualquer agente público, servidor ou não"**. Essa é a primeira referência da Lei ao sujeito ativo do ato de improbidade. O sujeito ativo do ato de improbidade será sujeito passivo da ação de improbidade (art. 17 da LIA).

A menção a "qualquer agente público" significa que os atos de improbidade podem ser praticados por **todas as categorias de agentes públicos**, incluindo servidores estatutários, empregados públicos celetistas, agentes políticos, contratados temporários e particulares em colaboração com a Administração, tais como os requisitados de serviço (mesários e conscritos, por exemplo). A LIA aplica-se também a funcionários e dirigentes de sindicatos, entidades do terceiro setor, como as **assistenciais**, e pessoas componentes do sistema "S".

> A prova do Ministério Público/AM – 2007 elaborada pelo Cespe considerou CORRETA a afirmação: "A LIA aplica-se àquele que exerce, ainda que transitoriamente ou sem remuneração, por eleição, nomeação, designação, contratação ou qualquer outra forma de investidura ou vínculo, mandato, cargo, emprego ou função nas entidades beneficentes de assistência social".

Nesse sentido, o art. 2º da LIA esclarece que: "Reputa-se agente público, para os efeitos desta lei, todo aquele que exerce, ainda que transitoriamente ou **sem remuneração**, por eleição, nomeação, designação, contratação ou qualquer outra forma de investidura ou vínculo, mandato, cargo, emprego ou função nas entidades mencionadas no artigo anterior".

> Entendendo que a referência legal a condutas "dolosas ou culposas" envolve a avaliação de elementos subjetivos, a prova da OAB Nacional 2008.2 elaborada pelo Cespe considerou CORRETA a assertiva: "Na prática de atos de improbidade administrativa, mesmo os que exercem, sem remuneração, mandato, cargo, emprego ou função pública são considerados agentes públicos".

A título de exemplo, o STJ firmou entendimento de que notários e registradores são sujeitos ativos potenciais dos atos de improbidade administrativa (REsp 118.417), assim como hospitais e médicos conveniados ao SUS (REsp 416.329).

Entretanto, o art. 3º estende as penas previstas na Lei também àquele que, mesmo **não sendo agente público**, induza ou concorra para a prática do ato de improbidade ou dele se beneficie sob qualquer forma, direta ou **indireta**. As pessoas jurídicas também poderão figurar como sujeito ativo do ato de improbidade na condição de terceira beneficiada (STJ: REsp 1.127.143). Assim, admite-se a sujeição de particulares às penalidades da LIA, desde que induzam, concorram ou se beneficiem dos **atos de improbidade**. Sem estar enquadrado nessa condição de "colaborador" com a conduta ímproba de agente público, o particular, agindo separadamente, nunca está submetido às penas da LIA (STJ: REsp 1.155.992).

> A prova da OAB/PR considerou INCORRETA a afirmação: "Somente os agentes públicos podem ser considerados sujeitos ativos de atos de improbidade administrativa".
> A prova da Magistratura/PA – 2008 considerou CORRETA a assertiva: "Além dos agentes públicos, terceiros podem ser sujeitos ativos de improbidade administrativa. O terceiro, quando beneficiário direto ou indireto do ato de improbidade, só pode ser responsabilizado por ação dolosa, ou seja, quando tiver ciência da origem ilícita da vantagem".

Podem ser punidos também pela Lei de Improbidade os **sucessores** de quem praticou a conduta tipificada.

Em síntese, conclui-se que a Lei n. 8.429/92 é aplicável:

a) a todas as categorias de agentes públicos;

b) a não agentes, desde que induzam, concorram ou se beneficiem dos atos de improbidade, ou ainda sejam sucessores daquele que praticou a conduta punível.

Quando a improbidade é praticada por agente público fala-se em **improbidade própria**. Se imputada a um particular não agente, tem-se **improbidade imprópria** (Alexandre de Moraes).

Portanto, o sujeito ativo do ato de improbidade é quem figurará no polo passivo da ação judicial de improbidade administrativa.

O sucessor daquele que causar lesão ao patrimônio público ou se enriquecer ilicitamente está sujeito às cominações desta lei **até** o **limite do valor da herança** (art. 8º da LIA).

A 18ª prova do Ministério Público/RO considerou INCORRETA a afirmação: "Sem qualquer restrição, o sucessor daquele que causar lesão ao patrimônio público ou se enriquecer ilicitamente está sujeito às cominações da LIA".

A prova da OAB Nacional 2009.1 elaborada pelo Cespe considerou INCORRETA a assertiva: "O sucessor daquele que causar lesão ao patrimônio público ou enriquecer ilicitamente está sujeito às cominações da lei além do limite do valor da herança".

10.7.1 Particulares sujeitos à LIA (improbidade imprópria) e o "caso Guilherme Fontes"

Acesse também a videoaula pelo link:
http://somos.in/MDA1125

Conforme visto no item anterior, somente em **quatro hipóteses particulares** (não agentes), sejam pessoas físicas ou jurídicas, podem ser punidos por improbidade (imprópria), quando:

1) **induzem** o agente à prática do ato;

2) **concorrem** para o ato;

3) figuram como **beneficiários** do ato;

4) forem **sucessores** de quem praticou o ato, até o limite da herança.

Em qualquer caso, porém, o **particular não pode responder sozinho nas ações de improbidade**.

Nesse sentido, a 1ª Turma do Superior Tribunal de Justiça, no julgamento do REsp 1.405.748 (21-5-2015), extinguiu a ação de improbidade proposta isoladamente contra o ator Guilherme Fontes pela demora na conclusão do filme *Chatô – o Rei do Brasil*.

"A Primeira Turma do Superior Tribunal de Justiça (STJ) negou nesta quinta-feira (21) recurso do Ministério Público Federal (MPF) que pedia a condenação do ator e diretor Guilherme Fontes por improbidade administrativa. O motivo foi a captação de recursos oriundos de renúncia fiscal para produção do filme 'Chatô – O Rei do Brasil', que não havia sido concluído até o ajuizamento da ação. Só agora, depois de quase 20 anos de produção, o filme está com lançamento anunciado para este ano.

Seguindo a jurisprudência consolidada no STJ, a maioria dos ministros entendeu que particulares não podem responder sozinhos a ações com base na Lei de Improbidade Administrativa (LIA), sem que também figure como réu na ação um agente público responsável pela prática do ato considerado ímprobo. O particular só responde como participante do ato.

Segundo a posição vencedora na Turma, o conceito de agente público previsto no art. 2º da LIA deve ser interpretado restritivamente, impedindo seu alargamento para alcançar particulares que não se encontram no exercício de função estatal.

O processo

A ação civil pública por improbidade administrativa foi ajuizada pelo MPF em dezembro de 2010 contra a empresa Guilherme Fontes Filmes Ltda., contra o próprio Guilherme Fontes e a empresária Yolanda Coeli. O objetivo era responsabilizá-los pela má administração de R$ 51 milhões que foram captados com base na **Lei Rouanet** e na **Lei do Audiovisual**.

Segundo o MPF, investigações conduzidas pelo Ministério da Cultura, Controladoria Geral da União (CGU), Agência Nacional de Cinema (Ancine) e Comissão de Valores Mobiliários (CVM) constataram diversas irregularidades administrativas cometidas pelos réus, que teriam agido com negligência na gestão de dinheiro público, com vultosos danos ao erário.

O MPF pediu aplicação das penalidades previstas no art. 12 da LIA. Citou expressamente a perda da função pública, caso ocupassem; suspensão dos direitos políticos; ressarcimento do dano; pagamento de multa civil e proibição de contratar com o Poder Público ou receber benefícios ou incentivos fiscais.

Decisões judiciais

A sentença julgou o processo extinto sem resolução de mérito ao fundamento de que não se pode falar em ato de improbidade administrativa praticado exclusivamente por particular sem que haja atuação de agente público.

O Tribunal Regional Federal da 2ª Região (TRF2) negou a apelação do MPF. Os magistrados afirmaram que a elaboração de um filme por particular, ainda que haja ajuda financeira da administração pública, não pode ser interpretada como serviço realizado mediante delegação contratual ou legal pelo Poder Público, a ser executado em razão de concessão.

A decisão de segundo grau está em sintonia com a jurisprudência do STJ, razão pela qual o recurso do MPF foi negado. Ficou vencida a relatora do caso, desembargadora convocada Marga Tessler, que votou pelo provimento do recurso"[2].

Convém destacar que **não há litisconsórcio passivo necessário** entre o agente público e os terceiros beneficiados com o ato ímprobo (STJ: AgRg no REsp 1.421.144/PB).

Quanto ao prazo prescricional, a ação de improbidade contra particular sujeita-se à mesma forma de contagem aplicável ao agente litisconsorte. Assim, por

2. Fonte: transcrição de notícia publicada no *site* <http://www.stj.jus.br>. Acesso em: 21-5-2015.

exemplo, sendo a ação de improbidade proposta contra agente político e beneficiário particular, o prazo quinquenal contará, para ambos, a partir de quando o político desligar-se da função, nos termos do disposto pelo art. 23, I, da LIA.

10.7.1.1 Ação de improbidade particular versus particular?

Embora seja um caso raro, nada impede que a ação judicial de improbidade administrativa tenha particulares tanto no polo ativo quanto no polo passivo. Basta imaginar, por exemplo, uma Organização Não Governamental que tenha recebido recursos públicos repassados pelo Governo Federal. Se tais recursos forem desviados por um agente público que vier a falecer, a ONG (entidade privada) poderá propor a ação de improbidade contra os herdeiros do agente (particulares). Nesse caso, a demanda judicial será um caso raro de improbidade particular *versus* particular.

10.7.2 A questão dos agentes políticos

A Lei n. 8.429/92 não faz qualquer restrição do seu alcance quanto aos agentes políticos. Pelo contrário. O art. 23, ao tratar da prescrição da ação de improbidade, afirma que o prazo para propositura é de cinco anos após o término do "exercício de mandato", de cargo em comissão ou de função de confiança. A simples referência a "mandato" já autoriza a conclusão de que a lei pretende punir também os agentes políticos que praticam ato de improbidade administrativa.

A visão tradicional do **Supremo Tribunal Federal**, adotada no julgamento da Reclamação Constitucional n. 2.138, de 13-6-2007, sempre foi no sentido de que a **Lei de Improbidade não se aplica aos agentes políticos** quando a mesma conduta já for punida pela **Lei dos Crimes de Responsabilidade – Lei n. 1.079/50**.

Abaixo, as partes mais importantes do referido julgado.

"EMENTA: RECLAMAÇÃO. USURPAÇÃO DA COMPETÊNCIA DO SUPREMO TRIBUNAL FEDERAL. IMPROBIDADE ADMINISTRATIVA. CRIME DE RESPONSABILIDADE. AGENTES POLÍTICOS. I. PRELIMINARES. QUESTÕES DE ORDEM.

1. Improbidade administrativa. Crimes de responsabilidade. Os atos de improbidade administrativa são tipificados como crime de responsabilidade na Lei n. 1.079/50, delito de caráter político-administrativo.

2. Distinção entre os regimes de responsabilização político-administrativa. O sistema constitucional brasileiro distingue o regime de responsabilidade dos agentes políticos dos demais agentes públicos. **A Constituição não admite a concorrência entre dois regimes de responsabilidade político-administrativa para os agentes políticos**: o previsto no art. 37, § 4º (regulado pela Lei n. 8.429/92), e o regime fixado no art. 102, I, *c* (disciplinado pela Lei n. 1.079/50). Se a competência para processar e julgar a ação de improbidade (CF, art. 37, § 4º)

pudesse abranger também atos praticados pelos agentes políticos, submetidos a regime de responsabilidade especial, ter-se-ia uma interpretação ab-rogante do disposto no art. 102, I, *c*, da Constituição (Rcl 2.138/DF, Tribunal Pleno, j. 13-6-2007, rel. Min. Nelson Jobim, rel. p/ acórdão Min. Gilmar Mendes)."

A preocupação central do Supremo Tribunal Federal foi **evitar o *bis in idem*** ou a dupla punição, estabelecendo um critério capaz de conciliar a aplicação das Leis n. 8.429/92 e 1.079/50. Como esta última é lei especial em relação aos agentes políticos, afasta a incidência da LIA quando a conduta estiver tipificada nas duas leis.

Importante frisar que o entendimento do Supremo exige duas condições simultâneas para que a LIA deixe de ser aplicada:

1) o agente político deve estar expressamente incluído entre os puníveis pela Lei n. 1.079/50;

2) a conduta precisa estar tipificada na Lei n. 1.079/50 e na Lei n. 8.429/92.

Os arts. 2º e 74 da Lei n. 1.079/50 esclarecem quais agentes políticos estão sujeitos à prática de crimes de responsabilidade:

a) Presidente da República;

b) Ministro de Estado;

c) Procurador-Geral da República;

d) Ministro do Supremo Tribunal Federal;

e) Governador;

f) Secretário de Estado.

Esses, portanto, são os agentes políticos que, segundo o entendimento do Supremo Tribunal Federal e atendidas as condições acima mencionadas, não se submetem às penas da Lei de Improbidade.

Cabe destacar, todavia, uma importante mudança de orientação do STF quanto à matéria. Embora a posição ainda pareça vacilante, no julgamento da Petição 3.240, em 10-5-2018, **o STF passou a entender que os agentes políticos, com exceção do Presidente da República, encontram-se sujeitos a um duplo regime sancionatório, e se submetem tanto à responsabilização civil pelos atos de improbidade administrativa quanto à responsabilização político-administrativa por crimes de responsabilidade.** "Não há qualquer impedimento à concorrência de esferas de responsabilização distintas", disse o Ministro Barroso. Para o ministro, a tentativa de imunizar os agentes políticos das sanções da ação de improbidade administrativa a pretexto de que essas seriam absorvidas pelo crime de responsabilidade não tem fundamento constitucional.

É a mesma orientação já adotada pelo **Superior Tribunal de Justiça**. No julgamento da Reclamação 2.790/2009, o STJ decidiu que "excetuada a hipótese de atos de improbidade praticados pelo Presidente da República, cujo julgamento se dá em regime especial pelo Senado Federal, não há norma constitucional alguma que imunize os agentes políticos, sujeitos a crime de responsabilidade, de qualquer sanção por ato de improbidade". Assim, para o STJ **os agentes políticos estão submetidos integralmente à LIA, com exceção do Presidente da República.**

Mais complexa é a questão que envolve a sujeição de prefeitos e vereadores à Lei de Improbidade. O tema é disciplinado pelo Decreto-lei n. 201/67. No regime especial estabelecido pelo DL n. 201/67, a doutrina especializada tem diferenciado crimes de responsabilidade próprios e crimes de responsabilidade impróprios (Damásio E. de Jesus).

Os crimes de responsabilidade próprios são processados e julgados pela Câmara Municipal. Já os crimes de responsabilidade impróprios, tipificados no art. 1º do DL n. 201/67, equiparam-se a crimes comuns, sendo julgados pelo Poder Judiciário[3].

De todo modo, aplicando-se a mesma lógica usada pelo Supremo Tribunal Federal quanto à Lei n. 1.079/50, os agentes políticos da esfera municipal também estariam fora do alcance da LIA. Mas ainda não há entendimento do Supremo sobre tal questão. Assim, é mais seguro sustentar em concursos públicos **que prefeitos e vereadores continuam sujeitos à LIA**, sem prejuízo da aplicação das penas descritas no Decreto-lei n. 201/67.

Importante destacar que o **Estatuto da Cidade**, Lei n. 10.257/2001, em seu art. 52, enumera hipóteses específicas de **improbidade administrativa** cometida **pelos prefeitos:**

a) deixar de proceder, no prazo de cinco anos, ao adequado aproveitamento do imóvel incorporado ao patrimônio público;

b) utilizar áreas obtidas por meio do direito de preempção em desacordo com a legislação;

c) aplicar os recursos auferidos com a outorga onerosa do direito de construir e de alteração de uso em desacordo com a legislação;

d) aplicar os recursos auferidos com operações consorciadas em desacordo com a legislação;

e) impedir ou deixar de garantir os requisitos contidos nos incisos I a III do § 4º do art. 40 do Estatuto;

f) deixar de tomar as providências necessárias para garantir a observância do disposto no § 3º do art. 40 e no art. 50 do Estatuto;

g) adquirir imóvel objeto de direito de preempção, nos termos dos arts. 25 a 27 do Estatuto, pelo valor da proposta apresentada, se este for, comprovadamente, superior ao de mercado.

Por fim, vale lembrar que o **conteúdo do voto do parlamentar não poderá ensejar aplicação das sanções da LIA** (STJ: REsp 1.101.359). Já a edição de lei

3. Nathalia Masson, *Manual de direito constitucional*, 3. ed., JusPodivm, p. 853.

que implementa o aumento indevido nas próprias remunerações, posteriormente camuflado em ajuda de custo desvinculada de prestação de contas, caracteriza improbidade administrativa enquadrada no art. 10 da LIA (lesão ao erário) (STJ: REsp 723.494).

10.7.3 Teoria da ignorância deliberada (*willful blindness*) ou "teoria do avestruz" (*ostrich instructions*)

A 9ª Câmara de Direito Público do TJ-SP, no julgamento da Apelação Cível n. 009252-56.2010.8.26.073, em 9 de abril de 2014, **considerou aplicável em matéria de improbidade administrativa** a teoria norte-americana denominada "ignorância deliberada" (willful blindness), "cegueira intencional" ou "teoria das instruções do avestruz" (ostrich instructions).

Originária da Suprema Corte dos Estados Unidos, a referida teoria foi desenvolvida no Direito Penal com a finalidade de punir a ignorância consciente de agentes que intencionalmente fingem não enxergar a prática de atos ilícitos para, com isso, obter algum tipo de benefício.

Trata-se de um comportamento similar ao do avestruz, ave que enfia a cabeça embaixo da terra, supõe-se, para não ver o que ocorre ao redor.

No caso examinado pelo TJ-SP, o Ministério Público ajuizou ação de improbidade administrativa contra o prefeito e um instituto privado em razão de superfaturamento na contratação, sem licitação, de serviços médicos para plantões nos prontos-socorros municipais. De acordo com o relator do recurso, desembargador João Batista Morato Rebouças de Carvalho, "por outro lado, é, em relação ao ilícito administrativo praticado neste caso concreto, perfeitamente adequada a aplicação da Teoria da Cegueira Deliberada, na medida em que os corréus fingiram não perceber o superfaturamento praticado com a nova contratação por intermédio de Termo de Parceria, com objetivo único de lesar o patrimônio público, não havendo agora como se beneficiarem da própria torpeza".

A estranheza que o nome da teoria do avestruz causou na imprensa brasileira fez com que o assunto ganhasse grande repercussão nos jornais e na internet, como uma forma mágica de responsabilizar políticos de alto escalão por atos ilícitos praticados por seus auxiliares diretos. Exemplo: responsabilizar o Presidente da República pelo ato ímprobo praticado por um Ministro de Estado.

Cabe registrar, entretanto, que **inexiste qualquer base legal, doutrinária ou jurisprudencial em nossos tribunais superiores** que autorize a aplicação da teoria da ignorância deliberada em matéria de improbidade administrativa. Por enquanto, não passa de um curioso "achado" dentro de acórdão do TJ-SP.

10.7.4 Responsabilização do parecerista e do consultor jurídico[4]

O Superior Tribunal de Justiça, no julgamento do REsp 1.183.504/DF, admitiu em casos excepcionais a propositura de Ação de Improbidade Administrativa contra consultor jurídico ou parecerista se houver dolo:

"ADMINISTRATIVO. IMPROBIDADE ADMINISTRATIVA. MINISTÉRIO PÚBLICO COMO AUTOR DA AÇÃO. DESNECESSIDADE DE INTERVENÇÃO DO *PARQUET* COMO *CUSTOS LEGIS*. AUSÊNCIA DE PREJUÍZO. NÃO OCORRÊNCIA DE NULIDADE. RESPONSABILIDADE DO ADVOGADO PÚBLICO. POSSIBILIDADE EM SITUAÇÕES EXCEPCIONAIS NÃO PRESENTES NO CASO CONCRETO. AUSÊNCIA DE RESPONSABILIZAÇÃO DO PARECERISTA. ATUAÇÃO DENTRO DAS PRERROGATIVAS FUNCIONAIS. SÚMULA 7/STJ. 3. É possível, em situações excepcionais, enquadrar o consultor jurídico ou o parecerista como sujeito passivo numa ação de improbidade administrativa. Para isso, é preciso que a peça opinativa seja apenas um instrumento, dolosamente elaborado, destinado a possibilitar a realização do ato ímprobo. Em outras palavras, faz-se necessário, para que se configure essa situação excepcional, que desde o nascedouro a má-fé tenha sido o elemento subjetivo condutor da realização do parecer".

10.8 ESPÉCIES DE ATO DE IMPROBIDADE

A Lei n. 8.429/92, em seus arts. 9º a 11, define **um rol exemplificativo** das condutas que caracterizam improbidade administrativa, dividindo-as em quatro grupos distintos:

a) atos de improbidade administrativa que importam enriquecimento ilícito (art. 9º): são as condutas de maior gravidade, apenadas com as sanções mais rigorosas. Em regra, tais condutas causam aos cofres públicos prejuízo associado a um acréscimo indevido no patrimônio do sujeito ativo;

b) atos de improbidade administrativa que causam prejuízo ao erário (art. 10): possuem gravidade intermediária. Não produzem enriquecimento do agente público, mas provocam uma lesão financeira aos cofres públicos;

c) atos de improbidade que atentam contra os princípios da administração pública (art. 11): comportamentos de menor gravidade. Não desencadeiam lesão financeira ao erário, nem acréscimo patrimonial ao agente;

> ATENÇÃO: a caracterização do **ato de improbidade não exige a ocorrência de lesão financeira ao erário**. Embora na linguagem comum "improbidade" seja quase um sinônimo de "desvio de verbas públicas", o art. 11 da Lei de Improbidade permite concluir que pode haver improbidade administrativa no simples descumprimento de princípio administrativo, sem qualquer prejuízo financeiro aos cofres públicos. Os atos de improbidade descritos na LIA envolvem sempre uma **lesão presumida ao interesse público**.

4. Sobre o tema da responsabilidade do parecerista, *vide* item 4.14.4.12 deste *Manual*.

d) atos de improbidade administrativa decorrentes de concessão ou aplicação indevida de benefício financeiro ou tributário (art. 10-A): novidade trazida pela Lei Complementar n. 157/2016, tipifica como improbidade qualquer ação ou omissão visando conceder, aplicar ou manter benefício financeiro ou tributário que reduza a alíquota do Imposto sobre Serviços de Qualquer Natureza (ISS) para patamar inferior a 2% (dois por cento), nos termos do art. 8º-A da Lei Complementar n. 157/2016, inclusive sobre o serviço proveniente ou cuja prestação se tenha iniciado no exterior do País. Como o novo dispositivo não menciona a variação culposa, conclui-se que a caracterização da nova figura de improbidade **exige dolo.**

Convém analisar separadamente cada uma das espécies de ato de improbidade administrativa.

10.8.1 Atos de improbidade administrativa que importam enriquecimento ilícito (art. 9º)

A primeira categoria de ato de improbidade, prevista no art. 9º da LIA, descreve as **condutas mais graves** puníveis com base nesse diploma normativo. São hipóteses em que o agente público **aufere dolosamente uma vantagem patrimonial indevida** em razão do exercício de cargo, mandato, função, emprego ou **atividade pública**.

> A prova de Técnico Judiciário do TRT/AL elaborada pela FCC considerou CORRETA a afirmação: "No exercício de sua função, o funcionário público Herivelto pratica ato contrário à lei, do qual resulta para si enriquecimento ilícito. Em decorrência, de acordo com a Lei de Improbidade Administrativa e em relação aos bens acrescidos ilicitamente ao seu patrimônio, perderá esses bens ou valores, além de estar sujeito a outras sanções previstas na referida lei".

O **rol exemplificativo** desse tipo de ato de improbidade está previsto nos doze incisos do art. 9º da LIA:

"I – receber, para si ou para outrem, dinheiro, bem móvel ou imóvel, ou qualquer outra vantagem econômica, direta ou indireta, a título de comissão, percentagem, gratificação ou presente de quem tenha interesse, direto ou indireto, que possa ser atingido ou amparado por ação ou omissão decorrente das atribuições do agente público;

II – perceber vantagem econômica, direta ou indireta, para facilitar a aquisição, permuta ou locação de bem móvel ou imóvel, ou a contratação de serviços por preço superior ao valor de mercado;

III – perceber vantagem econômica, direta ou indireta, para facilitar a alienação, permuta ou locação de bem público ou o fornecimento de serviço por ente estatal por preço inferior ao valor de mercado;

IV – utilizar, em obra ou serviço particular, veículos, máquinas, equipamentos ou material de qualquer natureza, de propriedade ou à disposição de qualquer das entidades mencionadas no art. 1º da LIA, bem como o trabalho de servidores públicos, empregados ou terceiros contratados por essas entidades;

V – receber vantagem econômica de qualquer natureza, direta ou indireta, para tolerar a exploração ou a prática de jogos de azar, de lenocínio, de narcotráfico, de contrabando, de usura ou de qualquer outra atividade ilícita, ou aceitar promessa de tal vantagem;

VI – receber vantagem econômica de qualquer natureza, direta ou indireta, para fazer declaração falsa sobre medição ou avaliação em obras públicas ou qualquer outro serviço, ou sobre quantidade, peso, medida, qualidade ou característica de mercadorias ou bens fornecidos a qualquer das entidades mencionadas no art. 1º da LIA;

VII – adquirir, para si ou para outrem, no exercício de mandato, cargo, emprego ou função pública, bens de qualquer natureza cujo valor seja desproporcional à evolução do patrimônio ou à renda do agente público;

VIII – aceitar emprego, comissão ou exercer atividade de consultoria ou assessoramento para pessoa física ou jurídica que tenha interesse suscetível de ser atingido ou amparado por ação ou omissão decorrente das atribuições do agente público, durante a atividade;

IX – perceber vantagem econômica para intermediar a liberação ou aplicação de **verba pública de qualquer natureza**;

> A 179ª prova da Magistratura/SP considerou CORRETA a afirmação: "Constitui ato de improbidade administrativa que importa enriquecimento ilícito perceber o agente público vantagem econômica para intermediar a liberação ou aplicação de verba pública de qualquer natureza".

X – receber vantagem econômica de qualquer natureza, direta ou indiretamente, para omitir ato de ofício, providência ou declaração a que esteja obrigado;

XI – incorporar, por qualquer forma, ao seu patrimônio bens, rendas, verbas ou valores integrantes do acervo patrimonial das entidades mencionadas no art. 1º da LIA;

XII – usar, em proveito próprio, bens, rendas, verbas ou valores integrantes do acervo patrimonial das entidades mencionadas no art. 1º da LIA".

10.8.1.1 Sanções cabíveis

Independentemente das sanções penais, civis e administrativas previstas na legislação específica, está o responsável pelo ato de improbidade que importa enriquecimento ilícito sujeito às seguintes cominações, que podem ser aplicadas isolada ou cumulativamente, de acordo com a gravidade do fato (art. 12, I, da LIA):

a) perda dos bens ou valores acrescidos ilicitamente ao patrimônio;

b) ressarcimento integral do dano, quando houver;

c) perda da função pública;

d) suspensão dos direitos políticos **de oito a dez anos**;

e) pagamento de multa civil de **até três vezes o valor do acréscimo patrimonial**; e

f) proibição de contratar com o Poder Público ou receber benefícios ou incentivos fiscais ou creditícios, direta ou indiretamente, ainda que por intermédio de pessoa jurídica da qual seja sócio majoritário, pelo **prazo de dez anos**.

10.8.2 Atos de improbidade administrativa que causam prejuízo ao erário (art. 10)

O segundo tipo de ato de improbidade, cujas hipóteses estão exemplificativamente indicadas no art. 10 da LIA, envolve **condutas de gravidade intermediária**. Trata-se de casos em que o agente público **causa lesão ao erário** por meio de qualquer ação ou omissão, dolosa ou culposa, que enseje perda patrimonial, desvio, apropriação, malbaratamento ou dilapidação dos bens ou haveres das entidades públicas mencionadas na Lei.

> Entendendo que a referência legal à conduta "dolosa ou culposa" envolve a avaliação de elementos subjetivos do comportamento, a prova da OAB Nacional 2008.3 elaborada pelo Cespe considerou CORRETA a assertiva: "Na avaliação da improbidade por dano ao erário, o juiz deve analisar o elemento subjetivo da conduta do agente".

Exige-se para caracterizar a prática de improbidade nesses casos a **comprovação efetiva de dano ao erário** (STJ: REsp 1.127.143), diante da impossibilidade de condenação ao ressarcimento por dano hipotético ou presumido (STJ: REsp 1.038.777).

As hipóteses mais importantes estão listadas no art. 10 da LIA, a saber:

"I – facilitar ou concorrer por qualquer forma para a incorporação ao patrimônio particular, de pessoa física ou jurídica, de bens, rendas, verbas ou valores integrantes do acervo patrimonial das entidades mencionadas no art. 1º da LIA;

II – permitir ou concorrer para que pessoa física ou jurídica privada utilize bens, rendas, verbas ou valores integrantes do acervo patrimonial das entidades mencionadas no art. 1º da LIA, sem a observância das formalidades legais ou regulamentares aplicáveis à **espécie**;

> A prova da OAB/MT considerou CORRETA a assertiva: "Paulo é servidor público federal responsável pelos equipamentos e materiais permanentes de um determinado órgão público. Certo dia, Paulo permitiu que o servidor Júlio utilizasse veículo oficial para tratar de questões pessoais, ou seja, viajar para a praia com a família no feriado prolongado. Para tanto, Paulo autorizou a retirada do veículo e determinou que João Mauro, servidor público, com cargo de motorista, dirigisse o veículo e o abastecesse nos postos contratados pelo Governo Federal para o fornecimento de combustível, em nome da União. Nesse caso, de acordo com a LIA, Paulo praticou ato de improbidade administrativa que causa prejuízo ao erário".

III – doar à pessoa física ou jurídica bem como ao ente despersonalizado, ainda que de fins educativos ou assistenciais, bens, rendas, verbas ou valores do patrimônio de qualquer das entidades mencionadas no art. 1º da LIA, sem observância das formalidades legais e regulamentares aplicáveis à espécie;

IV – permitir ou facilitar a alienação, permuta ou locação de bem integrante do patrimônio de qualquer das entidades referidas no art. 1º da LIA, ou ainda a prestação de serviço por parte delas, por preço inferior ao de mercado;

V – permitir ou facilitar a aquisição, permuta ou locação de bem ou serviço por preço superior ao de mercado;

VI – realizar operação financeira sem observância das normas legais e regulamentares ou aceitar garantia insuficiente ou inidônea;

VII – conceder benefício administrativo ou fiscal sem a observância das formalidades legais ou regulamentares aplicáveis à espécie;

VIII – frustrar a licitude de **processo licitatório** ou de processo seletivo para celebração de parcerias com entidades sem fins lucrativos, ou dispensá-los indevidamente;

> A prova de Auditor do TCU 2007 elaborada pelo Cespe considerou CORRETA a assertiva: "A conduta do administrador público no sentido de fraudar a licitação e desviar dinheiro público constitui ato de improbidade administrativa, fazendo com que, independentemente das sanções penais, civis e administrativas previstas na legislação específica, ele fique sujeito, entre outras, às seguintes cominações: ressarcimento integral do dano, perda da função pública, suspensão dos direitos políticos e pagamento de multa".

IX – ordenar ou permitir a realização de despesas não autorizadas em lei ou regulamento;

X – agir negligentemente na arrecadação de tributo ou renda, bem como no que diz respeito à conservação do patrimônio público;

XI – liberar verba pública sem a estrita observância das normas pertinentes ou influir de qualquer forma para a sua aplicação irregular;

XII – permitir, facilitar ou concorrer para que terceiro se enriqueça ilicitamente;

XIII – permitir que se utilize, em obra ou serviço particular, veículos, máquinas, equipamentos ou material de qualquer natureza, de propriedade ou à disposição de qualquer das entidades mencionadas no art. 1º da LIA, bem como o trabalho de servidor público, empregados ou terceiros contratados por essas entidades;

XIV – celebrar contrato ou outro instrumento que tenha por objeto a prestação de serviços públicos por meio da gestão associada sem observar as formalidades previstas na lei;

XV – celebrar contrato de rateio de consórcio público sem suficiente e prévia dotação orçamentária, ou sem observar as **formalidades previstas na lei**;

> A prova de Técnico Judiciário do TRT/MA elaborada pela FCC considerou CORRETA a assertiva: "De acordo com a classificação e enumeração dada pela Lei n. 8.429/92, constitui ato de improbidade administrativa que causa prejuízo ao erário público celebrar contrato de rateio de consórcio público sem suficiente e prévia dotação orçamentária, ou sem observar as formalidades previstas na lei".

XVI – facilitar ou concorrer, por qualquer forma, para a incorporação, ao patrimônio particular de pessoa física ou jurídica, de bens, rendas, verbas ou valores públicos transferidos pela Administração Pública a entidades privadas mediante celebração de parcerias, sem a observância das formalidades legais ou regulamentares aplicáveis à espécie;

XVII – permitir ou concorrer para que pessoa física ou jurídica privada utilize bens, rendas, verbas ou valores públicos transferidos pela administração pública a entidade privada mediante celebração de parcerias, sem a observância das formalidades legais ou regulamentares aplicáveis à espécie;

XVIII – celebrar parcerias da administração pública com entidades privadas sem a observância das formalidades legais ou regulamentares aplicáveis à espécie;

XIX – frustrar a licitude de processo seletivo para celebração de parcerias da administração pública com entidades privadas ou dispensá-lo indevidamente;

XX – agir negligentemente na celebração, fiscalização e análise das prestações de contas de parcerias firmadas pela administração pública com entidades privadas;

XXI – liberar recursos de parcerias firmadas pela administração pública com entidades privadas sem a estrita observância das normas pertinentes ou influir de qualquer forma para a sua aplicação irregular".

10.8.2.1 Sanções cabíveis

Sem prejuízo das sanções penais, civis e administrativas previstas na legislação específica, está o responsável pelo ato de improbidade que causa lesão ao erário sujeito às seguintes cominações, que podem ser aplicadas isolada ou cumulativamente, de acordo com a gravidade do fato (art. 12, II, da LIA):

a) ressarcimento integral do dano;

b) perda dos bens ou valores acrescidos ilicitamente ao patrimônio, se concorrer esta circunstância;

c) perda da função pública;

d) suspensão dos direitos políticos **de cinco a oito anos**;

e) pagamento de multa civil de **até duas vezes o valor do dano**; e

f) proibição de contratar com o Poder Público ou receber benefícios ou in centivos fiscais ou creditícios, direta ou indiretamente, ainda que por intermédio de pessoa jurídica da qual seja sócio majoritário, pelo **prazo de cinco anos**.

10.8.3 Atos de improbidade administrativa decorrentes de concessão ou aplicação indevida de benefício financeiro ou tributário (art. 10-A)

Acesse também a videoaula pelo link:
http://somos.in/MDA1144

A quarta categoria de atos de improbidade, inovação trazida pela Lei Complementar n. 157/2016, tipifica qualquer ação ou omissão visando conceder, aplicar ou manter benefício financeiro ou tributário que reduza a alíquota do Imposto sobre Serviços de Qualquer Natureza (ISS) para patamar inferior a 2% (dois por cento), nos termos do art. 8º-A da Lei Complementar n. 157/2016, inclusive sobre o serviço proveniente ou cuja prestação se tenha iniciado no exterior do País.

Por força do art. 6º da LC n. 157/2016, os Municípios terão até 1º-6-2018 para revogar benefícios financeiros ou fiscais que desatendam à alíquota mínima de 2% do ISS.

Assim, entendemos que somente as condutas praticadas após tal data (1º-6--2018) são puníveis nos termos do art. 10-A da Lei n. 8.429/92, sujeitando o agente às penas de:

a) perda da função pública;

b) suspensão dos direitos políticos de 5 (cinco) a 8 (oito) anos;

c) e multa civil de até 3 (três) vezes o valor do benefício financeiro ou tributário concedido (art. 12, IV, da Lei n. 8.429/92).

Importante destacar que, como o novo dispositivo não menciona a variação culposa, conclui-se que a caracterização da nova figura de improbidade exige dolo.

10.8.4 Atos de improbidade que atentam contra os princípios da administração pública (art. 11)

A terceira espécie de ato de improbidade, descrita no art. 11 da LIA, envolve as **condutas de menor gravidade que atentam dolosamente contra os princípios da administração pública**, violando os deveres de honestidade, imparcialidade, legalidade, mas sem provocar qualquer lesão financeira ao erário.

O art. 11 da Lei n. 8.429/92 enumera o seguinte **rol exemplificativo**:

"I – praticar ato visando fim proibido em lei ou regulamento ou diverso daquele previsto, na regra de competência;

II – retardar ou deixar de praticar, indevidamente, **ato de ofício**;

> A prova de Técnico Judiciário do TRT-AL elaborada pela FCC considerou CORRETA a assertiva: "Geribaldo, funcionário público federal, sem estar movido por interesse ou sentimento pessoal, deixa de praticar, indevidamente, ato administrativo de sua competência, sem que disso resulte enriquecimento ilícito ou lesão ao erário. De acordo com a Lei de Improbidade Administrativa, sua conduta caracteriza ato de improbidade administrativa".

III – revelar fato ou circunstância de que tem ciência em razão das atribuições e que deva permanecer em **segredo**;

IV – negar publicidade aos atos oficiais;

V – frustrar a licitude de concurso público;

VI – deixar de prestar contas quando esteja obrigado a fazê-lo;

VII – revelar ou permitir que chegue ao conhecimento de terceiro, antes da respectiva divulgação oficial, teor de medida política ou econômica capaz de afetar o preço de mercadoria, bem ou serviço".

VIII – descumprir as normas relativas à celebração, fiscalização e aprovação de contas de parcerias firmadas pela administração pública com entidades privadas.

IX – deixar de cumprir a exigência de requisitos de acessibilidade previstos na legislação.

X – transferir recurso a entidade privada, em razão da prestação de serviços na área de saúde sem a prévia celebração de contrato, convênio ou instrumento congênere, nos termos do parágrafo único do art. 24 da Lei n. 8.080, de 19 de setembro de 1990.

10.8.4.1 Sanções cabíveis

Independentemente das sanções penais, civis e administrativas previstas na legislação específica, está o responsável pelo ato de improbidade que atenta contra os princípios da administração pública sujeito às seguintes cominações, que podem ser aplicadas isolada ou cumulativamente, de acordo com a gravidade do fato (art. 12, III, da LIA):

a) ressarcimento integral do dano, se houver;

b) perda da função pública;

c) suspensão dos direitos políticos **de três a cinco anos**;

d) pagamento de multa civil de **até cem vezes o valor da remuneração percebida pelo agente**; e

e) proibição de contratar com o Poder Público ou receber benefícios ou incentivos fiscais ou creditícios, direta ou indiretamente, ainda que por intermédio de pessoa jurídica da qual seja sócio majoritário, pelo **prazo de três anos**.

10.9 ATOS DE IMPROBIDADE TIPIFICADOS NO ESTATUTO DA CIDADE

O art. 52 da Lei n. 10.257/2001 (Estatuto da Cidade) tipifica atos de improbidade administrativa praticados **exclusivamente por prefeitos**.

As condutas são as seguintes:

I – deixar de proceder, no prazo de cinco anos, o adequado aproveitamento do imóvel incorporado ao patrimônio público, no caso de desapropriação urbanística;

II – utilizar áreas obtidas por meio do direito de preempção para finalidade diversa das previstas no art. 26 do Estatuto da Cidade (regularização fundiária; execução de programas e projetos habitacionais de interesse social; constituição de reserva fundiária; ordenamento e direcionamento da expansão urbana; implantação de equipamentos urbanos e comunitários; criação de espaços públicos de lazer e áreas verdes; criação de unidades de conservação ou proteção de outras áreas de interesse ambiental; proteção de áreas de interesse histórico, cultural ou paisagístico);

III – aplicar os recursos auferidos com a outorga onerosa do direito de construir e de alteração de uso em desacordo às finalidades descritas no art. 26 do Estatuto (*vide* item anterior);

IV – aplicar os recursos auferidos com operações consorciadas em finalidade desvinculada da própria operação;

V – elaborar o Plano Diretor ou fiscalizar sua implementação sem garantir: a promoção de audiências públicas e debates com a participação da população e de associações representativas dos vários segmentos da comunidade; a publicidade quanto aos documentos e informações produzidos; e o acesso de qualquer interessado aos documentos e informações produzidos;

VI – deixar de tomar as providências necessárias para garantir que o plano diretor seja revisto, pelo menos, a cada dez anos;

VII – deixar de tomar as providências necessárias para garantir que aprovem o Plano Diretor até 30-6-2008 os Municípios com mais de 20 mil habitantes ou integrantes de regiões metropolitanas e aglomerações urbanas;

VIII – adquirir imóvel objeto de direito de preempção, nos termos dos arts. 25 a 27 do Estatuto da Cidade, pelo valor da proposta apresentada, se este for, comprovadamente, superior ao de mercado.

Na ausência de expressa previsão de punição para condutas culposas, é preciso considerar que tais hipóteses **exigem dolo** para caracterização do ato de improbidade.

Como o legislador não definiu as penas aplicáveis a tais condutas, entendemos que caberá ao juiz, diante do caso concreto, avaliar se o comportamento: a) enriqueceu o agente; b) lesou o erário; ou c) violou princípios. E, então, aplicar as sanções correspondentes conforme o enquadramento respectivamente nas hipóteses dos incisos I, II ou III do art. 12 da Lei n. 8.429/92.

10.10 CATEGORIAS DE ATOS DE IMPROBIDADE

Quadro comparativo entre as três categorias de atos de improbidade

	Atos de improbidade que causam enriquecimento ilícito do agente	Atos de improbidade que causam prejuízo ao erário	Atos de improbidade decorrentes de concessão ou aplicação indevida de benefício financeiro ou tributário	Atos de improbidade que atentam contra princípios da administração pública	Atos de improbidade tipificados no Estatuto da Cidade
Previsão legal	Art. 9º da LIA	Art. 10 da LIA	Art. 10-A da LIA	Art. 11 da LIA	Art. 52 da Lei n. 10.257/2001
Características	Produzem uma vantagem patrimonial indevida para o agente.	Ensejam perda patrimonial, desvio, apropriação, malbaratamento ou dilapidação dos bens públicos.	Leis ou atos administrativos municipais que concedem vantagens financeiras ou tributárias que reduzem a alíquota do ISS para patamar inferior a 2%.	Não causam prejuízo financeiro ao erário, mas desatendem deveres de honestidade, imparcialidade, legalidade e lealdade às instituições.	Comportamentos dolosos praticados exclusivamente por prefeitos.
Tipo de conduta	Dolosa	Dolosa ou culposa	Dolosa	Dolosa	Dolosa
Exemplos	– Receber dinheiro, gratificação ou presente no exercício da função pública. – Utilizar em proveito próprio veículos ou bens pertencentes ao serviço público.	– Permitir que terceiro utilize, em proveito próprio, verbas ou bens do serviço público. – Frustrar a licitude de processo licitatório ou dispensá-lo indevidamente. – Celebrar contrato de rateio de consórcio público sem suficiente e prévia dotação orçamentária, ou sem observar as formalidades previstas na lei.	– Concessão de crédito presumido – Alíquota zero – Isenção fiscal – Base de cálculo reduzida – Desoneração financeira	– Negar publicidade aos atos oficiais. – Praticar ato visando fim proibido em lei ou regulamento ou diverso daquele previsto, na regra de competência. – Frustrar a licitude de concurso público.	– Deixar de proceder, no prazo de cinco anos, o adequado aproveitamento do imóvel incorporado ao patrimônio público, no caso de desapropriação urbanística. – Deixar de tomar as providências necessárias para garantir que o plano diretor seja revisto, pelo menos, a cada dez anos.

					– Aplicar os recursos auferidos com operações consorciadas em finalidade desvinculada da própria operação.
Sanções cabíveis	– Perda dos bens ou valores acrescidos ilicitamente ao patrimônio. – Ressarcimento integral do dano, quando houver. – Perda da função pública. – Suspensão dos direitos políticos de oito a dez anos. – Pagamento de multa civil de até três vezes o valor do acréscimo patrimonial. – Proibição de contratar com o Poder Público ou receber benefícios ou incentivos fiscais ou creditícios, direta ou indiretamente, ainda que por intermédio de pessoa jurídica da qual seja sócio majoritário, pelo prazo de dez anos.	– Ressarcimento integral do dano. – Perda dos bens ou valores acrescidos ilicitamente ao patrimônio, se concorrer esta circunstância. – Perda da função pública. – Suspensão dos direitos políticos de cinco a oito anos. – Pagamento de multa civil de até duas vezes o valor do dano. – Proibição de contratar com o Poder Público ou receber benefícios ou incentivos fiscais ou creditícios, direta ou indiretamente, ainda que por intermédio de pessoa jurídica da qual seja sócio majoritário, pelo prazo de cinco anos.	– Perda da função pública. – Suspensão dos direitos políticos de cinco a oito anos. – E multa civil de até três vezes o valor do benefício financeiro ou tributário concedido (art. 12, IV, da Lei n. 8.429/92).	– Ressarcimento integral do dano, se houver. – Perda da função pública. – Suspensão dos direitos políticos de três a cinco anos. – Pagamento de multa civil de até cem vezes o valor da remuneração percebida pelo agente. – Proibição de contratar com o Poder Público ou receber benefícios ou incentivos fiscais ou creditícios, direta ou indiretamente, ainda que por intermédio de pessoa jurídica da qual seja sócio majoritário, pelo prazo de três anos.	O juiz aplica as penas correspondentes após enquadramento da conduta, por analogia, em algum dos incisos do art. 12 da LIA.

10.11 DECLARAÇÃO DE BENS

Determina o art. 13 da LIA que a posse e o exercício de agente público ficam condicionados à apresentação de declaração dos bens e valores componentes de seu **patrimônio privado**.

> A prova da Defensoria Pública/CE 2008 elaborada pelo Cespe considerou CORRETA a assertiva: "A posse e o exercício de agente público em seu cargo ficam condicionados à apresentação de declaração de bens e valores que compõem seu patrimônio, a fim de ser arquivada no setor de pessoal do órgão".

A declaração deverá indicar imóveis, móveis, semoventes, dinheiro, títulos, ações, e qualquer outra espécie de bens e valores patrimoniais, localizados no País ou no exterior, e, quando for o caso, abrangerá os bens e valores patrimoniais do cônjuge ou companheiro, dos filhos e de outras pessoas que vivam sob a dependência econômica do declarante, excluídos apenas os objetos e utensílios de uso doméstico (art. 13, § 1º, da LIA).

10.12 IMPROBIDADE ADMINISTRATIVA E PRINCÍPIO DA INSIGNIFICÂNCIA. MERAS IRREGULARIDADES

No julgamento do Recurso Especial n. 892.818-RS, o Superior Tribunal de Justiça afastou a aplicação do princípio da insignificância na prática de atos de improbidade administrativa.

O caso tratado na decisão envolvia o uso de carro oficial e da força de trabalho de três servidores municipais para transportar móveis particulares de chefe de gabinete de prefeitura municipal.

O Tribunal entendeu que nos atos de improbidade está em jogo a moralidade administrativa, "não se admitindo que haja apenas um pouco de ofensa, sendo incabível o julgamento basear-se exclusivamente na ótica econômica".

Assim, o **princípio da insignificância** e a **teoria dos delitos de bagatela não se aplicam** aos atos de improbidade administrativa.

Na mesma esteira, o STJ vem sustentando que a **LIA não deve ser aplicada para punir meras irregularidades administrativas, erros toleráveis ou transgressões disciplinares** (REsp 1.245.622). Exemplo: não constitui improbidade a acumulação de cargos públicos com a efetiva prestação do serviço, por valor irrisório pago ao profissional de boa-fé.

A mera prática de tipo penal contra a administração pública, em si, não caracteriza improbidade administrativa (REsp 1.115.195).

10.12.1 Improbidade tentada

O STJ considerou que é **punível a tentativa de improbidade** nos casos em que as condutas não se realizam por motivos alheios à vontade do agente, com fundamento na ocorrência de ofensa aos princípios da Administração Pública (REsp 1.014.161).

10.13 PROCEDIMENTO ADMINISTRATIVO. MEDIDAS CAUTELARES

Tendo ciência da prática de ato de improbidade, qualquer pessoa pode representar à autoridade administrativa competente para que realize as investigações pertinentes (art. 14).

A representação deverá ser feita por escrito ou, se oral, reduzida a termo e assinada, devendo obrigatoriamente conter a qualificação do representante, as informações sobre o fato e sua autoria e a indicação das provas de que tenha conhecimento (art. 14, § 1º).

Admite-se instauração do procedimento administrativo investigativo até mesmo em caso de denúncia anônima, desde que esta seja verossímil (STJ: RMS 30.510).

Instituída a comissão processante, deverá ser dado conhecimento ao **Ministério Público** e ao Tribunal ou Conselho de Contas da existência de procedimento administrativo para apurar a prática de ato de improbidade (art. 15).

> A prova de Agente da CGU/2006 elaborada pelo Cespe considerou CORRETA a assertiva: "O Ministério Público deve ser informado da existência de procedimento administrativo instaurado para apurar a prática de ato de improbidade, antes mesmo da sua conclusão".

Se houver fundados indícios de responsabilidade, a comissão processante representará ao Ministério Público ou à procuradoria do órgão para que requeira ao juízo competente a **decretação do sequestro** dos bens do agente ou terceiro que tenha enriquecido ilicitamente ou causado dano ao patrimônio público (art. 16).

> A prova de Agente da CGU/2006 elaborada pelo Cespe considerou CORRETA a assertiva: "Havendo fundados indícios de enriquecimento ilícito, pode ser requerido o sequestro dos bens do beneficiário, antes mesmo de concluído o procedimento administrativo".

A LIA não define as regras que deverão ser observadas no pedido de sequestro. Isso porque o art. 16, § 1º, da Lei n. 8.429/92 determina que o pedido de sequestro será processado de acordo com o disposto nos arts. 822 e 825 do antigo **Código de Processo Civil**. **Importante destacar que no novo Código de Processo Civil esses artigos não encontram correspondentes. A matéria passou a ser regida pelas disposições atinentes às tutelas de urgência (art. 300 e s.).**

> A 18ª prova do Ministério Público/RO considerou INCORRETA a afirmação: "A LIA define as regras que deverão ser observadas no pedido de sequestro de bens, que será requerido quando houver fundados indícios de responsabilidade do agente ou terceiro que tenha enriquecido ilicitamente ou causado dano ao patrimônio público".

O Ministério Público e a pessoa jurídica prejudicada pela improbidade poderão, quando for o caso, formular pedido de **medida cautelar preparatória ou incidental** para:

a) **indisponibilidade dos bens do indiciado**, recaindo sobre parcela de seu patrimônio que assegure integral ressarcimento do dano, ou sobre o acréscimo patrimonial resultante do enriquecimento ilícito (art. 7º da LIA).

> A prova de Promotor de Justiça elaborada pelo MP/SP em 2015 considerou CORRETA a assertiva: "Nas ações por improbidade administrativa, a indisponibilidade de bens, requerida pelo Ministério Público, não atinge os proventos de aposentadoria do demandado".

O pedido de indisponibilidade **dispensa a prova do periculum in mora concreto** (prova de dilapidação do patrimônio público ou sua iminência), exigindo-se somente demonstração do *fumus boni juris* (indícios da prática de improbidade) (STJ: REsp 1.190.846). Se o objetivo da medida for assegurar a aplicação futura da sanção de ressarcimento ao erário, a indisponibilidade pode alcançar os bens adquiridos antes ou depois da prática dos atos de improbidade, além de levar em consideração o valor de possível multa civil como sanção autônoma (STJ: REsp 1.461.892/BA). Porém, se a finalidade for assegurar a aplicação da futura pena de perdimento de bens ou valores acrescidos ilicitamente, a indisponibilidade deve atingir apenas os bens adquiridos posteriormente ao ilícito (STJ: RMS 6.197)[5]. Há entendimento admitindo que a indisponibilidade **alcança o bem de família**, pois não impede o uso e somente a alienação, protegendo do mesmo modo o bem (TJ/SP, AI 2111761-17.2014.8.26.0000);

> A prova de Promotor de Justiça elaborada pelo MP/SP em 2015 considerou ERRADA a assertiva: "Nas ações por improbidade administrativa, a indisponibilidade de bens, requerida pelo Ministério Público, não alcança o bem de família do demandado".
>
> A prova de Promotor/MG em 2017 elaborada pela Fundep considerou CORRETA a afirmação: "Os bens de família podem ser objeto de medida de indisponibilidade prevista na Lei de Improbidade Administrativa, uma vez que há apenas a limitação de eventual alienação do bem".

b) **sequestro, investigação, exame ou bloqueio de bens** (art. 16 da LIA);

c) **bloqueio de contas bancárias e aplicações financeiras** mantidas pelo indiciado no exterior (art. 16, § 2º, da LIA).

Nos termos do art. 20, parágrafo único, da LIA, a **autoridade judicial ou administrativa** poderá decretar ainda o **afastamento cautelar do agente público do exercício do cargo**, emprego ou função, sem prejuízo da remuneração, quando a medida se fizer necessária à instrução processual.

> A prova de Promotor/MG em 2017 elaborada pela Fundep considerou CORRETA a afirmação: "O afastamento cautelar do agente público de seu cargo, previsto no parágrafo único do art. 20 da Lei n. 8.429/92, é medida excepcional, que pode perdurar por até 180 (cento e oitenta) dias".

---

5. Extraído do blog *O Processo* (<http://www.oprocesso.com>), de autoria de Caio Cezar de Figueiredo Paiva, cuja sistematização da jurisprudência sobre improbidade administrativa foi a base para inserção dos novos entendimentos do STF e STJ na 4ª edição deste *Manual*. Recomendo a consulta.

No julgamento da Medida Cautelar 19.214, o STJ entendeu que o afastamento cautelar do agente investigado por improbidade é **medida excepcional** que pode perdurar pelo **prazo máximo de 180 dias**:

"Ementa: PROCESSO CIVIL. ADMINISTRATIVO. IMPROBIDADE ADMINISTRATIVA. AFASTAMENTO CAUTELAR DE PREFEITO. RECURSO ESPECIAL. EFEITO SUSPENSIVO. IMPOSSIBILIDADE. AUSÊNCIA DOS REQUISITOS AUTORIZADORES. 1. O art. 20, parágrafo único, da Lei n. 8.429/92 (Lei de Improbidade Administrativa) estabelece que 'A autoridade judicial ou administrativa competente poderá determinar o **afastamento** do agente público do exercício do cargo, emprego ou função, sem prejuízo da remuneração, quando a medida se fizer necessária à instrução processual'. 2. Na hipótese, as instâncias ordinárias constataram a concreta interferência na prova, qual seja, a não prestação de informações e documentos aos Órgãos de controle (Câmara de Vereadores e Tribunal de Contas Estadual e da União), o que representa risco efetivo à instrução processual. Demais disso, não desarrazoado ou desproporcional o **afastamento** do cargo pelo prazo de 180 (cento e oitenta) dias, pois seria, no caso concreto, o tempo necessário para verificar 'a materialidade dos atos de improbidade administrativa'. Medida **cautelar** improcedente" (MC 19.214 PE 2012/0077724-4/T2 – 2ª Turma – DJe 20-11-2012 e 13-11-2012 – rel. Min. Humberto Martins).

10.14 AÇÃO JUDICIAL DE IMPROBIDADE

A efetiva aplicação das sanções previstas na LIA é de competência privativa do Poder Judiciário, não podendo ser realizada pela Administração Pública (STF, *RTJ*, 195/73).

É cabível a propositura de ação civil pública por ato de improbidade administrativa, diante da natureza difusa do interesse tutelado (STJ: REsp 507.142). O STJ, porém, não admite ação de improbidade proposta em caráter preventivo. (A prova da Magistratura-CE elaborada pelo Cespe em 2018 considerou ERRADA a assertiva: "Com base na legislação de regência e na jurisprudência do STJ, é correto afirmar que a ação de improbidade administrativa pode ser ajuizada tanto em caráter preventivo como em caráter repressivo".)

A ação de improbidade administrativa deve ser **proposta na primeira instância**, e sua tramitação segue o **rito ordinário**, aplicando-se subsidiariamente as regras da Lei de Ação Civil Pública (Lei n. 7.347/85).

> Reforçando a desnecessidade de prova pré-constituída para propositura da ação de improbidade, o Exame da OAB Nacional 2007.1 elaborado pelo Cespe considerou INCORRETA a assertiva: "O Ministério Público deve provar, logo na inicial, o ato qualificado como de improbidade administrativa, não bastando que se afirme que o fará ao longo da instrução processual".

Não há foro determinado por prerrogativa de função na ação de **improbidade** (STF, ADIn 2.860). Isso porque o rol das matérias de competência originária dos tribunais é constitucionalmente fixado, tendo natureza taxativa. Importante exceção reconhecida pela jurisprudência do STJ a essa regra ocorre na hipótese de **ato de improbidade praticado por juiz integrante de tribunal**, pois, nesse caso, seria uma subversão da estrutura organizacional escalonada do Poder Judiciário entregar o julgamento da demanda a um juiz de primeiro grau (AgRg na Sd 208/AM). Aqui, tem-se caso de competência originária do tribunal posicionado imediatamente acima daquele ao qual o acusado se encontra vinculado. Porém, havendo cessação da atividade do magistrado por aposentadoria desaparece o "foro privilegiado".

Nessa mesma esteira, o Supremo Tribunal Federal decidiu que tem competência para o julgamento de ação de improbidade contra um de seus membros (Pet. 3.211/DF).

Em outra oportunidade, o STJ entendeu também que, por simetria com o que ocorre em relação aos crimes comuns, há, **na ação de improbidade administrativa**, com **possível aplicação da pena de perda do cargo**, ajuizada **contra governador do Estado, competência implícita do STJ** para julgar originariamente a demanda (Rcl 2.790).

Quanto à legitimidade ativa, somente o **Ministério Público** (legitimidade universal) e a pessoa jurídica prejudicada (legitimidade circunstancial) podem propor ação de improbidade administrativa.

> A 179ª prova da Magistratura/SP considerou CORRETA a afirmação: "O Ministério Público também se acha legitimado pela Lei n. 8.429/92 para promover inquérito civil e ajuizar a demanda principal".

Nada impede que a ação seja proposta somente pelo Ministério Público. A ausência no feito da pessoa jurídica de direito público cujo ato seja objeto de impugnação não gera, por si, vício **processual**.

> A prova de Promotor/MG em 2017 elaborada pela Fundep considerou ERRADA a afirmação: "Na ação de improbidade há necessidade de integração da lide por parte da pessoa jurídica de direito público cujo ato seja objeto de impugnação, sob pena de nulidade".

Quando não for autor, o **Ministério Público obrigatoriamente atuará como** fiscal **da lei**, sob pena de nulidade do processo.

> A 18ª prova do Ministério Público/RO considerou INCORRETA a afirmação: "O Ministério Público somente intervirá no processo referente à improbidade administrativa como parte".
> A prova do Ministério Público/AM – 2007 elaborada pelo Cespe considerou INCORRETA a afirmação: "Quando a ação de improbidade administrativa for proposta por pessoa jurídica interessada e não pelo MP, fica este desobrigado de intervir na ação".

É possível o deferimento de medida cautelar de indisponibilidade de bens em ação de improbidade administrativa nos autos da ação principal sem audiência da parte adversa e, portanto, antes da notificação prévia a que se refere o art. 17, § 7º, da LIA (STJ: AgRG no AREsp 460.279/MS).

Nos termos do art. 17, § 1º, da LIA, com redação dada pela Lei n. 13.964/2019, **a ação de improbidade admite celebração de acordo de não persecução cível.** Assim, após seguidas alterações legislativas nos parágrafos do artigo 17 da LIA, **atualmente é possível a realização de delação premiada** na ação de improbidade.

Estando a inicial em termos, o juiz mandará autuá-la e ordenará a **notificação** do requerido, para oferecer manifestação por escrito (defesa prévia), que poderá ser instruída com documentos e justificações, dentro do prazo de quinze dias (art. 17, § 7º, da LIA). **A ausência de notificação do requerido para apresentar defesa prévia gera nulidade da citação**[6].

A prova da Defensoria Pública/CE elaborada pelo Cespe considerou INCORRETA a assertiva: "Uma vez proposta ação de improbidade administrativa, o Juiz, verificada a observância dos requisitos da petição inicial, determinará a citação dos réus para, querendo, oferecer contestação".

Para o STJ, porém, a ausência de notificação para defesa prévia, prevista no art. 17, § 7º, da LIA, só acarreta nulidade processual se houver comprovado prejuízo (*pas de nullité sans grief*).

"**A presença de indícios de cometimento de atos ímprobos autoriza o recebimento fundamentado da petição inicial** nos termos do art. 17, §§ 7º, 8º e 9º, da Lei n. 8.429/92, devendo prevalecer, no juízo preliminar, o princípio do *in dubio pro societate*" (STJ, AgRg no AREsp 604.949/RS).

Recebida a defesa prévia, o juiz, no prazo de trinta dias, em decisão fundamentada, rejeitará a ação se convencido da inexistência do ato de improbidade, da improcedência da ação ou da inadequação da via eleita. Só depois será realizada a citação do réu para contestar **o feito**. A existência de dois instrumentos processuais de defesa do acusado na ação de improbidade caracteriza importante "reforço de contraditório".

A prova da OAB Nacional elaborada pelo Cespe considerou CORRETA a assertiva: "O juiz deve, antes de determinar a citação da ação de improbidade, proceder à notificação prévia do acusado".

A sentença que julgar procedente ação civil de reparação de dano ou decretar a perda dos bens havidos ilicitamente determinará o pagamento ou a reversão dos bens, conforme o caso, em favor da pessoa jurídica prejudicada pelo ilícito. (A prova da Magistratura-CE elaborada pelo Cespe em 2018 considerou CORRETA a assertiva: "Com base na legislação de regência e na jurisprudência do STJ, é correto afirmar que a ação de improbidade administrativa admite a utilização de prova emprestada colhida na persecução penal, desde que assegurado o direito ao contraditório e à ampla defesa".)

6. Fundação Getulio Vargas. Padrão de Respostas. Prova Prático-Profissional. Direito Administrativo. Exame de Ordem 2010/3.

Não há julgamento *ultra* ou *extra petita* quando o juiz acrescenta à condenação sanções não pedidas na Inicial (STJ: AgRg 1.125.634).

Pode o juiz enquadrar o ato de improbidade em dispositivo diverso do indicado na Inicial, sem prejuízo para a defesa, pois esta deve ater-se aos fatos e não à capitulação legal (STJ: REsp 842.428).

A efetivação da suspensão dos direitos políticos e a perda do cargo somente ocorre com o trânsito em julgado da sentença condenatória. Admite-se, no entanto, que a autoridade administrativa ou o juiz, no interesse da investigação, determine o afastamento temporário do agente, hipótese em que ele permanecerá recebendo a remuneração mesmo afastado.

O Ministério Público estadual possui legitimidade recursal para atuar como parte no Superior Tribunal de Justiça nas ações de improbidade administrativa, reservando-se ao Ministério Público Federal a atuação como fiscal da lei (AgRg no AREsp 1.323.236/RN).

Considera-se pessoa jurídica interessada, para fins de improbidade, o ente tributante (Município ou Distrito Federal) que figurar no polo ativo da obrigação tributária do Imposto sobre Serviços de Qualquer Natureza (ISS) (art. 17, § 13, da LIA, com redação dada pela LC n. 157/2016).

10.14.1 Ação de improbidade e independência das instâncias

Atualmente, uma única conduta praticada pelo agente público pode desencadear **seis processos distintos de responsabilização:**

1) civil;

2) penal;

3) administrativo disciplinar;

4) improbidade administrativa;

5) responsabilidade política (Lei n. 1.079/50);

6) processo de controle.

Como regra, o resultado em um processo não interfere nos demais. Sabe-se, porém, que a absolvição criminal por negativa de autoria ou ausência de materialidade faz coisa julgada na civil e no administrativo (art. 126 da Lei n. 8.112/90). Sendo o processo penal a esfera mais "garantista" e que busca a verdade real, deve-se concluir que a **sentença penal absolutória**, desde que **fundamentada na negativa de autoria ou ausência de materialidade, impede a condenação do agente**, pelo mesmo fato, **na ação de improbidade administrativa.**

A independência da ação de improbidade em face de outras instâncias de responsabilização é reconhecida em dois dispositivos da LIA:

a) art. 12: "**independentemente das sanções penais, civis e administrativas previstas na legislação específica**, está o responsável pelo ato de improbidade sujeito às seguintes cominações, que podem ser aplicadas isolada ou cumulativamente, de acordo com a gravidade do fato";

b) art. 21, II: "a aplicação das sanções previstas nesta lei **independe**: II – da **aprovação ou rejeição das contas pelo órgão de controle** interno ou pelo Tribunal ou Conselho de Contas".

10.15 DOSIMETRIA DA PENA. A FUNÇÃO DAS PENAS CÍVEIS (STJ)

Segundo prescreve a LIA, na fixação das penas por ato de improbidade, o juiz levará em conta a **extensão do dano causado**, assim como o **proveito patrimonial obtido pelo agente** (art. 12, parágrafo único).

> A 18ª prova do Ministério Público/RO considerou CORRETA a afirmação: "Na fixação das penas previstas na LIA, o Juiz levará em conta a extensão do dano causado, assim como o proveito patrimonial obtido pelo agente".

É indispensável, sob pena de nulidade, a indicação das razões para aplicação de cada uma das penas, levando em conta os princípios da **proporcionalidade** e **razoabilidade** (REsp 658.389).

O **Superior Tribunal de Justiça** consolidou o entendimento no sentido de que, uma vez caracterizado o prejuízo ao erário, o **ressarcimento é obrigatório e não pode ser considerado propriamente uma sanção**, mas uma consequência imediata e necessária do ato questionado. Desse modo, uma **condenação fundamentada no art. 10 da LIA** (ato que causa lesão ao erário) **deve obrigatoriamente resultar na aplicação da pena de ressarcimento** do valor exato do prejuízo, além de mais alguma sanção prevista no art. 12.

Enquanto a pena de **multa civil** cumpre o **papel de verdadeiramente sancionar** o agente ímprobo, o **ressarcimento serve para caucionar o rombo** consumado em desfavor do erário (REsp 622.234).

A sanção de perda da função pública não tem incidência sobre aposentados, por falta de previsão na LIA (STJ: REsp 1.186.123).

"A revisão da dosimetria das sanções aplicadas em ação de improbidade administrativa implica reexame do conjunto fático-probatório dos autos, encontrando óbice na Súmula 7/STJ, salvo se da leitura do acórdão recorrido verificar-se a desproporcionalidade entre os atos praticados e as sanções impostas" (STJ: AgRg no REsp 1.452.792/SC).

10.15.1 Perda da função pública e novo cargo

A 1ª Turma do STJ, no julgamento do EREsp 1.701.967, em 10-9-2020, fixou entendimento no sentido de que a **pena de perda da função pública, aplicada em ação de improbidade administrativa, atinge tanto o cargo que o infrator ocupava quando praticou a conduta, quanto qualquer outro que esteja ocupando ao tempo do trânsito em julgado da sentença condenatória.**

Segundo o Ministro Francisco Falcão, a questão tem sido amplamente discutida no STJ, e a 2ª Turma possui jurisprudência afirmando que a sanção de

perda da função pública pretende extirpar da administração aquele que exibiu inidoneidade (ou inabilitação) moral e desvio ético para o exercício do cargo – o que abrange qualquer atividade que o agente esteja exercendo ao tempo do trânsito em julgado.

No caso ensejador da decisão, dois policiais foram condenados por improbidade administrativa pelo uso indevido de veículo oficial da Polícia Federal, armas e munições da corporação em atividades desvinculadas do exercício profissional.

Além de utilizarem o veículo da corporação para ir a um evento sem relação com o exercício da função pública, na volta para o hotel onde estavam hospedados, fizeram vários disparos que mataram uma criança.

Ocorre que um dos condenados foi aprovado em concurso para a Defensoria Pública, antes do trânsito em julgado da ação, sendo-lhe aplicado o novo entendimento do STJ[7].

10.16 IMPROBIDADE E DEVIDO PROCESSO LEGAL

A condenação pela prática de ato de improbidade administrativa e a aplicação **das sanções correspondentes somente serão legítimas se houver estrita observância do rito específico previsto na Lei n. 8.429/92.** Qualquer tentativa de punir a prática de improbidade por meio de outros procedimentos, de qualquer natureza, acarreta **flagrante inconstitucionalidade** por representar violação ao princípio do devido processo legal (art. 5º, LIV, da CF).

Esse é o sentido da norma contida na parte final do art. 1º da Lei n. 8.429/92, segundo a qual: "os atos de **improbidade** praticados por qualquer agente público, servidor ou não, contra a administração... **serão punidos na forma desta lei**".

10.17 PRESCRIÇÃO

O art. 23 da Lei n. 8.429 determina que as ações destinadas a levar a efeito as sanções decorrentes de improbidade administrativa poderão ser propostas:

a) **até cinco anos** após o término do exercício de mandato, de cargo em comissão ou de função de **confiança**. O prazo, assim, para políticos e comissionados não começa a fluir do **ato em si**. **Havendo reeleição, o prazo se inicia a partir do encerramento do último mandato (STJ: REsp 1.107.833).**

> A prova da Defensoria Pública/CE elaborada pelo Cespe considerou CORRETA a assertiva: "A fluência do prazo prescricional de cinco anos para condenação por ato de improbidade administrativa praticado por Governador de Estado não é iniciada no ato administrativo em si, mas somente começará a ser contada após o término do exercício do mandato".

---

7. Descrição do caso extraída do *site* do STJ.jus.br: http://www.stj.jus.br/sites/portalp/Paginas/Comunicacao/Noticias/16092020-Perda-de-funcao-publica-por-improbidade-atinge-qualquer--outro-cargo-ocupado-no-momento-da-condenacao-definitiva.aspx.

Exercendo cumulativamente cargo efetivo e cargo comissionado, ao tempo do ato reputado ímprobo, há de prevalecer o primeiro, para fins de contagem prescricional, pelo simples fato de o vínculo entre agente e Administração pública não cessar com a exoneração do cargo em comissão, por ser temporário (STJ: REsp 1.060.529).

b) **dentro do prazo prescricional previsto em lei específica** para faltas disciplinares puníveis com demissão a bem do serviço público, nos casos de exercício de cargo efetivo ou **emprego**. Em regra, tal prazo também é de **5 anos**. Nesse caso, o prazo corre a partir da data em que foi praticado o ato de improbidade.

> A prova do Ministério Público/AM elaborada pelo Cespe considerou CORRETA a afirmação: "As ações destinadas a levar a efeito as sanções previstas na lei em questão podem ser propostas até cinco anos após o término do exercício de mandato, de cargo em comissão ou de função de confiança ou dentro do prazo prescricional previsto em lei específica para faltas disciplinares puníveis com demissão a bem do serviço público, nos casos de exercício de cargo efetivo ou emprego".

c) **até cinco anos** da data da apresentação à administração pública da **prestação de contas** final pelas entidades referidas no parágrafo único do art. 1º da LIA.

Quando um terceiro, não servidor, pratica ato de improbidade administrativa, se lhe aplicam os prazos prescricionais incidentes aos demais demandados ocupantes de cargos públicos (STJ: REsp 1.087.855). "O termo inicial da prescrição em improbidade administrativa em relação a particulares que se beneficiam de ato improbo é idêntico ao do agente público que praticou a ilicitude" (STJ: AgRG no REsp 1.510.589/SE).

Sobre o tema, a Primeira Turma do STJ aprovou, em 12 de junho de 2019, a nova Súmula 634: "Ao particular aplica-se o mesmo regime prescricional previsto na lei de improbidade administrativa para os agentes públicos".

Entretanto, em atenção ao disposto no art. 37, § 5º, da Constituição Federal, na hipótese de o ato causar **prejuízo ao erário**, a ação de improbidade administrativa é **imprescritível** para fins exclusivos de aplicação da pena de ressarcimento (quanto às demais penas, prescreve normalmente). Enuncia a citada norma: "a lei estabelecerá os prazos de prescrição para ilícitos praticados por qualquer agente, servidor ou não, que causem prejuízos ao erário, **ressalvadas as respectivas ações de ressarcimento**".

Esse foi o entendimento adotado pela Segunda Turma do Superior Tribunal de Justiça no julgamento do Recurso Especial n. 1.069.779, datado de 30-9-1998, cuja síntese é abaixo transcrita:

"As ações de ressarcimento do erário por danos decorrentes de atos de improbidade administrativa são imprescritíveis. A conclusão da Segunda Turma foi tomada durante o julgamento de um recurso especial, seguindo, por unanimidade, o entendimento do ministro Herman Benjamin, relator da questão. Para o relator, o art. 23 da Lei de Improbidade Administrativa (Lei n. 8.429/92) – que prevê o prazo prescricional de cinco anos para a aplicação das sanções previstas nessa lei – disciplina apenas a primeira parte do parágrafo 5º do art. 37 da Constituição Federal, já que, em sua parte final, a norma constitucional teve o cuidado de deixar 'ressalvadas as respectivas ações de ressarcimento', o que é o mesmo que declarar a sua imprescritibilidade. Dessa forma, entende, **prescreve em cinco anos a punição do ato ilícito, mas a pretensão de ressarcimento pelo prejuízo causado ao erário é imprescritível.** O entendimento é que **o prazo de cinco anos é apenas para aplicação de pena (suspensão dos direitos políticos, perda da função pública, proibição de contratar com o Poder Público), não para o ressarcimento dos danos aos cofres públicos.** Os ministros também estabeleceram que, no caso, as penalidades previstas na Lei de Improbidade podem ser aplicadas às alterações contratuais ilegais realizadas na vigência da norma, ainda que o contrato tenha sido celebrado anteriormente. Isso porque, pela aplicação do princípio *tempus regit actum* (o tempo rege o ato), deve ser considerado o momento da prática do ato ilícito, e não a data da celebração do contrato. Dessa forma, após a promulgação da Lei n. 8.429/92, as sanções nela previstas aplicam-se imediatamente aos contratos em execução, desde que os ilícitos tenham sido praticados na vigência da lei. 'A Lei n. 8.429 não inventou a noção de improbidade administrativa, apenas lhe conferiu regime jurídico próprio, com previsão expressa de novas sanções, não fixadas anteriormente', resume o relator. Antes dela, completa, já se impunha ao infrator a obrigação de ressarcir os cofres públicos. O ministro Herman Benjamin ressaltou que um dos fundamentos para chegar à solução proposta em seu voto consiste na efetividade do princípio da moralidade administrativa. Isso equivale a dizer que, em época de valorização do metaprincípio da moralidade, não se admite a interpretação das ações de ressarcimento por atos de improbidade administrativa seguindo-se a lógica da 'vala comum' dos prazos prescricionais, que tomaram por base conflitos individuais de natureza privada"[8].

Na mesma linha posicionou-se o STF, em 8 de agosto de 2018, no julgamento do RE 852.475. A decisão deu ensejo a proposta de tese, para fins de repercussão geral, com o seguinte teor: "São imprescritíveis as ações de ressarcimento ao erário fundadas na prática de ato doloso tipificado na Lei de Improbidade Administrativa".

A tese da imprescritibilidade da ação de improbidade administrativa, no que tange ao ressarcimento dos danos causados ao erário, encontra resistência em setores da doutrina. Alguns autores argumentam que ações imprescritíveis violam o princípio da segurança jurídica e causam instabilidade social. Porém, **em concursos públicos**, é mais seguro adotar o **entendimento favorável à imprescritibilidade**, nos termos do art. 37, § 5º, da CF, na esteira do posicionamento da Segunda Turma do STJ e segundo orientação do STF.

---

8. Fonte: <http://www.stj.gov.br>.

Acesse também a videoaula pelo link:
http://somos.in/MDA1127

> A prova da Magistratura/CE elaborada pelo Cespe em 2018 considerou CORRETA a assertiva: "Com base na legislação de regência e na jurisprudência do STJ, é correto afirmar que eventual reconhecimento de prescrição da ação de improbidade administrativa não impedirá o prosseguimento da demanda relativa ao pedido de ressarcimento do prejuízo ao erário".

10.18 A QUESTÃO DA NECESSIDADE DE DOLO NAS CONDUTAS

É ponto pacificado na doutrina e jurisprudência que **não há responsabilidade objetiva na Lei de Improbidade** (STJ: REsp 414.697).

Na 1ª edição deste *Manual*, sustentei o entendimento de que todas as condutas na LIA exigiriam comportamento doloso.

Entretanto, a solução não é tão simples assim, especialmente porque o art. 10 prescreve que "constitui ato de improbidade administrativa que causa lesão ao erário qualquer ação ou omissão, **dolosa ou culposa**, que enseje perda patrimonial, desvio, apropriação, malbaratamento ou dilapidação dos bens ou haveres das entidades referidas no art. 1º". A referência à modalidade culposa de ato de improbidade no art. 10, inexistente nos arts. 9º e 11, impõe conclusão diversa daquela que anteriormente defendi.

Atos de improbidade que **importam enriquecimento do agente** (art. 9º) e os **que atentam contra princípios** da Administração (art. 11) só podem ocorrer diante de **condutas dolosas.**

> A prova da Magistratura/MG – 2006 considerou CORRETA a afirmação: "Os atos de improbidade administrativa importando enriquecimento ilícito não admitem a forma culposa".

Porém, os atos de improbidade que **causam lesão ao erário** (art. 10) admitem **forma culposa ou dolosa**. Segundo o STJ, a conduta culposa ocorre quando o agente não pretende atingir o resultado danoso, mas atua com negligência, imprudência ou imperícia (REsp 1.127.143). Convém frisar que a comprovação de que o agente adotou todas as cautelas exigíveis antes da prática da conduta exclui a ocorrência de culpa ou dolo, descaracterizando o ato como ímprobo[9].

Portanto, **se a conduta do agente não foi maliciosa, intencional ou de má-fé, falta-lhe o elemento subjetivo imprescindível para caracterização da improbidade**[10]

---

9. Fundação Getulio Vargas. Padrão de Respostas. Prova Prático-Profissional. Direito Administrativo. Exame de Ordem 2010/3.

10. Fundação Getulio Vargas. Padrão de Respostas. Prova Prático-Profissional. Direito Administrativo. IX Exame de Ordem Unificado.

que causa enriquecimento ilícito (art. 9º) ou atentatória contra princípios da Administração (art. 11).

Nos casos do art. 11 da LIA, a Primeira Seção do STJ pacificou o entendimento de que o elemento subjetivo necessário para caracterizar a improbidade é o **dolo genérico** (podendo consistir em **simples má-fé**), sendo **desnecessária a presença do dolo específico** consistente na comprovação da intenção do agente (REsp 951.389).

10.19 CONDENAÇÃO POR IMPROBIDADE E LEI DA FICHA LIMPA

O art. 1º, I, *l*, da Lei Complementar n. 135, de 4 de junho de 2010 (Lei da Ficha Limpa), declara inelegíveis os agentes públicos que forem condenados à suspensão dos direitos políticos em decisão transitada em julgado ou proferida por órgão judicial colegiado, por ato doloso de improbidade administrativa que importe lesão ao patrimônio público e enriquecimento ilícito, desde a condenação ou o trânsito em julgado até o transcurso do prazo de 8 (oito) anos após o cumprimento da pena.

Em termos práticos, tornaram-se **inelegíveis** todos os agentes públicos **condenados em segunda instância por ato doloso de improbidade administrativa, ainda que a decisão não tenha transitado em julgado.** A inelegibilidade começará a contar da data da condenação e permanecerá em vigor durante o cumprimento da pena somado ao prazo de 8 anos.

Importante notar que **nem toda condenação por improbidade é punida pela Lei da Ficha Limpa.** Para que a nova regra incida, devem estar presentes simultaneamente os seguintes requisitos:

1) condenação por improbidade em órgão judicial colegiado;

2) uma das penas aplicadas pelo órgão colegiado deve ter sido a de suspensão dos direitos políticos;

3) caracterização de ato doloso de improbidade;

4) enquadramento da conduta no art. 9º da Lei n. 8.429/92 como ato de improbidade que importe enriquecimento ilícito do agente;

5) lesão financeira ao erário.

No julgamento das ADCs 29 e 30 e da ADIn 135/2010, realizado em fevereiro de 2012, o **Supremo Tribunal Federal** considerou **constitucional** a Lei da Ficha Limpa inclusive quanto à definição de novos casos de inelegibilidade mesmo antes do trânsito em julgado da decisão condenatória.

10.20 DANOS MORAIS NA AÇÃO DE IMPROBIDADE

Existe **controvérsia jurisprudencial** quanto à possibilidade de condenação por danos morais na ação de improbidade administrativa. A **1ª Turma do STJ rejeita** tal possibilidade, considerando incompatível o dano moral, qualificado pela noção de dor e sofrimento psíquico, e a natureza transindividual da referida ação (REsp 821.891). Em sentido contrário, a Segunda Turma **admite** condenação por dano moral, quer pela frustração causada pelo ato ímprobo à comunidade, quer pelo desprestígio efetivo causado à entidade pública lesada (REsp 960.926).

10.21 JURISPRUDÊNCIA

10.21.1 STJ

A tortura de preso custodiado em delegacia praticada por policial constitui ato de improbidade administrativa que atenta contra os princípios da administração pública (REsp 1.177.910-SE, rel. Min. Herman Benjamin, j. 26-8-2015, *DJe* 17-2-2016).

Não configura *bis in idem* a coexistência de título executivo extrajudicial (acórdão do TCU) e sentença condenatória em ação civil pública de improbidade administrativa que determinam o ressarcimento ao erário e se referem ao mesmo fato, desde que seja observada a dedução do valor da obrigação que primeiramente foi executada no momento da execução do título remanescente (REsp 1.413.674-SE, rel. Min. Olindo Menezes –Desembargador Convocado do TRF 1ª Região, rel. para o acórdão Min. Benedito Gonçalves, j. 17-5-2016, *DJe* 31-5-2016).

Ainda que não haja dano ao erário, é possível a condenação por ato de improbidade administrativa que importe enriquecimento ilícito (art. 9º da Lei n. 8.429/92), excluindo-se, contudo, a possibilidade de aplicação da pena de ressarcimento ao erário (REsp 1.412.214-PR, rel. Min. Napoleão Nunes Maia Filho, rel. para acórdão Min. Benedito Gonçalves, j. 8-3-2016, *DJe* 28-3-2016).

No caso de condenação pela prática de ato de improbidade administrativa que atenta contra os princípios da administração pública, as penalidades de suspensão dos direitos políticos e de proibição de contratar com o Poder Público ou receber benefícios ou incentivos fiscais ou creditícios não podem ser fixadas aquém do mínimo previsto no art. 12, III, da Lei n. 8.429/92. Isso porque é manifesta a ausência de previsão legal (REsp 1.582.014-CE, rel. Min. Humberto Martins, j. 7-4-2016, *DJe* 15-4-2016 – *Informativo* n. 581).

A condenação pela Justiça Eleitoral ao pagamento de multa por infringência às disposições contidas na Lei n. 9.504/97 (Lei das Eleições) não impede a imposição de nenhuma das sanções previstas na Lei n. 8.429/92 (Lei de Improbidade Administrativa – LIA), inclusive da multa civil, pelo ato de improbidade decorrente da mesma conduta. Por expressa disposição legal (art. 12 da LIA), as penalidades impostas pela prática de ato de improbidade administrativa independem das demais sanções penais, civis e administrativas previstas em legislação específica. Desse modo, o fato de o agente ímprobo ter sido condenado pela Justiça

Eleitoral ao pagamento de multa por infringência às disposições contidas na Lei das Eleições não impede sua condenação em quaisquer das sanções previstas na LIA, não havendo falar em *bis in idem* (AgRg no AREsp 606.352-SP, rel. Min. Assusete Magalhães, j. 15-12-2015, *DJe* 10-2-2016).

Não ensejam o reconhecimento de ato de improbidade administrativa (Lei n. 8.429/92) eventuais abusos perpetrados por agentes públicos durante abordagem policial, caso os ofendidos pela conduta sejam particulares que não estavam no exercício de função pública (REsp 1.558.038-PE, rel. Min. Napoleão Nunes Maia Filho, j. 27-10-2015, *DJe* 9-11-2015 – *Informativo* n. 573).

Improbidade administrativa / Membro do MP: É possível, no âmbito de ação civil pública de improbidade administrativa, a condenação de membro do Ministério Público à pena de perda da função pública prevista no art. 12 da Lei n. 8.429/92 (REsp 1.191.613-MG, rel. Min. Benedito Gonçalves, j. 19-3-2015, *DJe* 17-4-2015).

Improbidade / Prescrição / Reeleição: O prazo prescricional em ação de improbidade administrativa movida contra prefeito reeleito só se inicia após o término do segundo mandato, ainda que tenha havido descontinuidade entre o primeiro e o segundo mandato em razão da anulação de pleito eleitoral, com posse provisória do Presidente da Câmara, por determinação da Justiça Eleitoral, antes da reeleição do prefeito em novas eleições convocadas. De fato, a reeleição pressupõe mandatos consecutivos (REsp 1.414.757-RN, rel. Min. Humberto Martins, j. 6-10-2015, *DJe* 16-10-2015).

Possibilidade de aplicação da Lei de Improbidade Administrativa a estagiário: O estagiário que atua no serviço público, ainda que transitoriamente, remunerado ou não, está sujeito a responsabilização por ato de improbidade administrativa (Lei n. 8.429/92) (REsp 1.352.035-RS, rel. Min. Herman Benjamin, j. 18-8-2015, *DJe* 8-9-2015).

As penalidades aplicadas em decorrência da prática de ato de improbidade administrativa, caso seja patente a violação aos princípios da proporcionalidade e da razoabilidade, podem ser revistas em recurso especial. Nessa situação, não se aplica a Súmula 7 do STJ (EREsp 1.215.121-RS, rel. Min. Napoleão Nunes Maia Filho, j. 14-8-2014).

Improbidade administrativa/Indisponibilidade de bens: É possível decretar, de forma fundamentada, medida cautelar de indisponibilidade de bens do indiciado na hipótese em que existam fortes indícios acerca da prática de ato de improbidade lesivo ao erário (REsp 1.366.721-BA, rel. Min. Napoleão Nunes Maia Filho, rel. para acórdão Min. Og Fernandes, j. 26-2-2014).

Para a configuração dos atos de improbidade administrativa que atentam contra os princípios da administração pública (art. 11 da Lei n. 8.429/92), é dispensável a comprovação de efetivo prejuízo aos cofres públicos (REsp

1.192.758-MG, rel. originário Min. Napoleão Nunes Maia Filho, rel. para acórdão Min. Sérgio Kukina, j. 4-9-2014).

Após o oferecimento de defesa prévia prevista no § 7º do art. 17 da Lei n. 8.429/92 – que ocorre antes do recebimento da petição inicial –, somente é possível a pronta rejeição da pretensão deduzida na ação de improbidade administrativa se houver prova hábil a evidenciar, de plano, a inexistência de ato de improbidade, a improcedência da ação ou a inadequação da via eleita. Isso porque, nesse momento processual das ações de improbidade administrativa, prevalece o princípio *in dubio pro societate* (REsp 1.192.758-MG, rel. originário Min. Napoleão Nunes Maia Filho, rel. para acórdão Min. Sérgio Kukina, j. 4-9-2014).

Não configura improbidade administrativa a contratação, por agente político, de parentes e afins para cargos em comissão ocorrida em data anterior à lei ou ao ato administrativo do respectivo ente federado que a proibisse e à vigência da Súmula Vinculante 13 do STF. A distinção entre conduta ilegal e conduta ímproba imputada a agente público ou privado é muito antiga. A ilegalidade e a improbidade não são situações ou conceitos intercambiáveis, cada uma delas tendo a sua peculiar conformação estrita: a improbidade é uma ilegalidade qualificada pelo intuito malsão do agente, atuando com desonestidade, malícia, dolo ou culpa grave. A confusão conceitual que se estabeleceu entre a ilegalidade e a improbidade deve provir do *caput* do art. 11 da Lei n. 8.429/92, porquanto ali está apontada como ímproba qualquer conduta que ofenda os princípios da Administração Pública, entre os quais se inscreve o da legalidade (art. 37 da CF). Mas nem toda ilegalidade é ímproba (REsp 1.193.248-MG, rel. Min. Napoleão Nunes Maia Filho, j. 24-4-2014).

Os valores investidos em aplicações financeiras cuja origem remonte a verbas trabalhistas não podem ser objeto de medida de indisponibilidade em sede de ação de improbidade administrativa. Isso porque a aplicação financeira das verbas trabalhistas não implica a perda da natureza salarial destas, uma vez que o seu uso pelo empregado ou trabalhador é uma defesa contra a inflação e os infortúnios. Ademais, conforme entendimento pacificado no STJ, a medida de indisponibilidade de bens deve recair sobre a totalidade do patrimônio do acusado, excluídos aqueles tidos como impenhoráveis. Desse modo, é possível a penhora do rendimento da aplicação, mas o estoque de capital investido, de natureza salarial, é impenhorável (REsp 1.164.037-RS, rel. Min. Sérgio Kukina, rel. para acórdão Min. Napoleão Nunes Maia Filho, j. 20-2-2014).

Não comete ato de improbidade administrativa o médico que cobre honorários por procedimento realizado em hospital privado que também seja conveniado à rede pública de saúde, desde que o atendimento não seja custeado pelo próprio sistema público de saúde (REsp 1.414.669-SP, rel. Min. Napoleão Nunes Maia Filho, j. 20-2-2014).

Não é possível o ajuizamento de ação de improbidade administrativa exclusivamente em face de particular, sem a concomitante presença de agente público no polo passivo da demanda (REsp 1.171.017-PA, rel. Min. Sérgio Kukina, j. 25-2-2014).

Em ação de improbidade administrativa, é possível que se determine a indisponibilidade de bens (art. 7º da Lei n. 8.429/92) – inclusive os adquiridos anteriormente ao suposto ato de improbidade – em valor superior ao indicado na inicial da ação visando a garantir o integral ressarcimento de eventual prejuízo ao erário, levando-se em consideração, até mesmo, o valor de possível multa civil como sanção autônoma. Isso porque a indisponibilidade acautelatória prevista na Lei de Improbidade Administrativa tem como finalidade a reparação integral dos danos que porventura tenham sido causados ao erário (REsp 1.176.440-RO, rel. Min. Napoleão Nunes Maia Filho, j. 17-9-2013).

O tribunal pode reduzir o valor evidentemente excessivo ou desproporcional da pena de multa por ato de improbidade administrativa (art. 12 da Lei n. 8.429/92), ainda que na apelação não tenha havido pedido expresso para sua redução (REsp 1.293.624-DF, rel. Min. Napoleão Nunes Maia Filho, j. 5-12-2013).

É cabível a aplicação da pena de ressarcimento ao erário nos casos de ato de improbidade administrativa consistente na dispensa ilegal de procedimento licitatório (art. 10, VIII, da Lei n. 8.429/92) mediante fracionamento indevido do objeto licitado (REsp 1.376.524-RJ, rel. Min. Humberto Martins, j. 2-9-2014).

Nas ações civis por ato de improbidade administrativa, interrompe-se a prescrição da pretensão condenatória com o mero ajuizamento da ação dentro do prazo de cinco anos contado a partir do término do exercício de mandato, de cargo em comissão ou de função de confiança, ainda que a citação do réu seja efetivada após esse prazo. Se a ação de improbidade foi ajuizada dentro do prazo prescricional, eventual demora na citação do réu não prejudica a pretensão condenatória da parte autora (REsp 1.391.212-PE, rel. Min. Humberto Martins, j. 2-9-2014).

O simples fato de verba federal ter sido transferida da União, mediante convênio, para a implementação de política pública em Município não afasta a competência da Justiça Federal para processar e julgar suposto ato de improbidade administrativa decorrente do desvio da referida quantia. Isso porque nem toda transferência de verba que um ente federado faz para outro enseja o entendimento de que o dinheiro veio a ser incorporado ao seu patrimônio. A questão depende do exame das cláusulas dos convênios e/ou da análise da natureza da verba transferida. Assim, a depender da situação fático-jurídica delineada no caso concreto, poder-se-á aplicar o entendimento da Súmula 209 do STJ ("Compete a Justiça Estadual processar e julgar prefeito por desvio de verba transferida e incorporada ao patrimônio municipal") ou aquele outro constante da Súmula 208 do STJ ("Compete a Justiça Federal processar e julgar prefeito municipal por desvio de verba sujeita a prestação de contas perante órgão federal") (REsp 1.391.212-PE, rel. Min. Humberto Martins, j. 2-9-2014).

Foro por prerrogativa de função: Os Conselheiros dos Tribunais de Contas dos Estados não possuem foro por prerrogativa de função nas ações de improbidade administrativa. Isso porque, ainda que o agente político tenha prerrogativa de foro previsto na CF quanto às ações penais ou decorrentes da prática de crime de responsabilidade, essa prerrogativa não se estende às ações de improbidade administrativa (AgRg na Rcl 12.514-MT, rel. Min. Ari Pargendler, j. 16-9-2013).

Para a configuração dos atos de improbidade administrativa que causem prejuízo ao erário (art. 10 da Lei n. 8.429/92), é indispensável a comprovação de efetivo prejuízo aos cofres públicos. Precedentes citados: REsp 1.233.502-MG, 2ª Turma, *DJe* 23-8-2012; e REsp 1.206.741-SP, 1ª Turma, *DJe* 23-5-2012 (REsp 1.173.677-MG, rel. Min. Napoleão Nunes Maia Filho, j. 20-8-2013).

O atraso do administrador na prestação de contas, sem que exista dolo, não configura, por si só, ato de improbidade administrativa que atente contra os princípios da Administração Pública (art. 11 da Lei n. 8.429/92). Isso porque, para a configuração dessa espécie de ato de improbidade administrativa, é necessária a prática dolosa de conduta que atente contra os princípios da Administração Pública. Dessa forma, há improbidade administrativa na omissão dolosa do administrador, pois o dever de prestar contas está relacionado ao princípio da publicidade, tendo por objetivo dar transparência ao uso de recursos e de bens públicos por parte do agente estatal. Todavia, o simples atraso na entrega das contas, sem que exista dolo na espécie, não configura ato de improbidade. Precedente citado: REsp 1.307.925-TO, rel. 2ª Turma, *DJe* 23-8-2012 (AgRg no REsp 1.382.436-RN, rel. Min. Humberto Martins, j. 20-8-2013).

É possível o ajuizamento de ação de improbidade administrativa em face de Governador de Estado. Isso porque há perfeita compatibilidade entre o regime especial de responsabilização política e o regime de improbidade administrativa previsto na Lei n. 8.429/92 (EDcl no AgRg no REsp 1.216.168-RS, rel. Min. Humberto Martins, j. 24-9-2013).

Configura ato de improbidade administrativa a conduta de professor da rede pública de ensino que, aproveitando-se dessa condição, assedie sexualmente seus alunos. Isso porque essa conduta atenta contra os princípios da administração pública, subsumindo-se ao disposto no art. 11 da Lei n. 8.429/92 (REsp 1.255.120-SC, rel. Min. Humberto Martins, j. 21-5-2013).

No caso de improbidade administrativa, admite-se a decretação da indisponibilidade de bens também na hipótese em que a conduta tida como ímproba se subsuma apenas ao disposto no art. 11 da Lei n. 8.429/92, que trata dos atos que atentam contra os princípios da administração pública. Precedentes citados: AgRg no REsp 1.311.013-RO, 2ª Turma, j. 4-12-2012 (AgRg no REsp 1.299.936-RJ, rel. Min. Mauro Campbell Marques, j. 18-4-2013).

Não é possível impedir o prosseguimento de inquérito civil instaurado com a finalidade de apurar possível incompatibilidade entre a evolução patrimonial de vereadores e seus respectivos rendimentos, ainda que o referido procedimento tenha-se originado a partir de denúncia anônima, na hipótese em que realizadas administrativamente as investigações necessárias para a formação de juízo de valor sobre a veracidade da notícia. Precedentes citados: RMS 37.166-SP, 1ª Turma, *DJe* 15-4-2013; e RMS 30.510-RJ, 2ª Turma, *DJe* 10-2-2010 (RMS 38.010-RJ, rel. Min. Herman Benjamin, j. 4-4-2013).

É possível a decretação de indisponibilidade e sequestro de bens antes mesmo do recebimento da petição inicial da ação civil pública destinada a apurar a prática de ato de improbidade administrativa. Precedentes citados: AgRg no AREsp 20.853-SP, 1ª Turma, *DJe* 29-6-2012; REsp 1.078.640-ES, 1ª Turma, *DJe* 23-3-2010, e EDcl no Ag 1.179.873-PR, 2ª Turma, *DJe* 12-3-2010 (AgRg no REsp 1.317.653-SP, rel. Min. Mauro Campbell Marques, j. 7-3-2013).

Deve ser recebida a petição inicial de ação de improbidade no caso em que existam indícios da prática de ato ímprobo por prefeito que, no contexto de campanha desestímulo ao pagamento do IPTU, fizera constar seu nome, juntamente com informações que colocavam o município entre outros que detinham bons índices de qualidade de vida, tanto na contracapa do carnê de pagamento do tributo quanto em outros meios de comunicação. Tal conduta, em princípio, pode configurar indevida prática de promoção pessoal mediante a utilização de informes publicitários oficiais, subsumindo-se, destarte, a hipótese de ato de improbidade administrativa prevista na Lei n. 8.429/92 (AgRg no REsp 1.317.127-ES, rel. Min. Mauro Campbell Marques, j. 7-3-2013).

10.21.2 Repercussão Geral

O processo e julgamento de prefeito municipal por crime de responsabilidade (Decreto-lei n. 201/67) não impede sua responsabilização por atos de improbidade administrativa previstos na Lei n. 8.429/92, em virtude da autonomia das instâncias (RE 976.566, 13-9-2019).

São imprescritíveis as ações de ressarcimento ao erário fundadas na prática de ato doloso tipificado na Lei de Improbidade Administrativa (RE 852.475, 8-8-2018).

10.22 QUADRO SINÓTICO

IMPROBIDADE ADMINISTRATIVA

RESPONSABILIDADE SÊXTUPLA DOS AGENTES PÚBLICOS

Os agentes públicos podem praticar, no exercício das funções estatais, condutas violadoras do Direito, capazes de sujeitá-los à aplicação das mais diversas formas de punição.

- Se o comportamento causar **prejuízo patrimonial**, pode ser proposta uma **ação civil** visando à reparação do dano.
- Sendo praticada conduta tipificada como **crime**, instaura-se um **processo penal** tendente à aplicação de sanções restritivas da liberdade.
- Já na hipótese de **infração de natureza funcional**, o Poder Público poderá instaurar um **processo administrativo** que, em caso de condenação do agente, resulta na fixação de sanções relacionadas ao cargo público, como advertência, suspensão e até demissão do servidor.

Essas três instâncias distintas de responsabilidade, a civil, a penal e a administrativa, compõem tradicionalmente a denominada TRÍPLICE RESPONSABILIDADE DO AGENTE PÚBLICO.

- A par das repercussões civil, penal e administrativa, é possível identificar uma QUARTA ESFERA DE RESPONSABILIZAÇÃO do agente público em decorrência de condutas praticadas no exercício de suas funções, a saber: aquela decorrente da aplicação da Lei de Improbidade Administrativa (LIA) – Lei n. 8.429/92.
- Atualmente, a doutrina moderna identificou ainda mais duas esferas de responsabilização do agente público: a) a instância política pela prática de crimes de responsabilidade (Lei n. 1.079/50); b) o processo de controle.

Portanto, fala-se em sêxtupla responsabilidade dos agentes públicos.

BASE CONSTITUCIONAL

O **dever** de punição dos atos de improbidade administrativa tem fundamento constitucional no **art. 37, § 4º, da CF/88**.

A CF/88 prevê um subsistema processual para defesa da moralidade:

- **a) ação popular:** só pode ser proposta pela pessoa física em pleno gozo de direitos políticos (cidadão), e a sentença promove essencialmente a anulação do ato lesivo à moralidade, assim como a condenação do réu ao pagamento de perdas e danos (art. 11 da Lei n. 4.717/65).
- **b) ação de improbidade administrativa:** intentada pelo Ministério Público ou pela pessoa jurídica interessada (art. 17 da Lei n. 8.429/92), e tem como efeitos possíveis da sentença:

  a) perda dos bens ou valores acrescidos ilicitamente;

  b) ressarcimento integral do dano;

  c) perda da função pública;

  d) suspensão dos direitos políticos;

  e) multa civil;

  f) proibição de contratar com o Poder Público ou receber benefícios ou incentivos fiscais ou creditícios.

DICA: não há impedimento de qualquer natureza à propositura simultânea de ação popular e ação de improbidade administrativa motivadas na mesma conduta.

SUJEITOS ATIVO E PASSIVO DO ATO ÍMPROBO

SUJEITO ATIVO: o art. 1º da LIA prescreve que o ato de improbidade administrativa pode ser praticado por "qualquer agente público, servidor ou não".

- O sujeito ativo do ato de improbidade integra o polo passivo da ação de improbidade (art. 17 da LIA).
- A menção a "qualquer agente público" significa que os atos de improbidade podem ser praticados por todas as categorias de agentes públicos, incluindo servidores estatutários, empregados públicos celetistas, agentes políticos, contratados temporários e particulares em colaboração com a administração, tais como os requisitados de serviço (mesários e conscritos, por exemplo).
- A LIA aplica-se também a funcionários e dirigentes de sindicatos, entidades do terceiro setor, como as assistenciais, e pessoas componentes do sistema "S".

SUJEITO PASSIVO: é a vítima do ato de improbidade administrativa.

- o sujeito passivo do ato de improbidade integra o polo ativo da ação de improbidade (art. 17 da LIA), podendo ser:

  a) Administração Pública Direta;

  b) Administração Pública Indireta;

  c) empresas incorporadas ao patrimônio público ou de entidade para cuja criação ou custeio o erário haja concorrido ou concorra com mais de 50% do patrimônio ou da receita anual;

  d) entidades que recebam subvenção, benefício ou incentivo, fiscal ou creditício, provenientes de órgãos públicos; e

  e) entidades para cuja criação ou custeio o erário haja concorrido ou concorra com menos de 50% do patrimônio ou da receita anual.

DICA: embora seja um caso raro, nada impede que a ação judicial de improbidade administrativa tenha particulares tanto no polo ativo quanto no polo passivo.

IMPROBIDADE IMPRÓPRIA
(QUANDO PARTICULARES ESTÃO SUJEITOS À LIA)

Somente em quatro hipóteses particulares (não agentes), sejam pessoas físicas ou jurídicas, podem ser punidos por improbidade (imprópria):

- 1. induzem o agente à prática do ato;
- 2. concorrem para o ato;
- 3. beneficiários do ato; e
- 4. sucessores de quem praticou o ato, até o limite da herança.

DICA: em qualquer caso, o particular não pode responder sozinho nas ações de improbidade.

- Convém destacar que não há litisconsórcio passivo necessário entre o agente público e os terceiros beneficiados com o ato ímprobo (STJ: AGRG no REsp 1.421.144/PB).
- Quanto ao prazo prescricional, a ação de improbidade contra particular sujeita-se à mesma forma de contagem aplicável ao agente litisconsorte.

NOVIDADE: Súmula 634-STJ: Ao particular aplica-se o mesmo regime prescricional previsto na lei de improbidade administrativa para os agentes públicos.

ESPÉCIES DE ATOS DE IMPROBIDADE ADMINISTRATIVA E SUAS RESPECTIVAS SANÇÕES

- A Lei n. 8.429/92, em seus arts. 9º a 11, define **um rol exemplificativo** das condutas que caracterizam improbidade administrativa, dividindo-as em quatro grupos distintos.
- Todas as sanções podem ser aplicadas isolada ou cumulativamente, de acordo com a gravidade do fato (art. 12, *caput*, LIA).

ART. 9º – ATOS QUE IMPORTAM EM ENRIQUECIMENTO ILÍCITO

- Maior gravidade
- EXIGEM DOLO!
- Suspensão dos direitos políticos: de oito a dez anos
- Multa civil de até três vezes o valor do acréscimo patrimonial
- Proibição de contratar pelo prazo de dez anos

ART. 10 – ATOS QUE CAUSAM PREJUÍZO AO ERÁRIO

- Gravidade intermediária
- CULPA OU DOLO

DICA: exige-se, para caracterizar a prática de improbidade, nesses casos, a comprovação efetiva de dano ao erário (STJ: REsp 1.127.143), diante da impossibilidade de condenação ao ressarcimento por dano hipotético ou presumido (STJ: REsp 1.038.777).

- Suspensão dos direitos políticos: de cinco a oito anos
- Multa civil de até duas vezes o valor do dano
- Proibição de contratar pelo prazo de cinco anos

ART. 10-A – ATOS DECORRENTES DE CONCESSÃO OU APLICAÇÃO INDEVIDA DE BENEFÍCIO FINANCEIRO OU TRIBUTÁRIO

- Gravidade intermediária
- EXIGEM DOLO!
- Suspensão dos direitos políticos: de cinco a oito anos
- Multa civil de até três vezes o valor do benefício concedido

ART. 11 – ATOS QUE ATENTAM CONTRA OS PRINCÍPIOS DA ADMINISTRAÇÃO PÚBLICA

- Menor gravidade
- Sem lesão financeira
- EXIGEM DOLO!
- Suspensão dos direitos políticos de três a cinco anos
- Multa civil de até cem vezes o valor da remuneração percebida pelo agente
- Proibição de contratar, pelo prazo de três anos

PRINCÍPIO DA INSIGNIFICÂNCIA

No julgamento do Recurso Especial n. 892.818-RS, o Superior Tribunal de Justiça afastou a aplicação do princípio da insignificância na prática de atos de improbidade administrativa.

- O tribunal entendeu que nos atos de improbidade está em jogo a moralidade administrativa, "não se admitindo que haja apenas um pouco de ofensa, sendo incabível o julgamento basear-se exclusivamente na ótica econômica".

Assim, o princípio da insignificância e a teoria dos delitos de bagatela não se aplicam aos atos de improbidade administrativa.

- Na mesma esteira, o STJ vem sustentando que a LIA não deve ser aplicada para punir meras irregularidades administrativas, erros toleráveis ou transgressões disciplinares (REsp 1.245.622).

A mera prática de tipo penal contra a Administração Pública, em si, não caracteriza improbidade administrativa (REsp 1.115.195).

IMPROBIDADE TENTADA

O STJ considerou que é punível a tentativa de improbidade nos casos em que as condutas não se realizam por motivos alheios à vontade do agente, com fundamento na ocorrência de ofensa aos princípios da Administração Pública (REsp 1.014.161).

PROCEDIMENTO ADMINISTRATIVO E MEDIDAS CAUTELARES

- Tendo ciência da prática de ato de improbidade, **qualquer pessoa pode representar** à autoridade administrativa competente para que realize as investigações pertinentes (art. 14).
- A representação deverá ser feita por **escrito ou**, se **oral, reduzida a termo e assinada**, devendo obrigatoriamente conter a qualificação do representante, as informações sobre o fato e sua autoria e a indicação das provas de que tenha conhecimento (art. 14, § 1º).
- Se houver **fundados indícios de responsabilidade**, a **comissão processante representará ao Ministério Público ou à procuradoria** do órgão para que requeira ao juízo competente a **decretação do sequestro** dos bens do agente ou terceiro que tenha enriquecido ilicitamente ou causado dano ao patrimônio público (art. 16).

O Ministério Público ou pessoa jurídica prejudicada pela improbidade poderão formular pedido de **MEDIDA CAUTELAR PREPARATÓRIA OU INCIDENTAL** para:

- **a) indisponibilidade dos bens do indiciado**, recaindo sobre parcela de seu patrimônio que assegure integral ressarcimento do dano, ou sobre o acréscimo patrimonial resultante do enriquecimento ilícito (art. 7º da LIA);
- **b) sequestro, investigação, exame ou bloqueio de bens (art. 16 da LIA);**
- **c) bloqueio de contas bancárias e aplicações financeiras** mantidas pelo indiciado no exterior (art. 16, § 2º, da LIA);
- **d) afastamento temporário do investigado** (art. 20, parágrafo único, da LIA).

AÇÃO JUDICIAL

- A efetiva aplicação das **sanções previstas na LIA** é de **competência privativa do Poder Judiciário**, não podendo ser realizada pela Administração Pública (**STF, RTJ,** 195/73).
- É **cabível a propositura de ação civil pública** por ato de improbidade administrativa, diante da natureza difusa do interesse tutelado (STJ: REsp 507.142).
- A ação de improbidade administrativa deve ser **proposta na primeira instância**, e sua tramitação segue o **rito ordinário**, aplicando-se subsidiariamente as regras da Lei de Ação Civil Pública (Lei n. 7.347/85).
- Não há foro determinado por prerrogativa de função na ação de **improbidade** (STF, ADIn 2.860).

Quanto à legitimidade ativa, somente o **Ministério Público** (legitimidade universal) e a pessoa jurídica prejudicada (legitimidade circunstancial) podem propor ação de improbidade administrativa.

DICA: quando não for autor, o **Ministério Público obrigatoriamente atuará como fiscal da lei**, sob pena de nulidade do processo.

DOSIMETRIA DA PENA

Segundo prescreve a LIA, na fixação das penas por ato de improbidade, o juiz levará em conta a **extensão do dano causado**, assim como **o proveito patrimonial obtido pelo agente** (art. 12, parágrafo único).

- É **indispensável**, sob pena de nulidade, a **indicação das razões para aplicação de cada uma das penas,** levando em conta os princípios da **proporcionalidade** e **razoabilidade** (REsp 658.389).

O **Superior Tribunal de Justiça** consolidou o entendimento no sentido de que, uma vez caracterizado o prejuízo ao erário, **o ressarcimento é obrigatório e não pode ser considerado propriamente uma sanção**, mas uma consequência imediata e necessária do ato questionado.

- Desse modo, uma **condenação fundamentada no art. 10 da LIA** (ato que causa lesão ao erário) **deve obrigatoriamente resultar na aplicação da pena de ressarcimento** do valor exato do prejuízo, além de mais alguma sanção prevista no art. 12.
- Enquanto a pena de **multa civil** cumpre o **papel de verdadeiramente sancionar** o agente ímprobo, o **ressarcimento serve para caucionar o rombo** consumado em desfavor do erário (REsp 622.234).

DICA: a sanção de **perda da função pública não tem incidência sobre aposentados**, por falta de previsão na LIA (STJ: REsp 1.186.123).

DEVIDO PROCESSO LEGAL

A condenação pela prática de ato de improbidade administrativa e a **aplicação das sanções** correspondentes SOMENTE SERÃO LEGÍTIMAS SE HOUVER **ESTRITA OBSERVÂNCIA DO RITO ESPECÍFICO previsto na Lei n. 8.429/92.**

- Qualquer tentativa de punir a prática de improbidade por meio de outros procedimentos, de qualquer natureza, acarreta **flagrante inconstitucionalidade** por representar violação ao princípio do devido processo legal (art. 5º, LIV, da CF).

PRESCRIÇÃO

- A ação prescreve em 5 anos.

O prazo para políticos e comissionados não começa a fluir do **ato em si, mas do desligamento da função. Havendo reeleição, o prazo se inicia a partir do encerramento do último mandato** (STJ: REsp 1.107.833).

Súmula 634-STJ: Ao particular aplica-se o mesmo regime prescricional previsto na Lei de Improbidade Administrativa para os agentes públicos.

DANOS MORAIS

Existe **controvérsia jurisprudencial** quanto à possibilidade de condenação por danos morais na ação de improbidade administrativa.

- A **1ª Turma do STJ rejeita** tal possibilidade, considerando incompatível o dano moral, qualificado pela noção de dor e sofrimento psíquico, e a natureza transindividual da referida ação (REsp 821.891).
- Em sentido contrário, a Segunda Turma **admite** condenação por dano moral, quer pela frustração causada pelo ato ímprobo à comunidade, quer pelo desprestígio efetivo causado à entidade pública lesada (REsp 960.926).

10.23 QUESTÕES

1. (Promotor Substituto – MPE-PR – 2019 – MPE-PR) Assinale a alternativa incorreta.

A) A jurisprudência do Superior Tribunal de Justiça firmou-se no sentido de que não configura *bis in idem* a coexistência de acórdão condenatório do Tribunal de Contas ao ressarcimento do erário com sentença condenatória proferida em ação civil pública por improbidade administrativa.

B) É pacífico no Superior Tribunal de Justiça o entendimento de que o conceito de agente público, estabelecido pela Lei n. 8.429/92 (Lei de Improbidade Administrativa), abrange os agentes políticos, como prefeitos e vereadores, não havendo *bis in idem* nem incompatibilidade entre a responsabilização política e criminal estabelecida pelo Decreto-lei 201/67 e a responsabilização pela prática de ato de improbidade administrativa e respectivas sanções civis.

C) O Superior Tribunal de Justiça firmou jurisprudência segundo a qual o juízo pode decretar, fundamentadamente, a indisponibilidade de bens do demandado, quando presentes indícios de responsabilidade pela prática de ato ímprobo que cause lesão ao patrimônio público ou importe enriquecimento ilícito, prescindindo da comprovação de dilapidação de patrimônio, ou sua iminência, restando dispensada, assim, a demonstração de periculum in mora.

D) A posse e o exercício de agente público ficam condicionados à apresentação de declaração dos bens e valores que compõem o seu patrimônio privado, podendo a sua atualização anual ser substituída pela entrega de cópia da declaração de bens apresentada à Delegacia da Receita Federal na conformidade da legislação do Imposto sobre a Renda e proventos de qualquer natureza.

E) Nos termos da Lei n. 8.429/92 (Lei de Improbidade Administrativa), na fixação das sanções por ela cominadas, o juiz levará em conta a extensão do dano causado, assim como os antecedentes do agente e o proveito patrimonial por este obtido.

2. (Promotor Substituto – MPE-PR – 2019 – MPE-PR) Assinale a alternativa incorreta.

A) Conforme tem decidido o Superior Tribunal de Justiça, o ressarcimento do dano decorrente da prática de ato de improbidade administrativa não constitui sanção propriamente dita, mas consequência necessária do prejuízo causado.

B) Havendo indícios fundados de malversação de bens ou recursos de origem pública no âmbito de determinada organização da sociedade civil de interesse público (Oscip), por se tratar de entidade do terceiro setor, com regramento especial quanto à responsabilidade, não se aplicam as regras e as sanções da Lei n. 8.429/92 (Lei de Improbidade Administrativa).

C) No ato de improbidade administrativa do qual resulta prejuízo ao erário, a responsabilidade pela reparação do dano dos agentes que atuam em concurso é solidária, segundo a jurisprudência do Superior Tribunal de Justiça.

D) Dentre as espécies de fraudes em prejuízo ao patrimônio público, pode ser citado o superfaturamento (ou superestimação), que ocorre quando se cobra sobrepreço ilegal, de modo que a Administração Pública paga pela obra ou serviço mais do que realmente se revelava devido.

E) O descumprimento de normas relativas à celebração, fiscalização e aprovação de contas de parcerias firmadas pela Administração Pública com entidades privadas está tipificado, expressamente, como ato de improbidade administrativa que atenta contra os princípios da administração pública.

3. (Juiz de Direito Substituto – TJ-BA – 2019 – Cespe) De acordo com a legislação pertinente e a jurisprudência dos tribunais superiores, na hipótese de o prefeito de determinado município desviar dolosamente recursos públicos obtidos pelo ente municipal mediante convênio com a União,

A) a ação de ressarcimento ao erário será submetida ao prazo prescricional quinquenal.

B) a ação de improbidade administrativa prescreverá em cinco anos, contados a partir da data do fato.

C) ainda que o tribunal de contas local condene o prefeito ao ressarcimento ao erário, o Poder Judiciário também poderá condená-lo em ressarcimento ao erário em ação civil pública por improbidade administrativa.

D) não será possível a configuração do ato de improbidade administrativa se o prefeito tiver agido culposamente.

E) o magistrado, em ação de improbidade administrativa, será obrigado a aplicar todas as penalidades legalmente previstas para a conduta, submetendo-se à discricionariedade regrada somente a dosimetria da pena.

4. (Procurador – AL-GO – 2019 – Iades) Constitui ato de improbidade administrativa que causa lesão ao erário qualquer ação ou omissão, dolosa ou culposa, que enseje perda patrimonial, desvio, apropriação, malbaratamento ou dilapidação dos bens ou haveres das entidades referidas no art. 1º da Lei n. 8.429/92, e notadamente:

A) conceder benefício administrativo ou fiscal sem a devida compensação econômica para o Estado;

B) liberar verba pública sem a estrita observância das normas pertinentes ou influir de qualquer forma para a sua aplicação irregular;

C) permitir, facilitar ou concorrer para que terceiro se enriqueça, mesmo que licitamente;

D) frustrar a licitude de concurso público;

E) deixar de prestar contas quando esteja obrigado a fazê-lo.

5. (Procurador – AL-GO – 2019 – Iades) Constitui ato de improbidade administrativa importando enriquecimento ilícito auferir qualquer tipo de vantagem patrimonial indevida em razão do exercício de cargo, mandato, função, emprego ou atividade nas entidades mencionadas no art. 1º da Lei n. 8.429/92, e notadamente:

A) permitir ou facilitar a aquisição, permuta ou locação de bem ou serviço por preço superior ao de mercado;

B) agir negligentemente na arrecadação de tributo ou renda, bem como no que diz respeito à conservação do patrimônio público;

C) ordenar ou permitir a realização de despesas não autorizadas em lei ou regulamento;

D) aceitar emprego, comissão ou exercer atividade de consultoria ou assessoramento para pessoa física ou jurídica que tenha interesse suscetível de ser atingido ou amparado por ação ou omissão decorrente das atribuições do agente público, durante a atividade;

E) facilitar ou concorrer, por qualquer forma, para a incorporação ao patrimônio particular de pessoa física ou jurídica de bens, rendas, verbas ou valores públicos transferidos pela administração pública a entidades privadas, mediante celebração de parcerias, sem a observância das formalidades legais ou regulamentares aplicáveis à espécie.

6. (Procurador – AL-GO – 2019 – Iades) Como decorrência do regime jurídico-administrativo que é próprio aos agentes públicos, várias instâncias de responsabilidade lhes são impostas, justificando-se, assim, o estudo do tema na doutrina e na jurisprudência. A esse respeito, assinale a alternativa correta.

A) Na jurisprudência do Supremo Tribunal Federal (STF), foi firmado entendimento de que a responsabilidade por crimes dos agentes políticos e dos agentes públicos em geral é a mesma, sob pena de ferimento das garantias penais previstas constitucionalmente.

B) Ao interpretar a previsão constitucional de que a lei estabelecerá os prazos de prescrição para ilícitos praticados por qualquer agente, servidor ou não, que cause prejuízos ao erário, ressalvadas as respectivas ações de ressarcimento, o STF firmou entendimento de que é prescritível a ação de reparação de danos à Fazenda Pública decorrente de ilícito civil.

C) Recente alteração na Lei de Introdução às Normas do Direito Brasileiro fez constar que o agente público responderá pessoalmente pelas respectivas decisões ou opiniões técnicas somente em caso de dolo ou fraude.

D) Em julgamento recente, o STF entendeu serem imprescritíveis as ações de ressarcimento ao erário fundadas na prática de ato doloso ou culposo tipificado na Lei de Improbidade Administrativa.

E) O rol de todas as sanções administrativo-disciplinares, em face da autonomia político-administrativa dos entes públicos, é de competência livre da criação estatutário-legislativa de cada ente.

7. (Procurador – AL-GO – 2019 – Iades) Importante instrumento para preservação dos princípios constitucionais da administração pública é a Lei n. 8.429/92, que dispõe quanto às sanções aplicáveis aos agentes públicos nos casos de enriquecimento ilícito no exercício de mandato, cargo, emprego ou função na administração pública direta, indireta ou fundacional. A esse respeito, o Centro de Apoio Operacional de Combate à Corrupção e Defesa do Patrimônio Público do Ministério Público do Estado de Goiás elaborou recentemente importante coletânea de atuais entendimentos do Superior Tribunal de Justiça (STJ) acerca da aplicação da referida lei. Assinale a alternativa que corresponde ao posicionamento do STJ quanto à matéria.

A) A responsabilidade objetiva na aplicação da Lei n. 8.429/92, relativamente aos casos previstos nos arts. 9º e 11 dessa lei, é inadmissível admitindo-se, todavia, tal condição nas hipóteses previstas no art. 10.

B) O Ministério Público Estadual não possui legitimidade recursal para atuar como parte no STJ nas ações de improbidade administrativa.

C) Na ação de improbidade, a decretação de indisponibilidade de bens não pode recair sobre aqueles adquiridos anteriormente ao suposto ato, podendo-se, todavia, levar em consideração o valor de possível multa civil como sanção autônoma.

D) No caso de agentes políticos reeleitos, o termo inicial do prazo prescricional nas ações de improbidade administrativa deve ser contado a partir do término do último mandato.

E) A propositura de ação civil de improbidade administrativa exclusivamente contra o particular, sem a concomitante presença de agente público no polo passivo da demanda, é viável.

8. (Técnico em Comunicação Social – AGU – 2019 – Idecan) A respeito da ética e das condutas públicas, analise as afirmativas a seguir.

I – Para fins de promoção dos princípios da administração pública, é permitido revelar o teor de medida política capaz de afetar o preço de mercadoria, inclusive antes da respectiva divulgação oficial.

II – Negar publicidade aos atos oficiais não constitui ato de improbidade administrativa, mas é passível de responsabilização na esfera criminal.

III – Concorrer para que terceiro se enriqueça ilicitamente é ato de improbidade administrativa que causa prejuízo ao erário.

Assinale:

A) se apenas a afirmativa I estiver correta;

B) se apenas a afirmativa II estiver correta;

C) se apenas a afirmativa III estiver correta;

D) se apenas as afirmativas I e III estiverem corretas;

E) se apenas as afirmativas II e III estiverem corretas.

9. (Tecnólogo em Gestão Pública – IF-MS – 2019 – IF-MS) Com relação à Lei n. 8.429, de 2 de junho de 1992, que dispõe sobre as sanções aplicáveis aos agentes públicos nos casos de enriquecimento ilícito no exercício de mandato, cargo, emprego ou função na administração pública direta, indireta ou fundacional e dá outras providências, assinale a alternativa que NÃO CORRESPONDE a um Ato de Improbidade Administrativa que Importa Enriquecimento Ilícito.

A) Permitir, facilitar ou concorrer para que terceiro se enriqueça ilicitamente.

B) Receber, para si ou para outrem, dinheiro, bem móvel ou imóvel, ou qualquer outra vantagem econômica, direta ou indireta, a título de comissão, percentagem, gratificação ou presente de quem tenha interesse, direto ou indireto, que possa ser atingido ou amparado por ação ou omissão decorrente das atribuições do agente público.

C) Perceber vantagem econômica, direta ou indireta, para facilitar a alienação, permuta ou locação de bem público ou o fornecimento de serviço por ente estatal por preço inferior ao valor de mercado.

D) Usar, em proveito próprio, bens, rendas, verbas ou valores integrantes do acervo patrimonial das entidades da administração direta, indireta ou fundacional de qualquer um dos Poderes da União, dos Estados, do Distrito Federal, dos Municípios, de Território, de empresa incorporada ao patrimônio público ou de entidade para cuja criação ou custeio o erário haja concorrido ou concorra com mais de cinquenta por cento do patrimônio ou da receita anual.

E) Aceitar emprego, comissão ou exercer atividade de consultoria ou assessoramento para pessoa física ou jurídica que tenha interesse suscetível de ser atingido ou amparado por ação ou omissão decorrente das atribuições do agente público, durante a atividade.

10. (Auditor-Fiscal da Receita Estadual – Bloco I – Sefaz-RS – 2019 – Cespe) De acordo com a Lei n. 8.429/92, constitui ato de improbidade administrativa que atenta especificamente contra os princípios da administração pública qualquer ação ou omissão que violar os deveres de honestidade, imparcialidade, legalidade e lealdade às instituições, e notadamente:

A) negar publicidade aos atos oficiais;

B) facilitar para que terceiro se enriqueça ilicitamente;

C) conceder indevidamente benefício administrativo ou fiscal;

D) representar negligência na arrecadação de tributo e na conservação do patrimônio público;

E) consistir em uso, em proveito próprio, de bens ou valores integrantes do acervo patrimonial da administração pública.

GABARITO

1. E / **2.** B / **3.** C / **4.** B / **5.** D / **6.** B / **7.** D / **8.** C / **9.** A / **10.** A

Acesse mais questões também pelo link:
http://somos.in/MDA1161

11

RELAÇÃO JURÍDICA DE ADMINISTRAÇÃO PÚBLICA

Acesse também a videoaula pelo link:
http://somos.in/MDA1112

11.1 INTRODUÇÃO

O estudo do Direito Administrativo pela ótica das relações jurídicas é uma nova e promissora perspectiva de compreensão das diversas formas de atuação da Administração Pública[1].

Embora bastante difundida na Europa, especialmente em países como Alemanha e Itália, a teoria da relação jurídico-administrativa ainda não mereceu um tratamento pormenorizado entre os doutrinadores brasileiros.

Em linhas gerais, pode-se dizer que a teoria da relação jurídico-administrativa, ou relação de Administração Pública, é uma forma de estudar o Direito Administrativo a partir das **diversas espécies de vinculações intersubjetivas surgidas no exercício da função administrativa**. Trata-se de uma abordagem que posiciona a pessoa, o sujeito de direito, como o **conceito central do Direito Administrativo**, enfatizando a necessidade de a Administração Pública atuar pautada na observância dos direitos e garantias fundamentais do administrado.

> **A prova de Advogado da Funasg, elaborada pela Funcab em 2015, considerou ERRADA a assertiva: "Direito Administrativo pode ser traduzido pelo conjunto de normas e princípios que organizam a relação jurídica exclusivamente entre os próprios componentes da Administração Pública".**

11.2 VANTAGENS DA TEORIA

Tradicionalmente, o Direito Administrativo sempre foi estudado a partir da noção fundamental de ato administrativo. A teoria do ato administrativo, no entanto, é útil para compreender as manifestações unilaterais e impositivas do Poder Público, mas não se mostra suficiente para explicar grande parte das diversificadas atuações da Administração Pública moderna, tais como atividades

1. O tema da "Relação Jurídica de Administração Pública" foi objeto da minha Tese de Doutorado, defendida com sucesso em 24-5-2010 na PUC-SP, sob orientação do Professor Doutor Celso Antônio Bandeira de Mello, cujas conclusões parciais estão resumidas no presente capítulo.

de fomento, contratos multilaterais, acordos de cooperação e outros instrumentos da gestão consensual do interesse público.

Assim, a construção de uma teoria da relação jurídica de Administração Pública oferece diversas vantagens ao estudioso, entre as quais merecem destaque:

a) permitir uma análise global e unificada das diversas modalidades de vinculações interpessoais surgidas no exercício da função administrativa, com vistas à formação de uma teoria geral da relação administrativa tendente a tornar mais inteligível o Direito Administrativo;

b) favorecer uma sistematização das diversas situações jurídicas subjetivas não relacionais pertinentes ao Direito Administrativo;

c) contribuir para o desenvolvimento de temas no Direito Administrativo, por exemplo, direito adquirido e direito público subjetivo;

d) iluminar as diferentes aplicações do princípio da legalidade de acordo com a natureza da relação jurídica atingida (sujeição geral ou sujeição especial);

e) compreender a importância da instauração de uma relação jurídica (processo administrativo) como condição de validade da tomada de decisões pela Administração Pública, assim como entender o papel de parte imparcial cumprido pelo ente público nos referidos processos;

f) realçar a condição de parte na relação: o particular, frente a frente com a Administração, deixa de ser considerado "mero objeto da atuação administrativa" ou, em outras palavras, "administrado pelo Poder Público", e ganha *status* de sujeito de direitos e deveres – elemento atuante na defesa dos interesses da coletividade. É a tendência que vem sendo chamada de **"personalização do Direito Administrativo", como consequência do princípio democrático e do maior respeito aos direitos fundamentais** (Defensor Público/TO – 2013 – Cespe);

g) reforçar a existência de limites concretos à atuação administrativa materializados nos direitos e garantias fundamentais que o cidadão detém na condição de sujeito da relação;

h) realimentar a troca de conhecimentos da doutrina administrativista com os teóricos gerais do direito, inclusive oferecendo à teoria geral e à filosofia do direito subsídio para aprimorar seus temas, levando em conta ganhos conceituais obtidos na seara do direito público;

i) aproveitar ganhos de conhecimento obtidos por autores privatistas em décadas de produção científica sobre as relações jurídicas, adaptando-os, no que couber, à realidade da Administração Pública.

11.3 CONCEITOS DOUTRINÁRIOS

Relações de Administração Pública são todas as vinculações intersubjetivas estabelecidas no exercício da função administrativa.

A doutrina tem buscado conceituar a relação de Administração Pública a partir de três diferentes critérios: a) subjetivo; b) misto; e c) formal.

11.3.1 Critério subjetivo

A maioria dos autores considera que o elemento fundamental para qualificar uma relação jurídica como de administração pública é a **presença necessária da Administração** em um dos polos relacionais. Esse tem sido o critério conceitual mais admitido por **provas e concursos**.

A título de exemplo, Marcello Caetano afirma que relação jurídico-administrativa é o "vínculo entre duas pessoas em que uma delas, pelo menos, é a Administração"[2].

Como **crítica** ao critério subjetivo, porém, pode-se dizer que conceituar relação de administração pública como aquela em que a Administração é uma das partes não é a solução mais conveniente. Isso porque existem vinculações intersubjetivas envolvendo a Administração e que estão regidas por normas de direito privado, descaracterizando a natureza pública da relação jurídica, como no caso do contrato de locação entre a Administração e o particular.

11.3.2 Critério misto

Percebendo a insuficiência do critério subjetivo, há autores que procuram combiná-lo com algum outro elemento.

É o caso de Amílcar de Araújo Falcão, para quem "relação jurídica de Direito Administrativo é aquela relação reconhecida ou regulada pelo Direito, que se passa entre dois ou mais sujeitos, dos quais um, pelo menos, é a administração pública, tendo por escopo garantir a satisfação de determinados interesses individuais ou sociais"[3]. O autor utiliza o critério subjetivo aliado a um elemento finalístico, afirmando que a relação de administração pública tem como escopo a proteção de interesses individuais ou sociais.

Como **crítica** ao critério misto, é possível notar que o uso do critério subjetivo, ainda que associado a algum outro, incide no mesmo erro ao incluir no conceito vinculações regidas pelo direito privado.

11.3.3 Critério formal

Um terceiro modo de conceituar relação de administração pública pressupõe o uso do critério formal, levando em conta o regime normativo aplicável ao vínculo intersubjetivo. Assim, o elemento decisivo para definir uma relação jurídica como relação de administração pública seria sua sujeição aos princípios e regras do Direito Administrativo.

Rafael Cuesta utiliza claramente tal critério ao afirmar que "relação jurídico-administrativa é a relação social concreta regulada pelo Direito Administrativo"[4].

---

2. *Tratado elementar de direito administrativo*. Coimbra: Coimbra Editora, 1943. v. 1, p. 121.
3. Relações jurídicas de direito administrativo. In: *Textos selecionados de administração pública:* direito administrativo, p. 61.
4. Rafael Entrena Cuesta, *Curso de derecho administrativo*, v. 1, p. 147.

Embora as provas e concursos públicos priorizem o uso do critério subjetivo, deve-se constatar que o critério formal é o mais apropriado para conceituar cientificamente as relações jurídicas de administração pública.

11.4 NOSSO CONCEITO

Adotando o critério formal, consideramos que relação de administração pública *é o vínculo jurídico regido pelo Direito Administrativo que surge como efeito direto da lei ou da prática de ato administrativo, consistente na ligação concreta e imediata entre dois ou mais sujeitos de direito, sendo que pelo menos um deles se encontra no exercício da função administrativa, e caracterizado pela existência de um complexo de poderes e deveres unidos em torno de uma finalidade pública.*

11.5 DIVERSAS CLASSIFICAÇÕES DAS RELAÇÕES JURÍDICO-ADMINISTRATIVAS

Com o objetivo de apresentar um amplo panorama das diversas espécies de relações jurídicas pertencentes ao Direito Administrativo, serão indicadas algumas classificações das relações jurídico-administrativas fundadas em diferentes critérios.

11.5.1 Quanto ao alcance

a) Internas: consistem em vínculos jurídicos estabelecidos somente entre entidades e agentes pertencentes ao Estado. Exemplo: relação hierárquica entre agentes públicos.

b) Externas: são aquelas que alcançam pessoas privadas, vinculando-as ao Estado ou a entidades governamentais. Exemplo: termo de parceria entre a União e organização da sociedade civil de interesse público.

11.5.2 Quanto à estrutura

a) De coordenação: caracterizam-se pela presença de interesses convergentes entre as partes envolvidas no vínculo. Exemplo: contrato de cooperação entre entidades federativas.

b) De subordinação: são marcadas pela existência de interesses conflitantes entre as partes. Exemplo: relação derivada no poder de polícia.

11.5.3 Quanto à presença da Administração

a) Diretas: são vínculos jurídicos que importam relacionamento imediato entre o Estado e o particular. Exemplo: relação jurídica entre o Estado e o usuário de serviço público.

b) Indiretas: ocorrem sem a presença do Estado em nenhum dos polos, na medida em que a vinculação com o particular é assumida por uma pessoa jurídica privada, por delegação estatal. Exemplo: relação jurídica entre o concessionário e o usuário do serviço público.

11.5.4 Quanto ao objeto

a) **Pessoais:** envolvem o comportamento de um sujeito em relação a outro. Exemplo: contrato administrativo de prestação de serviços.

b) **Reais:** têm por objeto determinado bem. Exemplo: concessão de uso de bem público.

11.5.5 Quanto à duração

a) **Instantâneas:** Surgem em decorrência de um evento determinado e extinguem-se imediatamente após a cessação do acontecimento que lhes deu causa. Exemplo: gestão de negócios públicos.

b) **Permanentes:** Têm duração que se prolonga no tempo. Exemplo: vínculo estatutário de cargo público.

11.5.6 Quanto às partes envolvidas

a) **Simples:** são as relações jurídicas comuns, estabelecidas de modo direto e imediato entre dois sujeitos de direito ocupando posições recíprocas e antagônicas. Tais relações caracterizam-se pela presença de interesses jurídicos contrapostos. Exemplo: vínculo estatutário de cargo público.

b) **Plúrimas ou multilaterais:** constituem vínculos jurídicos unindo três ou mais sujeitos de direito em torno de interesses comuns. Basicamente, caracterizam-se pela cooperação recíproca e, em regra, pela ausência de interesses conflitantes entre as partes envolvidas (relações de coordenação). Mas nada impede que haja, excepcionalmente, interesses contrapostos (relações de subordinação). Exemplo: convênio de cooperação entre diversas entidades federativas.

11.5.7 Quanto à reciprocidade

a) **Unilaterais:** são vínculos raríssimos em que somente um dos sujeitos tem direitos, ocupando exclusivamente uma posição ativa diante da outra parte, o sujeito passivo detentor de uma condição passiva pura. Exemplo: contrato de doação em favor do Poder Público.

b) **Bilaterais ou complexas:** caracterizam-se pela existência de posições de vantagem: direitos conferidos em favor das duas partes. Nessas relações, as duas partes titularizam simultaneamente direitos e deveres recíprocos, não se podendo qualificá-las como sujeito ativo e sujeito passivo. O objeto do vínculo, na verdade, consiste num complexo de poderes e deveres interligados. Exemplo: concessão de serviço público.

11.5.8 Quanto aos efeitos

a) **Ampliativas:** são relações jurídicas advindas da prática de ato que aumenta a esfera de interesses do particular. Exemplo: outorga onerosa do direito de construir.

b) **Restritivas:** decorrem da expedição de atos administrativos limitadores da esfera de interesses do particular. Exemplo: requisição temporária de propriedade privada para atender a situação de iminente perigo público.

11.5.9 Quanto à posição das partes

a) **Verticais de direito público:** as relações jurídicas da Administração Pública, em regra, estão submetidas predominantemente ao Direito Público, cujos princípios e regras projetam a entidade estatal a uma posição de superioridade jurídica perante o particular. Exemplo: contrato administrativo.

b) **Horizontais de direito público:** algumas relações jurídicas pertinentes ao Direito Administrativo não manifestam a posição de superioridade característica dos vínculos estabelecidos entre Administração e particulares. São relações jurídico-administrativas sem verticalidade. Exemplo: contrato de consórcio público firmado entre entidades federativas, nos termos da Lei n. 11.107/2005.

c) **Horizontais de direito privado:** em casos raros, a Administração Pública estabelece uma relação jurídica predominantemente submetida ao Direito Privado, situação em que deixa de ocupar sua característica posição de superioridade para igualar-se, quanto às prerrogativas jurídicas envolvidas, em vinculação horizontal diante do particular. Exemplo: contrato de locação firmado com locador privado para instalação de repartição pública.

11.5.10 Quanto ao nível de organização

a) **Entidade-entidade:** são as relações administrativas internas, diretas e permanentes, estabelecidas entre pessoas jurídicas de direito público. Podem classificar-se como relações de coordenação ou de subordinação. Exemplo: relação de supervisão ministerial entre a União e a autarquia federal.

b) **Entidade-agente:** são relações internas, de subordinação, diretas, pessoais, permanentes e complexas, envolvendo uma pessoa jurídica pertencente ao Estado e a um agente público. Exemplo: relação de cargo público.

c) **Entidade-particular:** são relações externas, de subordinação, diretas, simples e complexas, ligando uma pessoa jurídica de direito público e um particular. Exemplo: vínculo entre autarquia e usuário de serviço público.

d) **Agente-agente:** são vínculos jurídicos internos, pessoais e simples, estabelecidos na intimidade do aparelho estatal ligando dois ou mais agentes públicos. Exemplo: relação de subordinação hierárquica dentro de repartição pública.

e) **Agente-particular:** Constituem relações jurídicas externas entre um agente público, no exercício de função estatal, e um particular. A existência de vínculos diretos entre a pessoa física do agente e os particulares é de difícil constatação na medida em que a atuação dos agentes governamentais, no exercício de tarefas públicas, é juridicamente imputada ao Estado, de modo que a relação se estabelece entre o particular e o próprio Estado.

f) **Particular-particular:** pode ocorrer de a relação de administração pública ser estabelecida somente entre pessoas privadas. São casos raros em que um particular assume transitoriamente o exercício de função pública, relacionando-se com outros particulares sob regime de Direito Administrativo. Constituem relações complexas e sempre do tipo indireto. Exemplos: vínculo concessionário--usuário e gestão de negócios públicos.

11.5.11 Quanto ao regime jurídico

As relações jurídico-administrativas podem ser encontradas em todos os domínios do Direito Administrativo. Por isso, o regime jurídico aplicável ao vínculo intersubjetivo sofrerá influência dos princípios e **regras** característicos do setor específico no qual a relação está inserida: serviço público, polícia administrativa ou fomento.

a) **Relações de serviço público:** surgem no contexto da prestação de serviços públicos e são caracterizadas pela presença de diversos direitos subjetivos em favor do usuário, exercitáveis contra o Estado (prestação direta) ou contra um concessionário (prestação indireta).

b) **Relações de polícia:** decorrem das limitações administrativas à liberdade e à propriedade privadas. Exemplo: vinculação decorrente do guinchamento de veículo estacionado em local proibido.

c) **Relações de fomento:** constituem vínculos intersubjetivos externos, de coordenação, diretos, pessoais, simples, ampliativos e complexos, nascidos como consequência do desempenho de tarefas estatais de incentivo a setores sociais. Exemplos: termo de parceria firmado entre a União e a organização da sociedade civil de interesse público e contrato de gestão celebrado com organização social.

11.6 *STATUS*

Status é o **conjunto de poderes e deveres** inerentes a **determinada classe de sujeitos.**

No Direito Administrativo, tem-se, por um lado, o *status* geral de "administrado", referente a todo sujeito posicionado diante da Administração. Em determinadas circunstâncias, inserindo-se o sujeito em relação jurídica específica, o *status* de administrado é substituído, para efeito daquela peculiar vinculação, pelo *status* de servidor público estatutário, ou de empregado público, ou de usuário de serviço, ou de concessionário.

Existem, por outro lado, diferentes *status* aplicáveis à Administração Pública. Inicialmente, há a condição geral de supremacia perante o particular à qual se opõe o *status* básico de administrado. Nela, a Administração não se encontra inserida numa específica relação jurídica, limitando-se a praticar atos complementares à lei para lhe dar fiel execução. Entretanto, a condição geral de supremacia pode dar lugar a *status* próprios, como o de Poder Concedente, de Empregador Público ou de Poder Expropriante, sujeitando o Poder Público a deveres e revestindo-o de poderes não tão marcadamente presentes na condição de Administração geral.

Como se nota, a noção de *status* remete a diferentes complexos de direitos e deveres existentes no plano da norma jurídica.

Acesse também a videoaula pelo link:
http://somos.in/MDA1145

11.7 SITUAÇÕES SUBJETIVAS NO DIREITO ADMINISTRATIVO

Além da teoria da relação jurídico-administrativa, outra perspectiva moderna de compreensão do Direito Administrativo é a teoria das situações subjetivas.

Segundo Marcello Caetano, "a situação jurídica é a posição ocupada por uma pessoa na ordem jurídica, isto é, a posição ocupada por uma pessoa relativamente às outras pessoas consoante os poderes de que é titular ou os deveres a que está obrigada"[5].

No Direito Administrativo, quando determinado sujeito tem um "poder", fala-se em situação subjetiva ativa. Tendo um "dever", surge uma situação subjetiva passiva.

Conforme o nível de proteção conferido pela ordem jurídica à situação subjetiva, podem ser apontadas diversas modalidades de poderes e de deveres, consoante quadro abaixo:

Quadro sinótico das situações subjetivas no Direito Administrativo

- Situações subjetivas
  - Ativas (poderes)
    - Direito Subjetivo
    - Potestade ou Poder *stricto sensu*
    - Interesse Legítimo
    - Interesse Simples
    - Expectativa de Direito
    - Poder-Dever
    - Prerrogativa Funcional
    - Direito Adquirido
  - Passivas (deveres)
    - Obrigação
    - Dever *stricto sensu*
    - Sujeição
    - Encargo
    - Ônus
    - Carga

5. Marcello Caetano, *Tratado elementar de direito administrativo*, v. 1, p. 173.

11.8 DIVERSAS MODALIDADES DE PODERES

As situações subjetivas ativas no Direito Administrativo dividem-se nas seguintes categorias: a) direito subjetivo; b) potestade; c) interesse legítimo; d) interesse simples; e) expectativa de direito; f) poder-dever; g) prerrogativa funcional; h) direito adquirido.

11.8.1 Direito subjetivo

Direito subjetivo é a mais perfeita e vantajosa condição subjetiva ativa. Como regra geral, o direito subjetivo é parte integrante de uma relação jurídica que o une normativamente a uma correlata obrigação. E o titular do direito pode exigir o cumprimento da obrigação por parte do devedor.

Entretanto, há casos em que o direito subjetivo existe fora de uma relação jurídica. É o que ocorre com os direitos fundamentais consagrados na Constituição Federal. Tais direitos definem situações subjetivas ativas em favor do indivíduo sem um imediato dever que vincule outro sujeito de direito isoladamente considerado. Se o titular exercer a pretensão de compelir ao cumprimento do direito subjetivo, será instaurada uma relação jurídica, mas antes disso existe somente uma situação ativa não relacional.

Direitos subjetivos podem ser titularizados por qualquer sujeito de direito. O ordenamento consagra direitos subjetivos em favor de particulares, assim como também em favor do Estado. Quando o direito subjetivo do particular estiver ligado a uma correlata obrigação estatal, fala-se em direito público subjetivo.

O reconhecimento da existência de direitos públicos subjetivos surge em consequência da afirmação do Estado do Direito, no qual os indivíduos não são apenas objeto da ação estatal, mas adquirem o *status* de sujeitos de direito dotados de deveres e poderes perante o Estado.

A partir dos diversos *status* incorporados pelos particulares nas relações com a Administração Pública é possível falar em direitos subjetivos, especialmente:

a) atinentes à condição geral de administrado, incluindo os direitos fundamentais enumerados na Constituição Federal;

b) dos usuários de serviço público;

c) dos concessionários e permissionários de serviço público;

d) referentes às diversas categorias de agentes públicos, como os servidores estatutários e os empregados públicos;

e) pertinentes à condição de licitante, à de candidato durante concurso público etc.

Além dos direitos subjetivos reconhecidos ao administrado dentro e fora de relações jurídicas específicas, a ordem jurídica reconhece igualmente direitos subjetivos à Administração Pública, exercitáveis contra o particular ou contra agentes públicos. Os direitos titularizados pelo Estado possuem a mesma estrutura lógica e meios de proteção reconhecidos aos direitos públicos subjetivos pertencentes aos particulares.

11.8.2 Potestade ou poder *stricto sensu*

A toda situação subjetiva ativa pode-se dar o nome de poder *lato sensu*. Trata-se, assim, de um gênero que engloba diversas categorias de situações de vantagem atribuídas ao sujeito pelo ordenamento jurídico.

Devemos considerar que a nomenclatura "poder", em sentido estrito, designa toda posição de vantagem atribuída pela ordem jurídica aos administrados, sem que haja conexão, imediata ou futura, com um dever correlato vinculado à Administração Pública. São meras faculdades potestativas, internas ou externas a relações jurídicas, conferidas ao particular sem a alteridade característica de outras situações subjetivas.

São poderes *stricto sensu* também os denominados *direitos subjetivos em formação*, isto é, as situações subjetivas anteriores ao cumprimento integral do processo de composição de um direito subjetivo.

11.8.3 Interesse legítimo

Enquanto o direito subjetivo é uma situação bivalente titularizada tanto pela Administração quanto pelos particulares, o interesse legítimo é uma figura subjetiva privativa dos administrados (monovalente) consistente na possibilidade de exigir da Administração o cumprimento de um dever determinado pela norma jurídica em favor de indivíduos componentes de um grupo de sujeitos (pretensão coletiva).

11.8.4 Interesse simples

O interesse simples é uma situação subjetiva ativa relacionada a proteções normativas genéricas de interesse, impessoais e comuns, a toda a coletividade. Trata-se de figura subjetiva exclusiva do administrado.

11.8.5 Expectativa de direito

A expectativa de direito é a mais frágil situação subjetiva ativa, caracterizando-se por criar uma posição de vantagem condicional destituída de exigibilidade imediata. A se confirmar a ocorrência de determinado evento futuro, a expectativa de direito aperfeiçoa-se, dando surgimento a um direito subjetivo exigível.

11.8.6 Poderes-deveres

Poderes-deveres são situações subjetivas híbridas ostentadas pela Administração Pública nos casos em que a ordem jurídica atribui simultaneamente uma potestade e um dever ao mesmo sujeito de direito. É o caso do poder disciplinar e do poder hierárquico.

11.8.7 Prerrogativas funcionais

Prerrogativas funcionais são vantagens específicas atribuídas aos agentes pertencentes aos quadros da Administração Pública para operacionalizar a defesa dos interesses da coletividade. As prerrogativas funcionais diferem dos poderes-deveres na medida em que estes são atribuições de caráter mais geral outorgadas abstratamente ao complexo orgânico da Administração Pública, enquanto aquelas envolvem mais diretamente a ação concreta dos agentes públicos.

11.8.8 Direito adquirido

Direito adquirido é uma forma de referir-se à incorporação definitiva de um direito subjetivo, ainda não exercitado, ao patrimônio de seu titular. A categoria do direito adquirido é instituto do direito intertemporal, protegendo os indivíduos contra a superveniência de alterações legislativas modificadoras de situações subjetivas pretéritas.

11.9 DIVERSAS MODALIDADES DE DEVERES

As situações subjetivas passivas são dos seguintes tipos: a) obrigação; b) dever *stricto sensu*; c) sujeição; d) encargo; e) ônus; f) carga.

11.9.1 Obrigação

A obrigação se contrapõe ao direito subjetivo, surgindo sempre dentro de uma relação jurídica a partir do momento em que o titular exerce seu direito subjetivo[6]. Não há obrigação extrarrelacional.

Antes do exercício do direito subjetivo, não há para a Administração obrigação específica de emitir aquela certidão, mas um dever geral (dever *stricto sensu*) de expedir certidões.

11.9.2 Dever *stricto sensu*

Dever *stricto sensu* é a situação passiva ocupada pela Administração Pública externa a relações jurídicas. São, por assim dizer, os deveres gerais da Administração projetados sobre o universo de todos os administrados, não se apresentando como comportamentos dirigidos a sujeitos determinados. Os mais relevantes deveres impostos à Administração Pública são materializados no conteúdo dos princípios do Direito Administrativo, especialmente os da legalidade, impessoalidade, publicidade, finalidade, razoabilidade e proporcionalidade.

11.9.3 Sujeição

A sujeição consiste na situação subjetiva passiva titularizada pelos administrados fora do contexto das relações jurídicas especiais. Trata-se de uma condição

6. Eduardo García de Enterría; Tomás-Ramón Fernández, *Curso de derecho administrativo*, v. 2, p. 31.

de permanente submissão aos poderes *stricto sensu* exercidos pela Administração em nome de sua supremacia geral.

11.9.4 Encargo

Denomina-se encargo determinado dever funcional atribuído pela ordem jurídica a agente público. O encargo difere do dever *stricto sensu* na medida em que, enquanto este é titularizado pelas pessoas jurídicas componentes da Administração Pública, aquele é conferido a pessoas físicas que desempenham cargos, empregos ou funções dentro do aparelho estatal.

11.9.5 Ônus

Ônus é a figura subjetiva acessória voltada ao exercício de poderes jurídicos processuais. O ônus não opõe seu titular a outros sujeitos de direito, pois está afeto exclusivamente à esfera de interesses de uma única pessoa. O descumprimento do ônus tem o efeito apenas de privar seu titular da fruição de determinada vantagem.

11.9.6 Carga

A carga é uma situação subjetiva passiva instrumental com relação ao exercício de certos poderes, exigindo de seu titular a adoção de determinado comportamento. Ao contrário das figuras passivas, como a obrigação e o dever *stricto sensu*, a carga está relacionada com a satisfação de interesses do próprio sujeito que a titulariza, de modo que, não adotando o comportamento determinado, a única consequência daí decorrente é que o sujeito permanecerá privado da vantagem da qual o referido comportamento é pressuposto[7]. Difere do ônus porque a carga instrumentaliza poderes de natureza material, e não processual.

11.10 NASCIMENTO DAS RELAÇÕES JURÍDICO--ADMINISTRATIVAS

Somente fatos jurídicos podem criar, modificar e extinguir relações jurídicas.

No Direito Administrativo, existem quatro formas de nascimento das relações jurídicas:

a) **pela ocorrência de um fato administrativo:** quando um acontecimento destituído de voluntariedade, podendo ser uma conduta humana ou um evento da natureza, promove a interligação de sujeitos de direito. É o caso, por exemplo, da queda de árvore situada em área pública, causando prejuízo patrimonial ao particular;

b) **pela prática de ato administrativo:** trata-se da forma natural de surgimento das relações jurídico-administrativas, isto é, mediante a expedição de

7. Eduardo García de Enterría; Tomás-Ramón Fernández, *Curso de derecho administrativo*, v. 2, p. 27.

manifestações infralegais no exercício da função administrativa tendentes a instituir, com fundamento na lei, relações jurídicas. O exemplo é a admissão de servidor público, que faz surgir uma relação funcional estatutária;

c) **por força de lei:** em outros casos, a relação jurídico-administrativa nasce como efeito direto da lei. É o que ocorre com a relação jurídica de supervisão ministerial, instituída pela legislação que rege a atuação das entidades públicas pertencentes à administração indireta;

d) **como pressuposto no texto constitucional:** por fim, existem determinadas relações jurídicas de administração pública que nascem como consequência imediata de normas existentes na Constituição Federal. Exemplo: a relação de subordinação hierárquica entre o Presidente da República e Ministros de Estado (art. 76 da CF).

11.11 MODIFICAÇÃO DAS RELAÇÕES JURÍDICO--ADMINISTRATIVAS

As relações jurídico-administrativas podem sofrer modificações subjetivas ou objetivas. No primeiro caso, ocorre uma substituição nos polos relacionais; no segundo, altera-se o conteúdo do vínculo subjetivo[8]. Em termos gerais, a modificação de relações jurídicas de Direito Administrativo ocorre também pela superveniência de fatos administrativos, pela prática de atos administrativos e por força de lei ou da Constituição Federal.

11.12 EXTINÇÃO DAS RELAÇÕES JURÍDICO-ADMINISTRATIVAS

Há casos de relações jurídico-administrativas programadas para uma extinção automática, *ipso iure*, como ocorre nos vínculos submetidos a termo final ou condição resolutiva.

Nas demais hipóteses, a extinção de relação dependerá da ocorrência de um fato novo ou da expedição de um ato administrativo extintivo. Nada impede, também, que a extinção seja promovida diretamente pela lei ou pela Constituição Federal.

Excepcionalmente, deve-se admitir a extinção de relações jurídico-administrativas por decisão do Poder Judiciário, como ocorre na hipótese de anulação judicial de ato administrativo, implicando a extinção *ipso iure* de eventual relação jurídica decorrente do ato anulado.

8. Guido Zanobini, *Corso di diritto amministrativo*, v. 1, p. 206.

11.13 QUADRO SINÓTICO

TEORIA DA RELAÇÃO JURÍDICA DE ADMINISTRAÇÃO PÚBLICA OU TEORIA DA RELAÇÃO JURÍDICO-ADMINISTRATIVA

- É uma forma de estudar o Direito Administrativo a partir das **diversas espécies de vinculações intersubjetivas** surgidas **no exercício da função administrativa**.

Trata-se de uma abordagem que posiciona a **pessoa**, o sujeito de direito, como o **conceito central do Direito Administrativo**, enfatizando a necessidade de a Administração Pública atuar pautada na observância dos direitos e garantias fundamentais do administrado.

VANTAGENS DESSA TEORIA

O Direito Administrativo sempre foi estudado a partir da teoria do ato administrativo, muito útil para compreender as manifestações unilaterais e impositivas do Poder Público, mas a referida teoria se mostra insuficiente diante das atuações diversificadas de uma Administração Pública moderna, tais como, atividades de fomento, contratos multilaterais, acordos de cooperação e a gestão consensual do interesse público.

- A teoria da relação jurídica de administração pública aparece como uma **nova e promissora perspectiva de compreensão das formas de atuação da Administração Pública**.

DICA: **(Cespe)** realçar a condição de parte na relação é a tendência que vem sendo chamada de **"PERSONALIZAÇÃO DO DIREITO ADMINISTRATIVO", como consequência do princípio democrático e do maior respeito aos direitos fundamentais.**

CONCEITOS DOUTRINÁRIOS

Relações de administração pública são todas as vinculações intersubjetivas estabelecidas no exercício da função administrativa.

- **SUBJETIVO:** elemento fundamental: **presença necessária da Administração em um dos polos relacionais.**
- **MISTO:** utiliza o critério subjetivo aliado a um elemento finalístico: **ter como escopo a proteção de interesses individuais ou sociais.**
- **FORMAL:** elemento decisivo: **sua sujeição aos princípios e regras do Direito Administrativo.**

NOSSO CONCEITO:

- Adotando o critério formal, consideramos que relação de administração pública é o vínculo jurídico regido pelo Direito Administrativo que surge como efeito direto da lei ou da prática de ato administrativo, consistente na ligação concreta e imediata entre dois ou mais sujeitos de direito, sendo que pelo menos um deles se encontra no exercício da função administrativa, e caracterizado pela existência de um complexo de poderes e deveres unidos em torno de uma finalidade pública.

CLASSIFICAÇÕES DAS RELAÇÕES DE ADMINISTRAÇÃO

QUANTO AO ALCANCE

- INTERNAS: vínculos jurídicos estabelecidos somente entre entidades e agentes pertencentes ao Estado.
- EXTERNAS: alcançam pessoas privadas, vinculando-as ao Estado ou a entidades governamentais.

QUANTO À ESTRUTURA

- DE COORDENAÇÃO: presença de interesses convergentes entre as partes envolvidas no vínculo.
- DE SUBORDINAÇÃO: existência de interesses conflitantes entre as partes.

QUANTO À PRESENÇA DA ADMINISTRAÇÃO

- DIRETAS: vínculos jurídicos que importam relacionamento imediato entre o Estado e o particular.
- INDIRETAS: sem a presença do Estado em nenhum dos polos, na medida em que a vinculação com o particular é assumida por uma pessoa jurídica privada, por delegação estatal.

QUANTO AO OBJETO

- PESSOAIS: envolvem o comportamento de um sujeito em relação ao outro.
- REAIS: têm por objeto determinado bem.

QUANTO À DURAÇÃO

- INSTANTÂNEAS: decorrem de um evento determinado e se extinguem imediatamente após a cessação do acontecimento que lhes deu causa.
- PERMANENTES: têm duração que se prolonga no tempo.

QUANTO ÀS PARTES ENVOLVIDAS

- SIMPLES: relações jurídicas comuns, estabelecidas de modo direto e imediato entre dois sujeitos de direito ocupando posições recíprocas e antagônicas.
- PLÚRIMAS / MULTILATERAIS: vínculos jurídicos unindo três ou mais sujeitos de direito em torno de interesses comuns. Caracterizam-se, em regra, pela ausência de interesses conflitantes (relações de coordenação, podendo haver, excepcionalmente, interesses contrapostos).

QUANTO À RECIPROCIDADE

- UNILATERAIS: vínculos raríssimos, em que somente um dos sujeitos tem direitos, ocupando exclusivamente uma posição ativa diante da outra parte, o sujeito passivo detentor de uma condição passiva pura. Ex.: doação em favor do Poder Público.
- BILATERAIS / COMPLEXAS: existência de posições de vantagem, direitos conferidos em favor das duas partes, direitos e deveres recíprocos, simultâneos e interligados, não havendo como qualificar sujeito ativo e passivo.

QUANTO AOS EFEITOS

- AMPLIATIVAS: relações jurídicas advindas da prática de ato que aumenta a esfera de interesses do particular.
- RESTRITIVAS: decorrem da expedição de atos administrativos limitadores da esfera de interesses do particular.

QUANTO À POSIÇÃO DAS PARTES

- VERTICAIS DE DIREITO PÚBLICO: as relações jurídicas da Administração Pública, em regra, estão submetidas predominantemente ao Direito Público, cujos princípios e **regras** projetam a entidade estatal a uma posição de superioridade jurídica perante o particular.
- HORIZONTAIS DE DIREITO PÚBLICO: algumas relações jurídicas pertinentes ao Direito Administrativo não manifestam a posição de superioridade característica dos vínculos estabelecidos entre Administração e particulares. São relações jurídico-administrativas sem verticalidade.
- HORIZONTAIS DE DIREITO PRIVADO: em casos raros, a Administração Pública estabelece uma relação jurídica predominantemente submetida ao Direito Privado, situação em que deixa de ocupar sua característica posição de superioridade para igualar-se, quanto às prerrogativas jurídicas envolvidas, em vinculação horizontal diante do particular.

QUANTO AO NÍVEL DE ORGANIZAÇÃO

- ENTIDADE × ENTIDADE: são as relações administrativas internas, diretas e permanentes, estabelecidas entre pessoas jurídicas de direito público. Podem classificar-se como relações de coordenação ou de subordinação.
- ENTIDADE × AGENTE: são relações internas, de subordinação, diretas, pessoais, permanentes e complexas, envolvendo uma pessoa jurídica pertencente ao Estado e a um agente público.
- ENTIDADE × PARTICULAR: são relações externas, de subordinação, diretas, simples e complexas, ligando uma pessoa jurídica de direito público e um particular.
- AGENTE × AGENTE: são vínculos jurídicos internos, pessoais e simples, estabelecidos na intimidade do aparelho estatal, ligando dois ou mais agentes públicos.
- AGENTE × PARTICULAR: constituem relações jurídicas externas entre um agente público, no exercício de função estatal, e um particular.
- PARTICULAR × PARTICULAR: pode ocorrer de a relação de administração pública ser estabelecida somente entre pessoas privadas. São casos raros em que um particular assume transitoriamente o exercício de função pública, relacionando-se com outros particulares sob regime de Direito Administrativo.

QUANTO AO REGIME JURÍDICO

- RELAÇÕES DE SERVIÇO PÚBLICO: surgem no contexto da prestação de serviços públicos e são caracterizadas pela presença de diversos direitos subjetivos em favor do usuário, exercitáveis contra o Estado (prestação direta) ou contra um concessionário (prestação indireta).
- RELAÇÕES DE POLÍCIA: decorrem das limitações administrativas à liberdade e à propriedade privadas. Exemplo: vinculação decorrente do guinchamento de veículo estacionado em local proibido.
- RELAÇÕES DE FOMENTO: constituem vínculos intersubjetivos externos, de coordenação, diretos, pessoais, simples, ampliativos e complexos, nascidos como consequência do desempenho de tarefas estatais de incentivo a setores sociais.

STATUS

- *Status* é o conjunto de poderes e deveres inerentes a determinada classe de sujeitos.

No Direito Administrativo, tem-se, por um lado, o *status* geral de "administrado", referente a todo sujeito posicionado diante da Administração.

- Em determinadas circunstâncias, inserindo-se o sujeito em relação jurídica específica, o *status* de administrado é substituído, para efeito daquela peculiar vinculação, pelo *status* de servidor público estatutário, ou de empregado público, ou de usuário de serviço, ou de concessionário.

Existem, por outro lado, diferentes *status* aplicáveis à Administração Pública.

Inicialmente, há a condição geral de supremacia perante o particular à qual se opõe o *status* básico de administrado. Nela, a Administração não se encontra inserida numa específica relação jurídica, limitando-se a praticar atos complementares à lei para lhe dar fiel execução.

- Entretanto, a condição geral de supremacia pode dar lugar a status próprios, como o de Poder Concedente, de Empregador Público ou de Poder Expropriante, sujeitando o Poder Público a deveres e revestindo-o de poderes não tão marcadamente presentes na condição de Administração geral.

Como se nota, a noção de *status* remete a diferentes complexos de direitos e deveres existentes no plano da norma jurídica.

SITUAÇÕES SUBJETIVAS NO DIREITO ADMINISTRATIVO

- No Direito Administrativo, quando determinado sujeito tem um "poder", fala-se em situação subjetiva ativa. Tendo um "dever", surge uma situação subjetiva passiva.

Conforme o nível de proteção conferido pela ordem jurídica à situação subjetiva, podem ser apontadas diversas modalidades de poderes e de deveres.

SITUAÇÕES SUBJETIVAS ATIVAS (PODERES)

- a) direito subjetivo
- b) potestade
- c) interesse legítimo
- d) interesse simples
- e) expectativa de direito
- f) poderes-deveres
- g) prerrogativas funcionais
- h) direito adquirido

SITUAÇÕES SUBJETIVAS PASSIVAS (DEVERES)

- a) obrigação
- b) dever *stricto sensu*
- c) sujeição
- d) encargo
- e) ônus
- f) carga

NASCIMENTO DAS RELAÇÕES JURÍDICO-ADMINISTRATIVAS

- Somente fatos jurídicos podem criar, modificar e extinguir relações jurídicas.
  PELA OCORRÊNCIA DE UM FATO ADMINISTRATIVO
  PELA PRÁTICA DE ATO ADMINISTRATIVO
  POR FORÇA DE LEI
  COMO PRESSUPOSTO NO TEXTO CONSTITUCIONAL

MODIFICAÇÃO DAS RELAÇÕES JURÍDICO-ADMINISTRATIVAS

- As modificações podem ser subjetivas ou objetivas. Nas subjetivas ocorre uma substituição nos polos relacionais; já nas objetivas, altera-se o conteúdo do vínculo subjetivo.

EXTINÇÃO DAS RELAÇÕES JURÍDICO-ADMINISTRATIVAS

- Há casos de relações jurídico-administrativas programadas para uma extinção automática, *ipso iure,* como ocorre nos vínculos submetidos a termo final ou condição resolutiva.
- Nas demais hipóteses, a extinção de relação dependerá da ocorrência de um fato novo ou da expedição de um ato administrativo extintivo.
- Nada impede, também, que a extinção seja promovida diretamente pela lei ou pela Constituição Federal.

11.14 QUESTÕES

1. (Administrador – Fundação Hemocentro de Brasília – 2017 – Iades) A respeito da relação jurídica entre a Administração Pública e os respectivos agentes regidos pelo Direito Público, assinale a alternativa correta.

A) Decorre da existência de um contrato público, no qual o direito fixa cumulativamente comandos que são de origem da própria administração pública e, também, do legislador.

B) É fruto do regime jurídico-administrativo, prevalecendo a vontade unilateral do Estado.

C) Pode ser caracterizada como um contrato bilateral, com cláusulas alteráveis pelo consenso, mas também por possibilidade de alteração pelo legislador, unilateralmente.

D) Observa os comandos expressos em atos administrativos, regidos pelo direito público.

E) Reflete apenas a vontade da lei.

2. (Técnico em Informática – Iperon-RO – 2017 – Ibade) Aponte a assertiva que caracteriza o regime jurídico-administrativo.

A) Ordenamento ao qual se sujeito a Administração Pública, tal qual se observa nas relações entre particulares, como manifestação de equidade e justiça entre as partes.

B) Sistema de regras e condutas tão somente vinculadas que o agente público tem em suas mãos no trato jurídico com os administrados.

C) Conjunto de privilégios que colocam a Administração Pública em uma situação de absoluta e inquestionável superioridade jurídica sobre os particulares.

D) Conjunto de regras e princípios que estabelecem o relacionamento jurídico horizontal entre a Administração Pública e os administrados.

E) Baseia-se em dois princípios fundamentais: o da supremacia do interesse público sobre o interesse privado e o da indisponibilidade do interesse público pela Administração.

GABARITO

1. E / **2.** E

12

BENS PÚBLICOS

Acesse também a videoaula pelo link:
http://somos.in/MDA1113

12.1 DIVERGÊNCIA CONCEITUAL

Denomina-se **domínio público**, em sentido estrito, o conjunto de bens móveis e imóveis, corpóreos ou incorpóreos, pertencentes ao Estado. Assim, em uma primeira aproximação, pode-se dizer que o domínio público é constituído pela somatória dos bens públicos, do patrimônio atribuído pelo ordenamento jurídico às pessoas componentes da organização estatal. A expressão "bem público", no entanto, é mais abrangente do que "domínio público" porque existem bens públicos que são regidos por princípios do **Direito Privado**.

> A prova da Magistratura do Trabalho 5ª Região elaborada pelo Cespe considerou CORRETA a assertiva: "A expressão domínio público apresenta extensão menor do que a expressão bem público, pois há bens públicos que ultrapassam a área do domínio público, por serem regidos por princípios de direito comum".

A legislação administrativa brasileira não apresenta uma definição satisfatória para o instituto dos bens públicos, dando margem para grande divergência na doutrina e na jurisprudência.

O art. 98 do **Código Civil** afirma que "são públicos os bens do domínio nacional **pertencentes às pessoas jurídicas de direito público interno**; todos os outros são particulares, seja qual for a pessoa a que pertencerem".

Entre os administrativistas, porém, o conceito apresentado pelo legislador civil não é aceito por todos os autores. Pelo contrário, é possível agrupar as diferentes opiniões sobre o alcance do conceito de bens públicos em algumas **correntes principais:**

a) corrente exclusivista: para alguns doutrinadores, o conceito de bens públicos deve estar necessariamente vinculado à ideia de **pertencerem ao patrimônio de pessoas jurídicas de direito público**. É a visão defendida por José dos Santos Carvalho Filho, para quem bens públicos são "todos aqueles que, de qualquer natureza e a qualquer título, pertençam às pessoas jurídicas de direito público, sejam elas federativas, como a União, os Estados, o Distrito Federal e os

Municípios, sejam da Administração descentralizada, como as autarquias, nestas incluindo-se as fundações de direito público e as associações públicas"[1].

Sendo a concepção explicitamente adotada pelo Código Civil brasileiro (art. 98), a corrente exclusivista é a **mais aceita pelas bancas de concurso público.** Porém, tal visão tem o grande inconveniente de excluir do conceito de bens públicos aqueles pertencentes às empresas públicas e sociedades de economia mista prestadoras de serviço público, bem como os de propriedade das concessionárias e permissionárias afetados à prestação de serviços públicos. Com isso, a corrente exclusivista não é capaz de explicar o porquê, então, da impenhorabilidade dos bens afetados à prestação de serviços públicos unanimemente admitida entre os autores como um corolário do princípio da continuidade do serviço público;

b) corrente inclusivista: os defensores dessa concepção consideram que são bens públicos **todos aqueles que pertencem à Administração Pública direta e indireta.** É a posição defendida por **Hely Lopes Meirelles**[2] e, com alguma variação, também por **Maria Sylvia Zanella Di Pietro**, autora esta que prefere falar em bens do domínio público do Estado[3]. A corrente inclusivista peca por não tornar clara a diferença de regime jurídico entre os bens afetados à prestação de serviços públicos (pertencentes ao domínio das pessoas estatais de direito público e ao das pessoas privadas prestadoras de serviços públicos) e aqueles destinados à simples exploração de atividades econômicas, como os que fazem parte do patrimônio das empresas públicas e sociedades de economia mista exploradoras de atividade econômica;

c) corrente mista: adotando um ponto de vista intermediário, **Celso Antônio Bandeira de Mello** entende que são bens públicos todos os que **pertencem a pessoas jurídicas de direito público**, bem como os **que estejam afetados à prestação de um serviço público**[4]. Essa conceituação é, segundo nosso juízo, a mais coerente à luz do direito positivo nacional por incluir no conceito de bens públicos, reconhecendo-lhes um especial tratamento normativo, os bens pertencentes a pessoa jurídica de direito privado, estatal ou não, indispensáveis para a continuidade da prestação de serviços públicos, como ocorre com parcela do patrimônio de **empresas públicas, sociedades de economia mista, concessionárias** e **permissionárias** de serviços públicos.

Os **bens afetados à prestação de serviços públicos**, mesmo que não pertencentes a pessoas jurídicas de direito público, possuem alguns atributos exclusivos dos bens públicos, como a **impenhorabilidade**, circunstância que reforça o entendimento de que os bens afetados constituem **verdadeiros bens públicos.**

1. *Manual de direito administrativo*, p. 1.073.
2. *Direito administrativo brasileiro*, p. 486.
3. *Direito administrativo*, p. 668.
4. *Curso de direito administrativo*, p. 913.

Entretanto, como já mencionado, para concursos públicos tem sido preponderantemente aceita a corrente baseada no art. 98 do Código Civil, denominada exclusivista, que considera públicos somente os bens pertencentes às pessoas jurídicas de direito público.

12.2 DISCIPLINA NO CÓDIGO CIVIL

O Código Civil brasileiro, Lei n. 10.406/2002, tem todo o Capítulo III, do Livro II, "Dos Bens", dedicado à disciplina normativa dos bens públicos (arts. 98 a 103).

Como o tratamento dado ao tema no Código Civil tem uma evidente orientação privatística, a **qualidade técnica** dos dispositivos é **muito criticada** pelos administrativistas. Entretanto, não havendo uma normatização específica do tema em nosso Direito Público, as provas e concursos têm utilizado abundantemente os arts. 98 a 103 do Código Civil como fundamento para elaboração de perguntas aos candidatos. Daí a imperiosa necessidade de conhecer e fixar o teor das referidas normas.

Deixando as observações críticas para os itens seguintes deste capítulo, o conteúdo da disciplina normativa dos bens públicos no Código Civil brasileiro pode ser resumido na abordagem dos seguintes aspectos do tema:

a) conceito de bens públicos (art. 98): afirma o legislador que:

"Art. 98. São públicos os bens do domínio nacional **pertencentes às pessoas jurídicas de direito público interno**; todos os outros são particulares, seja qual for a pessoa a que pertencerem";

b) classificação dos bens públicos (art. 99): o Código Civil trata expressamente da classificação dos bens públicos quanto à sua forma de utilização, dividindo-os em bens de uso comum do povo, de uso especial e dominicais. Embora o legislador tenha preferido exemplificar os bens de uso comum e os de uso especial, em vez de conceituá-los, as questões de concurso público versando sobre os "conceitos" apresentados pelo art. 99 do Código Civil são bastante frequentes. Diz a lei:

"Art. 99. São bens públicos:

I – os de **uso comum do povo**, tais como **rios, mares, estradas, ruas e praças**;

> A prova de Auditor/MG 2008 elaborada pelo Cespe considerou INCORRETA a assertiva: "Os mares, rios e ruas são considerados bens de uso especial, que constituem o patrimônio das pessoas jurídicas de direito público como objeto de direito pessoal, ou real, de cada uma dessas entidades".

II – os de **uso especial**, tais como **edifícios ou terrenos destinados a serviço ou estabelecimento da administração** federal, estadual, territorial ou municipal, inclusive os de suas autarquias;

> A prova da OAB/RO elaborada pelo Cespe considerou CORRETA a assertiva: "Uma creche municipal é bem público de uso especial".

III – os **dominicais**, que constituem o patrimônio das pessoas jurídicas de direito público, como **objeto de direito pessoal, ou real**, de cada uma dessas entidades.

Parágrafo único. Não dispondo a lei em contrário, consideram-se dominicais os bens pertencentes às pessoas jurídicas de direito público a que se tenha dado estrutura de direito privado".

c) definição da inalienabilidade dos bens de uso comum e de uso especial (art. 100): o dispositivo tem o seguinte conteúdo:

"Art. 100. Os bens públicos de uso comum do povo e os de **uso especial** são **inalienáveis**, enquanto conservarem a sua qualificação, **na forma que a lei determinar**".

> A prova de Auditor/MG 2008 elaborada pelo Cespe considerou INCORRETA a assertiva: "Os bens dominicais, por estarem afetados a fins públicos específicos, são inalienáveis, não podendo ser objeto de relações jurídicas regidas pelo Direito Civil, como compra e venda, doação, permuta, locação".

A citada norma permite concluir que os bens de uso comum do povo e os de uso especial não podem ser alienados, exceto se houver uma alteração de sua qualificação na forma que a lei determinar. Isso porque os bens de uso comum e os de uso especial, em princípio, **são passíveis de conversão em bens dominicais**, por meio da **desafetação**, e, uma vez desafetados, é permitida sua alienação, nos termos definidos pela legislação.

d) admissão da alienabilidade dos bens dominicais (art. 101): o dispositivo tem a seguinte redação:

"Art. 101. Os bens públicos dominicais podem ser alienados, observadas as exigências da lei".

e) imprescritibilidade dos bens públicos (art. 102): o Código Civil reafirma, na esteira dos arts. 183 e 191, parágrafo único, da Constituição Federal, que os bens públicos são imprescritíveis, isto é, são **insuscetíveis a usucapião**:

"Art. 102. Os bens públicos não estão sujeitos a usucapião".

f) uso comum dos bens públicos (art. 103): de conteúdo bastante polêmico, o art. 103 do Código Civil **admite uso gratuito ou remunerado** dos bens públicos:

"Art. 103. O uso comum dos bens públicos pode ser gratuito ou retribuído, conforme for estabelecido legalmente pela entidade a cuja administração pertencerem".

12.3 DOMÍNIO PÚBLICO

Em **sentido amplo**, domínio público é o poder de senhorio que o Estado exerce sobre os bens públicos, bem como a capacidade de regulação estatal sobre os bens do patrimônio privado[5]. A noção *lato sensu* de domínio público deriva do chamado **domínio eminente**, que é "o poder político pelo qual o Estado submete à sua vontade todas as coisas de seu território"[6]. Porém, o domínio eminente exercido pelo Estado não quer dizer que detenha a propriedade de todos os bens existentes em seu território. Os bens públicos pertencem ao Estado; já os bens privados estão submetidos a uma regulação jurídica estatal.

Em **sentido estrito**, a expressão domínio público compreende o conjunto de bens móveis e imóveis, corpóreos e incorpóreos, pertencentes ao Estado. Nesta última acepção, portanto, **domínio público é o mesmo que patrimônio público.**

Segundo Hely Lopes Meirelles[7], o domínio público *lato sensu* é composto por diversos subdomínios:

a) domínio terrestre: são todas as terras pertencentes ao Estado, incluindo terras devolutas, plataforma continental, terras tradicionalmente ocupadas por índios, terrenos de marinha, terrenos acrescidos, ilhas dos rios públicos e oceânicas, álveos abandonados, além das vias e logradouros públicos, áreas ocupadas com as fortificações e edifícios públicos[8].

Quanto às **terras devolutas**, são bens públicos **dominicais** cuja origem remonta às **capitanias hereditárias devolvidas** (daí o nome "devolutas"), durante o século XVI, pelos donatários à Coroa Portuguesa. Não têm qualquer uso público nem integram o patrimônio privado. Atualmente, são **bens públicos estaduais**, com exceção daquelas indispensáveis à defesa das fronteiras, das fortificações e construções militares, das vias federais de comunicação e à preservação ambiental, definidas em lei, hipóteses em que pertencerão à União. Portanto, sendo bens dominicais, as terras devolutas podem ser alienadas pelo Poder Público. Porém, **são indisponíveis** as terras devolutas ou arrecadadas pelos Estados, por ações discriminatórias, **necessárias à proteção dos ecossistemas naturais** (art. 225, § 5º, da CF).

b) domínio hídrico: é composto pelas águas públicas internas, cuja disciplina é atualmente estabelecida pelo **Código de Águas** (Decreto n. 24.643/34) e **Lei da Política Nacional de Gerenciamento de Recursos Hídricos** – Lei n. 9.433/97, cujo art. 1º define os seguintes fundamentos para a gestão dos recursos hídricos:

"I – a água é um **bem de domínio público;**

II – a água é um **recurso natural limitado,** dotado de valor econômico;

III – em situações de escassez, o uso prioritário dos recursos hídricos é o consumo humano e a dessedentação de animais;

5. Hely Lopes Meirelles, *Direito administrativo brasileiro*, p. 483.
6. Hely Lopes Meirelles, *Direito administrativo brasileiro*, p. 483.
7. Hely Lopes Meirelles, *Direito administrativo brasileiro*, p. 483.
8. Hely Lopes Meirelles, *Direito administrativo brasileiro*, p. 516.

IV – a gestão dos recursos hídricos deve sempre proporcionar o uso múltiplo das águas;

V – a bacia hidrográfica é a unidade territorial para implementação da Política Nacional de Recursos Hídricos e atuação do Sistema Nacional de Gerenciamento de Recursos Hídricos;

VI – a gestão dos recursos hídricos deve ser descentralizada e contar com a participação do Poder Público, dos usuários e das comunidades".

c) domínio mineral: compreende os recursos minerais do território nacional. Parte substancial da disciplina normativa do domínio mineral está no **Código de Minas** (Decreto-lei n. 227/67). Importante destacar que as jazidas de **petróleo e minérios nucleares são monopólio da União**;

d) domínio florestal: a competência para legislar sobre florestas é concorrente entre a União, Estados e Distrito Federal (art. 24, VI, da CF), mas **preservar as florestas, a fauna e a flora é competência comum** a todas as entidades federativas (art. 23, VII, da CF). O regramento infraconstitucional do tema cabe basicamente ao **Código Florestal** – Lei n. 4.771/65, cujo art. 1º prescreve: "As florestas existentes no território nacional e as demais formas de vegetação, reconhecidas de utilidade às terras que revestem, **são bens de interesse comum a todos os habitantes do País**, exercendo-se os direitos de propriedade, com as limitações que a legislação em geral e especialmente esta Lei estabelecem". Bastante frequente em provas, o conteúdo do art. 225, § 4º, da Constituição Federal define os bens pertencentes ao **patrimônio nacional**, passíveis de exploração somente dentro dos **limites legais**: "A **Floresta Amazônica** brasileira, a **Mata Atlântica**, a **Serra do Mar**, o **Pantanal Mato-Grossense** e a **Zona Costeira** são patrimônio nacional, e sua utilização far-se-á, na forma da lei, dentro de condições que assegurem a preservação do meio ambiente, inclusive quanto ao uso dos **recursos naturais**";

> A prova de Procurador do Estado/ES 2008 elaborada pelo Cespe considerou INCORRETA a assertiva: "Caso determinado município necessite implementar obras de infraestrutura destinadas aos serviços públicos de transporte em área considerada de preservação permanente, mesmo que não haja alternativas plausíveis senão a utilização do espaço ambientalmente protegido, o município não poderá lançar mão da área considerada de preservação permanente, uma vez que tais áreas são, de forma absoluta, insuscetíveis de exploração".
>
> A prova de Procurador do Estado/ES 2008 elaborada pelo Cespe considerou INCORRETA a assertiva: "A Constituição Federal, ao consagrar a mata atlântica como patrimônio nacional, indiretamente converteu em bens públicos os imóveis particulares nela abrangidos, impedindo, por consequência, a utilização dos recursos naturais existentes naquelas áreas, em prol da restauração dos processos ecológicos essenciais e da preservação da diversidade do ecossistema".

e) domínio da fauna: a preservação da fauna é competência comum à União, Estados, Distrito Federal e Municípios (art. 23, VII, da CF). Nos termos do art. 1º do **Código de Caça** (Lei n. 5.197/67), os **animais de quaisquer espécies** que vivam fora do cativeiro constituem a fauna silvestre e, assim como seus ninhos, abrigos e criadouros naturais, **são propriedades do Estado**, pertencendo ao **domínio da União**. Igualmente relevante para a disciplina da proteção à fauna é o **Código de Pesca** – Decreto-lei n. 221/67;

f) domínio espacial: a disciplina jurídica do espaço aéreo vem atualmente definida no **Código Brasileiro de Aeronáutica** – Lei n. 7.565/86. Segundo disposto nos arts. 11 e 12 do citado diploma normativo, o Brasil exerce completa e exclusiva soberania sobre o espaço aéreo acima de seu território e mar territorial, cabendo ao Ministério da Aeronáutica a orientação, coordenação, controle e fiscalização da navegação aérea, tráfego aéreo, infraestrutura aeronáutica, aeronaves, tripulação e serviços relacionados ao voo.

O transporte aéreo de passageiros é serviço público de titularidade da **União** prestado sob **regime de concessão** (art. 180 do Código Brasileiro de Aeronáutica).

g) domínio do patrimônio histórico: compreende o dever estatal de disciplina e proteção dos patrimônios histórico, artístico e cultural brasileiros;

h) domínio do patrimônio genético: de acordo com o disposto no art. 225, § 2º, II, incumbe ao Poder Público preservar a diversidade e a integridade do patrimônio genético do País e fiscalizar as entidades dedicadas à pesquisa e à manipulação de material genético, considerado um dos instrumentos para assegurar a efetividade do meio ambiente ecologicamente equilibrado;

i) domínio ambiental: o meio ambiente ecologicamente equilibrado é direito de todos e **bem de uso comum do povo** essencial à sadia qualidade de vida, impondo-se ao Poder Público e à coletividade o dever de defendê-lo e preservá-lo para as presentes e futuras gerações.

12.4 *RES NULLIUS*

Além dos bens do domínio privado e dos bens do domínio público, existe ainda uma terceira categoria formada pelas **coisas sem dono** (*res nullius*) ou **bens adéspotas**, sobre as quais não há qualquer disciplina específica do ordenamento jurídico, incluindo os bens inapropriáveis, como a luz, e os bens condicionadamente inapropriáveis, como os animais selvagens[9].

12.5 BENS PÚBLICOS DA UNIÃO

O art. 20 da Constituição Federal enumera como bens públicos pertencentes à União:

"I – os que atualmente lhe pertencem e os que lhe vierem a ser atribuídos;

II – as terras devolutas indispensáveis à defesa das fronteiras, das fortificações e construções militares, das vias federais de comunicação e à preservação ambiental, definidas em lei;

9. Diogo de Figueiredo Moreira Neto, *Curso de direito administrativo*, p. 381.

III – os lagos, rios e quaisquer correntes de água em terrenos de seu domínio, ou que banhem mais de um Estado, sirvam de limites com outros países, ou se estendam a território estrangeiro ou dele provenham, bem como os terrenos marginais e as praias fluviais;

IV – as ilhas fluviais e lacustres nas zonas limítrofes com outros países; as praias marítimas; as ilhas oceânicas e as **costeiras**, excluídas, destas, as que contenham a sede de Municípios, exceto aquelas áreas afetadas ao serviço público e à unidade ambiental federal, e as referidas no art. 26, II;

A prova de Magistratura/PR em 2017 elaborada pelo Cespe considerou CORRETA a afirmação: "O ordenamento jurídico brasileiro permite que pertençam a particulares algumas áreas nas ilhas oceânicas e costeiras".

V – os recursos naturais da plataforma continental e da zona econômica exclusiva;

VI – o mar territorial;

VII – os terrenos de marinha e seus acrescidos;

VIII – os potenciais de **energia hidráulica**;

A prova de Auditor/MG 2008 elaborada pelo Cespe considerou CORRETA a assertiva: "São considerados bens federais, entre outros, as terras devolutas necessárias à defesa das fronteiras, das fortificações e construções militares, o mar territorial e os potenciais de energia hidráulica".

IX – os recursos minerais, inclusive os do subsolo;

X – as cavidades naturais subterrâneas e os sítios arqueológicos e pré-históricos;

XI – as terras tradicionalmente ocupadas pelos índios".

Como se pode notar, a União detém a titularidade da maioria dos bens públicos existentes no Brasil.

12.6 BENS PÚBLICOS DOS ESTADOS

Os bens públicos pertencentes aos Estados são, basicamente, aqueles que não se classificam como bens federais.

Nessa perspectiva, o art. 26 da Constituição Federal afirma que se incluem entre os bens dos Estados:

"I – as águas superficiais ou subterrâneas, fluentes, emergentes e em depósito, ressalvadas, neste caso, na forma da lei, as decorrentes de obras da União;

II – as áreas, nas ilhas oceânicas e costeiras, que estiverem no seu domínio, excluídas aquelas sob domínio da União, Municípios ou terceiros;

III – as ilhas fluviais e lacustres não pertencentes à União;

IV – as terras devolutas não compreendidas entre as da União".

A respeito das terras devolutas (inciso IV), já afirmamos que são, em princípio, bens estaduais, exceto as indispensáveis à defesa das fronteiras, das fortificações e construções militares, das vias federais de comunicação e à preservação ambiental, casos em que as terras devolutas pertencem à União.

12.7 BENS PÚBLICOS DO DISTRITO FEDERAL

O art. 32 da Constituição Federal, dispositivo que trata das linhas gerais sobre organização e funcionamento do Distrito Federal, não faz qualquer referência aos bens públicos distritais. Devem ser assim considerados todos os bens onde estão instaladas as repartições públicas distritais, tanto quanto os indispensáveis para prestação dos serviços públicos de atribuição do **Distrito Federal**.

> A prova da OAB/SP elaborada pela Vunesp considerou INCORRETA a assertiva: "Todos os bens pertencentes ao Distrito Federal deverão ser administrados pelo seu Poder Executivo, nos termos da respectiva Lei Orgânica".

12.8 BENS PÚBLICOS DOS MUNICÍPIOS

A Constituição Federal de 1988 não faz referência aos bens públicos dos Municípios, devendo ser assim considerados todos aqueles onde se encontram instaladas repartições públicas municipais, bem como os equipamentos destinados à prestação dos serviços públicos de competência municipal. Pertencem aos Municípios, ainda, as estradas municipais, ruas, parques, praças, logradouros públicos e outros bens da mesma espécie.

12.9 BENS PÚBLICOS DOS TERRITÓRIOS FEDERAIS

A disciplina constitucional do funcionamento e organização dos territórios federais (art. 33 da CF) não faz qualquer referência aos bens públicos territoriais. Entretanto, devem ser considerados bens públicos territoriais todos aqueles utilizados para o funcionamento das repartições públicas e para a prestação de serviços públicos de competência do Território.

12.10 BENS PÚBLICOS DA ADMINISTRAÇÃO INDIRETA

As pessoas jurídicas de direito público pertencentes à Administração Indireta, como **autarquias** e **fundações públicas**, têm seu **patrimônio composto por bens públicos**. Assim, todos os prédios, bens e equipamentos destinados ao suporte material de suas atividades finalísticas são bens públicos de propriedade dessas pessoas descentralizadas.

Já em relação às pessoas jurídicas de **direito privado** da Administração Descentralizada, como empresas públicas e sociedades de economia mista, sendo aplicada a regra do art. 98 do Código Civil, os bens pertencentes ao seu patrimônio **não seriam bens públicos**.

Entretanto, adotando-se o entendimento de Celso Antônio Bandeira de Mello, mencionado nos itens anteriores, os bens das empresas públicas e sociedades de economia mista afetados à prestação de serviços públicos seriam bens públicos.

12.11 BENS PÚBLICOS DE CONCESSIONÁRIOS E PERMISSIONÁRIOS

Embora seja possível que pessoas jurídicas da Administração Indireta sejam beneficiárias da outorga de concessões e permissões, como regra geral as concessionárias e permissionárias de serviços públicos são pessoas jurídicas privadas que não pertencem à estrutura estatal. Por isso, como pessoas privadas, e à luz do art. 98 do Código Civil, **os bens pertencentes às concessionárias e permissionárias** de serviço público **não são bens públicos.**

Porém, para os adeptos da corrente mista, minoritária para fins de provas e concursos, os bens das concessionárias e permissionárias afetados à prestação de serviços públicos seriam bens públicos.

12.12 CLASSIFICAÇÃO

Os autores costumam classificar os diversos tipos de bens públicos a partir de três critérios diferentes: 1) quanto à titularidade; 2) quanto à disponibilidade; 3) quanto à destinação.

Além dessas classificações, Lucia Valle Figueiredo afirma que, quanto aos tipos, os bens públicos podem ser móveis, imóveis, semoventes, créditos, direitos e ações[10].

1) Quanto à titularidade, os bens públicos se dividem em federais, estaduais, distritais, territoriais ou municipais, de acordo com o nível federativo da pessoa jurídica a que pertençam.

2) Quanto à disponibilidade, os bens públicos podem ser classificados em:

a) bens indisponíveis por natureza: aqueles que, devido à sua intrínseca **condição não patrimonial**, são insuscetíveis a alienação ou oneração. Os bens indisponíveis por natureza são necessariamente bens de **uso comum** do povo, destinados a uma utilização universal e difusa. **São naturalmente inalienáveis.** É o caso do meio ambiente, dos mares e do ar;

b) bens patrimoniais indisponíveis: são aqueles dotados de uma natureza patrimonial, mas, por pertencerem às categorias de bens de **uso comum do povo ou de uso especial**, permanecem legalmente inalienáveis enquanto mantiverem tal condição. Por isso, são **naturalmente passíveis de alienação, mas legalmente inalienáveis.** Exemplos: ruas, praças, estradas e demais logradouros públicos;

c) bens patrimoniais disponíveis: são legalmente passíveis de alienação. É o caso dos **bens dominiais**, como as terras devolutas.

3) Quanto à destinação, os bens públicos podem ser de três tipos: de uso comum do povo, de uso especial e dominicais.

10. *Curso de direito administrativo*, p. 563.

12.12.1 Bens de uso comum do povo

Os bens de uso comum do povo ou **bens do domínio público** são aqueles abertos à **utilização universal**, por toda a população, como os **logradouros públicos, praças, mares, ruas, florestas, meio ambiente** etc.

> A prova de Analista Judiciário do TSE 2012 elaborada pela Consulplan considerou CORRETA a assertiva: "O meio ambiente é um bem de uso comum do povo por expressa disposição constitucional".

Nesse sentido, afirma o art. 99, I, do Código Civil: "São bens públicos: I – os de uso comum do povo, tais como rios, mares, estradas, ruas e praças".

Os bens de uso comum do povo, enquanto mantiverem essa qualidade, **não podem ser alienados** ou onerados (art. 100 do CC). Somente após o processo de desafetação, sendo transformados em dominicais, poderiam ser alienados.

Assim, tais bens fazem parte do **patrimônio público indisponível**.

Os bens de uso comum do povo admitem **utilização gratuita ou remunerada**, conforme for estabelecido legalmente pela entidade cuja administração pertencerem (art. 103 do CC).

12.12.2 Bens de uso especial

Também chamados de **bens do patrimônio administrativo** são aqueles afetados a uma **destinação específica**. Fazem parte do aparelhamento administrativo, sendo considerados instrumentos para execução de serviços públicos.

> A prova da OAB/CE considerou CORRETA a assertiva: "Sob o enfoque do Direito Administrativo, o que caracteriza, como traço essencial, os bens do patrimônio administrativo é serem eles vinculados a fim peculiar da administração pública".

São exemplos de bens de uso especial os **edifícios de repartições públicas, mercados municipais, cemitérios públicos, veículos da Administração, matadouros**[11], terras tradicionalmente ocupadas pelos índios etc.

> A prova da Polícia Rodoviária Federal 2008 elaborada pelo Cespe considerou CORRETA a assertiva: "Considerando que a União seja proprietária de um prédio no qual esteja instalada a PRF, tal bem, conforme o Código Civil, consiste em bem de uso especial e sua alienação será vedada enquanto ele conservar tal qualidade".

Nos termos do art. 99, II, do Código Civil: "São bens públicos: (...) II – os de uso especial, tais como edifícios ou terrenos destinados a serviço ou estabelecimento da administração federal, estadual, territorial ou municipal, inclusive os de suas autarquias".

---

11. Hely Lopes Meirelles, *Direito administrativo brasileiro*, p. 483.

Assim como os de uso comum, os bens de uso especial, enquanto mantiverem essa qualidade, **não podem ser alienados** ou onerados (art. 100 do CC), compondo o denominado **patrimônio público indisponível.**

A alienação de tais bens somente será possível com sua transformação, via desafetação, em **bens dominicais**.

> A prova da OAB/SP elaborada pela Vunesp considerou CORRETA a assertiva: "Bens públicos de uso especial poderão vir a integrar o patrimônio público disponível".

12.12.3 Bens dominicais

Os bens dominicais, também chamados de **bens do patrimônio público disponível** ou **bens do patrimônio fiscal**, são todos aqueles **sem utilidade específica**, podendo ser "utilizados em qualquer fim ou, mesmo, alienados pela Administração, se assim o desejar"[12].

São exemplos de bens dominiais, ou dominicais, as **terras devolutas, viaturas sucateadas, terrenos baldios, carteiras escolares danificadas, dívida ativa** etc.

Acesse também a videoaula pelo link:
http://somos.in/MDA1146

> A prova da OAB/SP elaborada pela Vunesp considerou INCORRETA a assertiva: "Bem destinado à instalação de repartição governamental é classificado como dominical".

A Administração pode, em relação aos bens dominicais, **exercer poderes de proprietário**, como usar, gozar e dispor. Diz-se que os bens dominicais são aqueles que o Poder Público utiliza como dele se utilizariam os particulares[13]. É nesse sentido que o art. 99, III, do Código Civil define tais bens como aqueles que "constituem o patrimônio das pessoas jurídicas de direito público, como **objeto de direito pessoal, ou real**, de cada uma dessas entidades".

Assim, os bens dominicais **podem ser alienados**, nos termos do disposto na legislação, por meio de compra e venda, doação, permuta, **dação** (institutos de direito privado), investidura e legitimação da posse (institutos de direito público)[14]. A doação, a permuta, a dação em pagamento, a investidura e a venda a outro órgão ou entidade da Administração Pública dispensam a realização de licitação[15].

---

12. Hely Lopes Meirelles, *Direito administrativo brasileiro*, p. 483.
13. Fundação Getulio Vargas. Padrão de Respostas. Prova Prático-Profissional. Direito Administrativo. Exame de Ordem 2010/2.
14. Sílvio Luís Ferreira da Rocha, *Função social da propriedade pública*, p. 39.
15. Sílvio Luís Ferreira da Rocha, *Função social da propriedade pública*, p. 39.

> A prova da OAB/PI elaborada pelo Cespe considerou CORRETA a assertiva: "O bem imóvel público de uso especial poderá ser entregue pela Administração como dação em pagamento, necessitando, para tanto, ser previamente desafetado da destinação originária, através de lei, passando à categoria de bem dominical".

Acerca dos bens dominicais, o parágrafo único do art. 99 do Código Civil, de difícil compreensão, prescreve: "Não dispondo a lei em contrário, consideram-se dominicais os bens pertencentes às pessoas jurídicas de direito público a que se tenha dado estrutura de direito privado". Aparentemente, o legislador pretendeu enfatizar o caráter disponível dos bens pertencentes às fundações (em princípio, pessoas de direito público) governamentais de direito privado (com estrutura de direito privado).

Os bens de uso especial e os bens de uso comum do povo estão afetados à proteção dos interesses da coletividade, vale dizer, do interesse público primário. Pelo contrário, os **bens dominicais** estão vinculados ao interesse patrimonial do Estado, que é o **interesse público secundário.**

Cabe registrar que a Quarta Turma do STJ, no julgamento do REsp 1.296.964, em 7-12-2016, entendeu que **particulares podem discutir posse de imóvel localizado em área pública sem destinação específica (dominicais), por meio de tutela judicial possessória. Tal possibilidade** não subtrai o bem do patrimônio do Estado, mas reconhece a posse do particular, garantindo a função social da propriedade e assegurando valores constitucionais como a dignidade da pessoa humana, o direito à moradia e o aproveitamento do solo. Segue ementa do julgado:

"RECURSO ESPECIAL. POSSE. DIREITO CIVIL E PROCESSUAL CIVIL. BEM PÚBLICO DOMINICAL. LITÍGIO ENTRE PARTICULARES. INTERDITO POSSESSÓRIO. POSSIBILIDADE. FUNÇÃO SOCIAL. OCORRÊNCIA. 1. Na ocupação de bem público, duas situações devem ter tratamentos distintos: i) aquela em que o particular invade imóvel público e almeja proteção possessória ou indenização/retenção em face do ente estatal e ii) as contendas possessórias entre particulares no tocante à imóvel situado em terras públicas. 2. A posse deve ser protegida como um fim em si mesma, exercendo o particular o poder fático sobre a *res* e garantindo sua função social, sendo que o critério para aferir se há posse ou detenção não é o estrutural e sim o funcional. É a afetação do bem a uma finalidade pública que dirá se pode ou não ser objeto de atos possessórios por um particular. 3. A jurisprudência do STJ é sedimentada no sentido de que o particular tem apenas detenção em relação ao Poder Público, não se cogitando de proteção possessória. 4. É possível o manejo de interditos possessórios em litígio entre particulares sobre bem público dominical, pois entre ambos a disputa será relativa à posse. 5. À luz do texto constitucional e da inteligência do novo Código Civil, a função social é base normativa para a solução dos conflitos atinentes à posse, dando-se efetividade ao bem comum, com escopo nos princípios da igualdade e da dignidade da pessoa humana. 6. Nos bens do patrimônio disponível do Estado (dominicais), despojados de destinação pública, permite-se a proteção possessória pelos ocupantes da terra pública que venham a lhe dar função social. 7. **A ocupação por particular de um bem público abandonado/desafetado – isto é, sem destinação ao uso público em geral ou a uma atividade administrativa –, confere justamente a função social da qual o bem está carente em sua essência.** 8. A exegese que reconhece a posse nos bens dominicais deve ser conciliada com a regra que veda o reconhecimento da usucapião nos bens públicos (STF, Súmula 340; CF, arts. 183, § 3º; e 192; CC, art. 102); um dos efeitos jurídicos da posse – a usucapião – será limitado, devendo ser mantido, no entanto, a possibilidade de invocação dos interditos possessórios pelo particular".

Assim, o particular pode exercer sobre bem público posse *ad interdicta (permite proteção possessória)*, mas não posse *ad usucapionem (aquela que induz usucapião)*[16].

12.13 BENS PÚBLICOS NECESSÁRIOS E BENS PÚBLICOS ACIDENTAIS

Diogo de Figueiredo Moreira Neto distingue os **bens públicos necessários**, que estariam desde sempre e pela própria natureza a serviço do interesse público, e os **bens públicos acidentais**, isto é, aqueles que foram incorporados ao domínio público[17].

12.14 ATRIBUTOS

Os bens públicos são dotados de um regime jurídico especial que os diferencia dos bens particulares. As principais características normativas desse regime diferenciado podem ser reduzidas a **quatro atributos fundamentais dos bens públicos**: inalienabilidade, **impenhorabilidade**, imprescritibilidade e não onerabilidade.

> A prova de Auditor/MG 2008 elaborada pelo Cespe considerou CORRETA a assertiva: "Os bens públicos são caracterizados como impenhoráveis".

A **inalienabilidade** significa que os bens públicos **não podem ser vendidos** livremente. Isso porque a legislação estabelece condições e procedimentos especiais para a venda de tais bens. Assim, o mais apropriado é falar em **alienabilidade condicionada** ao cumprimento das exigências legalmente impostas. Decorre da inalienabilidade a conclusão de que os bens públicos não podem ser embargados, hipotecados, desapropriados, penhorados, reivindicados, usufruídos, nem objeto de servidão[18].

16. Fonte: Prova da Magistratura/SC, 2017, Banca FCC.
17. *Curso de direito administrativo*, p. 385.
18. Sílvio Luís Ferreira da Rocha, *Função social da propriedade pública*, p. 33.

O atributo da **impenhorabilidade** decorre do fato de que os bens públicos **não podem ser objeto de constrição judicial.** A impenhorabilidade é uma decorrência lógica da inalienabilidade na medida em que, por ser insuscetível a alienação, a penhora sobre bem público constitui medida inútil. Importante destacar, também, que a impenhorabilidade dos bens públicos é a justificativa para existência da execução especial contra a Fazenda Pública e da ordem dos **precatórios** (art. 100 da CF). Como os bens do Estado não podem ser penhorados, é impossível aplicar à cobrança de créditos contra a Fazenda o sistema convencional de execução baseado na constrição judicial de bens do devedor. A impenhorabilidade é extensiva, também, aos bens de empresas públicas, sociedades de economia mista e concessionários afetados à **prestação de serviços públicos** (nesse sentido: 1ª Turma do STF, RE 851.711 Agr-DF, 12-12-2017).

> A prova da Magistratura do Trabalho da 5ª Região elaborada pelo Cespe considerou CORRETA a assertiva: "Por serem inalienáveis *a priori*, os bens públicos não se sujeitam a penhora e, portanto, a administração submete-se à disciplina de precatórios para o pagamento das suas obrigações".
>
> A prova da Magistratura do Trabalho da 5ª Região elaborada pelo Cespe considerou INCORRETA a assertiva: "Os bens das empresas públicas e sociedades de economia mista, bem como os bens de particulares que prestam serviços públicos, ainda que afetados, são penhoráveis".

Quanto à **imprescritibilidade**, seu significado é que os bens públicos não estão submetidos à possibilidade de **prescrição aquisitiva** ou, em uma palavra, os bens públicos **não se sujeitam a usucapião** (arts. 183, § 3º, 191, parágrafo único, da Constituição, e 102 do CC). Segundo a **corrente majoritária**, a imprescritibilidade é atributo de todas as espécies de bens públicos, **incluindo os dominicais.** Exceção a essa regra vem prevista no art. 2º da Lei n. 6.969/81, que admite usucapião especial sobre terras devolutas localizadas na área rural.

> A prova da Magistratura do Trabalho da 5ª Região elaborada pelo Cespe considerou CORRETA a assertiva: "Os bens públicos, por constituírem *res extracomercium*, não são suscetíveis à prescrição aquisitiva".

Recentemente, Sílvio Luís Ferreira da Rocha, em visão minoritária, vem sustentando de modo brilhante a possibilidade de bens dominicais que desatendam à função **social** serem usucapidos[19].

> A prova Magistratura/SP em 2017 elaborada pela Vunesp considerou CORRETA a afirmação: "Aos bens públicos se aplica o princípio da função social da propriedade, em grau diferenciado, em relação aos bens dominiais".

Por fim, o atributo da **não onerabilidade** reafirma que nenhum ônus real, como hipoteca, pode recair sobre bens públicos.

---

19. *Função social da propriedade pública*, p. 160.

12.14.1 Obrigações de pequeno valor (OPVs) e sequestro de recursos públicos

Acesse também a videoaula pelo link:
http://somos.in/MDA1124

O art. 100, § 3º, da Constituição Federal, com redação dada pela EC n. 62/2009, normatiza a forma de pagamento das chamadas Obrigações de Pequeno Valor (OPVs), sobre as quais deixa de ser aplicado o sistema de precatórios. Segundo o comando: "O disposto no *caput* deste artigo relativamente à expedição de precatórios não se aplica aos pagamentos de obrigações definidas em leis como de pequeno valor que as Fazendas referidas devam fazer em virtude de sentença judicial transitada em julgado".

Assim, cada entidade federativa determina em lei própria qual o valor máximo de condenação do Poder Público sujeito ao sistema de OPV, assim como o prazo para sua quitação.

Na esfera federal, o limite máxima da OPV é de 60 salários mínimos (cerca de R$ 60.000,00: sessenta mil reais), e o prazo de pagamento, de até 60 dias (arts. 3º e 17 da Lei n. 10.259/2001).

Vencido o prazo, ou em caso de omissão no orçamento, ou preterição ao direito de precedência, **a requerimento do credor** o Presidente do Tribunal competente deverá requisitar ou determinar o **sequestro de recursos financeiros da entidade executada**, suficientes à satisfação da prestação.

12.15 REQUISITOS PARA ALIENAÇÃO DOS BENS PÚBLICOS

A alienação de bens públicos depende do cumprimento de condições específicas definidas pelo art. 17 da Lei n. 8.666/93, que variam conforme o tipo de bem e a pessoa a quem pertençam:

1) no caso de **bens imóveis** pertencentes a **órgãos** da Administração Direta, **autarquias e fundações públicas**: a) interesse público devidamente justificado; b) avaliação prévia; c) autorização legislativa; d) licitação na modalidade concorrência;

2) no caso de **bens imóveis** pertencentes a **empresas públicas, sociedades de economia mista e paraestatais**: a) interesse público devidamente justificado; b) avaliação prévia; c) licitação na modalidade concorrência;

3) no caso de **bens móveis**, independentemente de a quem pertençam: a) interesse público devidamente justificado; b) avaliação prévia; c) licitação em qualquer modalidade.

A Lei n. 9.636/98 disciplina a **alienação de bens imóveis da União**, estabelecendo em seu art. 23 que: "a alienação de bens imóveis da União dependerá de autorização, mediante ato do Presidente da República, e será sempre precedida de parecer da SPU quanto à sua oportunidade e conveniência". A alienação **ocorrerá quando não houver interesse público, econômico ou social em manter o imóvel no domínio da União**, nem inconveniência quanto à preservação ambiental e à defesa nacional, no desaparecimento do vínculo de propriedade. A competência para autorizar a alienação poderá ser delegada ao **Ministro de Estado da Fazenda**, permitida a subdelegação.

> A prova da Magistratura do Trabalho da 7ª Região elaborada pela Esaf considerou INCORRETA a assertiva: "A competência para autorizar a alienação poderá ser delegada ao Ministro de Estado do Planejamento e Gestão, permitida a subdelegação".

A venda dos bens imóveis da União será feita por **concorrência** ou **leilão** e deverá observar os seguintes **requisitos** (art. 25 da Lei n. 9.636/98):

I – na venda por leilão público, a publicação do edital observará as mesmas disposições legais aplicáveis à concorrência pública;

II – os licitantes apresentarão propostas ou lances distintos para cada imóvel;

III – a caução de participação, quando realizada licitação na modalidade de concorrência, corresponderá a 10% (dez por cento) do valor de avaliação;

IV – no caso de leilão público, o arrematante pagará, no ato do pregão, sinal correspondente a, no mínimo, 10% (dez por cento) do valor da arrematação, complementando o preço no prazo e nas condições previstas no edital, sob pena de perder, em favor da União, o valor correspondente ao sinal e, em favor do leiloeiro, se for o caso, à respectiva comissão;

V – o leilão público será realizado por leiloeiro oficial ou por servidor especialmente designado;

VI – quando o leilão público for realizado por leiloeiro oficial, a respectiva comissão será, na forma do regulamento, de até 5% (cinco por cento) do valor da arrematação e será paga pelo arrematante, juntamente com o sinal;

VII – o preço mínimo de venda será fixado com base no valor de mercado do imóvel, estabelecido em avaliação de precisão feita pela Secretaria do Patrimônio da União, cuja validade será de seis meses;

VIII – demais condições previstas no regulamento e no edital de licitação.

12.16 AFETAÇÃO E DESAFETAÇÃO

Os termos "afetação" e "desafetação" são utilizados em **mais de um sentido** pela doutrina especializada. Genericamente, tais expressões são usadas para designar a **condição estática atual** de determinado bem público. Se o bem está vinculado a uma finalidade pública qualquer, diz-se estar afetado; se não tiver tal vinculação, está desafetado.

Em outro sentido, os mesmos termos são empregados para se referir à **alteração dinâmica de condição** de certo bem público. Assim, por exemplo, se determinado prédio público estava afetado à execução do serviço público de saúde, sendo a edificação derrubada por um terremoto, ocorre sua desafetação. Essa mudança na finalidade do bem pode se dar mediante lei, ato administrativo ou fato administrativo.

Finalmente, pode-se ainda falar em desafetação para designar o **procedimento jurídico de transformação do bem público em bem dominical**, mudando-o de categoria, para viabilizar sua futura alienação.

A confusão entre esses três sentidos possíveis para os termos "afetação" e "desafetação" é a principal causadora das divergências doutrinárias que cercam o assunto.

Neste trabalho, os termos serão empregados para designar a condição estática atual do bem público, acepção mais frequente em provas e concursos públicos.

Nesse sentido, afetação é a condição do bem público que está servindo a alguma finalidade pública. Exemplo: o prédio público onde funciona um hospital da prefeitura é um bem afetado à prestação desse serviço.

Desafetação, ao contrário, é a situação do bem que não está vinculado a nenhuma finalidade pública específica. Exemplo: terreno baldio pertencente ao Estado.

Nota-se que afetação e desafetação têm **natureza jurídica de fatos administrativos** e estão relacionadas com a existência ou não de destinação específica para determinado bem público.

Nessa linha, ensina José dos Santos Carvalho Filho: "afetação é o fato administrativo pelo qual se atribui ao bem público uma destinação pública especial de interesse direto ou indireto da Administração. E a desafetação é o inverso: é o fato administrativo pelo qual um bem público é desativado, deixando de servir à finalidade pública anterior"[20].

A **doutrina majoritária** entende que a **desafetação ou desconsagração**, compreendida como o processo de transformação do bem de uso comum ou de uso especial em bem público dominical, só pode ser promovida mediante **lei específica**. Trata-se de lei de conteúdo muito simples, promulgada para mudar a categoria do bem público, nos seguintes termos: "o logradouro X, classificado como bem de uso comum do povo e localizado no endereço tal, passa à categoria de bem dominical".

De qualquer forma, **não existe** no Direito brasileiro a denominada **desafetação tácita**, entendida como a mudança de categoria do bem **pela falta de uso**. Essa conversão em bem dominical somente poderá ser promovida mediante vontade expressa do legislador.

20. *Manual de direito administrativo*, p. 1.083.

12.17 PATRIMÔNIO PÚBLICO DISPONÍVEL E PATRIMÔNIO PÚBLICO INDISPONÍVEL

O patrimônio público disponível é formado pelos bens públicos dominicais, isto é, aqueles suscetíveis de alienação.

Ao contrário, o patrimônio público indisponível é formado pelos bens de uso comum do povo e pelos bens de uso especial porque, enquanto mantiverem essa condição, são insuscetíveis de alienação.

12.18 FORMAS DE USO

A doutrina identifica **quatro formas** principais de uso dos bens públicos: a) uso comum; b) uso especial; c) uso compartilhado; d) uso privativo.

Importante ressaltar que as formas de uso **não devem ser confundidas com as espécies de bens públicos.** Como os termos "uso comum" e "uso especial" são utilizados tanto para designar espécies de bens quanto forma de uso, as confusões são frequentes e muito prejudiciais para compreensão do tema. Assim, a título de exemplo, uma estrada, que é bem de uso comum do povo (espécie de bem), admite as formas de uso comum ou de uso privativo.

As formas de uso dos bens públicos são:

a) uso comum: é aquele aberto à coletividade, sem necessidade de **autorização estatal.** O uso comum dos bens públicos pode ser gratuito ou **remunerado** (art. 103 do CC);

> A prova de Auditor/MG 2008 elaborada pelo Cespe considerou CORRETA a assertiva: "O uso comum de bem público se caracteriza quando deste se utilizam todos os membros da coletividade sem que haja discriminação entre os usuários nem consentimento estatal específico para esse fim".

b) uso especial: utilização submetida a **regras específicas** e **consentimento estatal.** Pode ser gratuito ou remunerado. Exemplo: utilização de rodovia pedagiada;

c) uso compartilhado: quando pessoas jurídicas públicas ou privadas precisam usar **bens pertencentes a outras pessoas governamentais.** Exemplo: instalação, por Estado-membro, de dutos com fios elétricos sob **área pública municipal**;

> A prova da OAB/SP elaborada pela Vunesp considerou CORRETA a assertiva: "Uma sociedade de economia mista estadual, ao prestar serviço público de titularidade da União, pode precisar de autorização municipal, desde que para prestar o serviço concedido ela utilize bem público municipal".
>
> A prova de Magistratura/PR em 2017 elaborada pelo Cespe considerou ERRADA a afirmação: "Quando o tribunal de justiça consente o uso gratuito de determinada sala do prédio do foro para uso institucional da defensoria pública local, efetiva-se o instituto da permissão de uso de bem público".

d) uso privativo: quando a utilização do bem público é **outorgada temporariamente a determinada pessoa**, mediante instrumento jurídico específico, excluindo-se a possibilidade de uso do mesmo bem pelas demais pessoas. É o caso, por exemplo, de autorização dada pela prefeitura para realização de quermesse em praça pública. Deferida a autorização, fica excluído o uso do mesmo local por outras pessoas durante o período objeto da autorização. O uso privativo tem quatro **características fundamentais: privatividade, instrumentalidade formal, discricionariedade, precariedade e regime de direito público.**

12.19 CONCESSÃO, PERMISSÃO E AUTORIZAÇÃO

Os bens públicos de qualquer espécie podem ter o seu uso privativo outorgado temporariamente, em caráter precário, a determinados particulares. Tal possibilidade **se estende a bens públicos de uso comum**, **de uso especial** ou até **dominicais.** A outorga sempre depende de **ato administrativo formal** e envolve um **juízo discricionário** por parte da Administração, que avaliará a conveniência e a oportunidade do deferimento do pedido.

Os principais **instrumentos** de outorga do uso privativo de bens públicos são:

a) autorização de uso de bem público: é o ato administrativo **unilateral, discricionário, precário e sem licitação** por meio do qual o Poder Público faculta o uso de bem público a determinado particular em atenção a **interesse predominantemente privado.** Exemplos: fechamento de rua para realização de **quermesse**; autorização para instalação de mesas de bar na calçada; autorização para camelô; banca de jornal. Em regra, a autorização é deferida por **prazo indeterminado**, o que se relaciona ao seu caráter precário, isto é, a autorização pode ser revogada a qualquer tempo sem qualquer indenização ao autorizatário. Entretanto, na hipótese de ser outorgada autorização por prazo determinado, sua revogação antecipada enseja indenização ao particular prejudicado. Não é necessária lei para outorga da autorização porque desta não decorrem direitos, exceto o direito de exercitar a atividade autorizada[21];

> A prova de Procurador de Fortaleza em 2017 elaborada pelo Cespe considerou ERRADA a afirmação: "A associação de moradores de determinado bairro de uma capital brasileira decidiu realizar os bailes de carnaval em uma praça pública da cidade. Nessa situação, a referida associação poderá fazer uso da praça pública, independentemente de autorização, mediante prévio aviso à autoridade competente".

b) permissão de uso de bem público: é o ato administrativo **unilateral, discricionário** e **precário** pelo qual o Poder Público defere o uso privativo de bem público a determinado particular em atenção a **interesse predominantemente público.** Ao contrário da autorização que faculta o uso da área, na permissão existe uma **obrigatoriedade na utilização** do bem público objeto da permissão. Nos termos do disposto no art. 2º da Lei n. 8.666/93, a outorga de permissão pressupõe a **realização**

21. Fundação Getulio Vargas. Padrão de Respostas. Prova Prático-Profissional. Direito Administrativo. Exame de Ordem 2010/2.

de licitação. O certo é que a outorga da permissão pode--se dar por meio de **qualquer uma das modalidades licitatórias** previstas na Lei n. 8.666/93. Como regra, a permissão é deferida por prazo indeterminado, podendo ser revogada a qualquer tempo sem ensejar dever de indenizar o permissionário. Entretanto, na hipótese rara de a permissão ser outorgada por prazo determinado, mitigando sua natureza precária, a revogação antecipada gera direito à indenização diante da expectativa frustrada do permissionário de permanecer na área pública pelo prazo anunciado pela Administração. O art. 22 da Lei n. 9.636/98, que dispõe sobre a administração de bens da União, oferece exemplos de permissão de uso: "A utilização, a título precário, de áreas de domínio da União para a realização de eventos de curta duração, de natureza recreativa, esportiva, cultural, religiosa ou educacional, poderá ser autorizada, na forma do regulamento, sob o regime de permissão de uso, em ato do Secretário do Patrimônio da União, publicado no Diário Oficial da União";

c) concessão de uso de bem público: é o **contrato administrativo bilateral** pelo qual o Poder Público outorga, mediante **prévia licitação**, o uso privativo e **obrigatório** de bem público a particular, por **prazo determinado.** O uso do bem pelo concessionário deve respeitar a destinação prevista no ato de concessão, podendo a utilização ser **gratuita ou remunerada** por parte do concessionário. Como a concessão é outorgada por prazo determinado, a sua **rescisão antecipada pode ensejar dever de indenizar**, desde que não tenha havido culpa do concessionário. Na concessão, há **preponderância do interesse público** sobre o interesse do particular concessionário. Existe previsão de outorga gratuita ou remunerada, por prazo certo ou indeterminado. Exemplo dessa espécie de contrato: concessão de jazida (art. 176 da CF);

d) concessão de direito real de uso: prevista no Decreto-lei n. 271/67, a concessão de direito real de uso pode recair sobre **terrenos públicos** ou **espaço aéreo.** As finalidades específicas dessa outorga são: regularização fundiária, urbanização, industrialização, edificação, cultivo da terra, aproveitamento sustentável das várzeas, preservação das comunidades tradicionais ou outras modalidades de interesse social em áreas urbanas (art. 7º do Decreto-lei n. 271/67). Sendo direito real, ao contrário da concessão simples de uso comum, que é direito pessoal, a concessão de direito real de uso pode ser transferida por ato *inter vivos* ou por sucessão legítima ou testamentária (art. 7º, § 4º, do Decreto-lei n. 271/67).

> A prova da OAB Nacional elaborada pelo Cespe considerou CORRETA a assertiva: "Nos casos de programas e projetos habitacionais de interesse social, desenvolvidos por órgãos ou entidades da administração pública com atuação específica nessa área, a concessão de direito real de uso de imóveis públicos poderá ser contratada coletivamente".

Por fim, cabe fazer breve menção à **concessão de uso especial para fins de moradia**, disciplinada pela Medida Provisória n. 2.220/2001, cujos requisitos estão elencados no art. 1º do referido diploma normativo: "aquele que, até 30 de junho de 2001, possuiu como seu, por cinco anos, ininterruptamente e sem oposição, até duzentos e cinquenta metros quadrados de imóvel público situado em área urbana, utilizando-o para sua moradia ou de sua família, tem o direito à concessão de uso especial para fins de moradia em relação ao bem objeto da posse, desde que não seja proprietário ou concessionário, a qualquer título, de outro **imóvel urbano ou rural**".

> A prova da Magistratura/2008 elaborada pela FCC considerou CORRETA a assertiva: "Ter possuído, até 30 de junho de 2001, como seus, por cinco anos, ininterruptamente e sem oposição, até duzentos e cinquenta metros quadrados de imóvel público situado em área urbana, utilizando-os para sua moradia ou de sua família, desde que não seja proprietário ou concessionário, a qualquer título, de outro imóvel urbano ou rural. Esses são os requisitos para que se exerça o direito à concessão de uso especial para fins de moradia, cujo título pode ser obtido por via administrativa ou judicial".

O concessionário de uso de bem público, em qualquer de suas modalidades, detém a posse *ad interdicta*, isto é, aquela que admite proteção possessória, mas falta-lhe a posse ***ad usucapionem***, aquela apta a induzir usucapião.

> A prova Magistratura/SC em 2017 elaborada pela FCC considerou CORRETA a afirmação: "O concessionário de uso de bem público exerce posse *ad interdicta*, mas não exerce posse *ad usucapionem*".

12.19.1 Banca de jornal: permissão ou autorização?

A legislação municipal tem liberdade para definir se a outorga do direito de instalar banca de jornal em calçada será formalizada mediante permissão ou autorização de uso de bem público.

Ao optar pela permissão, a lei enfatiza o predomínio do interesse público existente na exploração dessa atividade em favor da coletividade local. Além disso, "permitir" a instalação da banca confere maior flexibilidade na definição do regime temporal do vínculo, isso porque permissão pode ser outorgada por prazo determinado (permissão anômala) ou indeterminado (permissão comum).

No caso de o legislador preferir o sistema de autorização, considera-se predominar na outorga o interesse privado do jornaleiro, e não o interesse público, devendo ser estabelecida a regra da outorga por prazo indeterminado.

Doutrinariamente, há autores mencionando banca de jornal tanto como exemplo de permissão quanto de autorização. Hely Lopes[22], Celso Antônio Bandeira de Mello[23] e Odete Medauar[24] consideram ser caso de permissão. José dos Santos Carvalho Filho[25] trata como hipótese de autorização.

---

22. *Direito administrativo brasileiro*, p. 430.
23. *Curso de direito administrativo*, p. 929.
24. *Direito administrativo moderno*, p. 245.
25. *Manual de direito administrativo*, p. 1.218.

A importância da jurisprudência neste ponto específico é relativa, porque o teor da decisão tende a repetir o modelo - autorização ou permissão - adotado pela lei municipal invocada pelos litigantes.

Nos **concursos públicos**, as Bancas costumam aceitar como igualmente corretos os dois regimes. Porém, é possível identificar uma preferência pela ideia de que **bancas de jornal são outorgadas mediante autorização de uso**. Nesse sentido posiciona-se a **maioria da doutrina** e o **Superior Tribunal de Justiça** (STJ: RMS 9.437/RJ).

O **Supremo Tribunal Federal** manifesta-se sobre o tema fazendo referência ora ao regime de **permissão de uso** (STF: ARE 956.577 - decisão monocrática do Min. Luis Barroso; RE 87.290/PR - 1ª Turma), ora ao de **autorização de uso** (RE 111.413 - 2ª Turma).

12.20 AFORAMENTO PÚBLICO

O aforamento é outra modalidade de uso privativo de **bens públicos imóveis**, consistente em um direito real administrativo de posse, uso, gozo e relativa disposição sobre a coisa, mantendo o Estado o domínio direto, e o particular (foreiro ou enfiteuta), o domínio útil[26].

12.21 FORMAS DE AQUISIÇÃO E ALIENAÇÃO

A **aquisição** de bens públicos pode-se dar por meio de[27]: a) **contrato**; b) **usucapião** (art. 1.238 do CC); c) **desapropriação** (art. 5º, XXIV, da CF); d) **acessão** (art. 1.248 do CC); e) **aquisição** *causa mortis*; f) **arrematação**; g) **adjudicação** (art. 876 do CPC); h) **resgate na enfiteuse** (art. 693 do antigo CC); i) **dação** em pagamento (art. 156, XI, do CTN); j) **por força de lei** (aquisição *ex vi legis*).

> A prova de Procurador de Fortaleza em 2017 elaborada pelo Cespe considerou CORRETA a afirmação: "Determinado município brasileiro construiu um hospital público em parte de um terreno onde se localiza um condomínio particular. Nessa situação, segundo a doutrina dominante, obedecidos os requisitos legais, o município poderá adquirir o bem por usucapião".

Já os principais institutos de **alienação** de bens públicos são[28]: a) **venda** (art. 17 da Lei n. 8.666/93); b) **doação** a outro órgão ou entidade da Administração Pública (art. 17, I, *b*, da Lei n. 8.666/93); c) **permuta** (art. 17, I, c, da Lei n. 8.666/93); d) **dação** em pagamento (art. 356 do CC); e) **concessão de domínio** (art. 17, § 2º, da Lei n. 8.666/93); f) **investidura** (art. 17, § 3º, da Lei n. 8.666/93); g) **incorporação**; h) **retrocessão** (art. 519 do CC); i) **legitimação de posse** (art. 1º da Lei n. 6.383/76).

26. Diogo de Figueiredo Moreira Neto, *Curso de direito administrativo*, p. 395.
27. José dos Santos Carvalho Filho, *Manual de direito administrativo*, p. 1.090.
28. José dos Santos Carvalho Filho, *Manual de direito administrativo*, p. 1.127.

12.22 JURISPRUDÊNCIA

12.22.1 STJ

Precatório: A preferência prevista no § 2º do art. 100 da Constituição Federal não pode ser reconhecida mais de uma vez em um mesmo precatório (AgInt no RMS 61.014-RO, rel. Min. Benedito Gonçalves, Primeira Turma, por unanimidade, j. 20-4-2020, *DJe* 24-4-2020, *Informativo* 670).

Súmula 619: A ocupação indevida de bem público configura mera detenção, de natureza precária, insuscetível de retenção ou indenização por acessões e benfeitorias (Corte Especial, j. 24-10-2018, *DJe* 30-10-2018).

Precatório: Incidem os juros da mora no período compreendido entre a data da realização dos cálculos e a da requisição ou do precatório (QO no REsp 1.665.599-RS, rel. Min. Napoleão Nunes Maia Filho, Corte Especial, por unanimidade, j. 20-3-2019, *DJe* 2-4-2019 – Recursos Repetitivos).

Precatório: A limitação de valor para o direito de preferência previsto no art. 100, § 2º, da CF aplica-se para cada precatório de natureza alimentar, e não para a totalidade dos precatórios alimentares de titularidade de um mesmo credor preferencial, ainda que apresentados no mesmo exercício financeiro e perante o mesmo devedor (RMS 46.155-RO, rel. Min. Napoleão Nunes Maia Filho, j. 22-9-2015, *DJe* 29-9-2015).

12.22.2 STF

Domínio público (Terras tradicionalmente ocupadas por indígenas: titularidade e indenização): O Plenário, por unanimidade, julgou improcedentes duas ações cíveis originárias, nas quais o Estado de Mato Grosso solicitava indenização por desapropriação indireta de terras devolutas a ele pertencentes, sob a alegação de que as terras teriam sido incluídas no perímetro de áreas indígenas sem a obediência ao procedimento expropriatório devido. O Colegiado salientou que, desde a Constituição de 1934, não se pode caracterizar as terras ocupadas pelos indígenas como devolutas. Ressaltou ainda que a **Constituição Federal de 1988 (CF/88) estabeleceu que as terras tradicionalmente ocupadas pelos índios são bens da União e dedicou vários dispositivos para tratar da proteção dessas áreas** [CF/88, arts. 20, XI, e 213, § 1º a §6º] Ademais, pontuou que os laudos antropológicos juntados aos autos deixaram claro que as áreas em questão eram habitadas historicamente por indígenas. Nesse contexto, o Supremo Tribunal Federal assentou que a titularidade das terras não é do Estado do Mato Grosso, sendo indevida, portanto, a indenização pleiteada (ACO 362/MT, rel. Min. Marco Aurélio, j. 16-8-2017. ACO 366/MT, rel. Min. Marco Aurélio, j. 16.8.2017 – *Informativo* n. 873, Plenário).

12.22.3 Repercussão Geral

É válida a penhora em bens de pessoa jurídica de direito privado, realizada anteriormente à sucessão desta pela União, não devendo a execução prosseguir mediante precatório (RE 693.112, 9-2-2017).

A Emenda Constitucional n. 46/2005 não interferiu na propriedade da União, nos moldes do art. 20, VII, da Constituição da República, sobre os terrenos de marinha e seus acrescidos situados em ilhas costeiras sede de Municípios (RE 636.199, 27-4-2017).

Incidem os juros da mora no período compreendido entre a data da realização dos cálculos e a da requisição ou do precatório (RE 579.431, 19-4-2017).

A execução provisória de obrigação de fazer em face da Fazenda Pública não atrai o regime constitucional dos precatórios (RE 573.872, 24-5-2017).

É vedado o fracionamento da execução pecuniária contra a Fazenda Pública para que uma parte seja paga antes do trânsito em julgado, por meio de Complemento Positivo, e outra depois do trânsito, mediante Precatório ou Requisição de Pequeno Valor (ARE 723.307, 9-8-2014).

Contrato de compra e venda de bens da União: É nulo o contrato firmado entre particulares de compra e venda de imóvel de propriedade da União quando ausentes o prévio recolhimento do laudêmio e a certidão da Secretaria do Patrimônio da União (SPU), ainda que o pacto tenha sido registrado no Cartório competente (REsp 1.590.022-MA, rel. Min. Herman Benjamin, por unanimidade, j. 9-8-2016, *DJe* 8-9-2016).

Bens públicos: Quando irregularmente ocupado o bem público, não há que se falar em direito de retenção pelas benfeitorias realizadas, tampouco em direito a indenização pelas acessões, ainda que as benfeitorias tenham sido realizadas de boa-fé. Isso porque nesta hipótese não há posse, mas mera detenção, de natureza precária. Dessa forma, configurada a ocupação indevida do bem público, resta afastado o direito de retenção por benfeitorias e o pleito indenizatório à luz da alegada boa-fé. Precedentes citados: AgRg no AREsp 456.758-SP, 2ª Turma, *DJe* 29-4-2014; e REsp 850.970-DF, 1ª Turma, *DJe* 11-3-2011 (AgRg no REsp 1.470.182-RN, rel. Min. Mauro Campbell Marques, j. 4-11-2014 – *Informativo* n. 551).

Direito registral: A Fazenda Pública possui interesse e pode efetivar o protesto da CDA, documento de dívida, na forma do art. 1º, parágrafo único, da Lei n. 9.492/97, com a redação dada pela Lei n. 12.767/2012 (REsp 1.686.659-SP, rel. Min. Herman Benjamin, Primeira Seção, por maioria, j. 28-11-2018, *DJe* 11-3-2019 – Recursos Repetitivos).

12.23 QUADRO SINÓTICO

BENS PÚBLICOS

- O art. 98 do **Código Civil** afirma que "são públicos os bens do domínio nacional **pertencentes às pessoas jurídicas de direito público interno**; todos os outros são particulares, seja qual for a pessoa a que pertencerem".

DICA: os bens afetados à prestação de serviços públicos, mesmo que não pertencentes a pessoas jurídicas de direito público, possuem alguns atributos exclusivos dos bens públicos, como a impenhorabilidade.

BENS PÚBLICOS POR PALAVRAS-CHAVE

- DA UNIÃO (art. 20, CF/88): terras devolutas: defesa e preservação/ correntes de água: domínio ou fronteira / ilhas: fronteira/ ilhas oceânicas e costeiras, excluídas a sede de Municípios, exceto áreas afetadas ao serviço público e à unidade ambiental federal/ recursos naturais: plataforma continental e ZEE/ mar territorial/ terrenos de marinha/ **energia hidráulica**/ minerais/ cavidades / sítios arqueológicos/ terras tradicionalmente ocupadas pelos índios.
- DOS ESTADOS (art. 26, CF/88): os bens públicos pertencentes aos Estados são, basicamente, aqueles que não se classificam como bens federais: águas superficiais / subterrâneas/ fluentes, emergentes/ em depósito, exceto as decorrentes de obras da União/ e quando não compreendidas de alguma forma entre as da União: áreas nas ilhas oceânicas e costeiras que estiverem no seu domínio, as ilhas fluviais e lacustres e as terras devolutas.

DICA: terras devolutas, quando indispensáveis à defesa das fronteiras, das fortificações e construções militares e das vias federais de comunicação e à preservação ambiental, pertencem à União.

- DO DF, MUNICÍPIOS e TERRITÓRIOS: a Constituição Federal de 1988 não faz referência aos bens públicos do Distrito Federal, dos Municípios e dos Territórios, devendo ser assim considerados todos aqueles onde se encontram instaladas suas respectivas repartições públicas, bem como os equipamentos destinados à prestação dos serviços públicos de sua competência.
- DOS CONCESSIONÁRIOS E PERMISSIONÁRIOS: embora seja possível que pessoas jurídicas da Administração Indireta sejam beneficiárias da outorga de concessões e permissões, como regra geral as concessionárias e permissionárias de serviços públicos são pessoas jurídicas privadas que não pertencem à estrutura estatal. Por isso, como pessoas privadas, e à luz do art. 98 do Código Civil, os bens pertencentes às concessionárias e permissionárias de serviço público não são bens públicos.

DOMÍNIO PÚBLICO

- Em **sentido amplo**, domínio público é o poder de senhorio que o Estado exerce sobre os bens públicos, bem como a capacidade de regulação estatal sobre os bens do patrimônio privado.
- Em **sentido estrito**, a expressão "domínio público" compreende o conjunto de bens móveis e imóveis, corpóreos e incorpóreos, pertencentes ao Estado, sendo equivalente ao conceito de **patrimônio público**.

RES NULLIUS

- É uma terceira categoria formada pelas **coisas sem dono** (*res nullius*) ou **bens adéspotas**, sobre as quais não há qualquer disciplina específica do ordenamento jurídico, incluindo os bens inapropriáveis, como a luz e os animais selvagens.

AFETAÇÃO E DESAFETAÇÃO

- Se o bem está vinculado a uma finalidade pública qualquer diz-se estar afetado.
- Se não tiver tal vinculação, está desafetado.

CLASSIFICAÇÃO

- QUANTO À TITULARIDADE: os bens públicos se dividem em FEDERAIS, ESTADUAIS, DISTRITAIS, TERRITORIAIS ou MUNICIPAIS, de acordo com o nível federativo da pessoa jurídica a que pertençam.
- QUANTO À DISPONIBILIDADE: os bens públicos podem ser classificados em:

a) **bens indisponíveis por natureza:** aqueles que, devido à sua intrínseca **condição não patrimonial**, são insuscetíveis a alienação ou oneração;

b) **bens patrimoniais indisponíveis:** são aqueles dotados de uma natureza patrimonial, mas, por pertencerem às categorias de bens de **uso comum do povo ou de uso especial**, permanecem legalmente inalienáveis enquanto mantiverem tal condição;

c) **bens patrimoniais disponíveis:** são legalmente passíveis de alienação.

DICA: é o caso dos **bens dominiais**, como as terras devolutas.

- QUANTO À DESTINAÇÃO:

  DE USO COMUM DO POVO: **também chamados de bens do domínio público**, são aqueles **abertos** a uma utilização universal, **por toda a população**, como os **logradouros públicos, praças, mares, ruas, florestas, meio ambiente** etc. Enquanto mantiverem essa qualidade, **não podem ser alienados** ou onerados (art. 100 do CC). **Somente após** o processo de **desafetação**, sendo transformados em **dominicais**, podem ser alienados. Assim, tais bens fazem parte do **patrimônio público indisponível**. Os bens de uso comum do povo admitem **utilização gratuita ou remunerada**, conforme for estabelecido legalmente pela entidade a cuja administração pertencerem (art. 103 do CC).

DE USO ESPECIAL: também chamados de **bens do patrimônio administrativo**, são aqueles afetados a uma **destinação específica**. Fazem parte do aparelhamento administrativo, sendo considerados instrumentos para execução de serviços públicos. Enquanto mantiverem essa qualidade, **não podem ser alienados** ou onerados (art. 100 do CC), compondo o denominado **patrimônio público indisponível**. A alienação de tais bens somente será possível com sua transformação, **via desafetação,** em **bens dominicais**.

DOMINICAIS: também chamados de **bens do patrimônio público disponível** ou **bens do patrimônio fiscal**, são todos aqueles **sem utilidade**, podendo ser utilizados em qualquer fim ou, mesmo, alienados pela Administração. A Administração pode, em relação aos bens dominicais, **exercer poderes de proprietário**, como usar, gozar e dispor. Assim, os bens dominicais **podem ser alienados**, nos termos do disposto na legislação, por meio de compra e venda, doação, permuta, **dação** (institutos de direito privado), investidura e legitimação da posse (institutos de direito público).

ATRIBUTOS

Os bens públicos são dotados de um regime jurídico especial que os diferencia dos bens particulares. As principais características normativas desse regime diferenciado são:

- INALIENABILIDADE: a **inalienabilidade** significa que os bens públicos **não podem ser vendidos** livremente. Isso porque a legislação estabelece condições e procedimentos especiais para sua venda
- IMPENHORABILIDADE: decorre da inalienabilidade. Os bens públicos não podem ser hipotecados, penhorados, reivindicados, nem objeto de servidão. O atributo da **impenhorabilidade** decorre do fato de que os bens públicos **não podem ser objeto de constrição judicial**.

DICA: a impenhorabilidade é uma decorrência lógica da inalienabilidade na medida em que, por ser insuscetível a alienação, a penhora sobre bem público constitui medida inútil.

- IMPRESCRITIBILIDADE: os bens públicos **não se sujeitam a usucapião** (arts. 183, § 3º, 191, parágrafo único, da Constituição, e 102 do CC).
- NÃO ONERABILIDADE: **nenhum ônus real pode recair sobre bens públicos**.

POSSIBILIDADE DE ALIENAÇÃO

A alienação de bens públicos depende do cumprimento de condições específicas definidas pelo art. 17 da Lei n. 8.666/93, que variam conforme o tipo de bem e a pessoa a quem pertençam:

- 1) no caso de **bens imóveis** pertencentes a **órgãos** da Administração Direta, **autarquias** e **fundações públicas**:
  a) interesse público devidamente justificado;
  b) avaliação prévia;
  c) autorização legislativa;
  d) licitação na modalidade concorrência.
- 2) no caso de **bens imóveis** pertencentes a **empresas públicas, sociedades de economia mista** e **paraestatais**:
  a) interesse público devidamente justificado;
  b) avaliação prévia;
  c) licitação na modalidade concorrência.
- 3) no caso de **bens móveis**, independentemente de a quem pertençam:
  a) interesse público devidamente justificado;
  b) avaliação prévia;
  c) licitação em qualquer modalidade.

FORMAS DE USO DOS BENS PÚBLICOS

- USO COMUM: aberto à coletividade, **sem** necessidade de **autorização estatal**. O uso comum dos bens públicos pode ser **gratuito ou remunerado** (art. 103 do CC).
- USO ESPECIAL: utilização submetida **a regras específicas e consentimento** estatal. Pode ser gratuito ou remunerado.
- USO COMPARTILHADO: quando pessoas jurídicas estatais usam **bens pertencentes a outras pessoas governamentais**.
- USO PRIVATIVO: a utilização do bem público é **outorgada temporariamente a determinada pessoa**, mediante instrumento jurídico específico, excluindo-se a possibilidade de uso do mesmo bem pelas demais pessoas.

INSTRUMENTOS DE OUTORGA DE USO PRIVATIVO

- AUTORIZAÇÃO: é o ato administrativo **unilateral, discricionário, precário** e **sem licitação** por meio do qual o Poder Público faculta o uso de bem público a determinado particular em atenção a **interesse predominantemente privado.**
- PERMISSÃO: **é** o ato administrativo **unilateral, discricionário** e **precário** pelo qual o Poder Público defere o uso privativo de bem público a determinado particular em atenção a **interesse predominantemente público**.

- CONCESSÃO: **é** o **contrato administrativo bilateral** pelo qual o Poder Público outorga, mediante **prévia licitação**, o uso privativo e **obrigatório** de bem público a particular, por **prazo determinado**.
- CONCESSÃO DE DIREITO REAL DE USO: prevista no Decreto-lei n. 271/67, a concessão de direito real de uso pode recair sobre **terrenos públicos** ou **espaço aéreo**. As finalidades específicas dessa outorga são: regularização fundiária, urbanização, industrialização, edificação, cultivo da terra, aproveitamento sustentável das várzeas, preservação das comunidades tradicionais ou outras modalidades de interesse social em áreas urbanas (art. 7º do Decreto-lei n. 271/67). Sendo direito real, ao contrário da concessão simples de uso comum, que é direito pessoal, a concessão de direito real de uso pode ser transferida por ato *inter vivos* ou por sucessão legítima ou testamentária (art. 7º, § 4º, do Decreto-lei n. 271/67).

FORMAS DE AQUISIÇÃO E ALIENAÇÃO

A **aquisição** de bens públicos pode-se dar por meio de:

- a) **contrato**;
- b) **usucapião** (art. 1.238 do CC);
- c) **desapropriação** (art. 5º, XXIV, da CF);
- d) **acessão** (art. 1.248 do CC);
- e) **aquisição** *causa mortis*;
- f) **arrematação**;
- g) **adjudicação** (art. 876 do CPC);
- h) **resgate na enfiteuse** (art. 693 do antigo CC);
- i) **dação** em pagamento (art. 156, XI, do CTN);
- j) **por força de lei** (aquisição *ex vi legis*).

Os principais institutos de **alienação são**:

- **a) venda** (art. 17 da Lei n. 8.666/93);
- b) **doação** a outro órgão ou entidade da Administração Pública (art. 17, I, *b*, da Lei n. 8.666/93);
- c) **permuta** (art. 17, I, ***c***, da Lei n. 8.666/93);
- d) **dação** em pagamento (art. 356 do CC);
- e) **concessão de domínio** (art. 17, § 2º, da Lei n. 8.666/93);
- f) **investidura** (art. 17, § 3º, da Lei n. 8.666/93);
- g) **incorporação**;
- h) **retrocessão** (art. 519 do CC);
- i) **legitimação de posse** (art. 1º da Lei n. 6.383/76).

12.24 QUESTÕES

1. (Procurador – AL-GO – 2019 – Iades) Os bens públicos compõem o elemento físico da caracterização do próprio Estado que, ao final, remetem aos necessários requisitos da soberania deste. Nesse sentido, os bens públicos fazem parte do regime jurídico-administrativo com forma específica de tratamento. A respeito desse tema, assinale a alternativa correta.

A) A partilha constitucional contempla explicitamente o exercício do domínio sobre as terras devolutas, rios e lagos da União, dos Estados, do Distrito Federal e dos Municípios.

B) A disposição do Estado sobre tais bens é definida substancialmente pela normatividade civil.

C) Afetação é a forma exclusiva pela qual há a passagem de um bem privado ao patrimônio público, para o atendimento do interesse público.

D) A outorga legislativa para alienação de bens imóveis de uso comum do povo, de uso especial e dominicais é requisito obrigatório legalmente previsto que reconhece a juridicidade da desafetação.

E) A alienação de bens públicos, atendidos os requisitos necessários para tal, não se realiza, necessariamente, pelas formas civis contratuais usuais, sendo possível a utilização de formas não contratuais.

2. (Auditor-Fiscal da Receita Estadual – Bloco II – Sefaz-RS – 2019 – Cespe) Um terreno pertencente ao Estado e anteriormente sem utilização passou a ser usado por um órgão público para o desempenho de determinadas tarefas. Trata-se de bem público que era de uso:

A) dominical e, após afetação, passou a ser bem de uso especial;

B) especial e, após desafetação, passou a ser bem de uso comum do povo;

C) especial e, após afetação, passou a ser bem dominical;

D) dominical e, após desafetação, passou a ser bem de uso comum do povo;

E) especial e, após afetação, passou a ser bem de uso comum do povo.

3. (Promotor de Justiça Substituto – MPE-PI – 2019 – Cespe) O Poder Público estadual instalou escola em determinado imóvel público abandonado. Após a instalação e o efetivo uso público do bem, o imóvel será caracterizado como bem público:

A) dominical, tacitamente desafetado;

B) de uso especial, tacitamente afetado;

C) de uso comum do povo, tacitamente afetado;

D) de uso especial, expressamente desafetado;

E) de uso comum do povo, expressamente desafetado.

4. (Titular de Serviços de Notas e de Registros – Provimento – TJ-PR – 2019 – NC-UFPR) A professora Maria Sylvia Zanella di Pietro afirma que, sob o aspecto do regime jurídico, pode haver apenas duas modalidades de bens públicos (PIETRO, 2018). Levando em consideração a posição da autora, assinale a alternativa correta.

A) Há um erro na classificação do Código Civil, que estabelece a existência de seis modalidades distintas de bens públicos.

B) Os bens de uso comum do povo não são bens públicos, mas sim retratam apenas um domínio público em que o Estado exerce sua soberania sem caráter patrimonial.

C) Os bens dominicais são regidos pelo regime jurídico de direito público, apesar de disposição em contrário do Código Civil.

D) A afetação é a característica comum entre todos os bens públicos classificados segundo o Código Civil.

E) Existem bens de domínio privado do Estado e bens de domínio público do Estado.

5. (Contador – Core-PE – 2019 – Inaz do Pará) Bens públicos são aqueles que pertencem às pessoas jurídicas de direito público interno, à administração direta ou indireta. Enfim, são os que pertencem

a uma entidade de direito público, como bens pertencentes à União, ao Estado, aos Municípios. No que diz respeito aos Bens Públicos, pode-se afirmar.

A) Bens dominicais: Estão destinados a uma finalidade comum e especial, constituem o patrimônio das pessoas jurídicas de direito público, como objeto de direito pessoal ou real, de cada uma dessas entidades.

B) Bens de uso especial: São aqueles destinados ao uso indistinto de toda a população.

C) Bens de uso comum: São aqueles destinados a uma finalidade específica.

D) Os bens imóveis da Administração Pública, cuja aquisição haja derivado por dação em pagamento, poderão ser alienados por ato da autoridade competente, através do procedimento licitatório na modalidade de concorrência ou leilão.

E) Impenhorabilidade é a característica dos bens públicos que impedem que sejam adquiridos por usucapião. Os imóveis públicos, urbanos ou rurais, não podem ser adquiridos por usucapião.

6. (Auditor de Controle Interno – Prefeitura de Aracruz – ES – 2019 – Ibade) Como característica essencial, os bens públicos de uso especial são inalienáveis. Porém, suponha que um órgão da Administração decida dar fim às cadeiras já antigas e que não servem mais como mobiliário para a repartição, realizando procedimento licitatório para a aquisição de novas. Com relação às cadeiras antigas, é correto afirmar que:

A) apesar da inalienabilidade, elas poderão ser alienadas em leilão após serem desafetadas, isto é, perderem sua destinação pública;

B) apesar da inalienabilidade, elas poderão ser alienadas em leilão após serem desafetadas, isto é, passarem à categoria dos bens públicos de uso comum;

C) para esse tipo de bem não há inalienabilidade, bastando a realização de pesquisa de preços com três orçamentos distintos para a venda das cadeiras;

D) a inalienabilidade é absoluta, não sendo possível que as cadeiras sejam vendidas, mas apenas doadas a outros órgãos da administração direta;

E) a inalienabilidade é absoluta, de modo que o órgão público é obrigado a ficar com as mesmas cadeiras até a completa deterioração do bem.

7. (Titular de Serviços de Notas e de Registros – Provimento – TJ-RS – 2019 – Vunesp) Suponha que determinado indivíduo, por onze anos, tenha ocupado um terreno de propriedade do Município, construído nele a sua residência e um galpão, em que funciona uma oficina mecânica, local onde exerce a sua profissão de mecânico e retira os recursos necessários a sua subsistência. A Administração, após notar o uso do espaço pelo particular sem seu consentimento, notifica-o, solicitando a desocupação da área. Diante da situação hipotética, assinale a alternativa correta.

A) O particular tem o direito à propriedade do local, dado que o bem é dominical, não estando afetado a uma finalidade pública específica.

B) O particular deve desocupar o espaço, tendo o direito de ser indenizado pelas benfeitorias úteis, necessárias e fundo de comércio.

C) O particular tem o direito real de uso do imóvel, caso o terreno ocupado não seja superior a 1000 m2 (mil metros quadrados).

D) O particular tem o direito de permanecer na posse do local, por estar dando ao espaço uma finalidade socialmente útil.

E) O particular não tem o direito de permanecer no imóvel e não possui o direito de ser indenizado pelas benfeitorias existentes no local.

8. (Titular de Serviços de Notas e de Registros – Remoção – TJ-RS – 2019 – Vunesp) A respeito dos bens públicos, assinale a alternativa correta.

A) As hipóteses de dispensa de licitação para a alienação de bens imóveis estão previstas na Lei n. 8.666/93, devendo o rol ser observado por Estados e Municípios.

B) São características da autorização para o uso privativo de bem público a precariedade, a discricionariedade e a prevalência do interesse do Estado em face do interesse do particular.

C) Os bens dominicais, em regra, podem ser concedidos em garantia pelo Estado, sendo dispensada a autorização legal.

D) O domínio eminente refere-se ao direito de propriedade do Estado, compreendendo os bens das pessoas jurídicas de direito público, submetidos ao regime jurídico especial de Direito Administrativo.

E) Os bens das concessionárias de serviços públicos, que estejam afetados à execução da atividade estatal, são impenhoráveis.

9. (Auditor-Fiscal de Tributos Municipais – SEMEF Manaus – AM – 2019 – FCC) Uma autarquia municipal desprovida de receitas próprias, porque atuante essencialmente no setor fiscalizatório, é proprietária de dois imóveis. Em um dos imóveis funciona a sede da autarquia; o outro está locado para um estacionamento, a fim de gerar receitas para investimento. Um credor da autarquia pleiteou judicialmente a penhora do imóvel onde funciona o estacionamento, sob o fundamento de que não estaria afetado a serviço público nenhum. O pedido:

A) não pode ser deferido, pois a destinação para o estacionamento configura afetação a serviço público, ainda que em sentido amplo;

B) pode ser deferido, considerando que o imóvel não se presta ao atendimento do escopo institucional da autarquia;

C) não pode ser deferido, tendo em vista que os bens públicos das autarquias são protegidos pelo regime de bens públicos, sendo impenhoráveis, ainda que os de natureza dominical;

D) pode ser deferido, pois o imóvel penhorado não configura bem público de uso comum do povo, sendo que os de uso especial, natureza do bem, não são protegidos pela impenhorabilidade;

E) não deve ser deferido, por razões de isonomia em relação aos demais credores, tendo em vista que a autarquia é proprietária de apenas um imóvel passível de garantir dívidas assumidas.

10. (Titular de Serviços de Notas e de Registros – Remoção – TJ-SC – 2019 – Ieses) O prédio ocupado como sede de uma Câmara Municipal, considerada a destinação dos bens públicos, é:

A) bem predial;

B) bem de uso comum do povo;

C) bem de uso especial;

D) bem dominical.

GABARITO

1. E / **2.** A / **3.** B / **4.** E / **5.** D / **6.** A / **7.** E / **8.** E / **9.** C / **10.** C

Acesse mais questões também pelo link:
http://somos.in/MDA1162

13

INTERVENÇÃO DO ESTADO NA PROPRIEDADE PRIVADA

Acesse também a videoaula pelo link:
http://somos.in/MDA1114

13.1 FUNDAMENTO GERAL

O **fundamento jurídico** geral que autoriza o Estado brasileiro a intervir na propriedade de particulares é o **princípio da função social da propriedade** estabelecido no art. 5º, XXIII, da Constituição Federal, segundo o qual: "a propriedade atenderá sua função social".

Embora a própria Constituição assegure o direito de propriedade (art. 5º, XXII), trata-se de um direito relativo na medida em que o seu exercício, para ser legítimo, deve se compatibilizar com os interesses da coletividade.

Cabe ao Estado, utilizando os instrumentos de intervenção na propriedade, o papel de **agente fiscalizador** do cumprimento da função social. O proprietário que desatende aos requisitos da função social incide na prática de **ato ilícito**, podendo sujeitar-se à imposição de instrumentos sancionatórios de intervenção na propriedade, como é o caso da desapropriação por interesse social com indenização paga em títulos (arts. 182, § 4º, III, e 184 da Constituição Federal).

Entretanto, o descumprimento da função social não é requisito para a intervenção do Estado na propriedade privada. Alguns instrumentos de intervenção, como a servidão e o tombamento, por exemplo, não têm caráter sancionatório, podendo recair sobre propriedades cumpridoras da função social.

13.2 REQUISITOS PARA CUMPRIMENTO DA FUNÇÃO SOCIAL

Para saber se determinada propriedade cumpre ou não sua função social é necessário identificar inicialmente se trata-se de propriedade urbana ou rural. Convém salientar que, para o Direito Administrativo, deve ser utilizado o **critério da destinação** a fim de diferenciar imóvel urbano do rural. Assim, considera-se urbano o imóvel destinado predominantemente para fins de moradia, comércio, indústria e serviços. Já o imóvel rural é aquele com predomínio de utilização agrária.

A **propriedade urbana** cumpre sua função social quando **atende às exigências** fundamentais de ordenação da cidade expressas no **plano diretor** (art. 182, § 2º, da CF).

Já a **propriedade rural** cumpre a função social quando **atende simultaneamente**, segundo critérios e graus definidos em lei, aos **seguintes requisitos** (art. 186 da CF):

1) **aproveitamento racional e adequado**;

2) utilização adequada dos recursos naturais disponíveis e **preservação do meio ambiente**;

3) observância da **legislação trabalhista**;

4) exploração que favoreça o **bem-estar de proprietários e trabalhadores.**

Interessante notar que o texto constitucional não distingue, para fins de cumprimento da função social, entre bens móveis e imóveis. Os requisitos acima transcritos são claramente direcionados à propriedade imobiliária. Porém, os **bens móveis** devem cumprir os **mesmos requisitos de função social** exigidos para os imóveis aos quais estiverem vinculados.

Quanto à **propriedade pública**, o cumprimento de sua função social, além dos **requisitos gerais** exigidos para qualquer propriedade, está relacionado com atendimento da **afetação específica** no caso dos bens de uso especial e do **uso múltiplo (multiafetação)** característico dos bens de uso comum do povo.

13.3 FORMAS SUPRESSIVAS E FORMAS NÃO SUPRESSIVAS DE DOMÍNIO

Os instrumentos de intervenção do Estado na propriedade privada podem ser classificados da seguinte maneira:

1) **formas de intervenção** SUPRESSIVAS DE DOMÍNIO: o Estado intervém na propriedade modificando a titularidade da coisa resultando na sua **transformação em bem público.** É caso da desapropriação, do confisco (art. 243 da CF) e da pena de perdimento de bens (art. 5º, XLVI, *b*, da CF);

2) **formas de intervenção** NÃO SUPRESSIVAS DE DOMÍNIO: a intervenção estatal ocorre **mantendo o bem no domínio privado.** São formas não supressivas de domínio o poder de polícia, a servidão, o tombamento, a requisição e a ocupação temporária.

13.4 FORMAS ILÍCITAS DE INTERVENÇÃO ESTATAL NA PROPRIEDADE?

Como regra geral os instrumentos de intervenção do Estado na propriedade privada têm seu uso autorizado e disciplinado pelo próprio ordenamento jurídico. Entretanto, há casos como o do **apossamento administrativo**, também chamado de **desapropriação indireta**, em que a intervenção estatal é realizada por meio de um ato ilícito violador da ordem jurídica (*vide* art. 46 da Lei Complementar n. 101/2000, que veda a desapropriação indireta).

13.5 PROCEDIMENTOS, ATOS E FATOS INTERVENTIVOS NA PROPRIEDADE PRIVADA

A natureza jurídica dos diferentes instrumentos de intervenção na propriedade privada pode ser de:

1) **procedimento administrativo interventivo**: assim como acontece com a desapropriação, cuja taxonomia (natureza jurídica) corresponde a uma **sequência encadeada de atos administrativos** (rito) tendentes à transformação do bem expropriado em bem público. Convém lembrar que todo procedimento administrativo deve garantir **contraditório e ampla defesa** ao particular (art. 5º, LV, da CF), o que não se estende, ao menos em princípio, para os atos unilaterais interventivos e os fatos interventivos;

2) **ato administrativo geral e unilateral interventivo**: em outros casos, a intervenção estatal na propriedade privada concretiza-se a partir de atos administrativos geral e unilaterais interventivos, como ocorre nas manifestações do **poder de polícia ou limitação administrativa.** Dado que o poder de polícia caracteriza-se pela generalidade, isto é, constitui um instrumento de intervenção direcionado a uma quantidade indeterminada de bens, a implementação das limitações dele decorrentes origina-se de um ato administrativo chamado de geral;

3) **ato administrativo individual e unilateral interventivo**: existem também instrumentos de intervenção estatal na propriedade que são veiculados por meio de atos individuais (porque dirigidos a bem determinado) e unilaterais. São exemplos de institutos enquadrados nessa categoria a **servidão**, o **tombamento**, a **requisição** e a **ocupação temporária**;

4) **fato administrativo interventivo**: por fim, a intervenção estatal na propriedade privada pode dar-se como decorrência de um **acontecimento material** relevante para o Direito Administrativo, ou para utilizar a linguagem consagrada na doutrina, como decorrência de um fato administrativo. É o que ocorre no **apossamento administrativo** (desapropriação indireta).

13.6 "AUTOINTERVENÇÃO" NA PROPRIEDADE?

A figura da "autointervenção" pode ser reconhecida nas hipóteses raras em que os **mecanismos estatais de intervenção** na propriedade **alcançam o próprio patrimônio público.** É o Estado definindo regras de autolimitação para cumprimento da função social da propriedade pública e favorecimento do interesse coletivo. O fenômeno ocorre com certa frequência, por exemplo, nas normas sobre direito de construir (posturas municipais, gabaritos públicos, poder de polícia), cuja obrigatoriedade também vale para prédios públicos. A autointervenção também é compatível com os institutos da desapropriação, servidão e tombamento.

Tem-se **autointervenção própria** quando a propriedade pública objeto da intervenção pertence à mesma pessoa estatal interveniente. Exemplo: prédio da Prefeitura obrigado a respeitar altura máxima fixada pelos regramentos municipais.

Já na **autointervenção imprópria** o bem público objeto da intervenção pertence a pessoa estatal diversa daquela autora da intervenção. Exemplo: desapropriação, pela União, de terreno pertencente a Estado-membro.

Passemos agora ao estudo particularizado de cada um dos instrumentos de intervenção do Estado na propriedade privada.

13.7 DESAPROPRIAÇÃO

Desapropriação ou expropriação é o **procedimento administrativo** pelo qual o Estado transforma compulsoriamente bem de terceiro em propriedade pública, pagando indenização prévia, justa e em dinheiro[1]. Trata-se da **modalidade mais agressiva de intervenção** do Estado na propriedade privada na medida em que suprime o domínio do bem expropriado, razão pela qual é o **único instrumento de intervenção que garante prévia indenização** (art. 5º, XXIV, da CF).

A desapropriação constitui também a única modalidade interventiva na propriedade com natureza jurídica de procedimento administrativo, estando por isso obrigada a garantir contraditório e ampla defesa ao expropriado (art. 5º, LV, da CF).

Denomina-se **desapropriação direta** quando o procedimento é realizado de forma lícita, **em conformidade com o devido processo legal**, especialmente atendendo às regras impostas pela Lei Geral de Desapropriação (Decreto-lei n. 3.365/41).

Já a **desapropriação indireta** ou apossamento administrativo é o esbulho possessório praticado pelo Estado quando invade área privada **sem observância do devido processo legal**.

13.8 CONFISCO

Confisco é a supressão punitiva de propriedade privada pelo Estado **sem pagamento de indenização**.

O regime jurídico do confisco está disciplinado pelo art. 243 da Constituição Federal, cuja redação foi modificada pela Emenda Constitucional n. 81/14: "As propriedades rurais e urbanas de qualquer região do País onde forem localizadas culturas ilegais de plantas psicotrópicas ou a exploração de trabalho escravo na forma da lei serão expropriadas e destinadas à reforma agrária e a programas de habitação popular, sem qualquer indenização ao proprietário e sem prejuízo de outras sanções previstas em lei, observado, no que couber, o disposto no art. 5º.

1. Sobre o tema desapropriação, *vide* Capítulo 14 deste *Manual.*

Parágrafo único. Todo e qualquer bem de valor econômico apreendido em decorrência do tráfico ilícito de entorpecentes e drogas afins e da exploração de trabalho escravo será confiscado e reverterá a fundo especial com destinação específica, na forma da lei".

Como se nota da norma acima transcrita, existem agora **duas hipóteses ensejadoras de confisco**, podendo recair sobre **propriedades urbanas ou rurais** onde forem localizadas:

a) **culturas ilegais de psicotrópicos** (drogas);

b) **exploração de trabalho escravo**, na forma da lei.

A EC n. 81/2014 modificou também a destinação dos bens confiscados.

Os bens imóveis confiscados serão destinados à reforma agrária e a programas de habitação popular. Já no caso dos bens móveis objeto de confisco, reverterão a fundo especial com destinação específica, na forma da lei (art. 243, parágrafo único, da Constituição Federal).

O procedimento judicial do confisco, expropriação ou "desapropriação confiscatória" é disciplinado pela Lei n. 8.257/91.

Plantas psicotrópicas são aquelas que permitem a obtenção de substância entorpecente proscrita, plantas estas elencadas no rol emitido pelo órgão sanitário competente do Ministério da Saúde. A cultura das plantas psicotrópicas caracteriza-se pelo preparo da terra destinada a semeadura, ou plantio, ou **colheita** (arts. 2º e 3º da Lei n. 8.257/91).

A prova da PGE/AC em 2017 elaborada pela FMP considerou CORRETA a afirmação: "A expropriação pode ser afastada desde que o proprietário do imóvel comprove que não incorreu em culpa, ainda que *in vigilando* ou *in eligendo*".

Se a gleba objeto do confisco, após o trânsito em julgado da sentença que a incorporou ao patrimônio federal, não puder ter em cento e vinte dias a destinação prevista na lei, ficará incorporada ao patrimônio da União, reservada, até que sobrevenham as condições necessárias àquela utilização (art. 15 da Lei n. 8.257/91).

No julgamento do RE 635.336, o STF entendeu que o proprietário pode **afastar a pena de confisco** se comprovar que **não incorreu em culpa**, ainda que *in vigilando* ou *in eligendo*.

13.9 PERDIMENTO DE BENS

Perdimento é a modalidade interventiva que implica a supressão compulsória de propriedade privada pelo Estado como **consequência pela prática de crime.** Nesse sentido, prescreve o art. 5º, XLVI, da Constituição Federal: "a lei regulará a individualização da pena e adotará, entre outras, as seguintes: a) privação ou restrição da liberdade; b) **perda de bens**; c) multa; d) prestação social alternativa; e) suspensão ou interdição de direitos" (original sem grifos).

Como o perdimento tem **natureza sancionatória**, não se cogita de qualquer indenização devida pela perda da propriedade.

13.10 PODER DE POLÍCIA (LIMITAÇÃO ADMINISTRATIVA)

Acesse também a videoaula pelo link:
http://somos.in/MDA1147

Conforme visto no Capítulo 5, sobre Poderes da Administração, em que o tema foi detalhadamente abordado, o poder de polícia ou limitação administrativa consiste em **restrições gerais** impostas pelo Estado sobre liberdade e propriedade privadas, em benefício do interesse público.

Entre os instrumentos de intervenção do Estado na propriedade privada, o poder de polícia é o único que **atinge as propriedades em geral** na medida em que cria limitações **aplicáveis** simultaneamente a um **conjunto indeterminado de bens móveis ou imóveis.**

São exemplos de manifestações do poder de polícia sobre a propriedade: regras municipais sobre o direito de construir, leis de zoneamento, plano diretor, fiscalização de obras e construções etc.

Convém lembrar que o poder de polícia **desdobra-se em três atividades** estatais fundamentais: **limitar, fiscalizar e sancionar** particulares. Desse modo, sempre que o Estado e a Administração Pública em especial exercem uma dessas três atividades restritivas da propriedade privada, em benefício do interesse público, estaremos diante de manifestação do poder de polícia.

Destacam-se as seguintes **características** do poder de polícia:

a) manifesta-se por meio de **atividades administrativas ou legislativas**: se empregarmos o termo "poder de polícia" em sentido amplo, seu conteúdo inclui tanto limitações à propriedade impostas pela Administração quanto aquelas originárias das leis. O Estatuto da Terra (Lei n. 4.504/64) é um exemplo de lei limitadora da propriedade privada (poder de polícia *lato sensu*) na medida em que estabelece regras para o cumprimento da função social do imóvel rural. Já o poder de polícia em sentido estrito compreende somente as limitações estabelecidas pela Administração Pública, isto é, em nível infralegal. Exemplo: fiscalização municipal sobre obras;

b) é **sempre geral**: a generalidade do poder de polícia significa que suas limitações atingem difusamente todas as propriedades, e não somente alguns bens determinados. Cabe relembrar que o poder de polícia é o único instrumento de intervenção na propriedade privada caracterizado pela generalidade;

c) **não gera direito a indenização:** justamente por ser geral, afetando simultaneamente todas as propriedades, o poder de polícia não causa danos específicos quando exercido regularmente.

Entretanto, se, por exemplo, um agente da vigilância sanitária, durante uma fiscalização em estabelecimento comercial, destrói parte do estoque alegando "impossibilidade de separar os produtos que já estavam com o prazo de validade vencido daqueles que ainda se encontravam dentro da validade", o particular lesado terá direito à indenização. Nesse caso houve um dano especial, e não simples exercício regular do poder de polícia[2];

d) atinge **liberdade e propriedade**: as restrições impostas pelo poder de polícia afetam dois valores – liberdade e propriedade privadas. Assim, tanto os bens quanto os comportamentos dos particulares devem sujeitar-se às limitações oriundas do poder de polícia;

e) é um **direito pessoal**, e não real: o poder de polícia manifesta-se, como regra, por meio de obrigações de não fazer impostas ao proprietário, e não sobre o bem em si mesmo considerado;

f) regula a **prática de ato ou a abstenção de fato**: as limitações decorrentes do poder de polícia apresentam-se diante do particular como obrigações de fazer (prática de ato) ou obrigações de não fazer (abstenção de fato). É o que se extrai do conceito legislativo de poder de polícia previsto no art. 78 do Código Tributário Nacional: "Considera-se poder de polícia atividade da administração pública que, limitando ou disciplinando direito, interesse ou liberdade, **regula a prática de ato ou abstenção de fato**, em razão de interesse público concernente à segurança, à higiene, à ordem, aos costumes, à disciplina da produção e do mercado, ao exercício de atividades econômicas dependentes de concessão ou autorização do Poder Público, à tranquilidade pública ou ao respeito à propriedade e aos direitos individuais ou coletivos" (original sem negrito). Importante destacar que, em regra, o poder de polícia manifesta-se mediante obrigações de não fazer (abstenção de fato);

g) **atividade restritiva:** o poder de polícia limita a esfera de interesses do particular, compatibilizando a liberdade e propriedade privadas com as necessidades do interesse público;

h) é **externo:** como regra geral, o poder de polícia atinge os particulares (externo). Somente em caráter excepcional as restrições do poder de polícia obrigam a própria Administração e seus agentes;

2. Exemplo extraído da prova prático-profissional do Exame de Ordem 2010.2, área Direito Administrativo, elaborado pela Fundação Getulio Vargas. O gabarito destacou que o valor da indenização deveria cobrir somente os produtos destruídos "e que se encontravam dentro do prazo de validade".

i) é **discricionário:** a competência para exercício do poder de polícia, como regra geral, é atribuída ao agente público com uma certa margem de liberdade para que, diante do caso concreto, o agente competente decida qual a melhor maneira de atender ao interesse público. Em casos raros, como no ato de licença, o poder de polícia pode ser vinculado;

j) é **indelegável a particulares:** o exercício do poder de polícia é manifestação do poder de império do Estado (*ius imperii*), sendo por isso indelegável a particulares (art. 4º, III, da Lei n. 11.079/2004). Entretanto, doutrina e jurisprudência admitem a delegação de atividades materiais de apoio ao poder de polícia. Exemplo: manutenção, por empresa privada, de radares instalados para fotografar infrações de trânsito.

> ATENÇÃO: no Padrão de Respostas da prova de 2ª Fase do Exame de Ordem 2010/2, a Fundação Getulio Vargas enumerou entre as características do poder de polícia: a) discricionariedade; b) não arbitrariedade; c) autoexecutoriedade; d) legitimidade; e) presunção de legalidade.

Para um tratamento mais detalhado sobre o tema "poder de polícia", remetemos o leitor ao Capítulo 5 deste *Manual*.

13.11 SERVIDÃO ADMINISTRATIVA

A servidão é um **direito real público sobre propriedade alheia**, restringindo seu uso **em favor do interesse público**, beneficiando entidade pública ou delegada. Diferentemente da desapropriação, a servidão **não altera a propriedade** do bem, mas somente cria restrições na sua utilização, transferindo a outrem as **faculdades de uso e gozo**.

Os exemplos mais comuns são: 1) placa com nome da rua na fachada do imóvel; 2) passagem de fios e cabos pelo imóvel; 3) instalação de torres de transmissão de energia em terreno privado.

Decorrente da **supremacia do interesse público sobre o privado**, a servidão, em regra, **independe de registro** para produzir seus efeitos regulares, pois sua eficácia resulta diretamente do ato de instituição.

A base normativa do instituto está nos arts. 1.378 a 1.389 do Código Civil. No entanto, a **servidão administrativa** não possui exatamente o mesmo regime jurídico da servidão privada, na medida em que aquela **atende ao interesse público** e sofre **maior influência das regras do direito administrativo**, ao passo que esta é instituída em favor do interesse privado e submete-se exclusivamente às regras civilísticas.

Ao contrário da limitação administrativa, a servidão **atinge bem determinado**, gravando-o com restrição específica que não se estende aos demais bens. Embora o caso mais comum seja a servidão recaindo sobre bem imóvel, nada impede que atinja também **bens móveis e serviços.** Em casos excepcionais, admite-se a instituição de servidão **onerando bens públicos,** como na hipótese de prédio público obrigado a conservar placa indicativa do nome da rua.

Sendo uma restrição especial, a servidão **pode gerar direito à indenização** desde que o prejudicado demonstre **significativo prejuízo** decorrente da limitação imposta. Porém, a regra é não haver **indenização.** Evidente que no caso da placa com o nome da rua não há razão para pleitear qualquer reparação diante da inexistência ou insignificância da redução patrimonial **experimentada.** Já na hipótese de alguns tombamentos ambientais, a excessiva limitação imposta ao proprietário do bem, mormente quando não lhe são oferecidas contrapartidas, pode autorizar a propositura de **ação indenizatória** ou, se for o caso, de **ação de desapropriação indireta.**

A **instituição de uma servidão** pode dar-se de **diversas formas.** A modalidade típica é por **acordo entre o Poder Público e o proprietário,** precedido da expedição de decreto pelo chefe do Poder Executivo. Se o proprietário rejeitar a servidão, é possível a sua decretação por **sentença judicial,** adotando-se o mesmo procedimento previsto no Decreto-lei n. 3.365/41 para as ações expropriatórias. Pode ocorrer ainda a **instituição forçada** de servidão por meio da imposição ilegal de restrições à propriedade, restando ao particular prejudicado pleitear judicialmente reparação dos danos sofridos. Ou ainda estabelecer a servidão por meio de **lei específica.**

Acesse também a videoaula pelo link:
http://somos.in/MDA1131

Assim como nas servidões privadas, a servidão administrativa é caracterizada pela **perpetuidade,** cogitando-se de sua **extinção** somente em situações excepcionais, como o **desaparecimento do bem gravado, incorporação do bem ao domínio público** ou **manifesto desinteresse do Estado** em continuar utilizando parte do **domínio alheio.**

13.11.1 Poder de polícia *versus* servidão administrativa

A servidão administrativa é uma modalidade de intervenção do Estado na propriedade privada. Ao contrário do poder de polícia, a servidão atinge um bem determinado, restringindo seu uso em benefício do interesse público. Exemplo de servidão é o tombamento.

De tão frequente em provas, a comparação entre limitação administrativa (poder de polícia) e servidão administrativa merece especial destaque no estudo dos instrumentos de intervenção do Estado na propriedade privada.

Quadro comparativo entre limitação administrativa e servidão administrativa		
	Limitação administrativa (poder de polícia)	**Servidão administrativa**
Valores atingidos	Liberdade e propriedade	Somente propriedade
Natureza jurídica	Direito pessoal	Direito real
Conteúdo	Gera obrigações de não fazer	Produz dever de tolerar
Indenização	Nunca indeniza	Pode indenizar
Abrangência	É geral (vale para todos)	Atinge bem determinado
Conceito legislativo	Previsto no art. 78 do Código Tributário Nacional	Não tem
Delegabilidade	Indelegável a particulares	Indelegável a particulares
Exemplos importantes	Vigilância sanitária, polícia de trânsito, regras municipais sobre direito de construir, fiscalizações em geral	Tombamento, placa com nome da rua na fachada do imóvel, passagem de fios e cabos sobre a propriedade
Dicas especiais	Natureza discricionária. Excepcionalmente pode vincular também o Estado	Se a restrição for muito excessiva, cabe ação de desapropriação indireta

13.12 TOMBAMENTO

Predomina doutrinariamente e nos concursos públicos o entendimento de que o tombamento é um **instrumento autônomo de intervenção na propriedade instituído com a finalidade de preservação histórica, cultural, arqueológica**, artística, turística ou paisagística do próprio bem tombado. Posicionamentos **minoritários** consideram que a natureza jurídica do tombamento seria de **limitação administrativa** (poder de polícia) ou tipo de servidão.

Trata-se da única **forma de intervenção** na propriedade **autorreferente**, pois enquanto os outros instrumentos visam a tutela de interesses públicos gerais, o tombamento **volta-se para a conservação e preservação da própria coisa.**

Diferentemente da servidão, e assim como os demais instrumentos de intervenção na propriedade, o **tombamento tem natureza de direito pessoal**[3] e sua implementação depende, segundo a maioria da doutrina, da expedição de ato **administrativo discricionário**[4].

3. Até a 6ª edição deste *Manual* sustentamos que o tombamento teria natureza de direito real. À luz da melhor doutrina, no entanto, passamos agora a defender a natureza de direito pessoal devido à ausência do tombamento no rol taxativo dos direitos reais previsto no art. 1.225 do Código Civil.

4. José dos Santos Carvalho Filho, *Manual de direito administrativo*, p. 841.

O **nome** tombamento deriva do processo utilizado em **Portugal** de registrar os bens sujeitos a regime especial de proteção nos arquivos existentes na **Torre do Tombo**.

No Brasil, o **fundamento** do referido instituto é o próprio **texto constitucional**, cujo art. 216, § 1º, prescreve: "O Poder Público, com a colaboração da comunidade, promoverá e protegerá o patrimônio cultural brasileiro, por meio de inventários, registros, vigilância, tombamento e desapropriação, e de outras formas de acautelamento e preservação".

A **disciplina normativa** do tombamento é realizada pelo **Decreto-lei n. 25/37**, que prevê o **tombamento voluntário**, realizado por iniciativa do proprietário, e o **tombamento compulsório**, imposto administrativamente se o dono, após notificação, se opuser à inscrição da coisa no Livro do Tombo.

O tombamento pode recair sobre **bens móveis** ou **imóveis, públicos** ou **privados**, cuja conservação seja de interesse da coletividade (art. 1º do Decreto-lei n. 25/37), sendo **obrigatória a efetivação do registro** de sua instituição no cartório competente.

Admite-se tombamento **geral** e **individual**. Tombamento geral é aquele fundamentado em norma abstrata e que recai sobre quantidade indeterminada de bens. Exemplo: tombamento de um bairro histórico. Já o individual incide sobre bem determinado.

Tombamento **total** recai sobre o bem inteiro. Exemplo: tombamento sobre imóvel de interesse histórico. **Parcial** é aquele sobre parte do bem. Exemplo: tombamento somente sobre a fachada de casarão.

Denomina-se tombamento **definitivo** o efetivado ao final do processo administrativo instaurado com tal finalidade, exigindo posterior transcrição no registro de imóvel. Já o tombamento **provisório** constitui medida cautelar no processo administrativo visando resguardar o resultado útil do rito.

Nos termos do art. 3º do Decreto-lei citado, são **insuscetíveis a tombamento** as **obras de origem estrangeira**:

1) que pertençam às representações diplomáticas ou consulares acreditadas no País;

2) que adornem quaisquer veículos pertencentes a empresas estrangeiras, as quais façam carreira no País;

3) que estejam vinculadas a processos sucessórios por morte ou por ausência de estrangeiros e que continuem sujeitas à lei pessoal do proprietário;

4) que pertençam a casas de comércio de objetos históricos ou artísticos;

5) que sejam trazidas para exposições comemorativas, educativas ou comerciais;

6) que sejam importadas por empresas estrangeiras expressamente para adorno dos respectivos estabelecimentos.

O tombamento **não transforma a coisa tombada em bem público**, mantendo-a no domínio do seu proprietário. Nada impede, por isso, que o bem tombado seja gravado com ônus ou encargos, como hipoteca, penhora e **penhor**, mas sujeita o dono a uma série de restrições extensivas também a **terceiros**. Exemplo de limitação imposta a terceiros está previsto no art. 18 do Decreto-lei n. 25/37: "Sem prévia autorização do Serviço do Patrimônio Histórico e Artístico Nacional, não se poderá, na vizinhança da coisa tombada, fazer construção que lhe impeça ou reduza a visibilidade, nem nela colocar anúncios ou cartazes, sob pena de ser mandada destruir a obra ou retirar o objeto, impondo-se neste caso a multa de 50% do **valor do mesmo objeto**".

Com a entrada em vigor do novo Código de Processo Civil, foi revogado o art. 22 da Lei do Tombamento, que conferia direito de preferência à **União**, ao **Estado** e ao **Município**, nessa ordem, na aquisição da coisa tombada (art. 1.072, I, do CPC). Agora, o proprietário é livre para alienar o bem diretamente ao comprador. Houve, assim, louvável desburocratização no processo de venda extrajudicial de bens tombados, eliminando-se a vetusta preempção que tantos prejuízos causava ao proprietário.

> A prova da PGE-MT em 2016 considerou CORRETA a assertiva: "O tombamento, regido no âmbito federal pelo Decreto-lei n. 25/37, é uma das formas admitidas pelo direito brasileiro de intervenção na propriedade. A propósito de tal instituto, não mais subsiste no direito vigente o direito de preferência, previsto no texto original do Decreto-lei n. 25/37 e estatuído em favor da União, dos Estados e Municípios".

Todavia, no caso de alienação judicial, os arts. 891 e 892 do CPC garantem aos entes federativos preferência na compra do bem tombado, nos seguintes termos: "Art. 889. Serão cientificados da alienação judicial, com pelo menos 5 (cinco) dias de antecedência: VIII – a União, o Estado e o Município, no caso de alienação de bem tombado. Art. 892. (...) 3º No caso de leilão de bem tombado, a União, os Estados e os Municípios terão, nessa ordem, o direito de preferência na arrematação, em igualdade de oferta".

Desaparecendo o interesse público na manutenção do tombamento, é possível proceder à sua extinção, **de ofício** ou **a requerimento** da parte interessada, denominada **destombamento**.

13.12.1 Tombamento de uso

No julgamento do RE 219.292/2000, o Supremo Tribunal Federal **negou a existência no direito brasileiro do chamado tombamento de uso**, que consiste no emprego do instituto para restringir o uso de bem imóvel a uma certa destinação. Exemplo: o Município tomba uma casa para limitar sua utilização, vinculando-a a atividades artístico-culturais. De acordo com entendimento do relator Ministro Octavio Gallotti, tal pretensão somente poderia ser atendida por meio de desapropriação.

13.13 REQUISIÇÃO

Estabelece o **art. 5º, XXV, da Constituição Federal:** "no caso de iminente perigo público, a autoridade competente poderá usar de propriedade particular, assegurada ao proprietário indenização ulterior, se houver dano".

> No IV Exame de Ordem Unificado, a FGV tratou da "requisição" e da "ocupação temporária" como sendo o mesmo instituto, previsto no art. 5º, XXV, da CF. É uma visão isolada e inaceitável na medida em que a ocupação temporária não tem fundamento constitucional nem caráter emergencial, como será visto no item seguinte.

A referida norma é o fundamento constitucional do instituto da requisição, uma importante forma de intervenção estatal na propriedade privada, cuja origem remonta ao **Direito Militar Romano** na época em que os grandes deslocamentos das tropas através de propriedades privadas dependiam de simples e gratuita requisição junto aos proprietários.

Requisição é a **utilização transitória, onerosa, compulsória, pessoal (não real), discricionária e autoexecutável** de um bem privado pelo Estado em situações de **iminente perigo público.** Quanto ao regime jurídico aplicável, a requisição pode ser **civil** ou **militar.**

Trata-se de instituto a ser utilizado como **instrumento de exceção** na medida em que depende da ocorrência de **situação emergencial**[5].

São **exemplos** de requisição comuns em concursos públicos: 1) escada para combater incêndio; 2) veículo para perseguição a criminoso; 3) barco para salvamento; 4) terreno para socorrer vítimas de acidente.

Baseada na **supremacia do interesse público sobre o privado,** a força requisitória pode recair sobre **bem móvel, imóvel e semovente.**

Em casos excepcionais, deve-se considerar possível também a requisição, pela União, de **bens públicos** estaduais ou municipais, assim como, pelo Estado, de bens municipais, adotando-se analogicamente a regra de desapropriações de bens públicos prevista no art. 2º, § 2º, do Decreto-lei n. 3.365/41.

Embora o texto constitucional faça referência à "propriedade particular", a doutrina admite **requisição de serviços,** em hipóteses como a convocação de mesários para eleição, de jurados para Tribunal do Júri e de conscritos para o serviço militar obrigatório.

Quanto à indenização de eventuais prejuízos decorrentes do uso da coisa, a Constituição determina que seja **ulterior** e paga **somente se comprovado o prejuízo.**

Importante destacar, por fim, as diferenças fundamentais entre requisição e desapropriação, conforme quadro no item 13.15.

---

5. Fundação Getulio Vargas. Padrão de Respostas. Prova Discursiva. Direito Administrativo. IV Exame de Ordem Unificado.

13.13.1 Requisição com perda de domínio?

Há quem defenda, adotando **corrente minoritária**, a estranha possibilidade de requisição **supressiva** da propriedade recaindo **somente sobre bens fungíveis**. Trata-se de uma esdrúxula adaptação de concepções civilistas acerca da requisição privada à realidade do Direito Administrativo. À luz do que dispõe o art. 5º, XXV, da CF, não há base para sustentar o uso da **requisição como meio indireto de desapropriação** sem a observância do devido processo legal e das garantias próprias do procedimento expropriatório. Além disso, a aquisição de bens privados pelo Estado, valendo-se do instituto da requisição, viola o dever constitucional de licitar (art. 37, XXI, da CF).

Entretanto, a vaga redação do art. 1.228, § 3º, do Código Civil parece favorecer o reconhecimento da requisição supressiva de domínio: "o proprietário pode ser privado da coisa, nos casos de desapropriação, por necessidade ou utilidade pública ou interesse social, bem como no de requisição, em caso de perigo público iminente".

13.14 OCUPAÇÃO TEMPORÁRIA

Ocupação provisória ou **temporária** é a modalidade de intervenção do Estado na propriedade de bens particulares em **apoio à realização de obras públicas** ou à **prestação de serviços públicos**, mediante utilização **discricionária, autoexecutável, remunerada ou gratuita** e **transitória**. Pode ter como objeto **bem móvel ou imóvel. Não tem natureza real.**

O exemplo mais comum é a ocupação temporária de imóvel privado para obras relacionadas à realização de desapropriação (art. 36 do Decreto-lei n. 3.365/41).

Segundo Hely Lopes Meirelles, "essa prerrogativa **pode ser transferida** a **concessionários** e **empreiteiros**, desde que autorizados pela Administração a ocupar terrenos baldios ou propriedades inexploradas, nas proximidades das obras ou serviços públicos a realizar". E completa o autor: "A ocupação temporária **não admite demolições ou alterações prejudiciais** à propriedade particular utilizada; permite, apenas, seu uso momentâneo e inofensivo, compatível com a natureza e destinação do bem ocupado".

A **instituição** pode ocorrer mediante **ato formal**, na hipótese de apoio à desapropriação, ou pela simples **ocupação material** dispensando formalidade, nas situações desvinculadas de desapropriação.

Quanto ao **motivo**, a ocupação difere da requisição, pois dispensa a caracterização de iminente perigo público, podendo ser realizada em **qualquer situação de necessidade** vinculada a obra ou serviço público.

A respeito da **indenização**, quando a ocupação for **vinculada à desapropriação**, o art. 36 do Decreto-lei n. 3.365/41 fala em ocupação remunerada, devendo-se considerar **obrigatória a indenização**. Nas **demais hipóteses**, a regra é a **ausência de indenização**, exceto se o proprietário demonstrar algum prejuízo especial decorrente do uso **compulsório do bem**.

13.15 QUADRO COMPARATIVO DOS INSTRUMENTOS DE INTERVENÇÃO

	Fundamento	Tipo	Natureza	Alcance	Indenização	Particularidade
Desapropriação	Art. 5º, XXIV, da CF e DL n. 3.365/41	Supressiva de domínio	Procedimento administrativo	Quaisquer bens e direitos	Prévia, justa e em dinheiro	Única com natureza de procedimento (garante contraditório e ampla defesa)
Confisco	Art. 243 da CF	Supressivo de domínio	Ato unilateral	Bens usados para o plantio de psicotrópicos ou trabalho escravo	Sem indenização	Natureza sancionatória. Os bens confiscados terão destinação específica (art. 243 da CF)
Perdimento	Art. 5º, XLVI, b, da CF	Supressivo de domínio	Efeito de sentença penal condenatória	Bens usados para prática de crime	Sem indenização	Natureza sancionatória
Poder de polícia	Art. 78 do CTN	Não supressivo de domínio	Direito pessoal público	Liberdade e propriedade	Em regra não indeniza	Sempre geral. Conceituado no art. 78 do CTN. Indelegável a particulares
Servidão administrativa	Arts. 1.378 a 1.389 do CC	Não supressiva de domínio	Direito real público	Bens imóveis	Em regra não indeniza	Pode ser instituída por acordo, sentença, lei ou de modo forçado
Tombamento	DL n. 25/37	Não supressivo de domínio	Direito pessoal	Bens móveis e imóveis, públicos ou privados	Em regra não indeniza	O dono pode gravar o bem com ônus, penhor, penhora, hipoteca, anticrese e até vendê-lo
Requisição	Art. 5º, XXV, da CF	Não supressiva de domínio	Ato unilateral (direito pessoal público)	Propriedade privada (bens móveis ou imóveis)	Indenização ulterior, se houver dano	Pressupõe hipótese de iminente perigo público (emergência, urgência)
Ocupação temporária	Art. 36 do DL n. 3.365/41	Não supressiva de domínio	Ato unilateral (direito pessoal público)	Bens móveis ou imóveis	Em regra não indeniza. Mas se for vinculada à desapropriação sempre indeniza	Instituída para apoiar obras e serviços públicos (funciona como uma "requisição sem iminente perigo público")
Apossamento administrativo (desapropriação indireta)	Art. 46 da LC 101/2000	Supressivo de domínio	Fato administrativo	Quaisquer bens e direitos	Indenização posterior, justa e por precatório (após ação indenizatória)	É uma desapropriação fática sem observância do devido processo legal

13.16 JURISPRUDÊNCIA

13.16.1 STJ

Apossamento Administrativo: A ação possessória pode ser convertida em indenizatória (desapropriação indireta) – ainda que ausente pedido explícito nesse sentido – a fim de assegurar tutela alternativa equivalente ao particular, quando a invasão coletiva consolidada inviabilizar o cumprimento do mandado reintegratório pelo Município (REsp 1.442.440-AC, rel. Min. Gurgel de Faria, por unanimidade, j. 07-12-2017, *DJe* 15-2-2018).

Servidão administrativa: O compartilhamento de infraestrutura de estação rádio base de telefonia celular por prestadoras de serviços de telecomunicações de interesse coletivo caracteriza servidão administrativa, não ensejando direito à indenização ao locador da área utilizada para instalação dos equipamentos (REsp 1.309.158-RJ, rel. Min. Luis Felipe Salomão, por unanimidade, j. 26-9-2017, *DJe* 20-10-2017).

13.16.2 Repercussão geral

Intervenção na propriedade privada: Preenchidos os requisitos do art. 183 da Constituição Federal, o reconhecimento do direito à usucapião especial urbana não pode ser obstado por legislação infraconstitucional que estabeleça módulos urbanos na respectiva área em que situado o imóvel (dimensão do lote) (RE 422.349, 29-4-2015).

13.17 QUADRO SINÓTICO

INTERVENÇÃO DO ESTADO NA PROPRIEDADE PRIVADA
• O **fundamento jurídico** geral que autoriza o Estado brasileiro a intervir na propriedade de particulares é o **princípio da função social da propriedade**, estabelecido no art. 5º, XXIII, da CF/88. **DICA:** embora a própria Constituição assegure o **direito de propriedade** (art. 5º, XXII), trata-se de um **direito relativo**, na medida em que o seu exercício, para ser legítimo, deve se compatibilizar com os interesses da coletividade.
FUNÇÃO SOCIAL
• Para saber se determinada propriedade cumpre ou não sua função social é necessário identificar inicialmente se trata-se de propriedade urbana ou rural. PROPRIEDADE URBANA: considera-se urbano o imóvel destinado predominantemente para fins de moradia, comércio, indústria e serviços. • A propriedade urbana cumpre sua função social quando **atende às exigências** fundamentais de ordenação da cidade expressas no **plano diretor** (art. 182, § 2º, da CF). PROPRIEDADE RURAL: imóvel rural é aquele com predomínio de utilização agrária e cumpre a função social quando atende simultaneamente, segundo critérios e graus definidos em lei, aos seguintes requisitos (art. 186 da CF): • 1) aproveitamento racional e adequado; • 2) utilização adequada dos recursos naturais disponíveis e preservação do meio ambiente; • 3) observância da legislação trabalhista; • 4) exploração que favoreça o bem-estar de proprietários e trabalhadores **DICA:** o texto constitucional não distingue, para fins de cumprimento da função social, entre bens móveis e imóveis. Os requisitos acima transcritos são claramente direcionados à propriedade imobiliária. Porém, os bens móveis devem cumprir os mesmos requisitos de função social exigidos para os imóveis aos quais estiverem vinculados. **DICA:** quanto à propriedade pública, o cumprimento de sua função social, além dos requisitos gerais exigidos para qualquer propriedade, está relacionado com atendimento da afetação específica no caso dos bens de uso especial e do uso múltiplo (multiafetação) característico dos bens de uso comum do povo.
CLASSIFICAÇÃO DOS INSTRUMENTOS DE INTERVENÇÃO
Os instrumentos de intervenção do Estado na propriedade privada podem ser classificados como: FORMAS SUPRESSIVAS DE DOMÍNIO: o Estado intervém na propriedade modificando a titularidade da coisa, resultando na sua transformação em bem público. • É caso da desapropriação, do confisco (art. 243 da CF) e da pena de perdimento de bens (art. 5º, XLVI, *b*, da CF). FORMAS NÃO SUPRESSIVAS (restritivas) DE DOMÍNIO: a intervenção estatal ocorre sem alterar a titularidade. • São formas restritivas de domínio: poder de polícia, servidão, tombamento, requisição e ocupação temporária.
FORMAS ILÍCITAS DE INTERVENÇÃO ESTATAL NA PROPRIEDADE
• Há casos como o do **apossamento administrativo**, também chamado de **desapropriação indireta**, em que a intervenção estatal é realizada por meio de um **ato ilícito** violador da ordem jurídica.
PROCEDIMENTOS, ATOS E FATOS ADMINISTRATIVOS INTERVENTIVOS
A natureza jurídica dos diferentes instrumentos de intervenção na propriedade privada pode ser de: • PROCEDIMENTO ADMINISTRATIVO: assim como acontece com a desapropriação, cuja taxonomia (natureza jurídica) corresponde a uma sequência encadeada de atos administrativos (rito) tendentes à transformação do bem expropriado em bem público. • ATO GERAL UNILATERAL: a intervenção estatal na propriedade privada concretiza-se a partir de atos administrativos geral e unilaterais interventivos, como ocorre nas manifestações do poder de polícia ou limitação administrativa. • ATO INDIVIDUAL UNILATERAL: instrumentos de intervenção estatal na propriedade que são veiculados por meio de atos individuais (porque dirigidos a bem determinado) e unilaterais. • FATO ADMINISTRATIVO: a intervenção estatal na propriedade privada pode dar-se como decorrência de um acontecimento material relevante para o direito administrativo, um fato administrativo. É o que ocorre no apossamento administrativo (desapropriação indireta).
DESAPROPRIAÇÃO
É o **procedimento administrativo** pelo qual o Estado transforma compulsoriamente bem de terceiro em propriedade pública, pagando indenização prévia, justa e em dinheiro. • Trata-se da **modalidade mais agressiva de intervenção** do Estado na propriedade privada, na medida em que suprime o domínio do bem expropriado, razão pela qual é o **único instrumento de intervenção que garante prévia indenização** (art. 5º, XXIV, da CF). • A desapropriação constitui também a única modalidade interventiva na propriedade com natureza jurídica de procedimento administrativo, devendo garantir contraditório e ampla defesa ao expropriado (art. 5º, LV, da CF). DESAPROPRIAÇÃO DIRETA: o procedimento é realizado de forma lícita, **em conformidade com o devido processo legal**, especialmente atendendo às regras impostas pela Lei Geral de Desapropriação (Decreto-lei n. 3.365/41). DESAPROPRIAÇÃO INDIRETA: é o esbulho possessório praticado pelo Estado quando invade área privada **sem observância do devido processo legal**.

CONFISCO

É a supressão punitiva de propriedade privada pelo Estado **sem pagamento de indenização**, com regime jurídico disciplinado pelo art. 243 da Constituição Federal, cuja redação foi modificada pela Emenda Constitucional n. 81/2014.

- Existem agora **duas hipóteses ensejadoras de confisco**, podendo recair sobre **propriedades urbanas ou rurais** onde forem localizadas:
  a) culturas ilegais de psicotrópicos **(drogas)**;
  b) exploração de trabalho escravo, **na forma da lei.**

O procedimento judicial do confisco, expropriação ou "desapropriação confiscatória" é disciplinado pela Lei n. 8.257/91.

DICA: EC n. 81/2014 modificou também a destinação dos bens confiscados: os bens imóveis confiscados **serão destinados à reforma agrária e a programas de habitação popular**. Já no caso dos bens móveis objeto de confisco, reverterão **a fundo especial com destinação específica**, na forma da lei.

- Se a gleba objeto do confisco, após o trânsito em julgado da sentença que a incorporou ao patrimônio federal, não puder ter em cento e vinte dias a destinação prevista na lei, ficará incorporada ao patrimônio da União, reservada, até que sobrevenham as condições necessárias àquela utilização (art. 15 da Lei n. 8.257/91).

DICA: o STF entendeu que o proprietário pode afastar a pena de confisco se comprovar que não incorreu em culpa, ainda que *in vigilando* ou *in eligendo* (RE 635.336).

PERDIMENTO DE BENS

- É a modalidade interventiva que implica a supressão compulsória de propriedade privada pelo Estado como **consequência da prática de crime.**
- **Prescreve o art. 5º, XLVI, da Constituição Federal: "a lei regulará a individualização da pena e adotará, entre outras, as seguintes: a) privação ou restrição da liberdade; b) perda de bens; c) multa; d) prestação social alternativa; e) suspensão ou interdição de direitos".**

DICA: como o perdimento tem **natureza sancionatória**, não se cogita de qualquer indenização devida pela perda da propriedade.

PODER DE POLÍCIA (LIMITAÇÃO ADMINISTRATIVA)

- Consiste em **restrições gerais** impostas pelo Estado sobre liberdade e propriedade privadas, em benefício do interesse público.
- Entre os instrumentos de intervenção do Estado na propriedade privada, o poder de polícia é **o único que atinge as propriedades em geral**, na medida em que cria limitações **aplicáveis** simultaneamente a um **conjunto indeterminado de bens móveis ou imóveis.**

O poder de polícia **desdobra-se em três atividades** estatais fundamentais:

- **limitar;**
- **fiscalizar;**
- **sancionar.**

CARACTERÍSTICAS:

- a) manifesta-se por meio de **atividades administrativas ou legislativas**;
- b) é **sempre geral**;
- c) **não gera direito a indenização**;
- d) atinge **liberdade e propriedade**;
- e) é um **direito pessoal**, e não real;
- f) regula **a prática de ato ou a abstenção de fato**;
- g) **atividade restritiva**;
- h) é **externo**;
- i) é **discricionário**;
- j) é **indelegável a particulares**.

SERVIDÃO ADMINISTRATIVA

É um **direito real público sobre propriedade alheia**

- Diferentemente da desapropriação, a servidão **não altera a propriedade** do bem, mas somente cria restrições na sua utilização, transferindo ao Estado parte das **faculdades de uso e gozo**.

Decorrente da **supremacia do interesse público sobre o privado**, a servidão, em regra, **independe de registro** para produzir seus efeitos regulares, pois sua eficácia resulta diretamente do ato de instituição.

Ao contrário da limitação administrativa (poder de polícia), a servidão **atinge bem determinado**, gravando-o com restrição específica que não se estende aos demais bens.

PODER DE POLÍCIA *VERSUS* SERVIDÃO ADMINISTRATIVA		
	PODER DE POLÍCIA	SERVIDÃO ADMINISTRATIVA
VALORES ATINGIDOS	Liberdade e propriedade	propriedade
NATUREZA JURÍDICA	Direito pessoal	Direito real
CONTEÚDO	Gera obrigações de não fazer (em regra)	Produz dever de tolerar
INDENIZAÇÃO	Não indeniza	Não indeniza
ABRANGÊNCIA	Todos os bens	Bem determinado
CONCEITO LEGISLATIVO	Art. 78 do CTN	Art. 40 do DL n. 3.365/41
DELEGABILIDADE	Indelegável a particulares	Indelegável a particulares
EXEMPLOS	Vigilância sanitária, polícia de trânsito, regras municipais sobre direito de construir, fiscalizações em geral.	Placa com nome da rua na fachada do imóvel, passagem de fios e cabos sobre a propriedade.
DICAS ESPECIAIS	Natureza discricionária. Excepcionalmente, pode vincular também o estado.	Se a restrição for muito excessiva, cabe ação de desapropriação indireta.

TOMBAMENTO

- É um **instrumento específico de intervenção na propriedade**, instituído com **a finalidade de preservação** histórica, cultural, **arqueológica**, artística, turística ou paisagística do próprio bem tombado. Posicionamentos **minoritários** consideram que a natureza jurídica do tombamento seria de **limitação administrativa** (poder de polícia).

DICA: trata-se da única **forma de intervenção** na propriedade **autorreferente**, pois, enquanto os outros instrumentos visam à tutela de interesses públicos gerais, o tombamento **volta-se para a conservação e preservação da própria coisa**.

- A **disciplina normativa** do tombamento é realizada pelo **Decreto-lei n. 25/37**, que prevê o **tombamento voluntário**, realizado por iniciativa do proprietário, e o **tombamento compulsório**, imposto administrativamente se o dono, após notificação, se opuser à inscrição da coisa no Livro do Tombo.
- O tombamento pode recair sobre **bens móveis** ou **imóveis, públicos** ou **privados**, cuja conservação seja de interesse da coletividade (art. 1º do Decreto-lei n. 25/37), sendo **obrigatória a efetivação do registro** de sua instituição no cartório competente.

DICA: tombamento **não transforma a coisa tombada em bem público**, mantendo-a no domínio do seu proprietário. Nada impede, por isso, que o bem tombado seja gravado com ônus ou encargos, como hipoteca, penhora e **penhor**, mas sujeita o dono a uma série de restrições extensíveis também a **terceiros**.

- Com a entrada em vigor do novo Código de Processo Civil, foi revogado o art. 22 da Lei do Tombamento, que conferia direito de preferência à União, ao Estado e ao Município, nessa ordem, na aquisição da coisa tombada (art. 1.072, I, do CPC).
- Agora, o proprietário é livre para alienar o bem diretamente ao comprador.

DICA: no caso de alienação judicial, os arts. 891 e 892 do CPC garantem aos entes federativos preferência na compra do bem tombado.

- Desaparecendo o interesse público na manutenção do tombamento, é possível proceder à sua extinção, **de ofício** ou **a requerimento** da parte interessada, denominada **destombamento**.

REQUISIÇÃO

- É a **utilização transitória, onerosa, compulsória, pessoal (não real), discricionária e autoexecutável** de um bem privado pelo Estado em situações de **iminente perigo público**.
- Quanto ao regime jurídico aplicável, a requisição pode ser **civil** ou **militar**.

DICA: trata-se de instituto a ser utilizado como **instrumento de exceção**, na medida em que depende da ocorrência de **situação emergencial**.

- Exemplos de requisição bastante comuns em provas:
  1) escada para combater incêndio;
  2) veículo para perseguição a criminoso;
  3) barco para salvamento;
  4) terreno para socorrer vitimas de acidente.

DICA: embora o texto constitucional faça referência à "propriedade particular", a doutrina admite requisição de serviços, em hipóteses como a convocação de mesários para eleição, de jurados para Tribunal do Júri e de conscritos para o serviço militar obrigatório.

OCUPAÇÃO TEMPORÁRIA

- Ocupação provisória **ou** temporária **é a modalidade de intervenção do Estado na propriedade de bens particulares em** apoio à realização de obras públicas **ou à** prestação de serviços públicos, **mediante utilização** discricionária, autoexecutável, remunerada ou gratuita **e** transitória.
- **Pode ter como objeto bem** móvel ou imóvel.
- Não tem natureza real.
- A **instituição** pode ocorrer mediante **ato formal**, na hipótese de apoio à desapropriação, ou pela simples **ocupação material**, dispensando formalidade, nas situações desvinculadas de desapropriação.
- Quanto ao **motivo**, a ocupação difere da requisição, pois dispensa a caracterização de iminente perigo público, podendo ser realizada em **qualquer situação de necessidade** vinculada à obra ou serviço público.
- A respeito da **indenização, quando a ocupação for vinculada à desapropriação**, o art. 36 do Decreto-lei n. 3.365/41 fala em ocupação remunerada, **sendo obrigatória a indenização.**

13.18 QUESTÕES

1. (Juiz de Direito Substituto – TJ-BA – 2019 – Cespe) O Estado, no exercício do poder de polícia, pode restringir o uso da propriedade particular por meio de obrigações de caráter geral, com base na segurança, na salubridade, na estética, ou em outro fim público, o que, em regra, não é indenizável. Essa forma de exercício do poder de polícia pelo Estado corresponde a:

A) uma servidão administrativa;

B) uma ocupação temporária;

C) uma requisição;

D) uma limitação administrativa;

E) um tombamento.

2. (Procurador – AL-GO – 2019 – Iades) De maneira instrumental, o Estado possui uma variedade de meios jurídicos para que possa atuar na relação dominial privada, de modo a restringi-la, podendo, no limite, inclusive, extingui-la, visando ao interesse público. Quanto a esses instrumentos estatais, assinale a alternativa correta.

A) Uma das diferenças gerais entre os institutos da ocupação temporária e da requisição é que, naquele, o caráter é de onerosidade, enquanto, neste, de regra, impõe-se a gratuidade.

B) As servidões administrativas e o tombamento são permanentes, ao passo que as limitações administrativas são temporárias.

C) As limitações administrativas, com assento somente em lei, por imporem limitações gerais e, também, trazerem benefícios a todos por igual, apresentam-se com caráter gratuito.

D) Em casos de obras públicas demoradas, a Administração, para garantir o interesse público, pode dispor discricionariamente dos instrumentos da ocupação temporária e da servidão administrativa.

E) As servidões administrativas, por apresentarem características de parcial expropriação, ao serem instituídas, assim também instituem um direito de preferência à aquisição do bem em favor do Poder instituidor.

3. (Auditor-Fiscal da Receita Estadual – Bloco II – Sefaz-RS – 2019 – Cespe) Se, na instalação de uma passagem de fios com a finalidade de distribuição de energia elétrica para a população local, apresentar-se como uma necessidade pública a utilização de parte de um terreno privado, caberá, sobre essa propriedade privada, a intervenção estatal na modalidade:

A) servidão civil;

B) desapropriação;

C) servidão administrativa;

D) tombamento;

E) requisição.

4. (Profissional de Nível Universitário Jr. – Direito – Itaipu Binacional – 2019 – NC-UFPR) O Poder Público, com a colaboração da comunidade, promoverá e protegerá o patrimônio cultural brasileiro, por meio de, entre outros instrumentos, o tombamento. Sobre o tema, assinale a alternativa correta.

A) O tombamento de coisa pertencente a pessoa jurídica de direito privado será sempre feito compulsoriamente.

B) O tombamento constitui espécie de intervenção estatal na propriedade, na modalidade restritiva, e que transfere compulsoriamente a preservação do bem tombado ao ente instituidor do tombamento.

C) As coisas tombadas que pertençam à União, aos Estados ou aos Municípios poderão ser alienadas a pessoa jurídica de direito privado, desde que se assegure direito de preferência a cada um dos demais entes de direito público.

D) Os Estados não podem tombar bens da União.

E) A coisa tombada não poderá sair do país em caráter definitivo.

5. (Promotor de Justiça Substituto – MPE-PI – 2019 – Cespe) Na hipótese de rescisão unilateral de contrato administrativo, a administração pública poderá promover a apropriação provisória dos bens e do serviço vinculado ao objeto do contrato para evitar a interrupção de sua execução. Essa medida representa uma cláusula exorbitante que se materializa em intervenção do Estado na propriedade privada na modalidade denominada:

A) limitação administrativa;

B) requisição administrativa;

C) ocupação temporária;

D) servidão administrativa;

E) retrocessão.

6. (Juiz Substituto – TJ-PR – 2019 – Cespe) Assinale a opção que indica a denominação dada ao ônus real de uso instituído pela administração pública sobre determinado imóvel privado para atendimento do interesse público, mediante indenização dos prejuízos efetivamente suportados:

A) limitação administrativa;

B) tombamento;

C) servidão administrativa;

D) ocupação temporária.

7. (Advogado – UPE – 2019 – Upenet/Iaupe) No que diz respeito à intervenção do Estado na propriedade, assinale a alternativa CORRETA.

A) A requisição administrativa é a modalidade de intervenção por meio da qual o agente público utiliza imóvel privado por prazo determinado para satisfazer interesse público, sendo possível a utilização de maneira gratuita ou onerosa.

B) A ocupação administrativa é a modalidade de intervenção que visa utilizar imóvel privado pela Administração Pública em decorrência de iminente perigo e enquanto perdurar a circunstância de risco.

C) A base de cálculo dos honorários de advogado em desapropriação é a diferença entre a oferta e a indenização.

D) O tombamento integra a segunda etapa do procedimento de desapropriação.

E) A retrocessão é uma garantia do Poder Público de se imitir na posse do bem imóvel após o pagamento da indenização.

8. (Analista Judiciário de Procuradoria – PGE-PE – 2019 – Cespe) À luz das normas pertinentes à administração pública e com relação a atos e contratos administrativos, serviços públicos, improbidade administrativa e intervenção do Estado na propriedade, julgue o item seguinte.

Somente bens imóveis de valor histórico e cultural brasileiro são passíveis de tombamento, sendo essa modalidade de intervenção restritiva ao uso da propriedade.

( ) Certo

( ) Errado

9. (Técnico Superior Jurídico – DPE-RJ – 2019 – FGV) A Administração Pública, com o objetivo de tutelar o patrimônio histórico nacional, impôs algumas restrições de ordem parcial ao uso do bem imóvel "A", sem qualquer indenização, impossibilitando o proprietário de alterar as suas características. Além disso, utilizou o bem imóvel "B", em caráter temporário, para atender a necessidade coletiva, decorrente de perigo público iminente, indenizando o proprietário, pelos danos causados, em momento posterior.

À luz da sistemática vigente, o bem imóvel "A" foi objeto de:

A) registro, enquanto o "B" foi objeto de tombamento;

B) servidão, enquanto o "B" foi objeto de desapropriação;

C) inventário, enquanto o "B" foi objeto de vigilância;
D) desapropriação, enquanto o "B" foi objeto de servidão;
E) tombamento, enquanto o "B" foi objeto de requisição.

10. (Titular de Serviços de Notas e de Registros – Provimento – TJ-DFT – 2019 – Cespe) Em se tratando de bens de propriedade particular integrantes do patrimônio histórico e artístico nacional, o Decreto-lei n. 25/37 prevê que o tombamento definitivo deve ser transcrito:

A) no registro de imóveis, se o bem tombado for imóvel, ou no registro de títulos e documentos, se bem móvel, devendo ser averbado ao lado da transcrição do domínio;
B) no registro de imóveis, se o bem tombado for imóvel, ou no Instituto do Patrimônio Histórico e Artístico Nacional (IPHAN), se bem móvel, não sendo necessária qualquer averbação na transcrição do domínio;
C) no registro de imóveis, em livro próprio, não devendo ser feita a averbação na transcrição do domínio;
D) no registro de imóveis, devendo ser averbado ao lado da transcrição do domínio;
E) no Instituto do Patrimônio Histórico e Artístico Nacional (IPHAN) e no registro de títulos e documentos, não sendo necessária qualquer averbação na transcrição do domínio do registro de imóveis.

GABARITO

1. D **/ 2.** C **/ 3.** C **/ 4.** E **/ 5.** C **/ 6.** C **/ 7.** C **/ 8.** ERRADO **/ 9.** E **/ 10.** D

Acesse mais questões também pelo link:
http://somos.in/MDA1163

14

DESAPROPRIAÇÃO

Acesse também a videoaula pelo link:
http://somos.in/MDA1115

14.1 INTRODUÇÃO

A **desapropriação** ou **expropriação** é a mais agressiva forma de intervenção do Estado na propriedade privada. Consiste no procedimento **excepcional** de transformação compulsória de bens privados em públicos, mediante o pagamento de indenização.

Quando promovida pela Administração Pública, é denominada desapropriação administrativa. Não deve ser confundida, por isso, com denominada **desapropriação privada**, prevista no § 4º do art. 1.228 do Código Civil, segundo o qual: "o proprietário também pode ser privado da coisa se o imóvel reivindicado consistir em extensa área, na posse ininterrupta e de boa-fé, por mais de cinco anos, de considerável número de pessoas, e estas nela houverem realizado, em conjunto ou separadamente, obras e serviços considerados pelo juiz de interesse social e econômico relevante". Embora equivocamente chamada de "privada", a referida modalidade expropriatória é **efetivada pelo Poder Judiciário**. Esse novo instituto ainda não foi adequadamente compreendido pelos estudiosos, mas seguramente não se trata da figura tradicional da desapropriação de Direito Administrativo.

14.2 FUNDAMENTOS JURÍDICO-POLÍTICOS

A competência expropriatória está constitucionalmente reconhecida no art. 5º, XXIV, da Constituição Federal de 1988: "a lei estabelecerá o procedimento para desapropriação por necessidade ou utilidade pública, ou por interesse social, mediante justa e prévia indenização em dinheiro, ressalvados os casos previstos nesta Constituição".

O fundamento político do poder de suprimir compulsoriamente a propriedade privada decorre, em primeiro lugar, do **domínio eminente** (*dominium eminens*) que o Estado exerce sobre todos os bens situados em seu território.

A prova de Promotor de Justiça/MG 2012 elaborada pelo MPE/MG considerou ERRADA a assertiva: "A expressão 'domínio eminente' do Estado refere-se à situação em que se verifica a sua imissão provisória na posse de um bem declarado de utilidade pública ou de interesse social".

Além disso, a competência expropriatória encontra respaldo, também, no supraprincípio da **supremacia do interesse público sobre o privado** e na necessidade de que todo imóvel atenda à **função social da propriedade**.

Os referidos fundamentos jurídico-políticos não devem ser confundidos com os três fundamentos normativos da desapropriação mencionados no art. 5º, XXIV, da CF: necessidade pública, utilidade pública e interesse social.

14.3 COMPETÊNCIAS PARA LEGISLAR, DESAPROPRIAR E PROMOVER DESAPROPRIAÇÃO

A competência para criar leis sobre desapropriação é **privativa da União** (art. 22, II, da CF).

Tal prerrogativa, entretanto, não se confunde com a **competência para desapropriar**, compreendida como a habilitação jurídica para **expedir o decreto expropriatório ou a lei expropriatória** declarando a utilidade pública, a necessidade pública ou o interesse social de determinado bem. Tal atribuição foi conferida somente a:

a) **entidades federativas** (União, Estados, Distrito Federal, Municípios e Territórios);

b) **Aneel** (Agência Nacional de Energia Elétrica), exclusivamente para desapropriações necessárias à implantação de instalações de concessionários, permissionários e autorizados do setor **elétrico** **(art. 10 da Lei n. 9.074/95)**;

> A prova da Magistratura/TO considerou CORRETA a assertiva: "A companhia de energia elétrica de determinado Estado da Federação, empresa pública exploradora de atividade econômica, pretende instalar o serviço de energia elétrica em determinada comunidade rural. Para isso, será necessário instalar a rede em diversas propriedades rurais. Nesse caso, a declaração de utilidade pública na espécie é da Agência Nacional de Energia Elétrica – Aneel".

c) DNIT (Departamento Nacional de Infraestrutura de Transportes), somente quanto a desapropriações relacionadas à implantação do Sistema Federal de Viação (art. 82, IX, da Lei n. 10.233/2001).

Com exceção da Aneel e do DNIT, nenhuma entidade da Administração Pública indireta tem competência para desapropriar. Autarquias (exceto o DNIT), agências reguladoras (exceto a Aneel), fundações públicas, empresas públicas, sociedades de economia mista, permissionários e concessionários nunca desapropriam. Havendo necessidade, cabe à pessoa federativa desapropriar os bens e destiná-los ao patrimônio da entidade descentralizada ou ao particular delegatário de serviço público.

Outra coisa é a **competência para promover a desapropriação**, que consiste em executar atos materiais e concretos de transformação de bem privado em público. União, Estados, Distrito Federal, Municípios, Territórios, autarquias, concessionárias e permissionárias de serviços públicos podem exercer referida atribuição. Nesse sentido, prescreve o art. 3º do Decreto-lei n. 3.365/41: "Os concessionários de serviços públicos e os estabelecimentos de caráter público ou que exerçam funções delegadas de poder público poderão promover desapropriações mediante autorização expressa, constante de lei ou contrato".

Importante destacar, por fim, que a **desapropriação pode beneficiar pessoas privadas** que realizam atividades de interesse público, como universidades privadas. Porém, em nenhuma hipótese a expropriação pode ser promovida em favor de quem atua exclusivamente na defesa de interesse privado.

14.4 BASE CONSTITUCIONAL

A Constituição Federal de 1988 contém diversos dispositivos que tratam do tema desapropriação:

a) art. 5º, XXIV: define os **três fundamentos** ensejadores da **desapropriação**: **necessidade pública, utilidade pública e interesse social**. Além disso, determina que, como regra geral, a indenização deve ser **prévia, justa e em dinheiro;**

> Considerando que são fundamentos e não pressupostos, a prova do Ministério Público/RR 2008 elaborada pelo Cespe considerou INCORRETA a afirmação: "De acordo com a CF, são pressupostos da desapropriação a necessidade pública, a utilidade pública e o interesse social".

b) art. 22, II: fixa competência privativa da União para legislar sobre desapropriação;

c) art. 182, § 4º, III: permite que o Município promova **desapropriação sancionatória urbanística** do imóvel não edificado, subutilizado ou não utilizado, com pagamento mediante títulos da dívida pública com prazo de resgate de até dez anos;

d) art. 184: define a **competência exclusiva da União** para desapropriar por interesse social, **para fins de reforma agrária**, o imóvel rural que não esteja cumprindo sua função social, mediante prévia e justa indenização em títulos da dívida agrária, resgatáveis no prazo de até vinte anos;

e) art. 184, § 5º: embora o dispositivo fale em "isenção", na verdade a referida norma delimita a **imunidade tributária** de impostos federais, estaduais e municipais **sobre operações de transferência de imóveis desapropriados** para fins de reforma agrária;

f) art. 185: impede que a desapropriação para reforma agrária recaia sobre: 1) **pequena e média propriedade rural**, assim definida em lei, desde que seu proprietário não possua outra e 2) a **propriedade produtiva;**

g) art. 243: prevê o **confisco**, sem qualquer indenização, **de bens** usados no plantio de psicotrópicos ou na exploração de trabalho escravo.

14.5 NORMATIZAÇÃO INFRACONSTITUCIONAL

Além da disciplina constitucional dispensada ao tema, diversas leis tratam do regramento do instituto da desapropriação, sendo as mais importantes:

a) **Decreto-lei n. 3.365/41**: embora discipline especificamente a **desapropriação por utilidade pública**, o Decreto-lei n. 3.365 é considerado **lei geral de** desapropriações, contendo as normas mais importantes sobre o procedimento expropriatório em nosso país;

b) **Lei n. 4.132/62**: define os casos de desapropriação por interesse social;

c) **Lei n. 8.629/93**: regulamenta os dispositivos constitucionais referentes à **reforma agrária**;

d) **Lei Complementar n. 76/93**: disciplina o procedimento especial de rito sumário da desapropriação para fins de **reforma agrária**;

e) **Lei n. 10.257/2001 (Estatuto da Cidade)**: o Estatuto da Cidade **regulamenta a desapropriação urbanística** (art. 8º), de competência do Município, como importante instrumento de política urbana;

f) **Lei n. 10.406/2002 (Código Civil)**: o novo Código Civil possui diversos dispositivos tratando do tema desapropriação, entre eles: 1) art. 519 (define um caso de **tredestinação lícita** ao permitir que o bem expropriado receba destinação diversa daquela prevista inicialmente no decreto expropriatório); 2) art. 1.228, § 3º (faz referência à desapropriação como forma de privação da propriedade); 3) art. 1.275 (inclui a desapropriação entre os institutos de perda da propriedade).

14.6 CONCEITOS DOUTRINÁRIOS

Antes de apresentarmos um conceito de desapropriação conveniente para utilização em provas e concursos públicos, é fundamental conhecer as conceituações apresentadas pelos mais importantes administrativistas brasileiros, atentando para os elementos conceituais mais significativos em cada autor.

Maria Sylvia Zanella Di Pietro: "é o **procedimento administrativo** pelo qual o Poder Público ou seus delegados, mediante prévia declaração de **necessidade pública, utilidade pública ou interesse social**, impõe ao proprietário a perda de um bem, substituindo-o em seu patrimônio por justa indenização"[1].

Hely Lopes Meirelles: "é a **transferência compulsória da propriedade particular, ou pública de entidade de grau inferior para a superior**, para o Poder Público ou seus delegados, por utilidade ou necessidade pública ou, ainda, por interesse social, mediante prévia e justa indenização em dinheiro, salvo as exceções constitucionais de pagamento em títulos da dívida pública de emissão previamente aprovada pelo Senado Federal, no caso de área urbana não edificada, subutilizada ou não utilizada, e de pagamento em títulos da dívida agrária, no caso de Reforma Agrária, por interesse social"[2].

---

1. *Direito administrativo*, p. 159.
2. *Direito administrativo brasileiro*, p. 569.

Celso Antônio **Bandeira de Mello**: "o procedimento através do qual o Poder Público, fundado em necessidade pública, utilidade pública ou interesse social, compulsoriamente **despoja alguém de um certo bem**, normalmente adquirindo-o para si, **em caráter originário**, mediante indenização prévia, justa e pagável em dinheiro, salvo nos casos de certos imóveis urbanos ou rurais, em que, por estarem em desacordo com a função social legalmente caracterizada para eles, a indenização far-se-á em títulos da dívida pública, resgatáveis em parcelas anuais e sucessivas, preservado seu valor real"[3].

José dos Santos **Carvalho Filho**: "é o procedimento de direito público pelo qual o Poder Público transfere para si, por razões de utilidade pública ou de interesse social, propriedade de terceiros, **normalmente mediante pagamento de indenização**"[4].

14.7 NOSSO CONCEITO

Reunindo os elementos conceituais mais importantes presentes nas definições acima elencadas, é possível conceituar desapropriação como *o procedimento administrativo pelo qual o Estado transforma compulsoriamente bem de terceiro em propriedade pública, com fundamento na necessidade pública, utilidade pública ou interesse social, pagando indenização prévia, justa e, como regra, em dinheiro.*

Convém analisar com maior profundidade os aspectos mais relevantes do conceito apresentado:

a) procedimento administrativo: a desapropriação tem **natureza jurídica de procedimento**, isto é, consiste em um conjunto ordenado de atos administrativos. Por isso, a desapropriação não pode ser tratada como um ato jurídico isolado ou um fato administrativo, tampouco como processo (relação jurídica). Além disso, ao afirmar-se que a desapropriação é um procedimento "administrativo", reforça-se a ideia de que a referida sequência de atos se encontra submetida diretamente à incidência dos princípios e **regras** do Direito Administrativo, e não de outro ramo jurídico;

b) pelo qual o Estado transforma compulsoriamente: uma das notas características fundamentais do procedimento expropriatório é o fato de ser **realizado de modo imperativo**, forçoso, promovendo unilateralmente o ingresso de bem particular no domínio público. Importante relembrar que a desapropriação só pode ser iniciada pelo Estado, que tem competência exclusiva para expedir o decreto expropriatório, mas concessionários e permissionários também podem realizar atos materiais de cooperação com o Estado durante o procedimento da desapropriação;

---

3. *Curso de direito administrativo*, p. 865-866.
4. *Manual de direito administrativo*, p. 774.

c) bem de terceiro em propriedade pública: a força estatal expropriante, como regra, pode alcançar **todos os tipos de bens**, incorporando-os definitivamente ao domínio público. Nesse ponto, a desapropriação **difere de outros instrumentos de intervenção estatal na propriedade** privada, como a requisição e a ocupação temporária, na medida em que, nessas figuras, o bem privado é utilizado temporariamente pelo Estado, não chegando a se converter em bem público. Diferentemente, a **desapropriação altera de modo definitivo a propriedade do bem;**

d) com fundamento na necessidade pública, utilidade pública ou interesse social: o art. 5º, XXIV, da Constituição Federal faz referência à necessidade pública, utilidade pública e interesse social como os três fundamentos normativos da desapropriação. Em linhas gerais, pode-se dizer que a **necessidade pública** envolve casos em que a desapropriação é **emergencial**, ao passo que, nas hipóteses de **utilidade pública**, a aquisição compulsória do bem é **conveniente**, mas não indispensável. Já o requisito do **interesse social** relaciona-se com o cumprimento da **função social da propriedade;**

e) pagando indenização prévia, justa e, como regra, em dinheiro: na desapropriação, a perda da propriedade é compensada pelo pagamento de indenização ao proprietário anterior. Em razão do dever de indenizar, a desapropriação **difere do confisco** pelo fato de que, neste último, o Estado subtrai um bem pertencente a terceiro, sem que haja qualquer tipo de compensação econômica. Assim, é correto afirmar que **o dever de indenizar é conatural ao instituto da desapropriação.** Como regra, a indenização expropriatória deve observar três atributos: ser prévia, justa e em dinheiro. Prévia e justa a indenização sempre deverá ser. Entretanto, quanto ao terceiro atributo citado, a própria Constituição prevê casos em que a indenização não será em dinheiro, mas **em títulos da dívida.** É o que ocorre nas desapropriações, por interesse social, para **Reforma Agrária** (art. 184) e para **Política Urbana** (art. 183, § 4º, III). O pagamento da indenização em títulos da dívida é uma **punição imposta pelo ordenamento jurídico** diante do descumprimento da função social da **propriedade**.

A prova do Ministério Público/RR 2008 elaborada pelo Cespe considerou ERRADA a afirmação: "A indenização, no processo de desapropriação, deve ser sempre prévia, justa e em dinheiro".

14.8 FORMA ORIGINÁRIA DE AQUISIÇÃO DA PROPRIEDADE

A **característica mais importante** da desapropriação reside no fato de ser uma forma originária de **aquisição da propriedade**, na medida em que a aquisição não está vinculada à situação jurídica anterior. Assim, o bem expropriado **ingressa no domínio público livre de ônus, gravames ou relações jurídicas, de natureza real ou pessoal**, que eventualmente o atinjam.

> A prova de Analista Fiscal elaborada pela Esaf considerou CORRETA a assertiva: "A desapropriação é forma originária de aquisição da propriedade".
>
> A prova do Ministério Público/RR 2008 elaborada pelo Cespe considerou CORRETA a afirmação: "A desapropriação é forma originária de aquisição da propriedade".

Por isso, se o imóvel objeto da desapropriação, por exemplo, estava hipotecado, a **hipoteca é automaticamente desconstituída** no momento em que o bem ingressa no domínio público, sub-rogando-se o credor hipotecário no valor da indenização devida ao **ex-proprietário**.

> A prova de Analista Fiscal elaborada pela Esaf considerou CORRETA a assertiva: "Os ônus e direitos que existiam em relação ao bem expropriado extinguem-se e ficam sub-rogados no preço".
>
> A 23ª prova da Procuradoria da República considerou INCORRETA a assertiva: "Por ser forma originária de aquisição da propriedade, não ficam sub-rogados no valor pago a título de indenização, quaisquer ônus ou direitos reais que recaiam sobre o bem expropriado".

Pela mesma razão, havendo contrato de locação incidente sobre o bem, a superveniência da desapropriação desfaz automaticamente o vínculo contratual, sendo impossível ao locatário pleitear a manutenção da vigência do contrato de locação até o seu termo final[5].

14.9 INSTITUTOS AFINS

A desapropriação é um dos instrumentos de intervenção estatal na propriedade privada. Entretanto, suas características jurídicas diferenciam a desapropriação dos demais institutos pertencentes a essa categoria. É oportuno indicar as mais importantes distinções entre a desapropriação e outros institutos afins:

a) **requisição:** prevista no art. 5º, XXV, da CF, a requisição é um instrumento de uso transitório da propriedade privada ou de serviços pelo Estado, em situações de iminente perigo público, garantindo indenização posterior somente se houver prejuízo. Em razão disso, a requisição possui quatro **diferenças fundamentais em relação à desapropriação:**

1) **quanto à durabilidade:** a requisição é transitória; a desapropriação, definitiva;

2) **quanto ao motivo:** a requisição ocorre em situações de iminente perigo público; a desapropriação tem como fundamentos a necessidade pública, a utilidade pública e o interesse social;

3) **quanto à natureza jurídica:** a requisição é ato unilateral, discricionário e autoexecutável; a desapropriação é procedimento administrativo;

4) **quanto ao objeto:** a requisição pode recair sobre bens ou serviços; a desapropriação, somente sobre bens e outros direitos, nunca incidindo sobre serviços;

---

5. Fundação Getulio Vargas. Padrão de Respostas. Prova Discursiva. Direito Administrativo. VIII Exame de Ordem Unificado.

5) **quanto ao *status* do bem:** na requisição o bem permanece como propriedade particular; na desapropriação, ingressa no domínio público;

6) **quanto à indenização:** na requisição a indenização é posterior e paga somente se houver prejuízo; na desapropriação é prévia e devida sempre.

b) ocupação temporária: assim como ocorre com a requisição, a ocupação temporária difere da desapropriação por ser transitória, ter natureza de ato administrativo isolado e não envolver obrigatoriedade de indenização; ao passo que a desapropriação é definitiva, tem natureza de procedimento administrativo e sempre gera direito à indenização;

c) confisco: previsto no art. 243 da Constituição Federal, o confisco é perda definitiva, e **sem qualquer indenização**, dos bens utilizados para o cultivo ilegal de plantas psicotrópicas ou trabalho escravo.

> A prova da Magistratura/DF considerou INCORRETA a afirmação: "As glebas de qualquer região do País onde forem localizadas culturas ilegais de plantas psicotrópicas serão imediatamente expropriadas, sem qualquer indenização ao proprietário, e reverterão em benefício de instituições e pessoal especializados no tratamento e recuperação de viciados e no aparelhamento e custeio de atividades de fiscalização, controle, prevenção e repressão do crime de tráfico de drogas".

Embora o referido dispositivo afirme que os bens usados para essa finalidade "serão expropriados", não se trata de **desapropriação**. Isso porque o pagamento de indenização é elemento indispensável para caracterização da desapropriação. **A desapropriação sempre indeniza; o confisco nunca indeniza.**

> A prova do Ministério Público/RR 2008 elaborada pelo Cespe considerou INCORRETA a afirmação: "O instituto da desapropriação e o do confisco são idênticos, uma vez que ambos constituem transferência compulsória da propriedade, expressando o poder ilimitado de exercício do domínio eminente pelo Poder Público".

d) desapropriação privada: o instituto conhecido como "desapropriação privada", prevista no art. 1.228, § 4º, do Código Civil, não constitui verdadeira desapropriação na medida em que é **promovida judicialmente**, atendendo a requisitos e objetivos bastante diferentes daqueles próprios do procedimento expropriatório convencional. Na desapropriação privada tampouco se faz necessário o enquadramento em um dos fundamentos constitucionais (art. 5º, XXIV, da CF) ensejadores da desapropriação administrativa: utilidade pública, necessidade pública ou interesse social.

14.10 FUNDAMENTOS NORMATIVOS DA DESAPROPRIAÇÃO

Conforme dito anteriormente, o art. 5º, XXIV, da CF prevê três fundamentos da desapropriação: necessidade pública, utilidade pública ou por interesse social.

A doutrina especializada tem se esforçado para identificar as características diferenciais desses três conceitos – uma difícil tarefa diante da falta de parâmetros legais para distinguir necessidade pública, utilidade pública ou por interesse social.

Entretanto, alguns apontamentos importantes podem auxiliar nessa diferenciação.

14.10.1 Necessidade pública

As hipóteses de necessidade pública envolvem **situações de emergência**, que exigem a **transferência urgente** e **imprescindível** de bens de terceiros para o domínio público, propiciando **uso imediato pela Administração**[6].

Não há no direito brasileiro uma lei disciplinando especificamente os casos de desapropriação por necessidade pública. Mas o **art. 5º do Decreto-lei n. 3.365/41** (Lei Geral de Desapropriações), entre os casos de utilidade pública, prevê **hipóteses que melhor se enquadrariam como de necessidade pública**, tais como as previstas nas alíneas *a*, *b* e *c*, respectivamente:

a) **segurança nacional**;

b) **defesa do Estado**; e

c) **socorro público em caso de calamidade.**

Portanto, segundo a unanimidade da doutrina, o Decreto-lei n. 3.365/41 também se aplica às desapropriações por necessidade pública.

Nos casos de necessidade pública, o pedido de **imissão provisória na posse** é **indispensável** para fazer frente à urgência da situação concreta.

14.10.2 Utilidade pública

Os casos de desapropriação por utilidade pública ocorrem quando a **aquisição do bem** é **conveniente** e oportuna, mas **não imprescindível**[7].

> A prova de Procurador do Distrito Federal elaborada pela Esaf considerou INCORRETA a assertiva: "O imóvel desapropriado por utilidade pública torna-se bem patrimonial e pode ser vendido livremente".

Enquanto na **necessidade pública** a desapropriação é a **única solução** administrativa para resolver determinado problema, na **utilidade pública** a desapropriação se apresenta como a **melhor solução**[8].

O art. 5º do Decreto-lei n. 3.365/41 descreve as seguintes **hipóteses de utilidade pública** para fins de desapropriação:

"a) a segurança nacional;

b) a defesa do Estado;

c) o socorro público em caso de calamidade;

d) a salubridade pública;

---

6. Hely Lopes Meirelles, *Direito administrativo brasileiro*, p. 577.
7. Hely Lopes Meirelles, *Direito administrativo brasileiro*, p. 577.
8. Diogo de Figueiredo Moreira Neto, *Curso de direito administrativo*, p. 423.

e) a criação e melhoramento de centros de população, seu abastecimento regular de meios de subsistência;

f) o aproveitamento industrial das minas e das jazidas minerais, das águas e da energia hidráulica;

g) a assistência pública, as obras de higiene e decoração, casas de saúde, clínicas, estações de clima e fontes medicinais;

h) a exploração ou a conservação dos serviços públicos;

i) a abertura, conservação e melhoramento de vias ou logradouros públicos; a execução de planos de urbanização; o parcelamento do solo, com ou sem edificação, para sua melhor utilização econômica, higiênica ou estética; a construção ou ampliação de distritos industriais;

j) o funcionamento dos meios de transporte coletivo;

k) a preservação e conservação dos monumentos históricos e artísticos, isolados ou integrados em conjuntos urbanos ou rurais, bem como as medidas necessárias a manter-lhes e realçar-lhes os aspectos mais valiosos ou característicos e, ainda, a proteção de paisagens e locais particularmente dotados pela natureza;

l) a preservação e a conservação adequada de arquivos, documentos e outros bens móveis de valor histórico ou artístico;

m) a construção de edifícios públicos, monumentos comemorativos e cemitérios;

n) a criação de estádios, aeródromos ou campos de pouso para aeronaves;

o) a reedição ou divulgação de obra ou invento de natureza científica, artística ou literária;

p) os demais casos previstos por leis especiais".

Embora o art. 5º do Decreto-lei n. 3.365/41 seja considerado o **rol legislativo das hipóteses de utilidade pública**, é preciso alertar que, como dito anteriormente, as três primeiras hipóteses nele referidas (segurança nacional, defesa do Estado e socorro público em caso de calamidade) são doutrinariamente consideradas casos de necessidade pública.

Nos casos caracterizados como utilidade pública, a **imissão provisória** na posse pode não ser necessária, restando ao Poder Expropriante avaliar a conveniência de formulação do **pedido imissivo**.

> A prova da OAB/MT elaborada pelo Cespe considerou CORRETA a assertiva: "Havendo alegação de urgência, o prazo para que o desapropriante requeira a imissão provisória na posse na desapropriação por utilidade pública é de 120 dias".

14.10.3 Interesse social

A desapropriação por interesse social é um gênero que se ressente da falta de uma normatização geral adequada.

O tema é confuso na legislação.

Os casos de interesse social estão exclusivamente relacionados com **bens imóveis**.

A desapropriação por interesse social *lato sensu* possui **caráter eminentemente sancionatório**, representando uma punição ao proprietário de imóvel que **descumpre a função social da propriedade**.

O gênero desapropriação por interesse social *lato sensu* pode ser dividido em três espécies:

a) interesse social *stricto sensu*: regida pela Lei n. 4.132/62, será decretada para **promover a justa distribuição da propriedade** ou **condicionar o seu uso ao bem-estar social** (art. 1º da Lei n. 4.132/62). **A competência é comum/concorrente entre União, Estados, Distrito Federal e Municípios. A indenização deve ser prévia, justa e em dinheiro;**

A Lei n. 4.132/62, em seu art. 2º, considera de interesse social:

"I – o aproveitamento de todo bem improdutivo ou explorado sem correspondência com as necessidades de habitação, trabalho e consumo dos centros de população a que deve ou possa suprir por seu destino econômico;

II – o estabelecimento e a manutenção de colônias ou cooperativas de povoamento e trabalho agrícola;

III – a manutenção de posseiros em terrenos urbanos onde, com a tolerância expressa ou tácita do proprietário, tenham construído sua habitação, formando núcleos residenciais de mais de 10 (dez) famílias;

IV – a construção de casas populares;

V – as terras e águas suscetíveis de valorização extraordinária, pela conclusão de obras e serviços públicos, notadamente de saneamento, portos, transporte, eletrificação, armazenamento de água e irrigação, no caso em que não sejam ditas áreas socialmente aproveitadas;

VI – a proteção do solo e a preservação de cursos e mananciais de água e de reservas florestais;

VII – a utilização de áreas, locais ou bens que, por suas características, sejam apropriados ao desenvolvimento de atividades turísticas".

b) interesse social para **política urbana: de competência exclusiva dos Municípios** (art. 182, § 4º, III, da CF). A indenização é prévia e justa, mas em títulos públicos (não em dinheiro) ***vide* item 14.13.2 deste *Manual***;

c) interesse social para **fins de reforma agrária: de competência exclusiva da União** (art. 184 da CF), sendo que a indenização, embora prévia e justa, **não é paga em dinheiro**, mas em títulos públicos. Cumpre destacar que a Lei **Complementar n. 76/93** estabelece o **procedimento** contraditório especial de rito sumário para a desapropriação por interesse social para **fins de reforma agrária** (***vide* item 14.13.1 deste *Manual***).

Em qualquer das espécies de interesse social os bens desapropriados **não são destinados à Administração Pública**, mas, sim, à coletividade ou a determinados destinatários legalmente definidos.

14.10.3.1 Desapropriação por interesse social de competência comum?

Embora o tema seja controvertido, cabe alertar que a doutrina e a jurisprudência identificam hipóteses em que a União, os Estados, o Distrito Federal, os Municípios e Territórios **podem desapropriar bens imóveis por interesse social para condicionar seu uso ao bem-estar social.**

Assim, não se trata da desapropriação por interesse social para fins de reforma agrária de competência privativa da União (art. 184 da CF), nem daquela para política urbana, privativa do Município (art. 182, § 4º, da CF), ambas com indenização em títulos. Essas duas são desapropriações extraordinárias, também fundadas no interesse social, mas com caráter eminentemente sancionatório.

Ocorre que subsistem no sistema jurídico brasileiro duas modalidades de desapropriação por interesse social:

a) extraordinária: fundamentada nos arts. 182, § 4º, e 184, da CF, tem caráter sancionatório, pagando **indenização prévia, justa, mas não em dinheiro** (títulos da dívida). A competência para sua realização é privativa da União, quando para fins de reforma agrária, ou do Município, se voltada para atender à política urbana;

b) ordinária (geral): lastreada no art. 5º, XXIV, da CF, e na Lei n. 4.132/62, é de competência comum da União, dos Estados, do Distrito Federal, dos Municípios e Territórios, podendo recair sobre imóveis a fim de dar à propriedade uso de melhor interesse coletivo (STJ: REsp 20.896/SP). Nesse caso, a **indenização será prévia, justa e em dinheiro**, devendo ser adotada qualquer outra destinação elencada no art. 2º da Lei n. 4.132/62.

> O XIII Exame de Ordem/2014 elaborado pela FGV considerou CORRETA a afirmação: "O município pode desapropriar um imóvel por interesse social, mediante indenização prévia, justa e em dinheiro".

Portanto, o regime da desapropriação sancionatória por interesse social (extraordinária) previsto na Constituição Federal de 1988 não revogou a desapropriação por interesse social geral (ordinária) disciplinada pela Lei n. 4.132/62.

Note-se que o Superior Tribunal de Justiça vem admitindo até mesmo desapropriação para Reforma Agrária realizada por qualquer ente federativo contanto que a indenização seja prévia, justa e em dinheiro:

"PROCESSUAL CIVIL. EXTINÇÃO DE OFÍCIO PELO TRIBUNAL, APRECIANDO QUESTÃO INCIDENTAL EM AGRAVO DE INSTRUMENTO, DE AÇÃO A QUE FALTE REQUISITO INDISPENSÁVEL DE PROSSEGUIMENTO. POSSIBILIDADE (CPC, ARTS. 267, IV, E 301, § 4º). ADMINISTRATIVO. DESAPROPRIAÇÃO PARA FINS

DE REFORMA AGRÁRIA, MEDIANTE PRÉVIA INDENIZAÇÃO EM DINHEIRO. CF, ART. 5º, XXIV, E LEI N. 4.132/62, ART. 2º. HIPÓTESE DE EXPROPRIAÇÃO POR INTERESSE SOCIAL, PASSÍVEL DE SER PROMOVIDA POR QUALQUER DOS ENTES FEDERADOS.

2. O Presidente do Supremo Tribunal Federal, nos autos da SS 2.217/RS, *DJ* de 9-9-2003, proferiu liminar suspendendo os efeitos do acórdão proferido pela 1ª Turma no RMS 15.545/RS, Min. José Delgado, *DJ* de 12-5-2003, no qual, em caso idêntico ao ora em exame, firmara-se entendimento no sentido da competência exclusiva da União para a desapropriação de imóvel rural por interesse social, para fins de reforma agrária. Afirmou a Corte Suprema, naquela decisão, a plausibilidade jurídica da tese segundo a qual possui competência qualquer dos entes federados para propor ação expropriatória, por interesse social, de imóvel rural, com pagamento de prévia e justa indenização em dinheiro, nos termos do art. 5º, XXIV, da CF, c/c o art. 2º da Lei n. 4.132/62. 3. Recurso especial provido para, tendo em vista a viabilidade da ação expropriatória, determinar o seu prosseguimento, com o retorno dos autos ao Tribunal *a quo*, para que aprecie o mérito do agravo de instrumento" (STJ, REsp 61.912 RS 2004/0138334-4, rel. Min. José Delgado, j. 7-4-2005, 1ª Turma, *DJ*, 9-5-2005, p. 311).

No mesmo sentido, o Supremo Tribunal Federal:

"A análise das peculiaridades do caso concreto revela a plausibilidade jurídica da tese defendida pelo requerente. De fato, não emerge dos autos, em princípio, que o Estado tenha pretendido realizar desapropriação nos moldes fixados pelo art. 184 da Constituição Federal, cuja competência é indiscutivelmente da União. Tal modalidade, também denominada desapropriação-sanção, tem requisitos próprios, como a necessidade de o imóvel rural não estar cumprindo sua função social e o pagamento de indenização em títulos da dívida agrária. O disciplinamento legal desse procedimento encontra assento na Lei Complementar n. 76/93, alterada pela Lei Complementar n. 88/96, e pelos arts. 18 a 23 do Estatuto da Terra (Lei n. 4.504/64) e pela Lei n. 8.629/93, alterada pela Medida Provisória n. 2.183-56/01. Nessa hipótese, o proprietário que descumprir o mandamento do art. 5º, inciso XXIII, da Carta Federal, perde o bem e não recebe indenização em dinheiro, mas em títulos. 12. Diversa é a modalidade de desapropriação amparada no art. 5º, inciso XXIV, da Constituição e regulamentada pela Lei n. 4.132, de 10-9-1962, que arrola as hipóteses de interesse social em seu art. 2º. Segundo Hely Lopes Meirelles, há interesse social quando 'as circunstâncias impõem a distribuição ou o condicionamento da propriedade para seu melhor aproveitamento, utilização, ou produtividade em benefício da coletividade ou de categorias sociais merecedoras de amparo específico do Poder Público'. Nesse caso, os bens desapropriados não se destinam à Administração ou a seus delegados, mas sim à coletividade ou a certos beneficiários que a lei credencia para recebê-los ou utilizá-los convenientemente. 13. Encontra ressonância na doutrina e na jurisprudência a competência dos demais entes da Federação para proceder à desapropriação, por interesse social, de imóvel rural, com pagamento de prévia e justa indenização em dinheiro. Aqui não se cogita se a propriedade é produtiva, se é latifúndio ou não. Não se trata de sanção pelo mau uso da propriedade. Na realidade, o ente estatal, para desenvolver políticas públicas relacionadas com interesse social específico, expropria e paga a devida indenização ao expropriado, como no caso, sem que com isso invada competência própria da União Federal" (SS 2.217/RS – Suspensão de Segurança, rel. Min. Maurício Corrêa, j. 2-9-2003).

Portanto, o regime da desapropriação sancionatória por interesse social (extraordinária) previsto na Constituição Federal de 1988 não revogou a desapropriação por interesse social geral (ordinária) disciplinada pela Lei n. 4.132/62.

14.11 OBJETO DA DESAPROPRIAÇÃO

Não há dúvida de que a desapropriação quase sempre é realizada sobre bens imóveis. Entretanto, a força expropriante do Estado pode recair sobre qualquer tipo de bem ou direito. É a conclusão que se extrai da norma contida no art. 2º do Decreto-lei n. 3.365/41: "Mediante declaração de utilidade pública, **todos os bens poderão ser desapropriados** pela União, pelos Estados, Municípios, Distrito Federal e Territórios".

Na longa lista dos bens e direitos suscetíveis à desapropriação, merecem destaque:

a) **bens imóveis:** são indiscutivelmente os que, com mais frequência, se sujeitam à força expropriante. Exemplo: desapropriação de uma casa para instalação de asilo municipal;

b) **móveis:** não tão comum quanto a desapropriação imobiliária, a expropriação de bens móveis tem como exemplo a desapropriação de um quadro famoso a ser exposto em museu público;

c) **semoventes:** pode ocorrer, por exemplo, quando uma prefeitura municipal desapropria um conhecido touro para apresentá-lo como atração principal de uma festa de rodeio;

d) **posse:** ocorre quando a força expropriante recai sobre bem que está na posse de um indivíduo, sendo que o proprietário é desconhecido;

e) **usufruto:** nada impede que a desapropriação incida somente sobre alguns aspectos do direito de propriedade, por exemplo, a expropriação apenas dos direitos de usar e fruir da coisa. Fala-se, então, em desapropriação do usufruto;

f) **domínio útil:** igualmente ao que ocorre com o usufruto, inexiste impedimento a que a desapropriação atinja somente o domínio útil, e não a propriedade como um todo;

g) **subsolo:** bastante incomum na prática, a desapropriação pode atingir somente o subsolo do imóvel, sem abranger a propriedade da superfície. Sua utilidade consistiria em permitir, por exemplo, a construção de túneis sem a necessidade de indenizar os proprietários dos imóveis acima localizados;

h) espaço aéreo: igualmente rara, a desapropriação do espaço aéreo localizado acima de um imóvel serve para restringir o direito de construir prédios acima de uma determinada altura. Com as modernas legislações de zoneamento, tornou-se desnecessária essa modalidade expropriatória. Entretanto, o art. 2º, § 1º, do Decreto-lei n. 3.365/41 prescreve: "A desapropriação do espaço aéreo ou do subsolo só se tornará necessária, quando de sua utilização resultar prejuízo patrimonial do proprietário do solo";

i) águas: as águas particulares, como no caso de pequenos córregos de curso restrito aos limites de uma única propriedade, podem ser desapropriadas pelo Poder Público, por exemplo, para garantir o abastecimento da população em períodos de estiagem;

j) ações de determinada empresa: a desapropriação de parcela, ou até da integralidade, do capital social **é uma forma de estatização** de empresas privadas, visando transformá-las em empresas públicas e sociedades de economia mista, ou, então, se a expropriação recair sobre parte minoritária do capital votante, a medida promoverá a participação forçada do Estado na formação da vontade diretiva da empresa;

k) bens públicos: o art. 2º, § 2º, do Decreto-lei n. 3.365/41 autoriza, dentro de condições estudadas a seguir, a **desapropriação de bens** pertencentes ao domínio público;

A prova da OAB elaborada pelo Cespe considerou INCORRETA a assertiva: "Os bens públicos não podem ser desapropriados".

l) cadáveres: bastante curiosa, a desapropriação dos despojos humanos é mencionada pela doutrina como uma forma de viabilizar estudos da anatomia humana em faculdades públicas de medicina.

14.12 EXCEÇÕES À FORÇA EXPROPRIANTE

Como regra, todos os bens e direitos, públicos ou privados, estão sujeitos ao procedimento expropriatório. Entretanto, a doutrina identifica algumas **exceções gerais** à força expropriante, tais como:

a) dinheiro: enquanto meio de troca, a moeda corrente no país não pode ser desapropriada na medida em que é o **instrumento de pagamento da indenização.** Nada impede, entretanto, que uma cédula rara, já sem função monetária, seja desapropriada;

b) direitos personalíssimos: os direitos e garantias fundamentais da pessoa reconhecidos pelo ordenamento jurídico, tais como o direito à vida, à liberdade e à honra, são insuscetíveis de desapropriação por constituírem **res extra commercium**;

c) pessoas: as pessoas físicas ou jurídicas não podem ser desapropriadas porque são sujeitos de direitos, e não objeto de direitos;

d) órgãos humanos: os órgãos humanos são **res extra commercium**, sendo insuscetíveis de desapropriação. Não há impedimento, entretanto, à desapropriação de órgãos e despojos humanos após o falecimento da pessoa;

e) bens móveis livremente encontrados no mercado: sob pena de violação do dever de licitar[9].

Além das referidas exceções gerais, que excluem definitivamente da força expropriante certos bens ou direitos, há casos de **exceções específicas** que impedem que **determinada modalidade** expropriatória alcance alguns objetos, como:

a) desapropriação para reforma agrária (art. 184 da CF): essa espécie expropriatória não pode recair sobre **bens móveis, nem sobre imóveis urbanos,** nem sobre **imóveis rurais produtivos** (art. 185 da CF). É vedado também desapropriar, para fins de reforma agrária, **a pequena e média propriedade rural,** assim definida em lei, desde que seu proprietário não possua outra (art. 185, I, da CF);

b) desapropriação para política urbana (art. 182, § 4º, III, da CF): a desapropriação para política urbana, de competência do Município, não pode incidir sobre **bens móveis** nem sobre **imóveis rurais;**

c) desapropriação de bens públicos (art. 2º, § 2º, do Decreto-lei n. 3.365/41): a desapropriação de bens públicos é permitida pela Lei Geral de Desapropriações (Decreto-lei n. 3.365/41) quando realizada de cima para baixo, isto é, por entes federativos "superiores" sobre os "inferiores". Assim, é vedada tal desapropriação em relação a **bens pertencentes a entidades federativas superiores.** Exemplo: o Estado não pode desapropriar bens públicos federais, mas somente **municipais**. Outra importante vedação está no art. 2º, § 3º, do Decreto-lei n. 3.365/41: "É vedada a desapropriação, pelos Estados, Distrito Federal, Territórios e Municípios, **de ações, cotas e direitos representativos do capital de instituições e empresas cujo funcionamento dependa de autorização do Governo Federal** e se subordine à sua fiscalização, salvo mediante prévia autorização, por decreto do **Presidente da República**".

> A prova da Magistratura/PA considerou INCORRETA a assertiva: "É possível a desapropriação de bens públicos na direção vertical das entidades federativas. No entanto, com base no princípio federativo e no princípio da preponderância dos interesses, é possível Município desapropriar bem do Estado, se provado o interesse local".
>
> A prova da OAB/RJ elaborada pelo Cespe considerou CORRETA a assertiva: "O Estado pode desapropriar bem do Município".
>
> A prova da Magistratura/PA considerou INCORRETA a assertiva: "Conforme jurisprudência dos Tribunais Superiores, Estado e Município podem desapropriar bens de empresa pública federal, sem a necessidade de autorização do Presidente da República, pois se trata de entidade da Administração Indireta".

---

9. Diogo de Figueiredo Moreira Neto, *Curso de direito administrativo*, p. 427.

14.13 ESPÉCIES DE DESAPROPRIAÇÃO

A legislação brasileira contempla diversas modalidades de desapropriação, a seguir estudadas.

14.13.1 Desapropriação para reforma agrária (art. 184 da CF)

De **competência exclusiva da União**, a desapropriação para fins de reforma agrária tem **natureza sancionatória**, servindo de punição para o imóvel que desatender a função social da propriedade rural.

> A prova da OAB/PR considerou INCORRETA a assertiva: "Compete à União e aos Estados desapropriar por interesse social, para fins de reforma agrária, o imóvel rural que não esteja cumprindo sua função social, mediante prévia e justa indenização em dinheiro".

Nos termos do art. 2º, § 1º, do Estatuto da Terra (Lei n. 4.504/64), a propriedade rural desempenha integralmente a sua **função social** quando possui simultaneamente os seguintes **requisitos**:

1) favorece o **bem-estar** dos proprietários e dos trabalhadores que nela labutam, assim como de suas famílias;

2) mantém **níveis satisfatórios de produtividade**;

3) assegura a conservação dos **recursos naturais**;

4) observa as disposições legais que regulam as **justas relações de trabalho** entre os que a possuem e a cultivem.

> A prova do Ministério Público/PB elaborada pelo Cespe considerou CORRETA a afirmação: "Não constitui requisito para a caracterização da função social da propriedade para fins rurais a preservação da flora e da fauna nativas".

Os mesmos requisitos para atendimento da função social foram reproduzidos, com pequena variação terminológica, no art. 186 da Constituição Federal: I – aproveitamento racional e adequado; II – utilização adequada dos recursos naturais disponíveis e preservação do meio ambiente; III – observância das disposições que regulam as relações de trabalho; IV – exploração que favoreça o bem-estar dos proprietários e dos trabalhadores.

A **indenização**, na desapropriação para fins de reforma agrária, deve ser prévia e justa, mas não é paga em dinheiro, e sim em **títulos da dívida agrária** (TDAs), com cláusula de preservação do valor real, resgatáveis **no prazo de até vinte anos**, a partir do segundo ano de sua emissão.

Entretanto, as **benfeitorias úteis e necessárias**, isto é, as construções no imóvel, serão indenizadas em dinheiro (art. 184, § 1º, da CF). Quanto às benfeitorias voluptuárias, seu valor deve integrar o TDA.

> A prova da OAB elaborada pelo Cespe considerou INCORRETA a assertiva: "Na desapropriação por interesse social para fins de reforma agrária, serão indenizadas por título da dívida pública não apenas a terra nua, mas também as benfeitorias úteis e necessárias, sendo que as voluptuosas não serão indenizadas".

Bastante controvertida é a norma contida no § 5º do art. 184 da Constituição Federal, segundo a qual: "são isentas de impostos federais, estaduais e municipais as operações de transferência de imóveis desapropriados para fins de reforma agrária". Porém, estando prevista no texto constitucional, a referida norma contempla **verdadeira imunidade tributária**, e não exatamente uma isenção, na medida em que esta última figura consiste em dispensa "legal" do pagamento de tributo.

IMPORTANTE: para diferenciar propriedade urbana e rural, o **Direito Administrativo** emprega o **critério da destinação predominante**. Por isso, mesmo localizado em área urbana, o imóvel pode ser desapropriado para reforma agrária se for utilizado para finalidade rural. Porém, o Direito Tributário utiliza outro critério para estabelecer a mesma distinção entre imóveis urbanos e rurais: o da localização (art. 32 do CTN). Assim, nada impede que o imóvel seja desapropriado para reforma agrária e sobre ele incida o IPTU.

Convém lembrar também que são **insuscetíveis à desapropriação** para reforma agrária (art. 185 da CF):

a) pequena e média propriedades, desde que o dono não possua outra;

b) propriedade produtiva, nos termos de atos normativos expedidos pelo Instituto Nacional de Colonização e Reforma Agrária – Incra, fixando índices mínimos de aproveitamento do imóvel.

Nos termos do art. 4º da Lei n. 8.629/93, considera-se, para **fins de reforma agrária**: a) **pequena propriedade rural** o imóvel de área compreendida entre 1 e 4 módulos fiscais; b) **média propriedade rural** o imóvel de área superior a 4 e até 15 módulos fiscais. Acima de 15 módulos fiscais, trata-se de grande propriedade.

A 21ª prova de Procurador da República considerou CORRETA a afirmação: "A pequena propriedade rural, assim definida como aquela de área compreendida entre 1 e 4 módulos fiscais, pode, atendidos os requisitos legais e constitucionais, ser expropriada para fins de reforma agrária".

Importantíssimo salientar que os **Estados, Distrito Federal e Municípios podem desapropriar imóveis rurais** com fundamento em necessidade pública ou utilidade pública. Somente a desapropriação por interesse social para fins de **reforma agrária** é exclusiva da União.

A 23ª prova da Procuradoria da República considerou CORRETA a assertiva: "Podem os Estados e Municípios desapropriar imóveis rurais para fins de utilidade pública, não, porém, para fins de reforma agrária, privativa da União".

A 21ª prova de Procurador da República considerou CORRETA a afirmação: "As terras rurais de domínio da União, dos Estados e dos Municípios devem ser destinadas, preferencialmente, à execução de planos de reforma agrária".

14.13.1.1 Procedimento da desapropriação rural

A **Lei Complementar n. 76/93** disciplina o **procedimento judicial**, de rito sumário e contraditório especial, aplicável à desapropriação rural.

O rito expropriatório inicia com a expedição do **decreto expropriatório**, de competência do Presidente da República, declarando de interesse social o imóvel, para fins de desapropriação.

Com a expedição do decreto, fica o expropriante legitimado a promover a **vistoria** e a **avaliação** do imóvel, inclusive com o auxílio de força policial, mediante prévia autorização do juiz. A partir do decreto, a União ou o Incra tem o prazo prescricional **de dois anos para propositura da ação de desapropriação.**

Nos termos do art. 5º da Lei Complementar n. 76/93, a **petição inicial** deverá conter a oferta do preço e será instruída com os seguintes documentos:

I – texto do decreto declaratório de interesse social para fins de reforma agrária, publicado no *Diário Oficial da União*;

II – certidões atualizadas de domínio e de ônus real do imóvel;

III – documento cadastral do imóvel;

IV – laudo de vistoria e avaliação administrativa, que conterá, necessariamente: a) descrição do imóvel, por meio de sua planta geral e a planta de situação, e memorial descritivo da área objeto da ação; b) relação das benfeitorias úteis, necessárias e voluptuárias, das culturas e pastos naturais e artificiais, da cobertura florestal, seja natural ou decorrente de florestamento ou reflorestamento, e dos semoventes; c) discriminadamente, os valores de avaliação da terra nua e das benfeitorias indenizáveis;

V – comprovante de lançamento dos Títulos da Dívida Agrária correspondente ao valor ofertado para pagamento de terra nua;

VI – comprovante de depósito em banco oficial, ou outro estabelecimento no caso de inexistência de agência na localidade, à disposição do juízo, correspondente ao valor ofertado para pagamento das benfeitorias úteis e necessárias.

Ao **despachar a petição inicial**, o juiz, de plano ou no prazo máximo de quarenta e oito horas, adotará as seguintes providências (art. 6º):

I – ordenará a **imissão provisória na posse** do imóvel;

II – determinará a **citação** do expropriando para contestar o pedido e indicar assistente técnico, se quiser;

III – expedirá mandado ordenando a **averbação do ajuizamento da ação no registro do imóvel** expropriando, para conhecimento de terceiros.

No curso da ação, nos dez primeiros dias após a citação, poderá ser designada **audiência de conciliação** com a finalidade de fixar o valor da justa e prévia indenização.

Dentro do prazo de quinze dias, o expropriado poderá apresentar **contestação** para discutir exclusivamente o **valor da indenização**, bem como **eventuais nulidades** no procedimento.

A legislação considera obrigatória, sob pena de nulidade, a intervenção do **Ministério Público Federal** como fiscal da lei (*custos legis*).

Havendo acordo sobre o valor da indenização, cabe ao juiz realizar a homologação por meio de sentença. Inexistindo acordo, o juiz prolatará a **sentença** fixando o valor da indenização, cabendo ao expropriante depositar a quantia adicional, nos termos do laudo pericial.

A pedido do expropriado, após o trânsito em julgado da sentença, será levantada a indenização ou o depósito judicial, deduzido o valor de tributos e multas incidentes sobre o imóvel, exigíveis até a data da imissão na posse pelo expropriante (art. 16 da LC n. 76/93).

14.13.2 Desapropriação para política urbana (art. 182, § 4º, III, da CF)

Prevista no art. 182, § 4º, III, da Constituição Federal, a desapropriação por **interesse social** para política urbana é de **competência exclusiva dos municípios**, tendo função **sancionatória**, uma vez que recai sobre imóveis urbanos que **desatendem sua função social.**

De acordo com o § 2º do art. 182 da Constituição Federal, a propriedade urbana **cumpre sua função social** quando atende às exigências fundamentais de ordenação da cidade expressas no **plano diretor**, assegurando o atendimento das necessidades dos cidadãos quanto à **qualidade de vida**, **à justiça social** e **ao desenvolvimento das atividades econômicas.**

Assim, a função social do imóvel urbano está vinculada ao cumprimento do plano diretor, lei municipal **obrigatória**, nos termos do art. 41 da Lei n. 10.257/2001 (Estatuto das Cidades), **para cidades:**

I – com **mais de vinte mil habitantes;**

II – integrantes de **regiões metropolitanas** e aglomerações urbanas;

III – onde o Poder Público municipal pretenda utilizar os **instrumentos de política urbana** previstos no Estatuto da Cidade;

IV – integrantes de áreas de especial **interesse turístico;**

V – inseridas na área de influência de empreendimentos ou atividades com **significativo impacto ambiental** de âmbito regional ou nacional;

VI – incluídas no cadastro nacional de Municípios com áreas suscetíveis à ocorrência de deslizamentos de grande impacto, inundações bruscas ou processos geológicos ou hidrológicos correlatos.

A natureza **sancionatória** da desapropriação urbanística é revelada pelo fato de a **indenização** não ser em dinheiro, mas **em títulos da dívida pública**, de emissão previamente aprovada pelo Senado Federal, com **prazo de resgate de até dez anos**, em parcelas anuais, iguais e sucessivas, assegurados o valor real da indenização e os juros legais (art. 182 da CF). Os títulos da dívida pública não terão poder liberatório para pagamento de tributos.

> A prova da OAB/MS elaborada pelo Cespe considerou CORRETA a assertiva: "Há previsão, na CF, de a desapropriação de solo urbano vir a ser efetuada com pagamento mediante títulos da dívida pública".

O art. 8º, § 2º, do Estatuto da Cidade prescreve que o **valor real da indenização**: I – refletirá o valor da base de cálculo do IPTU, descontado o montante incorporado em função de obras realizadas pelo Poder Público na área onde o imóvel se localiza; II – não computará expectativas de ganhos, lucros cessantes e juros compensatórios.

Fundamental destacar que o Município somente poderá efetivar a desapropriação urbanística sancionatória **após três providências** sucessivas e infrutíferas na tentativa de forçar o uso adequado do imóvel:

1ª) exigência de promoção do adequado aproveitamento;

2ª) ordem de parcelamento, utilização ou edificação compulsória;

3ª) cobrança do Imposto Predial e Territorial Urbano progressivo no tempo durante **cinco anos**, observada a alíquota máxima de 15% (art. 7º, § 1º, do Estatuto da Cidade).

> A prova da OAB/MS elaborada pelo Cespe considerou CORRETA a assertiva: "Decorridos cinco anos de cobrança do IPTU progressivo sem que o proprietário tenha cumprido a obrigação de parcelamento, edificação ou utilização, o Município pode promover desapropriação mediante prévia e justa indenização em dinheiro".

Importante relembrar que a exigência das providências acima referidas, bem como a efetivação da desapropriação urbanística, não podem ser promovidas em qualquer imóvel, mas somente **sobre aqueles inseridos em área definida em lei municipal específica e incluída no plano diretor.**

Desatendidas as condições acima mencionadas, a desapropriação para política urbana não pode ser validamente realizada.

Por fim, vale destacar que o art. 46 da Lei Complementar n. 101/2000 (Lei de Responsabilidade Fiscal) declara **nulo de pleno direito** ato de desapropriação de imóvel urbano expedido sem o atendimento do disposto no § 3º do art. 182 da Constituição, ou prévio depósito judicial do valor da indenização.

14.13.3 Desapropriação de bens públicos

O art. 2º, § 2º, do Decreto-lei n. 3.365/41 prevê expressamente a possibilidade de as **entidades federativas geograficamente maiores desapropriarem bens pertencentes às menores**: "Os bens do domínio dos Estados, Municípios, Distrito Federal e Territórios poderão ser desapropriados pela União, e os dos Municípios pelos Estados, mas, em qualquer caso, ao ato deverá preceder **autorização legislativa**".

A 178ª prova da Magistratura/SP considerou CORRETA a assertiva: "Na desapropriação por necessidade ou utilidade pública, o Estado federado pode desapropriar bens dos Municípios incluídos dentro do seu território".

Trata-se de uma regra de constitucionalidade bastante duvidosa, havendo quem a considera incompatível com o princípio da igualdade das esferas federativas. Porém, a doutrina majoritária afirma que a desapropriação de bens públicos está baseada na noção de **interesse público predominante**, sendo uma providência indispensável, por exemplo, para realização, sem empecilhos políticos regionais, de rodovias federais que atravessam vários Estados.

Desse modo, a União pode desapropriar bens públicos estaduais, distritais e municipais; e o Estados, bens públicos municipais.

Mas nunca se admite desapropriação promovida pelas entidades menores sobre as maiores. Assim, **Estados não desapropriam bens federais**, bem como **Municípios e o Distrito Federal não podem desapropriar bens públicos** de nenhuma natureza.

Em síntese, a desapropriação de bens públicos pode ser feita "de cima para baixo", mas nunca "de baixo para cima".

Por fim, cumpre destacar que o art. 2º, § 3º, do Decreto-lei n. 3.365/41 estabelece que "é vedada a desapropriação, pelos Estados, Distrito Federal, Territórios e Municípios de ações, cotas e direitos representativos do capital de instituições e empresas cujo funcionamento dependa de autorização do Governo Federal e se subordine à sua fiscalização, salvo mediante prévia autorização, por decreto do Presidente da República".

14.13.4 Desapropriação indireta ou apossamento administrativo

Acesse também a videoaula pelo link:
http://somos.in/MDA1130

Prática imoral e amplamente vedada pela legislação brasileira, a desapropriação indireta é o **esbulho possessório** praticado pelo Estado, quando invade área privada sem contraditório ou pagamento de **indenização**.

A prova de Procurador do Distrito Federal elaborada pela Esaf considerou CORRETA a assertiva: "Desapropriação indireta é o esbulho praticado pelo Estado, sem justo título, para implantar no imóvel esbulhado um serviço público".

A prova da OAB/SP elaborada pela Vunesp considerou CORRETA a assertiva: "Caracteriza-se como desapropriação indireta aquela que se efetiva sem a observância do procedimento legal específico".

A desapropriação indireta, infelizmente ainda comum em nosso país, é uma espécie de **desapropriação de fato**, estando proibida, entre outros dispositivos, pelo art. 46 da Lei Complementar n. 101/2000.

Sua natureza jurídica é de **fato administrativo**, materializando-se por meio da **afetação fática** de um bem à utilidade pública, **sem observância do devido processo legal** (violação do art. 5º, LIV, da CF)[10].

Uma vez que o bem é incorporado faticamente, ainda que de forma ilegal, ao domínio público, o **ordenamento jurídico proíbe a utilização de ações possessórias ou reivindicatórias** (art. 35 do Decreto-lei n. 3.365/41), restando ao proprietário prejudicado a propositura de **ação judicial de indenização por desapropriação indireta**[11]. Ocorre, desse modo, uma inversão entre as fases de pagamento da indenização e apossamento do bem desapropriado (Cespe).

A pretensão indenizatória fundamenta-se na violação do princípio da prévia e justa indenização em dinheiro (art. 5º, XXIV, da CF) e na perda da propriedade (art. 35 do DL n. 3.365/41)[12].

O valor da indenização deve observar os parâmetros fixados no art. 27 do DL n. 3.365/41 ("o juiz indicará na sentença os fatos que motivaram o seu convencimento e deverá atender, especialmente, à estimação dos bens para efeitos fiscais; ao preço de aquisição e interesse que deles aufere o proprietário; à sua situação, estado de conservação e segurança; ao valor venal dos da mesma espécie, nos últimos cinco anos, e à valorização ou depreciação de área remanescente, pertencente ao réu"). Incidem cumulativamente juros compensatórios e moratórios, nos termos do art. 15-A, § 3º, do DL n. 3.365/41[13].

É cabível também ação indenizatória por desapropriação indireta na hipótese de **tombamento ambiental ou servidão excessivamente restritivos**, ou sem contrapartidas satisfatórias, que terminem por esvaziar o direito de propriedade do particular. Nesse caso, não ocorre propriamente o apossamento administrativo, mas uma **desapropriação indireta por desvirtuamento de título legítimo**.

Segundo a jurisprudência consolidada, o **juízo competente** para decidir a desapropriação indireta é o do **foro da situação do bem**[14].

> A prova Magistratura/PR em 2017 elaborada pelo Cespe considerou CORRETA a afirmação: "O juízo competente para processar e julgar a desapropriação indireta é o do foro de situação do bem".

10. Fundação Getulio Vargas. Padrão de Respostas. Prova Discursiva. Direito Administrativo. VI Exame de Ordem Unificado.
11. Idem.
12. Idem.
13. Idem.
14. Idem.

Recentemente firmou-se o entendimento de que o **prazo** para propositura da ação de indenização por desapropriação indireta, após a entrada em vigor do novo Código Civil, é de **dez anos** (STJ: REsp 1.300.442, com base no art. 1.238 do Código Civil, entendendo não ser mais aplicável a Súmula 119 do próprio Tribunal)[15].

O promissário-comprador do imóvel tem direito de receber a indenização no caso de desapropriação indireta, ainda que a promessa não esteja registrada no cartório competente (2ª Turma STJ: REsp 1.204.923).

14.13.5 Desapropriação por zona

De acordo com o art. 4º do Decreto-lei n. 3.365/41, a desapropriação poderá abranger a área contígua necessária para futuras ampliações da obra e as **zonas que se valorizarem extraordinariamente**, em consequência da realização do serviço.

> A prova da Magistratura/PA considerou INCORRETA a assertiva: "Desapropriação por zona é aquela em que se desapropria toda uma região; por exemplo, um bairro, para que seja a área destinada a assentamento de pessoas carentes".

Assim, desapropriação por zona é aquela que recai sobre **área maior do que a necessária**, a fim de absorver a futura valorização dos imóveis vizinhos em decorrência da obra realizada. O mesmo art. 4º da Lei Geral de Desapropriações menciona a possibilidade de serem expropriados imóveis contíguos necessários ao desenvolvimento da obra a que se destina. Entretanto, a doutrina não tem considerado tal hipótese como **desapropriação por zona**, na medida em que esta teria como objetivo somente a absorção da valorização na vizinhança, decorrente da obra.

> A prova da OAB elaborada pelo Cespe considerou INCORRETA a assertiva: "Na desapropriação por zona, devem ser incluídos os imóveis contíguos ao imóvel desapropriado, necessários ao desenvolvimento da obra a que se destina".

Para alguns autores (visão minoritária), o instituto da contribuição de melhoria, previsto no art. 145, III, da Constituição Federal, atingiria o mesmo objetivo da desapropriação por zona, mas de um modo menos gravoso para o particular, razão pela qual a figura da desapropriação por zona teria sido revogada pelo texto constitucional de 1988.

14.13.6 Desapropriação ordinária *versus* desapropriação extraordinária

Denomina-se ordinária a **desapropriação comum**, realizada por qualquer entidade federativa (competência comum), com fundamento na necessidade ou utilidade públicas. Não tem caráter sancionatório. Suas normas gerais estão previstas no art. 5º, XXIV, da CF, e no Decreto-lei n. 3.365/41, sendo a **indenização sempre prévia, justa e em dinheiro.**

15. Nesse ponto, alteramos o entendimento sustentado até a 3ª edição deste *Manual*.

Já a **desapropriação extraordinária** é aquela revestida de **natureza sancionatória** (desapropriação-pena), sendo uma punição para a hipótese de descumprimento da função social da propriedade. Por isso, a **indenização** é prévia, justa, mas **não em dinheiro**. A **competência** para a desapropriação extraordinária é **privativa** da União, no caso de imóveis rurais, e dos Municípios, para imóveis urbanos.

14.13.7 Desapropriação confiscatória

O art. 243 da Constituição Federal determina que as propriedades rurais e urbanas de qualquer região do País onde forem localizadas culturas ilegais de plantas psicotrópicas ou a exploração de trabalho escravo na forma da lei serão expropriadas e destinadas à reforma agrária e a programas de habitação popular, sem qualquer indenização ao proprietário e sem prejuízo de outras sanções previstas em lei.

> A prova da Magistratura/MG considerou INCORRETA a assertiva: "A desapropriação em nenhuma hipótese pode se dar sem justa indenização".

Embora o dispositivo constitucional afirme que as propriedades "serão expropriadas", não se trata propriamente de uma **desapropriação**, mas de uma modalidade de **confisco** ou **perdimento de bens**, uma vez que inexiste pagamento de indenização.

A desapropriação confiscatória tem seu procedimento judicial estabelecido pela **Lei n. 8.257/91**, que trata da incorporação do bem ao patrimônio público da União, devendo ser destacada a desnecessidade de expedição do decreto expropriatório.

14.14 FASES DA DESAPROPRIAÇÃO

O procedimento expropriatório divide-se em duas grandes etapas: fase declaratória e fase judicial.

A **fase declaratória** é iniciada com a expedição do decreto expropriatório ou a publicação da lei expropriatória. Como regra, a desapropriação instaura-se com a expedição do **decreto expropriatório** pelo **Presidente da República, Governador, Interventor** ou **Prefeito** (art. 6º do Decreto-lei n. 3.365/41). Entretanto, excepcionalmente o Poder Legislativo poderá tomar a iniciativa da desapropriação por meio da promulgação de lei específica, cumprindo, neste caso, ao Executivo, praticar os atos necessários à sua efetivação.

> A prova de Cartório/DF elaborada pelo Cespe considerou INCORRETA a afirmação: "A competência para declarar a utilidade pública ou o interesse social do bem que se pretende desapropriar, assim como a prática dos atos executórios necessários à transferência da propriedade, cabe aos delegatários do poder público".

O decreto expropriatório é ato privativo dos chefes do Executivo, tendo **natureza discricionária**. Trata-se de **ato administrativo de efeitos concretos**, e não propriamente regulamentar, sendo por isso suscetível de impugnação judicial via mandado de segurança.

A expedição do decreto produz os seguintes **efeitos**:

a) submete o bem a um regime jurídico especial;

b) declara a destinação pretendida para o objeto expropriado;

c) **fixa o estado da coisa** para fins de indenização, de modo que benfeitorias voluptuárias construídas após a data do decreto não serão incorporadas ao *quantum* da indenização. Já no caso de benfeitorias necessárias, seu custo deve ser incorporado à indenização, ao passo que as benfeitorias úteis, para incorporação ao preço, devem ser expressamente autorizadas pelo poder expropriante;

d) **autoriza o direito de penetração**, de modo que o Estado pode, mediante notificação prévia, ingressar no bem para fazer medições. É o que estabelece o art. 7º do Decreto-lei n. 3.365/41: "Declarada a utilidade pública, ficam as autoridades administrativas autorizadas a penetrar nos prédios compreendidos na declaração, podendo recorrer, em caso de oposição, ao auxílio de força policial". Se houver **abuso ou excesso de poder** no exercício do direito de penetração, cabe **indenização** por perdas e danos, sem prejuízo da ação penal cabível;

A **Súmula 23** do Supremo Tribunal Federal **permite a concessão de licença** para realização de obra no imóvel, mesmo após a expedição do decreto: "Verificados os pressupostos legais para o licenciamento da obra, não o impede a declaração de utilidade pública para desapropriação do imóvel, mas o valor da obra não se incluirá na indenização, quando a desapropriação for efetivada".

e) **inicia o prazo de caducidade**, que será de **cinco anos**, contados da expedição do decreto, para as desapropriações por necessidade ou **utilidade pública**, e de **dois anos**, também contados da expedição do decreto, na **hipótese de interesse social**;

> A 23ª prova da Procuradoria da República considerou INCORRETA a assertiva: "A desapropriação por utilidade pública deverá efetivar-se mediante acordo ou intentar-se judicialmente dentro de dois anos, contados da data da expedição do respectivo decreto e findos os quais este caducará".
>
> A prova da OAB/PR considerou CORRETA a assertiva: "A desapropriação por utilidade pública deverá ser efetivada mediante acordo ou ser intentada judicialmente dentro de 5 (cinco) anos, contados da data da expedição do respectivo decreto e, findos os quais, este caducará".

f) preenchido o requisito legal de comprovada urgência, autoriza a imissão provisória na posse (art. 15 do Decreto-lei n. 3.365/41);

g) determina a entidade federativa com precedência sobre o bem (art. 2º do Decreto-lei n. 3.365/41).

Escoado o **prazo decadencial**, somente decorrido um ano poderá ser o mesmo bem objeto de nova declaração (art. 10 do Decreto-lei n. 3.365/41).

Ainda quanto a prazos, o art. 10, parágrafo único, do Decreto-lei n. 3.365/41, com redação dada pela Medida Provisória n. 2.183-56/2001, define o prazo de cinco anos para propor ação que vise a indenização por restrições decorrentes de atos do Poder Público.

A **fase executória inicia-se quando**, após manifestar o interesse no imóvel, por meio da expedição do decreto expropriatório, o Poder Expropriante passa a tomar as medidas concretas para incorporação do bem no domínio público. É realizada uma **primeira oferta** pelo bem, que, uma vez **aceita** pelo particular expropriado, consuma a mudança de propriedade, denominando-se **desapropriação amigável**. Na hipótese de o expropriado não aceitar o valor oferecido, encerra-se a etapa administrativa da fase executória e terá início a **fase judicial**, com a propositura, pelo Poder Público, da **ação de desapropriação**.

Na ação de desapropriação, nos termos do art. 9º do Decreto-lei n. 3.365/41, é vedado ao Poder Judiciário avaliar se estão presentes, ou não, as hipóteses de utilidade pública. A regra impede que o Poder Judiciário ingresse na análise do mérito do decreto expropriatório, isto é, no juízo de conveniência e oportunidade de realizar-se a desapropriação, sob pena de invadir a **independência do Poder Executivo**.

> A prova da OAB/PR considerou INCORRETA a assertiva: "Nos processos judiciais referentes às desapropriações por utilidade pública, o expropriado poderá impugnar todo e qualquer aspecto do procedimento administrativo expropriatório, levando o Poder Judiciário a decidir, inclusive, se era o caso, ou não, da Administração Pública declarar aquele imóvel como sendo de utilidade pública".

Nesse sentido, a doutrina afirma que o expropriado, na contestação da ação de desapropriação, somente pode discutir **eventual ilegalidade**, como **desvio de finalidade**, por exemplo, e o **valor da indenização**.

> A 176ª prova da Magistratura/SP considerou CORRETA a assertiva: "O ato desapropriatório é realizado com base no interesse público. Após a publicação do decreto, surgem indícios de favorecimento, ocorrendo, assim, plausibilidade de ato danoso ao erário. Para desconstituir o ato, o vício a ser alegado é o do desvio de finalidade".

Entretanto, segundo Celso Antônio **Bandeira de Mello**, além desses dois temas, seria possível discutir também, na ação de desapropriação, o enquadramento da situação concreta nas hipóteses legais da modalidade expropriatória utilizada[16].

14.14.1 Mediação e arbitragem no rito expropriatório

A Lei n. 13.867, de 26 de agosto de 2019, inseriu os arts. 10-A e 10-B no Decreto-lei n. 3.365/41, disciplinando o uso de mediação no rito expropriatório.

16. *Curso de direito administrativo*, p. 891.

Antes de propor a ação judicial de desapropriação, o Poder Expropriante deverá notificar o proprietário apresentando a oferta de indenização (art. 10-A).

A notificação deve conter:

I – cópia do ato de declaração de utilidade pública;

II – planta ou descrição dos bens e suas confrontações;

III – valor da oferta;

IV – informação de que o prazo para aceitar ou rejeitar a oferta é de 15 dias e de que o silêncio será considerado rejeição.

Se a oferta for aceita, deve-se realizar o pagamento, lavrando-se o acordo, o qual será título hábil para a transcrição no registro de imóveis (art. 10-A, § 2º). Sendo rejeitada a oferta, ou transcorrido o prazo de 15 dias sem manifestação, o Poder Expropriante deverá propor a ação judicial de desapropriação (§ 3º).

O art. 10-B do Decreto-lei n. 3.365/41, com redação dada pela Lei n. 13.867/2019, admite a opção pela mediação ou pela via arbitral, hipótese em que o particular indicará um dos órgãos ou instituições especializados em mediação ou arbitragem previamente cadastrados pelo órgão responsável pela desapropriação.

A mediação seguirá as normas da Lei n. 13.140/2015, enquanto a arbitragem rege-se pela Lei n. 9.307/96.

14.15 AÇÃO DE DESAPROPRIAÇÃO E IMISSÃO PROVISÓRIA

Não havendo acordo administrativo quanto ao valor da indenização ofertado pelo Expropriante, o impasse deve ser solucionado perante o Poder Judiciário. Para tanto, o Expropriante propõe a ação judicial de desapropriação.

O polo ativo da demanda será ocupado pela entidade pública que atuou como **Poder Expropriante**, podendo ser a União, Estado, Distrito Federal, Território, Município, autarquia, fundação pública, agência reguladora, associação pública, empresa pública, sociedade de economia mista ou fundação governamental de direito privado. Admite-se também a propositura da ação de **desapropriação por concessionários** ou **permissionários**, desde que encarregados, pela lei ou por contrato, de promover a desapropriação.

> A prova do Ministério Público/RR 2008 elaborada pelo Cespe considerou CORRETA a afirmação: "Podem ser sujeitos ativos da desapropriação por utilidade pública a União, os estados, os municípios e o DF".
>
> A 179ª prova da Magistratura/SP considerou CORRETA a assertiva: "Os concessionários de serviços públicos poderão promover desapropriações mediante autorização expressa em lei".

O polo passivo da ação de desapropriação é ocupado pelo **proprietário expropriado**. Além disso, é obrigatória a intervenção do **Ministério Público** como fiscal da lei (*custos legis*) em qualquer ação de desapropriação.

A ação, quando a União for autora, será proposta no Distrito Federal ou no foro da Capital do Estado onde for domiciliado o réu, perante o juízo privativo, se houver; sendo outro o autor, no foro da situação dos bens. Somente os juízes que tiverem garantia de vitaliciedade, inamovibilidade e irredutibilidade de vencimentos poderão conhecer dos processos de desapropriação (arts. 12 e 13 do Decreto-lei n. 3.365/41). A desapropriação judicial observa o **rito ordinário.**

A **petição inicial** da ação de desapropriação, além dos requisitos previstos no art. 319 do novo Código de Processo Civil, deverá conter a oferta do preço e será instruída com um exemplar do contrato, ou do jornal oficial que houver publicado o **decreto de desapropriação**, ou cópia autenticada, e a **planta** ou **descrição dos bens** e **suas confrontações.** O pedido principal da ação é a efetivação da desapropriação, incorporando-se definitivamente o bem ao patrimônio público.

A citação será por edital se o citando não for conhecido, ou estiver em lugar ignorado, incerto ou inacessível, ou, ainda, no estrangeiro, ocorrendo a certificação por dois oficiais do juízo (art. 18 do Decreto-lei n. 3.365/41). Nada impede, portanto, que a **ação de desapropriação** corra à revelia.

> A prova de Analista Fiscal elaborada pela Esaf considerou INCORRETA a assertiva: "Para propositura da ação judicial de desapropriação é essencial a identificação do proprietário do bem".

Na **contestação**, como visto, o expropriado somente poderá discutir **eventuais ilegalidades**, o **valor da indenização** e o **enquadramento da desapropriação** em uma das hipóteses legais. Qualquer outra questão deverá ser decidida em ação autônoma.

Se o expropriante alegar urgência e depositar a quantia arbitrada em conformidade com o Código de Processo Civil, o juiz decretará a **imissão provisória na posse.**

Portanto, os **requisitos** da imissão provisória são **alegação de urgência** e **depósito da quantia arbitrada.**

O art. 15, § 1º, do Decreto-lei n. 3.365/41 define o valor do depósito necessário para a imissão provisória como:

a) do preço oferecido, se este for superior a vinte vezes o valor locativo, caso o imóvel esteja sujeito ao imposto predial (IPTU ou ITR);

b) da quantia correspondente a vinte vezes o valor locativo, estando o imóvel sujeito ao imposto predial e sendo menor o preço oferecido;

c) do valor cadastral do imóvel, para fins de lançamento do imposto territorial, urbano ou rural, caso o referido valor tenha sido atualizado no ano fiscal imediatamente anterior;

d) não tendo havido a atualização a que se refere a hipótese anterior, o juiz fixará, independente de avaliação, a importância do depósito, tendo em vista a época em que houver sido fixado originalmente o valor cadastral e a valorização ou desvalorização posterior do imóvel.

A imissão provisória **não pode ser indeferida pelo juiz** se forem atendidos os requisitos legais. Trata-se, assim, de **direito subjetivo** do expropriante ao ingresso antecipado do Poder Público na **posse do bem**. Antecipado porque, como regra, a transferência da posse somente ocorre com o encerramento da ação de desapropriação.

> A prova da Magistratura/MG considerou CORRETA a assertiva: "No procedimento de desapropriação por utilidade pública, cujo objeto é imóvel constituído por prédio urbano residencial, o Poder Público poderá alegar urgência para imitir-se provisoriamente na posse do bem, mediante o depósito do preço oferecido, se este não for impugnado pelo expropriado em 5 dias da intimação da oferta".

A alegação de urgência, que não poderá ser renovada, obrigará o expropriante a requerer a imissão provisória dentro do **prazo improrrogável de cento e vinte dias**.

De acordo com o art. 15, § 4º, do Decreto-lei n. 3.365/41, com redação dada pela Lei n. 11.977/2009, a imissão provisória na posse **será registrada no registro de imóveis competente**.

Convém esclarecer que a imissão provisória pode ser requerida em qualquer modalidade expropriatória, isto é, nas desapropriações fundadas na necessidade pública, utilidade pública e interesse social.

Na **sentença** da ação expropriatória, o juiz, baseado em laudos periciais, fixa o valor da **justa indenização** que poderá ser levantada pelo expropriado, consumando a incorporação do bem ao patrimônio público. As dívidas fiscais serão deduzidas dos valores depositados, quando inscritas e ajuizadas (art. 32, § 1º, do Decreto-lei n. 3.365/41).

Da sentença que fixar o preço da indenização caberá **apelação** com efeito simplesmente devolutivo, quando interposta pelo expropriado, e com ambos os efeitos, quando o for pelo expropriante (art. 28 do Decreto-lei n. 3.365/41).

A sentença expropriatória produz **dois efeitos principais**: a) permite a **imissão definitiva** do Poder Expropriante na posse do bem; b) constitui título capaz de viabilizar o **registro da transferência** de propriedade no cartório competente.

14.16 RETROCESSÃO (ART. 519 DO CC)

Retrocessão é a **reversão do procedimento expropriatório** devolvendo-se o bem ao antigo dono, pelo preço atual, se não lhe for atribuída uma destinação pública.

No Direito brasileiro atual, o instituto vem disciplinado no art. 519 do Código Civil, segundo o qual: "Se a coisa expropriada para fins de necessidade ou utilidade pública, ou por interesse social, não tiver o destino para que se desapropriou, ou não for utilizada em obras ou serviços públicos, caberá ao expropriado direito de preferência, pelo **preço atual da coisa**".

> A prova de Procurador do Distrito Federal elaborada pela Esaf considerou CORRETA a assertiva: "O imóvel desapropriado por utilidade pública se não tiver o destino para o qual foi desapropriado deve ser oferecido ao expropriado, pelo preço atual".

Grande **controvérsia doutrinária** sempre cercou a discussão sobre a **natureza jurídica** da retrocessão: se um **direito real ou pessoal.**

Os defensores da natureza real sustentam que a retrocessão consistiria no direito de reivindicar o bem, direito este que se estenderia não só ao antigo proprietário mas também aos herdeiros, sucessores e cessionários.

Entretanto, **corrente majoritária** tem defendido tratar-se a retrocessão de **direito pessoal** de adquirir o bem, quando oferecido pelo Estado, se não receber uma destinação de interesse público. Porém, se o Estado não cumprir o dever de oferecer o bem ao antigo proprietário, o direito do expropriado **resolve-se em perdas e danos**, uma vez que, segundo **Hely Lopes** Meirelles, os bens incorporados ao patrimônio público não podem ser **objeto de reivindicação** (art. 35 do Decreto-lei n. 3.365/41)[17]. É o mesmo ponto de vista sustentado por José dos Santos **Carvalho Filho**[18] e pela quase totalidade das provas e concursos públicos. O principal argumento favorável à tese da natureza pessoal é que **a legislação pátria trata expressamente da retrocessão como um simples direito pessoal de preferência** (arts. 35 do Decreto-lei n. 3.365/41 e 519 do CC).

> A prova da AGU/2006 considerou CORRETA a afirmação: "O direito de o particular pleitear as consequências pelo fato de seu imóvel desapropriado não ter sido utilizado para os fins declarados na desapropriação pode ser resolvido em perdas e danos".
>
> A prova de Analista Fiscal elaborada pela Esaf considerou CORRETA a assertiva: "Os bens expropriados, uma vez incorporados à Fazenda Pública, não podem ser objeto de reivindicação".

Sustentando corrente, hoje, minoritária, Celso Antônio **Bandeira de Mello**[19] e **Maria Sylvia** Zanella Di Pietro advogam a tese da **natureza real** da retrocessão, o que permitiria ao ex-proprietário reivindicar o próprio bem expropriado. De acordo com Maria Sylvia, o Código Civil não poderia infringir a norma constitucional que só permite a desapropriação por motivo de necessidade pública, utilidade pública ou interesse social (art. 5º, XXIV, da CF), de modo que, se o bem não receber um fim público, desaparece a justificativa para alienação forçada[20]. Segundo Celso Antônio, a corrente que defende a natureza real é **majoritária nos tribunais superiores**.

17. *Direito administrativo brasileiro*, p. 592.
18. *Manual de direito administrativo*, p. 840.
19. *Curso de direito administrativo*, p. 895.
20. *Direito administrativo*, p. 187.

A prova da AGU/2006 elaborada pelo Cespe considerou INCORRETA a assertiva: "Apesar da grande discussão doutrinária acerca da natureza jurídica da retrocessão, os tribunais superiores brasileiros a têm considerado como um direito de natureza pessoal".

Importante destacar que o **art. 519 do Código Civil** afasta o direito de preempção se o bem receber alguma destinação pública, ainda que diversa da inicialmente prevista. É o que se denomina **tredestinação lícita**, isto é, uma mudança de finalidade admitida pelo ordenamento jurídico.

14.17 INDENIZAÇÃO

De acordo com o estabelecido no art. 5º, XXIV, da Constituição Federal, a indenização expropriatória deve ser prévia, justa e, como regra, em dinheiro.

Afirmar que a indenização é **prévia** significa que deve ser **paga antes da perda definitiva da propriedade.**

Justa quer dizer que o valor da indenização deverá **recompor integralmente a perda patrimonial** experimentada pelo expropriado, abrangendo, se for o caso, o valor do terreno, das benfeitorias, do ponto, da freguesia e de todos os demais valores materiais e imateriais afetados pela desapropriação, como lucros cessantes, danos emergentes, honorários advocatícios e despesas processuais.

E, em regra, a indenização deve ser paga **em dinheiro**, com exceção das desapropriações para reforma agrária e política urbana, cujo caráter sancionatório determina o pagamento da indenização em títulos da dívida. Igualmente, a desapropriação confiscatória constitui exceção a essa regra na medida em que não implica o pagamento de indenização.

Além de **correção monetária** contada a partir do laudo de avaliação do bem, incidem também sobre o valor da indenização **juros moratórios**, devidos em função do atraso no pagamento da indenização, e **juros compensatórios**, se houver imissão provisória, incidentes desde a data da perda antecipada da posse.

A 13ª prova da Magistratura Federal/3ª Região considerou INCORRETA a afirmação: "São devidos juros compensatórios, salvo na desapropriação destinada à instituição de servidão administrativa, contados, no caso da desapropriação direta, desde a imissão na posse, e na indireta, a partir da efetiva ocupação do bem".

Quanto aos percentuais aplicáveis, os **juros compensatórios**, nos termos da Súmula 618 do STF, eram devidos à razão de 12% ao ano[21]. A Medida Provisória n. 1.577/97, atual Medida Provisória n. 2.183/2001, reduziu tal percentual a 6% ao ano. No julgamento da Ação Direta de Inconstitucionalidade n. 2.332-2, em 17-5-2008, o Supremo Tribunal Federal confirmou a incidência do índice de 6% ao ano

21. Súmula 618 do STF: "Na desapropriação, direta ou indireta, a taxa dos juros compensatórios é de 12% (doze por cento) ao ano" (hoje reduzidos a 6% pelo STF: ADIn 2.332).

para os juros compensatórios na indenização expropriatória. Os juros compensatórios devem incidir sobre a diferença entre o que foi determinado na sentença e o que foi levantado pelo expropriado ao tempo da imissão provisória na posse.

Já os **juros moratórios** são de **6% ao ano** contados a partir de 1º de janeiro do exercício seguinte àquele em que o pagamento deveria ter sido feito nos termos do art. 100 da Constituição Federal (art. 15-B do Decreto-lei n. 3.365/41, com redação dada pela Medida Provisória n. 2.183-56/2001). Na prática, os juros moratórios passam a incidir em 1º **de janeiro do segundo ano após a data de apresentação do precatório.** Isso porque, se o precatório foi apresentado, por exemplo, em **28 de abril de 2010**, o Poder Público teria, nos termos do art. 100 da Constituição Federal, até o ano de 2011 para realizar o pagamento do precatório, de modo que os juros moratórios começariam a contar no primeiro dia do ano seguinte a 2011 (ano do pagamento), isto é, contariam **a partir de 1º de janeiro de 2012.**

14.17.1 Indenização do locatário pela perda do fundo de comércio

No julgamento do AgRg no REsp 1.199.990, em 25-4-2012, o Superior Tribunal de Justiça consolidou o entendimento de que a desapropriação de imóvel comercial locado pode ensejar, além da indenização devida ao proprietário pela perda da propriedade (art. 5º, XXIV, da CF), o direito de o **locatário comercial ser indenizado pela interrupção do negócio e pela perda do fundo de comércio**[22].

Como os direitos pessoais do locatário não estão garantidos no bem objeto da desapropriação, inexiste sub-rogação do prejuízo sofrido pelo inquilino na indenização a ser paga ao locador-expropriado. Por isso, o locatário lesado pela desapropriação deve deduzir sua pretensão indenizatória em ação própria intentada contra o Ente Expropriante (art. 37, § 6º, da CF).

14.18 DESISTÊNCIA DA DESAPROPRIAÇÃO

A desapropriação é iniciada com a expedição do decreto expropriatório, que é um ato administrativo discricionário, não havendo impedimento a que ocorra a **revogação do decreto expropriatório.** O mesmo pode ocorrer na hipótese rara de desapropriação inaugurada por meio de lei, caso em que a lei expropriatória sempre será passível de revogação.

Nesses casos, tem-se a chamada **desistência da desapropriação**, medida possível na hipótese de tornarem-se insubsistentes os motivos que deram ensejo ao início do procedimento expropriatório.

A Administração só **pode desistir da desapropriação até o momento de incorporação do bem ao patrimônio público**, isto é, até a data da tradição do

22. Fundação Getulio Vargas. Padrão de Respostas. Prova Discursiva. Direito Administrativo. VIII Exame de Ordem Unificado.

bem móvel ou, no caso de bem imóvel, até o trânsito em julgado da sentença ou do título resultante do acordo[23].

> A prova de Delegado de Polícia/PE considerou CORRETA a assertiva: "Cessados os motivos que ensejaram o processo expropriatório, é possível desistir da desapropriação, inclusive no curso da ação judicial, desde que não tenha se consumado o pagamento integral da indenização".

Havendo prejuízo decorrente da desistência, o expropriado terá direito à indenização.

14.19 DIREITO DE EXTENSÃO

Na hipótese de a desapropriação recair sobre uma parte do imóvel tornando inaproveitável o remanescente, tem o proprietário o direito de pleitear a inclusão da área restante no total da indenização. Desse modo, a desapropriação parcial transforma-se em desapropriação da área total.

O pedido de extensão deve ser formulado durante a fase administrativa ou judicial, não se admitindo sua formulação após a consumação da desapropriação.

14.20 JURISPRUDÊNCIA

14.20.1 STJ

O prazo prescricional aplicável à desapropriação indireta, na hipótese em que o Poder Público tenha realizado obras no local ou atribuído natureza de utilidade pública ou de interesse social ao imóvel, é de 10 anos, conforme parágrafo único do art. 1.238 do CC (REsp 1.757.352-SC, rel. Min. Herman Benjamin, Primeira Seção, por maioria, j. 12-2-2020, *DJe* 7-5-2020, Tema 1.019, *Informativo* 671).

Em ação de desapropriação indireta é cabível reparação decorrente de limitações administrativas. Esta Corte Superior possui julgados no sentido de que a ação de desapropriação indireta, ante seu caráter real, não seria adequada para a postulação de reparação decorrente de limitações administrativas, pretensão de natureza pessoal. No entanto, a pretensão à reparação encerrada na ação de desapropriação indireta resulta do esgotamento econômico da propriedade privada, cuja origem é, indubitavelmente, o agravo, pelo Poder Público, aos poderes decorrentes do direito real de propriedade dos particulares, que, nos termos do art. 1.228, *caput*, do Código Civil, compreendem "a faculdade de usar, gozar e dispor da coisa, e o direito de reavê-la do poder de quem quer que injustamente a possua ou detenha". Depreende-se, assim, que, nessa ação, busca-se a satisfação de direito pessoal, cuja gênese está em ato estatal praticado em face de direito real de titularidade do particular. Ademais, devem ser observados os princípios da

23. Hely Lopes Meirelles, *Direito administrativo brasileiro*, p. 593.

instrumentalidade das formas e da primazia da solução integral do mérito para reconhecer o interesse-adequação da ação para o requerimento de indenização (REsp 1.653.169-RJ, rel. Min. Regina Helena Costa, Primeira Turma, por unanimidade, j. 19-11-2019, *DJe* 11-12-2019, *Informativo* 662).

Nas ações de desapropriação por interesse social para fins de reforma agrária descabe a restituição, pelo expropriado sucumbente de honorários periciais aos assistentes técnicos do INCRA e do MPF (REsp 1.306.051-MA, rel. Min. Napoleão Nunes Maia Filho, por unanimidade, j. 8-5-2018, *DJe* 28-5-2018).

O ente desapropriante não responde por tributos incidentes sobre o imóvel desapropriado nas hipóteses em que o período de ocorrência dos fatos geradores é anterior ao ato de aquisição originária da propriedade (REsp 1.668.058-ES, rel. Min. Mauro Campbell Marques, por unanimidade, j. 8-6-2017, *DJe* 14-6-2017).

É ônus do expropriado provar a existência de fato impeditivo do direito de desistência da desapropriação (REsp 1.368.773-MS, rel. Min. Og Fernandes, rel. para acórdão Min. Herman Benjamin, por maioria, j. 6-12-2016, *DJe* 2-2-2017).

Se, em procedimento de desapropriação por interesse social, constatar-se que a área medida do bem é maior do que a escriturada no Registro de Imóveis, o expropriado receberá indenização correspondente à área registrada, ficando a diferença depositada em Juízo até que, posteriormente, se complemente o registro ou se defina a titularidade para o pagamento a quem de direito. A indenização devida deverá considerar a área efetivamente desapropriada, ainda que o tamanho real seja maior do que o constante da escritura, a fim de não se configurar enriquecimento sem causa em favor do ente expropriante. Precedentes citados: REsp 1.286.886-MT, 2ª Turma, *DJe* 22-5-2014; REsp 1.395.490-PE, 2ª Turma, *DJe* 28-2-2014; e REsp 1.321.842-PE, 2ª Turma, *DJe* 24-10-2013 (REsp 1.466.747-PE, rel. Min. Humberto Martins, j. 24-2-2015, *DJe* 3-3-2015).

Desapropriação para fins de reforma agrária: Nas desapropriações para fins de reforma agrária, o valor da indenização deve ser contemporâneo à avaliação efetivada em juízo, tendo como base o laudo adotado pelo juiz para a fixação do justo preço, pouco importando a data da imissão na posse ou mesmo a da avaliação administrativa (AgRg no REsp 1.459.124-CE, rel. Min. Herman Benjamin, 18-9-2014).

Na ação de desapropriação por utilidade pública, a citação do proprietário do imóvel desapropriado dispensa a do respectivo cônjuge (REsp 1.404.085-CE, rel. Min. Herman Benjamin, j. 5-8-2014).

Desapropriação para fins de reforma agrária: No procedimento de desapropriação para fins de reforma agrária, caso se constate que a área registrada em cartório é inferior à medida pelos peritos, o expropriado poderá levantar somente o valor da indenização correspondente à área registrada, devendo o depósito indenizatório relativo ao espaço remanescente ficar retido em juízo até que o expropriado promova a retificação do registro ou até que seja decidida, em ação própria, a titularidade do domínio (REsp 1.286.886-MT, rel. Min. Herman Benjamin, j. 6-5-2014).

Não se encontrando averbada no registro imobiliário antes da vistoria, a reserva florestal não poderá ser excluída da área total do imóvel desapropriando para efeito de cálculo da produtividade do imóvel rural. Precedente citado do STJ: AgRg no AREsp 196.566-PA, 2ª Turma, *DJe* 24-9-2012. Precedente citado do STF: MS 24.924-DF, Tribunal Pleno, *DJe* 4-11-2011 (AgRg no REsp 1.301.751-MT, rel. Min. Herman Benjamin, j. 8-4-2014).

Desapropriação para fins de reforma agrária: Em desapropriação para fins de reforma agrária, é possível a incidência de juros e de correção monetária, com a inclusão dos expurgos inflacionários, no cálculo de complementação de título da dívida agrária (TDA). Precedente citado: REsp 1.321.842-PE, 2ª Turma, *DJe* 24-10-2013 (AgRg no REsp 1.293.895-MG, rel. Min. Mauro Campbell Marques, j. 11-2-2014).

A transferência, para fins de desapropriação, do domínio útil de imóvel aforado da União constitui operação apta a gerar o recolhimento de laudêmio. Isso porque, nessa situação, existe uma transferência onerosa entre vivos, de modo a possibilitar a incidência do disposto no art. 3º do Decreto-lei n. 2.398/87, cujo teor estabelece ser devido o laudêmio no caso de "transferência onerosa, entre vivos, de domínio útil de terreno aforado da União ou de direitos sobre benfeitorias neles construídas, bem assim a cessão de direito a eles relativos". Nesse contexto, ainda que a transferência ocorra compulsoriamente, é possível identificar a onerosidade de que trata a referida lei, uma vez que há a obrigação de indenizar o preço do imóvel desapropriado àquele que se sujeita ao império do interesse do Estado (REsp 1.296.044-RN, rel. Min. Mauro Campbell Marques, j. 15-8-2013).

A pretensão indenizatória decorrente de desapropriação indireta prescreve em vinte anos na vigência do CC/1916 e em dez anos na vigência do CC/2002, respeitada a regra de transição prevista no art. 2.028 do CC/2002 (REsp 1.300.442-SC, rel. Min. Herman Benjamin, j. 18-6-2013).

14.21 QUADRO SINÓTICO

DESAPROPRIAÇÃO

CONCEITO

- Procedimento administrativo pelo qual o Estado transforma compulsoriamente bem de terceiro em propriedade pública, com fundamento na necessidade pública, utilidade pública ou interesse social, pagando indenização prévia, justa e, como regra, em dinheiro.

CARACTERÍSTICA MAIS IMPORTANTE

A característica mais importante da desapropriação reside no fato de ser uma FORMA ORIGINÁRIA DE AQUISIÇÃO DA PROPRIEDADE, na medida em que a aquisição não está vinculada à situação jurídica anterior.

- Assim, o bem expropriado ingressa no domínio público livre de ônus, gravames ou relações jurídicas, de natureza real ou pessoal, que eventualmente o atinjam.

OBJETO

A força expropriante do Estado pode recair sobre qualquer tipo de bem ou direito:

- **a) imóveis;**
- **b) móveis;**
- **c) semoventes;**
- **d) posse;**
- **e) usufruto;**
- **f) domínio útil;**
- **g) subsolo;**
- **h) espaço aéreo;**
- **i) águas;**
- **j) ações de determinada empresa;**
- **k) bens públicos;**
- **l) cadáveres.**

FUNDAMENTOS

- A competência expropriatória está constitucionalmente reconhecida no art. 5º, XXIV, da CF/88.
- O fundamento político do poder de suprimir compulsoriamente a propriedade privada decorre, em primeiro lugar, do domínio eminente (*dominium eminens*) que o Estado exerce sobre todos os bens situados em seu território.
- Além disso, a competência expropriatória encontra respaldo, também, no supraprincípio da supremacia do interesse público sobre o privado e na necessidade de que todo imóvel atenda à função social da propriedade.

COMPETÊNCIA PARA LEGISLAR

- A **competência para criar leis** sobre desapropriação é **privativa da União** (art. 22, II, da CF).

ATENÇÃO:

- A competência para legislar não se confunde com a **competência para desapropriar**, compreendida como a habilitação jurídica para expedir o decreto expropriatório (só têm a União, Estados, Distrito Federal, Municípios, Aneel e DNIT).
- Outra coisa é a **competência para promover a desapropriação**, que consiste em executar **atos materiais de apoio à desapropriação**. União, Estados, Distrito Federal, Municípios, Territórios, autarquias, concessionárias e permissionárias de serviços públicos podem exercer referida atribuição.

BASE CONSTITUCIONAL

- **a) art. 5º, XXIV**: determina que, como regra geral, a indenização deve ser prévia, justa e em dinheiro **e define os três** fundamentos ensejadores da desapropriação: necessidade pública, utilidade pública e interesse social.

- **1) NECESSIDADE PÚBLICA:** as hipóteses de necessidade pública envolvem **situações de emergência**, que exigem a **transferência urgente** e **imprescindível** de bens de terceiros para o domínio público, propiciando **uso imediato pela Administração. O art. 5º do Decreto-lei n. 3.365/41**, entre os casos de utilidade pública, prevê **hipóteses que melhor se enquadrariam como de necessidade pública**, tais como as previstas nas alíneas ***a***, ***b*** e ***c***, respectivamente:

  a) segurança nacional;

  b) defesa do Estado;

  c) socorro público em caso de calamidade.

- **2) UTILIDADE PÚBLICA: os casos de desapropriação por utilidade pública ocorrem quando a aquisição do bem é conveniente e oportuna, mas não imprescindível.**

DICA: enquanto na necessidade pública a desapropriação é a única solução administrativa para resolver determinado problema, na utilidade pública a desapropriação se apresenta como a melhor solução.

NOVIDADE: A Lei n. 13.867, de 26 de agosto de 2019, incluiu os arts. 10-A e 10-B no Decreto-lei n. 3.365/41, passando a admitir que o valor da indenização nas desapropriações por utilidade pública seja definido por meio de mediação ou arbitragem.

- **3) INTERESSE SOCIAL**: a desapropriação por interesse social será decretada para **promover a justa distribuição da propriedade** ou **condicionar o seu uso ao bem-estar social** (art. 1º da Lei n. 4.132/62 – o art. 2º traz hipóteses consideradas de interesse social). Importante destacar também que os bens desapropriados por interesse social **não são destinados à Administração Pública**, mas sim à coletividade ou a determinados destinatários legalmente definidos.

- **b) art. 22, II:** fixa a competência privativa da União para legislar sobre desapropriação;
- **c) art. 182, § 4º, III:** permite que o Município promova **desapropriação sancionatória urbanística** do imóvel não edificado, subutilizado ou não utilizado, com pagamento mediante títulos da dívida pública com **prazo de resgate de até dez anos;**
- **d) art. 184:** define a **competência exclusiva da União** para desapropriar por interesse social, **para fins de reforma agrária**, o imóvel rural que não esteja cumprindo sua função social, mediante prévia e justa indenização em títulos da dívida agrária, resgatáveis no **prazo de até vinte anos**;
- **e) art. 184, § 5º:** embora o dispositivo fale em "isenção", na verdade a referida norma delimita a **imunidade tributária** de impostos federais, estaduais e municipais **sobre operações de transferência de imóveis desapropriados** para fins de reforma agrária;
- **f) art. 185: impede que a desapropriação** para reforma agrária recaia sobre:
  1) **pequena e média propriedade rural**, assim definida em lei, desde que seu proprietário não possua outra;
  2) **propriedade produtiva.**
- **g) art. 243:** prevê o **confisco de propriedades** utilizadas para o plantio ilegal de **plantas psicotrópicas** ou para trabalho escravo, sem qualquer indenização ao proprietário e sem prejuízo de outras sanções previstas em lei.

ESPÉCIES DE DESAPROPRIAÇÃO

- PARA REFORMA AGRÁRIA (art. 184 da CF): de competência exclusiva da União, a desapropriação para fins de reforma agrária tem natureza sancionatória, servindo de punição para o imóvel que desatender a função social da propriedade rural.
- PARA POLÍTICA URBANA (art. 182, § 4º, III, da CF): a desapropriação para política urbana é de competência exclusiva dos Municípios, tendo função sancionatória, uma vez que recai sobre imóveis urbanos que desatendem sua função social.
- DE BENS PÚBLICOS (art. 2º, § 2º, do Decreto-lei n. 3.365/41): o art. 2º, § 2º, do Decreto-lei n. 3.365/41 prevê expressamente a possibilidade de as entidades federativas geograficamente maiores desapropriarem bens pertencentes às menores
- **Indireta ou Apossamento Administrativo: prática imoral e amplamente vedada pela legislação brasileira, a desapropriação indireta é o esbulho possessório praticado pelo Estado, quando invade área privada sem contraditório ou pagamento de indenização.**
- POR ZONA (art. 4º do Decreto-lei n. 3.365/41): de acordo com o art. 4º do Decreto-lei n. 3.365/41, a desapropriação poderá abranger a área contígua necessária para futuras ampliações da obra e as zonas que se valorizarem extraordinariamente, em consequência da realização do serviço.
- CONFISCATÓRIA (art. 243 da CF): as propriedades rurais e urbanas de qualquer região do País onde forem localizadas culturas ilegais de plantas psicotrópicas ou a exploração de trabalho escravo na forma da lei serão expropriadas e destinadas à reforma agrária e a programas de habitação popular, sem qualquer indenização ao proprietário e sem prejuízo de outras sanções previstas em lei.
- DESAPROPRIAÇÃO POR INTERESSE SOCIAL: a Lei n. 4.132/62, em seu art. 2º, considera de interesse social, mas a desapropriação por interesse social é um gênero que se ressente da falta de uma normatização geral adequada.

- DESAPROPRIAÇÃO ORDINÁRIA: denomina-se ordinária a **desapropriação comum**, realizada por qualquer entidade federativa (competência comum), com fundamento na necessidade ou utilidade públicas. Não tem caráter sancionatório. Suas normas gerais estão previstas no art. 5º, XXIV, da CF e no Decreto-lei n. 3.365/41, sendo a **indenização sempre prévia, justa e em dinheiro**.
- DESAPROPRIAÇÃO EXTRAORDINÁRIA: **desapropriação extraordinária** é aquela revestida de **natureza sancionatória** (desapropriação-pena), sendo uma punição para a hipótese de descumprimento da função social da propriedade. Por isso, a **indenização** é prévia, justa, mas **não em dinheiro**. A **competência** para a desapropriação extraordinária é **privativa** da União, no caso de imóveis rurais, e dos Municípios, para imóveis urbanos.

FASES DA DESAPROPRIAÇÃO
FASE DECLARATÓRIA: é iniciada com a expedição do decreto expropriatório ou a publicação da lei expropriatória. FASE EXECUTÓRIA: após manifestar o interesse no imóvel, por meio da expedição do decreto expropriatório, inicia-se a fase executória, na qual o poder expropriante passa a tomar as medidas concretas para incorporação do bem no domínio público.
RITO JUDICIAL
Não havendo acordo administrativo quanto ao valor da indenização ofertado pelo Expropriante, o impasse deve ser solucionado perante o Poder Judiciário. • Para tanto, o Expropriante propõe a ação judicial de desapropriação. • A petição inicial da ação de desapropriação, além dos requisitos previstos no art. 319 do Código de Processo Civil, deverá conter a oferta do preço e será instruída com um exemplar do contrato, ou do jornal oficial que houver publicado o decreto de desapropriação, ou cópia autenticada, e a planta ou descrição dos bens e suas confrontações. • O pedido principal da ação é a efetivação da desapropriação, incorporando-se definitivamente o bem ao patrimônio público. **DICA:** a citação será por edital se o citando não for conhecido, ou estiver em lugar ignorado, incerto ou inacessível, ou, ainda, no estrangeiro, ocorrendo a certificação por dois oficiais do juízo (art. 18 do Decreto-lei n. 3.365/41). Nada impede, portanto, que a ação de desapropriação corra à revelia. • Na contestação o expropriado somente poderá discutir eventuais ilegalidades, o valor da indenização e o enquadramento da desapropriação em uma das hipóteses legais. Qualquer outra questão deverá ser decidida em ação autônoma. • Se o expropriante alegar urgência e depositar a quantia arbitrada em conformidade com o Código de Processo Civil, **o juiz decretará a imissão provisória na posse.** Portanto, os requisitos da imissão provisória são alegação de urgência e depósito da quantia arbitrada. **DICA:** a imissão provisória pode ser requerida em qualquer modalidade expropriatória, isto é, nas desapropriações fundadas na necessidade pública, utilidade pública e interesse social. • A sentença expropriatória produz dois efeitos principais: a) permite a imissão definitiva do Poder Expropriante na posse do bem; e b) constitui título capaz de viabilizar o registro da transferência de propriedade no cartório competente.
INDENIZAÇÃO DO LOCATÁRIO PELA PERDA DO FUNDO DE COMÉRCIO
No julgamento do AgRg no REsp 1.199.990, em 25-4-2012, o Superior Tribunal de Justiça consolidou o entendimento de que a desapropriação de imóvel comercial locado pode ensejar, além da indenização devida ao proprietário pela perda da propriedade (art. 5º, XXIV, da CF), o direito de o locatário comercial ser indenizado pela interrupção do negócio e pela perda do fundo de comércio. Como os direitos pessoais do locatário não estão garantidos no bem objeto da desapropriação, inexiste sub-rogação do prejuízo sofrido pelo inquilino na indenização a ser paga ao locador-expropriado. Por isso, o locatário lesado pela desapropriação deve deduzir sua pretensão indenizatória em ação própria intentada contra o Ente Expropriante (art. 37, § 6º, da CF).
RETROCESSÃO (ART. 519 DO CC)
Retrocessão é a **reversão do procedimento expropriatório**, devolvendo-se o bem ao antigo dono, pelo preço atual, se não lhe for atribuída uma destinação pública.
DESISTÊNCIA DA DESAPROPRIAÇÃO
A Administração **só pode desistir da desapropriação até o momento de incorporação do bem ao patrimônio público**, isto é, até a data da tradição do bem móvel ou, no caso de bem imóvel, até o trânsito em julgado da sentença ou do título resultante do acordo.
DIREITO DE EXTENSÃO
Na hipótese de a desapropriação recair sobre uma parte do imóvel, tornando inaproveitável o remanescente, tem o proprietário o direito de pleitear a inclusão da área restante no total da indenização. Desse modo, **a desapropriação parcial transforma-se em desapropriação da área total.**

14.22 QUESTÕES

1. (Analista de Fomento – Advogado – Afap – 2019 – FCC) A necessidade de implantação de unidades habitacionais destinadas a população de baixa renda e a edificação de uma unidade hospitalar para atendimento da população em geral justifica, por parte do Município, a:

A) edição de decreto de declaração de interesse social para a implantação das unidades habitacionais e para construção da unidade hospitalar, porque este também se destina a baixa renda;

B) desapropriação de áreas públicas ou particulares para instalação da unidade hospitalar e das unidades habitacionais, em razão da prevalência da finalidade pública da medida;

C) declaração de utilidade pública das áreas necessárias para as obras, precedida da comprovação da existência da integralidade de recursos financeiros para edificação das obras indicadas, mesmo que estas ultrapassem mais de um exercício;

D) a desapropriação dos terrenos necessários à implantação das obras, cuja indenização, devido ao interesse social que fundamenta a atuação do Poder Público, poderá ser paga em títulos da dívida pública após a conclusão das obras;

E) edição de decreto de declaração de interesse social, que justifica a implantação das unidades habitacionais, bem como de declaração de utilidade pública, para implantação do equipamento público destinado à unidade hospitalar.

2. (Titular de Serviços de Notas e de Registros – Provimento – TJ-PR – 2019 – NC-UFPR) Desde pelo menos o advento da República, mas mesmo antes disso, "foram sendo estabelecidas as condições para que o Brasil se tornasse um dos países do mundo com os maiores índices de concentração privada da posse da terra. Esse fato foi documentado pelo último Censo Agropecuário (IBGE, 2006), quando se constatou que a desigualdade na distribuição da terra revela, a um só tempo, processos pretéritos e contemporâneos do modo como os recursos naturais são apropriados no Brasil" (MATTEI, 2016). Levando em consideração o enunciado, bem como a regulamentação do processo de desapropriação de imóvel rural por interesse social, assinale a alternativa correta.

A) A desapropriação de imóvel rural por interesse social e para fins de reforma agrária é de competência da União, Estados e Distrito Federal, e será precedida de decreto declarando o imóvel de interesse social.

B) Os imóveis rurais desapropriados, uma vez registrados em nome do expropriante, poderão ser objeto de ação reivindicatória.

C) Na ação de desapropriação, efetuado ou não o levantamento, ainda que parcial, da indenização ou do depósito judicial, será expedido em favor do sujeito expropriante mandado translativo do domínio para o Cartório do Registro de Imóveis competente.

D) As demandas de desapropriação de imóvel rural por interesse social serão averbadas no registro do imóvel expropriado pelo oficial competente, após a certificação do trânsito em julgado da ação no processo.

E) A partir da juntada do comprovante de pagamento de preparo e emolumentos nos autos, as ações concernentes à desapropriação de imóvel rural por interesse social, para fins de reforma agrária, têm caráter preferencial e prejudicial em relação a outras ações referentes ao imóvel expropriando.

3. (Analista Administrativo de Procuradoria – Calculista – PGE-PE – 2019 – Cespe) À luz das súmulas do STF e do STJ acerca de honorários advocatícios e juros moratórios, julgue o item seguinte.

Nas ações de desapropriação, os juros de mora são devidos desde a concessão da ordem liminar de desocupação do imóvel.

( ) Certo

( ) Errado

4. (Procurador Administrativo – Prefeitura de Acaraú – CE – 2019 – Cetrede) A desapropriação é o procedimento pelo qual o Poder Público transfere para si a propriedade de terceiro, por razões e utilidade pública ou de interesse social. Analise as assertivas acerca da matéria e marque a opção CORRETA.

A) A desapropriação por utilidade pública consiste nas hipóteses em que o objetivo é neutralizar, de alguma forma, as desigualdades coletivas, tais como a reforma agrária ou o assentamento de colonos.

B) A desapropriação por interesse social ocorre quando a transferência do bem se afigura conveniente para a Administração.

C) A competência para declarar a utilidade pública de imóvel para fins urbanísticos é do Estado, compreendendo-se não só a desapropriação urbanística sancionatória, como também a desapropriação urbanística ordinária.

D) A desapropriação por zona abrange a área contígua necessária ao desenvolvimento da obra realizada pelo Poder Público, e as zonas que vierem a sofrer valorização extraordinariamente em decorrência da mesma obra.

E) Consideram-se casos de interesse social as desapropriações para criação de estádios, aeródromos ou campos de pouso para aeronaves.

5. (Juiz de Direito Substituto – TJ-AC – 2019 – Vunesp) Assinale a alternativa correta a respeito do processo judicial de desapropriação.

A) Os juros compensatórios são devidos, na desapropriação direta, desde a imissão antecipada na posse e, na indireta, da efetiva ocupação do imóvel.

B) A ação, quando a União for autora, será proposta no foro da Capital do Estado onde for domiciliado o réu; sendo outro o autor, no foro do seu domicílio.

C) Na hipótese de urgência, o expropriante poderá ser emitido provisoriamente na posse do bem, que será autorizada mediante o depósito da quantia oferecida na inicial.

D) A imissão provisória poderá ser feita mediante o depósito, exigida, contudo, a prévia citação do réu.

6. (Analista Jurídico – Procurador Municipal – Prefeitura de Itapevi – SP – 2019 -Vunesp) A respeito da desapropriação, é correto afirmar que:

A) é forma secundária de aquisição da propriedade;

B) a desapropriação indireta enseja juros compensatórios desde a perda da posse;

C) é vedada por lei a desapropriação por zona;

D) a declaração de utilidade pública deve ser feita, em regra, por meio de lei;

E) a imissão provisória na posse é concedida com o depósito de 50% do valor da avaliação provisória.

7. (Procurador – Prefeitura de Curitiba – PR – 2019 – NC-UFPR) A Prefeitura de um determinado Município desapropriou terrenos próximos ao aeroporto, com o intuito de expandi-lo. Para tanto, indenizou os proprietários dos bens. Contudo, por questões políticas, a obra acabou não se realizando e os terrenos não foram utilizados. Diante da situação exposta, assinale a afirmativa correta.

A) Os expropriados têm direito de preferência sobre os imóveis desapropriados, podendo readquiri-los pagando seu preço atual.

B) Os expropriados têm direito de preferência sobre os imóveis desapropriados, podendo readquiri-los bastando, para tanto, que devolvam o mesmo valor que receberam a título de indenização.

C) Como já receberam a indenização, os expropriados não têm qualquer direito sobre os imóveis.

D) Os expropriados poderão readquirir o imóvel em procedimento de concorrência pública, desde que ofereçam ao Município o melhor preço, independentemente de preferência.

E) O Município devolverá os bens aos expropriados, que deverão devolver parte da indenização, considerando de modo proporcional o tempo em que permaneceram desapropriados.

8. (Fiscal de Tributos – Prefeitura de Pacujá – CE – 2019 – Cetrede) Sobre a intervenção do Estado na propriedade, marque (V) para as afirmativas VERDADEIRAS e (F) para as FALSAS.

( ) Caso ocorra desapropriação indireta em virtude da desobediência aos requisitos legais, o particular poderá reivindicar o bem expropriado.

( ) Bens públicos podem ser objeto de desapropriação.

( ) A servidão administrativa não pode ser instituída por meio de acordo extrajudicial entre a administração pública e o proprietário, regra essa que visa evitar abusos por parte da administração, exigindo-se o ajuizamento de ação judicial.

Marque a opção que apresenta a sequência CORRETA.

A) V – V – V.

B) V – F – V.

C) F – V – F.

D) F – F – F.

E) F – F – V.

9. (Titular de Serviços de Notas e de Registros – Remoção – TJ-RS – 2019 – Vunesp) A desapropriação consiste em modalidade de intervenção do Estado na propriedade, por meio da qual o Poder Público, por motivo de necessidade ou utilidade pública, adquire determinado bem considerado relevante para o desempenho das funções estatais.

A respeito do instituto, assinale a alternativa correta.

A) Em caso de desapropriação judicial, a diferença entre o valor depositado pela Administração e o arbitrado na sentença não se sujeita ao regime de precatórios, devendo a entidade pública efetuar o pagamento em dinheiro.

B) Os bens expropriados, uma vez incorporados à Fazenda Pública, podem ser objeto de reivindicação, caso o bem seja empregado em atividade diversa da finalidade pública que justificou a desapropriação.

C) Se houver concordância, reduzida a termo, do expropriado, a decisão concessiva da imissão provisória na posse implicará a aquisição da propriedade pelo expropriante com o consequente registro da propriedade na matrícula do imóvel.

D) A imissão provisória na posse, realizada em função da desapropriação, pressupõe a citação do desapropriado e o pagamento de indenização prévia e justa em dinheiro, nos termos do art. 5º, XXIV, da Constituição Federal.

E) A desapropriação, que conte com a concordância do particular, equivale a um contrato de compra e venda, o que implicará na manutenção dos ônus reais incidentes sobre o bem após a transferência da propriedade para o Estado.

10. (Procurador Jurídico Legislativo – Câmara de Sertãozinho – SP – 2019 – Vunesp) A respeito da declaração de utilidade pública para fins de desapropriação, afirma-se que:

A) declarada a utilidade pública, ficam as autoridades administrativas autorizadas a penetrar nos prédios compreendidos na declaração, podendo recorrer, em caso de oposição, ao auxílio de força policial.

B) a declaração de utilidade pública far-se-á por lei de iniciativa do chefe do Executivo.

C) ao Poder Judiciário é permitido, no processo de desapropriação, decidir se se verificam ou não os casos de utilidade pública.

D) a desapropriação poderá abranger a área contígua necessária ao desenvolvimento da obra a que se destina, ainda que a declaração de utilidade pública não a compreenda.

E) a desapropriação deverá efetivar-se dentro de cinco anos, contados da data da expedição da declaração e findos os quais esta caducará, sendo, neste caso, vedada nova declaração de utilidade pública do mesmo bem.

GABARITO

1. E / **2.** C / **3.** ERRADO / **4.** D / **5.** A / **6.** B / **7.** A / **8.** C / **9.** C / **10.** A

Acesse mais questões também pelo link:
http://somos.in/MDA1164

15

ESTATUTO DA CIDADE

Acesse também a videoaula pelo link:
http://somos.in/MDA1116

15.1 INTRODUÇÃO

O art. 182 da Constituição Federal estabelece que a política de desenvolvimento urbano, executada pelo Poder Público municipal, conforme diretrizes gerais fixadas em lei, tem por objetivo ordenar o pleno desenvolvimento das funções sociais da cidade e garantir o **bem-estar de seus habitantes**.

> A prova de Procurador do Distrito Federal elaborada pela Esaf considerou CORRETA a afirmação: "A política urbana tem por objetivo ordenar o pleno desenvolvimento das funções sociais da propriedade urbana, bem como da cidade".

Em 10 de julho de 2001, foi promulgada a Lei n. 10.257, com a finalidade de fixar as diretrizes gerais da política urbana. A referida lei instituiu o Estatuto da Cidade.

15.2 NATUREZA JURÍDICA DO ESTATUTO DA CIDADE

A Lei n. 10.257/2001, o Estatuto da Cidade, estabelece **normas de ordem pública** e **interesse social** que regulam o uso da propriedade urbana em prol do bem coletivo, da segurança e do bem-estar dos cidadãos, bem como do equilíbrio ambiental.

O Estatuto da Cidade é a **lei geral sobre Direito Urbanístico** no Brasil, um novo ramo do Direito Público nascido como uma especialização do Direito Administrativo e que tem por objeto os princípios e regras de proteção ao bem-estar das cidades.

O conceito de **"cidade"** é utilizado pelo Estatuto como sinônimo de município, mas tecnicamente seria mais correto tratar a cidade como somente a **zona urbana do município**.

Nos termos do art. 24, I, da Constituição Federal, a competência para legislar sobre Direito Urbanístico é concorrente entre a União, Estados e Distrito Federal. O Estatuto da Cidade, como visto, estabeleceu **normas gerais sobre Direito Urbanístico**, não excluindo a competência das demais entidades federativas para expedição de normas específicas sobre a matéria.

Sendo aplicável simultaneamente a todos os âmbitos federativos, o Estatuto da Cidade tem **natureza jurídica de lei nacional**, e não simplesmente de lei federal. Lei nacional é aquela válida ao mesmo tempo para todas as esferas federativas, ao passo que a lei federal se aplica somente ao âmbito da União.

15.3 DIRETRIZES GERAIS DA POLÍTICA URBANA

A política urbana tem como objetivo ordenar o pleno desenvolvimento das funções sociais da cidade e da propriedade urbana, sendo as seguintes suas diretrizes gerais (art. 2º do Estatuto):

"I – garantia do direito a cidades sustentáveis, entendido como o direito à terra urbana, à moradia, ao saneamento ambiental, à infraestrutura urbana, ao transporte e aos serviços públicos, ao trabalho e ao lazer, para as presentes e futuras gerações;

II – gestão democrática por meio da participação da população e de associações representativas dos vários segmentos da comunidade na formulação, execução e acompanhamento de planos, programas e projetos de desenvolvimento urbano;

III – cooperação entre os governos, a iniciativa privada e os demais setores da sociedade no processo de urbanização, em atendimento ao interesse social;

IV – planejamento do desenvolvimento das cidades, da distribuição espacial da população e das atividades econômicas do Município e do território sob sua área de influência, de modo a evitar e corrigir as distorções do crescimento urbano e seus efeitos negativos sobre o meio ambiente;

V – oferta de equipamentos urbanos e comunitários, transporte e serviços públicos adequados aos interesses e necessidades da população e às características locais;

VI – ordenação e controle do uso do solo, de forma a evitar:

a) a utilização inadequada dos imóveis urbanos;

b) a proximidade de usos incompatíveis ou inconvenientes;

c) o parcelamento do solo, a edificação ou o uso excessivos ou inadequados em relação à infraestrutura urbana;

d) a instalação de empreendimentos ou atividades que possam funcionar como polos geradores de tráfego, sem a previsão da infraestrutura correspondente;

e) a retenção especulativa de imóvel urbano, que resulte na sua subutilização ou não utilização;

f) a deterioração das áreas urbanizadas;

g) a **poluição** e a degradação ambiental;

> A prova da Cehap/PB 2009 elaborada pelo Cespe considerou CORRETA a afirmação: "De acordo com o Estatuto da Cidade, as diretrizes de ordenação e controle do uso do solo visam evitar a poluição urbana".

h) a exposição da população a riscos de desastres.

VII – integração e complementaridade entre as atividades urbanas e rurais, tendo em vista o desenvolvimento socioeconômico do Município e do território sob sua área de influência;

VIII – adoção de padrões de produção e consumo de bens e serviços e de expansão urbana compatíveis com os limites da sustentabilidade ambiental, social e econômica do Município e do território sob sua área de influência;

IX – justa distribuição dos benefícios e ônus decorrentes do processo de urbanização;

X – adequação dos instrumentos de política econômica, tributária e financeira e dos gastos públicos aos objetivos do desenvolvimento urbano, de modo a privilegiar os investimentos geradores de bem-estar geral e a fruição dos bens pelos diferentes segmentos sociais;

XI – recuperação dos investimentos do Poder Público de que tenha resultado a valorização de imóveis urbanos;

XII – proteção, preservação e recuperação do meio ambiente natural e construído, do patrimônio cultural, histórico, artístico, paisagístico e arqueológico;

XIII – audiência do Poder Público municipal e da população interessada nos processos de implantação de empreendimentos ou atividades com efeitos potencialmente negativos sobre o meio ambiente natural ou construído, o conforto ou a segurança da população;

XIV – regularização fundiária e urbanização de áreas ocupadas por população de baixa renda mediante o estabelecimento de normas especiais de urbanização, uso e ocupação do solo e edificação, consideradas a situação socioeconômica da população e as normas ambientais;

XV – simplificação da legislação de parcelamento, uso e ocupação do solo e das normas edilícias, com vistas a permitir a redução dos custos e o aumento da oferta dos lotes e unidades habitacionais;

XVI – isonomia de condições para os agentes públicos e privados na promoção de empreendimentos e atividades relativos ao processo de urbanização, atendido o interesse social;

XVII – estímulo à utilização, nos parcelamentos do solo e nas edificações urbanas, de sistemas operacionais, padrões construtivos e aportes tecnológicos que objetivem a redução de impactos ambientais e a economia de recursos naturais".

Em síntese, o Estatuto da Cidade tem por objetivo central compatibilizar o direito de propriedade com a **função socioambiental do imóvel urbano**.

A prova da OAB/SP elaborada pela Vunesp considerou CORRETA a afirmação: "São conceitos à primeira vista contrastantes, dentro do Direito Urbanístico, mas que, em equilíbrio, devem coexistir a função socioambiental da propriedade e direito de propriedade individual".

15.4 INSTRUMENTOS DA POLÍTICA URBANA

A política urbana tem por objetivo ordenar o pleno desenvolvimento das funções sociais da cidade e da propriedade urbana, mediante as diretrizes gerais a seguir mencionadas.

A parte mais importante do Estatuto da Cidade é a definição e disciplina dos instrumentos da política urbana. A lei divide tais instrumentos em: a) instrumentos gerais; b) institutos tributários e financeiros; c) institutos jurídicos e políticos.

Os **instrumentos gerais** da política urbana são (art. 4º, I a III, do Estatuto):

1) planos nacionais, regionais e estaduais de ordenação do território e de desenvolvimento econômico e social;

2) planejamento das regiões metropolitanas, aglomerações urbanas e microrregiões;

3) planejamento municipal, em especial:

a) plano diretor;

b) disciplina do parcelamento, do uso e da ocupação do solo;

c) zoneamento ambiental;

d) plano plurianual;

e) diretrizes orçamentárias e orçamento anual;

f) gestão orçamentária participativa;

g) planos, programas e projetos setoriais;

h) planos de desenvolvimento econômico e social.

Já os **institutos tributários e financeiros** da política urbana são (art. 4º, IV):

1) imposto sobre a propriedade predial e territorial urbana – IPTU;

2) contribuição de melhoria;

3) incentivos e benefícios fiscais e financeiros.

Quanto aos **institutos jurídicos e políticos**, o Estatuto prevê (art. 4º, V):

1) desapropriação;

2) servidão administrativa;

3) limitações administrativas;

4) tombamento de imóveis ou de mobiliário urbano;

5) instituição de unidades de conservação;

6) instituição de zonas especiais de interesse social;

7) concessão de direito real de uso;

8) concessão de uso especial para fins de moradia;

9) parcelamento, edificação ou utilização compulsórios;

10) usucapião especial de imóvel urbano;

11) direito de superfície;

12) direito de preempção;

13) outorga onerosa do direito de construir e de alteração de uso;

14) transferência do direito de construir;

15) operações urbanas consorciadas;

16) regularização fundiária;

17) assistência técnica e jurídica gratuita para as comunidades e grupos sociais menos favorecidos;

18) referendo popular e plebiscito;

19) demarcação urbanística para fins de regularização fundiária;

20) legitimação de posse.

Entre todos os institutos e instrumentos da política urbana previstos no Estatuto da Cidade, alguns deles receberam um tratamento normativo especial, tendo maior interesse para provas e concursos públicos.

Convém analisar separadamente os referidos instrumentos.

15.4.1 Parcelamento, edificação ou utilização compulsória

O imóvel urbano cumpre sua função social quando atende às exigências fundamentais de ordenação da cidade previstas no plano diretor (art. 182, § 2º, da CF).

Assim, há casos em que o uso da propriedade urbana desatende à sua função social, ensejando providências por parte do Poder Público municipal no sentido de forçar a readequação da forma de utilização do bem aos interesses da coletividade.

Se o aproveitamento do imóvel for inferior ao mínimo definido no plano diretor ou na legislação dele decorrente, o Município poderá determinar o parcelamento, a edificação ou a utilização compulsória do solo urbano não edificado, subutilizado ou não utilizado.

Essa exigência de parcelamento, edificação ou utilização compulsória somente poderá ser realizada nos termos de lei municipal específica para áreas incluídas no plano diretor.

Nos termos do art. 5º, § 2º, do Estatuto da Cidade, o proprietário será notificado pelo Poder Executivo municipal para o cumprimento da ordem de parcelamento, edificação ou utilização, devendo a notificação ser averbada no cartório de registro de imóveis.

Somente se for descumprida a determinação de parcelamento, edificação ou utilização compulsória, o Município poderá iniciar a cobrança de IPTU progressivo no tempo.

15.4.2 IPTU progressivo no tempo

A cobrança de IPTU progressivo no tempo é a segunda medida adotada pelo Município com o objetivo de forçar o uso adequado do solo urbano.

Fracassada a ordem de parcelamento, edificação ou utilização compulsória, o Município procederá à aplicação do imposto sobre a propriedade predial e territorial urbana (IPTU) progressivo no tempo, mediante a majoração da alíquota **pelo prazo máximo de cinco anos consecutivos.**

O valor da alíquota fixada em cada ano não excederá a duas vezes o valor referente ao ano anterior, respeitada a **alíquota máxima de 15%**.

15.4.3 Desapropriação urbanística

Finalmente, sendo insuficientes as providências anteriores, o Município poderá adotar a mais radical medida contra quem descumpre a função social do solo urbano, a saber, promover a **desapropriação sancionatória** do bem imóvel.

Decorridos cinco anos de cobrança do IPTU progressivo sem que o proprietário tenha cumprido a obrigação de parcelamento, edificação ou utilização, o **Município poderá proceder à desapropriação do imóvel, com pagamento em títulos da dívida pública.**

O caráter punitivo dessa modalidade expropriatória é revelado pelo fato de a indenização não ser paga em dinheiro, mas em títulos da dívida pública, de prévia aprovação pelo Senado Federal, a serem resgatados no prazo de até dez anos, em prestações anuais, iguais e sucessivas, assegurados o valor real da indenização e os juros legais de 6% ao ano.

O valor real da indenização em títulos refletirá o valor da base de cálculo do IPTU, não podendo comportar expectativas de ganhos, lucros cessantes e juros compensatórios.

Acesse também a videoaula pelo link:
http://somos.in/MDA1148

15.4.4 Usucapião especial de imóvel urbano

Segundo o disposto no art. 9º do Estatuto da Cidade, aquele que possuir como sua área ou edificação urbana de até duzentos e cinquenta metros quadrados, por cinco anos, ininterruptamente e sem oposição, utilizando-a para sua moradia ou de sua família, adquirir-lhe-á o domínio, desde que não seja proprietário de outro imóvel urbano ou rural.

O direito à usucapião especial de imóvel urbano não será reconhecido ao mesmo possuidor mais de uma vez.

Na pendência da ação de usucapião especial urbana, ficarão sobrestadas quaisquer outras ações, petitórias ou possessórias, que venham a ser propostas relativamente ao **imóvel usucapiendo**.

> A prova de Procurador do Distrito Federal elaborada pela Esaf considerou CORRETA a afirmação: "Enquanto estiver tramitando ação de usucapião especial urbana, ficarão sobrestadas quaisquer outras ações, petitórias ou possessórias, que venham a ser propostas relativamente ao imóvel usucapiendo".

A usucapião especial de imóvel urbano poderá ser invocada como matéria de defesa, valendo a sentença que a reconhecer como título para registro no **cartório de registro de imóveis** (art. 13 do Estatuto).

> A prova de Procurador do Distrito Federal elaborada pela Esaf considerou CORRETA a afirmação: "Dispõe expressamente o Estatuto da Cidade que a usucapião especial de imóvel urbano poderá ser invocada como matéria de defesa, valendo a sentença que a reconhecer como título para registro no cartório de registro de imóveis".

15.4.5 Direito de superfície

O proprietário urbano poderá conceder a outrem o direito de superfície do seu terreno, por tempo determinado ou indeterminado, mediante escritura pública registrada no cartório de registro de imóveis, abrangendo o direito de utilizar o solo, o subsolo ou o espaço aéreo relativo ao terreno.

A concessão do direito de superfície poderá ser gratuita ou onerosa (art. 21 do Estatuto da Cidade).

Extingue-se o direito de superfície: a) pelo advento do termo; b) pelo descumprimento das obrigações contratuais assumidas pelo superficiário.

Bastante polêmica é previsão contida no art. 21, § 3º, do Estatuto, segundo o qual o **superficiário responderá integralmente pelos encargos e tributos** que incidirem sobre a propriedade superficiária, arcando, ainda, proporcionalmente à sua parcela de ocupação efetiva, com os encargos e tributos sobre a área objeto da concessão do direito de superfície, salvo disposição em contrário do contrato respectivo.

O problema é que tal **responsabilização do superficiário** pelo pagamento de tributos relativos à propriedade, eximindo o dono do imóvel do dever de recolher os impostos, **contraria o art. 34 do Código Tributário Nacional,** que define como contribuintes do IPTU o proprietário do imóvel, o titular de seu domínio útil ou o seu possuidor.

Entretanto, como o Código Tributário Nacional é materialmente uma lei complementar, ao passo que o Estatuto da Cidade tem natureza de lei ordinária, deve-se concluir pela aplicabilidade do art. 34 do Código, respondendo diretamente o proprietário perante o Fisco, e não o superficiário.

15.4.6 Direito de preempção

Em áreas delimitadas nos termos de lei municipal, baseada no plano diretor, o Poder Público municipal tem preferência para aquisição de imóvel urbano objeto de alienação onerosa entre particulares. A esse direito de preferência dá-se o nome de preempção (art. 25 do Estatuto da Cidade).

A preferência municipal na aquisição do imóvel perdurará por **prazo não superior a cinco anos**, conforme fixado em lei municipal, sendo **possível** sua renovação após um ano do encerramento da primeira vigência (art. 25, § 1º). Mesmo que o Município não exerça a preferência de compra, a preempção fica assegurada durante a sua vigência independentemente do número de alienações.

O direito de preempção será exercido sempre que o Poder Público necessitar de áreas com a finalidade de:

a) regularização fundiária;

b) execução de programas e projetos habitacionais de interesse social;

c) constituição de reserva fundiária;

d) ordenamento e direcionamento da expansão urbana;

e) implantação de equipamentos urbanos e **comunitários**;

> A prova de Procurador de Fortaleza em 2017 elaborada pelo Cespe considerou CORRETA a afirmação: "Caso tenha interesse em criar centro de saúde em imóvel urbano objeto de venda a título oneroso entre particulares, o município poderá exercer o direito de preempção".

f) criação de espaços públicos de lazer e áreas verdes;

g) criação de unidades de conservação ou proteção de outras áreas de interesse ambiental;

h) proteção de áreas de interesse histórico, cultural ou paisagístico.

15.4.7 Outorga onerosa do direito de construir

Também denominada **solo criado**, a outorga onerosa do direito de construir permite que o município "venda" a particulares o **direito de construir** acima dos limites máximos admitidos pela legislação municipal, mediante contrapartida a ser prestada pelo beneficiário.

> A prova da OAB/SP elaborada pela Vunesp considerou CORRETA a afirmação: "Como Instrumento de Política Urbana, estabelecidos no Estatuto da Cidade, foram definidos o IPTU progressivo, o Solo Criado e o Estudo de Impacto de Vizinhança".
>
> A prova da OAB/SP elaborada pela Vunesp considerou CORRETA a afirmação: "Pode um município dar licença para um proprietário de imóvel construir acima do coeficiente de aproveitamento básico, definido pelo Plano Diretor, desde que se enquadre na hipótese legal de outorga onerosa do direito de construir".

Lei municipal específica estabelecerá as condições a serem observadas para a outorga onerosa do direito de construir e de alteração de uso, determinando: a) a fórmula de cálculo para a cobrança; b) os casos passíveis de isenção do pagamento da outorga; c) a contrapartida do beneficiário.

15.4.8 Operações urbanas consorciadas

Operações urbanas consorciadas são um conjunto de intervenções e medidas coordenadas pelo Poder Público municipal, com a participação dos proprietários, moradores, usuários permanentes e investidores privados, com o objetivo de alcançar em uma área **transformações urbanísticas estruturais, melhorias sociais e a valorização ambiental** (art. 32 do Estatuto).

Entre outras medidas, poderão ser previstas nas operações urbanas consorciadas: 1) a modificação de índices e características de parcelamento, uso e ocupação do solo e subsolo, bem como alterações das normas edilícias, considerado o impacto ambiental delas decorrente; 2) a regularização de construções, reformas ou ampliações executadas em desacordo com a legislação vigente.

A operação urbana consorciada deve ser aprovada por meio de **lei específica municipal**, contendo o plano de operação urbana, observados os seguintes requisitos mínimos:

I – definição da área a ser atingida;

II – programa básico de ocupação da área;

III – programa de atendimento econômico e social para a população diretamente afetada pela operação;

IV – finalidades da operação;

V – estudo prévio de impacto de vizinhança;

VI – contrapartida a ser exigida dos proprietários, usuários permanentes e investidores privados em função da utilização dos benefícios previstos na lei;

VII – forma de controle da operação, obrigatoriamente compartilhado com representação da sociedade civil;

VIII – natureza dos incentivos a serem concedidos aos proprietários, usuários permanentes e investidores privados.

15.4.9 Transferência do direito de construir

Com base em lei municipal específica, poderá o proprietário de imóvel urbano, privado ou público, autorizado a **exercer em outro local**, ou alienar, mediante escritura pública, **o direito de construir** previsto no plano diretor ou em legislação urbanística dele decorrente, quando o referido imóvel for considerado necessário para fins de: a) implantação de equipamentos urbanos e comunitários; b) preservação, quando o imóvel for considerado de interesse histórico, ambiental, paisagístico, social ou cultural; c) servir a programas de regularização fundiária, urbanização de áreas ocupadas por população de baixa renda e habitação de interesse social (art. 35 da Lei n. 10.257/2001).

15.4.10 Estudo de impacto de vizinhança

A elaboração de Estudo de Impacto de Vizinhança – EIV é uma exigência, baseada em lei municipal, definida como condição prévia para obtenção de licenças e autorizações de empreendimentos e atividades, públicos ou privados, com **potencial** para afetar o bem-estar da cidade (art. 36 do Estatuto).

> A prova de Procurador de Fortaleza em 2017 elaborada pelo Cespe considerou ERRADA a afirmação: "De acordo com o Estatuto da Cidade, o estudo prévio do impacto ambiental é peça obrigatória do estudo de impacto de vizinhança e as análises de uso e ocupação do solo e de adensamento populacional somente são obrigatórias para imóveis com área superior a um hectare".

O EIV deverá contemplar os efeitos positivos e negativos quanto à qualidade de vida da **população**, sendo obrigatória análise das seguintes questões:

> A prova de Promotor/RR em 2017 elaborada pelo Cespe considerou CORRETA a afirmação: "O EIV deve contemplar os efeitos positivos e negativos do empreendimento ou da atividade para a qualidade de vida da população residente na área e em suas proximidades."

a) adensamento populacional;

b) equipamentos urbanos e comunitários;

c) uso e ocupação do solo;

d) valorização imobiliária;

e) geração de tráfego e demanda por transporte público;

f) ventilação e iluminação;

g) paisagem urbana e patrimônio natural e cultural.

15.4.11 Plano diretor

O plano diretor, instrumento básico da política de desenvolvimento e expansão urbana, é uma **lei municipal** que estabelece as **regras básicas sobre uso e ocupação do solo urbano**, visando a proteção da qualidade de vida, justiça social e desenvolvimento das atividades econômicas (art. 39 do Estatuto).

> A prova de Procurador do Distrito Federal elaborada pela Esaf considerou CORRETA a afirmação: "A lei que instituir o plano diretor deverá ser revisada, pelo menos, a cada dez anos, conforme disposto na Lei n. 10.257/2001".

A aprovação de um plano é obrigatória somente para as cidades:

a) com mais de vinte mil **habitantes**;

> A prova de Procurador de Fortaleza em 2017 elaborada pelo Cespe considerou CERTA a afirmação: "Segundo o STF, a competência normativa municipal para a ocupação de espaços urbanos é mais ampla que o conteúdo aprovado no seu plano diretor. Assim, municípios com mais de vinte mil habitantes podem legislar sobre ordenamento urbano em outras leis, desde que compatíveis com diretrizes estabelecidas no plano diretor".

b) integrantes de regiões metropolitanas e aglomerações urbanas;

c) onde o Poder Público municipal pretenda utilizar os instrumentos de política urbana;

d) integrantes de áreas de especial interesse turístico;

e) inseridas na área de influência de empreendimentos ou atividades com significativo impacto ambiental de âmbito regional ou **nacional**;

A prova de Procurador do Distrito Federal elaborada pela Esaf considerou INCORRETA a afirmação: "De acordo com a Lei n. 10.257/2001, o plano diretor, aprovado por lei municipal, é o instrumento básico da política de desenvolvimento e expansão urbana, sendo obrigatório para todas as cidades".

f) incluídas no cadastro nacional de Municípios com áreas suscetíveis à ocorrência de deslizamentos de grande impacto, inundações bruscas ou processos geológicos ou hidrológicos correlatos.

15.5 GESTÃO DEMOCRÁTICA DA CIDADE

Por fim, os arts. 43 a 45 do Estatuto da Cidade enumeram alguns instrumentos para implementar a gestão democrática da cidade, tais como:

a) órgãos colegiados de política urbana, nos níveis nacional, estadual e municipal;

b) debates, audiências e consultas públicas;

c) conferências sobre assuntos de interesse urbano, nos níveis nacional, estadual e municipal;

d) iniciativa popular de projeto de lei e de planos, programas e projetos de desenvolvimento urbano.

15.6 JURISPRUDÊNCIA

15.6.1 STJ

Plano diretor: O Ministério Público Federal é parte ilegítima para ajuizar ação civil pública que visa à anulação da tramitação de Projeto de Lei do Plano Diretor de município, ao argumento da falta de participação popular nos respectivos trabalhos legislativos (REsp 1.687.821-SC, rel. Min. Sérgio Kukina, j. 7-11-2017, *DJe* 21-11-2017).

15.6.2 Repercussão Geral

Estatuto da Cidade: Os Municípios com mais de vinte mil habitantes e o Distrito Federal podem legislar sobre programas e projetos específicos de ordenamento do espaço urbano por meio de leis que sejam compatíveis com as diretrizes fixadas no plano diretor (RE 607.940, 29-10-2015).

15.7 QUADRO SINÓTICO

ESTATUTO DA CIDADE

Possui **natureza jurídica de lei nacional** e não simplesmente lei federal, sendo aplicável simultaneamente a todos os âmbitos federativos.

- CONSTITUIÇÃO FEDERAL: o art. 182 estabelece que a política de desenvolvimento urbano, executada pelo Poder Público municipal, conforme diretrizes gerais fixadas em lei, tem por objetivo o pleno desenvolvimento das funções sociais da cidade e garantir o bem-estar de seus habitantes.
  Nos termos do art. 24, I, da Constituição Federal, a competência para legislar sobre Direito Urbanístico é concorrente entre a União, Estados e Distrito Federal. O Estatuto da Cidade, como visto, estabeleceu normas gerais sobre Direito Urbanístico, não excluindo a competência das demais entidades federativas para expedição de normas específicas sobre a matéria.
- LEI N. 10.257/2001: conhecida por "Estatuto da Cidade", a referida lei estabelece normas de ordem pública e interesse social que regulam o uso da propriedade urbana em prol do bem coletivo, da segurança e do bem-estar dos cidadãos, bem como do equilíbrio ambiental.
  O Estatuto da Cidade é a lei geral sobre Direito Urbanístico no Brasil, um novo ramo do Direito Público nascido como uma especialização do Direito Administrativo e que tem por objeto os princípios e **regras** de proteção ao bem-estar das cidades.

- DIRETRIZES GERAIS DA POLÍTICA URBANA (art. 2º do Estatuto): a política urbana tem por objetivo central compatibilizar o direito de propriedade com a **função socioambiental do imóvel urbano**.
- INSTRUMENTOS DA POLÍTICA URBANA (art. 4º do Estatuto): o Estatuto divide em três tipos: **instrumentos gerais** (art. 4º, I a III); **institutos tributários e financeiros** (art. 4º, IV); e **institutos jurídicos e políticos** (art. 4º, V).

Entre todos os institutos e instrumentos da política urbana previstos no Estatuto, alguns deles receberam um tratamento normativo especial, tendo maior interesse para provas e concursos públicos, são eles:

INSTRUMENTOS COM TRATAMENTO NORMATIVO ESPECIAL

- PARCELAMENTO, EDIFICAÇÃO OU UTILIZAÇÃO COMPULSÓRIA: **função social do imóvel urbano:** exigências fundamentais do art. 182, § 2º, da CF.
  - Se o **aproveitamento** do imóvel for **inferior ao mínimo definido no plano diretor ou na legislação** dele decorrente, o Município poderá utilizar este instrumento, desde que **nos termos de lei municipal específica para áreas incluídas no plano diretor**.
  - O proprietário será então notificado pelo Poder Executivo municipal para o cumprimento da ordem, **devendo a notificação ser averbada no cartório de registro de imóveis** (art. 5º, § 2º).
- IPTU PROGRESSIVO NO TEMPO: é a segunda medida adotada pelo Município com o **objetivo de forçar o uso adequado do solo urbano** e pode ocorrer **somente se for descumprida** a determinação de parcelamento, edificação ou utilização compulsória, mediante a **majoração da alíquota pelo prazo máximo de cinco anos consecutivos**.
  - O valor da alíquota fixada em cada ano não excederá a duas vezes o valor referente ao ano anterior, respeitada a **alíquota máxima de 15%**.
- DESAPROPRIAÇÃO URBANÍSTICA: sendo **insuficientes as providências anteriores**, decorridos cinco anos de cobrança do IPTU progressivo sem que o proprietário tenha cumprido a obrigação, o Município poderá efetivar a desapropriação urbanística.
- USUCAPIÃO ESPECIAL DE IMÓVEL URBANO: aquele que possuir como sua área ou edificação urbana **de até duzentos e cinquenta metros quadrados**, por **cinco anos, ininterruptamente** e **sem oposição**, utilizando-a **para sua moradia** ou de sua família, **adquirir-lhe-á o domínio, desde que não seja proprietário de outro imóvel urbano ou rural**.

DIREITO DE SUPERFÍCIE

- O proprietário urbano poderá conceder (**gratuita ou onerosamente**) a outrem o direito de superfície do seu terreno, **por tempo determinado ou indeterminado**, mediante **escritura pública registrada** no cartório de registro de imóveis, abrangendo o direito de utilizar o **solo**, o **subsolo** ou o **espaço aéreo relativo ao terreno**.

DICA: a concessão do direito de superfície poderá ser gratuita ou onerosa.

- Extingue-se o direito de superfície pelo advento do termo ou pelo descumprimento das obrigações contratuais.

DIREITO DE PREEMPÇÃO

- Em áreas delimitadas nos termos de lei municipal, baseada no plano diretor, o Poder Público municipal tem preferência para aquisição de imóvel urbano objeto de alienação onerosa entre particulares.
- A preferência municipal perdurará por **prazo não superior a cinco anos**, conforme fixado em lei municipal, sendo **possível sua renovação após um ano** do encerramento da primeira vigência.

- O direito de preempção será exercido sempre que o Poder Público necessitar de áreas com a finalidade de:
  a) **regularização fundiária**;
  b) **execução de programas e projetos habitacionais** de interesse social;
  c) constituição de **reserva fundiária**;
  d) ordenamento e direcionamento da **expansão urbana**;
  e) implantação de **equipamentos urbanos e comunitários**;
  f) criação de espaços públicos de **lazer e áreas verdes**;
  g) **criação de** unidades de conservação ou proteção de outras áreas de interesse ambiental; e
  h) **proteção** de áreas de interesse histórico, cultural ou paisagístico.

OUTORGA ONEROSA DO DIREITO DE CONSTRUIR

- Também denominada **solo criado**, permite que o Município "venda" a particulares o direito de construir acima dos limites máximos admitidos pela legislação municipal, mediante contrapartida a ser prestada pelo beneficiário.
- **Lei municipal específica estabelecerá as condições** a serem observadas para a outorga onerosa do direito de construir e de alteração de uso, determinando:
  a) a fórmula de cálculo para a cobrança;
  b) os casos passíveis de isenção do pagamento da outorga;
  c) a contrapartida do beneficiário.

OPERAÇÕES URBANAS CONSORCIADAS

- São um **conjunto de intervenções e medidas coordenadas pelo Poder Público municipal**, com a participação dos proprietários, moradores, usuários permanentes e investidores privados, com o objetivo de alcançar em uma área **transformações urbanísticas estruturais, melhorias sociais e a valorização ambiental.**

DICA: a operação urbana consorciada deve ser aprovada por meio de **lei específica municipal**.

- Entre outras medidas, poderão ser previstas nas operações urbanas consorciadas:
  1) a modificação de índices e características de parcelamento, uso e ocupação do solo e subsolo, bem como alterações das normas edilícias, considerado o impacto ambiental delas decorrente;
  2) a regularização de construções, reformas ou ampliações executadas em desacordo com a legislação vigente.

TRANSFERÊNCIA DO DIREITO DE CONSTRUIR

- Com base em lei municipal específica, poderá o proprietário de imóvel urbano, privado ou público, autorizado a **exercer em outro local**, ou alienar, mediante escritura pública, o **direito de construir** previsto no plano diretor ou em legislação urbanística dele decorrente, **quando o referido imóvel for considerado necessário para fins de**:
  a) implantação de equipamentos urbanos e comunitários;
  b) preservação, quando o imóvel for considerado de interesse histórico, ambiental, paisagístico, social ou cultural;
  c) servir a programas de regularização fundiária, urbanização de áreas ocupadas por população de baixa renda e habitação de interesse social.

ESTUDO DE IMPACTO DE VIZINHANÇA

- É uma exigência, baseada em **lei municipal**, definida como condição prévia para obtenção de licenças e autorizações de empreendimentos e atividades, públicos ou privados, com **potencial para afetar o bem-estar da cidade.**
- O EIV **deverá contemplar os efeitos positivos e negativos** quanto à qualidade de vida da população, sendo **obrigatória análise de**:
  - adensamento populacional;
  - equipamentos urbanos e comunitários;
  - uso e ocupação do solo;
  - valorização imobiliária;
  - geração de tráfego e demanda por transporte público;
  - ventilação e iluminação;
  - paisagem urbana e patrimônio natural e cultural.

PLANO DIRETOR

- Instrumento básico da política de desenvolvimento e expansão urbana, é uma lei municipal que estabelece as regras básicas sobre uso e ocupação do solo urbano, visando à proteção da qualidade de vida, justiça social e desenvolvimento das atividades econômicas.

DICA: a aprovação de um plano é **obrigatória somente para** as cidades:

- com mais de vinte mil habitantes;
- integrantes de regiões metropolitanas e aglomerações urbanas;
- onde o Poder Público municipal pretenda utilizar os instrumentos de política urbana;
- integrantes de áreas de especial interesse turístico;
- inseridas na área de influência de empreendimentos ou atividades com significativo impacto ambiental de âmbito regional ou nacional; e
- incluídas no cadastro nacional de Municípios com áreas suscetíveis à ocorrência de deslizamentos de grande impacto, inundações bruscas ou processos geológicos ou hidrológicos correlatos.

GESTÃO DEMOCRÁTICA DA CIDADE

- Os arts. 43 a 45 do Estatuto da Cidade enumeram alguns **instrumentos para implementar a gestão democrática da cidade**, tais como:

a) órgãos colegiados de política urbana, nos níveis nacional, estadual e municipal;

b) debates, audiências e consultas públicas;

c) conferências sobre assuntos de interesse urbano, nos níveis nacional, estadual e municipal;

d) iniciativa popular de projeto de lei e de planos, programas e projetos de desenvolvimento urbano.

15.8 QUESTÕES

1. (Procurador – Prefeitura de Curitiba – PR – 2019 – NC-UFPR) Suprir o déficit habitacional é desafio para planejadores de cidades das Américas.

O déficit habitacional no Brasil é de 7,7 milhões de moradias, segundo estudo da Fundação Getúlio Vargas feito com base em dados da Pesquisa Nacional por Amostra de Domicílios de 2015. Em Curitiba, o déficit é de cerca de 36 mil domicílios. Uma das dificuldades dos gestores de cidades no Brasil está na inexistência de linhas de crédito para a recuperação de imóveis que sejam destinados para aluguel social. Curitiba foi pioneira no Brasil ao, na década de 80, utilizar o mecanismo do solo criado como ferramenta urbana de mais valia para o financiamento de habitação popular. Os recursos provenientes da venda de potencial construtivo pelo solo criado são destinados ao Fundo Municipal de Habitação para a construção de moradias de interesse social, regularização e demais ações necessárias a esse fim.

(Portal Administrativo do Município, Curitiba, 8-5-2018.)

A outorga onerosa do direito de construir é objeto da Lei n. 10.257/2001 e trata, em parte, de outorgas que incidam sobre o coeficiente de aproveitamento básico – a relação entre área edificável e área do terreno. Assinale a alternativa que NÃO corresponde ao determinado pela referida lei.

A) Os limites máximos a serem atingidos pelos coeficientes de aproveitamento serão definidos pelo plano diretor.

B) Pelo plano diretor, poderão ser fixadas áreas nas quais o direito de construir poderá ser exercido acima do coeficiente de aproveitamento básico adotado, mediante contrapartida a ser prestada pelo beneficiário.

C) Áreas poderão ser fixadas pelo plano diretor nas quais poderá ser permitida alteração de uso do solo, mediante contrapartida a ser prestada pelo beneficiário.

D) As condições a serem observadas para a outorga onerosa do direito de construir e de alteração de uso serão estabelecidas por Lei municipal específica, podendo ser previstos casos passíveis de isenção do pagamento da outorga.

E) O coeficiente de aproveitamento básico fixado pelo plano diretor será único para toda a zona urbana.

2. (Procurador – Prefeitura de Curitiba – PR – 2019 – NC-UFPR) A Lei n. 10.257/2001, ao regulamentar os arts. 182 e 183 da Constituição Federal, estabelece, em seu art. 25, que "o direito de preempção confere ao Poder Público municipal preferência para aquisição de imóvel urbano objeto de alienação onerosa entre particulares". Com base nesse dispositivo, considere as seguintes afirmativas.

1. Será de até dois anos, no máximo, o prazo de vigência da lei municipal que delimitará as áreas em que incidirá o direito de preempção.

2. Proposta de compra, assinada por terceiro interessado na aquisição do imóvel, deverá ser anexada à notificação do proprietário ao Município, de sua intenção de alienar o imóvel, para que o Município manifeste seu interesse em comprá-lo.

3. Após a primeira alienação de um imóvel, cessam os efeitos da lei sobre o imóvel alienado.

4. Necessidade de áreas para criar unidades de conservação, ou para proteger outras áreas de interesse ambiental, está entre as finalidades passíveis de levar o Poder Público a exercer o direito de preempção.

Com fulcro no contido na Lei n. 10.257/2001, assinale a alternativa correta.

A) Somente afirmativa 2 é verdadeira.

B) Somente as afirmativas 1 e 3 são verdadeiras.

C) Somente as afirmativas 2 e 4 são verdadeiras.

D) Somente as afirmativas 1, 3 e 4 são verdadeiras.

E) As afirmativas 1, 2, 3 e 4 são verdadeiras.

3. (Procurador Municipal – Prefeitura de Boa Vista – RR – 2019 – Cespe)

Texto associado

Homero tem, desde 1998, em área urbana central de Boa Vista – RR, um terreno, no qual pretende construir, em 2025, um hotel. Na área do imóvel, que é de cinco hectares, há duas nascentes do Rio Branco.

Considerando essa situação hipotética, julgue o item a seguir.

A pretensão de Homero de construir um hotel em imóvel de sua propriedade está em conformidade com a diretriz do Estatuto da Cidade, que busca, em atendimento ao interesse social, a cooperação entre o governo, a iniciativa privada e os demais setores da sociedade no processo de urbanização.

( ) Certo

( ) Errado

4. (Promotor de Justiça Substituto – MPE-SP – 2019 – MPE-SP) A política urbana tem por objetivo ordenar o pleno desenvolvimento das funções sociais da cidade e da propriedade urbana, mediante várias diretrizes gerais fixadas pela legislação específica.

Assinale a alternativa que NÃO se qualifica como uma das diretrizes gerais.

A) Priorização de condições para os agentes públicos na promoção de empreendimentos e atividades relativos ao processo de urbanização, atendido o interesse social.

B) Planejamento do desenvolvimento das cidades, da distribuição espacial da população e das atividades econômicas do Município e do território sob sua área de influência, de modo a evitar e corrigir as distorções do crescimento urbano e seus efeitos negativos sobre o meio ambiente.

C) Gestão democrática por meio da participação da população e de associações representativas dos vários segmentos da comunidade na formulação, execução e acompanhamento de planos, programas e projetos de desenvolvimento urbano.

D) Proteção, preservação e recuperação do meio ambiente natural e construído, do patrimônio cultural, histórico, artístico, paisagístico e arqueológico.

E) Adequação dos instrumentos de política econômica, tributária e financeira e dos gastos públicos aos objetivos do desenvolvimento urbano, de modo a privilegiar os investimentos geradores de bem-estar geral e a fruição dos bens pelos diferentes segmentos sociais.

5. (Analista de Gestão de Resíduos Sólidos – Engenharia Ambiental – SLU-DF – 2019 – Cespe) Acerca do Estatuto da Cidade e dos instrumentos de controle de uso e ocupação do solo, julgue o item a seguir.

Os municípios brasileiros, mesmos aqueles com menos de vinte mil habitantes, são obrigados a dispor de plano diretor.

( ) Certo

( ) Errado

6. (Analista de Gestão de Resíduos Sólidos – Engenharia Ambiental – SLU-DF – 2019 – Cespe) Acerca do Estatuto da Cidade e dos instrumentos de controle de uso e ocupação do solo, julgue o item a seguir.

O plano diretor é fundamental para modificações da paisagem urbana, podendo restringir ou induzir o uso e a ocupação do solo nas cidades.

( ) Certo

( ) Errado

7. (Analista de Gestão de Resíduos Sólidos – Engenharia Ambiental – SLU-DF – 2019 – Cespe) Acerca do Estatuto da Cidade e dos instrumentos de controle de uso e ocupação do solo, julgue o item a seguir.

O plano diretor é uma disposição constitucional, porém somente com a promulgação do Estatuto da Cidade ele foi regulamentado, com a definição de conceitos e formas de concretização de seus objetivos.

( ) Certo

( ) Errado

8. (Analista de Gestão de Resíduos Sólidos – Engenharia Ambiental – SLU-DF – 2019 – Cespe) Acerca do Estatuto da Cidade e dos instrumentos de controle de uso e ocupação do solo, julgue o item a seguir.

Com a aprovação do Estatuto da Cidade, os planos diretores passaram a ser elaborados e administrados por técnicos e especialistas em gestão urbana, o que limitou a participação popular nesse processo.

( ) Certo

( ) Errado

9. (Procurador do Município – Prefeitura de Londrina – PR – 2019 – COPS-UEL) Em relação aos instrumentos de gestão democrática na elaboração e execução do Plano Diretor, atribua V (verdadeiro) ou F (falso) às afirmativas a seguir.

( ) A cooperação das associações representativas no planejamento municipal se constitui em princípio constitucional aplicado aos Municípios.

( ) É vedado projeto de lei de iniciativa popular para projetos de desenvolvimento urbano.

( ) A gestão democrática da cidade independe dos instrumentos colegiados de política urbana.

( ) O Prefeito que deixar de garantir a promoção de audiências públicas e debates com a participação da população incorre em improbidade administrativa.

( ) A participação popular na gestão da cidade pressupõe a possibilidade de consulta à população sobre as prioridades de destinação dos recursos públicos.

Assinale a alternativa que contém, de cima para baixo, a sequência correta.

A) V, V, V, F, F.

B) V, F, F, V, V.

C) V, F, F, F, V.

D) F, V, F, V, F.

E) F, F, V, V, V.

10. (Analista de Gestão de Resíduos Sólidos – Geografia – SLU-DF – 2019 – Cespe) Com relação a planejamento territorial em ambientes urbanos, julgue o item subsecutivo.

O plano diretor é um instrumento obrigatório da política urbana e de planejamento do território em todas as cidades brasileiras.

( ) Certo

( ) Errado

GABARITO

1. E / **2.** C / **3.** CERTO / **4.** A / **5.** ERRADO / **6.** CERTO / **7.** CERTO / **8.** ERRADO / **9.** B / **10.** ERRADO

Acesse mais questões também pelo link:
http://somos.in/MDA1165

16

SERVIÇOS PÚBLICOS

Acesse também a videoaula pelo link:
http://somos.in/MDA1117

16.1 SERVIÇOS PÚBLICOS E DOMÍNIO ECONÔMICO

A Constituição Federal de 1988 estabeleceu uma divisão clara entre dois setores de atuação: o domínio econômico (arts. 170 a 174) e o serviço público (arts. 175 e 176).

O **domínio econômico** ou ordem econômica é o campo de atuação **próprio dos particulares**, tendo como fundamentos a valorização do trabalho humano e a livre-iniciativa.

São **princípios** da ordem econômica (art. 170):

a) soberania nacional;

b) propriedade privada;

c) função social da propriedade;

d) livre concorrência;

e) defesa do consumidor;

f) defesa do meio ambiente, inclusive mediante tratamento diferenciado conforme o impacto ambiental dos produtos e serviços e de seus processos de elaboração e prestação;

g) redução das desigualdades regionais e sociais;

h) busca do pleno emprego;

i) tratamento favorecido para as empresas de pequeno porte constituídas sob as leis brasileiras e que tenham sua sede e administração no País.

O Estado atua no domínio econômico como **agente normativo e regulador. A exploração direta** de atividade econômica pelo Estado, ressalvados os casos previstos na Constituição Federal, só será permitida quando necessária aos **imperativos da segurança nacional** ou a **relevante interesse coletivo** (art. 173). Nessas hipóteses, a atuação estatal na exploração direta de atividade econômica ocorrerá por meio das empresas públicas e sociedades de economia mista.

Já o campo dos **serviços públicos é próprio do Estado**, somente se admitindo prestação de serviços públicos por particulares quando houver expressa delegação estatal, como ocorre nas **concessões e permissões**.

> A prova da OAB/RS considerou CORRETA a afirmação: "A prestação de serviços públicos incumbe ao Poder Público, na forma da lei, e ocorre diretamente ou sob regime de concessão ou permissão".

16.2 CONCEITO DE SERVIÇO PÚBLICO

Os doutrinadores pátrios apresentam diferentes conceitos de serviço público, cada um enfatizando elementos conceituais distintos.

José dos Santos Carvalho Filho: "toda atividade prestada pelo Estado ou por seus delegados, basicamente sob regime de direito público, com vistas à satisfação de **necessidades essenciais e secundárias** da coletividade"[1].

Maria Sylvia Zanella Di Pietro: "toda **atividade material** que a lei atribui ao Estado para que a exerça diretamente ou por meio de seus delegados, com o objetivo de satisfazer concretamente às necessidades coletivas, sob regime jurídico total ou parcialmente público"[2].

Hely Lopes Meirelles: "serviço público é todo aquele **prestado pela Administração ou por seus delegados**, sob normas e controles estatais, para satisfazer necessidades sociais essenciais ou secundárias da coletividade ou simples conveniências do Estado"[3].

Celso Antônio Bandeira de Mello: "serviço público é toda atividade de **oferecimento de utilidade e comodidade material** destinada à satisfação da coletividade em geral, mas fruível singularmente pelos administrados, que o Estado assume como pertinente a seus deveres e presta por si mesmo ou por quem lhe faça as vezes, **sob regime de Direito Público** – portanto, consagrador de prerrogativas de supremacia e de restrições especiais –, instituído em favor dos interesses definidos como públicos no sistema normativo"[4].

Na análise dos conceitos acima indicados, é possível identificar alguns elementos comuns capazes de apontar as **características fundamentais** do serviço público:

1) é uma atividade material: significa que o serviço público é uma **tarefa exercida no plano concreto** pelo Estado, e não simplesmente uma atividade normativa ou intelectual. Desse modo, está equivocado considerar as funções legislativa, jurisdicional e política como serviços públicos em sentido técnico porque aquelas tarefas são essencialmente intelectuais, faltando-lhes a materialidade necessária para configurar um serviço público;

2) de natureza ampliativa: ao contrário do poder de polícia, o serviço público não representa limitação ou restrição imposta ao particular. Pelo contrário.

---

1. *Manual de direito administrativo*, p. 309.
2. *Direito administrativo*, p. 97.
3. *Direito administrativo brasileiro*, p. 316.
4. *Curso de direito administrativo*, p. 671.

O serviço público é uma atuação **ampliativa da esfera de interesses do particular**, consistindo no oferecimento de vantagens e comodidades aos usuários. O serviço público é sempre uma prestação em favor do particular, e não contra o particular;

3) **prestada diretamente pelo Estado ou por seus delegados:** o serviço público, como regra, é prestado diretamente pelo Estado. Porém, por **opção do legislador**, a prestação poderá ser delegada a particulares, por meio de concessão ou permissão, caso em que os particulares assumem a prestação, responsabilizando-se direta e objetivamente pelos eventuais danos causados aos usuários;

4) **sob regime de direito público:** os serviços públicos têm toda a sua disciplina normativa baseada nos princípios e regras do Direito Administrativo. Entretanto, é possível notar, pelos conceitos acima apresentados, que **alguns autores** falam em **regime parcialmente público,** admitindo a incidência de algumas regras de direito privado, tais como as **normas de defesa do consumidor.** É importantíssimo lembrar que o art. 7º da Lei das Concessões (Lei n. 8.987/95) admite expressamente a **aplicabilidade subsidiária** das regras do **Código de Defesa do Consumidor** (Lei n. 8.078/90) no que diz respeito aos direitos do usuário. Em razão do critério da especialidade, é a Lei n. 8.987/95 (norma especial) que incide primariamente sobre o que doutrina e jurisprudência chamam de "relação jurídica especial de consumo" (usuário de serviço público), cabendo ao CDC uma aplicação apenas subsidiária[5];

> A prova do Ministério Público/SP considerou INCORRETA a afirmação: "O direito do consumidor não pode ser aplicado no âmbito dos serviços públicos, em virtude da solidariedade existente entre os usuários, pois a vantagem especial assegurada a um deles poderia comprometer a prestação aos demais".

5) **com vistas à satisfação de necessidades essenciais ou secundárias da coletividade:** como regra, a transformação, por vontade do legislador, de uma atividade em serviço público é baseada na sua **relevância social.** Porém, nada impede que algumas atividades sem tanta importância para a sociedade sejam qualificadas como serviços públicos. Assim, a relevância social não é condição suficiente ou necessária para a transformação de certa atividade em serviço público. No fundo, desde que observados certos parâmetros constitucionais, a definição de quais são os serviços públicos depende exclusivamente da vontade do legislador.

16.3 SERVIÇOS PÚBLICOS *UTI UNIVERSI* E *UTI SINGULI*

É comum encontrar na doutrina referências a duas acepções distintas da locução "serviço público".

5. Fundação Getulio Vargas. Padrão de Respostas. Prova Discursiva. Direito Administrativo. X Exame de Ordem Unificado.

Em **sentido amplo**, serviço público é qualquer **atividade estatal ampliativa**, ainda que produza somente vantagens difusas pela sociedade. Assim, o conceito estabelecido nesses termos engloba os serviços de fruição geral (*uti universi*) e os serviços de fruição individual (*uti singuli*).

Como os **serviços públicos *uti universi***, ou **serviços gerais**, não criam vantagens particularizadas para cada usuário, torna-se impossível estabelecer um valor justo que possa ser cobrado do beneficiário como remuneração pela prestação. Daí por que os serviços públicos *uti universi* **não podem ser dados em concessão nem remunerados pela cobrança de taxas**. Tais serviços são prestados diretamente pelo Estado, e a sua prestação é custeada pela **receita proveniente de impostos**. Exemplos: atividade jurisdicional, varrição de ruas, iluminação **pública**, limpeza pública etc.

> A 4ª prova de Cartório/SP considerou CORRETA a afirmação: "Os serviços públicos *uti universi* são indivisíveis, e a Administração presta-os a usuários indeterminados, mantendo-os por impostos".
>
> A prova da Magistratura/DF considerou CORRETA a afirmação: "O serviço de iluminação pública não pode ser remunerado mediante taxa".

Ao contrário, os **serviços públicos *uti singuli***, ou **serviços individuais**, são prestados de modo a criar benefícios individuais a cada usuário, **podendo ser concedidos** e custeados pela **cobrança de taxas**. Exemplos: energia residencial, água canalizada, transporte coletivo, telefonia fixa etc.

> CUIDADO: é comum encontrar referência à **segurança pública** como exemplo de serviço público *uti universi*, especialmente entre autores de Direito Tributário. Trata-se, porém, de erro grosseiro, na medida em que, sendo atividade limitadora da esfera de interesses do particular, a atuação estatal de manutenção da ordem tecnicamente não é serviço público, mas manifestação do poder de polícia.

Os serviços de **coleta, remoção e tratamento de lixo** são considerados ***uti singuli*** pelo **Supremo Tribunal Federal** de acordo com a **Súmula Vinculante 19**: "A taxa cobrada exclusivamente em razão dos serviços públicos de coleta, remoção e tratamento ou destinação de lixo ou resíduos provenientes de imóveis não viola o art. 145, II, da Constituição Federal".

Como se pode notar, o conceito de serviço público em sentido amplo compreende atividades estatais muito diferentes entre si, diminuindo a funcionalidade de sua utilização.

É por isso que a doutrina prioriza a utilização do conceito de **serviço público em sentido estrito**, que compreende somente as atividades estatais passíveis de **fruição individualizada** pelos usuários. A noção de serviço público *stricto sensu*, portanto, engloba apenas os serviços *uti singuli*. Exemplo: telefonia fixa.

DICA: a Lei Geral de Telecomunicações – Lei n. 9.472/97 definiu a telefonia fixa como serviço público. Entretanto, a **telefonia móvel constitui atividade econômica**. Por isso, havendo a quebra de uma operadora de telefonia fixa, o Estado tem o dever de garantir a continuidade da prestação, continuidade essa que não precisa ser garantida no caso da telefonia móvel.

Por uma questão didática, a noção de serviço público será utilizada, nos itens seguintes desta obra, em sua acepção estrita.

16.4 NOSSO CONCEITO

Em síntese, reunindo os mais importantes elementos conceituais apresentados pela doutrina, é possível definir serviço público como *toda atividade material ampliativa, definida pela lei ou pela Constituição como dever estatal, consistente no oferecimento de utilidades e comodidades ensejadoras de benefícios particularizados a cada usuário, sendo prestada pelo Estado ou por seus delegados, e submetida predominantemente aos princípios e regras de direito público.*

É oportuno salientar que, além das explicações apresentadas no item anterior sobre a natureza material e ampliativa da prestação, alguns esclarecimentos ainda devem ser feitos sobre nosso conceito:

1) atuação definida pela lei ou pela Constituição como dever estatal: o único critério admitido pela doutrina moderna para conceituação do serviço público é o **critério formal**, com base no qual a definição de quais atividades serão serviços públicos repousa na simples vontade do legislador ou do constituinte, não importando se a atividade é ou não essencial para a sociedade;

A prova do Ministério Público/TO considerou INCORRETA a afirmação: "No Direito brasileiro, para determinada autoridade ser tida como serviço público é necessária a conjugação de três elementos: o subjetivo, o material e o formal".

2) atividade consistente no oferecimento de utilidades e comodidades fruíveis individualmente pelo usuário: o serviço público, em sentido estrito, é uma atuação ampliativa da esfera de interesses do particular por meio da qual o Estado disponibiliza benefícios passíveis de fruição individual por usuário.

16.5 TITULARIDADE DO SERVIÇO PÚBLICO

Serviço público só pode, por definição, ser titularizado por **pessoa jurídica de direito público**. Assim, observada a repartição de competências determinada pela Constituição e pela legislação, a titularidade de serviços públicos somente pode ser atribuída à União, Estados, Distrito Federal, Municípios, Territórios, autarquias, associações públicas ou fundações públicas.

Por isso, os instrumentos normativos de delegação de serviços públicos, como **concessão e permissão**, transferem apenas a prestação temporária, **nunca delegam** a **titularidade do serviço público**.

> A prova da OAB/BA elaborada pelo Cespe considerou CORRETA a afirmação: "O exercício dos serviços públicos pode ser delegado a entidades públicas ou privadas, por meio de concessão ou permissão, mantendo-se a titularidade com o Poder Público".

Mesmo no caso das pessoas jurídicas de direito privado pertencentes à Administração Indireta, não há transferência do serviço público em si. **Empresas públicas e sociedades de economia mista prestadoras de serviços públicos**, embora pertencentes ao Estado, nunca detêm a titularidade do serviço, na medida em que **titularizam somente a prestação do serviço público**.

A Empresa de Correios e Telégrafos – ECT, por exemplo, sendo empresa pública federal de direito privado, não tem a titularidade do serviço postal, titularizando somente a sua prestação. Isso porque o serviço postal é titularizado pela União (art. 21, X, da CF).

16.6 SERVIÇOS PÚBLICOS FEDERAIS, ESTADUAIS, MUNICIPAIS E DISTRITAIS

A Constituição Federal de 1988 atribuiu diversos serviços públicos à União, aos Estados, aos Municípios e ao Distrito Federal. Vejamos como foi feita a divisão de atribuições:

1) compete à União (art. 21, X a XII):

a) manter o **serviço postal** e o **correio aéreo** nacional;

b) explorar, diretamente ou mediante autorização, concessão ou permissão, os serviços de **telecomunicações**, nos termos da lei;

c) explorar, diretamente ou mediante autorização, concessão ou permissão, os serviços de **radiodifusão sonora, e de sons e imagens**;

d) explorar, diretamente ou mediante autorização, concessão ou permissão, os serviços e **instalações de energia elétrica** e o aproveitamento energético dos cursos de água, em articulação com os Estados onde se situam os potenciais hidroenergéticos;

e) explorar, diretamente ou mediante autorização, concessão ou permissão, a **navegação aérea, aeroespacial e a infraestrutura aeroportuária**;

f) explorar, diretamente ou mediante autorização, concessão ou permissão, os serviços de **transporte ferroviário e aquaviário** entre portos brasileiros e fronteiras nacionais, ou que transponham os limites de Estado ou Território;

g) explorar, diretamente ou mediante autorização, concessão ou permissão, os serviços de **transporte rodoviário interestadual e internacional** de passageiros;

h) explorar, diretamente ou mediante autorização, concessão ou permissão, os **portos** marítimos, fluviais e lacustres;

i) executar os "serviços" de **polícia marítima, aeroportuária e de fronteiras**;

j) explorar os "serviços" e **instalações nucleares** de qualquer natureza.

2) **compete aos Estados:** explorar diretamente, ou mediante concessão, os serviços locais de **gás canalizado**, na forma da lei (art. 25, § 2º, da CF);

3) compete aos Municípios (art. 30 da CF):

a) organizar e prestar, diretamente ou sob regime de concessão ou permissão, os serviços públicos de **interesse local**, incluído o de transporte coletivo, que tem caráter essencial;

b) prestar, com cooperação técnica e financeira da União e do Estado, serviços de **atendimento à saúde da população.**

Ao **Distrito Federal**, são atribuídas as competências legislativas reservadas aos Estados e Municípios. Pode-se afirmar, com base nessa norma, que cabe ao Distrito Federal prestar todos os serviços públicos de competência estadual e municipal (art. 32, § 1º, da CF).

Cabe lembrar que existem serviços públicos de **titularidade comum** entre União, Estados, Distrito Federal e Municípios, como saúde, educação, previdência social e assistência social. Tais serviços, chamados ainda de **serviços sociais**, também **podem ser prestados por particulares** mediante autorização estatal. Porém, só serão considerados serviços públicos propriamente ditos quando prestados pelo Estado.

Registre-se ainda o caso curioso do serviço público de **saneamento básico** (art. 21, XX, da CF), cuja titularidade a Constituição Federal não atribuiu expressamente a nenhuma entidade federativa.

16.6.1 Serviços notariais e de registro

Os serviços públicos notariais e de registro são exercidos em **caráter privado**, por delegação do Poder Público (art. 236 da CF). Tais serviços são os de organização técnica e administrativa destinados a **garantir a publicidade, a autenticidade, a segurança e a eficácia dos atos jurídicos** (art. 1º da Lei n. 8.935/94).

O ingresso na atividade notarial e de registro depende de concurso público de provas e títulos, não se permitindo que qualquer serventia fique vaga, sem abertura de concurso de provimento ou de remoção, por mais de seis meses (art. 236, § 3º, da CF). O concurso será realizado pelo Poder Judiciário, com a participação, em todas as suas fases, da Ordem dos Advogados do Brasil, do Ministério Público, de um notário e de um registrador. Ao concurso público, poderão concorrer candidatos não bacharéis em direito que tenham completado, até a data da primeira publicação do edital do concurso de provas e títulos, dez anos de exercício em serviço notarial ou de registro (art. 15 da Lei n. 8.935/94).

Notário (ou tabelião) e oficial de registro (ou registrador) são profissionais do direito, competentes para praticar atos dotados de fé pública, a quem é delegado o exercício da atividade notarial e de registro (art. 3º da Lei n. 8.935/94).

Os titulares de serviços notariais e de registro compreendem os: a) tabeliães de notas; b) tabeliães e oficiais de registro de contratos marítimos; c) tabeliães de protesto de títulos; d) oficiais de registro de imóveis; e) oficiais de registro de títulos e documentos e civil das pessoas jurídicas; f) oficiais de registro civil das pessoas naturais e de interdições e tutelas; g) oficiais de registro de distribuição (art. 5º da Lei n. 8.935/94).

São requisitos para ingressar nas funções notariais e registrárias:

1) habilitação em concurso público de provas e títulos;

2) nacionalidade brasileira;

3) capacidade civil;

4) quitação com as obrigações eleitorais e militares;

5) diploma de bacharel em direito;

6) verificação de conduta condigna para o exercício da profissão.

Quanto à responsabilidade pelos atos notariais, apesar de o art. 22 da Lei n. 8.935/94 aduzir que notários e registradores respondem pelos danos causados no exercício da função, o Plenário do STF aprovou em fevereiro de 2019 a seguinte tese para fins de repercussão geral: "**O Estado responde objetivamente pelos atos dos tabeliães registradores oficiais que, no exercício de suas funções, causem danos a terceiros, assentado o dever de regresso contra o responsável, nos casos de dolo ou culpa, sob pena de improbidade administrativa**".

Acesse também a videoaula pelo link:
http://somos.in/MDA1149

O valor dos **emolumentos** cobrados como remuneração pelos serviços prestados ao usuário tem **natureza jurídica de taxa de serviço público**. Já o percentual repassado ao tribunal fiscalizador tem natureza de taxa de polícia.

Segundo entendimento tradicional do Supremo Tribunal Federal, os titulares de cartórios e notários não estão sujeitos à aposentadoria compulsória do inciso II do art. 40 da CF/88 (ADIn 2.602/2005).

Mais recentemente, no julgamento do RE 647.827, o STF aprovou a seguinte tese na matéria: "Não se aplica a aposentadoria compulsória prevista no art. 40, § 1º, inciso II, da Constituição Federal aos titulares de serventias judiciais não estatizadas, desde que não sejam ocupantes de cargo público efetivo e não recebam remuneração proveniente dos cofres públicos". Na oportunidade, o Relator Ministro Gilmar Mendes fez um histórico sobre a oficialização das serventias judiciais desde a Emenda Constitucional n. 7/67, dividindo os **titulares de serventias judiciais em três espécies:**

a) os titulares de serventias oficializadas, que ocupam cargo ou função pública e são remunerados exclusivamente pelos cofres públicos;

b) os titulares de serventias não estatizadas, remunerados exclusivamente por custas e emolumentos;

c) os titulares também de serventias não estatizadas, mas que são remunerados em parte pelos cofres públicos e em parte por custas e emolumentos.

Quanto às serventias extrajudiciais (não estatizadas), o Relator lembrou que, no julgamento da Ação Direta de Inconstitucionalidade (ADIn) 2.602, o Supremo assentou que **não se aplica a aposentadoria compulsória para notários e registradores, exatamente por não se tratar de servidores públicos.** Deve-se estender aos titulares de serventias judiciais não estatizadas, remuneradas exclusivamente por custas e emolumentos, o mesmo tratamento conferido aos titulares dos foros extrajudiciais, "tendo em vista a similitude das relações jurídicas". Ambas se referem a atividades privadas em colaboração com o Poder Público.

Não se deve aplicar aos titulares de serventias judiciais não estatizadas, remunerados exclusivamente por custas e emolumentos, a aposentadoria compulsória prevista no art. 40 (§ 1º, II), que se dirige apenas a servidores públicos titulares de cargos efetivos. Já os demais tipos de titulares estão submetidos à regra constitucional, que antes previa aposentadoria compulsória aos 70 anos, idade que foi ampliada para 75 anos a partir da EC n. 88/2015, concluiu o relator[6].

Por fim, ao afirmar que os serviços públicos notariais e de registro são exercidos em caráter privado, o art. 236 da CF pretendeu enfatizar a ideia de que a contratação de funcionários para trabalhar nos cartórios é livre, sujeitando-se ao regime trabalhista comum e não havendo necessidade de realização de concurso público.

16.6.2 Uber, Cabify e demais aplicativos de transporte privado

O transporte coletivo – serviço público municipal – tem sofrido importante mudança quanto à forma de prestação, isso porque se popularizaram aplicativos utilizados para conectar diretamente passageiros e motoristas privados (Uber, Cabify etc.), impondo a necessidade uma nova regulamentação da matéria.

Nessa linha, a Lei n. 12.587/2012 (Política Nacional de Mobilidade Urbana), com redação dada pela Lei n. 13.640/2018, passou a reconhecer o transporte remunerado privado individual de passageiros, conceituado como "o serviço remunerado de transporte de passageiros, não aberto ao público, para a realização de viagens individualizadas ou compartilhadas solicitadas exclusivamente por usuários previamente cadastrados em aplicativos ou outras plataformas de comunicação em rede". Assim, tal norma abriu caminho para que Municípios e o Distrito Federal, por lei própria, regularizem o funcionamento de aplicativos como

6. Trechos extraídos do voto do Relator. Fonte: Site Notícias STF. <http://www.stf.jus.br/portal/cms/verNoticiaDetalhe.asp?idConteudo=336247>.

Uber e Cabify, de modo a reduzir os constantes conflitos entre motoristas privados e taxistas (art. 11-A: "**Compete exclusivamente aos Municípios e ao Distrito Federal regulamentar e fiscalizar o serviço de transporte remunerado privado individual de passageiros** previsto no inciso X do art. 4º desta Lei no âmbito dos seus territórios").

16.7 PRINCÍPIOS DO SERVIÇO PÚBLICO. INOVAÇÕES DA LEI N. 14.015/2020

A prestação de serviços públicos está submetida à incidência de todos os princípios gerais do Direito Administrativo.

Além desses, existem diversos **princípios específicos** aplicáveis exclusivamente à prestação dos **serviços públicos**. São eles:

> A prova da OAB/SP elaborada pela Vunesp considerou CORRETA a afirmação: "O conceito de serviço público não alberga o princípio da livre-iniciativa".

1) adequação: de acordo com o disposto no art. 6º, § 1º, da Lei n. 8.987/95, serviço adequado é o que satisfaz as condições de **regularidade, continuidade, eficiência, segurança, atualidade, generalidade, cortesia** na sua prestação e **modicidade das tarifas** (art. 6º, § 1º, da Lei n. 8.987/95). Nota-se, portanto, que a adequação constitui verdadeiro princípio geral da prestação dos serviços públicos, impondo à Administração e aos seus delegados privados o dever de prestar o serviço do modo exigido pela legislação e pelo contrato, e não segundo os critérios e preferências do prestador;

2) obrigatoriedade: o Estado tem o **dever jurídico de promover a prestação** do serviço público, não sendo essa prestação uma simples faculdade discricionária;

3) atualização, modernidade ou adaptabilidade: a técnica empregada na prestação do serviço público, embora não tenha de ser a mais avançada disponível, precisa mostrar-se compatível com o estágio de desenvolvimento tecnológico vigente à época da prestação. Em termos práticos, o princípio da atualização proíbe o retrocesso da técnica. Assim, por exemplo, o princípio da atualidade proíbe a substituição, no serviço de transporte de passageiros, do ônibus por bondes com tração animal. Nesse sentido, o art. 6º, § 2º, da Lei n. 8.987/95 afirma que "a atualidade compreende a **modernidade das técnicas, do equipamento e das instalações** e a sua conservação, bem como a melhoria e expansão do serviço";

4) universalidade ou generalidade: a prestação do serviço público deve ser estendida à maior quantidade possível de usuários;

5) modicidade das tarifas: significa que o **valor exigido** do usuário a título de remuneração pelo uso do serviço deve ser **o menor possível**, reduzindo-se ao estritamente necessário para remunerar o prestador com acréscimo de pequena margem de lucro. Daí o nome "modicidade", que vem de "módico", isto é, algo barato, acessível. Como o princípio é aplicável também na hipótese de serviço remunerado por meio de taxa, o mais apropriado seria denominá-lo **princípio da**

modicidade da remuneração. Tal princípio é um instrumento para atender à universalidade na medida em que, quanto menor o valor exigido, maior a quantidade de usuários beneficiados pela prestação. Com o objetivo de reduzir ao máximo o valor da tarifa cobrada do usuário, a legislação brasileira prevê alguns mecanismos jurídicos especiais, como a existência de fontes alternativas de remuneração do prestador (exemplo: espaços publicitários explorados pelo concessionário ao lado da rodovia) e a definição do menor valor da tarifa como um dos critérios para decretar o vencedor da concorrência pública que antecede a outorga da concessão de serviços públicos (arts. 9º e 11 da Lei n. 8.987/95);

6) cortesia: significa que o serviço e as informações de interesse do usuário devem ser prestados com polidez e educação;

7) transparência: o usuário tem direito de receber do poder concedente e da concessionária **informações** para defesa de interesses individuais ou coletivos (art. 7º, III, da Lei n. 8.987/95);

> A prova do Ministério Público/SP considerou CORRETA a afirmação: "Diante do princípio da transparência, constitui dever, seja do concedente, seja do concessionário, o de fornecer aos usuários as informações para defesa de interesses individuais e coletivos. Cabe aos usuários, ainda, como sujeitos interessados na boa prestação do serviço, o direito de representação no sistema de fiscalização dos serviços concedidos".

8) continuidade: significa que a prestação do serviço público não pode sofrer interrupção, devendo ser promovida de forma contínua e sem intervalos. Porém, é importantíssimo lembrar que o § 3º do art. 6º da Lei n. 8.987/95 disciplinou o alcance do referido princípio nos seguintes termos: "Não se caracteriza como descontinuidade do serviço a sua interrupção em situação de emergência ou após prévio aviso, quando: I – motivada por razões de ordem técnica ou de segurança das instalações; e, II – por **inadimplemento** do usuário, considerado o interesse da coletividade". Assim, pondo fim à grande polêmica quanto à legitimidade do corte do fornecimento do serviço em caso de falta de pagamento, a Lei de Concessões admite expressamente que **o inadimplemento é causa de interrupção da prestação de serviço**, desde que observada a necessidade de **prévio aviso**;

A Lei n. 14.015/2020 incluiu o § 4º ao art. 6º, com a seguinte redação: "A interrupção do serviço na hipótese prevista no inciso II do § 3º deste artigo não poderá iniciar-se na sexta-feira, no sábado ou no domingo, nem em feriado ou no dia anterior a feriado".

Assim, os requisitos para corte do serviço por inadimplemento do usuário de serviço público passam a ser:

a) comunicação prévia sobre o desligamento;

b) aviso sobre o dia a partir do qual será feito o corte;

c) data do desligamento em dia que não seja sexta-feira, sábado ou domingo, nem em feriado ou dia anterior a feriado.

> A prova do Ministério Público/SP considerou INCORRETA a afirmação: "A essencialidade dos serviços e o vínculo imediato com os direitos fundamentais são fatores que indicam o dever de gratuidade na prestação, pela concessionária, aos usuários que, por qualquer razão de fato ou de direito, simplesmente aleguem estar sem condições de pagar a respectiva contraprestação".
>
> A prova da Magistratura/MG considerou CORRETA a afirmação: "O corte de fornecimento de energia elétrica, como se sabe, pode ser objeto de discussão judicial e, segundo entendimento do TJ-MG, traduz-se em ato de autoridade no exercício de função delegada, impugnável pela via do mandado de segurança".

A jurisprudência de nossos tribunais registra volumosa casuística sobre questões relacionadas ao pagamento das tarifas e corte no fornecimento de serviços. Convém apontar alguns entendimentos relevantes:

a) é inviável o corte no fornecimento de água por inadimplemento de anterior morador (STJ, 2ª Turma, AgRg no Ag 1.399.175/RJ, DJe 24-6-2011);

b) não se admite a suspensão do fornecimento de energia elétrica em razão de cobrança de débitos pretéritos (STJ, 1ª Seção, EREsp 1.069.215/RS, DJe 1º-2-2011). O débito precisa ser atual[7];

c) é ilegal a suspensão no fornecimento de energia elétrica nos casos de dívidas contestadas em juízo (STJ, AgRg nos EDcl no Ag 1.377.519/RS, 1ª Turma, *DJe* 13-5-2011);

d) é vedado vincular o recebimento da tarifa mensal à quitação de débitos anteriores (STJ, 2ª Turma, REsp 299.523/SP, *DJ* 12-3-2007);

e) a concessionária deve cobrar em faturas distintas a conta mensal de consumo de água e eventuais serviços complementares (TJ/SP, 10ª Câmara de Direito Público, Apelação 0154322-37.2007.8.26.0000, *DJ* 2-6-2009).

Nos termos da Lei n. 11.445/2007 – a Lei Geral do Saneamento Básico –, os serviços de água, esgoto, limpeza urbana e manejo de resíduos sólidos poderão ser interrompidos nas seguintes hipóteses (art. 40):

I – situações de emergência que atinjam a segurança de pessoas e bens;

II – necessidade de efetuar reparos, modificações ou melhorias de qualquer natureza nos sistemas;

III – negativa do usuário em permitir a instalação de dispositivo de leitura de água consumida, após ter sido previamente notificado a respeito;

IV – manipulação indevida de qualquer tubulação, medidor ou outra instalação do prestador, por parte do usuário; e

V – inadimplemento do usuário do serviço de abastecimento de água, do pagamento das tarifas, após ter sido formalmente notificado.

Porém, no caso de interrupção ou restrição do fornecimento de água por inadimplência a estabelecimentos de saúde, a instituições educacionais e de

7. José dos Santos Carvalho Filho, *Manual de direito administrativo*, p. 345.

internação coletiva de pessoas e a usuário residencial de baixa renda beneficiário de tarifa social, a medida deverá obedecer a **prazos e critérios que preservem condições mínimas de manutenção da saúde das pessoas atingidas** (art. 40, § 3º)[8].

9) igualdade: os serviços públicos devem ser prestados de modo isonômico a todos os usuários, sem privilégios ou **discriminações**. Com base no mesmo princípio, deve-se dar tratamento especial a usuários em condições faticamente diferenciadas, como ocorre nos casos de transporte público adaptado para portadores de deficiência e das tarifas mais reduzidas para usuários economicamente hipossuficientes;

> A prova da Magistratura/MG considerou CORRETA a afirmação: "Segundo o critério da igualdade dos usuários, a nenhum deles será negada a prestação de serviço público em razão da distinção de caráter pessoal".

10) motivação: todas as decisões relacionadas com a prestação do serviço devem ser fundamentadas;

11) controle: as condições de prestação do serviço público estão sujeitas a fiscalização por parte da própria Administração (controle interno) e pela via judicial (controle externo);

12) regularidade: a prestação do serviço deve observar as condições e horários adequados diante dos interesses da coletividade, sem atrasos ou intermitências;

13) eficiência: o serviço público deve ser prestado buscando a melhor qualidade e os mais altos índices de aproveitamento possíveis;

14) segurança: a prestação do serviço não pode colocar em risco a integridade dos usuários ou a segurança da coletividade.

16.8 SERVIÇOS ESSENCIAIS

A Lei n. 7.783/89, com redação alterada pelas Leis n. 13.903/2019 e 14.047/2020, ao disciplinar o exercício do direito de greve, definiu como serviços ou atividades essenciais:

I – tratamento e abastecimento de água; produção e distribuição de energia elétrica, gás e combustíveis;

II – assistência médica e hospitalar;

III – distribuição e comercialização de medicamentos e alimentos;

IV – funerários;

V – transporte coletivo;

VI – captação e tratamento de esgoto e lixo;

VII – telecomunicações;

8. José dos Santos Carvalho Filho, *Manual de direito administrativo*, p. 347.

VIII – guarda, uso e controle de substâncias radioativas, equipamentos e materiais nucleares;

IX – processamento de dados ligados a serviços essenciais;

X – controle de tráfego aéreo e navegação aérea;

XI – compensação bancária;

XII – atividades médico-periciais relacionadas com o regime geral de previdência social e a assistência social;

XIII – atividades médico-periciais relacionadas com a caracterização do impedimento físico, mental, intelectual ou sensorial da pessoa com deficiência, por meio da integração de equipes multiprofissionais e interdisciplinares, para fins de reconhecimento de direitos previstos em lei, em especial na Lei n. 13.146, de 6 de julho de 2015 (Estatuto da Pessoa com Deficiência);

XIV – outras prestações médico-periciais da carreira de Perito Médico Federal indispensáveis ao atendimento das necessidades inadiáveis da comunidade;

XV – atividades portuárias.

No caso de greve em algum desses serviços, os **sindicatos**, os **empregadores** e os **trabalhadores** ficam obrigados a **garantir a prestação dos serviços indispensáveis** ao atendimento das necessidades inadiáveis da comunidade, assim entendidas as que, não atendidas, coloquem em perigo iminente a **sobrevivência**, a **saúde** ou a **segurança** da população (art. 11). Não observada tal exigência, cabe ao Poder Público assegurar a prestação dos serviços indispensáveis.

16.9 FORMAS DE PRESTAÇÃO

Existem diversas formas de prestação de serviços públicos:

1) **prestação direta:** é aquela realizada pelo próprio Estado (Administração Pública direta). Se houver cobrança em troca da prestação direta, a **remuneração** terá **natureza tributária de taxa**. A prestação direta pode ser realizada de dois modos:

a) **pessoalmente pelo Estado:** quando promovida por órgãos públicos da Administração Direta. Exemplo: varrição de ruas;

b) **com o auxílio de particulares:** os prestadores são selecionados por **procedimento licitatório**, celebrando contrato de prestação de serviços. Exemplo: coleta de lixo feita por empresa terceirizada. A prestação direta com auxílio de particulares é feita sempre **em nome do Estado**, e não em nome próprio pelo prestador, razão pela qual, havendo prejuízo decorrente da prestação, a responsabilidade pela reparação é exclusiva do Estado.

2) **prestação indireta por outorga:** se houver **lei específica** nesse sentido, a prestação de serviços públicos pode ser realizada por meio de **pessoas jurídicas** especializadas **criadas pelo Estado**. É o que ocorre com as autarquias, fundações públicas, associações públicas, empresas públicas e sociedades de economia mista. A remuneração paga pelo usuário ao prestador tem natureza de **taxa**. A **responsabilidade** pela reparação de danos decorrentes da prestação de serviços outorgados é **objetiva** e **direta do prestador**, e não da Administração direta.

Porém, o Estado **responde subsidiariamente** pelo valor da indenização na hipótese de o orçamento da autarquia, fundação, associação pública, empresa pública ou sociedade de economia mista não ser suficiente para suportar o montante indenizatório. Exemplo de prestação indireta por outorga: serviço postal exercido pela Empresa de Correios e Telégrafos;

3) **prestação indireta por delegação ou "por colaboração"**: é realizada, após regular **licitação**, por meio de concessionários e permissionários, desde que a delegação tenha previsão em lei específica (concessão) ou autorização legislativa (permissão). Prestação indireta por delegação só pode ocorrer em relação a **serviços públicos *uti singuli***. A **responsabilidade** por danos causados a usuários ou terceiros em razão da prestação do serviço é **direta e objetiva do concessionário** ou permissionário, respondendo o Estado somente em caráter subsidiário. Nota-se, portanto, que as regras aplicáveis ao serviço delegado continuam sendo de **direito público**. A remuneração paga pelo usuário tem natureza jurídica de **tarifa** ou **preço público**. Exemplos de prestação indireta por delegação: rodovia dada em concessão, transporte aéreo de passageiros, telefonia fixa e radiodifusão sonora (rádios) ou de sons e imagens (emissoras de televisão).

> A prova do Ministério Público/SP considerou INCORRETA a afirmação: "Quando prestado por meio de concessão, o regime passa a ser exclusivamente de direito privado, única forma de assegurar a continuidade, a generalidade e a adequação do serviço público, e também de garantir o acesso a um maior número de usuários".

Em nenhuma hipótese, porém, a delegação transfere o poder de fiscalizar a prestação do serviço, prerrogativa esta que sempre permanece nas mãos do **poder concedente**.

> A prova do Ministério Público/SP considerou INCORRETA a afirmação: "A concessão transfere integralmente para o concessionário os poderes de polícia inerentes ao concedente".

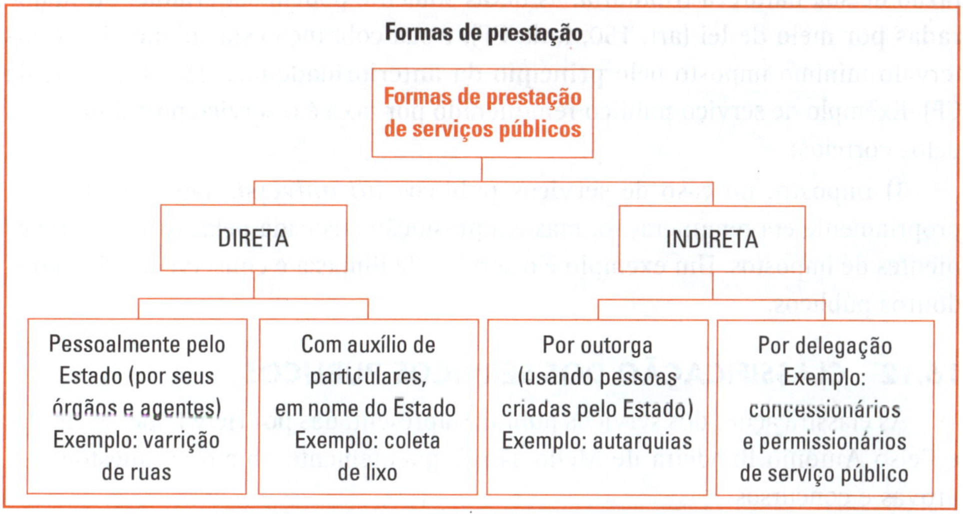

16.10 RESPONSABILIDADE DO PRESTADOR DE SERVIÇOS PÚBLICOS

A responsabilidade patrimonial do prestador de serviços públicos é **sempre objetiva** por danos causados a usuários ou a terceiros, não importando se a prestação está a cargo do próprio Estado, entidades da Administração indireta, concessionários ou permissionários.

Isso porque a responsabilidade objetiva é **direito do usuário**, independentemente de quem seja o prestador.

A exceção, por óbvio, está nos danos por omissão, pois, conforme explicado anteriormente, as condutas omissivas ensejam responsabilidade subjetiva.

16.11 FORMAS DE REMUNERAÇÃO

O ordenamento jurídico brasileiro prevê basicamente três formas de remuneração para a prestação de serviços públicos:

1) tarifa: também chamada de **preço público**, é a remuneração paga pelo usuário quando serviço público *uti singuli* é prestado indiretamente, por delegação, nas hipóteses de **concessão e permissão**. A tarifa é uma contrapartida **sem natureza tributária**, mas de cunho privado-contratual. Não sendo tributo, está dispensada do cumprimento dos princípios da legalidade e da anterioridade, razão pela qual pode ser majorada por ato administrativo do poder concedente, e a exigência será realizada imediatamente, sem necessidade de observância do intervalo de não surpresa característico da anterioridade tributária. Exemplo de tarifa: o valor do pedágio cobrado nas rodovias exploradas por particulares;

2) taxa: é uma contrapartida tributária utilizada nas hipóteses de **prestação direta pelo Estado** de serviço público *uti singuli*. Também serão remunerados por taxas os **serviços públicos outorgados** a pessoas jurídicas da Administração indireta, como autarquias, empresas públicas e sociedades de economia mista. Em razão de sua natureza tributária, as taxas somente podem ser **criadas ou majoradas por meio de lei** (art. 150, I, da CF), e sua cobrança está submetida ao intervalo mínimo imposto pelo **princípio da anterioridade** (art. 150, III, *b* e *c*, da CF). Exemplo de serviço público remunerado por taxa é o serviço postal prestado pelos correios;

3) imposto: no caso de **serviços públicos** *uti universi*, não se pode falar propriamente em remuneração, mas em prestação custeada pelas receitas provenientes de impostos. Um exemplo é o serviço de limpeza e conservação de logradouros públicos.

16.12 CLASSIFICAÇÃO DOS SERVIÇOS PÚBLICOS

As classificações dos serviços públicos apresentadas por Hely Lopes Meirelles e Celso Antônio Bandeira de Mello são frequentemente objeto de questões em provas e concursos.

Segundo **Hely Lopes** Meirelles, os serviços públicos podem ser classificados a partir de variados critérios[9]:

1) quanto à essencialidade:

a) **serviços públicos propriamente ditos:** são privativos do Poder Público por serem considerados **indispensáveis e necessários para sobrevivência do grupo social e do próprio Estado.** Exemplo: defesa nacional[10];

b) **serviços de utilidade pública:** sua **prestação** não é indispensável para a sociedade, mas **conveniente e oportuna** na medida em que facilita a vida do indivíduo. Exemplo: energia elétrica[11];

2) quanto à adequação:

a) **serviços próprios do Estado:** são aqueles vinculados às **atribuições essenciais do Poder Público,** sendo em regra prestados diretamente pelo Estado, de modo gratuito ou mediante baixa remuneração. Exemplo: saúde pública[12] e segurança pública;

> A prova do Ministério Público/TO considerou INCORRETA a afirmação: "No Brasil atual, os serviços de segurança podem ser corretamente classificados como serviço público impróprio, porquanto também são prestados por empresas privadas e até por particulares".

b) **serviços impróprios do Estado:** aqueles que **não afetam substancialmente as necessidades da coletividade,** razão pela qual podem ter a prestação outorgada a entidades estatais descentralizadas ou delegada a particulares[13]. Exemplo: telefonia fixa.

> A 10ª Prova do Ministério Público Militar considerou CORRETA a afirmação: "Os serviços que não afetam substancialmente as necessidades da comunidade, mas satisfazem interesses comuns de seus membros, e por isso a Administração os presta remuneradamente por seus órgãos ou entidades descentralizadas, ou delega sua prestação a concessionários ou autorizatários, são chamados serviços impróprios do Estado".

3) quanto à finalidade:

a) **serviços administrativos:** prestados para atender **necessidades internas da Administração.** Exemplo: imprensa oficial[14];

b) **serviços industriais:** consistem na exploração de atividades econômicas pelo Estado, produzindo **renda e lucro** para o prestador[15]. Exemplo: venda de refeições a preços populares por empresa pública municipal.

---

9. *Direito administrativo brasileiro*, p. 316.
10. *Direito administrativo brasileiro*, p. 317.
11. *Direito administrativo brasileiro*, p. 317.
12. *Direito administrativo brasileiro*, p. 318.
13. *Direito administrativo brasileiro*, p. 318.
14. *Direito administrativo brasileiro*, p. 318.
15. *Direito administrativo brasileiro*, p. 318.

Já para Celso Antônio Bandeira de Mello, ante o tratamento dado pela Constituição Federal, os serviços públicos podem ser divididos em quatro categorias[16]:

a) **serviços de prestação obrigatória e exclusiva do Estado**: são aqueles que somente podem ser prestados diretamente pelo Estado ou por entidades estatais, não admitindo delegação a particulares. São casos em que **o Estado tem que prestar sozinho o serviço**. Exemplo: serviço postal e correio aéreo nacional[17];

b) **serviços que o Estado tem obrigação de prestar e obrigação de conceder**: são casos em que a Constituição determina a prestação pelo Estado e simultaneamente a delegação a particulares. Em tais hipóteses, **o Estado tem que prestar junto com particulares**. Exemplo: radiodifusão sonora (rádio) e de sons e imagens (televisão)[18];

c) **serviços que o Estado tem obrigação de prestar, mas sem exclusividade**: é o caso dos serviços de saúde e educação, que, quando prestados pelo Estado, são serviços públicos[19]. Neles, **o Estado não pode admitir prestação somente por particulares**;

d) **serviços que o Estado não é obrigado a prestar, mas, não os prestando, terá de promover-lhes a prestação, mediante concessão ou permissão**: trata-se de serviços que **devem obrigatoriamente ser prestados pelo Estado ou por particulares**[20]. Exemplo: fornecimento de gás canalizado.

16.13 DIREITOS DO USUÁRIO

Nos termos do disposto no art. 7º da Lei n. 8.987/95, são direitos e obrigações dos usuários, além daqueles estabelecidos no Código de Defesa do Consumidor:

a) receber serviço adequado;

b) receber do poder concedente e da concessionária informações para a defesa de interesses individuais ou coletivos;

c) obter e utilizar o serviço, com liberdade de escolha entre vários prestadores de serviços, quando for o caso, observadas as normas do poder concedente;

d) levar ao conhecimento do Poder Público e da concessionária as irregularidades de que tenham conhecimento, referentes ao serviço prestado;

e) comunicar às autoridades competentes os atos ilícitos praticados pela concessionária na prestação do serviço;

f) contribuir para a permanência das boas condições dos bens públicos por meio dos quais lhes são prestados os serviços.

---

16. *Direito administrativo brasileiro*, p. 688.
17. Celso Antônio Bandeira de Mello, *Curso de direito administrativo*, p. 688.
18. Celso Antônio Bandeira de Mello, *Curso de direito administrativo*, p. 689.
19. Celso Antônio Bandeira de Mello, *Curso de direito administrativo*, p. 689.
20. Celso Antônio Bandeira de Mello, *Curso de direito administrativo*, p. 689.

Importante frisar que as concessionárias estão obrigadas a oferecer ao consumidor e ao usuário, dentro do mês de vencimento, o mínimo de seis datas opcionais para escolherem os dias de vencimento de seus débitos (art. 7º-A da Lei n. 8.987/95).

Com o advento da Lei n. 13.673/2018, passou a ser obrigatória a divulgação de tabela com a evolução do valor da tarifa e do preço praticados pelas concessionárias e prestadoras de serviços públicos.

16.14 CÓDIGO DE DEFESA DO USUÁRIO DE SERVIÇOS PÚBLICOS – LEI N. 13.460/2017

A Lei n. 13.460, publicada em 27 de junho de 2017, instituiu o Código de Defesa do Usuário de Serviços Públicos, estabelecendo normas básicas para participação, proteção e defesa dos direitos do usuário dos serviços públicos prestados direta ou indiretamente pela administração pública, sem prejuízo da incidência do Código de Defesa do Consumidor (art. 1º).

Embora a nova Lei não tenha trazido melhorias relevantes no regime jurídico do usuário de serviço público, merecem destaque os elementos abaixo mencionados.

Constituem diretrizes para adequada prestação dos serviços públicos (art. 5º):

I – urbanidade, respeito, acessibilidade e cortesia no atendimento aos usuários;

II – presunção de boa-fé do usuário;

III – atendimento por ordem de chegada, ressalvados casos de urgência e aqueles em que houver possibilidade de agendamento, asseguradas as prioridades legais às pessoas com deficiência, aos idosos, às gestantes, às lactantes e às pessoas acompanhadas por crianças de colo;

IV – adequação entre meios e fins, vedada a imposição de exigências, obrigações, restrições e sanções não previstas na legislação;

V – igualdade no tratamento aos usuários, vedado qualquer tipo de discriminação;

VI – cumprimento de prazos e normas procedimentais;

VII – definição, publicidade e observância de horários e normas compatíveis com o bom atendimento ao usuário;

VIII – adoção de medidas visando a proteção à saúde e a segurança dos usuários;

IX – autenticação de documentos pelo próprio agente público, à vista dos originais apresentados pelo usuário, vedada a exigência de reconhecimento de firma, salvo em caso de dúvida de autenticidade;

X – manutenção de instalações salubres, seguras, sinalizadas, acessíveis e adequadas ao serviço e ao atendimento;

XI – eliminação de formalidades e de exigências cujo custo econômico ou social seja superior ao risco envolvido;

XII – observância dos códigos de ética ou de conduta aplicáveis às várias categorias de agentes públicos;

XIII – aplicação de soluções tecnológicas que visem a simplificar processos e procedimentos de atendimento ao usuário e a propiciar melhores condições para o compartilhamento das informações;

XIV – utilização de linguagem simples e compreensível, evitando o uso de siglas, jargões e estrangeirismos;

XV – vedação da exigência de nova prova sobre fato já comprovado em documentação válida apresentada;

XVI – comunicação prévia ao consumidor de que o serviço será desligado em virtude de inadimplemento, bem como do dia a partir do qual será realizado o desligamento, necessariamente durante horário comercial. (Incluído pela Lei n. 14.015, de 2020)

O art. 6º do Estatuto enumera como direitos básicos do usuário:

I – participação no acompanhamento da prestação e na avaliação dos serviços;

II – obtenção e utilização dos serviços com liberdade de escolha entre os meios oferecidos e sem discriminação;

III – acesso e obtenção de informações relativas à sua pessoa constantes de registros ou bancos de dados;

IV – proteção de suas informações pessoais;

V – atuação integrada e sistêmica na expedição de atestados, certidões e documentos comprobatórios de regularidade;

VI – obtenção de informações precisas e de fácil acesso nos locais de prestação do serviço, assim como sua disponibilização na internet, especialmente sobre:

a) horário de funcionamento das unidades administrativas;

b) serviços prestados pelo órgão ou entidade, sua localização exata e a indicação do setor responsável pelo atendimento ao público;

c) acesso ao agente público ou ao órgão encarregado de receber manifestações;

d) situação da tramitação dos processos administrativos em que figure como interessado; e

e) valor das taxas e tarifas cobradas pela prestação dos serviços, contendo informações para a compreensão exata da extensão do serviço prestado;

VII – comunicação prévia da suspensão da prestação de serviço. (Incluído pela Lei n. 14.015, de 2020)

Parágrafo único. É vedada a suspensão da prestação de serviço em virtude de inadimplemento por parte do usuário que se inicie na sexta-feira, no sábado ou no domingo, bem como em feriado ou no dia anterior a feriado. (Incluído pela Lei n. 14.015, de 2020)

Está prevista a criação de Ouvidorias (art. 13) e Conselhos de Usuários (art. 18).

Importante destacar que, a contar de 27-6-2017, o Estatuto entra em vigor (art. 25):

I – trezentos e sessenta dias para a União, os Estados, o Distrito Federal e os Municípios com mais de quinhentos mil habitantes;

II – quinhentos e quarenta dias para os Municípios entre cem mil e quinhentos mil habitantes; e

III – setecentos e vinte dias para os Municípios com menos de cem mil habitantes.

16.15 JURISPRUDÊNCIA

16.15.1 STJ

Serviço público / Princípio da continuidade: Na hipótese de débito estrito de recuperação de consumo efetivo por fraude no aparelho medidor atribuída ao consumidor, desde que apurado em observância aos princípios do contraditório e da ampla defesa, é possível o corte administrativo do fornecimento do serviço de energia elétrica, mediante prévio aviso ao consumidor, pelo inadimplemento do consumo recuperado correspondente ao período de 90 (noventa) dias anterior à constatação da fraude, contanto que executado o corte em até 90 (noventa) dias após o vencimento do débito, sem prejuízo do direito de a concessionária utilizar os meios judiciais ordinários de cobrança da dívida, inclusive antecedente aos mencionados 90 (noventa) dias de retroação (REsp 1.412.433-RS, rel. Min. Herman Benjamin, Primeira Seção, por unanimidade, j. 25-4-2018, *DJe* 28-9-2018 – Recursos Repetitivos).

Aviso prévio / Interrupção no fornecimento de energia elétrica: A divulgação da suspensão no fornecimento de serviço de energia elétrica por meio de emissoras de rádio, dias antes da interrupção, satisfaz a exigência de aviso prévio, prevista no art. 6º, § 3º, da Lei n. 8.987/95 (REsp 1.270.339-SC, rel. Min. Gurgel de Faria, por unanimidade, j. 15-12-2016, *DJe* 17-2-2017).

Ilegalidade da cobrança de tarifa de água realizada por estimativa de consumo: Na falta de hidrômetro ou defeito no seu funcionamento, a cobrança pelo fornecimento de água deve ser realizada pela tarifa mínima, sendo vedada a cobrança por estimativa. Isso porque a tarifa deve ser calculada com base no consumo efetivamente medido no hidrômetro, sendo a tarifa por estimativa de consumo ilegal por ensejar enriquecimento ilícito da concessionária. Ademais, tendo em vista que é da concessionária a obrigação pela instalação do hidrômetro, a cobrança no caso de inexistência do referido aparelho deve ser realizada pela tarifa mínima (REsp 1.513.218-RJ, rel. Min. Humberto Martins, j. 10-3-2015, *DJe* 13-3-2015).

Serviço público: É legal a cobrança de tarifa de esgoto na hipótese em que a concessionária realize apenas uma – e não todas – das quatro etapas em que se desdobra o serviço de esgotamento sanitário (a coleta, o transporte, o tratamento e a disposição final de dejetos) (REsp 1.339.313-RJ, rel. Min. Benedito Gonçalves, j. 12-6-2013).

Serviço público: É possível que decreto e portaria estaduais disponham sobre a obrigatoriedade de conexão do usuário à rede pública de água, bem como sobre a vedação ao abastecimento por poço artesiano, ressalvada a hipótese de inexistência de rede pública de saneamento básico (REsp 1.306.093-RJ, rel. Min. Herman Benjamin, j. 28-5-2013).

Serviço público: A entrega de carnês de IPTU e ISS pelos Municípios sem a intermediação de terceiros no seu âmbito territorial não constitui violação do privilégio da União na manutenção do serviço público postal. Isso porque a notificação, por fazer parte do processo de constituição do crédito tributário, é ato próprio do sujeito ativo da obrigação, que pode ou não delegar tal ato ao serviço público postal. Precedente citado: REsp 1.141.300-MG, Primeira Seção, *DJe* 5-10-2010 (Repetitivo) (AgRg no AREsp 228.049-MG, rel. Min. Mauro Campbell Marques, j. 21-3-2013).

16.15.2 STF

Contratação pública (Prestação de serviço de logística pela ECT e dispensa de licitação): A Segunda Turma negou provimento a agravo regimental interposto de decisão que cassou acórdão do Tribunal de Contas da União (TCU) o qual considerou ilegal contratação direta pela Empresa Brasileira de Correios e Telégrafos (ECT) de serviços de logística, com dispensa de licitação, fundamentada no art. 24, VIII, da Lei n. 8.666/93. A Turma concluiu que os serviços de logística **devem ser entendidos como afins ao serviço postal, o que justifica a aplicação de regime diferenciado. Além disso, a ECT preenche todos os requisitos legais necessários à possibilidade de sua contratação direta, haja vista integrar a Administração e ter sido criada em data anterior à da Lei n. 8.666/93 para prestação de serviços postais, entre os quais se incluem os serviços de logística integrada.** Ademais, cumpre registrar que a permissão legal para dispensa da licitação não acarreta dever para a Administração em dispensá-la. Cabe a essa analisar o contexto e decidir acerca da realização ou não da licitação (MS 34.939/DF, 2ª Turma, rel. Min. Gilmar Mendes, j. 19-3-2019 –*Informativo* n. 934).

Serviço público: (Ensino público: gratuidade e "taxa de alimentação"): A cobrança de "taxa de alimentação" por instituição federal de ensino profissionalizante é inconstitucional (RE 357.148/MT, 1ª Turma, rel. Min. Marco Aurélio, 25-2-2014 – *Informativo* n. 737).

16.16 QUADRO SINÓTICO

SERVIÇOS PÚBLICOS

A Constituição Federal estabeleceu uma divisão clara entre dois setores de atuação: o domínio econômico (arts. 170 a 174) e o serviço público (arts. 175 e 176).

- DOMÍNIO ECONÔMICO: o **domínio econômico** ou ordem econômica é o campo de atuação **próprio dos particulares**, tendo como fundamentos a valorização do trabalho humano e a livre-iniciativa. O **Estado** atua no domínio econômico como **agente normativo** e **regulador**.

DICA: a **exploração direta** de atividade econômica pelo Estado, ressalvados os casos previstos na Constituição Federal, só será permitida quando necessária aos **imperativos da segurança nacional** ou a **relevante interesse coletivo** (art. 173). Nessas hipóteses, a atuação estatal na exploração direta de atividade econômica ocorrerá por meio das empresas públicas e sociedades de economia mista.

- SERVIÇOS PÚBLICOS: o campo dos **serviços públicos** é **próprio do Estado**, somente se admitindo prestação de serviços públicos por particulares quando houver expressa delegação estatal, como ocorre nas **concessões** e **permissões**.
- CONCEITO DE SERVIÇO PÚBLICO: é possível definir serviço público como toda **atividade material ampliativa**, definida pela lei ou pela Constituição como dever estatal, consistente **no oferecimento de utilidades e comodidades** ensejadoras de benefícios particularizados a cada usuário, sendo **prestada pelo Estado ou por seus delegados**, e submetida predominantemente aos **princípios e regras de Direito Público**.

SERVIÇO PÚBLICO *UTI UNIVERSI*: os **serviços públicos *uti universi***, ou **serviços gerais**, não criam vantagens particularizadas para cada usuário, tornando-se impossível estabelecer um valor justo que possa ser cobrado do beneficiário como remuneração pela prestação. Daí porque os serviços públicos ***uti universi*** **não podem ser dados em concessão nem remunerados pela cobrança de taxas**. São prestados diretamente pelo Estado e custeados pela **receita proveniente de impostos**. Exemplos: atividade jurisdicional, varrição de ruas, iluminação **pública**, limpeza pública etc.

SERVIÇO PÚBLICO *UTI SINGULI*: os **serviços públicos *uti singuli***, ou **serviços individuais**, são prestados de modo a criar benefícios individuais a cada usuário, **podendo ser concedidos** e custeados pela **cobrança de taxas**. Exemplos: energia residencial, água canalizada, transporte coletivo, telefonia fixa etc.

DICA: os serviços de **coleta, remoção e tratamento de lixo** são considerados ***uti singuli*** pelo **Supremo Tribunal Federal**, de acordo com a **Súmula Vinculante 19**.

TITULARIDADE DO SERVIÇO PÚBLICO

Serviço público só pode, por definição, ser titularizado por **pessoa jurídica de direito público**.

- Assim, observada a repartição de competências determinada pela Constituição e pela legislação, a titularidade de serviços públicos somente pode ser atribuída à União, Estados, Distrito Federal, Municípios, Territórios, autarquias, associações públicas ou fundações públicas.

DICA: por este motivo os instrumentos normativos de delegação de serviços públicos, como **concessão** e **permissão**, transferem apenas a prestação temporária, **nunca delegam a titularidade do serviço público**.

SERVIÇOS PÚBLICOS FEDERAIS:

- art. 21, X a XII, CF/88.
- PALAVRAS-CHAVE: Serviço postal. Correio aéreo. Telecomunicações. Radiodifusão. Instalações de energia elétrica. Navegação aérea. Infraestrutura aeroportuária. Transporte. Explorar os portos. "Serviços" de polícia marítima. "Serviços" e instalações nucleares de qualquer natureza.

SERVIÇOS PÚBLICOS ESTADUAIS:

- art. 25, § 2º, CF/88.
- Explorar diretamente, ou mediante concessão, os serviços locais de gás canalizado, na forma da lei.

SERVIÇOS PÚBLICOS MUNICIPAIS: ART. 30, CF/88:

- organizar e prestar, diretamente ou sob regime de concessão ou permissão, os serviços públicos de interesse local, incluído o de transporte coletivo, que tem caráter essencial;
- prestar, com cooperação técnica e financeira da União e do Estado, serviços de atendimento à saúde da população.

SERVIÇOS PÚBLICOS DISTRITAIS: ART. 32, § 1º, CF/88.

- Ao Distrito Federal, são atribuídas as competências legislativas reservadas aos Estados e Municípios. Pode-se afirmar, com base nessa norma, que cabe ao Distrito Federal prestar todos os serviços públicos de competência estadual e municipal.

DICA: existem serviços públicos de titularidade comum entre União, Estados, Distrito Federal e Municípios, como saúde, educação, previdência social e assistência social.

- Tais serviços, chamados ainda de serviços sociais, também podem ser prestados por particulares mediante autorização estatal. Porém, só serão considerados serviços públicos propriamente ditos quando prestados pelo Estado.

DICA: (art. 21, XX, da CF) a Constituição Federal não atribuiu expressamente a titularidade do serviço público de saneamento básico a nenhuma entidade federativa.

DICA: os serviços públicos notariais e de registro são exercidos em caráter privado, por delegação do Poder Público (art. 236 da CF).

- Tais serviços são os de organização técnica e administrativa destinados a garantir a publicidade, a autenticidade, a segurança e a eficácia dos atos jurídicos (art. 1º da Lei n. 8.935/94).

APLICATIVOS DE TRANSPORTE PRIVADO

O transporte coletivo (serviço público municipal) tem sofrido importante mudança quanto à forma de prestação, isso porque se popularizaram aplicativos utilizados para conectar diretamente passageiros e motoristas privados (Uber, Cabify etc.), impondo a necessidade uma nova regulamentação da matéria.

- Nessa linha, a Lei n. 12.587/2012 (Política Nacional de Mobilidade Urbana), com redação dada pela Lei n. 13.640/2018, passou a reconhecer o transporte remunerado privado individual de passageiros, conceituado como "o serviço remunerado de transporte de passageiros, não aberto ao público, para a realização de viagens individualizadas ou compartilhadas solicitadas exclusivamente por usuários previamente cadastrados em aplicativos ou outras plataformas de comunicação em rede".
- Assim, tal norma abriu caminho para que Municípios e o Distrito Federal, por lei própria, regularizem o funcionamento de aplicativos como Uber e Cabify, de modo a reduzir os constantes conflitos entre motoristas privados e taxistas (art. 11-A: "Compete exclusivamente aos Municípios e ao Distrito Federal regulamentar e fiscalizar o serviço de transporte remunerado privado individual de passageiros previsto no inciso X do art. 4º desta Lei no âmbito dos seus territórios").

PRINCÍPIOS DO SERVIÇO PÚBLICO

- 1. ADEQUAÇÃO: de acordo com o disposto no art. 6º, § 1º, da Lei n. 8.987/95, serviço adequado é o que satisfaz as condições de **regularidade, continuidade, eficiência, segurança, atualidade, generalidade, cortesia** na sua prestação e **modicidade das tarifas** (art. 6º, § 1º, da Lei n. 8.987/95);
- 2. OBRIGATORIEDADE: o Estado tem o **dever jurídico de promover a prestação** do serviço público, não sendo essa prestação uma simples faculdade discricionária;
- 3. ATUALIZAÇÃO, MODERNIDADE OU ADAPTABILIDADE: **a técnica** empregada na prestação do serviço público, embora não tenha de ser a mais avançada disponível, **precisa mostrar-se compatível com o estágio de desenvolvimento tecnológico vigente** à época da prestação. Em termos práticos, o princípio da **atualização proíbe o retrocesso da técnica**;
- 4. UNIVERSALIDADE OU GENERALIDADE: a prestação do serviço público deve ser estendida à **maior quantidade possível de usuários**;
- 5. MODICIDADE DAS TARIFAS: significa que o **valor exigido** do usuário a título de remuneração pelo uso do serviço deve ser **o menor possível**, reduzindo-se ao estritamente necessário para remunerar o prestador com acréscimo de pequena margem de lucro;
- 6. CORTESIA: significa que o serviço e as informações de interesse do usuário devem ser prestados com **polidez e educação**;
- 7. TRANSPARÊNCIA: o usuário tem direito de receber do poder concedente e da concessionária **informações** para defesa de interesses individuais ou coletivos (art. 7º, III, da Lei n. 8.987/95);
- 8. CONTINUIDADE: significa que a prestação do serviço público não pode sofrer interrupção, devendo ser promovida de forma contínua e sem intervalos.

DICA: a Lei de Concessões admite expressamente que **o inadimplemento é causa de interrupção da prestação de serviço**, desde que observada a necessidade de **prévio aviso**;

A jurisprudência de nossos tribunais registra volumosa casuística sobre questões relacionadas ao pagamento das tarifas e corte no fornecimento de serviços. Convém apontar alguns entendimentos relevantes:

- a) é inviável o corte no fornecimento de água por inadimplemento de anterior morador (STJ, 2ª Turma, AgRg no Ag 1.399.175/RJ, *DJe* 24-6-2011);
- b) não se admite a suspensão do fornecimento de energia elétrica em razão de cobrança de débitos pretéritos (STJ, 1ª Seção, EREsp 1.069.215/RS, *DJe* 1º-2-2011). O débito precisa ser atual;
- c) é ilegal a suspensão no fornecimento de energia elétrica nos casos de dívidas contestadas em juízo (STJ, AgRg nos EDcl no Ag 1.377.519/RS, 1ª Turma, *DJe* 13-5-2011);
- d) é vedado vincular o recebimento da tarifa mensal à quitação de débitos anteriores (STJ, 2ª Turma, REsp 299.523/SP, *DJ* 12-3-2007);
- e) a concessionária deve cobrar em faturas distintas a conta mensal de consumo de água e eventuais serviços complementares (TJ-SP, 10ª Câmara de Direito Público, Apelação 0154322-37.2007.8.26.0000, *DJ* 2-6-2009).

- 9. IGUALDADE: os serviços públicos devem ser prestados de modo isonômico a todos os usuários, sem privilégios ou **discriminações**;
- 10. MOTIVAÇÃO: **todas as decisões** relacionadas com a prestação do serviço **devem ser fundamentadas**;
- 11. CONTROLE: as condições de prestação do serviço público estão sujeitas a fiscalização por parte **da própria Administração** (controle interno) **e pela via judicial** (controle externo);
- 12. REGULARIDADE: a prestação do serviço deve observar as **condições e horários adequados diante dos interesses da coletividade**, sem atrasos ou intermitências;
- 13. EFICIÊNCIA: o serviço público deve ser prestado buscando a **melhor qualidade e os mais altos índices de aproveitamento possíveis**;
- 14. SEGURANÇA: a prestação do serviço **não pode colocar em risco a integridade** dos usuários ou a segurança da coletividade.

SERVIÇOS ESSENCIAIS

São disciplinados pela Lei n. 7.783/89:

- a) tratamento e abastecimento de **ÁGUA**; produção e distribuição de **ENERGIA ELÉTRICA, GÁS** e **COMBUSTÍVEIS**;
- b) **ASSISTÊNCIA** médica e hospitalar;
- c) distribuição e comercialização de **MEDICAMENTOS** e **ALIMENTOS**;
- d) **FUNERÁRIOS**;
- e) **TRANSPORTE COLETIVO**;
- f) captação e tratamento de **ESGOTO E LIXO**;
- g) **TELECOMUNICAÇÕES**;
- h) guarda, uso e controle de substâncias radioativas, equipamentos e materiais **NUCLEARES**;
- i) processamento de **dados ligados a serviços essenciais**;
- j) controle de **TRÁFEGO AÉREO**;
- k) **COMPENSAÇÃO BANCÁRIA**.

DICA: no caso de greve em algum desses serviços, os **sindicatos**, os **empregadores** e os **trabalhadores** ficam obrigados a **garantir a prestação dos serviços indispensáveis** ao atendimento das necessidades inadiáveis da comunidade, assim entendidas as que, não atendidas, coloquem em perigo iminente a **sobrevivência**, a **saúde** ou a **segurança** da população (art. 11).

FORMAS DE PRESTAÇÃO

- DIRETA: é aquela realizada pelo próprio Estado (Administração Pública Direta).
- Se houver cobrança em troca da prestação direta, a remuneração terá natureza tributária de taxa.
- A prestação direta pode ser realizada de dois modos:

  a) pessoalmente pelo Estado: quando promovida por órgãos públicos da administração direta;

  b) com o auxílio de particulares: os prestadores são selecionados por procedimento licitatório, celebrando contrato de prestação de serviços.
- A responsabilidade pela reparação de danos é do Estado.

- INDIRETA POR OUTORGA: se houver lei específica nesse sentido, a prestação de serviços públicos pode ser realizada por meio de pessoas jurídicas especializadas criadas pelo Estado (é o que ocorre com as autarquias, fundações públicas, associações públicas, empresas públicas e sociedades de economia mista).
- A remuneração paga pelo usuário ao prestador tem natureza de taxa.
- A responsabilidade pela reparação de danos decorrentes da prestação de serviços outorgados é objetiva e direta do prestador, e não da Administração Direta.
- O Estado responde subsidiariamente.

- INDIRETA POR DELEGAÇÃO OU COLABORAÇÃO: é realizada, após regular licitação, por meio de concessionários e permissionários, desde que a delegação tenha previsão em lei específica (concessão) ou autorização legislativa (permissão).
- Só pode ocorrer em relação a serviços públicos *uti singuli*.
- A remuneração paga pelo usuário tem natureza jurídica de tarifa ou preço público.
- A responsabilidade por danos causados a usuários ou terceiros em razão da prestação do serviço é direta e objetiva do concessionário ou permissionário, respondendo o Estado somente em caráter subsidiário.

DICA: a responsabilidade patrimonial do prestador de serviços públicos é sempre objetiva por danos causados a usuários ou a terceiros, não importando se a prestação está a cargo do próprio Estado, entidades da Administração indireta, concessionários ou permissionários.

FORMAS DE REMUNERAÇÃO

- TARIFA: também chamada de preço público, é a remuneração paga pelo usuário quando o serviço público *uti singuli* é prestado indiretamente, por delegação, nas hipóteses de concessão e permissão.
- É uma contrapartida sem natureza tributária, motivo pelo qual pode ser majorada imediatamente por ato administrativo do poder concedente, sem necessidade de observância do intervalo de não surpresa característico da anterioridade tributária
- TAXA: é uma contrapartida tributária utilizada nas hipóteses de prestação direta pelo Estado de serviço público *uti singuli*.
- Também serão remunerados por taxas os serviços públicos outorgados a pessoas jurídicas da Administração Indireta.
- Em razão de sua natureza tributária, somente podem ser criadas ou majoradas por meio de lei (art. 150, *i*, da CF) e sua cobrança está submetida ao intervalo mínimo imposto pelo princípio da anterioridade (art. 150, III, *b* e *c*, da CF).
- IMPOSTO: no caso de serviços públicos *uti universi*, não se pode falar propriamente em remuneração, mas em prestação custeada pelas receitas provenientes de impostos. um exemplo é o serviço de limpeza e conservação de logradouros públicos.

CLASSIFICAÇÃO DOS SERVIÇOS PÚBLICOS

- QUANTO À ESSENCIALIDADE:
  - a) serviços públicos propriamente ditos: são privativos do Poder Público por serem considerados indispensáveis para sobrevivência do grupo social e do próprio Estado. Exemplo: defesa nacional;
  - b) serviços de utilidade pública: não são indispensáveis para a sociedade, mas convenientes e oportunos na medida em que facilitam a vida do indivíduo. Exemplo: energia elétrica.
- QUANTO À ADEQUAÇÃO:
  - a) serviços próprios do Estado: são aqueles vinculados às atribuições essenciais do Poder Público, sendo em regra prestados diretamente pelo Estado, de modo gratuito ou mediante baixa remuneração;
  - b) serviços impróprios do Estado: não afetam substancialmente as necessidades da coletividade e podem ter a prestação outorgada a entidades estatais descentralizadas ou delegada a particulares.
- QUANTO À FINALIDADE:
  - a) serviços administrativos: prestados para atender necessidades internas da Administração. Exemplo: imprensa oficial;
  - b) serviços industriais: consistem na exploração de atividades econômicas pelo Estado, produzindo renda e lucro para o prestador.

DIREITOS DO USUÁRIO

Nos termos do disposto no art. 7º da Lei n. 8.987/95, são direitos e obrigações dos usuários, além daqueles estabelecidos no Código de Defesa do Consumidor:

- a) receber serviço adequado;
- b) receber do poder concedente e da concessionária informações para a defesa de interesses individuais ou coletivos;
- c) obter e utilizar o serviço, com liberdade de escolha entre vários prestadores de serviços, quando for o caso, observadas as normas do poder concedente;
- d) levar ao conhecimento do Poder Público e da concessionária as irregularidades de que tenham conhecimento, referentes ao serviço prestado;
- e) comunicar às autoridades competentes os atos ilícitos praticados pela concessionária na prestação do serviço;
- f) contribuir para a permanência das boas condições dos bens públicos por meio dos quais lhes são prestados os serviços.

DICA: as concessionárias estão obrigadas a oferecer ao consumidor e ao usuário, dentro do mês de vencimento, o mínimo de seis datas opcionais para escolherem os dias de vencimento de seus débitos (art. 7º-A da Lei n. 8.987/95).

DICA: com o advento da Lei n. 13.673/2018, passou a ser obrigatória a divulgação de tabela com a evolução do valor da tarifa e do preço praticados pelas concessionárias e prestadoras de serviços públicos.

16.17 QUESTÕES

1. (Juiz de Direito Substituto – TJ-BA – 2019 – Cespe) O fornecimento de água:

A) é um serviço de utilidade pública, *uti universi* e delegável;

B) pode ter a respectiva taxa alterada pelo concessionário, que poderá considerar aspectos mercadológicos para estabelecer o novo patamar a ser cobrado;

C) é um serviço de utilidade pública que não pode ser prestado por pessoa jurídica de direito privado que não integre a Administração Pública;

D) não poderá gerar cobrança vinculada de tarifa mínima, sendo imperiosa a correspondência com o efetivo consumo;

E) poderá gerar cobrança distinta de acordo com as categorias de usuários e faixas de consumo.

2. (Arquivista – AGU – 2019 – Idecan) Os serviços públicos estão sob a responsabilidade do Estado para atender, de forma eficiente, às demandas da população, proporcionando melhores condições de vida social. Nesse sentido, há diversas formas de classificar os serviços públicos. Assinale a alternativa que represente exemplo de serviço público *uti universi*:

A) serviço portuário;

B) serviço de prestação jurisdicional;

C) serviço de fornecimento de água;

D) serviço de iluminação pública;

E) serviço de telefonia móvel.

3. (Profissional de Nível Universitário Jr. – Direito – Itaipu Binacional – 2019 – NC-UFPR) Com relação à concessão ou à permissão de serviço público, assinale a alternativa correta.

A) Serviço adequado é o que satisfaz as condições de regularidade, continuidade, eficiência, segurança, atualidade, generalidade, cortesia na sua prestação e modicidade das tarifas.

B) Caracteriza-se como descontinuidade do serviço a sua interrupção em situação de emergência ou após prévio aviso, quando motivada por razões de ordem técnica ou de segurança das instalações.

C) É passível de sanção administrativa a descontinuidade do serviço motivada por inadimplemento do usuário, considerado o interesse da coletividade.

D) As concessionárias de serviços públicos, de direito público e privado, nos Estados e no Distrito Federal, são obrigadas a oferecer ao consumidor e ao usuário, dentro do mês de vencimento, o mínimo de oito datas opcionais para escolherem os dias de vencimento de seus débitos.

E) A permissão de serviço público será formalizada mediante ato administrativo precário e poderá não ser precedida de licitação, podendo figurar como permissionário somente pessoa física.

4. (Profissional de Nível Universitário Jr. – Direito – Itaipu Binacional – 2019 – NC-UFPR) Sobre o regime econômico e financeiro das concessões de serviço público de energia elétrica, assinale a alternativa correta.

A) A Aneel poderá aceitar como bens reversíveis da concessionária ou permissionária do serviço público de energia elétrica todos aqueles que a esta pertenciam.

B) A suspensão, por falta de pagamento, do fornecimento de energia elétrica a consumidor que preste serviço público ou essencial à população e cuja atividade sofra prejuízo não poderá ocorrer.

C) Na hipótese de encampação da concessão de serviço público de energia elétrica, não será devida indenização ao concessionário, dado que foi este quem deu causa ao ato de encampação.

D) O regime econômico e financeiro da concessão de serviço público de energia elétrica compreende a indisponibilidade, pela concessionária, salvo disposição contratual, dos bens considerados reversíveis.

E) É de responsabilidade da União a execução de investimentos em obras e instalações de serviços públicos de energia elétrica, já que tais bens lhe serão revertidos ao final do contrato.

5. (Analista de Gestão Administrativa – Prefeitura de Recife – PE – 2019 – FCC) Suponha que o Município pretenda conceder à iniciativa privada a exploração de serviços de saneamento básico, considerando a ausência de recursos públicos suficientes para realizar, no curto prazo, a necessária ampliação da infraestrutura existente bem como a inviabilidade de aumento da tarifa cobrada tendo em vista o perfil dos usuários. Diante de tal cenário, apresenta-se como alternativa juridicamente viável para a consecução dos fins colimados pelo Município a contratação de

A) parceria público-privada, na modalidade administrativa ou patrocinada, vedado o pagamento de contraprestação pecuniária pelo Município, salvo na forma de subsídio a categorias específicas de usuários.

B) concessão administrativa, admitindo-se o repasse mensal de recursos pelo Município em complementação à tarifa cobrada dos usuários.

C) concessão patrocinada, admitida a complementação da receita tarifária auferida pela concessionária apenas na forma de subvenção para investimento aportada pelo Município.

D) concessão de serviços precedida de obra pública, com aporte de recursos do Município, desde que após a disponibilização, pela concessionária, de parcela fruível do objeto concedido.

E) concessão patrocinada, com complementação da tarifa cobrada dos usuários mediante contraprestação paga pelo Município.

6. (Analista de Fomento – Crédito – Afap – 2019 – FCC) A prestação de serviços públicos pela iniciativa privada é medida:

A) obrigatória nos casos de serviços públicos que permitam o regime de lucratividade, para garantir competição e vantajosidade para o usuário;

B) passível de ser implementada mediante descentralização da Administração, outorgando-se a titularidade e a execução sob regime de parceria público-privada;

C) que não altera a titularidade do serviço, mas permite a exploração da execução, inclusive de forma lucrativa em determinados setores, devendo ser preservada a competitividade no certame de seleção e a modicidade tarifária, em benefício dos administrados;

D) adotada pelo Poder Público quando celebra contrato de concessão comum ou de concessão patrocinada, ainda que esses modelos possam contar com aporte do poder concedente para execução das obras;

E) que pode ser viabilizada em contraponto à prestação direta, excluídos os serviços públicos de caráter essencial, que são obrigatoriamente responsabilidade do titular do serviço público em questão.

7. (Titular de Serviços de Notas e de Registros – Provimento – TJ-PR – 2019 – NC-UFPR) "As Parcerias Público-Privadas (PPPs) foram instituídas, em caráter nacional, com o advento da Lei n. 11.079/04, sob a alegação de que o Estado não possui condições de realizar investimentos, em especial na área de infraestrutura, necessários ao crescimento do país" (FORTINI, 2009). Com relação ao assunto, identifique como verdadeiras (V) ou falsas (F) as seguintes afirmativas.

( ) Os serviços notariais e de registro não são enquadráveis tecnicamente como parcerias público-privadas, apesar de serem exercidos em caráter privado, sob delegação do Poder Público.

( ) As PPPs são formalizadas por meio de contratos administrativos que seguem regime licitatório próprio.

( ) Existem duas espécies de PPPs: a concessão administrativa e a concessão patrocinada.

( ) Nem sempre será objeto de uma PPP a prestação de um serviço público em sentido estrito diretamente ofertada ao usuário.

Assinale a alternativa que apresenta a sequência correta, de cima para baixo.

A) V – V – V – V.

B) V – V – F – F.

C) V – F – V – F.

D) F – V – F – V.

E) F – F – F – F.

8. (Advogado – UPE – 2019 – Upenet/Iaupel) Sobre o regime jurídico da Parceria Público-Privada, assinale a alternativa INCORRETA.

A) A Parceria Público-Privada é contrato administrativo na modalidade de concessão.

B) Antes da celebração do contrato, deverá ser constituída sociedade de propósito específico, incumbida de implantar e gerir o objeto da parceria.

C) A contratação de parceria público-privada será precedida de licitação na modalidade de tomada de preços.

D) A contraprestação da Administração Pública nos contratos de parceria público-privada poderá ser feita por outorga de direitos sobre bens públicos dominicais.

E) É vedada a celebração de contrato de parceria público-privada, cujo período de prestação do serviço seja inferior a 5 (cinco) anos.

9. (Escrivão de Polícia – PC-ES – 2019 – Instituto AOCP) Os serviços públicos podem ser classificados:

A) quanto à obrigatoriedade da utilização, em compulsórios e facultativos;

B) quanto aos usuários, em federais, estaduais, distritais e municipais;

C) quanto à essencialidade, em serviços de execução direta ou de execução indireta;

D) quanto à entidade a quem foram atribuídos, em gerais ou específicos;

E) quanto à forma de execução, em essenciais ou não essenciais.

10. (Contador – Core-PE – 2019 – Inaz do Pará) A Configuração clássica do Serviço Público corresponde a uma principiologia específica, caracterizadora do Regime de Direito Público. Quanto aos princípios específicos do Serviço Público, pode-se considerar.

A) O princípio da adequação infere-se na exigência de uma otimização na prestação do Serviço Público.

B) O princípio da continuidade enfatiza que o Serviço Público não pode ser interrompido, pois é essencial, satisfaz a uma necessidade básica da população e pressupõe regularidade.

C) O princípio da eficiência pressupõe que o serviço seja adequado e satisfaça a necessidade da coletividade na sua exata medida.

D) O princípio da generalidade refere-se a fundamental não discriminação quanto às condições de acesso dos usuários dos serviços ofertados, à ausência de favoritismos ou de perseguições na prestação do serviço.

E) O princípio da impessoalidade consiste na universalização da prestação do serviço, possibilitando o alcance de todos os usuários, sejam efetivos ou potenciais, ou ainda ao maior número efetivos de usuários.

GABARITO

1. E / **2.** D / **3.** A / **4.** D / **5.** E / **6.** C / **7.** A / **8.** C / **9.** A / **10.** B

Acesse mais questões também pelo link:
http://somos.in/MDA1166

17

INTERVENÇÃO DO ESTADO NO DOMÍNIO ECONÔMICO

Acesse também a videoaula pelo link:
http://somos.in/MDA1118

17.1 SERVIÇO PÚBLICO *VERSUS* ATIVIDADE ECONÔMICA

Conforme visto na abertura do capítulo anterior, a Constituição Federal de 1988 definiu uma clara divisão entre o campo de atuação próprio do Estado, o serviço público (arts. 175 e 176), e o conjunto de tarefas atribuídas aos particulares, o domínio das atividades econômicas (arts. 170 a 174).

Serviço público é "toda atividade material ampliativa, definida pela lei ou pela Constituição como dever estatal, consistente no oferecimento de utilidades e comodidades ensejadoras de benefícios particularizados a cada usuário, sendo prestada pelo Estado ou por seus delegados, e submetida predominantemente aos princípios e regras de direito público" (*vide* item 16.4).

Em termos práticos, o constituinte e o legislador decidem atribuir determinada atividade material ampliativa ao Estado, por considerarem-na de exercício indispensável ou conveniente à sociedade. Então, submetem a tarefa em questão aos princípios e regras de Direito Administrativo, já que esse é o regime jurídico mais apropriado para proteção dos usuários. Como efeito imediato de tal decisão política, a atividade selecionada deixa de pertencer ao conjunto de atuações que podem ser livremente desempenhadas por particulares. Nasce, dessa forma, um serviço público. Por fim, o ordenamento jurídico define qual a entidade federativa que irá titularizar o novo serviço público: União, Estados, Distrito Federal ou Municípios. Caberá, finalmente, ao legislador da entidade titular do serviço estabelecer, atendidas as diretrizes constitucionais, sua forma de prestação, ou seja, se ocorrerá prestação direta pela própria entidade federativa ou se será criada uma pessoa jurídica descentralizada (autarquia, por exemplo) especializada na execução da tarefa. Resta ainda a possibilidade de a prestação do serviço ser delegada a particulares, por meio de instrumentos específicos como a concessão, permissão e autorização de serviços públicos.

Nesse breve relato do processo de surgimento de um serviço público merecem destaque dois pontos fundamentais:

1) a escolha da tarefa que será transformada em serviço público depende exclusivamente de uma **decisão política do constituinte ou do legislador**, bastando para isso submeter a atividade selecionada ao regime jurídico-administrativo;

2) na medida em que o ordenamento jurídico define uma tarefa como serviço público, retirando-a do domínio econômico, seu **exercício passa a ser vedado à livre-iniciativa** dos particulares, exceto se o próprio Estado delegar a prestação pelos instrumentos da concessão, permissão e autorização de serviços públicos.

Assim, é possível verificar que as atividades pertencentes ao setor econômico são definidas por exclusão, pois consideram-se atividades econômicas todas aquelas tarefas que não foram atribuídas pelo ordenamento jurídico ao Estado.

17.2 CONCEITOS DE DOMÍNIO ECONÔMICO E ORDEM ECONÔMICA

Considera-se "domínio econômico" o conjunto de atividades constitucionalmente reservadas à iniciativa privada.

Já "ordem econômica" é o complexo de princípios e regras jurídicas que disciplinam as atividades econômicas.

17.3 PRINCÍPIOS DA ORDEM ECONÔMICA

Os princípios informadores da ordem econômica estão elencados no art. 170 da Constituição Federal, a saber:

"Art. 170. A ordem econômica, fundada na valorização do trabalho humano e na livre-iniciativa, tem por fim assegurar a todos existência digna, conforme os ditames da justiça social, observados os seguintes princípios:

I – **soberania nacional**;

II – **propriedade privada**;

III – **função social da propriedade**;

IV – **livre concorrência**;

V – **defesa do consumidor**;

VI – **defesa do meio ambiente**, inclusive mediante tratamento diferenciado conforme o impacto ambiental dos produtos e serviços e de seus processos de elaboração e prestação;

VII – **redução das desigualdades regionais e sociais**;

VIII – **busca do pleno emprego**;

IX – **tratamento favorecido para as empresas de pequeno porte constituídas sob as leis brasileiras e que tenham sua sede e administração no País.**

Parágrafo único. É assegurado a todos o livre exercício de qualquer atividade econômica, independentemente de autorização de órgãos públicos, salvo nos casos previstos em lei".

Em 17 de junho de 2015, foi aprovada a Súmula Vinculante 49 do Supremo Tribunal Federal: "Ofende o princípio da livre concorrência lei municipal que impede a instalação de estabelecimentos comerciais do mesmo ramo em determinada área".

17.4 NATUREZA TRIPARTITE DAS ATIVIDADES ECONÔMICAS

As atividades integrantes do domínio econômico subdividem-se em três categorias: a) **produção**; b) **comercialização**; c) **prestação de serviços** (art. 173, § 1º, da Constituição Federal).

17.5 REGIME JURÍDICO DA ATIVIDADE ECONÔMICA

A atividade econômica é regida por princípios e **regras** de Direito Privado (Direitos Civil e Empresarial).

Para evitar vantagens competitivas indevidas, quando as empresas estatais integrantes da Administração Indireta exploram atividades econômicas, também submetem-se predominantemente ao direito privado, com sujeição parcial a algumas regras de direito público. É nesse sentido que o art. 173, § 1º, II, da Constituição Federal prescreve que: "A lei estabelecerá o estatuto jurídico da empresa pública, da sociedade de economia mista e de suas subsidiárias que explorem atividade econômica de produção ou comercialização de bens ou de prestação de serviços, dispondo sobre: II – a sujeição ao regime jurídico próprio das empresas privadas, inclusive quanto aos direitos e obrigações civis, comerciais, trabalhistas e tributários".

É evidente, portanto, que o Estado deve competir em condições de igualdade com os demais agentes do mercado, não podendo gozar de privilégios fiscais não extensivos às empresas privadas (art. 173, § 2º, da CF).

17.6 FUNÇÕES DO ESTADO NA ORDEM ECONÔMICA

Em termos gerais, o art. 174 da Constituição Federal preceitua que como **agente normativo e regulador da atividade econômica** cabe ao Estado exercer, na forma da lei, as funções de: a) **fiscalização**; b) **incentivo**; c) **planejamento**.

17.6.1 A força interna vinculante do planejamento estatal

A atividade estatal de planejamento da economia cria **diretrizes obrigatórias para o setor público**. Porém, o planejamento estatal é meramente **indicativo para o setor privado** (art. 174 da CF).

17.7 ATIVIDADES ESTATAIS INTERVENTIVAS NO DOMÍNIO ECONÔMICO

As formas de intervenção do Estado do domínio econômico desdobram-se **em três espécies de atividades estatais interventivas**[1]:

1. Celso Antônio Bandeira de Mello, *Curso de direito administrativo*, p. 789.

a) exploração direta de atividade econômica;

b) poder de polícia (fiscalização de agentes econômicos);

c) fomento a setores econômicos.

Passemos à análise de cada uma das atividades estatais interventivas do domínio econômico.

17.7.1 Exploração direta de atividade econômica pelo Estado

A primeira espécie de atuação estatal interventiva do domínio econômico é a exploração direta de atividade econômica pelo Estado.

Nos termos do art. 173 da Constituição Federal, ressalvados os casos previstos constitucionalmente, a exploração direta de atividade econômica pelo Estado **somente é permitida** nos casos de **imperativo da segurança nacional** ou **relevante interesse coletivo.**

Desse modo, nota-se que o exercício direto de atividade econômica pelo Estado foi constitucionalmente **reservado a hipóteses excepcionais** porque tende a colocar em risco a competitividade do mercado específico objeto de tal intervenção.

17.7.1.1 Personificação e exercício direto

Como as atividades econômicas são exploradas em regime privado, é impossível às entidades federativas, que são pessoas jurídicas de direito público, atuar pessoalmente nesse setor. Por isso, o ordenamento jurídico exige que as entidades federativas criem empresas estatais de direito privado especializadas na exploração direta de atividade econômica.

Existem duas espécies de empresas estatais capacitadas para a exploração de atividade econômica: empresas públicas e sociedades de economia mista. São exemplos de empresas estatais brasileiras que exploram atividades econômicas: Caixa Econômica Federal (empresa pública federal), Banco Nacional de Desenvolvimento Econômico e Social (empresa pública federal), Banco do Brasil (sociedade de economia mista federal) e Petrobras (sociedade de economia mista federal).

Embora estejam submetidas a deveres tipicamente públicos (fazer licitação, realizar concurso para seleção de pessoal, controle pelos Tribunais de Contas, sujeição ao teto remuneratório etc.), as **empresas estatais exploradoras** de atividades econômicas **sujeitam-se ao regime jurídico privado quanto a direitos e obrigações civis, comerciais, trabalhistas e tributários** (art. 173, § 1º, II, da CF). Empresas estatais exploradoras de atividade econômica não gozam tampouco de imunidade tributária (art. 173, § 2º, da CF).

17.7.2 Polícia da economia

A segunda modalidade de atuação estatal interventiva no domínio econômico consiste no exercício do poder de polícia, ou seja, o desenvolvimento das tarefas de **limitação, fiscalização e sanção** sobre os agentes econômicos de mercados específicos. Trata-se da chamada polícia da economia.

Destacam-se como entidades encarregadas da execução da polícia econômica o Banco Central e o Conselho Administrativo de Defesa Econômica - Cade.

O **Banco Central** do Brasil (Bacen) é uma autarquia federal criada para **execução das orientações do Conselho Monetário Nacional** e responsável por **garantir o poder de compra da moeda nacional**, tendo por objetivos: a) zelar pela adequada liquidez da economia; b) manter as reservas internacionais em nível adequado; c) estimular a formação de poupança; d) zelar pela estabilidade e promover o permanente aperfeiçoamento do sistema financeiro.

Nos termos do art. 10 da Lei n. 4.595/64, compete privativamente ao Bacen:

"II - Executar os serviços do meio circulante;

III - determinar o recolhimento de até cem por cento do total dos depósitos à vista e de até sessenta por cento de outros títulos contábeis das instituições financeiras, seja na forma de subscrição de Letras ou Obrigações do Tesouro Nacional ou compra de títulos da Dívida Pública Federal, seja através de recolhimento em espécie, em ambos os casos entregues ao Banco Central do Brasil, na forma e condições por ele determinadas, podendo:

a) adotar percentagens diferentes em função

1. das regiões geoeconômicas;

2. das prioridades que atribuir às aplicações;

3. da natureza das instituições financeiras;

b) determinar percentuais que não serão recolhidos, desde que tenham sido reaplicados em financiamentos à agricultura, sob juros favorecidos e outras condições por ele fixadas;

IV - receber os recolhimentos compulsórios de que trata o inciso anterior e, ainda, os depósitos voluntários à vista das instituições financeiras;

V - Realizar operações de redesconto e empréstimos a instituições financeiras bancárias;

VI - Exercer o controle do crédito sob todas as suas formas;

VII - Efetuar o controle dos capitais estrangeiros, nos termos da lei;

VIII - Ser depositário das reservas oficiais de ouro e moeda estrangeira e de Direitos Especiais de Saque e fazer com estas últimas todas e quaisquer operações previstas no Convênio Constitutivo do Fundo Monetário Internacional;

IX - Exercer a fiscalização das instituições financeiras e aplicar as penalidades previstas;

X - Conceder autorização às instituições financeiras, a fim de que possam

a) funcionar no País;

b) instalar ou transferir suas sedes, ou dependências, inclusive no exterior;

c) ser transformadas, fundidas, incorporadas ou encampadas;

d) praticar operações de câmbio, crédito real e venda habitual de títulos da dívida pública federal, estadual ou municipal, ações Debêntures, letras hipotecárias e outros títulos de crédito ou mobiliários;

e) ter prorrogados os prazos concedidos para funcionamento;

f) alterar seus estatutos;

g) alienar ou, por qualquer outra forma, transferir o seu controle acionário;

XI – Estabelecer condições para a posse e para o exercício de quaisquer cargos de administração de instituições financeiras privadas, assim como para o exercício de quaisquer funções em órgãos consultivos, fiscais e semelhantes, segundo normas que forem expedidas pelo Conselho Monetário Nacional;

XII – Efetuar, como instrumento de política monetária, operações de compra e venda de títulos públicos federais;

XIII – Determinar que as matrizes das instituições financeiras registrem os cadastros das firmas que operam com suas agências há mais de um ano".

Já o **Cade**, de acordo com o art. 4º da Lei n. 12.529/2011, é entidade judicante com jurisdição em todo o território nacional, constituída sob a forma de autarquia federal, competente para **prevenir e reprimir infrações à ordem econômica**.

17.7.2.1 Tributos interventivos. Cides

Entre os diversos instrumentos jurídicos de execução da intervenção estatal no domínio econômico merece especial destaque a existência das **Contribuições de Intervenção no Domínio Econômico – Cides** (art. 149 da Constituição Federal).

As Cides são tributos arrecadados pela União como mecanismo de disciplina e regulação de mercados relevantes.

São exemplos de tais tributos a Cide/Combustíveis (Lei n. 10.336/2001) e a Cide/*Royalties* (Lei n. 10.168/2000).

Acesse também a videoaula pelo link:
http://somos.in/MDA1150

17.7.3 Fomento a setores econômicos

A terceira forma de intervenção do Estado no domínio econômico consiste nas atividades administrativas de fomento por meio das quais são promovidas ações e programas de incentivo a setores específicos da economia.

A mais importante instituição brasileira de fomento é o Banco Nacional de Desenvolvimento Econômico e Social – BNDES, que tem natureza jurídica de empresa pública federal instituída com a missão de promover o desenvolvimento nacional sustentável, mediante a geração de emprego e redução das desigualdades sociais e regionais[2].

17.8 ATIVIDADES ECONÔMICAS SOB MONOPÓLIO

A Constituição Federal de 1988 criou uma categoria especial de atividades econômicas sob monopólio da União. Não são **serviços públicos** porque tais atividades não criam comodidades e utilidades fruíveis individualmente pelos usuários. Também não são atividades econômicas comuns na medida em que seu **exercício é vedado a particulares.**

De acordo com o art. 177 da CF, constituem monopólio da União:

I – a pesquisa e a lavra das jazidas de petróleo e gás natural e outros hidrocarbonetos fluidos;

II – a refinação do petróleo nacional ou estrangeiro;

III – a importação e exportação dos produtos e derivados básicos resultantes das atividades previstas nos incisos anteriores;

IV – o transporte marítimo do petróleo bruto de origem nacional ou de derivados básicos de petróleo produzidos no País, bem assim o transporte, por meio de conduto, de petróleo bruto, seus derivados e gás natural de qualquer origem;

V – a pesquisa, a lavra, o enriquecimento, o reprocessamento, a industrialização e o comércio de minérios e minerais nucleares e seus derivados, com exceção dos radioisótopos cuja produção, comercialização e utilização poderão ser autorizadas sob regime de permissão.

> O 91º Concurso do Ministério Público de São Paulo em 2015 considerou CORRETA assertiva afirmando que a União detém o monopólio sobre os "serviços" da Loteria Federal e da Loteria Esportiva.

Segundo a jurisprudência do STF, a expressão "sistema de sorteios" constante do art. 22, XX, da Constituição Federal, entre as matérias de competência legislativa privativa da União, inclui os jogos de azar, loterias e similares.

Nesse sentido, o teor da Súmula Vinculante 2: "É inconstitucional a lei ou ato normativo Estadual ou Distrital que disponha sobre sistemas de consórcios e sorteios, inclusive bingos e loterias".

17.9 INFRAÇÕES CONTRA A ORDEM ECONÔMICA

Instituído pela Lei n. 12.529/2011, o Sistema Brasileiro de Defesa da Concorrência é formado pelo Cade e pela Secretaria de Acompanhamento Econômico do

2. Cf. <http://www.bndes.gov.br/SiteBNDES/bndes/bndes_pt/Institucional/O_BNDES/A_Empresa/missao_visao_valores.html>.

Ministério da Fazenda, tendo como finalidades a prevenção e a repressão contra a ordem econômica (art. 1º).

Constituem infrações contra a ordem econômica (art. 36 da Lei n. 12.529/2011):

"I – limitar, falsear ou de qualquer forma prejudicar a livre concorrência ou a livre-iniciativa;

II – dominar mercado relevante de bens ou serviços;

III – aumentar arbitrariamente os lucros; e

IV – exercer de forma abusiva posição dominante.

V – acordar, combinar, manipular ou ajustar com concorrente, sob qualquer forma:

a) os preços de bens ou serviços ofertados individualmente;

b) a produção ou a comercialização de uma quantidade restrita ou limitada de bens ou a prestação de um número, volume ou frequência restrita ou limitada de serviços;

c) a divisão de partes ou segmentos de um mercado atual ou potencial de bens ou serviços, mediante, dentre outros, a distribuição de clientes, fornecedores, regiões ou períodos;

d) preços, condições, vantagens ou abstenção em licitação pública;

VI – promover, obter ou influenciar a adoção de conduta comercial uniforme ou concertada entre concorrentes;

VII – limitar ou impedir o acesso de novas empresas ao mercado;

VIII – criar dificuldades à constituição, ao funcionamento ou ao desenvolvimento de empresa concorrente ou de fornecedor, adquirente ou financiador de bens ou serviços;

IX – impedir o acesso de concorrente às fontes de insumo, matérias-primas, equipamentos ou tecnologia, bem como aos canais de distribuição;

X – exigir ou conceder exclusividade para divulgação de publicidade nos meios de comunicação de massa;

XI – utilizar meios enganosos para provocar a oscilação de preços de terceiros;

XII – regular mercados de bens ou serviços, estabelecendo acordos para limitar ou controlar a pesquisa e o desenvolvimento tecnológico, a produção de bens ou prestação de serviços, ou para dificultar investimentos destinados à produção de bens ou serviços ou à sua distribuição;

XIII – impor, no comércio de bens ou serviços, a distribuidores, varejistas e representantes preços de revenda, descontos, condições de pagamento, quantidades mínimas ou máximas, margem de lucro ou quaisquer outras condições de comercialização relativos a negócios destes com terceiros;

XIV – discriminar adquirentes ou fornecedores de bens ou serviços por meio da fixação diferenciada de preços, ou de condições operacionais de venda ou prestação de serviços;

XV – recusar a venda de bens ou a prestação de serviços, dentro das condições de pagamento normais aos usos e costumes comerciais;

XVI – dificultar ou romper a continuidade ou desenvolvimento de relações comerciais de prazo indeterminado em razão de recusa da outra parte em submeter-se a cláusulas e condições comerciais injustificáveis ou anticoncorrenciais;

XVII – destruir, inutilizar ou açambarcar matérias-primas, produtos intermediários ou acabados, assim como destruir, inutilizar ou dificultar a operação de equipamentos destinados a produzi-los, distribuí-los ou transportá-los;

XVIII – açambarcar ou impedir a exploração de direitos de propriedade industrial ou intelectual ou de tecnologia;

XIX – vender mercadoria ou prestar serviços injustificadamente abaixo do preço de custo;

XX – reter bens de produção ou de consumo, exceto para garantir a cobertura dos custos de produção;

XXI – cessar parcial ou totalmente as atividades da empresa sem justa causa comprovada;

XXII – subordinar a venda de um bem à aquisição de outro ou à utilização de um serviço, ou subordinar a prestação de um serviço à utilização de outro ou à aquisição de um bem; e

XXIII – exercer ou explorar abusivamente direitos de propriedade industrial, intelectual, tecnologia ou marca".

A prática de infrações contra a ordem econômica implica a aplicação das seguintes **sanções** (art. 38):

a) multa;

b) publicação, em meia página e a expensas do infrator, em jornal indicado na decisão, de extrato da decisão condenatória, por 2 (dois) dias seguidos, de 1 (uma) a 3 (três) semanas consecutivas;

c) proibição de contratar com instituições financeiras oficiais e participar de licitação tendo por objeto aquisições, alienações, realização de obras e serviços, concessão de serviços públicos, na administração pública federal, estadual, municipal e do Distrito Federal, bem como em entidades da administração indireta, por prazo não inferior a 5 (cinco) anos;

d) inscrição do infrator no Cadastro Nacional de Defesa do Consumidor;

e) recomendação aos órgãos públicos competentes para que:

1) seja concedida licença compulsória de direito de propriedade intelectual de titularidade do infrator, quando a infração estiver relacionada ao uso desse direito;

2) não seja concedido ao infrator parcelamento de tributos federais por ele devidos ou para que sejam cancelados, no todo ou em parte, incentivos fiscais ou subsídios públicos;

f) cisão de sociedade, transferência de controle societário, venda de ativos ou cessação parcial de atividade;

g) proibição de exercer o comércio em nome próprio ou como representante de pessoa jurídica, pelo prazo de até 5 (cinco) anos;

h) qualquer outro ato ou providência necessários para a eliminação dos efeitos nocivos à ordem econômica.

Atualmente, o Cade é constituído pelos seguintes órgãos (art. 5º da Lei n. 12.529/2011):

I – Tribunal Administrativo de Defesa Econômica;

II – Superintendência-Geral; e

III – Departamento de Estudos Econômicos.

Nos termos do art. 6º da referida Lei, o Tribunal Administrativo, órgão judicante, tem como membros um Presidente e seis Conselheiros escolhidos dentre cidadãos com mais de 30 (trinta) anos de idade, de notório saber jurídico ou econômico e reputação ilibada, nomeados pelo Presidente da República, depois de aprovados pelo **Senado Federal**.

> A prova de Advogado da GasBrasiliano em 2017 elaborada pelo Ieses considerou CORRETA a afirmação: "O Plenário do Cade é composto por um Presidente e seis Conselheiros, escolhidos dentre cidadãos com mais de trinta anos de idade, de notório saber jurídico ou econômico e reputação ilibada, nomeados pelo Presidente da República, depois de aprovados pelo Senado Federal".

17.10 JURISPRUDÊNCIA

17.10.1 STJ

Intervenção do Estado na ordem econômica: Não é válido o disposto no art. 1º, inciso II, do Decreto n. 7.860/2012 que estabelece a intervenção da autoridade pública na atividade de praticagem, para promover, de forma ordinária e permanente, a fixação dos preços máximos a serem pagos na contratação dos serviços em cada zona portuária (REsp 1.662.196-RJ, rel. Min. Og Fernandes, por unanimidade, j. 19-9-2017, *DJe* 25-9-2017).

17.11 QUADRO SINÓTICO

INTERVENÇÃO DO ESTADO NO DOMÍNIO ECONÔMICO

No processo de surgimento de um serviço público merecem destaque dois pontos fundamentais:

- 1) a escolha da tarefa que será transformada em serviço público depende exclusivamente de uma decisão política do constituinte ou do legislador, bastando para isso submeter a atividade selecionada ao regime jurídico-administrativo;
- 2) na medida em que o ordenamento jurídico define uma tarefa como serviço público, retirando-a do domínio econômico, seu exercício passa a ser vedado a livre-iniciativa dos particulares, exceto se o próprio Estado delegar a prestação pelos instrumentos da concessão, permissão e autorização de serviços públicos.

DICA: as atividades pertencentes ao setor econômico são definidas por exclusão, pois consideram-se atividades econômicas todas aquelas tarefas que não foram atribuídas pelo ordenamento jurídico ao Estado.

DOMÍNIO ECONÔMICO: considera-se "domínio econômico" o conjunto de atividades constitucionalmente reservadas à iniciativa privada.

- ATIVIDADES ESTATAIS INTERVENTIVAS NO DOMÍNIO ECONÔMICO: as formas de intervenção do Estado do domínio econômico desdobram-se em três espécies:
  - a) exploração direta de atividade econômica;
  - b) poder de polícia (fiscalização de agentes econômicos);
  - c) fomento a setores econômicos.
- EXPLORAÇÃO DIRETA: nos termos do art. 173 da Constituição Federal, ressalvados os casos previstos constitucionalmente, a exploração direta de atividade econômica pelo Estado somente é permitida nos casos de imperativo da segurança nacional ou relevante interesse coletivo.
- PERSONIFICAÇÃO E EXERCÍCIO DE DIREITO: como as atividades econômicas são exploradas em regime privado, é impossível às entidades federativas, que são pessoas jurídicas de direito público, atuarem pessoalmente nesse setor.
- Por isso, o ordenamento jurídico exige que as entidades federativas criem empresas estatais de direito privado especializadas na exploração direta de atividade econômica. Existem duas espécies de empresas estatais capacitadas para a exploração de atividade econômica: empresas públicas e sociedades de economia mista.
- Embora estejam submetidas a deveres tipicamente públicos (fazer licitação, realizar concurso para seleção de pessoal, controle pelos tribunais de contas, sujeição ao teto remuneratório etc.), as empresas estatais exploradoras de atividades econômicas sujeitam-se ao regime jurídico privado quanto a direitos e obrigações civis, comerciais, trabalhistas e tributários (art. 173, § 1º, II, da CF).
- Empresas estatais exploradoras de atividade econômica não gozam tampouco de imunidade.
- PODER DE POLÍCIA: a segunda modalidade de atuação estatal interventiva no domínio econômico consiste no exercício do poder de polícia, ou seja, o desenvolvimento das tarefas de limitação, fiscalização e sanção sobre os agentes econômicos de mercados específicos. Trata-se da chamada polícia da economia.

DICA: destacam-se como entidades encarregadas da execução da polícia econômica o Banco Central e o Conselho Administrativo de Defesa Econômica – Cade.

- O Banco Central do Brasil (Bacen) é uma autarquia federal criada para execução das orientações do conselho monetário nacional e responsável por garantir o poder de compra da moeda nacional, tendo por objetivos:
  - a) zelar pela adequada liquidez da economia;
  - b) manter as reservas internacionais em nível adequado;
  - c) estimular a formação de poupança;
  - d) zelar pela estabilidade e promover o permanente aperfeiçoamento do sistema financeiro.

- FOMENTO A SETORES ECONÔMICOS: a terceira forma de intervenção do Estado no domínio econômico consiste nas atividades administrativas de fomento por meio das quais são promovidas ações e programas de incentivo a setores específicos da economia.

ORDEM ECONÔMICA: "ordem econômica" é o complexo de princípios e **regras** jurídicas que disciplinam as atividades econômicas.

- PRINCÍPIOS DA ORDEM ECONÔMICA: os princípios informadores da ordem econômica estão elencados no art. 170 da Constituição Federal, a saber:
  - I – soberania nacional;
  - II – propriedade privada;

- III – função social da propriedade;
- IV – livre concorrência;
- V – defesa do consumidor;
- VI – defesa do meio ambiente, inclusive mediante tratamento diferenciado conforme o impacto ambiental dos produtos e serviços e de seus processos de elaboração e prestação;
- VII – redução das desigualdades regionais e sociais;
- VIII – busca do pleno emprego;
- IX – tratamento favorecido para as empresas de pequeno porte constituídas sob as leis brasileiras e que tenham sua sede e administração no país.
- Parágrafo único. É assegurado a todos o livre exercício de qualquer atividade econômica, independentemente de autorização de órgãos públicos, salvo nos casos previstos em lei.

DICA: Súmula Vinculante 49 do Supremo Tribunal Federal: "Ofende o princípio da livre concorrência lei municipal que impede a instalação de estabelecimentos comerciais do mesmo ramo em determinada área".

- FUNÇÕES DO ESTADO NA ORDEM ECONÔMICA: em termos gerais, o art. 174 da Constituição Federal preceitua que, como agente normativo e regulador da atividade econômica, cabe ao Estado exercer, na forma da lei, as funções de:
  - a) fiscalização;
  - b) incentivo;
  - c) planejamento.

- SERVIÇO PÚBLICO: é "toda atividade material ampliativa, definida pela lei ou pela CF como dever estatal, consistente no oferecimento de utilidades e comodidades ensejadoras de benefícios particularizados a cada usuário, sendo prestada pelo Estado ou por seus delegados, e submetida predominantemente aos princípios e **regras** de direito público.»
- ATIVIDADE ECONÔMICA: as atividades integrantes do domínio econômico são regidas por princípios e **regras** de direito privado (Direito Civil e Empresarial) e possuem natureza tripartite, subdividindo-se em três categorias:
  - produção;
  - comercialização;
  - prestação de serviços (art. 173, § 1º, da Constituição Federal).

ATIVIDADES ECONÔMICAS SOB MONOPÓLIO

- A CF de 1988 criou uma categoria especial de atividades econômicas sob o monopólio da União.
- Não são serviços públicos porque tais atividades não criam comodidades e utilidades fruíveis individualmente pelos usuários.
- Também não são atividades econômicas comuns na medida em que seu exercício é vedado a particulares.

De acordo com o art. 177 da CF, constituem monopólio da União:

- I – a pesquisa e a lavra das jazidas de petróleo e gás natural e outros hidrocarbonetos fluidos;
- II – a refinação do petróleo nacional ou estrangeiro;
- III – a importação e exportação dos produtos e derivados básicos resultantes das atividades previstas nos incisos anteriores;
- IV – o transporte marítimo do petróleo bruto de origem nacional ou de derivados básicos de petróleo produzidos no país, bem assim o transporte, por meio de conduto, de petróleo bruto, seus derivados e gás natural de qualquer origem;
- V – a pesquisa, a lavra, o enriquecimento, o reprocessamento, a industrialização e o comércio de minérios e minerais nucleares e seus derivados, com exceção dos radioisótopos cuja produção, comercialização e utilização poderão ser autorizadas sob regime de permissão.

INFRAÇÕES À ORDEM ECONÔMICA

Instituído pela Lei n. 12.529/2011, o Sistema Brasileiro de Defesa da Concorrência é formado pelo Cade e pela Secretaria de Acompanhamento Econômico do Ministério da Fazenda, tendo como finalidades a prevenção e a repressão contra a ordem econômica (art. 1º).

A PRÁTICA DE INFRAÇÕES CONTRA A ORDEM ECONÔMICA IMPLICA A APLICAÇÃO DAS SEGUINTES SANÇÕES (ART. 38):

- multa;
- publicação, em meia página e a expensas do infrator, em jornal indicado na decisão, de extrato da decisão condenatória, por 2 (dois) dias seguidos, de 1 (uma) a 3 (três) semanas consecutivas;

- proibição de contratar com instituições financeiras oficiais e participar de licitação tendo por objeto aquisições, alienações, realização de obras e serviços, concessão de serviços públicos, na Administração Pública Federal, estadual, municipal e do Distrito Federal, bem como em entidades da Administração Indireta, por prazo não inferior a 5 (cinco) anos;
- inscrição do infrator no Cadastro Nacional de Defesa do Consumidor;
- recomendação aos órgãos públicos competentes para que:
  – seja concedida licença compulsória de direito de propriedade intelectual de titularidade do infrator, quando a infração estiver relacionada ao uso desse direito;
  – não seja concedido ao infrator parcelamento de tributos federais por ele devidos ou para que sejam cancelados, no todo ou em parte, incentivos fiscais ou subsídios públicos;
- cisão de sociedade, transferência de controle societário, venda de ativos ou cessação parcial de atividade;
- proibição de exercer o comércio em nome próprio ou como representante de pessoa jurídica, pelo prazo de até 5 (cinco) anos;
- qualquer outro ato ou providência necessários para a eliminação dos efeitos nocivos à ordem econômica.
- Atualmente, o Cade é constituído pelos seguintes órgãos (art. 5º da Lei n. 12.529/2011):
  I – Tribunal Administrativo de Defesa Econômica;
  II – Superintendência-Geral; e
  III – Departamento de Estudos Econômicos.
- Nos termos do art. 6º da referida lei, o Tribunal Administrativo, órgão judicante, tem como membros um presidente e seis conselheiros escolhidos dentre cidadãos com mais de 30 (trinta) anos de idade, de notório saber jurídico ou econômico e reputação ilibada, nomeados pelo Presidente da República, depois de aprovados pelo Senado Federal.

17.12 QUESTÕES

1. (Promotor Substituto – MPE-PR – 2019 – MPE-PR) Analise as assertivas abaixo e assinale a alternativa correta.

Constituem infração a ordem econômica, conforme a Lei n. 12.529/2011 (que estrutura o Sistema Brasileiro de Defesa da Concorrência e dispõe sobre prevenção e repressão às infrações contra a ordem econômica), independentemente de culpa, os atos sob qualquer forma manifestados, que tenham por objeto ou possam produzir os seguintes efeitos, ainda que não sejam alcançados:

I – limitar, falsear ou de qualquer forma prejudicar a livre concorrência ou a livre-iniciativa;

II – condicionar o fornecimento de produto ou de serviço ao fornecimento de outro produto ou serviço, bem como, sem justa causa, a limites quantitativos;

III – impedir o acesso de concorrente às fontes de insumo, matérias-primas, equipamentos ou tecnologia, bem como, aos canais de distribuição;

IV – colocar, no mercado de consumo, qualquer produto ou serviço em desacordo com as normas expedidas pelos órgãos oficiais competentes ou, se normas específicas não existirem, pela Associação Brasileira de Normas Técnicas ou outra entidade credenciada pelo Conselho Nacional de Metrologia, Normalização e Qualidade Industrial (Conmetro).

A) Somente as assertivas I e II estão corretas.
B) Somente as assertivas I e III estão corretas.
C) Somente as assertivas II e III estão corretas.
D) Somente as assertivas III e IV estão corretas.
E) Todas as assertivas estão corretas.

2. (Juiz de Direito Substituto – TJ-BA – 2019 – Cespe) O *gun jumping* consiste:

A) no ato de concentração econômica velado, isto é, sem submissão ao Cade;
B) na responsabilização da empresa e, individualmente, dos dirigentes ou administradores pela infração à ordem econômica;
C) em limitar, falsear ou prejudicar a livre concorrência ou a livre-iniciativa;
D) na consumação de atos de concentração econômica antes de eles serem autorizados pelo Cade, sendo uma prática vedada pela legislação brasileira;
E) em utilizar meios enganosos para provocar oscilação de preços de terceiros.

3. (Juiz de Direito – TJ-RS – 2018 – Vunesp) A Súmula Vinculante 49 afirma que a lei municipal que impede a instalação de estabelecimentos comerciais do mesmo ramo em determinada área é:

A) inconstitucional, porque compete privativamente à União legislar sobre atividades financeiras, econômicas e comerciais;
B) inconstitucional, porque viola o princípio da livre concorrência, previsto como princípio expresso da ordem econômica na Constituição Federal de 1988;
C) inconstitucional, porque um dos princípios da ordem econômica na Constituição Federal de 1988 é a redução das desigualdades regionais e sociais;
D) constitucional, porque os Municípios são competentes para legislar sobre assuntos de interesse local conforme prevê o texto da Carta da República;
E) constitucional, porque no âmbito da ordem econômica da Constituição Federal de 1988, a intervenção do Estado deve coibir o abuso do poder econômico.

4. (Advogado – UEPBP – 2017 – CPCON) Atente à situação hipotética abaixo e em seguida responda ao que se pede:

Determinada empresa estatal foi criada pela União para explorar determinada atividade econômica. A sua instituição foi motivada pelo relevante interesse coletivo, conforme dispõe o art. 173 da Constituição

Federal. Essa atividade econômica já está sendo explorada pela iniciativa privada. Assim, a empresa estatal fará concorrência com outras empresas em seu mister. Sabendo que essa entidade é constituída como empresa pública, assinale a alternativa que melhor se relaciona com a lei e a jurisprudência do STF em relação à Intervenção do Estado no Domínio Econômico.

A) Não há dúvidas de que a instituição dessa empresa pública simboliza uma intervenção indireta do Estado na economia, sendo que necessariamente, por possuir concorrentes privados, essa empresa estatal não poderá ter tratamento diferenciado fiscal.

B) A empresa estatal não terá qualquer privilégio fiscal, a não ser que seja também conferido às suas concorrentes privadas. Além disso, não terá qualquer vantagem processual quando for litigante judicial, e seus funcionários serão contratados pelo regime celetista.

C) Por ser uma empresa pública, ou seja, com seu capital sendo integralmente pertencente ao um ente federativo, no caso, a União, é possível que tributariamente ele seja equiparada a uma autarquia e seja concedido a imunidade dos impostos, conforme já prescreveu o Supremo Tribunal Federal, em um caso concreto.

D) A criação dessa empresa pela União é inconstitucional, pois, segundo a Constituição Federal, para que seja permitida a instituição de uma empresa pública para atuar no domínio econômico necessário que haja motivação exclusivamente baseada na segurança nacional, como ocorre, por exemplo, com a Petrobras S/A.

E) Por ser concorrente das empresas privadas na mesma área econômica, essa empresa estatal deve ter seus empregados contratados conforme o regime celetista, o que não ocorreria se a empresa pública explorasse a atividade através de monopólio estatal. Mas, mesmo sendo regido pela CLT, por expressa determinação constitucional, para exercer um cargo não comissionado naquela entidade, o agente terá que ser aprovado em concurso público.

5. (Agente de Polícia – PC-AP – 2017 – FCC) Quando o Estado atua no domínio econômico pode fazê-lo:

A) diretamente, por meio de empresas públicas ou sociedades de economia mista, pessoas jurídicas de direito público que integram a Administração pública indireta mas atuam no mercado em regime de competição com o setor privado;

B) por meio de intervenção direta, seja na propriedade privada, seja regulando o mercado em seus diversos setores, não podendo, contudo, submeter-se a regime jurídico de direito privado quando envolver emprego de recursos públicos;

C) diretamente ou indiretamente, neste caso admitida a modalidade de fomento, incentivando o fortalecimento ou desenvolvimento de determinados segmentos, categorias ou setores de mercado conforme o interesse público, afastada, contudo, qualquer possibilidade de favorecimento;

D) preferencialmente de forma direta em alguns setores da economia, criando pessoas jurídicas de direito público e privado para atuarem em regime de concorrência ou parceria com a iniciativa privada;

E) por meio da prestação de serviços públicos de forma direta, seja pela Administração direta, seja pela indireta, não se incluindo na atuação a delegação dos referidos serviços, hipótese em que o Estado transfere ao particular a responsabilidade pela atuação no domínio econômico.

6. (Defensor Público – DPE-SC – 2017 – FCC) A respeito do regime jurídico estabelecido para a Ordem Econômica na Constituição Federal de 1988, considere.

I – A lei reprimirá o abuso do poder econômico que vise à dominação dos mercados, à eliminação da concorrência e ao aumento arbitrário dos lucros.

II – Como agente normativo e regulador da atividade econômica, o Estado exercerá, na forma da lei, as funções de fiscalização, incentivo e planejamento, sendo este indicativo para o setor público e determinante para o setor privado.

III – A lei apoiará e estimulará o cooperativismo e outras formas de associativismo.

IV – As empresas públicas e as sociedades de economia mista poderão gozar de privilégios fiscais não extensivos às do setor privado.

Está correto o que se afirma APENAS em:

A) III e IV;

B) II e III;

C) I e III;

D) II, III e IV;

E) I, II e III.

7. (Advogado da GasBrasiliano – 2017 – Ieses) A Lei n. 9.021/95 que dispõe sobre a implementação da autarquia Conselho Administrativo de Defesa Econômica (Cade), criada pela Lei n. 8.884, de 11 de junho de 1994, define a composição do Cade (Conselho Administrativo de Defesa Econômica):

A) o Plenário do Cade é composto por um Presidente, um vice-presidente e mais seis Conselheiros, escolhidos dentre cidadãos com mais de trinta anos de idade através de sabatina no Ministério Público Federal, de notório saber jurídico ou econômico e reputação ilibada;

B) o Plenário do Cade é composto por um Presidente e seis Conselheiros, escolhidos dentre cidadãos com mais de trinta anos de idade, de notório saber jurídico ou econômico e reputação ilibada, nomeados pelo Presidente da República, depois de aprovados pelo Senado Federal;

C) o Plenário do Cade é composto por um Presidente e seis Conselheiros, de notório saber jurídico ou econômico e reputação ilibada, escolhidos através de votação interna entre os procuradores federais, depois de aprovados pelo Senado Federal;

D) o Plenário do Cade é composto por um Presidente e seis Conselheiros, escolhidos dentre cidadãos com formação acadêmica em economia e direito, depois submetidos seus nomes ao Senado Federal.

8. (Juiz federal – 2017 – TRF2) A rede "Pães e Amor Ltda.", com faturamento bruto, no ano anterior, de R$ 15.000.000,00 (quinze milhões de reais), pretende adquirir dois outros estabelecimentos, com faturamento anual, somado, de um terço da cifra anterior. Em documentos escritos, os sócios expressam plano para, em até um ano, dominarem o mercado de padarias de dois bairros e, em até 5 anos, dominarem 50% do mercado da cidade, com base em estratégias de barateamento de custos, diminuição de preços, atendimento domiciliar e melhor gestão global. À luz de tais dados, assinale a opção correta.

A) É necessária a aprovação da aquisição dos estabelecimentos pelo Conselho Administrativo de Defesa Econômica (Cade).

B) Não é necessária a aprovação da aquisição dos estabelecimentos, bastando mera comunicação ao Conselho Administrativo de Defesa Econômica, cuja ausência configura infração à ordem econômica, passível de multa.

C) A falta de comunicação à autarquia não é ilícito, mas os documentos que expressam a intenção de dominar o mercado de bairros e, depois, 50% do mercado da cidade, indicam infração à ordem econômica e à concorrência.

D) Ainda que não haja comunicação e que os documentos escritos venham a público, não há, no descrito, infração à ordem econômica ou à concorrência.

E) É o concerto de condutas, da compra dos estabelecimentos (caso não seja comunicada) à intenção de dominar mercado relevante, que caracteriza a infração à ordem econômica e submete a rede de padaria às sanções da Lei n. 12.529/2011 (Lei de Defesa da Concorrência).

9. (Juiz federal – 2017 – TRF2) Quanto ao acordo de leniência no âmbito do Conselho Administrativo de Defesa Econômica – Cade, marque a opção correta.

A) O acordo de leniência pode resultar em redução da pena, mas não em extinção da punibilidade da sanção administrativa a ser imposta à pessoa jurídica colaboradora.

B) É inviável o acordo de leniência se a autoridade administrativa já dispõe de prova sobre a ocorrência da infração investigada.

C) A pessoa jurídica que pretenda qualificar-se para o acordo não pode ser a líder da conduta infracional a ser revelada.

D) A pessoa jurídica que pretenda qualificar-se deve ser a primeira a fazê-lo com relação à infração noticiada ou sob investigação.

E) O acordo pode resultar em extinção da pena administrativa, mas não em extinção da punibilidade relativa a crime contra a ordem econômica.

10. (Direito – AL-MS – 2016 – FCC) Diante da epidemia de dengue, o Estado, em atenção ao interesse coletivo, resolve produzir, em larga escala, medicação comprovadamente potente contra o vírus. Diante dessa situação hipotética, essa exploração direta da atividade econômica pelo Estado:

A) não é permitida, pois a Constituição Federal autoriza a exploração direta da atividade econômica apenas quando necessária aos imperativos da segurança nacional;

B) é permitida, pois a exploração direta da atividade econômica é feita, exclusivamente, pelo Estado;

C) não é permitida, pois o Estado não pode explorar diretamente, ainda que de forma excepcional, a atividade econômica;

D) não é permitida, pois a Constituição Federal admite a exploração direta da atividade econômica pelo Estado apenas quando decretado o estado de sítio;

E) é permitida, pois a Constituição a admite quando se tratar de relevante interesse coletivo.

GABARITO

1. B / **2.** D / **3.** B / **4.** B / **5.** C / **6.** C / **7.** B / **8.** D / **9.** D / **10.** E

Acesse mais questões também pelo link:
http://somos.in/MDA1167

18

CONTROLE DA ADMINISTRAÇÃO

Acesse também a videoaula pelo link:
http://somos.in/MDA1119

18.1 CONCEITO

A Administração Pública só pode atuar visando a proteção dos interesses da coletividade. Por isso, a legislação atribui competências aos agentes públicos e, ao mesmo tempo, define claramente os limites para o exercício de tais atribuições. A própria noção de competência implica a existência de limites, dentro dos quais quem recebe determinada atribuição pode atuar.

O tema controle da Administração estuda os **instrumentos jurídicos de fiscalização** sobre a atuação dos agentes, órgãos e entidades componentes da Administração Pública.

18.2 OBJETIVOS

De acordo com José dos Santos Carvalho Filho, os mecanismos de controle sobre a Administração Pública têm como objetivos fundamentais **garantir o respeito aos direitos subjetivos dos usuários e assegurar a observância das diretrizes constitucionais da Administração**[1].

18.3 NATUREZA JURÍDICA

Os mecanismos de controle têm natureza jurídica de **princípio fundamental da Administração Pública**.

É o que se extrai da norma contida no art. 6º, V, do Decreto-lei n. 200/67: "As atividades da Administração Federal obedecerão aos seguintes princípios fundamentais: *a*) planejamento; *b*) coordenação; *c*) descentralização; *d*) delegação de competência; *e*) controle".

18.4 CLASSIFICAÇÃO

A doutrina procura dividir as formas de controle da Administração em diversas categorias, partindo dos **mais variados critérios**:

1. *Manual de direito administrativo*, p. 894.

1) quanto ao órgão controlador:

a) controle legislativo: é aquele realizado pelo parlamento com auxílio dos **Tribunais de Contas**. Exemplo: comissões parlamentares de inquérito;

> A prova da OAB Nacional 2008.1 elaborada pelo Cespe considerou CORRETA a assertiva: "Todas as entidades da administração indireta federal, sejam elas de direito público ou de direito privado, estão sujeitas ao controle externo realizado pelo Poder Legislativo, com o auxílio do Tribunal de Contas da União".

b) controle judicial: promovido por meio das ações constitucionais perante o Poder Judiciário. O controle judicial pode ser exercido ***a priori*** ou ***a posteriori***, conforme se realize antes ou depois do ato controlado, respectivamente. O controle judicial sobre a atividade administrativa é sempre realizado **mediante provocação da parte interessada**. Exemplo: mandado de segurança e ação civil pública;

c) controle administrativo: é o controle interno no âmbito da própria Administração. Pode ser realizado **de ofício ou por provocação** da parte interessada. Exemplo: recurso hierárquico.

2) quanto à extensão:

a) controle interno: realizado por um Poder sobre seus próprios órgãos e agentes. Exemplo: controle exercido pelas chefias sobre seus subordinados;

b) controle externo: quando o órgão fiscalizador se situa fora do âmbito do Poder controlado. Exemplo: anulação judicial de ato da Administração.

> A prova de Procurador Municipal de Manaus elaborada pela FCC considerou CORRETA a assertiva: "O controle externo deve ser feito não mais visando apenas ao que chamamos legalidade formal, mas também no que respeita à legalidade, legitimidade, economicidade e razoabilidade".

3) quanto à natureza:

a) controle de legalidade: analisa a compatibilidade da atuação administrativa com o ordenamento jurídico. O controle de legalidade pode ser exercido pela própria Administração ou pelo Poder Judiciário. Exemplo: anulação de contrato administrativo por violação da Lei n. 8.666/93;

b) controle de mérito: é exercido somente pela própria Administração quanto aos juízos de conveniência e oportunidade de seus atos. Não se admite controle do mérito de atos administrativos pelo Poder Judiciário, exceto quanto aos atos praticados pelo próprio Judiciário no exercício de função atípica. Exemplo: revogação de ato administrativo.

4) quanto ao âmbito:

a) controle por subordinação: é aquele realizado por autoridade hierarquicamente superior àquele que praticou o ato controlado. Importante relembrar que as entidades descentralizadas não estão submetidas à sujeição hierárquica em relação ao Poder Central, inexistindo controle por subordinação da Administração direta sobre a indireta. Exemplo: anulação, pelo Presidente da República, de ato praticado por Ministro de Estado;

b) controle por vinculação: é o poder de influência exercido pela Administração direta sobre as entidades descentralizadas, não se caracterizando como subordinação hierárquica. Exemplo: poder de fiscalização do Ministro de Estado sobre autarquia vinculada à sua pasta.

5) quanto ao momento de exercício:

a) controle prévio: também chamado de controle ***a priori***, é aquele realizado antes do ato controlado. Exemplo: mandado de segurança impetrado para impedir a prática de ato ilegal;

b) controle concomitante: promovido concomitantemente à execução da atividade controlada. Exemplo: fiscalização durante a execução de obra pública;

c) controle posterior: conhecido também como controle ***a posteriori***, é realizado após a prática do ato controlado. Exemplo: ação popular proposta visando anular ato lesivo ao patrimônio público.

> A prova de Técnico do TRF elaborada pela Esaf considerou CORRETA a assertiva: "O controle externo, exercido pelo Tribunal de Contas da União, quanto aos atos praticados pela Administração Pública Federal, relativos a concessões de aposentadorias, é característico do tipo posterior".

6) quanto à iniciativa:

a) controle de ofício: é realizado sem necessidade de provocação da parte interessada. Exemplo: instauração de processo disciplinar para apurar falta funcional praticada por servidor público;

b) controle provocado: aquele que depende da iniciativa da parte interessada. Exemplo: ações constitucionais para controle judicial da Administração Pública.

18.5 CONTROLE ADMINISTRATIVO

O controle administrativo é fundamentado no **poder de autotutela** que a Administração exerce sobre seus próprios atos. Tem como objetivos a confirmação, correção ou alteração de comportamentos administrativos[2].

Os **meios de controle** administrativo são a **supervisão ministerial** sobre as entidades descentralizadas e o **controle hierárquico** típico dos órgãos da Administração direta.

> ATENÇÃO: no Direito brasileiro, **não existe necessidade de esgotamento da via administrativa** para ser possível recorrer ao Poder Judiciário (art. 5º, XXXV, da CF). A **exceção** diz respeito às questões envolvendo **Direito Desportivo** (art. 217, § 1º, da CF).

2. José dos Santos Carvalho Filho, *Manual de direito administrativo*, p. 899.

18.5.1 Recurso hierárquico próprio e impróprio

Quanto aos recursos hierárquicos, a doutrina identifica duas categorias:

a) **recurso hierárquico próprio:** é aquele endereçado à **autoridade superior** à que praticou o ato recorrido. Como tal recurso é inerente à organização escalonada da Administração, pode ser interposto **sem necessidade de previsão legal.** Exemplo: recurso contra autuação dirigido à chefia do setor de fiscalização;

b) **recurso hierárquico impróprio:** dirigido à autoridade que **não ocupa posição de superioridade hierárquica** em relação a quem praticou o ato recorrido. Tal modalidade de recurso só pode ser interposta mediante **expressa previsão legal.** Exemplo: recurso contra decisão tomada por autarquia endereçado ao Ministro da pasta à qual a entidade recorrida está vinculada.

18.6 CONTROLE LEGISLATIVO

O controle legislativo é realizado no âmbito dos parlamentos e dos órgãos auxiliares do Poder Legislativo. Sua abrangência inclui o **controle político** sobre o próprio exercício da função administrativa e o **controle financeiro** sobre a gestão dos gastos públicos dos três Poderes[3].

Os mais importantes **instrumentos** de controle legislativo estão previstos nos seguintes dispositivos constitucionais:

a) **art. 48, X:** "Cabe ao Congresso Nacional **legislar sobre criação e extinção de Ministérios** e órgãos da administração pública";

b) art. 49, V: "É da competência exclusiva do Congresso Nacional **sustar os atos normativos** do Poder Executivo que exorbitem do poder regulamentar ou dos limites de delegação legislativa";

c) art. 50: "A Câmara dos Deputados e o Senado Federal, ou qualquer de suas Comissões, poderão **convocar Ministro de Estado ou quaisquer titulares de órgãos** diretamente subordinados à Presidência da República para prestarem, pessoalmente, informações sobre assunto previamente determinado, importando crime de responsabilidade a ausência sem justificação adequada";

d) art. 58, § 3º: "As **comissões parlamentares de inquérito**, que terão poderes de investigação próprios das autoridades judiciais, além de outros previstos nos regimentos das respectivas Casas, serão criadas pela Câmara dos Deputados e pelo Senado Federal, em conjunto ou separadamente, mediante requerimento de **um terço de seus membros**, para a apuração de **fato determinado** e **por prazo certo**, sendo suas conclusões, se for o caso, encaminhadas ao Ministério Público, para que promova a responsabilidade civil ou criminal dos infratores";

e) art. 71, § 1º: sustar a execução de contrato administrativo objeto de impugnação perante o Tribunal de Contas da União, como forma de **controle financeiro** sobre a Administração Pública;

3. José dos Santos Carvalho Filho, *Manual de direito administrativo*, p. 953.

> A prova de Agente da Receita Federal elaborada pela Esaf considerou CORRETA a assertiva: "A atribuição do Congresso Nacional de sustar contratos considerados irregulares classifica-se como um ato de controle financeiro".

f) art. 52, I: o julgamento do chefe do Poder Executivo, no Senado, por crime de responsabilidade.

Convém relembrar que o controle legislativo sobre as atividades da Administração somente pode ser realizado nas hipóteses taxativamente previstas na **Constituição Federal**, sob pena de violação da Tripartição de Poderes.

> A prova de Procurador Municipal de Manaus elaborada pela FCC considerou INCORRETA a assertiva: "O controle parlamentar, ou seja, aquele exercido pelo Poder Legislativo sobre a Administração Pública, não deve limitar-se às hipóteses previstas na Constituição Federal".

18.6.1 Tribunais de Contas

Importantes **auxiliares do Poder Legislativo** no **controle externo** das atuações administrativas são os **Tribunais de Contas**.

Os Tribunais de Contas têm competência para fiscalização de quaisquer **pessoas, físicas ou jurídicas, públicas** ou privadas que utilizem dinheiro público, incluindo as contas do Ministério Público e Defensorias, do Poder Legislativo e do **Poder Judiciário**.

> A prova de Oficial de Inteligência na Agência Brasileira de Inteligência – Abin elaborada pelo Cespe considerou INCORRETA a assertiva: "Devido a sua natureza singular, a ABIN não se submete ao controle externo por parte do Tribunal de Contas da União, mas apenas ao controle interno da própria Presidência da República".
>
> A prova da OAB Nacional 2008.1 elaborada pelo Cespe considerou INCORRETA a assertiva: "A prerrogativa atribuída ao Poder Legislativo de fiscalizar a receita, a despesa e a gestão dos recursos públicos abrange somente os atos do Poder Executivo, estando excluídos dessa apreciação os atos do Poder Judiciário".

Atualmente, existem no Brasil:

a) Tribunal de Contas da União (TCU), órgão auxiliar do Congresso Nacional;

b) Tribunais de Contas dos Estados (TCEs), órgãos auxiliares das **Assembleias Legislativas**;

> A prova da OAB Nacional 2008.1 elaborada pelo Cespe considerou INCORRETA a assertiva: "Cabe à assembleia legislativa de cada estado da Federação exercer o controle financeiro do governo estadual e das prefeituras, com o auxílio do tribunal de contas do estado respectivo".

c) Tribunal de Contas do Distrito Federal (TCDF), órgão auxiliar da Câmara Legislativa Distrital;

d) Tribunais de Contas dos Municípios (TCMs), órgãos auxiliares das Câmaras Municipais. A Constituição Federal reconheceu a existência somente de TCMs em dois municípios brasileiros: São Paulo (TCMSP) e Rio de Janeiro (TCMRJ), sendo vedada a criação de novos tribunais, conselhos ou órgãos de contas municipais, além dos dois já existentes (art. 31, § 4º, da CF).

ATENÇÃO: no julgamento da **ADIn 867/94, com origem no Maranhão, sob relatoria do Ministro Marco Aurélio, o Supremo Tribunal Federal reconheceu a possibilidade de os Estados criarem, além de seus TCEs, Tribunais de Contas dos Municípios, órgãos estaduais para fiscalização municipal. Isso porque, segundo consta da ementa do referido julgado:** "O art. 31 da Carta da República é conducente a concluir-se que os Estados-membros têm o poder de criar e extinguir Conselhos ou Tribunais de Contas dos Municípios. A expressão onde houver inserta no primeiro parágrafo alberga a existência presente e futura de tais órgãos, sendo que o óbice à criação ficou restrito à atividade municipal".

De acordo com o art. 71 da Constituição Federal, **compete ao Tribunal de Contas da União:**

1) apreciar as contas prestadas anualmente pelo Presidente da República, mediante parecer prévio que deverá ser elaborado em sessenta dias a contar de seu recebimento;

2) julgar as contas dos administradores e demais responsáveis por dinheiros, bens e valores públicos da Administração direta e indireta, incluídas as fundações e sociedades instituídas e mantidas pelo Poder Público federal, e as contas daqueles que derem causa a perda, extravio ou outra irregularidade de que resulte **prejuízo ao erário público**;

A prova da OAB Nacional 2008.1 elaborada pelo Cespe considerou CORRETA a assertiva: "No exercício de suas funções constitucionais, cabe ao Tribunal de Contas da União julgar as contas dos administradores e demais responsáveis por dinheiros, bens e valores públicos da Administração Direta e Indireta, bem como as contas daqueles que provocarem a perda, o extravio ou outra irregularidade que cause prejuízo ao erário público".

3) apreciar, para fins de registro, a legalidade dos atos de admissão de pessoal, a qualquer título, na Administração direta e indireta, incluídas as fundações instituídas e mantidas pelo Poder Público, excetuadas as nomeações para cargo de provimento em comissão, bem como a das concessões de aposentadorias, reformas e pensões, ressalvadas as melhorias posteriores que não alterem o fundamento legal do ato concessório.

Segundo precedentes do STF, **os atos de aposentadoria são atos complexos que somente se aperfeiçoam com o registro na Corte de Contas respectiva.** Submetido à condição resolutiva, não se operam os efeitos da decadência antes da vontade final da Administração (STF: MS 24.997);

4) realizar, por iniciativa própria, da Câmara dos Deputados, do Senado Federal, de Comissão técnica ou de inquérito, inspeções e auditorias de natureza contábil, financeira, orçamentária, operacional e patrimonial, nas unidades administrativas dos Poderes Legislativo, Executivo e Judiciário, e demais entidades governamentais;

5) fiscalizar as contas nacionais das empresas supranacionais de cujo capital social a União participe, de forma direta ou indireta, nos termos do tratado constitutivo;

6) fiscalizar a aplicação de quaisquer recursos repassados pela União mediante convênio, acordo, ajuste ou outros instrumentos congêneres, ao Estado, ao Distrito Federal ou ao Município;

7) prestar as informações solicitadas pelo Congresso Nacional, por qualquer de suas Casas, ou por quaisquer das respectivas Comissões, sobre a fiscalização contábil, financeira, orçamentária, operacional e patrimonial e sobre resultados de auditorias e inspeções realizadas;

8) aplicar aos responsáveis, em caso de ilegalidade de despesa ou irregularidade de contas, as sanções previstas em lei, que estabelecerá, entre outras cominações, multa proporcional ao dano causado ao erário;

9) assinar prazo para que o órgão ou entidade adote as providências necessárias ao exato cumprimento da lei, se verificada ilegalidade;

10) sustar, se não atendido, a **execução do ato impugnado**, comunicando a decisão à Câmara dos Deputados e ao Senado Federal;

> A prova de Agente do TCU elaborada pela Esaf considerou CORRETA a assertiva: "No âmbito do controle externo, compete ao Tribunal de Contas da União sustar, se não atendido, a execução do ato impugnado, comunicando a decisão à Câmara dos Deputados e ao Senado Federal".

11) representar ao Poder competente sobre irregularidades ou **abusos apurados**.

> A prova de Auditor de Contas/PB elaborada pelo Cespe considerou CORRETA a assertiva: "O tribunal de contas não tem poder de determinar quebra de sigilo bancário".

Os Tribunais de Contas **podem sustar atos** administrativos impugnados, mas tal **poder não se estende a eventuais contratos administrativos** submetidos à sua apreciação. No caso de contrato administrativo, **o ato de sustação será adotado diretamente pelo Congresso Nacional**, que solicitará de imediato ao Poder Executivo as medidas cabíveis (art. 71, § 1º, da CF).

Se o Congresso Nacional ou o Executivo, **após noventa dias**, não deliberarem sobre o tema, então **o Tribunal de Contas decidirá a respeito** (art. 71, § 2º, da CF).

Por fim, deve-se destacar o conteúdo da **Súmula 347** do STF: "**O Tribunal de Contas**, no exercício de suas atribuições, **pode apreciar a constitucionalidade** das leis e dos atos do Poder Público".

18.6.1.1 Natureza jurídica dos Tribunais de Contas

Os Tribunais de Contas têm taxinomia (natureza jurídica) de **órgãos públicos primários despersonalizados**. São chamados de órgãos "primários" ou "independentes" porque seu fundamento e estrutura encontram-se na própria Constituição Federal, não se sujeitando a qualquer tipo de subordinação hierárquica ou funcional a outras autoridades estatais.

De acordo com Ayres Britto, são órgãos de natureza político-administrativa[4].

Nesse sentido, não integram a estrutura do Legislativo, Executivo ou Judiciário. São órgãos diretamente ligados à entidade federativa sem pertencer a nenhum dos três Poderes[5].

18.6.1.2 Simetria de regime entre os Tribunais de Contas e o Poder Judiciário

Embora não pertençam a nenhum dos três Poderes, os Tribunais de Contas tiveram aspectos do seu regime jurídico constitucionalmente aproximados a órgãos do Poder Judiciário. É o que se pode constatar da leitura dos dispositivos abaixo transcritos:

"Art. 73. O Tribunal de Contas da União, integrado por nove Ministros, tem sede no Distrito Federal, quadro próprio de pessoal e jurisdição em todo o território nacional, exercendo, no que couber, as atribuições previstas no art. 96" (competência dos tribunais judiciários).

"Art. 73, § 3º Os Ministros do Tribunal de Contas da União terão as mesmas garantias, prerrogativas, impedimentos, vencimentos e vantagens dos Ministros do Superior Tribunal de Justiça, aplicando-se-lhes, quanto à aposentadoria e pensão, as normas constantes do art. 40".

18.6.1.3 Indispensabilidade da função dos Tribunais de Contas

De acordo com o Ministro Ayres Britto, a função de controle externo exercida pelo Tribunal de Contas é marcada pelo atributo da indispensabilidade ou rigorosa essencialidade à luz da Constituição de 1988[6].

18.6.1.4 Características do processo de controle

Os processos que tramitam perante os Tribunais de Contas possuem as seguintes características[7]:

a) podem ser instaurados de ofício;

b) o julgamento deve obedecer critérios objetivos de ordem técnico-jurídica, e não parâmetros políticos;

c) não é obrigatória a participação de advogados;

d) inexiste a figura de "litigantes";

e) cabe medida cautelar para determinar o afastamento temporário do responsável, se existirem indícios suficientes de que, prosseguindo no exercício de suas funções, possa retardar ou dificultar a realização de auditoria ou inspeção,

4. *O regime constitucional dos tribunais de contas*, p. 8.
5. Carlos Ayres Britto. *O regime constitucional dos tribunais de contas*, p. 2.
6. *O regime constitucional dos tribunais de contas*, p. 5.
7. Carlos Ayres Britto. *O regime constitucional dos tribunais de contas, passim.*

causar novos danos ao erário ou inviabilizar o seu ressarcimento (art. 273 do Regimento Interno do TCU);

f) as decisões definitivas têm natureza administrativa e são irretratáveis quanto ao mérito, cabendo, porém, recurso ao Judiciário no caso de lesão ou ameaça a direito;

g) o processo é independente em relação às demais instâncias de responsabilização (penal, civil, administrativa, política e por improbidade);

h) a **decisão** de que resulte imputação de débito ou multa tem força de **título executivo** extrajudicial (art. 71, § 3º, da CF).

18.6.1.5 Alcance da imputação de débito

A decisão do Tribunal de Contas que resulta na imputação de débito (condenação a pagar) pode atingir órgãos públicos e pessoas, físicas ou jurídicas (públicas ou privadas), que utilizem, gerenciem ou administrem bens, valores ou dinheiro público (art. 70, parágrafo único, da Constituição Federal). Como visto no item anterior, tais decisões têm força de título executivo extrajudicial e são **executadas judicialmente por meio da Lei de Execuções Fiscais (Lei n. 6.830/80)**.

18.6.1.6 Competência fiscalizadora e corretiva em procedimentos licitatórios

O art. 113, § 2º, da Lei n. 8.666/93 confere aos Tribunais de Contas e demais órgãos integrantes do sistema de controle interno competência **para solicitar cópia de edital de licitação já publicado** com o objetivo de realizar seu exame, podendo também **determinar a adoção de medidas corretivas de cumprimento obrigatório** para todos os órgãos e entidades da Administração Pública, **desde que a solicitação seja motivada e casuística** (Supremo Tribunal Federal)[8].

No entanto, exercendo o controle prévio sobre o edital licitatório, não cabe ao Tribunal de Contas determinar a substituição do critério do julgamento da licitação por outro que entenda mais cabível, na medida em que estaria substituindo a vontade do administrador em seu campo discricionário[9], exceto se o critério eleito no edital for manifestamente irrazoável (STF: RE 547.063).

18.7 CONTROLE JUDICIAL

O controle judicial das atividades administrativas é realizado sempre **mediante provocação**, podendo ser **prévio** ou **posterior**. Como o Brasil adota o **modelo inglês da jurisdição una**, e não o modelo francês do contencioso

8. Fundação Getulio Vargas. Padrão de Respostas. Prova Discursiva. Direito Administrativo. V Exame de Ordem Unificado.

9. Fundação Getulio Vargas. Padrão de Respostas. XII Exame de Ordem Unificado.

administrativo, todas as causas são decididas pelo Poder Judiciário, mesmo aquelas que envolvam interesse da Administração.

> A prova da OAB Nacional 2008.1 elaborada pelo Cespe considerou INCORRETA a assertiva: "O controle judicial da atividade administrativa do Estado é sempre exercido *a posteriori*, ou seja, depois que os atos administrativos são produzidos e ingressam no mundo jurídico".

Segundo a doutrina, os únicos **limites** importantes ao controle judicial das atividades administrativas dizem respeito aos **atos políticos** e aos atos **interna corporis**[10].

As mais importantes **ações judiciais de controle** da Administração Pública são:

a) Mandado de segurança (art. 5º, LXIX, da CF e Lei n. 12.016/2009): impetrado para proteger **direito líquido e certo**, não amparado por *habeas corpus* ou *habeas data*, quando o responsável pela ilegalidade ou abuso de poder for autoridade pública ou agente de pessoa jurídica no exercício de atribuições do **Poder Público**. O mandado de segurança tem a peculiaridade de somente admitir a produção de **prova documental pré-constituída**, sendo nele inviável a dilação probatória, isto é, a produção de outros meios de prova para fundamentar a pretensão do impetrante.

> A prova de Procurador do Estado/PB elaborada pelo Cespe considerou CORRETA a assertiva: "Não constitui pressuposto do mandado de segurança o dano ao patrimônio público".
>
> A prova de Papiloscopista da Polícia Federal elaborada pelo Cespe considerou CORRETA a assertiva: "A ação de mandado de segurança apresenta, entre outras, a particularidade de exigir que se destine à tutela de direito líquido e certo, que se considera, em geral, como aquele provado desde a propositura da ação, por meio de prova documental pré-constituída, isto é, anexada à petição inicial da ação".

Quanto ao uso do mandado de segurança, merecem destaque os seguintes entendimentos jurisprudenciais do Supremo Tribunal Federal:

1) Não cabe mandado de segurança contra lei em tese (Súmula 266).

2) Não cabe mandado de segurança contra ato judicial passível de recurso ou correição (Súmula 267).

3) Não cabe mandado de segurança contra decisão judicial com trânsito em julgado (Súmula 268).

4) Mandado de segurança não é substitutivo de ação de cobrança (Súmula 269).

b) *Habeas corpus* (art. 5º, LXVIII, da CF): cabível sempre que alguém sofrer ou se achar ameaçado de sofrer **violência ou coação em sua liberdade de locomoção**, por ilegalidade ou abuso de poder.

c) Ação popular (art. 5º, LXXIII, da CF e Lei n. 4.717/65): proposta por **qualquer cidadão**, visando **anular ato lesivo** ao patrimônio público ou de entidade

10. José dos Santos Carvalho Filho, *Manual de direito administrativo*, p. 962.

de que o Estado participe, à moralidade administrativa, ao meio ambiente e ao patrimônio histórico e cultural, ficando o autor, salvo comprovada má-fé, isento de custas judiciais e do ônus da sucumbência.

> A prova de Papiloscopista da Polícia Federal elaborada pelo Cespe considerou CORRETA a assertiva: "Qualquer cidadão pode, em princípio, promover pessoalmente o controle da Administração Pública".

d) Mandado de injunção (art. 5º, LXXI, da Constituição Federal): a ser impetrado sempre que a **falta de norma regulamentadora** torne inviável o exercício dos direitos e liberdades constitucionais e das prerrogativas inerentes à nacionalidade, à soberania e à cidadania. Julgado procedente, o mandado de injunção ordenará a expedição da lei regulamentadora ou de qualquer outro **ato administrativo** indispensável para viabilizar o exercício dos direitos e garantias constitucionais.

> A prova de Auditor de Contas/PB elaborada pelo Cespe considerou INCORRETA a assertiva: "O mandado de injunção não é instrumento adequado à determinação de edição de portaria por órgão da administração direta".

Sobre o tema, foi publicada a Lei n. 13.300, de 23 de junho de 2016, disciplinando o processo de julgamento do mandado de injunção individual ou coletivo. São legitimadas para o mandado de injunção as pessoas naturais ou jurídicas que se afirmam titulares dos direitos, das liberdades ou das prerrogativas mencionadas no texto constitucional. A demanda será intentada contra o Poder, o órgão ou a autoridade com atribuição para editar a norma regulamentadora (art. 3º da Lei n. 13.300/2016).

e) *Habeas data* (art. 5º, LXXII, da CF): visando assegurar o conhecimento, retificação ou contestação **de informações** relativas à pessoa do impetrante, constantes de **registros ou bancos de dados** de entidades governamentais ou de caráter público.

f) Ação civil pública (art. 129, III, da CF e Lei n. 7.347/85): proposta para **proteção de direitos difusos ou coletivos**, como meio ambiente, defesa do consumidor, ordem urbanística, bens e direitos de valor artístico, infração à ordem econômica e à ordem urbanística. São legitimados para a propositura de ação civil pública: 1) o Ministério Público; 2) a Defensoria Pública; 3) a União, os Estados, o Distrito Federal e os Municípios; 4) a autarquia, empresa pública, fundação ou sociedade de economia mista; 5) a associação que atenda aos requisitos estabelecidos na Lei n. 7.347/85; 6) o Conselho Federal da OAB (art. 54, XIV, da Lei n. 8.906/94).

> A prova da OAB Nacional 2008.1 elaborada pelo Cespe considerou CORRETA a assertiva: "As entidades da administração indireta, incluindo-se as regidas por normas de direito privado, têm legitimação ativa para propor ação civil pública".

g) Ação de improbidade (art. 37, § 4º, da CF e Lei n. 8.429/92): os agentes públicos que praticarem condutas tipificadas na Lei n. 8.429/92 estarão sujeitos à aplicação das sanções de suspensão dos direitos políticos, devolução de bens, multa civil, perda da função pública, indisponibilidade dos bens, proibição de contratar com o Estado e ressarcimento integral do dano.

As ações judiciais de controle sobre a Administração podem ser utilizadas tanto em caso de lesão efetiva quanto na hipótese de ameaça a direito ou **interesse do particular**.

> A prova de Papiloscopista da Polícia Federal elaborada pelo Cespe considerou CORRETA a assertiva: "As ações judiciais utilizáveis para o controle judicial da administração podem ser utilizadas pelo particular tanto no caso de lesão como no de simples ameaça de lesão a direito seu".

18.8 PRESCRIÇÃO NO DIREITO ADMINISTRATIVO

O instituto da prescrição, entendida como a **perda da pretensão** (direito de ação) devido à inércia de seu titular, também é reconhecido pela legislação pertinente ao Direito Administrativo.

Como regra, o **prazo para interposição de recursos administrativos** é de **cinco dias.**

Já o prazo para propositura de **ações judiciais**, tanto pela Administração quanto pelo administrado, em regra é de **cinco anos.** Importante destacar que as hipóteses de suspensão e interrupção do prazo prescricional previstas na legislação civil também são aplicáveis às ações judiciais pertinentes ao Direito Administrativo.

18.9 COISA JULGADA ADMINISTRATIVA

É comum encontrar na doutrina e na jurisprudência referências à denominada **"coisa julgada administrativa"**, característica atribuída a determinada decisão tida como imutável após o escoamento de todos os prazos para interposição de recursos administrativos. Assim, por exemplo, costuma-se falar em "trânsito em julgado" do auto de infração fiscal quando não puder mais ser impugnado administrativamente pelo contribuinte devido ao esgotamento das vias recursais.

> A prova de Juiz de Direito/RS elaborada pela FMP/RS em 2015 considerou ERRADA a afirmação: "A noção de coisa julgada nas esferas administrativa e judicial tem a mesma dimensão e conteúdo".

Entretanto, convém esclarecer que, tecnicamente, **decisões administrativas não transitam em julgado**, na medida em que sempre podem ser objeto de revisão perante o Poder Judiciário. O que pode haver é uma **preclusão administrativa** impeditiva de revisão da decisão por parte da Administração. Porém, mesmo no caso de ocorrer tal preclusão, a decisão será passível de controle judicial, não sendo correto considerá-la como imutável ou transitada em julgado.

No Estado de Direito, somente o Poder Judiciário pode emitir decisões que produzem **coisa julgada material**.

> A prova do TCE/MG elaborada pela FCC considerou CORRETA a assertiva: "O princípio da legalidade garante que a Administração Pública submeta-se ao ordenamento jurídico. O controle desta adequação é feito pela própria Administração, sem prejuízo do controle exercido pelo Poder Judiciário, cabendo apenas a este último proferir decisões que fazem coisa julgada material".

18.10 JURISPRUDÊNCIA

18.10.1 STJ

Ação civil pública: A decisão judicial que impõe à Administração Pública o restabelecimento do plantão de 24 horas em Delegacia Especializada de Atendimento à Infância e à Juventude não constitui abuso de poder, tampouco extrapola o controle do mérito administrativo pelo Poder Judiciário (REsp 1.612.931-MS, rel. Min. Napoleão Nunes Maia Filho, por maioria, j. 20-6-2017, *DJe* 7-8-2017).

TCU: É de cinco anos o prazo para o TCU, por meio de tomada de contas especial (Lei n. 8.443/92), exigir do ex-gestor público municipal a comprovação da regular aplicação de verbas federais repassadas ao respectivo Município (REsp 1.480.350-RS, rel. Min. Benedito Gonçalves, j. 5-4-2016, *DJe* 12-4-2016).

Anistia: Nos casos de anistia política, em sede de mandado de segurança, só é possível a inclusão de juros de mora e correção monetária na fase executiva quando houver decisão expressa nesse sentido (ExeMS 18.782-DF, rel. Min. Mauro Campbell Marques, por unanimidade, j. 12-9-2018, *DJe* 3-10-2018).

Sanção administrativa / Teste de alcoolemia: A sanção do art. 277, § 3º, do CTB dispensa demonstração da embriaguez por outros meios de prova, uma vez que a infração reprimida não é a de embriaguez ao volante, prevista no art. 165, mas a de recusa em se submeter aos procedimentos do *caput* do art. 277, de natureza instrumental e formal, consumada com o comportamento contrário ao comando legal (REsp 1.677.380-RS, rel. Min. Herman Benjamin, por unanimidade, j. 10-10-2017, *DJe* 16-10-2017).

Educação: Os dispositivos do art. 4º, *caput*, e §§ 1º e 2º, da Lei n. 11.738/2008 não amparam a tese de que a União é parte legítima, perante terceiros particulares, em demandas que visam à sua responsabilização pela implementação do piso nacional do magistério, afigurando-se correta a decisão que a exclui da lide e declara a incompetência da Justiça Federal para processar e julgar o feito ou, em sendo a única parte na lide, que decreta a extinção da demanda sem resolução do mérito (REsp 1.559.965-RS, rel. Min. Og Fernandes, Primeira Seção, por unanimidade, j. 14-6-2017, *DJe* 21-6-2017 – Recursos Repetitivos).

Polícia Federal / Controle externo: O controle externo da atividade policial exercido pelo Ministério Público Federal não lhe garante o acesso irrestrito a todos os relatórios de inteligência produzidos pela Diretoria de Inteligência do Departamento de Polícia Federal, mas somente aos de natureza persecutório-penal (REsp 1.439.193-RJ, rel. Min. Gurgel de Faria, j. 14-6-2016, *DJe* 9-8-2016).

Controle externo de atividade policial: O Ministério Público, no exercício do controle externo da atividade policial, pode ter acesso a ordens de missão policial. Inicialmente, cabe destacar que a ordem de missão policial (OMP) é um documento de natureza policial e obrigatório em qualquer missão de policiais federais e tem por objetivo, entre outros, legitimar as ações dos integrantes da Polícia Federal em caráter oficial. As denominadas OMPs, ainda que relacionadas à atividade de investigação policial, representam direta intervenção no cotidiano dos cidadãos, a qual deve estar sujeita ao controle de eventuais abusos ou irregularidades praticadas por seus agentes, ainda que realizadas em momento posterior, respeitada a necessidade de eventual sigilo ou urgência da missão. Por outro lado, a realização de qualquer investigação policial, ainda que fora do âmbito do inquérito policial, em regra, deve estar sujeita ao controle do Ministério Público (REsp 1.365.910-RS, rel. Min. Humberto Martins, rel. para acórdão Min. Mauro Campbell Marques, j. 5-4-2016, *DJe* 28-9-2016).

Inadequação de *habeas data* para acesso a dados do registro de procedimento fiscal: O *habeas data* não é via adequada para obter acesso a dados contidos em Registro de Procedimento Fiscal (RPF). Isso porque o RPF, por definição, é documento de uso privativo da Receita Federal; não tem caráter público, nem pode ser transmitido a terceiros. Além disso, não contém somente informações relativas à pessoa do impetrante, mas, principalmente, informações sobre as atividades desenvolvidas pelos auditores fiscais no desempenho de suas funções. Nessa linha, o acesso a esse documento pode, em tese, obstar o regular desempenho do poder de polícia da Receita Federal (REsp 1.411.585-PE, rel. Min. Humberto Martins, j. 5-8-2014).

18.10.2 Repercussão Geral

Controle da Administração: É prescritível a pretensão de ressarcimento ao erário fundada em decisão de Tribunal de Contas (RE 636.886, 20-4-2020).

Controle da Administração: Tribunais de Justiça podem exercer controle abstrato de constitucionalidade de leis municipais utilizando como parâmetro normas da Constituição Federal, desde que se trate de normas de reprodução obrigatória pelos Estados; e 2) O art. 39, § 4º, da Constituição Federal não é incompatível com o pagamento de terço de férias e décimo terceiro salário (RE 650.898, 1º-2-2017).

Controle da Administração: Não compete ao Poder Judiciário substituir a banca examinadora para reexaminar o conteúdo das questões e os critérios de correção utilizados, salvo ocorrência de ilegalidade ou de inconstitucionalidade (RE 632.853, 23-4-2015).

Controle da Administração: O parecer técnico elaborado pelo Tribunal de Contas tem natureza meramente opinativa, competindo exclusivamente à Câmara de Vereadores o julgamento das contas anuais do chefe do Poder Executivo local, sendo incabível o julgamento ficto das contas por decurso de prazo (RE 729.744, 10-8-2016).

Controle da Administração: Para os fins do art. 1º, inciso I, alínea *g*, da Lei Complementar 64, de 18 de maio de 1990, alterado pela Lei Complementar 135, de 4 de junho de 2010, a apreciação das contas de prefeitos, tanto as de governo quanto as de gestão, será exercida pelas Câmaras Municipais, com o auxílio dos Tribunais de Contas competentes, cujo parecer prévio somente deixará de prevalecer por decisão de 2/3 dos vereadores (RE 848.826, 10-8-2016).

Controle da Administração: Não cabe, ao Poder Judiciário, que não tem a função legislativa, aumentar vencimentos de servidores públicos sob o fundamento de isonomia (RE 592.317, 28-8-2014).

É lícito ao impetrante desistir da ação de mandado de segurança, independentemente de aquiescência da autoridade apontada como coatora ou da entidade estatal interessada ou, ainda, quando for o caso, dos litisconsortes passivos necessários, a qualquer momento antes do término do julgamento, mesmo após eventual sentença concessiva do *writ* constitucional, não se aplicando, em tal hipótese, a norma inscrita no art. 267, § 4º, do CPC/73 (RE 669.367, 2-5-2013).

18.11 QUADRO SINÓTICO

CONTROLE DA ADMINISTRAÇÃO

O tema controle estuda os **instrumentos jurídicos de fiscalização** sobre a atuação dos agentes, órgãos e entidades componentes da Administração Pública.

- Tem como objetivos fundamentais garantir o **respeito aos direitos subjetivos** dos usuários e assegurar a observância das **diretrizes constitucionais da Administração**.

DICA: o controle tem natureza jurídica de princípio fundamental da administração pública.

CLASSIFICAÇÃO

QUANTO AO ÓRGÃO CONTROLADOR

- CONTROLE LEGISLATIVO: realizado pelo Parlamento com auxílio dos **Tribunais de Contas**;
- CONTROLE JUDICIAL: promovido por meio das ações perante o Poder Judiciário. O controle judicial pode ser exercido *a priori* ou *a posteriori*. O controle judicial sobre a atividade administrativa é sempre realizado mediante provocação da parte interessada;
- CONTROLE ADMINISTRATIVO: é o controle interno no âmbito da própria Administração. Pode ser realizado de ofício ou por provocação da parte interessada.

QUANTO À EXTENSÃO

- CONTROLE INTERNO: realizado por um Poder sobre seus próprios órgãos e agentes. Exemplo: controle exercido pelas chefias sobre seus subordinados;
- CONTROLE EXTERNO: quando o órgão fiscalizador se situa fora do âmbito do Poder controlado. Exemplo: anulação judicial de ato da Administração.

QUANTO À NATUREZA

- CONTROLE DE LEGALIDADE: analisa a compatibilidade da atuação administrativa com o ordenamento jurídico. O controle de legalidade pode ser exercido pela própria Administração ou pelo Poder Judiciário;
- CONTROLE DE MÉRITO: é exercido somente pela Administração quanto aos juízos de conveniência e oportunidade de seus atos. Não se admite controle do mérito de atos administrativos pelo Poder Judiciário, exceto quanto aos atos praticados pelo próprio Judiciário no exercício de sua função atípica.

QUANTO AO ÂMBITO

- CONTROLE POR SUBORDINAÇÃO: realizado por autoridade hierarquicamente superior àquela que praticou o ato controlado;
- CONTROLE POR VINCULAÇÃO: é o poder de influência exercido pela Administração Direta sobre as entidades descentralizadas, não se caracterizando como subordinação hierárquica.

QUANTO AO MOMENTO DE EXERCÍCIO

- CONTROLE PRÉVIO: também chamado de controle *a priori*, é aquele realizado antes do ato controlado;
- b) CONTROLE CONCOMITANTE: promovido durante a execução da atividade controlada;
- c) CONTROLE POSTERIOR: conhecido também como controle *a posteriori*, é realizado após a prática do ato controlado.

QUANTO À INICIATIVA

- CONTROLE DE OFÍCIO: é realizado sem necessidade de provocação da parte interessada;
- CONTROLE PROVOCADO: aquele que depende da iniciativa da parte interessada. Exemplo: ações constitucionais para controle judicial da Administração Pública.

CONTROLE ADMINISTRATIVO

- O controle administrativo é fundamentado no poder de autotutela que a Administração exerce sobre seus próprios atos.
- Tem como objetivos a confirmação, correção ou alteração de comportamentos administrativos.
- Os meios de controle administrativo são a supervisão ministerial/secretarial sobre as entidades descentralizadas e o controle hierárquico típico dos órgãos da Administração Direta.

RECURSO HIERÁRQUICO PRÓPRIO: realizado pela autoridade superior à que praticou o ato recorrido. Como tal recurso é inerente à organização escalonada da Administração, pode ser interposto sem necessidade de previsão legal.

RECURSO HIERÁRQUICO IMPRÓPRIO: a cargo de autoridade que não ocupa posição de superioridade hierárquica em relação a quem praticou o ato recorrido. Tal modalidade de recurso só pode ser interposta mediante expressa previsão legal.

DICA: no Direito brasileiro não existe necessidade de esgotamento da via administrativa para ser possível recorrer ao Poder Judiciário (art. 5º, XXXV, da CF).

CONTROLE LEGISLATIVO

- O controle legislativo é realizado no âmbito dos parlamentos e dos órgãos auxiliares do Poder Legislativo.
- Sua abrangência inclui o controle político sobre o próprio exercício da função administrativa e o controle financeiro sobre a gestão dos gastos públicos dos três Poderes.

Os MAIS IMPORTANTES INSTRUMENTOS DE CONTROLE LEGISLATIVO estão previstos nos seguintes dispositivos constitucionais:

- a) art. 48, X: "cabe ao Congresso Nacional legislar sobre criação e extinção de ministérios e órgãos da Administração Pública";
- b) art. 49, V: "é da competência exclusiva do Congresso Nacional sustar os atos normativos do Poder Executivo que exorbitem do poder regulamentar ou dos limites de delegação legislativa";
- c) art. 50: "a Câmara dos Deputados e o Senado Federal, ou qualquer de suas comissões, poderão convocar Ministro de Estado ou quaisquer titulares de órgãos diretamente subordinados à Presidência da República para prestarem, pessoalmente, informações sobre assunto previamente determinado, importando crime de responsabilidade a ausência sem justificação adequada";
- d) art. 58, § 3º: "as comissões parlamentares de inquérito, que terão poderes de investigação próprios das autoridades judiciais, além de outros previstos nos regimentos das respectivas casas, serão criadas pela Câmara dos Deputados e pelo Senado Federal, em conjunto ou separadamente, mediante requerimento de um terço de seus membros, para a apuração de fato determinado e por prazo certo, sendo suas conclusões, se for o caso, encaminhadas ao ministério público, para que promova a responsabilidade civil ou criminal dos infratores";
- e) art. 71, § 1º: sustar a execução de contrato administrativo objeto de impugnação perante o tribunal de contas da união, como forma de controle financeiro sobre a administração pública;
- f) art. 52, I: o julgamento do chefe do Poder Executivo, no Senado, por crime de responsabilidade.

DICA: o controle legislativo sobre as atividades da administração somente pode ser realizado nas hipóteses taxativamente previstas na Constituição Federal, sob pena de violação da tripartição de Poderes.

TRIBUNAIS DE CONTAS

- Os Tribunais de Contas têm competência para fiscalização de quaisquer **pessoas, físicas ou jurídicas, públicas ou privadas** que utilizem dinheiro público, incluindo as contas do Ministério Público e Defensorias, do Poder Legislativo e do **Poder Judiciário**.
- Têm natureza jurídica de **órgãos públicos primários despersonalizados**.

DICA: são chamados de órgãos "primários" ou "independentes" porque seu fundamento e estrutura encontram-se na própria Constituição Federal, não se sujeitando a qualquer tipo de subordinação hierárquica ou funcional a outras autoridades estatais.

- Embora não pertençam a nenhum dos três Poderes, os Tribunais de Contas tiveram aspectos do seu regime jurídico constitucionalmente aproximados a órgãos do Poder Judiciário.

DICA: de acordo com o Ministro Ayres Britto, a função de controle externo exercida pelo Tribunal de Contas é marcada pelo atributo da indispensabilidade ou **rigorosa essencialidade** à luz da Constituição de 1988.

PROCESSO NOS TRIBUNAIS DE CONTAS

- a) pode ser instaurado de ofício;
- b) o julgamento deve obedecer a critérios objetivos de ordem técnico-jurídica, e não a parâmetros políticos;
- c) não é obrigatória a participação de advogados;
- d) inexiste a figura de "litigantes";
- e) cabe medida cautelar para determinar o afastamento temporário do responsável, se existirem indícios suficientes de que, prosseguindo no exercício de suas funções, possa retardar ou dificultar a realização de auditoria ou inspeção, causar novos danos ao erário ou inviabilizar o seu ressarcimento (art. 273 do Regimento Interno do TCU);
- f) as decisões definitivas têm natureza administrativa e são irretratáveis quanto ao mérito, cabendo, porém, recurso ao Judiciário no caso de lesão ou ameaça a direito;
- g) o processo é independente em relação às demais instâncias de responsabilização (penal, civil, administrativa, política e por improbidade);
- h) a decisão de que resulte imputação de débito ou multa tem força de título executivo extrajudicial (art. 71, § 3º, da CF).

ALCANCE DA IMPUTAÇÃO DO DÉBITO: a decisão do Tribunal de Contas que resulta na imputação de débito (condenação a pagar) pode atingir órgãos públicos e pessoas, físicas ou jurídicas (públicas ou privadas), que utilizem, gerenciem ou administrem bens, valores ou dinheiro público (art. 70, parágrafo único, da Constituição Federal).

COMPETÊNCIA FISCALIZADORA E CORRETIVA EM PROCEDIMENTOS LICITATÓRIOS

- O art. 113, § 2º, da Lei n. 8.666/93 confere aos Tribunais de Contas e demais órgãos integrantes do sistema de controle interno competência para solicitar cópia de edital de licitação já publicado com o objetivo de realizar seu exame, podendo também determinar a adoção de medidas corretivas de cumprimento obrigatório para todos os órgãos e entidades da Administração Pública, desde que a solicitação seja motivada e casuística (Supremo Tribunal Federal).

DICA: exercendo o controle prévio sobre o edital licitatório, não cabe ao Tribunal de Contas determinar a substituição do critério do julgamento da licitação por outro que entenda mais cabível, na medida em que estaria substituindo a vontade do administrador em seu campo discricionário, exceto se o critério eleito no edital for manifestamente irrazoável (STF: RE 547.063).

CONTROLE JUDICIAL

O controle judicial das atividades administrativas é realizado sempre mediante provocação, podendo ser prévio ou posterior.

As mais importantes ações judiciais de controle da Administração Pública são:

- a) MANDADO DE SEGURANÇA: (art. 5º, LXIX, da CF e Lei n. 12.016/2009) Impetrado para proteger direito líquido e certo, não amparado por *habeas corpus* ou *habeas data*, quando o responsável pela ilegalidade ou abuso de poder for autoridade pública ou agente de pessoa jurídica no exercício de atribuições do Poder Público.

DICA: O mandado de segurança somente admite a produção de prova documental pré-constituída, sendo nele inviável a dilação probatória, isto é, a produção de outros meios de prova para fundamentar a pretensão do impetrante.

Jurisprudência:

1) Não cabe mandado de segurança contra lei em tese (Súmula 266 do STF).

2) Não cabe mandado de segurança contra ato judicial passível de recurso ou correição (Súmula 267 do STF).

3) Não cabe mandado de segurança contra decisão judicial com trânsito em julgado (Súmula 268 do STF).

4) Mandado de segurança não é substitutivo de ação de cobrança (Súmula 269).

- b) *HABEAS CORPUS:* (art. 5º, LXVIII, da CF)

Cabível sempre que alguém sofrer ou se achar ameaçado de sofrer violência ou coação em sua liberdade de locomoção, por ilegalidade ou abuso de poder.

- c) AÇÃO POPULAR: (art. 5º, LXXIII, da CF e Lei n. 4.717/65)

Proposta por qualquer cidadão, visando anular ato lesivo ao patrimônio público ou de entidade de que o Estado participe, à moralidade administrativa, ao meio ambiente e ao patrimônio histórico e cultural.

DICA: salvo comprovada má-fé, fica o autor isento de custas judiciais e do ônus da sucumbência.

- d) MANDADO DE INJUNÇÃO INDIVIDUAL OU COLETIVO: (art. 5º, LXXI, da Constituição Federal)

A ser impetrado sempre que a falta de norma regulamentadora torne inviável o exercício dos direitos e liberdades constitucionais e das prerrogativas inerentes à nacionalidade, à soberania e à cidadania.

DICA: se julgado procedente, o mandado de injunção ordenará a expedição da lei regulamentadora ou de qualquer outro ato administrativo indispensável para viabilizar o exercício dos direitos e garantias constitucionais.

DICA: são legitimadas para o mandado de injunção as pessoas naturais ou jurídicas que se afirmam titulares dos direitos, das liberdades ou das prerrogativas mencionadas no texto constitucional. A demanda será intentada contra o Poder, o órgão ou a autoridade com atribuição para editar a norma regulamentadora (art. 3º da Lei n. 13.300/2016).

- e) *HABEAS DATA:* (art. 5º, LXXII, da CF)

Visando assegurar o conhecimento, retificação ou contestação de informações relativas à pessoa do impetrante, constantes de registros ou bancos de dados de entidades governamentais ou de caráter público.

- f) AÇÃO CIVIL PÚBLICA: (art. 129, III, da CF e Lei n. 7.347/85)

Proposta para proteção de direitos difusos ou coletivos, como meio ambiente, defesa do consumidor, ordem urbanística, bens e direitos de valor artístico, infração à ordem econômica e à ordem urbanística.

DICA: são legitimados para a propositura de ação civil pública: 1) o Ministério Público; 2) a Defensoria Pública; 3) a União, os Estados, o Distrito Federal e os Municípios; 4) a autarquia, empresa pública, fundação ou sociedade de economia mista; 5) a associação que atenda aos requisitos estabelecidos na Lei n. 7.347/85; 6) o Conselho Federal da OAB (art. 54, XIV, da Lei n. 8.906/94).

- g) AÇÃO DE IMPROBIDADE: (art. 37, § 4º, da CF e Lei n. 8.429/92)

PRESCRIÇÃO NO DIREITO ADMINISTRATIVO

- Como regra, o prazo para interposição de recursos administrativos é de cinco dias.
- Já o prazo para propositura de ações judiciais, tanto pela Administração quanto pelo administrado, em regra, é de cinco anos.

DICA: as hipóteses de suspensão e interrupção do prazo prescricional previstas na legislação civil também são aplicáveis às ações judiciais pertinentes ao Direito Administrativo.

COISA JULGADA ADMINISTRATIVA

- É comum encontrar na doutrina e na jurisprudência referências à denominada **"coisa julgada administrativa"**, característica atribuída a determinada decisão tida como imutável após o escoamento de todos os prazos para interposição de recursos administrativos.
- Entretanto, tecnicamente, **decisões administrativas não transitam em julgado**, na medida em que sempre podem ser objeto de revisão perante o Poder Judiciário.

DICA: o que pode haver é uma **preclusão administrativa** impeditiva de revisão da decisão por parte da Administração. Porém, mesmo no caso de ocorrer tal preclusão, a decisão será passível de controle judicial, não sendo correto considerá-la imutável ou transitada em julgado.

18.12 QUESTÕES

1. (Juiz de Direito Substituto – TJ-BA – 2019 – Cespe) De acordo com a legislação pertinente e a jurisprudência dos tribunais superiores, na hipótese de o prefeito de determinado município desviar dolosamente recursos públicos obtidos pelo ente municipal mediante convênio com a União:

A) a ação de ressarcimento ao erário será submetida ao prazo prescricional quinquenal;

B) a ação de improbidade administrativa prescreverá em cinco anos, contados a partir da data do fato;

C) ainda que o tribunal de contas local condene o prefeito ao ressarcimento ao erário, o Poder Judiciário também poderá condená-lo em ressarcimento ao erário em ação civil pública por improbidade administrativa;

D) não será possível a configuração do ato de improbidade administrativa se o prefeito tiver agido culposamente;

E) o magistrado, em ação de improbidade administrativa, será obrigado a aplicar todas as penalidades legalmente previstas para a conduta, submetendo-se à discricionariedade regrada somente a dosimetria da pena.

2. (Procurador – AL-GO – 2019 – Iades) Controlar a Administração Pública é averiguar se a respectiva atuação, sobremaneira, atende aos requisitos da legitimidade e da legalidade. Nesse sentido, vários agentes são definidos para exercitar o controle das atividades administrativas, de que se pode elencar o controle administrativo, o legislativo, o judicial e o da própria sociedade como um todo. Em relação a esse cenário de controle, assinale a alternativa correta.

A) O controle administrativo visa, simultaneamente, ao controle da legitimidade e da legalidade, não havendo diferença entre os agentes desse controle, haja vista ambas as formas dirigirem-se indistintamente a todo e qualquer ente, órgão ou agente da administração pública, quer extroversa, quer introversamente, com predominância, contudo, desse último modo.

B) O controle administrativo é o de mais ampla abrangência de atuação entre as formas de controle apresentadas.

C) O controle legislativo está restrito às autorizações constitucionais de admissibilidade, exteriorizando-se, de forma corrente, como um controle fiscalizador, suspensivo, anulatório e sancionatório.

D) Salvo nos âmbitos legislativo e judicial, é vedado que, com base em mudança posterior de orientação geral, declarem-se inválidas situações plenamente constituídas.

E) Enquanto, precipuamente, o controle interno e o controle externo visam à fiscalização e à correção dos atos administrativos, ao controle judicial incumbe, sobremaneira, a respectiva correção e, excepcionalmente, fiscalização.

3. (Técnico em Comunicação Social – AGU – 2019 – Idecan) A respeito do controle da Administração Pública, analise as afirmativas a seguir.

I – O Poder Legislativo, no exercício do controle externo da Administração Pública, conta com o auxílio dos Tribunais de Contas.

II – O controle administrativo está restrito ao exame de legalidade, sendo vedada a revisão dos critérios de conveniência e oportunidade.

III – O controle político ou administrativo também é exercido pelo Poder Judiciário quando, no exercício de sua função jurisdicional, aprecia a legalidade dos atos praticados pela Administração Pública.

Assinale:

A) se apenas a afirmativa I estiver correta;

B) se apenas a afirmativa II estiver correta;

C) se apenas a afirmativa III estiver correta;

D) se apenas as afirmativas I e III estiverem corretas;

E) se apenas as afirmativas II e III estiverem corretas.

4. (Contador Judiciário – TJ-SP – 2019 – Vunesp) O controle interno dos Poderes Legislativo, Executivo e Judiciário, mantido de forma integrada, tem como finalidade:

A) comprovar a legalidade e avaliar os resultados, quanto à eficácia e eficiência, da gestão orçamentária, financeira e patrimonial nos órgãos e entidades da administração federal, bem como da aplicação de recursos públicos por entidades de direito privado;

B) fiscalizar a aplicação de quaisquer recursos repassados pela União mediante convênio, acordo, ajuste ou outros instrumentos congêneres, a Estado, ao Distrito Federal ou a Município;

C) apreciar, para fins de registro, a legalidade dos atos de admissão de pessoal, a qualquer título, excetuadas as nomeações para cargo de provimento em comissão;

D) avaliar o cumprimento das metas previstas no plano de diretrizes orçamentárias e a execução da lei orçamentária anual;

E) julgar as contas dos administradores e demais responsáveis por dinheiros, bens e valores públicos da administração e as contas daqueles que derem causa a perda, extravio ou outra irregularidade de que resulte prejuízo ao erário público.

5. (Analista de Fomento – Crédito – Afap – 2019 – FCC) A atuação da Administração pública direta e indireta está sujeita a diversas formas e dimensões de controle, exercidas por distintos atores, tanto do âmbito público, quanto da iniciativa privada, sendo comum a todas as atuações:

A) a finalidade de proteção do patrimônio público, o que confere aos órgãos externos, tais como Tribunal de Contas, Poder Judiciário e Ministério Público, a possibilidade de anulação e revogação de atos administrativos que representem prejuízo ao erário;

B) o controle formal, que diz respeito à observância de requisitos e procedimentos legalmente previstos, tanto no que diz respeito a atos discricionários, quanto vinculados;

C) a possibilidade de exercerem controle material sobre os atos praticados pela Administração pública, o que envolve análise de conveniência, oportunidade, bem como de eficiência dos resultados;

D) o exercício de controle *a posteriori* dos atos praticados pelos agentes públicos, sendo permitido apenas ao Poder Judiciário a verificação de legalidade no exercício do controle prévio à prática de atos e contratos administrativos;

E) o controle à semelhança do poder de tutela exercido pela Administração Central em relação aos entes que integram a Administração pública indireta, cingindo-se a aspectos finalísticos e de resultado, para garantir o atendimento do interesse público.

6. (Juiz Substituto – TJ-PR – 2019 – Cespe) Determinado magistrado, no exercício regular de suas funções, proferiu decisão em processo judicial e, em outra ocasião, exarou ato administrativo regulando a organização do trabalho dos servidores lotados na vara de sua competência.

A respeito do controle de tais atos, assinale a opção correta.

A) O primeiro ato do magistrado não é passível de controle administrativo interno.

B) Tanto o primeiro ato quanto o segundo são passíveis de controle administrativo interno.

C) O primeiro ato é passível de controle jurisdicional e controle administrativo interno pelo CNJ.

D) O segundo ato é passível de controle jurisdicional e controle administrativo externo pelo CNJ.

7. (Titular de Serviços de Notas e de Registros – Provimento – TJ-PR – 2019 – NC-UFPR) "A juridicidade do conceito de interesse público faz com que a Administração, ao identificar no mundo dos fatos uma situação como de interesse público, esteja a aplicar um conceito jurídico, ainda que indeterminado. Isso permite o posterior controle judicial, uma vez que, por se tratar de um conceito jurídico, é possível a apreciação da legitimidade jurídica do ato que considerou um interesse como público" (HACHEM, 2011). Com base no exposto, assinale a alternativa correta.

A) O interesse público, no Brasil, é estabelecido por uma decisão não da Administração Pública, mas sim do Poder Judiciário.

B) O posterior controle judicial dos atos administrativos não retira da Administração Pública a sua responsabilidade pela decisão a respeito do significado do interesse público no caso concreto.

C) O interesse público não é um conceito jurídico propriamente dito e sim um conceito inerente ao mundo dos fatos.

D) O Poder Judiciário, no Brasil, somente pode fazer o controle dos atos administrativos que se utilizem de conceitos jurídicos indeterminados.

E) A legitimidade do ato que considerou uma situação de interesse público é passível de apreciação judicial, tratando-se ou não de um conceito jurídico, pois a indeterminação do mérito dos atos administrativos também é controlável judicialmente, mesmo em relação a situações exclusivamente fáticas.

8. (Advogado – UPE – 2019 – Upenet/Iaupel) Assinale a alternativa CORRETA sobre controle na Administração Pública.

A) O Tribunal de Contas é o órgão responsável por realizar o controle interno do poder executivo.

B) O controle interno não pode ser exercido pelo Poder Legislativo quando do exercício de função administrativa atípica.

C) O controle hierárquico poderá ser exercido por pessoas jurídicas distintas.

D) O Conselho Nacional de Justiça exerce controle sobre a Advocacia Pública.

E) As eventuais multas aplicadas pelos tribunais de contas representam títulos executivos extrajudiciais.

9. (Analista Legislativo – Câmara de Serrana – SP – 2019 – Vunesp) A respeito do controle judicial dos atos administrativos, é correto afirmar:

A) ele tem por finalidade principal avaliar e controlar o mérito do ato discricionário;

B) ocorre nas situações em que o ato poderia ter sido revogado pela Administração, mas esta não o fez;

C) muitas vezes precede a edição do ato maculado de vício;

D) pode invalidá-los por motivos de conveniência ou oportunidade, respeitados os direitos adquiridos;

E) atua para revogação dos atos ilegais.

10. (Escrivão de Polícia – PC-ES – 2019 – Instituto AOCP) Assinale a alternativa que apresenta um exemplo de instrumento de controle jurisdicional da Administração Pública.

A) Reclamação Administrativa.

B) Comissão Parlamentar de Inquérito.

C) Pedido de Informação.

D) Recurso Administrativo.

E) Mandado de Segurança.

GABARITO

1. C / **2.** B / **3.** A / **4.** A / **5.** B / **6.** A / **7.** B / **8.** E / **9.** C / **10.** E

Acesse mais questões também pelo link:
http://somos.in/MDA1168

19

PROCESSO ADMINISTRATIVO

Acesse também a videoaula pelo link:
http://somos.in/MDA1120

19.1 PROCESSO ADMINISTRATIVO NA CF/88

O princípio do devido processo legal está enunciado no art. 5º, LIV, da Constituição Federal: "ninguém será privado da liberdade ou de seus bens sem o devido processo legal".

A obrigatoriedade do devido processo não só é aplicável inicialmente à seara jurisdicional mas também vincula a Administração Pública e o Poder Legislativo. A exigência de observar-se um processo previsto na legislação relaciona-se com a noção de **legitimidade pelo procedimento**, segundo a qual, no moderno Estado de Direito, a validade das decisões praticadas pelos órgãos e agentes governamentais está condicionada ao cumprimento de um rito procedimental preestabelecido.

Interessante observar que **são aplicáveis ao processo administrativo** os dois aspectos modernos do:

a) devido processo legal formal: consistente na obrigatoriedade de observância do **rito para a tomada de decisão;**

b) devido processo legal material ou substantivo: a **decisão final** do processo deve ser **razoável** e **proporcional.**

Além do devido processo legal, o art. 5º, LV, da Constituição Federal prescreve que aos litigantes, em processo judicial ou administrativo, são assegurados o **contraditório** e a **ampla defesa**, com os meios e recursos a ela inerentes.

19.2 LEI DO PROCESSO ADMINISTRATIVO – N. 9.784/99

Com o objetivo de regulamentar a disciplina constitucional do processo administrativo, foi promulgada a **Lei n. 9.784**, de 29 de janeiro de 1999, estabelecendo "**normas básicas sobre o processo administrativo** no âmbito da Administração Federal direta e indireta, visando, em especial, à proteção dos direitos dos administrados e ao melhor cumprimento dos fins da Administração".

A prova da Magistratura Federal da 3ª Região considerou INCORRETA a assertiva: "A Lei n. 9.784/99 estabelece normas básicas sobre o processo administrativo no âmbito da Administração Pública Federal, aplicando-se subsidiariamente à administração estadual e municipal, em face da competência privativa da União para legislar sobre direito processual".

A Lei n. 9.784/99 contém normas de direito administrativo **processual** e **material**.

Trata-se de uma lei aplicável exclusivamente ao âmbito da União, possuindo **natureza jurídica de lei federal** na medida em que, como regra, não vincula Estados, Distrito Federal e Municípios. A Lei n. 9.784/99 também é aplicável ao Legislativo e ao Judiciário quando atuarem no exercício de **função atípica**.

> A prova da Magistratura Federal da 3ª Região considerou CORRETA a assertiva: "A Lei n. 9.784/99 aplica-se, sem restrição, à administração pública federal, incluídos os órgãos dos Poderes Legislativo e Judiciário da União, quando no desempenho de função administrativa, não se destinando à administração pública estadual e municipal".

Portanto, ficam a União e as demais entidades federais **proibidas de tomar decisões que afetem interesses de terceiros sem instauração de processo administrativo prévio** que garanta oportunidade de exercício do contraditório e da ampla defesa por parte dos interessados.

Nos itens seguintes, serão apresentadas as regras mais importantes da Lei n. 9.784/99, com uma reorganização para facilitar seu entendimento.

19.2.1 Incidência da Lei n. 9.784/99 sobre outras entidades federativas

Embora a própria Lei n. 9.784/99 se autodeclare aplicável somente aos processos administrativos federais (art. 1º), o **Superior Tribunal de Justiça** consolidou o entendimento no sentido de considerá-la **aplicável subsidiariamente às demais entidades federativas que não possuam lei própria de processo administrativo** (AgRg no Ag 935.624/RJ), especialmente quanto ao prazo de 5 anos que a Administração tem para anular seus atos defeituosos.

Sob pena de violação ao princípio da segurança jurídica, "a ausência de regra expressa na legislação local para o exercício da autotutela não pode autorizar o entendimento da inexistência de prazo decadencial para anulação de ato administrativo que produza efeitos favoráveis a beneficiários de boa-fé"[1].

Lembre que a 1ª Turma do STJ aprovou, em 12-6-2019, a Súmula 633: "A Lei n. 9.784/99, especialmente no que diz respeito ao prazo decadencial para revisão de atos administrativos no âmbito da Administração Pública Federal, pode ser aplicada de forma subsidiária aos Estados e Municípios se inexistente norma local e específica regulando a matéria".

19.3 PROCESSO OU PROCEDIMENTO ADMINISTRATIVO?

É possível constatar que muitos doutrinadores utilizam as expressões "processo administrativo" e "procedimento administrativo" como sinônimas.

---

1. Fundação Getulio Vargas. Padrão de Respostas. Prova Discursiva. Direito Administrativo. VIII Exame de Ordem Unificado.

Porém, tecnicamente as duas locuções possuem significados diferentes. Processo é uma **relação jurídica**, razão pela qual "processo administrativo" significa o vínculo jurídico entre a Administração e o usuário, estabelecido para a tomada de uma decisão. Ao passo que **procedimento** administrativo é a **sequência ordenada de atos** tendentes à tomada da decisão.

Para o contexto de provas e concursos públicos, é recomendável utilizar a nomenclatura "processo administrativo" por se tratar da terminologia empregada pela Lei n. 9.784/99.

19.4 ESPÉCIES DE PROCESSO ADMINISTRATIVO

De acordo com Celso Antônio Bandeira de Mello, os processos administrativos podem ser classificados em diversas categorias[2]:

1) **internos ou externos:** processos internos são aqueles instaurados dentro do ambiente estatal[3]. Exemplo: sindicância. Os externos são aqueles que envolvem particulares[4]. Exemplo: concurso público;

2) **restritivos ou ampliativos:** processos restritivos ou ablatórios são aqueles que impõem limitações à esfera privada de interesse[5]. Exemplo: interdição de estabelecimento. Os processos restritivos dividem-se em meramente restritivos, como as revogações, e sancionadores, como a sindicância. Já os processos ampliativos são voltados à expansão da esfera privada de interesses. Exemplo: outorga de permissão de uso. Os processos ampliativos podem ser divididos em: a) de iniciativa do próprio interessado, como no pedido de licença; b) de iniciativa da Administração, como a licitação; c) concorrenciais, como o concurso público; d) simples ou não concorrenciais, como o pedido de autorização de uso[6].

19.5 PRINCÍPIOS DO PROCESSO ADMINISTRATIVO

O art. 2º, parágrafo único, da Lei n. 9.784/99 enumera os "critérios" ou princípios informadores do processo administrativo. São eles:

a) **legalidade:** definida como o dever de atuação conforme a lei e o direito;

b) **finalidade:** atendimento a fins de interesse geral, vedada a renúncia total ou parcial de poderes ou competências, salvo autorização em lei;

c) **impessoalidade:** objetividade no atendimento do interesse público, vedada a promoção pessoal de agentes ou autoridades;

d) **moralidade:** atuação segundo padrões éticos de probidade, decoro e boa-fé;

---

2. Celso Antônio Bandeira de Mello, *Curso de direito administrativo*, p. 499.
3. Celso Antônio Bandeira de Mello, *Curso de direito administrativo*, p. 499.
4. Celso Antônio Bandeira de Mello, *Curso de direito administrativo*, p. 499.
5. Celso Antônio Bandeira de Mello, *Curso de direito administrativo*, p. 499.
6. Celso Antônio Bandeira de Mello, *Curso de direito administrativo*, p. 499.

e) publicidade: divulgação oficial dos atos administrativos, ressalvadas as hipóteses de sigilo previstas na Constituição;

f) razoabilidade ou proporcionalidade: adequação entre meios e fins, vedada a imposição de obrigações, restrições e sanções em medida superior àquelas estritamente necessárias ao atendimento do interesse público;

g) obrigatória motivação: indicação dos pressupostos de fato e de direito que determinarem a decisão;

h) segurança jurídica: observância das formalidades essenciais à garantia dos direitos dos administrados, bem como interpretação da norma administrativa da forma que melhor garanta o atendimento do fim público a que se dirige, vedada a aplicação retroativa de nova interpretação;

i) informalismo ou formalismo moderado: adoção de formas simples, suficientes para propiciar adequado grau de certeza, segurança e respeito aos direitos dos administrados;

j) gratuidade: proibição de cobrança de despesas processuais, ressalvadas as previstas em lei;

k) oficialidade ou impulso oficial: impulsão, de ofício, do processo administrativo, sem prejuízo da atuação dos interessados;

l) contraditório e ampla defesa: garantia dos direitos à comunicação, à apresentação de alegações finais, à produção de provas e à interposição de recursos, nos processos de que possam resultar sanções e nas situações de litígio.

19.6 CONCEITOS DE ÓRGÃO, ENTIDADE E AUTORIDADE

Para os fins da Lei n. 9.784/99, o art. 1º, § 2º, estabelece três definições importantes:

a) órgão: a unidade de atuação integrante da estrutura da Administração direta e da estrutura da Administração indireta;

b) entidade: a **unidade de atuação** dotada de **personalidade jurídica**;

> Invertendo os conceitos de órgão e entidade, a prova da OAB Nacional elaborada pelo Cespe considerou INCORRETA a assertiva: "Considera-se entidade administrativa a unidade de atuação integrante da estrutura da administração direta".

c) autoridade: o servidor ou agente público dotado de **poder de decisão**.

19.7 DIREITOS DO ADMINISTRADO

O termo "administrado" é utilizado em diversos dispositivos da Lei do Processo Administrativo. Porém, o emprego de tal nomenclatura vem caindo em desuso, isso porque transmite uma impressão de que o particular é objeto da atuação da Administração, é simplesmente "administrado" pelo Estado, e não um sujeito titular de direitos e deveres. Por isso, teria sido mais apropriado falar em usuário ou cidadão, terminologias mais condizentes com o papel, que os particulares exercem, de partícipes do processo decisório da Administração Pública moderna.

Sem prejuízo de outros que lhes sejam assegurados, os usuários possuem os seguintes direitos (art. 3º):

a) ser tratado com respeito pelas autoridades e servidores, que deverão facilitar o exercício de seus direitos e o cumprimento de suas obrigações;

b) ter ciência da tramitação dos processos administrativos em que tenha a condição de interessado, ter vista dos autos, obter cópias de documentos neles contidos e conhecer as decisões proferidas;

c) formular alegações e apresentar documentos antes da decisão, os quais serão objeto de consideração pelo órgão competente;

d) fazer-se assistir, facultativamente, por advogado, salvo quando obrigatória a representação, por força de lei.

19.8 DEVERES DO ADMINISTRADO

Nos termos do art. 4º da Lei n. 9.784/99, são deveres do administrado, perante o Poder Público, sem prejuízo de outros previstos em ato normativo:

a) expor os fatos conforme a verdade;

b) proceder com lealdade, urbanidade e boa-fé;

c) não agir de modo temerário;

d) prestar as informações que lhe forem solicitadas e colaborar para o esclarecimento dos fatos.

19.9 INSTAURAÇÃO DO PROCESSO

A Administração Pública, ao contrário do Poder Judiciário, constitui um organismo estatal dinâmico, podendo sempre agir de ofício, isto é, sem necessidade de provocação.

Por isso, o art. 5º da Lei n. 9.784/99 afirma que o processo administrativo pode iniciar-se de ofício ou a **pedido do interessado**.

> A prova da OAB Nacional 2008.2 elaborada pelo Cespe considerou CORRETA a assertiva: "O processo administrativo pode iniciar-se de ofício ou a pedido do interessado".

Como regra, o requerimento do interessado deve ser formulado por escrito, sendo obrigatória a indicação dos seguintes elementos: a) órgão ou autoridade administrativa a que se dirige; b) identificação do interessado ou de quem o represente; c) domicílio do requerente ou local para recebimento de comunicações; d) formulação do pedido, com exposição dos fatos e de seus fundamentos; e) data e assinatura do requerente ou de seu representante.

A Administração está proibida de recusar sem motivo o recebimento de documentos (art. 6º, parágrafo único, da Lei n. 9.784/99).

19.10 LEGITIMADOS PARA O PROCESSO ADMINISTRATIVO

O art. 9º da Lei n. 9.784/99 define como legitimados no processo administrativo:

a) titulares dos direitos e interesses que iniciem o processo, podendo ser pessoas físicas ou jurídicas;

b) terceiros interessados que, sem terem iniciado o processo, possuem direitos ou interesses que possam ser afetados pela decisão a ser adotada;

c) organizações e **associações representativas**, no tocante a direitos e interesses coletivos;

> A prova da Magistratura/TO elaborada pelo Cespe considerou CORRETA a assertiva: "O processo administrativo em geral, no âmbito da União, pode ser instaurado de ofício ou por iniciativa dos interessados, entre os quais se incluem as pessoas e associações legalmente constituídas quanto a direitos ou interesses difusos".

d) pessoas ou associações legalmente constituídas quanto a direitos ou **interesses difusos**.

> A prova da Magistratura/PI elaborada pelo Cespe considerou INCORRETA a assertiva: "No âmbito do processo administrativo, não há previsão de defesa de interesses difusos ou coletivos".

Importante destacar que a **capacidade**, para fins de processo administrativo, é conferida aos **maiores de dezoito anos**, ressalvada previsão especial em ato normativo próprio (art. 10 da Lei n. 9.784/99).

> A prova da OAB Nacional 2009.1 elaborada pelo Cespe considerou INCORRETA a assertiva: "São capazes, para fins de processo administrativo, os maiores de dezesseis anos, ressalvada previsão especial em ato normativo próprio".

19.11 DA COMPETÊNCIA

Nos termos do art. 11 da Lei n. 9.784/99, a competência administrativa é irrenunciável e deve ser exercida pelo órgão legalmente habilitado para seu cumprimento, exceto nos casos de delegação e avocação.

Na delegação, um órgão administrativo ou seu titular **transferem temporariamente** parte da sua competência a outros órgãos ou titulares, ainda que estes não lhe sejam hierarquicamente subordinados, quando for conveniente, em razão de circunstâncias de índole técnica, social, econômica, jurídica ou territorial.

> A prova da OAB Nacional 2008.2 elaborada pelo Cespe considerou CORRETA a assertiva: "Um órgão administrativo e seu titular poderão, se não houver impedimento legal, delegar parte da sua competência a outros órgãos ou titulares, ainda que estes não lhe sejam hierarquicamente subordinados, quando for conveniente, em razão de circunstâncias de índole técnica, social, econômica, jurídica ou territorial".

Em nenhuma hipótese, podem ser objeto de delegação: a) a edição de atos de caráter normativo; b) a **decisão de recursos administrativos**; c) as matérias de competência exclusiva do órgão ou autoridade.

> A prova da Procuradoria/DF considerou CORRETA a assertiva: "Não pode ser objeto de delegação a decisão de recursos administrativos".

A delegação é revogável a qualquer tempo por vontade unilateral da autoridade **delegante**.

> A prova de Procurador de Fortaleza em 2017 elaborada pelo Cespe considerou CORRETA a afirmação: "O prefeito de um município brasileiro delegou determinada competência a um secretário municipal. No exercício da função delegada, o secretário emitiu um ato ilegal. Nessa situação, a responsabilidade pela ilegalidade do ato deverá recair apenas sobre a autoridade delegada".

Em sentido contrário, na avocação o órgão ou seu titular chamam para si, em caráter excepcional e temporário, competência atribuída a órgão hierarquicamente inferior. Assim, pode-se concluir que delegação e avocação constituem exceções à regra geral da indelegabilidade de competências administrativas.

Por fim, cabe ressaltar que o processo administrativo deverá ser iniciado perante a autoridade de menor grau hierárquico para decidir (art. 17 da Lei n. 9.784/99).

Tratamos detalhadamente da delegação e avocação nos itens 5.9.1 e 5.9.2 deste *Manual*.

19.12 IMPEDIMENTOS E SUSPEIÇÃO NO PROCESSO ADMINISTRATIVO

Para garantir a imparcialidade na tomada das decisões administrativas, a Lei n. 9.784/99 define regras de impedimento e de suspeição aplicáveis aos agentes públicos que atuarão nos processos administrativos.

Fica impedido de atuar em processo administrativo o servidor ou autoridade que: a) tenha interesse direto ou indireto na matéria; b) tenha participado ou venha a participar como **perito**, testemunha ou representante, ou se tais situações ocorrem quanto ao cônjuge, companheiro ou parente e afins até o terceiro grau; c) esteja litigando judicial ou administrativamente com o **interessado** ou respectivo cônjuge ou companheiro.

> A prova da OAB Nacional 2009.2 elaborada pelo Cespe considerou INCORRETA a assertiva: "O servidor que atue como perito em um processo administrativo pode exercer outras funções no mesmo processo, exceto a de julgar".
>
> A prova da OAB Nacional 2008.2 elaborada pelo Cespe considerou CORRETA a assertiva: "O servidor ou autoridade que esteja litigando, na esfera judicial, com o interessado em um processo administrativo que envolva as mesmas partes está impedido de atuar nesse processo".

Já os casos de suspeição relacionam-se com a condição da autoridade ou servidor que tenha amizade íntima ou inimizade notória com algum dos interessados ou com os respectivos cônjuges, companheiros, parentes e afins até o terceiro grau.

Nos termos do art. 21 da Lei n. 9.784/99, o indeferimento de alegação de suspeição poderá ser objeto de recurso, sem efeito suspensivo.

19.13 FORMA, TEMPO E LUGAR DOS ATOS DO PROCESSO

A **regra geral** é que os atos do processo administrativo não dependem de forma determinada, exceto quando a lei expressamente a exigir, devendo ser **produzidos por escrito**, em vernáculo, com a data e o local de sua realização e a assinatura da autoridade responsável.

Salvo imposição legal, o reconhecimento de firma somente será exigido quando houver dúvida de autenticidade.

Os atos do processo administrativo devem ser **realizados em dias úteis**, no horário normal de funcionamento da repartição na qual tramitar o processo.

Salvo disposição legal em contrário, os atos das autoridades e dos administrados participantes do processo devem ser **praticados no prazo de cinco dias**, salvo motivo de força maior.

Quanto ao lugar, os atos do processo devem ser realizados de preferência na sede do órgão competente, cientificando-se o interessado se outro for o local de realização.

19.14 COMUNICAÇÃO DOS ATOS

O órgão competente promoverá a intimação do interessado para ciência de decisão ou a efetivação de diligências. A intimação deverá conter: a) identificação do intimado e nome do órgão ou entidade administrativa; b) finalidade da intimação; c) data, hora e local em que deve comparecer; d) se o intimado deve comparecer pessoalmente, ou fazer-se representar; e) informação da continuidade do processo independentemente do seu comparecimento; f) indicação dos fatos e fundamentos legais pertinentes.

A intimação pode ser efetuada mediante ciência no processo, por via postal com aviso de recebimento, por telegrama ou outro meio que assegure a certeza da ciência do interessado. Já no caso de interessados indeterminados, desconhecidos ou com domicílio indefinido, a intimação deve ser efetuada por meio de **publicação oficial**.

> A prova da OAB Nacional 2010.1 elaborada pelo Cespe considerou CORRETA a assertiva: "Nos processos administrativos é admitida a intimação fictícia".

Importantíssimo destacar que o desatendimento da intimação não importa o reconhecimento da verdade dos fatos, nem a renúncia a direito pelo administrado. Portanto, nos processos administrativos, **não há** os efeitos típicos da **revelia**.

> A prova de Procurador de Aracaju elaborada pelo Cespe considerou CORRETA a assertiva: "O desatendimento de intimação para apresentação de defesa em processo administrativo não importa no reconhecimento da verdade dos fatos".

19.15 INSTRUÇÃO DO PROCESSO

A **instrução do processo**, realizada para comprovar os fatos alegados, é promovida **de ofício**, sem prejuízo do direito dos interessados de propor atuações probatórias.

São **inadmissíveis** no processo administrativo as **provas obtidas por meios ilícitos**.

Aplicando a mesma regra geral válida para os processos judiciais, cabe ao interessado o ônus de provar os fatos que tenha alegado.

Somente poderão ser recusadas, mediante decisão fundamentada, as provas propostas pelos interessados quando sejam ilícitas, impertinentes, desnecessárias ou protelatórias.

Na hipótese em que deva ser obrigatoriamente ouvido um órgão consultivo, o parecer deverá ser emitido no prazo máximo de quinze dias, salvo norma especial ou comprovada necessidade de maior prazo.

Se um parecer obrigatório e vinculante deixar de ser emitido no prazo fixado, o processo não terá seguimento até a respectiva apresentação, responsabilizando-se quem der causa ao atraso. Já no caso de um parecer obrigatório e não vinculante deixar de ser emitido no prazo fixado, o processo poderá ter prosseguimento e ser decidido com sua dispensa, sem prejuízo da responsabilidade de quem se omitiu no atendimento.

Após o encerramento da instrução, o interessado terá o direito de manifestar-se no prazo máximo de dez dias, salvo se outro prazo for legalmente fixado.

Se o órgão de instrução não for competente para emitir a decisão final, deverá elaborar relatório indicando o pedido inicial e o conteúdo das fases do procedimento e formulará proposta de decisão, objetivamente justificada, encaminhando o processo à autoridade competente.

Portanto, o **ato final** do processo administrativo normalmente não é a decisão, mas o **relatório** a ser encaminhado para a autoridade competente para decidir.

19.16 DEVER DE DECIDIR

Obviamente, a Administração Pública tem o dever de emitir decisão expressa nos processos administrativos e sobre solicitações ou reclamações, em matéria de sua **competência**. Não teria sentido ordenamento jurídico pátrio garantir o direito de petição aos administrados sem que houvesse, a cargo da Administração, o correlato dever de decidir.

> A prova da OAB Nacional 2009.2 elaborada pelo Cespe considerou INCORRETA a assertiva: "Caso a matéria discutida no processo administrativo se apresente bastante controversa e inquietante, a autoridade responsável poderá deixar de decidir e submeter o tema à apreciação do Poder Judiciário".

Encerrada a instrução de processo administrativo, a Administração tem o prazo de até **trinta dias** para decidir, salvo prorrogação por igual período expressamente motivada.

> A prova de Procurador de Aracaju elaborada pelo Cespe considerou CORRETA a assertiva: "Concluída a instrução de processo administrativo, a administração tem até 30 dias para decidir, salvo prorrogação por igual período expressamente motivada".

19.17 DESISTÊNCIA

O art. 51 da Lei n. 9.784/99 afirma que o interessado poderá, mediante manifestação escrita, desistir total ou parcialmente do pedido formulado ou, ainda, renunciar a direitos disponíveis.

19.18 RECURSOS ADMINISTRATIVOS

Todas as decisões adotadas em processos administrativos podem ser objeto de recurso quanto a questões de legalidade e de mérito, devendo o recurso ser dirigido à autoridade que proferiu a decisão, a qual, se não a reconsiderar no prazo de cinco dias, o encaminhará à autoridade superior.

O recurso administrativo tramitará no máximo por três **instâncias administrativas**, salvo disposição legal diversa (art. 57 da Lei n. 9.784/99).

> A 13ª prova do Ministério Público do Trabalho considerou INCORRETA a assertiva: "O recurso administrativo, salvo disposição legal em contrário, tramitará no máximo por duas instâncias administrativas".

Os recursos administrativos podem ser interpostos pelos seguintes legitimados: a) os titulares de direitos e interesses que forem parte no processo; b) aqueles cujos direitos ou interesses forem indiretamente afetados pela decisão recorrida; c) as organizações e associações representativas, no tocante a direitos e interesses coletivos; d) os cidadãos ou associações, quanto a direitos ou interesses difusos.

Como regra geral, o prazo para interposição de recurso administrativo é de dez dias, contado a partir da ciência ou divulgação oficial da decisão recorrida, devendo ser decidido, exceto se a lei não fixar prazo diferente, no prazo máximo de trinta dias.

Salvo disposição legal em contrário, o recurso não tem **efeito suspensivo**.

> A prova da Magistratura/DF considerou CORRETA a assertiva: "Em geral, o recurso não terá efeito suspensivo, salvo disposição legal em contrário, admitindo-se, todavia, que a autoridade recorrida, observados os requisitos legais, venha a conferir efeito suspensivo ao recurso".

O recurso não será conhecido quando interposto: a) fora do prazo; b) perante órgão incompetente; c) por quem não seja legitimado; d) após exaurida a esfera administrativa.

Processos administrativos de que resultem sanções poderão ser revistos, a qualquer tempo, a pedido ou de ofício, quando surgirem fatos novos ou circunstâncias relevantes suscetíveis de justificar a inadequação da sanção aplicada (art. 65 da Lei n. 9.784/99).

19.18.1 Permissão da *reformatio in pejus*

O art. 64 da Lei n. 9.784/99 assevera que "o órgão competente para decidir o recurso poderá confirmar, modificar, anular ou revogar, total ou parcialmente, a decisão recorrida, se a matéria for de sua competência". Desse modo, pode-se constatar que o dispositivo **não proíbe a *reformatio in pejus* nos processos administrativos**, isto é, não há impedimento a que a decisão do recurso agrave a situação do recorrente, exigindo-se apenas que ele seja cientificado para que formule suas alegações antes da **decisão**.

> A prova da OAB Nacional 2010.1 elaborada pelo Cespe considerou CORRETA a assertiva: "Nos processos administrativos admite-se a *reformatio in pejus*".
>
> A prova da Magistratura/DF considerou INCORRETA a assertiva: "A decisão do recurso não poderá acarretar gravame à situação do recorrente".

19.19 DOS PRAZOS

Os arts. 66 e 67 da Lei n. 9.784/99 disciplinam a contagem de prazos nos processos administrativos.

A regra geral do art. 66 assegura que os prazos começam a correr a partir da data da cientificação oficial, excluindo-se da contagem o dia do começo e incluindo-se o do vencimento.

Considera-se prorrogado o prazo até o primeiro dia útil seguinte se o vencimento cair em dia em que não houver expediente ou este for encerrado antes da hora normal.

Os prazos expressos em dias contam-se de modo contínuo. Já os prazos fixados em meses ou anos contam-se de data a data. Se no mês do vencimento não houver o dia equivalente àquele do início do prazo, tem-se como termo o último dia do mês.

Salvo motivo de força maior devidamente comprovado, os prazos processuais não se suspendem.

19.20 DESBUROCRATIZAÇÃO DE PROCESSOS FEDERAIS (LEI N. 13.726/2018)

Em 8 de outubro de 2018 entrou em vigor a Lei n. 13.726 voltada a racionalizar atos e procedimentos administrativos dos Poderes da União, dos Estados, do Distrito Federal e dos Municípios e instituir o Selo de Desburocratização e Simplificação (art. 1º).

As mais importantes inovações constam do art. 3º da lei, que passa a dispensar nas relações entre a Administração e cidadão:

I – reconhecimento de firma, devendo o agente administrativo, confrontando a assinatura com aquela constante do documento de identidade do signatário, ou estando este presente e assinando o documento diante do agente, lavrar sua autenticidade no próprio documento;

II – autenticação de cópia de documento, cabendo ao agente administrativo, mediante a comparação entre o original e a cópia, atestar a autenticidade;

III – juntada de documento pessoal do usuário, que poderá ser substituído por cópia autenticada pelo próprio agente administrativo;

IV – apresentação de certidão de nascimento, que poderá ser substituída por cédula de identidade, título de eleitor, identidade expedida por conselho regional de fiscalização profissional, carteira de trabalho, certificado de prestação ou de isenção do serviço militar, passaporte ou identidade funcional expedida por órgão público;

V – apresentação de título de eleitor, exceto para votar ou para registrar candidatura;

VI – apresentação de autorização com firma reconhecida para viagem de menor se os pais estiverem presentes no embarque.

19.21 JURISPRUDÊNCIA

19.21.1 STJ

Processo administrativo disciplinar: O cadastro e o peticionamento no Sistema Eletrônico de Informações denotam a ciência de que o processo administrativo tramitará de forma eletrônica (MS 24.567-DF, rel. Min. Benedito Gonçalves, Primeira Seção, por unanimidade, j. 11-3-2020, *DJe* 16-3-2020, *Informativo* 667).

Súmula 641, STJ: A portaria de instauração do processo administrativo disciplinar prescinde da exposição detalhada dos fatos a serem apurados (Primeira Seção, j. 18-2-2020, *DJe* 19-2-2020, *Informativo* 665).

Processo administrativo disciplinar: Compete ao Ministro de Estado chefe da Controladoria-Geral da União a aplicação da penalidade de demissão a servidor do Poder Executivo Federal, independentemente de se encontrar cedido à época dos fatos para o Poder Legislativo Federal (MS 19.994-DF, rel. Min. Benedito Gonçalves, por maioria, j. 23-5-2018, *DJe* 29-6-2018).

Súmula 611: Desde que devidamente motivada e com amparo em investigação ou sindicância, é permitida a instauração de processo administrativo disciplinar com base em denúncia anônima, em face do poder-dever de autotutela imposto à Administração (Primeira Seção, aprovada em 9-5-2018, *DJe* 14-5-2018).

Processo disciplinar: A instauração de processo disciplinar contra servidor efetivo cedido deve dar-se, preferencialmente, no órgão em que tenha sido praticada a suposta irregularidade, mas o julgamento e a eventual aplicação de sanção, quando findo o prazo de cessão e já tendo o servidor retornado ao órgão de origem, só podem ocorrer no órgão ao qual o servidor público federal efetivo estiver vinculado (MS 21.991-DF, rel. Min. Humberto Martins, rel. para acórdão Min. João Otávio de Noronha, por maioria, j. 16-11-2016, *DJe* 3-3-2017).

Processo administrativo disciplinar: Há fatos ilícitos administrativos que, se cometidos de forma continuada pelo servidor público, não se sujeitam à sanção com aumento do *quantum* sancionatório previsto no art. 71, *caput*, do CP (REsp 1.471.760-GO, rel. Min. Benedito Gonçalves, por maioria, j. 22-2-2017, *DJe* 17-4-2017).

Ação civil pública: Na hipótese de membro de Ministério Público Estadual praticar falta administrativa também prevista na lei penal como crime, o prazo prescricional da ação civil para a aplicação da pena administrativa de perda do cargo somente tem início com o trânsito em julgado da sentença condenatória na órbita penal (REsp 1.535.222-MA, rel. Min. Og Fernandes, por unanimidade, j. 28-3-2017, *DJe* 4-4-2017).

Súmula 592: O excesso de prazo para a conclusão do processo administrativo disciplinar só causa nulidade se houver demonstração de prejuízo à defesa (Primeira Seção, aprovada em 13-9-2017, *DJe* 18-9-2017 – *Informativo* n. 610).

Súmula 591: É permitida a prova emprestada no processo administrativo disciplinar, desde que devidamente autorizada pelo juízo competente e respeitados o contraditório e a ampla defesa (Primeira Seção, aprovada em 13-9-2017, *DJe* 18-9-2017 – *Informativo* n. 610).

Tribunal de Ética e Disciplina da OAB: O acesso do MPF às informações inseridas em procedimentos disciplinares conduzidos pela OAB depende de prévia autorização judicial. REsp 1.217.271-PR, rel. Min. Humberto Martins, por maioria, j. 18-5-2016, *DJe* 6-9-2016.

Inconstitucionalidade do art. 170 da Lei n. 8.112/90: Não deve constar dos assentamentos individuais de servidor público federal a informação de que houve a extinção da punibilidade de determinada infração administrativa pela prescrição. O art. 170 da Lei n. 8.112/90 dispõe que, "Extinta a punibilidade pela prescrição, a autoridade julgadora determinará o registro do fato nos assentamentos individuais do servidor". Entretanto, o STF declarou incidentalmente a inconstitucionalidade do referido artigo no julgamento do MS 23.262-DF (Tribunal Pleno, *DJe* 29-10-2014). Nesse contexto, não se deve utilizar norma legal declarada inconstitucional pelo STF (mesmo em controle difuso, mas por meio de posição sufragada por sua composição Plenária) como fundamento para anotação de atos desabonadores nos assentamentos funcionais individuais de servidor, por se tratar de conduta que fere, em última análise, a própria CF (MS 21.598-DF, rel. Min. Og Fernandes, j. 10-6-2015, *DJe* 19-6-2015).

Processo administrativo disciplinar: Não há ilegalidade na imediata execução de penalidade administrativa imposta em PAD a servidor público, ainda que a decisão não tenha transitado em julgado administrativamente. Primeiro, porque os atos administrativos gozam de autoexecutoriedade, possibilitando que a Administração Pública realize, através de meios próprios, a execução dos seus efeitos materiais, independentemente de autorização judicial ou do trânsito em julgado da decisão administrativa. Segundo, pois os efeitos materiais de penalidade imposta ao servidor público independem do julgamento de recurso interposto na esfera administrativa, que, em regra, não possui efeito suspensivo (art. 109 da Lei n. 8.112/90). Precedentes citados: MS 14.450-DF, Terceira Seção, *DJe* 19-12-2014; MS 14.425-DF, Terceira Seção, *DJe* 1º-10-2014; e MS 10.759-DF, Terceira Seção, *DJ* 22-5-2006 (MS 19.488-DF, rel. Min. Mauro Campbell Marques, j. 25-3-2015, *DJe* 31-3-2015).

Termo inicial da prescrição da pretensão punitiva de profissional liberal por infração ético-profissional: Conta-se do conhecimento do respectivo fato pelo conselho profissional o prazo de prescrição da sua pretensão de punir profissional liberal por infração ética sujeita a processo disciplinar (REsp 1.263.157-PE, rel. Min. Benedito Gonçalves, j. 5-3-2015, *DJe* 11-3-2015).

Prescindibilidade de prévio processo administrativo para negar expedição de CNH definitiva: Não depende de prévio procedimento administrativo a recusa à expedição da CNH definitiva motivada pelo cometimento de infração de trânsito de natureza grave durante o prazo anual de permissão provisória para dirigir (art. 148, § 3º, do CTB). REsp 726.842-SP, 2ª Turma, *DJ* 11-12-2006 (REsp 1.483.845-RS, rel. Min. Mauro Campbell Marques, j. 16-10-2014).

Termo inicial da prescrição da pretensão punitiva de ação disciplinar: No âmbito de ação disciplinar de servidor público federal, o prazo de prescrição da pretensão punitiva estatal começa a fluir na data em que a irregularidade praticada pelo servidor tornou-se conhecida por alguma autoridade do serviço público, e não, necessariamente, pela autoridade competente para a instauração do processo administrativo disciplinar. Isso porque, de acordo com o art. 142, § 1º, da Lei n. 8.112/90, o prazo prescricional da pretensão punitiva começa a correr da data em que a Administração toma conhecimento do fato imputado ao servidor. Precedentes citados do STJ: MS 7.885-DF, Terceira Seção, *DJ* 17-10-2005; e MS 11.974-DF, Terceira Seção, *DJe* 6-8-2007. Precedente citado do STF: RMS 24.737-DF, 1ª Turma, *DJ* 1º-6-2004 (MS 20.162-DF, rel. Min. Arnaldo Esteves Lima, j. 12-2-2014).

Processo administrativo disciplinar: No processo administrativo disciplinar, quando o relatório da comissão processante for contrário às provas dos autos, admite-se que a autoridade julgadora decida em sentido diverso daquele apontado nas conclusões da referida comissão, desde que o faça motivadamente. Isso porque, segundo o parágrafo único do art. 168 da Lei n. 8.112/90, quando "o relatório da comissão contrariar as provas dos autos, a autoridade julgadora poderá, motivadamente, agravar a penalidade proposta, abrandá-la ou isentar o servidor de responsabilidade". Precedentes citados: MS 15.826-DF, Primeira Seção, *DJe* 31-5-2013; e MS 16.174-DF, Primeira Seção, *DJe* 17-2-2012 (MS 17.811-DF, rel. Min. Humberto Martins, j. 26-6-2013).

Processo administrativo disciplinar: É possível utilizar, em processo administrativo disciplinar, na qualidade de "prova emprestada", a interceptação telefônica produzida em ação penal, desde que devidamente autorizada pelo juízo criminal e com observância das diretrizes da Lei n. 9.296/96. Precedentes citados: MS 14.226-DF, Terceira Seção, *DJe* 28-11-2012; e MS 14.140-DF, Terceira Seção, *DJe* 8-11-2012 (MS 16.146-DF, rel. Min. Eliana Calmon, j. 22-5-2013).

Processo administrativo disciplinar: Não é obrigatória a intimação do interessado para apresentar alegações finais após o relatório final de processo administrativo disciplinar. Isso porque não existe previsão legal nesse sentido. Precedentes citados: RMS 33.701-SC, 1ª Turma, *DJe* 10-6-2011; e MS 13.498-DF, Terceira Seção, *DJe* 2-6-2011 (MS 18.090-DF, rel. Min. Humberto Martins, j. 8-5-2013).

Processo administrativo disciplinar: Não deve ser paralisado o curso de processo administrativo disciplinar apenas em função de ajuizamento de ação penal destinada a apurar criminalmente os mesmos fatos investigados administrativamente. As esferas administrativa e penal são independentes, não havendo falar em suspensão do processo administrativo durante o trâmite do processo penal. Ademais, é perfeitamente possível que determinados fatos constituam infrações administrativas, mas não ilícitos penais, permitindo a aplicação de penalidade ao servidor pela Administração, sem que haja a correspondente aplicação de penalidade na esfera criminal. Vale destacar que é possível a repercussão do resultado do processo penal na esfera administrativa no caso de absolvição criminal que negue a existência do fato ou sua autoria, devendo ser revista a pena administrativa porventura aplicada antes do término do processo penal (MS 18.090-DF, rel. Min. Humberto Martins, j. 8-5-2013).

Processo administrativo disciplinar: É inviável em MS a revisão de penalidade imposta em PAD, sob o argumento de ofensa ao princípio da proporcionalidade, por implicar reexame do mérito administrativo. Precedentes citados: RMS 32.573-AM, *DJe* 12-8-2011; MS 15.175-DF, *DJe* 16-9-2010, e RMS 33.281-PE, *DJe* 2-3-2012 (MS 17.479-DF, rel. Min. Herman Benjamin, j. 28-11-2012).

Processo administrativo disciplinar: Em processo administrativo disciplinar, é possível impor sanção consistente na exclusão de militar estadual que viole regras de conduta necessárias à sua permanência na corporação. De fato, admite-se aplicar essa sanção no âmbito administrativo, independentemente da regra contida no § 4º do art. 125 da CF, que estabelece competir à justiça militar estadual processar e julgar os militares dos estados, nos crimes militares definidos em lei, e as ações judiciais contra atos disciplinares militares, ressalvada a competência do júri quando a vítima for civil, cabendo ao tribunal competente decidir sobre a perda do posto e da patente dos oficiais e da graduação das praças. Isso porque, de acordo com a jurisprudência do STF, o referido dispositivo legal somente se aplica no caso em que a perda da graduação for pena acessória de sanção criminal aplicada em processo penal, não incidindo quando se tratar de pena de demissão resultante da apuração de falta grave em processo administrativo disciplinar (RMS 40.737-PE, rel. Min. Humberto Martins, j. 16-4-2013).

Processo administrativo disciplinar: O excesso de prazo para a conclusão do processo administrativo disciplinar não gera, por si só, qualquer nulidade no feito, desde que não haja prejuízo para o acusado. Isso porque não se configura nulidade sem prejuízo (*pas de nullité sans grief*). Precedentes citados: MS 16.815-DF, Primeira Seção, *DJe* 18-4-2012; MS 15.810-DF, Primeira Seção, *DJe* 30-3-2012 (RMS 33.628-PE, rel. Min. Humberto Martins, j. 2-4-2013).

Processo administrativo disciplinar: É possível a utilização, em processo administrativo disciplinar, de prova emprestada validamente produzida em processo criminal, independentemente do trânsito em julgado da sentença penal condenatória. Isso porque, em regra, o resultado da sentença proferida no processo criminal não repercute na instância administrativa, tendo em vista a independência existente entre as instâncias. Precedentes citados: MS 17.472-DF, Primeira Seção, *DJe* 22-6-2012; e MS 15.787-DF, Primeira Seção, *DJe* 6-8-2012 (RMS 33.628-PE, rel. Min. Humberto Martins, j. 2-4-2013).

19.21.2 STF

Processo disciplinar (Encontro fortuito de provas e foro por prerrogativa de função): A Primeira Turma denegou mandado de segurança impetrado contra decisão do Conselho Nacional do Ministério Público (CNMP) que aplicou a promotor de justiça a pena de disponibilidade compulsória, com proventos proporcionais, e determinou ao Procurador-Geral de Justiça a formalização de processo judicial destinado à perda do cargo. **O processo disciplinar decorreu de provas obtidas no bojo de inquérito policial que apurava a prática de homicídio por policiais militares.** Nesse contexto, foi efetivada interceptação telefônica que identificou supostas tratativas de promotor de justiça com o advogado dos investigados, a indicar a ocorrência de outro crime. Por essa razão, a autoridade policial comunicou o fato ao juízo original, o qual remeteu as provas ao Procurador-Geral de Justiça. O impetrante aduz a ilicitude das provas, ao fundamento de que a autoridade policial deveria ter interrompido imediatamente o inquérito, no momento em que tomou conhecimento das suas conversas, e remetido todo o processo à autoridade competente, a quem caberia decidir sobre o desmembramento do feito. **Para o colegiado, no entanto, a hipótese foi de encontro fortuito de provas.** O telefone interceptado não era do membro do Ministério Público. Assim que se identificou que uma das vozes seria do impetrante, o qual teria praticado outro crime que sequer era objeto da investigação inicial, essa parte do procedimento foi deslocada à autoridade competente, que instaurou regular procedimento investigatório criminal. MS 34751/CE, rel. Min. Marco Aurélio, j. 14.8.2018. (*Informativo* 911, 1ª Turma) (MS 34.751/CE, 1ª Turma rel. Min. Marco Aurélio, j. 14-8-2018 – *Informativo* 911).

Processo administrativo (Recurso administrativo e julgamento pela mesma autoridade): A Segunda Turma deu provimento parcial a recurso ordinário em mandado de segurança para, apenas, declarar nula decisão proferida por Ministro de Estado e determinar que seja realizado novo julgamento de recurso administrativo interposto pela recorrente. No caso, a autoridade administrativa que revogara a permissão da impetrante para serviço de retransmissão televisiva rejeitara pedido de reconsideração formulado pela permissionária. Posteriormente, a aludida autoridade teria sido alçada ao cargo de Ministro de Estado e, nessa qualidade, julgara o respectivo recurso administrativo interposto. **A Turma concluiu que o recurso administrativo deveria ter sido apreciado por autoridade superior e diferente daquela que o decidira anteriormente, de modo que seria nula a decisão proferida pela mesma pessoa** (RMS 26.029/DF, 2ª Turma, rel. Min. Cármen Lúcia, 11-3-2014 – *Informativo* n. 738).

Processo administrativo (art. 170 da Lei n. 8.112/90: registro de infração prescrita e presunção de inocência): O art. 170 da Lei n. 8.112/90 ("Extinta a punibilidade pela prescrição, a autoridade julgadora determinará o registro do fato nos assentamentos individuais do servidor") é inconstitucional (MS 23.262/DF, Plenário, rel. Min. Dias Toffoli, 23-4-2014 – *Informativo* n. 743).

Processo administrativo (Processo administrativo: contraditório e ampla defesa): Por ofensa aos princípios do contraditório e da ampla defesa, A Segunda Turma deu provimento a recurso ordinário em mandado de segurança para declarar nulo ato administrativo e seus consectários, a fim de garantir à impetrante manifestação prévia em processo administrativo destinado a verificar a regularidade da concessão de benefício fiscal. **Asseverou-se que a prerrogativa de a Administração Pública controlar seus próprios atos não dispensaria a observância dos postulados supramencionados em âmbito administrativo. Ademais, ressaltou-se que a manifestação em recurso administrativo não supriria a ausência de intimação da recorrente.** Pontuou-se que caberia à Administração dar oportunidade ao interessado em momento próprio e que a impugnação, mediante recurso, de ato que anulara benefício anteriormente concedido, mesmo diante de exame exaustivo das razões de defesa apresentadas, não satisfaria o direito de defesa da impetrante (RMS 31.661/DF, 2ª Turma, rel. Min. Gilmar Mendes, 10-12-2013 – *Informativo* n. 732).

Controle de contas (Responsabilidade por dano ao erário e PAD): O TCU, em sede de tomada de contas especial, não se vincula ao resultado de processo administrativo disciplinar – PAD, tendo em vista a independência entre as instâncias e os objetos sobre os quais se debruçam as acusações tanto no âmbito disciplinar quanto no de apuração de responsabilidade por dano ao erário (MS 27.867 AgR/DF, 1ª Turma, rel. Min. Dias Toffoli, 18-9-2012 – *Informativo* n. 680).

Procedimento administrativo (Lei n. 9.784/99 e demarcação de terras indígenas): A 1ª Turma desproveu recurso ordinário em mandado de segurança interposto de acórdão do STJ, que entendera legal o procedimento administrativo de demarcação de terras do grupo indígena Guarani Ñandéva. Ao rechaçar a primeira alegação, aludiu-se à jurisprudência pacífica do Supremo no sentido de que o prazo de 5 anos para a conclusão de demarcação de terras indígenas não é decadencial, sendo a norma constante do art. 67 do ADCT meramente programática, a indicar ao órgão administrativo que proceda às demarcações dentro de um prazo razoável. No tocante à aplicação subsidiária da Lei n. 9.784/99, asseverou-se que o Estatuto do Índio (Lei n. 6.001/73) seria legislação específica a regulamentar o mencionado procedimento administrativo. No ponto, salientou-se que esta afastaria a incidência de qualquer outra norma de natureza geral. Na sequência, ressaltou-se inexistir ofensa ao princípio do contraditório e da ampla defesa, porquanto a recorrente manifestara-se nos autos administrativos e apresentara suas razões, devidamente refutadas pela FUNAI. **Assentou-se, por fim, não haver que se falar em duplo grau de jurisdição em matéria administrativa** (RMS 26.212/DF, 1ª Turma, rel. Min. Ricardo Lewandowski, 3-5-2011 –*Informativo* n. 625).

19.21.3 Repercussão Geral

Depósito prévio: É inconstitucional a exigência de depósito prévio como requisito de admissibilidade de recurso administrativo (RE 601.235, 25-9-2014).

Processo administrativo disciplinar: É possível a exclusão, em processo administrativo, de policial militar que comete faltas disciplinares, independentemente do curso de ação penal instaurada em razão da mesma conduta (ARE 691.306, 24-8-2012).

Acesse também a videoaula pelo link:
http://somos.in/MDA1151

19.22 QUADRO SINÓTICO

PROCESSO ADMINISTRATIVO

O princípio do devido processo legal está enunciado no art. 5º, LIV, da Constituição Federal: "ninguém será privado da liberdade ou de seus bens sem o devido processo legal".

- A obrigatoriedade do devido processo não só é aplicável à seara jurisdicional mas também vincula a Administração Pública e o Poder Legislativo.
- A exigência de observar-se um processo previsto na legislação relaciona-se com a noção de **legitimidade pelo procedimento**, segundo a qual, no moderno Estado de Direito, a validade das decisões praticadas pelos órgãos e agentes governamentais está condicionada ao cumprimento de um rito procedimental preestabelecido.

São aplicáveis ao processo administrativo os dois aspectos modernos do:

- devido processo legal formal: consistente na obrigatoriedade de observância do rito para a tomada de decisão;
- devido processo legal material ou substantivo: a decisão final do processo deve ser razoável e proporcional.

DICA: além do devido processo legal, o art. 5º, LV, da Constituição Federal prescreve que aos litigantes, em processo judicial ou administrativo, são assegurados o contraditório e a ampla defesa, com os meios e recursos a ela inerentes.

LEI N. 9.784/99 (LEI DO PROCESSO ADMINISTRATIVO)

Embora a própria Lei n. 9.784/99 se autodeclare aplicável somente aos processos administrativos federais (art. 1º), o Superior Tribunal de Justiça consolidou o seguinte entendimento:

- Súmula 633, STJ: "A Lei n. 9.784/99, especialmente no que diz respeito ao prazo decadencial para revisão de atos administrativos no âmbito da Administração Pública Federal, pode ser aplicada de forma subsidiária aos Estados e municípios se inexistente norma local e específica regulando a matéria".

ESPÉCIES DE PROCESSO ADMINISTRATIVO

INTERNOS × EXTERNOS

- Processos internos são aqueles instaurados dentro do ambiente estatal. Exemplo: sindicância.
- Os externos são aqueles que envolvem particulares.

RESTRITIVOS × AMPLIATIVOS

- Processos restritivos ou ablatórios são aqueles que impõem limitações à esfera privada de interesse e dividem-se em meramente restritivos, como as revogações, e sancionadores, como a sindicância.
- Processos ampliativos são voltados à expansão da esfera privada de interesses e podem ser divididos em:
  a) de iniciativa do próprio interessado, como no pedido de licença;
  b) de iniciativa da administração, como a licitação;
  c) concorrenciais, como o concurso público;
  d) simples ou não concorrenciais, como o pedido de autorização de uso.

PRINCÍPIOS DO PROCESSO ADMINISTRATIVO
(art. 2º, parágrafo único, da Lei n. 9.784/99)

- a) **LEGALIDADE:** dever de atuação conforme a lei e o Direito;
- b) **FINALIDADE:** atendimento a fins de interesse geral, vedada a renúncia total ou parcial de poderes ou competências, salvo autorização em lei;
- c) **IMPESSOALIDADE:** objetividade no atendimento do interesse público, vedada a promoção pessoal de agentes ou autoridades;
- d) **MORALIDADE:** atuação segundo padrões éticos de probidade, decoro e boa-fé;
- e) **PUBLICIDADE:** divulgação oficial dos atos administrativos, ressalvadas as hipóteses de sigilo previstas na Constituição;
- f) **PROPORCIONALIDADE:** adequação entre meios e fins, vedada a imposição de obrigações, restrições e sanções em medida superior àquelas estritamente necessárias ao atendimento do interesse público;
- g) **OBRIGATÓRIA MOTIVAÇÃO:** indicação dos pressupostos de fato e de direito que determinarem a decisão;
- h) **SEGURANÇA JURÍDICA:** observância das formalidades essenciais à garantia dos direitos dos administrados, bem como interpretação da norma administrativa da forma que melhor garanta o atendimento do fim público a que se dirige, vedada a aplicação retroativa de nova interpretação;
- i) **INFORMALISMO OU FORMALISMO MODERADO:** adoção de formas simples, suficientes para propiciar adequado grau de certeza, segurança e respeito aos direitos dos administrados;
- j) **GRATUIDADE:** proibição de cobrança de despesas processuais, ressalvadas as previstas em lei;
- k) **OFICIALIDADE OU IMPULSO OFICIAL:** impulsão, de ofício, do processo administrativo, sem prejuízo da atuação dos interessados;
- l) **CONTRADITÓRIO E AMPLA DEFESA:** garantia dos direitos à comunicação, à apresentação de alegações finais, à produção de provas e à interposição de recursos, nos processos de que possam resultar sanções e nas situações de litígio.

INSTAURAÇÃO DO PROCESSO

A Administração Pública, ao contrário do Poder Judiciário, constitui um organismo estatal dinâmico, podendo sempre agir de ofício, isto é, sem necessidade de provocação.

- Por isso, o art. 5º da Lei n. 9.784/99 afirma que **o processo administrativo pode iniciar-se de ofício** ou a pedido do interessado.

Como regra, o requerimento do interessado deve ser formulado por escrito, sendo obrigatória a indicação dos seguintes elementos:

- a) órgão ou autoridade administrativa a que se dirige;
- b) identificação do interessado ou de quem o represente;
- c) domicílio do requerente ou local para recebimento de comunicações;
- d) formulação do pedido, com exposição dos fatos e de seus fundamentos;
- e) data e assinatura do requerente ou de seu representante.

DICA: a Administração está proibida de recusar sem motivo o recebimento de documentos (art. 6º, parágrafo único, da Lei n. 9.784/99).

ATENÇÃO: Súmula 611, STJ (14-5-2018): "Desde que devidamente motivada e com amparo em investigação ou sindicância, é permitida a instauração de processo administrativo disciplinar com base em denúncia anônima, em face do poder-dever de autotutela imposto à Administração".

LEGITIMADOS

O art. 9º da Lei n. 9.784/99 define como legitimados no processo administrativo:

- **titulares dos direitos e interesses** que iniciem o processo, podendo ser pessoas físicas ou jurídicas;
- **terceiros interessados** que, sem terem iniciado o processo, possuem direitos ou interesses que possam ser afetados pela decisão a ser adotada;
- **organizações e associações representativas**, no tocante a direitos e interesses coletivos;
- **pessoas ou associações** legalmente constituídas quanto a direitos ou **interesses difusos**

DICA: a **capacidade**, para fins de processo administrativo, é conferida aos **maiores de dezoito anos**, ressalvada previsão especial em ato normativo próprio (art. 10 da Lei n. 9.784/99).

COMPETÊNCIA

A competência administrativa é irrenunciável e deve ser exercida pelo órgão legalmente habilitado para seu cumprimento, exceto nos casos de delegação e avocação (art. 11 da Lei n. 9.784/99).

- Na DELEGAÇÃO, um órgão administrativo ou seu titular transferem temporariamente parte da sua competência a outros órgãos ou titulares, ainda que estes não lhe sejam hierarquicamente subordinados, quando for conveniente, em razão de circunstâncias de índole técnica, social, econômica, jurídica ou territorial. A delegação é revogável a qualquer tempo por vontade unilateral da autoridade delegante.

ATENÇÃO: em nenhuma hipótese podem ser objeto de delegação:

a) a edição de atos de caráter normativo;

b) a decisão de recursos administrativos;

c) as matérias de competência exclusiva do órgão ou autoridade.

- Na AVOCAÇÃO o órgão ou seu titular chamam para si, em caráter excepcional e temporário, competência atribuída a órgão hierarquicamente inferior.

DICA: o processo administrativo deverá ser iniciado perante a autoridade de menor grau hierárquico para decidir (art. 17 da Lei n. 9.784/99).

IMPEDIMENTO E SUSPEIÇÃO

- IMPEDIMENTO: Fica impedido de atuar em processo administrativo o servidor ou autoridade que:
  a) tenha interesse direto ou indireto na matéria;
  b) tenha participado ou venha a participar como perito, testemunha ou representante, ou se tais situações ocorrem quanto ao cônjuge, companheiro ou parente e afins até o terceiro grau;
  c) esteja litigando judicial ou administrativamente com o interessado ou respectivo cônjuge ou companheiro.
- SUSPEIÇÃO: Relaciona-se com a condição da autoridade ou servidor que tenha amizade íntima ou inimizade notória com algum dos interessados ou com os respectivos cônjuges, companheiros, parentes e afins até o terceiro grau.

DICA: o indeferimento de alegação de suspeição poderá ser objeto de recurso, sem efeito suspensivo.

FORMA, TEMPO E LUGAR DOS ATOS

- FORMA: a regra geral é que os atos do processo administrativo não dependem de forma determinada, exceto quando a lei expressamente a exigir, devendo ser produzidos por escrito, em vernáculo, com a data e o local de sua realização e a assinatura da autoridade responsável.
- TEMPO: os atos do processo administrativo devem ser realizados em dias úteis, no horário normal de funcionamento da repartição na qual tramitar o processo.

DICA: salvo disposição legal em contrário, os atos das autoridades e dos administrados participantes do processo devem ser praticados no prazo de cinco dias, salvo motivo de força maior.

- LUGAR: quanto ao lugar, os atos do processo devem ser realizados de preferência na sede do órgão competente, cientificando-se o interessado se outro for o local de realização.

COMUNICAÇÃO DOS ATOS

O órgão competente promoverá a intimação do interessado para ciência de decisão ou a efetivação de diligências. A intimação deverá conter:

- identificação do intimado e nome do órgão ou entidade administrativa;
- finalidade da intimação;
- data, hora e local em que deve comparecer;
- se o intimado deve comparecer pessoalmente, ou fazer-se representar;
- informação da continuidade do processo independentemente do seu comparecimento;
- indicação dos fatos e fundamentos legais pertinentes.

INSTRUÇÃO DO PROCESSO

A instrução do processo, realizada para comprovar os fatos alegados, é promovida de ofício, sem prejuízo do direito dos interessados de propor atuações probatórias.

- São inadmissíveis no processo administrativo as provas obtidas por meios ilícitos.
- Cabe ao interessado o ônus de provar os fatos que tenha alegado.
- Somente poderão ser recusadas, mediante decisão fundamentada, as provas propostas pelos interessados quando sejam ilícitas, impertinentes, desnecessárias ou protelatórias.
- Na hipótese em que deva ser obrigatoriamente ouvido um órgão consultivo, o parecer deverá ser emitido no prazo máximo de quinze dias, salvo norma especial ou comprovada necessidade de maior prazo.
- Se um parecer obrigatório e vinculante deixar de ser emitido no prazo fixado, o processo não terá seguimento até a respectiva apresentação, responsabilizando-se quem der causa ao atraso.
- No caso de um parecer obrigatório e não vinculante deixar de ser emitido no prazo fixado, o processo poderá ter prosseguimento e ser decidido com sua dispensa, sem prejuízo da responsabilidade de quem se omitiu no atendimento.
- Após o encerramento da instrução, o interessado terá o direito de manifestar-se no prazo máximo de dez dias, salvo se outro prazo for legalmente fixado.
- Se o órgão de instrução não for competente para emitir a decisão final, deverá elaborar relatório indicando o pedido inicial e o conteúdo das fases do procedimento e formulará proposta de decisão, objetivamente justificada, encaminhando o processo à autoridade competente.

DEVER DE DECIDIR

- A administração Pública tem o dever de emitir decisão expressa nos processos administrativos e sobre solicitações ou reclamações, em matéria de sua competência.
- Encerrada a instrução de processo administrativo, a Administração tem o prazo de até trinta dias para decidir, salvo prorrogação por igual período expressamente motivada.

DESISTÊNCIA

- O interessado poderá, mediante manifestação escrita, desistir total ou parcialmente do pedido formulado ou, ainda, renunciar a direitos disponíveis (art. 51 da Lei n. 9.784/99).

RECURSOS ADMINISTRATIVOS

- Todas as decisões em processos administrativos podem ser objeto de recurso quanto a questões de legalidade e de mérito.
- O recurso será dirigido à autoridade que proferiu a decisão, a qual, se não a reconsiderar no prazo de cinco dias, o encaminhará à autoridade superior.
- O recurso administrativo tramitará **no máximo por três instâncias administrativas**, salvo disposição legal diversa (art. 57 da Lei n. 9.784/99).

- LEGITIMADOS: são legitimados para interpor recurso administrativo:
  a) os titulares de direitos e interesses que forem parte no processo;
  b) aqueles cujos direitos ou interesses forem indiretamente afetados pela decisão recorrida;
  c) as organizações e associações representativas, no tocante a direitos e interesses coletivos;
  d) os cidadãos ou associações, quanto a direitos ou interesses difusos.
- PRAZO: como regra geral, o prazo para interposição de recurso administrativo é de **dez dias**, contado a partir da ciência ou divulgação oficial da decisão recorrida, devendo ser decidido, exceto se a lei não fixar prazo diferente, no prazo máximo de trinta dias.
- NÃO CONHECIMENTO: o recurso não será conhecido quando interposto:
  a) fora do prazo;
  b) perante órgão incompetente;
  c) por quem não seja legitimado;
  d) após exaurida a esfera administrativa.

REFORMATIO *IN PEJUS*

Não há proibição da *reformatio in pejus* nos processos administrativos, ou seja, nada impede que a decisão do recurso agrave a situação do recorrente, exigindo-se apenas que ele seja cientificado para que formule suas **alegações antes da decisão**.

PRAZOS

Em regra, os prazos começam a correr a partir da data da cientificação oficial, excluindo-se da contagem o dia do começo e incluindo-se o do vencimento (art. 66).

- Considera-se prorrogado o prazo até o primeiro dia útil seguinte se o vencimento cair em dia em que não houver expediente ou este for encerrado antes da hora normal.
- Os prazos expressos em dias contam-se de modo contínuo.
- Já os prazos fixados em meses ou anos contam-se de data a data. Se no mês do vencimento não houver o dia equivalente àquele do início do prazo, tem-se como termo o último dia do mês.
- Salvo motivo de força maior devidamente comprovado, os prazos processuais não se suspendem.

19.23 QUESTÕES

1. (Técnico em Comunicação Social – AGU – 2019 – Idecan) A respeito do processo administrativo no âmbito da Administração Pública Federal (Lei n. 9.784/99), assinale a alternativa correta.

A) Considera-se órgão, nos termos da Lei n. 9.784/99, a unidade de atuação dotada de personalidade jurídica.

B) As organizações e associações representativas, no tocante a direitos e interesses difusos, são legitimadas como interessados no processo administrativo.

C) Considera-se entidade, nos termos da Lei n. 9.784/99, a unidade de atuação integrante da estrutura da Administração direta e da estrutura da Administração indireta.

D) São capazes, para fins de processo administrativo, os maiores de dezesseis anos.

E) Não pode ser objeto de delegação a decisão de recursos administrativos.

2. (Administrador – IF-ES – 2019 – IF-ES) Sobre a Lei n. 9.784/99, analise os itens abaixo e assinale a alternativa CORRETA, a respeito de quem têm legitimidade para interpor recurso administrativo.

A) Os titulares de direitos e que tenham acesso à parte do processo.

B) Aqueles cujos direitos ou interesses forem diretamente afetados pela decisão interposta.

C) As organizações e associações representativas, no tocante a direitos e interesses individuais.

D) Os sindicatos interpõem recursos por meio de requerimento no qual o recorrente deverá expor os fundamentos do pedido de exame, devendo juntar os documentos e provas materiais em até 30 dias.

E) Os cidadãos ou associações, quanto a direitos ou interesses difusos.

3. (Administrador – IF-ES – 2019 – IF-ES) Segundo o art. 18 da Lei n. 9.784/99, é impedido de atuar em processo administrativo o servidor ou autoridade que:

I – tenha interesse direto ou indireto na matéria;

II – não tenha participado ou venha a participar como perito, testemunha ou representante, ou se tais situações ocorrem quanto ao cônjuge, companheiro ou parente e afins até o terceiro grau;

III – esteja litigando judicial ou administrativamente com o interessado ou respectivo cônjuge ou companheiro.

Analise as afirmativas acima e assinale a alternativa que contém somente afirmativa(s) INCORRETA(S):

A) I, II e III;

B) I e III;

C) II e III;

D) I e II;

E) II.

4. (Administrador – UFSC – 2019 – UFSC) A respeito do processo administrativo, no âmbito da Administração Pública Federal, regulamentado pela Lei n. 9.784, de 29 de janeiro de 1999, e suas alterações, é correto afirmar que:

A) o requerimento inicial do interessado, salvo casos em que for admitida solicitação oral, deve ser formulado por escrito;

B) é direito do administrado ter ciência da tramitação dos processos administrativos em que tenha a condição de interessado, bem como ter vista dos autos, mas não obter cópias de documentos neles contidos;

C) o processo administrativo pode iniciar-se somente de ofício;

D) é permitida à administração a recusa imotivada de recebimento de documentos, devendo o servidor orientar o interessado quanto ao suprimento de eventuais falhas;

E) para assuntos que importem pretensões equivalentes, os órgãos e entidades administrativas não deverão elaborar modelos ou formulários padronizados.

5. (Administrador – IF-PA – 2019 – IF-PA) Acerca do processo administrativo, julgue os itens a seguir.

I – Devido ao princípio da inércia administrativa, o processo administrativo só pode iniciar-se a pedido de interessado.

II – No processo administrativo será observado o critério de proibição de cobrança de despesas processuais, ressalvadas as previstas em lei.

III – Expor os fatos conforme a verdade e não agir de modo temerário são alguns dos deveres dos administrados perante a Administração.

IV – Salvo disposição legal específica, é de cinco dias o prazo para interposição de recurso administrativo, contado a partir da ciência ou divulgação oficial da decisão recorrida.

A) Os itens I e II são verdadeiros.

B) Apenas o item I é falso.

C) Todos os itens são verdadeiros.

D) Os itens I e IV são falsos.

E) Os itens I, II e III são falsos.

6. (Juiz Substituto – TJ-PR – 2019 – Cespe) De acordo com a Lei n. 9.784/99, que regula processos administrativos no âmbito federal, um órgão administrativo ou o seu titular poderá delegar parte da sua competência a outros órgãos ou titulares, desde que:

A) estes sejam hierarquicamente subordinados àqueles;

B) a finalidade seja editar atos de caráter normativo;

C) a finalidade seja decidir recursos administrativos;

D) não haja impedimento legal, e que a delegação seja feita com base na conveniência.

7. (Titular de Serviços de Notas e de Registros – Provimento – TJ-PR – 2019 – NC-UFPR) "O direito à ampla defesa toca na licitude e moralidade dos meios de prova. Para Cordeiro, deve ser afastada do processo a ideia de que este tem por finalidade a verdade a qualquer preço. Essa afirmação conduz à possibilidade de tortura. O contraditório constitui medida útil, do ponto de vista técnico e moral, como único modo de garantir ao imputado uma defesa efetiva" (BACELLAR FILHO, 2013). Sobre o tema levantado pelo autor, assinale a alternativa correta segundo o sistema jurídico brasileiro atual.

A) O raciocínio acima conduz à interpretação de que são inadmitidas as provas ilícitas no processo administrativo disciplinar por razões também morais, para além da questão da legalidade formal.

B) O texto citado está desatualizado, considerando a atual jurisprudência brasileira predominante, que permite a consideração de provas ilícitas no processo administrativo, desde que exista uma formal solicitação de desculpas realizada pela autoridade respectiva *a posteriori*.

C) As provas não podem ser consideradas ilícitas se forem indispensáveis à verificação pragmática da verdade material, e desde que sejam submetidas ao contraditório, exceto para o caso da tortura.

D) A mera inversão do ônus da prova, no processo administrativo disciplinar, não implica afetação ao princípio da presunção de inocência, podendo ser realizada em caso de ser caracterizado o dolo do agente.

E) O processo administrativo disciplinar, pela sua própria natureza, não admite a possibilidade de medidas cautelares, seja por razões de interesse público, seja por razões de ampla defesa.

8. (Administrador I – CRA-PR – 2019 – Quadrix)

Texto associado

Quanto às noções básicas de administração pública, julgue o item.

Para efeito das regras legais de processo administrativo, um órgão é a unidade de atuação dotada de personalidade jurídica.

( ) Certo

( ) Errado

9. (Administrador I – CRA-PR – 2019 – Quadrix)

Texto associado

Quanto às noções básicas de administração pública, julgue o item.

Determinada pessoa física ou jurídica pode ser considerada como interessada em processo administrativo, ainda que não o tenha iniciado.

( ) Certo

( ) Errado

10. (Administrador I – CRA-PR – 2019 – Quadrix)

Texto associado

Quanto às noções básicas de administração pública, julgue o item.

Quando a lei assim exigir, a autenticação de documentos em cópias somente será aceita quando realizada por cartório regularmente autorizado.

( ) Certo

( ) Errado

GABARITO

1. E / **2.** E / **3.** E / **4.** A / **5.** D / **6.** D / **7.** A / **8.** ERRADO / **9.** CERTO / **10.** ERRADO

Acesse mais questões também pelo link:
http://somos.in/MDA1169

20

LEI DE RESPONSABILIDADE FISCAL (LEI COMPLEMENTAR N. 101/2000)

Acesse também a videoaula pelo link:
http://somos.in/MDA1121

20.1 JUSTIFICATIVA

O estudo da Lei de Responsabilidade Fiscal – Lei Complementar n. 101, de 4 de maio de 2000, não costuma fazer parte da grade curricular e nem constar da literatura especializada sobre Direito Administrativo, aproximando-se muito mais do campo de interesses do Direito Financeiro.

Entretanto, tem se tornado cada vez mais frequente nos editais de concurso público a inclusão da responsabilidade fiscal entre os temas exigidos na disciplina Direito Administrativo. Foi o que ocorreu no 88º Concurso de Ingresso na Carreira do Ministério Público do Estado de São Paulo, cujo edital publicado em 8 de abril de 2011 inseriu a Lei Complementar n. 101/2000 como matéria pertinente à prova de Administrativo.

Assim, visando auxiliar leitores interessados em prestar provas e concursos que exigem conhecimento da matéria, é conveniente abrir um capítulo específico neste Manual para tratar detalhadamente do tema.

20.2 BASES CONSTITUCIONAIS

A Lei de Responsabilidade Fiscal (LRF) foi promulgada para fins de regulamentar o art. 163 da Constituição Federal de 1988, segundo o qual:

"Lei complementar disporá sobre:

I – finanças públicas;

II – dívida pública externa e interna, incluída a das autarquias, fundações e demais entidades controladas pelo Poder Público;

III – concessão de garantias pelas entidades públicas;

IV – emissão e resgate de títulos da dívida pública;

V – fiscalização financeira da administração pública direta e indireta;

VI – operações de câmbio realizadas por órgãos e entidades da União, dos Estados, do Distrito Federal e dos Municípios;

VII – compatibilização das funções das instituições oficiais de crédito da União, resguardadas as características e condições operacionais plenas das voltadas ao desenvolvimento regional".

A localização do referido dispositivo mostra que a LRF posiciona-se dentro do ordenamento jurídico, fixando **normas gerais sobre finanças públicas** cuja observância é **obrigatória para a União, os Estados, o Distrito Federal e os Municípios.**

A LRF regulamenta também o art. 169 do Texto Maior:

"A despesa com pessoal ativo e inativo da União, dos Estados, do Distrito Federal e dos Municípios não poderá exceder os limites estabelecidos em lei complementar".

Portanto, a Lei Complementar n. 101/2000 desdobra e cumpre uma dupla função atribuída pelo constituinte: estabelecer normas gerais em matéria de finanças públicas e criar limites ao gasto com funcionalismo público.

20.3 CONTEXTO HISTÓRICO

O endividamento público descontrolado, os gastos excessivos com pessoal engessando os orçamentos estatais e a concessão indiscriminada de vantagens fiscais sempre marcaram negativamente a administração pública brasileira.

Por essas razões, a Constituição Federal de 1988, em seu art. 163, previu a necessidade de criação de uma lei voltada a inibir os malefícios de uma gestão financeira temerária.

A LRF, de acordo com o que enuncia sua exposição de motivos, foi concebida como **parte integrante** do **Programa de Estabilidade Fiscal**, que foi apresentado à sociedade brasileira em outubro de 1998 e tinha como objetivos **específicos**:

> A prova de Auditor-Fiscal da Receita Federal 2005 feita pela Esaf considerou CORRETA a afirmação: "Observando-se o comportamento das finanças públicas, no Brasil, a partir de 1999, pode-se afirmar que houve a aprovação da Lei de Responsabilidade Fiscal, com a imposição de limites de gastos com pessoal para os três níveis de governo".

a) a drástica e veloz redução do déficit público;

b) a estabilização do montante da dívida pública em relação ao Produto Interno Bruto;

c) criar um ambiente fiscal mais favorável;

d) reestruturar a dívida dos Estados e Municípios, fixando limites para o endividamento **público**;

> A prova de Fiscal de Rendas da Sefaz/RJ 2010 feita pela FGV considerou CORRETA a afirmação: "A LRF criou obstáculos à capacidade de municípios ou estados endividados de conseguir financiamento junto a outros entes da federação".

e) estabelecer limites para a expansão de despesas continuadas;

f) reorganizar o sistema bancário estadual.

O integral cumprimento desses objetivos específicos do Programa de Estabilidade Fiscal foi considerado "condição necessária e suficiente para a consolidação de um novo regime fiscal no país, compatível com a estabilidade de preços e o desenvolvimento sustentável"[1].

20.4 COMPATIBILIDADE COM A LEI N. 4.320/64

A Lei n. 4.320/64 estabelece o tratamento normativo das finanças públicas e cria regras gerais para elaboração e controle dos orçamentos e balanços da União, dos Estados, dos Municípios e do Distrito Federal (art. 1º). O conteúdo da Lei n. 4.320/64 é bem mais abrangente do que o da Lei de Responsabilidade Fiscal, na medida em que dispõe sobre todos os institutos fundamentais do Direito Financeiro, tais como receita e despesa, disciplinando ainda todo o sistema orçamentário nacional.

Assim, não há qualquer incompatibilidade objetiva entre a Lei Complementar n. 101/2000 e a Lei n. 4.320/64, de modo que as duas permanecem integral e simultaneamente aplicáveis no ordenamento jurídico brasileiro.

20.5 OBJETIVOS DA LRF E PRESSUPOSTOS DA RESPONSABILIDADE FISCAL

De acordo com o disposto no seu art. 1º, podem ser enumerados como **objetivo central** da Lei Complementar n. 101/2000 ao definirem normas de finanças públicas voltadas para a **responsabilidade na gestão fiscal**. Para tanto, o § 1º do referido artigo estabelece os seguintes **pressupostos** para a responsabilidade na gestão fiscal:

1) ação planejada e **transparente**;

> A prova de Fiscal de Rendas da Sefaz/RJ 2010 feita pela FGV considerou CORRETA a afirmação: "A LRF trouxe maior transparência à gestão fiscal, à escrituração e consolidação das contas, aos relatórios a serem apresentados aos órgãos competentes, às prestações de contras e à fiscalização da gestão fiscal".

2) prevenção de riscos;

3) correção de desvios capazes de afetar o **equilíbrio** das contas públicas;

> A prova de Analista da EBCT 2011 elaborada pelo Cespe considerou CORRETA a afirmação: "A garantia de equilíbrio nas contas mediante o cumprimento de metas de resultados entre receitas e despesas, com limites e condições para a renúncia de receita e para a geração de despesas, é um dos principais objetivos da Lei de Responsabilidade Fiscal".

1. Exposição de Motivos da Lei Complementar n. 101/2000.

4) cumprimento de metas e resultados entre receitas e despesas; e

5) obediência a limites quanto:

a) à renúncia de receita;

b) à geração de despesas com pessoal, da seguridade social e outras;

c) às dívidas consolidada e mobiliária;

d) às operações de crédito, inclusive por antecipação de receita;

e) à concessão de garantia;

f) à inscrição em Restos a **Pagar**.

> A prova de Assistente do Ipajm 2010 pelo Cespe considerou INCORRETA a afirmação: "A Lei de Responsabilidade Fiscal, de 2000, determinou o percentual do orçamento público que a União, os estados, os municípios e o Distrito Federal podem destinar para o financiamento das campanhas eleitorais".

20.6 NATUREZA JURÍDICA E ÂMBITO DE APLICAÇÃO DA LRF

A Lei de Responsabilidade Fiscal tem **natureza jurídica de lei nacional**, aplicando-se simultaneamente aos Três Poderes da União, Estados, Distrito Federal e Municípios, inclusive às respectivas administrações públicas diretas e indiretas (art. 2º, § 3º, da Lei Complementar n. 101/2000), mesmo quando houver prestação de serviços públicos mediante **terceirização**.

> A prova da Magistratura do Trabalho do TRT da 2ª Região considerou INCORRETA a afirmação: "A Lei de Responsabilidade Fiscal não atinge o administrador público quanto aos serviços terceirizados, ficando este isento de qualquer responsabilidade".

20.7 CONCEITO DE RECEITA CORRENTE LÍQUIDA

Um dos mais importantes conceitos técnicos utilizados pela LRF é o de receita corrente líquida, assim considerada como o **somatório das receitas tributárias, de contribuições, patrimoniais, industriais, agropecuárias, de serviços, transferências correntes e outras receitas também correntes, deduzidos**: a) os valores constitucionalmente definidos como **repartição de receitas** entre as entidades federativas; b) o montante arrecadado com as **contribuições sociais** (arts. 195, I e II, e 239 da CF).

A receita corrente líquida será apurada somando-se as receitas arrecadadas no mês em referência e nos onze anteriores, excluídas as duplicidades (art. 2º, § 3º, da LRF).

20.8 PLANEJAMENTO E SISTEMA ORÇAMENTÁRIO NA LRF

O Capítulo II da Lei de Responsabilidade Fiscal é integralmente dedicado ao tema do planejamento orçamentário.

Adotando as bases do sistema orçamentário estabelecido pelo art. 165 da Constituição Federal, a LRF cria regras a respeito dos três tipos de leis orçamentárias existentes no Brasil: a) Plano Plurianual (PPA); b) Lei de Diretrizes Orçamentárias (LDO); c) Lei Orçamentária Anual (LOA).

Nos termos do art. 165, § 1º, da CF, cabe ao PPA estabelecer, de forma regionalizada, as **diretrizes, objetivos e metas** da Administração Pública Federal **para as despesas de capital** e outras delas decorrentes, bem como para as relativas aos **programas de duração continuada.**

A LDO compreenderá as **metas e prioridades da Administração Pública** Federal, incluindo as despesas de capital **para o exercício financeiro subsequente**, orientará a elaboração da lei orçamentária anual, disporá sobre as alterações na legislação tributária e estabelecerá a política de aplicação das agências financeiras oficiais de fomento (art. 165, § 2º, da CF).

Além disso, a LDO disporá também sobre: a) equilíbrio entre receitas e despesas; b) critérios e forma de limitação de empenho; c) normas relativas ao controle de custos e à avaliação dos resultados dos programas financiados com recursos dos orçamentos; d) demais condições e exigências para transferências de recursos a entidades públicas e privadas (art. 4º, I, da LC 101/2000).

> ATENÇÃO: no projeto de LDO **Anexo de Metas Fiscais**, serão estabelecidas metas anuais, em valores correntes e constantes, relativas a receitas, despesas, resultados nominal e primário e montante da dívida pública, para o exercício a que se referirem e para os dois seguintes; no **Anexo de Riscos Fiscais**, serão avaliados os passivos contingentes e outros riscos capazes de afetar as contas **públicas**, informando as providências a serem tomadas, caso se concretizem (art. 4º, §§ 1º e 3º da LRF).

Quanto à LOA, o art. 165, § 5º, da Constituição Federal, determina que ela obrigatoriamente compreenderá:

a) o orçamento fiscal referente aos Poderes da União, seus fundos, órgãos e entidades da administração direta e indireta, inclusive fundações instituídas e mantidas pelo Poder Público;

b) o orçamento de investimento das empresas em que a União, direta ou indiretamente, detenha a maioria do capital social com direito a voto;

c) o orçamento da seguridade social, abrangendo todas as entidades e órgãos a ela vinculados, da administração direta ou indireta, bem como os fundos e fundações instituídos e mantidos pelo Poder Público.

20.9 PREVISÃO E ARRECADAÇÃO DA RECEITA PÚBLICA

Sem dúvida alguma, os dispositivos mais polêmicos da Lei de Responsabilidade Fiscal são os arts. de 11 a 13, que tratam da previsão e da arrecadação de receitas pelas entidades federativas.

Especialmente controvertida é a norma do art. 11, *in verbis:* "Constituem requisitos essenciais da responsabilidade na gestão fiscal a instituição, previsão e efetiva arrecadação de todos os tributos da competência constitucional do ente da **Federação**".

> A prova de Advogado da Itaipu Binacional 2011 feita pela UFPR considerou CORRETA a afirmação: "A gestão fiscal responsável envolve a instituição, a previsão e efetiva arrecadação de todos os tributos da competência do ente da Federação".

O problema é que o legislador criou um dever para as entidades federativas de instituir e efetivamente arrecadar todos os tributos de sua competência. O parágrafo único, do mesmo art. 11, prevê ainda uma punição para o descumprimento do referido comando: "é vedada a realização de transferências voluntárias para o ente que não observe o disposto no *caput*, no que se refere aos **impostos**". Ocorre que o art. 145 da Constituição Federal afirma que a União, os Estados, o Distrito Federal e os Municípios "podem" instituir impostos, taxas e contribuições de melhoria.

> A prova de Auditor Público do TCE/RS 2011 elaborada pela FMPRS considerou CORRETA a afirmação: "Constituem requisitos essenciais da responsabilidade na gestão fiscal a instituição, previsão e efetiva arrecadação de todos os tributos da competência constitucional do ente da Federação, sendo vedada a realização de transferências correntes ao ente público que desobedecer a tal diretriz no que diz respeito aos impostos".

Ora, se a Constituição Federal define a competência tributária como uma mera faculdade, o legislador não pode transformar o exercício dessa atribuição em um dever, ainda mais punindo a entidade federativa que o descumprir.

O art. 11 da Lei de Responsabilidade Fiscal é flagrantemente inconstitucional. Esse é o entendimento majoritário na doutrina. Na maioria dos concursos públicos, predomina uma visão mais moderada, segundo a qual o dispositivo é considerado de questionável **constitucionalidade**.

> A prova da Magistratura Federal da 4ª Região 2010 considerou CORRETA a afirmação: "O art. 11 da Lei Complementar n. 101/2000 é de constitucionalidade questionável diante da regra de competência tributária privativa dos entes federados, mas a doutrina tende fortemente a admitir sua constitucionalidade, pois não imporia obrigação de exercício de competência tributária, mas apenas consequências de seu não exercício".

Outra importante controvérsia envolve o § 2º do art. 12 da LRF: "o montante previsto para as receitas de operações de crédito não poderá ser superior ao das despesas de capital constantes do projeto de lei orçamentária". O Supremo Tribunal Federal, no julgamento da ADIn 2.238-5, concedeu medida liminar para atribuir interpretação conforme ao art. 167, III, da CF, com o objetivo de esclarecer que a proibição não abrange operações de crédito autorizadas mediante créditos suplementares ou especiais com finalidade determinada, aprovados pelo Poder Legislativo.

20.10 RENÚNCIA DE RECEITA

A LRF estabelece diversas restrições à outorga de incentivos fiscais, considerados pela lei como renúncia de receita. A renúncia compreende anistia, remissão, subsídio, crédito presumido, concessão de isenção em caráter não geral, alteração de alíquota ou modificação de base de cálculo que implique redução discriminada de tributos ou contribuições, bem como outros benefícios que correspondam a tratamento diferenciado (art. 14, § 1º).

Após a promulgação da LRF, qualquer incentivo fiscal enquadrado nas hipóteses acima mencionadas deve ser considerado ilegítimo, exceto se preencher os requisitos previstos no art. 14 da Lei.

Assim, para mostrar-se compatível com as exigências da Lei de Responsabilidade Fiscal, a renúncia de receita deverá atender aos seguintes requisitos:

1) ser acompanhada de uma estimativa do impacto orçamentário-financeiro no exercício em que deva iniciar sua vigência e nos dois **subsequentes**;

> A prova de Auditor Público do TCE/RS 2011 elaborada pela FMPRS considerou INCORRETA a afirmação: "A concessão ou ampliação de incentivo ou benefício do qual decorra renúncia de despesas deverá estar acompanhada de estimativa do impacto financeiro-orçamentário relativo ao exercício financeiro em que deva iniciar a sua vigência e aos três exercícios financeiros seguintes a este".

2) cumprir o disposto na lei de diretrizes orçamentárias;

3) enquadrar-se em pelo menos uma das seguintes condições:

a) demonstração pelo proponente de que a renúncia foi considerada na estimativa de receita da lei orçamentária e de que não afetará as metas de resultados fiscais previstos no anexo próprio da lei de diretrizes **orçamentárias**;

> A prova de Analista da Seplag/DF 2009 feita pela Funiversa considerou CORRETA a afirmação: "A Lei de Responsabilidade Fiscal determina que é necessário, para que haja a renúncia de receita, atender ao disposto na lei de diretrizes orçamentárias e, pelo menos, a demonstração, pelo proponente, de que a renúncia foi considerada na estimativa da receita da lei orçamentária anual e de que não afetará as metas de resultados fiscais previstos no anexo próprio da lei de diretrizes orçamentárias".

b) estar acompanhada de medidas de compensação, no período mencionado no *caput*, por meio do aumento de receita, proveniente da elevação de alíquotas, ampliação da base de cálculo, majoração ou criação de tributo ou contribuição.

A concessão de **incentivo fiscal sem observar as condições exigidas** pela Lei de Responsabilidade Fiscal constitui ato de **improbidade administrativa que causa lesão ao erário**, enquadrado no art. 10 da Lei n. 8.429/92.

Importante destacar que, nos termos do § 3º do art. 14 da LRF, não são considerados como renúncia de receita:

1) alterações das alíquotas de II (Imposto sobre Importação), IE (Imposto sobre Exportação), IOF (Imposto sobre Operações Financeiras) e IPI (Imposto sobre Produtos Industrializados), previstas no art. 153, § 1º, da CF;

2) o cancelamento de débito cujo montante seja inferior ao dos respectivos custos de cobrança.

20.11 GERAÇÃO DE DESPESA PÚBLICA

Além de restringir a renúncia de receitas, a LRF cria também regras de limitação para geração de gastos ou despesas públicas. Daí o art. 15 declarar que "serão consideradas não autorizadas, irregulares e lesivas ao patrimônio público a geração de despesa ou assunção de obrigação que não atendam o disposto nos arts. 16 e 17".

De acordo com o art. 16 da LRF, a criação, expansão ou aperfeiçoamento de ação governamental que acarrete aumento da despesa será acompanhado de:

I) estimativa do impacto orçamentário-financeiro no exercício em que deva entrar em vigor e nos dois subsequentes;

II) declaração do ordenador da despesa de que o aumento tem adequação orçamentária e financeira com a lei orçamentária anual e compatibilidade com o plano plurianual e com a lei de diretrizes orçamentárias.

20.12 DESPESA OBRIGATÓRIA DE CARÁTER CONTINUADO

Considera-se despesa corrente obrigatória de caráter continuado a despesa derivada de lei, medida provisória ou ato administrativo normativo que fixem para o ente a obrigação legal de sua execução por um período superior a dois **exercícios** (art. 17).

> A prova de Promotor de Justiça/GO 2009 considerou CORRETA a afirmação: "Considera-se obrigatória de caráter continuado a despesa corrente derivada de lei, medida provisória ou ato administrativo normativo que fixem para o ente a obrigação legal de sua execução por um período superior a dois exercícios".

Os atos que criarem ou aumentarem despesas serão acompanhados de comprovação de que a despesa criada ou aumentada não afetará as metas de resultados fiscais, devendo seus efeitos financeiros, nos períodos seguintes, serem compensados pelo aumento permanente de receita ou pela redução permanente de **despesa**.

> A prova do Detran/ES 2010 elaborada pelo Cespe considerou INCORRETA a afirmação: "Se uma despesa for criada por prazo determinado, tendo sido atendidos todos os requisitos legais, sua eventual prorrogação não precisará ser precedida das medidas compensatórias previstas pela lei de responsabilidade fiscal, desde que essa prorrogação aconteça também por prazo determinado".

20.13 DESPESAS COM PESSOAL

As regras mais importantes da LRF, para provas e concursos públicos, são as que estabelecem os limites máximos para despesa total com pessoal (arts. 18 a 25).

Entende-se como despesa total com pessoal "o somatório dos gastos do ente da Federação com os ativos, os inativos e os pensionistas, relativos a mandatos eletivos, cargos, funções ou empregos, civis, militares e de membros de Poder, com quaisquer espécies remuneratórias, tais como vencimentos e vantagens, fixas e variáveis, subsídios, proventos da aposentadoria, reformas e pensões, inclusive adicionais, gratificações, horas extras e vantagens pessoais de qualquer natureza, bem como encargos sociais e contribuições recolhidas pelo ente às entidades de previdência" (art. 18).

A apuração da despesa total com pessoal será feita somando-se a realizada no mês em referência com as dos onze imediatamente anteriores, adotando-se o regime de competência (art. 18, § 2º).

Nos termos do art. 19 da LRF, os índices máximos da despesa com pessoal são os seguintes:

a) União: 50%;

b) Estados: **60%**;

> **A prova de Promotor de Justiça/SE 2010 feita pelo Cespe considerou CORRETA a afirmação: "A despesa total com pessoal nos estados e municípios não pode exceder 60% da receita corrente líquida respectiva".**

c) Municípios: 60%.

A repartição dos limites globais não poderá exceder os seguintes percentuais (art. 20):

I – na esfera federal:

a) 2,5% para o Legislativo, incluído o Tribunal de Contas da União;

b) 6% para o Judiciário;

c) 40,9% para o Executivo;

d) 0,6% para o Ministério Público da União.

II – na esfera estadual:

a) 3% para o Legislativo, incluído o Tribunal de Contas do **Estado**;

> **A prova de Técnico de Contabilidade Pública 2009 feita pela Unirio considerou CORRETA a afirmação: "O limite da despesa com pessoal estabelecidos na Lei de Responsabilidade Fiscal na esfera estadual no Poder Legislativo é 3% da receita corrente líquida".**

b) 6% para o Judiciário;

c) 49% para o Executivo;

d) 2% para o Ministério Público dos Estados.

III – na esfera municipal:

a) 6% para o Legislativo, incluído o Tribunal de Contas do Município, quando houver;

b) 54% para o Executivo.

20.14 CONTROLE DA DESPESA TOTAL COM PESSOAL

O art. 22 da LRF define vedações para a hipótese de a despesa total com pessoal superar 95% dos limites acima mencionados, hipótese em que ficam proibidos:

1) concessão de vantagem, aumento, reajuste ou adequação de remuneração a qualquer título, salvo os derivados de sentença judicial ou de determinação legal ou contratual, ressalvada a revisão prevista no inciso X do art. 37 da Constituição;

2) criação de cargo, emprego ou função;

3) alteração de estrutura de carreira que implique aumento de despesa;

4) provimento de cargo público, admissão ou contratação de pessoal a qualquer título, ressalvada a reposição decorrente de aposentadoria ou falecimento de servidores das áreas de educação, saúde e segurança;

5) contratação de hora extra, salvo no caso do disposto no inciso II do § 6º do art. 57 da Constituição e as situações previstas na lei de diretrizes **orçamentárias**.

> A prova de Procurador do TCE/AP 2010 feita pela FCC considerou CORRETA a afirmação: "Se a despesa total com pessoal exceder a 95% do limite permitido pela Lei de Responsabilidade Fiscal, NÃO será vedado ao Poder ou órgão referido nesta Lei que houver incorrido no excesso extinguir cargo ou função".

Os §§ 3º e 4º do art. 169 da Constituição Federal, com redação dada pela Emenda n. 19/98, preveem a possibilidade de, não sendo reduzidos os gastos com pessoal aos limites referidos, a União, os Estados, o Distrito Federal e os Municípios adotarem as seguintes providências: a) redução em pelo menos 20% das despesas com cargos em comissão e funções de confiança; b) exoneração dos servidores não estáveis. Se as medidas adotadas não forem suficientes, o servidor estável poderá perder o cargo, desde que ato normativo motivado de cada um dos Poderes especifique a atividade funcional, o órgão ou a unidade administrativa objeto da redução de pessoal (art. 169, § 4º, da CF).

Finalmente, não alcançada a redução de gastos no prazo estabelecido e enquanto perdurar o excesso, a entidade federativa não poderá (art. 23, § 3º, da LRF):

1) receber transferências voluntárias;

2) obter garantia, direta ou indireta, de outro ente;

3) contratar operações de crédito, ressalvadas as destinadas ao refinanciamento da dívida mobiliária e as que visem a redução das despesas com pessoal.

O art. 41 da LRF prescreve que: é vedado ao titular de Poder ou órgão, nos últimos dois quadrimestres do seu mandato, contrair obrigação de despesa que não possa ser cumprida integralmente dentro dele, ou que tenha parcelas a serem pagas no exercício seguinte sem que haja suficiente disponibilidade de caixa para este **efeito**.

> A prova de Analista Judiciário do TER/AP 2011 pela FCC considerou CORRETA a afirmação: "Segundo a Lei da Responsabilidade Fiscal, é vedado ao chefe do Poder Executivo contrair obrigação de despesa que não possa ser cumprida integralmente dentro de um determinado prazo do último ano de seu mandato ou que tenha parcelas a serem pagas no exercício seguinte sem que haja suficiente disponibilidade de caixa para este efeito. Esse prazo corresponde aos dois últimos quadrimestres do ano".

20.15 QUADRO SINÓTICO

LEI DE RESPONSABILIDADE FISCAL – LC N. 101/2000

BASES CONSTITUCIONAIS

- A LRF posiciona-se dentro do ordenamento jurídico, fixando normas gerais sobre finanças públicas cuja observância é obrigatória para a União, os Estados, o Distrito Federal e os Municípios.
- Foi promulgada para fins de regulamentar o art. 163 da Constituição Federal de 1988 e regulamenta também o art. 169 da CF.
- Cumpre uma dupla função atribuída pelo constituinte: estabelecer normas gerais em matéria de finanças públicas e criar limites ao gasto com funcionalismo público.

CONTEXTO HISTÓRICO

- A LRF foi concebida como parte integrante do Programa de Estabilidade Fiscal, que foi apresentado à sociedade brasileira em outubro de 1998 e tinha como objetivos específicos:
  a) a drástica e veloz redução do déficit público;
  b) a estabilização do montante da dívida pública em relação ao Produto Interno Bruto;
  c) criar um ambiente fiscal mais favorável;
  d) reestruturar a dívida dos Estados e Municípios, fixando limites para o endividamento público;
  e) estabelecer limites para a expansão de despesas continuadas;
  f) reorganizar o sistema bancário estadual.

O integral cumprimento desses objetivos específicos do Programa de Estabilidade Fiscal foi considerado "condição necessária e suficiente para a consolidação de um novo regime fiscal no país, compatível com a estabilidade de preços e o desenvolvimento sustentável".

COMPATIBILIDADE COM A LEI N. 4.320/64

- O conteúdo da Lei n. 4.320/64 é bem mais abrangente do que o da LRF, na medida em que dispõe sobre todos os institutos fundamentais do Direito Financeiro, tais como receita e despesa, disciplinando, ainda, todo o sistema orçamentário nacional.
- Não há qualquer incompatibilidade com a LC n. 101/2000

OBJETIVOS

- De acordo com o disposto no seu art. 1º, pode ser enumerado como objetivo central da Lei complementar n. 101/2000 a definição de normas de finanças públicas voltadas para a responsabilidade na gestão fiscal.
- Pressupostos para a responsabilidade na gestão fiscal:
  1) ação planejada e transparente;
  2) prevenção de riscos;
  3) correção de desvios capazes de afetar o equilíbrio das contas públicas;
  4) cumprimento de metas e resultados entre receitas e despesas; e
  5) obediência a limites quanto:
  a) à renúncia de receita;
  b) à geração de despesas com pessoal, da seguridade social e outras;
  c) às dívidas consolidada e mobiliária;
  d) às operações de crédito, inclusive por antecipação de receita;
  e) à concessão de garantia;
  f) à inscrição em Restos a Pagar.

NATUREZA JURÍDICA E ÂMBITO DE APLICAÇÃO DA LRF

- A LRF tem natureza jurídica de lei nacional, aplicando-se simultaneamente aos três Poderes da União, Estados, DF e Municípios, inclusive às respectivas Administrações Públicas Diretas e Indiretas, mesmo quando houver prestação de serviços públicos mediante terceirização.

RECEITA CORRENTE LÍQUIDA

- É o somatório das receitas tributárias, de contribuições, patrimoniais, industriais, agropecuárias, de serviços, transferências correntes e outras receitas também correntes, deduzidos:
  a) os valores constitucionalmente definidos como repartição de receitas entre as entidades federativas;
  b) o montante arrecadado com as contribuições sociais.

PLANEJAMENTO E SISTEMA ORÇAMENTÁRIO

Adotando as bases do sistema orçamentário estabelecido pelo art. 165 da Constituição Federal, a LRF cria regras a respeito dos três tipos de leis orçamentárias existentes no Brasil:

- Plano Plurianual (PPA): o PPA estabelecerá, de forma regionalizada, as diretrizes, objetivos e metas da Administração Pública Federal para as despesas de capital e outras delas decorrentes, bem como para as relativas aos programas de duração continuada;

- Lei de Diretrizes Orçamentárias (LDO): a LDO compreenderá as metas e prioridades da Administração Pública Federal, incluindo as despesas de capital para o exercício financeiro subsequente, orientará a elaboração da lei orçamentária anual, disporá sobre as alterações na legislação tributária e estabelecerá a política de aplicação das agências financeiras oficiais de fomento (art. 165, § 2º, da CF);
- Lei Orçamentária Anual (LOA): obrigatoriamente compreenderá:

  a) o orçamento fiscal referente aos Poderes da União, seus fundos, órgãos e entidades da administração direta e indireta, inclusive fundações instituídas e mantidas pelo Poder Público;

  b) o orçamento de investimento das empresas em que a União, direta ou indiretamente, detenha a maioria do capital social com direito a voto;

  c) o orçamento da seguridade social, abrangendo todas as entidades e órgãos a ela vinculados, da Administração Direta ou Indireta, bem como os fundos e fundações instituídos e mantidos pelo Poder Público.

RENÚNCIA DE RECEITA

A LRF estabelece diversas restrições à outorga de incentivos fiscais, considerados pela lei como renúncia de receita.

- A renúncia compreende anistia, remissão, subsídio, crédito presumido, concessão de isenção em caráter não geral, alteração de alíquota ou modificação de base de cálculo que implique redução discriminada de tributos ou contribuições, bem como outros benefícios que correspondam a tratamento diferenciado (art. 14, § 1º).

DICA: após a promulgação da LRF, qualquer incentivo fiscal enquadrado nas hipóteses acima mencionadas deve ser considerado ilegítimo, exceto se preencher os requisitos previstos no art. 14 da lei.

GERAÇÃO DE DESPESA PÚBLICA

- Serão consideradas não autorizadas, irregulares e lesivas ao patrimônio público a geração de despesa ou assunção de obrigação que não atendam o disposto nos arts. 16 e 17.
- De acordo com o art. 16 da LRF, a criação, expansão ou aperfeiçoamento de ação governamental que acarrete aumento da despesa serão acompanhados de:

  I – estimativa do impacto orçamentário-financeiro no exercício em que deva entrar em vigor e nos dois subsequentes;

  II – declaração do ordenador da despesa de que o aumento tem adequação orçamentária e financeira com a lei orçamentária anual e compatibilidade com o plano plurianual e com a lei de diretrizes orçamentárias.

DESPESA OBRIGATÓRIA DE CARÁTER CONTINUADO

- Considera-se despesa corrente obrigatória de caráter continuado a despesa derivada de lei, medida provisória ou ato administrativo normativo que fixe para o ente a obrigação legal de sua execução por um período superior a dois exercícios.

DESPESA COM PESSOAL

- Entende-se como despesa total com pessoal "o somatório dos gastos do ente da Federação com os ativos, os inativos e os pensionistas, relativos a mandatos eletivos, cargos, funções ou empregos, civis, militares e de membros de Poder, com quaisquer espécies remuneratórias, tais como vencimentos e vantagens, fixas e variáveis, subsídios, proventos da aposentadoria, reformas e pensões, inclusive adicionais, gratificações, horas extras e vantagens pessoais de qualquer natureza, bem como encargos sociais e contribuições recolhidas pelo ente às entidades de previdência" (art. 18).

ÍNDICES MÁXIMOS DE DESPESAS COM PESSOAL (ART. 19)

- Os índices máximos da despesa com pessoal são os seguintes:

  a) União: 50%;

  b) Estados: 60%;

  c) Municípios: 60%, não podendo exceder os seguintes percentuais dos limites globais:

ESFERA FEDERAL

- 2,5% para o Legislativo, incluído o Tribunal de Contas da União;
- 6% para o Judiciário;
- 40,9% para o Executivo;
- 0,6% para o Ministério Público da União.

ESFERA ESTADUAL

- 3% para o Legislativo, incluído o Tribunal de Contas do Estado;
- 6% para o Judiciário;
- 49% para o Executivo;
- 2% para o Ministério Público dos Estados.

ESFERA MUNICIPAL

- 6% para o Legislativo, incluído o Tribunal de Contas do Município, quando houver;
- 54% para o Executivo.

CONTROLE DA DESPESA TOTAL COM PESSOAL

SE A DESPESA TOTAL SUPERAR 95% DOS LIMITES ACIMA MENCIONADOS, FICAM PROIBIDOS:

- concessão de vantagem, aumento, reajuste ou adequação de remuneração a qualquer título, salvo os derivados de sentença judicial ou de determinação legal ou contratual, ressalvada a revisão prevista no inciso X do art. 37 da Constituição;
- criação de cargo, emprego ou função;
- alteração de estrutura de carreira que implique aumento de despesa;
- provimento de cargo público, admissão ou contratação de pessoal a qualquer título, ressalvada a reposição decorrente de aposentadoria ou falecimento de servidores das áreas de educação, saúde e segurança;
- contratação de hora extra, salvo no caso do disposto no inciso II do § 6º do art. 57 da Constituição e as situações previstas na lei de diretrizes orçamentárias.

NÃO SENDO REDUZIDOS OS GASTOS COM PESSOAL AOS LIMITES REFERIDOS HAVERÁ:

- redução em pelo menos 20% das despesas com cargos em comissão e funções de confiança;
- exoneração dos servidores não estáveis. Se as medidas adotadas não forem suficientes, o servidor estável poderá perder o cargo, desde que ato normativo motivado de cada um dos Poderes especifique a atividade funcional, o órgão ou a unidade administrativa objeto da redução de pessoal (art. 169, § 4º, da CF).

20.16 QUESTÕES

1. (Técnico em Contabilidade – Imesf – 2019 – Fundatec) Conforme as definições da dívida e do endividamento, apresentadas na Lei n. 101/2000, _______________ é o compromisso financeiro assumido em razão de mútuo, abertura de crédito, emissão e aceite de título, aquisição financiada de bens, recebimento antecipado de valores provenientes da venda a termo de bens e serviços, arrendamento mercantil e outras operações assemelhadas, inclusive com o uso de derivativos financeiros.

Assinale a alternativa que preenche corretamente a lacuna do trecho acima:

A) dívida pública consolidada ou fundada;

B) dívida pública mobiliária;

C) operação de crédito;

D) concessão de garantia;

E) refinanciamento da dívida mobiliária.

2. (Administrador Judiciário – TJ-SP – 2019 – Vunesp) A respeito da transparência em matéria financeira e orçamentária, é correto afirmar que a Lei Complementar n. 131/2009 introduziu na Lei de Responsabilidade Fiscal a afirmação de que a transparência será assegurada também mediante:

A) incentivo à participação popular, por meio de plebiscitos e referendos durante os processos de elaboração e discussão dos planos, lei de diretrizes orçamentárias e orçamentos;

B) adoção de sistema integrado de administração financeira e controle, que atenda a padrão mínimo de qualidade estabelecido pelo Poder Legislativo do ente federado;

C) liberação ao pleno conhecimento e acompanhamento da sociedade, em tempo real, de informações pormenorizadas sobre a execução orçamentária e financeira, em meios eletrônicos de acesso público;

D) legitimidade para denunciar ao respectivo Tribunal de Justiça e ao órgão competente do Poder Legislativo o descumprimento das prescrições estabelecidas na Lei de Responsabilidade das Empresas Estatais;

E) disponibilização obrigatória via Application Programming Interface dos dados referentes ao número do correspondente processo de despesa, ao bem fornecido ou ao serviço prestado, à pessoa física ou jurídica beneficiária do pagamento e, quando for o caso, ao procedimento licitatório realizado pelo ente público.

3. (Contador Judiciário – TJ-SP – 2019 – Vunesp) O relatório de gestão fiscal é emitido ao final de cada quadrimestre pelos titulares de poderes e órgãos indicados na Lei de Responsabilidade Fiscal. A respeito do relatório, é correto afirmar que:

A) será publicado até quinze dias após o encerramento do período a que corresponder;

B) a publicação deve se dar exclusivamente por meio eletrônico, vedada a utilização de qualquer outro meio;

C) o relatório emitido pelo titular do Poder Judiciário deverá conter o comparativo das dívidas consolidada e mobiliária;

D) a não publicação do relatório no prazo legal sujeita a autoridade administrativa a pena de suspensão e imposição de multa de até 3 vezes o valor de sua remuneração;

E) deverá conter o comparativo com os limites estabelecidos pela lei relativos à despesa total com pessoal, distinguindo a com inativos e pensionistas.

4. (Assistente Jurídico – Core-PE – 2019 – Inaz do Pará) Qual alternativa apresenta uma afirmação correta acercado que está previsto na Lei Complementar n. 101/2000, a qual estabelece normas de finanças públicas voltadas para a responsabilidade na gestão fiscal e dá outras providências?

A) Nenhum benefício ou serviço relativo à seguridade social poderá ser criado, majorado ou estendido sem a indicação da fonte de custeio total, nos termos do § 5º do art. 195 da Constituição.

B) A lei de diretrizes orçamentárias conterá um Anexo de Receitas e Despesas Fiscais, onde serão avaliados os passivos contingentes e outros riscos capazes de afetar as contas públicas, informando as providências a serem tomadas.

C) O projeto de lei orçamentária anual deverá ser elaborado de forma compatível com o plano plurianual, com a lei de diretrizes financeiras e administrativas e com as normas desta Lei Complementar.

D) A atualização monetária do principal da dívida mobiliária refinanciada somente poderá superar a variação do índice de preços se estiver previsto na lei de diretrizes orçamentárias ou em legislação específica.

E) A lei orçamentária somente consignará dotação para investimento com duração superior a dois exercícios financeiros se estiver previsto no plano plurianual ou em lei que autorize a sua inclusão.

5. (Analista de Gestão Contábil – Prefeitura de Recife – PE – 2019 – FCC) Suponha que, ao final do exercício financeiro de 2018, o Município não tenha logrado efetuar o pagamento de despesas com contratos de obras relativas a parcelas efetivamente executadas e em relação às quais tenha ocorrido o empenho e liquidação. Referida situação:

A) enseja a necessidade de registro das referidas despesas como restos a pagar, observado o regime de competência da despesa pública que pertence ao exercício em que foi empenhada;

B) constitui afronta ao regramento constitucional e legal incidente sobre despesas públicas, notadamente no que concerne ao princípio da anualidade, ensejando nulidade da despesa;

C) embora indesejável, não constitui prática vedada, devendo o gestor efetuar o registro dos débitos correspondentes como passivos contingentes para viabilizar o pagamento no próximo exercício;

D) demanda o cancelamento dos empenhos correspondentes e abertura de crédito adicional extraordinário para pagamento por indenização, onerando dotações do orçamento subsequente;

E) configura endividamento público disfarçado, sendo, portanto, passível de aplicação de sanções ao ente, incluindo a proibição de recebimento de transferências voluntárias.

6. (Analista de Planejamento, Orçamento e Gestão – Prefeitura de Recife – PE – 2019 – FCC) Considere que, no primeiro ano do seu mandato, mais precisamente no mês de março, o chefe do Executivo do Município tenha se defrontado com forte frustração da arrecadação da receita prevista na Lei Orçamentária Anual vigente gerando insuficiência de caixa e dificultando o cumprimento das obrigações correntes do Município. Diante de tal cenário, aventou a possibilidade de realização de operação de crédito por antecipação de receita orçamentária (ARO). De acordo com as disposições da Lei de Responsabilidade Fiscal, tal alternativa afigura-se juridicamente:

A) viável, desde que conte com autorização legislativa e observados requisitos legais específicos, devendo ser liquidada até o dia 10 de dezembro do exercício em curso, não sendo possível, contudo, se houver operação anterior da mesma natureza não integralmente resgatada;

B) inviável, eis que operações de tal natureza somente podem ser realizadas no último ano do mandato do chefe do Executivo, mediante autorização legislativa e observado o limite de endividamento do ente, fixado em resolução do Senado Federal;

C) viável, desde que não extrapole o montante da previsão de receitas constante da LOA e seja liquidada integralmente até o final do mandato em curso, devendo ser cumpridos, no que couber, os demais requisitos para realização de operações de crédito ordinárias;

D) inviável, eis que tal modalidade de operação de crédito de curto prazo restou expressamente vedada pela Lei de Responsabilidade Fiscal, salvo mediante autorização extraordinária da União, por medida provisória, e de acordo com condições específicas fixadas pela Secretaria do Tesouro Nacional;

E) inviável, eis que a insuficiência de caixa que autoriza a realização de ARO somente pode ser verificada a partir do último quadrimestre do ano, com base nos relatórios de execução orçamentária cotejados com os valores constantes no Anexo de Metas Fiscais que integra a LOA.

7. (Auditor – UFSC – 2019 – UFSC) Identifique os itens que completam corretamente a frase abaixo e assinale a alternativa correta.

De acordo com a Lei Federal n. 101/2000 (Lei de Responsabilidade Fiscal), os Tribunais de Contas alertarão os Poderes ou órgãos quando constatarem:

I – ao final de um bimestre, que a realização da receita poderá não comportar o cumprimento das metas de resultado primário ou nominal estabelecidas no Anexo de Metas Fiscais;

II – que o montante da despesa total com pessoal ultrapassou 90% do limite;

III – fatos que comprometam os custos ou os resultados dos programas ou indícios de irregularidades na gestão orçamentária;

IV – que os montantes das dívidas consolidada e mobiliária, das operações de crédito e da concessão de garantia se encontram acima de 90% dos respectivos limites.

A) Somente os itens I e IV estão corretos.

B) Somente os itens I e III estão corretos.

C) Somente os itens II e IV estão corretos.

D) Todos os itens estão corretos.

E) Somente os itens II e III estão corretos.

8. (Auditor – UFSC – 2019 – UFSC) Com relação aos restos a pagar, assinale a alternativa correta.

A) São despesas orçamentárias e integram a programação financeira do exercício em curso.

B) Segundo a Lei Federal n. 101/2000 (Lei de Responsabilidade Fiscal), é vedado ao titular de Poder ou órgão, nos últimos dois quadrimestres do seu mandato, contrair qualquer tipo de obrigação de despesa que não possa ser cumprida integralmente dentro dele ou que tenha parcelas a serem pagas no exercício seguinte, ainda que haja suficiente disponibilidade de caixa para esse efeito.

C) O cancelamento de despesas inscritas em restos a pagar consiste na baixa da obrigação constituída em exercícios anteriores, portanto trata-se de restabelecimento de saldo de disponibilidade comprometida, originária de receitas arrecadadas em exercícios anteriores e não de uma nova receita a ser registrada.

D) As autarquias, por fazerem parte da administração pública indireta, não podem fazer inscrição de despesas em restos a pagar.

E) Consideram-se restos a pagar processados as despesas empenhadas, mas não pagas, até o dia 31 de dezembro.

9. (Auditor – UFSC – 2019 – UFSC) De acordo com a Lei Federal n. 101/2000 (Lei de Responsabilidade Fiscal), assinale a alternativa correta.

A) As despesas oriundas da execução de contratos de terceirização de mão de obra que se referem à substituição de servidores e empregados públicos serão contabilizadas como "outras despesas de pessoal".

B) A verificação do cumprimento dos limites da despesa com pessoal será efetuada ao final de cada bimestre. Se a despesa total com pessoal exceder a 90% do limite, será vedada a criação de cargo, emprego ou função ao ente ou órgão que houver incorrido no excesso.

C) Os precatórios judiciais não pagos durante a execução do orçamento em que houverem sido incluídos não integram a dívida consolidada, para fins de aplicação dos limites.

D) A contratação de operação de crédito por antecipação de receita orçamentária é permitida até o último quadrimestre do mandato do Presidente, Governador ou Prefeito Municipal.

E) A Lei Orçamentária Anual não pode conter reserva de contingência definida com base na receita corrente líquida.

10. (Assistente em Administração – IF-PA – 2019 – IF-PA) Com base na Lei Complementar n. 101/2000, Lei de Responsabilidade Fiscal, assinale a alternativa INCORRETA.

A) É vedado ao titular de Poder, nos últimos 06 (seis) meses do seu mandato, contrair obrigação de despesa que não possa ser cumprida integralmente dentro dele, ou que tenha parcelas a serem pagas no exercício seguinte sem que haja suficiente disponibilidade de caixa para este efeito.

B) Na determinação da disponibilidade de caixa serão considerados os encargos e despesas compromissadas a pagar até o final do exercício.

C) É vedada a aplicação da receita de capital derivada da alienação de bens e direitos que integram o patrimônio público para o financiamento de despesa corrente, salvo se destinada por lei aos regimes de previdência social, geral e próprio dos servidores públicos.

D) São instrumentos de transparência da gestão fiscal, aos quais será dada ampla divulgação, inclusive em meios eletrônicos de acesso público: os planos, orçamentos e leis de diretrizes orçamentárias; as prestações de contas e o respectivo parecer prévio; o Relatório Resumido da Execução Orçamentária e o Relatório de Gestão Fiscal; e as versões simplificadas desses documentos.

E) A transparência será assegurada também mediante incentivo à participação popular e realização de audiências públicas, durante os processos de elaboração e discussão dos planos, lei de diretrizes orçamentárias e orçamentos, dentre outros.

GABARITO

1. C / **2.** C / **3.** E / **4.** A / **5.** A / **6.** A / **7.** D / **8.** C / **9.** A / **10.** A

Acesse mais questões também pelo link:
http://somos.in/MDA1170

21

MAPAS MENTAIS

21.1 CONCEITO

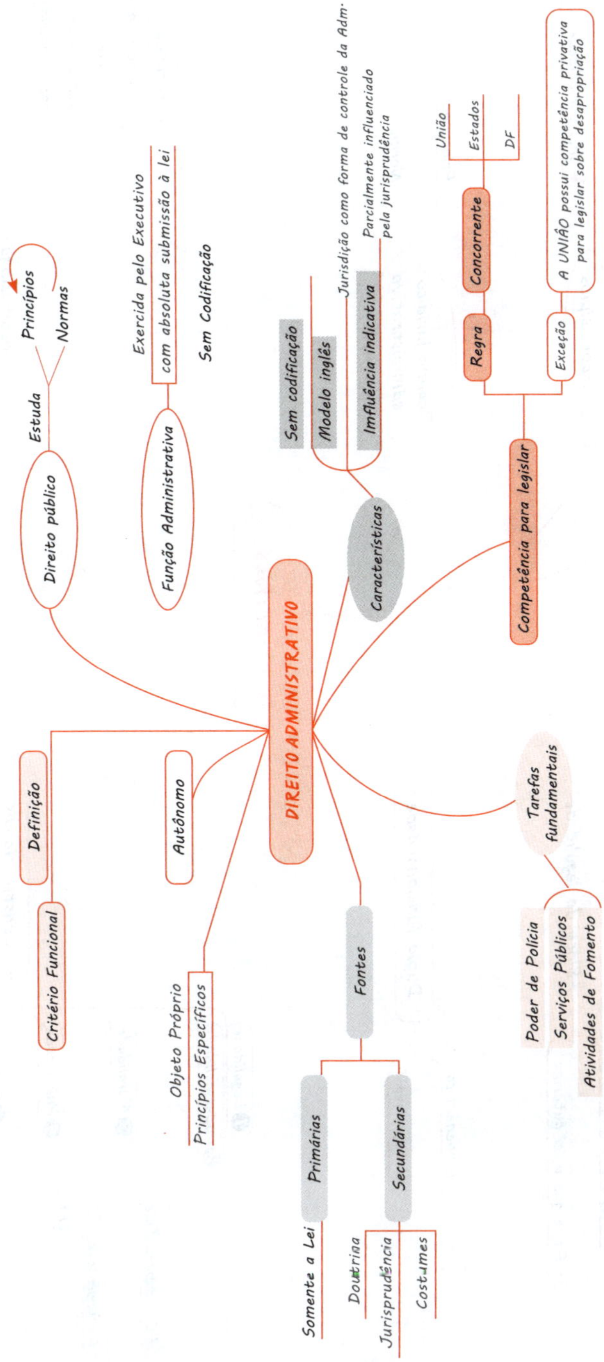

21.2 PRINCÍPIOS

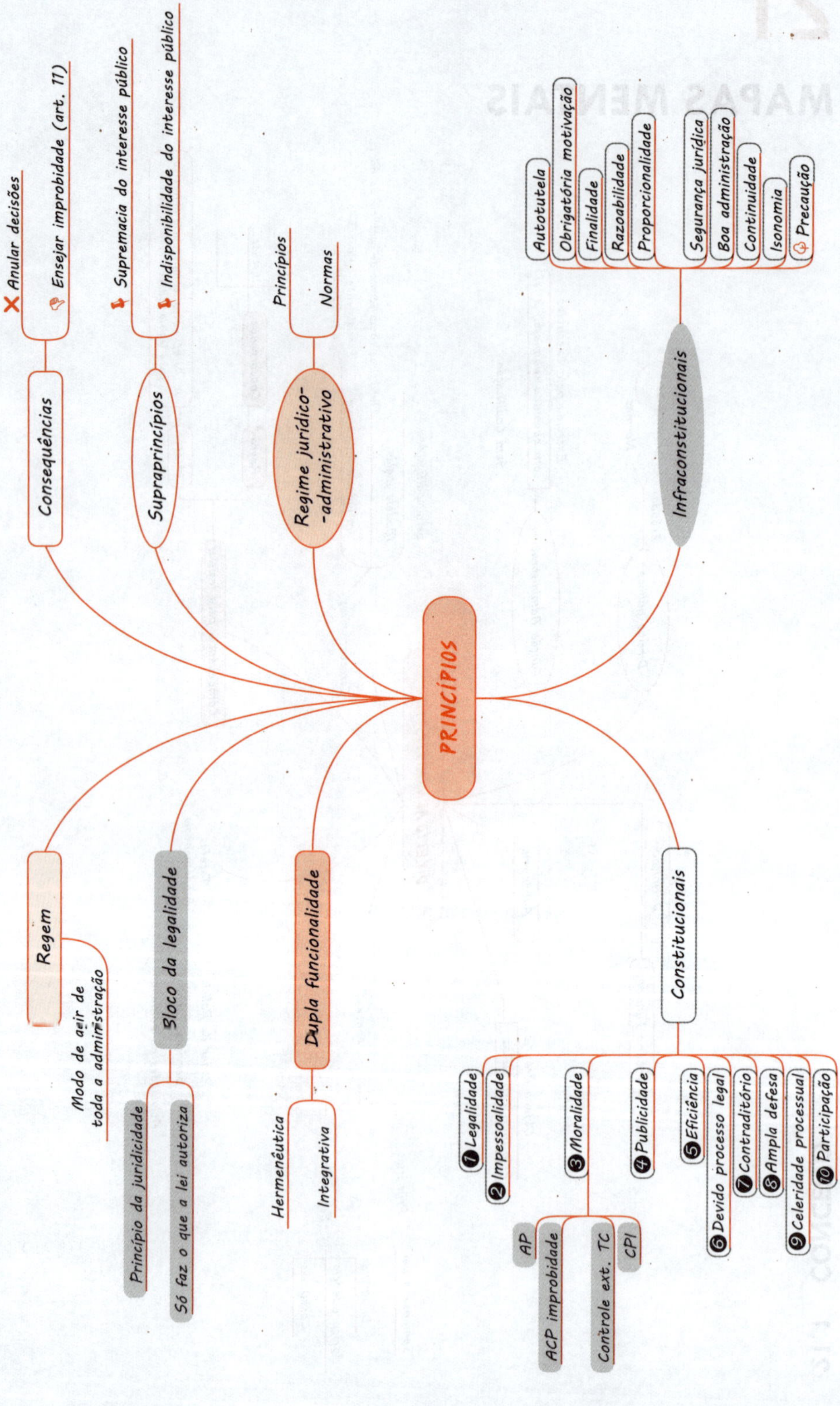

21.3 ORGANIZAÇÃO ADMINISTRATIVA

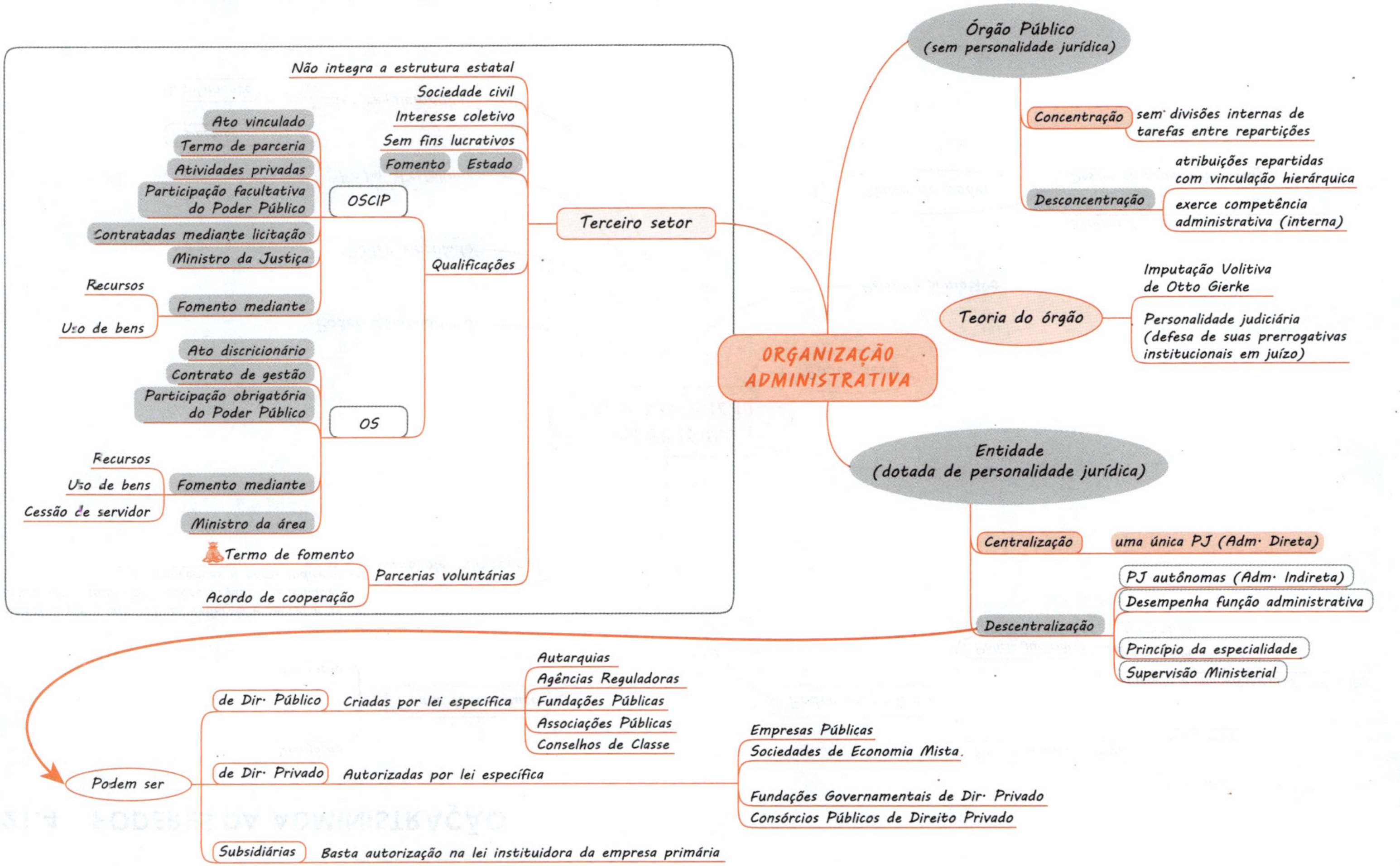

21.4 PODERES DA ADMINISTRAÇÃO

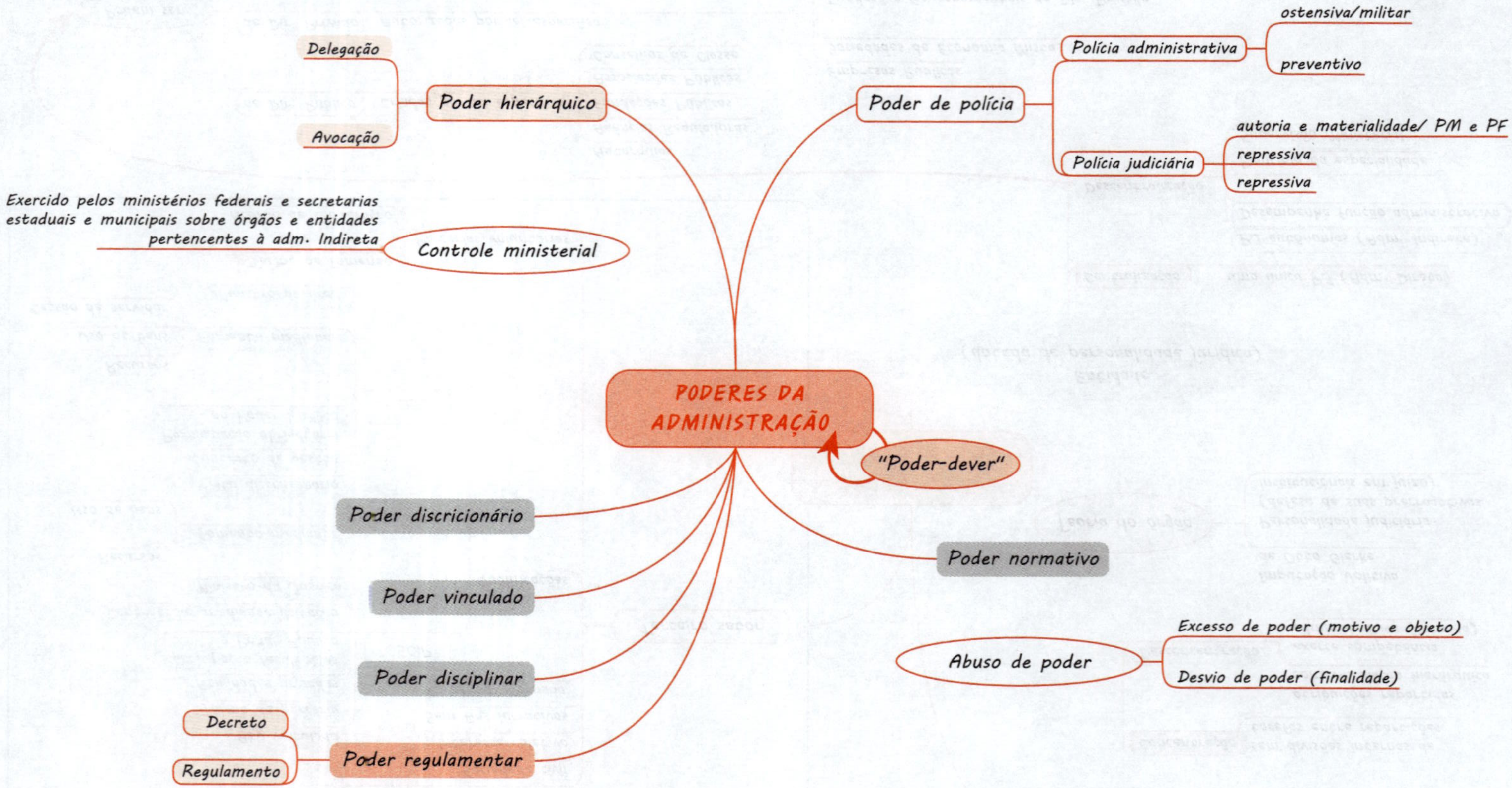

21.5 ATO ADMINISTRATIVO

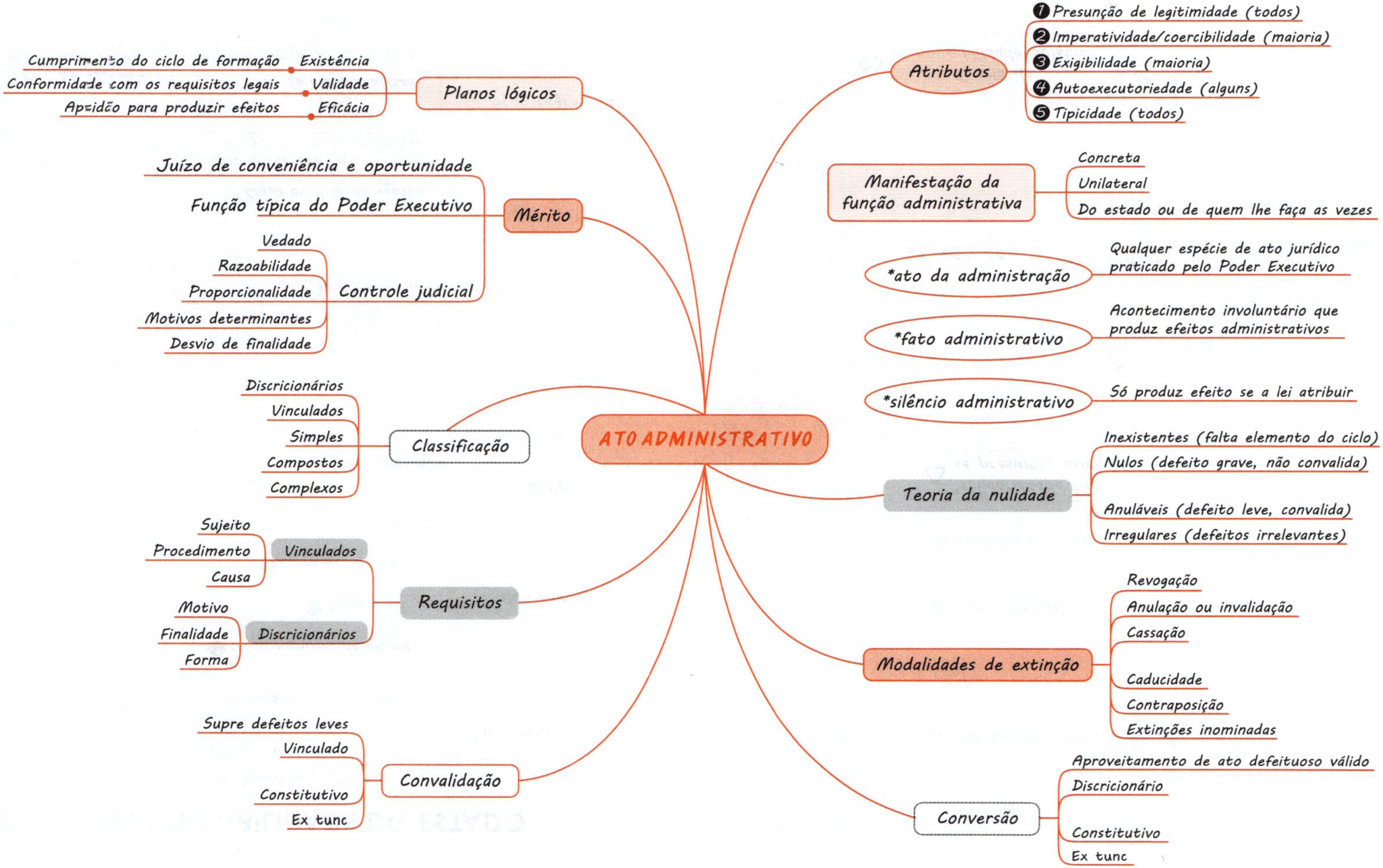

21.6 RESPONSABILIDADE DO ESTADO

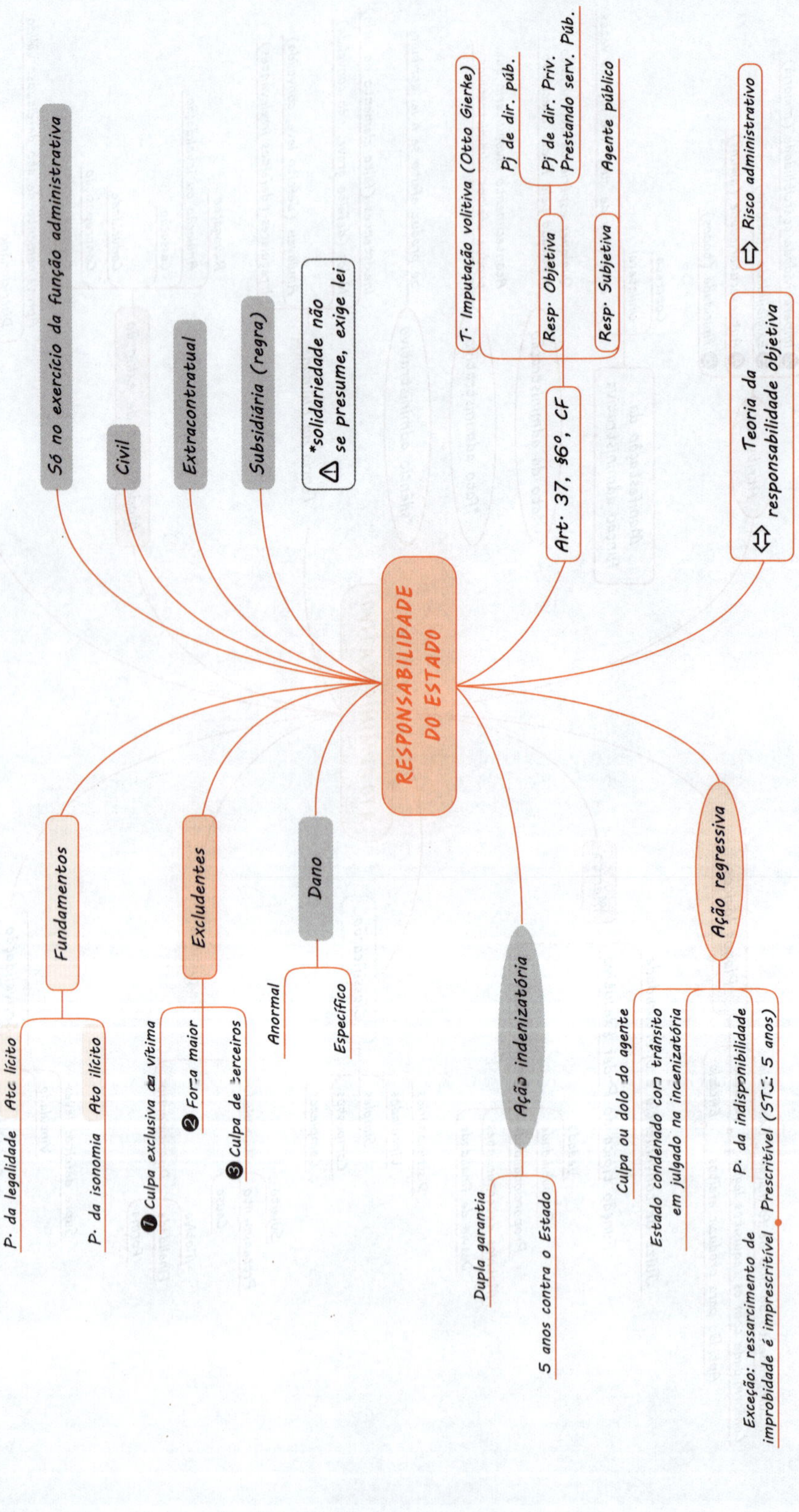

21.7 LICITAÇÃO

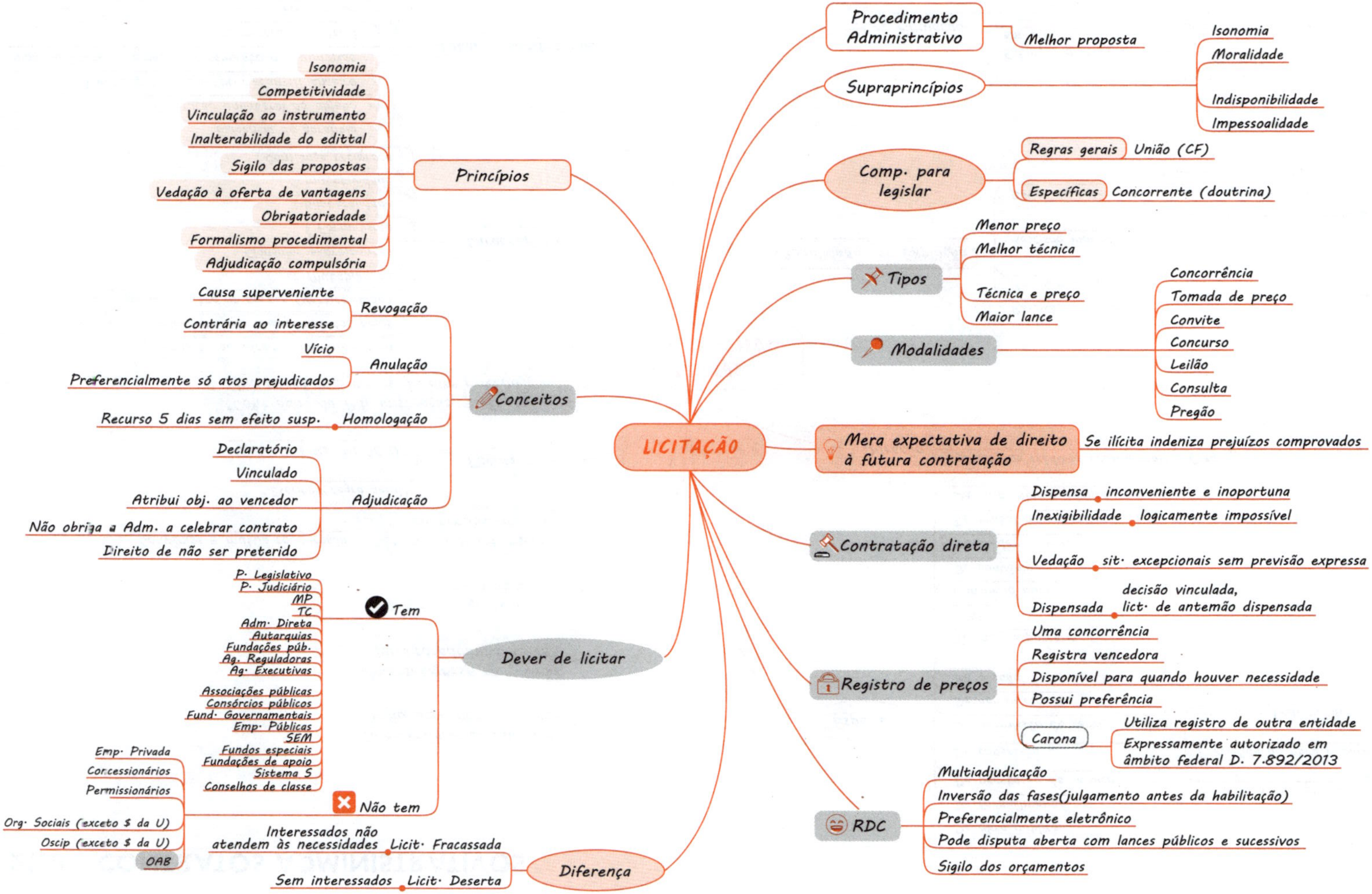

21.8 CONTRATOS ADMINISTRATIVOS

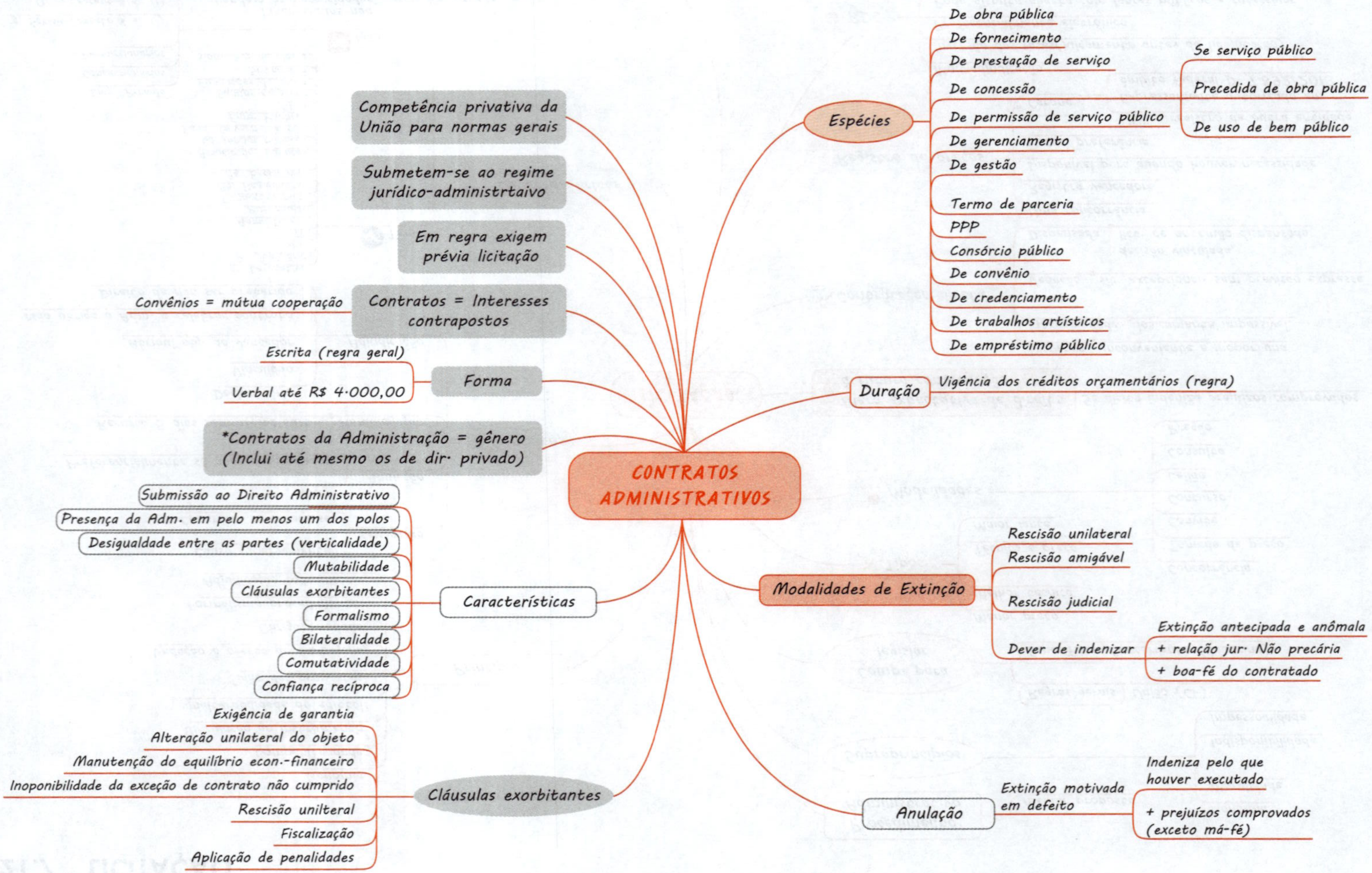

21.9 AGENTES PÚBLICOS

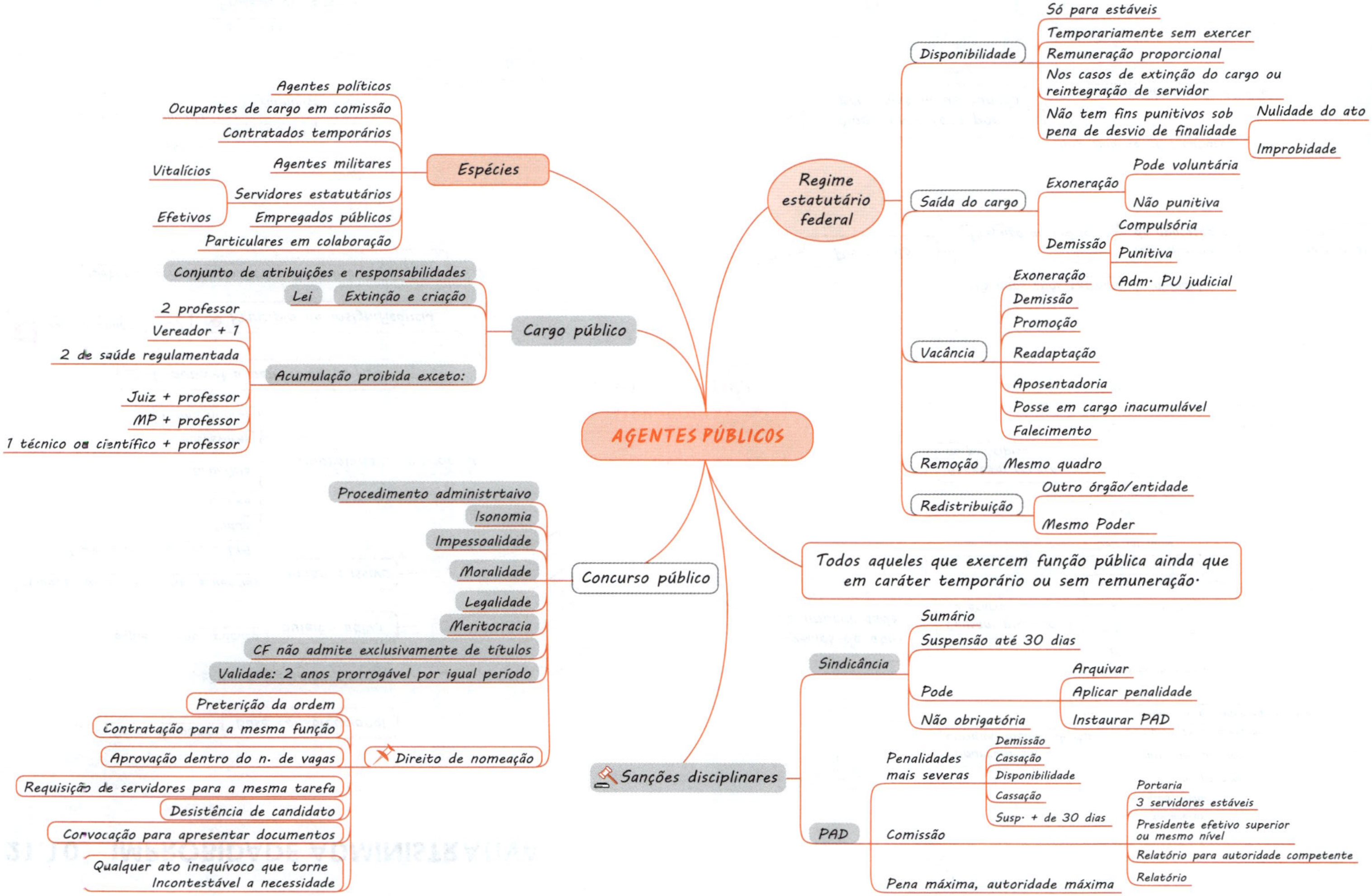

21.10 IMPROBIDADE ADMINISTRATIVA

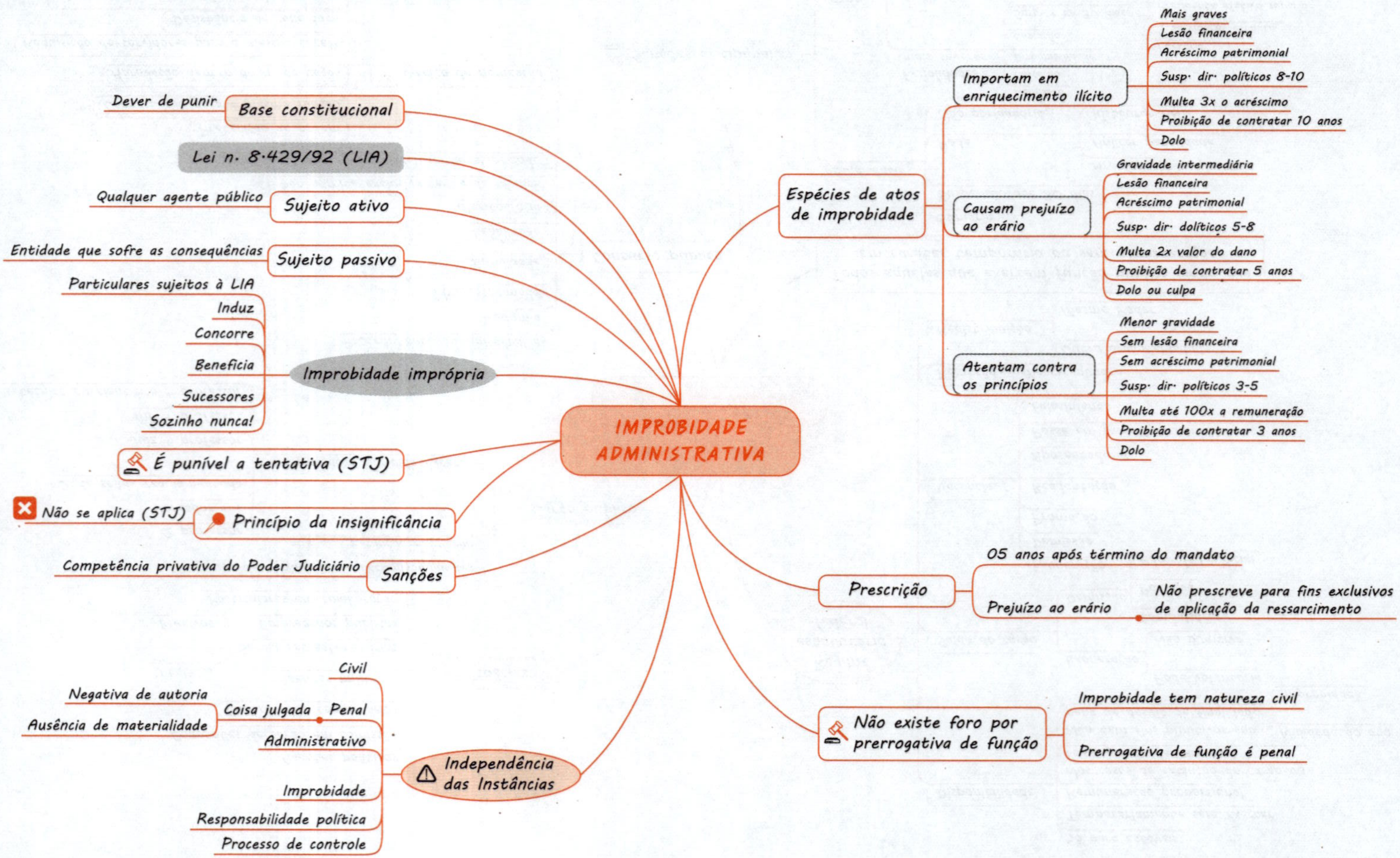

21.11 BENS PÚBLICOS

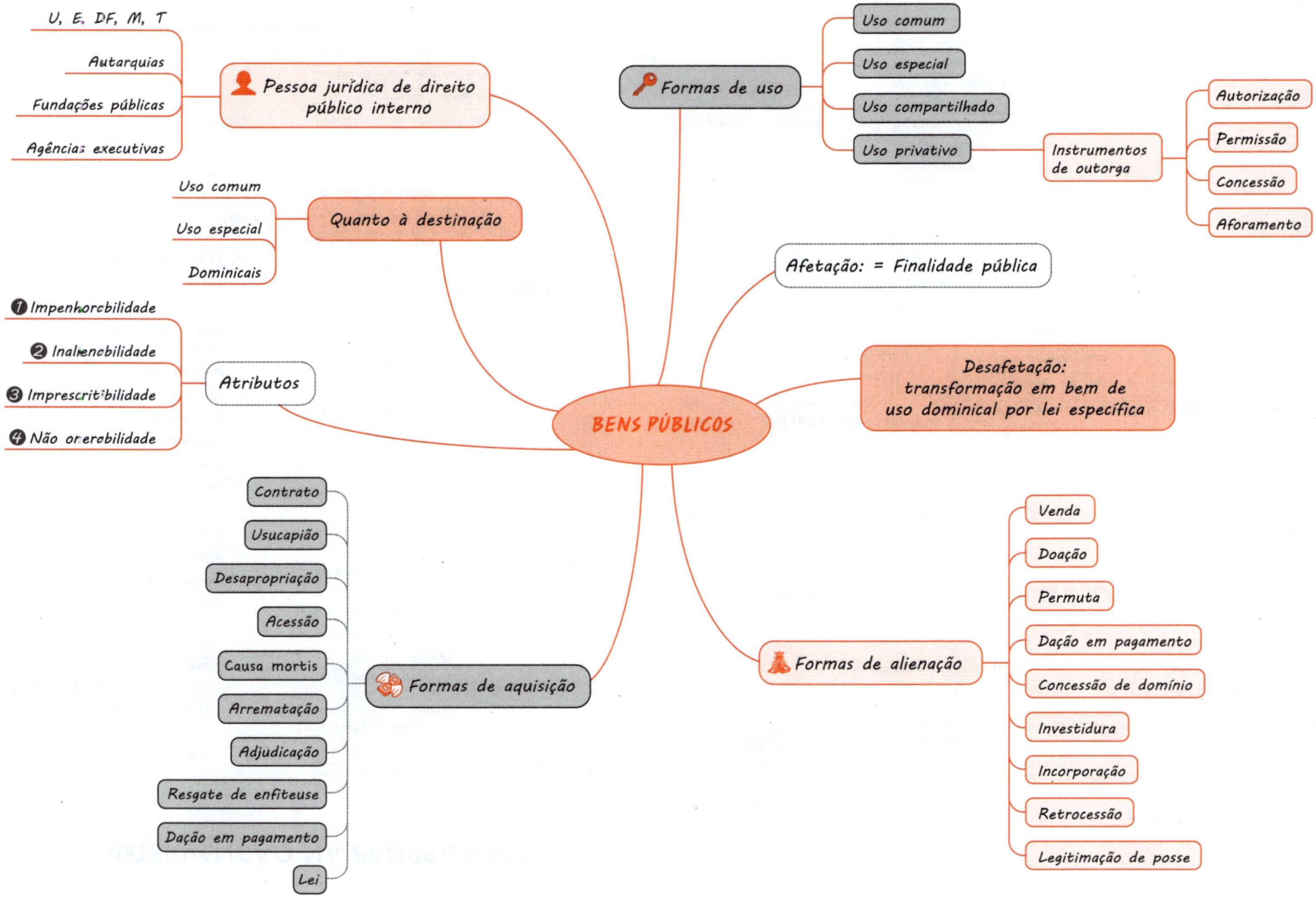

21.12 INTERVENÇÃO NA PROPRIEDADE

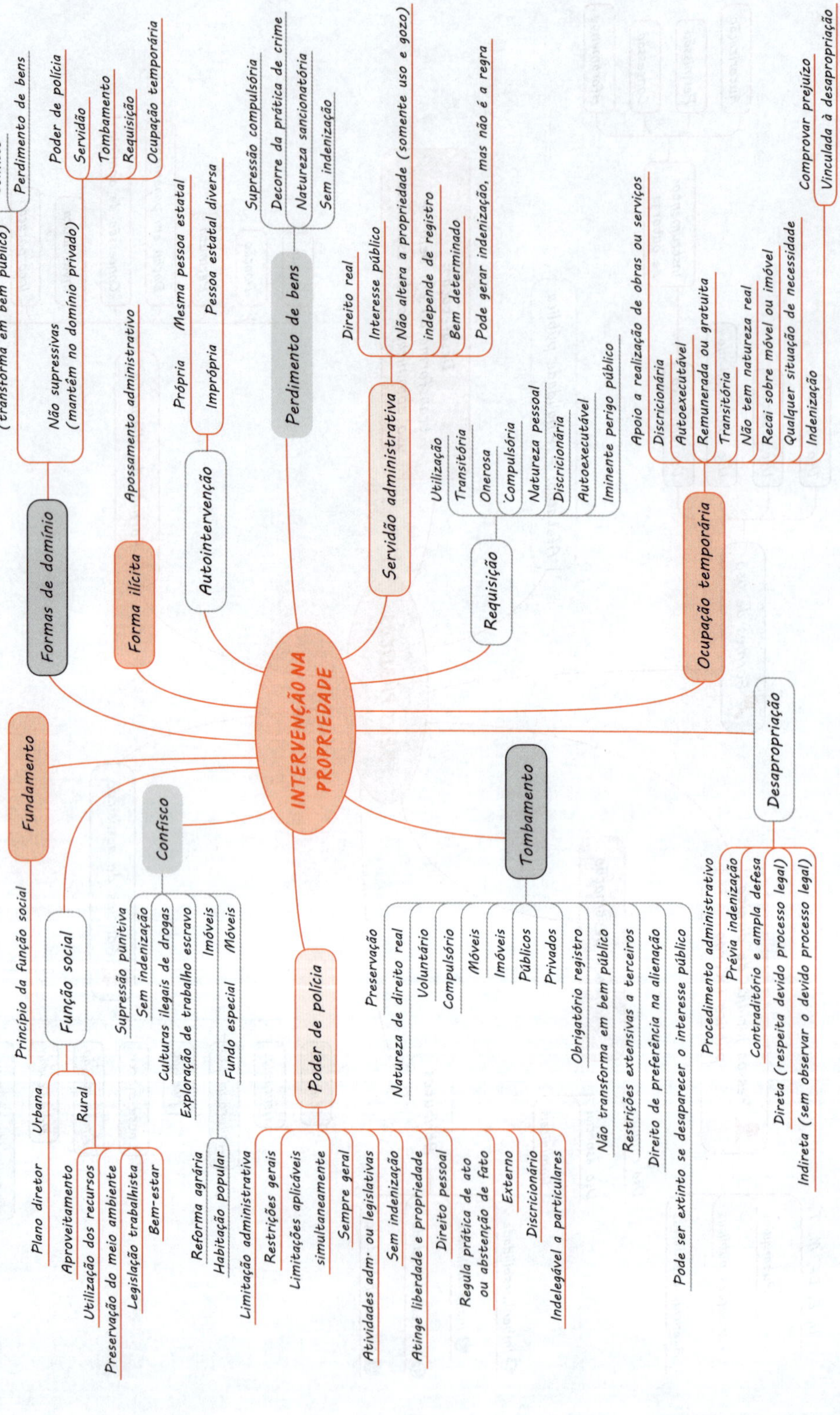

21.13 DESAPROPRIAÇÃO

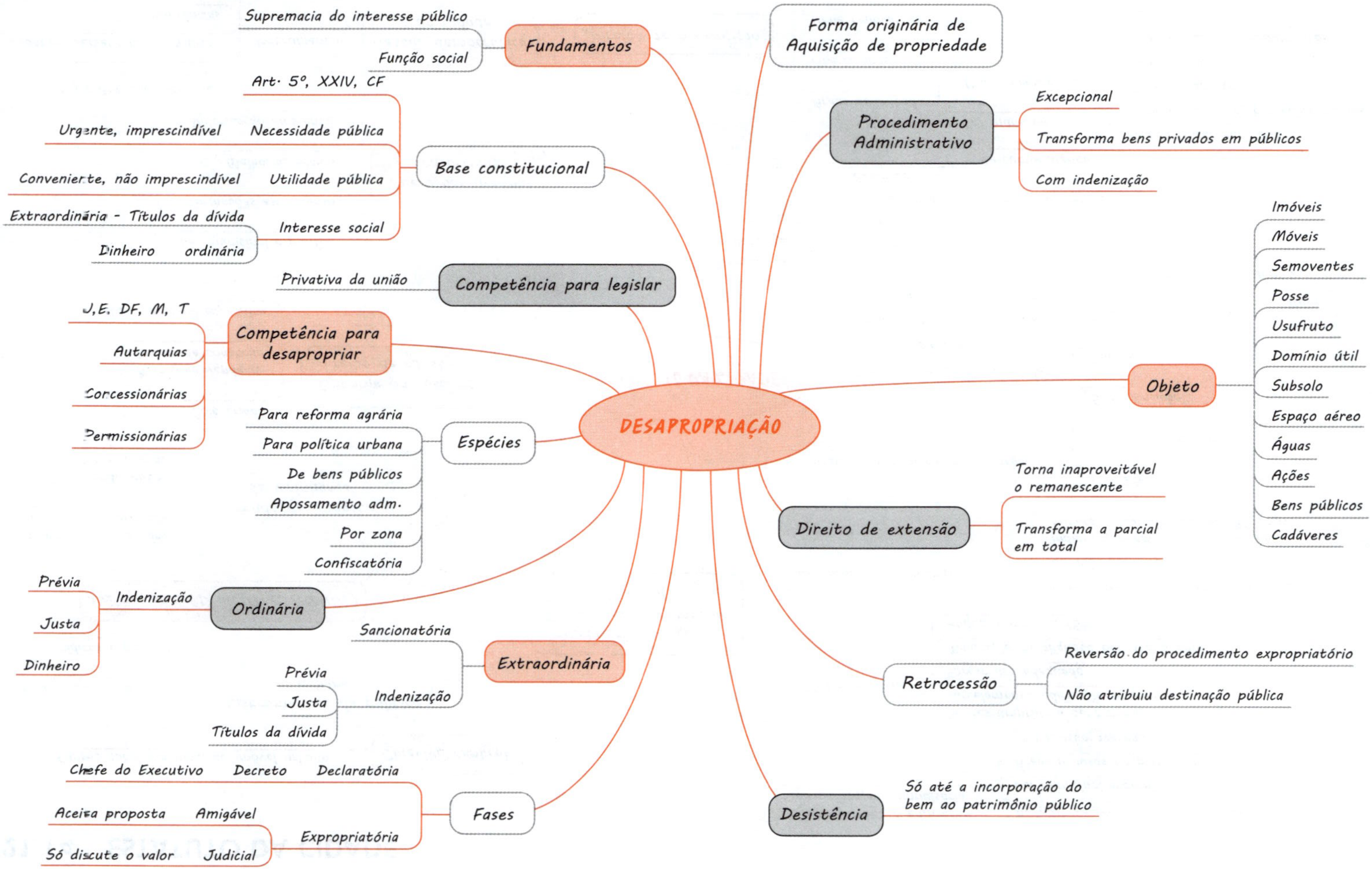

21.14 ESTATUTO DA CIDADE

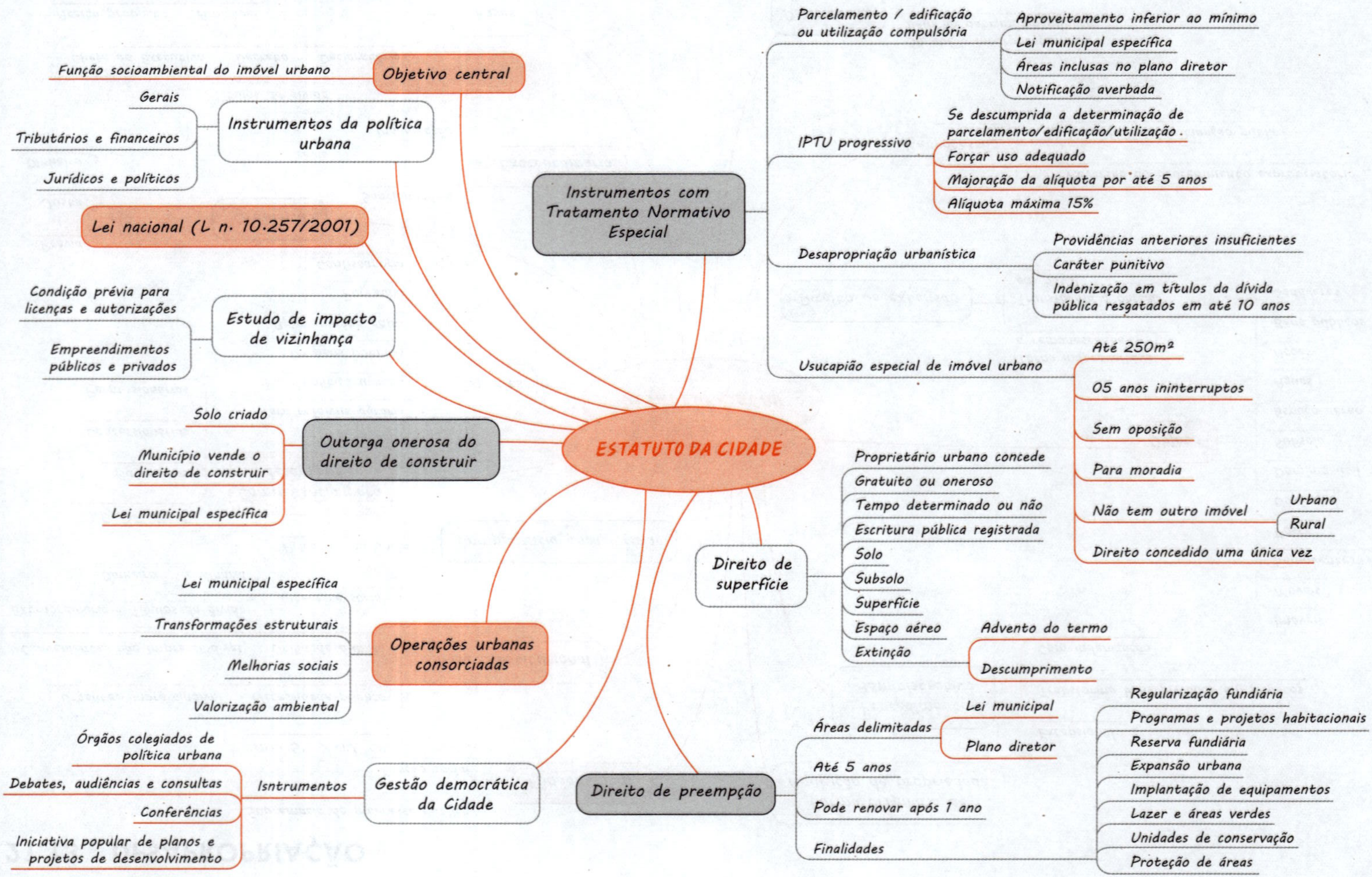

21.15 SERVIÇOS PÚBLICOS

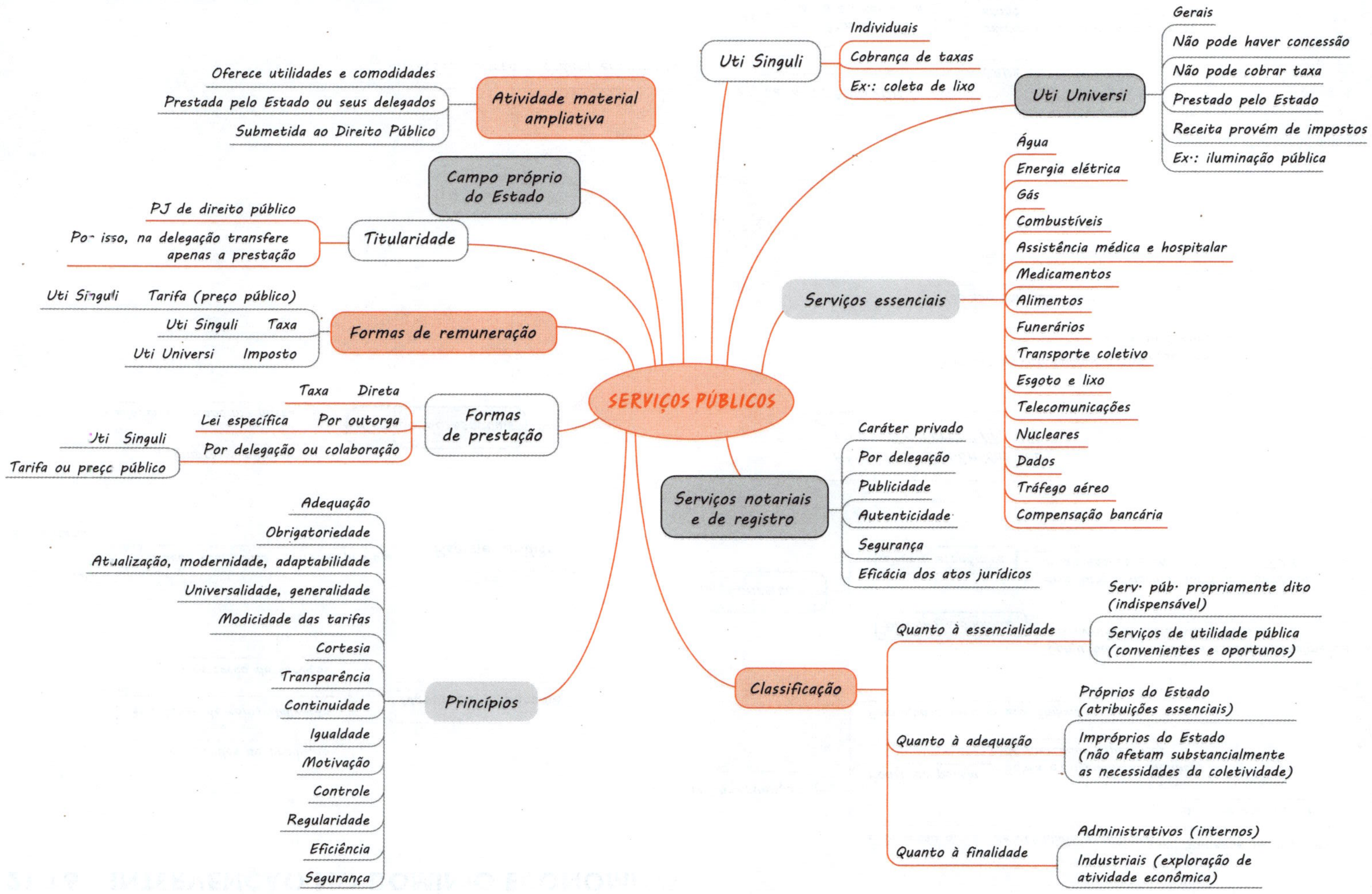

21.16 INTERVENÇÃO NO DOMÍNIO ECONÔMICO

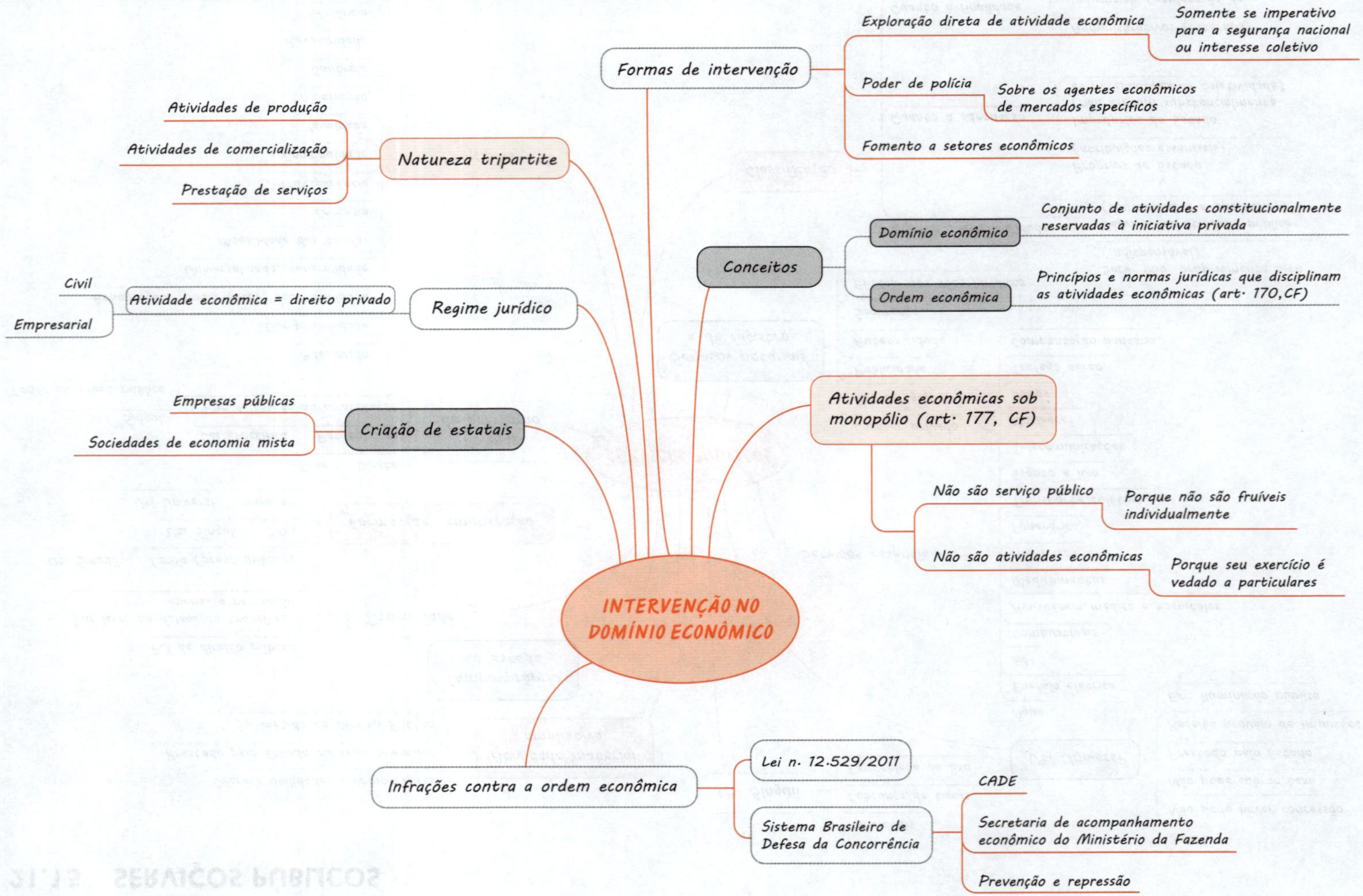

21.17 CONTROLE DA ADMINISTRAÇÃO

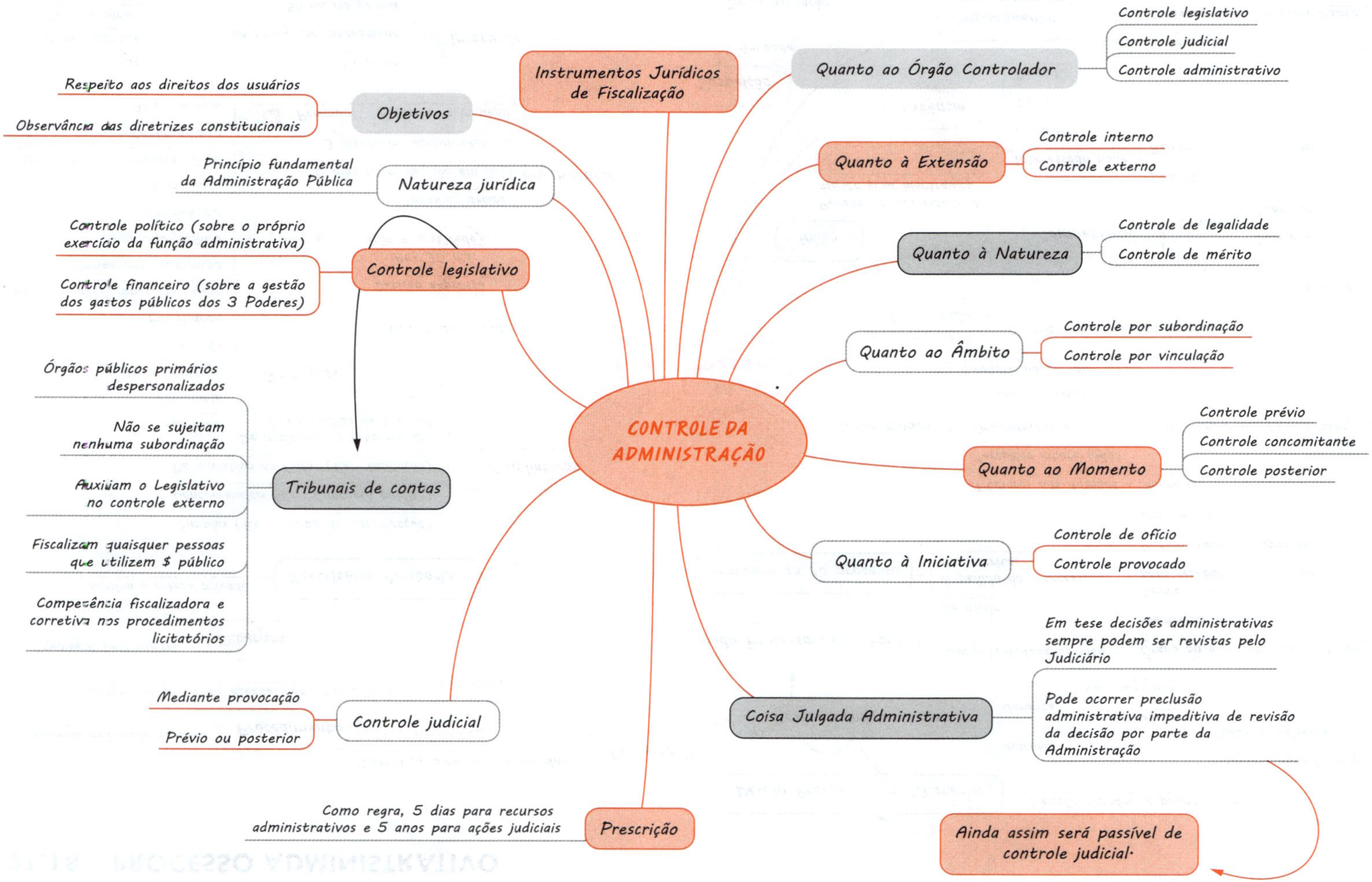

21.18 PROCESSO ADMINISTRATIVO

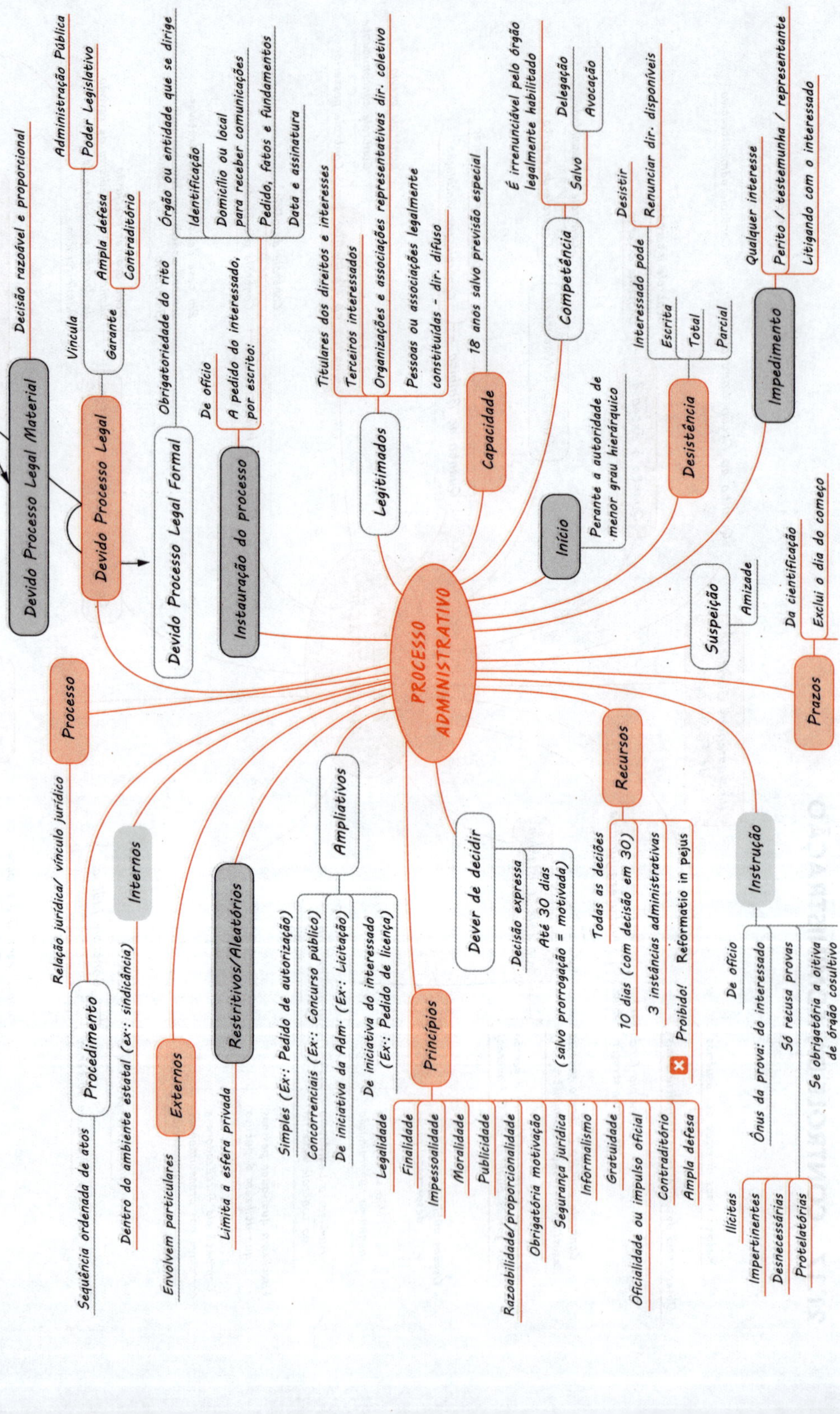

BIBLIOGRAFIA

ABREU, Jorge Manuel Coutinho de. *Sobre os regulamentos administrativos e o princípio da legalidade*. Coimbra: Almedina, 1987.

ALESSI, Renato. *Scritti minori*. Milano: Giuffrè, 1981.

______. *Sistema istituzionale de diritto italiano*. Milano: Giuffrè, 1953.

ALEXY, Robert. *Teoria dos direitos fundamentais*. 5. ed. São Paulo: Malheiros, 2008.

AUBY, Jean-Marie. *La théorie de l'inexistence des actes administratifs*. Paris: Éditions A. Pedone, 1951.

AYRES BRITTO, Carlos. O regime constitucional dos tribunais de contas. Artigo publicado na Revista *Diálogo Jurídico*, ano 1, n. 9, Salvador, 2001.

BANDEIRA DE MELLO, Celso Antônio. *Conteúdo jurídico do princípio da igualdade*. 3. ed. 2. tir. São Paulo: Malheiros, 1993.

______. *Curso de direito administrativo*. 26. ed. São Paulo: Malheiros, 2009.

______. *Discricionariedade e controle jurisdicional*. 2. ed. São Paulo: Malheiros, 2000.

______. *Eficácia das normas constitucionais e direitos sociais*. São Paulo: Malheiros, 2009.

______. *Natureza e regime jurídico das autarquias*. São Paulo: Revista dos Tribunais, 1968.

______. *Prestação de serviços públicos e administração indireta*. São Paulo: Revista dos Tribunais, 1975.

BANDEIRA DE MELLO, Oswaldo Aranha. *Princípios gerais de direito administrativo*. 3. ed. São Paulo: Malheiros, 2007. v. 1.

BOBBIO, Norberto. *A era dos direitos*. 9. ed. Rio de Janeiro: Campus, 1992.

______. *Teoria da norma jurídica*. Bauru: Edipro, 2001.

______. *Teoria general del derecho*. 3. reimpr. de la 2. ed. Bogotá: Temis, 1999.

______. *Teoria do ordenamento jurídico*. 10. ed. Brasília: Editora da UnB, 1999.

CAETANO, Marcello. *Tratado elementar de direito administrativo*. Coimbra: Coimbra Editora, 1943. v. 1.

CANAS, Vitorino. Relação jurídico-pública. In: *Dicionário Jurídico da Administração Pública*. Lisboa: Almedina, 1996. v. 7.

CARVALHO FILHO, José dos Santos. *Manual de direito administrativo*. Rio de Janeiro: Lumen Juris, 2009.

DICIONÁRIO JURÍDICO DA ADMINISTRAÇÃO PÚBLICA. Lisboa: Almedina, 1996. v. 8.

DIEZ, Manuel Maria. *Derecho administrativo.* Buenos Aires: Omeba, 1963. t. 5.

DI PIETRO, Maria Sylvia Zanella. *Direito administrativo.* 13. ed. São Paulo: Atlas, 2001.

______. *Parcerias da administração pública.* 3. ed. São Paulo: Atlas, 1999.

DROMI, Roberto. *Derecho administrativo.* 5. ed. Buenos Aires: Ediciones Ciudad Argentina, 1996.

ENTRENA CUESTA, Rafael. *Curso de derecho administrativo.* 10. ed. Madrid: Tecnos, 1965. v. 1.

FAGUNDES, Miguel Seabra. *O controle dos atos administrativos pelo Poder Judiciário.* 3. ed. Rio de Janeiro: Forense, 1957.

FALCÃO, Amílcar de Araújo. Relações jurídicas de direito administrativo. In: *Textos selecionados de administração pública*: direito administrativo. 2. ed. São Paulo: FGV Editora, 1962.

FERNANDES, Tarsila Ribeiro Marques. *Responsabilidade civil do estado por condutas omissivas e a reserva do possível.* Artigo publicado no site <http:www.ambitojuridico.com.br> FIGUEIREDO, Lucia Valle. *Curso de direito administrativo.* 3. ed. São Paulo: Malheiros, 1998.

FIÚZA, César. *Direito civil completo.* 10. ed. Belo Horizonte: Del Rey, 2007.

FURTADO, Lucas Rocha. *Curso de direito administrativo.* Belo Horizonte: Fórum, 2010.

GARCÍA DE ENTERRÍA, Eduardo; FERNÁNDEZ, Tomás-Ramón. *Curso de derecho administrativo.* Madrid: Civitas, 1979.

______. *Curso de derecho administrativo.* 13. ed., v. 1, e 10. ed., v. 2. Madrid: Civitas, 2006.

GASPARINI, Diogenes. *Direito administrativo.* 13. ed. São Paulo: Saraiva, 2008.

GOMES, Orlando. *Contratos.* 26. ed. Rio de Janeiro: Forense, 2009.

GORDILLO, Agustín. *Tratado de derecho administrativo.* Buenos Aires: Fundación de Derecho Administrativo, 1998. t. 1.

GROTTI, Dinorá Adelaide Musetti. *O serviço público e a Constituição de 1988.* São Paulo: Malheiros, 2003.

JUSTEN FILHO, Marçal. *Curso de direito administrativo.* São Paulo: Saraiva, 2005.

KELSEN, Hans. *Teoria geral do direito e do Estado.* São Paulo: Martins Fontes, 2000.

______. *Teoria pura do direito.* São Paulo: Martins Fontes, 2000.

LIMA, Ruy Cirne. *Princípios de direito administrativo brasileiro.* 2. ed. Porto Alegre: Livraria do Globo, 1939.

LYON, David. *Pós-modernidade.* São Paulo: Editora Paulus, 1998.

MASSON, Nathalia. *Manual de Direito Constitucional.* 3. ed. Salvador: JusPodivm, 2015.

MAZZA, Alexandre. *Agências reguladoras.* São Paulo: Malheiros, 2005.

MEDAUAR, Odete. *Direito administrativo moderno.* 11. ed. São Paulo: Revista dos Tribunais, 2007.

MEIRELLES, Hely Lopes. *Direito administrativo brasileiro.* 27. ed. São Paulo: Malheiros, 2002.

______. *Licitação e contrato administrativo.* 14. ed. São Paulo: Malheiros, 2007.

MODESTO, Paulo. Autovinculação da administração pública. Artigo publicado no *site* <http://www.direitodoestado.com> (*Revista Eletrônica de Direito do Estado*).

MOREIRA NETO, Diogo de Figueiredo. *Curso de direito administrativo.* 15. ed. Rio de Janeiro: Forense, 2009.

OLIVEIRA, Rafael Carvalho Rezende Oliveira. *Princípios do direito administrativo.* Rio de Janeiro: Lumen Juris, 2011.

PETIAN, Angélica. *Licitação:* temas específicos. Aula ministrada na pós-graduação em Direito Administrativo da Rede LFG, fevereiro/2012.

PONTES DE MIRANDA, Francisco Cavalcanti. *Comentários à Constituição de 1946.* Rio de Janeiro: Imprensa Nacional, 1947. v. 1 e 2.

______. *Tratado de direito privado.* Campinas: Bookseller, 1999. t. 1.

RIVERO, Jean. *Direito administrativo.* Coimbra: Almedina, 1975.

ROCHA, Sílvio Luís Ferreira da. *Terceiro setor.* São Paulo: Malheiros, 2003.

______. *Função social da propriedade pública.* São Paulo: Malheiros, 2005.

ROMANO, Santi. *Corso di diritto amministrativo.* Padova: CEDAM, 1930. v. 1.

______. *Fragmentos de un diccionario jurídico.* Buenos Aires: Ediciones Jurídicas Europa--América, 1967.

SAYAGUÉS LASO, Enrique. *Tratado de derecho administrativo.* 4. ed. Montevideo: Martin Bianchi Altuna.

SILVA, Luis Virgílio Afonso da. *A constitucionalização do direito.* São Paulo: Malheiros, 2005.

STASSINOPOULOS, Michel D. *Traité des actes administratifs.* Athènes, 1954. (Collection de l' Institut Français d' Athénes, 82).

ZANCANER, Weida. *Da convalidação e da invalidação dos atos administrativos.* 2. ed. São Paulo: Malheiros, 1996.

ZANOBINI, Guido. *Corso di diritto amministrativo.* Milano: Giuffrè, 1954. v. 1.

WEIL, Paul. *Les grands arrêts de la jurisprudence administrative.* 3. ed. Paris: Editora Sirey, 1962.

